가족 상담 심리 용어사전

정석환 교수 감수
류경남 · 최수정 엮음

학지사

[감수의 글]

광복 60년을 맞고 있는 대한민국은 자랑스러움과 함께 자성의 목소리도 높다. 세계 역사상 유례를 찾을 수 없는 급속한 경제 발전과 사회변화 현상은 역동적 에너지로 한국인의 삶을 재미있고 보람 있게 만들고 있지만, 동시에 하루가 다르게 변화하고 있는 낯선 사회 속에서 아뜩한 현기증을 느끼게도 한다. 특히, 이혼율 증가(세계 2위)와 가족해체 현상 심화, 자살률(세계 4위) 증가, 우울증 환자의 급격한 증가, 다양한 청소년 탈선 문제, 반사회적 성격 집단 증대, 가정폭력과 사회적 폭력의 확대 등은 우리 사회가 당면한 심각한 병리적 모습이며 한국인의 집단 자화상이다. 한마디로 우리 사회에는 발전의 성취감과 아픔의 극단적 모습이 공존하고 있다. 이는 최근 한국 사회에 회자되는 치유와 화해, 성장과 성숙, 삶의 질 향상, 참살이(웰빙) 등의 용어를 통해서도 실감할 수 있다.

우리 주변의 많은 사람이 각종 인간관계의 분열과 아픔 때문에 치유와 관련된 전문가를 찾아 나서거나 혹은 자신이 직접 치유와 관련된 전문 분야를 학습하려 한다. 이러한 현상 때문에 최근 한국 사회에는 상담학과 심리치료의 학문 분야가 인문사회 분야 중 가장 큰 관심과 각광을 받고 있고, 종교단체나 사회복지단체, 관련 학회 등을 중심으로 활발하게 공공교육이 시행되고 있다. 그러나 "선 무당이 사람 잡는다."는 말처럼 이러한 현상들이 일부 소수의 몰지각한 상행위와 연관되어 무자격 상담사나 심리치료사를 대량으로 양산하는 부정적인 모습이 나타나기도 한다. 이 같은 상황이 정규적인 교육과 실천 학습을 받고 있는 미래의 상담사-심리치료사 이미지에 먹칠을 하여 한국 사회가 또다시 상담 및 심리치료 관련 전문 종사자의 자질을 의심하고, 그 치료과정 자체의 소중함을 부인하게 되는 '악화가 양화를 구축하는' 일이 반복되지 않을까 심히 염려스럽다. 상담학을 공부하고 그 실천을 연마하는 사람들은 인간의 마음을 다루고 상처를 치유한다는 것이 얼마나 소중하고 경외스러운 일인가를 자각하고 엄숙한 마음과 치밀한 준비로 무장해야 한다. 정확하지 않은 개념과 이론은 효과적이지도 않고 내담자에게 전혀 도움이 되지 않는 실천의 결과를 낳게 된다. 이런 점에서 '좋은 이론은 좋은 실천으로 연결된다.'는 말을 상담가나 심리치료가는 항상 명심해야 할 것이다.

최근에 우리나라에는 수많은 상담 이론서가 서점에 나오고 있다. 그러나 막상 이러한 이론서의 봇물 가운데 가장 기초가 되는 상담 및 심리 관련의 기본적 용어들을 명확하게 설명하고 해석해 주는 신뢰할 만한 사전류가 여전히 거의 없다는 사실이 필자를 포함한 많은 상담학도의 걱정이었다. 이러한 상황에서 시기적절하게 출간되는 류경남 박사, 최수정 박사의 『가족 상담 심리 용어사전』은 소중한 기초 자료로서 모든 상담학도에게 큰 도움이 되리라 믿는다. 특히, 이 두 분은 상담학과 기독교 교육학으로 박사학위를 취득하고 상담 및 목회의 현장에서 수년간 실천을 하고 계신 분들이기 때문에 이 분들이 편집한 이 사전은 단순하게 책상에서 정리하고 수집한 것이 아니라 실천의 장에서 직접 부딪쳐서 얻은 실제적인 물음들과 연관된 용어사전이라는 점에서 그 의의가 크다. 필자는 이 사전을 감수하며 두 분의 열성과 치밀함을 엿볼 수 있었다. 또한 두 분이 현장에서 상담관련 작업을 실천하면서 접하게 되는 평소의 궁금증과 지적 갈증을 바탕으로 쓴 책이라는 사실도 느낄 수 있었다. 이 점에서 필자는 이 사전이 단순히 정보를 제공하는 것만이 아닌 상담학을 공부하는 모든 이에게 상담학의 흐름과 분파들을 소개하는 나침반의 역할도 할 수 있으리라 확신한다. 이 책을 모든 상담학도에게 자신 있게 추천하며, 이 방대한 책을 편집하기 위하여 오랜 세월 동안 정열과 사랑을 바친 두 분 편집자에게 큰 박수를 보낸다.

2006년 1월

감수자 정석환

(연세대학교 연합신학대학원 상담학과 주임교수)

[추천의 글]

심리치료나 상담을 가르치다 보면 이 분야에 관심을 가진 전문가나 학생들이 상담에 관한 기본 개념을 혼동하거나 잊어버리는 경우가 많다. 그때마다 손쉽게 용어사전을 찾아보면서 개념 정리를 했으면 하는 바람이 많았지만 그러한 용어사전이 주위에 없어서 당황하거나 힘들어하는 경우가 많았다.

『가족 상담 심리 용어사전』에 대한 추천사를 의뢰받았을 때 처음에는 확신을 가지지 못한 채 원고를 검토하고, 저자들과 대화를 나누었다. 그러나 다양한 상담 관련 용어의 핵심적인 요점을 잘 정리한 이 사전이 탄생하기까지 수년간 각종 참고 서적과 전문 서적, 인터넷 검색 등을 통해 방대한 자료를 모았다는 이야기를 듣고 직접 확인해 보니 이곳에 투자한 그들의 노력과 정열에 감탄하지 않을 수 없었다.

이번에 발행된 『가족 상담 심리 용어사전』은 상담을 공부하고 있는 학도나 전문가들이 상담활동을 하는 데 큰 도움이 될 수 있는 각종의 상담이론, 심리치료 및 관련 분야에 관한 개념들을 잘 정리를 해 놓은 책으로 상담 분야에 종사하는 모든 분에게 흔쾌히 추천하는 바다.

2006년 1월

채규만 교수

(심리학과 교수, 한국 및 미국 임상심리 전문가,

기독상담 및 심리치료 전문가, 부부 및 성치료 전문가)

[추천의 글]

오래전에 『Baker Encyclopedia of Psychology & Counseling』이란 책을 산 적이 있다. 그리고 그 책을 서재의 잘 보이는 부분에 꽂아 놓았다. 언젠가는 우리 연구소에서 저런 사전을 내야 할 텐데 하는 욕심 때문이었다.

벼르고 벼르면서도 나는 손을 대지 못하였다. 너무나도 엄청난 에너지를 쏟아야만 가능한 일이었을 뿐만 아니라 그러한 사전을 내놓으려면 그야말로 박학다식하게 모든 분야를 아울러 볼 줄 아는 눈이 있어야 하기 때문이었다. 그래서 사전이라는 것은 그 분야의 상당한 연구들이 결실을 맺어 갈 즈음에 만들어지는 것이리라.

우리나라도 이젠 가정사역이나 상담사역이 어느 정도 체계를 잡아 가고 있다. 지금쯤이면 이 분야를 포괄하는 제대로 된 사전이 하나쯤 나와야 할 때다. 심리학 분야에서야 오래전부터 그러한 시도가 있었고, 어느 정도 체계도 잡아 왔지만 그에 비해 상담이나 가정사역 분야는 한참 뒤떨어져 있었다. 그래서 그 누구도 손을 대지 못하고 있었다.

그런데 최수정 박사와 류경남 박사가 이렇게 엄청난 일을 해 놓았다고 하니 참으로 감탄하지 않을 수 없다. 최수정 박사와 류경남 박사는 가정사역은 물론 상담까지 두루 섭렵한 우리나라에서 몇 안 되는 현장사역자들이다. 이 두 사람의 땀과 정성이 배어 있는 『가족 상담 심리 용어사전』을 상담이나 가정사역을 공부하는 많은 후학과 사역자가 대할 수 있다고 생각하니 그저 흐뭇할 따름이다.

『가족 상담 심리 용어사전』은 이 분야에 종사하는 많은 이에게 이제 표준 지침으로서의 역할을 훌륭하게 해 줄 것으로 믿는다. 아마도 많은 이가 사전을 보고 큰 고마움을 가질 것이다. 앞으로 이 용어사전이 판을 거듭해 가면서 역사에 길이 남을 저작물로서 학계에 커다란 족적을 남기게 될 것을 믿어 의심치 않는다.

2006년 1월

추부길 박사

(한국가정상담연구소 소장, 안양대학교 신학대학원 겸임교수,

웰빙커뮤니티교회 담임목사, 월간 『가정과 상담』 발행 겸 편집인)

[서 문]

어느 분야든지 그 분야의 용어 통일은 여러 가지 혼란을 방지하고 그 분야가 더욱 많은 사람에게 사랑받게 하는 계기가 될 것입니다. 상담이라는 학문 분야는 이제 누구나 가까이 할 수밖에 없는 학문이 되었습니다. 왜냐하면 상담용어나 내용, 의미가 사용되지 않는 분야는 거의 없기 때문입니다. 의학이나 사회학을 전공하든지 교육에 몸담고 있든, 심지어 기업을 경영하든지 간에 모든 일상이 사람들과의 관계 맺음을 통해 이루어지고 있으므로, 인간과 인간의 행동에 대한 이해는 필수적인 것으로, 곧 그것이 상담의 영역이자 심리학의 영역에 포함되고 있습니다.

우리는 이 책이 상담이나 심리학 교육과정에 있는 분은 물론 상담과 심리학 비전공자더라도 대인관계 속에서 인간에 대한 이해에 관심을 가지신 분, 가정문제나 중독, 폭력 등 여러 문제와 만나고 이들을 돕기 위해 상담하는 상담자 및 치료자, 또한 원문을 해석하거나 번역하며 공부하는 분들께 도움이 되기를 기대하며 이 책을 엮었습니다. 따라서 상담과 심리학에 관한 용어해설에 더하여 상담의 장(field)에서 이해를 필요로 하는 현대의 각종 신드롬이나 사회현상에 대한 용어도 함께 수록하였습니다.

이 책을 엮으며 혼용하여 사용되는 상담 심리 용어를 선택한 기준은 다음과 같습니다. 첫째, 인터넷과 문헌 등의 검색을 통해 학자들 사이에서 가장 많이 사용되는 용어를 선택하였습니다. 둘째, 용어 자체에서 그 의미가 가장 선명하게 드러나는 것을 기준으로 하였습니다. 마지막으로 외래어지만 보편적으로 알려진 용어는 굳이 번역을 하지 않고 외래어 그대로 채택하였고, 정신장애에 관한 용어들은 DSM-IV의 한글판인 정신장애의 진단 및 통계편람 제4판의 용어로 통일하였습니다. 또한 그동안 알고 있는 다른 용어들과의 혼란을 피하기 위해 혼용해서 사용되는 표현은 선택한 용어에 이어 표기하거나 내용을 통해 함께 밝혔습니다.

『가족 상담 심리 용어사전』을 계획할 수 있는 비전을 주신 하나님께 감사와 영광을 드리며, 저희 부부에게 진정한 상담자의 길을 갈 수 있도록 이끌어 주시고 지도해 주셨던 인생의 나침반 같은 분들께 또한 이 자리를 빌려 감사를 드립니다.

안면이 없는 필자들이 처음 원고를 들고 찾아 갔음에도 불구하고 친절한 조언과 격려를 마다하지 않으시고 큰 배려로 오랜 숙원을 이룰 수 있도록 허락해 주신 학지사 김진환 사장님과 바쁘신 와중에도 기꺼이 기쁨으로 감수를 맡아 온전한 사전이 나올 수 있게 새로운 방향을 제시해 주시고, 단어 하나하나에까지 신경을 써주신 연세대학교 정석환 교수님께 무한한 감사를 드립니다.

인생길에서 진실과 사랑만으로 살아가라는 가르침을 주시며 무한한 사랑을 쏟아 주신 부모님, 몸소 실천을 통해 상담자로서 인자함에 눈을 뜨게 해 주셨던 안진봉 박사님, 상담의 현장에서 혼란과 갈등으로 힘들어할 때 실제적인 상담을 지도해 주시고 훈련시켜 주셨던 한국가정상담소의 추부길 소장님 그리고 상담자의 역할이란 마치 적색신호에 늘 긴장하는 응급실의 의사와 같아야 한다며, 상담자로서의 진실한 마음과 열정을 심어 주신 장로회 신학대학교의 오성춘 교수님께 감사를 드립니다.

마지막으로 간절한 바람은 상담과 심리학이 저희들에게 큰 기쁨과 도움을 주었던 것만큼 다른 많은 사람에게도 큰 도움이 되기를 소망합니다.

2006년 1월

류경남 · 최수정

[차 례]

ㄱ

가계 family tree 가족계보 가족, 가구 등의 개념과 달리 가계는 족보의 의미로서, 대대로 이어지는 한 집안의 가족관계 계통을 보여 준다. 가계도와 차이점은 가계도가 심리적인 관계를 추적해 나가는 것이라면, 가계(가족계보)는 유전적인 조상과의 관계를 알아내는 것이다. 예를 들면, 정신질환이나 이상심리, 기형 등에 관한 유전성 여부를 연구한다든지 특수한 재능에 대한 유전여부를 찾고자 할 때 사용되며, 특히 바흐(Bach) 일가의 음악적 재능에 관한 가계의 연구가 유명하다. 상담과정에서는 이와 같은 관계를 통해 내담자가 지닌 어떤 특징이 그가 속한 가족의 어떤 구성원에게 나타나는지 여부를 추적함으로써 내담자 특징의 유전성을 밝히려는 것이다.

가계도 genogram (family constellation) 가족치료에서 사용되는 가계도는 주로 보웬(M. Bowen)의 가족체계이론에서 발전되었으며, 모니카 맥골드릭(Monica McGoldrick)과 랜디 걸슨(Randy Gerson)이 가계도 사용보급에 기여했다. 생태도가 가족체계와 환경체계 간의 관계를 보여 주는 것이라면, 가계도는 일정기간에 걸친 가족의 역사와 관계를 묘사한 것으로서 가족치료에서 사용되는 평가도구다. 가계도는 가족계보를 중심으로 3~4대에 포함되는 가족을 종단적 관점에서 볼 수 있게 한다. 또한 가계도의 주요 기능은 가족치료를 위한 평가단계 동안에 자료를 조직하고 치료의 전 과정 동안 관계성 과정과 중요한 삼각관계를 추적하는 것이다.

가계도표 family diagram 보웬(M. Bowen)이 초기부터 다세대 가족체계에 대한 중요한 자료를 수집하고 조직하기 위해 작성했던 것으로 1972년부터는 가계도표를 '가계도'로 개칭하였다. ⇨ 가계도 참고.

가구 household 세대, 식구와 동의어로 혈연이나 비혈연의 사람들이 의식주 생활을 함께 하는 주거생활 단위다. 혈연관계나 심리적 관계보다 공동생활의 주거단위로서의 성격을 강조하는 집단을 의미한다.

가르시아 효과 Garcia effect 특정한 먹거리의 미각과 뒤에 따르는 결과(질병) 사이의 관련성을 학습하는 놀랄 만한 재능을 '가르시아 효과'라고 한다. 먹는 행동과 그로 인해 나타나는 결과 사이에는 시간적으로 어느 정도 차이가 있지만, 그들 사이에는 일정한 인과관계가 존재한다. 예를 들면, 이전에 돼지고기를 먹고 배탈이 났던 경험이나 고구마를 먹고 체해서 죽을 고생을 했다면 이후에도 돼지고기나 고구마는 먹지 않는다. 이와 같이 가르시아 효과는 인간을 비롯한 모든 유기체가 가지고 있는 생존 본능이다. 사람과 동물은 자기의 생명을 위협하는 먹거리를 한 번의 경험만으로도 터득하는 놀라운 재능을 가지고 있다.

가면우울증 masked depression 가면우울증이란 한 마디로 겉으로 드러나지 않는 우울증이라고 할 수 있다. 원래 우울증은 정신적 · 신체적 양쪽에서 함께 나타나지만, 가면우울증은 정신적인 증상보다도 신체적인 증상 쪽이 강하게 표면에 나타나는 우울증이며 '마치 가면을 쓰고 정체를 감추고 있는 것 같은 병' 이라고 불린다. 초등학교 어린이의 경우는 학교공포증, 야뇨증이나 행동과다증으로, 성인의 경우는 가정에 들어가지 않고 밖에서 겉도는 행위나 알코올중독 혹은 약물남용으로, 40대 여성의 경우는 대개 신체화 증상으로, 노인의 경우는 가성치매로 우울증이 숨겨져 있다. 그러나 진짜 정체는 우울증이므로 가면우울증 치료에 항우울제를 사용한다. 정신적으로는 보통 우울증과 같이 침울해지거나 죽고 싶다는 따위의 증상이 잘 나타나지 않기 때문에 처음에는 알아보지 못하는 경우가 많다.

가면효과 假眠效果 어떤 일이 있은 뒤에 계속해서 잠을 자고 있는 편이 깨어 있는 것보다 그 일을 더 잘 기억해 낼 수 있는 일을 말한다. 그 이유는 망각에 관한 역향억제설과 관련 있는 것으로 이는 망각현상이 일어나는 것은 기억이 그 뒤의 활동의 간섭을 받기 때문이라는 가설이다. 즉, 어떤 일을 기억한 뒤 활동을 하지 않으면 간섭이 가장 적게 되는데, 그러한 상태가 잠을 자고 있는 때라고 하는 것이다.

가모장제 matriarchy 가부장제와 상반되는 개념으로 여성이 가정의 머리로 권위를 갖고 있는 가족체계다. ⇨ 가부장제 참고.

가문 clan 집안 동거하는 가족의 범위를 훨씬 넘어선 혈연관계에 기반한 집단을 의미한다.

가변성 changeability 일정한 조건 아래 변할 수 있는 성질을 의미하는 것으로 성격심리학에서 가변성은 개인의 성격이 끊임없이 변화한다는 가정을 말한다.

가부장제 patriarchy 가부장이란 가족의 우두머리인 가장을 일컫는 말로서, 부계가족에서 이러한 지위를 점유하는 사람은 최고 세대의 최고연령자인 아버지이기 때문에 가장을 가부장이라고 한다. 가부장은 가족을 지휘, 통솔할 권한을 부여받았기 때문에 가부장의 권한을 가부장권이라고 하며, 이러한 가장의 지배체계를 가부장제라고 한다.

가부장적 가족 patriarchal family 가족의 통솔자인 가장, 즉 아버지의 우월주의를 뚜렷하게 나타내는 가족형태로 가부장적 가족은 장남이 가장의 지위를 계승하고, 가장과 가족구성원 사이에는 지배 · 복종의 관계가 있다는 것이다.

가산모형 additive model 사회심리학에서 대인지각이 어떻게 이루어지는가에 대한 이론 가운데 하나로서 정보를 취합하는 방법에 관한 것이다. 이는 표적 인물에 대하여 얻는 다양한 정보가 어떻게 처리되어 그 인물에 대한 전반적인 평가가 나오는지에 대한 연구로서 정보를 취합하는 데는 가산모형, 평균모형, 가중평균모형이 있다. 가산모형은 평균모형을 변형시킨 것으로 인물에 대한 각각의 특질에 대해 좋고 나쁨의 가치를 평균율로 내기보다는 표적 인물의 각각의 특질들에 대한 좋고 나쁨의 가치 척도 값을 모두 단순 합산하여 인상을 형성하는 것을 말한다. 예를 들면, 성실하면서(+3), 확고한(+1) 인물에 대한 인상형성은 +4의 값을 갖게 되는 것이다. ⇨ 평균모형, 가중평균모형 참고.

가상놀이 pretend play 가상놀이는 어린아이들이 주변의 환경을 통해 상징화하는 놀이다. 유아들은 가상놀이에서 여러 가지 다양한 역할을 하며 노는데 그들은 엄마나 아빠가 되기도 하고 선생님이나 의사 등이 되기도 한다. 이러한 가상놀이는 생후 약 18개월 정도부터 발달하다가 5~6세경에 최고조에 달하고 그 후 점차 감소하는 것을 볼 수 있다.

가상적 목표 fictional goal 가상적 목표론(fictional finalism)과 같은 의미다. 개인의 행동을 이끄는 마음속의 중심 목표를 가상적 목표라고 한다. 아들러(A. Adler)는 인간행동은 현실 속에서 검증될 수도 확증될 수도 없는 상상 또는 가공의 목표에 의해 인도된다고 제시하였다. 가상적 목표는 미래에 실재할 것이라기보다는 주관적으로 또는 정신적으로 현재의 행동에 영향을 주는 이상으로 지금, 여기에 존재한다. 즉, 인간 각 개인은 현재와 미래에 대한 목표에 의해 행동을 조절하고 그 목표에 따라 행동한다는 것이다. 인간의 모든 심리현상은 이 가공적 목적을 이해함으로써 설명될 수 있다. 이는 결국 우월성의 추구 및 생활양식의 지침이 된다.

가설 hypothesis 사실로서 증명은 안 되었지만 추구해 볼 만한 가치가 있는 조건을 가진 추측을 의미한다. 즉, 연구문제에 대한 잠정적 해답이나 최선의 예측으로, 아직 증명되지 않은 어떤 현상이나 이론을 설명하기 위해 관찰되고 측정될 수 있는 사실들 간의 잠재적 관계를 묘사하기 위한 임시적인 명제를 말한다. 가설에는 연구의 특성에 따라 '기술적 가설(descriptive hypothesis)'과 '관계적 가설(relational hypothesis)'로 구분하거나, 연구목적을 위해 설정한 '연구 가설(research hypothesis)'과 '통계적 가설(statistical hypothesis)'로 구분하기도 한다. 그리고 통계적으로 나타난 차이가 우연히 발생할 수 있음을 말하는 '영가설(null hypothesis)'과 '대립가설(alternative hypothesis)'로 구분하며, 영가설은 귀무가설이라고도 불리며 H0으로 표시하고 대립가설은 Ha 또는 H1로 표시한다.

가설세우기 hypothesising 가족치료에서 가설세우기란 관련 문제들을 질문하고 유입된 정보를 조직화하는 것을 촉진하기 위해 치료자 팀이 가족을 만나기에 앞서 가족문제가 어떻게, 왜 발생했으며 어떻게 유지되고 있는지에 관해 수정의 여지가 있는 가설을 세우는 과정을 말한다.

가설 확인적 검증 confirmatory hypothesis testing 대상 집단의 특성에 대하여 어떤 가설을 설정하고, 대상 집단인 모 집단으로부터 추출한 표본으로 가설을 검토하는 것을 의미한다. 그러나 이러한 검증은 표본을 사용하는 것이기 때문에 완전하게 올바른 판정을 기대할 수는 없다. 즉, 설정한 가설이 옳은데도 불구하고 그것이 틀렸다고 판정하는 경우와 설정된 가설이 틀렸는데도 불구하고 옳다고 판정하는 경우가 있으므로 검증을 할 때에는 이와 같은 잘못이 있을 수 있음을 전제로 해야 할 것이다.

가성치매 pseudo dementia 히스테리정신증상의 하나다. 의식이 흐린데다가 일부러 하는 것과 같은 느낌을 주는 어린애와 같은 행동이다. 실제로 치매가 아닌데도 증상만 볼 때는 치매처럼 보이는 것으로 노인 우울증, 결핍성 장애 등으로 발생한다.

가성환각 pseudohallucination 환각과는 다른 것이고 표상이 병적인 것을 말한다. 그 표상은 본인의 의지와는 관계없이 마음속에 자연히 나타나는 것과 같은 것이고 실체성이 없고 본인은 그것이 외계에 실재하지 않은 것을 자각하고 있다. 그 상은 본 일도 없는 사람, 동물, 식물, 풍경 등이 선명하고도 세부까지 색채를 띠고 보이는 경우가 많다.

가소성 plasticity 가소성이란 사전적 의미로 외부의 힘에 의해 변형된 물체는 외부의 힘을 제거해도 원래의 상태로 돌아오지 않는 성질을 말하는 것으로, 심리학적 의미는 사람이 생활환경의 영향에 의해 변화해 가는 성질이다. 이는 유전과 환경이 발달에 미치는 영향 중에서 환경적 경험에 의해 발달이 촉진될 수 있는 가능성을 의미한다. 가소성은 정상적인 발달이 바람직한 환경적 경험에 의해 촉진되는 과정과 바람직하지 못한 환경으로 인해 발달이 위축되고 억제된 상태로부터 환경이 정상화되면 정상적으로 회복되는 과정을 모두 포함한다. 이러한 맥락에서 볼 때, 인간의 전생애 중에서 유아기와 아동기는 많은 발달적 가소성을 갖는 시기라고 할 수 있다.

가역성 reversibility 사고를 원래대로 되돌릴 수 있는 것을 의미하는 것으로 사고의 흐름을 앞뒤로 자유롭고 유연하게 전환시키는 것을 말한다. 이는 한 번 변형되었던 사물이 처음에 가했던 조작을 반대로 하면 본래의 형태로 되돌아온다는 것을 이해하는 것이다. 예를 들면, 같은 분량의 주스를 넓은 컵에 부었다가 이를 다시 좁은 컵에 부어도 양이 동일하다는 것을 아는 것과 같다. 전조작기의 아동은 대부분 가역성을 획득하지 못한 상태에 있다가 구체적 조작기에 들어서면서 직관적 사고에서 벗어나 가역성을 획득하게 된다.

가용성 휴리스틱 availability heuristics 얼마나 쉽게 관련된 예제가 마음속에 떠오르는가에 따라 특정한 사건의 발생 확률을 추정하는 경향을 말한다. 한 예가 쉽게 마음속에 떠오를수록 그 사건이 그러할 것이라고 간주할 가능성이 커진다. 그러나 쉽게 떠오른 예는 실제의 확률을 반영하지 않을 가능성이 크다. 예를 들면, 중고자동차를 구매할 때는 구입하려는 중고차를 꼼꼼히 살펴보아야 하는데, 만일 이전에 구매한 자동차의 어떤 고장으로 고생한 경험이 있다면, 다음에 다른 중고차를 구매하고자 할 때 이전에 고생했던 그 부분만을 자세히 살펴본 후 구매를 결정하는 것이다. ⇨ 휴리스틱 참고.

가장기법 pretend techniques 연기와 환상에 입각한 역설적 개입방법으로서, 내담자와 치료자 사이의 관계를 방해하는 지시를 내리지 않으면서 내담자에게는 증상을 가지고 있는 것처럼 행동하게 하고, 가족들에게는 내담자를 보호하고 원조하는 것처럼 행동하게 하는 기법이다. 가장기법은 긴장상황을 조성하고 반발심을 유발하는 대신 놀이를 하는 기분으로 저항을 우회시킨다.

가정 home 가족이 의 · 식 · 주를 공동으로 영위하는 집단으로서, 온정이나 사랑에 기반한 정서적 유대와 서로 소속감을 느끼는 연대의식을 가진 공동체다.

가정 supposition (assumption) 내담자가 상담 목적을 향해 전진하도록 자극하고 동기화시키는 여러 제안을 뜻한다. 잔소리가 아니라 아이디어, 가정, 입장, 생각의 대응책, 예측되는 결과를 제공한다. 내담자가 몰랐던 선택 가능성을 제안하거나 내담자의 입장이라면 이렇게 해 보겠다는 안을 내 보기도 한다. 단 이것이 충고가 되어서는 안 된다.

가정건강서비스 home health services 환자의 집에서 환자를 위한 의료, 간호, 사후보호를 제공하는 것이다. 이런 서비스의 대부분은 제3부문 지불(third-party payment)을 받아 유료 건강보호 또는 사설 간호서비스보호 등으로 제공된다.

가정배경 family background 한 개인의 가정배경은 그 개인의 성격형성에 지대한 영향을 주는 환경이 된다. 가정적인 배경을 앎으로써 문제에 대한 이해가 가능하므로 상담치료의 중요한 자원이 된다.

가정적 질문 If question 내담자가 가지고 있을 수 있는 갈등, 가치관, 사고, 느낌, 판단 등을 탐색하기 위하여 묻는 질문 형식으로, 예를 들어, "~했다면 어떻게 되었을까요?"라고 질문하는 것이다.

가정조정 서비스 home-maker service 가족이 가족구성원을 양육, 보호, 부양하거나 가사 일을 적절히 처리하는 기능을 제대로 수행할 수 없을 때, 사회복지기관에서 파견된 가정조정자(home-maker)를 통하여 건강이나 사회서비스 등의 적절한 도움을 제공하는 것이다. 보통 한 명이나 그 이상의 조력자들이 예정된 시간표에 따라 클라이언트의 집을 방문하여 식사 준비, 빨래, 집안 청소와 같은 활동을 수행하고 수송과 약간의 간호를 해 준다.

가정조정자 home-maker 가정조정원 가족에게 편안하고 안전한 생활환경을 유지시켜 주는 역할과 활동을 우선으로 하는 사람으로 보통 공공의 고용인이다.

가정폭력 family violence 가족구성원 사이에서 일어나는 폭력으로 신체적, 언어적, 정서적 학대를 모두 포함한다. 법적인 정의(가정폭력범죄의 처벌 등에 관한 특별법안 제2조 1항)로는 가정구성원 사이의 신체적, 정신적 또는 재산상 피해를 수반하는 행위를 말한다. 이와 같이 가정폭력은 의도적이고 계획적이며 반복적으로 가정 내 상대방을 구타하는 행위며, 폭행자에 의해 한 가정의 질서가 파괴당하고 존중받아야 할 인간의 권리가 유린당하는 과정을 통해 희생자에게 신체적 · 정신적으로 고통을 주는 폭력행위다.

가족 family 가족이란 한마디로 정의하기 어렵지만, 부부와 그들의 자녀로 구성되는 기본적인 사회집단으로서 이익관계를 초월한 애정적인 혈연집단, 같은 장소에서 기거하고 취사하는 동거동재 집단, 그 가족만의 고유한 가풍을 갖는 문화 집단, 양육과 사회화를 통하여 인격형성이 이루어지는 인간발달의 근원적 집단으로 정의할 수 있다. 또한 사회변동과 함께 의도적인 정치적 개입에 의해 변화하며, 그러한 변화에 대하여 역동적으로 적응할 수 있는 사회제도의 하나다. 가족의 형태는 방위가족과 생식가족, 또한 핵가족, 직계가족, 확대가족 등으로 분류한다. 즉, 사람은 일생을 통해 두 가지 형태의 가족에 속하게 되는데, 하나는 부모 및 형제자매와 더불어 이루는 방위가족이며, 다른 하나는 자신이 장성하여 배우자를 맞이해서 자녀와 더불어 이루는 생식가족이다. 또한 우리 나라에서 대표적인 형태라 할 수 있는 가족 형태는 핵가족, 직계가족, 확대가족이 있다.

가족게임 family game 가족을 지배하는 상호작용 규칙과 관계성 규칙으로서, 가족 안에 발전시켜 온 일련의 의사소통 규칙과 관계 규칙을 의미한다. 각 가족은 오랜 기간 동안 이러한 규칙들을 유지하며, 가족구성원 간에 세력 동맹과 제휴들을 형성하기도 하는데, 밀란(Milan)학파는 이러한 규칙을 유지하기 위한 복잡한 의사소통 규칙을 '가족게임'이라고 명명하였다. 또한 밀란학파에 의하면, 정신분열증 가족을 비롯한 역기능 가족에서는 가족구성원 모두가 가족게임의 규칙에 서로 합의하지 않으면서 승자도 패자도 없는 게임을 끝없이 반복하고 있다고 보았는데, 이러한 가족체계 내에서 이루어지는 의사소통은 순환적인 연쇄과정을 이루고 있기 때문에 원인과 결과를 정확히 구분할 수 없다. 예를 들어, 남편의 음주에 있어서 남편은 아내의 잔소리로 인한 음주로 구분하고, 아내 입장에서는 남편의 음주로 인한 잔소리로 구분하는 것과 같이 의사소통에서 부부가 원인과 결과에 대해 합의를 이루지 않는다면 관계를 규정하기 위한 싸움은 계속된다는 것이다.

가족경계 family boundary 경계는 한 체계와 다른 체계를 규정하는 구획 혹은 선이다. 가족의 경계는 명확하면서도 융통성이 있는 것이 바람직하며(clear boundary), 경계가 지나치게 경직되었거나(rigid boundary) 또는 혼란되어 있는 경우(diffused boundary)는 가족 내 문제가 발생할 가능성이 높다. 즉, 가족의 상호작용과정에서 명확한 경계선(clear boundary)을 주로 하는 가정은 정상적인 가족일 것이며, 산만한 경계선(diffused boundary)을 주로 하는 가정은 가족체계에 참가하는 것에 대한 규칙이 애매하기 때문에 그 구성원은 모든 문제에 관해서 지나치게 얽혀서 필요 이상으로 관여하는 비정상적 가족일 것이다. 이러한 가족을 밀착가족

(enmeshed family)이라고 부르며, 반대로 경계선이 경직된 경우 가족구성원은 서로 흩어져 버리는데 이러한 가족을 이탈된 가족(disengaged family)이라고 한다. 한 가족이 다른 가족과 가족 경계선을 갖는 것처럼 여러 하부 체계도 그들 나름대로의 경계선을 가지고 있는데, 이러한 경계선들은 주 경계선이 분명하게 남아 있어야 하지만 건강하고 적절하게 기능적으로 작용할 수 있어야 한다. 가족들을 분리시키는 경계선이 너무 엄격하여 다른 가족구성원과 상관없이 행동하거나, 경계선이 너무 개방되어 있어서 자신의 감정이나 생각을 다른 사람들의 것과 구분하는 데 어려움을 겪는다면 이것은 가족의 역기능적인 형태를 이루는 것이다.

⇨ 경계선 참고.

가족과정 family process 가족구성원 간에 이루어지는 상호작용패턴으로 보웬(M. Bowen)은 가족체계이론에 근거한 열 가지 가정생활 법칙을 설명하고 그것을 가족과정이라고 불렀다. 열 가지 가족과정은 정서적 거리감, 상실과 대체, 만성적 상태, 고통과 책임, 직면한 문제의 심각성, 비밀과 체계, 형제순위, 진단, 대칭, 가족 내에서 생존을 말한다. 가족과정을 연구하려면 가족구성원에 대한 깊은 이해는 물론 가족 간 상호작용의 중요성에 대한 통찰력 있는 인식이 요구된다.

가족과정 유형 family process types 각 가족에게는 그들 간의 거리감을 어떻게 조절하는지에 대한 그들만의 방법이 있는데, 이 방법과 관련된 가족과정의 유형에는 개방형 가족, 폐쇄형 가족, 임의형 가족이 있다. 폐쇄형 가족체계의 목적은 전통을 통해 안정을 찾고자 하는 것이다. 가족구성원은 갈등이나 분쟁이 있을 때에도 그들의 관계에 신용을 지키려고 노력한다. 개방형 가족체계의 목적은 합의를 통한 의견수렴이며, 그들의 이상은 감정적 책임감과 확신이다. 임의형 가족체계의 목적은 직관을 통한 탐구의 달성이며, 그들의 이상은 즉흥성이다.

가족과제 family tasks 가족치료에서 행동변화에 초점을 맞추기 위해 치료자가 면접 중의 가족들에게 처방하는 실제적인 제안방법을 의미한다. 이는 가족이 치료실 밖에서 실천하여 행동패턴을 반복하게 하기 위해서다. 예로는 가족끼리 휴가를 가도록 처방하거나 부부에게 가족의 비밀을 논의하도록 지시하거나, 빈곤가정이나 와해된 다른 가족을 돕기 위해 동원하는 등 가족이 함께 의미 있는 무엇을 해냈다는 경험을 하도록 하는 것이다.

가족관찰 family observation 가족치료에서 가족의 상호작용체계를 연구하기 위해, 가족을 함께 모이게 하고 시간을 두어 서로 관계하는 모습을 직접 관찰하는 것을 말한다. 가족에 대한 관찰은 가정에서 그 가족이 생활하는 모습 그대로를 관찰하는 것이 좋으나 현실적으로 어렵기 때문에 일반적으로 가족구성원에게 특정과업이나 과제를 주어 그것을 관찰함으로써 이루어진다. 즉, 가족에게 게임을 하게 하든가 의사결정을 하게 하는 것이다. 가족관찰의 대표적 방법에는 시연과 가족 조각이 있다.

가족구도 family composition 가족의 수, 순서특성 및 가족 내의 위치 등을 보여 주는 가족구도는 한 개인의 생활양식과 성격형성에 결정적인 역할을 한다. 특히 아들러(A. Adler)는 가족구도는 성장기 아동의 일차적인 사회적 환경을 이루는 것으로 보았으며, 아동이 가족구도에서 차지하는 위치인 출생순서에 특별한 관심을 가졌다. 즉, 출생순서와 가족 내 위치에 대한 해석이 성인이 자신의 세계와 어떻게 상호작용하는지와 관계가 깊다고 보았던 것이다.

가족구성원 간의 경계 interpersonal boundary 개별적으로 가족구성원을 규정하는 것으로 그들의 역할을 분화하며, 자율적이면서도 상호의존적인 기능을 증진시킨다. 대개 역기능적 가족들은 가족구성원 간의 경계에서 극단적인 형태인 '밀착(enmeshment)'이나 '이탈(disengagement)'의 유형 중에 속하는 경향이 있다. 밀착된 유형은 가족체계의 응집성을 유지하기 위해 개인적 차이를 제한하거나 희생시킨다. 반면 이탈된 유형은 응집성 대신 개인적 차이, 이탈(유리)이나 거리감을 강화시킨다.

가족구조 family structure 가족구조란 가정의 지배적인 가치관과 규범 등을 포함하는 문화, 가족구성원의 지위, 역할관계를 중심으로 하는 가족구성원의 상호작용 관계 체계를 의미한다. 즉, 가족구성원이 다른 가족구성원과 관계하는 방법을 조직하는 기능적인 차원으로, 상호작용의 결과가 어떤 모양으로 나타날 때 그 나타난 모양을 지칭한다. 가족체제는 가족구성원의 상호작용 방식에 따라 그 모양과 틀이 달라지는데, 가족구조는 가족구성원의 보이지 않는 신념 속에 존재하며 이 신념은 가족구성원 모두가 공유하게 된다. 또한 가족구조는 일반구속(universal constraints)과 특이구속(idiosyncratic constrains)으로 이루어져 있다.

가족규칙 family rule 가족구성원이 서로의 행동을 규정하고 제한하는 관계상의 상호 기대를 말한다. 가족규칙은 가족구성원의 경험, 그 가족의 전통 혹은 문화, 가족의 적응노력 등 여러 가지 많은 요인에 의해 형성되기 때문에 가족마다 서로 다르다. 예를 들면, 어떤 가족구성원은 애정을 겉으로 표현해서는 안 된다는 분위기를 지니고 있는 것처럼, 가족 내의 규칙적인 행동에 대한 상호기대와 반복적인 행동패턴이라고 할 수 있다. 그러나 가족구성원이 이 규칙에 대하여 명확히 알지 못하고 각 규칙의 의미에 대해 모두가 동의하지 않을 수도 있다. 사티어(V. Satir)는 가족규칙의 주된 영역을 다음과 같이 설명하였다. 첫째, 보고 들은 것에 대해 말할 수 있는가? 두려움, 절망감, 분노, 위로받고자 하는 욕구 등을 표현할 수 있는가? 둘째, 가족 내에서 가족구성원이 이야기할 수 있는 대상은 누구인가? 셋째, 메시지를 이해할 수 없을 때 어떻게 질문할 수 있는가? 넷째, 가족 구성원은 이해하지 못하는 것을 명확하게 말해 달라고 요청할 수 있는가? 등이다.

가족기능 family function 가족집단이 그 가족구성원이나 사회에 대하여 행하는 지속적인 작용 또는 작용관계를 의미한다. 가족사회학에서는 가족기능에 대한 많은 견해가 있는데, 머독(G. P. Murdock)의 성적 · 경제적 · 생식적 · 교육적인 4기능설과 파슨즈(T. Parsons)의 사회화 · 안정화의 2기능설이 유명하다. 또한 구드(W. J. Goode)의 주기능 · 부차기능과 빈치(R. F. Vinci)의 현재적–잠재적, 순기능–역기능의 조합분석의 경향이 있다.

가족도 family map 가족구조를 부호로 도식한 것으로 세대관계도와는 다르다. 가족의 관심사를 둘러싼 가족구성원의 배치를 말한다. 미누친(S. Minuchin)은 가족치료에서 가족구성원의 상호교류의 방식과 치료자와의 관계방식을 관찰하고 기능장애의 형식에 직면하고 있는 문제를 분석하여 가설을 세우는 중요성을 언급하였다. 가족도를 통해 가족구성원은 가족 안에서 자신의 위치를 살펴볼 뿐만 아니라 각자가 가족 안에서 무엇을 기여하고 무엇을 받는지를 관찰할 수 있다. 이와 같이 가족도는 가족 내의 힘 관계나 의사소통의 방식과 정서적 상태를 가설로 조직적으로 도식화함으로써 가족의 동적이고 복잡한 문제를 단순화하고 자료를 조직화하는 데 쓰인다.

가족로맨스 family romance 정신분석학 용어로서 아동기에 자신이 환경적 · 심리적으로 만족스럽지 못할 때 다른 가정에서 성장했으면 좋겠다고 생각하는 공상적 표현을 가리킨다. 이런 바람은 실제 부모에 대한 거절이나 자신이 원하는 부모상에 대한 바람을 나타내는 것일 수 있다.

가족발달 family development 한 사람의 인간이 가족을 형성하여 자녀를 양육하고, 그 가족으로부터 이탈되기까지의 생애와 다음 세대가 다시 그 과정을 반복하는 과정을 말한다. 가족발달은 과도기를 포함하고 있으며, 가족은 다른 환경에 적응하면서 변화하게 된다. ⇨ 가족생활주기 참고

가족보호 family caregiving 가정 내에서 발생하는 각종 장애문제에 대해 보호를 제공해 줌으로써 가족의 역할 수행과 능력 고취를 향상시키는 기능을 수행하는 것이다. 예를 들면, 발달장애아동을 가진 가족, 치매노인가족, 만성질환자를 가진 가족 등에 대한 각종 서비스를 말한다.

가족복지 family welfare 가족복지는 가족의 행복이나 안녕을 말하지만 특수한 관점에서 가족의 복지를 보장하는 것 또는 사회적인 입장에서 가족의 복지를 보장하기 위한 여러 활동과 사업체계로 쓰여질 수 있다. 펠드먼과 셔즈(F. L. Feldman & F. H. Scherz)는 가족복지를 전체로서 가족은 물론 그 구성원의 사회적 기능 수행을 효과적으로 증진시킴으로써 가족구성원 모두에게 행복을 도모하도록 하기 위한 사회복지의 한 분야라고 하였다. 즉, 가족의 전 생애에 걸쳐 행복하고 안정된 바람직한 삶을 추구하는 사회구성원 전체의 집단적 노력이다. 가족복지는 건강한 가족이 더욱 안정적이며 질 높은 삶을 영위할 수 있도록 지지해 줄 뿐만 아니라, 가족이 당면한 문제를 스스로 극복하거나 해결하기가 어려워 위기에 처한 가족을 여러 방법과 기관을 통해 도와주는 것이다.

가족비밀 family secrets 일부 혹은 모든 가족구성원이 가지고 있거나 공유하고 있는 혹은 어떤 가족관계 목적을 얻기 위해 서로 비밀로 하는 신념과 지각을 의미한다.

가족사회학 sociology of family 가족집단 및 가족구성원 전반을 대상으로 하는 사회학의 전문 분야다. 가족의 사회학적 연구는 바하오펜(J. J. Bachofen)의 모권연구에서 비롯한 것으로 이후 모권과 부권, 모계와 부계의 전후관계 및 이들의 상호관계에 대한 연구가 진행되었다. 현대 가족의 연구는 1920년대 미국 가족문제에 대한 대책과 가족의 제도적 변화에 대한 관심에서 시작되어, 1930년대에는 인격형성, 혼인, 이혼 등이 연구대상이 되었으며, 가족주기론, 생활구조론, 가족동태론 등으로 확대되었다.

가족상담 family counseling 가족을 상대로 하는 상담방법으로 흔히 가족치료라고 부른다. 가족상담은 가족체계와 개인의 문제가 관련되어 가족 위기가 발생했을 때 가족 위기를 잘 다루어 발생된 문제를 성장 지향 방향으로 회복시키는 것으로서, 개인 중심의 문제해결과정에서 벗어나 가족을 한 단위로 보고 가족 내에 존재하는 문제를 해결하고자 하는 접근방법이다. 따라서 상담자는 문제를 가지고 있는 당사자하고만 상담하는 것이 아니라, 가족 전체와 함께 공동의 노력을 통해 문제를 해결하려는 것이다. 오늘날 대표적인 가족상담의 이론적 배경은 정신분석적 가족상담, 의사소통 가족상담, 구조적 가족상담, 행동주의적 가족상담 등을 들 수 있다. 가족상담의 기본전제는 한 개인의 생각과 감정과 행위는 그가 속한 사회적 배경을 통해 보다 잘 이해할 수 있다는 것과 사람은 사회적 집단, 특히 가족에 의해 강한 영향을 받기 때문에 상담은 대개 그 사람의 가족구조를 이해하거나 변경함으로써 진전될 수 있다는 점, 또한 기독교 가정도 다른 일반 가정이 부딪히는 것과 같은 삶의 문제들과 주변 상황으로부터 심각한 영향을 받을 수 있다는 것이다.

가족상호거래유형 family transactional pattern 가족상호교류유형 가족상호거래유형은 가족구성원의 행동을 통제하는 반복적인 상호교류 유형을 통하여 작용하며, 가족구조가 가족구성원이 어떻게, 언제, 누구와 상호작용을 하는지를 보여 주는 것이다. 이는 지속적인 상호작용 속에 영향을 주며 상호작용 유형을 규정하기도 한다. 예를 들면, 어린 아이 양육에서 도움을 요청하는 아내의 부탁에 부담을 덜어 준다든지 혹은 일방적인 결정을 하는 남편을 둔 아내가 자신이 필요로 하는 정서적인 지원을 얻기 위하여 우울증 등으로 정신치료를 받게 되는 것처럼, 주의를 돌리게 하는 구조를 만드는 것과 같은 유형을 말한다. 일반적으로 가족들은 증상을 가지고 있는 개인과 과거의 원인적인 요인에 관심을 가지고 있으며, 치료자가 개인의 증상을 제거시켜 주기를 원하고, 익숙해져 있는 가족상호거래유형을 변화시키려 하지는 않고, 개인의 증상이 없었던 때로 돌아가려고 한다. 이러한 가족상호거래유형은 두 가지 구속체계 즉, 일반적인 규칙과 특이한 규칙들로 유지된다. 일반적인 규칙은 잘 기능하는 가족에서 볼 수 있는데, 가족구조가 위계적으로 잘 조직되어 있고 부모는 자녀들보다 세력을 가진다. 특이하거나 개별화된 규칙은 특정한 가족에게 적용되는 것으로 상대방의 행동을 중요시하는 특별한 가족구성원의 상호기대다.

가족생활교육 family life education 집단교육 대상자들에게 가정과 지역사회생활의 정상적인 생활 패턴과 위기를 이해하고 예상하도록 하여, 그들이 대인관계를 향상시키고 상황적인 위기를 예방하고 감소하도록 돕는 것이다.

가족생활연대기 family life chronology 가족연대기(family chronology)라고도 한다. 가계도 작성 후에 만드는데, 3세대에 영향을 미친 중요한 가족 사건들만 이 목록에 포함시키되 연도 순서대로 배치한다. 현재 가족 기능을 더 잘 이해하기 위해 내담자의 가족력, 특히 가족관계 패턴을 재추적하도록 하는 경험적 기법으로, 가족사 가운데 중요하고 영향력이 있으며 의미 있었던 사건들을 연대순으로 작성해 나가는 것이다.

가족생활주기 family life cycle 가족생활을 특징짓는 일련의 단계나 사건으로, 시간의 변천에 따라 진행되는 하나의 체계로서 가족을 바라보는 조직적인 체계를 제공하는 것이다. 가족발달론적 입장에서 남녀 한 쌍의 결혼으로 형성되어, 자녀의 출생·성장과 더불어 확장되고, 자녀가 독립하거나 출가함으로써 축소되어, 최후에는 부부의 사망으로 소멸되는 등의 중요한 사건을 거치는 과정을 이른다. 가족주기를 구분하는 기준은 학자에 따라 다른데, 한국인구보건원에 의하면 우리 나라의 기본 가족주기모형은 6단계로 나뉜다. 즉, 1단계 : 형성기(결혼에서 첫 자녀 출생까지), 2단계 : 확대기(첫 자녀 출생에서 막내 출생까지), 3단계 : 확대완료기(막내 출생에서 자녀 결혼 시작까지), 4단계 : 축소기(자녀 결혼 시작에서 자녀 결혼 완료까지), 5단계 : 축소완료기(자녀 결혼 완료에서 남편 사망까지), 6단계 : 해체기(남편 사망에서 본인 사망까지)다. 가족생활주기에서는 각 단계마다 지속적인 가족관계와 지위의 변화라는 체계적인 변화가 수반되며 이에 따른 가족발달이 진전된다고 보고 있다. 또한 가족생활주기는 가족치료의 유용한 준거틀 역할을 하는데, 가족구성원이 겪는 증상은 이와 같은 가족생활주기에서 다음 단계로 옮기는 전환에 어려움이 있다는 신호다. 그러므로 치료는 가족을 가족생활주기의 본 궤도에 올려 주는 방향으로 이루어질 때, 가족의 정상적인 발달적 진전을 지속시킬 수 있다고 하였다.

가족신화 family myth 가족구성원 모두가 공유하고 있는 가족 혹은 가족구성원에 대한 잘못된 신념과 기대를 의미한다. 가족신화는 일반적으로 현실에 대한 왜곡이나 부정은 물론 현실을 위장하는 요소를 가지고 있으며, 가족 내에서 가족구성원의 행동은 물론 가족구성원 간의 관계에 영향을 미치는 등의 가족구성원이 상호작용에 영향을 주고 가족의 일체감과 안정성을 보장하는 가족규칙을 강화하는 데 기여한다. 따라서 가족신화가 종종 불합리하게 작용하는 것이 분명하더라도 가족들은 그와 같은 가족신화는 자신들에게 정서적으로 필요하며, 없어서는 안될 부분으로 여기고 있다는 것이다. 페레이라(A. Ferreira)는 가족신화는 가족의 살아 있는 동화집으로 가족 어느 누구도 없애거나 버리려고 하지 않는다고 보았다. 이와 같이 가족신화는 가족구성원의 행동을 결정해 줄 뿐만 아니라, 특정한 가족관계를 나타내 주기도 하며 가족의 항상성 기능을 유지하는 데 기여한다. 따라서 결혼은 서로에 대한 기대로 시작되지만, 많은 경우 자신의 원가족으로부터 지닌 가족신화가 상충되는 관계에서 이러한 기대는 반드시 충족되는 것은 아니며, 오히려 기대에서 멀어지는 경우가 많은데, 이와 같은 비합리적인 생각을 가족신화라고 보는 것이다.

가족안무기법 family choreography 가족구성법 가족안무기법은 애커먼(N. W. Ackerman) 가족연구소의 페기 팹(Peggy Papp)에 의해 개발되었으며, 경험주의적 가족치료에서 과거의 장면들을 재조명해 보기 위해 사용한다. 이 기법은 가족조각기법에서 파생한 것으로 신체를 사용하여 가족 간의 공간적 관계를 보여 주는 기법으로, 성공적인 가족조각 경험을 통해 가족 내의 상호작용패턴이 전환되도록 배치하는 것이다. 여기에서 팹은 정적 의미를 가지고 있는 '조각'보다 동적인 상태를 의미하는 '안무'가 움직이는 과정을 포함하고 있는 이 기법을 더 정확하게 표현한다고 보고 '가족조각' 대신 '가족안무'라고 하였다. 즉, 비언어적인 기법으로 가족구성원이 치료장면에서 각기 어떠한 장소에 위치할 것인가 하는 점은 가족구조를 반영할 경우가 많다. 미누친(S. Minuchin)은 이러한 가족안무기법이 활용좌석을 바꾸게 하는 빈도가 높았다고 한다. 모(母)가 지배적일 경우 모·자 사이에 부(父)를 위치하게 하여 반항적 인자와의 의사소통을 열거해 주는 경우 도움이 될 수도 있다.

가족역기능 family dysfunction ⇨ 역기능가정 참고.

가족예술치료 family art therapy 가족예술치료는 서로 연결된 일련의 그림을 그리도록 가족들에게 지시한 후에 전체를 통합하여 하나의 통일된 그림으로 완성하는 구조화된 표현을 통한 가족치료다. 또는 가족구성원에게 가족으로서 그들 자신의 그림을 그리게 하거나 두세 가지 측면의 가족 그림 또는 합작 벽화를 그리게 하기도 한다.

가족역동론 family dynamics 정신의학 분야에서 가족에 관한 체계론적 이해로서, 프로이트의 정신역동이론을 기초로 하여 가족집단의 메커니즘을 구조분석적으로 파악함으로 그 집단의 역동을 밝히는 이론이다.

가족영웅 family hero 영웅아이와 같은 의미다.
⇨ 영웅아이 참고.

가족옹호 family advocacy 지역사회에 필요한 변화를 일으키기 위하여 사람들로 하여금 기술의 적용 및 사회 행동의 사명을 가지고 가족욕구에 대한 직접적이고 전문적인 지식을 이용케 함으로써 가족의 생활조건을 향상시키도록 계획된 전문적 서비스며, 지역사회 내 많은 가족에게 영향을 미치는 약물중독, 알코올중독, 정신지체, 인권의 남용과 같은 공통의 문제 해결을 위해 협동적 사회행동을 하도록 하는 데 목표를 두고 있다.

가족위기치료 family crisis therapy 가족체계가 이전의 순기능 수준으로 회복되도록 돕는 위기지향적인 치료적 접근으로, 카플랜(Kaplan) 등이 1964년 콜로라도 정신 병원(Colorado psychiatric hospital) 내에 가족치료소를 세우고 가족들을 위한 위기중재치료를 시작했다. 가족위기모델에 의하면, 환자의 붕괴는 위험한 생활 사건들을 가족들이 다루는 데서 실패함으로써 위기가 일어나게 되고, 결국 개인의 붕괴가 일어나게 된다고 하였다. 이러한 위기중재치료는 외래 및 가정에서 동시에 시행되는데, 정신과의사, 임상 심리사, 정신보건 사회복지사, 정신보건 간호사 및 두 명의 성직자가 서비스를 제공하면서, 내용은 통상 3주가 걸리고, 5회의 가정방문과 몇 번의 전화상담으로 이루어졌다. 이와 같은 개입을 통해 가족 중의 정신질환자가 희생양이 되지 않도록 가족을 도와주는 데 주안점을 두었으며, 증상을 완화시키기 위해 약물 사용도 고려하였고, 위기를 해소하고 기능을 회복시키기 위한 책임을 각 가족에게 부여하였다. 이런 지시적이고 지지적인 접근은 빠른 효과를 보여주었으며, 수일 내에 위기 극복이 가능해졌고, 어떤 경우에는 정신분열증 같은 문제도 입원치료를 필요로 하지 않는 경우도 있었다.

가족의식 family rituals (1) 가족치료에서 활용하는 기법으로서, 가족체계와 구성원의 행동 순서를 바꾸어 현재 가족 내에 존재하는 가족게임의 규칙이 변화할 수 있도록 고안한 것이다. 혼란된 가족관계를 명확히 하는 데 목적이 있으며, 경직된 가족규칙과 가족전체를 변화시키고자 하는 것으로 대개 언어적 표현이 수반된 일련의 행동들로 구성된다. 결혼식이나 생일축하파티 등 가족의식은 가족의 발달적 전이와 변화를 촉구시키는 중요한 역할을 하기 때문에 가족치료에서 활용하고 있다. 이는 밀란(Milan) 모델 등 전략적 가족치료의 틀에서 많이 사용하는 개입기법으로서, 가족생활에서 중대한 상황이나 전환기를 뚜렷하게 하기 위해 고안된 가족활동이다. 즉, 치료자는 가족구성원이 지금까지 해 왔던 '게임'의 규칙을 변경시키려고 가족들의 역할과 관계를 명료하게 하고 통찰하도록 하기 위해 가족의식을 실현하도록 처방할 수 있는데, 고안된 일련의 행동을 단순히 말로 하는 것이 아니라 실행에 옮기도록 처방하는 방법이다. 의식을 처방할 때 치료자는 의식이 행해지는 장소, 시간, 반복횟수, 누가 무엇을 어떤 순서로 말하거나 행하는가 등을 세부적으로 말해 주어야 한다. 또한 교류분석에서, 사람들이 이미 익숙해진, 사전 프로그램되어진 스트로크들을 교환하는 시간 구조화의 한 양식이다. (2) 역기능적 구조의 가정에서 보이는 일상적인 상호작용 양상이나 명절, 생일, 휴일 등에 전형적으로 보여 주는 활동이 포함된다. 이런 의식은 가족문화의 핵심적인 요소로서 세대를 통해 전수되는 것이 특징이다. 이런 가족의식을 측정하는 것은 간단한 질문을 통해 파악할 수 있다. 즉, "쉬는 날 가족들이 뭔가 함께 하는 일이 있나요?", "생일날 가족들은 당신을 위해 무엇을 하나요?" 등이다. 또한 어린 시절의 사진 등을 설명하게 함으로써 가족의식을 파악할 수도 있는데, 이러한 가족의식이 가족신화를 유지하는 수단이 되고 있다.

가족인형극 family puppet interview 가족치료의 한 기법으로서, 가족구성원이 연출하는 인형극은 가족에 관한 많은 정보를 제공해 주며, 가족의 기능과 인형극의 연관성을 파악함으로써 가족이 자신들의 문제를 어느 정도 깊이 다룰 수 있는지도 알 수 있게 한다. 이 기법은 가족구성원이 여러 인형들 가운데 어느 인형을 선택하는지, 인형들을 통해 표현되는 갈등은 무엇인지, 인형극의 내용은 무엇인지 등의 질문에 대한 대답들과 인형극 후에 가지는 토론과 인터뷰를 통해 드러나는 내용들을 파악하게 된다.

가족재구성 family reconstruction 가족개조 사티어(V. Satir)가 발전시킨 보조치료접근으로서 과거의 역기능적인 패턴을 발견하고 드러내기 위해 가족구성원이 그들 삶의 단계들로 거슬러 올라가도록 인도하는 것이다. 가족배경에 대한 심도 있는 탐구는 치료결과를 향상시킨다고 믿기 때문이다. 가족재구성 과정에서 모든 가족치료 참석자의 목표는 자신과 서로에 대해 배우기 위해 자신의 삶의 역사를 탐구하며, 내담자의 제한된 지각, 왜곡된 사고나 감정, 역기능적인 유형을 극복하도록 하고 새로운 삶의 목표를 수립하고 성장하도록 하는 데 있다. 이를 위해 역할극이나 심리극 같은 기법들은 가족의 삶에서 의미심장한 가족사를 이끌어내는 데 유용하게 적용될 수 있다.

가족적응성 family adaptability 가족적응성은 부부나 가족체계가 얼마나 유연하고 변화가 용이한지에 관한 것이다. 즉, 상황적인 스트레스와 발달상의 스트레스에 반응하여 세력구조, 역할과 규칙을 변화시키는 능력을 말한다. 부부와 가족은 완고하고 리더십이 권위주의적인 가정으로부터 혼란하고 산만하며 리더십이 제한적인 가정에 이르기까지 다양하다. ① 경직된 관계(rigid relationship) : 한 사람이 심하게 통제하는 경우에 발생한다. 역할은 엄격히 규정되어 있고 규칙은 변하지 않는다. ② 구조적인 관계(structured relationship) : 전반적으로 덜 엄격한 부모들 사이에서 찾아볼 수 있다. 약간의 규칙변동은 있지만 많지는 않다. ③ 유연한 관계(flexible relationship) : 훨씬 덜 경직되어 있다. ④ 혼란한 관계(chaotic relationship) : 변덕스럽고 제한적인 리더십을 갖는다. 결정은 충동적이며 충분한 숙고의 과정을 거치지 않는다. 역할이 불분명하고 이 사람 저 사람에게로 옮겨 간다.

가족조각 family sculpture (family sculpting) 가족상담의 기법 중 하나로 가족의 상호작용을 평가할 수 있는 도구다. 가족구성원이 다른 가족구성원을 이용하여 자기 가족에 대한 이미지를 조각으로 표현하게 하는 것이다. 가족조각을 하면서 각 가족구성원은 차례대로 다른 식구들이 가정 생활 공간에 있는 위치를 표시하는데, 한 번에 한 사람씩 그 사람의 특정한 자세와 거리를 나타냄으로써 행동이나 감정을 알 수 있다. 조각을 만든 가족도 조각의 일부분이 되어 일분 간 행동을 정지하며, 각각의 가족성원에게 조각되어질 때와 정지하였을 때에 어떻게 느꼈고 지금의 느낌은 어떠한지를 묻는다.

가족주의 familism 집단으로서 가족을 개개의 가족구성원보다 중시하고, 그와 같은 가족적 인간관계를 가족 이외의 사회관계에 확대 적용하려는 주의다. 우리 나라 사람들은 흔히 공과 사를 혼동한다고 지적되어 왔는데 그 원인을 강력한 가족주의에서 구하고 있다. 이는 인간관계를 중시하고, 가족관계를 중시하기 때문이라고 추측할 뿐이다.

가족진단 family diagnosis 전문가들이 가족의 목표와 서비스에 대한 우선적인 관심사를 결정하기 위해 정보를 수집하는 진행축으로, 가족사정면담과 가족도표작성을 통하여 수집된 자료를 해석하는 것이다.

가족집단치료 family group therapy 소집단 행동에 대한 사회심리적 원리에 근거하여 벨(Bell)이 발전시킨 개입기법이다. 벨의 가족집단치료는 소집단 행동에 대한 사회정신학적 원리를 바탕으로 하여, 가족집단 내의 문제해결과 의사결정을 촉진시키기 위한 '과정 지도자'로 작용한다. 이는 표면적인 상호작용 수준을 다루는 사회학적인 문제해결 접근으로, 치료자들은 의사소통을 촉진시키지만 개인의 목표와 변화를 덜 강조하고 개인의 내적 갈등도 다루지 않는다. 그러나 1970년대 이후 실제 환자인 개인을 대상으로 치료하고, 가족은 부차적으로 환자의 회복을 지원하는 역할을 하는 것으로 간주하였고, 1980년대에 어떤 문제들은 주로 개인의 문제며 적어도 개인적인 접근이 효과적이라는 인식이 증가하였다.

가족체계 family system 가족이 외부의 환경과 경계선에 의해 구분되는 상호작용의 체제를 가족체계라 부르며 가족체계는 하나의 전체를 이룬다. 가족이 개인들의 결합이 아닌 전체로서의 체계라는 관점은 팔로 알토(Palo Alto)그룹에서 대두되었으며, 그레고리 베이슨(Gregory Bateson)은 체계의 관찰을 통해 상호연결된 부분의 기능을 설명하는 규칙을 나타냄으로써 가족치료에 영향을 주었다. 이와 같이 체계로서 가족을 보는 관점에는 가족을 사이버네틱체계로 보는 관점과, 항상성을 지닌 체계로 보는 관점, 규칙이 지배하는 관점이 있다. 뿐만 아니라 가족은 상호작용하는 체계며, 발달하는 체계이기도 하다. 가족체계의 유형화한 모델을 살펴보면 캔터와 레르(Kantor & Lehr)의 가족유형은 가족을 둘러싸고 있는 경계의 성격에 따라 가족체계를 분류한 것으로, 경계의 특성에 따라 개방(open)적 가족체계, 폐쇄(closed)적 가족체계, 임의(random) 가족체계라는 세 가지 체계로 나누어져 있으며, 사티어(V. Satir) 역시 개방체계와 폐쇄체계로 구별하였고, 리스(A. Reiss)의 가족모형에서는 가족과 환경 사이의 상호관계형태를 "family paradigm"이라 정의하고 이것을 기준으로 환경에 민감한 가족(environment-sensitive family), 무상호성가족(interpersonal distance-sensitive family), 의견일치가족(consensus-sensitive family)

으로 분류하였다. 또한 비버스(V. Beavers)는 기능수준모델(levels of functioning)을 통해 원심성가족, 구심성가족 양식으로 구분하였고 구심성과 원심성이 적절한 균형을 갖춘 가정이 순기능적인 가족일 경우가 많다고 하였다. 그 밖에 올슨(Olson)의 복합구조모델(circumplex model)은 가족적응성과 응집성을 비교하여 16개의 가족유형으로 구분하고 있다.

가족체계이론 family system theory 가족을 하나의 전체적인 체계로 간주하는 것이다. 이는 일반체계이론을 가족에게 응용하여 가족을 체계로 보는 것으로서, 가족이 겪는 문제의 근원이 개인에게 있는 것이 아니라 가족상호관계에 있으므로 단위로서의 가족이 치료대상이 되는 것이다. 즉, 문제 증상을 가진 개인에게만 초점을 맞추는 과거의 접근을 벗어나 그 개인이 속한 가족체계와 그 체계 속에 움직이는 상호 역동적인 힘과 관계성, 역할에 초점을 맞추어 접근하려는 이론을 말한다. 특히, 머레이 보웬(Murray Bowen)의 가족체계론적 관점은 가족체계를 정서적 단위, 상호관련된 관계망, 가족의 역사를 분석하는 기초로서 체계를 보고 있으며, 가족 한 부분의 변화는 다른 부분의 변화를 가져온다고 보고 가족관계를 정서적 관계체계로서 그 성격을 설명하였다. 또한 보웬은 가족체계이론의 주요한 개념으로, 분화의 척도(자아분화), 삼각관계(삼각화), 핵가족의 정서체계, 가족투사과정, 다세대 전수과정, 형제순위, 정서적 단절, 사회정서적 과정 등 8개 개념을 체계화하였다.

가족치료 family therapy 가족치료는 가족구성원의 병리가 그 가족구성원 한 사람에게 있는 것이 아니라 가족 전체에 있다는 가족역동에 대한 이해를 통해 가족병리를 개선해 나가는 치료형태다. 즉, 문제를 가진 개인에 초점을 맞추기보다는 그가 속한 가족관계에 초점을 맞추는 치료양식으로, 가족의 상호의사소통 형태, 역학적 구조 및 관계를 전환시킴으로써 가족 내 개인의 문제행동을 전환시키려고 노력하는 치료기법이다. 가족치료에 대해 보편적으로 쓰이는 절대적인 정의는 없지만, 몇몇의 정의를 살펴보면 다음과 같다. 먼저 미국정신의학협회(American Psychiatric Association)에서는 가족치료를 "가족 중에 한 사람 이상을 한 회기에 동시에 치료하는 것으로, 치료는 지지적 · 지시적 · 해석적일 수 있다. 또한 가족 중 한 사람의 정신장애는 다른 가족들에게 있는 장애의 현실일 수 있으며, 상호관계와 기능에 영향을 준다."고 하였다. 골든버그(Goldenberg) 부부는 가족치료란 '가족구성원으로 하여금 가족의 역기능적인 의사거래 유형을 개선시킬 수 있도록 도와줌으로써 현재 가족체계 내의 연동적인 정서적 문제를 찾아 개선시키려는 일종의 심리치료기법'이라고 하였으며, 주크(Zuk)는 가족치료의 목표는 '가족구성원 사이의 병리적 관계인 균형을 변화시켜서 새로운 형태의 관계를 맺게 하는 것'이라고 말했다. 가족치료의 모델은 넓게 말하자면, 가족치료는 체계적인 것과 전략적인 것, 구조적인 것으로 나눌 수 있으며, 많이 선택되는 가족치료모델은 정신분석적 가족치료, 의사소통 가족치료, 구조적 가족치료, 행동주의적 가족치료 등이며 대부분 서로 많이 중복된다. 그러나 가족치료 유형이 이와 같이 다양하긴 하지만 공통적으로 다루고 있는 주제는 먼저, 인간행동이 과거의 사건에 의해 영향을 받는 것만은 아니라는 것이다. 오히려 인간행동은 개인과 그들을 둘러싼 환경(특히 가족) 간의 순환적인 상호작용 양식에 더 많은 영향을 받는다고 보는 것이다. 또한 가족에 대한 정의를 내릴 때 가족을 오랜 시간에 걸쳐 발달하는 꽤 일관성 있는 양식과정 · 구조 · 규칙을 가진 자기 규제적이고 항상성의 규칙에 지배되는 사이버네틱 체계로 보고 있다는 점이다. 많이 적용되는 가족치료 유형에 대해 간략히 설명하자면 다음과 같다. 즉, '정신분석학적 가족치료'는 애커먼(N. W. Ackerman)과 보웬(M. Bowen)이 대표적 학자며, 가족을 계속 진행되는 체제로 간주하며 정신분석학에 바탕을 두어 가족관계에 연동병리를 강조하며, '의사소통 가족치료'는 그릇되고 모순적인 이중구속메시지의 영향을 강조하는 학자로 잭슨(D. Jackson), 헤일리(J. Haley), 사티어(V. Satir)가 있다. 또한 미누친(S. Minuchin)의 '구조적 가족치료'는 가족의 조직을 상호작용 유형의 결정 요인으로 간주하는 전체론적 입장을 취하는 것으로, 가족 내 여러 하위체계 간의 관계, 경계의 유연성, 변화하는 각 발달단계에서 재조직하고 조절하는 가족의 노력을 중시하는 학파다. '행동주의적 가족치료(Liberman, Stuart, Patterson)'는 정적 강화행동 등의 학습이론 원리를 이용하여 가족구성원 사이의 부적응 행동이 어떻게 발달하는지를 설명하고, 가족들에게 강화행동을 변경하도록 지시하는 기법을 활용하여 가족치료에 적용하고 있다.

가족치료자 family therapist 가족치료 접근법을 사용하는 상담 전문가를 뜻한다. 로빈슨(Robinson)은 가족치료자의 임무는 '가족을 하나의 단위로 보고 가족구성원에게 증상을 유발시키는 가족의 행동유형을 분리, 변화시켜서 개인으로 하여금 가족에게서 분리되고 독립되어 성숙해지며 자기 또래집단과 정서적 유대를 맺을 수 있도록 도와주는 것'이라고 말한다.

가족투사과정 family projection process 다세대 가족치료(세대 간 가족치료)의 개념으로, 가족투사과정이란 가족들 간에 감정적 갈등을 다루기 어렵거나 인지적인 힘을 통해서 처리를 하지 못하는 경우에 가족들 자신의 불안을 다른 가족구성원에게 투사하게 되는 과정을 말한다. 즉, 부모가 그들의 미성숙함과 분화의 부족을 자녀에게 전하는 과정이다. 보웬(M. Bowen)에 의하면 투사는 어느 가정에나 일어나는 것이지만 분화수준이 낮은 가정일수록 투사경향이 심하다고 분석했다. 즉, 자아분화수준이 낮은 사람들이 결혼하면 삼각관계를 통한 핵가족정서체계가 형성되고, 이런 과정에서 부부의 미분화가 자녀에게 투사되는 과정을 설명한 것이다. 이와 같이 부부 간에 감정적 혼란은 결혼갈등이나 정서적 거리감을 이끌고, 가족 간 감정적 갈등을 다루기 어렵거나 인지적인 힘을 통해 처리하지 못하는 경우 가족들 자신의 불안을 다른 가족구성원에게 투사하게 된다. ⇨ 가족체계이론, 다세대가족치료 참고.

가족패러다임 family paradigm 가족의 우선순위, 자아상, 외부세계에 대처하는 전략 등을 결정하는 사회 환경에 대해 온 가족이 공유하고 있는 기본 전제다. 리스(A. Reiss)는 가족과 환경과의 상호관계 형태를 'family paradigm'이라 정의하고 이것을 기준으로, 환경에 민감한 가족(environment-sensitive family), 무상호성 가족(interpersonal distance-sensitive family), 의견일치가족(consensus-sensitive family)이라는 세 가지 가족체계 유형을 제시하였다.

가족평가 family assessment 가족사정이라고도 한다. 가족치료에서 치료를 위하여 가족을 충분히 알아가는 일련의 과정으로서, 가족평가를 통해 제시된 문제에 대해 가족들이 어떻게 작용하고 기능하는지에 대한 정보를 얻고자 하는 것이다. 즉, 가족을 하나의 '단위'로 보고 가족 내 상호작용 등을 파악하기 위하여 자료를 수집, 분석, 종합하여 그 가족에 대한 개입을 계획하는 일련의 과정이다. 가족문제와 그 문제의 원인이 무엇이며, 어떤 부분이 변화할 수 있고, 수정이 가능한지를 밝히는 것 또는 감정, 사람, 상황을 기반으로 가족상황과 가족구성원에 대해 평가하는 것이다. 가족치료에서 가족평가의 단계는 개인치료와 달리 가족체계의 관점에서 파악하는 것이 중요한데, 이를 위해 사소한 이야기를 함으로써 시작하며, 가족이 처한 시대적 배경을 이해할 필요가 있다. 가족치료를 받으러 오는 모든 가족에 대해 가족의 발달단계와 가족기능에 대한 측면을 파악해야 한다.

가족항상성 family homeostasis 항상성이란 가족이 어떠한 상황에서도 안정성을 유지하려는 속성을 의미하며, 항상성은 가족 내에서 발전시킨 상호작용유형에 의해 지속된다. 가족항상성의 개념은 생물학과 체계이론에서 빌려 온 것으로, 가족이란 내적 기능의 상대적 항상성을 유지하는 동질 정체 단위라고 보았다. 이와 같이 변화에 저항하는 단위로서 가족을 보는 것이 가족항상성 개념이다. 예를 들면, 자녀의 증상적 행동이 현상을 유지시키는 작용을 하는 가족에서 발견된다. 잦은 부부싸움 후에 한 자녀의 증상행동이 나타나고, 그러면 부모는 싸움을 그치고 자녀의 증상에 관심을 가지게 되는데, 이때 환자의 증상이 가족의 안정을 유지시켜 주는 것이다.

가족해체 family disorganization 가족이 그 기능을 다하지 못하게 되는 상태를 말한다. 이는 사회적인 혹은 개인적인 사정으로 가정적 지원이 결손되거나, 가족구성원 사이에 대립이 생겨 그 결과 가족으로서 통일이나 조화가 파괴되어 가정생활 목표달성이 어려워지고, 가족구성원의 생활욕구를 충족하지 못하거나 대 사회적 기능장애가 나타나는 것을 말한다. 구체적으로 이혼·가출·별거·유기·비행 등의 형태로 나타나며, 가족해체의 직접적 요인은 기질의 차이나 성격의 불일치, 병리적 성격, 경제적 빈곤 등에 의한 가족긴장이나 생계유지자의 사망, 질병 등에 의한 가족의 기능장애 등이다.

가족환경 Family environment 가족체계론적 관점에 기초한 가족치료 분야에서 주로 사용하는 개념으로, 가족환경은 흔히 물리적 환경과 심리적 환경으로 구분된다. 가정의 물리적 환경을 구성하는 요소는 주택의 위치와 크기, 문화시설, 가정의 경제적 수준 등이며, 가정의 심리적 환경이란 주로 가정의 지적·문화적 풍토, 가족구성원 간의 의사소통 내지 상호작용관계, 역할관계 등을 뜻한다.

가족환경척도 family environment scale 가족이 얼마나 건강한지를 알아보는 척도로, 가족관계 영역에서 가족들이 얼마나 원활하게 상호작용하는지를 알아보기 위한 평가, 개인성장 영역에서 가족이 얼마나 개인의 성장을 도모하고 개성을 존중하는가에 관한 평가와 체계유지 영역에서 가족이 개인의 욕구나 개성보다는 가족의 유지를 위해 얼마나 몰입하고 충성을 요구하는지에 대한 평가로 이루어진다. 각 점수가 균형 있게 모두 높으면 우리 가족은 행복하고 건강한 가족생활을 영위하고 있다고 볼 수 있다.

가중평균모형 weighted averaging model 대인지각, 즉 우리가 어떻게 인상을 형성하고, 어떤 것들이 인상 형성에 영향을 미치는지에 대한 연구방법 가운데, 다양한 정보를 취합하여 그 표적인물에 대한 평가를 내리는 연구 방법의 하나다. 즉, 표적인물에 대하여 얻는 다양한 정보를 취합하고, 그 정보를 어떻게 처리하는가에 따라 그 인물에 대한 전반적인 평가가 나오게 되는데, 정보를 취합하는 모형에 따라 '가산모형'과 '평균모형', '가중평균모형'으로 구분한다. 여기서 '평균모형'은 표적인물에 대한 각각의 특질이 갖는 좋고 나쁨의 가치를 합산한 후 평균을 내어 그 인물에 대한 호감도를 나타내는 것인데, '가중평균모형'은 '평균 모형'을 수정한 것으로 먼저 제시된 특질은 나중에 제시된 특질보다 더 큰 비중을 지니게 되는 것을 말한다. 앤더슨(Anderson)은 인상형성을 보다 정확하게 예언하는 것이 '가중평균모형'이라고 제안하였다. 즉, 사람들은 상대방의 모든 특성에 대해 평균값을 취하지만, 중요하다고 생각되는 특성에 보다 많은 비중을 두어 전반적인 인상을 형성할 것이라는 것이다. 예를 들면, 교수를 뽑기 위해선 '매력적'이란 측면보다는 '지적'이란 측면에 더 비중을 둘 것이고, 모델을 뽑는 것이었다면 '매력적'이란 측면에 더 비중을 둘 것이라는 것이다.
⇨ 가산모형, 평균모형 참고.

가지성 knowability 인간의 행동이나 경험세계는 주관적인 세계이기 때문에 과학이라는 객관적 도구로 판단할 수 없다고 하는 불가지성에 상반되는 견해로서, 가지성이란 인간행동을 지배하는 원리는 과학적인 연구를 통해 결국에는 밝혀질 것이라는 것을 기본가정으로 한다. 즉, 성격의 본질을 과학적인 용어로 충분히 파악할 수 있다고 보는 것이다.

가출 runaway 자신들의 요구나 희망과는 대조적으로 부모 또는 법적 보호자의 가정을 떠나거나 그들의 통제에서 벗어나 독립적인 생활을 유지하고자 하는 행동을 말한다. 가출의 유형은 정신장애의 자폐성 경향으로 발작적으로 가출하는 정신병리형과 가정이나 학교·직장 등에서의 불만이나 갈등으로 주위와는 물론 가정관계까지 끊으려 하는 도피형, 가정관계 자체에는 별로 문제가 없는데 친구나 연인의 가출에 동정하여 좇아가는 자기동일시형, 자기의 꿈이나 목표를 충족시켜 주는 그 무엇을 믿고 가출하는 목표달성형 등이 있다. 그러나 이러한 유형들은 어느 하나가 원인으로 작용하기보다는 이들의 혼합형으로 나타나는 경우가 많으며, 가출의 원인으로는 가출인의 인격의 결함에서 오는 정서의 불안정성과 성격적 충동성, 가정의 결손이나 빈곤, 인간관계의 부조화, 경제의 불황이나 계층적 · 지역적 격차, 신구 문화의 대립 등을 들 수 있다. 이들은 대체로 충분한 준비와 계획이 없이 무작정 가출하는 경우가 많으므로, 사회 경험이 없는 청소년들이 무직으로 전전하다가 비행 · 범죄를 저지르는 경우가 많게 된다.

가치 values 문화, 집단 또는 개인이 바람직하다고 생각하는 관습, 행동규범과 원칙들.

가치명료화 value clarification 내담자들이 그들의 가치와 일치하는 자율적 결정을 내릴 수 있도록 도와주는 데 사용되는 촉진기법으로서 내담자들이 그들의 가치를 탐색하고 그 가치들, 즉 사람들이 삶을 살아가는 데 가지고 있는 중요한 신념이나 원칙들을 내릴 수 있도록 도와주는 것을 말한다. 따라서 사람들이 그들의 의견과 가치관을 함께 나누도록 함으로써 발생하는 도덕과 윤리 원칙의 교육방식으로 참여자들을 다양한 생각에 노출시키고 가치의 상대성을 이해하도록 한다. 가치명료화는 원래 래스(Raths)가 아동들로 하여금 자신의 가치를 잘 인식할 수 있도록 도와줄 수 있는 기법을 가리키는 것이었다. 그 후 학생들이 자신감을 지니며 일관성 있는 선택과 결정을 하도록 하려면 일련의 가치를 발달시켜야 하고, 그런 가치는 학생들이 자신의 신념과 행동을 선택하고, 자신이 선택한 신념과 행동을 자랑스럽게 여기고, 반복적이고 일관성 있게 자신의 신념에 근거하여 행위 하는 것이라는 개념으로 바뀌었다.

가치심리학 psychology of value 사실의 문제가 아닌 가치의 문제를 다루는 심리학으로서, 가치의 문제를 처음으로 다룬 심리학자는 에렌펠스(C. V. Ehrenfels)와 마이농(A. Meinong) 등인데, 일반적으로 독일의 슈프랑거(E. Spranger)가 유명하다. 그의 『인생의 여러 형식』은 성격심리학의 전형이며 문화유형학의 하나로 보고 있는데, 각자가 자아의 핵심에 박고 그것을 중심으로 인격을 구성하는 가치로서 이론 · 경제 · 권력 · 사회 · 종교 · 심미의 여섯 가지로 구분된다. 미국에서는 이것을 검사 형식으로 바꾼 『올포트-바논 가치 테스트』를 사용하고 있다.

가치조건 conditions of worth 유기체적 가치과정과 상대되는 개념으로서, 가치조건은 삶을 통해서 인습 · 문화 · 사회적 이데올로기나 가치관 등에 의해 인위적으로 만들어진 가치세계를 말한다.

가치지향 value orientation 가치지향은 행위자의 욕구나 흥미와 관련된 동기지향과 함께 사람의 행동에 대한 분석개념으로서, 이는 사람이 어떤 행동을 하려고 할 때 대상이나 수단 등 여러 가지 선택의 상황에 직면하게 될 때마다 일정한 규범에 따르도록 하는 힘이 작용하는 것을 의미한다.

가치판단 value judgement 어떤 사람, 집단, 장소나 사건의 가치에 대해 내리는 가정으로, 사실판단에 대한 규범적 판단을 말한다. 그러나 이에 대한 객관적인 진위의 판별은 쉽지 않다.

가학성 sadistic 가학성이란 피학성과 반대되는 개념으로 상대방에게 고통을 가함으로써 쾌락을 얻는 것이다. ⇨ 가학적 변태성욕 참고.

가학적 변태성욕 sadism 신체적으로나 심리적으로 타인에게 고통을 가함으로써 쾌감을 얻는 것. 가학성애, 사디즘(Sadism)이라고도 한다. 사디즘은 18세기 프랑스 작가인 마르키 드 사드(Marquis de Sade)의 이름에서 유래하였다. 다음과 같은 진단기준 세 가지 중 하나가 해당될 때 사디즘이라 할 수 있다. ① 동의하지 않는 상대방에 대하여 성적 흥분을 얻기 위해 반복적 · 의도적으로 심리적 또는 신체적 고통을 준 적이 있거나, ② 성적 흥분을 위하여 동의한 상대방에게 가벼운 상처를 주고 괴롭히면서 고통을 주는 것이 애용되거나 또는 유일한 방식일 때, ③ 성적 흥분에 도달하기 위해 동의한 상대방에 대해 광범위하고 지속적인 또는 치명적일 수도 있는 신체적 상해를 가하는 경우다. 강간, 난폭한 성행동, 성적 살인(lust murder : 성관계 후 살인함)이 관련될 수 있다. 정신역동적 원인은 희생자에 대한 지배 및 통제의 욕구로서 성적 무능감의 병적 극복이다. 기타 유전적 소인, 호르몬 이상, 병적 대인관계, 과거 성적 남용의 피해경험, 정신장애(대개 정신분열병)의 동반 등이 원인적 요인들에 해당된다. 발병과 경과는 성적 피학증과 같다.

가학적 인격장애 sadistic personality disorder 타인을 공개적으로 멸시하며, 잔인하고 공격적인 특성을 보인다. 가학성을 발휘하는 상대는 가족일 수도 있고 직장의 부하일 수도 있다. 그러나 자기보다 지위나 권위가 높은 사람에게는 가학성을 나타내지 않는다. 타인의 권리나 감정을 배려하는 능력이 절대적으로 부족하며, 다른 사람이나 동물이 신체적 · 심리적으로 괴로움을 당하는 것에 대해서 동정심보다는 쾌감을 느낀다.

가현운동 apparent movement 고정되어 있는 두 광원을 연속적으로 껐다 켰다 함으로써 나타나는 운동현상으로 실제로는 움직이는 자극이 아닌데도 움직이는 것으로 지각되는 현상을 말한다. 대표적인 것은 영화에서 화면이 움직이는 것처럼 보이게 하는 베타 운동(β-movement)이다.

각본 script 생활각본 현재의 '자기'와 외부환경과의 상호관계 유형에 영향을 끼치는 성장과정에서 가졌던 꿈, 태도 혹은 계획이다. 스스로 쓴 것도 있지만 주로 어린 시절에 부모 역할을 했던 사람이 요구한 대본일 경우가 많다. 즉, 각본은 주로 가족관계 경험을 포함한 생의 초기에 개인이 경험하는 외적 상황들에 대한 자신의 해석을 바탕으로 하여 결정되고 형성된 반응양식으로서 각 개인의 가장 기본적이고 사적 생활의 결정양식을 말한다. 특정한 사회적 상황 또는 관계를 동반하며, 개인의 명백한 목표와 일치하지 않는 결과를 야기할 수도 있는 독특한 행동양식으로 연극배우가 각본에 따라 연극을 하듯이 각 개인은 자신의 각본에 따라 삶을 이끌어 가는 것이다. 이렇게 도식화된 각본은 개인의 삶을 결정하는 데 기본적인 근거가 된다. 각본의 종류로는 한 사회의 문화를 통해 개인에게 도식화되는 가치관이나 생활태도 등의 문화적 각본과 가족의 기대에 의해 형성되고, 특히 부모의 자아상태가 개인의 자아상태로 전승되는 가족각본, 개인의 생활에서 반복적으로 행해지는 심리적 각본이 있다. ⇨ 인생각본 참고.

각본분석 script analysis 교류분석적 상담의 기술로서 사용되는 방법으로, 생활각본분석이라고도 한다. 이제까지 생활해 온 삶의 형태(각본)를 분석해 보는 것으로 각본분석을 통해 사람들이 왜 그런 식으로 행동하는지의 이유를 이해하게 해 준다. 문제를 가지고 있는 사람들에게 생활의 결정양식(각본)은 보통 '나는 틀렸다' 고 하는 자세의 바탕 위에서 이루어진다. 그러므로 '나는 틀렸다' 고 하는 자기부정의 감정을 밖으로 표현하는 것은 매우 어렵다.

각성 arousal (awakening) 각성이란 뇌간의 복잡한 체계가 활성화되었을 때 그에 대해 보이는 유기체의 일반적인 반응을 측정한 것으로, 말 그대로 깨어 있는 상태를 말한다. 생리적으로 각종 신경이 활동중이거나 정신이 깨어 있는 상태다. 행동의 바탕이 되는 강도라고 할 수 있다. 즉, 행동을 유발시키거나 활성화시키는 생리적 활동을 말한다. 수면상태에서 각성이 가장 낮고, 각성 수준이 높아질수록 뇌파의 주파수가 높아지며, 눈의 동공은 커진다. 현상적으로는 호흡이 가빠지거나 혈압이 올라가는 상태가 된다. 각성 수준이 지나치게 높으면 과제 수행이 방해를 받으며, 대체로 정서 강도가 높을수록 각성 수준은 높다. 인간의 성적 측면에서 볼 때, 이 용어는 성적 자극과 유인에 대한 생리적 · 심리적인 변화를 말한다.

각성이론 arousal theory 어떤 행동을 유발시키는 원인이 되며, 행동의 방향성과 활성화에 영향을 미치는 동기에 대한 이론적 관점으로, 각성이론은 사람들이 자신의 최적각성수준(optimum level of arousal)을 유지하도록 동기부여가 된다는 것을 말한다. 즉, 적절히 각성된 상태가 일의 수행에 도움을 준다고 하는 것이다. 그러나 각성 수준이 지나치게 높으면(흥분 상태) 오히려 과제를 수행하는 데 해가 된다고 보고 있다. 이 이론의 근거는 스트레스 상황에서 인간이 보이는 응급반응의 개념으로, 인간의 두려움과 분노 같은 정서가 위험에 직면했을 때 어떤 행동을 하도록 준비시키고 동기화한다는 것이다. ⇨ 각성 참고.

각성의 결여 lack of awareness 엄격하고 융통성이 없는 사람에게서 나타나는 특징이다. 자기가 무엇을 원하며 어떻게 해야할지보다는 다른 사람에 의해 형성된 자아상에 따라 행동하는 데 많은 에너지를 소비한다.

각인 imprinting 어린 동물이 최초로 본 비교적 큰 움직이는 대상에 애착반응을 보이며 따라가는 것을 학습하는 학습의 한 형태다. 예를 들어, 1935년 코날드 로렌즈(Konard Lorenz)에 의해 소개된 것처럼 어린 오리새끼가 출생 후 11~18시간 내에 처음 대하는 대상인 성숙한 암컷(대개 어미)을 따라다니는 것을 학습하게 되며, 그때 그 오리 새끼들이 보는 대상은 다른 움직이는 물체라도 가능하다. 이와 같이 각인은 돌보는 자에 대한 애착을 형성하는 일종의 초기 학습형태로서 비가역적이고 고정되어 있는 애착의 한 형태를 말한다.

간뇌 diencephalon 간뇌(변연계)는 대뇌피질 하부의 깊은 곳에 위치한 구조체며, 대뇌와 소뇌 사이에서 내장과 혈관의 활동을 조절하는 기관으로 체온을 조절하고 물질대사에 관여한다. 또한 간뇌는 감각기관을 통해 들어온 정보를 분류하고 분석하여 결과들을 해당되는 각 대뇌피질로 옮기고 되돌아오는 정보를 다음 분석을 위해 재조립하는 활동을 하며, 정보처리 속도가 우뇌능력보다 8만배가 빠르기 때문에 간뇌의 개발을 통해 초고속 뇌학습이 가능하다고 주장한다.

간섭 interference 특정한 정보의 기억이 다른 정보나 경험하는 학습의 변화에 따라 방해를 받을 때 일어나는 망각의 과정으로, 이미 배운 것이나 뒤에 배운 것이 기억하고자 하는 것을 방해하는 현상을 말한다. ⇨ 간섭이론 참고.

간섭이론 interference theory (distraction theory) 망각이론에는 크게 보면 쇠퇴설(decay)과 간섭설(interference)이 있으며 망각의 원인에 대해서는 여러 가지 학설이 제기되고 있는데 쇠퇴이론과 간섭이론이 대표적이다. 간섭이론에 의하면 망각은 기억이 손실된 것이 아니고 학습 이전이나 이후의 정보에 의해 기억정보가 방해를 받는 현상이라고 설명한다. 이에는 새로운 정보로 이전의 기억이 방해를 받는 역행억제와 새로운 정보가 이전의 기억 때문에 방해를 받는 순행억제가 있다. 또한 학습하고 나서 떠올리기까지 사이에 일어나는 활동에 의해 기억정보가 방해를 받기도 하는데, 이는 스트레스로 기억력이 저하되는 현상을 설명해 준다. ⇨ 쇠퇴이론 참고.

간접적 질문 nondirective question 예를 들어, "~궁금하군요", "~했겠군요"라는 어투로 상담자의 호기심 또는 추측을 드러내면서 내담자의 반응을 유도하는 것으로, 상담자가 내담자에게 단도직입적 또는 직접적으로 답변을 요구하는 질문형태가 아니라 문장형식에 의문부호로 끝나지 않고 서술형으로 실제 내용은 상대방에 무엇인가를 묻는 것이다. 간접적 질문은 관심을 보여 주면서도 질문처럼 들리지 않는다는 점에서 부드럽고 폭넓은 질문으로서 가치가 있다.

간직하기 containing 상담자는 내담자가 두려워하는 모든 정동, 충동과 체험 등을 간직하여 완화시켜 주는 역할을 하며, 내담자의 그런 감정에 즉시 반응하지 않고, 마음에 간직하여 길들여서 위험하지 않도록 변화시킨다. 이 기법을 잘 활용하기 위해서는 상담자가 심한 좌절을 견디어 낼 수 있어야 하고 강한 감정을 통제할 수 있는 능력을 갖추어야 한다. 이 기법은 버텨 주기(품어 주기)와 직결되며, 상담자가 자기 자신의 역전이 반응을 통제하여 그것을 효율적으로 활용하기 위해 필수적이다.

간질 epilepsy 전신의 경련작용(convulsion action)과 의식상실을 일으키는 만성질환이다. 의식상실을 하는 시간을 짧아서 잠시 생각에 잠긴 것처럼 보이기도 하지만 그 순간에 일어났던 일은 전혀 기억하지 못한다. 간질의 원인은 다양하나, 그 치료에 있어서 원인 및 유발조건의 제거가 중요하며, 약물치료로써 효과를 볼 수 있다.

간헐적 강화 intermittent reinforcement 어떤 반응에 강화인자가 불규칙적이거나 간헐적으로 적용되는 강화 스케줄이다. 이는 지속적인 강화는 아니며, 느리게 강화를 하지만 매우 강력한 조건화를 형성한다. 부분강화와 같은 의미다. 이와 같은 방법을 사용하더라도 매번 강화가 주어지는 경우와 비교해 볼 때 큰 차이가 없이 학습이 진행될 뿐만 아니라 오히려 소거저항이 큰 것이 특징이다.

⇨ 부분강화 참고.

간헐적 폭발성 장애 intermittent explosive disorder 간헐적 분노 폭발장애 분노를 참지 못하고 타인에게 폭행을 가하거나 물건을 부수는 행위를 수시로 하는 것과 같이 심각한 폭력이나 재산의 파괴를 초래하는 공격적 충동이 느닷없이 촉발되는 충동조절장애가 몇 번 삽화적으로 일어나는 경우를 말한다. 정신과적 증후군의 이차적 증상이 아닌 지속적이고 반복적인 비적응성 기타 행동의 분류다. 이러한 행동을 한 환자들은 흔히 발작이라고 표현하는데 환자는 이런 행동을 수행하려는 충동을 이기지 못한다. 삽화가 일어나지 않는 동안에는 일반적으로 충동적이거나 공격적인 행동의 징후는 없고, 긴장감의 전구시기와 행위 후 위안증상이 있다. 또 이런 행동은 정신분열증이나 또는 반사회성 인격장애와 같은 기타 정신장애에 의해 일어나는 것도 아니다.

갈등 conflict 갈등은 두 가지 인상의 동기가 서로를 방해하기 때문에 충족되지 못할 때 일어나는 것으로 두 가지 이상의 상반되는 욕구, 기회 혹은 목표에 당면했을 때 대립을 의미한다. 원하는 목표를 동시에 다 달성하기가 불가능하기 때문에 문제가 되는 것이 갈등인 것이다. 갈등을 일으키는 상황은 여러 가지다. 직장이나 조직에서의 갈등에는 개인 내적 갈등(intrapersonal), 개인 간 갈등(interpersonal), 집단 내 갈등(intragroup), 집단 간 갈등(intergroup), 조직 내 갈등(intraorganizational), 조직 간 갈등(interorganizational) 등이 있으며, 갈등의 내용에 따라서도 목적 갈등(goal conflict), 인지적 갈등(cognitive conflict), 감정 갈등(affective conflict)이 있다. 갈등은 자원을 낭비시키며 불안과 긴장, 분노를 가중시키기도 하지만 긍정적인 측면을 제공할 때가 많은데, 갈등을 해결하는 노력을 통해 창조적이고 건설적인 문제 해결에 이르게 하는 기회를 제공한다. 일반적으로 갈등은 그

것이 지닌 힘의 방향에 따라 네 가지 종류로 나뉜다. 이는 레빈(K. Lewin)이 갈등이 지니고 있는 유인가에 따라서 분류한 것으로, 긍정적 가치를 갖는 것에 이끌리는 힘을 접근경향이라 하고, 부정적 가치를 갖는 것에서 멀어지고자 하는 힘을 회피경향이라고 하는데, 그 유형은 ① 접근-접근 갈등(approach-approach conflict), ② 회피-회피 갈등(avoidance-avoidance conflict), ③ 접근-회피 갈등(approach-avoidance conflict), ④ 이중접근-회피 갈등(double approach-avoidance conflict)이다.

갈등관리 conflict management (1) 조직의 발전단계에서 갈등을 해결하는 절차다. 여기에서는 조직구성원이 그들의 상호관계 성격을 규정하고 의사소통의 장벽을 제거하며 그들의 상호의존적인 곳을 규정하고, 문제와 자원을 확인하며, 특별한 문제를 해결하기 위해 함께 노력하도록 도움을 받는다. (2) 대화의 기술에서 갈등관리는 갈등이 있다는 것에 대한 깨달음과 그 갈등을 진단할 수 있는 능력과 그 갈등에 갇혀 있는 감정을 해소시킬 적절한 방법을 사용할 수 있는 지혜와, 쌍방의 다른 점들을 토의하고 타협할 수 있는 여유를 갖는 대화의 기술영역이다.

갈등유발 conflict induction 가족치료에서 사용하는 기법으로서, 갈등유발은 치료사가 가족구성원에게 활발한 대결, 논쟁 혹은 새로운 연합을 형성하도록 쟁점과 상이한 가치를 도입시키는 것이다. 이 기법은 습관적으로 갈등과 사회적 불편함을 피함으로써 그들 가족 일부 혹은 전부를 불건전한 교착상태에 빠지게 하는 사람들에게 효과적이다.

갈등이론 conflict theory 사회적 갈등의 성격, 과정, 결과에 대해 설명하는 이론으로, 대표적 이론가는 칼 막스(Karl Marx), 게오르그 짐멜(Georg Simmel), 루이스 코저(Lewis Coser) 등이다. 막스는 결과적으로 갈등이 권력 집단을 전복하여 무계급사회와 갈등이 없는 사회로 갈 것이라는 가정을 했으며, 짐멜과 코저는 갈등은 원래 나쁜 것이 아니라 사회 내 집단을 결속시키고 집단의 응집력을 높이며 집단구성원의 에너지를 가속화하는 등의 중요한 기능을 수행한다고 주장했다. 이와 같이 갈등이론에서는 갈등을 결코 비정상적인 것도 병리적인 것도 아니고 사회에 중요 공헌을 하는 것으로 보았다. 또한 인간이 소유하고자 하는 대상물은 제한되어 있고, 인간의 소유욕은 무한한데, 이 모순을 해결할 길이 없으니 인간 간의 경쟁과 갈등이 불가피한 것이라고 전제하며, 모든 사회집단은 각각 다른 목적 또는 이해관계를 가지고 움직이고 있다고 말한다. 한편, 뒤르켐(E. Durkheim)이나 파슨즈(T. Parsons)는 갈등을 파괴적 · 일탈적인 현상으로 봄으로써, 갈등이론은 현실의 사회변동을 충분히 설명할 수 없으며 현상 유지적인 보수적 성격을 가지고 있다고 비판하였다.

갈등해결 conflict resolution 여러 파벌이나 집단이 제한된 목적을 놓고 서로 경쟁할 때 발생하는 문제들을 제거하거나 최소화하기 위한 과정으로, 상담자는 종종 일부 공동의 목적으로 경쟁하는 내담자 혹은 내담자 체계에 대해 타협이나 대안적인 해결방법을 명백히 하고, 가르치며 조정하고 제안할 때 이 과정에 참여한다.

갈주증 dipsomania 발작적으로 술을 많이 마시는 증상으로 만성 알코올 중독증이며, 술에 대한 욕구가 주기적으로 이상하게 높아진다.

감각기억 sensory memory 감각기억은 자극이 중단된 후에 감각적인 자료들이 순간적으로 남아 있는 것으로 시각 · 청각 · 후각 · 미각 · 촉각 중의 하나다. 감각자극은 어떤 자극이 제시되었다가 제거된 다음에 신경적 활동이 잠시 동안 지속되는 것에 의하여 이루어진다. 시각적 감각정보에 대한 감각기억을 영상기억(iconic memory), 청각적 정보에 대한 감각기억을 잔향기억(echoic memory)이라고 한다.

감각뉴런 sensory neuron 감각수용기로부터 뇌나 척수로 정보를 전달하는 신경세포로서 오직 한 방향으로만 작동한다. 감각뉴런은 빛, 열, 추위 등 특정 자극을 감지하는 수용체 부분을 가지고 있다.

감각박탈 sensory deprivation 일상적인 생활을 통해 경험하게 되는 빛 · 소리 · 냄새 등 감각자극을 일정한 시간 동안 사람들에게서 차단하는 것으로 '감각격리' 라고도 한다. 이러한 상황에 처하게 되면, 사람들은 감각자극의 부족으로 변화를 찾지만 그것을 얻지 못하게 되고 심리적으로 이상상태가 되고 이로부터 벗어나려는 시도를 하게 된다. 예를 들면, 갱내에 갇혀 있는 갱부가 장시간 극단적으로 감각적 자극으로부터 고립되어 있을 때 그들은 매우 빨리 지루함을 느끼며, 환각을 경험하게 된다. 감각박탈에서 나타나는 현상은 인간에게는 언제나 감각적 자극과 변화를 추구하려는 기본적인 강한 욕구가 있음을 나타내 준다.

감각운동기 sensorimotor stage 피아제 이론(Piagetian theory)에 따르면 출생에서 약 18개월까지 1단계에 해당하는 인간성장의 발달기로서, 이 단계는 점차 발달된 감각기능과 운동신경으로써 유아가 환경에 잘 적응해 나가는 단계다. 또한 이 시기에는 대상영속성이란 개념을 획득하는 것이 중요한 과제인데, 이것은 감각운동기의 6개 하위 발달단계를 통해 발달한다. ⇨ 인지발달단계 참고.

감각적 인지 sensory awareness 감각이나 지각에 바탕을 둔 인식을 의미한다. 이와 같은 인지는 개념적 사유에 바탕을 둔 이성적 인지에 비하여 차원이 낮은 것으로 생각하였으며, 따라서 진실한 존재는 감각적 인지로는 파악할 수 없다고 하였다.

감각중추 sensorium 지각중추 두뇌, 정신, 마음 등을 포괄하는 의식의 세계로, 여러 감각기관에서 입력되는 모든 정보를 재정리하여 처해 있는 환경에 대한 체계적이고 의미 있는 이해를 가능하게 한다.

감각초점 sensate focus (sensual focus)

⇨ 성치료, 관능훈련 참고.

감각추구척도 sensation seeking scale 사람들은 다

양한 감각과 경험을 추구하려는 욕구를 가지고 있는데 이를 추구하는 정도는 사람마다 다르다. 이러한 욕구를 측정하기 위해 작커만(Zuckerman)이 발전시킨 검사법이다.

감각화 sensitization 감각경험에 따라 환경에 더욱 반응하려는 경향성을 의미하는 것으로, 격렬하고 유독한 자극에 의해 생리적 또는 행동적 반응이 증가하는 것이다. 예를 들면, 기분 나쁜 일이 일어난 후에 과민감정이 일어난다거나 차량 고장 사고 이후에 차에서 나는 낯선 소리에 보통 이상의 주의를 기울이게 되는 반응들을 말한다.

감별불능 신체형 장애 undifferentiated somatoform disorder 설명할 수 없는 신체적 호소가 특징이며, 적어도 6개월 이상 지속되어야 하고, 신체화 장애의 진단을 받을 만큼 심하지는 않다. 가장 흔한 호소로는 만성적 피로, 식욕 상실, 위장관 또는 비뇨기관 증상 등이다. 이 범주는 신체화 장애나 기타 신체형 장애의 완전한 기준을 충족시키지 못하는 지속적인 신체형 장애를 진단하기 위한 것이다.

감별진단 differential diagnosis 증상에 유사한 특징이 있는 질병을 비교·검토하여 초진 때의 병명을 확인하는 진단법이다. 증상의 특징에서 어떤 병명을 생각할 수 있을 때, 그것과 유사한 특징을 가진 다른 질병을 모두 들어서 그들 상호 간의 이동을 비교·검토하여 처음에 생각한 병명과 틀림없는가의 여부를 알기 위한 진단법을 말한다.

감성지수 emotional quotient 미국의 심리학자인 대니얼 골먼(Daniel Goleman)이 제창한 용어다. 지능지수로 측정되는 IQ와 달리 마음의 지능지수라고 할 수 있다. 감성지수의 내용은 자신의 기분을 지각하고 납득할 수 있는 결단을 내릴 수 있는 능력, 충동을 자제하고 감정을 조절할 수 있는 능력, 실패했을 때 좌절하지 않고 자신을 격려할 수 있는 능력, 타인의 감정에 공감할 수 있는 능력, 집단 내에서 조화를 유지하고 다른 사람과 협력할 수 있는 사회적 능력을 말한다. 그러나 IQ처럼 감성지수를 측정할 수 있는 정형화된 도구는 정립되지 않았다.

감수성 sensitivity 자극의 수용에 포함되는 조건이나 능력과 자극의 강도 및 변화에 대한 개인의 반응성과 타인의 감정에 민감하게 반응하도록 하는 특성이다.

감수성 훈련 sensitivity training 감수성 훈련의 역사는 레빈(K. Lewin)의 소집단역학연구 및 형태주의 심리학과 로저스(C. R. Rogers)의 인간중심 치료에서 시작되었다. 나와 타인의 마음과 감정을 인식하고 나와 타인과의 상호관계에서 나타나는 감정 및 마음의 흐름을 예민하게 감지하여 상황에 적절히 대처함으로써 인간관계의 집단 조직을 생산적으로 이끌어갈 수 있도록 하는 것이다.

감정 feeling 쾌, 불쾌 차원의 분화되지 않은 흥분상태 또는 '행복하다, 슬프다, 흥분하다, 무섭다, 약하다, 강하다, 혼동되다, 화나다, 좌절되다'와 같은 단어들이다. 분트(W. Wundt)는 감정의 3방향성을 주장하였는데, 즉 감정은 쾌·불쾌, 흥분·침정, 긴장·이완의 대립적 계열에 속하는 3방향 및 차원을 가지고 있으며, 이 모든 감정은 삼차원의 공간 내의 한 점에 정위시킬 수 있다고 한다. 그러나 많은 심리학자는 이 주장에 동조하지 않으며, 쾌-불쾌 이외에는 근육감각, 혈관운동지각, 내장감각 등에 귀착한다는 1차원설을 주장한다.

감정갈등 affective conflict 갈등의 종류에는 목적갈등(goal conflict), 인지적 갈등(cognitive conflict), 감정갈등(affective conflict)이 있으며, 이 가운데 감정갈등이란 상대방과의 기대되는 감정이나 정서 등이 상충되거나 공존하지 못하는 경우의 갈등을 말한다.

감정반사 reflection of feeling 내담자의 감정이 어떤 순간에 어떠하였는가를 분류해 보여 주며, 더 나은 감정표현과 그러한 감정을 이해할 수 있도록 격려해 주는 기술.

감정의 격리 isolation of affect 원래는 감정과 연합되어 있었던 생각을 분리시킴으로써 감정적 갈등이나 내외적인 스트레스를 처리한다. 즉, 개인은 어떤 주어진 생각, 예를 들면 상처받은 경험에 관련된 느낌을 잊어버리고 이에 대한 인지적 요소만을 의식하게 된다.

감정적 구성요소 affective component 태도를 형성하는 주요 구성요소로서, 감정적 구성요소는 태도대상에 관한 개인적 평가나 경험된 정서의 경향과 강도로 구성되어 있는 것을 말한다. ⇨ 태도 참고.

감정적 논리 affective logic 어떤 욕구나 목적을 정당화 또는 합리화하기 위해 주관 일변도로 전개되는 이론으로서, 매우 흔한 비합리적 사고 유형으로 자신의 감정에 근거한 사고를 말한다. 프랑스의 심리학자 리보(T. A. Ribot)가 맨 처음 주장한 이론으로 미개민족이나 어린이의 추론에 관한 설명에 자주 응용되었고, 또한 합리적인 동기로는 도저히 설명할 수 없는 여러 가지 인간심리를 기술하는 데 쓰이고 있다. 감정적 논리는 미개인이나 어린이의 사고의 특징을 이루고 있고 정신발달의 전 단계에서 생긴다는 점에서 전논리라고도 하며, 구체적 행동이나 동작과 밀접한 관련을 갖고 있고 자신의 욕구나 감정과 깊은 관계를 갖고 있기 때문에 베르나르(H. Bernard)는 융합적 사고 또는 구체적·정동적 사고라고도 하였다.

감정적 통찰 emotional insight 자기 자신의 동기 조성이나 욕구를 달성할 수 있는 감정적 통찰, 즉 자신의 동기 및 감정에 대해 알고, 증상을 이해하며 인격과 장래의 행위에 도움을 주는 것을 말한다.

감정 전이 transference 방어기제의 하나로서 어느 특정한 개인에게 돌려야 할 감정을 유사한 사람에게 돌려 발산하는 것이다. 이것은 보통 정서적 감정이 직접 표현되면 안전하지 못하다고 생각되기 때문에 그 감정을 실제적인 근원을 떠나서 좀 더 용납될 수 있는 다른 것에 방출해 버리는 것을 말한다.

강박성 compulsion 충동성 강박성은 강박적 행동과 같은 의미로서, 자신의 정상적인 바람이나 기준과 모순되는 행동을 하려는 충동을 의미한다. 즉, 자신이 원하지 않으면서도 반복적·강압적으로 나타나는 행동이다. ⇨ 강박적 행동 참고.

강박신경증 obsessive-compulsive neurosis 의지의 간섭에서 벗어나 특정한 생각이나 행동을 반복하는 정신신경증을 말한다. 강박신경증을 겪는 당사자는 자신이 겪는 불유쾌한 감정이나 상념에 대해 그것이 비합리적이며 비현실적이라는 사실을 알기 때문에 그 감정과 상념을 떨쳐 버리려고 애를 쓰지만 이겨 내기가 극도로 힘들다. 이러한 강박신경증이 일어나는 원인은 정신적인 충격이나 자괴감 등으로 자신감이 저하되었기 때문으로 보고 있다.

강박장애 obsessive-compulsive disorder 생각이나 행동이 강박적으로 반복되는 것을 말한다. 불안이 강박적 사고나 강박적 행동으로 표현되는 장애로서, 이런 증상이 많은 시간을 소모하거나 현저한 고통이나 장해를 초래할 만큼 심각하다. 강박장애를 가진 성인들은 어떤 시점에서는 강박적 사고나 행동이 지나치거나 불합리하다는 점을 인식하지만, 이러한 증상에 저항을 시도하고자 할 때 고조되는 불안이나 긴장을 경험하게 되고, 다시금 강박적 행동을 수행함으로써 불안을 완화시키게 된다. 정신분석적으로 강박장애는 어머니를 두고 아버지와 대결을 벌이는 오이디푸스기로부터 매우 엄격한 대소변 가리기가 시작되는 항문기(1~3세)로 퇴행한 것으로 보고 있다. 강박장애 환자들은 소중한 사랑의 대상을 상실할 위험에 처하거나 보복의 위협을 받게 되면 안전을 도모하기 위해 항문기로 퇴행하는 것으로 보는데, 이 항문기로 퇴행하면 아주 양가적인 감정을 갖는다. 즉, 같은 대상에게 애정을 느낌과 동시에 적개심을 느끼는 것이다. 이런 양가적인 감정은 오이디푸스기에 느꼈던 어머니에 대한 애정과 아버지에 대한 공격성을 조율하기 위한 것으로 이런 양가적인 태도로 인해 확신을 갖지 못하고 의심하고 확인하는 행동을 반복하게 된다.

강박적 사고 obsession 강박관념 무언가에 대해 비합리적이며, 본인이 원하지 않는 생각이나 충동, 의심, 이미지가 자신의 의지와 상관없이 지속적으로 떠오르는 것을 말한다. 흔한 강박적 사고들은 오염에 대한 반복적인 생각, 반복적 의심, 특별한 순서로 물건을 정리하고 싶은 욕구, 공격적이거나 두려운 충동, 성적인 심상 등이다.

강박적 성격 compulsive character (obsessive-compulsive personality) 강박관념에 사로잡힌 성격을 말한다. 감정적 억제, 규칙성, 고집, 완고함, 우유부단, 완벽주의 또한 융통성이 없고 면밀하면서도 외곬으로 어떤 관념에 사로잡힌 나머지 정신적 에너지를 대량 소모하여 결과적으로는 자기가 하고 싶었던 일이나 해야만 되는 일을 못하게 되는 특정한 성격을 말한다. 프로이트에 의하면 항문기에 해당하는 생후 2~4세경에 대소변 가리기 훈련과정에서 어린 아이의 욕구와 어린 아이를 사회화시키려는 부모의 요구 사이에 갈등이 나타나는데 이러한 갈등이 제대로 해결되지 않을 때 강박성 인격이 싹트게 된다고 한다. 주로 사용하는 방어기제는 고립, 지성화(intellectualization), 반동형성, 취소 및 전치 등이다. 유전적 요인이 있어 가족 중에 강박성 인격장애의 빈도가 일반 인구보다 높다. 그러나 대체로 강박장애와는 일시선상에 놓여 있지는 않다고 보고 있다.

강박적 인격장애 obsessive compulsive personality disorder 정리정돈, 완벽성 그리고 통제에 대한 과도한 집착을 특징으로 하는 인격장애다. 이들은 지나치게 엄격하고 독단적이며, 도덕적이고, 전반적인 행동방식이 완벽주의와 비융통성으로 대표된다. 과업수행에서 도달할 수 없는 높은 기준에 집착하여 일을 완수하지 못한다. 상담자에게서 새로운 행동을 시도하라는 충고를 받아도 조건들이 '완벽하게' 만족되지 않으면 행동으로 옮기지 않는다. 일상생활이 규칙적이고 공적이며 흐트러짐이 없는 것을 중요시하며, 감정표현을 자제하고 남을 칭찬하는 데 인색하다. 이들의 내면세계에는 뿌리 깊은 양가감정이 있어서 자기주장이 강하고 자율적인 태도를 취하기를 원하면서도 남들에게 순응하고 동조함으로써 인정과 지지를 받고자 한다.

강박적 행동 compulsion behavior (obsessive-compulsive behavior) 강박행위라고도 한다. 강박관념에 따라 원하지는 않지만 어쩔 수 없이 반복해서 어떤 의식처럼 하게 되는 행동이나 정신적 활동을 말한다. 흔히 나타나는 강박적 행동으로는 손씻기, 확인하기(잠금장치, 정돈상태, 가스레인지 등), 강박적 의식행동(예를 들어, 양치질하는 독특한 절차나 방법 때문에 30분 이상 걸린다), 숫자 세기, 마음속으로 단어 반복하기 등이다.

강박증 compulsion 강박관념에 대한 반응으로 나타나는 행동이다. 의도하지 않으나 의식적으로 되풀이되는 비합리적인 행동이나 자기의 의지나 의식적인 경향과 반대되는 행동을 말한다. 강박증에서 아무리 애를 써도 한 가지 생각이나 느낌이 끊임없이 반복되는 것은 '강박적 사고(obsession)' 에 해당되며, 무의미한 숫자 세기를 반복하거나 무엇인가를 확인하려는 것, 무엇으로부터 회피하려는 것 등은 '강박적 행동' 에 해당된다. 이러한 강박증은 대개 갑자기 발병되지만, 스트레스가 원인이 되어 유발되는 경우가 많으며, 약물치료와 행동치료가 주된 치료법이다.

강직증 catalepsy 강경증 행동의 장애 유형으로, 객관적으로 아무 의미 없는 똑같은 행동을 변함없이 반복하는 병적인 반복행동, 즉 상동증(stereotype)의 하나다. 특히 강직증은 한 가지의 불편한 자세를 계속적으로 유지하는 경우를 말한다. ⇨ 반복행동 참고.

강화 reinforcement 보강 조건 형성의 학습에서 자극과 반응의 결부를 촉진하는 수단을 의미한다.

즉, 어떤 주어진 행동을 보상함으로써 그 행동이 일어날 수 있는 가능성을 증가시키는 것으로 동기부여를 위한 모든 조건화의 기초다. 강화는 파블로프(I. P. Pavlov)가 조건반사 실험에서 쓴 용어인데, 그 후 심리학에 도입되어 여러 의미로 쓰이고 있다. 고전적 조건화에서 강화란 조건자극을 무조건자극과 반복적으로 연결지어 주는 것을 말하며, 조작적 조건화에서 강화란 정확한 반응이 나왔을 때 주는 징벌을 의미한다. 또한 계획된 학습의 경우에서와 같이 반응의 정확성의 결과 또는 인식에 대한 지식을 말하기도 한다.

강화물 reinforcer 강화제, 강화인자 스키너(B. F. Skinner)는 강화물이란 반응확률을 증가시키는 사상으로 정의하였으나, 학습이론가들은 학습상황에 도입되는 보상과 처벌을 말하는 것으로 행동변화를 일으키는 데 효과적인 사상이라고 정의한다. 즉, 강화효과를 증대시키기 위해 사용되는 행위로서, 예를 들면 긍정적 강화에서는 포옹이나 선물, 관심과 애정 등의 보상을 말한다. 이와 같은 강화물은 정적(긍정적) 강화물과 부적 강화물, 일차 강화물과 이차 강화물로 구분할 수 있다. 일차 강화물은 다른 강화물들과 연합에 의존하지 않는 강화물로서 음식, 물, 성적 자극, 특정 약물 등이 있는데, 이러한 강화물들은 욕구가 채워진 순간부터는 강화물로서의 역할이 뚝 떨어지게 된다. 이차 강화물은 다른 강화물들과 짝지어짐으로 강화력을 획득하기 때문에 조건 강화물(conditioned reinforcer)이라고도 부르는 것으로 칭찬, 인정, 미소, 돈 등을 말하며, 이러한 이차 강화물은 그 효과가 일차 강화물과의 연합에 의존한다는 단점을 갖는다. ⇨ 강화이론 참고.

강화 스케줄 reinforce schedule (schedule of reinforcement) 행동에 대하여 강화의 제시나 중단을 지시하는 규칙이나 절차를 뜻한다. 스키너(B. F. Skinner)는 여러 가지 강화계획을 사용하였는데, 이것은 규칙적인 시간간격 또는 실험대상자가 나타내는 반응의 횟수와 형태에 따라 설정된다. 강화스케줄(강화계획)은 바라던 행동이 일어날 때마다 강화를 주는 계속적 강화와 바라던 행동이 일어날 때 일부의 행동에 대해서만 강화를 주는 간헐적 강화가 있다. 간헐적 강화에는 기본적인 네 가지 강화계획(스케줄)이 있는데, 즉 시간간격에 따라 고정간격 스케줄, 변수간격 스케줄이 있으며, 반응비율에 따라 고정비율 스케줄과 변동비교 스케줄(변동비율 스케줄)이 있다. 강화대상(칭찬대상)을 설정하고 그 행위가 발견되면 즉시 현장에서 칭찬해 주며, 그 행동 목표가 달성되면 다음 목표를 설정하여 진행한다.

강화이론 reinforcement theory 학습은 무조건자극에 의하여 강화되지 않으면 성립하지 않는다고 하는 이론이다. 즉, 만족을 가져다 주는 반응만이 반응량을 증가시키고, 반응이 생길 확률을 증대시킨다는 이론으로 대표자는 손다이크(E. L. Thorndike)와 헐(C. L. Hull)이다. 강화이론에는 추동감소이론, 상대가이론, 균형이론이 있으며, 강화의 유형에는 정적 강화물과 부적 강화물, 1차적 강화물과 2차적 강화물 그리고 가시적 강화물, 상징적 강화물, 사회적 강화물, 활동적 강화물로 세 가지 분류가 있다. ⇨ 강화물 참고.

개념도구주의 instrumentalism 미국의 철학자 듀이(J. Dewey)의 인식론으로, 개념이 지적 도구라는 데에서 생긴 명칭이다. 듀이의 말에 의하면 인간은 다른 동물들과 마찬가지로 환경에 대한 적응을 통해 살고 있는데, 그 적응을 보다 유효하게 하기 위해 개념을 만들어 사용해 왔다고 한다. 일반적으로 도구의 가치가 그 기능으로 결정되듯이 지적 도구로서의 개념도 환경에서 생긴 여러 가지 문제를 해결할 수 있는 힘이 있는가 없는가에 따라서 그 의미를 찾으려고 한다. 끊임없이 성장해 나가는 사람으로서 환경은 항상 새롭게 현상을 넘어서 변화하기 때문에 그러한 환경에 보다 잘 적응하려면 도구를 대상에 따라서 가려 쓰듯이 항상 새로운 지적 도구가 필요하게 된다. 따라서 개념은 우리의 환경에 적응하기 위한 적극적인 행동의 지침이 되어야 하며, 끊임없이 그 행위의 결과에 의해 검사되고 수정되어야 한다고 하였다.

개념적 장벽 conceptual block 문제를 정확히 지각하지 못하게 하고 해결방법을 제대로 생각하지 못하도록 하는 정신적 장벽을 뜻한다. 개념적 장벽은 주로 내담자가 문제에 너무 많은 제약을 가하는 데서 비롯된다. 개념적 장벽을 극복하는 방법은 주어진 문제를 다른 방식으로 표현하는 문제표현의 대안을 찾는 것이다.

개념형성 concept formation 사람들은 세상에 존재하는 모든 것을 그 무엇인가의 범주(category)로 분류하려고 한다. 이것을 개념형성 또는 카테고리화라고 한다. 예를 들면, '백합, 원숭이, 제비꽃, 장미 중에서 꽃과 관계없는 것은 무엇인지?' 찾는 식의 게임과 같은 것이다. 이와 같이 어떤 관점에서 분류하는지, 그 개념형성을 알아 내기 위해 고안된 것이 '골드 슈타인 셀러 테스트' 다. 즉, 일상에서 보는 물건들을 보여 준 뒤, 그것을 분류하는 테스트다.

개방적 가족체계 open-family system 개방적 가족체계는 경계가 분명하지만 통과 가능한 경계를 가지고 있어 가족과 외부와의 활발한 상호교류가 가능한 체계를 말한다. 이는 사티어(V. Satir) 및 캔터와 레르(Kantor & Lehr)가 분류한 가족체계의 유형으로서, 그는 가족을 둘러싸고 있는 경계의 성격에 따라 가족체계를 분류하였다. 개방적인 가족체계 내에서 생활하는 가족구성원은 분명하고 정직한 상호교환이 가능하며, 유연성 있는 타협과 그에 따른 적응을 경험하는 가족이다. 즉, 가족구성원 각자의 권리가 존중되고 가족에 충실을 기대할 수 있는 가족체계라 할 수 있다. ⇨ 가족체계 참고.

개방적 질문 open-ended question 내담자가 '예' '아니오' 또는 단답형으로 답변을 하지 않고 내담자 자신의 생각을 묘사하여 말하도록 하는 질문형태이다. 이러한 개방적 질문은 다양한 반응을 얻어내기 위한 목적에서 사용된다. 상담자는 개방적 질문을 사용함으로써 내담자가 자유롭게 대답할 수 있도록 길을 열어 주고, 상대방의 관점 · 의견 · 사고 · 감정 등을 끌어내어 내담자에게서 다양한 대답 및 예기치 않던 정보를 얻을 수 있다. 그러나 개방적 질문이 무조건 좋은 것은 아니며, 효과적인 개방적 질문은 내담자의 감정에 초점을 둔 질문이어야 한다. 이와 반대로 미리 준비된 항목을 선택하거나 단답형으로 대답하도록 구성된 질문을 폐쇄적 질문이라고 한다.

개방집단 open-ended group (openness group) 집단상담에서 집단을 떠난 회원 대신 새로운 회원을 받아들이는 집단의 유형이다. 보통 종결시기를 미리 정해 놓지 않은 집단상담을 실시할 때 이 용어를 사용한다. ⇨ 폐쇄집단 비교.

개별기술적 견해 idiographic view 개인의 독특성을 연구의 기본 목표로 삼는 연구 관점을 말한다. 이는 사회과정모형에서 행동의 이해에 있어서 개인 · 성격 · 욕구 성향의 개인적인 측면에서 이해하려는 심리학적 분석이다. 사회과학에서 연구의 초점을 어디에 두느냐에 따라 연구의 대상이 달라지는데, 전통적으로 개별적인 접근과 일반적인 접근이 있다. 이러한 개별화와 일반화의 구분은 빈델반트(Windelband)의 용어 '개별기술적(idiographic)'과 '법칙설정적(nomothetic)'에서 찾을 수 있는데, 개별기술적 접근에서 연구대상은 인간의 개별적인 사항이며 일반적인 접근에서는 인간의 일반적인 속성에 관심을 가진다. 사회과학은 개인, 사회, 세계의 체제에 대해 근본적으로 통시적 접근과 공시적 접근, 개별기술적 접근과 법칙설정적 접근을 통해 문제를 해결해 왔으며, 여기서 인간의 문제를 다루는 학문이 파생되어 왔다. 이 가운데 개별기술적 견해에 의한 연구는 행위자의 동기, 가치, 목표 등을 이해하게 해 준다. 또한 고든 올포트(Goden W. Allport)는 인간에 대한 개별기술적 연구를 강조한 대표적인 학자다.

개별사회사업 social casework 임상사회사업(clinical social work)과 같은 의미다. 심리사회적 개념, 행동생태적 개념, 체계개념을 개인 또는 가족이 직접적인 대면관계를 통해 심리내부문제, 대인관계문제, 사회경제적 문제, 환경문제 들을 해결하도록 돕기 위해 고안하고 기술화한 것이다.

개별상담 individual counseling 개인상담 내담자 1인을 상대로 하는 상담방법으로 일대일 상담이라고도 한다. 대체로 정신건강문제나 성격문제 등에 대한 심리치료는 이 개별상담의 형태를 가정하고 이론이 구성되고 상담기법이 개발되었다.

개별적 정체성 individual identity 에릭슨(E. Erikson)은 정체성을 객관적 측면과 주관적 측면으로 구별하고 있는데, 개별적 정체성은 주관적 측면에서의 분류다. 개별적 정체성은 한 집단 내에서도 타인과는 다른 고유한 존재로서 갖게 되는 정체의식을 말한다. 이는 다시 개인적 정체성(personal identity)과 자아정체성(ego identity)으로 나눌 수 있다. ⇨ 정체성 참고.

개별화 individuation (개별화 과정) (1) 한 개인이 자기(self)자신, 보다 독자적인 자아로 발달해 가는 과정을 의미한다. 즉, 한 사람이 온전하고 나누어질 수 없으며, 다른 사람들이나 집단 심리와는 구분되는 진정한 자신이 되어 가는 것으로, 정신적 전체성이라는 의미를 띤 개별적인 단위를 이루기 위하여 정신의 여러 측면을 통합하는 자기발달의 과정이다. 이는 융(C. G. Jung)의 성격발달이론에 공헌한 주요 개념으로서 개별화는 다른 개념(특히 자기, 자아, 그리고 원형)과 얽혀 있는 개념이며, 마찬가지로 의식과 무의식적 요소들의 통합과도 관련되는 것으로, 개별화 과정은 무의식을 가능한 의식차원으로 개발하는 것이며, 심리경향의 의식과 무의식의 조화 있는 발달을 의미한다. 뿐만 아니라 융은 개별화 과정을 중년기의 위기에 있어 자신의 인생목표와 우선순위를 재평가하는 과정에서 일어나는 현상으로서, 인격의 성숙을 꾀하는 과정이라고 보았다. 이 중 가장 중요한 개념들의 관계를 간단히 표현하면, 자아와 통합(사회적으로는 '적응'이라 여겨짐)의 관계는 자기와 개성화(자기-경험과 실현)의 관계와 같다는 것이다. (2) 이러한 개별화의 의미는 상담과정에서 상담자가 내담자를 개별화할 것을 포함하고 있다. 즉, 내담자를 어떤 부류의 전형적인 특징을 가진 사람으로 이해하기보다는 하나의 독특한 개인이나 집단으로 이해하도록 하여 분리시키는 것이다. 예를 들어, 어떤 젊은 미혼모의 배경이나 욕구, 가치기준은 그만의 것이며, 유사한 다른 미혼모와 반드시 같지는 않다는 생각을 가지고 상담에 임하는 것을 의미한다.

개인 간 갈등 interpersonal conflict 둘 또는 서너 사람 간의 갈등을 의미한다. 상호 간에 기대하는 목적이 다르거나 태도, 가치관이 다르거나 행동하는 방식이 다를 때 개인 간 갈등이 발생한다. 또한 서로 경쟁적일 때, 즉 한 사람이 이득을 취한다면 상대방이 손해를 입어야 할 때도 개인 간 갈등이 발생하는데 이러한 갈등상황을 '죄수의 딜레마'라고 한다. ⇨ 갈등, 죄수의 딜레마 참고.

개인검사 individual test 개인을 대상으로 실시되는 검사 또는 검사기법을 총칭하는 용어다. 주로 개인의 지능이나 성격을 검사하기 위해 사용한다. 개인검사는 집단검사에 비해 보다 신뢰롭고 타당하게 측정할 수 있고, 검사 중에 관찰을 통해 피검사자가 문제를 해결하는 접근방법이나 피험자의 성격특성에 관한 임상적인 자료를 얻을 수 있다는 장점이 있다. 반면에 개인검사는 집단검사에 비하여 고도의 훈련과 기술을 갖춘 검사자가 필요하며 검사시간이 오래 걸리며 비용이 많이 드는 단점이 있다.

개인내적 갈등 intrapersonal conflict 사람들은 어떤 역할이 자신의 자아개념에 맞지 않는 것을 발견하게 되며, 이것이 내적인 갈등을 초래한다. 또한 개인 내부에서 상반되는 두 개의 욕구 혹은 동기가 있을 때 느끼는 갈등으로 이는 매우 중요한 스트레스의 근원이 된다. 개인내적 갈등은 달성하려는 목적들 간에 상충하는 개인 내 목적갈등과 자신의 생각이나 가치관, 행동들 간의 갈등을 인식할 때 겪는 인지부조화의 갈등이 있으며, 개인 내 목적갈등의 전형적인 유형은 접근-접근 갈등, 회피-

회피 갈등, 접근-회피 갈등 등이 있다.

개인무의식 personal unconscious 융(C. G. Jung)은 무의식을 개인무의식과 집단무의식(집합적 무의식)이라는 다른 수준의 두 개의 무의식이 있다고 생각했다. 개인무의식은 자아(ego)가 의식표면에 떠오르지 못하게 했던 거부된 경험들이 기억 어딘가에 잠재해 있는 것으로서, 개인의 억압된 사고, 망각된 경험, 아직 의식으로 발전되지 않은 아이디어를 포함한다. 개인무의식에서 중요한 융의 개념은 콤플렉스이론인데, 이는 일련의 내용이 주제별로 모여 하나의 집단을 형성하고 있는 것을 말한다.

개인-상황 유형 person-situation con figuration 개인 또는 가족이 대면관계를 통해 문제를 해결하도록 하는 과정에서 세 가지 측면의 상호관계, 즉 문제를 가진 사람, 문제가 존재하는 상황 그리고 이 두 가지 간의 상호작용과 관련하여 사용되는 개념이다. 이러한 상호작용은 내적 갈등이나 반응 그리고 환경적 압력에 의해 영향을 받는다.

개인심리 individual psychology 맥락적 가족치료의 주요원리로서 개인들이 가지고 있는 심리적 특성들을 의미한다. 인정, 사랑, 힘, 즐거움 등 인간이 개인적으로 갖는 심리적인 특성들은 물론 인간의 마음 속에서 일어나는 분노, 공격성, 공감적 이해, 충성심 역시 개인 심리의 범주에 해당된다. ⇨ 맥락적 가족치료 참고.

개인심리학 individual psychology 아들러(A. Adler)에 의해 개발된 성격이론과 심리치료의 이론으로서 인간을 그 자신의 현상학적인 장 내에서 가공적 목표를 향해 움직이는 창조적이고, 책임이 있으며, '형성되어 가는' 총체적인 존재로 본다. 이 이론은 각 개인의 독특성과 자신의 한계를 극복하고 인생 목표에 도달하려고 노력하는 투쟁과정을 강조하는 심리학이다. 개인심리학은 인간의 생활양식이 열등감으로 인해 때때로 자기 파괴적이 될 수 있다는 입장을 취하며, 치료적 과제는 치료자와의 관계, 분석 및 활동방법을 통해 그 사람을 격려하고 그의 사회적 관심을 활성화시켜 주며, 새로운 생활양식을 발달시켜 주는 것이다.

개인적 공간 personal space 개개인마다 자유롭게 사용할 수 있고 침범당하지 않을 정도의 적절한 물리적 공간 혹은 영역을 확보하려는 경향이 있는데 이러한 개인적 · 물리적 공간이나 영역을 의미한다. 사회심리학에서 개인적 공간의 크기는 개인 · 상황 및 사회 · 문화에 따라 차이를 나타내며 개인적 공간에 대한 침입은 적대적이거나 위협적인 행동으로 받아들여진다.

개인적 구성개념 이론 theory of personal constructs 대인인지구성체 이론 개인적 구성개념은 개인이 그의 경험세계를 해석하고 구성하는 사고의 범주를 말하는 것이다. 즉, 개인이 어떤 국면들을 유사성 또는 대조성으로, 이를테면 홍분 대 침착, 선 대 악, 호의 대 적대적 등 양극적이고 이분법적인 견지에서 이해하는 방법을 의미한다. 조지 켈리(George Kelly)는 인지심리학자로서 사람들은 '개인적 구성개념' 이라 부르는 인지구조에 의해 행동한다고 믿었으며, 이것은 또한 다른 사람의 행동에 대해 우리가 기대하는 것을 뜻한다고 하였다. 켈리의 입장에서 성격이란 개인의 구성개념체계 그 이상도 이하도 아니며, 성격은 개인이 미래를 예기하고자 사용하는 구성개념들로 이루어져 있기 때문에, 다른 사람의 성격을 안다는 것은 그가 사용하는 구성개념을 아는 것이며, 그들의 개인적 경험을 해석하는 방법을 안다는 것을 의미한다고 하였다. 그는 임상적 연구를 통해 인간은 인식하고 생각하는 존재로서 세계를 스스로 해석하고 이해하며 설명하고자 하는 존재라고 보았으며, 개인은 자신의 능동적인 경험을 통해서 개인적 구성물(personal constructs)을 획득하고 그것을 근거로 하여 자신의 일관된 개념틀을 구성한다고 보았다. 개인적 구성개념체계는 1개의 기본가정과 11개의 추론으로 그 특성을 설명하고 있는데, 그 기본가정은 "한 인간의 해석과정은 그가 사건을 예상하는 방식에 의해 심리적으로 통로화된다."는 것이다. 이 연구에 따르면 한 개인이 가진 기존 지식은 새로운 정보를 동화하기 위해 배경을 제공하면서 수없는 수정을 겪는다고 하였으며, 또한 동일한 현상에 대해서도 일치하지 않는 여러 모형이 한 개인에게 함께 존재할 수 있으며, 서로 다른 상황에 따라 다른 모형들이 활성화된다고 하였다. 즉, 인간이 사물에 대한 판단을 내리는 것은 내용결정적인 관점에서가 아니라, 지각자결정적인 관점에 입각해서 해석의 주체인 인간들의 능동적인 인지행위와 의미부여 과정에 의해 완성된다고 하는 것이다. 그리고 인간들의 인지구성체, 즉 개인적 구성개념의 특성을 설명하는 11개의 추론은 구성적 추론(construction corollary), 개별성 추론(individuality corollary), 조직성 추론(organization corollary), 이분법성 추론(dichotomy corollary), 선택성 추론(choice corollary), 범위적 추론(range corollary), 경험적 추론(experience corollary), 변화성 추론(modulation corollary), 분화성 추론(fragmentation corollary), 공통성 추론(commonality corollary), 사회적 추론(sociality corollary)을 말한다. 이러한 개인적 구성개념이 결핍된 경우 또는 자신의 구성개념체계에 중대한 변화가 닥쳐올 때나 자신의 구성개념이 잘 들어맞지 않을 경우에 인간의 삶은 혼란에 빠지며, 세계를 일관성 있게 이해할 수 있는 방법을 갖지 못하게 된다고 보았다.

개인적 정체성 personal identity 에릭슨(E. Erikson)은 분류한 주관적 측면인 개별적 정체감을 다시 개인적 정체성과 자아정체성으로 나누고 있다. 개인적 정체감은 시간이 흐르거나 상황이 바뀌어도 자신을 여전히 동일한 존재로 인식하는 것을 의미한다. ⇨ 정체성 참고.

개인적 특질 individual trait 심리적인 특징이나 연령, 성, 사회경제상태, 개성, 동기 등 개인이 갖는 고유한 특질, 개인적 소질을 의미한다.

개인정신치료 individual psychotherapy 개인정신치료는 치료자와 환자 간의 허물없는 대화를 통하여 마음의 갈등이나 문제를 해결하고 인간관계의 장애를 극복하며 나아가 억압된 잠재능력을 개발하여 높은 단계의 인간성숙을 달성하는 데 그 목표가 있다. 단기개인정신치료는 8~10회의 일정기간을 정하고 매주 한 번씩 30~45분간 실시하며 장기 개인정신치료는 기간에 제한없이 실시한다.

개인주의 individualism 역사적으로 보면, 개인주의는 르네상스 이후의 근대 유럽에서 나타난 사상형태로서 개인주의는 공동이나 집단의 이익보다는 개인 자신의 이익추구를 강조하는 사회정치적이며 철학적인 개념이다. 개체로서의 개인이 사실상 사회보다 우선하여 실재한다는 주장을 취하기도하며, 가치의 면에서 권리상으로 개인을 우선시켜야 한다는 주장을 취하는 등 다의적인 의미를 취한다. 개인주의(individualism)는 개인의 자유와 보편적인 권리, 그리고 평등성을 지향하는 점에서 건강한 측면을 갖고 있지만 그것의 병리적이며 극단적인 측면은 개인과 사회를 '개인주의적'으로 만드는 것이다. 개인주의적인 삶에서는 타인에 대한 공감이나 관심보다는 자신의 유익과 관심이 앞서며 더 나아가서는 타인에 대한 관심이 결여되어 있다. 타인이 존재하는 것은 단지 자신의 유익이 되는 범위 내에서만 가치가 있는 것으로 여기는 것은 병리적이다.

개인차 individual difference 외모나 신체기능, 태도나 성격, 능력, 가치관이나 감정의 차이와 같이 개인차는 개인과 개인 사이의 형태상·기능상의 여러 차이를 말하는 것으로, 개인 간 차이(inter-individual difference)라고도 한다. 이러한 개인차는 유전(heredity)과 환경(environment) 때문에 생기는데, 개인차에 대한 변인은 인지적 영역(cognitive domain), 정동적 영역(affective domain), 운동기능적 영역(motor domain) 등으로 분류할 수 있다.

개인화 personalize 개인화는 인지적 왜곡의 한 유형으로서 예를 들면, '우리 가정의 모든 문제는 바로 나 때문이야.'라고 생각하는 것처럼 다른 사람들이 관련된 어떤 부정적인 사건에 대해 비난을 스스로 받아들이는 것을 의미한다.

개입 intervention 상담영역에서 개입이라 함은 집단, 사건, 기획활동 또는 개인의 내적 갈등 및 위기상황 사이에 관여하는 것이다.

개정된 학습된 무력감 revised learned helplessness 개인이 학습된 무력감을 외적·내적 차원, 총체적·특정적 연속성 차원 및 안정·불안정 차원 중 어디에 귀인하느냐에 따라 우울의 정도와 내용이 달라진다는 가정.

개체성 추론 individuality corollary 사람들이 어떤 사상에 대해 인지하고 이해하는 방식에는 차이가 있다. 이와 같이 개체성 추론은 사람들 간 차이는 그들의 사상을 구성하는 관점이 다르다는 데 있다는 주장으로, 서로 다른 사람들은 서로 다른 방식으로 사상을 이해하며 내면화한다는 추론을 의미한다.

개체주의적 오류 individualistic fallacy 로빈슨(Robinson)이 명명한 것으로 생태학적 오류와 상반되는 개념이다. 환원적 오류(reductionism)라고도 한다. 개체주의적 오류는 집단 · 사회, 체제에 관한 추론이 개인을 분석단위로 한 연구결과로부터 얻어진 경우에 나타나는 것으로 다수결 원칙에 의한 의견이 반드시 옳을 수는 없기 때문에 다수의 비율을 지표로 사용할 때 발생할 수 있는 오류를 말한다. 또한 광범위한 사회현상을 이해하는데 하나의 변수 또는 개념의 종류를 지나치게 한정시키거나 한 가지로 환원하는 경향에 대한 오류를 의미한다.

객관성 objectivity 개인적인 느낌이나 편견에 영향을 받지 않으며, 한 가지 반응결과에 대해 여러 사람의 채점 및 평가가 일치할 수 있는 명확한 판단기준에 근거하여 대상을 바라보는 관점을 말한다.

객관적 사실들 objectifiable facts 맥락적 가족치료의 주요원리로서 객관적 사실들은 유전적 요인, 신체적 건강 및 모습, 개인의 발달상에서 역사적 사실들, 개인의 삶의 과정에서 일어난 사건들과 발생된 일들, 피할 수 없는 존재적 갈등 등을 말한다.

객관적 심리학 objective psychology 모든 정신현상을 자연과학적 방법에 따라 객관적으로 연구하려는 심리학이다. 이런 의미에서 의식주의 또는 내성주의에 대립되는 심리학을 총칭하며, 행동심리학이나 행위심리학이 이에 포함된다. 주된 연구영역은 조건반사의 절차를 밟아 연구되는 학습행동이나 생리학적 절차를 밟아 기록되는 감정의 변화에 한정되고, 극단적인 경우 심리학을 생리학으로 귀착시키는 것이 과학적 또는 객관적이라는 결론에 이른다.

갱년기 climacteric 갱년기는 45~60세경까지 지속되는 현상으로 생물학적 상태 전반의 변화를 포함하며, 여성의 경우 생식기능이 소실하는 폐경이 발생한다. 남성의 갱년기는 여성의 폐경보다 5~10년 뒤늦게 징후가 보이기 시작하며 매우 늦은 속도로 진행되며, 폐경처럼 명확한 변화가 없으므로 모르고 지나칠 수 있다.

갱생 regeneration 기독교 상담의 개념 가운데 하나다. 갱생은 내담자 자신이 가진 죄의식과 손상된 자아의식에 변화를 주기 위하여 내담자는 이미 그리스도 안에서 새로운 피조물이라는 것을 상기시킴으로써 새로운 삶을 살아가도록 동기부여하는 것을 의미한다.

거리조정 distance regulation 경험주의적 가족치료 접근의 캔터와 레르(Kantor & Lehr)의 이론에서 가장 중요한 핵심점은 거리조정이다. 각 가족구성원에게는 부여된 상호관계 내에서, 또 전체로서의 가족 내에서 각자가 원하는 이상적인 거리가 있다. 어떤 사람이 전혀 다른 가족체계에서 성장한 다른 사람을 만나 결혼을 한 경우 자동적으로 갈등이 따르게 된다. 새 가족을 형성한다는 것은 이들 사이에 알맞은 거리를 성립하고 어떻게 조정할 것인지를 의미하는 것이다.

거부 rejection (negativism) (1) 어떤 것이나 어떤 사람을 인정, 승인, 인지하는 것을 거부하는 것이다. 한 개인이 그의 생각과 요구, 존재가 다른 사람에게 받아들여지지 않을 때 이러한 거부를 경험하게 된다. (2) 주로 어린 아이에게 순수한 애정을 쏟는 것을 거절하는 것으로 원하지 않는 아이의 출생으로 거부의 희생자가 될 수 있다. (3) 상담의 기법에서 내담자의 아이디어를 거절하거나 퇴짜 놓는 것인데 내담자가 인격적으로 거부된 것이 아님을 명백히 해야 한다.

거부압력 press rejection 주제통각검사의 해석방법 중 '요구-압력 분석법'의 해석과정에서 '배척의 압력'이라고도 부르는 것으로, 주인공을 거부하거나 경멸, 자존심 손상, 비난, 버림과 같이 주변 인물이 주인공에게 강하는 압력을 뜻한다. 삶이란 복잡해서 하나의 사건에도 무수한 상호의존하는 요인들이 작용한다. 머레이(H. A. Murray)는 이 복잡성 속에서 정신을 잃지 않으려면 한 특정한 압력을 선택하여 여러 다른 개인들의, 또는 한 개인에서 여러 다른 때의 반응 차이를 관찰해야 한다고 하였다. 예를 들면, 위급사태에서 피험자는 정서적이 되는지, 충동적으로 행동하는지, 조용하고 침착한지, 그 상황에서 물러나는지, 도움을 청하는지 용감하게 맞서는지를 관찰하는 것이다. ⇨ 주제통각검사 참고.

거북이기법 거북이기법은 초등학교 정서장애 학생을 대상으로 사회적 상황에서 공격적이거나 충동적인 반응을 표출하는 것을 억제하고 대안적인 반응을 생각해 내는 것을 훈련시키기 위해 개발된 문제해결 접근법의 하나다.

거세불안 castration anxiety 거세 콤플렉스(castration complex)라고도 한다. 정신분석학의 용어로서, 남자 아이들은 자기에게 쾌감을 주는 귀중한 기관이 잘리는 데 대하여 대단한 공포심을 품는 것이다. 리비도 이론을 제시한 프로이트(S. Freud)는 남근에 관심을 갖는 3~5세경에, 남자 아이는 어머니에게 성적인 사랑을 느끼면서 아버지에 대한 죄책감 때문에 남자 아이에게는 거세불안이 발달한다고 하였다. 즉, 남자 아이들은 어머니를 두고 아버지와 무의식적인 사랑싸움을 벌이게 되지만, 현실적으로 자신보다 힘이 더 센 아버지에게 이런 자신의 무의식적 욕구 때문에 거세되지 않을까 불안에 떨게 되며, 거세당할지 모른다는 불안으로 남자들은 자신의 안전을 도모하고 어머니의 사랑을 빼앗기지 않으려고 보다 현실적인 방법을 택하게 된다. 즉, 아버지와 경쟁을 포기하고 어머니와 사랑을 나누는 아버지를 동일시 대상으로 삼아 아버지를 닮아가므로, 자신을 거세불안에서 해방시키고 어머니의 사랑을 찾아간다고 했다. ⇨ 오이디푸스 콤플렉스 참고.

거시증 macropsia 시각적 착각의 하나로서 주시하고 있는 대상이 실제의 크기보다 더 크게 보이는 것을 말한다. 미시증(micropsia)과는 대조적인 현상이지만, 미시증의 경우에서처럼 거시증을 경험하는 기간은 그리 길지 않다. 주시하고 있는 대상이 점점 가까이 다가오면서 동시에 대단히 커져 보이는 경우도 있다. 망막질환이 있을 때에도 일어나는 현상이지만 정신의학적 질환으로서는 간질, 섬망상태, 급성정신병, 전환장애, 메스칼린(mescaline) 중동 등에서 볼 수 있다.

거시체계 macrosystem 브론펜브레너(U. Bronfenbrenner)는 발달에 대한 생태학적 이론에서 인간 발달에 영향을 주는 환경으로 미시체계(microsystem), 중간체계(mesosystem), 외체계(exosystem), 그리고 거시체계(macrosystem)를 제시했다. 거시체계는 사회문화적 규범과 같은 신념을 의미하는 것으로, 거시체계는 주어진 문화 또는 하위문화 내에서 그것을 구성하는 미시체계, 중간체계, 그리고 외체계의 형태와 내용이 나타내는 일관성을 의미하며, 동시에 그런 일관성에 기초가 되는 신념체계 또는 이념을 나타낸다.

거식증 anorexia 극단적으로 음식을 거부하여 정상체중의 15% 이상이 감소하는 것을 말한다. 체중증가와 비만에 대한 극심한 두려움과 자신의 신체상태 혹은 외모에 대한 비현실적인 자아상 및 기대 때문에 음식 섭취를 감소시키거나 의도적으로 거부함으로써 나타나는 섭식장애의 하나다. 거식증에 걸리면 체중 증가나 비만에 대한 극단적인 두려움을 계속 가지고 있기 때문에 저체중임에도 불구하고 체중을 끊임없이 감소시키려고 한다. DSM-IV에는 신경성 거식증(anorexia nervosa)이라고 한다. ⇨ 신경성 거식증 참고.

거울기법 mirror technique 심리극을 이용한 치료법으로 주인공이 보여 주었던 역할을 보조자아 역할을 맡은 이가 이 모습을 다시 보여 주고 주인공은 그 모습을 지켜보는 것을 말한다. 이 기법의 목적은 자신의 행동을 다른 실연자가 똑같이 함으로써 자신의 행동을 보게 하여 주인공 자신이 남에게 어떻게 보이는가를 보여 주는 것에 있다. 이 기법은 주인공에게 커다란 직면이 될 수 있으므로 조심해서 사용해야 한다.

거울상지각 mirroring 정신분열병을 경험하는 환자에게서 보여질 수 있는 것으로, 거울상지각은 거울에 비쳐진 영상처럼 좌우가 뒤바뀐 상을 지각하는 것을 말한다.

거울자아 looking-glass self 면경자아, 영상자아 타인이 자신을 지각하는 방법으로 자신을 지각한다는 개념으로서 다른 사람의 눈에 비친 자기를 의미한다. 즉, '거울자아'란 한 마디로 다른 사람들이 나를 어떻게 보고 있는가에 대한 스스로의 상상에 의해 얻어진 느낌이라고 할 수 있다. '거울자아(looking glass self)'라는 개념을 만들어낸 쿨리(C. H. Cooley)는 인간이 어떻게 자의식을 형성하게 되는지에 대한 이론을 제시하면서, 자아란 자신의 특성보다는 주변환경과 관련되어 있다고 하였다. 즉, 내가 어떻게 생겼는지 거울을 통해 비추어진 반사영상으로 바라보고 알게 되는 것처럼, 심리적 자아를 파악할 때도 자기 주위에 있는 타인들의 반응을 통해서 자기의 자아의식을 형성하게 된다고 한 것이다. 이러한 거울자아는 세 가지 요소가 포함되어 있는데 다른 사람의 눈에 비친 자신의 모습을 상상하는 것, 그 모습이 그들에게 어떻게 평가되고 있는지에 대한 상상, 그리고 남들의 그런 평가에 대한 자존감이나 수치심과 같은 자기감정이다.

거울효과 mirroring effect 거울기법과 마찬가지로 자녀는 어릴 때 자신이 어떤 사람인지 잘 모른다. 거울에 비춰진 모습을 보아야 비로소 자신의 모습을 알게 되듯이, 자녀는 부모라는 거울을 통해 자신이 어떠한 사람인가에 대한 자아상을 형성하게 되는 것을 말한다. 따라서 부모가 아이를 보면서 사랑과 칭찬의 눈길과 말, 표정을 충분히 줄 때 아이에게는 사랑의 기둥이 생긴다고 하는 것이다. 이는 아이의 인격과 정서 및 자신의 감정을 표현하는 데 중요한 역할을 한다.

거절증 negativism 다른 사람의 지시나 명령을 거절하는 것으로, 이 반응은 18개월에서 4세까지의 어린이들의 경우에는 자기주장의 건전한 표현이라고 볼 수 있고 또 청소년기에서도 흔히 볼 수 있다. 일종의 방어태도이며 독립성을 주장하는 방법이기도 하다. 또한 권위의식에 의한 갈등으로 인해 나타나기도 한다. 긴장형 정신분열증에서 이런 반응은 함구증이나 거식증 또는 보살핌에 대한 거절 등의 형태로 나타나며, 이는 그들이 감지하는 위협적인 세계에 대한 반항 또는 그 세계로부터 철퇴욕구의 표현이라고 볼 수 있다. 노인성 환자들에게서 이런 반응은 분노의 표현 또는 관심을 끌기 위한 아동기적 방법으로의 퇴행이라고 볼 수 있다.

거짓자기 pseudo-self (false self) 가짜자아 불안에 의하여 관계에 영향을 쉽게 받는 자아를 말한다. 이는 위니캇(D. W. Winnicott)이 1960년 발표한 논문 〈참자기와 거짓자기의 관점에서 본 자아왜곡(Ego distortion in terms of true and false self)〉에서 제시한 개념으로서, 유아의 '자기' 발달에 있어서 일차 대상이 품어 주는 환경을 제공해 주지 못했을 때 유아가 그 환경에 순응하여 일차 대상으로부터 관심과 인정을 받고자 할 때 생겨나는 자기를 의미하는 것으로서, 공적 자기(public self)라고도 한다. 이는 유아가 태어나면서부터 강력하게 대상과 관련되고, 아무리 헌신적인 좋은 엄마라 할지라도 불가피하게 아이를 실망시킬 수밖에 없다는 생각을 반영한다. 이러한 결과로 유아는 엄마의 소망에 순응하게 되고 참자기(true self)의 잠재력은 희생당할 수 있다고 말한다. 거짓자기는 사람들로 하여금 인격이 존재한다는 환상을 갖게 할지는 모르나 그 인격의 내용은 유아를 돌보는 어머니의 기대와 요구로 채워져 있으며, 이때 아동은 어머니의 기대에 따라 행동한다. 어떤 의미에서 유아에게 거짓자기는 자신을 돌보지 않는 환경 대신 자신의 참자기를 돌보는 역할을 한다고 할 수 있는 것으로, 거짓자기의 긍정적인 기능은 참자기의 온전성을 은밀하게 보호하고, 환경에 순응함으로써 참자기를 숨겨 주거나 참자기가 살아가는 방도를 찾아내는 것이다. 그는 반복적으로 자기를 거짓자기와 참자기로 구분하는 것 또한 정상이라고 말했는데, 이는 참과 거짓은 도덕적인 질서를 의미하는 것이 아니라 자기의 특질을 의미하는 것이다. 그러나 거짓자기가 참자기를 숨겨 주고 한편으로 현실에 적응하는 동안 결과적으로 중요한 것은 거짓자기가 참자기의 발현을 막아 버리는 역할을 한다는 것이다. 또한 비트맨(Beatman), 체스체어(Chescheir), 위니캇(Winnicott) 등은 거짓자기의 구조는 심리적으로 건강한 상태에서 병리적인 상태에 이르기까지 연속선상에 있다고 보며, 그 정도를 다섯 가지 경우로 분류하고 있다. 즉, ① 극단적인 경우로 거짓자기가 진짜를 대신하는 것이다. 공적이거나 사회적인 인간관계에서 거짓자기의 문제가 드러나는 일은 거의 없으며, 자기노출이 두려워 친밀한 인간적 관계를 회피함으로써 이를 감추기도 한다. ② 덜 극단적인 경우로 참자기는 완전히 숨어 버리지 않고 잠재적인 요소로 인정받으며 그 자체로 비밀의 삶을 유지하고 있다. 이 단계에 있는 개인은 자기 자신으로부터 분리된 다른 부분이 존재한다는 사실을 인지할 수 있으며, 참자기를 보호하기 위한 목적으로 신체적인 병과 같은 증상을 만들어 내기도 한다. ③ 건강을 향해 있는 경우로 거짓자기는 참자기가 스스로 펼 수 있는 가능한 조건들을 추구하지만, 이런 조건들이 찾아지지 않을 때 거짓자기는 참 자기를 지키기 위한 방어를 형성하고, 이 방어형성이 의심스러울 때 참자기의 파탄을 피하기 위해 전체자기를 파괴하려고 한다. ④ 보다 더 건강을 향해 있는 경우로 거짓자기는 누군가와 동일시를 통해 간접적으로나마 참자기의 삶을 만족시키려고 하는 것이다. ⑤ 건강한 경우는 참자기만으로 생존할 수 없는 삶의 현실에서 예의 바른 사회적 태도로 표현된다. ⇨ 참자기 참고.

건강 health 세계보건기구(WHO)에 따르면, 단순히 질병 또는 쇠약의 부재만이 아닌 육체적, 정신적 및 사회적으로 완전히 평안한 상태를 의미한다.

건강심리학 health psychology 심리학의 측면에서 인간과 환경의 건강에 접근하는 학문분야로서 건강의 신체적 접근과 심리학적 접근의 통합이다.

건강염려증 hypochondriasis (hypochondria) 자신이 심각한 질병을 가지고 있을 것이라는 공포에 집착해 있는 상태로서 경미한 혹은 사소한 신체적 느낌을 심각한 질병으로 오인, 잘못 해석하는 증상을 말한다. 일반적으로 그 원인은 신경과민이라고 생각되며, 이들은 종종 여러 의학전문가에게 도움을 구하며, 이상이 없다는 확신을 받아들이기를 꺼린다. 따라서 이들은 정상적인 생활을 하지 못하거나 생활에 많은 지장을 초래하게 된다.

건강통제관념 health locus of control 건강을 자기가 통제할 수 있다-없다의 차원에 관한 개념인데, 건강을 통제할 수 없다는 것은 건강이란 타고난 체질, 사주팔자, 우연 등에 의한 것으로서 자기의 노력에 의해 어떻게 할 수 없다는 관념이 강한 것이다. 건강통제관념에서 자기 통제적인 관념이 강한 사람은 건강에 대한 지식을 습득하면 그것을 행동으로 실천하는 경향이 높으며, 반면 건강통제관념이 약한 사람은 건강지식의 습득이 행동으로 쉽게 옮겨지지 않는다.

검사 test 상담과정에서 내담자에 대한 이해를 돕기 위한 검사를 적절하게 활용함으로써 내담자가 해결하고자 하는 목적을 성취하는 데 도움이 되는 도구로 활용되고 있는 것으로 대체적으로 널리 사용되고 있는 검사들은 능력검사(ability test), 성취검사(achievement test), 적응검사(adjustment test), 적성검사(aptitude test), 흥미검사(interest test), 지능검사(intelligence test), 성격검사(personality test)가 있다.

검사의 문화적 편파성 cultural bias in tests 검사의 내용이나 절차가 특정한 문화에 속한 사람들에게 보다 유리하거나 검사 결과의 사용이 상대적으로 특정 개인이나 집단에 유리하도록 작용하는 것을 말한다. 실제적으로 거의 대부분의 검사는 다소간의 문화적 편파성을 지니고 있다.

검사-재검사신뢰도 test-retest reliability 같은 집단의 사람들에게 검사를 반복적으로 사용했을 때, 동일한 결과가 나오는 정도를 말한다. 신뢰도는 크게 재검사신뢰도와 동형검사신뢰도, 반분신뢰도, 문항내적합치도로 나눌 수 있는데, 검사-재검사신뢰도는 동일한 검사를 동일한 피험자 집단에 시간 간격을 두고 실시한 후 얻은 두 검사 점수의 상관계수에 의해 신뢰도를 측정하는 방법이다.

검은 상자 이론 Black Box theory 인간의 내면세계를 어떻게 이해해야 하는지에 대한 가족상담 이론으로 인간의 마음은 검은 상자와 같아서 검은 상자를 열고 안으로 들어간다 해도 무엇이 있는지 알 수 없다는 이론이다. 즉, 마치 컴퓨터 안의 많은 칩을 보고서 컴퓨터를 이해할 수 없고, 컴퓨터가 어떻게 기능해야 하는지를 알아야 하는 것과 마찬가지로 인간의 마음 속에 들어 있는 실체를 이해하기보다는 인간의 마음의 기능이 무엇인가를 이해하는 일이 중요하다고 믿는다. 검은 상자 이론에 의하면, 인간의 마음을 이해하는 방식은 크게 두 가지로 나뉘어지는데, 인간의 내면세계는 인간의 관계적 형태를 이해하는 데 중요하지 않다고 하는 '불가지론적 관점(agnostic view)'과 개인들은 존재하지 않으며 오직 체계적인 주제들만 존재한다고 보는 '무신론적 관점(atheistic view)'이 있다.

게슈탈트 가족치료 Gestalt family therapy 게슈탈트 심리학 원리에 입각한 경험주의 가족치료의 형태로서 자기 각성을 높이고 자기 방향성을 고취시키기 위한 노력으로 '지금-여기'에 초점을 맞춘다. 사고와 감정의 각성과 일치가 변화의 주요 요구사항이라는 가정을 갖고 있다. 치료의 목적은 내담자가 자기 각성을 이룩하고 자기 방향성을 증가시키도록 돕는 것이다. ⇨ 게슈탈트 심리학, 게슈탈트 치료 참고.

게슈탈트 심리학 Gestalt psychology 형태심리학 유기체 또는 환경의 부분보다는 전체를 강조하고 정신적인 인식 상호관계에 초점을 두는 이론 집단으로, 지각과 학습현장에 치중하여 지각원리를 어떻게 대단위 행동에 응용할 수 있는가에 관심을 가졌다. 베르트하이머(M. Wertheimer), 쾰러(W. Köhler), 코프카(K. Koffka), 레빈(K. Lewin) 등이 주창자이다. 베르트하이머는 인간이란 개별적 부분의 조합을 인식하기보다는 전체로 인식하는 존재라는 그의 믿음을 뒷받침하기 위하여 '게슈탈트'라는 말을 사용했다. '게슈탈트'는 독일어로 '전체', '형태'라는 뜻을 가지고 있는데, 이는 영어에서 'form 혹은 shape'에 해당하는 말이다. 게슈탈트 심리학자들에 의하면 개체는 대상을 지각할 때 그것들을 산만한 부분들의 집합이 아니라 하나의 의미 있는 전체, 즉 '게슈탈트'로 만들어 지각한다고 한다. 즉, 있는 그대로의 현상을 연구해야 하며, 전체가 갖는 형태 또는 조작을 살피는 것을 말한다. 이전의 마음을 구성요소들로 분석해 내려는 구성주의 심리학자들의 시도와 인간을 환경적 반응에 대한 수동적인 반응자로 보려 했던 행동주의 심리학자들의 견해는, 게슈탈트 심리학을 창시한 베르트하이머에 의해 반박되었다. 즉, 인간의 의식경험은 그 자체로 유의미한 전체이지 이를 쪼개고 나면(분석하면) 무의미한 감각적 파편들만 남게 된다고 주장한 것이다. 이와 같이 전통적 심리학과 객관주의 심리학이 경험주의적이고 분석적이었던 반면, 게슈탈트 입장은 합리주의적이고 종합적이라고 할 수 있다. 게슈탈트 경험은 어떤 의미 있는 전체를 형성하고 있는 요소들의 형태다. 따라서 게슈탈트 심리학에 의하면 '사람의 마음은 어느 부분이 모여서 이루어진 것이 아니라 전체적인 것, 하나의 통합된 것'이라는 것이다.

게슈탈트 치료 gestalt therapy 형태요법 형태주의적 접근법이라 불리는 게슈탈트 치료는 펄스(Fritz Salomon Perls, 1983~1970)에 의해 창안된 상담 및 심리치료의 방법으로 1960년대부터 미국에서 크게 유행하여 심리치료, 개인 및 집단상담, 가족상담, 참만남운동에 많은 영향을 끼쳤으며, 정신분석학, 형태심리학, 현상학, 실존주의의 영향을 받았다. 게슈탈트는 다른 어떤 고정된 체제를 고집하지 않기 때문에 어떤 다른 치료나 상담보다도 개방적이며, 게슈탈트 심리학이 지각연구에 국한했던 것에 반해 게슈탈트 상담이나 치료는 그 적용범위를 사고, 감정, 욕구, 신체감각, 행동 등 모든 유기체 영역으로 확장시켰다. 또한 분석적 접근을 반대하며 통합과 지각을 강조하는 것으로, 특히 신체적 기능과 정신적 기능의 통합을 강조하여 '전경'과 '배경'의 형성 및 소멸의 과정을 통해 인간행동의 많은 부분을 설명하고 있다. 즉, 우리가 어떤 대상을 지각할 때 관심 있는 부분은 지각의 중심부분으로 떠오르고 나머지는 배경으로 물러나는 것을 경험하는데, 이와 같이 관심의 초점이 되는 부분을 '전경'이라 하는 것이며, 관심 밖으로 물러나는 것을 '배경'이라고 한 것이다. 이와 같이 형태주의(게슈탈트)심리학에서 강조하는 전체성이나 완성에 똑같은 관심을 가지며, '전체로서의 유기체'를 다루고 '여기-지금'에 초점을 두게 된다. 펄스는 개인이 성숙하기를 바란다면 생활에서 자신의 길을 스스로 찾아야 하며, 개인적인 책임을 수용해야 한다는 전제에 바탕을 두고 내담자 자신이 행동하고 경험하는 것에 대한 자각을 얻어서 자신이 느끼고 생각하고 행하는 데 대한 책임성을 학습하도록 하게 하였다. 그러므로 형태요법 상담에서 펄스는 실존주의와 형태주의 심리학 이 두 가지를 합쳤다고 볼 수 있다. 게슈탈트 치료에서 가장 중요한 것 중 하나는 과거의 미해결 과제를 현재에 다시 끌어와 재경험함으로써 그 과제의 해결을 찾는 것이다. 이는 과거의 미해결 과제가 타인과의 올바른 접촉을 방해하고 그 영향이 현재의 삶까지 영향을 주었다고 보기 때문이다. 이와 같이 형태주의 치료는 경험의 즉각성, 비언어적 표현, 말보다는 행동을 강조하는 실존주의의 한 방법이지만, 실존주의가 인간이 자기의 즉각적인 실존을 어떻게 경험하는가에 대해 관심을 갖는 반면, 게슈탈트 심리학에서는 그 실존이 어떻게 지각되는가에 대해 관심을 갖는다.

게임분석 game analysis 게임이란 어떤 이득을 얻기 위해 계획된, 숨겨져 있기는 하지만 세련된 보상행동으로 보이는 일련의 이중적 혹은 이면적 의사거래를 뜻한다. 이중적 의사 사람들은 생산적이고 개방적인 방법으로 그들의 욕구충족을 시킬 수 없을 경우에는 그들이 필요로 하는 인정과 자극을 위해 게임에 의존하는데, 게임에는 솔직성이 결여되어 있으므로 신뢰할 수 있는 인간관계가 개발될 수 없다. 이와 같이 게임분석은 숨겨져 있기는 하지만 세련된 보상행동으로 보이는 일련의 암시적 혹은 이중적 의사거래를 의미한다. 따라서 리더는 구성원이 특정 게임을 통해 기대하는 보상행위의 결과를 파악할 수 있는 능력을 고취시켜 주는 역할을 하게 된다.

게임이론 game theory 상대방의 대처행동을 고려하면서 자신의 이익을 효과적으로 달성하기 위해 선택하는 수단과 행동을 수학적으로 분석하는 이론을 말한다. 모스(P. Moss)에 의해 발전된 게임이론은 주로 군사학에서 적용되어 왔으나, 경영학, 정치학 및 심리학 분야에서도 응용되어 적용되고 있다. 게임이론에서는 게임 당사자를 '경쟁자'라고 하고, 경쟁자의 행동을 '전략'이라 부르며, 게임의 결과로서 경쟁자가 얻는 것을 '이익'이라고 한다. 또한 이익은 어떤 경쟁자가 어떤 전략을 선택하는 것에 좌우되기 때문에, 각 경쟁자는 상대방이 어떤 전략을 사용하더라도 자신의 이익을 취할 수 있는 나름의 전략을 선택하게 되는 것이다. 즉, 한 집단에서 어떤 행동의 결과가 게임(놀이)에서와 같이 참여자 자신의 행동에 의해서만 결정되는 것이 아니기 때문에, 동시에 다른 참여자의 행동에 의해서도 결정되는 상황하에서 상대편 참여자의 행동을 고려하면서 자기 자신에 최대의 이익이 되도록 행동하는 것을 분석하는 접근법을 의미하는 것이다.

격려 encouragement 격려는 내담자를 세워 주고 가능성을 강조하는 가운데 내담자의 의지를 장려시켜 주는 방법이다. 일반적으로 사람들은 꾸지람보다는 칭찬 듣기를 좋아하기 때문에 이러한 방법은 사람을 변화시키는 데 큰 힘을 가지고 있다. 불행, 우울, 분노, 불안의 심리 상태에 있는 사람은 성장할 수 있으며 보다 자기 충족적인 방향으로 모험을 감행할 수 있는 스스로의 능력에 대한 신뢰가 없기 때문이라고 생각한다. 따라서 이런 사람들의 내적 자원(resource)의 개발을 촉진하고 긍정적인 방향으로 나아갈 수 있는 용기를 북돋아 주는 것이 필요한데, 그것이 곧 격려(encouragement)다. 열등감이 강한 사람일수록 격려받고자 하는 강도는 더 강해지므로 열등의식에 빠져 있는 사람, 용기가 부족한 사람, 피해의식에 젖어 있는 사람들에게는 이런 방법의 상담이 필요하다.

격리 segregation (1) 사회적 인가, 법률적 규제, 또래집단의 압력, 개인의 선택 등의 요인이 결부되어 하나의 집단을 격리 또는 별거시키는 것이다. (2) 자기에게 불리한 장면에서 자기가 져야 할 부담을 고의로 왜곡하거나 무시하려고 하는 정서적인 반응이다. 합리화와 유사하지만 이 경우는 지적으로 해결하려는 특징이 있다. 즉, 학급대표의 선정에서 탈락된 아동이 "고생하지 않게 되어 좋다."고 말을 함으로써 약오른 감정을 진정시키려는 종류의 행동이다.

결과 consequence 선행사건에 접했을 때 비합리적인 태도 내지 사고방식을 가지고 그 사건을 해석함으로써 느끼게 되는 정서적 결과를 말한다. 비합리적인 사고방식을 지닌 사람들은 대개의 경우 지나친 불안, 원망, 비판, 죄책감과 같은 감정을 느끼게 되고, 주로 방어적 태세를 취하는 경향이 있다.

결과기대 outcome expectation 어떤 수행에 대한 결과나 성과에 어떤 기대를 할 수 있는가에 대한 판단이나 예상을 지칭한다.

결속 bonding 다른 사람에게 애착을 가지는 사람이 발달시키는 것으로, 어느 한 개인이 다른 사람이 정규적으로 충족시켜야 하는 욕구를 느끼고 상호관계 속에서 부분적으로 자신의 정체감을 만들어 나가는 과정이다.

결속된 관계 connected relationship ⇨ 응집성 참고.

결손가정 broken family 결손가정은 결여된 조건에 따라 구조적 결손가정과 심리적 결손가정으로 구분할 수 있다. 구조적 결손가정은 가장 널리 알려진 형태로 부모 중 한쪽이나 부모 모두가 가정 내에서 상실된 경우다. 부모 중 한 분의 사망 또는 별거, 이혼 등으로 자녀에게 끼쳐야 할 영향을 끼치지 못하는 가정으로 가족구성이 파괴된 가정을 말한다. 심리적 결손가정은 가정의 구조상에는 별 문제가 없지만 가정의 분위기나 양육방식 등에 문제가 있어서 가정이 제 기능을 다하지 못하여 부모와 자식 간의 대화가 거의 없는 가정을 말한다.

결실인자 precipitation factor 문제를 형성하는 계기가 되는 인자.

결정론 determinism 현재의 문제는 이미 발생된 과거의 문제로 보는 정신분석학적인 견해로서, 모든 행동은 어떤 사건의 작용에 의해 야기되는 것이지 결코 스스로 야기되어진 것이 아니라는 기본 가정인 것이다.

결정적 시기 critical period 유기체의 발달과정에서 어떤 심리적 특성이나 행동이 특정 시기에 어떤 환경의 영향에 특별하게 민감한 영향을 받는 시기를 말하는 것으로, 각 발달단계에서 획득해야 할 발달과제가 있는 것처럼 이 시기가 지나면 획득하기가 어렵다는 발달의 비가역적 성격을 뜻하는 개념이다.

결정적인 변환 critical shift 게리 스위튼(Gary Sweeten)은 일반적인 것에서 구체적인 것으로 그 후 다시 일반적인 것으로 또 구체적인 것으로 움직여 가는 상담의 사이클에 대해 말하고 있는데, 일반적인 것에서 구체적인 것으로 전환되는 것을 결정적인 변환이라고 불렀다.

결핍동기 deficiency motive (D-동기, deficiency motivation) '결핍동기(D-동기)'는 배고픔, 안전, 인정 욕구 등과 같이 무엇이 충족되지 못했을 때 생기는 동기를 의미하는 것으로, 이 욕구로부터 발생하는 요구를 제거하는 것을 목표로 하는 기본욕구다. 매슬로우(A. H. Maslow)는 건강한 자기실현인의 특징으로 '있음동기(B-동기)'와 상대되는 동기로서 '결핍동기(D-동기)'를 설명하고 있다. ⇨ 있음동기 참고.

결핍압력 press lack 가난 속에 사는 것 혹은 가난으로 인해 느껴지는 압력을 의미한다.

결혼경사도 marriage gradient 일반적으로 남성과 여성은 배우자를 선택할 때 같은 계층과 같은 문화적 배경을 찾는 경향이 있다. 그러나 이러한 일반적인 동질혼 내에서도 대체적으로 남성들은 자신보다 연령이나 학력, 직업 등의 수준이 낮은 여성과 결혼하려는 성향이 있는데, 이와 같은 결과로 결혼관계에서 한쪽이 더 우월한 위치에 서게 되는 것을 결혼경사도라고 한다.

결혼 계약 marriage contract 정신역동이론에서 결혼을 보는 개념으로, 각 배우자를 결혼에 이르게 하는 기대와 동기를 가리키는 데 사용하는 용어다. 세이거(Sager)에 의하면, 개인은 결혼을 통해 얻으려는 기대와 바람을 가지고 있다. 이 기대와 바람은 심층적 내면으로부터 나오는 욕구인데, 개인은 이것을 의식하기도 하지만 많은 부분은 의식하지 못한다. 결혼계약은 개인이 의식적, 무의식적으로 가지고 있는 결혼 혹은 배우자에 대한 기대나 바람을 의미한다.

결혼만족척도(MSI-R) marital satisfaction inventory-revised 스나이더(Snyder)에 의해 개발된 척도로서, 결혼만족도에 영향을 미치는 요인을 11개의 하위요인으로 분류한 것이다. 11개의 하위영역은 일반적 결혼불만족척도, 정서적 의사소통척도, 문제해결의사소통척도, 폭력적 행동척도, 공동여가활동척도, 경제운용불만족척도, 성생활불만족척도, 자녀와의 불만족척도, 자녀양육에 대한 부부갈등척도로서 140문항과 10개의 허구척도문항 등 총150문항으로 구성되어 있다. 우리 나라의 경우는 권정혜, 채규만이 한국판 K-MSI를 한국사람에 맞게 번안했다.

결혼분열 marital schism 부부분파, 부부균열 대립된 부부관계로 부부간의 동등한 파워게임을 벌이는 관계를 말한다. 즉, 부부 상호 간의 역할이 원만히 이루어지지 않을 때 또는 서로가 다른 의견으로 충돌할 때 부부 각자의 파워가 동등해야 한다는 기본 원칙이 있기에 둘은 항상 관계 속에서 파워 경쟁을 하게 된다. 따라서 부부는 거의 모든 영역에서 의견을 달리하거나 다툼을 일으키는 관계인데, 이러한 상황 속의 부부는 자기중심적이고 냉정하며 자신들의 욕구에 지나치게 사로잡혀 있기 때문에 상대방의 요구나 욕구는 무시해 버리는 경향이 있다. 또한 대립된 부부관계는 자녀문제를 놓고 파워 게임을 벌이는 경우가 많은데, 부부가 양쪽으로 갈라서서 제각기 자식을 자기편으로 만들려고 하는 경우, 부모 간에 숨겨진 불만과 억압된 부정적 감정이 자녀의 독립된 성장을 막는다. 이와 같이 결혼분열은 부부 각자가 자신의 문제에 몰두되어 배우자의 역할과 양립되고, 호혜적이 될 수 있을 정도로 가족 내에서 만족스런 역할을 만들어 내지 못하는 불협적인 관계를 만들어 내는 것을 의미한다.

결혼왜곡 marital skew 부부왜곡 기울어진 부부관계로서 부부 불균형을 의미한다. 가족의 감정생활이 한쪽 배우자에 의해서 지배되어 있는 경우에 다른 한쪽은 이에 순종하는 경우인데, 부부 중 한쪽이 항상 파워를 장악하고 있으며, 파워에 관한 한 약간의 유동성도 인정하지 못하는 관계다. 흔히 의존적이고 심약한 편부모는 상황을 받아들이고 가족의 상황이 정상적임을 자녀에게 가급적이면 암시하고자 하는데, 그들의 실제적인 경험에 대한 부정은 좀 더 큰 현실에 대한 왜곡을 초래할 수 있다.

결혼적응척도(DAS) dyadic adjustment scale 1976년 스페니어(Spanier)에 의해 제작 발표된 척도로 32개 문항으로 이루어져 있다. 이 척도는 4개의 요인으로 구성되는데, 이는 ① dyadic consensus(관계형성에 중요한 사안들에 대해서 부부 간에 합의도가 높고 낮은 정도), ② dyadic cohesion(부부가 함께 무엇을 하는 정도), ③ dyadic satisfaction(부부가 현재의 관계에 만족하고 결혼관계를 지속하고자 하는 마음가짐의 정도), ④ affectional expression(부부가 상호 감정표현과 성관계에 만족하는 정도)으로 구성된다.

겸양적 편향 modesty bias 귀인양상은 생득적인 것이 아니라 사회화 과정에서 습득되는 것이다. 따라서 개인의 초점이 아닌 생활문화권에서 귀인양상은 상당히 다르리라 생각할 수 있다. 몇 가지 연구가 아시아인들의 귀인은 외귀인 경향이 상대적으로 많이 나타남을 보이고 있다. 백인 아동은 자기본위적 편향을 보이지만, 아시아계 아동은 성공에 대하여 운을, 실패에 대하여 능력 탓을 하는 것으로 나타났다. 집단주의 문화권에 국한되어서 나타나는 이 현상을 겸양적 편향이라고 부를 수 있다. 그러나 집단주의 문화-겸양적, 개인주의 문화-자기본위적 편향이 항상 일관되게 나타나지는 않고 있다. 동양권에서 겸양적 귀인이 나오는 것은 주위 사람들에게 자신을 겸손하고, 자만하지 않는 사람으로 인식시켜 대인관계에서 긍정적인 효과를 거두기 위함이 아닌가 하는 생각이 가능하다. 실제 한 연구에서 중국 피험자들이 성공 · 실패의 귀인을 익명적인 응답지에 할 경우 미국인들과 비슷하게 자기본위적 편향이 나타났다. 그러나 실험자에게 귀인이 알려지는 구체적 상황에서는 겸양적 편향이 나타났다. 이는 달리 말하면 겸양적 귀인은 표현뿐이고 내면의 귀인은 다를 수 있다는 가능성을 제시한다.

경계선 boundary 가족체계이론의 중심개념으로서, 경계선은 두 가지 심리적 또는 사회적 체계로 분리되는 지역을 말한다. 즉, 체제와 환경을 구분하거나 체제와 체제 간을 구분하는 개념으로 어떻게 가족구성원 혹은 하위체계가 서로 또 다른 사람들과 관련되도록 기대되는가를 결정하는 암묵적인 규칙을 포함한다. 미누친(S. Minuchin)에 의하면, 경계선이란 개념은 규칙과 하위체계 간에 선호되는 관계다. 경계선은 직접 보이지는 않지만 개인과 하위체계 간에 또 구성원과 가족 간에 허용할 수 있는 접촉의 양과 종류는 이 경계선으로 구분된다. 즉, 각각의 하위체제들 내에서 구성원들의 상호작용을 구분하는 가족규칙들로서 경계선이 너무 희미한 경우는 밀착된 경계선(또는 산만한 경계)이라 하며, 경계선이 너무 분명해서 하위체계 간 상호작용을 거의 허용하지 않는 경우는 격리된 경계선(또는 경직된 경계, 유리된 경계)이라고 부른다. ⇨ 가족경계 참고.

경계선 상태 borderline state 경계선 증후군, borderline case라고도 불린다. 얼핏 보아 신경증과 같은 증상을 드러내고 있지만 배후에 어딘지 모르게 정신병적인 심리가 잠재해 있는 것이 감지되는 특이한 만성적 병태로서, 신경증인지 분열병인지 판정하기가 어려운 것을 말한다. 정신질환 중에서도 특히 불안이 강하고 그 불안은 환자의 생활전반에 걸쳐 침투하고 있으며, 환자는 어떻게 행동하고 지향할지라도 쉽사리 불안에서 벗어날 수 없는 상태다. 밑바탕에 불신이나 적대감을 감추고 있는 경우가 많다.

경계선 인격장애 borderline personality disorder 정서, 행동 및 대인관계의 불안정과 주체성의 혼란으로 모든 면에서 변동이 심한 이상적 성격을 지칭한다. 다른 사람과 깊은 관계를 맺거나 부적응 관계를 맺는 유형으로 종종 자기 파괴적이고 충동적이고 예측불가능한 행동, 또 화를 참지 못하는 등의 정서, 사고, 행동, 대인관계 등 성격 전반에서 항상성이 결여되고 변화(변덕)가 심하다는 특징이 있다. 경계성 인격장애는 단일 특성을 가진 장애라기보다는 복합적인 장애라고 보는 견해가 있다. 심하게 스트레스를 받는 동안에는 거의 정신병(psychosis)에 가까운 상태에 쉽게 이르기 때문에 경계성이라는 명칭이 붙었다.

경로분석 path analysis 사회조사 연구에서 변수 간의 직·간접적 관계를 분석하고 그 변수들을 도표에 나타내는 통계기법이다.

경쟁심 competitiveness 경쟁심은 경쟁에서 이기려하는 심리를 말하는 것으로 사랑을 얻기 위해, 뭔가 대단한 사람이 되기 위해 잘못된 동기로 행동하는 것이며, 용납받기 위해 '나는 할 수 있다'는 것을 세상에 입증하려고 애쓰는 것이다. 경쟁적인 태도는 종종 자녀들이 학업, 스포츠 등에서 잘하기를 바라는 부모의 압력을 받는 어린 시절에 시작된다.

경쟁적인 조종자 competitive manipulator 조종의 네 가지 유형 중 하나로서 수단 · 방법을 가리지 않고 이기려 드는 조종자를 가리킨다. 즉, 조종이란 기만적이거나 간접적인 수단을 통해 사람이나 환경을 지배하려는 시도다. '경쟁적인 조종자'라는 유형을 지닌 사람은 다재다능하고 기술적이며 적극적인 동시에 수동적인 사람으로서, 이 사람은 잘난 사람(hot dog)이라고 부를 수 있다. ⇨ 조종 참고.

경조증 hypomanial 가장 가벼운 증상으로서 말을 많이 하거나 수다스러우며, 모든 일에 자신감이 넘치고, 사교적이며, 주변의 일을 자진해서 맡아 처리하기를 좋아한다. 그러나 행동은 매우 유치하며 사소한 일에 자주 실망하는 충동형이다. 본래의 외향적이며 활동적인 성격이 단지 과장된 것에 불과한 것인지, 조울병의 증상적 표현인지, 또는 어떤 신체적 근거를 가지고 나타나는 정신병인지의 여부를 당장 가려내기가 곤란할 때가 많다. 이 정도의 단계에서는 본인은 물론이고 주위 사람으로부터도 병적이라는 인정을 받지 않고 지나치는 경우가 드물지 않다. 환자는 쾌활하고 활력에 넘쳐 활동적이고, 많은 일에 손대는 경우가 많다. 끊임없이 지껄이고 말을 가리지 않고 하게 되며, 농담도 곧잘 하게 된다. 여러 사람에게 수많은 편지를 쓰기도 하고 또 때에 따라서는 엄청난 양의 편지를 두서없이 쓰기도 하고 이곳저곳 장거리 전화를 수없이 하며, 눈에 뜨이는 것은 아무것이나 사들인다거나, 분수에 맞지 않는 기분을 낸다거나 값비싼 선물을 함으로써 엄청난 돈을 쓰기도 하며 어떤 문제에 대한 비현실적인 계획과 해결방법에 골몰하기도 한다. 때로는 자기 권리를 지나치게 주장하여 사람들과 시비를 걸기도 한다. 경조증은 많은 경우의 조울병 초기나 우울증 경과 직후에 일과성으로 나타나는 경우도 있고 때로는 그것이 곧바로 전형적인 조증으로 이행하는 경우도 있으며, 또 그것만으로 얼마 안 있어 가라앉는 경우도 있다. 때로는 그런 상태가 장기간 지속되는 경우도 있다.

경조증삽화 hypomanic episode 적어도 4일 이상 조증삽화와 유사한 삽화를 보이는 경우를 말한다. 망상이나 환각이 없다는 점과 일상적 기능의 변화가 있지만 심각한 정도는 아니라는 점이 조증삽화와 구별된다.

경직된 경계선 rigid boundary 격리된 경계선, 엄격한 경계선 경직된 경계는 지나치게 제한적이고, 외부체계들과의 접촉을 거의 허용하지 않는다. 그 결과로 유리됨(disengagement)을 초래한다. 경직된 가족은 매우 정형화되고 제한된 상호작용만을 허용하는 가정으로 내담자의 성격은 대체로 부모들을 그대로 따르는 편이다. 유리된 개인이나 하부체계는 상대적으로 고립되어 자율적이다. 긍정적인 면으로는 독립과 성장, 숙련을 가능하게 하지만, 유리된 하위체계는 온정과 애정, 양육이 제한을 받으며, 가족구성원들로부터 극도의 긴장을 경험한 부모들은 자신의 아이들과 거리가 있기 때문에 애정이 부족하고 아이들이 도움과 격려를 필요로 하는 기회를 살피는 데 둔하다.

경직된 관계 rigid relationship ⇨ 가족적응성 참고.

경험에의 개방 openness to experience 충분히 기능하는 인간의 특징으로서, 경험에의 개방은, 위협을 받지 않고 자기 내부에서 일어나고 있는 것을 각성하고 느낄 수 있는 능력을 의미한다. 따라서 자신의 감정을 있는 그대로 자유롭게 각성할 수 있으며, 만족스럽게 결정을 할 수 있으며, 심리적으로 자유로운 사람이 이에 속한다. ⇨ 충분히 기능하는 인간 참고.

경험적 자유 experiential freedom 인간이 그가 자유롭게 선택한 인생을 자유롭게 살 권리가 있다는 만족감을 주관적으로 느끼는 것이다.

경험적 정신치료 experiential psycho therapy 활동, 갈등과 상황 밖의 행동, 역할 연기, 대결, 내담자의 현재 생활경험과 유사한 상황설정을 강조하는 심리 사회적 개입 혹은 임상치료의 형태로서, 경험적 치료는 '지금-여기에'에 초점을 두고 내담자를 단지 과거 상황으로만 기술하는 것을 경시한다.

경험적 추론 experiential corollary 개인의 어떤 사상(events)을 인지하는 구성개념 체계는 일련의 밝혀지지 않은 사상을 정확하게 예측하지 못함에 따라 변한다는 주장을 말한다. 즉, 개인의 구성개념 체계는 경험적 추론과 조정추론에 의해 변화가 가능한 것인데, 경험적 추론은 그가 사건의 재점검을 성공적으로 구성함에 따라 변하게 된다는 것을 말한다. 다시 말해, 한 개인의 인지구성체제는 그 개인이 반복되는 사상들을 지속적으로 인지함에 따라 지속적으로 변화한다는 추론이다. 따라서 쓸모 있다고 밝혀진 구성개념은 보유되고, 그렇지 않은 것은 수정되거나 폐기되는 것이다. ⇨ 개인적 구성개념 참고.

경험주의적 가족치료 experiential family therapy 치료자가 자기 자신을 한 사람의 참된 인간으로 드러내어 그러한 자기를 가족과의 상호작용 수단으로 사용하는 치료적 접근이다. 경험주의적 가족치료 접근은 개인심리학에 그 뿌리를 두고 있으며, 특징은 개인주의, 개인적 자유, 자기 성취로서 개인의 경험과 이해의 수준을 수용하는 가족상호작용을 강조하고 있다. 치료의 주된 목적은 성장이며 특히 감수성의 영역과 감정을 나누는 데 있어서 성장이 중요시된다. 경험주의적 가족치료의 기법은 예술에서 차용된 것으로 심리극, 역할극, 조각의 방법들을 포함하고 있다. 이 분야에서 일하는 사람들은 경험, 만남, 직면, 직관, 과정, 성장, 존재, 즉흥성, 행동, 지금-여기 등에 관심을 가진다. 그들은, 변화는 단순히 문제의 기원에 대한 통찰에서 나오는 것이 아니라 성장 경험에서 우러나오는 것이라고 주장한다.

계몽주의 The Enlightenment 17~18세기 유럽에서 비롯된 이성에 의한 중세적 · 봉건적 미망의 극복과 일정한 절대주의의 비판을 지향하는 사상 및 사상운동.

계부모가족 step parent family 계부모가족은 재혼가족, 재결합가족, 혼합가족 등의 용어와 혼용되어 사용되고 있으며, 오늘날 가장 복잡한 가족체계의 일부를 구성한다. 계부모가족은 2명의 성인과 그들 중 한쪽 혹은 양쪽에서 나온 자녀들로 이루어진 다양한 유형의 가족을 말한다.

계속적 접근 successive approximation 목표에 다가갈 때마다 강화를 주어 특정한 행동을 조형시킬 때 사용하는 방법이다. 학습을 위한 조작적 조건 형성에서, 쥐의 지렛대 누름 반응과 같이 점차 새로운 반응을 습득시켜 나가는 과정을 조형(shaping)이라 하는데, 이러한 조형에는 '차별강화'와 '계속적 접근'의 두 가지가 있다. 여기서 계속적 접근은 실험자가 원하는 반응에 점차 비슷해지는 반응만을 강화하는 것을 말한다. ⇨ 조형, 차별강화 참고.

계약 contract 상담자의 개입과정 동안 충족되어야 할 목표, 방법, 일정, 상호의무에 대하여 대담자와 문서, 또는 구두 혹은 암시적으로 동의하는 것.

계열위치효과 serial position effect 관련 없는 항목들로 구성된 목록을 제시한 후 자유회상시켰을 때 나타나는 현상으로 초두효과와 최신 효과를 보인다.

계절성 정서장애(SAD) seasonal affective disorder 계절성 우울증, 계절성 정동장애라고 한다. 가을에 시작되어 일조량이 가장 적은 겨울에 절정을 이루며 여름에는 다시 회복하면서 매년 반복된다. 계절성 우울증 환자의 호소 증상은 늘 졸리고, 심한 무력감, 피로감, 식욕이 왕성해지며 체중이 증가한다든지, 까닭없이 늘 불안하거나 이웃 등과 어울리지 못하고 성욕 상실, 생리불순 등으로 나타난다. 계절성 우울증은 매년 반복되며 햇빛의 양에 의해 기분의 변화를 느낀다. 즉, 빛의 양이 적어지면 인체 내 성선호르몬인 멜라토닌의 분비가 억제되어 생활리듬이 깨지면서 우울증을 유발한다. 계절성 우울증을 극복하려면 밖에 나가 햇볕을 많이 쬐고, 집안에 있을 경우에도 가능한 한 창쪽에 앉는 것이 좋다. 흐린 날이라도 30분 이상은 밖에서 지내는 것이 좋다.

계획 scheme 어떤 사람이 의도한 결과를 성취할 수 있도록 도와주는 목표지향적인 전략이다.

고립 isolation 감정과 생각을 분리시키는 것으로 개인의 욕구가 자신의 힘으로 충족시킬 수 없을 때 현실에서 물러서서 접촉을 피하여 고통을 면하려는 반응이다. 즉, 고통스러운 기억과 감정을 의식에서 떼어 버리려는 과정으로서, 고통스러운 사실을 기억하지만 감정은 억압되어 느껴지지 않는 것이다. 이는 개인의 사고나 감정이 환경으로부터 격리되기 때문에 사고 내용이 빈곤하여지고 사고과정이 지체되어 활동성이 약화되는 등의 사고가 차단되며, 타인과의 정서적 유대가 결핍되고 의존성이 강해지며, 심하면 자폐 증상이 나타나게 된다. 병적인 형태는 반복적인 생각과 행동에 대한 강박적인 집착, 기억상실과 같은 해리반응 그리고 정신분열증환자의 현실접촉 상실 등에서 볼 수 있다.

고립효과 isolated effect 남극에 파견된 연구원과 군인들, 잠수함을 타고 오랜 시간을 해저에서 생활하는 사람들, 우주 공간에서 우주인으로 생활하는 사람들, 좁은 하숙방을 같이 쓰는 사람들과 같이 좁은 공간을 함께 사용하는 사람들은 고립효과를 경험할 가능성이 높다. 이처럼 좁은 공간에서 함께 생활할 때 심리와 행동이 격해지는 현상을 '고립효과' 라고 한다. 특히 이런 현상들이 남극에 파견된 연구원들과 군인들에게서 부각되어 연구되었기 때문에 '남극형 증후군' 이라고도 한다.

고백효과 confession effect 어떤 사람에게 도움을 못 주었다는 죄의식 또는 남에게 피해를 입혔다는 죄의식이 있을 때, 이들은 자신들의 죄의식을 덜려고 남을 도와주는 행동을 하게 되는 경우가 있다. 그런데 만일 자신의 죄의식을 남에게 고백(일반적으로 어떤 비밀이나 생각을 솔직히 털어 놓는 일을 의미)하면 그런 죄의식이 사라져 다른 사람을 돕는 행동이 줄어드는 것을 보게 되는데, 이런 현상을 '고백효과' 라고 한다.

고소광 lithigious mania 자신 또는 자신과 가까운 사람이 의도적으로 자기에게 피해를 주거나 악의적으로 다루고 있다는 망상들로, 이에 대해 계속 소송을 걸기도 하는데 이를 고소광이라 한다

고슴도치딜레마 hedgehog dilemma 고슴도치 컴플렉스(hedgehog complex)라고도 한다. 서로에게 다가서면 서로의 가시에 찔리기 때문에 다가서지 못하고 거리를 두는 인간관계를 표현한 말로서, 적당한 거리를 두면서 사람을 사귀는 세태를 보여준다. 다른 사람과 깊은 인간관계를 맺지 않으려는 사람들도 있다. 자기의 삶과 자기 일에만 몰두해서 남들이 보기에는 이기적이라고 할 정도로 자기중심적이다. 늘 자기를 감추고 상대방과 일정한 거리를 두려고 한다. 그러면 피차 서로 간섭할 일도 없고 부딪칠 일도 없기 때문에 부담이 없다. 게다가 상대방으로부터 상처를 받을 일도 없다. 이렇게 인간관계 초기부터 상대방과 일정한 거리를 두고 자기를 방어하려는 사람들의 심리를 일컬어 '고슴도치 딜레마' 라고 한다.

고유자아 proprium 모든 사람은 개인에게 속한 것과 속하지 않은 것을 인식하는 만큼 자아를 가지고 있다는 시각에서 문제를 다루는데, 올포트(G. W. Allport)는 우리 생활의 특이한 영역으로서 정의되어지는 '고유자아' 라는 용어를 만들어 냈다. 고유자아는 한 개인에 속하거나 개인에게 독특한 것을 가리키며, 개인의 성장과정에서 갖게 되는 주위와의 상호작용 질에 따라 소유하게 되는 자아개념으로 본다. 또한 고유자아는 유아기에서 청년기에 이르기까지 상이한 일곱 가지 자아감의 단계를 거쳐서 발달한다고 보았으며, 이들의 궁극적인 통합은 주관적 지식과 감정을 가진 한 대상으로서 '나' 의 존재를 형성한다고 하였다. 일곱 가지 자아감의 단계는 ① 신체적 자아상 : 약 15개월이 되

면서 복잡한 학습과 지각경험을 통해 '나 안의' 어떤 것과 '밖에 있는' 다른 것들 간의 막연한 구별을 하게 된다. ② 자아 정체성 : 이름을 배우고, 거울에서 보여진 사람과 자신이 같은 사람임을 깨닫게 되면서, 변화하는 갖가지 경험에도 아랑곳없이 독립된 사람으로서 동일한 사람이란 것을 알게 된다. ③ 자아존중감 : 학습의 결과로서 어떤 것을 하기 위한 아동의 자부심과 관련된다. 올포트는 이 시기(2~4세)가 발달에서 결정적 단계라고 주장한다. ④ 자아확장감 : 4~6세 무렵으로 주위 다른 사람과 사물들을 알아차리며, 그것들 중 일부가 자기 것에 속한다는 것을 알게 된다. ⑤ 자아상 : 아동이 자기 자신을 어떻게 생각하는가에 대한 의견을 말한다. 자아상은 부모와 아동 자아 간의 상호작용으로 발달하며, 상과 벌을 통해 부모들의 기대행동을 알게 된다. ⑥ 이성적 대처자로서 자아 : 6~12세 아동은 교사와 친구로부터 새로운 규칙과 기대를 배우며, 논리적이고 합리적인 과정에 의해 문제를 해결할 수 있다는 것을 알게 된다. ⑦ 자아추구 : 청소년은 자신의 정체성과 역할을 탐색하는데, 이러한 탐색의 핵심은 생의 목표를 정하는 일이다.

고유자아적 추구 propriate striving 중요하고 장기적인 목표의 추구를 통해서 자신을 향상시키려는 개인의 동기를 말한다.

고전적 조건화 classical conditioning 조건반사이론 행동이 대리자극에 의해 유도될 수 있음을 뜻한다. 즉, 반응을 끌어내는 일상적인 자극을 계속 반복함으로써 결국 예전에 중립적이었던 자극만으로 반응을 이끌어 내는 학습형태다. 반응적 조건화(respondent conditioning) 혹은 파블로프 조건화(pavlov conditioning)와 동일한 의미를 가지고 있다. 고전적 조건화는 처음에는 어떠한 기능도 하지 않았던 자극이 특정반응을 유출시킬 수 있는 능력을 가지게 된다. 파블로프(I. P. Pavlov)는 개가 음식을 보았을 때 일반적으로 침을 흘린다는 것을 발견하고, 실험적으로 음식을 갖다 놓기 전 신호로서 5초 동안 빛을 보여 주었다. 몇 번의 실험 후 음식이 없이 빛만 보여 주어도 개는 여전히 침을 흘리는 반응이 나타났던 것이며, 빛만 보여 주었을 때 흘린 침의 양은 그 이전에 음식과 빛을 함께 보여 주었던 반복된 횟수와 상관이 있음을 알게 되었다. 이와 같이 고전적 조건화를 시도하기 위해서는 먼저 반사반응(reflexive response)을 유출시키는 무조건자극(unconditioned stimulus: UCS)을 찾아야 하며, 이 자극에 자동적으로 일어나는 반응을 무조건반응(unconditioned response : UCR)이라고 한다. 고전적 조건화를 형성시키는 다음 단계는 무조건자극과 중립자극(neutral stimulus : NS)을 서로 연합시키는 과정으로 이러한 연합 과정을 반복하게 되면 중립자극은 결국 무조건자극이 없이도 반응을 유출시킬 수 있게 된다.

고정간격계획(FI) fixed interval schedule 유기체가 보상을 받은 후 일정 시간이 경과한 후에 하는 반응에 대해서 강화를 준다. 이는 시간적 차원을 고려하여 구성된 강화 계획으로서, 유기체는 고정시간간격의 처음에는 천천히 반응하거나 아예 반응하지 않다가 시간간격의 끝에 가까워지면 반응속도가 증가한다. ⇨ 강화스케줄 참고.

고정관념 stereotypes 개인, 집단, 사회적 지위에 대한 선입견과 여러 가지 특성에 대해 미리 가지고 있는 지식과 신념을 말한다. 이러한 사고는 편견에서 태도의 신념적인 측면을 의미하는 것으로 대개 집단 내 소수인들에게서 관찰된 특징에 대한 지나친 일반화나 피상적인 특성에 근거하고 있다. 사람들이 세상을 파악하는 양상의 중요한 특징 중 하나는 범주화인데, 사람을 파악하는 데에도 그 사람이 갖고 있는 어투, 생김새, 종교, 인종, 국적, 성 등에 의해서 사람들을 분류하고, 같은 범주에 속해 있는 사람들은 비슷한 특성들을 공유하고 있는 것으로 여긴다. 따라서 표적인물이 가진 특성에 따라 분류가 되면 그는 그 범주의 사람들이 가졌다고 여겨지는 특성을 으레 갖고 있는 것으로 여긴다. 이러한 식의 범주 특성을 그 구성원의 특성으로 일반화시킬 때 고정관념을 적용시킨다고 한다. 고정관념은 표적인물에 대하여 매우 피상적인 정보만을 갖고 있을 때 활발히 쓰이며, 그 개인에 대한 개인적인 정보가 구체적으로 알려지면 영향력이 매우 적을 수 있다.

고정비율계획(FR) fixed ratio schedule 고정비율스케줄, 유기체가 일정한 수의 반응을 나타낼 때마다 강화하는 방법이다. 이는 반응 수의 차원을 고려하여 구성한 강화계획으로서 예를 들면, 아이가 착한 일을 10번 할 때마다 간식을 주는 것과 같다. ⇨ 강화스케줄 참고.

고집 stubbornness 고집은 열등감과 불안전감의 또다른 신호다. 어린 시절의 습관적인 패턴으로부터 발달될 수 있는데, 특히 자신의 지위를 남용한 권위자를 향해 그러한 습관이 생길 수 있다.

고차적 조건형성 higher order conditioning 파블로프의 실험에서 2차 조건화에 이어 3차, 4차 조건화를 시킬 수 있는데, 이를 고차적 조건형성 또는 고차 조건화라고 한다. 즉, 어떤 중립자극이 고전적 조건화 과정을 통하여 조건자극이 되었을 때, 이 조건이 또 다른 중립자극과 반복적으로 연합되면 그 중립자극도 조건반응을 유출시킬 수 있는 또 하나의 조건자극이 될 수 있는 현상을 가리키는 말이다. 인간의 경우 일차적 강화 없이 많은 학습이 일어나는 것은 인간학습에 고차적 조건형성에 기초한 것이 많음을 나타낸다. ⇨ 조건강화물 참고.

고착 fixation 인간의 발달과정 중에서 어떤 스트레스에 부닥칠 때 인격발달과정이 중단된 상태다. 어떤 사람이 현재 여건에 대해 부적절한 행동이나 사고를 유지하거나 부적절한 정서적 반응에 집착하는 것으로, 정신분석에서 성 심리적 발달의 초기단계를 원만하게 거치지 못하거나 애착대상을 바꾸지 못함으로써 특정한 발달단계나 대상에 얽매여서 머물러 있는 것을 말한다. 예를 들어, 항문기에 좌절을 심히 받았거나 그 반대로 너무 재미를 보았다면 그는 이 시기에 무의식적으로 집착하는데 이것이 고착이다. 인간이 그 어느 시기에 대한 고착이 강하면 강할수록 스트레스를 크게 받는 경우에 쉽게 그 고착되어 있는 시기로 퇴행하는 경향이 있다. 따라서 대개 퇴행하게 되는 그 단계를 바로 고착된 단계로 본다. 소변을 잘 가리던 아이가 동생이 태어남으로 해서 또 다시 야뇨증을 보이게 되는 것이 좋은 예다.

고착관념 fixed idea 본의가 아닌데도 불구하고 마음이 어떤 대상에 쏠려 끊임없이 의식을 지배하며, 모든 행동에까지 영향을 끼치는 것과 같은 관념을 말한다. 강박관념과 같이 병적인 것과는 다르다.

고혈압 hypertension 혈관벽에 대한 혈류의 높은 압력으로 병명이라기보다 하나의 증세라고 보아야 한다. 임상적으로는 일단 안정 시에 측정한 혈압으로서 최고혈압이 성인의 경우 150~160mmHg 이상, 최저혈압이 90~95mmHg 이상을 고혈압으로 취급한다.

골다공증 osteoporosis 뼛속에 구멍이 많이 생기고 질은 연약해져 뼈 성분의 밀도가 약해지는 특징을 갖는 칼슘 부족과 관련된 장애로 중년기와 노년기 여성이 주요 위험집단이다.

골상학 phrenology 두골의 형상에서 사람의 성격을 비롯한 심적 특성 및 운명 등을 추정하는 학문이다. 성상학이라고도 한다. 빈의 해부학자 갈(F. J. Gall)이 시작한 것으로 인간의 심적 특성은 독립된 개개의 기능으로 나누어질 수 있다고 했다. 그는 각 기능은 대뇌 표면의 각 부위에 일정하게 위치되며, 각 부위의 크기는 그곳에 자리한 심적 기능의 발달 정도를 나타내므로 대뇌를 둘러싼 두골의 형상에서 그 밑에 있는 대뇌 부위의 요철을 알 수 있고, 그 사람의 심적 특징을 짐작할 수 있다고 주장하였다. 슈푸르츠하임(J. C. Spurzheim)은 이에 대해서 골상학이라는 이름을 붙였는데, 갈과 협동하여 신경계의 생리와 해부에 관한 책을 지었으며, 그 속에서 심적 기능을 35개로 분류하고, 이들을 대뇌표면의 각 부위에 배위하였다.

공감 empathy 감정이입 타인의 사고나 감정을 자기의 내부로 옮겨 넣어 타인의 체험과 동질의 심리적 과정을 만드는 것이다. 다시 말하자면, 상담자가 내담자와 대화를 나누는 동안 내담자의 입장이 되어서 내담자가 이 세상을 보는 방법으로 상담자도 이 세상을 봄으로써 내담자가 느끼는 것을 상담자 자신도 느껴 보고 그 느낌을 내담자에게 말해 주는 것을 말한다. 내담자로 하여금 있는 그대로의 자신에게 보다 더 가깝게 접근해 갈 수 있도록 격려하고, 보다 깊이 있게 그리고 강한 경험을 할 수 있도록 도와서 내담자 자신 안에 존재하는 자아와 유기체적 경험 간의 불일치성을 인지하고 해결할 수 있도록 한다. 즉, 상담자가 '내담자의 입장이 되어' 주관적으로 이해하면서도 결코 자신의 본연의 자세를 버리지 않는 것이 공감이다. 내담자를 공감적으로 이해하고 있음이 전달되면 내담자는 자신이 이해받고 있다는 느낌을 갖게 되며, 상담자를 보다 신뢰하게 되어 자신을 깊이 드러내 보이게 된다. 이와 같이 공감이란 상대방의 생활공간 안에 들어가 정서적 경험을 같이 하는 것이지만, 치료자 자신의 위치를 잃지 않는다는 점에서 동감이나 동일시와 구별된다. 공감은 기초 공감(primary-level accurate empathy)과 발전공감(advanced accurate empathy)으로 나눌 수 있다.

공감각 synesthesia 한 감각이 자극을 받았을 때 다른 감각경험이 일어나는 것을 말한다. 예를 들면, 어떤 소리를 듣고 특정 색깔의 감각을 보는 경우를 들 수 있다. 공감각에는 2차 감각이 현실적인 경우와 기억표상적인 경우 또는 단순한 사고에 그치는 경우 등 차이가 있으며, 이런 소질이 없는 보통 사람도 특수한 실험 조건 아래서는 다른 양상의 감각 간에 상호작용이 생길 수 있다.

공감적 이해 empathy understand 공감적으로 이해한다는 것은 치료자가 내담자와 정서적 경험을 함께 하면서 그의 언어 및 비언어적 표현에 내포되어 있는 의미, 내용, 관계 등을 지각하는 것을 말한다. 로저스(C. R. Rogers)의 상담기법에서 내담자의 변화를 일으키기 위한 상담자의 중요한 세 가지 조건 중 하나다. 그는 공감적 이해에 대해 설명하기를 상담자는 내담자의 분노, 두려움, 혼돈을 마치 자신의 것으로 느끼면서도 상담자 자신의 분노, 두려움, 혼돈을 내담자의 그것에 관련시키지 않는 것이 공감적 이해라고 하였으며, 내담자의 세계가 이처럼 상담자에게 명료해지고 상담자가 이를 자유롭게 탐색하게 되면 상담자는 내담자가 명확히 인식하고 있는 것에 대한 자신의 이해를 의사소통할 수 있을 뿐만 아니라 내담자가 거의 인식하지 못하고 있는 내담자 자신의 경험에 대해서도 어떤 의미를 전달할 수 있게 된다고 하였다. 공감적 이해가 치료적 성과를 거두기 위해서는 내담자가 하고 있는 말의 내용과 감정을 정확하게 파악해서 그것을 자신의 말로 덧붙여 상대방에게 반영해 주는 것이다.

공격 aggression 분노나 적개심을 나타낼 때 사용하는 용어로 타인이나 물건을 해치거나 파괴할 의도가 있는 행동이나 타인을 지배하려는 의지의 표현, 좌절에 대한 반응을 의미한다.

공격불안 aggression anxiety 공격행동(aggressive/offender behaviors)을 하게 될 상황에 직면했을 때 공격행동에 대해 갖는 죄책감이나 불안감을 의미한다.

공격성 aggression (hostility) 분노, 화, 증오에 따른 강압적이고 목적이 있는 행위로서 언어나 행동으로 표현된다. 적의나 증오와 관계 있는 파괴적인 행동이나 그와 같은 욕구, 또한 강한 지배욕과 자기주장성, 적극성을 포함하는 경우도 있다. 이와 같은 공격행동에는 도구적 공격성(instrumental aggression)과 적대적 공격성(hostile aggression)으로 구분된다. 공격성은 어렸을 때 사회화 과정에서 교육이 지나치게 엄격하여 욕구불만이 겹치면 공격성이 조장되기 쉬우며, 또한 공격적 행동에 대한 억제가 너무 엄격하면 남을 두려워하는 경향이 생길 수 있다. 달라드와 밀러(Dollard & Miller) 등의 "욕구불만-공격"가설에서는 욕구가 충족되지 않으면 공격적 행동이 나타나고, 공격적 행동이 나타나는 배후에는 반드시 욕구불만이 있다고 주장하나, 욕구불만과 공격성과의 인과관계를 절대적인 것으로 일반화하는 것은 지나친 견해다.

⇨ 도구적공격성, 적대적공격성 참고.

공격압력 aggression press 머레이(H. A. Murray)는 사람들의 주위를 둘러싸고 있는 환경이 주는 힘을 압력이라고 하고, 이 같은 압력에 대한 분류 방법 가운데 하나인 공격압력은 자기를 공격하고 비판하고 얕보는 타인에게서 느껴지는 상대적 강도를 말한다.

공격적 본능 aggressive instinct 공격적 충동 자기주장, 야심, 경쟁심, 성공하고 싶은 욕구, 에너지의 활용, 결단력과 정력 등으로 표현되는 측면들과 같이 인간의 마음 속에 있는 모든 파괴적이고 공격적인 힘이 포함된다.

공동치료 cotherapy 두 사람 또는 그 이상의 치료자가 동시에 개인, 부부, 가족의 치료에 개입하는 것으로 종종 훈련 목적으로 이용되기도 하며, 상담과정을 다양하고 풍성하게 만들어 준다. 즉, 공동치료는 치료자들 각자가 가족기능의 여러 측면들을 관찰할 수 있고 서로의 좋은 아이디어를 채택할 수 있어서 치료과정을 촉진시키고, 한 사람이 가족역기능구조 속으로 말려들어 갔을 때 서로 도움을 줄 수 있고, 평가를 좀 더 객관적으로 할 수 있으며, 공동치료자 간의 건강한 상호작용은 긍정적인 모델링의 기회를 제공할 수 있다.

공리주의 utilitarianism 행동의 기준을 '최대다수의 최대행복'에 두는 것으로, 행동의 옳고 그름이 그것의 결과가 유익한가 유익하지 않은가의 여부에 의해 결정되는 윤리철학이다. 벤담(J. Bentham)과 밀(J. S. Mill) 부자에 의해 계승되었다. 그들은 행복과 쾌락을 동일시하였으나 벤섬이 '양적 쾌락주의자'였던 반면, 밀은 '질적 쾌락주의'의 입장을 취하였고, 내면적인 동기, 양심, 자기도야의 중요성을 인정하였다.

공변원리 covariation principle 사람들이 어떻게 귀인에 이르는지를 밝힌 원리로서, 하이더(Heider)는 어떤 특정결과 혹은 효과에 대한 원인을 찾을 경우에 그 결과는 그 원인이 없이 일어나지 않는다는 것을 알고 그 결과를 그 원인에 돌리게 된다고 한다. 즉, 그 원인은 항상 그 결과와 공변하는 것이다. 사람들의 귀인과정에 대하여 가장 공식적이고 종합적인 이론은 켈리(Kelley, 1973)가 제시한 공변이론이다. 공변원리란 다양한 상황에 걸쳐서 발생하는 특정 결과와 특정의 원인요소가 공존하는지를 살펴서 귀인하게 된다는 원리다. 켈리에 따르면 사람들은 귀인할 때 세 가지 종류의 정보를 상용한다. 자극대상, 행위자, 상황이 그들이다. 자극 대상과 관련되어 관찰자는 행위자의 행위가 특정의 자극에 대한 것인지 아니면 보편적인 반응인지를 분석한다(distinctiveness). 행위자와 관련되어 관찰자는 같은 상황하에 있는 다른 사람들의 반응은 어떠할지를 생각한다(consensus). 상황과 관련되어서 관찰자는 유사한 상황에서 행위자가 같은 행위를 지속적으로 보일 것인지 아니면 이번에만 보이는 행위인지를 판단한다(consistency). 공변이론을 지지하는 여러 연구결과에도 불구하고 공변이론은 귀인과정을 논리적으로 모형화시킨 것일 뿐 실제 사람들의 귀인과정과는 거리가 있다는 비판을 받는다. 대표적인 비판은 실제 생활에서 우리는 공변이론이 필요로 하는 세 차원의 정보를 많은 실험에서처럼 파악하기 좋게 갖고 있지를 못하다는 것이다.

공상 fantacy 환상 · 좌절된 욕구를 상상 속에서 충족하는 것을 말한다. 비현실적인 것이 특징이지만, 현실이 아니라는 것을 의식하고 있다는 점에서 꿈이나 망상과는 다르다. 공상의 일종인 백일몽은 다소 비현실적인 이미지를 차례로 상상 속에서 그리는 것인데, 이런 현상은 현실에서 채워지지 않은 욕망에서 생기는 것이다. 현실에서 채워질 수 없는 소망이나 욕구도 공상 속에서는 쉽게 채워질 수 있기 때문에, 공상은 현실생활에서 오는 불안이나 긴장을 덜어 주는 데 도움이 된다. 그러나 상습적으로 공상에 빠지거나 공상과 현실의 구별을 못하는 것은 병적이라고 할 수 있다. 이렇게 되면 현실생활에 대한 적응에 장애가 생기고, 현실에 대한 관심도 점차 잃게 된다.

공상적인 거짓말 pseudologia fantastica 병적인 거짓말 기억착오의 일종으로 회상적 허구성과 구별되는데, 공상적인 거짓말은 자신의 공상 속에서 이루어진 일을 마치 과거에 자신이 경험했던 것처럼 이야기하는 것이다. ⇨ 기억착오, 회상적 허구성 참고.

공생 symbiosis 생물적 또는 심리적으로 상호 의존관계에 있는 두 유기체 간의 관계다. 엄마와 아이와 같이 두 사람 이상의 개인들 사이에 생기는 강력한 애착으로서 그들 간의 경계선은 그 정도가 흐릿해서 마치 한 사람처럼 반응한다. 이 용어는 한 사람의 독립된 정체성을 방해할 만큼 자신을 다른 사람과 동일시하는 것을 말한다.

공생기 symbiotic phase 말러(Mahler)의 분리개별화 이론에 따른 심리과정으로서 공생기는 생후 2개월에서 6개월의 모자가 공생하는 시기다. 아기는 어머니를 알아보고 반응하며 어머니도 자식의 반응에 마음이 빠지는 시기다.

공유 정신증적 장애 shared psychotic disorder 이중정신증 비슷한 내용의 망상을 갖고 있는 타인에게 영향을 받은 개인에게서 발생하는 장애다. 다른 말로 이인정신병이라고도 하며, 경우에 따라서는 1대 1이 아닌 몇 사람이 함께 포함될 수도 있다. 통상적으로 공유 정신증적 장애의 일차 사례자는 그들의 관계에서 지배적인 위치를 차지하고 있으며, 보다 수동적이고 처음에는 건강했던 두 번째 개인에게 서서히 망상적 체계를 주입한다. 특히 부모가 일차 사례자인 경우, 자녀들은 정도는 다양하지만 부모의 망상적 믿음을 수용하게 된다.

공적인 거리 public distance 홀(Edward T. Hall)은 인간이 자신의 주변에 설정해 놓은 구역이나 영역에는 친밀한 거리, 사적인 거리, 사회적인 거리, 공적인 거리 등이 있다고 결론짓고 있는데, 공적인 거리는 겨우 얘기를 주고받을 수 있는 210cm에서

280cm 이상의 거리다. 미국 문화권에서 사람들은 공적인 모임, 정원을 낀 정동의 거리에서 하는 대화, 기타 성격상 사적인 것이 아니라 공적인 것으로 분류될 수 있는 활동과 같은 최소한의 사적인 접촉이 필요한 경우에 이러한 거리를 유지한다.

공주병 princess syndrome 스스로가 마치 백설공주가 된 듯한 착각 속에 빠져 있는 후천성(後天性) 자기망상증으로, 자기의 용모나 처지에는 전혀 개의치 않고 마치 어느 왕궁의 공주인 듯 착각하고 있는 신세대 철부지 소녀의 심리적 병증의 하나다. 그 집단 속에서 튀는 존재로서 남들 앞에 내보이기를 좋아하는 일종의 과대망상증(誇大妄想症)이라 할 수 있는 심리현상이다.

공중건강모델 public health model 질병을 예방하고 생명을 연장하고, 건강을 증진시키는 것을 목적으로 하는 프로그램이나 정책, 건강보호 요원으로 구성된 체계로서, 이러한 목적을 달성하기 위해 위생설비 점검, 전염성 질병의 통제, 보건위생에 대한 교육, 조기진단 및 질병예방을 위한 의료 및 간호서비스 조직의 운영, 건강보호시설의 개발과 같은 공중보건 조치를 통해 이루어진다.

공통성 추론 commonality corollary 인간이 사상(events)을 인지하는 인지구성체의 특징을 설명하는 추론 가운데 하나로서, 공통적 추론은 한 개인이 다른 사람들과의 경험을 어떻게 구성하는지, 그 정도의 유사성에 따라 그들의 심리과정은 비슷할 수 있다고 보는 추론을 의미한다. 켈리(G. Kelly)의 개인적 구성개념이론에 의하면, 인간은 자신이 속한 세계를 어떤 유형이나 틀을 통해 보게 되는데, 이러한 해석의 틀을 구성개념 또는 인지구성체라고 부르며 공통성 추론을 포함하여 11가지 추론을 통해 인지구성체의 특징을 설명하고 있다.

공평성 이론 equity theory 사회적 비교원리에 기초를 두고 있는 이론으로, 어떤 조직체에서 한 개인이 얼마나 동기화되느냐 하는 것은 타인들이 기울이는 노력의 정도와 자신이 기울이는 노력의 정도에 대한 비교를 통해 결정된다고 하는 것이다. 즉, 기대이론의 한 개념으로서 아담스(Adams)의 공평성 이론은 조직성원의 동기는 그가 조직에서 공정하게 또는 부당하게 대우받고 있다는 지각 정도에 의해 영향을 받는다는 것이다. 따라서 사람들이 행동방향을 결정하는 것은 자기가 준 것(input)과 받은 것(output)을 비교하여 교환관계가 공평성을 유지하고 있는지를 판단하고 공평성을 유지하는 방향으로 자신의 행동을 선택한다고 보고 있다. 이러한 공평성 이론에 포함된 기본적인 요소는 ① 비교 당사자, ② 비교 대상자, ③ 투입(비교 당사자가 가지고 있는 능력, 학력, 노력 등), ④ 결과(노력함으로써 얻어지는 임금, 보너스 등)가 있다. 또한 공평성 이론에 의하면, 불공평성은 긴장감을 조성하고 긴장감이 고조되면 공평한 상황을 형성하기 위하여 투입과 산출을 변경하거나 비교인물 자체를 바꾸기도 한다. 이와 같이 공평성 이론은 산출과 투입의 비율에 따라 공평한 보상을 강조하며, 공평성이 조직 내외의 다른 사람과의 비교에 의해 결정된다고 하는 것을 말한다.

공포 fear 공포는 위험을 예견했을 때 생기는 정서로서 불안, 떨림, 도피욕구 혹은 대항욕구를 체험한다. 불안과 구분되는 것은 ① 공포에는 두려움을 일으키는 외부자극, 즉 장소, 사람, 사건, 상황 대상물이 있는 반면, 불안에는 구체적인 자극이 없는 경우가 많다. ② 공포는 현재의 위험에 대한 반응이 많고, 불안에는 예견 혹은 상상에 대한 반응이 많다. ③ 불안에 대해서는 여러 이론이 많지만 공포에 대해서는 그렇지 않다.

공포반증 phobic reaction 강렬하고 비합리적인 공포에 의해 특징지워지는 정신신경증의 반응을 의미한다.

공포장애 phobic disorder 일명 공포노이로제, 공포 신경증이라고도 한다. 두려움 때문에 나타나는 불안장애의 한 유형으로, 이 장애의 특징은 특정한 물체나 상황에 대해 지속적이며 비정상적인 두려움을 갖게 되어 그러한 물체나 상황을 피하려는 것이다.

공포증 phobia 공포의 감정이 강박적으로 특정한 대상이나 상황에 결부되어 강하고 비합리적인 불안을 경험하고 이로 인하여 부적응적 회피현상이 나타나는 것을 말한다. 공포증은 공포장애의 주요 증상이며 이론적으로 파악될 수 있는 공포증은 무한하다. 일반적으로 광장공포증, 고소공포증, 동물공포증 등이 있다. 공포증은 그 두려움이 근거가 없다는 것을 잘 알고 있으면서 그 두려움에서 벗어나지 못하지만, 대부분의 공포증 환자는 그 대상 또는 대상으로 상징되는 사물과 관련하여 과거에 자기가 위험에 처하게 되었거나 자기 원망의 좌절 등 불쾌한 체험을 가지고 있으며, 다만 이를 억압함으로써 망각하고 있는 것이다. 정신분석치료에서는 병원적 기연이 된 체험의 의식화에 의해서 치료효과를 얻으려고 한다.

공학심리학 engineering psychology 인간이 산업현장이나 생활 현장에서 쓰는 기계나 도구의 설계에 관한 것을 연구하는 학문이다.

공황반응 panic reaction 공황반응은 심한 정신의 혼란과 긴장을 느껴 폭발하는 것이다. 즉, 자아와 초자아의 금지에도 불구하고 흥분이나 긴장의 요구에 따름으로써 생기는 발산행동의 예로서, 이는 엄청나게 고통스런 신경증적 불안에서 빠져 나오려는 반응인 것이다. 이런 공황행동은 극단적인 타입의 반응이며 광폭성이 덜한 타입의 것이 흔히 나타난다. 예를 들면, 평소 행동과 어울리지 않게 돌연 몹시 불쾌한 언사를 쓰든지 쓸데없는 물건을 사온다든지, 모욕적인 비평을 퍼붓든지 한다.

공황발작 panic attack 극심한 불안과 함께 곧 죽을 것 같거나 미칠 것 같은 느낌으로 갑작스럽게 숨이 막히거나 가슴이 조이는 등 현실감을 잃는 증상을 경험하면서 극도의 심한 불안발작을 일으키는 것이다. 이 문제를 가진 사람은 자신이 느끼는 신체 생리적 흥분이나 변화를 치명적인 것으로 해석하곤 하는 것이 특징이며, 이런 발작을 경험한 후에는 다시 발생하는 것에 대한 두려움, 즉 예기불안을 느끼는 '공포에 대한 공포'가 생기게 되고, 이러한 예기불안은 공황발작의 가능성을 높이는 악순환을 거듭한다.

공황장애 panic disorder 불안장애로 공황장애는 갑작스럽게 강력한 불안을 단기간 호소하며, 이 불안이 너무 심한 나머지 환자는 몸을 떨고 흔들며, 어지러움을 느끼고, 호흡곤란을 겪을 수 있다. 공황장애의 필수 증상은 예기치 못한 반복적인 공황발작으로 이런 경험에 뒤이어 최소한 1개월 이상 또 다른 공황발작이 일어날까 봐 지속적으로 염려하며, 공황발작의 가능한 결과에 대해 근심 걱정을 하며, 발작과 관련되는 특정한 행동변화를 보인다.

과대망상증 megalomania (delusion of grandeur) 자기의 현재상태를 과대하게 평가하는 망상이다. 자기의 건강이나 능력을 실제보다 우수하다고 생각하는 가벼운 것에서부터 대단한 발명의 재능이 있다든지 수천억의 재산이 있다든지, 초인 또는 신이라고 생각하는 심한 경우도 있다. 자신이 신이다, 선지자다 하는 믿음을 종교망상(religious delusion)이라 한다. 자신이 고귀한 혈통에 속한다는 혈통망상도 있다. 이 과대망상은 부족감, 열등감, 불안정감 등으로부터 나온 것으로서 과장되고 팽창된 사고와 이에 수반되는 정서로 인해 그 근원이었던 불안감은 의식화되지 않게 된다. 과대망상의 내용은 흔히 개개인의 과거에 좌절 또는 불안정감이 무엇이었는가를 추측케 해 준다. '내가 예수님이다.' 또는 '내가 칠성님이다.' 등의 과대망상은 어떤 사람에게는 자기 힘으로써 도저히 어떻게 할 수 없는 불가항력적인 현실로부터 그를 도피시켜 주는 역할을 하기도 하고, 죄악감이 문제가 되었던 사람에게는 완전무결을 제공해 주는 셈이 되며, 또한 아주 심한 열등감이 문제였을 경우에는 세상 그 누구보다도 가장 훌륭한 사람이 되게끔 해 주는 것이고, 공포감이 문제였던 사람에게는 안전감을 제공해 주는 셈이 되는 것이다. 과대망상의 상징적 의미는 그리 복잡하지 않으며, 따라서 쉽게 분석할 수가 있다.

과대성 grandiosity 자신의 재산이나 권력, 지식, 자신의 중요성 또는 주체성을 과대평가하는 것이다. 심한 경우 과대망상적인 성질을 나타낸다.

과민증 supersensitivity 지나친 예민감을 의미하는 것으로 강박관념, 충동성, 결벽증 등 과민증에 시달리는 사람은 대개 상한 감정의 상처를 심하게 받는다. 이런 사람은 사랑을 추구하고 비정상적일 정도로 남에게서 인정받기를 원하며 애정을 구하지만, 결과는 정반대로 나타나며 그의 마음 속에는 깊고 돌이킬 수 없는 상처만 남는다.

과시욕구 need exhibition 자신을 극화하는 욕구로, 자신을 흥분시키고 동요시켜 충격을 주고 즐겁게 하려는 욕구다. 즉, 남에게 주목을 끌고자 하는 심리행동의 욕구로 남이 자기를 보고, 자신의 말을 듣게 하려고 한다.

과시행위 demonstrative 과시욕구와 관계된 것으로, 감정을 밖으로 표현하는 행동이나 그러한 행동을 보이는 사람에게 적용되는 용어다. ⇨ 과시욕구 참고.

과식장애 binge-eating disorder 반복적인 과식의 삽화로서, 과식에 대한 통제력 상실이 주관적 · 행동적으로 나타나며, 이에 대한 심각한 고통이 따르고 신경성 폭식증의 특징인 부적절한 보상 행동, 즉 일부러 구토를 하거나, 소화제나 다른 약을 오용하는 것, 굶거나, 과도한 운동과 같은 행동을 동반하지는 않는다. ⇨ 폭식증 참고.

과잉각성 hypervigilance 내외의 자극에 대하여 과잉하게 주의를 주고 초점을 맞추는 상태로 망상이나 편집상태와 관련된다.

과잉근육충동장애 hyperkinetic impulse disorder 경미한 뇌장애가 그 원인으로, ADHD를 의미한다. 이러한 아동들은 그 특징으로 지속적인 집중력과 충동억제의 어려움을 보이고, 공격적이고 반항적이며, 지나치게 감정적이고, 규칙을 무시하는 행동을 보인다. ⇨ ADHD(주의력결핍과잉행동장애) 참고.

과잉보상 over compensation 개인이 부적절감에서 벗어나는 정도 이상으로 보상하는 보상형태로서 우월 또는 탁월한 업적을 초래한다. 과잉보상하는 사람은 마치 자신이 남보다 우월하다고 느끼는 식으로 행동한다.

과잉보호 overprotectiveness 부모나 대리 부모가 심리적 혹은 신체적으로 해가 있다고 생각되는 상황을 피하게 하려고 지나치게 아이들을 보호하려는 경향을 말한다. 그 결과 종종 이런 아이들은 독립적인 인간이 되는 것을 충분히 배우지 못하게 되는 것을 볼 수 있다. 이러한 과잉보호는 부부 사이 혹은 다른 가족구성원 사이에서도 발생할 수 있다.

과잉불안 anxious overconcern 엘리스(A. Ellis)가 언급하는 11가지 비합리적인 신념 가운데 하나로서, 과잉불안은 어떤 일은 위험하고 두려운 것으로 이로 인해 위험하거나 두려운 일이 일어날 가능성을 늘 생각하고 있어 불안해 하는 사고를 의미한다.

과잉식욕 prodigious appetites 음식의 과잉섭취를 의미하는 것으로, 특히 사춘기에 있는 사람들은 방어와 근심으로 너무 많이 먹어 비만해지는 수가 있는데, 이는 내분비선의 구조로 인하여 생기기도 하며 특히 사춘기의 성장률이 빠른 시기에 잘 나타난다고 보고 있다. 또한 과잉식욕의 심리적 원인은 의존적이며 불안정한 경우가 많다.

과잉애 overloving '자기 자신을 위해' 타인을 통제하려는 것을 비롯하여 타인에게 강하게 애정을 쏟는 것이다. 이 용어는 프로이트(S. Freud)가 만들었는데, 그는 이 과잉애가 사랑으로 경험되는 감정의 상태이지만 사랑의 본질에서 벗어난 것이기 때문에 결국은 자기 자신에 대한 사랑에서부터 유발된 것이라고 지적하였다.

과잉일반화 over generalization 단지 사소한 사실만을 근거로 하여 전반적이고 포괄적인 결론을 내리는 것을 말한다. 이것은 나쁜 사건이 계속 일어날 것이라고 추측하거나, 언제까지나 어떤 방식이 잔존해 있을 것이라고 추측하는 것이다. 여기서 단정적 진술이 흔히 사용된다. 예를 들면, '내게는 항상 그런 일이 일어난다.' 와 같은 생각이다.

과잉적응 over adaptation 교류분석의 개념으로, 과잉적응은 자신의 희망을 체크하거나 참고로 하지 않고 다른 사람의 희망을 믿으면서 동조하는 수동적 행동을 의미한다.

과잉책임 over responsibility 이것은 자신의 삶에서 실패한 부분에 대해 지나치게 책임지려는 것이다. 이러한 문제가 있는 사람들은 전체적인 그림과 실패에 기여한 다른 요소들을 보기보다는 자기 자신을 문제의 유일한 원인이라고 생각한다.

과장하기 expansion 치료자가 내담자의 어떤 행동이나 언어를 과장하여 표현하도록 요구하는 것을 말하며, 이를 통해 내담자로 하여금 자신의 무의식적 욕구나 감정 혹은 행동을 명료하게 자각하도록 도와줄 수 있다.

과정 process 연결된 일련의 행동적 상호작용이 특정기간에 걸쳐 일어나는 것.

과정으로서의 자아 self as process 자아를 행동의 결정인자로서, 행동과 적응을 통제하는 일군의 심리학적 과정으로 보는 관점을 말한다. 현대심리학에서는 두 가지 관점에서 자아의 의미를 규정하고 있는데, '과정으로서 자아' 를 보는 것과 '대상으로서 자아' 를 보는 것이다. 과정으로서 자아를 보는 관점에서 자아는 사고, 지각, 기억 등과 같이 능력적인 작용을 하는 개념들로 구성되며, 이런 관점으로 자아를 보는 견해는 정신분석학적 입장을 유지하는 프로이트(S. Freud), 융(C. G. Jung), 설리번(H. S. Sullivan)을 들 수 있다. ⇨ 대상으로서 자아 참고.

과정이론 processing theory (1) 기억에 관한 이론으로서, 과정이론은 기억을 하나의 연속적인 과정으로 인식하고 연속적인 과정을 강조하는 것을 말한다. 즉, 기억을 각 단계마다 인지적 수준이 점차 깊어지는 단계를 포함하는 일련의 과정으로 인식하는 것으로서, 이는 지각이 수많은 차원의 자극들을 빠른 속도로 분석해 내는 과정을 포함하고 있다는 통념에 바탕을 두고 있기 때문이다. 이와 같은 과정이론에는 무의식과 어린 시절의 경험을 강조하는 정신분석, 개인과 환경의 상호작용을 강조하는 행동주의적 관점의 사회학습이론, 개인의 주관적 경험과 자기실현을 강조하는 인본주의이론 등이 있다. (2) 동기부여에 관한 이론으로서, 과정이론은 동기가 유발되는 과정에 관심을 갖는 것이며 여기에는 기대이론과 공평성 이론이 포함된다. 이 과정이론들은 유인가, 강화, 기대 등의 기본 변수들이 상호작용하는 방법 및 동기부여에 이르는 방법을 설명하고 있다. 즉, 동기에 관한 과정이론은 행동이 어떻게 시작되고 방향이 정해지며, 지속되는지에 관련한 연구로서 인간의 행동이 어떤 과정을 거쳐서 움직이는가에 초점을 두고 다루고 있다. ⇨ 동기부여 참고. (3) 인간의 성격을 연구하는 이론으로서, 성격 연구는 크게 특성이론과 과정이론 두 종류로 이루어져 있는데, 과정이론은 성격이 어떻게 형성되고 어떻게 발달하며 그러한 성격이 생활하는 데 어떤 기능을 하는지 알고 이해하고자 하는 이론을 말한다. 이러한 과정이론에는 무의식과 어린 시절의 경험을 강조하는 정신분석(Freud와 신정신분석의 Adler, Jung), 개인과 환경의 상호작용을 강조하는 행동주의적 관점의 사회학습이론, 개인의 주관적 경험과 자기실현을 강조하는 인본주의이론 등이 있다. ⇨ 성격이론, 특성이론 참고.

과제수행법 task performance 개인의 심리적 특성과 능력을 평가하기 위한 연구방법으로, 개인에게 평가하고자 하는 심리적 특성이 반영된 과제를 제시하고 그 과제를 수행하는 데 소요된 시간과 수행반응의 내용, 수행방식 및 정확도 등의 측면에서 평가하는 방법이다. 이를 이용한 검사로 웩슬러(Wechsler) 지능검사가 있다.

과포괄적 사고 overinclusion thought 사소한 단서가 전체를 대표하는 것으로 확대 해석하는 사고장애를 말한다.

과호흡증후군 hyperventilation syndrome 빠른 호흡 발작을 말하는 것으로, 대개는 불안이나 기타 감정적 부담에 의하여 일어난다. 과호흡을 하게 되면 혈액 속의 이산화탄소(carbon dioxide)의 양이 저하되어 머리가 어지럽고, 가슴이 뛰고, 팔다리의 마비감이나 욱신거림, 발한(perspiration), 때로는 현기증과 같은 증상들이 일어난다.

관객효과 audience effect 다른 사람이 보고 있다는 사실에 심리적인 영향을 받아 아무도 안 보는 데서 하던 작업에 비해 작업의 성과가 저하되는 효과를 의미한다.

관계망 network 자료, 기술, 지식이나 연락 등을 공유하고 있는 조직이나 사람들의 공식, 비공식 결연.

관계망상 delusion of reference 아무 근거도 없이 주위의 모든 것, 자기와는 아무런 관계가 없는 다른 사람들의 행동이나 말을 마치 자기와 관계가 있는 것처럼 생각하며 자기에게 어떠한 의미를 가진 것이라고 생각하는 망상을 말한다. 더욱이 자기를 비난하고 업신여기는 것 같이 잘못 해석하거나 그렇게 생각하는 경우를 말한다. 즉, 주변의 일이 자기 자신과 관련되며 누군가가 또는 신문, 라디오가 내 말을 하고 있다는 망상이다. 편집상태의 환자들이 길을 걷다가 혹은 버스 안에서 우연히 보거나 들은 다른 사람들이 웃음이나 대화를 마치 자기를 비웃고, 경멸하는 것으로 믿는 이러한 관계망상은 환자 자신에 대한 내적 자기비판이 외계로 투사되어 일어나는 것이라고 볼 수 있다. 즉, 자기비판이 투사된 것이다. 우울증에서는 죄악감이 관계망상을 촉발하게 되며, 이것이 더 나아가 편집망상까지 일으키게 되는 경우도 있다. 이는 정신분열병에서 전형적으로 나타나는데 우울증, 각성제중독에서도 이 증세를 볼 수 있다. 다른 망상에 비해서 관계망상은 기초적인 것이고 이것을 중심으로 해서 피해망상 등으로 발전한다.

관계망형성 networking 이 용어는 전문가들이 사회체계를 통한 행위를 촉진하기 위해 다른 전문가들과 함께 이루어 내는 관계를 지칭할 때 사용되며, 가족치료에서 관계망 형성은 내담자와 그 관계자들, 즉 가족이나 친구, 동료 사이에 존재하는 사회적 결연을 고양하고 발전시키려는 것을 말한다. 이는 그 연결망 안에 내담자의 목적을 달성하는 데 도움이 되는 효과적인 사람들이 있을 수 있기 때문이다.

관계사고 ideas of reference 일상적 사고나 외부의 사건이 자신에게 특수하고 별난 의미를 갖고 있는 것처럼 느껴지는 것이다. 이는 망상적 확신을 특징으로 하는 관계망상과는 구별된다.

관계성 relationship 상담자와 내담자 사이의 상호정서교류, 역동적 상호작용, 그리고 감정적, 인지적 및 행동적인 연관을 의미한다.

관계윤리 relational ethics 가족구성원 사이에서 평등하고 공정한 균형이 장기간 유지되는 상태로 각 구성원의 기본적 관심을 다른 구성원이 고려하는 것을 말한다. 관계윤리는 맥락적 가족치료에서 강조하는 주요 개념이다. ⇨ 맥락적 가족치료 참고.

관계중독 relationship addiction 중독현상의 다양한 국면 중의 하나로서 '동반의존'의 역동성 속에서 건강치 못한 관계임을 인식하면서도 헤어 나오지 못하고 매어 있는 관계를 말한다. 회피중독과 반대적인 의미로, 관계중독은 그들이 파괴적 관계에 연루되어 있으면서 자신이 먼저 그 관계를 떠날 힘이 없으며, 자기 파괴적인 속성을 알면서도 충동적으로 그런 관계에 반복해서 끌려간다. 관계중독자는 다른 사람에게 애착을 가질 때 안전감을 느낀다. 이와 같이 관계중독자들은 사람을 보지 않고 관계의 끈을 만들고 두텁게 하는 데만 몰두해 오히려 상대방의 실체나 느낌에 소홀해질 수 있다는 점에서 타인을 생각하는 방식은 아니다. ⇨ 회피중독 참고.

관계통제(권력다툼) 상대방의 행동을 통제하기 위한 것보다는 관계를 규정하려는 시도나 전략을 통제하기 위한 싸움으로 의사소통과정에서 관계를 규정하기 위해 사용하는 전략이다. 헤일리(J. Haley)는 관계를 규정하는 과정에서 더 많은 권력을 갖기 위한 싸움이라는 의미의 권력다툼으로 개념화하였다. 이와 같이 관계통제는 다른 사람이 행동하고, 이야기하고, 생각하고 느끼는 것에 대해 명령하고 제한하는 것과 다른 사람의 의사소통에 대해 논평이나 비난하는 것으로, 관계통제를 위한 권력다툼은 가족구성원 간에서만 일어나는 것이 아니라 치료상황 속에서도 일어날 수 있다. 치료자로서 변화를 일으키기 위해서는 내담자와의 관계를 통제할 수 있어야 하기 때문에 내담자와 치료자와의 권력다툼은 치료자와 내담자, 그 가족 사이에서 지속적으로 일어난다고 할 수 있다.

관념 idea 정신적인 인상이나 개념을 말한다. 즉, 사람의 마음속에 나타나는 표상, 상념, 개념, 의식과 같은 것이다.

관념화 ideation 신념을 발전시키는 과정을 관념화라고 한다. 예를 들면, 죽음이나 죽음에 대한 욕구와 그 목표에 도달하도록 돕는 특별한 행동에 대해 생각하기 시작하는 사람은 자살성 사고(suicidal ideation)를 관념화하고 있다고 보는 것이다. 이러한 관념화 개념은 커뮤니케이션(의사소통)을 효과적으로 이루기 위한 과정에 적용되고 있는데, 의사소통의 첫 단계가 바로 관념화다. 즉, 의사소통이나 감정이입 또는 정보교환을 시도하려는 중요한 문제에 관해서 목적을 명확하게 하기 위하여 생각을 조직화하는 단계를 말한다. 이 단계에서 메시지를 전달하는 송신자의 마음은 아이디어, 사실, 의미 등에서 메시지의 발안과 구성에 초점을 두게 된다. ⇨ 의사소통 참고.

관대화의 오류 leniency error 상대방의 긍정적인 특성을 과대평가하는 경향을 말한다. 이는 인지적 일관성을 유지하려는 인간의 오류를 말하는 것으로, 이러한 관대화는 선택적 지각에 의한 귀인적 편견으로 이어지기 때문에 관대한 귀인오류(benign attribution error)라고도 한다. ⇨ 귀인오류, 인지적 일관성 참고.

관상동맥 coronary arteries 관상동맥은 심장을 둘러싼 동맥을 말하는 것으로, 좌우 2개로 되어 있다. 관상동맥은 심방과 심실을 관상으로 둘러싸고 있다는 데에서 연유된 이름으로 심장의 근육에 산소 및 영양소를 공급하는 혈액이 흐르는 것이다. 여기에 발생하는 관상동맥질환은 심장의 영양혈관인 관상동맥의 경화로 생기는 허혈성 심장질환으로 이러한 병태는 장기간에 걸쳐 서서히 진행된 것이지만, 얼른 보기에 건강한 사람이 돌연 발병하는 것 같이 보인다. 주증세는 협심발작으로 쥐어짜는 듯한 가슴의 발작성 통증이 있으며, 왼쪽 어깨에서 왼팔로 확산된다.

관용 tolerance 일반적으로 관대하고 남을 너그럽게 받아들이거나 용서하는 일을 말한다. 관용을 주장하는 배후에는 인간의 불완전성과 가류성(可謬性)에 대한 깊은 인식이 있다. 성숙한 인간은 모든 인간이 실수를 하며, 완전할 수 없다는 것을 알고 자신과 타인의 실수를 인정한다.

관음증 voyeurism 도시증 타인의 나체모습, 성행위 모습을 보기 위한 충동이 몹시 강하며 그런 체험을 통해서 성적 흥분을 얻는다. 주로 남성에게서만 볼 수 있는 정신성적 장애의 하나로서 전혀 눈치를 채지 못하고 있는 사람이 나체로 있거나 옷을 벗고 있거나 또는 성행위를 하는 장면을 보는 것만이 성적 흥분을 얻는 유일한 방법인 경우를 말한다. 관음증 환자는 자신과 벗고 있는 사람과의 성관계에는 전혀 관심이 없으며, 몰래 보면서 자위행위를 하거나 또는 보고 나서 그 장면을 회상하면서 자위행위를 한다.

관찰학습 observation learning 모방학습 모방이나 모델링을 통하여 타인의 행동을 학습하는 인지학습의 한 유형으로 관찰자의 행동이 모델의 행동에 노출됨에 따라 변화하는 과정을 말한다. 관찰학습은 반두라(Bandura)의 사회학습이론의 핵심이다. 반두라는 관찰학습이 일어나기 위해서는 관찰자가 모델의 행동에 주의를 집중해야 하며, 모델의 행동을 기억해야 하고, 모델의 행동을 재현할 수 있는 능력을 가지고 있어야 하며, 행동을 수행하려는 동기가 있어야 한다고 하였다.

광기 insanity 개인의 심각한 정신장애를 지적하는 데 쓰이는 법률적인 또는 일반적인 용어로 이것이 법률상의 용어로 사용될 경우 정신장애는 범죄행위와 같은 어떤 행위에 대한 개인의 책임을 무효로 할 만큼 신중하게 고려된다. 법적으로 미친 것으로 선고받은 사람은 범죄행위의 불법 여부를 평가하거나 법의 요구에 따라 행동할 실제적인 능력이 부족하다고 생각된다. 일반적인 용어로 사용될 경우 정신이상은 대체로 '미치광이' 또는 '정신병자'와 동의어다. 그것은 정신건강 전문가들의 진단상 전문용어로는 쓰이지 않는다.

광범위성 발달장애 pervasive developmental disorder 광범위성 발달장애는 발달의 여러 분야, 즉 사회적 상호작용과 의사소통 기술에 심각하고 광범위한 장애가 있거나 상동증적인 행동 및 관심, 활동이 있는 것이 특징이다. 이런 상태를 정의하는 질적인 장애는 개인의 발달 수준이나 정신 연령에 비해 명백하게 이탈되어 있다. 이 장애에는 자폐성 장애, 레트(Rett) 장애, 소아기 붕괴성 장애, 아스퍼거(asperger) 장애 등이 포함된다.

광장공포증 agoraphobia 혼자 있게 되거나 공공장소에 있게 되는 것이다. 낯선 환경 속에 있는 것에 대한 공포. 낯선 장소에 있거나 집을 떠나 있기 때문에 느끼는 비이성적이고 지속적인 공포로 도피가 어려운 상황이나 장소 또는 공황발작이 발생한 상황에서 도움을 받기 어려울지도 모르는 장소나 상황에 대해 두려워하여 넓은 장소에 나가는 것을 회피하는 것을 말한다. 동반자가 있을 때에는 그런 장소에 갈 때에도 공포감이 경감되기도 한다. 이 장애는 두 가지 유형으로 나타나는데, 공황발작 없이 일어나는 경우와 공황발작이 선행하고 나서 일어나는 경우가 있다. 이 장애가 심해지면 정상적 활동이 점차 제한받게 되어 종국에는 공포와 회피행동이 그 환자 생활의 전부가 될 때도 있다.

교감신경계 sympathetic nervous system 유기체가 어떤 위기 사태에 직면하고 있을 때 주로 작용하며 에너지를 소모하는 작용을 한다. 즉, 자율신경계의 한 부분으로서 전신의 각성기제로 작용하며 활발한 활동을 하도록 전신을 대비시키는 것으로, 교감신경계의 지배하에 있는 신체 부위들은 전제적으로 동시에 작용하는 경향이 있다. 누군가 따라온다고 느껴지는 발자국 소리를 들을 때 심장이 뛰고 다리에 힘이 들어가는 것처럼 정서적으로 흥분하면 교감신경계에 의해 심장이 빨라지고, 골격근과 심장의 동맥이 확장되며, 피부와 소화기관의 동맥은 수축되고 발한이 일어나며, 동시에 교감신경계 작용을 보강하는 호르몬을 분비하게 된다.
⇨ 자율신경계 참고.

교류분석(TA) transactional Analysis 의사거래분석으로 불리기도 한다. 에릭 번(Eric Berne)에 의하여 집단상담 및 치료의 한 방법으로 발전되었다. 이 방법은 대인관계 및 의사소통에 문제가 있는 상황의 적용을 위한 이론으로서, 프로이트(S. Freud)의 영향과 페던(Federn)의 자아심리학 및 펜필트(Penfield)의 기억기제에 대한 연구에 영향을 받았다. 인간행동의 사회적 · 상호작용적 측면이 강조되고 있다. 국제교류분석협회에 의하면, "개인의 성장과 개인의 변화를 위한 체계적인 심리치료법이며 성격이론이다."라고 교류분석의 정의를 제시하였다. 이론에 의하면 인간은 태어나면서부터 두 가지의 원천적인 욕구, 즉 생존에 필요한 생리적 욕구와 평안함을 추구하는 심리적 욕구를 가지게 된다. 이 두 기본적인 욕구들이 충족되기 위해 인간 상호 간의 상호작용과 관계형성이 필요하며 이러한 상호작용과 관계형성을 통하여 한 인간의 성격이 형성된다는 것이다. 교류분석은 부모(P), 성인(A), 아동(C)이라는 세 가지 정서 문화적 체계의 영향을 받는다. 이와 같이 교류분석은 성격이론으로서 사람들이 심리학적으로 어떻게 구조화되어 있는지를 하나의 그림으로 보여 주는데, 이를 위해 자아상태 모델이라 알려진 세 가지 모델을 이용하여 사람들이 어떻게 기능하는지, 즉 행위의 측면에서 사람들이 자신의 성격을 어떻게 표현하는지 이해하는 데 도움을 준다. 즉, 모든 사람의 의식세계에는 교류에 영향을 주는 인격 구조가 있다고 하는 것이다. TA의 P(부모)-A(성인)-C(아이)는 프로이트의 용어인 '자아'에 해당하는 의식의 세계를 지칭하는 용어이며, TA이론은 사람들 간에 이루어지는 모든 교류관계의 기저에는 자신의 삶에 중요한 의미를 부여해 주는 사람과의 개인적인 관계를 통해 형성되어 온 P-A-C의 자아상태들이 놓여 있다고 주장하는데, 즉 개인에게는 각기 다른 몇 개의 자아가 있어서 개인의 행동유형과 전체 성격을 결정한다고 보았던 것이다. 이상적인 상태는 성인의 자아상태가 타인과의 교류관계에 핵심적인 역할을 담당하면서, 실제적이고 현실적인 방법으로 아이와 부모의 기능을 충족시켜 주는 것이다. TA이론은 사람들이 서로 어떻게 상호작용하게 되는가를 재치 있게 잘 묘사하고 있으며, 또한 그 상호관계들이 왜곡되는 방식에 대해서도 아주 잘 분석하고 있다. 모든 것 중의 기본적인 것은 자아상태 모델이다. 자아상태란 일련의 행동과 사고, 감정과 일련의 관계를 갖는다. 그리고 일정한 시기에 우리 성격의 한 부분을 드러내는 방식으로 세 가지의 다른 자아상태를 묘사하고 있다. 만약 지금 여기에서 나를 둘러싸고 진행되는 것들에 반응하여 성인으로서 자신이 이용할 수 있는 자원들을 모두 사용하면서 행동하고 사고하고 감정을 느낀다면 나는 어른(A)의 자아상태에 있다고 말할 수 있으며, 때때로 나의 부모 중 한 사람이나 부모처럼 여겨진 어떤 사람과 비슷한 방식으로 행동하고 느낀다면 이때는 어버이의 자아상태(P)에 있는 것이고, 때로는 어렸을 때 사용하던 방식의 행동이나 느낌, 생각으로 돌아갈 때도 있는데 이때는 어린이(C)의 자아상태에 있다는 것이다. 또한 교류분석은 의사소통이론을 제공하는데, 이는 체제와 조직을 분석하는 방법을 더욱 확대시켜 줄 수 있다. 뿐만 아니라 아동발달이론을 제공하고 있다. 인생각본이라는 개념은 우리들의 현재 생활 패턴이 어린 시절에 어떻게 유래되었는지를 설명해 주고 있다. 교류분석은 우리가 중요한 타인들의 기대와 요구에 영향을 받는다는 것을 인정한다. 왜냐하면 우리의 초기결정은 우리가 아이였을 때 그리고 다른 사람에게 상당히 의존적이었을 때 이루어졌기 때문이다. 그러나 우리는 각본에 짜여 수동적으로 살지는 않았다. 왜냐하면 우리가 이러한 초기결정에 참여했기 때문이다. 그래서 우리는 어떤 초기결정이 얼마나 낡고 비기능적인가를 깨닫고 보다 적절한 새로운 결정을 내릴 수 있다. 그러나 사람은 선택에 대한 가능성을 가지고 있으며, 한 번 결정했던 것을 재결정할 수도 있다. 비록 사람이 초기의 결정과 과거의 각본에 의한 희생자일 수도 있으나 자아 패배적인 면들을 자각함으로써 변화시킬 수 있다고 가정된다.

교육분석 didactic analysis 치료보다도 주로 교훈 지향적인 정신분석을 말한다. 1930년대에 라캉(J. Lacan)이 분석가로서 훈련을 시작할 때 국제정신분석학회(IPA)에서는 '치료분석'과 '교육분석'을 구분하는 것이 상례였다. '치료분석'은 어떤 증상을 치료하기 위한 목적으로 피분석자에 의해 도입된 일련의 분석치료를 의미하고, '교육분석'은 전적으로 분석가를 훈련시킬 목적으로만 시작된 분석치료를 가리킨다. 프로이트(S. Freud)는 스스로가 내담자인 동시에 상담자가 되어 자신의 문제를 스스로 분석하는 자기분석의 상담방법을 개발하여 실행하였는데, 이러한 자기분석은 우선 자신을 괴롭히는 심리적 문제들을 해결하는 것으로 자신의 심리적 문제와 관련이 있는 과거의 경험과 생각을 자유롭게 떠올리고 꿈을 분석하는 등의 정신분석기법들을 스스로에게 적용시켰으며, 내담자를 더 잘 이해할 수 있기 위한 목적으로도 사용되었다. 이는 상담자가 자신의 문제에 얽매여 있는 한 내담자를 올바로 이해할 수 없으며 따라서 상담자의 자기분석은 자기의 문제가 내담자를 이해하는 데 방해가 되지 않도록 하는 데 매우 중요한 역할을 한다. 내담자나 상담자 모두 정도의 차이는 있지만, 심리적 갈등으로 인해 고통받고 있다는 점에서는 다르지 않다고 믿었기 때문이다. 마찬가지로 교육분석은 상담자가 자신의 심리적 문제 해결과 인간적 성장을 위해 지도자(supervisor)로부터 상담을 받는 경우를 말한다. 상담자 자신이 자기 자신과 대면하여 자기의 문제들을 해결할 수 있을 때에만 내담자로 하여금 그의 문제를 해결할 수 있게 되는 것이다. 자신의 교육분석과정을 통하여 자신이 깨닫지 못했던 부분들을 깨달아야 한다. 교육분석을 통해 자신의 영혼을 인식하는 방법을 배워야 하고, 그 영혼을 진지하게 생각하는 태도를 익히는 것이다. 상담자가 될 사람이 교육분석을 통하여 자신의 무의식을 의식화하는 훈련을 쌓는 이유는 바로 환자에게 자기가 해결하지 못한 문제를 될 수 있는 대로 투사하지 않도록 하는 데 있다. 상담자 쪽에서도 어떤 내담자에 대해 공연히 싫거나 좋을 수 있는데 이러한 감정은 역전이일 수 있다. 상담자가 훈련을 통해 받는 교육 분석은 이러한 역전이의 발생을 줄어들게 하며, 교육분석을 통해 상담자는 철저하게 자기를 분석하고, 개인적 문제를 해결할 뿐만 아니라 상담 장면에서 일어날 수 있는 역전이를 해결하여 더욱 효과적으로 상담을 할 수 있게 한다.

교육상담 educational counseling 학업상의 곤란이나 진학문제, 학과선택 등의 문제를 다루는 상담 활동을 의미한다.

교육심리학 educational psychology 교육심리학은 교육과정에서 일어나는 여러 가지 문제를 심리적 측면에서 연구를 통해 교육목표 또는 교육의 효과를 극대화시키려는 것이다. 따라서 교육심리학자는 정신지체에서 영재교육에 이르기까지 주제별 교육방법과 학습동기의 개발에 심리학적 원리를 적용하며, 각각의 발달과정에 적합한 교육 프로그램을 개발하고 이를 실제 교육장면에 적용한다. 독일의 헤르바르트(J. F. Herbart)가 교육에서 차지하는 심리학 역할의 중요성을 주장한 이후로 교육심리학의 연구가 활발해졌으며, 미국으로 확대되었다. 처음에는 '발달', '학습', '개인차' 등이 연구대상이 되었으나 그 후에 미국에서는 개인차의 문제와 관련하여 멘탈 테스트(mental test)의 연구가 성행하였고, 1950년경부터 교육심리학의 본질에 대한 검토가 행해졌는데, 이와 함께 교육과 심리학 간의 관계, 교육심리학의 내용 등에 대한 반성이 있었다. 교육심리학의 주요 영역은 '발달', '학습', '적응', '평가'로서 발달에서는 유아, 아동, 청년의 각 시기의 심리가 연구되고, 학습에서는 주로 기억과 사고의 심리가 연구된다. 적응에서는 정상과 이상의 심리, 신경증이나 비행 등의 임상기술이 연구되며, 평가에서는 지능, 적성, 학력, 성격 등을 측정·평가하는 기술이 연구된다.

교정 correction 형을 선고받은 법 위반자들의 행동을 변화시키거나 개선하기 위한 교육 프로그램 또는 사회 서비스 등의 전문적인 특수분야다.

교정심리학 correctional psychology 범죄심리학과 관련을 가지고 있는 심리학의 한 분야로서 범죄자, 비행 청소년을 교정·재교육하고 갱생시켜 사회에 복귀시키는 것을 연구목적으로 한다. 이를 위해 범죄의 원인을 연구하는 등 범죄심리학은 물론 아동, 청년, 교육, 임상, 사회 등의 심리학 및 정신의학, 사회학 등 광범위한 지식을 필요로 하고 있다.

교정적 감정경험 corrective emotional experience 플랜즈 알렉산더(Franz Alexander, 1946)는 심리치료의 기제를 설명하면서, '교정적 감정경험(corrective emotional experience)'이라는 개념을 도입하였다. 그는 "상담의 기본 원리는 보다 우호적인 상황에서 과거에 내담자 자신이 다룰 수 없었던 감정상황에 자신을 노출시키는 것이다. 내담자가 도움을 받기 위해서는 이전 경험의 외상적 영향을 치유하는 데에 적합한 교정적 감정경험을 해야 한다."고 하였다.

교정정신의학 orthopsychiatry 정신적 또는 정서적 발달을 취급하는 정신과의 한 분야로서 초기 아동기부터 정신건강발달, 정신질환예방 및 소아정신장애치료 등을 강조하는 다학문적 분야.

교집합의 오류 conjunction error 복합사상의 동시 발생가능성을 단일사상의 발생가능성보다 높게 보는 오류로서 대표성 휴리스틱(Heuristic) 사용의 결과다.

교차적 의사거래 cross transaction 발신된 자극이나 메시지가 예상하지 못했던 엉뚱한 반응을 얻게 되는 의사거래상태를 말하며, 이런 경우에 활발한 의사거래가 이루어지지 못하고 의사거래상의 교차가 이루어진다. 예를 들면, 한 사람이 상대방의 '성인' 자아상태에게 이야기를 했는데 상대방의 '아동' 자아상태가 전자의 '부모' 자아상태를 향해 반응을 보이는 경우를 말한다.

교환이론 exchange theory 인간 행동을 다른 사람과의 보수 교환과정으로 보는 사고방식이다. 교환이론은 호먼스(G. Homans), 블라우(P. Blau) 등이 주장하고 티바우트(J. Thibaut), 켈리(H. Kelley) 등에 의해 계승되고 있는데, 이 이론은 경제적 행위원리와 행동주의심리학의 학습이론을 섭취하여 인간의 행동을 타인과의 대가(cost)-보수(reward)의 교환과정으로 취급하는 이론이다. 즉, 인간은 합리적 존재이기 때문에 자신에게 보상을 최대화하고 비용을 최소화하는 행동 혹은 인간관계를 택한다는 것이다. 따라서 모든 인간관계 혹은 사회적 행동은 적어도 두 사람 사이에서 일어나는 교환적인 활동으로서 사람들은 서로 간의 관계에서 자신에게 이익 혹은 보상이 교환되어야 사회적 관계가 유지된다는 것이다. 교환이론은 두 당사자가 그들 각자의 이해관계에도 불구하고 공통의 합의를 이루지 않으면 안 되는 거래관계의 상황을 분석하는 데 유용하며, 켈리 등에 의해 정교화됨으로써 가족 내 인간관계를 분석하는 데 적용되고 있다.

구강기 oral stage 구순기 정신분석에서 0세에서 1세반의 시기로 젖을 빨면서 쾌감을 느끼는 시기다. 구강기는 초기와 후기로 나누는데, 초기는 6개월까지로 주로 빠는 것(sucking)으로 쾌감을 느끼는 시기며, 후기는 대략 6개월이 되면서부터 유아는 분리된 필요한 존재로서 타인 특히 어머니에 대한 개념을 발달시키며 깨무는 데서 쾌감을 느끼는 시기다. 구강기에는 입이나 혀 혹은 입 주위의 다른 기관을 통해 자신의 욕구를 충족하거나 주변을 인식하고, 이런 기관을 통해 자신의 의사를 전달한다. 구강기에 신뢰감을 얻지 못하게 되면 불신, 다른 사람과 사귀기를 두려워하거나 애정의 거절, 자기 비하, 고독과 분리, 친밀한 인간관계를 갖지 못하는 상황이 발생한다. 즉, 가족이나 어머니의 사랑을 적절하게 받아 건강하게 자라게 되면, 자신에 대한 믿음이 있어 지나치게 남에게 의지하려 들지도 않을 뿐 아니라 상대에 대한 질투심에 괴로워하는 일도 없다. 그러나 이런 시기에 너무 지나친 보호로 구강기적인 욕구의 만족이 지나치거나 상대적으로 욕구의 만족을 박탈당했을 경우 지나치게 낙관적이거나 자기애적이거나 혹은 염세적인 경향을 띨 수 있다. 이런 사람들은 자신의 의존적인 구강기적인 욕구를 충족시키고 자신의 자존심을 유지시키기 위해 끊임없이 의지할 수 있는 대상을 찾는 경향이 있다.

구두점 찍기 punctuation 상대방과 상호작용을 하는 참여자가 자신의 말은 상대방의 말 때문에 야기된 것이라고 믿으면서 사실상 자신의 반응을 상대방의 책임으로 돌리는 행동을 뜻하는 의사소통의 개념이다.

구문론 syntactics 대화에서 가장 기본이 되는 영역으로서, 이는 대화를 위해 정보를 전달하기 위한 가장 기초적인 영역이다. 구문론에서 중요하게 다루는 것은 부호화, 대화의 통로, 이해력, 소리, 여분어이다. 그 외에도 언어의 통계학적인 면을 다룬다. 말 한마디 한마디의 의미를 중요시하기보다 그 언어 자체의 기능을 더욱 중요시하는 영역이다.

구성강화법 structuring and reinforcement 목표구성을 정한 다음 하위 목표를 차례로 실천하고 일기 같은 리포트를 만들어 상담자가 읽어 보고 칭찬 등의 피드백을 하는 방법을 말한다. 예를 들어, 부부문제에서 부부간의 의사소통을 원활하게 하기 위한 목표를 정했다면, 다음 하위 목표로서 하루 한 번만 질문하기, 질문한 뒤 자기 생각 말하기 등을 정하고 실천하는 것이다.

구성개념적 대안주의 constructive alternativism 객관적인 현실과 절대적 진리는 없으며, 대신에 이벤트(events), 즉 항상 선택할 수 있는 대안적인 구성개념들을 해석하려는 노력이 있을 뿐이라는 것이다. 이는 인간은 그의 사상에 대한 해석을 수정 또는 변화할 수 있다는 켈리(G. Kelley)의 기본 가정으로, 그는 모든 사람은 구성개념을 사용하고 이를 사용하는 데 같은 심리적 과정에 따른다는 점에서 유사하기 때문에 비록 특정 구성개념들을 사용함에 개인차는 있으나 누구나 과학자라고 생각하였다. 따라서 과학자가 '현상'에 대해 대안적 이론을 발전시키는 것과 마찬가지로 개인은 자신의 환경을 해석, 재해석할 수 있다고 보며, 세상의 일(events)에 대한 의미를 스스로 다룰 수 있다고 본다. ⇨ 개인적 구성개념 참고.

구성개념타당도 construct validity 구성타당도 어떤 검사에서 측정하고자 하는 구성개념이 있을 때, 측정도구가 실제로 무엇을 측정했는지 또한 조사자가 측정하고자 하는 추상적 개념이 실제로 측정도구에 의해 적절하게 측정되었는지를 확인하는 것을 말한다. 즉, 검사가 이론상 특정한 개념이나 특성을 측정하도록 되어 있을 때, 그런 특성을 얼마나 잘 측정하는지의 정도 표현이다. 이러한 구성개념타당도를 측정하는 방법에는 집중타당성(convergent validity), 판별타당성(discriminant validity), 이해타당성이 있다. 즉, 집중타당성은 같은 개념을 측정하는 경우에는 상이한 측정방법을 사용하더라도 그 측정값에 높은 상관관계가 존재해야 하는 것을 말하며, 판별타당성은 상이한 개념을 측정하는 경우에는 동일한 측정방법을 사용하더라도 그 측정값에는 차별성이 나타나야 한다는 것이다. 또한 이해타당성은 이론에 근거하여 구성개념들 간의 관계가 예측한 대로 나타나고 있는지를 평가하고 이에 따른 구성개념타당도를 평가하는 방법을 의미한다. ⇨ 타당도 참고.

구성적 추론 construction corollary 사람들이 어떻게 사상을 인지하는지에 대한 추론으로 구성적 추론이라 함은 사람들은 사상(events), 즉 이 세계를 구성하고 있는 현상들의 반복성을 인지함으로써 이를 내면화하고 이러한 현상들에 대한 이해와 예측이 가능하다는 것이다. 따라서 이 추론에 의하면 반복적이지 않은 현상들에 대해서는 예측이나 이해가 어렵다고 본다.

구성주의 constructivism 세상의 모든 지식은 우리 자신이 구성하고, 배열하고, 창안하고, 창조한 결과이지 세상을 객관적으로 존재하는 대로 발견한 결과가 아니라는 인식론적 입장이다. 치료에서 이러한 입장은 치료자와 내담자는 경험에 대해 새로운 의미를 창출해 낸다는 관점을 고수하게 된다. 구성주의는 체계론적 치료자와 전략적 치료자 모두 사용하기도 하지만 구성주의 자체만으로도 치료모델이 되기도 한다.

구성주의 가족치료 constructivist family therapy 구성주의 가족치료모델을 따르는 사람은 우리가 인식하는 세상은 우리가 발견한 것이라기보다는 우리가 구성하는 것으로 본다. 가족의 사회적 실체는 인지적으로 굳어진 것으로서, 구성주의자가 많이 사용하는 기술은 재구조화(reframing)와 이야기(narrative)다.

구성주의 심리학 structuralism psychology (structural psychology) 'structuralism'은 구조주의라고 번역되지만, 심리학에서는 일반적으로 구성주의라고 알려져 있다. 구성주의 심리학은 빌헬름 분트(Wilhelm Wundt)의 제자인 티체너(E. B. Titchener)에 의해 이름 붙여졌고 일반화되었다. 19세기에 구성주의자들은 물질을 분석하고 세포, 분자, 원자로 분류하는 생물학자, 화학자, 물리학자들의 노력에 의해 영향을 받았다. 이러한 영향으로 구성주의자들은 마음을 구성요소를 통해 분석하고 이러한 구성요소가 어떻게 상호작용하는가를 발견하려고 시도하였다. 분트는 심리학은 의식의 내용이 무엇인지를 밝히는 일이라고 하였고, 마음을 연구하기 위해 '분석적 내성법(analytic introspection)'을 사용하였는데, 이는 내담자 자신이 의식적 경험을 스스로 관찰하여 보고하는 내성법을 발전시킨 것이다. 이 내성법은 인간의 의식을 다양한 요소로 분석하고 이 요소들이 어떻게 인간정신의 합성체를 구성하는가를 발견하여 인간의 의식을 연구하도록 유도하는 것이다. 또한 이들은 인간과 하나님 사이의 유사한 면을 연구하려는 시도를 해 왔다. 그러나 구성주의는 최초로 등장한 심리학의 학파였으나 가장 먼저 모습을 감추었다. 연구가 연구실에 제한되었으며, 이성적이고 언어적으로 능숙한 성인의 의식적인 정신적 경험을 연구하는 데 제한된 내성법에 지나치게 의존하였기 때문이다. 또한 인간의 의식구조와 인간의 화학구조 사이에는 큰 차이가 있는 것을 인정한 나머지 이 연구는 계속되지 않았다.

구속 redemption 기독교 상담 개념에서 '용서', '해방', '화해'의 의미를 지닌다.

구순 성격 oral character 정신분석학상의 용어로서, 외형상 성장한 뒤에도 정신적·성적 발달이 아직도 어렸을 때의 구순기(구강기)에 그대로 머물러 있는 사람의 성격을 말한다. 이런 성격의 소유자는 외부세계에 대한 태도나 행동에 있어 매사에 수동적이고 남에게 의존하려는 경향이 두드러진다.

구심적 가족구조 centripetal family structure 각 구성원이 가족에 소속되어 있고 상대적으로 외부인과는 격리되어 있는 가족관계 형태로서 이런 가족의 자녀는 어른이 되어서도 아이같이 행동하며 이런 가족구성원은 서로 높은 의존심을 갖고 있는 가족체계 유형이다. 비버스(V. Beavers)가 제시한 가족체계 유형인 기능수준모델(levels of functioning)에 따르면, 구심적 가족 양식을 가진 가족구성원은 인간관계상의 만족을 가족 외부보다는 가족 내부에서 더 많이 찾으려 한다. 이 개념은 스티어린(H. Stierlin)이 가족으로부터 분리될 때 청년기 자녀와 가족관계를 설명하기 위해 적용하였는데, 구심적인 가족구조를 갖는 가족은 가족 안에서 자립을 필요로 하는 청년기 자녀가 가족으로부터 분리되는 것을 늦추거나 방해받게 되는 가능성이 있는 것으로서 극단적인 경우 정신분열 등 병적인 문제행동을 초래하게 된다. 또한 이 구조는 가족관계 이외의 사회관계에서도 발생할 수 있다. 반대적 개념으로서 가족 간의 애착이나 결합력이 결여되어 자녀를 가족 밖으로 밀어내는 과정을 보이는 경우를 '원심적 가족구조(centrifugal family structure)'라고 한다. ⇨ 원심적 가족구조, 기능수준모델, 가족체계 참고.

구원자 rescuer 교류분석의 개념 가운데 드라마 삼각형에서 '그들은 그들 스스로를 도울 만큼 충분하지 않다.'는 신념을 가지고 한 단계 높은 위치에서 다른 사람에게 도움을 주는 사람을 말한다.

구원자 콤플렉스 redeemer complex 메시아 콤플렉스와 같은 의미로서 다른 사람들이 가진 문제나 어려움을 해결해 주기 위해 몰두하는 콤플렉스를 말한다. ⇨ 메시아 콤플렉스 참고.

구음장애 dysarthria (articulation disorder) 단어 선택이나 문법은 올바르나 발음에 장애를 나타내는 것을 말한다. 이는 발성기관의 근육 통제력의 장애로 입술이나 혀가 제대로 움직이지 않기 때문에 발음이 불분명하여 언어를 구사할 수 없는 것이다.

구조갈망 structure hunger 번(E. Berne)은 인간에게는 생존을 위한 기본적인 욕구 외의 갈망(자극갈망, 구조갈망, 위치갈망)이 있음을 설명한다. 그 가운데 구조갈망은 자극갈망을 높이기 위해 자신의 생활을 조직하려고 하는 갈망이다. 즉, 한 개인이 필요로 하는 인정자극(인정갈망)을 받을 가능성을 높이기 위해 그의 생활을 조직하고자 하는 욕구로서 예를 들면, 매일 만나는 사람과 인사를 나눈 뒤에 어떻게 할 것인가? 또는 하루 24시간을 어떻게 보낼 것인가? 하는 등의 문제를 야기하는 이차적 욕구다.

구조분석 structure analysis 집단구성원으로 하여금 자신의 자아상태구조(그 사람의 사고, 감정과 행동)를 점검하도록 돕는 기술이다. 정상적인 사람은 부모, 어른, 아이의 세 가지 자아상태를 상황에 따라 유동성 있게 작동시키나 비정상적인 사람은 어떤 상황에서나 한 가지 자아상태만을 유지하려는 자세를 취하며 자아상태란 감정, 사고 및 이에 관련된 일련의 행동양식을 종합한 하나의 시스템이라고 정의하고 있다.

구조적 가족치료 structural family therapy 구조적 가족치료는 가족문제가 형성되고 유지되는 사회적 환경이나 맥락에 유념하는 문제해결중심의 실제적인 접근방법으로, 가족의 조직을 상호작용 유형의 결정요인으로 간주하는 전체론적 입장을 취하며, 가족을 전체적인 하나의 체제로 인식하고 가족의 체제를 바꾸는 일을 하는 것이다. 즉, 가족을 더 기능적으로 만들도록 가족구조를 변화시키기 위해 좀 더 직접적으로 개입하는 것이다. 이것은 살바도르 미누친(Salvador Minuchin)에 의해서 개발된 가족상담이론으로 주로 사회경제적 지위가 낮은 가족들에게 잘 적용된다. 구조적 가족치료의 주요한 세 가지 개념은 구조, 하위체계, 경계로 볼 수 있으며, 3개의 기본전제를 가지고 있다. 즉, 가족구조는 변화하고 개방된 사회문화적 체계라고 하는 것과, 가족은 재구조화를 필요로 하는 성공적인 단계를 거쳐 발달한다는 점, 마지막으로 가족은 가족구성원의 사회심리적 성장과정을 유지하고 발전시키는 방법으로 환경에 적응한다는 것이다. 이러한 기본전제를 기초로 미누친은 가족을 가족규칙, 역할, 연합, 하위체계, 경계, 전체성 등의 개념으로 설명하고, 가족구조에서 각 가족구성원의 위치와 가족관계, 가족기능, 가족문제 등에 관한 관점을 구조화시켰다. 따라서 역기능가족과 순기능가족을 구분하는 것으로서 이들이 얼마나 명확하고 안정된 경계선을 가지고 있는지, 부모하위체계의 위계질서는 얼마나 확립되어 있는지, 체계는 얼마나 융통성이 있는지를 살펴보았으며, 역기능 가족의 증상은 이러한 가족구조의 불균형의 결과라고 생각하였다. 그렇기 때문에 구조적 가족치료는 역기능적인 가족구조를 재구조화함으로써 문제를 해결하려는 것으로서, 가족 전체의 출석을 요구하며 치료자는 가족의 상호작용에 중점을 두면서 가족구조와 사회문화적 환경, 나아가 생태계까지도 기능적 체계로 보고 관찰하였다. 또한 구조적 가족치료는 지명환자(IP) 개인의 증상을 바꾸기 위해 가족 내의 의사소통과 기능, 권력구조를 바꾸는 것에 관심을 갖는다. 따라서 치료과정에서 치료자는 역기능적 구조와 기능적 구조를 구별해야 하며, 고통당하고 있는 가족은 병리적으로 취급받아서는 안 되며, 가족의 조직을 재배열하고 가족의 의사거래유형을 변화시켜 가족으로 하여금 보다 기능적인 상호관계를 맺는 방법과 자신을 강화하는 새로운 관계와 구조를 발달시킨다. 이와 같이 각각의 전체 체제들 속에 상호작용을 지배하는 가족의 규칙이 어떤 모양으로 존재하는가 하는 점이 구조적 가족치료에서 핵심적으로 다루어지므로 가족구조를 결정하는 규칙을 이해하는 일이 가장 중요하며, 가족 내 여러 하위체계 간의 관계, 경계의 유연성, 변화하는 각 발달단계에서 재조직하고 조절하는 가족의 노력을 중시하는 것이다.

구조적 모형 structural model 인간의 마음을 움직이는 힘을 뜻하며, 프로이트가 창안한 본능, 자아, 초자아로 구성된 성격구조의 3분류로서 이들은 다른 역할을 하며 움직이는 이론을 의미한다. 즉, 이드는 쾌락의 원리로 인간의 가장 본능적인 욕망을 발산시키는 힘을 의미하며, 초자아는 이상적인 자신의 모습, 윤리, 도덕, 규범의 틀 안에서 벗어나지 않고 항상 이상적이고 완벽한 자신을 추구하는 것이며, 자아는 가장 인간적인 나, 초자아와 이드를 적절히 수용하여 조절하는 것으로 이드의 본능과 초자아의 이성을 절충하는 현실적으로 자신을 수용하는 역할이다.

구조적인 관계 structured relationship

⇨ 가족적응성 참고.

구조지도 structural map 구조적 가족치료에서 사용되는 것으로 가족의 조직적 구조, 특히 가족의 경계선과 결탁을 상징적으로 표상하는 것을 말한다.

구조화 structuralization (1) 내담자에게 상담과정의 본질이나 방향, 상담시간이나 내담자의 역할이나 행동에 관계된 제한 조건 등에 대하여 상담자가 정의를 내려 주는 것이다. 상담의 구조화를 통해 내담자는 상담을 통해 자신이 해야 하는 것이 무엇인지 알게 되며 상담자의 역할을 알게 된다. (2) 가족교류의 유형에 어떤 영향을 주기 위해서 치료자가 가족에게 관여하는 방법을 의도적으로 구조화하는 것이 중요한데, 구조화는 치료자가 치료목표에 도달하기 위해서 의도적이고 계획적으로 하는 치유적 관여를 가리킨다.

구조화된 과제 constructed performance tasks 어떤 심리적 개념이 전형적으로 표현되는 실제환경 또는 사회적 상황을 조성하지 않고서도 그 개념을 뽑아내어 분석하기 위해서 설계되는 검사도구다. 이때 인쇄된 응답지와 연필이 주로 사용된다. 그러나 어떤 의미에서는 부분적으로, 구두로 의사교환을 하거나(예 : 수를 거꾸로 세기) 조작이 가능한 물건(예 : 짝맞추기)들이 사용된다. 또한 컴퓨터에 의한 검사 실시도 점점 흔해지고 있다. 구조화된 과제는 종종 최대한 수행능력을 분석하는 것으로 해석된다. 보통 우리가 알고 있는 표준화된 능력검사(예 : 지능검사, 성취도검사, 적성검사 등)들이 흔한 예가 된다. 반드시 능력은 아니더라도 어떤 종류의 인지형태 또는 성격개념에 대해서도 때로는 구조화된 수행이 요구된다.

구체성 concreteness 카르크후프(Carkhuff, 1969)는 구체성은 상담과정에서 내담자로 하여금 개인적으로 의미 있는 감정과 경험을 명확하고 구체적인 용어로 논의하게 되는 것을 의미하며, 구체성은 직접적인 질문으로부터 반사(reflection)까지 다양한 형태로 표현되는 데 관련된 문제 영역에 대한 충분한 탐색을 가능케 하는 일종의 촉매역할을 한다고 하였다.

구체적 조작기 concrete operations stage 인지발달의 단계로서 7~11세 때다. 피아제(J. Piaget)에 따르면 전조작기에서 습득하지 못한 논리적 사고가 가능하게 됨에 따라 액체, 수, 부피, 무게 등에 관한 보존개념을 획득하고, 자아중심주의에서 탈피하기 시작하여 일반적인 것으로 관점이 확대되며, 내적 표상을 여러 방법으로 조정할 수 있게 된다. 그러나 구체적인 세계에만 한정될 뿐 추상적으로 사고하지는 못한다. 도덕발달도 타율적에서 자율적으로 변화해 가는 시기로서 이 단계에서는 개인이 관찰과 조작이 가능한 신체적 관계에 논리를 적용하는 것을 배우게 된다. ⇨ 인지발달 참고.

구체적 종결 crystallization 교류분석의 마지막 기술의 단계로서, 상담자가 인정자극을 받기 위해 사용해 왔던 게임을 이제 할 필요가 없게 된 단계에 도달했다는 사실을 내담자에게 설명하는 것이다.

구체화 concretize 목표행동에 점차적으로 접근할 수 있도록 계속적으로 그 행동을 강화하며, 목표행동의 진행과 양립할 수 없는 행동들은 점차적으로 소멸시킴으로써 새로운 행동을 개발하는 것을 의미한다.

구호욕구 need succorance 연관된 사람에게서 동정을 받고자 하는 욕구로 원조를 받고 승인과 보호, 조언 및 인도받기를 원하는 욕구다.

국제질병분류법10판 (ICD-10) International Classification of Disease 세계보건기구(WHO)가 집계한 정신병을 포함한 모든 인간의 질병을 통계학적으로 분류한 것이다. 일반적으로 국제질병분류법(ICD)으로 칭하고 간행 숫자가 매겨지는 이 출판물은 1900년에 국제사인일람표(International list of causes of death)로 불리는 초판이 완성되었으며, 거의 10년마다 재발행된다.

군거본능 herd instinct 자신이 속한 그룹의 생각을 따르고 순응하도록 하는 압력 또는 그룹에 순응하는 경향을 말한다.

군중심리학 crowd psychology 군중의 독특한 정신상태나 행동양식을 연구하는 것으로, 최근 집단역동이라는 개념으로 설명된다. 군중의 공통심리는 군중 속에 일체화되므로 자기 의식을 잃는 것, 개개인의 행동이 불분명하므로 책임 소재가 불분명해진다는 것, 정보가 한정되어 있기 때문에 상상과 억측으로 판단하는 것, 동인과 반응의 상승작용과 책임성과 비판성의 결여로 감정적이 된다는 것, 군중의 관심이 하나에 집중되어 있기 때문에 의식의 범위가 좁아지므로 외부에 가해지는 영향에 대한 저항성이 낮다는 것, 무책임성 · 무명성 ·

감정성으로 일체감과 친밀감을 느끼게 된다는 등의 여러 양상을 들 수 있다. 군중심리는 대개 격한 감정적 반응을 수반하기 때문에 폭력적이고 열광적이며, 영웅적이거나 비합리적이고 비합법적인 경우가 많다.

굴욕회피욕구 need infavoidance 굴욕을 피하려 하여 체면이 깎이는 사태를 피하고, 실패의 공포 때문에 행동을 억제하는 것이다. 이러한 사람은 열등한 사람만 사귀고 자신의 결점을 숨기는 경향이 있다.

권력거리 power distance 권력거리는 사회 내에서 부와 권력이 불평등하게 배분되어 있다거나 혹은 편중되어 있는 경우에, 이를 어느 정도로 수용하는가를 나타낸다. 권력거리가 큰 문화에서는 권력과 부의 불균등성이 점차 확대되는 추세를 보이고 권력거리가 낮은 문화의 사회에서는 사람들이 이러한 격차를 가능하면 줄이려고 노력하는 성향을 보인다.

권력동기 power motive 커크패트릭(Kirkpatrick)은 '사회적 동기', '성취동기', '개인적 권력 동기', '비개인적 봉사동기'라는 네 가지 동기를 제시하였는데, 여기서 권력동기란 다른 사람에게 어떤 영향력을 행사할 수 있기를 기대하는 욕구를 의미한다.

권력에 대한 의지 will of power 권위에 대한 의지 아들러(A. Adler)가 니체(Friedrich Nietzsche)에게서 빌려온 용어로서, 그는 열등감을 보상하여 우월감을 느끼게 되려고 하고, 남에게 인정받는 사람이 되려고 하는 마음의 움직임을 인간행동의 추진력이라고 하여 중요시하였는데, 이것을 '권력에 대한 의지'라고 하였다. 즉, 부적합감과 열등감을 극복하기 위하여 개인이 우월성과 지배성을 얻으려고 노력하는 것으로, 결국은 유능성을 추구하는 노력과 같은 의미로 쓰이게 되었다.

권면적 상담 nouthetic counseling (nouthetic confrontation encouragement counseling) 아담스(Jay E. Adams)의 권면적 상담은 현대의 심리학이나 상담학에 대한 실망에서 비롯된 것으로 기독교적 상담의 유형이다. 그는 성경은 생명과 경건에 속한 모든 것, 즉 정상적인 일상생활뿐 아니라 삶의 태도와 신앙, 가치, 삶의 패턴 등의 변화를 위해 필요한 모든 것을 내포하고 있기 때문에 성경의 규범을 통해 변화를 유도하고자 하였다. 또한 인간이 겪는 모든 문제가 영적인 원인, 즉 '죄'에 있으므로 이 문제의 해결은 결국 죄에 대한 지적과 죄의 고백을 통해서 이루어져야 한다고 주장하면서, 내담자가 중대한 정신질환 증상을 보이는 경우에도 의학적 전문치료보다는 성경적으로 권면해야 한다고 하였다.

권위에의 복종 obedience to authority 밀그램(Milgram)의 실험에 의하면, 폐쇄적인 상황에서 권위 있는 사람에게서 명령을 받으면 이에 거역하지 못한 채 그대로 따르는 것을 말한다. 이들은 '나의 의지로 하는 것이 아니다. 나는 그저 명령에 따랐으므로 실험자의 대리로 하고 있을 뿐이다.' 라고 생각하여 그대로 따랐던 것처럼 통상의 심리 상태에서는 스스로 원해서 옳지 않은 잔혹한 행위를 하고 싶지 않지만, 상황에 따라 권위자에게 무조건 복종함으로써 자신도 모르게 터무니없이 잔혹한 행위에 이를 때도 있음을 보여 준다.

권위적인 authoritarian 의사결정과 역할수행과정에서 비교적 민주적이지 못하고 조직 내의 상급자에 대한 복종을 요구하는 것으로 특징지어지는 사회조직과 행정 내의 한 체계에 속하는 것이다.

권위주의 authoritarianism 외재적인 권위에 대하여 자기비하로 복종하는 태도 및 거기에 따르는 여러 가지 사고방식, 행동방식을 말한다. 사람은 이성적 판단에 의하여 사물의 인정 및 평가 등을 하는데, 감정적 · 정서적으로 일정한 가치기준을 설정하는 경우가 있다. 그 가운데 특정한 지위나 인물에 대해 절대적인 권위나 위광을 인정하고 여기에 따라 행동하고 평가하는 사회적 태도를 볼 수 있다. 권위주의 하면 학자마다 그 뜻하는 바가 각양각색이나 다양하게 정의되고 있는 권위주의에는 지배복종이라는 공통요소가 있다. 즉, 우열관계에 기초를 둔 계층적 마음가짐이다. 따라서 권위주의의 가장 기본적인 개념은 모든 사물이나 사람을 등급화시키려는 태도라고 볼 수 있다.

권위주의 성격 authoritarian personality 권위주의적 성격은 권위주의적 인간 등으로 불리는데, 권위주의적 이데올로기를 수용하기 쉬운 성격구조나 태도 특성에 대한 총칭으로 집단 내의 이상화된 도덕적 권위에 무비판적으로 복종하는 태도를 말한다. 이러한 성격은 권위에 절대 복종하는 반면에 약자에게는 지배적으로 행동하여 자기 과시를 한다. 권위주의적 성격은 1930년대 파시즘을 받아들일 당시 독일 중산 계급의 사회심리학적 분석을 행한 프롬(E. Fromm)에서 비롯되어 미국의 사회학자들에 의해 명백해진 인간의 성격유형의 하나로서 인습주의, 권위에의 복종, 인간불신 등을 특징으로 한 반민주주의적 이데올로기를 받아들이기 쉽다.

권위주의적 성격 증후군 authoritarian personality syndrome 세상을 삐딱하게 보는 사람들이 독특한 성격을 가지고 있다는 연구는 미국유대인위원회에 의해 시작되었다. 그 위원회는 독일인들이 유대인들을 증오하고 학살한 원인에 관심을 가졌다. 대표적인 연구자인 아도르노(T. W. Adorno)는 반유태주의는 권위주의적인 가치와 행동패턴을 가진 독특한 성격특성 때문에 나타난 것이라고 결론지었다. 이처럼 편견과 관련 있는 성격특성을 '권위주의적 성격 증후군' 이라고 한다.

귀납적 추리 inductive reasoning 귀납적 추론 일련의 특수한 사례에서 전개된 이론 혹은 일반적 규칙을 유도해 내는 과정이다. 예를 들면, '① 코르크는 나무이고 그것은 물 위에 뜬다. ② 육면체로 된 물체는 나무이고 그것은 물 위에 뜬다. ③ 그러므로 나무로 된 물체는 물 위에 뜬다.' 라고 했을 때, ①과 ②는 전제이며 ③은 결론이다. 즉, ③이 모든 나무로 된 물체에 속하는 것에 대한 추론이며 그것은 그 유목에 속하는 두 가지 특별한 예에 근거한 것이다. 이와 같이 특수한 사실에서 일반적 결론에 이르는 추론으로서, 과학자들이 특정한 관찰을 토대로 여러 가지 가설을 세우고, 이러한 가설이 정확한지 확인하기 위한 과정에 필요하다. 즉, 귀납적 추리는 일반화 또는 과학적 규칙을 찾기 위해 과학자들이 사용하는 추론과정으로 과학적 추론의 특징 하나가 동시에 많은 서로 다른 변인을 생각하는 능력이라고 할 수 있다.

귀속지위 ascribed status 성취지위(achieved status)와 대조되는 개념으로, 어떤 사람이 태어날 때부터 물려받은 것 때문에 한 사회에서 자동적으로 그 사람에게 주어지는 지위를 의미한다.

귀신들림 demon possession (demonization) 귀신이라고 하는 객관적 실재에 의해 인간의 정신과 신체가 사로잡힌 것을 의미한다. 고대 원시사회, 또는 중세에서는 동서양을 막론하고 정신장애를 귀신이 들린 초자연적인 현상 또는 신의 저주를 받은 것으로 이해하였다. 그러나 심리학의 관점에서 정신현상을 처음으로 해석한 학자는 프로이트로, "악한 소원을 외부의 어떤 대상에 투사하기보다는 환자의 정신적인 삶에서 기원을 찾는다."고 하였으며, 다드(C. H. Dodd)는 '귀신들림' 이란 현상은 전문적인 용어로 말한다면 '분열된 인격', '정신분열증' 이라고 하였다. 현대정신의학의 입장에서는 귀신들림을 하나의 현상으로 이해하며, 그러한 현상이 귀신이라는 대상을 증명하는 것으로 받아들이지는 않는다. 적절하고 논리적인 언어와 행동을 보이되 기괴한 방식을 사용하는 경우 마치 알 수 없는 제3의 세력이 그 사람을 지배한 듯하지만, 정신분열증이나 다른 정신증에서 나타나는 조종망상이나 해리장애의 한 형태인 황홀경과 빙의장애에서도 비슷한 현상이 나타난다고 보고, 귀신이 명령하고 지시하는 목소리는 정신증에서 나타나는 환청일 가능성이 높다고 보고 있다. 따라서 비록 영적으로 귀신들린 사람이라 할지라도 약물치료로 효과적인 반응을 얻을 수 있다고 주장한다.

귀인 attribution (1) ~으로 원인을 돌린다는 의미로 붙여진 심리학적 용어로 행동에 대한 이유와 의도 등을 추리하는 과정을 알아내는 것을 말한다. (2) 귀인은 내담자가 이미 성취한 것들을 말해주는 방법을 통해 그들이 바라는 모습이 되도록 내담자를 격려함으로써 행동을 조정하고 통제하는 방법이다. 이것은 지시를 내리는 것보다 더 강력한 효과가 있다.

귀인오류 attribution error 상식적으로 만드는 가설이 항상 정확하지는 않다. 사람들은 지적으로 게으르기 때문에 모든 정보를 다 처리하지 않고 선부르게 결론을 내린다. 설령 어떤 정보를 모두 다 처리한다 하더라도 자기중심적으로 정보처리를 하기 때문에 오류를 범하기 쉽다. 이와 같이 잘못된 이유를 갖다 붙이는 현상을 귀인오류라고 한다. 귀인오류는 특히 어떤 자극이 특출할 때 잘 나타난다. 예를 들면, 닷튼과 아론의 '흔들다리 실험' 에서 튼튼한 다리를 건너온 경우와 달리 흔들림이 심한 다리를 건너온 경우에는 생리적 환기상태에 빠지게 되는데, 이때 미인실험자가 나타나 면접을 하면 자신이 이 여성에게 설레고 있다고 잘못된 이유를 붙이게 된다. 즉, 흥분상태에 있을 때 옆에 있었다는 이유만으로 연애감정이 일어나는 것이다. ⇨ 기본귀인오류 참고.

귀인이론 attribution theory 자신이나 다른 사람의 행동에 대한 원인을 추론하는 것이 귀인이며, 이 이론은 어떤 결과는 반드시 원인에 인해 일어난다는 추리의 사고에 의해 제안되었다. 즉, 사람들이 자기가 한 일에 대하여 어떻게 인과적으로 설명하며, '왜' 로 시작되는 질문에 어떻게 대답하는가에 관한 이론이다. 귀인이론은 하이더(Heider, 1958)에 의해 제안되었다. 그에 따르면 인간은 세상을 이해하려는 욕구와 환경을 통제하려는 욕구의 두 가지 동기를 가지고 있다는 것이다. 이는 세상을 이해하면 주위 사람들의 행동을 예측할 수 있을 것이고 장차 일어날 일에 대해 대처하는 행동을 하게 된다는 것이다. 또한 사람들이 어떻게 귀인에 이르는지 보여 주는 두 가지 원리는 하이더의 공변원리(covariation principle)와 켈리(H. Kelley)의 절감원리(discounting principle)가 있다. 켈리는 공변모형이라고 하는 귀인분석공식을 내놓았는데, 사람들이 귀인과정에서 세 가지 특수한 형태를 이용한다고 주장한 것이다. 즉 자극대상, 행위자, 맥락 등의 3측면에서 결과가 나타나는 과정을 점검하며, 동시에 3종류로 분류되는 정보―독특성(특이성) 정보(distinctiveness information), 합의성 정보(consensus information), 일관성정보(consistency information)―를 모두 사용한다고 시사하였다. 뿐만 아니라 사람들은 자기 행동에 대한 귀인을 할 때와 다른 사람의 행동에 대한 귀인을 할 때 다르게 귀인한다고 하는 내부귀인(내적귀인)과 외부귀인(외적귀인)인 방어적 귀인이 있다.

규범 norms (1) 어떤 문화나 집단, 단체, 사회가 집단적으로 소유하고 있는 공식 · 비공식 행위나 기대척도. (2) 규준(norm) : 검사점수들이 어떤 빈도를 보이는가에 대한 요약의 표(table).

규범가족 normal family 부부와 그 자녀로 구성하고, 자녀의 수는 그렇게 많지 않으며, 모든 가족구성원은 건강하고 가족구성원 간의 인간관계가 조화를 이루어야 하며, 가족 외의 세계와 잘 적응하는 가족을 의미한다.

규제약물 controlled substances 약물남용과 중독가능성 때문에 사용이 제한되어 왔고, 엄격히 규제되거나 법으로 금지된 약으로 이러한 종류의 약물로는 마리화나, 마취제 같은 아편제와 메타돈, 흥분제, 진정제, 환각제가 있다.

규칙통제행동 rule-governed behavior 규칙에 의해 형성되는 행동을 말한다. 유관관계에 대한 직접적인 노출이라기보다 반응과 그에 따른 환경 및 사건과의 관계성 규칙에 의해 통제되는 행동이라 할 수 있다. ⇨ 유관형성행동 참고.

균등 equality 균분, 균형 다수의 자율적 힘으로 구성되는 시스템 안에서의 균형상태를 이루어가는 안정을 의미한다.

균형 balance 균형이란 사전적 의미는 두 개 이상의 요소 사이에서 부분과 부분 또는 전체가 힘의 배분에 의한 안정감을 주는 상태를 의미한다. 가족체계에서 가족은 상호의존성이 높은 체계로서, 가족체계의 항상성을 유지하기 위해 가족구성원 간의 미묘한 균형을 유지하고 있다고 보고 있다. 따라서 역기능 가족 내에서라 할지라도 가족 내에서 각 개인은 가족이라는 전체 체계의 균형을 유지하기 위해 자신의 원래 고유한 자아를 포기하고 필요한 역할을 떠맡게 된다고 하는 것이다. ⇨ 가족체계 참고.

균형이론 balance theory (1) 균형이론은 초기 일관성 이론으로서 개인이 지닌 인지체계 내의 정서 간 일관성을 강조한다. 일관성 이론 내에는 개인, 타인 그리고 대상이 고려된다. 미국 심리학자 프리츠 하이더(Fritz Heider)의 이론에 의하면 사람들은 자신의 신념들 간에 조화를 유지하고자 하는 경향성이 있다. 부조화는 긴장을 야기하기 때문이다. 예를 들면, 친절하다고 생각하는 사람에게 난폭한 행동을 한다면, 신념들이 불균형상태에 놓이게 되므로 자신의 행동이 사실은 난폭한 것이 아니라 그 사람이 친절하지 않았다는 등의 자신의 행동에 책임이 없다고 함으로써 신념들 간의 균형을 찾기 위해 노력하는 것을 말한다. (2) 팀버레이크(Timberlake)가 제시한 강화이론의 하나다. 팀버레이크는 동물은 자기가 하는 여러 활동 사이에 균형을 유지하려 한다고 가정하였다. 여기서 균형이란 모든 활동을 하는 데 아무런 제한이 없을 때 각각의 활동을 하는 비율을 의미한다. 이러한 균형이 깨져서 기저선 아래로 떨어졌을 때, 그 활동을 할 수 있는 기회를 제공하는 행동은 그 균형을 회복시키므로 강화로 작용한다는 것이다. ⇨ 강화, 강화이론 참고.

그리스 코러스 Greek chorus 원래 고대 그리스 연극에서 비롯된 용어로 배우 한 명이 앞에 나와 줄거리에 대해 해설하고 무대 배후에서 여러 명이 노래하는 송가 형식에서 따온 말이다. 컨설턴트 집단이 일면경(one way mirror) 뒤에서 가족치료 장면을 지켜보며 때때로 치료실의 치료자에게 메시지를 보내는 일종의 현장 슈퍼비전을 말한다.

그림자 shadow 그림자란 한 사람의 인격의 반영이라고도 할 수 있는 것으로, 자아가 의식적인 관계적 접근방법을 가지고 있지 않은 무의식 측면을 지칭하기 위해 사용된 용어다. 이와 같이 그림자는 우리가 충분히 관계를 맺지 못하는 우리 자신의 부분으로서, 자아가 전혀 모르는 혹은 별로 모르는 속성을 나타낸다. 이는 마스크(mask)에 의해서 겉으로 가려지나 개인적인 무의식 속에 억압된 것이다. 1945년 융(C. G. Jung)은 그림자에 대하여 이렇게 정의했다. "그림자란 사람들이 되고 싶어하지 않는 것이다." 이러한 간단한 정의에는 인격의 부정적 측면으로서 그림자에 대한 반복적이면서 다각적인 의미가 포함되어 있다. 사람들이 감추고 싶어 하는 유쾌하지 못한 모든 자질, 인간 본성의 열등하고 무가치하며 유치한 측면들, 인간 내부에 있는 '다른 어떤 인격', 사람의 어두운 면인 것이다. 그림자에는 개인적인 그림자와 보편적인 그림자가 있는데, 개인적인 그림자는 성격의 표면상에 나타나지 않는 면으로서 표면상의 성격을 보완해주는 존재다. 예를 들면, 항상 밝고 활달한 사람의 어두운 부분이 그림자가 되며, 항상 온순한 사람의 활달한 부분이 그림자가 되는 것이다. 보편적인 그림자란, 예를 들면 범죄를 저지를 수 있는 인간의 나쁜 부분을 말한다.

그림자이론 shadow theory 스위스 심리분석가 융(C. G. Jung)은 우리가 가지고 있지 못한 것을 그림자라고 표현했다. 지나치게 꼼꼼하고 소심한 사람들의 그림자는 성급하고 칠칠치 못한 사람이다. 그래서 우리가 가지고 있지 않은 것에 대해 주의를 환기시키기 위해 이런 사람들이 우리 인생에 출현하는 것이라고 말했다. 이 그림자 속에는 인간의 무의식에 자리 잡고 있는 어떤 태고 유형보다도 동물적인 본성이 많이 포함되어 있다고 생각하므로 가장 강하며 잠재적으로 가장 위험하고 끈질긴 것이다. 따라서 거기서 벗어난다는 것은 인간이 동물임을 부정하는 것이나 마찬가지다. 한편으로 이 그림자는 인간에게 생명력, 창조력, 활기 등을 부여하는 힘을 지니고 있다. 이것은 마치 어둠이 있어야 빛이 있는 것과 마찬가지 이치로서 우리 내면에 그림자로 통칭되는 다중적인 여러 가지 문제가 있을 때 비로소 우리는 그 문제를 해결하기 위해 자기성찰의 시간을 가질 수 있는 것이다. 이와 같이 그림자는 인격의 살아 있는 한 부분이며, 어떤 형태로든 '인격과 함께 살기를 원하는' 개인적 무의식의 내용이다. 또 개인적 무의식의 내용은 집단무의식의 원형적인 어두움과도 연관된다. 이처럼 그림자를 완전히 제거하는 것은 불가능하기 때문에, 분석단계에서 그림자와 대면하는 과정에 대해 분석심리학자들은 '그림자와 관계를 맺는다'는 표현을 자주 쓴다. 의식이 위협을 받거나 의심스러운 상황에 있을 때, 그림자는 긍정적이든 부정적이든 강력하고 비합리적인 투사의 결과로 타인에게 나타난다. 여기에서 융은 개인적인 반감뿐 아니라 지독한 편견과 각종 박해에 대한 설득력 있는 설명을 제시한 것이다. 심리치료 시에는 개인의 생활 속에서 그림자의 투사를 만들어 낼 수 있는 이미지들과 상황들에 대한 인식을 발전시키는 것이며, 그림자를 인정하는 것(분석하는 것)은 그 충동적인 지배력을 깨는 것이다.

그림자효과 shadow effect 간혹 자신에게 전혀 어울릴 것 같지 않은 독특한 능력을 보여줌으로써 매력을 발산하는 효과를 말한다. 전혀 그럴 것 같지 않은 사람이 멋지게 노래를 부르거나 시를 적절하게 읊으면 의외의 효과를 거둘 수 있다.

그림 지능검사(PTI) Pictorial Test of Intelligence 이 검사의 정의는 '지능이란 일상생활에서 환경에 적응하기 위하여 자신의 정신적 능력을 효율적으로 활용하는 것'이다. 지능검사는 자신이 알고 있는 것을 충분히 나타낸다는 전제가 필요한데 언어로 제시되는 지시를 이해하고 말로 나타낼 수 있어야 언어성 지능검사를 실시할 수 있고, 손으로 검사도구를 조작할 수 있어야 동작성 지능검사를 측정할 수 있다. 그림 지능검사는 그림으로 된 네 개의 답지 중에서 하나를 선택하는 검사이므로 간단한 지시를 알아들을 수 있는 정상아, 장애아 모두에게 사용할 수 있다. 질문이 간단하고 그에 대한 응답은 손가락이나 눈짓으로 해도 되기 때문에 언어와 운동능력에 손상을 입은 뇌성마비아동에게 특히 유용한 검사다. 그림으로 되어 있어서 학년 전 아동이나 지적능력이 떨어지는 아동들의 흥미를 유발할 수 있다.

극단이행 extreme performance 개인적인 결정보다 집단적인 결정에 더 극단적인 방안을 택하는 현상으로, 극화현상과 같은 의미다. ⇨ 극화현상 참고.

극화현상 extremity shift (polarization) 집단에서 어떤 의사결정을 하면 대부분 혼자 결정할 때보다 더 모험적인 쪽으로 의사결정이 이루어진다. 이처럼 여럿이 모여 결정을 하면 혼자 결정할 때보다 더 모험적으로 의사결정이 이루어지는 현상을 '모험이행(Risky Shift)' 이라고 한다. 그러나 집단의사결정이 언제나 모험 쪽으로 결정나는 것은 아니다. 어떤 경우에는 집단에서 결정하는 것이 혼자 결정할 때보다 더 보수적일 때도 있다. 이런 현상을 '보수이행(Conservative Shift)' 이라고 한다. 이렇듯 집단의사결정은 어떤 경우에는 모험 쪽으로, 어떤 경우에는 보수 쪽으로 치우쳐서 나타나는데 이런 현상을 '극화현상' 이라고 한다.

근긴장 이상 dystonia 기저핵의 기능이 떨어져 근육의 긴장도에 이상이 생기는 것이다. 즉, 온몸의 근육이 비틀리는 증세로, 신체의 한 부위에서 주동근 및 길항근의 상호수축으로 인하여 비정상적인 불수의적 운동이 뒤틀리듯 일어나는 형태인 것이다. 이러한 증상은 정신적으로 불안할 때 더욱 악화된다.

근대화 modernization 사회 · 문화 · 가치관 등 모든 면에서 전반적으로 구조적 변화가 진행되어 후진적인 상태에서 보다 향상된 생활조건을 조성해 가는 과정.

근본귀인오류 fundamental attribution error 행위의 원인을 행위자의 내적 특성 탓으로 여기고 상황의 힘을 무시하는 경향을 근본귀인오류라고 한다. 기본귀인오류와 같은 의미다. ⇨ 기본귀인오류 참고.

근육형 mesomorph 성격의 이해를 돕기 위한 외형적 분류로서, 과거에는 세장형, 비만형, 근육형으로 나누었는데, 근육형은 신체가 건강하고 근육이 발달한 사람을 말한다. 이러한 사람들은 비교적 시끄럽고 무모하며, 신체활동을 좋아하는 특성을 가지고 있다고 한다.

근접성 proximity 거리상 가까운 부분들이 모여서 어떤 형태를 드러내는 것. 가장 많이 접촉하고 상호작용하는 사람은 주변에서 살거나 일하는 사람이며, 사람에 대한 호감을 갖는 가장 기본요소다. 상호작용은 우선 물리적 · 지리적으로 가까이 있는 사람들 사이에서 나눌 수 있다는 것쯤은 쉽사리 알 만하다. 가까이 있는 사람들이라고 모두 상호작용을 하는 것이 아니며, 모든 상호작용이 꼭 가까이 있는 사람들 사이에서만 일어나는 것도 아니다. 그러나 무엇보다도 가까이 있다는 사실로 말미암아 그것이 우리의 사회생활에 여러 가지로 영향을 미친다는 것은 이해하기 어렵지 않다.

근친강간 가족이나 친족 간에 일어나는 강제적인 성적행동이다. 일반적으로 근친상간과 혼용되어 사용하고 있지만, 대체적으로 근친강간은 강제적인 관계이며 성인이 아동에게 행하는 친족 성폭력으로서 형제자매, 삼촌이나 사촌 등에 의해 발생하며, 최근엔 근친강간이라는 표현보다는 친족 성폭력이라고 한다. ⇨ 근친상간, 친족 성폭력 참고.

근친상간 Incest 성인 사이에서 가까운 친척, 즉 너무 가까운 혈연관계이므로 결혼이 법적으로 금지된 사람들 간의 성관계다. 융(C. G. Jung)은 근친상간적 환상을 정신적 성장과 발전을 위한 복잡한 메타포(mataphor)로 여겼다. 즉, 어린이가 근친상간적 느낌이나 환상을 경험할 때, 그 아이는 부모와의 밀접한 감정접촉을 통하여 자신의 인격에 풍부한 경험의 층을 덧붙이려는 무의식적 시도를 하고 있는 것이다. 근친상간적 충동의 성(性)적 형태는 그 만남이 깊이 있고 의미 있는 것임을 의미한다. 물론 성(性)적 느낌도 무시되어서는 안 된다. 그러나 근친상간의 금기는 신체적 표현을 금지하며, 그 자체로 정신적인 목적을 가진다. ⇨ 근친강간 참고.

금단증상 withdrawal symptom 중독되거나 습관화된 특정 약물이나 알코올의 사용을 중지했을 때 나타나는 증상을 말하는 것이다. 금단증상에는 신체적 · 정서적 증상으로 떨림, 소화기관의 고통, 경련, 공포와 공황장애, 급성불안, 기분변화와 같은 반응이 포함된다.

금욕주의 asceticism 인간의 정신적 · 육체적인 욕구나 욕망을 이성이나 의지로 억제하고 금지함으로써 도덕이나 종교상의 이상을 성취하려는 사상이나 태도를 의미한다.

금지 inhibition 반응을 약화시키거나 억제, 규제 또는 방해하는 과정을 의미한다. 금지가 과대할 경우에는 정서적 긴장을 계속 초래하는 경우가 있으며 결과적으로 심각한 정신적 · 신체적 불안을 수반한다.

급성 근긴장이상반응 acute dystonia 항 정신성 약물 투여 초기(대개 4일째)에 주로 목과 어깨 등이 갑자기 뒤틀리는 사경(torticollis) 내지 후굴성 사경(retrocollis)과 안구근육에 경련이 나타나는 안구운동발작(oculogyric crisis), 연하곤란 등이 나타난다. 이것은 haloperidol, piperaziner, phenothiazines 등 고역가 약물들이 잘 일으키는 경향이 있다. 치료로서 benzotropine을 정주하거나 caffeine sodium benzoate, diphenylhydramine 또는 benzodiazepine계 약물을 투여한다.

급성 스트레스 장애 acute stress disorder 외상 후

스트레스 장애와 증상이 유사하며 극심한 외상 성 스트레스 장애에 노출된 후 1개월 이내에 특징적인 불안, 해리성 증상 및 기타 증상이 나타난다.

급성애통 acute grief 급성슬픔 죽음을 알자마자 즉시 발생하는 슬픔을 의미하는 것으로, 이때는 호흡과 심박동이 불규칙하게 되며, 속이 뒤집힘을 느끼고 기절할 수도 있다. ⇨ 애통, 예견적 애통 참고.

급성조증 acute mania 심신이 흥분되어 있고, 항상 즐겁고 명랑하며, 자신의 능력이나 경제적 성공 및 출세에 대하여 과대망상에 사로잡혀 있는 것을 말한다. 급성조증은 감정의 기복이 심해서 때로는 친절하고, 야비하고, 공격적이고, 아집에 사로잡혀 타인의 입장을 수용하지 못한다.

긍정성 편향 positive bias 타인을 평가할 때 부정적으로 평가하기보다는 긍정적으로 평가하려는 경향을 말한다. 예를 들면, 취업이나 유학에 필요한 추천서를 부탁할 경우 대부분의 사람은 평가대상을 호의적으로 평가하려 한다는 것이다. 폴리아나(Pollyana)의 원리와 같은 의미다. ⇨ 폴리아나의 원리 참고.

긍정적 강화 positive reinforcement 정적강화 긍정적 강화란 어떤 특정한 행동이 나오고 이 행동 뒤에 즉각적으로 주어지는 자극의 제시에 의해 이후의 행동의 빈도가 증가되는 과정으로, 어떤 환경적 자극을 제공함으로써 바라는 행동을 증가시키는 것을 말한다. 즉, 주어진 반응을 보상함으로써 이러한 반응의 강도를 증가시키는 방법으로 조작적 조건화에서 주로 사용한다. 좋은 행동이 나타날 때마다 적당한 대가가 주어지는 것이다. 힘들게 상담하러 온 내담자에게 이를 칭찬하거나 행동에 대한 보상을 주는 방법 등이 있다. 이러한 행동이 반복될 때 내담자에게 좋은 행동이 강화되는 것이다. 대가가 정당하지 못하면 행동에 변화를 일으키지 못하므로, 행동에 변화가 일어나려면 응당한 대가가 있어야 하며 대가를 받을 만한 사건이 일어난 뒤 바로 행해져야 한다.

긍정적 대우의 욕구 need for positive regard 학습된 또는 선천적 경향으로서 개인이 자기의 인생에서 중요한 타인으로부터 인정, 존경 그리고 사랑을 구하고자 하는 것.

긍정적 여과 positive filtering 부정적 여과와 마찬가지로 긍정적 여과 역시 현실을 여과해 버리는 것으로 종종 부인과 현실의 왜곡으로 이어진다. 세속 인본주의 상담자들은 긍정적 사고방식과 낙천주의, 자기격려, 자기실현을 사용하라고 하지만, 어떤 사람들에게는 이것이 도움이 되지 않는다.

긍정적 자아대우에 대한 욕구 need for positive self-regard 자기의 경험을 긍정적 대우욕구의 만족 또는 불만족과 관련지음으로써 발달하는 학습된 욕구다. 이 욕구는 개인이 자신을 긍정할 때 만족하고 자신을 부정할 때 불만족하는 것을 나타낸다.

긍정적 전이 positive transference 내담자가 심리치료자나 그를 상담해 주는 사람에게 애정, 사랑, 성적 욕망, 온정 또는 친근감을 갖는 전이현상을 말한다.

긍정적 존중 positive respect 내담자의 행동이 불쾌하거나 상담자의 기준에 맞지 않더라도 그를 한 인간으로서 배려하고 수용하는 것으로 치료적 변화에 필수적인 요건 중의 하나다.

긍정적 피드백 positive feedback 적극적 환류 피셔(Aubrey Fisher)가 구분한 피드백의 종류로서, 그는 피드백의 종류를 부정적 피드백(negative feedback)과 긍정적 피드백(positive feedback)으로 나누었다. 여기서 긍정적 피드백은 좋은 면을 들어서 긍정적으로 하는 피드백을 말하는 것으로 적극적 혹은 지지적인 피드백이라고도 부른다. 즉, 상대방 심정을 충분히 이해하고 상대방을 존경하며 사랑하는 마음으로 자기의 느낌을 말하는 것이다. 이러한 피드백은 받아들이는 사람으로 하여금 자기 자신의 심적인 방위선을 무너뜨리게 하고 새로운 마음의 문을 열게 함으로써 개인 인격의 성숙을 이루도록 도와줄 수 있다고 보고 있다. ⇨ 피드백, 부정적 피드백 참고.

긍정적 함축 positive connotation 긍정적 암시 · 내포 밀란의 체계론적 가족치료기법의 하나로 긍정적 함축은 증상이나 가족구성원의 행동을 긍정적인 의미로 해석하는 것이다. 어떤 가족행동패턴이 그 가족의 균형과 응집성을 유지해 주도록 도와주기 때문에 그러한 가족행동패턴에서 오는 긍정적인 동기에 의한 재구조화기법으로 결과적으로 가족들은 서로의 동기를 더 긍정적으로 바라보게 된다. 따라서 가족에게 진정으로 자신들을 이해하고 있다고 느끼게 해 주며, 변화를 일으키려는 치료자에 대한 가족의 방어가 줄어들게 된다.

기관열등 organ inferiority 선천적으로 약하거나 부족하게 기능하는 신체기관은 개인에게 열등감을 초래한다. 아들러(A. Adler)에 의하면, 인간의 열등의식의 근원을 응석받이로 자라면 자신상실에 천덕꾸러기로 자라면 자기연민에 빠지기 쉽다는 것에 두었지만, 신체의 특유 기관에 대한 열등감은 패배감을 불러일으키는데 열등의식은 이에 기인되는 바가 크다고 한다. 그러나 선천성, 후천성을 막론하고 형태이상이나 기능상 장애 등은 자신에 대한 평가를 감소시키는 일이 많다고 하지만, 기관이 객관적으로 열등하다고 하여 그것이 반드시 열등감과 결부되는 것은 아니다. 기관의 열등이 주위나 사회의 요구와 기대에 부응할 수 없을 때, 즉 자기 자신의 기대에 부응할 수 없을 때 열등의식으로 변한다.

기능수준모델 levels of functioning model 비버스(V. Beavers)가 가족체계의 유형을 제시한 모델을 말한다. 그는 가족구조, 가족의 유연성, 가족 및 가족구성원의 역량 등의 수준을 평가하고 그 결과를 수평차원으로 하고, 가족스타일을 수직차원으로 교차시킴으로써 가족체계의 유형을 분류하였다. 여기서 수평차원의 변수는 '극도혼란', '경계선',

'중간', '적절', '최적'의 수준으로 구분하며, 수직적 차원의 변수는 '구심성', '원심성'의 스타일로 구분한 것이며, 이를 통해 원심적 가족구조와 구심적 가족구조로 나누어 가족체계의 특징을 설명하였다. ⇨ 가족체계 참고.

기능적 가족치료 functional family therapy 체계이론, 인지이론, 행동주의 원리에 입각한 치료적 접근으로서 같은 결과를 성취하기 위해 더 효과적인 방법으로 대체하기 위한 준비행동으로서, 내담자로 하여금 그들의 특정행동의 기능이나 대인 간에 주고받는 것들을 이해하도록 돕는다.

기능적 고착 functional fixedness 한 대상에 한 가지 사용방법만을 가지고 지각하는 것을 말하는 것으로 형태주의 심리학자인 던커(Duncker)가 만들어낸 말이다. 기능적 고착은 친숙한 대상을 통상적이지 않은 방식으로 사용함으로써 해결될 수 있는 문제를 이해하지 못하게 만든다.

기능적 분석 functional analysis 유기체의 행동과 그 행동을 통제하는 환경조건 간의 구체적 관계를 설정하는 것으로, 어떤 대인 상호 간 사건이나 환경적인 사건이 문제 행동을 이끌어 내는지, 또한 어떻게 그 발생률을 없애거나 줄일 수 있는지 파악하기 위해 사용되는 행동주의 문제진단이다.

기능적 자율성 functional autonomy 아동기에 경험한 긴장완화동기가 성인기에는 긴장완화동기로부터 독립적으로 기능한다는 올포트(G. W. Allport)의 개념이다. 즉, 처음에는 욕구를 충족시키기 위한 수단이었던 행동이 나중에는 목적화하여 그 자체가 동기로서 작용하는 것이다. 올포트는 원래 돈을 벌기 위해 선원이 된 사람이 나중에 은행가가 되어 유복해진 후에도 바다에 대한 그리움을 버리지 못하는 사례를 인용하여, 성인의 동기에는 본능이나 생리적 욕구에서 독립된 독자적 목표를 추구하는 경향이 많다고 말한다.

기능적 중요성 functional significance 한 이론의 가치를 평가하는 기준으로 훌륭한 이론은 인간문제에 대한 새로운 해결방안을 제시할 수 있어야 한다는 것이다.

기능주의 심리학 functional psycho logy 기능주의 심리학자들은 정신이 인간의 행동에 어떻게 영향을 미치느냐에 대하여 연구하였으며, 의식적인 정신이 인류의 생존을 증진시키기 때문에 의식적인 정신은 진화한다고 가정하였다. 따라서 이 학파에서 강조하는 것은 정신의 구조가 아니라 기능이다. 미국의 심리학자이며 철학자인 윌리엄 제임스(William James)는 유명한 기능주의 심리학자로 여러 가지의 지능 분야에 대해 연구하였으며 감정의 이론에도 공헌하고 오늘날까지 영향을 미치고 있으며, 존 듀이(John Dewey)는 심리학을 교육현실의 발전에 적용시킨 대표적인 기능주의 심리학자다.

기대 expectancy 브룸(V. H. Vroom)이 주장한 동기에 대한 기대이론의 개념으로서, 기대란 어떤 특정행동이 특정 결과를 초래할 것이라는 주관적인 확률, 즉 과거의 경험 또는 현재의 상황에 비추어 어떠한 현상이 일어날 것인지에 대한 예견과 기다리는 행동의 준비상태를 말한다. 즉, 어떤 사람의 노력이 성공적인 업무수행을 할 것이라는 신념을 지칭한다.

기대가치이론 expectancy value theory 기대가치이론은 사람들이 사물이나 사건에 대한 사려 깊은 평가과정, 즉 태도가 초래할 가능한 결과들의 가치에 근거해서 태도를 형성한다는 것이다. 즉, 자기에게 가장 많이 소용되고 얻을 수 있는 가능성이 높은 것, 자신에게 좋은 결과가 올 수 있는 것을 선택해서 행동한다고 가정하는 이론이다. 이와 같이 사려 깊은 평가과정은 결과의 가치뿐만 아니라 그러한 결과가 유발될 가능성도 고려한다. 사람들은 좋은 결과가 야기되는 태도를 취하고 나쁜 결과가 야기되는 태도는 피한다. 즉, 태도를 취할 때 사람들은 다양하게 기대되는 성과의 주관적 효용성을 극대화하려고 하는 것이며, 태도형성은 특정 결과의 가치와 이러한 태도가 그 성과를 낳을 수 있는 가능성 및 기대의 곱으로 이루어진다. 예를 들어, '제 눈에 안경' 혹은 '끼리끼리 논다'는 유유상종이란 말처럼 자기와 함께 할 상대자를 선택할 때 그 상대방의 매력 정도뿐만이 아니라 그 상대와의 성사 가능성이란 기대 정도도 고려해서 결정한다는 것이다. 기대 · 가치이론과 학습이론은 모두 정적 요소와 부적 요소를 합산함으로써 태도가 결정된다는 공통점이 있는 반면에 차이점은 다음과 같다. 첫째, 기대가치이론은 개인의 과거경험이 중요하지 않고 단지 현재의 유인가가 중요하게 고려된다. 둘째, 기대가치이론은 특정한 태도를 취함으로써 사람들이 얻거나 잃는 것을 강조한다. 셋째, 기대가치이론은 사람을 계산적이며 활동적이고 이성적인 의사결정자로 보는 반면에 학습이론은 사람을 감정적이며 환경에 의해 통제된다고 간주한다는 점이다.

기대이론 expectancy theory 기대이론은 기울이는 노력이 높은 평가를 받을 것이 확실하다고 생각될 때, 인정을 받고 나면 보너스나 승진 등으로 이어질 것을 믿을 때, 그럼으로써 자신의 개인적 목표를 만족시킬 수 있다고 생각될 때 최선을 다해 열심히 해 보자는 동기를 유발시킨다고 보는 주장을 말한다. 이러한 기대이론은 브룸(V. H. Vroom)이 주장한 동기이론으로서 현재 가장 널리 인정받고 있는 동기이론이다. 기대이론은 인지적 이론의 하나라고 할 수 있는데, 유인가-수단성-기대(valence-instrumentality-expectancy)이론, 즉 VIE이론 또는 가치이론(value theory)이라고도 불린다. 이 이론에서는 우리 인간을 합리적인 의사결정 능력을 가지고 있는 존재로 간주하며, 그럼으로써 바람직한 결과를 만들어 낼 수 있는 행동을 선택하는 능력을 지닌 것으로 보기 때문이다. 그의 이론에 의하면 동기행동의 요인은 개인행동의 기대감(expectancy), 유용성(valence), 결과 또는 보상(outcome or reward), 수단성(instrumentality), 행동선택(choice behavior)의 다섯 가지 변수가 있다. 즉, 인간은 그들의 욕구나 동기, 과거의 경험에 대한 기대를 가지고 있으며, 이러한 기대가 어떻게 반응하느냐에 영향을 미친다. 또한 각 개인의 행동은 의식적인 선택의 결과로서, 자신의 기대치 계산에 따라 제시된 행동을 선택하는 것이며, 각 행위로부터 보상을 원하고, 자신을 위한 산출을 극대화할 수 있도록 선택적인 대안들 가운데 하나를 선택하게 된다고 보는 것이다.

기독교 상담 Christian Counseling 콜린스(G. R. Collins)는 기독교 상담을 일반 상담과 구별하는 중요한 기본전제로서 신관, 우주관, 인간관, 인식론, 병리학, 죄관을 들고 있는데, 이러한 기독교적 정신이나 가치, 세계관의 영향으로 기독교 상담의 목표와 내용, 방법에 영향을 미치게 된다. 기독교 상담은 궁극적인 삶의 해답을 찾아가는 과정으로, 제기된 문제의 해결에만 관심을 두는 것이 아니라, 하나님과 인간 사이의 진정한 관계 회복을 기초로 주어진 삶의 상황에서 어떻게 살아가야 하는지를 역동적으로 적용시켜 나가는 것을 강조한다. 기독교 상담으로 여러 흐름은 제이 아담스(Jay Adams)의 권면적 상담을 비롯 밥건(Bobgan)의 영적 상담, 로렌스 크랩(Lawrence Crabb)의 성경적 상담, 게리 콜린스(Gary R. Collins)의 제자화 상담, 하워드 클라인벨(Howard Clinebell)의 성장 상담 등이 있다.

기독교적 인간관 person in a Judeo-Christian World view 기독교적 인간관의 핵심은 인간이 비록 타락하긴 했으나, 하나님의 형상을 품고 있다는 것이다. 즉, 고귀함과 부패성을 동시에 가진 존재로서 인간을 하나님과의 관련성 속에서 이해하려고 하기 때문에 상담을 통해 하나님 형상을 회복하려고 하는 것이다. 하나님 형상으로 창조된 인간의 이해는 첫째, 인간은 영적 존재로서 존엄성을 가지고 있으며 인격적이다. 또한 하나님이 본질상 관계적인 존재인 것과 같이 그 형상대로 지음받은 인간도 관계적인 존재로서 서로 의존적인 존재임을 가르쳐 준다. 둘째는 "생육하고 번성하여 땅에 충만하라!"(창1:28)고 하신 것처럼 하나님이 인간을 창조하신 목적이 있다는 것이며, 셋째는 이성적인 존재로서 인간은 도덕적 선택을 할 수 있으며, 논리적이고 책임 있게 행동할 수 있는 능력을 가지고 있다. 마지막으로 인간은 정서적인 존재이기 때문에 상담의 과정에서 내담자를 도우려면 내담자가 가진 문제 이전에 내담자가 가진 감정을 잘 평가해야 한다.

기만 deception 의식적이거나 혹은 무의식적으로, 거짓된 생각과 신념을 강요하고 설득하는 것으로 잘못되었음에도 불구하고 자신이 옳다고 생각하는 것이다.

기면증 somnolence 기면증은 낮에 지나치게 졸리는 증상과 함께 자기도 모르게 1~15분 동안 잠에 빠지는 수면 발작을 주 증상으로 한다. 수면 후 어느 정도 정신이 맑아지고 잠이 덜 오는 것을 느끼나 1~2시간이 지난 후에는 다시 계속 졸리운 증상을 보인다. 대개 10대에 이러한 증상이 시작된다. 그 병적 기전을 보면 정상의 경우 각성상태나 REM 수면이 NREM 수면에 의해 억제를 받는데, 기면증에서는 REM 수면이 억제되지 않고 갑자기

뛰쳐나오는 것이라고 설명되고 있다.

기본가정 basic assumption 각 이론의 기본적인 전제로서 각 이론이 갖는 본질적인 철학적 전제를 말한다. 예를 들면, 성격에 관한 기본가정은 성격의 항상성과 변화성, 가지성과 불가지성, 결정성과 자유성을 말하며, 정신분석이론의 기본 가정은 인간의 모든 것은 의미 있는 존재며 인간의 언어와 행동은 우연이 아니라고 하는 데 반하여, 로저스(C. R. Rogers)의 이론에서는 인간은 자아실현의 경향을 지닌 존재로서 자신의 모든 능력을 개발하려는 경향성과 가능성을 지녔다고 하는 기본가정들을 가지고 있다.

기본귀인오류 basic attribution error 근본귀인이론과 같은 의미다. 사람들은 타인의 행동에 대한 원인으로 외부적인 요인을 과소평가하고 내부적인 요인을 과대평가하려는 경향이 있는 것을 의미한다. 사람들은 어떤 상황적인 요소는 고려하지 않고, 그 사람의 성격, 태도, 가치관 등과 같은 그 사람의 내부 성향에서 원인을 찾는다. 이런 현상은 원인을 제대로 못 찾는 귀인오류 중의 하나다. 즉, 사람들은 이렇게 상황 탓보다는 사람 탓을 많이 하는 귀인오류를 자주 범하는데 그런 오류를 '기본귀인오류'라고 한다. 그러므로 행동의 원인을 찾을 때는 항상 기본귀인오류를 염두에 두고, 그 사람을 둘러싼 상황이 어떤지를 고려해 보는 게 좋다. 이와 같이 기본귀인오류가 발생하는 이유는 우선 자신의 행동과 남의 행동에 대한 정보의 차이에서 기인하기 때문이며, 또 하나는 타인의 행동을 관찰하는 입장과 행동 당사자인 행위자의 입장 간 조망 차이 때문이다.

기본신뢰 basic trust 개인의 사회적 세계가 안전하고 안정되어 있다고 내적으로 느끼는 것과 자기를 돌보아 주는 사람이 도움이 되고 자신의 요구가 충족되며, 신뢰가 간다고 느끼는 감정을 의미하는 것으로 에릭슨(E. Erikson)의 심리사회발달이론에서 유아기의 단계 특성으로 보았다. ⇨ 심리사회발달이론 참고.

기본적 오류 fundamental error 개인의 인생을 조직하고 조성하는 데 사용되는 신화로서, 모작(Mosak)은 다섯 가지 기본적 오류를 제시하고 있는데, 즉 과잉일반화, 잘못되었거나 불가능한 목표, 삶과 삶의 요구에 대한 오지각, 자신의 기본적 가치부정, 잘못된 가치를 말한다. 즉, 안전에 대한 극단적인 욕구, 생의 요구에 대한 잘못된 지각, 가치 부인 및 잘못된 가치 등이 포함된 오류다.

기본적 욕구 basic need 인간행동의 원동력으로서 존재하는 여러 욕구 가운데 가장 기본적인 중요성을 가지고 있는 것으로, 생명을 유지하며 종족을 보존하기 위한 1차적 욕구를 말한다. 현실요법상담에서는, 인간의 뇌 속에 일어나고 있는 기본적인 욕구나 유전적 지시에 의해 내부적으로 동기화되는데, 인간의 뇌는 신전뇌(new brain)와 구전뇌(old brain)로 구성되어 있으며, 신전뇌에서는 기본적 욕구 중 심리적 욕구인 소속, 능력, 자유, 재미의 욕구가 일어나며, 구전뇌에서는 생리적 욕구인

생존의 욕구가 일어난다고 하는 기본적 욕구에 더 관심을 갖는다. 우리의 기본적인 욕구는 각각 많은 원함(want)을 충족시킴으로써 가능하며, 원함이 충족되면 그와 관련된 좌절이 일어나지 않지만, 원함이 충족되지 않으면 좌절이 일어나고 우리는 동기화된다고 하는 것이다. 이렇게 볼 때 모든 행동은 욕구, 원함, 좌절에 의해서 내면적으로 동기화된다고 볼 수 있다.

기분 mood 주변 세계의 지각에 영향을 미치는 광범위하고 지속적인 감정이다. 흔한 기분은 우울과 들뜸, 분노, 불안이다. 감정적 '날씨' 로 표현될 수 있는 '정동' 과 달리 기분이란 광범위하고 지속적인 감정의 '기후' 라고 할 수 있다.

기분부전장애 dysthymic disorder 기분변조성 장애, 감정부전장애 우울한 기분이 거의 하루 종일 지속되면서 이러한 상태가 2년 이상 지속되는 것을 말한다. 일정한 정도의 슬픔, 비관, 실망, 절망으로 특징지어지는 일종의 정신병이며 통상 불안이나 정신적 갈등의 결과를 의미하는 것으로, 우울기분 또는 취미나 즐거움의 현저한 상실, 불면증 또는 수면과다증, 기력저하, 자존심상실, 생산성의 저하, 사회로부터의 철퇴, 자극과민성, 반응성의 결함, 눈물이 많은 경향, 비관적 태도, 죽음이나 자살에 대한 집착적인 생각 등이다. 이전에는 우울신경증(depressive neurosis)으로 알려졌다.

기분삽화 mood episode 기분의 장애가 주요 특징인 장애로서, 기분삽화는 주요 우울증삽화, 조증삽화, 혼재성삽화, 경조증삽화로 나누어지며, 대부분의 기분장애들은 이러한 기분삽화의 진단에 기초한다.

기분장애 mood disorder 일상생활에서 느끼는 지속적인 기분을 조절하는 데 어려움이 있는 것을 말한다. 기분장애는 크게 우울장애와 양극성장애로 구분되며, 기분삽화(mood episode)에 따라 주요우울삽화(major depressive episode), 조증삽화(manic episode), 혼재성삽화(mixed episode), 경조증삽화(hypomanic episode)로 진단된다. 기분장애의 대표 증상은 우울과 조증이다.

기시현상 deja vu 기시감, 데자브 미시현상과 상반되는 개념으로 기시현상은 처음 경험하는 일 또는 처음 보는 경치나 자신의 상태가 마치 과거에 경험한 것처럼 느껴지는 현상을 말한다. '거짓 재인' (Bergson) '재인의 추상착오' (Kraepelin) 등으로 불리고 있다. 정상인의 경우에도 종종 단시간 체험하는 수가 있는데, 이것을 착오라는 것으로 자각하고 있다. 병적인 경우는 이 체험이 장시간 지속되고 또한 과거에 체험했다고 확신하고 있다. 어떤 종류의 정신병이나 간질의 정신발작 시에 볼 수 있다. ⇨ 미시현상 참고.

기억과잉 hypermnesia 기억이 비정상적으로 생생하거나 완전하고 잊었던 인상이 되살아나는 상태, 회상의 양적 장애의 하나이고 회상능력이 이상하게 항진되고 있는 상태를 말한다. 이 상태에서는 과거에 지각된 인상에 대한 기억이 놀랄 정도로 생생히 세부까지 역력하게 떠오르며, 발열시, 꿈, 최면상태, 간질발작, 때로는 정신분열증에서도 볼 수 있다. 정신박약자 가운데에는 주거표시, 연월일, 전화번호, 요일 등 기계적 기억에 관해서만 지능과 관계없이 놀랄 정도로 뛰어난 경우가 있다. 이러한 기억과잉은 별로 중요하지 않은 사실을 중요한 사실과 마찬가지로 동등하게 기억하는 경우가 많으며 이로 인해 오히려 실제로는 어떤 사고를 유추하는 데 도움을 주지 못하는 경우가 있으며, 경조증환자나 편집증환자의 경우에는 증상을 더욱 악화시키는 결과를 가져온다.

기억상실증 amnesia 부분적으로 혹은 완전히 기억을 상실하는 병적증세로 이것은 정서적, 신체적 요인 혹은 양자의 결합요인으로 발생한다. 기억상실증에는 전행성(진행성, antegrade)과 후행성(역행성, retrograde)이 있는데, 전행성은 원인이 되었던 상태 또는 인자(사건)의 개시 이후에 발생한 사건을 기억하지 못하는 것이며, 후행성은 원인이 되었던 상태 또는 인자(사건)의 개시 이전에 발생한 사건을 기억하지 못하는 것이다.

기억술 mnemonic device 사람들의 기억을 도와주는 의도적인 방법을 말하는 것으로서, 기억술은 정보를 좀 더 효율적으로 암기하게 해 주며, 문제를 해결하거나 추론할 수 있는 정보의 근거를 제공해 준다. 기억을 증진시키는 방법으로 장소법, 핵심 단어법 등이 있다.

기억착오 paramnesia 회상의 질적 장애를 말한다. 기억감퇴를 수반하는 경우가 있으며, 과거에 없었던 일을 마치 실제로 있었던 것 같이 회상하는 위기억(pseudomnesia)이나, 사실과 다르게 실제의 체험이 왜곡되거나 개조되는 등 다르게 회상되는 오기억(allomnesia)을 말한다. 이러한 증상은 자신의 기억 능력에 문제가 있을 때 자신을 방어하고 보호하려는 무의식적인 기제가 작용한 때문이라고 추정된다. 이와 같이 자신이 기억하지 못하는 부분을 조작적으로 메우는 현상을 작화증(confabulation)이라고 하며, 이는 노인성 정신병이나 코르샤코프(Korsakoff) 증후군에서 특징적으로 나타나며, 정상적인 경우에도 피로시에는 볼 수 있으며 중독정신병, 간질의 전조, 정신분열증의 경우에도 볼 수 있다. 또한 회상적 허구성(retrospective falsification)이란 기억착오는 정상적인 기억에 자신에게 유리하도록 조작된 기억이나 쓸데없는 지엽적인 기억들을 더 잘하는 것을 말한다.

기억폭 memory span 한 번 제시된 후에 기억할 수 있는 항목 수를 말한다. 직접기억범위라고도 하는데, 이 길이는 어른의 경우 7±2라고 한다. 이것은 약 1분 이내의 단기기억의 한계를 나타내는 것이며, 장기기억의 한계는 아니다.

기억화 memory picture 아동화의 하나로, 실물을 그린 그림이 아니라 기억을 되살려 그린 그림이다. 최근 미술치료와 함께 아동의 그림에 대한 중요성이 높이 평가되고 있다.

기적적 질문 miracle question "하나님께서 이 문제를 어떻게 해결해 주시기를 기대하고 계십니까?", "상대방이 어떻게 변화되기를 원하고 계십니까?" 등의 질문처럼 내담자가 자신의 미래에 대해 매우 부정적 또는 절망적으로 인식하여 아무런 소망이 없다고 생각한 상태에서 활용할 수 있는 기법이다.

기질 temperament 기질이란 사람의 행동에 잠재적으로 작용하는 타고난 특성을 의미한다. 특히, 생화학적 변화와 신진대사에 관한 측면을 가리킨다. 이 말은 성격과 거의 같은 의미로 쓰이는 경우가 있으나, 인격의 의지적 측면을 성격, 감정적 측면을 기질로 구별하여 쓰기도 한다. 히포크라테스(Hippokrates)는 인간의 성격 양식을 다혈질, 담즙질, 점액질, 우울질로 나누고, 이 네 가지 기질 중 어떤 것이 우월한 것이고 어떤 것이 열등한 것인가로 나누기보다 각각 기질이 갖는 특성을 잘 개발할 때 각각의 독특한 능력이 드러난다고 보았다. 기질의 유형에 관한 실증적 연구에 있어 크레츠머(E. Kretschmer)의 연구가 대표적이다. 그의 연구의 특징은 인간의 체격형과 정신병의 종류와 기질과의 관계에 착안한 것으로 분열=세장형(leptosom), 순환=비만형(pyknisch), 점착=투사형(athletisch)으로 나눈다. 그가 관찰한 내인성정신병을 살펴보면, 정신분열환자는 일반적으로 체격이 가냘프고, 조울병환자는 비만형이 많다. 정상인의 기질에도 2개의 전형이 있는데, 분열기질은 가냘픈 체격의 소유자가 많으며, 조울기질은 비만형에 많다고 하였다. ⇨ 기질특성, 크레츠머 참고.

기질적 organic 개인의 생물학적 측면에 관련된 것으로 이 용어는 심리사회적 문제로부터 생리적 장애에 이르기까지 이러한 것들이 원인이 되어 발생하는 질병을 구별하기 위해 사용되며, 특히 사회사업가와 정신건강 전문가들이 가장 흔하게 사용한다.

기질적 요인 dispositional factor 성격심리학에서 인간이 왜 그렇게 행동하는지에 대한 근거로서 기질적 요인(dispositional factors)과 상황적 요인(situational factors)으로 설명하고 있다. 기질적 요인은 비교적 지속적이고 외현 행동을 결정하는 것으로 간주된 인간 내부에 존재하는 어떤 요인 즉 본능, 기질, 요구와 같은 성향을 의미한다. 이는 고전적 정신분석학적인 설명에서 찾을 수 있는데, 인간은 근본적으로 악하고 충동적이라고 묘사하면서 인간행동의 근거를 인간의 내부심리적인 힘에 있다고 주장한다.

기질적 인격증후군 organic personality syndrome 현저한 행동이나 인격의 변화를 특징으로 하는 기질적 뇌증후를 말한다. 즉, 섬망이나 치매의 경우가 아니라, 다른 어떤 특수한 기질적(organic) 인자가 원인이 되어 나타나는 증상으로 감정이 불안정하며 현저하게 의욕을 상실하고 충동조절이 어려우며 편집사고가 생기는 것인데, 뇌의 종양이나 뇌 외상, 뇌혈관 질환이 주요 원인이다.

기질적 정신장애 organic mental disorders 뇌의 영구적 혹은 일시적 손상에 의해 야기된 정신적 혼란으로서 이 장애는 노화과정, 알코올이나 다른 중독성 약물의 복용 혹은 어떤 생리적 역기능과 관련될 수도 있다. 이러한 장애 중에서 기질적 뇌 증후군으로는 섬망, 치매, 기억상실증, 기질적 망상 등이 있다.

기질특성 temperament trait 성격특질이나 기질특성 모두 한 개인이 보여 주는 비교적 영구적이고 일관성 있는 행동패턴을 말하나, 성격특질이 주로 외현적 행동들에서 추론되어 구성된 개념으로 한 개인의 기질특성과 사회적 환경 간의 상호작용을 통해 형성되는 특성이고, 기질특성은 선천적인 생리적 기제에 의해 결정되며 출생 순간부터 나타나는 특성이다. 따라서 특질이론은 행동특성의 생리적 기제를 부정하지는 않지만 그보다 보편적이고 지속적인 행동성향의 개인차를 확인하고 분류하는 데 초점을 맞추는 이론이라면, 기질특성이론은 행동성향의 개인차를 강조하는 점에서는 특질이론과 같으나 특질이 그 개인의 생물학적 구조에 의해 결정된다는 것을 주장하며 성격과 신체 간의 관계나 대뇌의 신경학적 차이에 초점을 맞추는 이론이다.

기초공감 basic empathy (primary-level accurate empathy) 에간(Egan)은 기초공감을 상대방의 경험, 행동, 감정에 대해 상대방이 가진 관점을 당신이 이해한 대로 상대방과 의사소통하는 것이라고 정의하였다. 즉, 내담자가 현재 느끼고 생각하는 것을 내담자가 느끼고 생각하는 대로 이해하고 내담자에게 전달하는 것이다.

기하학적인 착시 geometrical optical illusions 평면도형의 기하학적 관계가 실제와 다르게 지각되는 형상을 말한다. 길이 · 면적 · 각도 · 방향 · 만곡 등의 기하학적 관계가 객관적 관계와 다르게 보이는 일종의 시각적인 착각이다. 이것은 이상한 특수 현상이 아니라 일반적으로 인정되는 정상적인 현상이다. 각종 착시도형이 있는데, 대개 발견자의 이름으로 불린다. 그 중에서도 외향의 사선 안에 있는 선분은 길게 보이고 내향의 사선 안에 있는 선분은 짧게 보이는 뮐러-리어(Müller-Lyer)의 착시도형이 유명하다. 또한 방향의 착시를 보여 주는 체르너(Zöllner), 분트(Wundt), 헤링(Hering), 포겐도르프(Poggendorf)의 각 도형이 있으며, 이 밖에도 각종 착시도형이 있다.

기행증 mannerism 기묘한 몸짓, 안면표정 또는 말투 등을 말한다. 이는 행동의 장애유형(disorders of activity)인 반복행동(repetitious activity)의 하나이지만, 병적인 반복행동보다는 덜 지속적이고 덜 단조로운, 특유의 습관적이고 불수의적인 반복행동이다. 즉, 마치 그 사람의 독특하고 이상한 버릇처럼, 예를 들어 얼굴을 찡긋찡긋한다든지 이상한 제스처를 반복한다든지 하는 것이다. 그러나 이런 종류의 행동 역시 그 배경에 숨겨져 있는 의미가 있으며, 따라서 정신분석 치료과정에서 철저히 규명되어야 한다.

기호화 encoding 약호화, 부호화 단기기억에 관한 이론에서 기호화란 정보에 주의집중할 때 그 정보가 단기기억에 저장되기 위하여 기억체계가 사용할 수 있는 형태로 자료를 전환시키는 것으로 우리가 지각하는 대상이거나 가지고 있는 생각일 수 있다. 단기기억에 기억할 내용을 부호화할 때, 정보를 보았을 당시 주변의 시각적 흔적이나 음성적 · 언어적 흔적 등 기억흔적들을 이용하며, 청각적 기억이 시각적 기억보다 더 지배적이라고 한다. 즉, 단기기억에서는 정보를 언어적으로 기억하는 경향이 높다. 뿐만 아니라, 기호화개념은 커뮤니케이션(의사소통)의 과정 속에서 적용되고 있는데, 즉 수신자에게 전달할 내용을 기호 또는 약호로 바꾸는 단계를 말한다. 이때에 방법은 말, 손짓, 몸짓, 그림, 암호 등을 이용하게 되는데, 메시지의 커뮤니케이션은 약호화 자체가 명확하고 간결하면서 구체화되어 정확하고 쉽게 이루어지기 때문이다. ⇨ 의사소통 참고.

기호화특수성 encoding specificity 약호화특수성이라고도 부른다. 이 이론은 톰슨과 털빙(Thomson & Tulving)은 장기기억의 인출에서 맥락의 효과를 실험적으로 증명한 대표적 연구다. 이들은 피험자에게 24개의 단어쌍을 학습케 하였는데, 단어쌍은 앞의 단어가 맥락단어이며 기억해야 할 표적단어는 뒤에 제시되었다. 이때 맥락단어는 표적단어와 연상가가 높은 단어(하늘-푸르다)와 또는 연상가가 낮은 단어(마당-춥다)로 구별되어 짝지워진다. 이런 학습절차를 거친 후 피험자들에게 표적단어를 회상시켜 보면 학습 시에 맥락으로 작용하는 단어가 표적단어의 회상에 가장 좋은 단서로 사용된다는 것이다. ⇨ 기호화 참고.

기회이론 opportunity theory 일탈행동은 특정한 집단, 예를 들면 청소년비행을 저지를 위험에 놓인 청소년들 사이에서 더 발생하기 쉽다는 가설이다. 즉, 사회적으로 용납될 수 있는 목표를 성취할 수 있는 기회가 제한되어 있을 때 사회적으로 용납될 수 없는 방법으로 행동하기가 훨씬 더 쉽다는 것으로 이 이론은 미국 뉴욕의 '청소년을 위한 이동사업(mobilization for youth)'과 같은 프로그램에서 검증되었다.

긴장 tension 감정 · 감각의 하나, 또는 행동의 동인이 되는 심적 힘을 표현하는 개념이다. 긴장을 단순한 감정 표시의 한 측면으로 본 사람은 분트(W. Wundt)였는데, 그는 감정의 3방향성을 주장하였다. 즉, 단순감정에는 쾌-불쾌, 흥분-침정과 함께 긴장-이완이라는 변화의 방향이 있다고 설명하였다. 그는 이와 같은 긴장감정을 근육이나 건(腱)의 생리적 긴장에 따르는 긴장감각과는 다른 것이라고 주장하였으나, 후에 다른 연구자는 분트가 말하는 긴장감정이 실은 긴장감각과 다를 것이 없다고 하는 사람이 적지 않다. 그러나 사물을 주의 깊게 관찰한다든지 어떤 일을 기대하고 있을 때와 같은 적극적인 태도를 취할 때 수반되는 심적 긴장상태는 단순한 긴장감각 이상의 감정적 성질을 내포하고 있다고 할 수 있다. 또한 레빈(K. Lewin)은 개인에게 성립되는 심리학적 세계는 환경과 주체의 부분으로 이루어진다고 말하고, 주체(사람)의 부분에는 심적 활동을 일으키는 각종 체계영역이 존재한다고 하였는데, 그 주체에 어떤 욕구가 생겼을 때에는 그 욕구에 대응하는 영역체계에 긴장이 깃드는 것이라고 하였다. 따라서 사람에게 행동을 일으키게 하는 동인이 되는 것은 체계영역에 존재하는 긴장이며, 그것은 심리학적으로 인정되는 심적 힘의 일종이라고 설명하였다. 그리고 긴장이 내포하는 역학적 특성을 언급하면서 그것은 다른 체계영역의 긴장상태와 같은 것이 되도록 변화하는 근본 성질을 가지고 있다고 지적하고 있다. 즉, 순조롭게 욕구를 채우는 경우에는 해당 체계의 긴장에 바탕을 두고 행동을 일으키며, 욕구의 목표를 획득하였을 때는 그 체계의 긴장은 해방되어 다른 체계와 같은 상태가 된다. 그러나 욕구충족이 저지될 경우에는 대상행동으로서 일어나는 다른 체계의 긴장의 해방과 함께 원래 체계의 긴장도 해방되는 일이 있다든지, 감동이나 노여움에서 볼 수 있듯이 한 체계의 긴장이 지나치게 굳어진 끝에 그 긴장이 다른 전체계에까지 확대되어 결국 전체계가 같은 긴장체계 속에 휘말리는 일이 있는 등, 긴장의 역학적 특성에서 볼 때 여러 가지 욕구 행동이나 정동적 사상이 설명된다고 말하고 있다.

긴장완화 relaxation 불안예방을 위한 즉각적이면서 간단한 방법이다. 치료자의 지시에 따라 온몸의 근육군을 점차적으로 긴장했다가 푼다. 사회적 불안, 일반화된 불안, 공포증이 예견될 때 미리 배운 긴장이완법을 사용하여 불안증상의 발생을 방지하거나 그 강도를 줄일 수 있다.

긴장이완훈련 relaxation training 정신적 긴장과 육체적 피곤을 감소시키기 위한 심리치료기법으로 암시적 기법과 자기훈련 등 근육이완을 통한 신체치료법이다. 대인 접촉상황이나 발표상황에서 심한 긴장이나 신체증상을 경험하는 사람에게는 긴장이완 연습이 필요하다. 내담자에게 테이프를 주어서 매일 듣고 적용하게 한다. 우선은 단계적인 근육이완법을 연습한 후 대인상황이나 발표상황을 가정한 역할 연습을 하면서 긴장이완을 경험한다. 긴장이완방법은 여러 가지가 개발되고 있으나 대표적인 방법은 제이콥슨(Jacobson, 1934)의 근육이완방법으로, 근육이완을 위한 지시내용을 따라하게 한다.

긴장장애 catatonic disorder 긴장증 정신분열증의 한 아형으로서 긴장형정신분열증(catatonic schizophrenia)이라고 한다. 이 증상은 의욕과 행동의 이상을 중심으로 하는 대단히 특징적인 것이며 이 병명도 그들이 나타내는 경직된 표정과 자세에서 유래된 것이다. 긴장증의 증상은 과대행동과 과소행동이라는 수의운동영역에서 서로 대립되는 증상으로 이루어지고 있다. 즉, 어떤 때에는 이해할 수 없는 난폭한 행동과 충동적 행동으로 이루어지는 긴장성 흥분이 나타나고, 또 어떤 때에는 모든 자발적 운동의 정지와 강경증, 거부증 및 기행증 등으로 이루어지는 긴장성 혼미로 나타나기도 한다. 이 두 가지 양상의 전환은 느닷없이 일어나며 또한 반복된다. 흔히 망상과 각종의 환각이 수반되어 특수한 증상을 형성한다. 의식은 일반적으로 명료하지만 갑작스럽게 발병하는 경우에는 다소의 의식혼탁이 인정되는 경우도 있다. 경과는 일반적으로 짧은 편이어서 수 개월 이내에 회복된다. 갑자기 발병하는 경우가 많으며 20세 전후에 잘 발병한다. 재발이 되풀이되는 경우에는 어느 정도 인격의 결함을 남기는 경우가 많지만 또 어떤 경우에는 재발이 반복됨에도 불구하고 결함상태가 전혀 남지 않는, 즉 비정형정신병의 범주에 속하는 주기성 긴장증의 형태로 나타나는 경우도 있고, 또 다른 경우로는 전혀 재발하지 않고 완전 치유되는 경우도 적지 않게 있다. 극히 드물기는 하지만 대단히 갑작스럽게 발병해서 심한 자율신경증상을 나타내면서 심한 흥분과 혼미를 교대로 또 반복적으로 나타내다가 단시일 내에 사망하는 증례, 즉 치사성 긴장증도 있다.

긴장체계 tension system 레빈(K. Lewin)의 심리학에서 행동이론의 기본 개념이다. 그의 지형학적(Topologic) 심리학의 표현에 따르면 인격의 중심영역은 여러 가지 하위영역으로 분화되어 있는데, 각 영역은 잠재적인 힘, 즉 긴장을 내포하고 있으면서도 균형을 이루고 있다. 그래서 어떤 욕구가 생기거나 무엇을 의도한다는 것은 어떤 하위영역의 긴장이 높아진다는 것을 의미한다. 그 하위영역의 긴장이 높아지면 중심영역에는 불균형이 생기고, 전체적으로 균형을 회복하려는 경향이 생기는 것이다. 그러나 행동함으로써 목적에 도달하고 욕구가 충족되면 다시 균형상태가 회복된다고 한다.

깊이단서 depth cue 깊이지각(depth perception)이란 3차원적으로 대상을 지각하는 것을 의미하는데, 이러한 깊이지각을 갖게 하는 단서를 깊이단서라고 한다. 즉, 이차원적인 망막에 투영된 정보로 삼차원의 세계를 이해하는 데 필요한 단서를 말한다. 깊이지각의 두 가지 단서는 기울기(vergence)와 망막의 차이(retinal disparity)로서, 기울기는 멀리 있는 사물에 초점을 맞춤에 따라 두 눈이 안쪽과 바깥쪽으로 움직이는 것이며, 망막의 차이는 각 눈의 망막에 의해서 맺혀진 상의 차이를 말한다. 이에 관한 연구로는 시각절벽을 사용한 깁슨과 워크(E. J. Gibson & R. Walk)의 연구가 있으며, 깊이단서는 회화적인 단서를 비롯하여 운동단서, 안구운동단서, 양안부동의 단서 등이 있는데 깊이나 거리를 지각하게 만든다.

꾀병부리기 malingering 희망하지 않는 의무를 회피하거나 실제나 가상의 개인적 이익을 얻기 위해 장애나 병을 가장하는 행위로서, 특징은 허위로 또는 지나치게 과장되게 신체적, 생리적 증상을 의도적으로 유발하며 어떤 상황에서 꾀병은 적응적인 행동이 되기도 한다. 그러나 꾀병은 허위성장애와 증상 유발의 동기가 다르다. 즉, 꾀병은 외적 유인자극이 있는 반면, 허위성장애는 외적 유인자극이 없다.

꾸바드증후군 Couvade syndrome 요즘은 아기가 태어나기도 전에 예비 아버지들이 아이의 탄생에 많은 관심을 보이며, 어떤 남편들은 아내가 임신 중에 아내와 함께 식욕 상실, 매스꺼움, 구토, 치통과 같은 증상을 겪기도 한다. 이처럼 남편들이 아내의 임신과 출산 중에 나타나는 여러 가지 심리적, 신체적 증상들을 경험하는 것을 영국의 정신분석학자인 트리도우언(W. H. Trithowan)은 '꾸바드증후군'이라고 불렀다. 꾸바드는 불어의 'couver'에서 온 말로 '알을 품다, 부화하다'의 뜻을 가지고 있다. 꾸바드증후군은 임신 3개월경에 가장 심하다. 그리고 점차 약해지다가 임신 말기가 되면 또 다시 심해지는데, 일반적으로 아버지의 10~15%가 이런 체험을 한다. 이 증상은 비단 신체적 증상에만 그치지 않고 우울증과 긴장이 고조되고 신경과민적인 심리적 증상으로도 나타난다.

꿈 Dream 융(C. G. Jung)은 꿈을 넓은 의미에서 '무의식 안에 있는 실제상황을 상징적인 형태로 그려낸 자발적인 자기초상'이라고 정의하였다. 그리고 꿈과 의식은 기본적으로 보상의 관계를 맺는다고 보았다. 프로이트가 꿈을 인과론적 관점에서 본 것과 달리, 융은 꿈이 정신적 생성물이라고 주장했다. 즉, 인과론적일 수도 있지만 목적론적일 수도 있다는 의미다. 인과론적인 관점은 하나의 상징에 고정된 의미를 지정함으로써 과도한 단순화의 우려가 있다. 반면 목적론적 관점은 상징들에 고정된 의미가 있다고는 생각하지 않는다. 비록 보상이 꿈의 기본적 원리이기는 하지만, 무엇이 보상되고 있는지 언제나 명백하게 나타나는 것은 아니다. 꿈에 나타난 내용의 수수께끼를 풀기 위해서는 인내와 정직이 필요하다. 그리고 융이 꿈의 예언적 측면을 믿기는 하였으나, '대충 그린' 도면 정도로 받아들이는 것이 좋다고 주장했다.

꿈꾸는 수면 dream sleep 렘수면이라고 한다. 꿈꾸는 수면에서는 여러 가지 특이한 현상이 발견된다. 가장 대표적 특징은 눈 운동이 활발해진다는 것이다. 또 비렘수면처럼 근육은 이완된 상태이면서도 뇌파는 각성 시기처럼 낮고 빠르게 움직인다는 점이다. 이러한 렘수면은 성인을 기준으로 전체 잠자는 시간의 25% 정도 된다. 그러나 렘수면이 꿈꾸는 수면이라 해서 렘수면 내내 꿈을 꾸는 것은 아니다. 꿈이 렘수면 시기에 나타난다고 해서 렘수면이 반드시 꿈꾸고 있는 수면상태라고 말할 수 없다는 얘기다. 그럼, 꿈을 꾸는 이유는 무엇일까? 정확한 이유는 밝혀지지 않았지만, 현재까지 알려진 바는 이렇다. 호흡중추나 체온조절중추 등이 있는 교뇌-연수 부근의 렘수면을 조절하는 장소에서 렘수면을 일으키는 전기적 흥분이 시작한다. 이 흥분이 대뇌피질에 전달되고 그 과정에서 기억의 저장 창고인 해마를 자극하게 되어 꿈이 만들어지는 것으로 보인다. 한편 꿈을 꾸는 이유를 심층심리학에 적용하여 보면, 무의식이 '무의식의 바다에 떠 있는 섬 같은 존재인' 의식에게 경고를 해 주기 위한 것이기도 하다. 의식은 제한된 감각기관을 통해 한정된 정보만을 볼 수밖에 없는 데 반해, 자기 정신의 또 다른 하나인 무의식은 의식의 한정된 정보에서 생길 수 있는 오류나 위험성을 미리 꿈을 통해 알려 주는 이미지라고도 볼 수 있다. ⇨ 렘수면 참고.

꿈의 분석 analysis of dreams 꿈은 환자의 무의식에 억압된 욕구나 감정을 분석하는 데 중요한 단서가 되기 때문에 정신분석 과정에서 자신의 꿈을 보고하도록 요구된다. 환자의 무의식적 동기와 갈등은 꿈속에서 상징적이고 위장된 형태로 표현된다고 본다. 꿈속에서나마 무의식에 억압된 성욕이나 공격적 욕구는 의식의 검열을 피할 수 있는 방식으로 충족되기를 원하며, 직설적인 욕구의 표출은 자아의 안전에도 위협을 주기 때문이라는 것이다. 그러므로 치료자는 환자가 보고하는 꿈의 내용을 분석하여 상징적으로 위장된 욕구의 실체를 밝히려는 노력을 시도한다.

꿈의 해석 dream interpretation 프로이트는 꿈을 억압된 소원의 위장된 표현이라고 보았으며, 융은 꿈이란 아니마(anima), 아니무스(animus), 페르소나(persona), 무의식의 그림자, 기타 태고유형을 개성화하고 그것을 통합해 균형 잡히고 조화된 전체를 이루어 내고자 하는 시도로 보았다. ⇨ 꿈의 분석 참고.

꿈작업 dream work 정신분석에서는 꿈을 분석하고 꿈의 무의식적인 의미를 해석하지만, 펄스(F. S. Perls)는 이러한 작업은 지적인 게임에 불과하며 개체가 유기체 현실과 만나는 것을 방해하므로 해로울 수 있다고 말한다. 게슈탈트 치료에서는 전통적으로 꿈을 우리 자신의 일부를 외부로 투사한 것으로 본다. 따라서 게슈탈트 치료에서는 내담자로 하여금 자신의 꿈에 등장하는 각 부분들을 차례로 동일시하여 그것들이 되어 보도록 요구하는데, 이것이 꿈작업이다. 꿈작업을 통해 내담자가 꿈에 등장한 인물이나 사물과 동일시함으로써 자기 자신의 소외된 부분과 접촉해 보는 것이며, 꿈의 부분들이 모두 합해 전체를 이루고, 하나하나의 부분들을 접촉하다 보면 인격의 소외된 부분들을 모두 통합하는 것이 가능하다고 본다. 꿈작업을 할 때 주의점은 꿈의 내용들이 마치 지금 여기에서 일어나는 것처럼 상상하며 작업해야 한다는 것이다.

ㄴ

나르키소스 Narkissos 그리스 신화에 나오는 미소년으로, 강의 신 케피소스와 요정(님프) 레이리오페의 아들이다. 그가 태어났을 때 예언자 테이레시아스는 나르키소스가 자기 자신의 모습을 보게 되면 오래 살 수 없을 것이라고 예언하였다. 많은 처녀와 님프들이 아름다운 나르키소스에 반해 구애했으나, 그가 아무런 반응을 보이지 않자 님프인 에코는 애를 태운 끝에 마침내 목소리만 남아 '메아리'가 되었고, 아메이니아스라는 젊은이도 그에게 거절당하여 자살하고 말았다. 어느 날 나르키소스는 사냥을 하다가 목이 말라 우물물을 마시던 중 물에 비친 아름다운 자신의 모습을 발견하고 그 모습을 사랑하게 되었다. 그리곤 자신의 그림자에 마음이 홀린 그는 그곳을 떠나지 못하고 물에 빠져 죽어서 수선화가 되어 피어났다고 전해진다. 나르시시즘(Narcissism, 자기도취, 자기애)은 이 나르키소스에서 유래한 것이다.

나이 age 인간의 나이는 그 내용과 용도, 기준에 따라 다섯 가지로 분류된다. ① 신체적 나이로서 달력에 의한 나이(calendar age)다. 출생 이후 달력에 의해 지나간 세월을 계산하는 것이다. ② 생물학적 나이(biological age)로서 개인의 생물학적 · 생리적 발달과 성숙의 수준과 신체적 건강 수준을 나타내는 나이이다. ③ 심리적 나이(psychological age)인데 이는 신체적 나이가 증가함에 따라 심리적 성숙과 적응이 동시에 이루어져 인생의 발달단계를 제대로 거쳐 가고 있는가를 보는 나이이다. ④ 사회적 나이(social age)로서, 교육받을 나이 혹은 결혼해야 할 나이와 같이 우리가 살고 있는 사회에서 하나의 규범으로 정해진 나이이다. ⑤ 자각연령(self-awaring age)으로서 스스로 느끼는 주관적 느낌과 직결되는 나이를 말한다.

나폴레옹 콤플렉스 Napoleon complex 나폴레옹 1세가 키가 작은 데서 연유한 말로, 키가 작고 외모나 학력, 학문 등에서 보잘 것 없던 자신의 콤플렉스를 보상하려는 심리 때문에 진짜 나폴레옹이 될 수 있었던 것이다. 이처럼 나폴레옹 콤플렉스는 키가 작은 사람들이 자신의 콤플렉스에 대한 보상심리로 공격적이고 과장된 행동을 하는 것을 의미한다. 이러한 사람들은 권위가 주어졌을 때에만 이러한 콤플렉스를 나타낸다고 하여서 상황에 따른 권력중독자들이라고도 한다.

낙심 discouragement 낙심은 마음과 영과 흥미를 상실한 것을 말하는 것으로 문제와 어려움에 압도되어 균형감각을 잃어버리고 그 결과 포기하고 만다.

낙인 labelling (branding) 낙인을 찍는 것은 제한된 지식에 근거하여 사람들을 분류하는 것이다. 예를 들면, '그녀는 동반의존자야.' 라고 생각하거나, '그 사람은 매우 이기적인 사람이야.' 라고 규정하는 것처럼 관찰된 특질과 행위유형에 근거해서 한 사람이나 한 사람의 문제에 이름을 붙이는 것이다.

낙인이론 labelling theory 사회심리학에서 일탈행위를 설명하는 방법으로 사람들이 일탈된 사람이라고 낙인한 사람에 대해 어떻게 행동하는가에 초점을 맞춘다. 예를 들면, 한 사람이 편집증으로 낙인되면 다른 사람들은 이 사람이 하는 모든 행동을 편집증 측면에서 해석하며 이러한 행동은 불가피하게 맨 처음 진단의 정확성을 보여 주는 증거가 된다는 것이다.

낙인효과 stigma effect 낙인이론과 같은 의미다. 낙인효과는 피그말리온 효과와는 반대로, 나쁜 사람이라고 부정적인 낙인이 찍히면 그 낙인에 걸맞는 행동을 한다는 것이다. 우리는 어떤 사람이 전과자고, 어떤 사람이 정신과 병력을 가지고 있고, 어떤 사람이 이혼한 경력이 있다고 하면 왠지 모르게 색안경을 끼고 본다. 그것도 일종의 편견이다. 하지만 그런 치우친 세상보기는 거기서 끝나지 않고 그런 사람들과 거래는 물론이고 인간적인 교류조차 하지 않으려고 한다. 이처럼 과거 경력이 현재의 인물 평가에 미치는 영향을 '낙인효과'라고 한다.

낙태 abortion 태아가 자궁 밖에서 생존할 수 있을 만큼 충분히 자라기 전에 의료적인 시술을 통해 임신을 끝내는 것이다. 우리 나라에서 낙태는 형법으로 금지되어 있으나 모자보건법에서 다섯 가지 정도의 낙태허용사유를 정하고 있지만, 윤리적 차원에서 생명을 존중하는 자세를 바탕으로 낙태 결정에 대한 신중한 판단이 제기되고 있다.

난독증 dyslexia 난독증의 특성은 단어를 판독하는 과정에서 단어를 구성하고 있는 음절(syllable)을 누락, 삽입, 대치, 또는 첫 자와 마지막 자를 바꾸어 읽는 경우 등을 말한다. 읽기장애의 유병률은 읽기의 측정방법에 따라 다르긴 하지만 9~11세의 아동을 상대로 한 조사에 의하면 6.6%에 해당되었고(Rutter, 1970), 학습장애자들의 80~90%가 읽기장애를 경험하고 있다. 난독증에 대한 원인으로는 청각 및 음운 정보처리능력을 읽기장애의 근본 문제로 보았고(Vellutino, 1982), 난독증과 주의력결핍장애 및 행동장애와도 연관성이 있는 것으로 밝혀졌다(Jorm et al., 1986). 난독증에 관한 연구를 종합해서 덕크렐과 맥 쉐인(Dockrell & Mc Shane, 1993)은 ① 문자부호를 소리로 변환하는 데 어려움을 보이는 단계, ② 소리를 잠시 기억력에 저장하는 단계, ③ 저장된 소리를 조합해서 단어로 발음하는 단계에서 각각 어려움을 보인다고 제안하였다.

난체기 germinal period 배란기 태내발달의 제1단계로 정자와 난자가 만나 수정이 이루어지는 순간부터 시작된다. 수정 직후 수정란은 세포분열을 시작하면서 나팔관을 지나 3, 4일 후에 자궁벽에 자리를 잡아 10~14일경에 자궁벽에 완전히 착상함으로써 태내발달의 전 과정을 통해 지속될 모체와의 밀착된 의존관계를 확립하게 된다.

난필증 dysgraphia 쓰기에 곤란을 겪는 장애로 치료방법으로는 약물치료, 심리치료, 부모상담 및 교육계획이 있는데, 그 중에서 심리치료는 부정적인 자아상을 교정하는 것이 효과적이다.

남근기 phallic stage 음핵기 일차적인 관심이 성기에 집중되는 시기다. 4~6세의 유아는 자신의 성기에 대해 관심을 갖고 성기를 만짐으로써 쾌감을 얻으며, 자신의 성기에 집착하는 성장기를 보내게 되는 시기로 오이디푸스 콤플렉스 또는 엘렉트라 콤플렉스의 시기다. 프로이트(S. Freud)에 의하면 남근기에 고착된 성인 남자는 대부분 경솔하고 과장되고 야심적인 성격 특성을 나타내며, 자신의 강함과 남자다움을 나타내려고 한다. 반면 남근기에 고착된 여성의 경우 성관계에서 순진하고 결백해보이지만 난잡하고 유혹적이며 경박한 기질을 나타낼 수 있다고 말하고 있다. 아이들은 성기를 문지르기도 하고 이성의 부모에 대한 무의식적인 성적 공상을 하기도 한다. 이 때문에 부모에 거세당하지 않을까 하는 무의식적인 불안에 시달리기도 하는 오이디푸스 콤플렉스의 시기다.

남근선망 penis envy (penisneid) 정신분석학이론에서 세 번째 발달 단계인 남근기 혹은 성기기에 이르는 4~7세가 되면 남자 아이들은 자신의 성기를 힘과 우월의 상징으로 보고, 여자 아이들은 자신에게는 남근이 없는 것을 발견하고 이를 갖고 싶어 하는 남근선망을 갖는다. ⇨ 거세불안, 엘렉트라 콤플렉스 참고.

남성발기장애 male erectile disorder 성행위가 끝날 때까지 성적 흥분에 따른 적절한 발기가 지속적으로 유지되거나 반복적으로 일어나지 않는 것을 말하며, 이 장애는 심각한 고통이나 대인관계의 어려움을 일으킨다. 발기장애는 여러 양상이 있는데, 일부 개인들은 성 경험이 시작될 때부터 전혀 발기하지 못하였음을 보고하며, 다른 개인들은 처음에는 적절한 발기를 경험하였으나 그 후 삽입을 시도할 때 팽창이 상실되는 경우와, 발기가 되어 삽입까지는 유지하나 삽입 직전 또는 삽입 동안 팽창이 상실됨을 보고하며, 일부는 단지 자위행위나 깨어 있는 동안에만 발기를 경험한다고 보고하고 있다.

남성성 masculinity 남성다움을 의미하는 성격적 특성, 일반적으로 남성에게 기대하는 성역할의 특성을 말한다. 파슨과 베일스(Parson & Bales)는 사회학의 입장에서 남성의 주요 특성을 수단적(instrument)으로 보고 이성적이며 객관적, 독립적이고 목표지향적인 특성을 지니기 때문에 경쟁과 활동성을 필요로 하는 사회적 역할에 적합하다고 보았다.

남성적 항의 masculine protest 아들러(A. Adler)의 개념으로, 남녀 모두가 남성다움을 추구하는 것으로 여성은 여성적 역할에 대한 매우 폭넓은 불만감으로 표현한다. 즉, 여성이라는 불리한 상황에 대해서 투쟁하고 있는 남성이라는 긴장감을 의미하기 때문에, 어떤 때는 단지 남성을 혐오하고 피하며, 어떤 때는 남성을 좋아하나 부끄러워하는 행동으로 나타난다. 반면 남성에게는 남성의 중요성을 과대평가하는 것으로 남성다움을 이상화시키며, 이것을 달성하는지 여부에 의해 자신의 평가를 받는다고 믿는 감정과 행동으로 나타나는데, 이 남성적 항의가 현대 우리의 문화에서 남성이 과대평가됨으로써 더욱 촉진된다고 하였다.

남성혐오증 misandry 여성혐오증과 상반되는 것으로 여성이 남성을 증오하거나 경멸하는 상태.

남용 abuse 약의 부적절한 사용 양태를 의미하는 것은 물론 개인이나 집단에게 육체적 · 정신적 · 재정적인 피해를 일으키는 부적절한 행동으로 아동학대, 약물남용, 노인학대, 배우자 학대 등을 의미한다.

납굴증 waxy flexibility 병적인 반복행동의 하나로서, 한 가지의 불편한 자세를 계속 유지하는 강직증이 심해져서 전혀 움직임이 없이 한 가지를 계속 취함으로써 마치 타력에 의해 피동적으로 움직이는 밀랍같이 움직이는 증상을 납굴증이라고 한다. 이러한 납굴증은 긴장형 정신분열증에서 흔히 나타나는 증상이다. ⇨ 반복행동 참고.

낭만중독 romantic addiction 낭만적인 공상에 중독되는 것으로 병적인 사람 의존성의 증상이다. 낭만중독자는 사랑에 빠지는 들뜬 흥분감에 중독된 사람이다. 그들은 영화, 낭만소설 등에서 비롯된 환상의 세계 속에서 편안함과 안전감을 느낀다.

낮은 자존감 low self-esteem 자존감은 개인이 자신의 가치, 적성, 중요성에 대해 평가하는 것으로 낮은 자존감은 사람과의 관계의 질에 영향을 미치며, 가족관계에 문제를 일으킨다. 건전한 자기 수용이 이루어지지 않은 상태에서 가족은 물론 타인에 대한 수용을 기대할 수 없기 때문이다. 낮은 자존감의 소유자는 자신에 대해 회의적이고 불안과 죄책감을 잘 느끼며, 자신이 무가치하다고 느끼거나 부족감과 열등감에 자주 시달리는 편이다. 따라서 자신을 신뢰하지 않고, 항상 다른 사람으로부터의 평가 또는 공격을 두려워하기 때문에 자신의 생각을 잘 표현하려 하지 않는다. 또한 스스로 완벽한 체하며 고집이 세서 주위 사람들과의 인간관계가 원만하지 못하고, 자기를 비하함으로써 타인의 칭찬과 인정을 그대로 받아들이지 못한다. 그러면서도 인정받고자 하는 욕구가 강하게 나타나기 때문에 늘 이기고자 하는 욕구와 더불어 피해의식에 사로잡히기도 하는 것이다. 그들은 자신을 희생자로 생각하며 적대적인 환경에서 무기력하게 갇혔다고 여기고, 자기들을 억압하고 짓밟으려는 세상으로 보려 한다. 이렇게 낮은 자존감을 가진 사람들은 열등의식, 피해의식, 비교의식이라는 부정적 사고방식이 형성되어 정서적으로 불안해하고, 생각과 감정의 표현이 자연스럽지 못하다.

내관법 introspection 내성, 내면화, 내관 한 사람이 어떤 사건을 경험하고 그것을 설명하려고 시도하는 자기관찰과정으로 사상, 가치와 감정에 대한 자성이다. 이는 한 복합의식을 심적인 상황 속에서 요소로 분석하여 확인하고자 하는 방법으로 1879년 분트(W. Wundt)는 그의 실험심리학 교실에서 우리가 경험하는 각 의식을 내관법으로 분류하고자 하였다.

내담자 client 상담이나 심리치료 등을 받는 사람을 지칭한다. 인본주의적 관점에서는 이들을 환자로서 병을 가지고 있는 것이 아니라 그저 인생에서 힘든 시기를 보내고 있는 평범한 사람이라는 개념을 가지고 이들에게 접근하고 있다.

내담자중심치료 client-centered therapy 치료 중심이 내담자라는 의미로서, 심리학자 로저스(C. R. Rogers)가 시작한 심리치료의 한 형태로 처음엔 비지시적 상담이라고 부르다가 후에 인간중심상담으로 명명하였다. 그는 내담자는 자신의 능력을 최대한 개발하려는 동기를 지니고 있고, 치료자가 잘 보살펴 주고, 따뜻하게 대해 주고, 허용적이며, 비심판적인 분위기를 제공해 줌으로써 자신의 문제를 해결할 수 있다고 믿었다. 따라서 인본주의 심리학에 기초한 내담자 중심의 상담에서는 치료자의 주도적 역할보다는 환자 또는 내담자의 내적 성장과 잠재능력이 더 중요시되며, 치료자는 환자에게 지시하는 일을 최소화한다는 점에서 비지시적 치료라고도 불린다. ⇨ 인간중심상담 참고.

내면의 아이 inner child 내면의 아이에 대한 개념은 학자에 따라 다양한 의미를 가지고 있다. 휘트필드(Charles L. Whitfield)는 내재아(Child Within), 진정한 자아, 참자아(True Selves) 등으로 부르며, 융(C. G. Jung)은 신성한 아이(divine child), 위니캇

(Donald W. Winnicott)은 참자아(true sell)라고 불렀다. 미국의 정신의학자 미실다인(H. Missildine)의 책 『네 안에 살고 있는 아이』는 인간의 미성숙에 관련된 '내면의 아이(inner child of the past)' 에 대해 말하고 있다. 우리들 속에 있는 어떤 특정한 (무의식적인) 성격 특징을 지칭하는 말인데, 인간은 개인의 인격 발전에서 불가피하게 자신의 내면에 살고 있는 아이와 대결하고 화해하고 있다는 것이다. 성장한 인간 속에도 대부분 치료가 필요한 유아적인 측면, '내면의 아이' 가 숨겨져 있다는 것이다. 그런데 이 내면의 아이가 우리들의 행동을 지배한다. 그로 인해 자신뿐만 아니라 다른 사람에게까지 피해를 주고 있는 데 심각성이 있다. 따라서 내면의 아이를 치유한다는 말은 상처 받은 내면의 아이, 거짓자아를 다룬다는 의미이다. 즉, 상처 받은 내면의 아이를 인식하고 직면할 때 자아의 치유와 통합이 일어나고 이렇게 통합된 자아가 근원적인 자기, 즉 내면아이를 탐색해 나갈 수 있도록 하는 것이다.

내면화 internalization 개인 스스로가 옳게 되려는 욕구에 의해 타인의 가치나 신념체계를 수용하는 것을 말한다. 내면화에서 중요한 요소는 새로운 정보를 주는 사람의 신뢰성이다. 프로이트는 초자아 또는 성격의 도덕적인 면은 부모의 태도를 내면화하는 데에서 나온 것이라 하였다.

내발적 동기 intrinsic motive 내적동기 외부적 요인이 동기가 되는 것이 아니라 스스로의 만족을 느끼기 때문에 어떤 행동이나 활동을 만족 그 자체를 위해 행하는 것을 말한다. 즉, 학습자의 홍미, 요구, 경험 등에 호소함으로써 학습 활동 그 자체가 즐거워서 학습에 열중하는 심리적 기제를 내발적 동기라고 한다. 이 같은 내발적 동기를 일으키는 요인은 호기심, 성취동기, 동일시, 지적 희열이 있다. 이러한 요인들은 서로 분리되어 있는 것이 아니라 개인의 진취적 태세로 통합되어 있기 때문에 동기를 높이기 위한 교사의 노력도 단편적이 아니라 종합적인 것이 되어야 한다.

내분비계 endocrine system 뇌의 정보전달체계로 혈액 속에 직접 호르몬을 분비하여 신체 각 부위로 정보를 전달한다. 즉, 영양, 대사 분비활동, 수분과 염의 균형 유지 등 생체의 항상성 유지, 생식, 행동 등에 관여하는 각종 호르몬의 생산과 분비에 관여하는 기관으로 내분비선, 호르몬, 표적세포로 구성되어 있다.

내사 introjection (introjects) 내적투사 다른 사람들의 좋은 점을 자신의 내면세계에 만들어 가는 과정이다. 그러나 의지와 관계없이 그렇게 할 수밖에 없는 경우가 있다. 이 경우는 외부로부터 사실, 윤리, 기준들을 자기의 빈자리에 채워 넣음으로써 그것에 대한 소화나 자기 것으로 동화되지 못한 채 무비판적으로 동일시하고 받아들이므로, 개인의 행동이나 사고방식에 악영향을 미치는 타인의 행동방식이나 가치관이 내사된다. 내사가 심한 개인은 스스로 자신의 의지와 욕구를 가질 수 있다는 생각을 갖지 못하며, 자신이 무엇을 하고 싶은지에 따라 행동하기보다 다른 사람들이 자신의 행동을 어떻게 평가할까를 더 의식하면서 행동한다.

내사적 동일시 introjective indentification 대상관계 가족상담의 주요개념으로서 내사를 통해 일어난 결과를 의미한다. 타인의 좋은 점을 자신의 내면세계에 동일시하여서 자신이 좋은 사람이라고 생각하고 행동하는 현상이다.

내성 tolerance 어떤 약물의 효과를 견디거나 이겨내는 개인의 능력과 관련된 용어로서, 약물 사용 시 동일한 효과를 얻기 위해서 점차 복용량을 증가시켜야 하는 것을 말한다. 이는 약물 반응은 여러 번 사용함에 따라 감소되는 경향이 있기 때문이며, 이로 인해 중독의 문제가 발생하게 된다. ⇨ 중독 참고.

내용분석 content analysis (1) 심리학과 사회과학에서 어떠한 범주와 주제가 나타나는지를 보기 위해 사용하는 자료 분석, 또는 가설 검증이나 진단을 위해 미리 정해진 주제나 범주에 따라 자료를 분석하는 것. (2) 의사소통이론에서 어떤 생각, 반응 혹은 표현들의 빈도를 평가함으로써 주로 일부 집단의 상호작용, 기록된 문서 혹은 다른 의사소통을 체계적으로 연구하는 것.

내용이론 content theory 내용이론은 어떠한 요인들이 동기를 부여시키는 데 크게 작용하는가를 다루며, 사람들의 욕구를 충족시키기 위해 동기부여가 되기 때문에 욕구이론(need theory)이라고 부르기도 한다. 즉, 동기부여와 관련된 이론으로서 행동에 영향을 미치는 특정한 욕구나 보상을 파악하는 데 중점을 두고 있다. 이와 같이 내용이론은 개인행동이 동기유발되는 개인과 환경상의 요인을 규명하는 것이다. 특히, 내용이론은 서로 다른 사람은 서로 다르게 동기부여된다고 하는 전제에 근거하기 때문에 개인차에 초점을 두고 있으며, 사람을 동기부여하는 특정의 것이 무엇인가를 찾고자 한다. 따라서 내용이론에서는 사람들이 원하는 보상이 무엇인지, 어떤 요인이 가장 매력적인지에 대한 해답을 제시하려고 한다. ⇨ 동기부여, 욕구이론 참고.

내용 타당도 content validity 평가도구가 의도하고 측정하려고 하는 내용을 어느 정도 충실히 측정하고 있는지를 분석 · 추정하여 한 검사의 타당성을 보려는 방법이다. 이는 한 검사가 측정하려고 의도하는 내용의 표집을 적절하고 타당하게 하였는지 여부를 알아보기 위한 접근방법이다. 즉, 측정하는 검사내용이 측정하려고 의도하는 특성과 내용상으로 일치하는가를 논리적으로 검토해 보는 방법이다. ⇨ 타당성 참고.

내인성 endogenous 내생적 환경적 또는 상황적 스트레스 요인보다는 오히려 개인의 내면에서 발생하는 병 또는 문제점에 관한 것으로, 예를 들면 내인성 우울상태는 실재의 슬픈 경험보다는 풀리지 않는 갈등이나 생리적 불균형상태에서 유래한다.

내재된 그림 embedded figure 더 복잡한 도형 속에 숨겨진 도형으로 일단 탐지되면 무시하기 어렵다.

즉, 인간의 심리 속에 큰 윤각의 전체적인 도형이 일반 도형이라면, 그를 중심으로 복잡하게 구체적으로 서로 맞물려 있는 심리학적인 도형을 의미한다.

내재아 child within 중독 분야에서 사용되는 용어로서 진정한 자아, 참자아 또는 내면의 아이(inner child)를 일컫는 말이다. ⇨ 내면의 아이 참고.

내재적-외재적 동기 intrinsic-extrinsic motivation 데시(E. Deci)가 주장한 이론으로서, 이 이론에 의하면 사람들은 내재적 동기와 외재적 동기 모두에 의해 영향을 받는다고 한다. 사람들이 외재적으로 동기화되었다는 것은 돈과 같은 외적인 보상 때문에 행동을 하게 된다는 것을 의미하며, 내재적으로 동기화되었다는 것은 행위 자체에서 오는 즐거움 때문에 행동을 하는 것을 의미한다. 데시는 사람들이 외적인 보상보다는 행동 그 자체에서 오는 즐거움으로 일을 하기 때문에 처벌이나 보상에 의해 어떤 행동을 하도록 한다면 그 행동에 대한 통제감을 상실한다고 주장했다.

내재적 정의 immanent justice 나쁜 행동에 대한 처벌은 절대적이고 피할 수 없다는 생각이다. 비록 아무도 모르게 한 나쁜 행동이라도 신과 같은 큰 힘을 가진 존재가 악한 사람들에게 사고나 불행과 같은 형태로 보복할 것이라는 생각을 말한다. 피아제(J. Piaget)는 이러한 도덕적 판단을 내재적 정의라고 하였으며, 내재적 정의의 사고는 8세 이하의 자아 중심적 아동에게서 전형적으로 나타난다고 했다.

내재화 internalization 마음이나 인격의 내부에 여러 가지 습관이나 생각, 타인이나 사회의 기준, 가치 등을 받아들여 자기 것으로 하는 일이다. 충분히 내재화된 것은 이미 외부로부터 받아들인 것으로 느껴지지 않게 된다. 어린이는 그 성장 과정에서 부모나 주위 사람들 내지 사회의 습관, 생각, 기준 등을 내재화하여 마침내 자기 것으로서 행동화한다. 정신분석학에서 초자아는 부모가 갖고 있는 기준이 내재화된 것이라고 볼 수 있다.

내적 귀인 internal attribution 내부귀인 사람들은 자기 행동에 대한 귀인을 할 때와 다른 사람의 행동에 대한 귀인을 할 때 다르게 귀인한다고 하는 것으로, 일이 잘 되어 갈 때 그 원인을 외부적 요인이 아닌 자기 스스로에게 돌리는 것을 말한다.

내적 시계 neitgeber (internal clock) 생체에는 여러 리듬이 있어 생체의 여러 기능들을 효율적으로 조절하기도 하는데 대뇌에 있는 상교차부핵(suprachiasmin nucleus)이라는 인체 부위에 있는 것으로 생리적인 조절을 한다.

내적인 대상관계 internal object relations 다른 사람들과 관련된 자아의 정신적인 표상을 의미한다. 즉, 내적인 대상관계는 다른 사람들과 관계 속에서 경험되는 사랑, 따뜻함, 안전감, 만족감, 분노, 불안, 공포, 두려움, 걱정 등을 통해서 발달하게 된다. 내적인 대상관계의 발달은 유아에게 자신을 돌보는 사람들과의 관계에서 오는 경험이 내면화 되도록 한다.

내적 일관성 신뢰도 internal consistency reliability 검사를 구성하고 있는 부분 검사 또는 문항 간 일관성 정도를 의미하며, 검사도구의 오차 없는 정확성을 요구하는 것이다. 즉, 검사를 1회 실시한 결과에서 검사 내 상이한 부분(또는 문항)들에 대해서 동일한 결과가 나오는 정도를 말한다. 이는 신뢰도를 검증하는 방법으로서, 개별 문항을 하나하나의 검사 점수로 하여 상관관계를 구하고 이들의 평균 상호 상관관계를 신뢰도의 추정치로 삼는다. ⇨ 신뢰도 참고.

내적 진행 internal proceeding 개인이 스스로의 내적 감정, 심상, 사고에 흡수되어 있는 순간을 의미한다.

내적 치유 inner healing 프로이트의 정신분석 이론에 의하면 유아기의 경험은 후에 성인이 된 뒤에도 행동과 사고방식에 영향을 준다는 것이다. 미실다인(H. Missildine)은 프로이트의 영향을 받아 상담을 통해 '내부에 있는 과거의 어린아이'를 의식하고 이해하며, 지탱하고 조절하는 법을 배울 수 있다고 주장하였다. 그러나 루스 카터 스테플톤(Ruth Carter Stapleton)은 프로이트(S. Freud)나 미실다인의 인본주의적 한계를 극복하고 기도와 성령의 영향, 크리스찬들이 만드는 치유의 공동체를 강조하며 '내적 치유'에 관한 기독교적 접근을 시도하였다. '내적 치유'에 의한 상담 방법은 상담자와 내담자에 따라 약간씩 다르지만 몇 가지 기본전제와 방법들은 다음과 같다. 첫째, 문제들은 흔히 외상성의 '어둠과 고통스런 기억'에서 유발된다. 둘째, 기억의 치료는 '성령이 상처와 고통의 근본 원인을 다루어 삶의 가장 깊은 영역에까지 건강을 회복시키는 경험을 갖도록 함'으로 이루어진다. 셋째, 내적 치유의 개념에서는 성령의 치유 능력을 강조한다. 넷째, 상담은 내담자로 하여금 억압되고 고통스런 기억들을 발견하고 의식세계에 드러내도록 돕는다. 다섯째, 용서는 내적 치유의 핵심 요소다. 여섯째, 기도는 억압된 기억을 치료하기 위한 핵심 요소다.

내적 타당도 internal validity 한 변수가 다른 변수의 원인인지 아닌지 정확하게 기술하는 것을 의미한다. 즉, 측정된 종속변수의 변화가 실제로 독립변수(실험변수)의 조작에 의해 일어났는지 여부를 말하는 것이다

내적 합리화 internal justification 사회심리학에서 인지 부조화를 해소하는 방법으로 가장 강력한 태도 변화의 근간을 이루고 있다. 예를 들면, 자기가 생각하기에 자신의 직업이 하찮다고 느끼면, '나는 지각 있는 사람이다.'와 '나는 하찮은 직업을 가지고 일하기로 했다.' 간의 부조화를 내부적으로나 외부적으로 해결하고자 한다. 하나의 외적 합리화는 '나는 돈을 위해서 이 일을 한다.'일 것이나, 이러한 합리화가 직업에 대한 자신의 생각을 바꾸지는 않는다. 그러나 그 직업을 다른 각도에서 볼 때 더 긍정적인 측면을 발견하면 이러한

하찮은 직업을 가지고 일하는 것을 내적으로 합리화할 것이다.

내적 합치도 internal consistency 한 이론의 가치를 평가하기 위한 기준으로 훌륭한 이론은 다양한 현상을 내적인 일관성으로 설명할 수 있어야 하는데, 내적 합치도는 검사를 구성하고 있는 부분 검사나 문항 들이 측정하고자 하는 속성을 얼마나 일관성 있게 측정하는지를 나타내는 것으로, 한 번의 조사나 시험으로 유일한 값의 신뢰도 계수를 얻을 수 있는 방법을 통칭하는 말이다.

내적 행동화 acting-in 내부로의 침잠 (1) 표출(외적 행동화)과 상반되는 개념으로 '내면적 행동화'라고 번역하기도 한다. 어려서 다른 사람에게 받았던 학대를 자기 스스로에게 표출하는 것으로 과거의 해결되지 않은 감정들이 자기 자신을 향해 적대적으로 돌아오는 것이다. 이렇게 감정의 에너지가 내부로 향하는 경우에 신체적인 증상을 일으키기도 하는데, 위장장애 · 두통 · 심한 근육긴장 등으로 나타난다. (2) 심리극(psychodrama)에서는 참여자로 하여금 자신의 문제를 행동으로 표현함으로써 자신에 대한 통찰을 돕게 되는데, 이와 같이 심리극에 참여한 환자의 외적 행동화인 표출(acting-out)에 대한 욕구를 참여자의 통찰의식 속으로 이끌어 주는 것을 말한다. ⇨ 심리극, 표출 참고.

내집단 in-group 집단의 경계개념과 관련하여 집단구성원과 구성원이 아닌 사람들과의 구별기준을 중심으로 집단을 분류한 것으로, 섬너(Sumner)는 집단의 구성원이 느끼는 심리적인 태도와 소속감을 기준으로 집단을 내집단과 외집단으로 분류하였다. 내집단은 우리집단(We-group)으로서 한 개인이 소속감과 애착심을 가지는 집단이고 외집단은 그들집단(they-group)으로 소속감이나 우리의식을 느낄 수 없는 집단이다. 사람들은 보통 내집단에 대해서는 신뢰감을 가지고 공감하며 보호하려는 태도를 보이지만 외집단에 대해서는 차별적이며 적대적이고 방어적 태도를 취한다. 외집단, 내집단 구분은 집단구성원의 심리적 태도나 소속감에 따른 분류이므로 경계가 고정된 것이 아니라 유동적이다. 가령, 전국체전에서 전라도 응원단은 외집단이지만 한일친선경기에서는 내집단이 된다.

내집단선호 ingroup favoritism 개인이 규범, 가치, 습관, 태도 등에서 공통점을 느껴 동지의식을 가지고 집단에 대하여 애착, 충성의 태도로 임하려 하는 것이다. ⇨ 내집단 참고.

내파기법 implosion 현실에서나 상상 속에서 절차를 규칙화하거나 강화시킴으로서 결국 불안에 대해 반응하는 것을 그치도록 하는 인지적 심상기법 가운데 하나다. 내파기법은 노출의 다른 형태로서, 불안이 사라질 때까지 불안을 야기하는 최악의 상황을 심상에 그리도록 내담자를 노출시키는 것이다. 즉, 두려운 사건이나 자극 중에서 가장 두려웠던 경우를 상상하게 함으로써 실제 두려운 상황에 직면하였을 때 이를 극복할 수 있도록 원조하는 기법이다. 내담자가 강화 없이 한 가지 반응을 계속 반복한다면 그 반응을 수행하고자 하는 경향성의 강도가 점차 줄어들 것이라는 이론적 원리에 기초한다.

내향성 introversion (introvert) 성격에서 수동적이며 내성적 성향을 말한다. 스위스의 정신분석학자 융(C. G. Jung)에 의한 성격유형의 하나로서 심적 에너지가 주로 자신의 내부로 향하는 것이다. 즉, 개인의 정신적인 힘, 관심, 사상, 감정 또는 태도가 사회적이고 물리적인 환경보다는 내적·주관적 세계로 지향되는 것으로, 자기 자신의 사적인 세계에 더 관심이 많으며 비사교적이고 타인과의 교제에서 신뢰감이 부족한 경향을 보여 준다.

내현성격이론 implicit personality theory 이것은 학자들이 논하는 성격이론이 아니라 일반인들 누구나 나름대로 독특하게 가지고 있는 성격판단의 개인적인 틀이다. 미국의 심리학자 프리츠 하이더(Fritz Heider)의 이론으로 일반적으로, 한 개인이 다른 사람의 성격에 대해 생각할 때에 맹목적으로 가정하는 것이다. 사람들이 남을 판단하는 경우에 여러 자료가 없어도 한두 가지 정보를 바탕으로 다양한 영역에서 표적인물에 대한 추측을 한다. 개개인들이 사회생활을 하면서 나름대로 터득한 성격이론을 가지고 있기 때문에 이를 적용시키는 것이다. 즉, 일반인들이 나름대로 독특하게 가지고 있는 성격판단의 기준을 의미한다. 예를 들면, 뚱뚱하면 여유롭고, 마르면 지적이며, 옹니에 곱슬머리이면 고집이 세다는 것 등을 말한다.

내현욕구 covert need 사회에서 그 표현을 용납하지 않는 욕구로서, 이 욕구는 전체나 그 일부가 무의식으로 남아 있고 꿈이나 환상 속에서 나타난다.

네겐트로피 negentropy 변화에 적응하기 위해서 외부에 대해 유연하고 개방적인 체계의 경향을 말한다. negentropy는 negativ entropy의 줄임말로서 '부의 엔트로피'라고도 한다. 임상이론가 비버스(V. Beavers)는 엔트로피(entropy)를 부정하는 반대의 개념으로 엔트로피가 적절하게 억제되는 심리적 상태를 네겐트로피라고 하였다. 네겐트로피가 증가하면 개인은 그 스스로 몸과 정신 사이의 일체된 감정을 갖게 됨으로써 기분이 좋아지게 된다. 이는 네겐트로피의 기능이 타인에 대한 긍정적인 자세와 심리적 안정감을 갖게 하며, 에너지를 활성화시키는 역할을 한다. 또한 자신이 수립한 과제와 활동에서 목표를 향한 확신이나 일체감을 부여하며, 일에 대한 안정감과 집중력을 강화시켜 주는 효과를 가져오기 때문이다. 그는 네겐트로피가 가족시스템에 구조와 유연성이 있으며, 가족의 건강도를 나타내는 실마리로 된다는 시스템론을 주장했다.

네스트호커 nesthocker 둥지에 웅크린 동물이란 의미로 독일에서 부모와 함께사는 성인 자녀를 일컫는 말이다. 캥거루족, 마모네와 같은 의미다. ⇨ 부메랑키즈 참고.

네크로필리아 necrophilia 시체에게서 성적 매력을 느끼는 이상심리로서 시체애호증이라고도 한다.

그러나 네크로필리아는 '추억에의 집착'이나 '잊혀진 사람들에 대한 사랑'이라는 의미로 사용되기도 한다. 이는 과거 속에 살려 하며 결코 미래를 바라보면서 살려 하지 않는 것으로 감상적이며 암흑이나 캄캄한 밤에 매혹되고 무생물적이며 동물적 존재의 과거로 되돌아가려는 경향성을 지닌 심리를 말하는 것으로서, 인간에게는 모든 생명을 사랑하려는 욕구인 '바이오필리아(Biophilia)'와 파괴하려는 욕구인 '네크로필리아'가 공존한다고 한다.

네트워크 치료이론 network therapy 전형적으로 환자의 가정에서 이루어지는 치료형태로서 스펙(R. Speck)과 애트니브(C. Attneave)에 의해 전개되었다. 개인이나 핵가족에게 중요성을 띤 많은 사람 모두가 기존의 문제들을 해결하는 데 어떻게 도움이 될 수 있는지 논의하기 위해 그 가족과 함께 모이는 가족 단위의 치료 절차다. 이는 가족의 문제를 치료할 수 있다면 가족구성원에 한정하지 않고 가족구성원, 친구, 이웃, 기타 관계자들 등을 불러서 면접에 출석하여 원조해 준다는 방식으로 많을 경우 50명에서 100명도 참가하게 하여 치료와 재활에 참여한다.

노년기 maturity 심신의 활동이 최고로 발휘되는 성인기 이후에 쇠퇴하기 시작하여 죽음에 이르기까지의 시기로서 대략 60세 또는 65세 이상을 말한다. 노년기는 개개인에 따라 다르게 나타나고 사회와 나라에 따라서도 다르다. 전통적인 한국사회에서 보통 50세가 되면 일을 그만두고 노인이 되어 버리지만, 법적으로 65세를 노인연령의 기준으로 삼고 있다. 1951년 국제노년학회에서는 노인 개념을 "노인이란 인간의 노화과정에서 나타나는 생리적, 심리적, 환경적 행동의 변화가 상호작용하는 복합형태의 과정이다."라고 정의하고 있다. 노년기에 이르면 신체 각 기관의 기능이 저하되며, 체력이 서서히 쇠퇴하기 시작하고 아울러 노쇠를 촉진시키는 질병이 나타나기 시작하며, 정신적 제반 능력도 점차 감퇴한다. 에릭슨(E. Erikson)은 이 시기의 질병은 체념상태의 무력감을 가져오고 아울러 죽음에 대한 내적인 투쟁의 일환(마지막 단계의 성숙과 지혜에 대한 잠재력을 갖기 위한 투쟁)임을 강조하고 있다. ⇨ 에릭슨 참고.

노년사회학 social gerontology 연령 증가에 따른 발달 및 집단행동, 노인인구의 증가로 야기되는 사회적 현상에 관해서 연구하는 것이다. 1940년대 노령에 대해 관심을 둔 사회과학자들이 노령화의 행동과학적 측면에 관심을 가지며, 1946년 『노년학회지』를 창간함으로써, 노년사회학의 기반을 다지게 되었다.

노년생리학 biological gerontology 노년학의 한 부분으로, 노화의 신체적 및 생리적 원인과 결과에 대해서 연구하는 분야를 말한다. 맥니더(MacNider)에 의하면, 처음부터 노년학에 대한 체계적이고 과학적인 연구가 이루어진 것이 아닌 동식물의 생명을 연구하는 생물학적인 연구의 과정에서 나온 부산물로서 점차 인간의 수명에 대한 연구가 행해졌다고 하고 있다. 즉, 인간의 노화에 대한 생물학적인 측면에서 연구가 이루어졌으며, 이에 대한 연구는 지금도 계속되고 있다.

노년심리학 psychological gerontology 연령증가에 따른 감각, 지각, 정신기능, 감정, 성격의 변화 및 이와 관련된 행동의 변화에 대해서 연구하는 분야로서, 그 초점은 노화와 더불어 생활환경에 대한 적응이 어떻게 변화하는지, 퍼스낼리티(Personality) 구조에 어떤 변용을 가져오는지, 즉 노화와 개인적 적응 및 사회적 적응의 문제를 설명하는 데 있다. 노인의 심리현상에 대한 체계적인 연구는 1930년대 초 밀리스(W. R. Millis)의 '스탠포드의 노년연구계획(Stanford Later Maturity Research Project)' 이었다. 인생의 발달 단계를 고려할 때, 유아기의 퍼스낼리티 구조는 유희를 중심으로 하고, 학령기에는 교육 내지 학습을 중심으로 하며, 청년기에는 갈등과 화해, 사회 활동에 대한 참여를 중심으로 발달하는 것이라면, 노년의 경우는 적응성의 문제와 함께 활동에서의 은퇴를 어떻게 시정해야 할 지 파악하는 것이다.

노년의학 geriatrics 노인병학 노인의 신체적 및 정신적 질병의 원인 및 그 치료에 관한 이론적 연구와 임상적 활동을 하는 것이다.

노년학 gerontology 노화에 대한 과학적인 연구를 하는 부분이다. 즉, 노년 그 자체가 연구대상이기보다는 시간에 따라 변화하는 생체 내의 세포・조직 등 생체전반의 변화인 노화가 연구대상인 것이다. 미국의 노년학자 쇼크(N. W. Shock)는 노년학의 연구대상으로서 고령자의 증가에 따른 사회경제학적 제 문제, 노화에 관한 심리학적 고찰, 노화의 생리학적 및 병리학적 제 문제, 생물계 전반에서의 노화 등을 들었다.

노둔 moron 정신박약의 상태로서 지능장애정도에 따라 백치(idiot)・치우(imbecility)・노둔의 3단계로 나눈다. 노둔은 가장 경증인 사람으로 지능지수가 50~69인 사람을 말한다.

노블레스 오블리제 Noblesse Oblige 가진 자의 도덕적 의무를 뜻하는 말로, 높은 신분일수록 더 많은 책임을 져야 한다는 사회용어다. 즉, 귀족으로 정당하게 대접받기 위해서는 '명예(noblesse)' 만큼 '의무(oblige)' 를 다해야 한다는 것이다.

노쇠 senility 고령 또는 노쇠상태, 기술적으로는 고령화의 과정 전반에 관련된 모든 양상을 포함하지만 일반적으로 기억력 상실, 행동의 경직성, 자주 화를 내는 일, 편견 등 신체적 및 정신적 기능의 저하를 의미한다.

노약자 frail elderly 스스로 욕구를 충족시킬 만한 능력이나 기회가 제한되어 있기 때문에 신체적 혹은 정서적 불편으로 고통을 받고 있거나 취약하여 보호를 필요로 하는 노인.

노어에피네프린(NE) norepinephrine 신경전달물질 가운데 하나다. 정서적 각성이나 공포, 불안과 관련된 물질로서, 심장근을 흥분시키는 기능과 함께 동기와 정서에 관련된 뇌의 뉴런이 시냅스하는 곳에서 많이 발견된다. 이 신경전달물질은 일반적으로 특정한 기능을 수행하기보다는 불특정 각성과 관련이 깊은 것으로 여겨지고 있다.

노인 elderly 나이가 지긋한 사람. 이 말은 보통 한 나라의 공식 정년연령을 초과한 사람들을 지칭하는 데 쓰인다.

노인방치 elder neglect 노인학대의 하나로서 배우자, 자녀, 가족구성원, 법적 후견인이나 1차 간호제공자에 의해 투약, 음식, 의복, 처치, 기본위생 그리고 정서적 지원이 수동적 또는 적극적으로 보류된 것을 의미한다.

노인성 정신병 senile psychosis 약 70세 이전의 나이에서 나타나는 이 병은 남성보다 여성에게 더욱 흔하며 병의 발생은 점진적이다. 병이 발생한 초기부터 다양하게 나타나지만 노인성 정신병을 앓는 사람은 일반적으로 육체적으로 약해져서 쉽게 피로해지며, 정서적으로 우둔해지고 무감각해지며, 정신적으로 멍한 상태에 이른다. 주변 상황과 사건에 대한 환자의 이해는 현저히 악화된다.

노인학대 elder abuse 배우자, 자녀, 가족구성원, 법적 후견인이나 1차 간호제공자에 의해 60세 이상의 노인에게 의도적으로 신체적 해를 가하는 것이다. 그러나 노인학대는 단지 신체적 해를 가하는 것뿐만 아니라 정서적인 학대나 노인방치 등도 이에 해당된다고 볼 수 있다.

노출 exposure 노출은 불안치료에서 근본적으로 사용하는 치료개입방법으로서, 내담자가 두려워하고 회피하려고 하는 상황에 노출시켜 줌으로써 그것을 직면하고 그것에 더 편안해지도록 돕기 위한 것이다. 노출에는 체계적 둔감화, 역설적 개입, 점진적 노출, 정동범람법(flooding)이나 내파와 같은 여러 가지 형태가 있으며, 그것은 심상을 통해 혹은 실제적으로 실행할 수 있다.

노출증 exhibitionism 변태성욕인 성적도착 가운데 하나다. 성적흥분을 얻기 위해서 사회적으로 수용할 수 없는 부적절한 상황에서 자신의 성기를 강박적으로 노출시키는 장애로 주로 안면이 없는 여자나 연소자 앞에서 노출시킨다. 이들은 성기를 노출시키는 것만으로 만족하지, 그 낯선 사람과 그 이상의 성행위를 가지고자 하지는 않는다.

노화 senescence (aging) 노쇠현상에 따른 신체적인 과정으로서 신체의 기관과 감각기능이 점차로 쇠약해지는 현상이다. 이 노화는 노쇠, 노인성 치매와 구별되어 쇠약함, 병약함 또는 임박한 죽음을 의식하고 있는 상태 등을 나타낸다. 노화라는 용어는 홀(G. Stanly Hall)이 청년기(adolescence)와 더불어 '노년기'를 규정할 때 처음 만들어 낸 용어다. ⇨ 생물학적 노화 참고.

논리적 개념 logical concepts 특정한 개념에 해당되는 모든 구성원이 공유하고 있는 특징들을 식별함으로써 형성되는 개념이다.

논리적 사고 logical thinking 인간의 사고양식의 하나로서 행동적 · 직관적 사고에 대응한다. 개념적 수단, 특히 언어를 사용하는 논리법칙에 적합한 사고방식 그 중에서도 추론적 사고방식을 말하는데, 그 과정이 반드시 의식되어 있다고는 할 수 없다. 인간의 사고인 이상 전혀 비논리적 · 반논리적일 수는 없으므로 모든 사고는 논리적이라고 할 수 있겠으나, 논리적 사고는 이치가 분명하고 일관성 있는 사고방식을 말한다.

논박 dispute 자신이 가지고 있는 비합리적인 신념이나 사고에 대해 도전해 보고 과연 그 생각이 사리에 맞는 것인지를 다시 한 번 검토해 보도록 상담자가 촉구하는 것을 말한다. 상담자는 논리적인 원리들을 제시하여 내담자의 그릇된 신념들을 논박하여 내담자가 자기 패배적인 생각을 바꾸거나 포기하도록 도와준다.

논점관여 issue involvement 이는 수신자가 제기된 논점에 얼마만큼 흥미를 느끼는가와 같은 문제다. 자신의 이해가 관련되어 있는 정도가 강할수록 논점관여가 심해지며, 정보의 내용에 깊은 관심을 보이는 처리가 나타난다. 그러나 논점이 복잡한 문제를 다루고 있으면 수신자의 이해능력에 따라 논점보다는 전달효과가 나타나기 쉽다. ⇨ 자기관여 참고.

놀이기 play age 에릭슨(E. Erikson)의 발달단계에서 '주도성 대 죄책감(initiative va. guilt)' 의 시기로 프로이트(S. Freud)의 남근기에 해당한다. 새로운 과제나 기술을 습득하며 스스로가 생산적인 존재임을 인정받고자 하는 때다. 이때 부모가 유아로 하여금 스스로 자신의 일을 하도록 격려할 경우 유아의 주도성이 북돋워질 것이나, 스스로 과제를 완수할 기회를 주지 않을 경우 아동은 자신의 목표나 계획이 사회가 금지하는 것이라는 것을 알게 되고 죄의식이나 죄책감을 느낀다. ⇨ 에릭슨 참고.

놀이치료 play therapy 유아의 놀이가 자발적인 교육의 의미를 가질 뿐만 아니라, 실제 상황에서 겪었던 슬프고, 화나고, 괴로웠던 감정을 달래 주는 치료적 의미도 지닌다는 점에 착안하여 고안 된 심리치료의 한 형태이다. 즉, 놀이를 통해 자신의 감정과 생각을 표현하고 여러 문제에 대한 발산의 경험을 유도함으로써 심리적인 갈등을 해결하는 역할을 한다. 놀이치료는 의사소통을 촉진시키고, 클라이언트의 갈등을 행동으로 나타내기 위해서 또 언어화할 수 없는 상황을 입증하기 위해 장난감을 사용한다. 즉, 인형이나 자동차, 총 등의 장난감 그리고 그림도구, 모래, 어린이용 운동기구 등 다양한 물건을 놓아둔 놀이치료실에서 아동으로 하여금 마음대로 놀이를 통해 자신의 감정과 생각을 표현하도록 하며, 치료자는 아동에게 감정반영, 해석, 질문, 제안, 지시, 통제 등을 주고 아동과 함께 놀이를 하면서 놀이를 매개하여 표현하게 하고 상담자와 의사소통을 하게 된다.

높은 자기기대감 high self-expectation 엘리스(A. Ellis)가 언급하는 11가지 비합리적인 신념 가운데 하나로서, 높은 자기기대감은 자신이 아주 유능하고 지적이며 가능한 한 모든 영역에서 완벽한 성취를 이루어야 한다고 믿는 사고를 의미한다.

뇌간 brain stem 뇌 전체에서 좌우의 대뇌반구 및 소뇌를 제외한 나머지 부분으로 간뇌, 중뇌, 교·연수를 합친 것이다. 뇌간에는 뇌신경핵, 신경관, 감각섬유들이 들어 있으며, 교감신경과 부교감신경의 핵이 있다. 뇌간이란 말은 학문적으로 애매하여 편의상 그렇게 쓰며, 학자에 따라 포함시키는 범위가 약간씩 다르다. 뇌간에는 수많은 회백질이나 백질이 뒤섞인 복잡한 내부구조를 가지고 있으며, 대뇌반구나 소뇌, 척수 등 각 부분과 밀접한 관련을 가지고 있으므로 뇌 전체의 기능에서 차지하는 비중은 아주 크다.

뇌량 corpus callosum 두 대뇌반구를 연결하는 신경섬유다발로서, 다른 동물에 비해 인간의 뇌에는 이것이 발달되어 두꺼운 백질판을 이루고 있다. 대뇌의 정중단면에서의 뇌량의 면적이 사람마다 다르기 때문에 그것으로 사람마다의 지적 능력을 측정하려는 시도가 있었지만, 뇌량이 선천적으로 없어도 정상적인 생활을 영위한 예가 있으므로 그러한 시도는 의문시되고 있다. 또한 성질이 난폭하여 사회생활에 적합하지 못한 사람의 뇌량을 파괴하여 온순해졌다는 예도 있다.

뇌일혈 strokes (apoplexy) 뇌졸증 뇌의 혈액 순환장애에 의해 일어나는 급격한 의식장애와 운동마비를 수반하는 증후군이다. 뇌일혈이 일어나는 뇌의 순환장애에는 출혈과 필혈이 있는데, 출혈은 뇌출혈이 있고, 필혈에는 뇌혈전과 뇌색전이 있다. 예후는 특히 생명과 관계되는 것으로는 뇌출혈이 가장 나쁘지만, 목숨을 건진 경우에 운동마비가 회복되는 비율은 뇌출혈이 비교적 높고 반대로 뇌혈전이나 뇌색전일 때는 완전히 회복되거나 아니면 전혀 회복되지 않는 경우가 많다.

뇌파(EEG) electroencephalogram 뇌전도라고도 한다. 뇌파 또는 뇌전도검사는 피험자가 어떤 과제를 하고 있는 동안 두 개의 여러 부위에 부착된 전극을 통해서 좌·우 뇌반구로부터 뇌피질의 전기활동을 증폭해서 기록한 것을 말한다. 뇌파는 뇌기능의 일부를 표시하는데, 그 내용을 보면 뇌 전체의 활동상태, 예를 들면 눈을 뜨고 있는지, 잠자고 있는지 하는 의식 수준 정도는 정확하게 나타낸다. 이렇게 기록된 뇌파의 양상은 각성시의 활동, 수면의 단계 및 졸리움과 꿈을 연구하는 데 흔히 사용되며 또한 뇌손상, 뇌종양, 간질의 유무를 밝혀 내고 진단하는 데 사용되기도 한다. 일반적으로 정상적인 뇌가 눈을 감고 휴식을 취하고 있을 때 EEG에 그려진 그래프를 알파파(alpha Wave)라고 하는데, 알파파는 사람의 뇌파의 대표적인 성분이며, 눈을 뜨고 물체를 주시하거나 정신적으로 흥분하면 알파파는 억제된다. 임상의학 면에서 뇌파는 주파수나 진폭 외에 위상이나 파형, 파동량과 그 분포, 연속성 등에 대해서 세밀하게 검토되며, 뇌파에는 정상인에서 볼 수 있는 정상뇌파와 병적 상태에서 나타나는 이상뇌파가 있다.

뇌하수체 pituitary (pituitary gland) 시상하부의 바

로 아래에 있는 뇌에 붙어 있는 내분비선으로 시상하부와 함께 여러 호르몬의 분비 여부와 양을 통제한다.

뉴런 neuron 신경세포 신경계의 기초단위로서 각종 정보를 전달하는 특수한 기능을 한다. 뉴런은 세포체(cell body)와 수상돌기(dendrite), 축색(axon)으로 구성되어 있으며, 인간의 중추신경계인 뇌와 척수에 약 100억 내지 1000억 개가 존재하고 있는 것으로 추산된다. 즉, 뉴런은 신경세포와 거기에서 나온 돌기를 합친 것으로 기능에 따라 돌기의 분화가 다양하며, 감각뉴런, 연합뉴런, 운동뉴런으로 나눈다. 각 뉴런은 다른 뉴런들과 복잡하게 연결되어 있으면서 끊임없이 정보를 주고받는다.

뉴룩심리학 newlook psychology 사회적 지각의 연구를 주요 목적으로 한 심리학의 한 분야다. 흥미, 욕구, 기대, 정서 내지 퍼스낼리티 등의 주체적 조건이나 개체가 놓여 있는 사회적·문화적 조건이 대상의 지각에 끼치는 영향을 중요시하고, 오직 그것을 지각연구의 과제로 삼은 일련의 연구 동향이다. 1940년대 후반 브루너(J. S. Brunner), 포스트만(L. Postman) 등에 의해 반증실험을 포함한 많은 실험적 연구가 제기되었다. 빈부의 차 및 화폐의 크기와 지각과의 관계를 나타내는 실험이나 타부어에 대한 지각방위를 증명하는 실험 등이 유명하다.

느낌 체계 feeling system 인간의 감정을 인지적이고 지적으로 인식하는 인간의 능력을 말한다. 이는 다세대(세대간) 가족치료의 개념으로서, 인간은 개인적으로 정서적 체계와 지적 체계, 느낌체계라는 3종류의 체계를 가지고 있다고 말한다.

늙은현자 Wise Old Man 융(C. G. Jung)의 분석심리학에서는 꿈이나 환상에 나타나는 원형적 이미지들이 고대신화의 등장인물들과 직접적인 유사관계가 있다고 본다. 그 범주를 보자면 영웅(the hero), 늙은 현자(wise old man), 위대한 어머니(great mother), 신성한 아이(divine child) 그리고 자기(self)가 있다. 분석심리학에서 카타바시스(katabasis, 지하세계로의 하강)에 대한 환상은 언제나 살로메와 관련되어 논의된다. 살로메(Salome)는 융의 아니마를 의인화한 것이며, 언제나 구약성서의 예지자 엘리야와 함께 나타난다. 융이 인간정신을 설명할 때에는 늘 자신의 경험에 기초하였기 때문에, 융이 아니마를 '늘 지혜와 계몽의 원천에 대한 상징인 늙은 현인과 관련되는 것'으로 간주한 것은 놀랄 일이 아니다. 아니마의 영향력에서 벗어나게 되면 늙은 현인의 지혜를 얻을 수 있다고 융은 생각했다. 위의 꿈에서 나타난 형상, 융이 필레몬이라고 명명한 형상은 초기의 엘리야(Elijah) 형상에서 진화한 것이며, 늙은 현자 이미지와 관련된다. 자서전에서 융은 힌두교의 문화에서는 대부분의 힌두교 학생들이 실제 스승을 모시게 되는 반면 몇몇은 '영적인 구루'를 스승으로 만나게 된다고 소개한 바 있었다. 융은 이 현상이 필레몬(Philemon)의 형상으로 그 자신에게도 일어난 것이라고 여겼다. 어떤 면에서 볼 때, 필레몬으로 표상된 늙은 현자의 원형은 융의 인생에 일종의 보상적 역할을 했다고 할 수 있다. 필레몬은 융의 '영적인 아버지' 역할을 하게 된다. 성직자였던 그의 아버지는 융의 유년기나 사춘기 때에 정신적 가르침이라는 면에서는 융을 실망시켰고, 또 융이 그와 좀 더 확고한 유대관계를 맺기도 전에 사망했기 때문이다.

능동성 activity 자발적, 자주적으로 움직이는 성질 또는 그 능력으로 수동성과 상대된다. 예로부터 감성의 수동성에 대하여 이성이나 사유의 능동성이 많이 언급되었고, 감성을 떠나 이성에 의거하면 할수록 인식은 보다 고급화되고 사유의 능동성이 보다 순수하게 발휘된다고 생각하였다.

능력 ability 능력이란 거의 모든 작업을 이룩하는 심적 상태를 지시하기 위하여 일반적으로 쓰는 용어다. 과거의 심리학용어에서 능력이란 어떤 종류의 행동을 가능하게 하는 정신의 몇몇 고정적인 실체 또는 힘이라고 하였다. 그러나 오늘날의 심리학용어로는 반응적 동작을 이룩하는 힘으로서 복잡한 협응운동이나 문제해결도 포함시키고 있다. 유기체 능력의 정도는 그것이 성취하는 행동이나 동작의 복잡성, 작업의 속도나 정확성에 의하여 측정된다. 재능 또는 가능성이란 말로 표현되는 것과 거의 같은 뜻이나 재능은 현재의 훈련과 발달에 따라 가능한 것을, 가능성은 타고난 소질을 갖추고 있는 것의 범위와 한계를 지시하는 유기체의 잠재력을 중시하는 점에서 차이가 있다. 능력에는 일반적인 것과 특수한 것이 있다. 즉, 일반적인 것은 여러 종류의 개인에게 정도를 달리하여 나타나지만 모든 종류의 작업에 일반적으로 영향을 주며, 특수한 것은 특수한 종류의 작업 또는 활동에만 여러 가지 정도로 개인을 달리하여 나타난다.

능력 competence 직무 혹은 다른 책임에 따른 요구사항을 충족시킬 능력, 사회사업에서 능력은 관련된 모든 학력 및 경력 조건을 갖추는 것과 자격증 및 면허시험을 통과하는 것, 그리고 할당된 직무를 수행하고 전문가의 가치를 유지하면서 사회사업 목표를 달성하는 것을 말한다. 법률에서 능력이란 말은 이해할 수 있으며 이성적으로 행동할 수 있는 능력을 말한다.

능력심리학 faculty psychology 정신활동의 과정을 몇 가지의 능력으로 상정하고 분석 · 기술함으로써 이것을 정신현상의 실체 · 원인 · 설명 원리로 삼으려고 하는 심리학사상의 입장 또는 학파다. 이러한 입장은 역사적으로 볼 때 플라톤(Platon)의 '지 · 정 · 의 삼분법', 중세의 토머스(M. Thomas)가 주창한 '능력설'에서 찾을 수 있으며, 전형적인 대표자는 독일의 볼프(C. Wolf)가 있다. 그는 인간의 능력을 인식능력과 욕망능력으로 크게 나누었고, 열등한 것과 우등한 것으로 세분하였다. 현대심리학은 능력을 설명 원리나 실체로 인정하지 않고 다만 소질과 기능으로서 능력을 인정하며, 인자분석법 등으로 연구되고 있는데 능력심리학의 문제가 변형되어 계승된 것이라 할 수 있다.

ㄷ

다면성인성검사(MMPI) Minnesota Multiphasic Personality Inventory ⇨ MMPI 검사 참고.

다세대가족치료 multigenerational family therapy 세대간가족치료(trans-generational family therapy)로 불리기도 하는 다세대가족치료 모형은 보웬(M. Bowen), 프라모(J. Framo), 보스조르메니 너지(Boszormenyi-Nagy)를 중심으로 만들어진 이론으로 핵가족 영역을 넘어서서 확대가족의 영역까지 다루고 있다. 진화론의 영향을 받은 이론으로 인간의 합리성을 가장 중요한 특성으로 여긴다. 다세대가족치료의 중심인물인 보웬의 이론을 살펴보면 가족의 분화와 통합으로서, 정신분석 원리와 실제 임상에서 영향을 받은 이론적 · 임상적 모델이다. 그는 가족을 하나의 감정적 단위로 보고 상호 맞물린 관계로 다세대 간의 역사적 관점을 통해서 이해되어야 한다고 보았다. 내담자들이 호소하는 심리적 증상은 미분화를 통해서 생기는 현상이기 때문에 내담자를 돕는 상담활동은 분화를 촉진시키는 것으로, 그는 주요한 전제로 개인이 성숙하고 건강한 성격으로 분화하기 위해서는 먼저 개인의 가족에 대한 미해결된 정서적 애착이 해결되어야 한다고 하였다. 또한 보웬에 의하면 가족 내 문제의 핵심은 불안과 정서적 융합이다. 그러므로 불안을 감소시키고 자아분화 수준을 높이는 것이 치료의 목표며, 가족체계가 변화하려면 폐쇄된 가족유대를 개방하고 삼각관계에서 벗어나야 한다.

다세대전수과정 multi-generational transmission process 다세대 간 전이과정이라고도 한다. 자녀에 대한 부모의 투사가 세대를 통해 대대로 전수되는 과정을 의미한다. 이 개념은 여러 세대를 거친 가족의 정서적 과정의 전달을 기술한 것으로서, 세대 간에 가족들의 기능을 연결하는 질서가 있어서 예견할 수 있는 관계의 과정을 말한다. 보웬(M. Bowen)에 따르면, 정서적 문제가 개인을 넘어서 가족뿐 아니라 핵가족을 넘어서 여러 세대까지 영향을 미친다는 것이다. 즉, IP(지적된 환자)의 문제는 그의 부모의 관계성의 결과고, 이는 또 그 조부모의 관계성의 결과로 수 세대로 거슬러 이어지는 것으로, 분화가 빈약한 사람들이 비슷한 분화 수준에 있는 배우자와 결혼하여 결국 정신분열증이나 기타 정신장애로 고통을 겪는 후손을 배출하는 과정을 설명한다. 다세대전수과정은 비슷한 분화정도의 배우자를 선택함으로써 그리고 자녀에게 낮은 분화를 가져오게 하는 가족투사과정을 통해서 일어나는 것이다. 다시 말해, 자녀들의 자아분화 정도는 현재 속해 있는 세대에만 형성된 것이 아니고 여러 세대를 거치는 동안 전개되어 온 투사과정에서 형성된 것으로 가족들의 감정적 형태와 밀접한 관계가 있다. ⇨ 가족체계이론, 가족투사과정 참고.

다신론 polytheism 많은 신의 존재를 인정하는 종교적 이론으로 신은 형상이나 성질에서 사람과 공통되고 있다고 하는 신인동형관(神人同型觀)에 바탕을 둔 복수의 인격적 숭배대상을 동시에 숭상하는 신앙과 교리를 말한다.

다운증후군 Down's syndrome 21번 염색체에 이상이 있는 발달장애를 겪게 된 것을 '다운증후군'이라고 한다. 다운증후군은 염색체 배열에서 21번 염색체가 3개일 때 나타나는 장애다. 이 증후군은 신체적인 장애와 인지발달 장애가 동시에 나타난다. 흔히 납작한 얼굴, 널리 퍼지고 경사진 눈, 작은 머리와 느슨한 관절로 특징지어지는 일종의 선천적 정신 질환의 한 종류다. 특별한 염색체 한 개가 유전적으로 많음으로써 생겨나는 이 질병은 전에는 '몽고병'으로 알려졌다. 나이가 많은 초산부에서 흔히 이런 아이가 태어나며, 600~700명에 1명꼴로 있다. 감염에 대한 저항력이 약하기 때문에 병에 걸리기 쉽다. 뇌의 대사를 촉진시키고 정신기능을 왕성하게 하기 위해 약물요법을 쓰기도 하지만, 지능의 지연 정도에 따라 적당한 교육이 필요하다.

다원적 무지 pluralistic ignorance 일반적인 여론형성과정에서 사회적인 쟁점에 대해 소수의 의견을 다수의 의견으로, 또는 다수의 의견을 소수의 의견으로 잘못 인지하는 현상. 많은 사람이 개인들 간의 상호 의견교환을 하지 않기 때문에 여론을 정확하게 인지하지 못하는 데서 비롯되는 현상으로, 그 자신들은 스스로를 다수의 집단이 아닌 소수의견의 집단에 속한다고 느끼는 상황이다. 그럼으로 인해 자기 자신의 의견이 다른 사람과 다르다고 오판하여 자신의 의견을 억제하고 다른 사람의 의견을 추종한다. 한국 여론의 속성에 맞아떨어지는 현상으로 큰 목소리를 내는 사람 몇 명이 의견을 제시하면 대다수는 침묵하고 그 침묵은 무시된 채로 방향이 정해지는 경우가 바로 그것이다. 문제의 본질을 파악하고 그에 대한 올바른 판단을 내리거나 핵심을 들여다보는 사람의 수가 적기 때문이다.

다원주의 pluralism 현실의 유형이 한 가지 이상이며, 또한 사회는 집단마다 다양한 문화적, 인종적, 민족적, 종교적 형태와 속성을 가진다는 것을 인정하는 견해다.

다중가족치료모델 multiple family therapy 복합가족치료 가족문제뿐만 아니라 개인 문제를 해결하기 위해 여러 가정의 가족구성원이 집단으로 함께 만나는 치료형태다. 즉, 다중가족치료모델은 집단치료기법을 여러 가족들의 치료에 적용시킨 것으로 4~6인 가족을 대상으로 60~75분간 치료모임을 갖는다. 다중가족치료의 창시자로 알려진 사람은 한스 피터 래커(Hans Peter Laqueur)로서, 그는 '통찰력'에 따른 행동변화에 초점을 두면서 인본적·실존적 감각을 가지고 절충적 체계접근을 사용하였다. 이 치료법에서는 클라이언트들과 그들의 가족을 다같이 보며, 이때 가족은 부모, 형제, 배우자, 자녀 모두를 포함한다. 이들은 1주일에 한 번, 1시간 30분 동안 치료자, 공동치료자, 치료자의 훈련생인 관찰자들과 함께 치료모임을 갖는다. 다중가족치료의 집단은 열린 집단이기 때문에 치료를 원하는 가족은 언제나 집단에 들어올 수 있으며,

또한 어떤 이유로 집단을 떠날 수 있다. 다중가족치료를 시작하게 된 배경은 클라이언트가 그들의 가족으로 돌아갔을 때 가족에 적응하지 못하고 상태가 악화되어 오는 것을 보고, 퇴원 후에 가족에 잘 적응할 수 있도록 돕고자 하는 데 있었으며, 병원에 치료자의 수가 부족하게 됨에 따라 한 명의 치료자가 몇 가족을 한 자리에서 동시에 만날 수 있는 방법을 모색하게 되었던 것이다.

다중귀결성 multifinality 비슷한 환경들이 다른 결과를 가져오는 것이다. 즉, 시작은 같아도 다른 결과를 가져올 수 있으며, 같은 결과도 다른 시작으로부터 야기될 수 있다는 원칙이다.

다중성격 multiple personality 한 개의 통합적 성격 속에 비교적 독립적인 두 개 이상의 성격들이 독자적으로 나타내는 상태로, 본래의 인격은 해리되어 나간 인격의 존재를 알지 못하고 또 해리되어 나온 인격은 본래의 인격과는 대조적인 성격을 지니게 되며, 또 그 나름의 독특한 주체성, 성명, 그리고 관계성을 가지고 있다. 어느 하나의 인격에서 다른 하나의 인격으로의 이동은 정신적인 충격을 계기로 하여 갑작스럽게 일어난다. 그런 사람은 이런 다른 성격이 존재한다는 것을 인식하지 못한다. 비전문가들은 흔히 이를 정신분열증과 혼동할 수 있다.

다중지능 multiple intelligence 가드너(H. Gardner)가 일곱 가지의 지능 종류에 동일한 비중을 두어 제안한 지능의 한 이론으로, 우리 인간은 언어와 수리 지능만을 가지고 있는 것이 아니라 그 외에 음악적 지능, 내부성찰지능, 대인관계적응지능, 신체율동지능, 시공간적 지능의 일곱 가지 지능이 있다고 주장하는 이론으로서 피아제(J. Piaget), 브루너(J. Bruner)의 이분법적 지능이론과 대치되는 이론이다.

다중충격가족치료 multiple impact family therapy 다중충격가족치료는 가족을 치료하기 위해 상담자가 팀을 만들어서 여러 가족구성원에 의한 하위시스템을 이삼 일에 걸쳐서 면접하는 임상적 방법을 말한다. 다중충격치료와 다른 형태의 가족치료 사이의 차이점은 다학문적 팀을 활용한다는 것과 공식적인 치료작업시간을 집약시킨다는 것이다. 다중충격치료에서 전형적인 다학문적 치료팀은 사회복지사, 정신과의사, 심리학자로 구성되며, 그들 각자는 각 학문의 훈련생을 동반한다. 치료팀은 2~3일 동안 하루에 6~8시간을 연속하여 가정과 작업하게 되는데, 심도 깊은 상호작용을 하는 위기에 초점을 맞춘 개입형태다. 이들은 가족을 집단으로, 개인별로, 두 명 이상의 치료자들이 함께 하기도 하는 등 다양한 상황에서 만난다. 다중충격치료의 기법은 집단치료방법과 개별치료방법을 조화롭게 사용하는 것이다. 이 치료법은 비행청소년을 가진 가족을 위해 고안된 치료로 유효하며, 가족의 구조기능 등에 장기적인 변화를 생기게 하는 방법으로도 쓰인다.

다축평가 multiaxial assessment 관련된 양상을 여러 차원으로 나누어 평가하는 것을 의미한다. 특히, 정신장애의 진단 및 통계(DSM-IV)를 위한 다축 평가체계는 여러 축의 평가를 포함하고 있는데, 이와 같은 다양한 진단축을 사용하게 되면, 환자의 다양한 측면에 관한 정보를 일목요연하게 볼 수 있게 됨에 따라 임상가가 환자에 대해 보다 깊은 이해를 하고 치료를 계획하는 데 도움이 될 수 있기 때문에, 서로 다른 영역에서 정보를 포괄적으로 다루는 것이다. ⇨ 정신장애의 진단 및 통계편람 참고.

다학제간팀 이혼중재 interdisciplinary team divorce mediation 이혼과정에 있는 당사자들이 효과적으로 분쟁을 해결하고 보다 건설적인 이혼을 가능하게 원조하는 방법이다. 이혼이 단순히 법률적인 문제가 아니고 매우 정서적인 문제라는 점을 반영하듯이 업무적 해결과 정서적 해결의 상호작용을 이해하여야 한다는 관점에 기초하기 때문에 다학제간 이혼중재 팀 구성은 남녀혼성으로 법률가와 치료사 또는 사회사업가를 포함하는 정신건강 전문가로 주로 이루어지고 있다.

다행증 euphoria 과장된 행복감, 다행감 감정의 흥분장애 중 하나로서, 극단적인 복지, 지나친 낙관주의 그리고 증가된 운동 신경 활동의 지각을 의미한다. 좁은 뜻으로는 주위 여건이나 본인의 객관적 상황에 걸맞지 않게 상쾌한 기분을 보이며 주변에서는 불행하고 비참하게 보아도 본인은 아무렇지도 않은 듯 느긋하게 현실에 만족해 안주하고 있다. 노인성치매, 진행마비, 전두엽종양, 다발성 경화증 등의 뇌기질 질환, 알코올이나 마약 등의 약물중독에서 볼 수 있다. 넓은 뜻으로는 조병(우울증과 반대 의미)의 경우를 말하며 또 일반적으로는 병적이 아닌 유쾌함도 의미한다. 이것은 흔히 병적이며, 양극장애, 조증상태, 기질적 정신장애, 약물 흡인상태와 같은 징후를 나타낸다.

다혈질 sanguine temperament 히포크라테스가 분류한 네 가지 기질(다혈질, 담즙질, 우울질, 점액질) 중의 하나로서, 다혈질은 따뜻하고 인정이 많으며 외향적이고 관계지향적이어서 대체로 사람을 좋아하고 사교에 능하기 때문에 항상 인기를 독차지 한다. 매사에 낙천적이며, 자신이 생각하는 감정들을 밖으로 표출한다. 충동적이고 자기의 요구에 따라 주지 않는 사람에 대해 인내심이 부족하다는 약점이 있으며, 의지가 약하고 정서적으로 불안정하다.

단계이론 stage theory 인생의 모든 기간은 인간의 행동과 우선 순위를 수정하는 기본적인 도전과 지향으로 특징지어진다는 개념이다. 각 단계는 그 단계만의 독특한 특성이 있고 단계가 높아지면 그 이전 단계에서 얻은 지식과 통합된다. 각 단계로부터 나오는 갈등을 조화시키는 정도는 연속되는 인생단계의 성공적인 수행정도를 결정한다. 이런 개념으로 알려진 것들은 에릭슨(E. Erickson)의 심리사회이론(psychosocial theory), 프로이트(S. Freud)의 정신성적 이론(psychosexual theory), 피아제(J. Piaget)의 인지발달(cognitive development) 등이다.

단계적 상호양보에 의한 긴장감소이론(GRIT) gra-

dated and reciprocated initiatives in tension reduction 서로 엇갈리는 제안으로 합의점에 도달하지 못하고 교착상태에 빠졌을 때 먼저 조금 양보함으로써 상대방의 양보를 유도하여 점차적으로 합의에 도달하는 전략을 의미한다. 이는 흥정에 관한 이론으로서, 포부수준이론(aspiration level theory)과 정반대의 내용이다. 즉, GRIT이론에 의하면 흥정 당사자의 어느 일방이 먼저 양보를 하면 상대방도 이에 호응하게 되고 이 과정이 반복되어 결국 쌍방이 적정선에서 타협을 이루게 된다고 보는 '먼저 양보하기 책략'으로서, 이러한 책략은 흥정이 교착상태에 빠졌을 때 이를 타개하기 위한 방안으로 효과적인 전략이라고 할 수 있다.
⇨ 포부수준이론, 흥정 참고.

단극성 우울증 unipolar depression 주요우울증 심한 우울증으로서 업무능력, 수면, 식사나 한때 즐거웠던 행동을 저해하는 여러 증상의 복합체다. 단극성 우울증은 우울증의 가장 흔한 형태다.

단기가족치료 brief family therapy 단기가족치료는 최근의 가족치료발전 동향으로서 단기적이며 강점을 활용하고 효과성에 관심을 두는 것으로, 가족치료의 주요개념들과 접근법들을 사용하며, 문제를 이면에 잠재된 장애의 증상으로 바라보기보다는 제시된 문제를 해결하는 데 초점을 둔 것으로, 공식적인 진단과정을 거치지 않고 치료적으로 개입하면서 평가(사정)를 하며, 목표를 분명히 세우고 목표 성취를 위한 접근방법을 사용하는 목표 4~10회의 단기치료다. 대부분 전통적인 상담치료는 문제와 원인을 분석하고 해석하는 문제 중심적 접근법을 사용하여 문제의 근원을 파악하는 데 중점을 두었지만, 이러한 시도가 문제에 더 집착하는 현상을 나타냄에 따라 문제 중심적인 사고에서 벗어나 해결 중심적인 사고를 하도록 돕고, 개인과 가족의 강점과 장점을 발견하여 문제를 해결하도록 하는 것이다. 드 샤저(De Shazer)는 단기가족치료의 핵심을 '내담자가 자신의 일상생활에서 욕구를 충족시키기 위해 가지고 오는 자원을 활용하는 것'이라고 보았던 것처럼, 단기가족치료는 문제의 발생과정과 원인에 초점을 맞추기보다는 내담자는 이미 자신의 문제해결을 위해 필요한 것이 무엇인지 알고 있다는 가정하에 내담자 스스로가 창의적인 해결책을 발견할 수 있도록 돕는 것이다.

단기기억 short-term memory 작동기억(working memory)이라 불린다. 몇 초 동안 정보를 지속시키는 기억으로, 능동적으로 가지고 있는 정보를 마음속에 저장하는 것이다. 이러한 정보는 감각적인 자료가 아니라 분석되고 의미가 있는 정보다. 이와 같이 단기기억은 여러 가지 기능을 수행한다. 즉, 현재 지각하고 있는 것이 무엇인지 알려 주며, 감각기관으로 들어오는 많은 정보들을 조합하여 세상에 대한 통합을 할 수 있게 해 준다. 순간적인 메모지의 역할을 해서 우리가 생각하고 있는 것이나 문제를 풀고 있는 중에 정보를 계속 가지고 있도록 해 주며, 계획이나 현재의 의도를 계속 유지하게 해 주는 것이다.

단기역동정신치료 brief dynamic term psychotherapy 단기역동치료는 치료자와 환자가 처음부터 몇 번의 면담을 가질 것인지 그 횟수를 정해 놓고 시작하는 것이다. 이 치료는 적응증에서 현실 상황에서 겪는 문제에 중점을 두고 이를 해결하고자 한다는 점에서 정신분석적인 입장과 지지적인 정신치료를 절충시킨 치료기법이라 할 수 있다. 치료에서 대상 환자는 환자 자신의 사회생활이나 대인관계가 다소 유지되면서 자아의 힘이 어느 정도 유지되고 있는 경우가 좋다. 특히 유발인자가 생활사의 변화일 때, 즉 사회진출상 처음 겪는 입학, 전학, 입대, 취직 및 결혼, 생사 등과 관계될 때, 이에 대한 적응 및 대처 방안을 모색해 주려할 때, 이 기법이 사용된다.

단기 정신증적 장애 brief psychotic disorder 하루 이상 한 달 이하로 지속되는 정신증적 장애로서 망상, 환각, 와해된 언어, 전반적으로 와해된 행동 또는 긴장된 행동의 증상 가운데 한 가지가 갑자기 시작된다. 단기 정신증적 장애 상태에 있는 개인은 전형적으로 감정적인 격동이나 격심한 혼란을 경험하며, 강렬한 어떤 감정 상태에서 다른 감정 상태로 빠르게 변화한다. 비록 짧기는 하지만 잘못된 판단이나 인지기능의 장애 또는 망상에 따른 행동으로부터 개인을 보호하기 위해 감독이 필요하다. 특히, 자살 위험이 높은데 젊은 연령층에서 더욱 그러하다. 기존의 인격장애가 이 장애의 발생에 소인이 될 수 있다.

단기정신치료 short-term (brief term) psychotherapy 단기정신치료란 기간에 제한을 두는 것으로 흔히 2~3주에서 몇 개월 치료하는 것으로 대개는 10~20회 면담으로 다음 세 가지 효과적인 치료 방법이 있다.

① 대인관계 정신치료 : 환자의 대인관계의 기술을 이해하고 향상시키는 것을 강조하는 치료다. 치료목표는 증상을 완화시키고 자존심을 높이며, 환자의 사회 및 대인관계기능을 향상시킨다.

② 인지-행동 치료 : 환자는 자신, 환경, 미래에 대한 부정적 인지나 사고를 가지고 있다. 그러므로 치료목표는 교육을 통하여 부정적 사고를 변화시키고, 부정적 사고틀을 찾아내어서 환자로 하여금 현재의 문제를 다루는 방법을 개발하도록 돕는다.

③ 행동치료 : 행동양상을 정상으로 돌리므로 우울증을 경감시키려는 치료방법이다. 환자로 하여금 정신적 활동을 많이 하게 하여 그런 정상 행동과 관련된 사고나 감정으로부터 긍정적 재강화를 받으려는 것으로, 따라서 환자로 하여금 활동 및 사회적 기술을 향상시켜 행동을 수정하도록 한다.

단기 종단적 접근 short-term longitudinal approach 횡단적 · 연속 접근법과 같은 의미다. ⇨ 횡단적-연속 접근법 참고.

단기치료 brief therapy 특정한 목표와 회기(sessions)의 수가 미리 결정되어 있는 임상사회사업 개입 혹은 심리치료의 한 형태로서 단기치료는 항상 목표지향적이고 한계를 정하며, 활동적이고 초점이 분명하며 특정 문제 혹은 증상에 초점을 맞추고 있다.

단선적 관점 linear perspective 인과관계라는 용어를 생각하는 사람들을 설명하기 위해 체계이론적 시각을 가진 가족치료사들이 사용하는 용어로서, 단선적 시각을 가진다는 것은 행동이나 사건을 한 체계 내의 끝없는 순환의 부분으로 보기 보다는 구체적인 원인의 직접적인 결과로 생긴 것으로 본다. 이 직선적 시각은 사회와 환경체계에 존재하는 순환적 방식과 수많은 영향을 고려하지 않았기 때문에 편협하고 고정된 것이라고 본다.

단순 무작위 추출 simple random sampling 무작위 추출법 중에서도 가장 원형적인 추출법이다. 모집단(조사의 전 대상)에 속하는 개체를 표본으로 하여 추출할 때 미리 개체를 어떤 층 또는 취락으로 나눈 다음 추출하는 것이 아니라 모든 개체를 직접 동등한 추출 확률을 부여하면서 행하는 추출방법이다.

단순보상의 효과 simple reward effect 사람들이 유명세에 약하듯이 부담스러운 것보다는 보상을 추구하는 성향이 있기 때문에 일단은 강한 자 편에 서고 싶어 하는 것이다.

단순접촉의 효과 effect of simple contrast 자주 보면 정이 드는 것처럼 단지 자주 첩촉하는 것만으로도 사람들이 호감을 느끼는 것을 말한다. 따라서 이와 같은 효과로 인하여 광고의 효과를 기대할 수 있게 되는데, 이러한 효과가 일어나는 이유는 처음 보는 것에 비하여 이전에 한 번이라도 보았던 것은 머릿속에 유연하게 주입되기 때문인데, 이러한 느낌이 '좋아한다' 고 생각하게 만드는 것이다.

단순 피드백 simple feedback 환경에서 오는 정보에 의해 체제 내의 행동들이 단순히 활발해지거나 혹은 줄어드는 과정 전체를 말한다. 즉, 피드백은 행동이나 반응의 적합성에 대해 그 개인에게 되돌려지는 정보로서 일상적인 의사소통과정의 한 부분으로 단순 피드백은 가장 단순한 형태의 피드백으로 응답의 정오를 확인시켜 주는 데 사용된다.

단어연상검사 word association test 일정 시간 안에 제시된 단어에 떠오르는 단어를 말하는 검사다. 이 검사는 원래 갈톤(Galton)이 창시하고 분트(W. Wundt)가 이어받아 변화시킨 기법으로, 분트는 관념의 연상을 지배하는 법칙을 찾아내고자 하였다. 아샤펜부르크와 크레펠린(G. Aschaffenburg & E. kraepelin)은 언어, 혹은 음향연상과 의미와 관련된 연상을 구분하였으며, 응답에 대해 피로가 심리작용에 미치는 영향을 관찰했다. 열병환자, 알코올중독자, 정신병자 들이 검사대상이었다. 그 후 융(C. G. Jung)은 환자들이 특별히 자극적인 단어에 늦게 반응하는 기록을 통해 지연된 응답이 '그러한 표현에 대해 감정적으로 충전된 콤플렉스' 와 관련된다는 사실을 확인했다. 이 검사를 부르크횔츨리(Burghölzli) 병원에서 도입한 것도 바로 이러한 점 때문이었으며, 융은 이 검사를 신뢰했다. 융은 콤플렉스를 발견하고 분석하는 목적으로 단어연상검사를 사용하면서 이 검사법을 완성시켰다. 연구를 진행하면서 융은 환자로 하여금 자신의 콤플렉스를 발견하고 극복할 수 있도록 도와준다면 환자는 치유될 수 있을 것이라고 확신하였다. 융은 콤플렉스가 하나의 사건과 관련이 있는가, 혹은 계속 진행되거나 반복되는 사건과 관련이 있는가에 따라 여러 가지 종류의 콤플렉스를 구분하였다. 가장 유명한 단어연상검사는 캔트로사노프 단어연상검사로서 캔트와 로사노프(G. H. Kant & A. J. Rosanoff)가 정신적 환자와 정상인의 변별을 위해 사용한 것이다.

단위주제 unity theme 통일주제 이는 개인의 특이한 성질의 열쇠가 되는 것으로서, 압력이나 선행사건들과 욕구의 결합을 '주제'라고 하는데, 이 '주제'가 일생 동안 삶을 지배하게 되는 것을 말한다. 머레이(H. A. Murray)는 주제통각검사(TAT)를 개발하여 이 '주제'를 측정하였으며, 어릴 때 노출된 압력에 강한 욕구가 결합되면 그 '주제'가 평생의 삶을 지배하게 된다고 하였는데, 이를 '단일주제(통일주제)'라고 부른 것이다. 이와 같이 머레이는 개인의 '단위주제'를 그 개인의 행동에 의미와 특이성을 부여하는 것으로서 간주했다.

단일문장 holophrase 한 개의 단어가 하나의 문장의 역할을 한다는 의미로, 예를 들어, '엄마 쉬', '맘마' 등 아동 언어 초기 발달을 기술하는 용어다.

단일피험자 실험설계 single-subject experimental design 단일사례 설계라고도 부른다. 상담 사례연구는 대체로 상담자 자신이 수행하므로 자료의 수집과정과 분석방법 등이 주관에 의존하여 객관성이 부족하다는 단점을 극복하고자 실시하는 연구다. 즉, 연구에서 탐구하고자 하는 연구문제를 사전에 분명히 하고, 자료 수집방법과 과정을 표준화·객관화시키며 사례 선정 또한 체계적인 절차를 사용하는 등 연구의 타당도를 높이고자 한다.

단주그룹 sobriety group 말 그대로 술이나 마약 등을 끊기 위한 그룹이다. 흔히 A.A.(Alcoholics Anonymous)로 알려진 단주그룹은 현재 140여 개국 이상에 조직되어 있고, 수백만의 알코올중독자들이 참여하고 있다. A.A.는 자신을 알코올중독자로 인정하는 사람들이 동병상련의 정으로 모인 집단으로, 알코올중독자들을 도와 알코올중독 회복 프로그램을 운영하고 있으며, 이미 술을 끊는 데 성공한 회원들을 동일시함으로 자신도 술을 끊게 되는 일종이 집단치료과정이다. 회원들을 서로 격려하고 조언하며, 서로의 경험담을 나누거나 토론함으로써 알코올중독자 스스로가 회복에 대한 힘과 용기를 얻을 수 있다. ⇨ 익명의 알코올중독자 모임 참고.

닫힌 체계 closed system 폐쇄체계 체계 안의 개체들이 체계 안에서 상호작용을 하고 체계 밖의 환경 또는 다른 체계와 상호작용을 하지 않는 상태를 의미한다. 이와 같이 닫힌 체계는 투과되지 않는 경계선을 갖고 있고 외부체계와 상호작용 없이 작동하며 변화에 저항하는 자기 봉쇄적인 체계로서 장애를 증가시키는 경향이 있다.

달콤한 레몬 sweet lemon 신포도기제라고 하는 합리화와 달리 이것은 아무리 신 레몬이라고 할지라도 자신의 것이면 달다고 생각하는 것이다. 즉, 자신이 가지고 있는 것이 가장 좋은 것이라고 생각하는 것으로, 어렵게 얻은 것이 생각과 차이가 많이 나면 마음에 부담이 생기기 때문에 이를 피하기 위한 것이 달콤한 레몬이라는 기제다.

담즙질 choleric temperament 히포크레테스(Hippokrates)의 네 가지 기질(다혈질, 담즙질, 점액질, 우울질) 가운데 하나로서, 의지가 강하고 결단력 있으며 활동적이고 통솔력이 뛰어난 지도자형으로 목표지향적이다. 성급하고 지배적이며 감정을 잘 드러내지 않으며 논쟁적이다. 조직적이면서 어떤 한 가지 일에 전적으로 몰두하는 경향이 있다.

당위적 사고 should thinking 당위적 사고는 '무엇은 절대로 안 되고', '무엇은 반드시 어떻게 되어야만 한다'는 사고다. 당위적 사고는 세 가지 당위에 요약될 수 있는데, 첫째는 자신에 대한 당위로서 나는 반드시 훌륭하게 일을 수행해 내야 하며, 중요한 타인들로부터 인정받아야 한다고 믿는 것이다. 만일 인정을 받지 못한다는 것은 참을 수 없는 일이며, 자신은 보잘 것 없는 인간이 되고 말 것이라고 생각하는 것이다. 둘째는 타인에 대한 당위다. 이는 타인은 반드시 자신을 공정하게 대우해야만 하며, 그렇지 못할 경우는 참아낼 수 없다고 생각한다. 셋째는 세상에 대한 당위로서, 세상의 조건들이 자신이 원하는 방향으로 진행되어야만 한다고 믿는 것이다. 엘리스(A. Ellis)는 이러한 당위적 사고가 비합리적인 신념의 바탕이 된다고 하였다. ⇨ 비합리적 신념 참고.

대극 opposite 대극원리는 융(C. G. Jung)의 과학적 노력의 토대였으며 많은 가설에 대한 근거였다. 융은 에너지는 두 가지의 대립되는 힘을 요구한다는 열역학 제1법칙에 의하여 정신의 역동성을 표현하였으며, 무의식이 의식과 정반대의 역할(보상적 역할)을 수행한다고 개념화하던 때부터 정신의 이분법적 개념을 적용하였다. 한 쌍의 대극은 그 본질상 조화될 수 없는 것이다. 자연상태에서 그것들은 분화되지 않고 공존한다. '균형 잡힌 인간'은 무의식과 의식을 조화롭게 유지하지만, 그러한 타협이 와해되면 대립작용이 더욱 강해지고 신경증에서 나타나는 것과 같은 정신적 불균형이 초래된다.

대뇌반구 cerebral hemisphere 전뇌의 좌우 반쪽, 좌반구와 우반구를 말하며, 이는 뇌량에 의해 연결되어 있다. 대뇌반구는 지·정·의의 최고 정신기능을 나타내도록 하는 곳으로 생명에 불가결한 것은 아니지만 그 발달은 동물의 고등도와 병행하고 있다.

대뇌피질 cerebral cortex 대뇌피질(상위중추, 윗뇌)은 언어, 사고, 분석, 기억, 정교한 운동 등 '고급' 기능을 한다. 대뇌피질에는 대략 140억 개의 신경세포가 있다. 기능상으로 보아 중심구의 앞부분은 운동령, 뒷부분은 촉각령, 후두부 오거구 부근은 시각령, 옆쪽 두회 부근은 청각령, 해마회와 그 부근은 후각령, 미각령이라고 한다.

대리강화 vicarious reinforcement 타인의 행위가 강화를 받는 것을 보고 자신도 그렇게 하면 강화를 받는다고 생각하는 것이다. 즉, 대리강화는 모델의 어떤 행동에 대해 어떤 이익이나 처벌이 주어지는 것을 관찰한 결과 생긴 개인의 행동상의 변화, 예를 들면 아동이 자기 여동생이 울 때 어머니가 야단치는 것을 보고는 자기의 울음을 그치는 것과 같다.

대리과정 delegation 어떤 한 개인이 부모로부터 이어받은 인생의 방향성이나 사명감을 수행하는 과정을 의미하는 것으로, 이는 몇 세대를 걸쳐서 보이는 경우가 많다.

대리처벌 vicarious punishment 타인의 행위가 잘못되어 처벌받는 것을 보고 나도 잘못하면 처벌받는다고 생각하는 것.

대리학습 vicarious learning ⇨ 모방하기 참고.

대립과정이론 opponent process theory 정서에 대한 이론으로, 이 견해에서는 신경계통은 정서반응이 일어나면 그 정서가 유쾌하건 불쾌하건 간에 그러한 반응에 대해 반대 방향으로 작용하거나 억압하여 기본선으로부터 이탈되는 것을 상쇄시키는 경향성이 있다고 가정하고 있다. 대립과정이론은 약물중독과 관련된 정서에서도 유사하게 적용되는데, 처음에는 아편제를 몇 알만 먹어도 쾌감을 강력하게 느끼는데 약물의 효과가 사라진 후에는 금단증상이라는 불쾌한 상태가 나타났다가 사라진다. 이와 같이 대립과정이론은 어떠한 정서든 계속적으로 경험함에 따라 점차 약해지는 것을 강조한다. 즉, 쾌는 점점 줄어들고 고통 역시 계속해서 경험할수록 점점 참을성 있는 정도로 그 강도가 줄어든다.

대면집단 face to face group 소수의 구성원으로 이루어져 있어, 그 구성원 상호 간에 직접적인 면식관계, 즉 얼굴과 얼굴을 맞댈 정도로 면식관계를 가질 수 있는 가능성이 있거나 이미 그러한 관계를 유지하고 있는 소수 집단을 말한다. 이 개념은 집단의 구조나 그 기능을 성원의 접촉형식과의 관련을 토대로 분석할 때 사용된다.

대비효과 contrast effect 대조효과 매력 있는 사람과 함께 있을 때 자신의 평가가 상대적으로 낮아지는 현상이다. 어떤 특이한 행동 특성을 주시하고 있는 관찰자는 그 행동에 대해서 다른 사람을 항상 열등하다고 평정하는 경향이 있다. 대조효과의 예를 들면, 여자들이 자신보다 예쁜 여자를 절대 미팅에 데려가지 않는 심리와 같이 서로 차이가 나는 것을 더욱 과장되게 느껴지도록 하는 현상이다. ⇨ 후광효과 참고.

대상 substitution 사회적으로 승인받지 못하는 욕구를 직접적인 방법으로 해결을 못하여 적응이 어려울 때 긴장하게 되는데, 이를 간접적인 목표 달성을 통해 해소하려는 것이다. 대상이 승화와 다른 것은 욕구 자체는 없어지지 않고 잔존하게 된다는 것이다. 따라서 불필요한 자책감이나 피해의식, 열등감을 동반하기도 한다.

대상관계 가족치료 object relations family therapy 대상관계 가족치료는 정신역동 대상관계이론과 가족체계이론을 통합한 이론으로서, 1970년대부터 샤피로(Shapiro), 에이너(Ainner), 길 샤르프(Jill Scharff), 데이비드 샤르프(David Scharff), 스프립(Splipp) 등과 같은 이론가들에 의해 발전되었으며, 제임스 프라모(James Framo), 헨리 딕스(Henry Dicks), 샤르프(J. S. Scharff), 보스조르메니 너지(Boszormenyi-Nagi) 등에 의해 사용되었다. 이러한 접근법은 정신분석 치료자들이 자신들의 이론들을 가정에 적용하려는 시도인 동시에 가족치료자들이 체계 속에서 자기를 발견하려는 시도다. 대상관계 가족치료의 궁극적인 목표는 가족이 역기능적인 개인내적 역동과 가족 역동에 대한 통찰을 얻고 가족구성원 각자의 애착 욕구와 개별화, 심리적 성장에 대한 욕구를 지지해 줄 수 있는 능력을 향상시키는 데 있다. 이와 같이 대상관계 가족치료자들은 가족구성원 각자로 하여금 가족 무의식을 개인적 차원으로 경험하도록 도움으로써 가족과 더 긴밀히 관계하고 가족을 더 깊이 이해할 수 있게 된다고 본다.

대상관계이론 object relations theory 대상관계이론은 정신분석이론에 뿌리를 두고 있으며 건트립(Guntrip)과 페어베른(Fairbairn) 등에 의해 발달된 것으로, 사람들이 서로 어떤 관계를 맺고 있으며, 이러한 관계를 어떻게 개념화하는가에 주된 관심을 두고 있다. 대상관계라는 개념을 처음 사용한 사람은 프로이트(S. Freud)였지만 대상관계이론에서는 이 개념에 다른 의미가 부여되었다. 즉, 프로이트에 의한 정신분석은 개인 내적인 성적 에너지를 인간의 기본적인 욕구로 가정하면서 발달되었으나, 대상관계이론에서는 인간은 관계를 향한 욕구를 가지고 있으며, 이 욕구를 인간의 가장 기본적인 욕구라고 생각하기 시작했으며, 생리적으로 유발된 긴장보다는 대인상호작용에서 심리가 발달된다고 말했다. 대상관계이론은 인격발달에 있어 자라나는 유아는 자신을 돌보는 사람과의 관계를 경험하면서 그 경험을 통해 자신과 다른 사람들에 대해 배우게 된다고 보는 것이다. 특히, 좌절되고 충족되지 못한 부모-자녀 간 패턴은 내적 투사체로 내면화되어 현재 가족관계에 영향을 미친다는 것으로, 유아 초기의 대상관계인 부모(어머니)와의 관계가 중요한 영향을 끼치는데, 내적인 대상관계인 어머니와의 관계가 어른이 되어서도 외부와의 관계형성과 밀접하게 연관된다고 본다.

대상 리비도 object libido 정신분석에서 리비도가 자아도취에서처럼 자신을 향하는 것이 아니라 외부의 사물을 지향하고 있는 경우다. 우정, 부자 간의 정, 연애 같은 것이 이에 속한다.

대상부재 objectless 프로이트(S. Freud)에 의하면 구강기 초기(6개월까지)는 유아의 세계는 대상부재 상태라고 생각했다. 즉, 구강기 초기에는 그 자체로서 존재하는 사람이나 사물에 대한 개념을 갖고 있지 못하여 유아 자신이 춥거나 배고플 때 긴장이나 고통, 공포 등을 제거해 줄 사람이 자신과는 분리된 다른 누구임을 느끼지 못한다. 비록 유아는 다른 사람에게 의존하고 있지만 그 사람이 자신과 분리된 존재라는 것을 인식하지 못하기 때문에 자신이 타인에게 의존하고 있다는 사실을 깨닫지 못하는 것이다.

대상부전 decompensation 정상적 정신기능, 방어기제 혹은 일관된 사고과정이 점진적으로 상실되는 것으로서 정신병이라는 형태로 가장 정점에 도달한다.

대상상실 object loss 대상상실은 말 그대로 대상을 잃게 되는 것으로, 애정이나 의존의 대상을 잃는 것을 말한다. 즉, 가치 있는 외부 대상에서 오는 사랑의 상실을 뜻하는 정신분석학 용어다. 프로이트는 복합적인 감정에너지가 대상과 접합되는 것을 '대상부착(object cathexis)'이라 불렀으며, 이 대상과 자아와의 관계를 '대상관계'라 하고, 이러한 대상의 상실을 '대상상실'이라 하였다. 대상상실의 대상은 주로 실연이나 사랑하는 사람의 죽음, 이사나 지진 등의 사회나 주변환경, 젊음이나 건강 등 신체기능이 있는데, 이러한 상실감으로 인해 살아갈 힘과 자신감을 잃기도 하며, 신체적 혹은 정신적인 질병을 얻기도 한다.

대상애 object love 자기애에 대응하는 정신분석학적 용어다. 자기애에서는 리비도가 자아로 지향하는데, 여기서는 대상으로 지향한다. 그러나 이 양자는 사실은 대립되는 것이 아니며 리비도의 발달에 따라 자기애를 거쳐 대상애로 이른다. 원래 이드(id)에서 발생하는 본능은 맹목적으로 육체적 쾌락만을 요구하는 것이고, 이와 같은 쾌락을 채워주는 대상은 수없이 많으나, 자아의 발달과 함께 자기에게 적당한 대상을 선택하게 되는 것이다.

대상영속성 object permanence 대상항구성 어떤 것이 독자적으로 존재하고, 또 그것이 더 이상 안 보이거나 감지할 수 없게 되었을 때라도 계속해서 존재한다는 생각으로, 사물이 이 세상 어딘가에 영원히 존재한다고 믿는 신념이다. 예를 들면, 생후 8개월이 된 아동은 가지고 있던 공을 넓은 천으로 덮어 가리면 공에 대한 존재를 잊어버리나 생후 10개월 정도면 천 아래 숨겨진 공을 찾게 되는데, 이러한 아동의 행동은 물체가 눈에 보이지 않아도 여전히 존재한다는 사실을 알고 있음을 보여 주는 것이다.

대상으로서의 자아 self as object 자아를 자기 자신에 대하여 갖는 태도와 감정, 지각의 의미인 대상으로 보는 관점을 말한다. 현대심리학에서는 두 가지 관점에서 자아의 의미를 규정하고 있는데, '과정으로서 자아'를 보는 것과 '대상으로서 자아'를 보는 것이다. 다시 말하자면, 대상으로서 자아를 보는 관점은 개인이 자기 자신을 어떻게 생각하고 있는가를 가리키는 것으로 반영적·경영적 자아라 할 수 있다. 이러한 관점에서 자아를 보는 입장은 사회심리학적 자아개념을 취하는 설리번(Sullivan), 미드(Mead), 쿨리(C. H. Cooley) 등과 같은 학자를 들 수 있다. 한편 현상학적 관점에서 자아개념을 발전시킨 스니그(Snygg)와 콤스

(Combs)는 자아는 개인들이 행동하는 순간의 지각들로 구성되며 그것은 대상이며 주체이기도 하다고 주장한다. 즉, 순간의 지각들은 모든 행동을 결정하는 현상의 한 장면이기 때문에 주체이며, 또한 자기 경험들로 구성되기 때문에 대상이라고 하였다. ⇨ 과정으로서 자아 참고.

대상 카텍시스 object cathexis 대상부착 정신분석에서 사랑할 대상의 선택을 지칭할 때 사용하며, 보통 리비도를 성적인 대상으로부터 비성적인 대상으로 전환하는 것과 관련된다. 프로이트(S. Freud)에 의하면 자아부착(ego cathexis)이 약해진 인간에게 대상부착이 강화되는 현상이 나타난다고 한다. ⇨ 대상상실 참고.

대상표상 object representation 정신분석에서 심리적 표상이란 개념의 의미다. 대상표상이란 개념은 프로이트(S. Freud)가 처음 사용하였다. 초기에는 대상표상을 '원상(imago)' 이라 명명하였다. 심리적인 면에서 이 원상이 지닌 중요성에 대하여 프로이트가 가장 명확하게 설명한 것은 1914년 『학동기 심리에 대한 몇 가지 고찰(Some Reflections on Schoolboy Psychology)』에 처음 나타난다.

대안적 비교수준 comparison level for alternative 대안적인 관계, 즉 다른 사람과의 새로운 관계 또는 혼자 지내는 고독감에서 기대되는 득실과 현재 관계에서 득실을 비교하는 것으로, 예를 들면 비록 이성친구가 하는 행위가 마음에 썩 들지는 않지만 그래도 없는 것보다는 낫다고 생각한다면 그 관계를 유지하려는 행동을 보이는 것이다.

대응추리 correspondent inference 상응적 추론 귀인이론에서, 존스와 다비스(Jones & Davis)에 의하면 사람들이 어떤 개인이 취한 행동의 원인을 분석할 때 그 사람의 특정행동이 그러한 행동을 할 성향(기질 : disposition)과 일치되는지 여부를 추론함으로써 행동의 원인을 판단한다. 즉, 관찰자는 일어난 사건을 보고 행위자의 능력이나 사건 발생의 예견, 행위자의 고의성을 살펴 그 사건으로부터 행위자의 내적 특징을 추론해 간다. 이 과정을 대응추리과정이라 하는데, 그 이유는 이것이 행위에 대응하는 내적 특징을 추리하는 과정이기 때문이다.

대인공포 anthropophobia 사람에 대한 두려움, 즉 스스로는 무의미하다고 생각하면서 남과 얼굴을 마주하거나 접촉하는 데 대해서 심한 불안감 또는 두려움을 끊임없이 느끼는 것이다. 강박관념의 하나로 대부분은 인간관계를 맺을 때 일어난다. 아동기에는 드물고 청년기에 많다고 한다. 이는 자아의 발달과 관계가 깊고 윗사람을 대할 때 긴장으로 인해 생기기 쉽다. 치료로서는 이러한 현상이 열등감이나 강박의식에 기인하는 일이 많으므로 신경질을 완화시키고 있는 그대로의 자기를 발견할 수 있도록 전문적인 지도가 필요하다.

대인관계 interpersonal relationships 집단생활 속의 구성원 상호 간의 심리적 관계다. 집단생활이 계속되는 동안 구성원 상호 간에 형성되는 어떤 특징적인 심리적인 관계나 상호작용의 패턴에는, 예를 들면 협력, 경쟁, 지배, 복종 등 여러 종류의 것이 있다. 이것들은 구성원의 적응이나 동기부여 등에 영향을 미치는 동시에 집단 전체의 특성에도 영향을 미친다.

대인관계 이야기 interpersonal stories 이야기 심리학자인 댄 맥아담스(Dan McAdams)가 설명하는 인간이해에 관한 접근방법으로 네 가지로 구분하여 설명하고 있는데, 즉 심리내적신비(intrapsychic mysteries), 상호활동적 삽화(interactive episodes), 해석적 구조(interpretive structure), 대인관계 이야기(interpersonal stories)다. 이 가운데 대인관계 이야기는, 인간은 이야기하는 존재로 보는 시각이다. 머레이(Murray), 에릭슨(Erikson), 톰킨스(Tomkins), 살빈(Sarbin), 브루너(Bruner), 저겐(Gergen), 맥아담스(McAdams) 등이 대표적 학자다. 이러한 관점에서는 인간은 내적인 신비를 가진 존재일 수도 있으며, 상호교류하는 활동적인 존재일 수도 있고, 해석적인 구조의 존재일 수도 있다는 모든 관점을 수용하고 있으며, 이야기하는 구조를 이해함으로써 인간을 이해할 수 있다고 본다.

대인관계 정신분석 interpersonal psychoanalysis 모든 심리적 현상이 대인관계적이며, 심리적인 삶이 중요한 타인들과의 관계를 내재화함으로써 시작된다고 보는 것이다. 이는 설리번(Harry Stack Sullivan)이 정신분열증 환자를 치료하면서 비롯된 것으로, 위니캇(D. W. Winnicott)이 심리적인 삶의 기원을 엄마와 유아의 관계 단위에서 찾았던 것처럼, 설리번은 이를 대인관계에서 찾은 것이다. 그는 인간의 중요한 욕구를 생물학적인 욕구와 관련된 '만족의 욕구'와 타인과 만족스러운 경험을 원하는 '안정에 대한 욕구'라고 주장하였다. 따라서 건강한 자기감의 발달은 다른 사람들로부터 반영된 평가와 관련되는 것으로서, 다른 사람들에 의해 수용되어짐은 좋은 자기감을 생기게 하고, 안정에 대한 욕구를 가진 자기의 통합을 촉진시키게 한다고 보았다.

대인관계치료 interpersonal therapy (IT) 설리번(Harry Stack Sullivan)의 이론에서 비롯된 심리치료법인데 클러먼(Klerman)과 위스먼(Weissman)이 이 분야의 대표적인 인물로 알려져 있다. 대인관계치료는 기본적으로 대인관계에 어려움을 갖는 사람에게 적용된다. 이 치료는 우울증이 생기는 원인을 중요한 인물 간 관계의 문제점에서 생긴다고 전제하는데, 중요한 대상의 사별이나 이별에 대한 과도한 반응, 중요한 인물과의 역할 혼돈, 생활의 중요한 전환, 제한된 대인관계 등과 관련된 증상으로 보고 있다. 치료목표는 증상의 감소에 두며 현재의 대인문제와 치료자와의 관계에 초점을 맞춘다. 환자의 현재 상황에 주된 초점을 맞추어 행동을 관찰하고 감정상태를 파악하고 대안적인 다른 행동을 시도하게 한다.

대인지각 interpersonal perception 타인의 성격, 욕구, 감정, 의지, 사고 등을 인지하는 일을 말한다. 인간이 사회생활을 하면서 어떻게 대인지각을 행하고 있는가 하는 것이 사회적 행동 이해를 위한 기초적 문제가 되고 있다. 대인지각은 통상의 물적 대상의 지각과는 그 수단이 되는 정보의 성질이 다른 데다가 간접적이고 단편적인 정보에 의존하는 일이 많기 때문에 고유의 특징을 가지고 있다. 첫인상 등 최초에 얻은 정보에 의하여 강하게 규정되는 초출효과가 현저하다는 것과 어떤 측면에 대한 평가가 다른 측면에까지 확대되는 후광효과가 강하다는 것이며, 자기 자신의 심리적 상태를 인지하는 상대에 투사하는 경향이 있다는 것, 상대를 정확히 인지하는 능력에는 개인적인 차이가 있다는 것이 그 특징이다. 이와 같이 대인지각은 초두효과와 최근효과, 핵심적 특질과 지엽적 특질, 다양한 정보의 취합으로 가산모형, 평균모형, 가중평균모형이 있으며, 내현성격이론, 고정관념 및 현저한 정보의 과다한 영향력이 영향을 끼친다.

대중적 상담 popular approaches to counseling 텔레비전이나 라디오의 상담 프로그램, 목사의 강단설교, 상담가의 강의 등 공중 상담을 의미한다.

대중화 사회 mass-society 대중이 정치 · 경제 · 사회 · 문화의 모든 분야에 진출하여 그 동향을 좌우하는 사회상황 내지 사회형태를 말한다. 대중화 사회 속에서 사람들은 퍼스낼리티의 분열이라든지 아노미 상황, 소외 상황 등 인간적 위기의 상황이 출현한다. 사람들은 개성적인 창조력을 상실하며, 고독하고 부동적인 경향과 수동적 · 타인지향적 경향을 더해 간다.

대치 displacement 망각이 일어나는 이유로서, 대치는 현재에 초점을 맞추고 있는 정보에서 새로운 정보로 주의를 기울여 시연하는 것을 말한다. 단기기억의 용량은 제한되어 있기 때문에, 어느 시점에 가면 새로운 정보는 이전의 정보를 밀어내고 대신 자리를 차지한다는 것이다. 또한 방어기제의 종류로서 'displacement'는 전치, 전환, 대치라고 부르나, 여기서는 전치라고 표기하였다. ⇨ 전치 참고.

대칭 symmetry 부부관계는 서로 주고받아야 하는 관계로 대칭적 관계라고 하는데, 이처럼 대칭이란 동등한 관계로서 서로 주고받을 수 있는 관계를 말한다. 체계의 가장 기본적 특징은 대칭성이다. 대칭은 각 부분은 딱 맞고 매력적인 면을 갖고 있다는 의미다. 정서적 삶에서 똑같은 원인이 완전히 정반대의 결과를 야기할 수 있으며 완전히 정반대 원인이 똑같은 결과를 가져올 수도 있다. 그 결과 가족 내에 양극단적인 것들이 더 많아 보일수록 어떤 식으로든 그것들이 서로 연결되어 있을 가능성이 많다. 대칭은 가족 내의 모든 정서적인 줄다리기의 합은 결국 0(영)이 된다는 것을 의미한다.

대칭성 symmetrical 평등과 차이를 최소화하는 특징을 지닌 두 사람 간의 상호작용 또는 의사소통 유형으로, 각 참여자의 반응은 때로는 경쟁적인 양상으로 상대방에게 유사한 반응을 불러일으킨다.

대칭적 관계 symmetrical relationship 권력과 지위가 비슷한 두 사람이 상대방을 비판하고 충고하는 등 같은 유형의 행동을 교환하는 관계를 말한다.

이는 의사교환자 한쪽의 반응이 다른 쪽에 영향을 주고, 이것이 다시 한쪽의 반응을 상승시키는 효과를 가져 오게 하여 언쟁, 싸움으로 발전하게 되는 경우다.

대표성 representativeness 수집된 정보의 독특하고 편향적인 정도 또는 추출된 자료의 전형적인 속성을 말하며, 사회조사에서 사용하는 개념.

대표성 휴리스틱 representativeness heuristic 의사결정을 내릴 때 작은 표본의 특징들이 그 모집단의 특성을 완벽하게 대표한다고 생각하는 것을 말한다. 예를 들면, 상대방이 범인일 가능성을 판단할 때 범인의 전형적 특성과 상대방의 특성이 지닌 유사성에 의존하여 판단하는 것이다.

대화분석 discourse analysis 한 문장보다 좀 더 긴 단위를 사용해 글이나 말로 이뤄진 의사소통을 분석하는 것이다. 이는 언어학적인 조직보다 이야기 내용에 초점을 두는 것으로, 발언이 진실인지 아닌지에 관심을 두는 것이 아니라 특정한 사회적 행위 속에서 이야기 내용이 무엇을 말하는지를 이해하고자 한다.

데카르트 Descartes, Rene (1596~1650) 프랑스의 철학자. '정신과 자연' 이라는 이원론을 사용하여 근대적인 세계관의 기초를 구축했다. 데카르트는 인간은 태어날 때부터 관념을 가지고 태어난다는 생득관념(innate idea)을 주장했다.

덱사메타손 dexamethasone 스테로이드의 하나로서 부신피질 호르몬 작용을 한다. 류머티즘성 관절염, 알레르기성 질환, 피부 질환, 알레르기성 및 염증성 안질환 등의 치료에 사용된다.

도구적 공격성 instrumental aggression 공격 행동 자체가 목적이 아니라 다른 목적을 달성하기 위한 수단으로 발생하는 공격행동을 기술하기 위해 사회심리학에서 사용하는 용어다. 타인에게 위협을 주거나 상해를 가하기 위해 의도된 행동을 의미하는 공격성의 하위유형 중의 하나로서, 공격행동은 도구적 공격성과 적대적 공격성으로 구분될 수 있다. ⇨ 적대적 공격성 참고.

도구적 조건형성 instrumental conditioning 동물이 지렛대를 누르는 것과 같은 올바른 도구적 반응을 했을 때만 강화물을 주는 학습방법이다. 조작적 조건화와 같은 의미다.

도덕발달단계 moral developmental stages 콜버그(L. Kohlberg)의 도덕발달단계이론은 피아제(J. Piaget) 이론을 정교화시킨 것으로, 하나의 가상적인 상황을 설정하여 아동이 어떻게 판단하는가를 기준으로 도덕발달의 단계를 설정한 것이다. 그는 도덕발달단계의 순서가 문화와 상관없이 보편적이고 고정되어 있으며, 누구나 최상의 단계로 도달하는 것은 아니지만 점차로 높은 도덕적 단계로 나간다고 보았다. 콜버그는 다음과 같은 이야기를 들려주고 아동의 반응에 따라 3수준의 도덕성 발달단계를 설정하고 각 수준마다 두 개씩 하위단위 단계로 구별하였다. 즉, 들려준 이야기는 '하인즈라는 사람은 병들어 죽어가는 자기 아내를 살리기 위해 약을 사러 갔다. 그 약의 원가는 200달러 정도인데 2,000달러를 요구했다. 도저히 약값을 마련할 수 없었던 하인즈는 아내가 죽게 되었으니, 약값을 좀 싸게 해 주든가 외상으로 팔 것을 애원했으나 거절당했다. 그래서 하인즈는 약을 훔쳐 왔다.' 였으며, 여기에 따른 반응의 발달단계는 ① 인습 이전의 수준(pre-conventional level)으로 이 수준의 아동은 도덕적 규범이나 선악의 개념은 갖고 있으나 이 개념을 단순히 보상이나 처벌을 가져다 주는 행위결과나 외적인 권위에 비추어 해석하는 수준으로, 1단계는 처벌과 복종지향으로, 벌을 피하기 위해 권위와 규율에 복종하는 단계다. 이 단계의 아동은 자기중심적이어서 다른 사람이 나와 다른 견해를 가지고 있다는 인식이 없으며, 행동의 잘잘못도 외적 결과에 의해서만 판단하여 동기와 의도를 무시한다. 2단계는 개인적 보상지향으로, 자신과 타인에게 이익이 되거나 필요를 충족시켜 주는 행위를 선이라고 판단하는 단계로 상대적 쾌락주의가 지배한다. 이 단계에서는 도덕적으로 옳은 것은 나와 상대방의 욕구를 동시에 채우는 것이며, 정당한 교환의 시장원리가 지배한다. 즉, 타협에 의한 자기욕구를 채우는 것이다. ② 인습수준(conventional level)으로, 가정, 사회 등 집단의 기준을 따르는 것이 그 결과와는 상관 없이 가치 있는 것으로 판단하며, 사회질서를 적극적으로 유지하고 스스로 정당화하는 수준이다. 3단계는 착한 소년소녀지향으로, 다른 사람을 기쁘게 하고 도와주는 것이 올바른 행위라고 인식한다. 4단계는 합법적 권위 존중으로, 사회질서 유지의 중요성을 인지하고 법의 기능을 개념화하는 단계를 말한다. ③ 인습 이후 수준(post-conventional level)으로 도덕적 가치나 권위가 개인이나 집단의 권위와는 관계없이 그 자체로서 타당성 있음을 깨닫는 수준이다. 5단계는 사회계약 정신지향으로, 사회전체가 합의에 도달한 도덕기준을 중시하며 자유, 도덕, 행복추구가 법 상위임을 어렴풋이 인식하는 단계다. 6단계는 보편적 도덕 원리지향으로, 공정성, 정의, 인간권리의 상호성과 평등성, 존엄성 등 도덕원리를 존중하는 단계다. ④ 7단계는 우주적이고 영상적인 것을 추구하는 초월적 단계를 말한다. 도덕발달단계를 알아보기 위한 질문에 '훔쳐야 한다' 고 답한 비율이 초등학교 2학년 정도에서는 20%, 6학년에서는 86.7%였다. 그 이유에 대해 6학년의 40%가 '죽어 가는 부인의 목숨을 살리기 위해서' 라고 대답했다. 콜버그의 도덕발달단계에 따르면 3단계 수준이다. 여기서 6, 7단계에 도달할 수 있는 것은 성인이며, 대부분은 제4단계가 우세하다.

도덕적 불안 moralistic anxiety 프로이트(S. Freud)가 분류한 불안의 형태(현실적 불안, 신경증적 불안, 도덕적 불안) 중 하나로서, 양심에 대한 두려움이다. 프로이트는 퍼스낼리티를 고찰함에 이드(id)·자아(ego)·초자아(superego)를 설정하고 있는데, 자아와 초자아는 협력하여 생물학적 욕구인 이드를 통제한다. 이와 같이 초자아의 금지나 억제에 의해서 생기는 불안을 의미하는 것으로, 자아가 초자아로부터 처벌위협을 받아 생긴 개인이 느끼는 수치심 및 죄책감을 뜻한다.

도박중단 위한 프로그램(GA) Gamblers Anonymous 도박을 중단하기 위한 프로그램으로서, 알코올 중독자 갱생모임인 A.A.를 본 따서 미국의 로스앤젤레스에서 1957년 시작되었다. 도박은 외부적인 압력에 의해서는 끊을 수 없고 오직 본인의 의지와 책임감에 의해서만 끊는 것이 가능하다고 가정한다.

도벽 kleptomania 일반적으로 도벽이 생기는 요인으로는 소질적인 것과 환경적인 것을 들 수 있다. 먼저 소질적인 도벽에는 의지박약이나 성정희박과 같은 성격이상의 경우가 있고, 환경적인 도벽은 가정의 결함이나 교우관계의 불량 등을 들 수 있다. 그러나 특수한 이상행동의 도벽인 클렙토마니아(kleptomania)는 습관적으로 물건을 훔치지만 그것을 사용하려는 목적이 아니라 그것을 통해 쾌감을 느끼는 장애다. 훔치는 충동이 생기면 고도의 긴장감을 느끼며 훔치는 행위 도중과 직후에는 강한 만족과 긴장이완을 경험한다. 이것은 극복하기 어려운 반복적 절도충동으로서 그 대상은 돈 등의 재화만이 아니라 본인에게 필요하지도 않은 쓸데없는 물건일 수 있기 때문에 훔친 후에 이것을 버리거나 반환하기도 한다. 드문 경우로 이 도벽에는 여성의 월경과 관계가 있는 경우와 뇌에 외상을 입은 후에 일어나는 경우가 있다.

도식 schema 일반적으로는 내용을 어떤 형식에 따라 과학적으로 정리, 체계화하는 틀을 이르는 말로, 피아제 이론(Piagetian theory)에서 개인의 인지과정에 적합할 경우에 정보가 이해되고 처리될 수 있도록 하는 정신 구조를 의미한다. 생후 초기의 신생아는 주변 세상을 구성하는 사물들과 사람들, 자신의 행위가 어떻게 영향을 미치는지 알지 못하지만 순환적인 행동양식을 이용하여 사물들과 사람들에 관한 지식을 획득해 나가는데, 이와 같이 아동이 환경에 적응하기 위해 습득하는 지식 또는 행동양식을 의미하는 것이다.

도코사헥산(DHA) docosa hexaenoic acid 생선의 몸체나 눈 뒷부분의 지방에 많이 포함돼 있는 고도불포화지방산의 일종.

도파민(DA) dopamine 신경전달물질 가운데 하나다. 시상하부와 뇌하수체와 연결된 도파민 회로는 내분비계를 통제하는 것으로 알려져 있고, 중뇌의 흑질과 기저핵에 있는 도파민 회로는 운동조절에 중요한 기능을 하는 것으로 알려져 있다. 도파민은 정서적 각성, 주의집중, 수의적 운동 등의 심리적 기능에 영향을 미칠 뿐만 아니라 정신분열증과 관련된 신경전달물질이라고 한다. 또한 도파민이 결핍되면 파킨슨씨병에 걸리게 되어 움직임이 느리고 손을 떨며 전신이 경직되는 증상을 경험한다. 또한 도파민계는 중뇌에서 대뇌피질과 변연계와도 연결되는데, 이 회로는 특히 보상이나 쾌감과 같은 경험과 관계가 있다.

도피 escape 자아가 위협당하는 장면에서 도망감으로써 자아의 안전을 확보하고 파탄을 면하려는 방어기제다. 현실적인 만족을 얻지 못할 때 공상이나 다른 것에 심적 에너지를 쏟으면서 좌절과 갈등에서 도피하여 만족을 얻으려고 하지만 이와 같은 도피습관이 형성되면 모든 일에 소극적이며 비사교적이고 현실과는 동떨어진 생활을 하게 되므로 점점 자기중심적인 세계로 빠지게 된다. 도피의 유형으로는 개인적 도피와 집단에의 도피, 문화에의 도피를 들 수 있다. 개인적 도피는 개인이 어떤 대인관계에서 적응하기 힘들다고 생각하여 이 상황에서 벗어나 고립하려고 하는 태도다. 대인관계에서 자기를 분리시키려고 하는 고립적 경향이나 대인관계맺기를 회피하려는 인간 혐오의 경향을 비롯하여 공상의 도피와 퇴행현상 등을 들 수 있다. 이러한 개인적 도피가 병적일 정도로 심해지면 대인공포증이라고 하는 강박증이나 정신분열병에서 볼 수 있는 자폐증 등의 증후로 나타난다. 집단에의 도피는 개인이 자신의 신념과 책임 아래 행동하기를 불안해하거나 자신을 상실하여 집단이 강제하는 규범을 저항 없이 받아들임으로써 집단행동이나 지도자의 명령에 맹목적으로 동조하는 현상을 말한다. 이는 사회에서 적응해 나갈 방향을 상실하고, 불안감과 무력감에 사로잡히게 된 대중에게서 흔히 발견할 수 있는 현상이다. 또한 문화에의 도피는 개인이 그 욕구불만을 해소하기 위해 취미에 몰두하거나 이른바 대중오락을 추구하는 경향을 말한다.

도피학습 escape learning 불쾌한 자극에 입각한 도구적 조건 부여의 한 형태로서, 어떤 불쾌한 소음이나 고통스러운 전기충격을 받고 그 상황에서 도피하는 학습형태를 말한다.

도피행동 escape behavior 어떤 혐오자극이 존재하고 있을 때 특정행동을 함으로써 혐오자극을 없애는 행동을 말한다. 예를 들어, 방의 공기가 너무 더울 때 방의 창문을 여는 행동은 더운 공기라는 혐오적인 상황이 없어졌다는 의미에서 도피행동이라 할 수 있으며, 창문을 여는 행동은 방이 더울 때 다시 일어날 수 있으므로 부적 강화를 받았다고 할 수 있다.

도해전략 mapping strategy 가족체계가 어떻게 조직되어 있는지, 문제에 가장 깊이 관련된 특정 하위단위는 어떤 것인지 한눈에 볼 수 있도록 지도로 기술하는 기법이다.

독립변인 independent variable 독립변수 실험에서 연구되는 실험통제하에 있는 변인 심리실험에서 독립변인은 자극이 되고, 그 자극에 대한 반응은 종속변인이 된다.

독립성 independency 경계선에 벽을 쌓음으로써 나의 삶에 중요한 인물로부터 자신을 정서적으로 이탈시키거나 단절시키려고 하는 것을 뜻한다. 그러나 이러한 정서적 단절은 나 자신을 상대방에게 더 묶어 버리는 결과를 낳는다.

독서치료 bibliotherapy 정서적인 문제나 정신병을 앓고 있는 사람을 치료할 때, 상담 및 심리치료의 보조수단으로 내담자의 자기 이해, 감정적 순화에 필요한 독서자료를 읽도록 하는 방법이다. 독서치료의 활동으로는 자서전 읽기와 쓰기, 생활선(lifeline), 이야기나 시를 읽거나 완성시키는 것, 유언, 사망기사, 비문읽기와 쓰기, 편지쓰기, 일기쓰기 등이 있다.

독심술 mind reading (1) 감각기관에 의하지 않거나 다른 사람과 직접 대화하지 않고도 그 사람의 생각과 감정을 알아내는 한 사람의 추정된 능력. 초심리학에서는 원감 또는 초감각적 지각(ESP)이라고 한다. 원감은 두 가지로 나뉘며, 감각기관에 의존하지 않고 사물을 인지하는 원격인지와 투시와 감각기관에 의존하지 않고 사람과 사람 사이의 커뮤니케이션을 하는 원격감응(telepathy)이 있다. (2) 상대방이 나에 대해 생각하고 있을지도 모르는 것을 읽어 내려고 지나치게 노력하는 것이다. 예를 들면, '내가 기분이 좋지 않은 것을 모든 사람이 주목하고 있어'와 같은 생각이다. (3) 인지적 왜곡의 한 유형으로서, 어떤 사람이 자신에게 부정적으로 반응한다고 임의적으로 결론을 내리면 이것을 확인하려고 곰곰이 생각하지 않는 것이다.

독점자 monopolist 혼자서 집단을 독점하여 떠들어대고 다른 환자들은 말할 생각도 하지 않고 가만히 듣고만 있는 경우를 말한다. 이런 현상은 불안하거나, 자기의 위치가 흔들리거나 타인으로부터의 공격이 두려울 때 나타나므로, 이런 환자는 개인면담을 통해 문제를 해결하도록 하고 집단을 잠시 떠나게 하는 것이 좋다.

독특성정보 distinctiveness information 사람들이 귀인과정에서 사용하는 정보로서, 독특성정보는 어떤 결과가 특정 자극 대상에 대해서만 나타날 경우를 말한다.

동감 sympathy 다른 사람과 함께 느낄 수 있는 능력으로, 감정이입(empathy)과는 구별되는 정서적 감정이다. 즉, 상담에서 동감은 내담자와 감정이 일치하여 상담자의 감정을 조절할 수 없는 것이나, 감정이입은 내담자의 감정을 읽으면서 내담자의 상황을 공감하고 자신의 감정을 조절하여 치료에 도움을 줄 수 있는 것을 의미한다.

동거 cohabitation 형식적인 결혼 없이 남녀가 함께 살면서 부부의 역할을 하는 것. 그러나 이것은 동성애나 두 사람 이상이 함께 사는 것 등 다른 경우에도 적용될 수 있다.

동귀결성 equifinality 동일결과성 상이한 최초의 조건과 상이한 방식으로도 동일한 귀결에 이르는 것이다. 즉, 시작은 같아도 다른 결과를 가져올 수 있으며, 같은 결과도 다른 시작으로부터 야기될 수 있다는 원칙이다. 가족체계에서 체계의 구성요소가 상호작용을 통해 서로에게 영향을 미치는데, 한 번 형성된 행동과 대화 패턴을 반복하려는 동귀결성의 경향은 체계의 한 부분의 변화가 전체에 영향을 끼쳐 한 사람의 패턴에 다른 사람도 같은 방식으로 반응하게 되며, 지나치게 폐쇄적인 체계에서는 동귀결성이 지나쳐 처음 조건에 의해 결과가 항상 똑같이 결정된다. ⇨ 동일 잠재성 참고.

동기 motive 동기는 사람이 지니고 있는 욕구나 충동을 활성화하여 어떤 행동을 유도하는 심리적인 힘을 의미한다. 갈증과 같은 욕구는 너무 급박해서 종종 충동이라고 일컬어진다. 충족되지 않은 욕구나 충동으로 인한 긴장 상태는 번갈아가며 사람을 자극하거나 활력을 주어 적절한 만족감을 추구하게 하는데, 이를 동인 혹은 집합적으로 동기라고 부르고 있다. 일차적 동기는 선천적인 것으로 간주되며 이차적 동기는 주로 학습을 통해서 습득된 것이다. 기아는 일차적 동기이고, 성취욕은 이차적 동기가 된다. 이와 같이 동기는 어떤 목표를 성취하고자 하는 직접적인 행동이자 자연적인 추동, 즉 행동에 대한 원인을 찾고자 하는 것으로 행동의 방향성과 활성화에 영향을 미친다. 사람들이 갖고 있는 동기에는 여러 종류가 있는데, 이것을 크게 나누면 '생물적 동기', '사회적 동기', '내재적 동기', '외재적 동기'로 분류할 수 있다. 생물적 동기는 사람이 살아가기 위해 또는 자손을 보존하기 위한 기본적인 욕구를 말하며, 사회적 동기는 사회활동을 하는 과정에서 발생하는 동기로서 '좋은 대학에 가고 싶다', '좋은 직장에 취직하고 싶다'는 등을 말한다. 내재적 동기는 마라톤이나 사이클링 등의 행동 그 자체가 목표가 되는 동기며, 외재적 동기는 외부로부터의 보수를 기대하는 동기다. 예를 들면, 어린 아이가 어머니로부터 심부름값을 바라고 협력하는 따위의 행동을 말한다. 동기에 대한 이론적인 관점은 본능이론(instinct theory), 추동이론(drive theory), 각성이론(arousal theory), 인본주의이론(humanistic theory), 사회인지 이론(social cognitive theory) 등이 있다.

동기부여 motivation 마음을 움직여 어떤 목표를 이룰 수 있도록 유도하는 과정을 의미한다. 즉, 생활체에서 그 활동을 환기시켜 그것을 유지하고 그 활동의 패턴을 통제해 가는 과정으로서, 동기부여는 내용이론(또는 욕구이론)과 과정이론으로 설명한다. 동기부여의 요인은 욕구 및 개인이 추구하는 목표나 성과다. 욕구란 어떤 시점에서 개인이 경험하는 결핍으로서 행동의 활성화 장치 역할을 하며, 개인이 추구하는 목표나 성과는 동기부여가 목표지향적이라는 의미에서 개인을 이끄는 요인이라고 할 수 있다. 동기부여의 과정은 먼저 요구의 발생에 의하여 동기가 생기며, 그 환경의 사물은 유인의 성질을 가진다. 그리고 행동의 수행으로 목표가 강화되면 요구는 만족되어 동인은 해소된다. 이와 같이 요구·동인·유인의 기능적 관계를 동기부여라고 하는 것이다. 또한 동기부여가 강력하게 저지당하면 도피행동이나 심적 포화·갈등상태에 따른 이상행동이 나타난다고 본다.

⇨ 내용이론, 과정이론, 욕구이론 참고.

동기유발과정 motivational processes 행동을 유발하게 하는 동인이 일어나는 과정으로서, 동기유발과정은 사람들의 충족시키지 못한 욕구가 출발점이 된다. 즉, 충족되지 못한 욕구는 한 개인에게 긴장을 주는 요인이 되며, 욕구를 충족시키고자 하는 어떤 방향으로 개인을 유도해 가는 것이다. 이와 같은 동기유발과정은 학습의 한 요소로서 개인이 주의집중하기 쉬운 모델링 단서에 선택적 통제를 행사할 수 있는 강화요인과 관련되어 있다.

동기의 위계 hierarchy of motives 욕구의 단계와 같은 의미다. 인본주의 심리학자 매슬로우(A. H. Maslow)는 동기(욕구)의 위계를 가정하였는데, 위계에서 아래 수준의 동기는 출생시부터 존재하는 기본적인 동기며 윗수준으로 갈수록 더욱 고차적인 동기가 중요해진다고 보았다. ⇨ 욕구의 단계 참고.

동기적 망각 motivated forgetting 동기화된 망각 남에게 도움을 받은 기억보다는 도움을 준 기억을 더 많이 이야기하며, 도박꾼들은 돈을 잃었던 때보다 땄을 때를 더 잘 기억한다. 이와 같이 스스로 원해서 망각하려는 무의식적인 경향성을 동기화된 망각(motivated forgetting)이라고 한다. 즉, 생각하기조차 싫은 일들을 억압(repression)에 의해 아예 망각함으로써 심리적 안정을 찾으려는 경향이다. 그러나 억압된 기억들은 망각되더라도 무의식 속에 남아 있게 된다. 예를 들어, 지루한 회의를 싫어하는 사회자가 "개회를 선포합니다."라는 말 대신에 "폐회를 선언합니다."라고 실언하거나 싫어하는 사람과의 약속날짜를 잊는 등의 행동이다. 또는 히스테리성 기억상실증으로 극단적으로 억압 현상이 심하거나 장기화될 경우의 예로서 이름, 주소, 직업, 가족 또는 과거사 등에 대해선 기억할 수 없지만, 알파벳을 외우거나 전철을 타고 요리하는 방법 등 현실적응에 필요한 내용들은 모두 기억하는 경우다.

동기적 변수 motivational variable 웨이스(Howard M. Weiss)와 아들러(Seymour Adler)는 성격변수를 두 가지 범주, 즉 인지적 변수와 동기적 변수로 나눈다. 동기적 변수는 행동의 진행을 조절하는 양식을 나타내는 변수다. 이는 인지적 차원의 성격과 동기적 차원의 성격의 두 변수에 중점을 두면서 이러한 두 변수 외에 인간의 사고판단과 행동진행의 능률성 여부를 결정하는 방법운용적 성격변수를 보조적으로 포함시키려 한다.

동기집단 cohort 동시대집단, 코호트 조사연구와 인구학적 연구에서 특별한 기간 내에 출생하거나 조사하는 주제와 관련된 특성을 공유하는 대상의 집단을 의미한다. 예를 들면, 평균여명(life expectancies)을 계산할 때 같은 달에 태어난 십만 명의 사람이 한 코호트(Cohort)가 될 수 있다. ⇨ 동기집단효과 참고.

동기집단효과 cohort effect 동시대출생집단 효과 동기집단이란 시기적으로 같은 때에 태어나서 함께 살아가는 사람들의 집단을 말한다. 즉, 같은 시대를 살아가는 사람들에게는 강력한 영향을 미치는 요인들이 있는데, 사회적 · 문화적 · 역사적으로 거의 비슷한 경험을 하며 살아가기 때문에 가치관, 인생관, 교육수준이나 문화적 혜택 그리고 여러 가지 사회적 태도에서 공통점과 유사성을 가지게 된다. 지능이나 태도 등 연령집단 간의 차이를 비교하기 위한 단기횡단연구의 경우 두 연령집단 간의 차이에는 연령에 의한 차이와 함께 특정한 시기를 살았던 동기집단 효과에 의한 차이가 반영되어 있다.

동맹 coalition 연합, 결탁으로 번역되기도 하는 것으로 A가 B에 대항하기 위해 제3자인 C와 제휴하여 B에게 대항하는 것을 뜻한다. 이는 사회에서 하나의 목표를 달성하기 위하여 함께 모인 여러 당파 혹은 이데올로기 집단의 동맹이기도 하다.

동물기호증 zoophilia 변태성욕의 하나로, 성적 흥분을 얻기 위해서 동물과의 직접적인 성교나 또는 접촉을 통해 성적 만족을 추구한다. 이때 선택되는 동물은 대개 집안에서 키우는 동물이다.

동물심리학 animal psychology 비교심리학(comparative psychology)의 일종으로서, 동물심리학은 동물의 종간 혹은 동물과 인간의 심리과정(학습, 지각, 사회 등)을 비교 연구한다. 그러나 대부분 동물 심리학자는 인간의 내면적인 심리과정보다는 외현적인 행동이나 그 과정의 진화를 이해하는 데 주안점을 둔다. 당초 동물심리학은 의인주의적 색채가 농후하여 외관상의 유사행동에 의해 동물에서 인간과 같은 심리를 인정하였으나, 19세기 말 모간(L. Morgan)과 로브(J. Rob)에 의해 객관적 연구의 기초가 확립되었다. 이 입장은 베테(A. Bethe)와 제닝스(H. S. Jennings) 등에 의해 전체적 · 기능적 행동연구로 발전하였으나 미국에서는 자극 · 반응의 연합설로 출발하여 손다이크(E. L. Thorndike)의 문제상자에 의한 동물지능의 연구 등이 나타났다.

동물행동학자 ethologist 어떤 종들의 특유한 행동의 종류에 특히 관심을 가지고 동물의 본능, 습성 그 밖의 일반 행동을 비교적인 방법 및 분석적인 방법을 사용하여 연구하는 일단의 동물학자를 말한다.

동반의존성 codependence codependence는 '상호의존증' 으로 번역되기도 하지만, 건강하고 바람직한 의존성을 지칭하는 interdependency와 반대되는 용어로 구별하기 위해 최근에는 codependence는 '종속의존성', '편향적 의존성', '내면적 속박' 등 '동반의존성' 으로 번역하며, interdependency를 '상호의존성' 으로 구분하고 있다. 동반의존성은 넓은 정의로는 내면의 깊은 공허감을 채우기 위해 사람들이나 사물에 집착하는 것을 말한다. 일종의 정체성 상실의 병이라고 할 수 있다. 최근에 이르러서는, 사람들에게 병리적으로 의존되거나 중독되는 경우에 더 많이 관련 있는 것으로 여겨지고 있다. 이와 같이 동반의존성은 다른 사람과 병리적인 관계를 갖게 되는데, 경계선이 흐릿해서 상대방의 행동과 감정의 영향을 받게 된다. 이는 알코올중독자의 부부관계를 묘사할 때 자주 사용되는 용어로 남편이 알코올중독자일 경우에 아내에게 의존적인 관계를 형성하고 아내가 가족들에게 남편의 역할까지 더 하게 되는데, 이때 자존감이 낮은 아내는 그 남편에게 감정적으로 의존되어서 악순환의 경우가 발생함과 동시에 병리적인 관계를 형성하게 되는 것을 의미한다. 동반의존성의 특징은 조종과 통제가 현저히 나타나며, 강하고 공격적인 능력을 갖고 있지만, 어느 때라도 희생자 역할을 맡을 수 있다. 그들은 쉽게 분노와 자기연민 사이를 오가며, 종종 억압되어 있는 분노를 지니고 있다. 동반의존성은 낭만중독, 관계중독, 회피중독, 인정중독, 성중독과 같은 다른 유사한 '사랑' 중독과 관련이 있다. ⇨ 상호 의존성 참고.

동반자적 언약 covenant of companionship 기독교 상담과정 중 부부관계의 의미를 규정하는 중요한 개념이다. 동반자적 언약이란 하나님께서 직접 만드신 결혼제도의 중요한 목적 가운데 하나인데, 인간을 혼자서는 살 수 없는 존재로 만드신 것이 동반자적 관계를 허락하기 위함이었다는 사실이다.

동반중독자 co-dependent 동반의존자, 공동의존자 중독자 가정의 공동 의존 증세로서, 중독자와의 지속적이고 친밀한 관계를 통해 건강하지 못한 삶의 방식을 습득한 사람을 지칭한다. 동반중독 혹은 공동의존은 개인과 대인관계의 문제뿐 아니라 감정 표현을 못하도록 막는 일련의 가혹한 규칙에 개인이 장시간 노출된 결과 발달된 감정적, 행동적 상태다. 중독자 가정의 동반중독자의 유형과 행동 특성은 ① 순교자적 유형(the Martyr) : 가장 일반적인 동반의존의 형태로서 이들은 배우자의 음주가 자신의 잘못 때문이라고 여기며 자신의 희생과 헌신을 통해 문제를 해결하려고 한다. ② 박해자적 유형(the Persecutor) : 자신의 행동이 통제력을 잃은 것처럼 보일지라도 자신의 잘못보다는 상대방의 잘못에만 초점을 둔다. ③ 공모자적 유형(the Co-Conspirator) : 알코올 중독 가족 내의 역기능적인 상황에서 발달한 자기 정체성에 강하게 결합되어 있어서 남편의 단주를 통한 가족구조의 변화에 불안을 느낀다. ④ 약물 친구적 유형(the Drinking/drugging Partner) : 이들은 약물의존자가 될 위험성을 많이 갖는다. ⑤ 냉담한 동반의존자 유형(the Apathetic Co-dependent) : 반복, 악화되는 중독자의 문제 해결을 통해서 이들은 완전하게 용기를 잃고 감정적인 무감각 상태가 되기 시작한다. 냉담함이 어떤 평화나 고요함을 가져다 줄 수 있으나 인생의 희망이나 의미가 없어지게 한다.

동성애 Homosexuality 동성 간의 성교를 통해 성적 만족을 얻는 장애를 말한다. DSM-III에서는 개인이 자신의 동성애적 성적 지향 때문에 불안과 근심을 가지고 있으며, 동성애에 대해 부정적 감정을 가지고 있을 때에만 이탈된 행동으로 규정하고 있다.

동일시 identification 동일시란 충동이 용납될 수 없는 것일 경우, 충동 그 자체는 부정되지만 그 충동을 갖고 있는 어떤 사람(그의 일면을 느낌으로서)과 동일화함으로써 받아들이는 과정을 말한다. 예를 들면, 강한 공격적 충동을 억압하고 있는 사람이 자신을 강력하고 공격적인 히틀러와 같은 사람과 동일시하거나(공격자와의 동일시 identification with the aggressor) 또는 아들이 무서운 아버지를 닮거나 또한 강한 성적 욕망이 있는 여자가 자신을 화려한 생활을 하는 여배우와 동일시하는 것 등이다. 즉, 동일시란 부모, 형, 윗사람 등 주위 중요 인물들의 태도와 행동을 닮는 것을 말하는데, 이는 단순히 흉내(imitation)와는 다른 것이다. 일종의 방어기제로 동일시는 강렬한 감정적 애착을 형성하거나 자기문제에서 벗어나기 위해 강력한 인물에게 집착함으로써 그 사람과 동질감을 가지려고 애쓸 때 일어난다. 자기의 바람직하지 못한 감정을 다른 사람에게 돌리는 투사와 달리, 자신의 불안이나 부족감을 피하기 위하여 다른 사람의 바람직한 점을 자기 것으로 끌어들인다. 어떤 대상을 향한 강한 감정이 동기가 되어 그 대상이 소유하고 있는 가치적 내용을 자기에게로 받아들여 그것과 동일한 경향을 나타내게 되는 자아의 작용으로 동일화라고도 한다. 이와 같이 동일시는 남의 성격이나 역할을 따서 자기의 일부로 삼는 과정으로, 개인이 자기에게 영향을 미치는 사람과 같아지려는 동기에 의해 일어난다. 혼자서는 불안하므로 자타 일체감을 갖고 싶어 하기 때문이다. 동일시나 동일화가 성립되기 쉬운 경우는 먼저, 자기보다 높은 지위에 있고 또한 자기와 공통된 것, 친밀감을 느낄 수 있는 것과 같은 형에게서 쉽게 이루어지며, 둘째는 자기에게 강한 공포, 불안을 일으키게 하는 강력한 대상에 대해 그 대상이 가진 가치적 내용을 수동적으로 받아들인다. 동일시는 자아와 초자아의 건강한 성장을 결정해 주는 데 가장 중요한 정신기제다. 동일시가 잘 일어나게 하려면 계속적인 강화가 필요하다. 동일시에는 원래 의미 이외에 몇 가지 특수 형태의 동일시가 더 포함되어 있는데 적대적 또는 부정적 동일시와 병적 동일시가 있다.

동일잠재성 equipotentiality 동일잠재성의 관념은 상이한 결과상태가 동일한 출발상태로부터 도달될 수 있음을 나타내는 것으로, 동귀결성과 상반되는 개념이다. 가족체계에서 구성요인 간에는 서로 다른 방법으로 상호작용하고자 하는 동일잠재성을 가지고 있기 때문에 처음 조건이 비슷해도 다른 결과를 가져올 수 있다. 지나치게 개방적인 체계 내에서는 동일 잠재성이 지나쳐 상호작용의 예측이 불가능해져 혼란스러운 반면 지나치게 폐쇄적인 체계에서는 동귀결성이 지나쳐 처음 조건에 의해 결과가 항상 똑같이 결정된다. ⇨ 동귀결성 참고.

동적 가족도 kinetic family drawing 가족들이 마주 앉아서 서로 보게 한 후 커다란 종이에 가족들이 무언가 하고 있는 것을 그리게 하고, 무슨 색을 선택하는지 누가 먼저 그리고 크기는 어떠한지 무엇을 그리는지 누가 정리하는 역할을 하는지 행동을 관찰하고, 가족은 무엇을 느끼고 무엇을 의미하며 어떻게 설명하는지를 본다.

동조 conformity 다른 사람들과 함께 할 때 여러 사람의 행동에 따라가는 경향을 동조라고 부른다. 집단의 응집성이 높고, 구성원이 그 집단에 남고 싶을수록, 자극이나 정보가 애매하고 판단에 확신이 없는 상황일수록 강한 동조경향을 나타낸다. 사람들이 일상생활에서 여러 가지 형태로 타인에게 동조해야 하는 압력을 받게 되는 몇 가지 이유를 정리해 보면, 첫째는 자신의 판단이나 행동을 타인과 비교해 보려는 욕구가 있기 때문에 확실히 알지 못하는 일에는 다른 사람이 하는 대로 따라가려 한다는 것이며, 둘째는 다수의 행동을 따르지 않으면 직접 · 간접으로 제재를 받는 경우가 있기 때문이다. 셋째는 사회적 수용을 받고, 인정을 받고, 사랑을 받으려는 유친동기가 있기 때문이다.

동참 conjoint 치료 장면에 두 사람 이상의 가족구성원을 동시에 함께 만나는 것을 의미한다. ⇨ 합동가족치료 참고.

동통장애 pain disorder 동통장애는 심리적인 원인에 의해 발생하는 것으로 심한 통증이 지속되는 것을 말한다. 통증이 뚜렷한 임상 양상의 초점이 되지만 원발적인 신체질환이 실재하지 않으며, 신체질환이 있더라도 해부생리적으로는 증상에 대한 설명이 불가능한 것을 의미하는 것으로서, 심리적인 요인이 통증의 발병이나 심한 정도, 악화 또는 유지에 중요한 역할을 한다는 것을 알 수 있다.

동형검사신뢰도 alternative reliability (parallel-form reliability) 하나의 검사에 대한 두 개의 도구나 방식(동형검사)을 같은 집단의 사람들에게 실시했을 때, 동일한 결과가 나오는 정도를 말한다. 신뢰도는 크게 검사 · 재검사 신뢰도, 동형검사신뢰도, 반분신뢰도, 문항내적합치도로 나눌 수 있는데, 동형검사를 제작할 때에는 두 검사가 동일한 내용을 측정하여야 하며, 동일한 형태의 문항과 문항수, 동일한 문항 난이도와 문항 변별도를 가져야 한다. 검사 · 재검사신뢰도와 비교했을 때, 시간의 간격이 없기 때문에 연습의 효과, 기억의 효과를 최소한으로 감소시킬 수 있으나, 동형검사의 제작에는 어려움이 따른다.

동형성 isomorphic 유사한 형태나 평형적인 과정을 나타내는 성질을 말한다. 게슈탈트 심리학파의 쾰러(W. Köhler)가 제창하였다. 그에 의하면 심리의 세계만이 게슈탈트성을 가지며, 물리 · 생리의 체계는 요소적 구조가 지배하고 있는 것은 아니다. 심리학에 관하여 발견된 게슈탈트성은 그 밑바닥에 있는 생리 · 물리의 세계에서도 성립되며 이러한 의미에서 심신의 세계는 구조가 동형이다.

동화 assimilation 피아제(J. Piaget)의 이론에서 인지발달을 이루게 하는 기제 중 하나로서 어떤 심적 요소가 다른 요소를 자기와 동일화하는 작용이다. 이는 외계의 사물을 기존에 자신이 가지고 있는 이해의 틀에 끌어들여 해석하고 이해하는 과정을 말한다. 즉, 아동이 이미 가지고 있는 도식을 이용하여 새로운 사물 또는 대상을 이해하고 적응해 가는 인지과정을 동화라고 불렀다.

두 의자기법 double chair technique 두 의자기법은 치료자가 내담자에게 이 의자에서 저 의자로 옮겨 앉으면서 두 가지 역할을 권하는 것인데, 내담자가 자신의 성격 중 갈등하고 있는 부분들 사이에 끼여서 꼼짝 못하고 있을 때 사용될 수 있다. 즉, 내담자는 묘사되고 있는 성격의 부분을 나타내기 위해 자리를 바꿔 가면서 두 부분들 간의 언어적 대화를 수행하게 되는데, 이러한 대화를 통해 갈등이 표면화되고 내담자가 그것을 충분히 경험하게 됨으로써 내담자가 양측 모두를 수용하며 통합할 때 갈등이 해결된다고 보는 것이다. 이 기법은 '빈 의자기법'과 함께 게슈탈트 치료에서 활용되고 있는 기법으로서, 내담자로 하여금 자신이 거부해 왔던 감정이 바로 자신의 실제적인 일부분임을 깨닫게 하며, 인간관계에 있어 과거나 현재의 역할을 포함하여 자신의 자아상태, 의사거래, 게임, 생활각본의 각성을 도와준다.

두정엽 parietal lobe 대뇌반구의 한 부분으로 중심열의 뒤, 후두엽의 앞에 있다. 두정엽의 손상은 공간적 처리에 문제를 일으키게 된다. 두정엽의 손상은 측두엽의 손상에 비해 공간적 방향감의 손상, 공간적 주의의 손상, 공간적 자각의 손상을 초래할 가능성이 크다.

두통거리 black sheep 왕따, 변변치 못한, 집안의 애물단지 등 쓸모없는 가족의 일원으로 여겨지는 성원을 의미한다. ⇨ 희생양 참고.

둔주 fugue 기억 혼란증 분리의 일종으로 제법 긴 기간 동안 실제로 한 일을 전혀 기억하지 못하고 보통 본래 있던 곳에서 사라져 버린다. 혼동된 모습으로 낯선 도시에서 방황하기도 하며, 자기가 누구인지 잊어버린다. 즉, 건망증을 수반하는 해리상태를 말하며, 갑자기 집을 떠나서 그가 지니고 있던 기본적인 기술은 잊지 않고 있지만 그 이외의 그에 관한 모든 과거를 잊어버리고, 새로운 이름을 가지고 새로운 생활을 하게 된다. 그런 상태에서 회복하고 나면, 잊었던 그의 과거를 모두 기억해 내지만 둔주상태에서 경험은 전혀 기억해 내지 못한다. 상당한 기간 지속되는 둔주상태는 위협적이며, 불쾌한 상황의 무의식적 도피욕망에서 연유하는 경우가 종종 있으며, 대개는 자연스레 회복되거나 또는 최면암시나 아미탈(amytal) 면접을 통해 회복시킬 수 있다. 단기간의 둔주는 간질(epilepsy)에서도 일어날 수 있고 또 정신분열증의 긴장성 흥분상태에서도 일어나는 경우가 있다.

둔화 desensitization 이전에 심하게 불안을 경험한 상황에서 편안하게 느낄 수 있도록 만드는 심리치료 방법으로 불안상황에 단계적으로 노출시킴으로써 정서적 반응을 약화시키는 것.

둘러보기 게슈탈트 치료의 한 기법으로 둘러보기란 집단의 한 사람이 다른 사람들을 둘러보고 집단의 개개인과 말을 하거나 무언가를 하도록 하는 것으로, 예를 들면, "나는 이 집단을 믿을 수가 없어요.", "나는 이 자리에 앉아 있는 것이 짜증스러워요." 등을 말할 때 그에게 다른 제안을 하도록 함으로써 내담자의 두려움을 해결해 나가도록 하는 방법이다. 이 기법의 목표는 대면하고 모험하며 자아를 개방하고 새로운 행동을 실험하며 성장하고 변화하는 데 있다.

드라마 삼각형 drama triangle 교류분석의 개념으로, 사람들이 세 가지 각본 역할, 즉 박해자, 구원자, 희생자의 사이를 어떻게 적용하며 옮겨 다니는가를 설명하는 도해다.

등교거부 school refusal 학교에 가고 싶은 마음은 있지만 공포, 학습동기나 진로에 대한 기대상실, 불안 등 심리적인 이유로 학교에 가기를 거부하는 증세.

D-동기 deficiency motive 결핍동기를 의미한다.
⇨ 결핍동기 참고.

디스트레스 distress 최적스트레스(유스트레스)와 상반되는 개념이다. 부정적 결과를 가져오는 역기능적 스트레스로 고통스럽고 불쾌하며 부정적인 사건으로 인해 우리의 에너지를 소모시키고 질병에 취약하게 만드는 괴로움, 고통, 근심이다.
⇨ 최적스트레스 비교,

디지털 대화 digital communication 디지털 대화는 아날로그 대화와 상반되는 방식이다. 즉, 언어에 의한 대화로서 논리적인 방식을 통해 상대방에게 전달되는 대화를 의미한다. ⇨ 최아날로그 대화 비교.

딩크족(DINK) double incomes, no kids 여성들의 사회진출과 자녀에 대한 인식이 달라지면서 나타난 신종 부류로서, 맞벌이 부부로서 아이는 갖지 않고 부부 당사자들만의 삶을 누리고자 하는 사람들을 지칭한다.

떠벌림효과 profess effect 어떤 이가 담배를 끊어보려고 시도하려고 사용한 심리학적인 원리가 있다. 하나는 조건부 계약이라는 것이다. 가령, 자신이 담배를 피우면 친구에게 얼마를 주겠다고 하는 식으로 조건을 거는 계약을 조건부 계약(유관 계약)이라고 한다. 다른 하나는 공개표방이란 것이다. 자신이 달성하고자 하는 목표를 공개적으로 알림으로써 주위 사람들의 지원을 얻는 방법이다. 자신이 목표로 삼은 행동을 공개적으로 표방하면 자신이 한 말에 더 책임을 느끼고, 실없는 사람이 되지 않기 위해 약속을 더 잘 지키게 된다. 그런 현상을 '떠벌림효과'라고 한다.

뚜렛장애 tourette's disorder 대개 소아기 또는 초기 사춘기 동안에 발생되며, 거듭되는 무의식적 행동에 의해 특성화된 신경장애가 특징인 유전병이다. 반복적이며 갑작스럽게 나타나는 근육의 움직임이나 어떤 형태의 소리를 말하는 운동 틱과 음성 틱이 나타나며, 안면과 머리경련, 발을 구르거나 몸을 구부리는 증상 등이 나타나는 것으로, 뚜렛장애의 흔한 동반 증상은 강박적 사고와 강박적 행동이다. 과잉행동, 주의산만과 충동성이 비교적 흔하다. 사회적 불편감, 수치감, 자기의식, 우울 기분이 빈번하게 나타나며, 다른 사람으로부터의 배척이나 사회적 상황에서 틱이 나타나는 데 대한 불안 때문에 사회적 · 학업적 · 직업적 기능에 장애가 된다.

뛰어난 사회적 지각능력 enhanced social perception 케임(Keim)은 비행청소년에 대한 이해를 통해 뛰어난 사회적 지각능력을 인식했는데, 이는 청소년이 자신이 바라는 결과를 얻기 위해 자신의 욕구를 좌절시키려는 상대방의 의도를 간파하고 목적 달성에 필요한 절차를 앞질러 생각하고 계획하는 능력을 말한다. 이러한 능력 때문에 비행청소년인 자녀의 행동을 통제하려는 부모나 다른 주위 어른들의 노력은 곧잘 실패로 돌아가게 된다.

뜨거운 자리 hot seat 중심의자 개인의 자아 각성을 촉진시키기 위해 집단 상담에서 활용하는 기술로서 먼저 구성원에게 '뜨거운 의자'에 대해 설명해주고, 해결하고 싶은 문제가 있는 구성원으로 하여금 리더와 마주 보이는 빈자리에 앉게 한다. 중심의자에 앉은 구성원은 자신을 괴롭히는 문제에 대해 이야기하며, 리더는 시간의 흐름에 관여치 않고 문제가 해결될 때까지 직접적이고 때로는 공격적인 상호작용을 한다. 이런 상호작용은 문제를 표출한 개인과 리더 사이에서만 일어나며 다른 구성원은 특별한 허락 없이는 이들의 상호작용을 방해하지 않는 규칙이 주어진다.

ㄹ

라포 rapport 상담자에 대한 내담자의 신뢰감, 친화관계, 친밀관계, 관계형성, 치료적 관계를 의미하는 것으로서, 온화한 엄격함과 동정이 담긴 정직과 존중이 상담에서 라포를 형성하는 데 최대의 효과를 준다.

러닝하이 Running High 극도의 육체적 고통 뒤에 오는 쾌감 · 육체적으로 힘든 시점이 지난 어느 순간부터 갑자기 기분이 상쾌해지고 호흡이 안정되면서 무한정 달리고 싶은 욕구를 말한다. 러닝하이라 불리는 이 현상은 달리는 동안 몸 안의 베타엔도르핀이라는 물질의 농도가 상승해 생기는 것으로 알려져 있다. 이 때문에 달리는 동안 일체의 잡념이 사라지고 스트레스 해소와 기분전환에 큰 도움이 된다. 많은 정신과의사는 우울증의 효과적인 치료법으로 달리기를 권장하고 있다.

레드증후군 red syndrome 붉은색을 선호하는 사회현상을 가리키는 신조어. 이는 2002 FIFA 한일 월드컵에서 우리 나라 축구대표팀의 선전으로 생겨난 새로운 사회현상으로, 대표팀의 경기가 열릴 때마다 남녀노소를 가리지 않고 각종 의류에서 액세서리까지 붉은색으로 치장하고 응원에 나서, 길거리가 온통 '붉은색의 바다'를 이룰 정도다. 원래 붉은색은 눈에 피로감을 주고 쉽게 질리는 강렬한 원색인데다 공산주의나 사회주의를 상징한다는 정치적인 이유로 금기시되던 색깔이었으나 우리 나라 축구대표팀의 전통 유니폼 색깔인데다, 공식 응원단으로 활동중인 'Red Devils' 의상도 붉은색이어서, 자연스레 붉은색만 보면 흥분되는 레드증후군으로 발전하게 된 것이다.

레드콤플렉스 red complex 적색공포증이라고도 부른다. 공산주의에 대한 과민반응을 일컫는 말로서, 공산주의에 대한 왜곡된 공포심과 이를 근거로 한 인권탄압을 정당화하고 용인하는 사회적 심리도 포함된 개념이다.

레빈 Kurt Lewin (1980~1947) 독일의 심리학자로서 임상보다는 리서치나 이론 규정에 공헌했다. 처음에는 게슈탈트 심리학에 속하였으나 미국으로 건너가 사회심리학 영역에서 사회적 분위기, 집단의 지결정, 산업에서의 현장연구, 유대인문제, 감수성 훈련 등을 연구하였으며, 지금 놓여 있는 상황과 개인과의 상호관계의 결과, 행동이 생긴다고 하는 '장의 이론'을 주장했다.

레즈비언 Lesbian 동성애(Homosexuality)를 즐기는 여자를 지칭하는 말. Lesbo라고도 하며 관능적인 여성이 많이 살았다는 Greece Aegean Sea의 Lesbos 섬에서 유래된 말이다. 동성애는 유전이라는 설도 있으나, 최근 들어서는 가정환경의 영향이라는 설이 유력하다. 이에 따르면 동성애를 즐기는 여성의 가정환경은 통상 부친이 알코올 중독에다 폭군적인 성격과 가학적이며, 모친은 잔소리가 많고 인정이 메마르다고 한다. 이로 인해 남성 전체에 대해 혐오감을 갖고, 모친 이외의 여성에게서 사랑을 구하려는 성향을 띠게 된다는 것이다. 이러한 동성애를 선호하는 여성은 사랑의 대상인 동성에 대하여 지나치게 질투심과 시기심이 강하기 때문에 때로는 사소한 일로 상해사건을 일으키는 경우도 있다.

레트장애 Rett disorder 생후 5개월 정도까지는 정상적인 성장과 발달을 보이다 그 이후 머리의 성장이 현격히 둔화되고 이미 습득했던 손동작 기술을 상실하며 손을 꼬거나 씻는 등의 일정한 손동작을 반복한다. 사회적 대인행동과 언어발달, 신체동작의 발달에 현저한 장애가 있으며 여자아이에게서만 발견되었다.

렘 수면 REM sleep REM(Rapid Eye Movement) 상태가 지속되는 상황의 수면을 말한다. 수면 중 눈동자가 빠르게 움직이는 상태로서 역설수면(꿈을 꾸면서 자는 수면, 보통 하룻밤에 3~5번 경험)이라고 한다. ⇨ 꿈꾸는 수면 참고.

로르샤하 잉크반점검사 Rorschach test 투사법 검사 중 가장 대표적인 심리진단검사로서 표준화된 잉크반점 카드로 구성되어 있으며, 이 카드들은 불분명하고 뚜렷한 의미가 없는 것으로 특정 대상이나 사물을 지칭하지는 않으나 다양한 함축적인 의미를 지니고 있어서, 개인의 지각 과정을 통해 행동 특징이나 성격을 예측한다. 이 검사는 1921년 스위스의 정신의학자 헤르만 로르샤하(Hermann Rorshach)가 제작하고 『심리진단학(Psychodiagnostic)』이라는 책을 출간함으로써 공식화되었다. 그는 정신과 환자들을 대상으로 10여 년에 걸쳐 연구한 결과 10장의 잉크반점 카드를 제작하였다. 로르샤하 검사의 자료는 17×24cm 크기의 10장이 카드로서 거의 대칭적인 잉크 반점으로 구성되어 있다. 5장의 카드는 검은색 또는 회색으로 되어 있고, 나머지 5장의 카드에는 색채가 들어 있다. 로르샤하 잉크반점검사는 개인의 지각이 성격과 관련되어 있다는 가정에서 기초하고 있다. 한 개인이 잉크반점에서 지각을 구조화하는 방식은 그 개인이 가진 심리적 기능의 근본적 측면을 반영한다는 것인데, 즉 개인의 내적 충동, 동기, 충동통제 등 성격의 여러 측면이 비구조화된 잉크반점을 지각하는 과정에서 표출될 수 있다는 것이다. 로르샤하 검사에 의해 밝혀질 수 있는 성격의 측면은 첫째가 사고의 독창성, 생산성, 문제 접근방식 등의 인지적 측면과 둘째는 타인에 대한 반응, 일반적인 정서 상태, 정서적 긴장에 대한 반응 등의 정서적 측면 그리고 셋째는 갈등이나 방어 등 자아기능의 측면이다.

로미오와 줄리엣 효과 Romeo & Juliet effect 부모들이 반대할수록 애정이 더 깊어지는 현상을 말한다. 반발심리와 인지부조화(Cognitive dissonance) 때문에 로미오와 줄리엣 효과가 나타난다. 인지부조화란 태도와 행동이 일치하지 않을 경우 사람들이 느끼는 긴장과 불안을 말한다. 사람들은 긴장과 불안을 감소시키려고 태도나 행동 중 하나를 바꿔 태도와 행동을 일치시키려는 경향이 있다.

로저스 Carl Rogers (1902~1987) 비지시적인 내담자중심상담(Client centered counseling)을 창시했는데, 그것을 후에 인간중심상담(people centered counseling)이라고 명명했다. 인간중심적 상담과정의 특징은 상담의 과정이나 문제해결에 대한 내담자의 책임과 주체성을 강조하고 있으며, 수용적인 상담관계가 중시되며, 주요 상담기법은 진실성, 무조건적 긍정적 관심, 정확한 공감적 이해를 필요로 한다. 로저스는 철저한 경험주의적이며 현상학적인 측면에서 인간을 이해한다. 로저스 이론의 전제조건이라고 할 수 있는 것은 인간이해에 대한 사고 내지 철학을 생성하게 하여 모든 인간으로 하여금 자기 자신을 이해하게 하고, 새로운 방향으로 적극적으로 걸어갈 수 있게 해 준다. 로저스의 방법은 인간의 내적 세계에 대한 이해를 전제로 하기 때문에 비지시적인 방법을 강구한다. 이러한 원리는 자유주의적 인본주의 사상, 즉 인간의 문제는 인간이 해결하여야 한다는 사상과 일치한다.

로프기법 rope technique 사회적 지지망 가족치료의 기법으로서, 로프의 한 끝을 각각 한 가족구성원의 허리에 묶고서 치료자도 함께 묶여 있음으로써 어떻게 보이는지 해석하고, 이 관계에 따른 긴장에 대해 질문하고 관계를 변화시킬 수 있는 제안을 자극하고자 한다.

루시퍼원리 Lucifer 자연이 사용하는 폭력과 증오, 탐욕이 결국은 하나의 도구며 자연의 커다란 풍요와 창조의 일면이라는 것이다. 루시퍼는 라틴어 '빛(lux)을 가져오는(ferve)자' 에서 유래되었으며, 원래는 샛별(금성)을 의미하는데, 천사였던 루시퍼가 천상에서 반란을 일으킨 후 천사장 미카엘에게 패하여 지상으로 내쳐져 사탄의 고유명사가 되었다. '루시퍼원리' 는 미국의 심리학자 하워드 블룸(Howard Bloom)이 여기에 착안해 역사를 움직이는 동력으로 제시한 것이다. 루시퍼원리는 악이야말로 우리 인간의 가장 기본적인 생물학적 피륙이라고 주장한다. 즉, 유전자 보존 같은 이기적 목적은 개체를 넘어 집단이나 종족 전체의 수준에서 이루어지기 때문에 개체의 극단적인 이타적인 행위도 가능하다는 설명으로, 이런 관점에서 일제의 가미카제와 알카에다의 자살특공대를 설명한다.

리더십 leadership 집단의 목표나 내부구조의 유지를 위하여 구성원이 자발적으로 집단활동에 참여하여 이를 달성하도록 유도하기 위한 기능으로, 리더십이 지배와 다른 것은 그 기능의 수행을 피지도자의 자발성에 기대하는 점이고, 또 집단의 성질에 따라 그 특성이 반드시 고정되어 있는 것이 아니다. 리더십은 그 기능의 방법에서 탄력적이어야 하며, 리더는 이를 위하여 통찰력과 적응성을 필요로 한다. L. 아위크는 리더십의 필요한 자질로 용기 · 의지력 · 마음의 유연성 · 지식 · 고결한 성품을 지적했고, 특히 공정과 성실함을 끊임없이 간직함으로써 다른 구성원의 신뢰를 받는 일이 중요하다고 하였다.

리비도 Libido 무의식 중에 마음 깊숙한 곳에 축적된 욕망의 에너지로서, 프로이트(S. Freud)가 리비도라는 말을 성의 본능에 의해 야기되는 '성적 에너지', 즉 성적 행위로부터 만족을 추구하려는 정신 에너지의 일부의 의미로 사용한 반면 융(C. G. Jung)은 일반적인 정신적 에너지를 포괄하는 개념으로 확장하여 사용했다. 성 본능은 구강기를 통해 발달하다가 5세경 절정에 이른 후 억압을 받아 잠재기에 이르고 사춘기에 다시 성욕으로 나타난다고 하였다. 그러나 리비도는 중도에서 발달이 중지되기도 하고 발달했다가 거꾸로 되돌아가는 경우도 있는데, 이상성욕, 즉 동성애나 신경증이 이에 속한다. 리비도가 충족되기를 바라다가 충족되지 않을 때면 불안으로 변하며, 또한 리비도는 승화되어 정신활동의 에너지가 되기도 한다. 프로이트는 처음에는 리비도를 자기보존 본능과 대립되는 것으로 보았으나, 나중에는 이 둘을 결합, 에로스(eros)라고 하여 죽음의 본능, 즉 삶을 파괴하려는 본능과 대립시켰다.

리셋 증후군 reset syndrome 사이버중독(cyber addiction)의 한 현상으로 나타나는 증후군으로, 컴퓨터 게임을 진행하다가 자기가 원치 않는 상황이 계속 전개되거나 감당하기 어려운 문제에 봉착될 때에는 이를 해결하고 풀어가기보다는 모든 것을 포기하고 쉽게 처음부터 컴퓨터를 다시 작동시키는 리셋 버튼을 습관적으로 눌러 문제를 피해나가려는 습성이 현실세계에서도 그대로 반영되어 예측하기 어려운 돌발적이고 발작적인 행동방식으로 새롭게 시작하려는 증상을 말한다.

리커트 방식 Likert style 리커트(R. Likert)가 1932년 작성한 태도척도의 하나다. 같은 종류의 내용에 관계되는 여러 의견을 많이 모아 그것들을 3~7단계의 연속체척도상의 스코어에 맞추어 그 합계점을 가지고 태도의 스코어로 삼는 상가평정척도와 항목 분석에 의하여 작성하는 내적일관성척도를 결합시킨 태도측정법이다. 리커트 방식은 세스톤 방식과 같이 전문 판정자 그룹을 이용하는 번잡함이 없고 손쉽게 측정, 정리할 수 있다는 장점이 있다. 이론과 실제와의 차이가 비교적 적다는 점 때문에 태도측정법으로는 널리 사용되고 있지만, 측정이론 자체와 항목에 부여되는 가중치에 문제가 있으며, 이런 결함으로 거트만(L. Guttman)의 척도분석법이나 라자스펠트(P. Lazarsfeld)의 잠재구조분석에 의해 비판되었다.

링겔만 효과 Ringelman effect 집단에 들어가면 그것도 더 큰 집단에 들어갈수록 사람들의 생산성이 떨어지는 현상. 독일의 유명한 심리학자 이름 링겔만의 이름을 따라 명명되었다. 1대 1 시합 시 한 명이 내는 힘이 100이라면 2명이 참가하면 93, 8명이 함께 할 때는 49, 즉 혼자 경기할 때에 비해 힘을 절반밖에 내지 않았다. 이와 같이 자신에게 모든 책임과 권한이 주어져 있는 1대 1 시합과 달리 참가하는 사람이 늘수록 일인당 공헌도가 오히려 떨어지는 집단적 심리현상을 링겔만 효과라고 한다.

ㅁ

마더콤플렉스 mother Complex 융(C. G. Jung)이 처음 사용. 어머니께 언제까지나 복종하는 남성의 심리경향으로 어머니를 사이에 두고 심리적으로 아버지와 대등한 존재로 착각하여 어머니로부터 분리되는 것에 대한 죄악감을 의미한다. 책임이 전적으로 여성에게 있는 우리 사회에서 아들은 어머니의 사고방식과 취향에 따라 성장하고 자신의 삶에 가장 중요한 영향력을 어머니로부터 받게 되는 '마더 콤플렉스'의 소유자가 된다. 남아선호사상이 강하게 존재하는 한국사회에서 남성들은 어머니의 헌신적인 사랑과 희생에 의해 성장과정에서 안락한 생활을 누리는 한편 어머니의 뜻에 따라 살아야 하는 강한 의무감을 갖게 된다. 나이가 들어도 어머니의 소유대상이 되며 결국 어머니의 애정과 기대를 많이 받은 남성일수록 마더콤플렉스를 갖기 쉽다. 결혼 후 생활에 문제가 생겨도 아내가 해결해 줄 것을 기대하면서도 어머니 앞에서는 '가장'이라는 권위를 내세워 아내를 다스려야 한다는 보상심리마저 드러낸다. 오로지 자기중심적이어서 연인이나 아내를 오직 자신을 위한 사람 이상으로 여기지 못하게 되고 아내에게도 어머니의 모습을 기대하며 두 여성에게서 사랑받는 남성이 되고자 한다.

마라무스병 Marasmus 소아 탈진증, 소모증 어린 아이가 접촉결핍으로 울어대다 탈진되어 죽게 되는 것으로, 마라무스병은 감옥에서 태어나 길거리에 버려진 아기들을 돌보는 국립병원 의사였던 '르네 스피츠(Rene Spitz)' 박사의 발견에서 밝혀졌다. 그는 아이들이 위생적인 환경에서 충분한 음식을 주면서 양육함에도 유아사망률이 높았던 이유를 밝혀 내지 못했다. 그러다 멕시코에서 휴양지 근교의 고아원을 보았는데, 그 고아원은 영양도 형편 없고 비위생적이었음에도 불구하고 아이들의 건강상태가 매우 좋았고 아이들이 울지도 않는 것을 보았다. 이유는 이웃 마을에 사는 여자들이 매일 와서 아기를 안아 주기도 하고 노래도 불러 준 것이 큰 요인이었다는 것이다.

마모네 mammone 이탈리아에서 부모의 도움을 기대하며 살아가는 성인자녀를 뜻하는 것으로 마모네의 뜻은 엄마가 차려 주는 밥상에서 벗어나기를 거부한다는 의미가 있다. 캥거루족, 부메랑키즈, 모라토리엄족, 네스트호커와 같은 의미다. ⇨ 부메랑키즈 참고.

마법의 숫자 magic number 사람들은 7을 행운의 숫자라고 해서 좋아하지만, 심리학자인 밀러

(Johnny A. Miller)는 7을 '마법의 숫자'라고 불렀으며, '마법의 7'이라는 논문을 통해 획기적인 인간의 심리를 발표했다. 인간은 동시에 7종류를 기억할 수 있다는 내용이다. 여기서 7이란 숫자는 단기기억용량을 나타내고 있는 것이다. 사람들의 기억은 감각기억, 단기기억, 장기기억으로 구성되어 있는데, 그중에서도 단기기억은 감각기억보다는 길지만, 장기기억보다는 짧은 약 30초 정도의 지속시간을 갖는다. 단기기억은 30초라는 짧은 시간이 지속되면서 7±2라는 기억용량을 가지고 있다. 다시 말해, 단기 기억의 용량은 5~9 정도인데, 평균 기억용량이 7이기 때문에 7을 신비의 숫자라고 불렀다.

마술적 사고 magical thinking 자신의 상황을 바꾸기 위해 노력하기보다는 어떤 사건이나 사람이 자신의 현실을 바꾸어 줄 것이라고 믿는 것이다. 즉, 자신의 생각이나 말 또는 행동이 통상적으로 이해되는 인과법칙을 무시하는 방식으로, 특별한 일을 일으키거나 막을 수 있다는 잘못된 믿음을 말한다. 예를 들면, 신데렐라콤플렉스를 가진 여성이 자신을 찾아 헤매고 있을 남성을 기다리는 경우나 부자가 되면 행복해질 수 있다고 믿는 것 자신이 말썽을 일으키면 부모가 화해할 것이라고 믿는 것처럼, 이는 자신의 힘으로 통제할 수 없는 상황에 직면한 인간이 이러한 힘을 달래기 위해 동원하는 원시적인 사고를 일컫는 정신과용어로서, 마술적 사고는 정상 아동의 발달 과정에서도 볼 수 있다.

마스코트 mascot ⇨ 어릿광대 참고.

마스킹 효과 masking effect 칵테일효과와 비슷한 개념으로 어떤 감각이 다른 감각을 지워 버리는 것을 의미한다. 예를 들면, 카페 등에서 친구와 이야기를 할 때 주위의 소란스런 소리는 지워 버리고 자신들의 대화에 집중하고 있는 것과 같다.

마약중독 drug addiction 약물남용 육체적 또는 정신적 안녕에 해로운 화학물질의 부적절한 사용에 의한 중독을 말한다. 마약은 미량으로 현저한 진통·마취작용을 하고 습관성과 탐닉성을 가져와 사용을 중지하면 심한 금단 증세를 일으키고 또 남용할 염려가 있는 약물로서, 마약을 반복 사용하여 인이 박히면 알코올 중독자와 같이 그런 약물을 탐내는 정신적 의존성이 유난히 강하게 된다. 투약을 중단하면 보통사람은 이해 못할 정도로 심한 정신적·육체적 고통에 빠지게 된다.

마음 objective mind 일반적으로 '정신'이라는 말과 거의 같은 뜻으로 쓰이나, '마음'은 '정신'에 비해 훨씬 개인적이고 주관적인 뜻으로 쓰이는 일이 많다. 심리학에서 '의식'의 뜻으로 쓰이며, 육체나 물질이 상대적인 말로서 철학상의 '정신' 또는 '이념'의 뜻으로도 쓰이는 막연한 개념이다.

마이어스-브릭스 인성유형 (MBTI) Myers-Briggs Trait Indicator ⇨ MBTI 성격유형검사 참고.

마인드맵 이론 mind-map theory 영국의 언론인 토니 버전이 주장한 이론으로 성공의 비결로서 기록하는 습관을 버려야 한다는 이론이다. 기록하게 되면 시야가 좁아지고 인간 두뇌의 종합적 사고를 방해한다는 것이다. 즉, 읽고 분석하는 모든 것을 마음속에 지도를 그리듯이 사고하는 훈련법을 말한다.

마찰도착증 frotteurism 마찰도착증의 변태성욕적 초점은 동의하지 않는 사람에게 접촉하거나 문지르는 행위를 통해 성적 충동, 공상, 성적 행동을 하는 것이다. 그러나 그는 기소를 피하기 위해 상대와 접촉한 후 발견되지 말아야 한다는 점을 알고 있다.

마초증후군 macho syndrome 신체적, 성적, 심리적 또는 지적으로 남성은 우월하다고 여기며 행동하는 남성으로 권위주의적인 남성 또는 남존여비 신봉자들의 형태로서, 남자로 태어난 것이 여자를 지배하기 위한 특권이라도 되는 것처럼 우쭐댄다. 이럴 경우 아내들은 남편의 잘못된 행동은 철저히 무시하고 그런 행동을 보이지 않을 때만 이쪽에서도 어떤 노력을 할지 협상하는 전략을 사용하기도 한다. 이러한 남성들은 자신의 나약한 감정이나 불안정한 성 정체감을 감추기 위해 초남성다움(hyper-masculinity)을 더욱 드러내려 한다.

마취 요법 anesthesia therapy (narcosynthesis) 제2차 세계대전 중에 그린커(R. R. Grinker)와 슈피이겔(J. P. Spiegel) 등에 의하여 개발된 치료기법으로서 소듐아미탈(sodium amytal)이나 소듐펜토탈(sodium pentothal)과 같은 마취약을 정맥주사 하여 억압된 외상적 경험을 상기하게끔 자극하고 그런 후에 환자를 각성시켜 그가 기억해 낸 경험들을 가지고 환자의 마음속에 품고 있는 자신의 생각을 말하게 함으로써 정신증세를 일으키는 원인을 알아내며, 이를 통해 서로 검토하고 논의함으로써 그 경험들을 환자의 감정생활에 통합시키는 기법이다.

마치스모 machismo 남성다움에 자신을 잃은 남성이 일으키는 사회적 문제로 마치스모 현상을 들 수 있다. 자신을 잃고 불안해진 남성이 여성에게 성폭력을 일삼거나 구타하는 등 무모한 짓을 함으로써 남성다움을 과시하려는 공격적 남성성을 말한다. 우월감을 과시하는 마초와 달리 마치스모는 남성이 자신의 우월감을 받쳐 주고 확인할 수 있는 기제가 없을 때 느끼는 갈등에서 비롯된다.

마키아벨리아니즘 machiavelianism 목적을 위해 수단을 가리지 않는 권모술수주의를 의미한다. 원래 정치는 일체의 도덕·종교에서 독립된 존재이므로 일정한 정치 목적을 위한 수단이 도덕, 종교에 반하더라도 목적달성이라는 결과에 따라서 수단의 반도덕성·반종교성은 정화된다는 정치적 사고를 뜻하는 것이었으나, 일반적으로 이 말이, 목적은 수단을 정당화하기 때문에 목적의 달성을 위해서는 어떠한 방해도 허용된다는 등의 사고인 것처럼 이해되어 왔고 그러한 사고방식에 의하여 행동하는 사람을 모두 '마키아벨리스트'라고 부르고 있다.

만성피로증후군(CFS) chronic fatigue syndrome

character 만성피로증후군을 분명하게 진단하는 검사는 없다. 그것은 과잉반응을 하는 면역체계 또는 바이러스를 퇴치하는 신체기능을 억제하는 효소체계의 이상에서 비롯되는 것으로 보인다. 환자는 보통 극심한 피로, 근육통증, 단기적인 기억 상실, 주의집중저하, 우울증을 호소한다.

만족스러운 무관심 la belle indifference 기분 좋은 무관심 히스테리성 무관심이라고도 한다. 자네(P. Janet)가 처음 사용한 용어로서, 많은 히스테리환자가 그들의 신체적 증상에 대해서 나타내는 무관심한 태도에 적용되고 있다. 즉, 자신의 증상이 심한데도 이에 별로 개의치 않는 태도를 나타내는 것이다. 이런 무관심한 태도는 아마도 증상형성이 환자들의 내적 불안을 없애 주고 또한 동정과 관심을 이끌 수 있는 2차적 이득을 가져다 주기 때문인 것으로 보여진다.

만족의 지정 delay of gratification 미래의 더 크고 값진 보상을 위해 즉각적인 보상을 스스로 연기하는 것. 이는 프로이트의 중요한 용어로 인간행동을 유발시키는 힘인 성적이며 역동적이고 비이성적인 방식의 에너지를 지칭한다.

말기환자 terminally ill 사망이 예상되는 질병을 가진 환자를 의미하는 것으로, 말기환자를 위한 심리적인 대처는 환자의 곁에서 시간을 보내 주는 배려가 필요한데, 환자의 마음을 들어 주고 서로 받쳐 주는 위로와 환자나 그 가족 구성원이 감정을 자유롭게 표현할 수 있도록 공감적으로 경청하여야 한다.

말더듬기 stuttering 말더듬기는 DSM-IV에서 의사소통장애에 포함되었다. ICD-10에서는 이를 소아 및 청소년기 발병 기타 행동 및 정서장애 중 하나로 분류하고 있다. 이는 말할 때 음이나 음절을 자주 반복하거나 지연시키거나, 한 단어 사이를 쉬어서 발음하기 때문에 나이에 비해 유창하게 말하는 것에 현저한 장애가 있는 것으로 정의된다. 대부분 소아기에 발생한다. Stammering은 말더듬기와 같은 의미로 사용된다.

말비빔 word salad 훨씬 진행한 정신분열증 환자에서 나타나는 조리가 없고 이해할 수 없는 언어를 말하는데, 진짜 언어와 새로 만들어진 언어의 잡탕으로 이루어진다. 이해할 수 없기는 하지만 말비빔에도 의미는 있다. 그러나 그 의미를 알아내기 위해서는 환자의 연상과정과 이에 대한 해석이 필요하다.

말초신경계 peripheral nervous system 신경계에서 뇌와 척수를 제외한 부분이다. 일반적으로 체성신경계와 자율신경계로 나누고, 체성신경계를 다시 운동신경계와 지각신경계로 구분한다. 운동신경계는 원심성이며, 흥분을 중추에서 말단골격근으로 전달하여 근의 운동을 일으킨다. 지각신경계는 구심성이며, 흥분을 말단감각기에서 중추로 전달하여 감각을 일으킨다.

망막 retina 눈에 있는 빛에 민감한 부분으로 간상체와 추상체로 되어 있다. 간상체는 약한 빛을, 추상체는 밝은 빛을 감수하는 시세포다. 빛이 눈 속으로 들어오면 신경의 흥분이 후극의 시속유두에 모여서 대뇌에 전달되어 시기능이 성립된다.

망상 delusion 외부 현실에 대한 부정확한 추정에 근거한 잘못된 신념이다. 이 신념은 그것이 사실이 아니라는 논리적인 주장, 데이터, 논박의 근거가 충분함에도 불구하고 계속 유지되는 믿음을 의미한다. 정도가 약할 때는 사고편향 또는 과잉가치부여사고(overvalued idea)라고 한다. 사람에게는 인격균형을 유지하기 위해 가공적 사고를 발달시키는 경향이 있는데, 편견이나 이데올로기 등이 그 예다. 망상과 지배관념은 감별하기 어렵다. 지배관념을 가진 개인도 비합리적 믿음이나 사고를 가지고 있지만, 망상의 경우처럼 요지부동 강하게 주장하지는 않는다. 이 용어를 쓸 때에는 주의를 기울여야 한다. 어떤 이의 망상이 다른 이에게는 구원이 될 수 있는 것이다. 또 그 사람의 문화가 그 망상을 지지하고 있을 때에는 망상이라는 용어를 쓰지 않는다. 이 경향이 개인에게서 병적으로 나타날 때 망상이 되며 단순히 이성과 논리적 설명으로는 바꾸지 못한다. 망상으로 출발했으나 그 이후의 전개가 논리적일 때는 체계화된 망상(systematized delusion)이라 한다. 망상 내용이 매우 괴상하고 엉뚱할 때는 괴이하다(bizarre)고 표현한다. 또한 망상이 감정상태와 일치할 때는 기분조화망상(mood congruent delusion)이라 하고(예 : 우울 때의 죄망상), 일치하지 않을 때는 기분부조화망상(mood incongruent delusion)이라 한다. 망상은 환자들 개개인마다의 특정한 생활상황에서 생기는 특수한 심리적 문제나 부담을 처리하기 위한 시도로서 형성된다고 볼 수 있다. 따라서 망상은 그 망상을 갖고 있는 개개인을 상대로 접근하여야 이해가 가능하다. 즉, 그들이 정신병적 상태가 됨으로써 망상을 가지게 되기까지는 그들 나름대로의 특수한 인격적 문제와 욕구가 있었던 것이다. 따라서 역으로 말하면, 그들 망상의 내용을 이해하면 그들의 심리적 문제와 욕구를 알 수 있다는 것이다. 망상 형성에 영향을 주는 근원들로는 좌절된 욕망이나 희망, 열등감, 생물학적 부족감, 도덕적으로 받아들일 수 없는 속성, 괴로움을 주는 욕망, 심한 죄악감 및 불안에 대한 방어를 요하는 등의 상황을 들 수 있다. 망상이 그 나름대로의 어떤 심리적 의미나 목적을 가지고 있는데도 흔히 상징화의 과정에 의해 심하게 왜곡된 표현으로 나타나기 때문에 그 목적이나 의미를 이해하기 곤란할 때가 많다.

망상성장애 delusional disorder 적어도 한 달 이상 지속되는데, 기괴하지 않은 망상이 나타나면서 다른 정신분열증 양성증상이 없는 것이 특징이다. 중년기에 주로 발생하며, 망상장애의 유형은 다음과 같다. ① 색정형(erotomanic type)으로 다른 사람 주로 유명인이 자신과 사랑에 빠졌다는 망상이며, ② 과대형(grandiose type)은 자신이 엄청난 능력을 가졌다는 망상이다. ③ 질투형(jealous type)으로 배우자나 연인이 부정하다는 망상이며, ④ 피해형(persecutory type)은 다른 사람들이 자신을 모함하거나 속이거나 독을 섞는다는 망상이며, ⑤

신체형(somatic type)으로 기능과 관련된 망상, 즉 신체 일부에서 악취가 나거나 기생충이 있다는 등의 망상을 말한다.

망상성 치매 paranoiac delusion 정신분열병의 세 가지 유형 중 하나로서, 파과병 · 긴장병이라고도 한다. 중년에 발병하는 일이 많고 환각과 망상이 심하게 표면에 드러나고 점점 악화되며 피해망상으로 인해 질투심도 강하게 느끼고 타인을 폭행하는 등 피해를 끼치고 자살을 기도하기도 한다.

망상체 reticular formation 후뇌 부분의 연수에서 뇌와 중뇌를 거쳐 전뇌에 이르는 부분에 구성된 복잡한 회로망으로 우리의 각성 상태나 주의 집중을 조절하는 기능을 한다.

망상활성체계(RAS) reticular activating system 망상활성체계는 대뇌피질(상위중추, 윗뇌)과 하위중추(아래뇌)의 작용을 연결짓는 기능을 한다고 알려져 있다. 즉, 대뇌피질의 정보와 하위중추의 정보가 two-way로 넘나들 수 있도록 하는, 정신과 신체를 연결시키는 시스템이라 할 수 있다.

맞받아치기전략(TFT) tit-for tat 단순되받기라고도 한다. 이는 상대방이 경쟁적으로 나오면 자신도 경쟁적으로 행동하고, 상대방이 협동적으로 나오면 자신도 협동적으로 행동할 때 상대방에게서 가장 많은 협동적 행동을 이끌어 내는 전략을 말한다. Tit-For-Tat이란 의미는 요즘 경영관리나 비지니스 이론에서 많이 쓰이고 있는 것으로 '팃 포 탯 전략' 이라고 해서 '반드시 보복하기 전략' 이라고도 말한다. 맞받아치기전략은 '처음에는 협력하고, 그 다음부터는 상대방이 그 전에 행동한 대로 따라서 한다.' 는 두 개의 규칙으로 구성되는데, 다음 네 가지 행동양식을 기본으로 한다. 첫째, 신사적으로 한다. 내가 먼저 상대편을 속이거나 배반하지 않으며, 최초에 계획했던 게임정신이나 둘 사이의 관계규정을 먼저 파기하지 않는 것이다. 둘째, 상대가 반칙을 범했을 때에는 반드시 즉시 보복하는 것이다. 셋째, 용서한다. 규칙을 어긴 상대가 반성을 하고 정상으로 되돌아오면 용서를 해 주라는 것이다. 그러나 용서할 때에는 보복을 할 때와는 달리 약간 뜸을 들이면서 용서하는데, TFT는 성급한 용서를 배제한다. 넷째, 행동을 명백히 한다. 사실 TFT전략은 매우 단순하기 때문에 상대가 금방 알아차리게 된다. 그러나 상대가 이 전략을 알아차리게 하는 것이 이 전략의 목적이다. 즉, 당근과 채찍이라는 회유와 위협정책의 요체를 합쳐 놓은 전략이다. 결론적으로 팃 포 탯은 호혜주의에 의해 이기적인 개체들로부터 협력관계가 나타날 수 있음을 보여 준다. 거래, 계약, 교환, 분업, 양보, 신뢰, 의무, 부채(debt), 우정, 선물, 은혜 등 우리가 일상생활에서 무수히 듣는 이 낱말들 속에는 호혜주의의 정신이 깃들어 있다고 볼 수 있으며, 인간이란 이런 상호이타주의에 익숙한 존재인 것이다.

매슬로우 Abraham Maslow (1908~1970) 인간에게는 자유의지가 있으며 무의식적인 동기와 환경적 자극에 의해 움직이는 존재가 아니라고 하는 인본주의적 관점을 제시한 심리학자로서 인간의 동기에 대한 이론을 설명한다. 매슬로우는 처음에는 행동주의 심리학자였으나, 후에 관찰 가능한 행동과 환경의 영향에 대해서만 초점을 두는 행동주의의 입장에 한계를 느끼고 이에 반대하여 인간의 자연적인 본성인 자아실현에 대한 욕구를 강조하였다. ⇨ 욕구의 단계 참고.

매칭원리 matching principle 걸맞추기 원리 사람들은 태도와 가치관이 유사한 사람들을 더 좋아하는 경향이 있다. 이런 유사성 원리는 데이트나 결혼에서도 나타나는데, 특히 유사성 원리가 데이트나 결혼에서 나타나는 현상을 '매칭원리'라고 한다. 즉, 매칭원리는 사람들은 종교, 가치관, 가정환경, 신체적 매력 등이 자신과 유사한 사람과 데이트를 하고, 그런 사람과 결혼하는 경향을 의미한다. ⇨ 유사성원리 참고.

맥락적 가족치료 contextual family therapy 맥락적 가족치료는 가족문제의 내용 그 자체보다는 그것을 문제로 규정하고 있는 맥락틀의 방식을 파악하고 조작해 나가면서 치료하는 것을 의미한다. 이는 상호적인 이해와 신뢰에 의해서 가족구성원과 대화를 촉진하고 변화가 생기도록 하려고 하는 비지시적인 치료방법으로, 보스조르메니 너지(Ivan Boszormenyi-Nagy)와 그 동료들이 정신역동의 골격을 사용한 네 가지 이론적 차원을 적용한 것이다. 즉, 객관적 사실(objectable facts), 개인심리(individual psychology), 교류패턴(transactional pattern), 관계윤리(relational ethics)를 말한다. 여기서 관계윤리는 근원적인 역동적 힘을 가진 것으로, 특정한 도덕적 내용을 가지고 있지 않으며 오히려 사람 간의 동등한 공정성의 균형을 맞추는 것과 관련이 있다. 특히, 맥락적 치료는 관계적인 맥락을 윤리적으로 재정의하는 데 초점을 맞추고 있다. 즉, 가족 내에서 윤리적으로 권리와 의무를 책임 있게 이행하도록 하는 것이며, 주고받는 균형된 과정을 취하도록 하고 신뢰를 회복하는 것이다. 인간은 윤리적 존재로서 관계적 윤리를 형성하고자 하는 욕구를 가지고 있으므로, 인간의 실존을 세대 간 관계 속에서 찾으며 그 세대 간 관계는 윤리적 맥락이어야 한다고 보는 것이다. 윤리적 맥락은 인간의 실존적 질서로서, 이 실존적 질서가 무너지면 인간은 병리적 현상을 갖게 된다. 윤리적 실존의 관계는 상호신뢰를 통해서 형성되는데, 상호신뢰를 형성할 수 없는 관계에서는 착취와 이용의 현상이 일어나며 이를 통해서 관계적 윤리는 무너지게 되는데, 부부관계에서 어느 한쪽이 자신의 배우자에 대해서 지나치게 많은 헌신을 요구하게 된다면 그 부부관계는 윤리적일 수 없다고 본다.

맥락효과 context effect 성실한 사람이 머리가 좋으면 머리 좋은 게 지혜로운 것으로 해석되고 이기적인 사람이 머리가 좋으면 교활한 것으로 해석되는 것, 또는 예쁜 여자가 공부도 잘하면 기특한 거고 못생긴 여자가 공부를 잘하면 독한 년이라고 말하는 것처럼 처음에 제시된 정보가 나중에 들어오는 정보들의 처리지침을 만들고 전반적인 맥락을 제공하는 것을 말한다. ⇨ 초두효과 참고.

맹목기법 blind technique 차단기법 맹목기법이란 실험 수행자나 피험자가 실험의 목적을 알면 실험에 영향을 줄 수 있기 때문에 그런 편파를 없애려고 실험에 관한 정보를 차단하는 방법이다.

맹점 blind spots (1) 생리적인 시야 결손 부분을 말한다. 망막·시신경유두에는 시세포가 없으므로 광각을 일으키지 않기 때문에 시야 중 이 부분에 상당하는 곳은 보이지 않는다. (2) 관계에서 아직까지 의식으로는 알지 못하는 영역을 말한다.

머리부터 들여놓기 기법 face-in-the-door technique 갑자기 부담스러운 부탁을 해서 상대방이 거부하도록 만들고, 그 다음에 자신이 의도한 본래의 작은 부탁을 하는 기법이다. 예를 들면, 어린 애들이 엄마에게 우선 비싼 것을 사달라고 떼쓰다가 그것이 안 되면 그것보다 좀 싼 것을 사달라고 하는 식으로 무리한 부탁을 먼저 해서 나중에 제시한 작은 요구를 들어주게 하는 방법이다.

머물러있기 staying with 게슈탈트 치료의 한 기법으로서 머물러있기는 내담자로 하여금 자신의 미해결 감정들을 회피하지 않고 직면하여 견뎌냄으로써 이를 해소하도록 도와주는 것이다. 대개 내담자는 접촉경계혼란으로 미해결 감정을 회피하는 데 익숙해 있는데, 이 기법은 이러한 내담자로 하여금 회피와 방어를 못하게 하고 자신의 감정을 직면하게 해 줌으로써 미해결 감정의 완화를 도와주며, 내담자로 하여금 끊임없이 늘어놓는 자신의 말 속에 스스로 매몰되는 것을 막아 현재의 존재체험으로 이끌어 주는 데 있다. 바이써(Beisser)는 내담자가 자신의 미해결 감정에 머무름으로써 그 감정을 통합하고 변화시킬 수 있다고 했다. 즉, 슬픈 감정을 느낄 때 이를 해결하는 방법은 슬픔에 대항하여 싸우기보다 슬픔을 받아들이는 것이라고 했다.

머피의 법칙 Murphy's law 머피의 법칙이란 사실 시간적으로 단순히 앞선 사건이 나중에 일어나는 사건의 원인이라고 착각하는 인지적 오류를 말한다. 머피의 법칙은 사람들이 모든 현상의 원인을 찾으려 하기 때문에 나타나는 심리적 현상으로 논리학에서는 이런 현상을 '거짓 원인의 오류'라고 한다. 머피의 법칙이 다소 부정적이고, 구세대적이라면 요즘 새롭게 등장한 '샐리(Sally)의 법칙'은 긍정적이고, 신세대적이라 할 수 있다. 샐리의 법칙이란 머피의 법칙과 반대되는 현상이다.

메서드리빙 method living 메서드리빙은 메서드액팅기술을 일상생활에 적용하는 것이다. 공통적인 연대를 찾아 내어 다른 사람의 감정을 이해하려는 데 있다. 우리는 어린이들이 버림받았을 때 갖는 고통이나 느낌을 매우 상이한 상황에서 가졌던 유사한 고통들을 회고함으로써 이해할 수 있다. 이 기술로 다른 사람들의 감정에 접근할 수 있고 그들의 동기를 이해하게 된다.

메서드액팅 method acting 배우가 감정을 불러일으키기 위해 자신의 개인적인 경험에 의존하는 기술이다.

메시아콤플렉스 messiah complex 구원자 콤플렉스 redeemer complex 다른 사람들이 가진 문제나 어려움을 해결해 주기 위해 자신의 시간과 열정을 쏟게 되는 콤플렉스로서 상담자는 구출자, 메시아, 부성주의자, 모성주의자가 되기 쉽다. 이것은 강력하게 피해야 한다. 어떤 상담자는 상담에 매력을 느끼는 이유가 필요한 존재가 되고 싶다는 욕구 때문이라고 한다. 필요한 존재가 될 필요가 있는 상담자는 쉽게 메시아가 된다.

메조키즘 Masochistic personality ⇨ 피학대음란증 참고.

메타가치 meta value 자아실현자가 추구하는 높은 차원의 바람직한 가치관을 의미한다. 교육학자 엘리아스(J. Elias)는 3차원의 메타가치를 찾을 것을 제시하고 있는데, 첫째는 신앙이나 인격, 자아실현과 같은 개인적인 차원의 가치며, 둘째는 대인관계에서 필요한 바람직한 가치가 무엇인지 대인적인 가치를 찾을 것과, 셋째는 정치적인 가치로서 사회와 국가처럼 넓은 차원에서 요청되는 바람직한 가치를 모색하며, 이를 통해 교육의 방향을 결정지어야 한다고 하였다.

메타동기 meta motive 자기를 실현하고 자기를 완성하고자 하는 고차원적인 동기를 말한다. 메타동기라는 개념은 매슬로우(A. H. Maslow)에 의한 것으로, 그는 인간은 기본적으로 삶을 유지하려는 동기와 삶을 창조하려는 동기를 가지고 있다고 언급했는데, 삶을 유지하기 위해 호흡하고, 안전을 추구하며, 식욕과 수면, 활동의 욕구를 충족하려는 욕구들을 1차적 욕구, 저차원적 또는 결핍동기라고 불렀다. 또한 삶을 창조하려는 동기로서 자신을 완성하고자 하는 동기를 2차적 욕구, 고차원적 성장동기라고 하였으며, 여기에 알고 이해하고자 하는 이차적 욕구를 포함하여 메타동기라고 명명한 것이다.

메타룰 metarule 규칙에 관한 규칙, 상위규칙을 말하는 것으로, 가족체계의 개념에서 가족구성원이 그들이 갖고 있는 규칙들을 어떻게 유지하고 변화시킬 것인가에 관한 규칙을 의미한다.

메타병리 metapathology 자신의 메타요구를 만족시키지 못함으로써 갖게 되는 우울이나 무감각, 냉소주의와 같은 심리적 어려움을 말한다. 이는 매슬로우(A. H. Maslow)가 사용한 용어로서, 사람들이 개인적 또는 사회적 방해로 인해 메타동기를 충족시키지 못하거나 실패하게 될 때 욕구불만, 불안, 긴장을 경험하면서 겪게 되는 심리적인 어려움을 메타병리라고 불렀다.

메타심리학 metapsychology 메타심리학은 일반적으로 마음과 육체와의 관계 등 심리학의 경험적 사실 또는 법칙에서 초월한 문제들을 체계적으로 취급하고 심리학의 경험적 사실이나 법칙을 심리학 이외의 용어로 설명하는 학문이다. 즉, 심리학의 연구대상인 의식현상을 초월하여 기초적이며 그것을 규정하고 있는 무의식의 특성과 그 활동법칙을 연구하는 분야며, 개개의 경험적 사실의 기초에 작용하는 궁극적인 심리적 원리를 명확히 하려는 체계적 의도를 가리키기도 한다. 또한 메타 심리학은 초심리학(parapsychology)과 동의어로 쓰이는 경우가 있는데, 이때는 통상의 심리 현상을 초월한 심리현상에 대한 학문을 뜻한다.

메타의사소통 meta communication 부언어 메시지에 대한 메시지로서, 전형적으로 언어적인 메시지와 동시에 주어지는 비언어적인 메시지, 즉 미소, 어깨를 으쓱거림, 고개를 끄덕임, 윙크 등을 말하며, 원래의 메시지를 구조화하거나 질적으로 변화시키거나 의미를 첨가한다.

멜랑콜리아 Melancholia 이전의 내인성우울증(endogenous depression)을 의미하는 것으로 멜랑콜리아는 현저한 정신운동 느림(생각과 활동) 또는 초조함(예: 안절부절못함, 손을 비비 꼬는 행동, 언어압박), 체중감소, 비논리적인 죄책감, 즐거움을 경험하는 능력의 상실 등의 특징적인 임상 양상을 가진다. 기분과 활동은 하루 중 계속 변할 수 있는데 아침에 가장 저조하다. 대다수 멜랑콜리아 환자는 잠들기의 어려움, 수면 중 수회의 각성, 중기불면(초기 · 중기 · 말기에서 중기. 초반이 아니라 중간에 깨어나 못 자는 것.) 또는 이른 새벽의 불면을 호소한다. 성적 욕망도 흔히 감소되거나 아예 없어진다. 무월경이 나타날 수도 있고 식욕부진과 체중감소는 환자를 쇠약하게 하며, 전해질균형에 이차적인 장애를 초래하기도 한다.

멜랑콜리아 양상의 세부진단 melancholic features specifier 모든 활동이나 활동에서 흥미나 즐거움의 상실 또는 통상적으로 쾌감을 주는 자극에 대한 반응의 결여다. 멜랑콜리아 양상이 있는 개인은 병전(病前) 인격장애가 별로 없으며, 촉발요인이 되는 명백한 삽화가 더 적으며, 위약치료의 시도에 더 적게 반응하는 경향이 있다. 이러한 양상은 남녀 모두에게 똑같이 발생하지만, 노인들에게서 더 많이 나타난다.

면담 interview 일반적으로 상담자와 내담자가 일대일로 마주 대하고 어떤 주제에 대해 협의하거나 상담하는 과정이다. 기초적인 면담을 성공적으로 수행하기 위해서는 우선 내담자에 대한 기초적인 신상자료를 수집해야 하고, 내담자의 평가에 대한 이해와 동기가 있어야 한다. 면담은 면담의 목적 여하에 따라 표준화된 면담과 표준화되지 않은 면담, 형식적 면담과 비형식적 면담으로 나눌 수 있다. 표준화된 면담이나 형식적 면담은 질문하는 방법이나 반응의 방법이 이미 명확히 지정되어 있어 상황에 따른 자유로운 변경을 할 수 없으며, 수량적 처리를 전제로 한 정보수집적 용법인 반면, 표준화되지 않으며 비형식적인 면담은 임기응변적으로 할 수 있는 유연성을 가지고 있으며, 진단이나 치료, 정보수집 중에서도 사례의 면밀한 기술과 분석이 필요할 때 사용하는 것이 보통이다. 면담에서 주의할 점은 면접자가 상대에게 주는 영향과 사실의 기술에서 개입하는 면접자의 주관에 대한 문제다. 이는 내담자의 정상적인 반응을 저해하거나 내담자의 반응을 무의식 중에 곡해함으로써 일어날 수 있으므로 주의해야 한다.

면역체계 immune system 신체를 질병유발미생물로부터 보호하는 감시기제로서, 암 · 전염병 · 알레르기 · 자동면역장애에 걸리기 쉬운 것을 통제한다.

면역효과 inoculation effect 맥과이어(McGuire)는 메시지를 전달받는 수신자의 과거 경험이 설득에 중요한 역할을 한다는 사실을 알았다. 그래서 맥과이어와 그의 동료들은 설득당하지 않으려면 미리 약한 설득 메시지를 경험하도록 해야 한다고 주장했다. 다시 말해 미리 면역기능을 길러 주어야 한다는 것이다. 그렇게 하면 강한 설득 메시지에 노출되더라도 쉽게 설득되지 않는다. 이처럼 미리 경험함으로써 설득에 저항하는 현상을 '면역효과'라고 한다. 강한 바이러스가 신체에 치명적인 손상을 주듯이 강한 설득 메시지는 더 많은 태도 변화를 일으킨다. 그래서 예방주사를 맞은 사람이 항체를 형성해 이후의 강한 바이러스에 저항하듯이 미리 약한 메시지를 받으며 메시지에 면역성을 키운 사람들은 강한 설득 메시지에도 잘 저항한다. 설득이 잘 되는 경우를 살펴보면 첫째, 공격적인 사람들은 처벌적 커뮤니케이션에 더 영향을 받지만 공격적이지 않은 사람들은 관대한 커뮤니케이션에 더 영향을 받는다. 둘째, 어떤 조건에서 설득이 잘 되는 사람들은 그렇지 않은 사람들보다 다른 장면에서도 설득이 잘 되는 경향이 있다. 셋째, 자존심이 낮은 사람들은 높은 사람들보다 설득이 잘 된다. 자존심이 낮은 사람들은 자신이 하는 일이나 자기의 태도에 자신의 태도를 변화시키는 것을 부담스럽게 생각하지 않는다고 한다. 그래서 조금만 위협받아도 자신의 태도를 변화시키기가 쉽다. 넷째, 지능이 높은 사람들은 비판력 있게 정보를 받아들이기 때문에 설득이 잘 되기도 하고, 반대로 안 되기도 한다. 지능이 높은 사람들은 논리적이고 일관성 있는 주장에는 설득이 잘 되지만, 지능이 낮은 사람들은 오히려 복잡하거나 난해하지 않은 주장들에 설득이 잘 된다. 다시 말해, 메시지가 어떤 종류냐에 따라 지능이 영향을 미친다.

면접 전 질문 pre session question 내담자가 상담을 예약한 후 상담실에 오기까지 달라진 것이 무엇인지 질문한다. 내담자들이 상담을 요청할 때는 대개 문제의 심각도가 가장 높은 경향이 있지만, 약속시간에 치료받으러 왔을 때는 내담자 상당수가 문제의 심각도가 완화되어 긴장이 감소된 것을 발견할 수 있다. 그러므로 치료자는 치료 이전의 변화를 관심 있게 관찰하고, 이를 근거로 내담자의 잠재능력을 발견하며, 내담자가 의식하지 못하는 해결책을 찾아내도록 도와준다.

명령자동증 automatic command (command automatism) 아무리 부적절하거나 또는 위험한 그 어떤 명령에 대해서건 기계적으로 복종하는 것을 말한다. 이는 행동의 장애 유형인 자동행동(automatism)의 하나로서, 타인의 말에 강박적이고 자동적으로 따르는 것을 말한다. 긴장형 정신분열증에서 가장 흔히 볼 수 있으며 피암시성이 대단히 높아져 있음을 말해 준다. ⇨ 자동행동 참고.

명료화 clarification 재진술 상담자와 내담자가 사건을 보다 투명하게 이해할 필요가 있을 때 사용한다. 내담자가 진술한 내용과 감정을 상담자가 정확히 수신했는가 확인하여 거부 혹은 수정할 기회를 준다. 즉, 거울처럼 다시 비추어 주는 효과를 얻는다.

명료화질문 clarified question 내담자가 잘 이해되지 않는 말을 했을 때 "구체적으로 어떤 뜻인가요?"라고 질문함으로써 의미를 명료화시키는 것이다.

명목집단기법 nominal group technique (NGT기법) 다수의 참석자로부터 다양한 아이디어를 이끌어 내고, 그렇게 도출된 아이디어 가운데 가장 적당하다고 생각하는 아이디어를 선택할 때 활용되는 회의진행기법이다. 이 기법은 이들이 모여 문제나 이슈를 식별하고 순위를 정하는 가중열화방법(weighted ranking method)을 의미하는 집단의 문제해결기법으로서, 얼굴을 대면한 집단모임 전에 '이름만 있는' 집단 속에 각 개인이 개별적으로 아이디어를 내도록 하며, 토의나 상호작용을 하지 않고 진행하기 때문에 '명목적'이란 이름이 붙었다. 이 기법은 구성원 모두의 동등한 의견을 듣기 위해 필요한 것으로 감정적인 문제나 집단이 곤경에 빠져 있는 경우 유리한 집단수행방법이다. 브레인스토밍과 차이가 있다면, 브레인스토밍이 아이디어를 이끌어 내는 데 초점이 맞추어져 있다면, 명목집단기법은 아이디어를 이끌어 내는 것과 아울러 그 아이디어들이 그룹 내에서 어느 정도 지지를 받는지 확인하여 적당한 아이디어를 선택한다는 데 있다. 또한 브레인스토밍에 비해 아이디어의 다양성이나 혁신성은 낮을 수 있지만, 현실성은 훨씬 높다고 볼 수 있는 기법이다.

명제적 구성개념 propositional construct 발의적 구성개념 명제란 어떤 문장이 진(眞)인지 위(僞)인지를 판단할 수 있는 가장 작은 단위의 정보 또는 진술로서, 명제적 구성개념은 개인이 새로운 경험에 개방적이고 대안적인 세계관을 갖게 해 주는 구성개념을 말한다.

명확한 경계선 clear boundary 가족은 두 사람이 기능적인 하나의 부부 하위체계를 형성하기 위하여 적용기간이 요구되며, 정상적인 부부관계에서는 서로의 필요를 수용하는 방법과 선호하는 스타일을 배우며 주고받게 되는데, 서로 얼마만큼의 영역을 허용하느냐 하는 문제가 중요하다. 가족구성원에게는 각 개인이 나름대로의 영역을 지키면서도, 가족구성원을 서로 친밀감을 유지할 수 있을 정도의 공유된 부분도 필요한 것이다. 즉, 어떤 경계선을 긋느냐는 것으로, 명확한 경계선이란 서로에게 너무 밀착되거나 유리되지 않게 잘 기능하는 정상적인 경계를 의미한다. ⇨ 가족경계 참고.

모노아민옥시다제(MAO) monoamine oxidase 모나민 산화물 억제제(MAOIs)(Monamine oxidase inhibitors)라고도 부른다. 우울증치료를 위한 처방제로서 나르딜, 파나테, 아우로릭스 등 이 약은 우울 및 불안증세 처방에도 이용되는 경우가 많다.

모더니즘 modernism 근대정신 모더니즘은 인간의 이성과 합리성의 기준에 맞고 과학기술의 토대 위에서 사회를 건설하자는 진보적인 세계관을 구성하였다. 한마디로 모더니즘은 인간의 이성에 대한 진정한 신뢰와 과학성, 진리의 객관성과 보편성을 지식의 근거로 받아들이는 사상이다.

모델링 modeling ⇨ 모방하기 참고.

모라토리엄 moratorium 인간정신분석가 에릭슨(E. Erikson)이 만든 용어로, 지적 · 육체적 · 성적인 능력 면에서 한 사람의 몫임에도 불구하고 사회인으로서 의무와 책임의 지불을 유예하고 있는 상태, 즉 연령적으로는 충분히 어른이 되었지만 정신적으로는 아직 미숙하기 때문에 성인사회에 참여할 수 없는 어정쩡한 상태를 말한다. 근래에는 같은 의미로서 부메랑키즈, 캥거루족 등 다양한 표현이 사용되고 있다. ⇨ 부메랑키즈 참고.

모로반사 moro reflex 신생아가 큰 소리가 나거나 몸의 균형이 불안정하여 놀라게 되면, 자신의 등을 구부리고 무릎을 가슴까지 올리며, 손과 발을 앞으로 뻗는 동작을 취하며 손가락을 폈다가 급히 안쪽으로 포옹하는 듯 모으는 자세가 되는 반사로서, 생후 4개월 이후에도 모로반사가 지속된다면 뇌 이상을 의심할 수 있다.

모방 mimesis 흉내내기 구조적 가족치료자들이 특히 많이 사용하는 기법으로서, 가족구성원의 수용을 얻기 위해 가족의 의사소통패턴과 행동패턴을 모방하거나 흉내내려고 애쓰는 것이다.

모방하기 modeling 사회학습이론에서 긍정적이고 바람직한 결과를 이끌어 내기 위해 다른 사람들을 관찰하여 모방하는 것에 입각해서 새로운 행동을 습득하는 방식이다. 즉, 내담자가 본받아야 할 어떤 행동을 제시하여 내담자로 하여금 그 모형과 쉽게 동일시할 수 있게 하는 방법으로 대리학습(vicarious learning)이라고도 한다.

모성실조 maternal deprivation 모성박탈 모친과의 접촉에 있어서 어떤 지장이 있을 때 아동의 건전한 성장과 발달은 심한 영향을 받게 되는데, 모성실조란 아동의 발달과정에서 어머니로부터 받아야 할 적절한 심리적 양육과 지도의 부적절성이나 결핍 때문에 아동의 지적 발달, 사회성 발달, 정서적 발달과 성격형성에서 왜곡이나 장애의 현상을 초래하는 것을 의미한다.

모의상담 연구설계 analogue research 모의연구라고도 부른다. 실제 상담사례를 자료로 사용하지 못하고 실제와 유사한 상황을 만들어서 연구하는 설계를 말한다. 예를 들어, 상담자의 말씨, 복장, 자격증, 학위 등이 상담자에 대한 내담자의 인식에 영향을 주는지 연구하고자 할 때, 연구자는 미리 계획된 대로 상담자의 말씨, 복장, 자격증, 학위 등을 조작한 비디오테이프를 제작하고 이 테이프를 가상 내담자에게 보여 준 후 이들의 반응을 측정한다.

모집단 population 연구의 대상이 되는 집단, 즉 표본을 추출하는 집단으로 사람들이나 대상집단을 명시하기 위해 사용되는 용어다. 전집(universe)이 가설적으로만 상정할 수 있는 것이나, 모집단은 현실적으로 한정시켜 조작적 의미를 부여할 수 있는 대상의 총체며, 전집을 일반전집(general universe)이라고 부르는 데 반해 모집단은 작업전집(working universe)이라고 구별하기도 한다. 보통 전집과 모집단을 구별하지 않고 혼용하여 사용하는데, 이는 굳이 조건들을 명기하지 않아도 관례적으로 전수의 범위가 한정되는 경우에 가능하다. ⇨ 전집 참고.

모험실행 risk taking 정서적으로 건강한 사람은 모험을 할 수 있다. 그는 자기가 인생에서 진정으로 원하는 것이 무엇인가를 생각해 보고 모험을 시도하며 인생을 개척할 수 있는데, 이를 모험실행이라고 한다.

모험이행 risk shift 모험성이행 일반적으로 집단상황에서 토의과정을 거친 후에 이루어지는 집단에서의 의사결정은 모험이행 또는 보수이행으로 나타나는데, 모험이행이란 혼자서 하는 결정보다 위험부담이 큰 방향의 대안을 선택하는 경향이 있다. ⇨ 집단극화, 보수이행 참고.

목록 inventory 사회연구에서 연구원이 특별한 현상, 행동이나 태도의 존재 여부를 평가하는 데 안내하도록 사용되는 면접 일정의 한 유형이다.

목적갈등 goal conflict 기대하는 결과나 달성하려는 목적들 간에 상충하거나 공존이 어려운 경우의 갈등을 말한다.

목적론 teleology 어떤 현상의 원인을 귀납하기보다는(프로이트적) 현상의 목적과 결과적인 목표물을 이해하고자 하는 설명론(융적). 프로이트의 정신분석학과 달리 융의 분석심리학은 종종 정신적 작용이 어떤 목표(예를 들면, 개성화 individuation)를 가지고 있다고 설명하였다.

목표설정이론 goal setting theory 1960년대 후반 로크(Edwin Locke)가 체계화한 이론으로서, 로크는 대부분의 인간행동은 유목적적이며, 행위의 목표와 의도에 의하여 통제되고 유지된다고 하였다. 즉, 어떤 목표를 달성하기 위해 일하려는 의도가 동기의 근원이 된다고 하는 것으로, 내담자를 돕고자 하는 목적이 분명해지도록 수행해야 할 단계와 그 목적을 달성하는 데 필요한 시간을 설정하기 위해 전문가들이 사용하는 전략이다.

목표지향성 goal direction 프로이트 심리학의 기본가설로, 인간의 정신활동은 동기와 목표를 가지고 있는데, 이것은 주위 세계의 어떤 것에 의해 결정되는 것이 아니라 정신 속에 담겨 있는 행동의 동기나 목표에 따라서 결정된다고 하는 것이다.

목회상담 pastoral counseling 목회자가 신학을 바탕으로 신앙과 은혜의 방편을 가지고 내담자를 도와서 그가 자기 자신의 문제를 해결할 수 있도록 내담자의 입장에 서서 그를 돕는 과정이다.

목회심리학 pastoral psychology 심리학을 이용하여 성도의 영혼을 치유하고 그들로 하여금 올바른 신앙을 가지게 하는 학문. 목회심리학은 여러 종교적 경험의 심리적 해석, 연령층별로 나타나는 문제 및 종교생활에 관계되는 문제 등을 심리학적으로 연구한다. 믿음, 갈등, 기도, 예배, 신비주의 등에 대한 심리학적 해석을 다룬다. 즉, 심리학적 여러 학설을 목회에 도입하기 위해 연구하는 학문이다.

목회적 돌봄 pastoral care 넓은 의미로는 대인관계들을 지지하며 양육하는 것과 관련된 모든 목회적인 활동으로 다양한 목회적 섬김으로 쓰이고 있다. 이렇게 상담자의 역할을 선명하게 한계를 긋기란 어려운 일이지만 쉽게 그 영역을 긋는다면 목자의 정체성(Identity)을 가진 자가 도움을 필요로 하는 이들을 지탱시켜 주며(sustaining), 인도해 주며(guiding), 치유하며(healing), 화해시키는(reconciling) 모든 활동으로 지칭할 수 있다.

몰개성화 deindividuation 익명성, 높은 흥분수준, 외적 사상들에 대한 관심집중, 긴밀한 집단 유대 등과 같은 환경적 선행조건들로 인해 사람들이 자신의 개인적 정체감을 상실하고, 집단 속에 익명적으로 융합되어진다고 느끼는 심리적 상태를 의미하는 것으로, 스타의 공연을 보는 오빠부대마냥 흥분하면 자신의 상태를 파악하는 능력이 감소되어 하나의 독립된 개체의 개성을 상실하는 것과 같은 것이다. 선행조건들이 개인에게서 자기인식의 감소상태를 유발시켜 몰개성화를 일으키며, 몰개성화로 인하여 자신의 행동을 감시하거나 조절하지 못하여 충동적 행동과 공격적 행동에 대한 억제력이 약화되고, 타인의 평가에 대한 우려의 감소, 합리적으로 계획을 수립하는 능력이 감소되는 결과를 초래한다.

몽롱상태 twilight state 이는 의식과 무의식의 중간 상태다. 신체적 원인에 의한 섬망과 달리 심인성이 많으며, 해리 시에 전형적으로 나타난다. 증상은 수분 내지 수일간에 걸쳐 착란, 환각 그리고 나중에 기억을 못하는 일련의 복잡한 행동을 하는 것이다. 몽유증, 야경증도 몽롱상태의 한 특수 형태라고 보는 견해도 있다. 간질의 복합부분발작이나 정신운동발작에서도 이 상태가 나타날 수도 있다.

몽유병 somnambulism (sleep-walking) 제4단계 수면에서 나타나는 되풀이되는 장애로서 일어나 앉아서 이불을 끌어당기고 수면 중에 걸어다니거나 거기에 상응되게 신체적 활동을 약 30분가량 하게 된다. 이때 말을 걸어 보거나 잡아 흔들어 보아도 공허한 눈길로 쳐다볼 뿐 반응이 없으며, 따라서 정신을 차리게 하기가 대단히 곤란하다. 다음날 아침에 깨어나서 그런 삽화에 대해 전혀 기억을 해내지 못한다. 야뇨증 및 정서적 미성숙과 연관이 있기도 하다. 심리적 압박상태에 있을 때 몽유병이 일어나는 경향이 많다. 때로는 분리의 일면이기도 하다.

몽환상태 trance state 감각자극, 근육운동, 각성도, 생리적 요인 등이 변한 상태로 주변에 대한 인식이 사라지고 특별히 깊게 내면경험에 몰두한다. 이것을 쉽게 경험하기 위해 사람들은 대마초, 마리화나, 필로폰 등에 손을 대기도 하고 청소년들은 본드나 부탄가스를 흡입하기도 한다.

무강화 시행 unreinforced trial 유기체의 학습실험 절차에서 강화를 주지 않고 학습하는 시행절차.

무관심 apathy (냉담, 무감각, indifference) 무관심은 열정 없이 존재하는 것, 생각이나 감정 없이 나태한 것, 감정이나 정서를 유발하는 상태에서 감정・정서를 일으키지 못하는 것 또는 매우 억압된 상태에서처럼 자신의 주위 환경에 무관심한 것이다. 감정 또는 심한 우울증과 정신분열증에서 흔히 볼 수 있는 증상이다.

무관심한 조종자 indifferent manipulator 조종(manipulation)의 네 가지 유형 중 하나로서, 위축함으로써 지배하려는 유형을 말한다. 조종이란 반항에 의한 증상으로서, 기만적이거나 간접적인 수단을 통해 사람이나 환경을 지배하려는 시도를 말하는데, '무관심한 조종자' 유형의 사람은 승자나 패자, 그 밖에 어떤 형태의 사람도 좋아하지 않으며, 자신이 진정으로 어떻게 느끼고 있는지 인정하지 않음으로써 자신을 속이고 있다고 할 수 있다. 즉, 경쟁적인 조종자와 상반되는 유형으로 그들은 자신의 감정을 억누르고 위축하며, 교묘하게 사랑의 이름으로 관계를 파괴하는 차가운 사람(cold dog)이라고 부를 수 있다. ⇨ 경쟁적인 조종자, 조종 참고.

무규범현상 anomie 사회 또는 개인의 가치, 규범, 행위규칙이 감소하거나 없는 상태로서, 무규범은 종종 급속히 변화하는 사회와 공동체 또는 재난의 위험에 처해 있는 집단에서 일어난다. 이러한 환경에서 개인은 소외되고 무관심해지거나 이전에 가치 있던 목표를 상실하게 된다.

무능 incapacitation 무능력화 (1) 축소된 신체적, 정신적 기능으로 인하여 스스로 충분한 자기 보호와 판단을 제공하는 능력의 결핍. (2) 교류분석의 개념에서 incapacitation은 '무능력화'란 말로 사용된다. 즉, 주위 상황이 문제를 해결해 주도록 만들기 위해 개인이 스스로는 아무것도 알 수 없게 만드는 수동적 행위다.

무능력 disability 활동을 이행할 수 없는 무능력. 통상적으로 신체적, 정신적 상태나 평생, 무기한 또는 특별기간 동안 지속되거나 지속이 예상되는 질병에 기인하는 장애다.

무단결석 truancy 자신의 임무수행에 태만한 것으로, 특히 이 용어는 허락 없이 학교 수업에 결석하는 경우에 사용한다.

무도병 chorea 급속하고 복잡한 불규칙 수축성 운동이 다양하게 끊임없이 일어나는 경련성 정신병이다. 그 근육운동은 잘 조화된 협조운동같이 보이지만 불수의적으로 일어나며 흥분 또는 우울과 더불어 정신장애를 수반하기도 한다.

무력감 helplessness (asthenia) (1) 전신 또는 부분적으로 인격이 결핍 또는 상실되는 증세다. 신경쇠약이나 정신쇠약에서는 강한 주관적 피로감이 있으나 진정한 쇠약은 아니다. (2) 엘리스(A. Ellis)가 언급한 비합리적인 신념 가운데 하나로서, 무력감은 과거의 경험이나 사태가 현재의 행동을 결정하며, 그러한 과거의 영향에서 벗어날 수 없다고 믿는 사고를 의미한다.

무상호성 가족 interpersonal distance-sensitive family 자신의 자율성이나 독립성을 과신한 나머지 다른 사람들과의 상호교류를 무시하는 가족체계의 유형을 말한다. 이러한 분류는 리스(A. Reiss)가 '가족패러다임'을 기준으로 하여 제시한 가족유형으로서, 이들은 외부와의 상호교류를 유약한 의존행위로 받아들인다. ⇨ 가족패러다임, 가족체계 참고.

무선할당 random assignment 실험통제에서 내적타당도 독립변인과 종속변인의 인과관계인 "~이면 …이다"라는 예에서 "폭력적인 장면을 시청하면 공격행동이 증가한다."를 확립하려면, 피험자 집단들이 독립변인의 특정한 수준(폭력 또는 비폭력)을 제외하고는 다른 어느 면에서도 다르지 말아야 한다. 이때 다르지 않음을 보장하는 통제의 첫 단계가 무선할당이다. 즉, 피험자들이 어느 집단에 들어가느냐 또는 어느 조건에 할당되느냐 하는 것이 그들의 개인적 특성이나 선호가 아니라 순전히 무선적으로, 즉 우연에 의해 결정되어야 한다. 물론 각 집단에 서로 다른 피험자들이 들어가지만 무선할당이 이루어지면 그 집단들은 체계적으로 다르지 않은 것이 되며, 조건 또는 집단할당에 개인특성이나 선호가 작용할 때 체계적 차이가 난다.

무승부법 no-lose method 효과적인 부모훈련에서 부모와 자녀의 갈등을 해결하는 효과적인 방법을 의미하는 것으로, 부모와 자녀 간의 파워의 차이를 줄이고 부모와 자녀 모두가 함께 수용하여 문제해결방안을 제시하는 방법이다. 함께 합의하여 결정된 사항에 대해서는 어느 누구도 저항하지 않는다는 규칙을 지닌다.

무신론적 관점 atheistic view 검은상자이론에 의하면 인간의 마음을 이해하는 방식을 두 가지 관점으로 나누고 있는데, 이 관점은 개인들은 존재하지 않는다고 본다. 즉, 개인들은 존재하지 않으며 오직 체계적인 주제들만 존재한다. 개인들의 심리내적 주제들도 역시 존재하지 않으며 인간은 오직 공동체로만 존재한다고 보는 것으로 집단적 형태의 인간만을 인정하는 것이다. 마치 컴퓨터라는 실체는 하나의 기계에 지나지 않으며 이 기계가 인간이라는 다른 개체와의 관계 속에서만 존재한다고 보는 것과 같다. 이러한 관점은 인간에 대한 극단적 관점으로서 개인의 삶을 전혀 인정하지 않는다. ⇨ 검은상자이론 참고.

무욕증 avolition 무의지 목표지향적행동을 시작하고 지속할 수 없는 상태다. 병적일 정도로 심한 경우에는 생활 전반에 광범위하게 퍼져 있어 다른 여러 가지 활동을 끝마치지 못하게 만든다.

무의식 unconsciousness (unconscious) 무의식이란 정신집중을 해도 좀처럼 떠오르지 않는 마음의 부위로서, 의식하고 있지 않은 부분으로 대개 억압된 사고와 감정이 그 내용을 이루는 바, 행동의 대부분은 이 무의식에 의해 결정된다. 따라서 정신과적 증상형성도 대개 무의식에서 이루어진다. 정신분석학(psychoanalysis) 및 분석심리학(analytic psychology)에서는 무의식이 자체의 법칙과 기능을 가지고 존재하고 있다고 가정한다. 무의식은 자율적인 의지에 따라 의식(consciousness)에 영향을 끼치고 방해하기도 한다. 자신의 힘으로는 의식으로 떠올릴 수 없는 생각이나 감정, 욕구 등을 포함하고 있으며, 용납될 수 없는 생각이나 감정 혹은 충동들이 억압되어 있다. 프로이트(S. Freud)는 이 무의식세계가 인간이해 및 심리치료의 관건이 되는 중요한 정신세계임을 강조하였다. 또한 융(C. G. Jung)은 무의식을 바다에 즐겨 비유했다. 바다는 유동적이고, 때로는 고요하고 때로는 폭풍우가 휘몰아친다. 그리고 인어나 바다괴물들이 사는 곳이기도 하다. 그래서 바다는 창조력의 원천일 수도 있고 파괴의 존재가 되기도 한다. 융은 무의식이 각 개인에게 원래는 창조력의 근원이 된다고 여겼으며, 무의식에는 개인무의식과 집단무의식(collective unconscious)이 있다고 가정했고, 두 가지 모두 의식에 대하여 보상적(compensatory) 관계에 있다고 여겼다. 인간의 정신세계를 살펴보면 언뜻 보아 아무런 연관이 없는 것 같은 현상들이 의식의 밑바닥에 인과관계로 얽혀 있는데, 그런 세계가 바로 무의식의 세계다. 정신세계의 활동은 대부분 이런 무의식세계에서 일어나며, 의식세계로 나타나는 것은 물 위로 떠오른 빙산의 일각에 지나지 않는다. 이와 같이 '무의식'을 심리적 실제로 보고 대상으로 삼아 연구하는 '심층심리학'으로는 프로이트의 정신분석학, 융의 분석심리학, 아들러(A. Adler)의 개인심리학이 있다.

무의식적 동기 unconscious motivation 인간의 이성적 목적과 반대되는 방식으로 행위하도록 영향을 주지만 개인의 직접적 인식 밖에 있는 강한 바람이나 욕구를 말한다.

무의식적 행동 unconscious behavior 사람들은 대개의 경우 자신의 행동에 대한 자신의 동기를 정확히 의식하고 있지만 때로는 자신조차 이해하지 못할 때가 있다. 즉, 참된 욕구가 전혀 의식되지 않은 채 왜곡되거나 자신이 자각하지 못한 상태의 행동을 의미한다.

무작위표본 random sample 무선표집, random sampling 가장 기본적인 표본추출방법으로 추출단위 전부를 같은 확률에 의하여 추출하는 방법이다. 즉, 무작위표본은 모집단에서 체계적으로 뽑아낸 대상이나 사례의 한 집단으로 이들 각 집단은 모두 똑같은 방법으로 추출된다. 이러한 방법으로 얻어진 표본 결과는 사례들이 추출된 모집단의 합당한 대표성을 띠게 된다.

무조건반사 unconditioned reflex 동물이 날 때부터

가지고 있는 선천적인 반사로서, 조건반사에 상반되는 용어다. 조건반사와는 달리 대뇌에 남아 있는 경험이 조건이 되지 않고 자극에 대하여 무의식적으로 반응하는 것으로서, 무조건반사는 몸이 위험에 처했을 때 신속한 반응을 취함으로써 생명을 보호하는 데 도움을 준다.

무조건적 긍정적 관심 unconditional positive regard 무조건적인 존중(unconditional respect)과 같은 의미다. 로저스(C. R. Rogers)의 상담기술의 중요한 초점으로 상담자의 주요 태도(진실성/일치성, 무조건적 긍정적 관심, 정확한 공감적 이해) 가운데 하나로서, 무조건적 긍정적 관심은 상담자가 내담자를 평가 · 판단하지 않고 내담자가 나타내는 어떤 감정이나 그 밖의 행동 특성들도 그대로 수용하며 그를 소중히 여기고 존중하는 태도를 의미한다. ⇨ 로저스 참고.

무조건적 반응(UCR, UR) unconditional response 선행조건 없이 일어나는 반응. 파블로프(I. P. Pavlov)의 실험에서 먹이와 같은 무조건적 자극에 의해 침을 흘리는 것과 같이 거의 자동적으로 동시에 일어나는 반사적인 반응을 무조건적 반응이라고 부른다. ⇨ 파블로프의 실험 참고.

무조건적인 존중 unconditional respect ⇨ 무조건적 긍정적 관심 참고.

무조건적 자극(UCS, US) unconditional stimulus 조건이나 학습이 필요 없는 반응을 유도해 내는 자극. 파블로프의 실험에서 파블로프의 먹이처럼 개로 하여금 침을 흘리게 하는 생득적인 자극을 무조건적 자극이라 한다. ⇨ 파블로프의 실험 참고.

무쾌감 anhedonia 다른 사람들이 쾌감을 느끼는 상황에서 만족과 쾌감을 체험하는 능력을 상실한 것. 정상적으로는 즐거움을 느낄 수 있는 경험들로부터 즐거움을 얻을 수 없는 경우를 말한다. 정신분열증, 특히 가성 신경증형 정신분열증에서 볼 수 있는 증상이며 우울증에서도 역시 볼 수 있다.

무통분만법 psychoprophylaxis 마취 등의 방법을 사용하여 산모가 산통을 느끼지 않고 분만하는 것을 말한다. 무통분만의 방법은 마취에 의한 것과 정신적으로 통증에 대한 공포를 없애 주는 것으로 크게 나누는데, 무통분만을 처음 시도한 사람은 영국 왕실의 의사인 심프슨(J. Simpson)이었다. 그는 클로로포름의 흡입을 통한 무통분만을 성공시켰으며, 또다른 무통분만법은 20세기 중반 펄만드 라마즈(Fermand Lamaze) 박사가 제안하는 분만법으로 '준비된 분만법'이라고도 한다. 이 방법은 자궁수축 시의 감각에 대한 종래의 공포와 고통 · 반응을 새로운 호흡과 근육반응으로 대체시킨 것이다.

문장심리학 psychology of rhetorics 언어심리학의 한 영역으로서 문장현상을 기술하고 개괄하여 심리학적으로 설명하는 분야다. 지금까지 행하여져 온 문장심리학적 연구는 언어가 지닌 표현성의 심리학적 연구와 작가의 문체적 심리학, 글 읽기의 난이에 관한 연구가 있다.

문장완성검사(SCT) sentence completion test 문장완성 검사의 종류는 매우 다양하나 기본형식은 완성되어 있지 않은 문장을 피검자가 떠오르는 생각을 자유롭게 완성하게 하는 것이다. 주로 피검자 자신과 부모 및 가족에 대한 태도, 포부 수준, 공포감이나 죄책감, 성적 적응에 대한 태도 등 비교적 성격의 표층적인 영역에 대한 자료를 얻을 수 있다. 다른 투사검사와는 달리 검사 자극이 보다 분명하며 피검자가 검사 자극 내용을 지각할 수 있어, 다른 투사검사에 비해 보다 의식적 수준의 심리적 현상을 측정하는 경향이 있다.

문제의 악순환 the symptomatic cycle 가족체계 안에서 문제나 증상이 촉발, 지속되는 과정을 설명하는 개념이다. 미쿠시(Micucci)는 어떤 가족구성원의 문제나 증상은 가족구성원 간의 조건적인 수용이나 서로를 통제하려는 시도에서 비롯되는 대인간의 소외에서 발생한다고 보았다. 가족이 어떤 구성원의 문제나 증상을 제거하거나 통제하려고 하게 되면 자연히 문제나 증상에 관심을 집중하게 되고 그 외의 다른 측면들과 서로의 관계측면은 간과하게 된다. 이 과정에서 가족구성원 간의 관계는 악화되고 모든 구성원, 특히 문제 행동을 나타내는 청소년 자녀는 가족 안에서 점점 더 소외감과 정서적인 단절을 경험하게 된다. 이렇게 가족구성원이 서로와의 관계에서 느끼는 소외가 증상을 낳고 증상이 소외를 심화시키는 과정을 문제의 악순환기제라 할 수 있다.

문제의 외면화 externalisation of the problem 문제성 있는 속성, 개념, 가정, 신념, 습관 등을 개인의 정체감에서 분리시키기 위해 체계적으로 사용되는 기법으로 문제를 외부로 추출해 낸다는 의미를 갖는다. 이는 이야기치료에서 많이 사용되며, 표출화기법이라고도 한다.

문제-중심의 대처 problem-focused coping 스트레스를 일으키는 상황을 평가하고 그것을 변화시키기 위하여 어떤 일을 하는 것. 여기에는 문제를 규정하고, 대안적 해결책을 만들고, 이득과 부담의 관점에서 그 대안들을 저울질해 보고 대안들 중에서 선택하고 행동하는 것을 포함한다.

문제해결단계 problem solving stage 문제에 직면했을 때 우선 문제의 소재를 분명히 하면서(문제파악) 어떠한 행동이 유효한가, 어떻게 하면 목표에 이르는 수단·방법을 찾아낼 수 있는가 하는 것이다. 그 다음에 여러 가지 시도를 해 보는 동안(시행착오) 문득 과제를 이해해 가는 범위에서 새로운 통찰이 세워지고, 과제가 해결되어 간다. 이런 일련의 과정이 문제의 해결이다. 문제의 해결방법에는 생활체의 지적 수준, 문제의 어려움, 장면에 대한 익숙함이 관련되는데, 손다이크(E. L. Thorndike)의 문제상자실험이 그 예다.

문제회피 problem avoidance 엘리스(A. Ellis)가 언급하는 11가지 비합리적인 신념 가운데 하나로서 문제회피는 삶의 어려움이나 책임을 직면하기보다는 이를 피하는 것이 더 쉽다고 생각하는 사고를 말한다.

문화결정론 cultural determination 인간의 퍼스낼리티는 문화와 사회체계에 의해 결정된다는 이론이다. 뒤르켐(E. Durkheim)과 뒤르켐 학파는 사회적 사실을 외재성, 특히 구속성의 표지(다른 것과의 구별을 알게 하는 표시 또는 특징)에 의하여 파악하고 이것을 다른 사회적 사실로 설명하는 입장을 취하였다.

문화공평검사 culture-fair test 조사연구에서 기존의 검사도구가 대부분 문화적 편견이나 계층적 편견을 포함하고 있다고 비판하며, 그 내용이나 절차가 피험자의 상황과 맥락의 특수성을 잘 반영하고 있지 못하고 문화적으로 공정하지 못하게 해석되는 문제들을 해소했다고 주장하는 검사로서, 문항이나 실시방법이 각 문화의 중산층이 가지는 경험에 좌우되지 않는 검사다. ⇨ 검사의 문화적 편파성 참고.

문화적 동질화 enculturation(cultural synchronization) 특정한 문화유형이 전 세계적인 차원에서 광범위하게 동질화되는 현상을 말하는 것으로 중심국가의 문화산물의 특정유형이 커뮤니케이션 미디어를 통해 일시에 대량으로 위성국가에 유통되면서 동시적 유행을 만드는 것을 의미한다.

문화지체 culture lag 관습, 습관, 기술이 시대에 뒤떨어지고 혹은 그것들이 지배적 문화에 의해 새롭게 형성된 기준에 부적합하더라도 전통적 관습, 습관, 기술 등을 유지하는 것을 의미한다.

문화충격 culture shock 다른 문화나 그 문화의 집단에 직접 접하게 되었을 때 느끼는 놀람을 의미한다. 즉, 문화충격은 정신적인 측면 외에 신체적으로도 큰 영향을 받는데, 다른 문화공간이나 하위문화 집단에 들어가 기대되는 역할과 규범을 잘 모르며, 타 문화에 적응하지 못하게 됨으로써 겪게 되는 소외감과 혼란, 우울 및 불안의 경험을 말한다.

물리주의 physicalism 물리주의는 물리적 세계의 원리인 뉴턴(I. Newton)의 생각에 근거를 두어서 인간 내면적 세계를 분석해 들어가는 접근방식으로, 인간 내면세계를 이해하기 위해서는 원인이 되는 현상을 이해해야 한다. 물리적 세계에서 물질을 이해하기 위해서 물질을 작은 단위로 쪼개어서 이해하려는 방식을 도입한 생각이 분석적 접근방식이라 할 수 있는데, 인간의 마음도 이렇게 마음의 세계로 들어가서 원인이 되는 현상을 이해할 수 있다고 생각한다. 분석을 위해서는 인간의 마음이 작은 단위들로 구성되어 있다는 또 다른 가정을 해야만 하는데, 작은 단위들을 요소라고 부른다. 인간의 마음에 있는 요소들로 정신분석의 프로이트(S. Freud)는 원욕, 자아, 초자아라는 요소로 나누어서 생각하였고, 행동주의에서는 행동이라는 요소로, 인지주의에서는 생각이라는 요소로 나누어 생각하고 있다.

물질관련장애 substance related disorder 물질관련장애는 알코올을 포함한 남용 약물의 섭취와 관련되는 장애, 투약의 부작용과 관련되는 장애, 독소

노출과 관련되는 장애 모두를 포함한다. 술, 아편, 각성제, 니코틴, 흡입제 등 습관성 및 의존성이 강한 물질은 직업수행이나 대인관계에 장애를 일으키는 것으로 이런 물질의 사용이 과다하면 그 사용을 중단하거나 조절할 능력을 상실하였을 때 금단증상이 생길 정도로 발전한다.

물질금단 substance withdrawal 지속적으로 과다하게 물질을 사용해 온 개인에게서 혈액이나 조직 내 농도가 저하되었을 때 나타나는 현상으로서, 생리적·인지적 기능장애를 동반하는 부적응적 행동변화를 의미한다. 금단증상은 물질에 따라 다르게 나타나지만, 일단 불쾌한 금단증상이 나타나면 개인은 그 증상을 피하거나 완화시킬 목적으로 물질을 사용하게 된다.

물질남용 substance abuse 약물남용과 같은 의미로서 부적응적인 물질사용 양상이다. 물질남용의 증상은 중요한 임무를 반복적으로 수행하지 못하고, 신체적으로 해롭고, 여러 법적 문제를 일으키고, 되풀이하여 사회적 문제나 대인관계 문제를 일으키는 상황에서도 계속 물질을 사용한다. 물질의존의 진단 기준과는 달리 물질남용의 진단 기준은 내성, 금단, 강박적인 물질사용의 특징을 포함하지 않으며, 반복적인 물질사용으로 인한 해로운 결과만을 포함하고 있다.

물질로 유발된 기분장애 substance-induced mood disorder 이 장애는 물질, 즉 약물남용·투약·우울증에 대한 다른 신체적 치료, 독소에의 노출의 생리적 효과로 인한 것으로 판단되는 것으로, 물질의 특성과 증상이 나타나는 상황에 따라 우울기분이나 흥미나 즐거움의 뚜렷한 감소 또는 의기양양하거나 과대하거나 과민한 기분을 말한다.

물질로 유발된 불안장애 substance-induced anxiety disorder 불안을 일으키는 것으로 추측되는 특정 물질, 예를 들면 알코올, 메틸페니데이트, 티록신 등에서 시작되는 것으로, 중독이나 금단상태에 동반되어서 발생한다. 물질의 성질과 상황에 따라 증상이 나타나는데, 장애는 현저한 불안, 공황발작, 공포증 또는 강박적 사고 및 강박적 행동을 포함한다.

물질의존 substance dependence 약물의존 물질 사용과 관련되는 중요한 문제가 있는데도 개인이 물질을 지속적으로 사용하고 있음을 나타내는 인지적·행동적·신체적 증상군이다. 즉, 약물남용뿐만 아니라 내성 또는 금단증상을 포함하여 알코올이나 약물을 불건전하게 사용함으로써 생기는 장애반복적인 자가복용 양상은 내성이나 금단증상을 일으키고, 강박적으로 약물을 추구하는 행동을 초래한다.

물질중독 substance intoxication 최근의 물질섭취 또는 노출로 인해 가역적인, 물질 특이적 증후군이 발생하는 것을 말한다. 물질중독의 특정한 임상 양상은 개인에 따라 극적으로 다양하며, 관련되는 물질·용량·기간·용량의 만성화 여부, 물질에 대한 개인별 내성 정도 등에 따라 다르다. 물질이 중추 신경계에 작용해서 생긴, 심상적으로 심각한 부적응적 행동변화나 심리적 변화가 물질 사용 중이나 사용 직후에 나타난다. 가장 흔한 변화는 지각 장애, 각성 장애, 주의력 장애, 사고력 장애, 판단력 장애, 정신 운동성 행동 장애, 대인 관계의 장애다.

물품음란증 fetishism 전적으로 남성에게서만 볼 수 있는 성변태증의 하나로서 성적 흥분을 얻기 위해서 무생물, 즉 물품을 선택하는 것이 그 본질적 양상이다. 물품음란증에서 변태성욕적 초점은 '무생물' 의 사용이다. 흔한 물건은 여성의 내의, 스타킹, 신발, 부츠 또는 기타 착용물이다. 물품음란증이 있는 개인은 신발 속에 대고 자위행위를 하는 경우에서처럼 성행위에 물품만이 포함되기도 하고 또 어떤 때는 이성을 상대로 하는 성행동의 한 부분으로 물품의 사용이 포함되기도 한다. 후자의 경우에는 성적 흥분을 얻기 위해 어떤 물품이 필수적인 역할을 하게 되며, 따라서 그 물품이 없으면 남자는 발기가 되지 않는다. 즉, 여성과 성관계를 가질 때 그 여자가 굽 높은 구두를 신고 있어야만 성적 흥분과 만족을 얻을 수 있는 경우가 이에 해당한다. 이런 목적을 위해서 선택되는 물품들은 대개 여성의 내의 같은 옷이라든지 구두, 장화 또는 좀 드문 경우이기는 하지만 모발이나 손톱 같은 것들이다. 대개 이런 물품들은 아동기 때에 가장 가까웠던 사람, 특히 자기를 돌보아 주었던 사람과 밀접한 관계를 가지고 있는 것들이다.

뮌히하우젠 증후군 Munchhausen Syndrome (Munchhausen by Proxy) 허위성 장애로서, 병적으로 거짓말을 하고, 그럴듯하게 이야기를 지어내고, 마침내 자기도 그 이야기에 도취해 버리는 증상을 말한다. 원래 1720년 독일에서 태어난 Munchhausen이라는 사람에게서 유래되었다. 그는 터키와 러시아 전쟁에 참전하고 1760년 퇴역, 하노버에 정착했다. 뮌히하우젠은 하노버에서 군인으로서, 사냥꾼으로서 그리고 스포츠맨으로서 자기가 했던 일들을 거짓말로 꾸며 사람들에게 들려주었는데 나중에 그 이야기들이 각색되어 1793년 『뮌히하우젠 남작의 모험』이라는 책이 나왔다. 뮌히하우젠 증후군이란 바로 뮌히하우젠 씨처럼 병적인 거짓말을 하는 것이 특징이다.

미네소타다면성 인성검사(MMPI) Minnesota Multiphasic Personality Inventory ⇨ MMPI 검사 참고.

미분류우울장애 depressive disorder not otherwise specified 주요우울장애 또는 기분부전장애의 진단이나 우울증을 동반한 적응장애의 진단 기준에 맞지 않는 우울장애로 월경 전 우울장애(premenstrual dysphoric disorder)와 같은 것이다.

미분화된 자아군 undifferentiated ago mass 미분화된 자아집합체 가족구성원 간에 보여지는 밀착된 상태 또는 자기 분화가 결여된 상태로 보웬(M. Bowen)이 사용한 용어다. 즉, 가정 내에 존재하는 융합 또는 정서적 고착성 연대감 때문에 가족구성원의 개인적 자아감이 발달되지 못하는 강력한 공생적 핵가족관계이다. 가족 내의 불안이 높으면 개인의 내부에서 정서와 지적 시스템에 혼란이 일어나며, 그러한 혼란은 또 다른 구성원에게도 일어나서 개인의 정체감과 경계선이 흐릿해지고 만다는 것이다.

미소대뇌기능장애(MBD) minimal brain dysfunction 과잉활동증후군으로도 불린다. MBD는 유아나 아동이 감각운동을 조정하고 연합하는 데 문제가 있는데, 교실 내에서 과도한 운동활동, 충동적 행동 및 주의가 산만하여 학업성취 수준이 표준 이하로 떨어진다.

미술치료 art therapy 미술활동을 통해서 자신을 표현하고 자기를 지각하며 집단 간 상호작용을 북돋워 주는 예술치료(arts therapy)의 한 분야다. 1940년대 초 나움버그(Naumberg)는 미술을 분석적이고 역동적인 심리치료의 분야로 소개하면서 정신분석학 이론에서 나온 심리치료의 기본 개념과 본질적으로 같은 것이라고 주장했다. 즉, 아동이 표현한 미술은 무의식세계와 상징적 대화로 아동을 이해하는 데 중요한 단서가 된다는 것이다.

미쉬킨의 가설 Mishkin's hypothesis 기억과 관련된 가설로서 '해마'라는 기억구조물이 단순히 회상을 하는 데 작용하고 이와 떨어져 있는 편도체가 정서적 요소를 가진 기억에 중요한 역할을 한다는 것이다. 미쉬킨은 이를 원숭이를 통해 실험하였는데, 해마가 손상된 원숭이는 공간적 환경에 대한 인식을 상실한 반면, 편도체를 손상한 원숭이는 정서적 기억이 손상되어 자신이 무서워하던 동물들에 대해 공포반응을 보이지 않는 것을 발견하였다. 미쉬킨의 또 다른 가설은 뇌 속으로 입력된 정보가 뇌 안에서 단계적으로 조직되어 있다는 것이다. 즉, 시각정보가 입력되면 망막에 맺힌 정보 그대로 입력되는 것이 아니라 외측슬상체(lateral geniculate body), 선조피질(striate cortex), 그 주변 피질, 측두엽과 해마, 편도체를 거치면서 여러 지점에 위계적으로 조직된다고 하는 것이다. 따라서 기억저장소에 저장되는 최종정보는 상당히 요약된 것이며, 수많은 시냅스 부위를 거치면서 변화되는 것이다. 이와 같이 미쉬킨은 기억과 관련해서 어느 특정 부위가 관계된 것이 아니라 뇌 안에 넓게 퍼져 있는 뇌구조물 모두가 관여한다고 주장하였다.

미시증 micropsia 착각의 한 형태로서, 물체가 실제보다 더 작아 보이는 시각적 지각이다. 원인은 확실히 규명되지 않았으나, 스트레스나 과로 등이 기여하는 것으로 알려져 있다.

미시체계 microsystem 생태학적 환경의 한 체계로서, 브론펜브레너(U. Bronfenbrenner)는 가족 · 지역사회 · 문화 등 인간을 둘러싼 생태환경을 가장 가까운 것부터 가장 먼 것에 이르기까지 네 개의 층으로 구조화하고 이들 환경체계와 발달의 관계를 연구하였는데, 이들 네 개의 층 중 가장 가까운 층을 미시체계라고 하였다. 미시체계는 발달하는 개인이 독특한 물리적, 물질적인 특성을 가진 환경 내에서 경험하는 활동, 역할 및 대인관계의 유형이다. 미시체계는 가정 맥락의 영향을 많이 받는 유아기 및 아동기에는 커다란 비중을 차지하지만, 아동이 성장함에 따라 환경적 영향이 확대되면서 생태환경은 변하기 때문에 비중이 줄어든다.

미시현상 jamais vu 미시감 기시현상과 대조적인 체험으로 과거에 보거나 경험한 경우나 상태에 당면했을 때에 이러한 경험들이 전에는 경험하지 못했던 첫 경험으로 느끼게 하는 현상을 말한다. 특수한 기억착오의 일종으로 간질의 몽환상태에 나타나는 경우가 많다. ⇨ 기시현상 참고.

미신적 행동 superstitious behavior 예를 들어, 먹이를 줄 때 어떤 동물이 우연히 머리를 움직이거나 어떤 행동을 하고 있었다면 그 후 그 행동은 반복될 수 있다. 이는 마치 그 동물들이 자신의 행동 때문에 먹이를 나오게 했다고 믿고 있는 것 같아 보인다. 이와 같은 의식적 행동을 미신적 행동이라고 하는데, 스키너(B. F. Skinner)는 이러한 미신적 행동은 우연 수준에서 일어나는 간헐적 강화에 의해 지속된다고 설명한다.

미해결 과제 unfinished business 미완결 과제 게슈탈트 치료 또는 성인아이 치유과정에서 주로 사용되는 용어로 삶의 과정에서 어떤 사건이나 관계에서 마침표를 찍지 못한 채 덮어 둔 부분이 타인과 올바른 관계를 방해하고 현재 삶에 계속해서 영향을 주는 것이다. 그러므로 내담자로 하여금 그 과제에 직면하게 하여 분노나 슬픔, 두려움 등 미해결된 감정들을 자각하고 인정하는 재 경험 혹은 재해석의 과정을 통해 미해결 과제의 부정적인 감정에 종지부를 찍어 주어 그 사건이나 관계에서 자유로워지도록 한다.

민족심리학 ethnopsychology 민족정신의 문제를 정신 발달단계로서 특성과 민족의 성격적 특성 양면에서 고찰하고자 하는 학문이다. 개인심리학에 대한 민족심리학이란 용어를 처음으로 사용한 사람은 19세기 후반 라자루스(A. Lazarus)였다. 한편, 현대 과학적 심리학의 시조로 일컬어지는 분트(W. Wundt)는 실험심리학과는 별도로 정신발달의 일반법칙을 발견하기 위하여 원시 민족의 정신적 특성을 대상으로 그 문화적 소산인 언어·예술·종교·신화 등에 관하여 연구한 '민속심리학'을 공개하였다. 민속심리학에서 다루어진 제 문제는 오늘날 각기 발달심리학·사회심리학·문화심리학·문화인류학·민족학 등에서 연구되고 있으며 민족심리학이란 말은 거의 쓰이지 않고 있다.

밀란모델 Milan model 밀란체계적 가족치료 Milan systemic family therapy 체계론적 가족치료모델을 지칭하는 것으로, 가족구성원이 사건을 어떻게 인지하고 해석하는지를 체계론적으로 탐구하며, 가족구성원을 연결시켜 주는 관련성과 규칙을 통해 가족치료에 적용하는 가족치료모델을 말한다. 밀란모델은 베이슨(G. Bateson)의 인공두뇌학적 인식론에 대한 연구프로젝트에 이론적 기반을 두고 있다. 즉, 헤일리(J. Haley)의 전략적 가족치료이론, MRI 단기가족치료센터의 상호작용이론과 함께 베이슨의 의사소통이론에 기반을 두고 있는 것이다. 그러나 밀란모델은 혁신적으로 가족이론에 대한 비지시적이며 조직적인 접근법으로서 전략적 가족치료와 공통되는 기반을 공유하지만, 베이슨의 체계이론을 가장 순수하고 구체적으로 적용한 학파다. 예를 들면, 차이(행위에서의 차이, 관계에서의 차이, 가족구성원이 사건을 어떻게 다르게 인지하고 해석하는지의 차이)를 체계론적 관점으로 탐구하려는 노력, 가족구성원을 연결시켜 주는 관련성 및 규칙을 알아내려는 노력, 가족게임에 대한 접근 등 베이슨의 인공두뇌학적 체계이론을 실천적으로 적용하려는 것이다. 밀란학파에서는 역기능적 가족게임이 지속될 경우 문제나 증상을 해결할 수 있는 대안을 모색하지 못하며 문제를 해결하려는 의도와 해결하고자 하는 인식 자체가 문제라고 본다. 따라서 치료를 통해 가족의 인식이나 전체를 변화시켜 가족체계 전체의 변화를 유도한다는 점에서 2차적 변화를 추구하고, 게임의 규칙을 변화시키려고 한다. 이들은 그동안 치료가 어려웠던 사례들, 특히 신경증적 거식증과 정신분열증에 도전하여 가족 전체를 내담자로 포함시키면서 주로 역설적 기법에 기초한 여러 창조적 기법을 활용하여 극적인 치료 성공을 거두었다. 또한 밀란학파의 경우 다른 모형들과 달리 팀 접근방식을 취하며, 치료과정에서도 치료 간격 사이에 긴 배양기를 두는 장단기 치료양식을 취하고 있다. 가족치료과정 중에서 가족들은 종종 구체적인 충고나 지시를 원하지만, 밀란모델에서는 가족의 이러한 희망을 따르지 않는다. 이미 친구나 다른 전문인들로부터 충고나 지시를 많이 받았겠지만 효과가 없었을 것이기 때문이며, 이러한 충고나 지시가 가족의 자율성을 침해하고 자유를 속박한다고 보기 때문이다. 따라서 이들은 가족들이 다른 해결책을 발견하는 능력, 자유로이 변화할 수 있는 능력을 강화시키도록 하는 데 중점을 둔다.

밀착 enmeshment 구조적 가족상담의 주요 개념으로, 그물화되었다고 표현하기도 한다. 가족구성원 간의 심리적 경계가 애매하여 서로 지나치게 감정적으로 개입되어 있는 가족구조를 말하는 것으로, 이는 하위체계 간의 구성원이 서로를 구별할 수 없을 만큼 상호작용이 활발하거나 감정적으로 너무 깊게 연결되어 서로를 분리할 수 없는 상태다. 이러한 현상은 서로의 삶에 지나치게 관심을 갖고 과도하게 개입하는 가족집단의 현상으로서 자율성을 불가능하게 만든다.

밀착가족 enmeshed family 가족구성원이 서로 지나치게 관여하고 간섭하기 때문에 적절한 경계가 결여된 경우다. 이러한 가족은 응집력이 높고 가족구성원 상호 간에 충성 또한 높으나 피차 간에 일치를 요구하고 다른 의견을 용납하지 못한다. 따라서 가족구성원 개인의 자율성과 성장이 잘 이루어지지 못할 뿐만 아니라 가족에 몰두되어서 외부세계에 자신을 개방하지 못한다. 이들 가족은 일치와 연합을 중시하고 이를 유지하려고 들기 때문에 가족에 존재하는 갈등을 인정하지 못하고 차이를 거부한다. 이들은 항상 모든 문제에 대해 가족구성원 모두가 같은 의견을 유지하지 못한다면 세상은 예측할 수 없고 위험한 곳이라고 바라보는 것이다. 그 결과 자녀는 외부세계와 접촉을 못하게 되어 자주적이고 독립적이며 융통성 있는 성숙한 인간으로 성장하지 못한다. ⇨ 가족경계, 경계선, 응집성 참고.

ㅂ

바넘효과 Barnum effect 누구에게나 해당되는 사항에 대해서 맞는다고 생각하는 경향을 말한다. 심리상담을 하는 과정에서 "어떤 형태로든 당신이 욕심을 부리기 때문에 스스로 괴로워할 수도 있습니다."라는 그럴싸한 이야기를 하면, 상대방은 "정말 그렇구나."라며 감동하는 일종의 심리효과로 누구에게나 해당되는 보편적인 삶의 주의사항, 예언가들의 말이 결과적으로 틀림없는 이야기가 되는 것이다. 예를 들어, 액운이 끼었다는 사람에게 불행한 사고가 닥치면 그것은 '적중된 액운'이 되며 아무런 사고 없이 지나가면 그것은 정성을 다했기 때문에 액땜한 결과가 되는 것이고, '~을 조심하라'는 것도 누구에게나 적용되는 매우 보편적인 주의사항이다.

바보학자 idiot savant 백치석학, 천재백치, 이상천재 전체적인 지능은 저하되어 있지만 어떤 특정한 면에서의 재능이 특출하게 발휘되는 능력을 가진 정신발육지체아를 가리키는 말로 현재는 석학증후군으로 불린다. ⇨ 석학증후군 참고.

바빈스키 반사 babinski reflex 프랑스 신경학자 바빈스키(J. F. F. babinski)의 이름을 따서 명명한 반사로, 병원 응급실에 의식을 잃은 환자가 실려 올 때 뇌손상 여부를 알기 위해 가장 먼저 실시했던 간단한 검사가 바빈스키 검사였다. 바빈스키 검사는 두 살 이하의 유아에게서 나타났다가 생후 1세 정도 이후에 사라지는 정상적인 반사로서 아기의 발바닥을 간지르면 발가락을 마치 부채살처럼 펴는 동작을 보이는 반사로 성인의 경우는 반대로 오그라든다.

바쁜 여성 증후군(HWS) hurried woman syndrome 현대사회를 살아가는 여성들이 겪는 증후군이다. 이는 여성에게 엄청나게 다양한 역할을 요구하는 사회에서 여성들이 겪는 신종 질환을 의미하는 것으로, 가벼운 우울증과 같은 신체적 · 정신적 증상이다. 대표적인 증상은 체중 증가와 성욕 저하, 침울함, 피로 등 네 가지 증상으로 대표되며, HWS는 직장과 가사를 병행하는 여성뿐 아니라 과중한 직장 일에 시달리는 독신여성, 또 전업주부들에게도 흔히 나타난다. HWS의 원인은 스트레스며, 이와 같은 증후군을 지적한 보스트(B. Bost)에 의하면, 많은 여성은 자기가 너무 많은 일을 하고 있다는 사실을 부인하면서 자신을 돌보지 않고 극한까지 밀어붙이는 경향이 있다고 한다. 따라서 HWS 증상을 보이면 자신의 기대와 또한 자신에게 가장 중요한 것이 무엇인지 자문해 보고 불필요한 일들을 과감히 줄이라고 조언하고 있다.

바움 테스트 Baum test 1949년 코흐(E. Koch)가 발표한 투사법 테스트의 하나다. A4 규격의 흰 종이와 연필, 지우개를 준비한 다음 '열매 맺는 나무'

를 그려 달라고 주문한다. 이렇게 아무 생각 없이 그린 나무가 사람의 성격을 그대로 나타낸다고 하는 것이다.

바이오 피드백 biofeedback 생체의 자기 제어, 즉 생체의 신경 · 생리상태 등을 그 어떤 형태의 자극 정보로 바꾸어서 그 생체에 전달하는 조작으로 미국에서는 일종의 자기컨트롤법으로 쓰이며, 행동치료에서 조작적 조건화 이론을 이용한 치료기법이다. 인간이 의도적으로 통제할 수 없는 자율신경계의 생리적 반응을 통제할 수 있게 학습시키는 것으로 불안장애나 편두통, 고혈압, 긴장성 두통 등 정신 생리성 장애를 치료하는 데 적용되고 있다. 근본원리는 환자가 자신의 생리적 지표를 피드백받게 되면 긴장이완 등 다양한 방법을 통하여 생리적 수준을 정상적인 수준으로 변화시키는데, 이것이 일종의 강화자극이 되어 생리적 수준을 변화시켰던 행동을 반복하게 된다는 것이다.

박탈 deprivation 신체적 · 사회적 · 정서적 욕구를 실현, 충족하지 못하거나 불완전하게 충족된 상태 또는 상실이나 감소를 가져오는 과정을 의미한다. 마찬가지로 내담자가 정적강화를 받지 못하는 것 역시 박탈이라 할 수 있다.

박해자 persecutor 교류분석의 드라마 삼각형에서 다른 사람들을 윽박지르거나 혹은 얕잡아 보는 사람을 말한다.

반 고흐 신드롬 Van Gogh syndrome 정신분열증 환자에게서 주로 나타나는 자상벽(self-mutilative habit)을 말하는 것으로, 자기 눈을 스스로 찌른다거나 팔과 다리를 절단한다든지 하는 행위를 말한다. 즉, 자기 스스로 자기 자신에게 상처를 내는 병으로서 정신분열증 환자 중 1% 정도가 이러한 증상을 보인다고 하는데, 미술가인 고흐가 자기 귀를 자른 증상을 빗대어 정신과에서는 이를 반 고흐 신드롬이라고 부른다.

반달리즘 Vandalism 도시의 문화 · 예술이나 공공시설을 파괴하는 행위를 말한다. 5세기 초 유럽의 민족 대이동 때 아프리카에 왕국을 세운 반달족이 지중해 연안에서 로마에 걸쳐 약탈과 파괴를 거듭한 일에서 유래된 말이다.

반대기법 distance technique 심리극에서 수줍어하는 환자들에게 난폭한 악인 역이나 인위적인 역할을, 거만한 환자에게 바보스럽거나 비굴한 사람의 역할을, 깔끔한 환자에게 거지 역할을 상상케 한 후에 그 역할을 표현하도록 하는 것이다. 다시 말해 현재의 자신과는 정반대 되는 역할을 함으로써 자신을 돌아볼 수 있는 기회다.

반대과정이론 opponent process theory 정서에서 정서반응이 유쾌하건 불쾌하건 그 반응에 반대 방향으로 작용하여 원래의 정서를 약화시킨다고 가정하는 이론이다.

반대역설 counterparadox 역설적 개입에서 가족구성원의 역설적 상호작용을 반대로 바꾸기 위해서 가족이 이중 구속을 맺도록 하는 것을 말한다. 역설은 겉으로는 진술 자체가 모순되어 있지만, 실제로는 내포된 진실이 숨어 있는 것을 말하는 것이며, 반대역설은 밀란모델에서 처방하는 치료적 역설을 의미하는 것이다. 즉, 가족의 역설에 대해 치료자가 반대역설로 대응하는 것으로 증상에 대한 재해석과 증상처방의 기법으로 표현되는데, 이는 증상을 가진 가족구성원의 행동의 의미를 다시 해석해 주는 긍정적 내포의미의 형태를 지닌다. 가령 문제의 증상을 가진 아이를 '문제아'로 지칭하는 것이 아니라, 그 아이로 인해 부모가 그 아이에게 집중함으로써 부부 상호 간의 갈등에 집중하지 못하게 하는 '가족영웅'으로서 역할이라는 긍정적인 의미로 재해석해 주는 것이다. 따라서 증상을 가진 가족구성원뿐 아니라 모든 가족구성원에게 지금 행하는 것을 계속하라고 명령하고, 긍정적 내포의미 및 증상처방은 치료모임의 마지막 부분에서 가족에게 들려준다. 예를 들면, 거식증을 가지고 있는 자녀에게 "네가 먹기를 거절하는 것은 좋은 일이다. 네가 먹지 않으면 네 부모님들은 네가 죽을까 봐 걱정하기 때문이지. 그러면 부모님은 너를 위해 무엇을 할 수 있을지 전보다 너와 훨씬 더 많은 이야기를 하시지. 그러니까 네가 당분간 이렇게 계속해야 한다고 본단다."라고 말하는 것처럼, 반대역설은 가족은 무언가 다른 것을 하라는 권고에 저항할 것이라는 것을 인정하면서 이 저항을 가족 스스로를 향해 되돌리는 것이다. 즉, "현재의 문제를 계속하라, 변화하지 말라, 만약 문제가 없어지면 더 큰 문제가 일어날 것이다."라고 처방할 때, 가족의 관점으로는 이는 좋기도 하고 나쁘기도 하며, 해야 하기도 하고 하지 말아야 하는 것이기도 해서 치료적 이중구속에 대한 가족반응은 증상의 불가피성을 받아들이던가, 아니면 변화의 위험을 받아들이던가 해야 한다. 이로써 이들은 새로운 의문을 통해 문제로부터 벗어날 수 있는 계기를 만드는 것이다. 다시 말해, 역설적인 치료기술은 내담자의 현재 문제나 증상을 완화시키기 위한 목적으로 내담자의 저항을 깨뜨리기 위해서 현재의 증상을 오히려 유지시키거나 악화시키는 개입법을 말한다. 이러한 기법은 다른 방법으로는 실패했던 극도로 역기능적인 가족에게 높은 치료 효과를 보이는 것으로 나타난다. ⇨ 역설적 개입 참고.

반동 reactance 저항, 리액턴스 못 하게 하면 더 하고 싶어지는 심리로 사람들이 자신의 자유를 빼앗길 염려가 있다거나 또는 실제로 자유를 박탈당하면 금지된 것을 굳이 하려고 하는 경향을 말한다.

반동형성 reaction formation 무의식의 밑바닥에 흐르는 생각, 욕구, 충동 등이 받아들여질 수 없는 것일 때 이것과는 정반대의 행동이나 태도를 나타냄으로써 불안이나 공포로부터 벗어나려는 방어기제다. 골든슨(R. M. Goldenson)은 표면에 나타나는 행동은 경우에 따라 그 반대되는 경향의 왜곡 또는 무의식적 배출을 제공하는 것이라고 지적하였다. 이는 위험한 원초아 충동에 대한 갈등을 반대되는 욕구로 전환시킴으로써 피하는 것이다. 즉, 자신이 갖고 있는 죄의식 또는 지나친 증오나 공격적 욕구를 감추려고 본래의 행동과 반대되는 방향으로 바꾸는 것으로 지나치게 친절한 행동을 취하거나 의존적인 아동이 오히려 독립을 주장하는 것과 같은 정반대의 행동을 보여 준다.

반복강박증 repetition compulsion 정신질환에서 흔히 보는 양상으로 경험으로부터 배우지 못하고 계속 일정한 병적 행동양상을 반복하는 것이다. 이는 무의식이 주로 행동을 결정하기 때문이다. 미숙한 자아는 실패를 거듭하는데도 같은 행동양상을 되풀이 하기 쉽다. 예를 들어, 결혼에 계속 실패하는데도 전과 같이 알코올 중독자와 결혼을 또 하는 것이다.

반복강화 repetition 경험으로부터 충분히 배우지 못하고 계속 일정한 병적 양상을 되풀이 하는 것. 예를 들어, 계속 결혼에 실패하는데도 전과 같이 알코올 중독자와 결혼하거나, 이성과의 관계에서 성관계를 거절하지 못하고 후회하면서도 똑같은 패턴을 반복하는 것. 그러면서 자기 속에 그런 면이 있다는 사실에 실망해 고민에 휩싸인다.

반복행동 repetitious activity 행동 장애(disorders of activity)의 한 유형으로, 객관적으로 아무 의미 없는 같은 행동을 반복하는 것으로 상동증(stereotype)이라고도 한다. 즉, 반복적으로 단조롭게 손을 비벼댄다든지, 가만히 서 있지 못하고 일정한 거리를 반복적으로 왔다갔다 하는 경우를 말한다. 반복행동 중에 한 가지 자세를 계속 유지하는 것을 강직증(강경증, catalepsy)이라고 하는데, 이때 타동적으로 취해진 자세를 유지하려는 경향 때문에 관절에서 움직임이 밀랍과 같은 것을 납굴증(waxy flexibility), 의미 없는 단어나 짧은 문장을 반복해서 발성하는 것을 음송증(verbigeration)이라고 한다. 또한 병적인 상동증과 유사하긴 하나 덜 지속적이고 덜 단조로운 습관적인 반복행동은 기행증(mannerism)이라고 하는데, 독특하고 이상한 버릇 등을 말한다.

반분신뢰도 split-half reliability 신뢰도를 검증하는 한 방법으로, 하나의 개념을 측정하기 위해 여러 개의 항목을 이용하여 측정하고 측정항목들을 무작위로 두 집단으로 나누어 측정치를 각각 합산한 뒤 상관관계를 분석하는 방법을 말한다.

반사 reflex 어떤 자극에 대해 무의식적으로 반응하는 것으로 감각수용기로부터 구심성신경에 의해 전달된 감각정보의 신호가 중추신경의 어딘가에서 의지와는 관계없이 전환하여 원심성신경에 전달되어 근(筋)과 선(腺) 등의 효과기(effector)에 그 효과가 나타나는 현상을 말한다.

반사적 질문 reflective question 재진술 또는 중복질문이라고도 하며, 상담자가 내담자로부터 이미 진술된 이야기를 들어서 얻어진 정보지만 그것을 확인하고 분명히 하기 위해 다시 반복하여 묻는 것이다.

반사행동 reflex action (reflex behavior) 보통 신생아가 어떤 자극에 대해 반응하는 것을 의미하는 것으로, 신생아에게 나타나는 반사행동에는 빨기

반사, 잡기반사, 걸음마반사, 모로(moro)반사, 토니넥반사 등 20여 종류가 있다.

반사회성 인격장애 anti-social personality disorder 타인의 권리를 무시하고 침범하는 인격장애다. 'psychopath' 라고도 부르는데 법을 종종 무시하고 죄책감이나 수치심을 느끼지 못한다. 이미 15~16세 이전에 잦은 무단결석, 가출, 비행, 싸움 등의 전조를 보이며 성인이 된 후에도 직장생활을 지속하지 못하고 배우자 혹은 부모로서 무책임하며 미래에 대한 계획을 세우지 못한다. 이들은 어렸을 때 부모로부터 버림받았거나 부모의 적대감을 받으며 살아 온 경험이 있으며, 온유한 말이나 공정한 태도보다는 단호한 거절에 익숙한 사람들이다. 따라서 불안정하고 공격적이며 신체적 싸움이나 폭력행위를 저지르는 경향이 있고 무책임한 경향을 보인다.

반사회적 행동 antisocial behavior 다른 사람 또는 사회에 해가 될 수 있는 행동을 의미한다. 또한 다른 사람에게서 개인적 고립 또는 다른 사람들이나 사회 기관과의 잦은 갈등에서 초래되는 행동 유형이다.

반영 reflection (mirror back) 비지시적 상담에서 내담자가 언급한 인지적, 정서적 요점을 분명히 하기 위하여 내담자가 한 말을 상담자가 다시 진술하는 것을 말한다.

반영적 경청 reflective listening 칼 로저스(Carl R. Rogers)가 말하는 적극적 경청을 의미한다. 대화자가 전하고자 하는 대화의 내용과 그 내용에 담긴 메타커뮤니케이션까지 주의 깊게 알아듣는 경청의 기술을 말하며, 대화자로 하여금 상대의 말을 알아들었으며 이해되었다고 전해 주는 대화의 다리기술영역이다. ⇨ 적극적 경청 참고.

반영평가 reflected appraisal 자기상(self-image)의 구성에서 중요한 것은 '남들이 나를 어떻게 생각하는가' 하는 점과 '그것이 무엇이라고 스스로가 여기는가' 이다. 즉, 남이 나를 어떻게 보고 있으리라는 스스로의 지각이 문제가 된다. 특히, 자신과 깊은 교류관계에 있는 남들이 반영해 주는 모습이 중요하다고 볼 수 있다. 벡커(Becker, 1963)는 반영평가가 사회학자들에 의해서 명명이론 또는 낙인이론의 핵심이 되었다고 하였다. 즉, 한 개인이 남들에게서 정신병자, 전과자로 일컬어질 때, 그는 그러한 칭호에 걸맞는 행동을 보이기 쉽다는 것이다. 흔히 교육현장에서 '문제아' 라고 한 번 낙인이 찍힌 아이들은 그들이 다른 아이들에 비해 조금만 잘못한 일이 있어도 더 호된 벌을 받는 경우가 많다. 이것은 그 아동이 한 번 문제아로 낙인찍힘으로써 받게 되는 불이익인 셈인데, 이 또한 반영평가의 한 예라고 볼 수 있다.

반유토피아주의 non-utopianism 성숙하고 정서적으로 건강한 사람은 이 세상에서 자신이 얻고자 하는 모든 것을 다 얻을 수 없으며, 모든 고난을 완전히 회피할 수 없다는 사실을 인식한다.

반응 responding (response) 하나의 행동, 대체로 이 개념은 불연속적인 형태의 행동을 지칭하며 통상적으로 무릎반사, 침분비, 열쇠압박 등과 같은 행동을 나타낼 때 쓴다.

반응성 responsiveness 인간행동의 실제 원인은 전적으로 그 개인 외부에 있다는 기본가정으로, 행동이란 단순히 외부 자극에 대한 일련의 반응이라고 보는 것이다. 이와 같은 반응성의 개념에 따라 인간의 성격과 행동을 파악하기도 하는데, 즉 반응성이 강한 사람은 사교적이며 개방적인 반면 반응성이 약한 사람은 형식을 중시하고 감정을 억제한다고 한다.

반응자 reactor 적극적, 공격적, 화려한 집단 리더로서 임하기보다는 가족과정을 지켜보고 명료화하기를 선호하는 예리하고 간접적인 유형의 치료자다.

반응적 욕구 reactive need 어떤 환경적 사건 또는 자극에 의해서 생긴 욕구를 말한다.

반응적 우울증 reactive depression 반응적 우울증은 심리적 부담이 우울증의 원인으로, 병으로 인하여 상실한 것에 대한 원통함, 수치심, 죄의식 등을 수반하는 것이 특징이다. 가까운 사람의 갑작스러운 죽음 등의 상실 체험이나 재해 등으로 인한 충격이 그 예다. 감정을 억제함으로써 무반응적인 상태가 되거나, 그와 반대로 큰 소리로 울거나 소리 지르거나 흐트러진 태도를 보이고 공포반응이 되풀이해 나타나면서 점차 우울상태에 빠진다. 보통은 6개월 이내에 원래의 심리상태로 되돌아가지만, 더 오랜 기간 계속되는 경우도 있다. 반응성 우울증의 증상은 내인성(內因性) 우울증과 비슷하지만, 침착하지 못하고, 사소한 자극에도 크게 흐트러지는 자극반응이 일어나며, 입이 마르거나 가슴이 뛰기도 하고, 진땀을 흘리거나 혹은 설사나 변비가 되는 등의 자율신경증상이 강하게 나타나는 것이 특징이다. 치료 방법은 우울증에 대한 일반적 치료와 같지만, 정신 요법이 특히 중요하다. 동시에 주위 사람들이 그 사람의 괴로움을 함께 나누고 따뜻하게 이해하는 태도가 무엇보다도 필요하다.

반응적 조건화 respondent conditioning 행동수정에 사용되는 하나의 과정으로서, 어떤 자극에 의하여 저절로 생겨난 반응이 중립적인 자극에 의해서도 최초의 자극에 의했던 것과 똑같은 반응이 일어나는 것으로 고전적 조건화, 파블로프 조건화와 같은 의미다. ⇨ 고전적 조건화 참고.

반응행동 respondent behavior 반응적 조건화(respondent conditioning) 원리에 따라 특정 자극이나 물체에 의해 나타나는 행동을 말하는 것으로, 알려진 어떤 자극에 의해 유도된 반응이다. 이 자극은 항상 시간적으로 반응에 앞서 나타난다.

반전 retroflection 타인이나 환경과 같은 외부에 대해서 하고 싶은 행동이 여의치 않을 때 하고 싶은 행동을 자기 자신에게로 향하게 하는 것이다. 이러한 반전은 부모와 환경의 태도를 자신의 인격 속으로 내사하여 일어나는 것으로, 자신의 욕구충족을 포기하고 자신의 감정과 욕구를 억제하는 것이 반복됨으로써 형성된다. 반전은 강박증상이나 열등의식, 자기관찰, 죄책감으로 나타난다.

반향동작증 echopraxia 타인이 보여 주는 행동을 자동적으로 따라하는 증상을 말한다. 이는 행동장애로서 자동행동(automatism)의 양상으로 나타난다. ⇨ 자동행동 참고.

반향언어증 echolalia 타인의 말을 의미도 모르면서 그대로 메아리처럼 되받아서 따라하는 말이다. 이는 행동 장애유형인 자동행동(automatism)의 하나로서 정신분열증세를 나타내는 사람에게서 볼 수 있으며, 자폐증(autism)의 전형적인 한 증후이기도 하다. 자폐아는 의사소통이 충분히 가능한 연령인데도 다른 사람이 말을 걸거나 짧은 단어나 문장을 말하면 그것을 앵무새처럼 되받아 말하기 때문에 의사소통에 장애가 된다. ⇨ 자동행동 참고.

발견적 가치 heuristic value 한 이론의 가치를 평가하는 준거틀을 말하는 것으로, 한 연구 주제에서 새로운 연구 주제를 도출해 낼 수 있는 것을 말한다. 즉, 훌륭한 이론은 새로운 연구 주제를 계속 끌어낼 수 있다고 보기 때문에 발견적 가치가 있다고 말한다.

발견적 방식 heuristic 문제해결을 위한 유형 가운데 하나로서, 가설을 검증함으로써 문제를 해결하려는 방식이다. 이 용어집에서는 '휴리스틱(heuristic)' 이란 용어로 정리하였다. ⇨ 휴리스틱 참고.

발기부전 impotence 발기에 이르거나 발기상태를 지속하는 데 대한 무능력으로 특징지어지는 발기장애로 알려진 남성의 성적 장애.

발달과제 developmental tasks 생애주기의 여러 가지 단계에서 인간이 환경에 적응하기 위하여 각 발달 단계에서 반드시 성취해야 할 일들을 뜻한다. 즉, 각 단계에서 발생하는 문제를 극복하고 갈등을 해결하여 다음 발달 단계로 옮겨갈 수 있게 하는 것을 말하며, 헤비거스트(Havighurst)는 개인이 한 단계에서 발달과업을 잘 성취하면 행복하게 되고 다음 단계의 과업을 원만히 수행할 기초를 마련하나, 그렇지 못하면 불행해질 뿐만 아니라 장차의 과업 수행에 곤란을 겪게 된다고 하였다.

발달성근육운동 조정장애 developmental coordination disorder 근육운동의 조정이 요구되는 일상생활에서 수행능력이 개인의 생활연령 · 측정된 지능에 비해 기대되는 정도보다 현저하게 낮으며, 이러한 장애가 학업의 성취나 일상생활의 활동을 현저하게 방해하는 경우에 진단되는 장애다.

발달심리학 developmental psycho-logy 발달심리학은 태내에서 출생, 죽음에 이르기까지 인간의 발달과정에 영향을 미치는 유전 및 환경적 요인 그리고 적응요인에 관한 체계적인 연구를 하며, 언어, 인지 등과 같은 특정 발달과제 및 특정 발달시기에 관한 연구를 한다. 이와 같이 인간의 발달을 생애적으로 접근한다 해서 생애발달심리학(life-span developmental psychology)이라 부르기도 한다. 그러나 발달심리학의 틀에서 인간을 연구한다는 것은 단순히 각 연령에 나타나는 행동이나 심리특성의 변화만을 연구하는 것이 아니라, 이렇게 나타나는 변화가 각 개인의 성장과 적응에 어떤 역할을 하며, 이미 가지고 있는 다른 행동과 심리특성에 어떤 관련이 있는지를 설명하는 데 초점을 두고 있다.

발달장애 developmental disorder 개인이 성인이 되기 전에 나타나는 일단의 신체적 · 정신적 기능장애로서, 전문가들은 전파적(pervasive) 장애와 특화(specific)장애를 구별한다. 특화장애에는 발달장애, 수리발달장애, 언어장애와 구음장애가 포함되며, 전파적 장애에는 어린이 자폐증과 어린이 내습전파적 발달장애가 포함되는데 어린이 내습전파적 장애는 사교관계의 전체적이고, 계속적 감소, 다양하고 괴이한 행동, 적절한 정동의 결핍으로 특징지어진다. 이러한 특성은 생후 30개월 후와 12세 이전에 분명해진다.

발목잡기 entrapment psychology 사회심리학에서 초기단계에서 어떤 행동에 투여한 것을 정당화하기 위해 이후에 더욱 이 행동에 몰입하는 과정이다. 그 다음 사람들은 자신이 사로잡혀 있다고 느끼지만, 벗어나는 것은 더욱 어렵다.

발바닥반사 plantar reflex 바빈스키반사 대신에 나타나는 현상으로 발바닥을 가볍게 칠 때 자동적으로 발가락을 아래쪽으로 구부리는 현상이다.

⇨ 바빈스키반사 참고.

발병률 incidence rate 인구와 인구통계 보고서에서 특정한 시간 안에 동일한 인구집단에서 새롭게 나타나는 신체적 · 정신적 질병이나 범죄 또는 사회적 문제의 여러 경우들.

발부터 들여놓기 기법 foot-in-the-door technique 부담 없는 부탁으로 상대방의 승낙을 이끌어 내고, 서서히 단계를 높여서 자신이 의도한 본래의 부탁을 하는 기법을 말하는 것으로, 머리부터 들여놓기 기법과 반대되는 기법이다.

⇨ 머리부터 들여놓기 기법 참고.

발산효과 divergence effect 후광효과(halo effect)와 신체적 매력과의 관계는 크게 발산효과와 대비효과로 나누어지는데, 발산효과는 매력 있는 사람과 함께 있을 때 자신의 평가가 높아지는 현상을 말한다. ⇨ 후광효과 참고.

발암물질 carcinogens (cancer-causing agents) 암을 유발하는 물질로서, 인간이 섭취했을 때 암을 발생시킬 비율이 높은 물질을 말한다. 동물실험으로 알려진 발암물질의 수는 약 1,500여 종에 달한다. 발암물질은 외인성 발암물질과 내인성 발암물질로 나눌 수 있는데, 내인성으로는 호르몬, 면역, 유전 등이 있으며 연령이나 성 등도 포함된다. 외인성 발암물질의 대부분은 자연환경의 화학물질로 밝혀졌다.

발전 공감 advanced empathy (advanced accurate empathy) 발전공감은 표면적인 감정뿐만 아니라 잠재적인 심층적 감정까지도 집어내는 것을 말한다. 즉, 내담자가 지금 어떤 예감이나 느낌이나 생각은 가지고 있으나 분명하게 보지 못하고 희미하게 느끼고 생각하는 그것을 내담자가 분명히 볼 수 있게 도와주는 기술이다.

방계가족 collateral family 확대가족, 형제자매의 부부 또는 그 이상으로 확대된 혈연을 같이 한 사람들과 한 가족을 이루는 형태다.

방과후처벌 after-school detention 가벼운 위반을 여러 번 했을 때 방과 후 50분간 학교 내 지정된 곳에 머물러야 한다.

방관자적 행동 onlooker behavior 아동이 놀이에 참여하지 않고 수동적으로 다른 아동의 놀이를 지켜보는 것으로, 아동의 관심은 다른 아동의 놀이에 있으나 자신이 관찰하는 아동과 상호작용하지는 않는다. 방관자적 행동은 특정집단의 행동을 관찰한다는 점에서 우연히 흥미 있는 어떤 것을 지켜보는 비몰입행동(unoccupied behavior)과 다르다.

방사효과 radiation effect 나랑 비교해서 좋은 물건이나 멋진 사람을 사귈 만한 사람이 아니라고 여겨짐에도 불구하고 그 사람의 배경 뒤에는 그럴 만한 특별한 이유, 예를 들면 사회적 지위 혹은 부유함이 있기 때문이라고 생각하는 것이다.

방어기제 defense mechanism 적응기제라고도 부른다. 갈등과 불안에서 자신을 보호하려는 무의식적 심리패턴, 억압되고 저지된 욕구를 당면 문제와는 다른 방향으로 해소하여 무의식 중에 파국에 빠지는 것을 피하고 자기를 보호하기 위하여 행해지는 반응이다. 우리가 일상생활에서 볼 수 있는 방어기제에는 공격적 행동(aggressive behavior)으로서 대치(displacement), 책임전가(scapegoating), 자기징벌(self punishment)이 있으며, 도피적 행동(withdrawal behavior)으로 억압(repression), 퇴행(regression), 반동형성(reaction formation), 도피(escape), 동일시(identification), 환상(fantasy or day dream), 격리(segregation), 고립(isolation), 부인(denial)이 있고, 절충적 행동(compromised behavior)으로 합리화(rationalization), 투영(projection), 대상(substitution), 보상(compensation), 승화(sublimation)가 있다.

방어적 귀인 defensive attribution 임상 및 사회심리학에서 사용되는 중요한 개념으로 자신도 불행한 일의 희생자가 될 수 있다는 불안을 피하기 위해서 그러한 사건을 당한 희생자를 비난하는 경향이다. 즉, 행동의 결과가 좋으면 자신에게 귀인을 하고, 나쁘면 외부귀인을 하는 경향을 의미한다.

⇨ 외적 귀인, 귀인이론 참고.

방어적 인상조작 defensive impression management 인상조작의 테크닉으로서, 자신의 약한 모습을 보여 주면서 상대방을 움직이거나 상대방에게 동정을 이끌어 내면서 자신의 요구를 관철하는 방법을 의미한다. ⇨ 인상조작 참고.

방임 neglect 무관심 부양가족에 대한 법률적, 도덕적 임무나 의무를 다하는 데 실패한 경우를 말한다. 그런 행위가 다른 사람에게 잠정적인 피해를 주었을 때, 법률적인 절차를 통해 그 사람에게 관련 의무를 지우거나 체형을 줄 수 있다.

방해 interruption 남이 말하는 것을 가로막는 경우를 말한다. 이런 경우에는 이러한 점을 이해시키고, 또 나머지 사람들은 이 점에 대해 어떻게 생각하는지 토의하고 조금 전에 방해당한 환자에게 계속해서 말하도록 한다.

방해압력 press counteraction 머레이(H. A. Murray)가 욕구에 대한 압력으로 제시한 외현적 욕구 중 하나가 방해인데, 이런 방해욕구로 인해 말로 혹은 신체적으로 공격당하는 것으로 느껴지는 압력이다.

방향정위 orientation 일반적으로는 자신이 놓인 상황을 시간적 · 공간적으로 바르게 파악하여 이것과 관계되는 주위사람이나 대상을 똑바로 인지하는 일을 말하는 것으로 지남력(指南力)이라고도 한다. 정신의학분야에서는 그 능력을 잃는 것을 실지남력, 방향감각상실, 방위측정능력상실이라고 하는데, 현재를 제1차 세계대전 중이라고 생각한다거나, 병원에 있으면서 직장에 있다고 생각하기도 한다. 지각심리학에서는 행동공간 안에서 대상의 공간관계를 파악하는 일을 뜻한다.

배란 ovulation 여성 생식세포의 방출, 즉 난자가 두 개의 난관 가운데 하나를 통하여 나가는 것. 이는 월경 후 평균적으로 14일 정도에 발생한다.

배변기 anal ejecting ⇨ 항문기 참고.

배아기 embryonic period 수정란이 자궁벽에 착상한 이후를 말하며, 수정 후 8주경까지 시기를 말한다. 이 시기 동안 신체의 주요 기관과 조직이 형성되고 분화된다. 또한 배아는 태반을 통해 모체와 연결되는데, 이를 통해 배아의 발달에 필요한 산소와 영양분이 유입되고, 동시에 배아에게서 발생한 탄산가스와 노폐물도 배출된다. 배아기는 신체의 주요기관이 형성되는 시기이므로 태내 환경에 많은 주의를 기울여야 한다.

배치 placement 특정한 목적을 달성하기에 적합한 환경에 사람의 위치를 지정하는 것. 사회사업 관계자들 사이에서 이 용어는 주로 어린이나 자립능력이 없는 성인을 사회복지시설 또는 이들을 부양할 수 있는 사람에게 맡긴다는 의미로 쓰인다.

백일몽 daydreaming 깨어 있는 시간에 무엇을 원한다거나 아무런 목적 없이 생각하는 것으로서 일종의 공상이다. 백일몽은 현실에서 충족되지 못한 좌절감이나 원망을 공상적인 대상적 모험 등을 통해서 보상하는 작용을 한다. 백일몽의 내용에는 일정한 유형이 있는데, 첫째는 이름을 떨치고 공적을 세운다는 공상, 둘째는 연애나 결혼, 성욕 충족에 관한 공상, 셋째는 자기의 부모가 진짜 부모가 아니고 자기는 얻어 온 자식이라는 공상이다. 백일몽을 특히 많이 하는 시기는 사춘기로서 욕망이 강한 반면 욕망을 충족시키는 데에는 장애물도 많고 자기확신도 정립되어 있지 않으므로 백일몽은 점차 증가한다. 정도껏 하는 경우의 백일몽은 건전하고 또 때로는 감정의 감동적인 배출구가 되기도 한다. 그러나 지나친 백일몽은 현실로부터 불건전한 도피가 되기도 한다.

백지설 tabula rasa '타블라 라사'는 아무것도 쓰여지 있지 않은 백지를 가리키는 것으로, 로크(J. Locke)의 견해를 따라 일체의 경험 이전의 인간의 정신상태를 나타내는 말로 사용된다. 로크는 인간의 마음을 선천적으로 갖춘 본유관념을 부정하고 관념이나 지식은 모두 경험을 통해 후천적으로 얻어진다고 하여 인간의 마음을 아무것도 써 있지 않은 백지에 비유했다.

백치 idiot 정신적으로 결함이 있는 사람, 최하급의 정신 연령 소유자로서 지능지수 20 이하의 사람을 말한다.

범 불안 장애 generalizaed anxiety disorder 일반화된 불안장애, 즉 여러 사건이나 활동에 대한 지나친 불안이나 걱정으로서, 자신이 통제할 수 없는 근심과 걱정이 많고 이와 동반된 지속적인 과잉각성과 불안을 적어도 6개월 동안 최소한 한 번에 며칠 이상 일어나며, 범불안 장애는 기분장애, 기타 불안장애, 물질관련장애와 함께 발생하는 경우가 많으며 스트레스와 연관된 상태들이 흔히 동반된다.

범위적 추론 range corollary 인간이 사상(events : 어떤 일을 시행하고 일어나는 사실)을 어떻게 인지하는지에 대한 인지구성체의 특성을 설명하는 추론으로서, 범위적 추론이란 하나의 인지구성체는 그것이 사용될 수 있는 범위가 한정되어 있는 것이다.

범죄심리학 criminal psychology 법률에 의해서 처벌되는 반사회적 · 반공공적 행동에 대해서 그 행동의 배경인 심적 메커니즘을 밝히는 심리학이다. 범죄행동, 비행행동의 원인과 성립과정은 지능, 성격 등 개체의 소질적 요인과 생육환경, 사회구조 등 외적 요인이 복잡하게 얽히는 상호작용에 의해 일어나므로 이에 대한 해명이 하나의 과제가 되고, 또 범죄자나 비행자의 사회복귀방책을 심리학적으로 연구하는 것이 또 하나의 과제가 된다.

범죄정신병리학 criminal psychopathology 범죄학과 정신의학이 상호 연관된 사회과학의 한 분야. 범죄자의 성격, 범행의 동기, 범행의 성향 및 범죄와 사회현상과의 상관성 등 범죄에 연관되는 정신병리와 범죄심리를 규명하고 이에 대한 대책과 예방을 도모하려는 학문이다. 사람은 심한 정신이상이 없어도 어떤 무의식적 동기에 의해서 죄를 범할 수 있다. 즉, 범죄적 성향은 모든 인간에게 내재한다고 할 수 있으며 범죄자의 어떤 특정한 기준이란 있을 수 없다는 입장이 곧 정신병리학의 기본 입장이다. 또한 상습적인 범죄자의 행동은 신경증 환자의 심리기제와 유사한 점이 많다고 한다. 강박적 성향이 그런 것이고, 범행자의 무의식적인 자기징벌 욕구가 범행이라는 반사회적 행동으로 나타남으로써 결과적으로 법률에 의한 간접적인 자기 징벌을 꾀한다는 점도 주목되고 있다.

베르니케 영역 Wernicke's area 좌반구 측두엽의 영역으로, 언어의 이해에 관련되는 좌반구의 한 영역이다. 이 영역이 손상된 사람의 전형적인 특징은 브로카 영역이 손상된 경우와 반대로 단어를 이해하지 못하기 때문에 단어를 들을 수는 있으나 그 단어가 갖는 의미를 파악하지 못하며, 또한 적절한 발음으로 단어를 말하는 데 특별한 어려움은 없으나 단어를 사용하는 용법이 부적절하고 말의 내용이 다소 무의미한 경향이 있다. 즉, 이 부위가 손상되면 말은 거침없이 쏟아낼지라도 흔히 두서가 없을 뿐만 아니라 남의 말이나 글을 이해하는 데 지장을 받는다. ⇨ 브로카영역 참고.

베르테르 효과 Werther effect 괴테의 소설 『젊은 베르테르의 슬픔』에서 주인공 베르테르는 로테와의 사랑을 이루지 못하고 끝내 권총 자살로 생을 마감한다. 이 소설이 19세기 유럽의 젊은이들 사이에서 공감대를 형성하며 널리 읽혀지자 소설의 주인공 베르테르처럼 자살하는 젊은이들이 급증했다. 그런 현상에 비유해 어떤 유명인이 죽은 다음 동조 자살하는 현상을 '베르테르 효과'라 이름 붙인 것이다.

베버의 법칙 Weber's law 감각에 대한 법칙으로, 실무율의 법칙과 달리 자극이 약할 때에는 다음의 자극이 조금만 강해도 자극의 변화를 느낄 수 있으나, 처음의 자극이 강한 경우에는 약할 때의 증가율에 비례하여 상당히 큰 자극을 가해야 자극의 크기 변화를 느낄 수 있다고 하는 것이다. ⇨ 실무율의 법칙 참고.

베타 압력 beta press 머레이(H. A. Murray)가 제시한 개념으로서, 욕구가 행동을 결정하는 내적 힘이라고 한다면 압력은 환경적 힘이라고 하였다. 그는 훈련된 제3자가 판단할 수 있는 환경의 객관적 특성을 '알파압력'이라고 부른 데 비해, 개인이 주관적으로 경험하고 지각한 환경특성을 베타 압력이라고 하였다. ⇨ 압력, 욕구-압력모형 참고.

벡 우울증 척도(BDI) Beck Depression Inventory 우울증의 정도를 알아보기 위해 고안된 표준화 검사로서, 1961년 개발된 이래 가장 널리 사용되고 있는 검사지다. 이 척도의 문장들은 우울증 환자의 증상관찰과 기본 신념에 근거해 있으며, 증상과 태도의 영역으로 구분되는데, 즉 우울증의 인지적 · 정서적 · 동기적 · 신체적 증상 영역을 포함하는 21문항으로 구성되어 있다. 21개의 영역은 슬픔, 비관주의, 실패감, 불만족, 죄의식, 처벌감, 자기혐오, 자기처벌, 자살의 상상, 울고 싶은 마음, 초조감, 사회적 고립, 미결정, 왜곡된 신체이미지, 일의 공지, 수면장애, 피로감, 식욕부진, 체중감소, 신체염려증, 리비도의 상실 등이다.

벡터 vector 교류분석의 개념에서 벡터는 의사소통이 발해지는 자아상태와 그것이 전달되는 자아상태를 연결해 주는 교류도해에 관한 화살표로서, 심적 에너지가 향하는 방향을 말한다.

벡터심리학 vector psychology 심리적 현상에 역학의 벡터개념 및 법칙을 적용시키려고 시도한 레빈(K. Lewin)의 학설로서 장이론의 부분이다. 벡터는 방향과 양을 나타내는 수학적 개념이지만 레빈의 장이론에서는 생활공간에 작용하는 동기의 힘이 유인으로 향하는 방향과 유인에서 멀어지는 방향을 가진 벡터량에 의해 제시되는데, 이것을 밝히려는 것이 벡터심리학이다. 즉, 현실에서 어떠한 방향으로 얼마만한 세기의 행동이 일어나는가 하는 것을 밝히려 한다.

벤더-게슈탈트 검사(BGT) Bender-Gestalt test 이 검사는 1938년 벤더(L. Bender)에 의해 형태심리학자인 베르트하이머(M. Wertheimer)가 그의 지각연구에서 사용하였던 기하학적 도형들 중에 9매의 도형을 가려내어 고안 된 것으로, 만5세에서 성인까지 모두 실시할 수 있는 검사다. 9개의 도형을 제시하고 이를 베껴서 그리도록 하는데, 이 검사는 시각 · 운동 협응능력과 관계가 있기 때문에 흔히 뇌의 기질적 병변 여하를 밝혀냄으로써 뇌기능장애여부를 판정할 수 있다. 또한 이를 통해 개인의 정서나 성격양상에 대한 단서를 찾는 투사적 검사로 사용되기도 한다. 신경심리검사의 일종으로 형태심리학과 정신역동적인 이론으로 구성된 이 검사는 주어진 도형을 검사받는 사람이 어떻게 지각하고 어떻게 다시 그려내는지에 따라 그 사람의 성격을 추론해 낸다. 검사받는 사람은 단지 주어진 도형을 그려내기만 하는 것이어서 심적 부담이 적은 검사다.

변동비율스케줄(VR) variable ratio schedule 가변비율계획, 변동비교계획이라고도 한다. 고정비율 스케줄과 같이 일정한 수의 반응을 한 뒤에 강화가 주어지지만, 강화와 강화 간 반응수가 어떤 평균수에 따라 변동하는 것으로, 비율을 기준으로 하나 그 비율의 기준이 불규칙적이다. 예를 들면, 슬롯머신에서 이길 확률은 20:1이 될 수도 있고, 50:1이 될 수도 있는 경우와 마찬가지다. 이와 같이 변동비율스케줄은 변동반응수를 넘어선 후에야 강화되는 강화스케줄로 반응률이 제일 높다.
⇨ 강화스케줄 참고.

변별 discrimination 물리적 에너지의 강도가 동일한 두 개의 자극 차이를 알아내는 것을 변별이라고 한다. 이는 강화를 받은 자극에는 반응하고 강화받지 않은 자극에는 반응하지 않는 것을 학습하는 과정이다. 감각과 지각을 측정하는 방법으로서 탐지(detection)가 자극의 존재를 알아내는 정도를 의미하는 반면, 변별은 두 자극의 차이를 알아내는 것을 말한다. ⇨ 탐지 참고.

변별강화 discriminative reinforcement 행동 치료에서 소거의 효과를 극대화하기 위한 방법으로 바람직한 표적행동이 일어날 때는 확실히 강화하고 문제행동은 조심스럽게 무시하는 방법을 말한다. ⇨ 행동치료 참고.

변별자극 discriminative stimulus 어떤 구체적 반응은 강화 또는 강화되지 않은 것임을 나타내는 자극 또는 자극의 단서를 말한다. 이는 행동수정이나 행동주의적 치료에 적용되는 개념으로 어떤 자극들은 변별적 기능을 한다고 보는 것인데, 변별자극을 통해 인간은 외적 세계를 더 잘 관리하고 예측하며 통제할 수 있다고 한다. ⇨ 행동치료 참고.

변별학습 discrimination learning 식별학습 변별학습이란 어떤 한 조건이 하나의 상황에서 발생하고 다른 곳에서는 발생하지 않는 반응으로 각각 다른 상황에서 해당되는 벌이나 강화체제를 식별하는 것이다. 예를 들면, 어린 아이가 놀이터에서는 잘 뛰고 잘 달려서 칭찬을 받으나 교실에서는 그 반대인 것과 같다. 이것은 선택된 행동들이 어떤 특별한 상태에서 일어나려고 하였을 때는 매우 중요한 개념이다.

변수 간격 스케줄 variable-interval schedule 가변간격계획, 변동간격계획이라고도 한다. 지난 강화로부터 일정한 시간이 경과한 뒤에 한 반응에 강화가 주어지도록 강화 간 시간이 평균 중심으로 변동한다. 이는 시간 간격을 기준으로 하나 그 간격이 불규칙적이며, 시간 간격이 일정하지 않기 때문에 유기체는 언제 강화받을지 모른다. 그 결과 FI(고정간격계획)보다 반응률이 더 높다고 할 수 있다. ⇨ 강화스케줄 참고.

변연계 limbic system 대뇌변연계 상위중추와 하위중추 사이에 있는 중뇌를 말하며, 이는 유쾌, 불쾌, 공포, 분노, 사랑과 같은 기본적 정서 체험 및 정서의 표현을 관장하는 것으로 뇌에서 자기 보전과 같은 기본적인 활동을 제어하는 부분이며 감정을 담당하는 부분이다. 1937년 페이프스(J. W. Papez)에 의하여 대뇌변연계에 대한 개념이 소개되었다. 당시 그는 고피질(archicortex)과 구피질(paleocortex), 또 시상하부와 전측시상(anterior thalamus) 사이에는 풍부한 연결이 있음을 관찰하고 이 부위가 감정행동과 관계가 있고, 따라서 대뇌피질에 가는 감정적 신호(emotional signal)가 통과하는 무대라고 생각하였다. 그 후 대뇌변연계의 구조와 기능에 대해서는 좀 더 많은 것이 알려졌다. 대뇌변연계의 해부학적 관계에 대해서는 아직 학자들 간에는 어느 정도 견해를 달리하고 있지만, 대상회(cingulate gyrus)와 해마회(hippocampal gyrus), 해마(hippocampus), 편도(amygdala), 중격부위(septal area), 후구(olfactory bulb)와 후결절(alfactory tubercle), 수강부(habenula), 각간핵(interpeduncular nucleus), 변연중뇌(limbic midbrain) 등과 양쪽 뇌반구를 연결하는 무수한 섬유 속으로 이루어져 있다는 것에는 견해를 같이 한다.

변연계지연현상 limbic lag 변연계지연현상은 사고와 감정의 시간차를 의미한다. 이는 종종 신념을 바꾸는 과정에서 일어나는데, 합리적으로 생각을 선택하는 것과 그 선택에 일치되도록 감정이 따라

오는 것은 별개이기 때문이다.

변증법적 행동상담(DBT) dialectic behavioral therapy 변증법적 행동상담은 자살을 반복 시도하는 여자를 치료하기 위해 개발되었다. 변증법적 기법에는 자살시도와 같은 역기능적 행동에 대하여 때로 직설적인 접근법을 사용하는 한편 상담자의 따뜻하고 융통성 있는 태도, 예민한 감수성과 솔직한 자기 공개 등의 방법을 활용한다.

변태성욕 paraphilias 변태성욕은 비정상적인 대상, 행위 및 상황, 반복적이고 강한 성적 충동, 성적 환상 및 성적 행동으로서 변태성욕의 특징은 인간이 아닌 대상, 자기 자신이나 자신의 성적 파트너의 고통 또는 아동이나 다른 동의하지 않는 사람들의 고통을 수반하는 강렬하고 반복적인 성적 충동이다. 이는 사회적 · 직업적 · 기타 중요한 기능 영역에서 심각한 고통이나 장애를 일으키며, 여기에는 노출증, 물품음란증, 마찰도착증, 소아기호증, 성적피학증, 성적가학증, 복장도착증, 관음증이 해당된다.

변형성 morphogenesis 형태유전, 형태발생 체제로 하여금 변화를 통해서 생존할 수 있도록 하는 체제의 기능을 말한다. 즉, 만일 체제가 수용할 수 있는 일정한 범위를 넘어서는 행동을 환경에서 받는 경우 체제는 그 행동을 스스로 통제하고 조절할 수 없게 되는데, 이때 발생하는 현상을 의미한다. 즉, 환경의 요구에 반응하기 위해서 새로운 방식을 만들어 내는 혁신적이고 새로운 노력을 말한다.

병리적 도박 pathological gambling 막대한 재산, 직업, 가정의 손실과 피해에도 불구하고 도박을 자주 하는 것이다. 도박을 끊으려는 결심을 여러 번 했지만 번번이 실패하며, 도박을 하고 싶은데 할 수 없으면 안절부절못하고 도박에 거는 액수가 점점 증가한다.

병리학 pathology 신체질환이나 정신질환의 본질, 곧 원인, 증상, 영향 등과 질병이 발생하는 환경을 연구하는 학문이다. 이 용어는 질병이나 역기능을 초래하는 신체적 혹은 행동적 일탈을 언급할 때 광범위하게 사용된다.

병식 insight 질병에 대한 통찰을 말한다. 즉, 야스퍼스(K. Jaspers)에 의하면 하나의 질병증상 전부 혹은 병 전체로서 종류도 무게도 바르게 판단되려고 하면 병식이라고 일컬어진다. 단, 여기에 제한을 덧붙여 동일문화권의 평균적 건강인과 병인과의 사이에 생기는 판단의 옳음에 도달하기만 하면 좋다고 한다. 망상이나 환청이 있는 정신병적 상태를 경험하는 정신분열증을 앓는 사람은 자기가 병에 걸린 상태인 줄 모르고 병이 있음을 부정한다. 따라서 병식의 결여는 주로 분열증의 진단에 중요시되고 그 출현이 와해의 지표가 된다.

병적도박 pathologic gambling 도박에 대한 충동에 만성적으로 또 진행적으로 저항하지 못하는 충동조절장애의 하나며, 결국 문서위조 또는 횡령, 채무 불이행, 고리대금업자로부터의 차용, 가정생활의 파탄, 탈세 때문에 구속이 되거나 또는 장기결근 때문에 직장을 잃게 되는 결과가 일어난다. 채무를 변상하겠다고 굳게 마음먹으면서도 지속적인 낭비와 경제적 문제해결을 도박을 통해 단번에 해결할 수 있을 것 같은 과신 때문에 번번이 채무를 변상하지 못하게 된다.

병적동일시 pathological identification 어떤 이상과 공생하려고 노력함으로써 권력을 쥐고 있다는 느낌을 얻기 위해 자아가 애를 쓰는 것으로, 이는 속이 아닌 겉만 일시적으로 닮는 것이다. 이상에서 그 신비한 힘이 꺼지거나 거기서 거절당하면 이 병적동일시는 어이없이 없어진다. 예를 들어, 4·19 직전의 자유당 행동대원들 그리고 일부 신흥종교의 광신도들을 들 수 있다.

병적 방화 pyromania 의도적으로 방화하여 쾌감을 느끼는 장애다. 병적 방화는 충동조절장애로서 이 장애가 있는 개인은 방화 전에 긴장감이나 정서적인 흥분감을 경험하며, 불과 연관되는 상황에 대한 매혹, 흥미, 호기심, 끌림이 있어서, 불을 지르고 그 효과를 보고 그 결과에 참여할 때 기쁨과 만족감을 느끼고 긴장이 완화되는 것을 경험한다. 병적 방화는 금전적 이익을 위해 불을 지르는(arsonist) 것, 원한을 풀기 위해 불을 지르는(incendiary) 행동, 또한 사회 정치적 이념을 표현하기 위해 또는 망상이나 환각에 대한 반응과는 다르다.

병적열등감 inferiority complex 자신이 타인보다 열등하다는 뿌리가 깊고 지속적인 감정을 말하는 것으로, 이 감정은 흔히 잘못된 태도와 행동과 연결된다.

병행면접치료 concurrent therapy 부부간 문제 치료에서 치료자가 비밀유지와 감정의 전이를 취급하는 데에 사정이 좋다고 생각되어 부부를 개별적으로 병행하여 면접하고 치료하는 방법으로 가족치료발전의 초기에 행해진 치료법이다.

보상 quid pro quo 퀴 프로 코 잭슨(Jackson)에 의해 발전된 이 개념은 의사소통가족치료에서 특히 부부치료에 많이 적용되는 기법이다. 가족체계에서 주어지는 것과 교환으로 무엇인가가 요구될 것이라는 상호작용패턴으로서, 관계를 형성할 때 '주고받는' 원리에 근거한 것이다. 이 기법은 부부치료에서 치료자가 각 배우자에게 상대방에게 무엇을 원하는지를 질문하고 그 상대방이 기꺼이 배우자가 원하는 것을 해 주게 함으로써 배우자 간의 관계를 보상의 규칙으로 규정하는 기법이다.

보상 compensation 보상작용, 대상 대가의 일종으로 자신의 열등감정이나 결함을 극복하기 위하여 다른 특징을 신장시켜서 이를 다른 사람에게 인정받음으로써 우월하게 보이려는 방어기제다. 생리적인 보상이나 신체적 보상은 흔히 경험할 수 있는 일이다. 신체적인 면에서 볼 때 심장판막이 고장난 사람에게서는 다른 건강한 사람의 심장과 같은 정도의 혈액을 펌프질하기 위해서 심장근육이 비대해진다. 마찬가지로 "작은 고추가 맵다."는 속담처럼 체구가 작아 열등감이 있을 때 공격적이고 지배적인 속정을 보일 수도 있다. (나폴레옹 콤플렉스) 또 키가 작은 사람의 목소리가 큰 것 같은 예다. 즉, 심리적으로 어떤 약점, 제한이 있는 사람은 이를 보충하기 위해 다른 어떤 것을 과도히 발현시키는 것이다. 그러나 사회적으로 용납될 만한 누구나 칭찬해 마지않는 성격도 때로는 신경증적 욕구에 대한 보상일 수 있다는 점도 알아 두어야 한다. 또한 융(C. G. Jung)은 무의식이 의식에 대하여 보상적인 관계를 가지며, 의식적 태도에 의해 만들어진 어떤 부조화나 일방향적인 측면을 복구하는 기능을 한다고 생각했다. 억압된 기억이 꿈, 환상, 상징 등을 통해 재등장하는 이유는 극단적으로 진행된 모든 정신과정이 즉각적으로, 또 필수적으로 보상받기를 요구하기 때문이다.

보속증 perseveration 하나의 사고에 되풀이해서 또는 계속해서 집착하는 경우를 말하며, 한 관념이 지속적으로 반복 표현된다. 즉, 어떤 다른 질문에도 같은 대답을 하는 것이다. 실어증, 강경증 및 노인성 치매 환자에게서 볼 수 있다.

보수이행 conservative shift 집단에서 의사결정은 대체로 모험이행과 보수이행이 나타나기 쉬운데, 보수이행이란 혼자서 의사결정을 할 때보다 더 안전하고 보수적인 방향으로 결정하게 되는 것을 말한다. 집단의사결정에서 이런 결과가 나타나는 것은 집단토론 이전 개인들의 시초태도가 집단토론을 통해 강화되기 때문으로 여겨진다. 즉, 집단토론 이전에 개인들의 의견 평균이 모험적이면 이 모험적인 성향이 집단을 통해 강화되는 것이고, 토론 전 개인들의 성향이 보수적이라면 보수적 경향성이 토론을 통해 더 강화되는 것이다. 이처럼 집단 토론 전 개인들이 처음 지녔던 태도와 일치되는 방향으로 집단의 결정이 극단화되는 현상을 집단극화라 한다. ⇨ 집단극화, 모험이행 참고.

보수주의 conservatism 이전에 있었던 사회적 가치, 규범, 구조의 변화에 반대하는 경향이 있는 이념적 경향. 많은 보수주의자는 전통적인 규범과 구조가 축적된 지혜에 기초하며 이것들을 대체할 어떤 이용 가능한 것들보다 더 효과적이라고 추정함으로써 그들의 이념을 정당화한다. 심리적 태도로서 보수주의는 미지의 것을 두려워하여 변화를 싫어하며, 자기가 익숙한 것에 집착한다는 점에서 신기한 것과 변화를 좋아하고 낡은 것을 버리고 싶어 하는 진보주의와 대립된다. 심리적 보수주의가 현상을 고집하려는 것은 안전을 바라기 때문으로, 인간은 관례에 따라서 행동하기 위하여 안전을 구하려 하고, 그 안전은 그의 생활환경 현상 유지에서 찾아내는 것이다. 따라서 심리적 태도로서 보수주의는 합리적인 태도라기보다는 감정적인 문제라고 할 수 있다. 그것은 현상에 대한 감상적인 애착 또는 현상에 대한 어떤 종류의 가치 감정에 동기가 있고, 그 감정은 습관에 의하여 형성되며 공포심에 의하여 자극되는 것이다. 특히, 노령이 육체의 쇠약에 따라 비융통성, 환멸감과 같은 심리적 변화를 초래하여 보수주의적 태도를 강화한다.

보완적 관계 complementary relationship 서로 힘의 균형에서 한 사람은 우위에 있고, 다른 사람은 하위에 있는 경우로서 힘의 차이가 극대화되는 경우다. 즉, 한 사람이 우월한 지위에서 지배하고, 충고하며 지시하는 반면 다른 사람은 종속적 지위에서 상대방의 요구와 지시를 수용하고 순종하는 관계다. 의사 교환자가 우월-열등 관계에 놓여 있어 한 쪽이 다른 한쪽을 보완하는 관계를 의미한다.

보웬 가족치료 Bowen family therapy 다세대과정을 이해하고 치료하는 것에 강조점을 둔 복잡하고 깊이 발전된 이론으로 분화, 다세대간 전수, 핵가족 정서체계, 삼각관계, 가족투사과정, 형제순위, 사회적 진보와 퇴행과 같은 개념을 포함하고 있다.
⇨ 다세대가족치료 참고.

보유기 anal retentive ⇨ 항문기 참고.

보장 reassurance 안심시키기, 확증 내담자에게 희망, 용기, 자신감 등을 제공하는 강화적 기법이다. 감정과 행동이 바람직하게 나타난 직후에 하는 것이 좋다. 칭찬이나 격려, 무언의 미소나 표정 등을 사용한다. 정신요법에서 환자로 하여금 자신을 믿고 호전될 가능성을 믿게끔 부추기는 지지적 치료법이다. 지지적 요법에서 흔히 사용되지만 때로는 재구성치료(reconstructive therapy)에서 새로운 관계성과 느낌을 탐색할 수 있도록 부추기는 데에도 사용된다. 또한 불안을 감소시키기 위해서 사용되기도 하는데, 예컨대 갑자기 심해진 우울증 또는 긴장은 일시적인 것이며 또 예견되었던 것이라는 점을 설명해 주는 따위다.

보존개념 conservation 어떤 대상 혹은 물체의 겉모양이 변해도 양에는 변함이 없다는 것을 이해하는 능력을 말한다. 피아제(J. Piaget)의 인지발달이론에서 보존개념은 구체적 조작기에 습득하는 가장 중요한 성취다. 과제의 종류(수 · 양 · 길이 등)에 따라 발달되는 시기는 다소 다르나, 모든 과제의 보존개념이 구체적 조작기 동안 완성된다. 이와 같은 보존개념에는 다른 모양의 비커에 물을 옮길 때 물을 더하거나 빼낸 일이 없기 때문에 양의 변동이 없다는 '일치율', 비커의 하나는 수면의 높이는 높지만 다른 하나는 밑넓이가 넓기 때문에 양의 변동이 없다고 판단하는 '보상률', 원래 있던 비커에 물을 다시 옮겨 부으면 먼저와 똑같아진다는 '역률' 등이 있다. 아동 후기에 속한 아동은 여러 가지 영역에서 보존 개념을 발달시킨다. 즉 양, 시간, 공간, 무게, 길이, 부피 등 형상의 변화에도 본질은 그대로 남아 있다는 것을 인지하는 것이다. 그러나 이러한 보존개념을 형성하는 것은 일정한 시기에 이루어지는 것이 아니라 영역에 따라 달리 나타난다. 보존개념이 발달하는 첫 번째 단계는 보존개념이 전혀 형성되지 않아서 물체의 양적 속성은 외형적인 변화에 따라 달라진다고 생각하는 단계다. 두 번째 단계는 지각적 변형은 알 수 있으나, 변형된 것과 변형되지 않은 측면을 충분히 고려할 수 없기 때문에 불충분한 보존개념만을 갖는 단계다. 대개 전조작기와 구체적 조작기 사이인 6세경이 이에 해당되며, 세 번째 단계는 물체의 속성과는 관계없이 지각적 변형이 있을 때 이 변형에 구애되지 않고 사물 자체의 속성을 이해할 수 있는 보존개념을 갖게 되는 단계다.

보편 문법 universal grammar 생물학적으로 내재된 본유적 언어능력으로서, 원리나 규칙의 내재화를 포함한다. 촘스키(A. N. Chomsky)를 비롯한 생성문법 학자들은 인간이 사용하는 모든 일상적인 자연언어에는 공통적인 보편구조가 내재하는 것으로 보았는데, 이러한 보편적 구조를 어린아이들의 언어 습득에서 찾고 있다. 즉, 어린이들이 어른들이 사용하는 언어에 노출되어 언어 습득이 용이하고 빠르게 일어날 수 있는 것은 사회적인 산물이 아니라 인간의 뇌 속에 입력되어 있는 보편문법에 따라 만들어지는 것이라고 한다. 이와 같이 보편문법은 인간의 언어능력이 생물학적인 부여로서, 인간은 선험적인 의식 속에 내재되어 있는 공통구조를 가지고 있다고 본다.

보편적 상징 universal symbol 예를 들면, '하늘-아버지', '땅-어머니' 처럼 지역의 제약을 넘어서서 어느 주어진 문화권 내의 모든 사람이 이해하거나 연상할 수 있는 상징을 말한다.

보편적 처방 invariant prescription 불변처방 문제증상을 가진 자녀를 둔 부모 양쪽에게 내리는 고정되고 바뀌지 않는 언어적 지시로서, 부모와 자녀들이 파괴적인 결탁게임에서 벗어나도록 돕고 더 명료하고 안정적인 세대 간 경계선을 구축하기 위한 의도로 사용된다.

보호 care care에는 '돌보다, 지킨다, 돕는다'는 의미를 내포하고 있는데, 개인으로 하여금 타인이나 사물을 돌보아 주어야겠다는 느낌을 갖게 해주는 심리적 덕목이다.

복장도착증 transvestism 이성의 의복을 착용함으로써 성적 쾌감을 얻는 정신 성적 장애. 남자에게서만 볼 수 있는데 성적 흥분을 목적으로 여성의 복장을 사용하는 것이다. 소아기나 사춘기 초기에 시작된다. 이성의 옷을 입는 것을 금지하면 심한 욕구불만이 일어난다. 성적 정체성 장애가 있으면 복장도착적 물품음란증(transvestic fetishism with gender dysporia)이라고 진단한다. 원인으로는 어머니와의 동일시 때문으로 생각된다.

복합구조모델 circomplex model 올슨(Olson)이 가족체계이론에 기초하여 가족이 어떻게 기능하는지에 초점을 두고 가족의 유형을 제시한 모델을 말한다. 복합구조모델은 가족응집력(cohesion)과 가족의 규칙, 힘의 구조 및 융통성, 가족의 적응력 등을 바탕으로 16개의 가족유형으로 분류한 후 전체적 유형을 4개의 균형가족(valanced family), 8개의 중간범위가족(mid-range family), 4개의 극단가족(extreme family)으로 분류하였다. 즉, 이 모델은 가족관계역동성을 나타내는 응집성과 적응성을 각각 4수준으로 나눈 후 응집성을 수평축, 적응성을 수직축으로 하여 서로 교차시켜 발생하는 16개의 유형으로 나눈 것으로, 응집성은 유리(disengaged), 분리(separated), 연결(connected), 밀착(enmeshed)의 4수준으로 나누고, 적응성은 경직(rigid), 조직화(organized), 유연성(flexible), 혼란(chaotic)의 4수준으로 나누었다. 그는 응집성이나 적응성 수준이 높을수록 가족기능이 원활해진다고 보기보다는 응집성 및 적응성이 지나치게 낮은 경우와 지나치게 높은 경우는 오히려 가족역기능을 초래한다고 보고, 응집력과 적응력이 균형을 이룰 때 가족체계는 잘 기능할 수 있다고 하였다. 평균적으로 50~60%는 균형가족, 25~40%는 중간범위가족, 12~18%가 극단가족에 속한다고 보았는데, 올슨의 모델은 정상가족에 한정되어 있다는 단점을 가지고 있다. ⇨ 가족체계 참고.

본능 instinct 학습된 과정이라기보다 유전된 것처럼 보이는 특징적인 행동양식으로, 유기체가 특정한 방식으로 행동하도록 하는 타고난 생물학적인 힘이다.

본능이론 instinct theory 동기에 대한 이론적 관점으로, 본능이론에 의하면 유기체는 종의 생존에 필수적인 어떤 기능이 이미 만들어진 상태에서 태어난다고 한다. 본능이론가들은 본능을 특정한 행동을 강제적으로 하도록 만드는 이해할 수 없는 내재적인 힘으로 정의한다. 또한 프로이트(S. Freud)는 본능은 의식적인 목적이나 사전에 결정된 방향이 없으며 유기체는 그것을 충족시키기 위한 많은 수단을 학습해야 한다고 보았다. 그는 본능이 신체의 욕구를 충족시키기 위해 존재하며, 이는 심리적인 에너지를 만들어 낸다고 믿었다.

본질주의 essentialism 본질주의 범주는 합리주의, 이상주의, 현실주의의 세 접근을 포함하는데, 이 이론의 입장을 취하는 철학자들은 개별적인 것보다 보편적 가치를 본질적인 것으로 보며, 가치탐구는 절대적인 것들이 이해될 때 종결될 수 있다고 믿기 때문에 이러한 이론은 기독교 상담의 철학적 근거를 제시한다.

본태성 진전 essential tremor 손이나 다리 등을 떠는 관절 움직임의 현상을 진전이라고 하는데, 물건을 집거나 글씨를 쓰는 등 주로 목적 있는 행동을 할 때 떨리는 증상이 나타나는 것이다. 주로 중년기 이후 발생하는데, 주로 머리, 혀, 입, 손 등이 떨리는 형태로 나타난다.

부교감신경계 parasympathetic nervous system 자율신경계의 한 부분으로서, 교감신경계와는 상반되는 효과를 일으키는 경향이 있다. 격렬하고 흥분된 활동을 하는 동안에 교감신경계가 작용하는 반면 유기체가 가만히 안정되어 있을 때는 부교감신경계가 작용하는 것이다. 낮잠 등 평온한 마음으로 졸고 있을 때는 부교감신경계가 많이 작용하며, 부교감신경계는 영양분의 축적이나 노폐물의 폐기 및 생식 등의 생명유지 기능을 한다. ⇨ 자율신경계, 교감신경계 참고.

부동성 불안 free-floating anxiety 불안은 두려움, 걱정 등 재난이 임박했다는 지속적 느낌으로 무의식적 충동이나 환경적 요인의 위협에 대한 경고신호로 생각되는데, 불안이 특정 관념에 대한 것이 아니고 그 원인을 모른 채 단지 불안만을 느낄 때 이를 부동성 불안이라고 한다.

부메랑키즈 boomerang kids 되돌아 오는 성인자녀 모라토리엄족(Moratorium), 캥거루족, 트윅스터(twixter), 네스트호커(nesthocker), 마모네(mammone)라고도 부른다. 경제적 필요, 만혼, 이혼 등의 이유로 사회 적응에 실패하고 다시 부모에게로 돌아오는 성인자녀로, 부모의 도움을 기대하며 주거지 제공과 경제적 도움을 받는 성인자녀를 의미한다.

부메랑효과 boomerang effect 설득심리학에서 부메랑효과는 설득이 때로는 상대방의 강한 저항이나 반발을 초래하거나 역효과를 내는 것을 의미한다. 브렘(Brehm)은 심리적 저항이론에서 어떤 대상에 대해 선택의 자유가 제한당하게 되면 그 자유를 유지하기 위한 강력한 동기가 유발되어 그 대상을 더욱 원하게 되기 때문에 심리적 저항을 하게 된다고 본다. 이 부메랑효과는 받아들이는 사람의 입장을 지지하는 설득에서 발생하는데, 이는 상대방을 설득하는 방향으로 마음을 바꾸면 마치 상대방에게 이끌려 가는 마음이 들어 거부하는 것과 같다. 예를 들면, 공부를 하기로 마음 먹은 자녀가 엄마로부터 "공부하라"는 소리를 듣게 되면 공부할 마음이 사라져 버리는 것과 같다. 또한 부메랑효과는 자신이 좋아하지 않는 사람과 같은 입장을 취하기를 거절하는 것이기도 하다.

부모체계 parental system 가족구조에서 아버지와 어머니가 자녀들과 상호작용하는 하위체계를 의미한다.

부모화된 자녀 parentified child 부모화현상과 같은 의미다. 가족시스템 중에서 아이들이 한쪽 부모에 대해서, 양친에 대해서, 또 다른 형제에 대해서는 마치 부모가 하는 것과 같은 양육적인 역할을 취하는 상황으로 되고 마는 것을 의미한다. 부모역할을 대행하는 자녀들은 자신의 자원이 어른에 의해 착취당하기 때문에 자기 확립의 자아를 긍정적으로 형성하는 데 어려움을 겪게 되며, 다른 사람들과 관계 속에서도 적절하고 정당한 타당화를 받지 못하기 때문에 결국 자아형성에 문제를 가져오게 된다. ⇨ 성인아이 참고.

부모화현상 parentification 부모역할 대행 ⇨ 부모화된 자녀(parentified child) 참고.

부부갈등 marital conflict 심리학에서는 결혼, 부부관계 갈등에 대해 몇 가지 이론적 관점을 발전시켜 왔다. ① 부부간 갈등을 파악할 때 각 개인, 아내와 남편을 별도로 보는 관점으로서 이를 '개인관점'이라 부른다. ② 갈등을 남편과 아내가 상호작용하는 과정으로 보는 관점으로서 이를 '이자(dyadic)상호작용관점'이라 한다. ③ 부부는 그 자체가 하나의 시스템이며, 가족이라는 큰 시스템에 소속된 하위시스템으로 보는 관점으로서 이를 '시스템관점'이라 한다.

부부관계개선운동(M.E.) Marriage Enrichment Movement 스페인과 미국을 중심으로 1960년대 초에 시작되었다. Marriage Enrichment는 천주교에서 시작된 부부일치운동(marriage encounter)과 비교되는 개신교측의 부부관계개선운동이라고 볼 수 있다. 부부관계 개선을 위해 부부를 교육시키는 이 결혼교육프로그램은 데이비드 메이스 부부(David and Vera Mace)가 1962년 10월 미국 펜실베이니아 동부의 커크리지(Kirkridge) 산중 종교수양관에서 결혼한 부부들을 교육시킴으로써 시작되었다. M.E.의 목적은 부부관계개선을 통해 가족의 관계를 회복시키며, 그들의 인격과 잠재력을 향상시키는 예방적인 사역과 성장을 위한 사역에 있다. ⇨ 부부일치훈련 참고.

부부관계개선협회(A.C.M.E) Association for Couples in Marriage Enrichment 1973년 메이스 부부가 그들의 결혼 40주년을 맞아 부부관계개선협회를 정식으로 출범시켰다. ⇨ 부부관계개선운동 참고.

부부만족도 dyadic satisfaction 부부간 사랑유형검사로서 부부간 만족과 몰입을 말한다. 즉, 부부가 현재의 관계에 만족하고 결혼관계를 지속하고자 하는 마음가짐의 정도다.

부부불화 marital discord 이혼과 같은 가정해체의 주원인은 부부불화로서, 부부간의 의견대립과 왜곡된 의사소통을 가져오는 부부불화에는 성격차이나 성적인 불만, 배우자의 외도 등이 포함된다.

부부상담 marriage counseling 만성적인 정신치료와 달리 단기적인 성격을 가지고 있으며, 부부 및 가족체계의 맥락에서 부부관계의 정서적, 인지적, 행동적 양상을 다루고자 하는 것이다. 특히, 문제의 역동성 및 배우자들 간 신경증적 상호작용에 초점을 두고 있는데, 어떻게 한 상대방이 다른 상대방에게 병리 혹은 증후를 초래하는가를 강조한다. 또한 손상된 인간관계를 개선하고자 하고, 과거를 재구조화하기보다는 오히려 현재의 문제들을 다루며, 고통을 받고 있는 부부들에게 자기의 사결정과정을 촉진시키기 위하여 상담지도를 실시한다.

부부상보성 complementarity 부부가 서로 다른 분야에서 상대방의 기능을 지지하며, 서로 다른 행동과 욕구들을 보완하는 것을 말한다.

부부 응집도 dyadic cohesion 결혼적응척도검사 문항의 요소 가운데 하나로 부부가 서로 지지하고 도와주는 정서적 유대로서, 서로의 관심사와 활동에 적극적으로 참여하는 가족의 기능을 말한다. 즉, 부부가 서로 분리되거나 연관되는 정도를 말하며, 부부 서로에 대해 갖고 있는 정서적 유대로 본다. ⇨ 결혼적응척도 참고.

부부일치훈련(M.E.) Marriage Encounter 1958년 스페인의 가브리엘 칼보 신부(Father Gabriel Calvo)가 사회문제아동이 생기는 원인이 가정에 있으며, 그런 가정에서는 부부간의 사랑이 없고 일치가 없다는 것을 발견하고 7쌍을 대상으로 대화를 하도록 하여 부부일치운동을 일으킨 것이 그 기원이다. 그러나 실제로 부부만남그룹이 구체적으로 계획되어 운동으로까지 발전하게 된 것은 1967년 여름 스페인에서 미국으로 이주해 온 몇몇 부부와 신혼부부에 의해 미국 내 스페인 사람들을 대상으로 주말을 계획했을 때부터다. 가톨릭에서는 1973년 ME 세계 확대기구를 창설하여 부부의 성장을 도모해 왔는데, 우리 나라에서는 1975년 도입되어 1977년부터 활발하게 실시되고 있는 실정이다. 주로 금요일 오후나 토요일에 시작, 주일 밤에 끝나는 형태로 운영되며 약 20여 쌍의 부부가 함께 참가하게 되어 있다. 이것은 참가자들이 결혼생활에 관계되는 주제에 대한 체험을 발표하고 참가자들에게 질문하여 배우자들끼리 대화하도록 하는 방식을 택한다. ⇨ 부부관계개선운동 참고.

부부체계 spousal system 가족구조에서 남편과 부인이 서로 상호작용하는 하위체계다.

부부합의도 dyadic consensus 관계 형성에 중요한 사안들에 대해서 부부간에 합의도가 높고 낮은 정도를 의미한다.

부부협정 marital quid pro quo (marital deal) 결혼대상(對象) 부부관계에 있는 두 사람이 서로 주고받는 잘 정의된 규칙으로, 결혼관계에서 서로 얼굴을 마주하는 그들 자신들의 위치를 규정하는 방식에 관해 남편과 아내 사이에 처음의 규칙을 정하거나 협상하는 것을 말한다.

부분강화 partial reinforcement 조작적 조건화 훈련 시 유기체가 특정행동을 할 때마다 강화물을 제시할 수도 있으나 그렇지 못할 때도 있다. 이와 같이 특정반응 중에서 일부분만 강화가 뒤따르는 강화계획을 부분강화 또는 간헐적 강화라 한다. ⇨ 간헐적 강화 참고.

부분강화효과 partial reinforcement effect (PRE) 부분강화로 학습된 반응은 연속적 강화로 학습된 반응보다 소거시키기가 어려운데, 이것을 부분강화효과라고 한다. 다시 말해 부분강화효과는 일정한 시간이 흐르거나 몇 번 시행을 하면 보상을 주는 것과는 달리 보상이 언제 있을지 예측할 수 없기 때문에 의도된 행동이 오래 지속되는 현상을 말한다. 부분강화효과는 어린아이 양육 시 고려되어야 할 사항인데, 어린아이가 엄마와 같이 길을 가다가 상점에 진열된 장난감을 사달라고 떼를 쓰면 엄마는 처음에는 안 된다고 하면서 가게를 지나쳐 가고, 아이는 다음 가게 앞에서 더욱 떼를 쓰면서 길거리에서 발버둥을 치고 이에 당황한 엄마가 장난감을 사 주면, 아이가 발버둥치는 버릇을 부분강화한 것이다. 이렇게 습득된 버릇은 없애기가 더욱 어렵다.

부분대상 part-object 멜라니 클라인이 처음 사용한 용어로 어느 대상이나 개인의 전체가 아닌 일부분을 의미한다. 인간은 전적으로 자율성을 지닌 전체 인격을 지각할 수 있는 능력을 획득하기 이전에 먼저 전체 중의 일부분을 이해한다. 부분관계가 지니는 중요한 측면은 그 관계가 일방통행 관계라는 것이다. 부분대상관계에서는 자기 자신이 무대 중앙에 위치하며, 다른 사람들의 부분들은 단지 자신의 관심만을 위하여 존재하는 것으로 취급된다. 이는 그 자체의 권리를 가지고 존재하는 전체로서의 대상이 아직 그 개인의 의식 안에 형성되지 않은 상태임을 보여 준다.

부분화 partialization 내담자의 상호 연결된 문제를 독립적 실체로 일시적으로 생각하여 문제해결을 위한 업무를 좀 더 쉽게 하려는 사회사업과정으로, 이 과정에서는 문제의 우선순위 혹은 여러 가지 문제나 욕구 중에서 즉각적인 관심을 기울여야 할 경우를 구별하여 결정한다.

부성실조 deprivation of fathering 부성의 상실 또는 장·단기적으로 아버지와 분리되어 있거나 아버지가 있어도 제대로 부성의 역할을 다하지 못하는 경우에 포괄적이고 복합적인 개념으로 사용된다.

부신피질자극호르몬(ACTH) adrenocorticotrophic hormone 혈류에 의해서 부신과 신체의 각 부분으로 운반되며 30여 가지의 호르몬을 방출하게 하는 호르몬으로, 스트레스가 있을 때 뇌하수체에서 분비됨으로써 위급 상황에 대처하도록 만든다.

부신피질자극호르몬방출인자(CRF) corticotrophin releasing factor 시상하부정중융기에서 생성되며, 난포자극호르몬과 황체형성호르몬의 분비를 촉진한다.

부양인구지수 dependency ratio 한 국가에 부양인구수가 얼마나 되는가를 측정하는 것으로, 경제생활에 종사하지 않는 연령인 0~19세와 퇴직연령인 65세 이상의 인구수를 경제생활에 종사할 수 있는 연령집단인 20~64세 인구수로 나누어 산출한다.

부유불안 floating anxiety 특별한 근원을 찾을 수 없는 만성적이고 비이성적인 불안상태로 모든 일에 부착될 수 있는 불안을 의미한다.

부유정서 floating affect 정신분석학에 나오는 용어로 일반적으로 관련된 대상에서 분리되어 다른 대상에 부착될 수 있는 정서를 말한다.

부인 denial 타인에게도 분명하게 비춰지는 외부현실 및 주관적인 경험의 고통스러운 환경이나 위협적인 정보를 거부하는 것으로 가장 흔히 사용되는 방어기제 중 하나다. 부인은 의식적으로 참을 수 없는 생각이나 욕구·충동 혹은 현실의 존재를 무의식적으로 부정하는 기제다. 억압이 문제에 대해 생각하는 것을 거부하는 것이라면, 부인은 문제가 존재한다는 것을 인식하고 시인하는 것을 거부하는 것이다. 부인이 자각적인 통제하에 이용될 경우 자아의 성장을 돕고 현실에 적응하는 데 적극적인 기능을 가지고 있지만 부인이 현실의 사태를 인정하지 않고 부정하면서 적극적으로 상대를 공격하기 위한 완고함이나 고집이 될 경우에는 문제가 된다. 부정에는 두 가지가 있는데, 하나는 위협적인 정보를 의식적으로 거부하는 것이고, 다른 하나는 현실화된 정보가 타당하지 않고 잘못된 내용이라고 간주하는 것이다.

부적강화 negative reinforcement 부정적 강화 어떤 바람직한 행동을 행함으로써 혐오하는 사건이나 상황을 없애거나 피하는 것이다. 행동의 빈도를 증가시킨다는 측면에서는 정적강화와 동일하나, 정적강화와 달리 부적강화는 행동의 결과로 어떤 자극을 없앰으로써 행동의 빈도를 증가시키는 과정을 말한다. 예를 들면, 도피행동(escape behavior)이나 회피행동(avoidance behavior)을 말한다. 착한 행동을 했을 때 정당한 대가를 주는 '정적강화'와 달리, 좋지 않은 행동을 했을 때 아무런 대가를 주지 않는다. 아이들이 잘못을 저질렀을 때 아이에게 무관심을 보이면 아이는 칭찬받기 위해 잘못된 행동을 줄인다는 것으로 사람의 행동은 응분의 반응을 원하므로 반응이 없으면 그 행동이 서서히 줄어들면서 약화되는 것을 이용하는 것이다.

부적강화자 negative reinforcer 혐오스러운 자극을 제거해 줌으로써 강화시키는 자극을 의미한다. 즉, 어떤 행동 후 자극을 제거했을 때 이것이 결과적으로 반응의 빈도를 증가시켜 주는 강화자를 말한다. 이는 유기체에 자연적으로 해를 주는 것으로 실험에서 높은 음의 소리와 전기쇼크 등을 예로 들 수 있는데, 부적강화자를 사용한 결과로 인해 다음 번에 다시 실험자가 원하는 동일한 반응이 일어날 수 있는 가능성을 높여 주는 것이다. 학습과정에서 이와 같은 부적강화자로 사용되는 예는 교사의 화난 눈초리라든지, 사회적 고립을 들 수 있다.

부적격 inadequacy 부적절감 스스로 어떤 사회적 기대치를 충족시키는 데 열등하다거나 무능력하다거나 하는 개인의 인식.

부적응 maladjustment 환경적 요구에 적절히 반응하지 못하고 문제해결적인 행동양식이 결여된 상태를 말한다. 부적응의 원인은 개인적 능력의 결함이나 성격이상과 같이 개인에게서 생기는 경우도 있지만, 환경이 좋지 못해서 사람의 기본적 요구를 충분히 만족시켜 주지 못하기 때문에 부적응을 초래하는 경우도 적지 않다. 개인이 가지고 있는 요구가 아무래도 충족되지 않을 때는 어떻게 해서든지 긴장을 해소하려는 여러 가지 비합리적인 반응인 적응기제가 나타나게 된다.

부적합정동 inappropriate affect 부적절한 정서 사고, 언어 등과 조화되지 않는 정동으로 상황에 어울리지 않게 울거나 웃거나 하는 것이다. 반면 유동적 정동(labile affect)은 외부자극에 상관없이 정동의 표현이 빠르고 급격히 변하는 상태다. 분노발작(Temper tantrum)은 자연적으로 또는 사소한 자극으로도 유발되는 분노 내지 짜증으로서 어린이에게 흔히 보인다.

부정성효과 negativity effect 악성효과 긍정적인 정보와 부정적인 정보를 동시에 접하게 되었을 때 사람들은 부정적인 정보에 더욱 강력하게 영향을 받는다는 것.

부정적 동일시 negative identification 적대적 동일시와 같은 의미다. ⇨ 적대적 동일시 참고.

부정적 여과 negative filtering 부정적 여과는 비합리적인 사고의 일반적인 형태로 좋은 일이 일어난 것은 여과해 버리고 나쁜 것에만 초점을 맞추는 것을 의미하며, 이는 종종 자기연민과 연결되어 있다.

부정적 전이 negative transfer 이전에 학습한 것이 이후의 학습에 미치는 방해효과로 두 개의 상황에서 욕구하는 반응이 다르기 때문에 생긴다. 예를 들면, 자동차 운전을 배운 후에 키를 잡고 배를 조종하는 것과 같은 경우다.

부정적 피드백 negative feedback 소극적 환류 오브레이 피셔(Aubrey Fisher)가 구분한 피드백의 종류로서, 그는 피드백의 종류를 부정적 피드백(negative feedback)과 긍정적 피드백(positive feedback)으로 나누었다. 부정적 피드백은 부적 피드백 혹은 소극적 피드백이라고도 부르는데, 부정적 피드백이라고 해서 상대를 비방한다든지 헐뜯거나 비꼬아서 말하는 것은 아니다. 그러나 피드백의 내용이 자신이 모르는 타인에게 불쾌감을 주는 모습을 지적받았을 때는 상처를 받기도 한다. 그럼에도 부정적 피드백 역시 긍정적 피드백과 같은 효과를 가져올 수 있는데, 그 이유는 집단에서 피드백을 전달하는 분위기가 따뜻하고, 친숙하며, 서로 사랑과 정이 흐르는 훈련그룹에서 이루어지기 때문이다. 또한 이 같은 부정적 피드백은 항상성을 특징짓고 관계의 안정을 유지하는 일탈 감소의 역할을 한다고 보고 있다. ⇨ 피드백, 긍정적 피드백 참고.

부조화 inconsequence 한 개인의 경험과 그의 자아개념 사이에 불일치가 있을 때 생기는 상태를 말한다.

부호 code 기호, 약호 조사연구나 기타 연구에서 각 변수나 응답에 대해 숫자나 다른 상징을 부여하는 사회조사의 절차로서, 예를 들면 1은 "예"라고 응답한 모든 사람에게, 2는 "아니오"라고 응답한 모든 사람에게 부여된다.

분극 polarization 극화 뉴런세포막의 안과 밖의 전기적 상태를 의미한다. 칼륨이온농도가 높은 뉴런의 안쪽은 (−) 전하를 띠며, 나트륨이온이 많은 바깥쪽은 (+) 전하를 띠는 분극이 나타난다.

분노 anger 위협당하거나 해를 입는 개인의 지각에 대한 반응으로 일어나는 일반적이고 정상적인 감정이다. 그 특징은 초조, 심리적 · 언어적 공격, 심장박동과 심폐운동의 증가, 폭력, 부정적 시각 등이다. 분노는 계속 일어날 수도 있고 가끔 일어날 수도 있다. 또 자기 내적일 수도 있고 외적일 수도 있으며 강하거나 약할 수도 있다. 몇몇 심리학자에 따르면 분노는 의식적일 수도 있고 무의식적일 수도 있다고 한다.

분노반응 rage reaction 분노는 정서로서의 경험과 표현방식의 차원으로 구분할 수 있는데, 정서로서의 경험은 특성분노와 상태분노로 구분된다. 특성분노는 얼마나 자주 분노를 일으키는가 하는 개인의 분노경향이며, 상태분노는 일시적으로 경험되는 정서상태다. 분노의 표현방식에서는 분노의 외적 표출, 분노의 내적 억제, 분노조절(분노통제)로 구분된다.

분노발작 temper-tantrum 2세에서 4세 사이에 흔히 나타나는 격렬한 분노폭발을 말한다. 소리 지르고, 발로 차고, 물고, 때리고, 벽이나 의자에 머리를 찧는 행동들이 이러한 발작 중에 나타난다. 이러한 삽화는 그 직전에 경험한 유발인자와는 그 정도가 현격히 차이가 나며, 따라서 누적된 긴장과 좌절의 표현으로 볼 수 있다.

분노의 내적 억제 anger in 분노유발상황과 관련된 사고나 화난 감정이 경험되지만 이를 억누르는 태도를 말한다. 분노의 억제방식을 택하는 사람들은 주장성과 자아강도가 낮고, 분노표현이 좋은 결과를 가져오지 못할 것이라는 개인적 패배감을 갖고 있다. 이들은 역기능적 신념과 더 많이 연관되어 있으며, 분노를 자기 내부로 돌리기 때문에 우울과 같은 다른 부정적 정서를 파생시키기도 한다. 이들은 평소에는 인간관계에서 동등하지 못하고 무력하지만 어느 순간 분노가 폭발하여 공격적이 될 소지를 가지고 있다.

분노의 외적 표출 anger out 화난 감정이 비난, 욕설, 언어적 폭력, 극단적 모욕 등과 같은 언어적 공격행동이나 신체적 공격행동으로 표현되는 것이다. 이러한 분노의 표출방식은 난폭한 말씨나 행동으로 표현되므로 인간관계를 악화시킨다. 이들은 힘에서 우위에 있거나 지배욕구가 강해 자신의 분노를 원인제공자에게 직접 표출하거나 보다 약한 대상에게 대리표출하는 경향이 있다

분노 조절 anger control 분노 통제 적절히 감정을 조절하는 방식이다. 분노 조절은 분노라는 감정을 수용하는 것에서부터 시작하는데, 분노라는 감정은 인간이 생활하면서 필연적으로 느끼고 경험하는 정상적인 정서이기 때문이다. 분노의 정기능은 자아강도를 높이며, 자기방어, 동기유발, 집단응집력 고취 등으로 다양하다. 분노조절에서 중요한 것은 분노감정을 느끼지 않도록 하는 것이 아니라 분노를 적절하게 표현하는 방식이다. 즉, 사회적 · 개인적으로 용인되는 방식으로 표현하는 것으로, 분노감정은 때로는 매우 강렬하기 때문에 적절한 표현방식을 찾을 수 없다. 따라서 분노를 조절하기 위해 일시적으로 억제하고 조절하는 방법을 배워야 한다. 흔히 사용되는 분노조절방법으로는 호흡법을 이용한 긴장이완법 및 분노조절프로그램이 있다.

분노증후군 anger syndrome 우리 나라의 민속증후군으로 홧병을 의미한다. ⇨ 홧병 참고.

분리 dissociation 정신적 과정의 분리로서 성격의 일면이 전혀 동떨어져서 따로 기능을 나타내는 것이나 정상적인 사고관계가 붕괴해 버리는 것을 말한다. 분리의 결과로 기억상실증, 기억혼란증, 다중인격 등의 증세를 수반하기도 한다.

분리 개별화 separation individuation 미국 뉴욕(New York)의 여류 소아정신분석의 마가렛 말러(Margaret Mahler)는 1950년대 중엽에 그녀의 임상경험과 관찰을 통하여 인간이 최초로 사랑했던 인물인 어머니라는 대상(object)에서 떨어져 나오는

심리과정을 다음과 같이 시기별로 정리 발표하였는데, 이를 '분리 개별화 이론(the theory of separation-individuation)'이라 부른다.

1) 정상자폐기(the phase of normal autism)(0~2·3개월) : 이 시기 인간은 자기와 자기 아닌 것(object)을 구별하지 못하고 모든 세상이 다 자기 것인 줄 안다. 정신분석적 용어로는 대상이 존재치 않는(objectless) 시기라 한다. 배고파 울면 젖이 들어오는 것도 다 자기 속에서 그렇게 자동적으로 움직여 긴장을 없애 주는 것으로 여기는 시기다.

2) 공생기(the symbiotic phase)(2·3~4·6개월) : 모자가 공생하는 시기다. 아기는 어머니를 알아보고 반응하며 어머니도 자식의 반응이 귀여워 온 마음이 그를 키우는 데 쏙 빠지는 시기다.

3) 분리개별화기(the separation individuation phase)(4·5~30 내지 36개월) : 이 시기는 다시 4기의 분기로 나누어 볼 수 있다.

① 제1분기 : 분화분기라 하는데, 4·5~7·8개월로 본다. 어린이가 모자공생의 알을 깨고 껍질 밖으로 나오는 부화의 시기라 표현할 수 있다. 4~5개월 되는 아기는 이제 잠에서 깨어나서 정신이 말똥말똥 해지는 시간이 많으므로 자연 주위 사물에 관심을 갖기 시작한다. 아기는 이제 어머니와의 유대에서 벗어나려는 행동을 시작한다. 즉, 그는 어머니 품에서 조금 벗어나 무릎 위에 앉기 시작하고, 다음에는 발치에 앉고, 그 다음에는 조금 기어갔다 되돌아온다.

② 제2분기 : 실습분기로 7 내지 10~15·16개월까지다. 이때 아기는 뒤뚱거리며 걸을 수 있기 때문에 좀 더 자유롭다. 아기의 주된 관심이 어머니에서 떠나 주위의 장난감, 우유병, 물건 같은 무생물로 옮겨가서 그는 그것들을 눈으로 보고, 냄새 맡아 보고, 입술을 대어 보고 손으로 만져 본다. 이때의 그런 무생물 중 어느 하나가 장차 과도기적 대상(transitional object)이 되는데, 이는 어린이들이 어머니와 떨어져 있거나 낯선 상황에 놓일 때 어머니의 존재를 나름대로 상징하는 이불, 담요, 장난감 같이, 꼭 품고 있을 때의 물건을 말한다. 아기는 어머니 대신 다른 것과 관계를 맺는 데 마음을 쏟는다. 그러다가 가끔 어머니와의 분리를 겁내는 심정, 즉 분리불안(separation anxiety)이 커짐을 경험한다. 그래서 그는 멀리 갔다가도 다시 어머니 곁으로 되돌아온다. 그는 처음부터 멀리 떨어지지는 않는다. 즉, 처음에는 어머니가 보이는 곳까지 가고, 좀 자신이 생기면 어머니 목소리와 어머니의 움직이는 소리가 들리는 곳까지 가고, 다음에는 어머니가 없더라도 어머니 방 근처에서 얼쩡거리며 논다. 어머니는 이런 아기가 걱정스러워 찾아 나서고 또 찾으면 다시 안심한다. 그러다 또 아기가 없어지면 찾는다. 즉, 이 시기에는 모자간 상호교류가 있어서 서로를 믿는다. 이러한 실습이 왕성한 시기를 말러는 10 내지 12~15·16개월로 잡아 '협의의 실습분기'라 하였다.

③ 제3분기 : '화해접근분기'로서 16~25개월까지다. 이제 아기는 마음 놓고 아장아장 걷는데, 그럼으로써 그는 자기 몸이 어머니 몸과 분리되어 있음을 더 확실히 아는 시기다. 그런데도 이 시기의 어린이는 분리불안이 몹시 높아져 종전과 달리 어머니의 부재를 심히 불안해하여 멀리 갔다가도 즉시 어머니 곁으로 오고 또 평소에도 어머니 행

방에 깊은 관심을 갖는다. 그는 어머니를 찾아 그 곁에서 말을 배우고 의사소통을 위한 상징적인 행동들을 배운다. 그는 세상이 자기 뜻대로 움직여 주지 않는다는 것, 그리고 세계 정복에는 무수한 장애물이 있다는 것을 안다. 이제 아기는 자기와 어머니가 한 묶음으로 묶여 살 수 없다는 것과 말로 자기 의사를 표현해야만 어머니가 자기를 이해해 준다는 것을 안다. 그전처럼 가만히 있어도 어머니가 다 알아서 해 주는 시기는 지난 것이다. 또 아기는 자기 부모가 자기와는 떨어져 있고, 다른 흥미를 갖고 있다는 것을 안다. 그리하여 그가 지금까지 지녀 온 과대망상을 하나, 둘 가슴 아파하며 포기한다. 이러는 가운데 심지어 어머니와 싸우기도 한다. 이를 화해접근위기라 부르는데, 이때 어떤 어머니는 자식이 떨어져 나가면 찾고 야단치고 끌어들이다가 막상 되돌아오면 그를 다시 냉랭하게 내몬다. 이런 경우 아기는 어느 장단에 따라서 춤춰야 할지 몰라 혼동에 빠지는데, 정신분석가들은 이런 병적 모자관계가 뒤에 경계선장애(borderline condition)의 기본원인이 된다고 보고 있다.

④ 제4분기 : '리비도적 대상항상성에로의 길'이라 부르는데 어머니를 좋은 어머니와 나쁜 어머니 둘로 보지 않고 좋고 나쁜 점들을 함께 갖춘 하나의 인간으로서 어머니를 보게 되는 시기다.

분리뇌 split brain 뇌량이 절단되어 좌우 대뇌반구의 연결이 끊어진 뇌를 의미한다. 반구 차이의 연구는 심각한 간질환자를 치료하기 위한 수술에서 시작되었다. 신경외과적으로 좌뇌와 우뇌를 연결하는 뇌량을 절단하게 되면 두 뇌 사이에서 정보의 교류가 일어나지 않게 되는데, 이를 분리뇌라고 한다. 분리뇌 실험을 통해 인간의 좌뇌와 우뇌가 서로 다른 기능을 맡고 있으며, 뇌의 각 부분들도 각각 다른 기능을 맡고 있다는 사실을 확인하였다.

분리된 관계 separated relationship ⇨ 응집성 참고.

분리불안 separation anxiety 격리불안이라고도 한다. 어머니의 상실에 대한 유아의 불안을 지칭하는 정신분석 용어로 영아가 애착대상인 어머니나 자신을 돌보는 사람이 자리에 없을 때 그가 떠난 것에 대해 울거나 몸부림치거나 불쾌함을 표현하는 현상이다. 분리불안은 어머니에게서 떨어지는 경험이 늘어날수록 더욱 강해지는 특징이 있다. 분리불안은 보통 6~8개월에 나타나기 시작하며, 10~12개월에 절정에 이르다가 2세경에 소멸되지만 4세까지 지속되는 경우도 있다. 이와 같이 아이가 부모로부터 분리될 때 경험하는 두려움과 스트레스로 최초의 분리불안은 어머니의 자궁 속에서 나올 때 경험하는 스트레스며, 부모는 자녀가 군에 입대하거나 결혼할 때 겪게 된다.

분석심리학 analytic psychology 인간행동을 결정하는 데 있어 무의식(개인적 무의식과 집단무의식)의 역할을 강조한 학파다. 즉, 행동을 지배하는 무의식을 연구함으로써 장애를 설명하거나 치료하려고 시도한 것으로, 분석심리학은 프로이트(S. Freud)나 아들러(A. Adler)와 마찬가지로 무의식을 연구대상으로 삼았다는 측면에서 '심층심리학'의 분야에 속한다. 융(C. G. Jung)은 프로이트의 제자였으나 고전적 정신분석학에 환멸을 느끼면서 1913년 프로이트를 떠나 프로이트의 정신분석학과 구별하여 분석심리학이라는 자신의 학파를 창설한다. 융이 프로이트와 다른 점은 먼저, 프로이트가 리비도를 성적욕망의 에너지로 규명한 데 비하여 융은 리비도를 일반적인 심적 에너지로 규명했다는 것이다. 즉, 융에게 리비도는 생물학적 · 성적 · 사회적 · 문화적 · 창조적인 모든 형태의 활동에 에너지를 제공하는 전반적인 생명력, 즉 모든 생명의 창조적 힘을 나타내는 것이지, 성적 힘만을 나타내는 것은 아니며 물리적 에너지와 마찬가지로 정상적인 신체의 신진대사과정에서 발생하는 것이다. 프로이트와의 또 다른 차이는 프로이트가 무의식을 개인적인 것으로 생각하였던 것에 반하여, 융의 무의식은 '개인적 무의식'과 '집단적 무의식'의 두 가지로 나누었다는 것이다. 또한 성격을 '내향-외향'이라는 용어로서 설명하였는데, 이러한 개념은 융의 유형론의 기본구조가 되며, MBTI 검사로 개발되었다.

분석적 내성법 analystic introspection 구성주의에서 마음을 연구하기 위해서 정신의 기본요소라고 생각한 심상, 느낌, 감각의 세 가지 요소로서 복잡한 정신경험을 분석하는 것을 목적으로 하는 방법이다. 티체너(E. B. Titchener)는 분석적 내성법을 이용한 연구에서 피험자에게 소리와 같은 자극을 제시한 후 피험자로 하여금 그 소리로 인해 생겨나는 심상, 느낌, 감각을 보고하도록 하였는데, 분석적 내성법은 지루한 절차여서 1~2초간 주어지는 자극에 대한 반응의 내성적 보고를 위해 20분이 소요되었다. 연구가 연구실에 제한되어 있었고, 이성적이고 언어적으로 능숙한 성인의 의식적인 정신적 경험을 연구하는 데 제한된 내성법에 지나치게 의존했으며, 내성법적 보고가 자극의 변화에 대해 일관성을 충족시키지 못했다는 단점으로 하여 분석적 내성법은 구성주의자들의 소멸을 초래하게 되었다.

분석적 심리치료 analytically psychotherapy 프로이트의 이론에 기초하고 있지만 정신분석보다는 사회적 · 문화적 요인들과 자아의 중요성을 더 강조하는 치료적 입장이다. 이러한 입장을 취하는 사람들은 아동기 경험의 탐색을 덜 강조하고 내담자의 현재 대인관계 문제들에 더 많은 관심을 갖는다.

분열 splitting (분단, 분리 split) 정신적 평온상태를 위협하는 중요한 감정들을 억제하고 분열시키고 차단시키려는 원초적인 방어과정으로서, 둘 혹은 그 이상의 사이에서 서로 반대되는 차이를 경험하는 것을 의미한다. 대상관계가족치료 이론의 주요 개념으로 모순된 감정이나 대상에 대한 이미지를 분리해 버리는 무의식적 과정이다. 즉, 자아와 타인에 대해 좋은 부분과 나쁜 부분을 무의식적으로 인식하며 방어적으로 분리하는 과정을 말한다. 분열은 행동과 태도로 나타나는데 모순된 행동을 교대로 나타낸다든지 충동적으로 행동한다든지, 상대를 이상화하거나 비하하는 행동을 보인다. 이것은 지금까지 경계성 인격장애의 주요 방어기제로 알려져 있다.

분열기질 schizothymia 어떤 내향적인 경향 또는 기질로서 자폐증과 같은 정신분열증의 특색을 가지면서도 그것이 병적으로 발전하지 않고 정상범위에 머물러 있는 기질적 특성을 말한다. 이런 분열기질은 흔히 순환기질이라는 기질과는 대조적인 기질개념으로 사용된다. 순환기질이 건강하고 정상적인 비대체형에서 보이는 기질특성, 즉 원활하고 유연성이 있으며 활발하고 완만한 파동적인 기질곡선을 보이는 반면, 분열기질은 민감함과 둔감함 사이를 왕래하는 정신 감수성 비율을 나타내고 기괴하거나 완고하며 갑작스럽고 감정과 사고의 양자택일 시 비약적인 직선 하강적 성향을 보인다. 자극에 잘 반응하지 않고 정신운동이 활발하지 않고 긴장되어 있으며 억압되고 응결되어 있는 딱딱함을 보인다. 크레치머(E. Kretchemer)는 건강한 분열기질의 대표적인 예로 감각이 섬세하고 기품이 있는 사람, 냉혹한 지배자와 이기적인 사람, 고독한 이상가, 감정이 메마르고 둔감한 사람 등을 열거하고 있다. 또한 재능과 관련해서는 격정적인 시인, 낭만주의자, 형식을 존중하는 예술가, 이론이 정연한 체계가, 철학가, 이상주의자, 전제자와 광신가, 냉정한 타산가 등을 꼽고 있다. 이와 같이 분열기질은 어느 면에서는 분열병질과는 상통하는 특성이 있으면서 어디까지나 병적으로 발전되지 않고 정상범위 내에 머물며 세장형(細長型)의 체격과 친화성을 갖는 건강인의 기질유형을 말한다.

분열성 인격장애 schizoid personality disorder (schizoi) 고립형 사회적 관계에서 고립되고 정서 표현이 제한된 인격장애로서, 감정표현이 없고 대인관계를 기피하여 사람들과 친하지 않고 고독하여 친구가 거의 없으며 칭찬이나 비판에 무관심한 특징이 지배적이다. 다른 사람들과의 대화나 세상 이야기에 참여하는 것에 흥미도 없으며 능숙하지도 않다. 이들은 자신의 마음을 잘 표현하지 않기 때문에 치료자는 이들의 비언어적 메시지를 주의 깊게 살펴야 하며, 자신의 있는 모습 그대로를 존중하고 사랑하도록 격려함으로써 이들이 사회적 상황들에서 철수하려는 경향을 줄일 수 있도록 도와야 한다. ⇨ 정신 분열성 인격장애 참고.

분열적 성격 schizoid personality 공격적 충동을 직접적인 방법으로 표현하는 데 어려움이 있고 내향적이고 폐쇄적인 사고를 하며 다른 사람과 괴리되어 있는 성격을 말한다.

분열정동장애 schizoaffective disorder 정신분열병의 다른 양상으로 증상과 함께 기분 항진의 장애가 동반되는 장애다. 정신분열병과 분열정동장애, 정신증적 양상을 동반하는 기분장애와 분열정동장애를 감별하는 것이 어려울 때가 자주 있다. 분열정동장애는 정신분열병의 활성기증상(환청, 피해망상)과 기분삽화(주요 우울증)가 동시에 있어야 하며, 기분증상이 상당 기간 지속되고, 현저한 기분증상이 없는 상태에서 망상이나 환각이 적어도 2주 이상 지속되는 경우다. 이들에게 우울증이 첨가되었을 때에는 정신운동성 지연과 자살사고가 나타나며, 동시에 터무니없는 피해망상이 나타나기도 하며, 외부의 어떤 힘에 의해 조정받고 있다고 호소하기도 하고, 기타 뚜렷한 정신분열증적 사고장애를 나타낸다. 또 어떤 경우에는 정신분열증의 증상을 나타내면서 기분이 좋아지고 장난을 잘 치고, 행동이 많아지는 경우도 있다. 이 경우의 진단은 정신분열증의 증상이 확실히 있다는 것을 파악했을 때에만 내릴 수 있다.

분열형 인격장애 schizotypal personality disorder 독특하고 괴이한 생각을 잘 하고 대인관계형성에 문제가 있다. 관계가 가까워지면 급성불안이 일어나고 인지 또는 지각의 왜곡, 괴이한 행동을 보이는 인격장애로서, 정신분열장애보다는 정도가 약하지만 인지적 또는 지각적 왜곡으로 피해망상, 관계망상, 환각, 텔레파시, 투시, 독심 등 현실성이 약한 내용을 이야기하며 옷차림이나 행동방식도 남들과 많이 다르다. 이와 같은 분열형 인격장애를 가진 개인들은 인간관계를 맺는 데 문제가 있음을 경험하며 타인과 관계 맺는 것을 불편해한다. 비록 그들은 대인관계가 부족해서 불행하다고 말은 하지만 그들의 행동은 친밀한 접촉을 원하지 않고 있음을 나타낸다. 따라서 이들을 치료하기 위해서는 이들이 공유하는 내용이 아무리 기이하다 할지라도 수용적인 자세로 관심을 보여 주며, 이들이 자신의 부적절성에 대한 깨달음을 증가시키는 대처기술을 가르침으로써 현실왜곡을 교정해 나가야 한다.

분자적 행동 molecular behavior 행동 가운데 근육운동이나 내분비선의 활동을 의미하는 것으로, 톨먼(E. C. Tolman)은 생리학이 분자적 행동을 연구하는 것이라면 심리학은 전체적인 행동을 연구하는 것이라 하였다.

분트 Wilhelm Wundt (1832~1920) 독일의 심리학자. 베를린대학에서 철학과 생리학을 전공했으며, 철학에서 심리학을 떼어 내어 심리학을 하나의 근대과학으로 확립시켰다. '심리학의 아버지'로 일컬어진다. 그는 실험에 의하여 '마음의 구조'를 객관적으로 분석하려고 시도하였다. 그는 인간의 마음에는 여러 종류의 '심적 요소'가 있으며 이 '심적 요소'가 결합함으로써 '심적 요소의 결합체'를 형성한다고 했다. 이러한 경우 결합의 법칙을 규명하는 것이 인간의 심리상태를 밝힐 수 있는 하나의 수단이 된다고 주장했다. 그는 대상자에게 동일한 조건을 제공하여 실험을 실시하고, 그 결과를 비교 검토하는 방법으로 심리학을 하나의 학문으로 발전시켜 나갔다.

분화 differentiation 개별화 분화란 가족구성원이 자기 주변의 연대에 대한 압력으로부터 분리되어 자신의 인생 목표와 가치를 정의 내릴 수 있는 능력을 의미한다. 인격의 어느 한 부분이 의식 속에서 좀 더 견고하게 분화되어 자리 잡았다는 의미에서 융(C. G. Jung)은 이 단어를 자주 사용하였다. 분화는 자연적 성장의 과정이며, 의식적 성장의 목표다. 심리적 기능이 다른 기능에 의하여 '오염'되었을 때, 혹은 자아와 그림자가 '미분화'되었을 때의 정신은 아직 미성숙하다. 그 상태에서는 대극들이 융합되거나 합체된 상태로 존재한다. 의식의 통합을 위해서는 미분화된 것들의 분화가 필요하다. ⇨ 개별화 참고.

분화성 추론 fragmentation corollary 한 개인은 서로 양립할 수 없는 다양한 인지구성체계의 하위체계를 지속적으로 수용할 수 있다는 것을 말한다. 이는 인간이 사상(events)을 어떻게 인지하는지에 대한 켈리(G. Kelly)의 인지구조, 즉 개인적 구성개념의 특성을 설명하는 11가지 추론 가운데 하나다. ⇨ 개인적 구성개념이론 참고.

불가지성 unknowability 인간 행동은 과학적 이해와 기능성을 초월한다는 기본가정이다. 인간은 자신이 중심이 되는 끊임없는 주관적 경험세계 속에 살고 있으므로 이들의 행동을 객관적으로 검증할 수 없다는 의미다.

불가지론적 관점 agnostic view 인간의 내면세계는 인간의 관계적 형태를 이해하는 데 중요하지 않다는 관점이다. 검은상자이론에 의하면, 인간의 마음을 이해하는 방식으로 두 가지 다른 관점이 있다고 하는데, 즉 무신론적 관점과 불가지론적 관점을 말한다. 여기서 불가지론적 관점은 마치 컴퓨터의 기능을 이해하는 데 컴퓨터 속에 들어 있는 칩들의 모양이나 형태를 이해하는 것이 중요하지 않으며 오히려 이러한 이해는 컴퓨터의 기능을 이해하는 데 방해가 되는 것처럼, 인간의 내면세계의 실체가 존재한다 하더라도 인간의 내면세계의 실체는 인간의 마음을 이해하는 데 부적절하거나 도움이 되지 않는다고 본다. 따라서 인간의 마음은 그 기능을 통해서 이해할 수 있으며, 인간의 마음 기능은 사람들과의 관계 속에서 드러난다고 본다. 이는 또한 초경험적인 것의 존재나 본질은 인식불가능하다고 하는 철학상의 입장으로, 인간은 유한한 존재로서 그 지력도 한정되어 있어 사람이 인식할 수 있는 것은 물체와 정신뿐이라고 하는 스피노자(B. Spinoza)의 주장이나, 인간의 지식은 인상과 관념에 한정되어 있어 그것을 초월한 사항은 지식의 대상이 되지 않는다는 흄(D. Hume)의 주장 등도 어떤 의미에서는 불가지론적인 입장이다. ⇨ 검은 상자이론 참고.

불결공포 mysophobia 세균 또는 기타 더러운 것에 의하여 오염되는 것에 대한 병적 공포증을 말하며, 이 공포증이 있을 때에는 강박적인 손씻기, 세탁 또는 장갑끼기의 행동이 수반된다.

불면증 insomnia 잠들기가 어렵거나 잠을 유지하기가 어려운 것, 또는 잠의 질이 나쁘다고 주관적으로 호소하는 것이다. 짧고 단속적인 수면, 얕은 수면, 꿈을 많이 꾸는 수면 등 수면의 길이나 질이 문제가 되나 실제로는 불면이 아닌데 불면으로 생각하는 신경증의 불면증도 상당히 많다. 또한 뇌동맥경화나 고혈압으로 인한 뇌혈행 장애성 이외에 자율신경이나 내분비의 이상에서 오는 것, 정신병으로 인한 것도 많다. 흥분하거나 불안감으로 정신상태가 항진되어 있을 때, 홍차나 커피 등을 과잉으로 마셔 흥분되어 있을 때 불면으로 이어지며 각성제, 혈압상승제, 비타민제 등의 약제 사용도 불면의 원인이 될 수 있다.

불변성 unchangeability 불변성이란 변하지 않는 성질을 의미하는 것으로, 인간 성격을 논할 때 불변성이 의미하는 것은 한 개인의 성격구조는 생애 초기에 형성되어 변하지 않는다는 기본가정이다.

불변성가설 constancy hypothesis 잭 듀세이(J. Dusay)가 제시한 가설로서, 이고그램에서 하나의 자아상태가 급격하게 증가할 때는 다른 하나 또는 다른 상태들은 그에 보상하기 위하여 감소하게 되는 현상을 말한다. 이는 에너지 전체의 양이 불변하도록 심리적 에너지의 이동이 일어나기 때문이라고 한다.

불신 mistrust 부모의 양육이 부적절하거나 거부적일 때 생기는 외부세계 일반과 특정한 사람에 대해 유아가 갖는 이해, 공포감, 의심감을 의미한다.

불안 anxiety (1) 불안이란 공포보다 애매하고 일반적인 정서로서 무서움이나 걱정, 공포의 감정을 말하며, 현재로서는 자기에게 닥칠 위험이 아직 그 모습을 드러내지 않았지만, 미래 속에 가능성으로서 존재하고 있어 언젠가는 그 위험과 맞부딪쳐 자기 안전이 깨어질 것이라는 예견을 품고 있을 때 기대감정이다. 불안은 두려움이나 공포감정과 비슷하지만 이들의 다른 점은 두려움에는 두려움을 일으키는 위험물이 목전에 있지만, 불안에는 그런 것이 없다는 것이다. 즉, 불안은 상상한 위험물에 대한 반응이고 주관적인 것이다. 또한 두려울 때는 위험물에서 도망치려고 하거나 위험물을 극복하려고 하는 충동을 느끼지만, 불안할 때는 무력감밖에 없으며 두통, 발한, 심계항진, 흉부압박감 등 자율신경계와 관련된 증상을 동반한다. (2) 프로이트(S. Freud)는 불안의 형태를 현실적 불안, 신경증적 불안, 도덕적 불안으로 나누어 설명하고 있는데, 특히 프로이트의 신경증에 대한 이론에서 불안의 개념은 중요한 의미를 지니고 있다. 첫째, 신경증적 불안은 대체로 성적 불만으로 인해 생기는 것으로 보았다. 어떤 결함으로 정상적인 성생활이 불가능할 때 그에게 여러 가지 불안증상이 생기는 경우가 많다는 것이다. 둘째, 불안이 어떤 위험에 대한 예기반응으로 굳어져 나타나기도 하지만, 불안요인적인 증상과는 관계없이 다른 반응의 대응역할로서 나타나는 경우도 있다. 즉, 환자 자신도 무엇을 무서워하는지 모르는 어떤 무의식적인 충동에 대해 죽음, 광기, 졸도, 발작의 형태로 나타나는 경우가 있다. 셋째, 불안은 어떤 동기적 역할을 갖는다는 점에서 중요하다. 강박행위를 억지로 막거나 본인이 이것을 의식적으로 중지하면 불안이 심해져서 그것을 하지 않고는 견디지 못한다. 이때의 불안은 동기역할을 했다고 할 수 있다. 이와 같이 프로이트는 불안은 신경증 연구의 주요 관건이며, 이것의 해결이 신경증치료의 지름길이라고 생각했다. (3) 심리학자인 스필버거(C. D. Spielberger)는 불안을 상태불안(state anxiety)과 특성불안(trait anxiety)으로 구분하였는데, 상태불안이란 일시적으로 불안한 상태를 가리키는 것으로 프로이트의 현실적인 불안을 의미한다. 또한 특성불안은 사람의 성격처럼, 그 내면에 존재하는 불안으로서, 객관적으로 위험이 없는 상황에서도 위험하다고 생각하는 개인적 성향의 불안을 의미한다.

불안감소기법 anxiety reduction techniques 일상생활의 스트레스를 극복하는 방법으로 개발된 기법들로 이러한 기법에는 바이오피드백, 점진이완, 체계적 둔감화, 호흡조절, 사고차단(사고정지) 등이 있다.

불안반응 anxiety reaction 강한 불안감정에 의해 특징지워진 복잡한 반응형태로서 신장의 두근거림, 숨막힘, 가슴의 답답함, 현기증 등의 신체적 증상을 동반한다.

불안위계 anxiety hierarchy 불안위계는 불안의 단계적 둔화를 위해 내담자에게 가장 불안을 많이 야기시키는 상황에서 가장 적게 야기시키는 상황에 이르기까지의 목록을 작성하는 것을 말한다. 이는 행동치료가들이 환자가 경험하는 두려운 자극에 대하여 불안보다는 상황에 대한 깊은 이완을 연합시켜 불안을 체계적으로 둔감화시키고자 한다.

불안장애 anxiety disorder 불안을 주된 증상으로 하는 장애로서, 불안의 정도가 심하거나 오래 지속되어 생활에 지장을 주는 장애들을 총칭한다. 다양한 양상에 따라 하위유형을 구분하는데 공포증(phobia), 공황장애(panic disorder), 강박장애(obsessive-compulsive disorder), 범불안장애(generalized anxiety disorder) 등이 있다.

불안정 insecurity 불안전감 타인의 사랑과 지지를 확인하지 못함으로써 발생하는 확신의 결여로 불안전감은 사랑의 결핍과 어릴 때 받은 거절의 메시지로 인한 직접적인 결과다.

불임수술 tubal ligation 불임의 여러 방법 가운데 하나로 나팔관을 절단하거나 묶어서 산아를 제한하는 외과수술 방법을 말한다.

불충분정동 inadequate affect 감정적으로 둔하며 멀어짐과 무관심으로 인해 방관자처럼 느끼는 것을 무감동 또는 무관심(apathy)이라 하며, 쾌·불쾌에 대한 감수성이 감소된 상태다. 정서둔마(Flat affect)는 정동적 느낌의 표현이 거의 없는 상태이며, 황폐(deterioration)라고도 한다. 이때 피암시성이 증가한다. 둔마된 정동(blunted affect)은 정서둔마(flat affect)보다는 덜한 상태로 밖으로 표현된 정동의 정도가 감퇴된 상태다. 제한된 정동(restricted affect)은 표현된 정동의 정도가 둔마상태보다 약간 덜한 상태다.

불평형성 heterostasis 체계 또는 유기체가 불안정하게 되는 경향을 의미하며, 개인은 기본적으로 성장, 자극추구, 자아실현의 방향으로 동기화되어 있다는 가정이다.

불확실성회피 uncertainty avoidance 어느 사회나 조직이 불확실하거나 애매한 상황에 대해 두려움을 느낀다. 불확실성회피는 개인에 대한 보다 확실한 경력의 보장, 보다 공식적인 규칙의 제정, 일탈행동 등에 대한 강력한 제재조치, 또는 절대진리나 전문성의 강조 등을 통하여 안정성을 확보하고 불확실성에서 오는 두려움을 회피하고자 하는 정도로서, 사람들이 모호한 상황이나 불확실성을 용인하는 정도를 나타낸다. 불확실성회피성향이 높은 문화에 있는 사람들은 직업안정성이나 직급의 승진패턴에 대해 상당히 높은 가치를 부여하며 관리자들이 아주 분명한 지시를 내려 줄 것을 기대한다. 반면에 불확실성회피성향이 낮은 문화에서는 변화에 대해서 두려워하지 않으며 위험을 극복하려는 성향이 높게 나타난다.

불확실성의 수용 acceptance of uncertainty 정서적으로 성숙한 사람은 인간이 무한한 가능성과 기회를 가진 세계에 살고 있다는 것을 인정하나 어떤 절대적인 확실성이 있지 않다는 것도 인정한다. 비록 질서는 좋아하지만 질서나 확실성이 결여되었을 때도 불평하거나 요구하지는 않는다.

뷜러 Karl Buhler (1879~1963) 독일의 심리학자. 언어에 대하여 심리적 접근을 시도하는 훔볼트(K. W. Humboldt)의 심리적 언어학파의 20세기 후계자로서 생물학적·생리학적인 여러 실험을 통하여 인간의 사고과정을 연구하였다.

브레인스토밍 brainstorming 집중발상법 사회심리학에서 사용하는 용어로 특정 문제의 해결을 위해 집단구성원이 자유롭게 아이디어를 제시하는 것으로 표현장려, 평가억제, 질보다 양 그리고 앞서 나온 아이디어 위에 더 진전시키기 등을 통해서 창의성을 향상시키는 방법을 말한다.

브로카영역 Broca's Area 19세기 프랑스의 외과의사 폴 브로카(Paul Broca)의 이름을 따서 명명된 뇌의 영역으로, 말하는 것과 밀접한 관련이 있어서 이전에는 언어중추로 불렸다. 이 영역은 오른손잡이의 경우 뇌의 좌반구에 있지만, 왼손잡이의 경우는 그렇지 않다. 브로카영역은 단어를 발성하는 데 필요한 근육활동 순서를 저장하고 있는 것으로 가정되는데, 부호형식으로 저장된 근육활동 순서가 운동피질로 전이되면서 말하는 데 필요한 입술, 혀 및 후두의 근육들을 활성화시키고 결국 단어를 발성시킨다는 것이다. 브로카영역을 다친 경우, 언어 표현에 지장을 주기는 하지만 말이나 글로 표현되는 언어를 이해하는 데는 거의 영향을 주지 않는다. 즉, 베르니케영역이 손상된 경우와 달리 남이 하는 말은 완벽하게 이해할 수 있지만, 자신은 말을 더듬거나 느리게 한다. ⇨ 베르니케 영역 참고.

브리케증후군 Briquet's syndrome 신체화장애를 의미한다. ⇨ 신체화장애 참고.

블레키그림검사 Blacky pictures 개들로 구성된 한 가족에 관한 만화를 이용해 정서적 장애가 있는 아이들을 검사하는 투사적 기법이다. 이 만화는 인간들로 이뤄진 가족에서 찾아볼 수 있는 인간관계들을 묘사하고 있다. 아이들에게 이 만화에 대한 이야기를 만들어 보도록 한 후에 그 이야기를 분석해 정서적인 문제점에 대한 증거를 찾는 방법이다.

비가역성 irreversibility 되돌릴 수 없음을 뜻하는 비가역성은 아동이 사물의 이치를 한 면으로만 이해할 뿐 역전하여 반대로 이해하지 못하는 것을 말한다. 피아제(J. Piaget)의 인지발달이론에서는 가역성의 개념이 중요한데, 가역성은 사물을 다양한 측면에서 역전하여 해석하는 것을 의미하는데 보존개념에 근거를 제시하는 사고를 말한다. 특히, 피아제는 비가역성을 전조작기 사고의 특징으로서 설명하는데, 즉 전조작기 아동은 납작한 진흙 공이 다시 원래의 둥근 공으로 변화될 수 있다는 것을 이해하지 못하는 것처럼 보존개념이 아직 정착되지 않은 시기다. ⇨ 보존개념 참고.

비고츠키검사 vigotsky test 사고 및 말하기와 지적 발달과의 관계에 대한 연구의 개척자로 알려진 러시아 심리학자의 이름을 따서 명명되었다. 개념형성 능력을 추정하는 검사로 여러 개의 블록을 색과 양, 크기에 따라 분류하는 것을 포함한다.

비교문화심리학 cross cultural psychology 심리현상이 문화권에 따라 달리 나타나는 현상을 이해하고 보편적 심리현상의 가능성과 한계를 이해하고자 하는 분야다.

비교심리학 comparative psychology 인간을 포함한 서로 다른 종들을 비교해 심리적이며 행동적인 생활에서 이들 간의 차이점 및 유사점을 이해하고자 하는 심리학의 한 분야다. 이 명칭은 비교해부학이나 비교생리학에서 연유한 것으로, 그것이 다루는 범위는 차차 넓어지고 있다. 광의로는 동식물의 행동을 그 계통발생, 개체 발생의 관점에서 비교 검토하는 동물·식물심리학, 어린이의 정신적 발달단계를 비교하는 발달심리학, 여러 인종·민족의 정신구조를 비교하는 민족심리학, 개체 간 차이를 문제로 하는 차이심리학, 정상자와 이상자와의 정신구조를 비교하는 이상심리학, 일련의 동물종을 통하여 나타나는 행동의 진화를 문제로 하는 발생심리학 등이 포함되며, 그 영역은 다른 심리학 부문과 중복되고 있다. 협의로는 사람과 동물과의 행동 비교, 동물의 종차에 따른 각종 행동의 비교, 복잡한 사람의 행동을 통제하고 예측하기 위한 동물실험 등을 하는 동물심리학을 의미한다. 근래에는 넓은 생물학적 견지에서 사람 및 동물의 행동에 대한 비교연구가 이루어지고 있으며, 심리학에서 행동이론의 기초자료를 제공하고 있다.

비교적 괜찮은 부모 good enough parents 대상관계이론의 개념으로 유아가 '참자기'를 발달시키는 데 비교적 적절히 품어 주는 환경을 제공하는 부모를 지칭하는 말이다.

비난경향성 blame proneness 엘리스(A. Ellis)가 말하는 11가지 비합리적 신념 가운데 하나로서, 비난경향성은 자신을 괴롭히거나 해를 끼치는 어떤 행위나 사람은 반드시 비난과 처벌을 받아야 한다고 믿는 사고를 말한다.

비네 Alfred Binet (1857~1911) 프랑스의 심리학자. 정신의학자인 샤르코(J. M. Charcot)에게서 의학적 심리학을 배웠다. 처음에는 임상적·정신병학적 심리학의 입장에서 이상심리의 연구를 발표했으나, 후에 정상인의 심리연구로 전환하고, 1890년대에는 장기간에 걸쳐 아동을 연구하였다. 1905년에는 시몽(T. Simon)과 정신박약아를 검출하기 위한 심리검사법을 발표하였는데, 이는 오늘날 시행되는 비네식 지능검사의 원형이다.

비네-시몽검사법 Binet-Simon test 개별적 · 계단적 지능검사법의 하나로 1905년 프랑스의 심리학자인 비네(A. Binet)와 의학자인 시몽(T. Simon)에 의해 고안되었으며, 그 후 여러 나라 학자들에 의해 개량되었는데, 현재 가장 널리 사용되며 신뢰성 있는 지능검사다. 유아에서 성인에 이르기까지 각 연령에 맞게 각각 몇 개의 난이도의 순서에 따라 배열되어 있다. 피검자가 이 문제들을 차례로 풀면, 어느 단계까지 합격하였는가에 따라 지능연령이 정해지는데, 이를 실제적인 만연령과 비교하여 지능지수가 산출된다. 이 검사는 다른 지능검사에 비해 유아의 지능발육을 알아보는 경우에는 도움을 주나, 개별적인 것에만 실시할 수 있고 검사에 장시간을 필요로 하며 성인에게 시행하기 어렵다는 점이 단점으로 지적되고 있으나, 모든 지능검사의 기반을 마련했다는 점에서 의의가 있다. ⇨ 지능, 지능검사 참고.

비대칭 asymmetry 비대칭이란 수직적인 관계처럼 서로 주고받을 수 없는 관계를 말한다. 부모와 자녀 사이의 관계는 비대칭관계로서 부모가 자녀에게 베푼 것들을 자녀가 부모에게 되갚을 수는 없다.

B-동기 being motivation ⇨ 있음동기 참고.

비만형 endomorph 쉘던(Sheldon)의 신체형과 기질관의 관계를 통해 인간의 성격을 이해하고자 한 분류에서 키가 작고 살찐 사람을 말하며, 비만형은 성격이 활발하고 사교적이며 일상생활에서 스트레스를 잘 느끼지 않아서 비교적 여유 있는 특성을 지닌다.

비밀보장 confidentiality 비밀보장은 정보를 책임지고 보관하고 있겠다는, 오로지 내담자의 유익이나 때때로 사회의 유익을 위해 최선일 때만 다른 사람에게 나누겠다는 약속이다.

비밀엄수 secrecy 신뢰감 형성이 모든 인간관계의 기본이라는 전제에서 출발하며, 비밀보장과 차이점은 상황을 막론하고 어느 누구에게도 절대로 정보를 알리지 않겠다는 약속이다.

비상피임약 emergency contraceptive pills ⇨ 응급피임약 참고.

비양립성 오류 incompatibility fallacy 자신이 중요하다고 생각하는 갈등의 측면은 상대방에게도 똑같이 중요한 것이라고 생각하는 오류를 의미한다. 이는 자기중심적 사고 때문이다. 따라서 쌍방 간의 이해가 항상 상충한다고 보기 때문에 자신에게 중요하지 않지만 상대에게 중요한 것을 양보함으로써 상호이익을 얻을 수 있다는 가능성을 인식하지 못하고 첨예한 갈등을 야기한다. 예를 들면, 미용에 관심이 있는 언니와 영양에 관심이 있는 동생이 오렌지를 서로 갖겠다고 다투는 경우에 각자 자기의 관심사를 상대방에게 투영하기 쉽다. 그러나 언니는 껍질을 동생은 알맹이를 원한다는 것을 알면 갈등은 없어진다.

비언어적 장애 nonverbal learning disability 비언어적 장애는 미클버스트(Myklebust, 1975)가 처음 사용하였는데, 우반구흰피질(white matter right hemisphere)의 결함 때문에 공간 지각, 조직하는 기술, 심리동작의 협동, 복잡한 촉각지각, 또는 과학적인 사고 등에 결함을 보인다고 한다. 비언어 장애아동은 사회판단력이 떨어지고, 얼굴에 표현된 감정을 잘못 판단하며, 비언어적인 대인관계 상황에 적응하는 데 어려움을 보인다.

비인간화 depersonalization 비인격화(impersonalization)라고도 번역한다. 인간이 그 개성, 이성, 감성을 빼앗긴 상태로 현대의 대중사회에서 인간 상호의 관계가 기계적으로 되어 간다는 의미로 지적되는 말이다. 칼 마르크스(Karl Marx)가 주장한 노동자가 상품으로 취급당한다는 인간의 사물화, 또한 막스 베버(Max Weber)가 관료제에서 특징적으로 인정한 대상적 관계와 그와 같은 관계를 강요당하는 관료 등이 모두 비인격화를 이르는 말이다. 비인간화(Dehumanization)현상은 상대방이 어떤 사람인지 모르는 경우에는 상대방을 비인격적인 존재로 격하하기 때문에 상대방을 아는 경우보다 공격성이 촉발된다.

비지시적 상담 non-directive counseling 내담자 중심의 상담원리로서, 내담자가 스스로 자신의 문제를 해결할 수 있다고 보는 상담체계다. 이는 로저스(C. R.. Rogers)가 전통적인 지시적 상담에 대한 비판으로 제시한 것으로, 내담자에게 어떤 조건이 주어지면 변화가 일어난다고 보는 입장이기 때문에 내담자가 주도권을 가지고 자신을 표현할 수 있도록 하는 상담방법이다. 따라서 상담자는 최소한의 지시를 하며 따뜻하고 허용적인 분위기를 만들어 주고 내담자의 표현을 반영해 주고 명료화시키는 방법을 사용한다. 후에 내담자중심상담으로 불렀으며, 다시 인간중심상담으로 개칭되었다.

⇨ 지시적 상담 참고.

비탄의 작업 work of mourning 비탄의 작업은 소중한 대상의 상실에 따른 비통한 감정에서 해방되고 새로운 시작을 할 수 있는 마음의 준비를 위해 필요한 과정이다. 그랜저 웨스트버는 슬픔을 당한 사람의 비탄의 작업에는 몇 가지 기본적인 단계가 있다고 말했다. 그렇다고 해서 모든 사람이 그 모든 단계를 거친다고 단정할 수는 없지만 한 단계도 거치지 않는다는 것은 불가능하다. 단계를 요약하여 설명해 보면, ① 충격의 경험 : 우선 충격을 받는다. 이것은 일시적인 마취효과를 초래한다. 고통을 누그러뜨리는 효과가 있으며 무감각한 상태도 된다. "믿어지지 않는다!"라는 말을 곧잘 하게 된다. 충격은 수분간 계속되기도 하며 며칠이고 계속되는 경우도 있다. 가령 충격 상태가 몇 개월, 몇 년이고 계속되면 전문가의 개입이 필요하다.
② 감정의 발산 : 이것은 많은 사람에게 적용되며,

쉬운 것은 아니다. 우리의 문화에서 특히 남성은 감정을 억제하는 방식이 좋다는 교육을 받고 자라고 있다. 그 때문에 의도적으로 감정을 억압하고 표현하지 않을지도 모른다. 슬픔의 눈물을 흘리지 않는다거나 분노의 감정을 참아 버린다.

③ 우울상태와 고독감 : 상실체험에서 많은 사람은 자신이 홀로 남겨진다는 생각을 품는 경우가 많다. 이 경우에 인생은 회색으로 되어 장래의 전망을 세울 수 없게 되며 우울상태에 빠져 들고 만다. 더욱이 고독감에 빠져 들어 자기 파괴적인 행동으로 달리거나, 불건전한 인간관계로 몸을 던져 버리는 경우도 있다.

④ 신체적 장애 : 두통, 불면증, 식욕감퇴, 복통 등과 같은 증상이 발생한다. 비탄의 작업을 게을리 하면 이 같은 증상으로 장기간 계속 고민하게 된다.

⑤ 패닉감(panic) : 사물에 집중할 수 없다든지 걱정・불안에 사로잡혀 머리가 띵해지는 것이 반복되며, 일상 기능을 수행할 수가 없다. 이 단계에서 당황하거나 착란 상태로 되는 경우가 있다. 자신은 정신이 돈 것은 아닐까 하는 걱정에 사로잡히기도 한다.

⑥ 죄의식 : 무언가 자신이 하는 것이나 하지 않는 것, 혹은 말한 것이나 말하지 않은 것에 관하여 죄의식을 품는다. 많은 경우 이러한 죄의식은 사실에 입각하지 않거나 사실을 과대시하는 결과로서 생긴다. 이러한 죄의식은 신경증으로 발전하는 경우도 있다.

⑦ 반감과 적의 : 죄의식이 계속되어 반감이나 적의를 품는 경우가 많다. 상실을 초래한 상대(예를 들면, 사기친 사람, 이혼한 사람)를 비난하고 싶은 기분이 된다. 혹은 의사의 잘못을 찾거나 상태의 잘못을 발견하여 비난한다. 반감은 기분이 언짢은 형태로 나타나는 경우도 있다. 또 타인에게 싫은 느낌을 주는 심보나 나쁜 행위로서 나타나는 경우도 있다.

⑧ 원래의 생활로 돌아가지 않겠다 : 장기간 어떤 생활으로도 돌아가지 않는다는 상태면 문제다. 상실한 것에 언제까지나 마음이 빼앗겨 있는 것은 건전하지 못하다. 체력의 쇠약감을 초래한다.

⑨ 희망의 소생 : 이윽고 장래에 대한 희망이 용솟음쳐 나온다. 희망은 다음 시간, 내일, 내년의 나를 향한다. 터널의 방향에 빛이 있는 것을 발견한다.

⑩ 잃어버린 것과의 화해 : 이것은 최후의 단계다. 잃어버린 경험을 수용하고 잃어버린 것과의 화해를 경험한다. 그것은 과거의 경험에 대한 관심을 없앤다기보다는 새로운 대상을 사랑하는 것이 가능해졌다는 것이며, 다시 사랑하는 행위를 시작한다는 것을 의미한다.

비판적 어버이(CP) critical parent 교류분석에서 퍼스낼리티에는 각각의 기능적 자아상태가 존재하는데, 비판적 어버이는 이러한 다른 자아상태의 한 개념으로서 다른 사람을 억누르는 부모의 행동과 같은 측면을 설명하는 말이다. 즉, 통제하고 비판하면서 해야 하는 일들을 지시하는 엄격한 모습이다. CP가 높으면 이상을 추구하고 양심적이며 책임감이 있고 권위적인 특성이 강하지만, 지나치게 높으면 자기나 타인에게 엄격한 주장을 강요하는 경향을 지닌다.

비합리성 irrationality 인간행동은 스스로 전혀 의식하지 못하거나 또는 어느 정도 의식하지 못하는 비합리적 힘에 의해 좌우된다는 기본가정이다.

비합리적 사고 irrational thinking 인지치료가들은 합리적인 사고란 자기 자신과 다른 사람들, 자기 주위의 세상에 대해 정확하고 적절하게 사고하는 것이라고 정의하는데 그렇지 못한 현실과 일치하지 않는 것이면 무엇이든 비합리적인 사고가 된다.

비합리적 신념(iB) irrational beliefs 부적절한 정서와 비능률적인 행동을 유발하는 잘못된 신념이나 전제를 의미한다. 인지심리학자인 알버트 엘리스(Albert Ellis)에 의하면, 인간이 심리적 · 정서적 · 대인관계에서 고통받는 이유는 그 문제 때문에 고통스러운 것이 아니라 자신이나 이 세상에 가지고 있는 비합리적인 신념, 즉 잘못된 신념이나 전제 때문이라고 한다. 인간은 어떤 사건을 경험하게 되면 이를 지각하고 해석하는데, 심리장애자의 경우엔 사건을 비합리적이고 재앙적인 방식으로 해석하는 것이다. 이를 비합리적 신념 혹은 자동적 사고(automatic thought)라고 하였으며, 엘리스는 이와 같은 비합리적인 신념의 형태를 LFT(low frustration tolerance: 낮은 인내성)라는 용어로 표현했다. 이러한 신념과 사고는 인간의 행동을 부적응적인 방향으로 이끌게 되는데, 이러한 비합리적 신념에는 인정욕구(demand for approval), 의존성(dependency), 지나친 타인염려(overconcern about others), 높은 자기기대감(high self-expectation), 좌절반응(frustration reactivity), 완벽성(perfectionism), 정서적 무책임(emotional irresponsibility), 문제회피(problem avoidance), 무력감(helpessness)과 과잉불안(anxious overconcern)의 반응 들이 있다. 엘리스는 이러한 모든 정서적 장애가 당위적 사고라는 한 뿌리에서 나온다고 보았다. 비합리적인 신념이나 자동적 사고를 수정하기 위하여 치료자는 내담자로 하여금 자신의 부적응적 사고를 인식하게 하고 이를 지시나 소크라테스식 대화를 통하여 변화시켜 나간다. ⇨ 당위적 사고, 비합리적 인지, 합리적 신념 참고.

비합리적 인지 irrational cognitions 비합리적 인지는 인지의 내용이 실제를 바르게 나타내지 못하고 이를 왜곡하는 생각이나 믿음, 판단 등을 말한다. 벡(A. Beck)은 비합리적 인지를 핵심신념(core beliefs), 중간신념(intermediate beliefs), 자동적 사고(automatic thinking)로 구분하여 설명하고 있다. 핵심신념은 가장 중심적인 신념으로서 근원적이고 깊은 수준의 믿음으로 자기 자신조차도 인식하지 못하는 것이며, 자동적 사고는 인지의 가장 표면적인 수준을 말한다. 또한 중간 신념은 태도, 규칙, 가정(assumptions)으로 구성되어 있으며 핵심신념과 자동적 사고 사이를 매개하는 신념이다.

비행 delinquent (delinquency) 개인의 의무나 임무를 수행하지 못하는 것, 즉 이 용어는 법을 위반하거나 보호제공자나 기타 기관들의 타당한 요구를 따르지 못하는 소년 소녀의 행동을 일컬을 때 주로 사용된다.

비행행동 delinquent behavior 소년(18세 미만)이 행하는 위법행위와 그 유사행위(가출, 방랑, 가정절도 등)를 가리킨다. 소년은 인격이 미숙하기 때문에 환경이나 교육의 영향을 받기 쉬우므로 비행 또한 특징적이다. 따라서 비행에 빠진 소년의 치료는 특별히 고려해야 한다. 소년비행의 처분을 규정하고 있는 것은 소년법이고, 여기에는 소년에 대한 교육적 처치가 강조된다.

빈둥지증후군 empty nest syndrome 자녀들이 성장해 부모의 곁을 떠난 시기에 중년 주부들이 느끼는 허전한 심리를 '빈둥지증후군'이라고 한다. 빈둥지증후군은 중년기 위기 증상으로 여성들의 폐경기를 전후해서 나타난다. 정신분석학자 융(C. G. Jung)은 사람들이 40세를 전후로 이전에 가치를 두었던 삶의 목표와 과정에 의문을 제기하면서 중년기 위기(Midlife Crisis)가 시작된다고 주장했다. 이런 중년기 위기는 사회 경제적으로 성공하기 위해 자신의 욕구를 억압하며 살아온 것에 대한 회의와 무가치감에서 시작된다. 대부분 중년기 여성은 여성의 운명이 자녀출산 및 양육이라는 생각으로 자신의 성취능력이나 자아실현의 욕구 등을 거부하고 아내나 어머니 역할 상실에 연연하는 경향을 보이는데, 빈둥지증후군은 자녀 독립 즈음에 이에 대한 상실감과 실망감 등을 경험하는 증상이다. 중년기의 남성이 겪는 증후군을 상승정지증후군이라고 한다. ⇨ 상승정지증후군, 중년기위기 참고.

빈발효과 frequency effect 내성적이라고 생각했던 사람도 웃기는 행동을 자주 하면 외향적이라고 생각되듯이 반복해서 제시하는 행동이나 태도가 첫인상을 바꾸는 것을 말한다.

빈의자기법 empty chair 현재 치료장면에 와 있지 않은 사람과 관련된 사건을 다룰 때 많이 사용되는 기법으로, 특정 인물이 빈 의자에 앉아 있다고 생각하고 하고 싶은 말을 하도록 하는 기법이다. 이는 내담자 내면의 내적 대화를 외적 대화로 만들어 준다. 빈 의자를 사용하는 기법은 원래 프레드릭 펄스(Frederick Perls)의 '형태치료(게슈탈트 치료)'에 의해 널리 소개되었는데, 이 기법의 목적은 개인이 잘 알지 못했거나 부정해 온 자신의 부분과 접촉하고 이를 인식할 기회를 주어 자신 안에 통합하도록 하는 것이다. 이 기법은 직접대화의 이점이 있는데, 이는 간접적인 묘사에 비해 훨씬 큰 위력을 가지고 있어서 자기 부분들 간에 싸움을 하다 보면 서로 간의 입장을 이해하게 되고 화해나 타협을 보게 되며 소외시켰던 자신의 부분들이 직접 되어 봄으로써 그것들을 통합하도록 하는 이점이 있다.

빗나가는 사고 tangential thinking (tangentiality) 사고장애의 하나로서 사고비약과 같은 의미다. 환자가 계속 자기 자신을 혼란시키고 또한 타당치 않은 주제로 탈선하는 것을 말한다. 즉, 대답을 시작하지만 질문에 대한 응답이 아니라 자꾸 빗나가는 말만 하는 증상이다. 아주 심한 경우에는 사고연상 이완의 형태로 나타나며, 이는 정신분열증에서 흔히 볼 수 있는 증상이다. ⇨ 사고의 비약 참고.

빙의망상 delusion of possession 망상의 일종으로 귀신, 악령, 동물이 자신의 몸 속에 들어와 지배한다는 망상이며, 비슷하게 자신이 동물이나 괴물로 변신했다는 망상, 즉 수화증(lycantropy)도 있다.

빨기반사 sucking reflex 입에 닿는 것을 빨려고 하는 반사로서, 신생아는 젖꼭지나 우유병, 손가락 등 입가에 닿는 것은 무엇이나 빨려고 한다.

ㅅ

사건처리가설 event processing hypothesis 모르는 길을 찾아갈 때는 이것저것 파악해야 할 게 많아 멀게 느껴지지만, 돌아올 때는 파악해야 할 것이 갈 때보다 적어 가깝게 느껴지는 것처럼 처리되는 사건의 수에 따라 시간의 추정이 달라지는 것이다.

사고성향 accident prone 우연한 사건들 때문에 상처받게 될 경향이 있는 개인을 지칭하는 용어로 사고경향이 있는 것은 인성요인에 따른 것으로 본다.

사고심리 accident psychology 심리학에서 사고의 현상을 인간행동의 법칙에 바탕을 두고 취급하는 것이다. 인간의 행동은 물리적 · 심리적 · 사회적 환경 등의 외적 요인과 인간의 선천적 · 경험적 심신기능 등 내적 요인과의 함수관계에 의해 규정되며, 여기에 부적절한 상태가 생기면 그것이 사고로 연결된다. 즉, 사고의 각 요인은 정적이고 개별적으로 존재하는 것이 아니라 상호작용의 동적 과정 속에 있다.

사고의 비약 flight of ideas 한 화제에서 다른 화제로 건너뛰는 연상이다. 한 생각에서 다른 생각으로 계속 연상이 빨리 진행되며 목적에 도달하지 못하는 것이다. 빗나가는 사고(tangentiality)라고도 한다. 보통 연상의 흐름을 이해할 수 있고 주의를 분산시키는 자극이 있으며, 때로는 말장난으로 인해 일어난다. 가속된 내적 욕구와 주의산만 때문이며 조증에서 흔히 볼 수 있다. 특수한 예로 음 연상(clang association)은 하나의 음에 따라 새로운 관념이 연상되는 것이다. 예를 들면, 우연히 시작된 '사' 발음 때문에 '사람, 사슴, 사랑' 등으로 무의미한 연결을 보인다. 전형적으로 조울정신병의 조증에서 볼 수 있는 증상이다. 심할 경우에는 말이 체계성이 없고 지리멸렬해진다. 반대되는 의미로 사고의 지체가 있다. ⇨ 지체 (2) 참고.

사고주입 thought insertion 사고철회(thought withdrawal)와 상반되는 개념이다. 사고주입은 사고내용에서 일종의 망상을 보이는 것으로 누군가 자신에게 생각을 집어넣는다고 주장하는 것인데, 외부의 생각이 자신의 정신에 들어온다고 믿는 것이다.

사고차단 thought stopping 사고 정지법 스스로 통제할 수 없는 지속적 · 강박적 · 비생산적 생각에 빠져서 그 밖의 다른 일에는 정신을 집중하기 어려운 내담자의 경우에 사용되는데, 비건설적인 불안감으로 에너지를 소비할 때, 즐거웠던 기억을 재생하는 것을 통해 이를 상쇄시키는 방법이다. 즉, 강박적인 사고 패턴이 생길 때마다 자기 자신에게 '정지'라고 말하게 하는 기법이다.

사고철회 thought withdrawal 사고축출이라고도 하며, 외부 생각이 자신의 정신에 들어온다고 믿는 사고주입(thought insertion)과 상반되는 개념이다. 사고철회는 타인에 의해 생각을 빼앗긴다는 것을 의미하며, 자신이 타인에 의해 또는 미지의 존재에 의해 조종당하고 있다는 망상의 일환이다.

⇨ 사고주입 참고.

사랑 love 사랑의 경험은 정서적 측면에서 고찰하면 사회관계의 유대로서, 애착행위에서 찾아 본다면 낭만적인 사랑에서 찾을 수 있다. 낭만의 사랑이란 급격히 식는 경향이 있다. 사랑의 기능은 애착요구를 만족시켜 주고 행위를 하게끔 자극하고 동기화한다. 그리스의 철학자들은 사랑을 육체적인 사랑(Eros), 이타적인 사랑(Agape), 우정(Philia)으로 구분하고 있으며, 라스웰과 롭센즈(Lassewell & Lobsenz)는 사랑의 유형을 가장 가까운 친구 같은 사랑(best friends' love), 논리적 사랑(logical love), 낭만적 사랑(romantic love), 소유적 사랑(possessive love), 이타적 사랑(unselfish love), 유희적 사랑(game playing love)으로 구별하였다. 여기서 낭만적 사랑이란 단기적 · 정서적 사랑으로 이것은 상실상태에서 기능한다. 즉, 외롭고 의존적이 되고 성욕이 충족되지 않을 때 강한 사랑의 감정에 빠지기 쉽다. 이러한 불만족스러운 감정은 사랑 그 자체의 가치뿐만 아니라 사랑의 대상을 과대평가하게 만들기 때문에 평소 할 수 없었던 행동도 주도하게 만든다. 일단 두 사람이 사랑을 하게 되어 그들의 애착욕구를 비교적 만족시키더라도 보통 그들은 현실에의 재적응을 경험하게 된다. 정서와 관련된 질투와 미움 그리고 외로움 또한 사랑의 단계를 분열시켜 일시적으로 그들을 비참하게 만들기도 한다.

사례연구 case study 특정인이 겪은 일에 대한 기록이나 기억을 토대로 개인을 집중적으로 연구하는 자료로서, 사례에 대한 다각적인 분석을 통해 복잡다단한 상관관계를 분명하게 하는 역할을 한다. 그러나 특정 개인의 자료에 근거한 연구결과를 다른 모든 사람에게 일반화하여 적용하기에는 한계가 있는 방법이다.

사망공포증 thanatophobia 죽음공포 죽음과 임종에 대한 병적 공포증을 말한다. 일명 'death phobia'라고도 불린다.

사별기 widowhood 인생의 주기에서 배우자의 사망에 뒤따르는 시기를 말한다. 배우자의 죽음 자체는 심각한 스트레스이기에 남겨진 이는 식욕부진, 불면증, 홧병과 같은 상실에 대한 위기증상을 겪는 것이 일반적이다. 따라서 에릭슨(E. Erickson)은 인생주기의 각 단계를 하나의 '도전과 위기'로 보고 그 위기를 극복하기 위한 노력을 통해 결과적으로 노년기의 '자아통합'을 이루어 죽음을 긍정적으로 수용하는 최후의 성장을 마칠 수 있다고 보았다.

사실혼 common-low marriage 스스로나 타인들이 보기에 결혼하였지만 관례적인 혹은 종교적인 예식을 치르지 않은 채 남녀가 동거하는 것.

4위1체 quaternity 융(C. G. Jung)이 욥기에서 발견한 내용을 『Answer to Job』이라는 자신의 책을 통해 하나님을 성부, 성자, 성령, 사단이라고 이해한 것을 말한다. 그 이유는 욥에게 임했던 저주는 하나님께서 부여해서 사탄의 힘으로 당했다고 보았기 때문에 사단을 하나님의 섭리와 경륜을 이루는 사자라고 보았던 것이다.

사이버네틱스 cybernetics 인공두뇌학 (1) Cyber란 용어는 1980년대 초반부터 사용되기 시작한 신조어다. 이 단어가 처음으로 사용된 것은 MIT의 수학자인 노버 위너(Norber Wiener)가 'cybernetics'라는 말을 표현한데서 비롯된 것으로, 생물체나 전자제어기기에 공통적으로 적용될 수 있는 정보의 제어 및 통제과정을 연구하는 학문을 가리킨다. 그러나 이 용어가 일반적으로 널리 쓰이게 된 것은 미국의 공상과학 소설가 윌리엄 깁슨(William Gibson)이 1984년 출간한 소설 『Newromancer』에서 cyber space(가상공간)이란 신조어를 확산시키면서 부터다. (2) 체계를 조정하는 데 필수적인 것으로서 가족체계가 같은 상태에 머무르거나 변화하도록 조정하는 현상을 설명하는 개념이다. 사이버네틱 이론에 의하면, 가족치료란 치료자가 피드백의 정보를 바꾸는 데 개입함으로써 가족의 비정상적인 행동패턴을 보다 바람직스러운 패턴으로 바꾸어 주는 것이다. 사이버네틱스의 개념에 의하면 부분과 전체는 밀접한 정보의 고리로 연결되어 있는 관계로서, 가족관계의 속성은 가족체계 내의 한 가족구성원의 어떤 행동수행은 전체에 영향을 주고 전체는 개인행동에 영향을 주는 성향을 가지고 있다. 즉, 전체가 부분에 반응하고, 부분은 전체에 반응하고, 부분은 다른 부분에 반응하는 상호반응적인 것이다.

사이버네틱통제 cybernetic control 사이버네틱통제는 사전에 성과기준을 정하고, 측정된 성과와 기준을 비교하여 구한 차이정보, 즉 표준과 실제성과의 차이를 피드백하는 시스템을 말한다. 이와 마찬가지로 가족들 사이에서 일어나는 상호작용은 서로를 통제하고 변화할 수 있는 관계에 의한 힘을 가지고 있는데, 이러한 힘을 가리켜서 사이버네틱통제라고 한다. 사이버네틱통제는 가족구성원의 행동이 선형적이라기보다는 순환적이며 스스로 통제하고 변화할 수 있는 기제로서, 가족구성원이 일정한 행동 이상을 하지 않게 한다.

사이토킨 cytokine 면역반응을 통제하는 화학적 신호물질로서 사이토킨은 과민한 반응을 보이는 T세포를 억제한다고 밝혀졌다. 사이토킨 수치를 통해 유산위험을 예측할 수 있으며, 이는 임신 성공에 영향을 미칠 수 있다고 한다.

사적 개념 private concept 개념 속에 일반적 의미와 함께 개인적인 인상, 느낌, 이미지, 가치 등이 포함되어 있는 개념을 말한다. 칸트(I. Kant)는 사적 개념이 인간의 생명유지와 관련된 것으로 무엇보다 중요하기 때문에 다른 어떤 것에 앞서는 우선성 주장이 가능하다고 하였으며, 자유로운 소통이 필요하지 않고 다양한 시각을 가진 공적 대중의 검증을 통과할 필요가 없다고 하였다.

사적인 거리 personal distance 상담에서 내담자와의 적당한 거리이다. 홀(Edward T. Hall)은 인간이 자신의 주변에 설정해 놓은 구역이나 영역에는 친밀한 거리, 사적인 거리, 사회적인 거리, 공적인 거리 등이 있다고 결론짓고 있다. 사적인 거리는 보통 30cm에서 60cm 내지 90cm 정도의 거리에 해당되며, 대개 친한 친구들 간 관계다. 이러한 거리에서 사람들은 다른 친구들과 무난하게 접촉하며, 비록 덜 친한 관계라 할지라도 사적인 성격의 상호작용이 이루어질 수 있다.

사정 assessment 내담자의 문제를 평가하는 과정을 의미한다. 문제의 본질, 원인, 진행, 예측과 그 안에 포함된 성격과 상황을 판단하는 과정, 즉 문제의 원인이 무엇이고, 그 문제를 최소화하거나 해결하기 위해서는 무엇을 변화시킬 수 있는가 등의 문제를 이해시키는 기능이다.

사춘기 puberty 아동기가 끝나고 청년기에 들어가기 전의 12세에서 14세 정도의 약 2년 동안 지속되는 과도기를 말한다. 이 시기는 일생에서 두 번째 발육급등을 보이는 시기로 심한 신체적 변화와 더불어 심리적 변화를 경험하는 격동기라고 할 수 있다.

사회계급 social class 사회구성원을 상대적인 부, 권력, 권위, 지위를 기준에 따라 대층적 관계로 범주화시킨 것이다. 넓은 의미에서는 사회계층과 비슷하게 쓰이나 사회계층보다는 사회계급이 좀 더 폐쇄적인 성격을 가지며, 소유의 개념을 갖는다. 즉, 경제적 요소에 따라 서열화된 집단을 말한다. ⇨ 사회계층 참고.

사회계층 social stratification 전체 사회를 경제수준, 교육수준, 문화적 가치지향 같은 기준에 따라 여러 등급으로 분류하는 다원적 개념이며, 동일한 또는 비슷한 정도의 희소가치를 점유하는 사람들의 집단 또는 거기에 따라서 비슷한 사회적 평가를 받는 사람들의 범주를 가리키는 말로서, 사회계급과 비교해 소유의 개념이 아닌 사회기능적인 개념을 갖는다. 따라서 심리학의 연구에서 사용되는 분야는 사회계급보다는 사회계층의 분야라고 할 수 있다.

사회공포증 social phobia (사회불안장애 social anxiety disorder) 다른 사람들의 시선을 끌 수 있는 사회적 상황에서 모욕당하거나 당황하게 되는 상황에 대한 공포로, 대중 앞에서 말을 한다거나 음식을 먹는다거나 글을 쓴다거나 또는 공중변소를 사용한다거나 하는 따위의 다른 사람들로부터 주시 당하는 상황에 대한 지속적이며 비합리적 공포증 및 그러한 상황을 피하고자 하는 강박적인 욕망 등이 특징적으로 나타나는 불안장애의 하나다. 이와 더불어 다른 사람들로부터 수모를 받거나 무안을 당하게끔 행동하면 어떻게 하나 하는 두려움을 수반한다. 사회공포증이 있는 개인들은 전형적으로 두려운 상황을 회피하려고 한다. 드물게는 사회적 상황이나 활동상황을 견뎌 보려 하나 극심한 불안을 경험하게 된다. 심한 예기불안이 앞으로 부딪치게 될 사회적 상황이나 공공 상황에 훨씬 선행하여 발생하기도 한다. 때로는 악순환이 일어나기도 하는데, 예기불안이 상황을 두려워하고 있다는 인식과 상황에 대한 불안증상을 일으키고 이러한 인식과 불안이 두려운 상황에서 실제적이거나 상상적인 수행 실패를 유도하면서, 이로 인하여 당혹감과 두려운 상황에 대한 예기불안이 다시 일어나게 된다.

사회교환이론 social exchange theory 모든 인간관계에서 어떤 것을 상대방에게 주지 않고는 상대방으로부터 어떤 것도 얻을 수 없다는 것이다. 사회교환이론은 티바우트(J. Thibaut)와 켈리(H. Kelley), 블라우(P. Blau), 호먼스(G. Homans) 등에 의해 개발되었으며, 동물심리학, 게임이론, 경제분석 등의 이론에서 도출된 것으로, 장이론이 전체로서의 집단을 강조하는 반면, 사회교환이론은 행동을 강조하며 집단의 존재는 순전히 집단 내 개인의 참여와 만족에 기반을 두고 있음을 강조한다. 사회교환이론의 주요 개념들로는 상호작용, 대인관계, 연속행동, 행동 목록 등이 있다.

사회구성주의 social constructionism (1) 사회구성주의는 인식론적인 입장에서 지식은 우리가 얻고자 하는 것이 아니고 우리가 만들어 내고자 하는 것이라고 보는 이론이며, 우리가 알려고 하는 것의 대상은 기존의 것을 발견하는 것이 아니라 새로운 것을 발명하거나 구성하는 것이라고 보는 것이다. 즉, 사회구성주의는 이론에 대한 이론이다. 버그와 드종(Berg & de Jong)은 사회구성주의는 사람이 세상을 보고 해석하는 것과 경험에 관하여 해석하는 것을 다르게 만든다고 보며, 이것은 사람들이 특정한 문화, 사회적이고 개인적인 의미를 가지는 과정과 방법에 관한 모든 이론을 포함한다는 것을 의미한다. 또한 사회구성주의는 기존의 전략적인 개입과 과학적인 지식과 기술에 의존하는 것에 대한 도전에서 발생하였다고 할 수 있다. (2) 이야기심리학에서 사회적 구성주의 입장이 있다. 이는 인간의 자아정체성은 인간의 내부에서 구성되는 것이 아니라 사회적 구성물의 결과라는 관점을 가지고 있는 것이다. 인간은 사회적 환경에서 태어나고 자라며 자신의 정체성을 구성해 가는 존재라고 본다. 사회는 그 구성원이 세계를 보고 판단할 수 있는 렌즈들을 창조해 내는데 이 렌즈가 사회적 현실을 구성해 주며, 이러한 사회적 현실들에 의해 구성원의 신념과 가치관, 삶을 채우는 경험들이 제공된다.

사회구성주의가족치료 social construct family therapy 1970년대에 들어서면서 구성주의라는 개념이 가족치료에 등장하였다. 전통적으로 가족치료가 누가, 무엇이 문제를 일으키는지를 발견하는 데 초점을 두었다면, 사회구성주의자들은 내담자들이 무엇을 원하는가에 초점을 둔다. 현실이란 사람들이 어떻게 자각하느냐에 의해서 만들어지는 것이고 이는 사람이 정보를 조합하는 방법에 따라 다르다. 모든 사람에게 적용할 수 있는 구조의 본질적인 요소는 없기 때문이다. 따라서 내담자들은 치료자가 단순하게 생각을 자극하고 체계적으로 정확한 가설을 설정하고 기술적으로 개입하는 과학적인 방법을 사용하는 것보다는 내담자의 견해와 생각에 대해 존중감, 이해심, 따뜻함, 긍정적인 사고 등을 갖는 것을 더 원한다고 보며, 치료과정에서 내담자들의 다양한 견해와 가정들을 중요시해야 하는 점을 강조한다. 또한 치료자가 사회적 배경이 다른 내담자를 접할 때 문화의 차이를 이해해야 할 뿐 아니라 경제상황이나 사회계층, 사회적 입장의 차이를 고려하여 그것이 구조관계에 미치는 영향에 대하여 고찰하면서 이를 응용해야 한다고 강조한다. 그리고 현실을 객관적으로 인식하는 것은 불가능하며, 우리가 구성하는 현실은 언어체계를 통하여 표현된다는 점을 강조한다. 사회구성주의 치료자는 인간행동이 구성 작업과 대화를 통하여 만들어 낸 현실 속에서 이루어지고 있다는 견해를 지지하기 때문에 기존의 치료자와는 다른 비전문가의 치료적 입장을 취한다. 치료자는 협력자이거나 가족들이 가지고 있는 지식과 경험을 촉진시키는 질문자다. 모든 사람이 형성하는 사회적 대인관계의 현실은 다른 사람과의 상호작용과 인간제도와의 상호작용에서 구성된다고 보기 때문이다. 또한 사회구성주의 관점의 접근은 문제를 외재화함으로써 내담자나 가족에게 희망을 줄 수 있다고 본다. 문제를 내담자와 동일시하지 않은 채 외재화하는 동안 내담자나 가족은 스스로 그 문제를 해결하려는 자세를 가지게 되는 것이다.

사회극 sociodrama 인간을 그가 속한 사회적 환경이나 사회문제와의 관계에서 포착하고 묘사한 극으로 미국의 정신병리학자 모레노(J. Moreno)가 개인의 사회적 부적응이나 신경증을 치료하기 위해 고안해 낸 즉흥극이다. 사회적 · 문화적 문제 또는 대인관계에서의 문제를 주제로 하여 치료자나 상담자가 이 극의 전체적 테두리를 정해 주면 나머지는 환자가 상황에 따라 자발적 · 즉흥적으로 일정한 역할을 맡아야 한다. 사이코드라마와 마찬가지로 사회극의 바탕이 되고 있는 관념도 만약 어떤 사람이 극을 통해 자신이 맡은 역할을 자기 뜻대로 발전시키거나 변화시킬 수 있다면, 그 역할에서 해방될 수 있는 길을 알게 된다는 사실이다. 이 방법은 언어와 동작을 포함한 종합적 · 전체적 · 집단적 진단방법이며 치료방법이라고 할 수 있다.

사회기술훈련 social skill training 대인기술의 연습 사회기술훈련은 대인관계문제의 원인을 기술 부족으로 보고 기술을 습득하면 문제될 해결될 것이라고 가정하에 이루어진다. 연습하는 기술로는 시선처리기술인 아이콘텍(eye-contact : 시선맞추기), 쓸데없는 손짓이나 몸동작의 수정 등 신체언어의 부분과 대화의 방법을 연습하는 음성언어의 부분이 있으며, 개인 상담보다는 소집단 훈련방법을 주로 활용한다.

사회딜레마 social dilemma (1) 집단 내 구성원이 각자 개인의 단기적 이익만을 최대화하는 방향으로 행동하면 장기적으로 각 개인을 포함한 집단 전체가 커다란 손실을 입게 되는 상황을 의미하는 것으로, 사회딜레마의 가장 단순한 형태는 '죄수의 딜레마'다. ⇨ 죄수의 딜레마 참고. (2) 심리사회적 관점에서 치료는 내담자의 욕구에 따라 개별적으로 이루어져야 한다고 말하고 있는데, 이러한 내담자의 욕구를 사회딜레마라고 표현하였다. 즉, 내담자의 욕구는 내담자가 관계하는 다른 사람들이나 사회자원과 자신과의 상호작용에서 갈등을 의미하기 때문이다.

사회병리 sociopath 개인, 집단, 지역사회, 전체사회, 문화 등에서 이상일탈이나 기능장애로서, 반사회성 성격장애를 말한다. 즉, 만성적인 반사회적 행동을 보이거나 잘못된 행동에 대한 양심이 일반적으로 결여된 개인의 장애를 의미한다.

사회병리증후군 Sociopathic Syndrome 사회병질증후군 요즘 우리 사회에는 상대적 피해망상, 자기 속으로의 도피, 불신감의 확대, 감정조절의 실패, 삶의 방향감각 상실, 양심의 붕괴와 같은 정신분열증상들이 만연해 있다. 개인적인 정신분열 현상이 사회로 확산되면 사회도 정신분열증상을 앓는다. 그런 사람들이 모여 있는 사회는 반사회적이고 반도덕적이다. 이렇게 극도로 분열된 사회 분위기를 '사회병리증후군'이라고 한다. 사회병리증후군을 안고 있는 사회는 불신감의 만연, 존경할 만한 대상의 상실, 도덕성의 실종, 한탕주의의 성행으로 노력한 만큼 얻을 수 있다는 '공정 세상관'까지 흔들리게 된다.

사회비교이론 social comparison theory 사회비교는 자신의 태도와 행동을 다른 사람들과 비교 평가하는 과정을 의미하는데, 사람들은 무의식적 또는 의식적 과정을 통해 자신을 타인과 비교하려는 욕구를 가지는 것은 자신을 보다 분명하게 알고자 하기 때문이라는 이론이다.

사회생물학 sociobiology 인간의 행동과 성격특성의 유전적, 신체적 기초를 연구하는 과학적 원리를 말한다. 사회생물학의 주요한 가정은 특정 행동은 대부분 인간의 뇌에 프로그램되어 있어서 학습이나 문화의 다른 측면들은 상대적으로 덜 중요하다는 것이다.

사회생태학 social ecology 자연환경과 인간사회 간 상호작용 및 적응관계에 대한 연구로 머레이 북친(Murray Bookchin)이 제시하였다. 그는 생태문제는 인간사회로 인해 발생한 문제며, 자연에 대한 인간 지배는 '지배가 만연한 사회'에 그 뿌리를 두고 있기 때문에 생태문제는 사회문제고, 생태학은 사회생태학을 의미하여야만 한다고 했다.

사회성 sociality 사회적 환경에 적응하여 타인과 더불어 공동생활하려는 성향을 말한다. 이러한 사회성 측정은 집단 안에서 개인 간에 존재하는 사회적 관계를 기술하는 방법을 사용한다. 모레노(J. L. Moreno)가 유치원 아동에서 중학교 2학년까지의 학생에게 '자기와 앉고 싶은 친구를 선택해 보라'는 질문을 실시한 것에서 발전했는데, 여러 상황에서 집단들이 선택하거나 배척하는 사람이 누구인지 파악함으로써 개인 간 수용이나 배척관계를 알 수 있다.

사회성 추론 sociality corollary 인간이 사상(events)을 어떻게 인지하는지에 대한 인지구성체계의 특성을 말한다. 사회성 추론은, 사람들이 타인의 인지구성과정을 알게 되면, 그 사람이 속한 사회과정에서 그의 역할을 수행할 수 있다는 것으로, 원만한 인간관계는 참여자가 각자의 구성 개념체계를 상호 이해하는 정도에 달려 있다고 주장한다.

사회쇠약증후군 social breakdown syndrome 사회적 와해증후군 사회적 낙인 이론에 토대를 둔 이론이다. 노인이 스스로를 무능력하다고 평가하는 것은 질병이나 연령 때문이라기보다는 사회쇠퇴증후 때문이라는 주장으로, 노년기에 들어서서 늙어가는 것에 적응해야 할 사람에게 사회 일반의 환경은 노인의 자존심을 약화시키고 부정적인 자기평가를 내리게 하는 위험을 초래하는데, 이에 대한 문제를 체계적으로 규명하는 이론이다. 노인들은 몸도 쇠약해서 일자리를 구하기도 힘들다. 인지능력도 떨어져 기억력과 판단력도 예전 같지 않다. 게다가 사고의 융통성도 없어지고 고집만 늘어 자식들과 의견을 맞추기도 힘들다. 그러다 병이라도 들어 앓아눕기라도 하면 자식들에게 짐만 되는 것 같아 부담스럽다. 노인에 대한 이런 부정적인 사회인식은 노인들 스스로를 더 무능하고 의존적으로 만든다. 이처럼 노인에 대한 부정적인 인식이 만연된 생태학적인 풍토가 노년기적응과 발달에 미치는 부정적인 영향을 '사회쇠약증후군'이라고 한다. 노인을 무능하고 비능률적인 대상으로 보고, 부정적으로 낙인을 찍는 것은 바람직하지 않다. 게다가 노인들을 물질적으로만 풍족하게 해주는 것도 좋지 않은데, 이 경우 노인들의 건강과 기능이 훨씬 빠르게 퇴화하기 때문이다. 노인들을 부정적으로 보면서, 물질적으로만 보조하는 것은 노인들에게 부적절한 지지를 보내는 것이다. 그것보다는 근본적으로 노인들을 바라보는 인식이 달라져야 한다. 실제로 노인들을 바라보는 시각을 부정적인 것에서 긍정적인 것으로 바꿔 주면 노인들에게 긍정적인 영향을 줄 수 있다. 가령 노인들을 유능하고, 현명하고, 경험이 풍부한 존재로 보고, 사회복지제도가 그런 인식을 뒷받침해 준다면 노인들도 사회에 재적응하기 위한 기술을 배우고, 자신을 유능하고 가치 있는 존재로 여긴다. 이처럼 노인을 긍정적인 존재로 인정하고 사회복지제도가 잘 뒷받침될 때 나타나는 노인들의 긍정적인 적응 양식을 '사회복구증후군'이라고 한다.

사회심리학 social psychology 사회심리학은 사회적 행동 개인과의 상호작용에 미치는 태도와 행동양식 그리고 이들이 속한 집단의 속성과 행동특성에 관해 연구한다. 즉, 사회심리학자는 인간의 사회화과정을 통해 나타나는 편견, 동조, 갈등, 공격성, 이타행동, 인상형성 등에 기여하는 제반 요인을 규명하려 한다. 사회심리학이라는 이름을 붙인 독립된 개론서가 처음으로 나온 것은 1908년 심리학자 맥두걸(W. MacDougall)과 사회학자 로스(E. A. Ross)에 의해서였다. 지금까지 사회심리학에는 여러 개인 간의 관계에 의해 성립되는 사회에 중점을 두는 사회학적 사회심리학과 사회집단의 규제를 받는 개인에 중점을 두는 심리학적 사회심리학의 두 가지 흐름이 있으며, 어느 쪽이든 개인과 사회의 문제를 다루고 있다.

사회유리설 social disengagement theory 사회적 분리이론 노인들의 은퇴를 불가피한 상황으로 인식하는 이론으로, 은퇴이론(분리이론)과 관련된 것이다. 즉, 사회가 노인이 소유하고 있는 기술과 지식이 발전된 현대적인 조건에 적응하는데 뒤떨어졌다고 판단될 때 개인의 의사와 관계 없이 사회적 제도에 의해서 분리시키는 것을 말한다. ⇨ 은퇴이론, 사회활동이론 참고.

사회인류학 social anthropology 사회를 비교연구하고, 사회생활이나 문화를 하나의 통합체로서 연구하기 위한 이론을 발견하려는 학문이다.

사회인지 social cognition 사람들이 세상사 및 자신과 타인을 이해하는 과정에 놓인 내재적인 심리현상이나 심리과정과 인간관계의 본질과 속성을 이해하고 파악하는 것이다.

사회인지이론 social cognitive theory 개인의 인지, 행동, 주위 환경이 서로 작용하며 영향을 미친다는 이론이다. 반두라(Bandura)가 제시한 사회인지이론은 조작적 조건화, 사회학습이론, 인지심리학의 영역을 합친 것이라 할 수 있다. 사회인지이론은 환경적 사건, 개인적 요인, 행동이 상호작용하는 결정요인으로 작용한다는 원인모델을 제시하고 있는데, 특히 개인의 인지적 요인뿐만 아니라 개인이 속한 환경, 개인을 둘러싼 타인과의 관계가 행위 변화에 결정적인 영향력을 끼친다고 설명하며, 자기효능감 또한 행동의 변화기제 중 하나라고 보고 있다. 즉, 개인은 강화가 기대되는 환경 속 사건에 주의를 기울이며 강화가 되지 않는 일은 무시하는 경향이 있기 때문에 개인의 자기효능감은 상황적 요인과 결합되어 작용한다는 것이다. 이와 같이 사회인지이론은, 행동이 내적인 개인요인들의 영향을 받기도 하고 반대로 영향을 주기도 한다는 이론이다.

사회적 거리 social distance (1) 미국의 파크(R. E. Park)가 쓰기 시작한 용어로서, 개인과 개인 · 개인과 집단 · 집단과 집단 사이에 생기는 인간 감정의 친밀성 정도를 말한다. 예를 들면, 친구 사이와 같은 인간상호관계는 통근 · 통학시의 버스 · 지하철 안에서 인간관계보다 훨씬 사회적 거리가 가깝다. (2) 홀(Edward T. Hall)은 인간이 자신의 주변에 설정해 놓은 구역이나 영역에는 친밀한 거리, 사적인 거리, 사회적인 거리, 공적인 거리 등이 있다고 결론짓고 있다. 사회적 거리는 120cm 정도의 거리로서, 사람들이 '사회적인 상황'에서 맺게 되는 관계를 말한다. 이러한 거리에서 사람들은 상거래, 취직면접, 복도나 길가에서 지나치며 하는 인사 등과 같은 아주 사무적인 형태의 상호작용을 하게 된다. 또한 사적인 거리에서 사람들은 자신의 상호작용을 사적인 것으로보다는 사회적인 것으로 보는 경향이 있다.

사회적 관계망 social network 사회망, 가족환경의 범위 내에 있으면서 이들 가족에 영향을 미치는 중요한 사람들 혹은 체계를 말한다. 일반적으로 사회적 관계망은 공식적 관계망과 비공식적 관계망으로 구분되는데, 공식적 관계망은 사회복지기관이나 공공기관처럼 공식적으로 조직화된 관계망을 말하고, 비공식적 관계망은 친척이나 친구처럼 공식적으로 조직화되지 않은 관계망을 말한다.

사회적 관심 social interest 사회적 관심은 개인이 인간사회의 일부라는 인식과 사회적 세계를 다루는 개인의 태도를 말하며, 인간의 보다 나은 미래를 위한 노력을 포함한다. 아들러(A. Adler)의 개인심리학에 의하면 인간의 행복과 성공은 대개 사회적 유대와 관련 있다는 핵심사상에 근거하는 것으로, 사회적 관심은 일체감이나 공감과 같으며 '다른 사람의 눈으로 보고, 다른 사람의 귀로 듣고, 다른 사람의 가슴으로 느끼는 것' 이라고 했다. 사회적 관심이 발달함에 따라 열등감과 소외감은 감소하는데, 사회적 관심은 가르치고, 배우고, 사용하면 발달한다고 본다. 우리는 사회의 일원이기 때문에 사회구조를 떠나 고립된 존재로 이해될 수 없다. 삶을 통해 소속되고자 하는 욕구가 인간행동의 기본이 되며, 우리가 경험하는 문제의 대부분은 자신이 가치를 두는 사람들에게 수용되지 못할 것이라는 두려움과 관련 있다. 만약 이러한 소속감이 충족되지 못하면 불안이 발생한다. 아들러는 인간은 소속되고자 하는 강한 욕구를 가지며 또 소속감을 가질 때만 문제에 직면하고 그것을 처리하려고 노력한다고 주장하고 있다. 이와 같이 사회적 관심은 건강한 사람은 소외된 실존을 택하지 않고 사회에서 다른 사람과 효과적으로 어울려 사는 데에 관심을 갖는다는 것이다. 따라서 아들러는 이와 같은 사회적 관심을 바로 심리적 건강 척도로 간주하였다.

사회적 구속 social constraint 사회현상 중에서 가장 본질적인 것은 집합적인 감정, 사고 및 행동의 양식이 개인에게 가하는 구속성에 있다고 본 뒤르켐(E. Durkheim)의 표현이다. 이것은 전통과 종교적 도그마 또는 의례, 도덕적 명령, 법률과 관습, 교제의 방법, 예의 · 에티켓, 경제적 체계, 논리상의 절차 등 다양한 형태로 현실화되어 있다. 또한 사회적 구속은 일정한 제재형태를 수반하기 때문에 단순히 주관적 형태에서만이 아니라 객관적인, 즉 외부로 확인할 수 있는 사실로도 나타난다. 이렇게 하여 사회적 구속은 제도라고 불리는 사회적 사실 속에 그 본질적인 것이 구현되고 있다고 보는 것이다.

사회적 기능 social functioning 일반적으로 사회전체, 자신의 주변에 있는 사람들, 자기 자신에 대해 책임을 다하는 것. 이러한 책임은 자기의 기본적인 욕구와 피부양자의 욕구를 충족시키고, 사회에 긍정적으로 기여하는 것을 포함한다.

사회적 긴장 social tension 집단과 집단 사이에 존재하는 대립에서 생기는 심리적 긴장 상태를 말한다. 집단 사이의 이해의 대립, 상호 간의 무지, 집단적인 욕구불만 등 각종 원인에 의하여 발생하며, 집단 사이의 공격 · 멸시, 그 집단에 속하는 개인 사이의 잠재력 또는 현재적 불화, 반목, 대립, 항쟁 등을 포괄적으로 이르는 말이다.

사회적 매력 social attraction 사회적 지각과 사회적 상호작용을 동시에 포함하는 사회심리학의 한 영역이다. 이 영역을 흔히 호감과 사랑이라고 부르기도 한다. 고려되어야 할 것은 사람들을 매력적으로 만드는 것과 그 매력을 오래 지속시키는 결정요소들이다. 매력의 요소에는 근접성(proximity)과 친숙성(familiarity), 신체적 매력과 유사성이 있다.

사회적 분화 social differentiation 사회가 단순하고 동질적인 상태로부터 복잡하고 이질적인 상태로 변화하는 과정으로, 사회구성원의 성 · 연령 이외의 성격 · 능력 · 취미 등 개인적 특성의 분화, 그에 입각한 구성원의 역할 분화, 이 역할의 분화에서 생기는 사회관계나 집단, 기관이나 제도 등의 기능분화, 구조분화로 나누어 생각할 수 있다.

사회적 사실 social fact 뒤르켐(E. Durkheim)이 제시한 개념으로, 사회나 집단의 구성원은 개인의식을 가지면서도 외부로부터 일정한 행위양식, 사고양식, 감정양식에 의하여 구속을 받는데, 이 구속 내지 위압을 가리키는 말이다.

사회적 성격 social character 프롬(E. Fromm)이 제출한 개념으로, 개개의 성격은 복잡한 복합체며, 그 개인이 특유한 것이라는 것은 분명한 사실이다. 그러나 동일한 집단이나 계층에 속하는 구성원의 성격에는 공통적인 특성을 유형화할 수 있는데, 이렇게 추상화된 성격의 타입이 사회적 성격이다. 사회적 성격은 그 집단에 공통된 기초적 경험이나 생활양식의 결과로서 발달하며, 사회적 성격의 분류로는 남성다움이나 여성스러움 등의 성별에 의한 사회적 성격, 어린이다움 · 청년다움 등의 연령계층에 의한 사회적 성격, 민족성이나 국민성 등과 같이 원초적 집단에 의한 사회적 성격, 장인기질이나 관료적 성격 등의 기능적 집단에 의한 사회적 성격, 농민적 성격이나 소시민적 성격과 같은 계층 간의 사회적 성격 등을 생각할 수 있다. 그러나 이러한 개념에 대해 비판하는 학자들은 어떤 집단의 사회적 성격은 성격의 유형이 아니라 그 집단의 문화 또는 사회적 상황의 서술에 불과하다고 주장한다.

사회적 승인의 욕구 need for social approval 사회적 인정욕구 자기의 인격과 행동이 타인으로부터 인정받고 존경받으며 명예나 지위를 획득하고자 하는 욕구를 말한다. 즉, 사회적으로 가치 있다고 인정하는 목표를 달성하고자 하는 욕구다. 알킨(Arkin)은 타인의 사회적 인정을 얻기 위하여 사람들은 자기의 특정한 모습을 구성하여 보이려 하며(acquistive self-presentation), 타인이 불인정하는 경우에는 방어적으로 자기를 드러낸다(protective self-presentation)고 하였다.

사회적 압력 social pressure 개인이나 집단의 태도 · 의견 · 행동을 그 외부에서 특정한 방향으로 유도하여 변화할 수 있게 작용하는 사회적 영향을 말한다. 예를 들면, 사회적 규범이 명확한 집단에서는 규범으로부터 이탈된 사람에 대하여 종종 동조하라는 방향으로 사회적 압력이 가해진다. 이러한 압력의 강도는 집단의 응집성 정도나 당면 문제의 집단에 대한 중요성 정도에 따라 다르며, 이러한 정도가 큰 경우일수록 압력도 강해진다.

사회적 역할 social role 인간의 행동을 설명하기 위하여 미드(G. Mead)가 전개한 개념이다. 자아와 다른 사람과의 상호작용과정에서 각 행위자의 행위가 지리멸렬하지 않고 조직화 · 구조화되어 있을 경우에 그 일련의 시종일관된 행위의 계열을 가리켜 역할이라고 한다. 사회심리학에서는 특히 자아와 다른 사람과의 관계에 초점을 두고 있으며, 사회 행위의 차이는 사람들이 사회에서 보이는 역할에 의해 결정된다고 본다.

사회적 저해 social inhibition 타인이 곁에 있음으로 인해서 과제수행의 능력이 저하되는 현상을 말하는 것으로, 이는 사회적 촉진과 반대되는 현상이다. 즉, 집단 상호 간에 사회적 인정을 위해 더 많은 능률을 올리게 되는 사회적 촉진과 달리, 새로 배우고 있거나 많은 사고력과 창조력을 요하는 일을 하는 경우에는 오히려 타인을 비롯한 집단이 신경을 쓰게 만들고 집중력을 떨어지게 함으로써 성과를 떨어지게 한다는 것이다.

사회적 조사 social research 일정한 집단 또는 사회에서 여러 가지 사회사상을 현지에서의 자료수집활동을 통하여 직접적으로 수집 · 관찰하고 기록 · 분석하는 과정 또는 그 방법을 말한다. 사회사상에 대한 지식은 한정된 개인적 경험이나 일상적 관찰, 타인의 경험이나 관찰, 발표된 자료나 문헌 등으로 얻어지는데, 그것이 불완전할 수밖에 없으므로 의도적 · 직접적으로 정보를 수집하려는 협의의 관찰활동인 사회적 조사를 하게 되는 것이다. 사회적 조사에는 여론조사 · 시장조사와 같이 실천적인 목적을 가지고 실시하는 것, 또 사람들의 행동, 태도, 인간관계, 집단의 구조나 기능에 관한 지식의 과학적 일반화 ,즉 사회학적 가설이나 이론을 창출하거나 가설을 검증하기 위해 실시되는 연구조사 등이 있다. 심리학에서 많이 하는 조사의 방법은 퍼스낼리티 테스트, 로르샤하 테스트, 투사법 등의 테스트가 있다.

사회적 지각 social perception (1) 대상이 갖는 사회적 의미나 가치, 지각하는 주체의 욕구나 사회적 상황 등에 의하여 좌우되는 지각으로, 지각이 주어진 동기에 의하여 크게 영향을 받는다. 1947년경부터 미국의 심리학자 브루너(Bruner) 등을 중심으로 일련의 실험이 있었는데, 이를테면 눈으로 보는 동전의 크기는 실물대의 종이 원반보다도 크게 지각되었다. (2) 타인의 감정이나 태도 등을 직감적으로 읽어 내는 것과 같은 대인관계에서 인지 등을 말한다.

사회적 지지 social support 자신이 겪는 문제에 대해 누군가와 상의할 수 있고 누군가로부터 조언을 받을 수 있고 위로를 받을 수 있는 지원을 의미한다. 즉, 다른 가족구성원이나 가족으로부터 관심을 받고 있고 사랑받고 있다고 믿도록 하는 정서적 지원과 그들이 가족구성원이나 가족으로부터 존경받고 있고 가치롭게 생각되고 있다는 자존감과 다른 가족으로부터 상호 이해를 받는 조직에 속해 있다고 믿는 조직적 지원을 의미한다. 하우스(House)는 이런 사회적 지지가 스트레스의 부정적인 결과를 최소화시키는 일종의 완충제 역할을 한다고 보았다.

사회적 진단 social diagnosis 교류분석 개념에서 개인이 다른 사람들과 상호작용하고 있을 때 그들이 사용하는 자아상태를 관찰함으로써, 그 사람이 어떤 자아상태에 있는지를 판단하는 것이다.

사회적 촉진 social promotion 혼자서 일할 때보다 집단 속에서 일할 때 과제 수행의 능률이 향상되는 현상과 같이 타인의 존재가 개인의 행동 동기를 증가시키는 것을 말한다. 즉, 집단 상호 간에 사회적 인정(social approval)을 받으려는 욕구가 사회적 촉진 현상을 일으키게 되어 보다 나은 능률을 보이게 되는 것이다. 그러나 복잡하고 어려운 문제를 해결할 때 타인의 존재는 오히려 심한 긴장과 평가불안을 유발하고 주의를 분산시키는 역할을 하므로 능률을 감소시킨다.

사회적 추론 social inference 사회적 추론은 정보 수집, 수집된 많은 정보 중에서 판단에 사용할 정보의 선정, 선택된 정보의 통합 및 판단이라는 여러 단계를 거쳐 결과를 이끌어 내는 것을 말한다. 예를 들어, 만약 당신이 신입사원을 선발하는 면접관이라면, 당신은 특정 지원자가 당신의 회사에 적합한지를 판단하기 위해 먼저 그의 이력서, 지원동기, 외모 등을 살펴보고 필요한 정보를 얻으려 할 것이다. 그런 다음 어떤 정보(예 : 성적)는 더 중요시 할 것이며 어떤 정보(예 : 출신지역)는 그냥 참고만 할 것이다. 필요한 모든 정보가 얻어지면 당신은 그것들을(머릿속에서) 가능한 한 합리적 방식으로 통합하여 최종적으로 그의 합격여부를 판정하게 되는 것이다. 그럼에도 불구하고 사회적 추론의 각 단계에서 오류와 편향이 나타나게 된다.

사회적 침투 social penetration (social permeation) 호감으로 시작된 관계가 지속적인 사귐으로 되어가는 과정을 말한다. 즉, 서로 사귐의 관계가 깊어진다는 것은 서로 간에 공유하고 있는 생활영역과 성격영역의 범위가 점점 넓어져서 서로가 상대방 존재의 핵심으로 깊이 침투해 들어감으로써, 친밀성과 상호의존성이 증가하는 과정이라고 할 수 있다. 이러한 사회적 침투과정은 서로가 자기를 솔직하게 얼마나 열어 보이는가 하는 자기개방에 따라 촉진되는 것으로, 사회적 침투는 4단계를 거쳐 진행되는데, 첫째는 피상적으로 자신을 소개하는 단계로서 긍정적으로 자신을 제시하려고 하며, 상대방에 대한 비판은 회피하게 되는 지향단계(orientation stage)다. 둘째는 탐색적 감정교환단계(exploratory affective stage)로서, 좀 더 친해짐으로써 감정적인 교환도 있고 서로 간의 의사소통이 풍부해지지만, 아직은 성격의 주변에 머물러 있는 단계다. 셋째는 감정교환단계(affective exchange stage)로서, 서로 상대방 성격의 심층에 거의 접근하여 칭찬과 비판이 자유로워진 단계를 말한다. 그러나 아직 내면 깊숙한 중심에는 장벽이 있어서 깊은 속마음은 털어놓지 못한 단계다. 마지막 단계는 안정적 교환단계(stable exchange stage)로서 서로 속마음도 털어놓고 서로의 소유물에 자유롭게 접근할 수 있는 단계로서, '우리'로서 행동하는 단계를 말한다.

사회적 태만 social negligence (social loafing) 집단 속에 묻혀서 일을 하게 되면 개별적으로 할 때보다 덜 열심히 하게 되는 현상으로, 평가가 개인적인 평가로 이루어지지 않고 집단적인 평가로 이루어지므로 개인적인 책임감이 분산되는 상황에서 사람들이 적은 노력을 들이게 되기 때문이다.

사회적 퇴행 social regression 개인이 가족 내에서 불안에 직면했을 때 정서적 충동에 의해 의사결정을 내리는 것처럼, 사회에서도 가정과 동일한 현상이 벌어진다고 하는 것이다. 즉, 사회가 만성적이고 무한한 스트레스에 놓이고, 불안이 증대되면 이러한 스트레스나 불안에서 벗어나기 위해 더 큰 개별화로 이끄는 합리적인 해결책을 찾기보다는 가족에서처럼 정서적으로 결정된 의사결정에 의존하여, 지적으로 결정된 원칙과 연결을 끊고, 충동적인 의사결정으로 단기적인 응급처방식 해결책을 제공하면서 정서적으로 반응하는 사회반응을 뜻하는 개념이다. 이는 보웬(M. Bowen)의 가족에 대한 기본 이론을 보다 큰 사회의 정서적 기능 영역으로 확장한 것으로, 보웬에 의하면 가족이 장기간에 걸쳐 만성적이고 지속적인 불안에 처하면 부모와 접촉을 기피하고 자신이 직접 결정을 내리지 못하며, 불안의 경감을 감정적으로 결정하게 되어 결국 증상이 생기고 퇴화되어 기능이 저하된다. 이것이 곧 사회문제가 되어 개인적 · 사회적으로 역기능적 증상을 초래하게 되며, 입법과정에도 감정이 개입되어 이러한 불안요인이 사회문제를 더욱 증폭하게 만든다고 하였다. 이와 같이 사회적 퇴행(또는 사회적 퇴화)은 가족체계와 마찬가지로 사회도 불안이 증가하면 역기능을 나타내는데, 동질화와 분화의 균형이 깨어지면서 전체에 대한 관심은 상실되고 하위집단끼리 융합되기 시작하여 정국의 불안, 비행, 폭력, 불신 등이 심화되는 현상을 야기한다.

사회적 퇴화 social degeneration 사회적 퇴화란 지적, 도덕적, 경제적 수준 등이 저하되고 그와 대치될 바람직한 것이 나타나지 않는 사회 상태를 말한다. 이처럼 사회적 퇴화는 결과적으로 사회진화와 사회진보를 방해하게 되는 것이다.

사회적 판단이론 social judgement theory 사회적 판단이론은 그 자체적으로 독립된 이론이라기보다는 인간의 판단과 의사결정에 관한 연구의 방향을 설정해 주는 초이론(metatheory)으로서, 이 관점에 의하면 정책행위자의 의사결정은 문제환경으로부터 인식되는 불완전한 정보를 확률적으로 통합함으로써 이루어지는 과정이다. 이와 같이 셰리프(Sherif)와 호브랜드(Hovland)는 태도변용이론을 설명하면서 사회적 판단이론을 제시하였다. 즉,

사람들이 이미 알고 있거나 느끼고 있는 것에 비추어 태도 대상에 대한 새로운 정보를 받아들인다고 가정하면서, 개인의 기존적인 태도에 따라 주어지는 설득메시지에 대해 동화와 대조현상이 일어나기 때문에 상대적인 설득효과가 발생한다고 증명하였다.

사회적 평형 social equilibirum 사회적 균형 일반적으로 사회적 균형이란 말은 기능주의 학파에서 즐겨 쓰는 구성개념의 하나로서, 사회생활이나 집단생활을 구성하는 복잡한 조건들이 역학적으로 균형인 상태를 말한다. 가령 사회생활을 영위하는 여러 개인 간의 상호작용 과정에는 여러 방향의 힘이 작용하고 있다고 생각하게 된다. 즉, 전체로서의 사회생활에서 현상상의 변화를 볼 수 없고 그 조직이나 구조의 기능이 안정되어 있다고 한다면, 거기에는 힘의 대립 · 긴장이 존재하지 않는다고 볼 수 있으며 사회생활이 역학적으로 균형을 이룬 상태에 있다고 말할 수 있다.

사회전염 social contagion 세상을 살다 보면 어떤 경우에는 다른 사람들에게 무의식적으로 동조하고, 어떤 경우에는 집단 속에서 자기 자신을 잃어버린 채 행동하기도 한다. 그런 현상은 집단의 한 점에서 시작된 소용돌이가 집단 전체로 전염되기 때문에 나타난다. 프랑스의 사회학자 르봉은 이런 현상을 '사회전염'이라고 불렀다. 집단행동을 병이 전염되어 퍼져나가는 현상에 비유한 것이다. 세균과 바이러스가 질병을 옮기는 것과 같이 사람들의 정서와 행동이 한 사람에서 다른 사람에게로 옮겨지는 현상이 사회전염이다. 이런 현상은 집단의 한 지점으로부터 원을 그리기 시작해 점차 큰 원을 그리며 확산된다. 사회전염은 사람들이 가지고 있는 도덕심, 가치 체계, 사회적 규칙들, 책임감에 의한 행동통제기제가 무너지고 원초적인 공격성과 성충동들이 나타나기 때문에 발생한다. 이런 현상은 일상생활에서도 흔히 나타난다. 가령 한 사람이 하품을 하면 다른 사람도 하품을 하고, 한 사람이 팔짱을 끼면 다른 사람도 팔짱을 끼고, 한 사람이 담배를 피우면 다른 사람도 담배를 꺼내 문다. 그리고 강의실에서도 질문 있으면 하라고 하면 서로 눈치만 보고 가만히 있다가 한 학생이 질문하기 시작하면 서로 질문하려고 손을 든다. 그뿐 아니라 사회전염은 사회적으로도 나타난다. 가령, 어떤 지역에서 누가 초인종에 불을 질렀다는 소식이 전해지면 나라 전체가 연쇄 방화에 시달리고, 한 회사에서 노사분규가 시작되면 전국적으로 노사분규가 퍼지고, 유언비어는 살을 덧붙여 퍼져나간다.

사회정서적 과정 societal emotional process 이는 사회적 요인들이 감정에 영향을 주는 과정을 말하는 것이다. 이는 보웬(M. Bowen)의 가족체계이론의 주요개념으로서, 가정에게 영향을 끼치는 배경적 영향이 된다. 즉, 하나의 배경이 모든 가족들에게 영향력을 미치는 것처럼, 사회에서의 정서적 과정이 가족구성원들의 정서적 과정에 영향을 준다고 한다. 예를 들어, 사회에서 받는 스트레스가 증가하면 가족들은 서로 감정적 반응이 많아지게 되는 것처럼, 사회적 요인들과 가족구성원들의 감정적 과정에 관련이 있다고 보는 것이다. 보웬은 분화수준이 낮을수록 사회정서적 과정에 의해 가족이 더 많은 영향을 받는다고 하였다.

사회정서적 발달심리학 social-emotional developmental psychology 에릭 에릭슨(Erik Erikson)이 발표한 이론으로, 심리사회적 이론(psychosocial theory)이라고도 한다. ⇨ 심리사회발달이론 참고.

사회정체성이론 social identification theory 자기집단 구성원의 특성을 긍정적으로 평가함으로써 자기 자신의 정체감을 고양시키려는 것으로서, 이러한 인간의 동기가 작용함에 따라 같은 지역 출신을 보다 긍정적으로 평가하는 것을 말한다. 이는 타즈펠(Tajfel)의 논의로 대표되는 이론으로서, 인간은 긍정적인 자아개념을 얻기 위해 노력한다는 것을 전제로 하고 있다. 이러한 개인의 긍정적인 사회 정체성의 획득과 유지는 내집단과 집단 간의 비교에 기반을 두며, 자신이 속한 집단을 최대한 긍정적으로 규정함으로써 외집단 구성원을 상대적으로 비하하려는 경향을 갖게 된다. 또한 자기가 속한 집단이 외집단보다 우월하다고 지각될 때에는 자기 정체를 집단정체에서 찾으려는 경향이 강하게 나타난다. 이와 같이 사회적 정체성 이론은 자신이 속한 집단의 사회적 정체를 고양시킴으로써 궁극적으로 자신의 가치를 상승시키려는 동기의 발현을 통해 자신이 속한 집단 구성원을 보다 긍정적으로 평가하려는 인간의 경향성을 설명하는 이론이다.

사회주의 socialism 사회사상으로서 볼 때 자본주의의 경제적 원리인 개인주의를 그 반대 원리인 사회주의로 대체함으로서 사회를 개조하려는 운동을 총칭하며, 거의 대부분의 계획이 중앙집권화되어 있고 생산수단의 대부분이 정부나 집단체제에 의해 통제되는 조직체제를 말한다.

사회측정학 sociometry (소시오메트리) 인간관계나 집단의 구조 및 동태를 경험적으로 기술·측정하는 이론과 방법을 말한다. 특히 모레노(J. L. Moreno)와 그 학파가 체계화한 방법을 말하는 것으로, 모레노에 의하면 이는 집단구성원 사이에 끊임없이 변화하는 견인(attraction)과 반발(repulsion)의 역학적 긴장체계며, 개인의 '자발성'의 성질과 '문화적 역할'에 대한 학습정도에 따라 상대적으로 안정된 구조를 만들어 낸다는 것이다. 이 개념에 입각하여 자발성이나 역할연기의 진단과 훈련으로 안정된 인간관계를 창조하려는 '집단치료'가 연출되었다. 이와 같이 인간관계나 집단의 분석을 위한 주요 방법에는 면식테스트(acquaintance test), 소시오메트릭테스트(sociometric test), 자발성 테스트(spontaneity test), 상황테스트(situational test), 역할연기 테스트(role-playing test)가 있다. 이 가운데서 소시오메트릭 테스트가 인간관계와 집단구조의 분석법으로 많이 사용되고 있는데, 이것은 특정한 상호작용 상태에 관해서, 다른 구성원에 대한 개인의 선택과 거부의 행동을 테스트에 의해 타진하는 방법이며, 자료는 일정한 약속(선택은 실선, 거부는 점선)에 따라 공간적으로 도표화되어 개인의 행동특성과 집단의 구조특성을 시각적으로 명시한다. 또 이러한 자료들로부터 메트릭스 표가 구성되어(소시오메트릭스) 개인의 집단 내 지위나 집단의 응집성 등에 대한 지표의 계산법과 메트릭스 해석법의 발전 등이 시도되며, 집단분석법으로 활용되고 있다.

사회치료 social therapy 사회사업가의 활동에 종종 적용되는 용어로서 심리치료와는 달리 사회치료는 구체적인 서비스를 제공하고 내담자를 위해 환경적인 지원을 촉진하고 사람들이 사회문제나 사회갈등을 처리할 수 있도록 돕는 것을 말한다.

사회학습이론 social learning theory 사회적 행동이 주로 관찰과 정보에 대한 정신적 처리과정을 통하여 학습된다고 가정하는 이론이다. 즉, 개인의 행동은 그 행동이 학습된 배후 조건을 고려할 때 가장 잘 이해할 수 있다는 이론으로, 이는 사람들이 다른 사람이나 어떤 사건을 통하여 새로운 행동을 배울 수 있다는 전제하에 존재한다. 알버트 반두라(Albert Bandura)로 대표되는 사회학습이론에서는 TV의 폭력 프로그램 시청이 아동의 공격성 발달에 많은 영향을 준다고 본다. 사회학습이론은 인간행동을 설명함에 있어 매개변인들을 좀 더 많이 고려한다. 이 이론은 반두라가 자극반응이론을 기초로 발전시켰다. 그에 따르면 행동은 고전 조건학습 또는 조작적 조건학습 원리에 따라 영향받는다. 하지만 환경의 영향은 인지적 과정에 의해 영향받으며, 또한 인지적 과정은 다시 과거 학습경험에 의해 영향받는다고 하여 내적 과정의 중요성을 부각시켰다. 사회학습이론에서 중요한 개념의 하나는 관찰학습 또는 대리학습이라고 불리는 모델링이다. 모델학습에서는 피험자의 행동을 직접 강화시켜주지 않아도 학습이 이루어진다는 점을 밝혔다. 즉, 타인의 행동을 관찰하거나 혹은 상상적 과정에 노출되어도 피험자의 행동변화가 가능하다는 것이다.

사회화 socialization 한 인간이 생존하고 개인이 되며 사회의 일원이 되기 위한 물리적 · 정신적 · 사회적 기술과 같은 사회적으로 규정되어 있는 역할을 습득하는 과정을 말한다. 특히, 심리학적 관점은 개인이 사회화하는 과정을 중심으로 사회의 제 환경적 요인의 영향에 의해 형성되는 행동특성들의 차이점을 규명하는 일에 일차적인 관심을 갖는다. 이와 같은 사회화과정을 통해 각 개인은 사회적 존재로서 그 사회의 구성원이 되어 가는 것이며, 사회화의 과정에서 중요한 역할을 하는 사람은 부모와 형제, 친구, 선생님 등이 있다. 이들은 직접적인 지시, 강화, 처벌을 주기도 하고 모델의 역할을 하면서 개인의 사회화에 영향을 미친다.

사회활동이론 social activity theory 노년기에도 지속적으로 활동능력을 발휘할 수 있어야 한다는, 은퇴 후 대치 역할의 필요성을 주장하는 이론으로 활동이론(activity theory)이라고도 한다. 사회활동이론의 기초는 해비거스트(Havighurst)와 알베르츠(Alberecht)가 노년기의 긍정적인 적응에 있어서 사회적 역할에서 참여가 중요함을 주장한 데서 시작되었다. 즉, 노인의 생활만족도는 사회활동에 참여할수록 높아지기 때문에 노인이 노후에 생활의 만족을 얻기 위해서는 자신의 기존 활동을 계속 유지해야 하며 노후에 포기해야만 하는 기존의 사회적 역할에 대해서는 그것을 대신할 수 있는 새로운 활동을 찾아야 한다는 것이다. ⇨ 은퇴이론, 사회유리설, 활동이론 참고.

삭제 deletion 관심의 초점을 어떤 경험에만 선택적으로 부여하고 다른 경험들은 제외시키는 것이다. 예를 들면, 최근의 실패를 경험한 내담자가 이전의 성공적인 경험들이 여러 번 있었더라도 자신이 무능하다고 좌절하는 것과 같다.

산만한 경계선 diffused boundary 밀착된 경계선 가족구조의 규칙이 너무 느슨한 경우를 의미한다. 산만한 경계는 관계가 밀착되어 있는 경우다. 밀착된 하위체계들은 서로 높은 상호지원을 해 주지만, 독립과 자율성은 부족하다. 밀착된 부모들은 그들의 자녀를 사랑하며 아이들과 많은 시간을 보내는데, 이에 부모와 밀착된 아이들은 부모와의 경계선이 미분화되어 있고 거리감이 없으며, 강한 소속감으로 부모에게 의존하려는 경향이 있다. 이와 같이, 한 가족구성원의 행동은 다른 가족구성원에게 많은 영향을 미친다.

산업심리학 industrial psychology 인사관리 및 조직의 진단과 개선, 산업체 요원으로 상담, 조직 구성원의 갈등 해소, 사회교육, 시장조사, 홍보 및 광고에 이르기까지 다양한 분야에서 활용되는 심리학으로서, 초기의 산업심리학은 공장이나 산업체 등에서 인사 선발, 작업환경의 개선, 자동화와 인간의 적응 및 생산성 간의 관계를 지능검사, 현장조사, 적성검사를 통해서 연구하였다. 그러나 최근에는 산업의 현장뿐만 아니라 조직의 관리를 위한 연구로서 다양하게 활용되고 있다.

산후 우울증 postnatal depression (postpartum depression) 출산을 한 산모가 해산한 후 수주 내지 수개월 안에 경험하게 되는 우울한 감정으로, 이 증상은 호르몬 변화 및 기타 생리적·심리적인 적응과 관계가 있다고 추정된다. 즉, 출산에 따른 호르몬의 균형상태가 깨지는 것과 관련이 되며, 또한 어머니가 되는 것에 대한 불안과 심리적인 갈등이 원인이 된다. 원하지 않던 아이였을 때, 남편과 갈등이 있을 때, 아들을 낳아야 한다는 부담을 가진 산모가 딸을 낳았을 때, 또는 평소에 우울한 성향이 있었던 성격의 소유자나 우울증을 앓고 있던 경우가 원인이 된다. 증상으로는 우울해 하며, 아기를 보려 하지 않고, 불안해 보이고, 말도 안 하고 전반적으로 가라앉은 모습을 보인다. 단순하게 우울감을 느끼는 경우도 있지만, 때로는 망상과 연관되어 정신병적인 증상을 보이기도 한다.

삶의 본능 eros 정신분석이론에 의하면, 자기보존의 본능으로서 그 가운데 성격발달에 가장 큰 영향력을 발휘하는 것은 성 본능이다. 이 본능은 생명을 유지·발전시키고, 자신과 타인을 사랑하게 하고, 또한 종족의 계승을 가져오게 한다.

삶의 자세 life positions 사람들이 자신과 다른 사람에게 갖는 기본적인 신념으로서 이것은 결단과 행동을 정당화하곤 한다. 즉, OK목장이라고 하는 네 가지 분류의 태도로서, 인생태도라고도 한다. 이는 I' m not OK, You' re OK에서의 도피적 태도. I' m OK, You' re OK에서 처럼 협력적인 태도. I' m OK, You' re not OK의 제거적 태도. I' m not OK, You' re not OK의 당혹적 태도를 말한다. ⇨ 정서적 위치 참고.

삼각관계 triangle (삼각구도, 삼각화 triangling, triangulation) 두 사람이 관계를 맺고서 다른 사람을 자신들의 문제에 연루시키는 방식을 표현하는 용어로서, 세 사람으로 이루어진 가장 작은 규모의 안정적 정서체계를 말한다. 보웬의 여덟 가지 주요 개념 중 하나로서 사회집단에서 세 사람은 안정적 인간관계를 맺을 수 있는 최소한의 단위다. 가족시스템 속에서 두 구성원 사이에 불안감이 가중될 때 그 불안감을 해소하는 방안으로 자동적으로 예측할 수 있게 제 삼자인 구성원이나 외부의 일, 대상을 끌어들여 자신의 불안을 그 쪽에서 해결하려고 하는 과정이 있다. 예를 들면, 부부 간의 갈등이 있는 동안에 한쪽 부모가 자녀에게 다른 쪽 부모에 대항해서 자신과 동맹을 형성할 것을 요구하는 과정으로 삼각관계가 형성되면 원래 두 사람 사이에 있었던 갈등은 삼각관계를 통해서 제삼자와의 관계로 전이되어서 두 사람 사이의 관계를 유지하게 된다. 즉, 자녀에게 주의를 집중함으로써 부부간의 갈등을 회피하거나 조정하는 어머니-아버지-자녀 간에 형성되는 삼인군을 의미한다.

삼대가설 three generation hypothesis 정신질환 중의 하나. 유전은 아니지만 태어나서 아주 어릴 때 어머니로부터 특정 영향을 받는데, 그것이 각인이 되어 커서 정신질환이 된다는 것. 정신질환자는 자신의 자녀를 병적으로 다루게 되고, 다시 그 아이가 커서 정신질환을 앓게 되는 것으로 유전이 아니지만 전달되는 것. 이 두 가지가 접합이 되는데 학자들의 연구에 의하면 심리적인 영향을 반복해서 받으면 뇌가 형태적인 변형을 일으킨다고 한다.

삼분설 trichotomy 인간의 본성이 몸과 혼, 영으로 구성되어 있다는 것으로, 알렉산드리아의 클레멘트, 오리겐, 니사의 그레고리, 성경학자 델리취 등이 대표적 주장자다.

삼위일체 이론 triarchic theory (1) 기독교상담에서 성부 하나님, 성자 예수님, 성령이 하나임을 말해주는 이론. (2) 지능의 이론에 있어 스턴버그(Sternberg)가 실제적 능력, 분석적 능력 그리고 창의적 능력의 세 가지 개별지능이 함께 작용한다고 주장한 지능의 한 이론.

삼인군가족치료 triadic family therapy 삼각관계가족치료 주크(Zuk)의 방법으로, 삼인군가족치료는 만성적인 유행의 병의 원천적 관계를 붕괴시키고 보다 생산적인 관계를 맺을 수 있도록 기존의 균형상태를 뒤집기 위해 가족구성원 간 중재과정을 통제한다. 삼인군이란 세 사람으로 형성된 관계를 의미하는 것으로, 즉 커플을 상담하는 과정에서 파트너의 만성적인 관계 패턴을 깨뜨리기 위해 치료자가 그들 사이에서 제3자로서 중재자 역할을 하는 치료적 접근이다.

삼인군질문 triadic question 밀란 스타일의 면접에서 매우 특질적인 것으로서 한 사람(제3자)에게 다른 두 사람 간(2인군) 관계에 대해 '그 두 사람이 있는 자리에서' 물어 보는 것이다. 이러한 질문을 통해 제3자에게 2인군의 참여자보다 이들에 대하여 객관적인 기술을 가능하게 하며, 2인으로 하여금 자기들의 행동을 방어해야만 하는 상황에 놓이지 않게 함으로써 저항을 최소화하여 준다.

삼중모델 threefold model 제럴드 에간(Gerard Egan)이 고안한 방법으로 핵심 조건들을 사용하여 내담자의 변화를 돕기 위한 것이다. 즉, 현재의 시나리오를 검토하고 선호하는 시나리오를 개발하며, 거기에 도달하고자 하는 것이다. 그는 목표 설정 및 내담자가 목표를 이행하도록 돕는 것, 특히 더 나은 미래를 위해 실행하도록 내담자로 하여금 도전하는 것을 강조했다.

삼차예방 tertiary prevention 문제를 이미 경험한 내담자가 문제를 해결하도록 하거나, 문제의 재발을 막기 위한 내담자의 충분한 능력을 개발하기 위해 전문가들이 이용하는 재활노력을 의미한다. 대부분의 임상개입형태는 제3의 예방형태라고 생각할 수 있다.

삼환계항우울제 tricyclic antidepression 삼환계 항우울제에는 트리포타놀, 아니프라니르 프로티아덴, 시네퀴안, 토프라닐, 서몬틸이 있다.

상관계수 coefficient of correlation (correlation coefficient) 변인들 간의 상관결과를 상관계수라고 하는데, 한 변인의 변화에 따른 다른 변인의 변화 및 그 변화의 정도를 밝히는 지수다. 즉, 두 변인들 간에 상관이 없으면 0, 완전히 상관이 있으면 +1.0, 완전히 상관이 있되 서로 반대이면 −1.0이 된다.

상관관계 correlation 조사에서 사용되는 것으로 상호관계를 의미한다. 두 개의 현상 사이에서 하나의 변화는 다른 변화와 연결된다는 두 현상 사이에서 일어나는 변화의 유형이다. 높은 상관관계가 반드시 인과관계를 의미하지는 않는다.

상관성 결여 irrelevancy 두 사상이 아무런 관계가 없음에도 불구하고 두 사상 간에 관계가 있는 것으로 잘못 판단하는 경우를 말하는 것으로, 이를 상관착각(illusory correlation)이라고도 부른다. 특히 무관한 두 사상이 모두 특출하여 판단자의 주목을 받는 경우에 둘이 관련되는 것으로 상관착각을 하게 된다. 예를 들어, 헤밀턴과 길포트(Hamilton & Guilfford, 1976)는 피험자들에게 A집단(26명)에 해당하는 긍정적 정보 2/3(18명의 정보)와 부정적 정보 1/3(8명의 정보)을 제시하였고, B집단(13명)에 해당하는 긍정적 정보 2/3(9명의 정보)와 부정적 정보 1/3(4명의 정보)을 제시하였다. 이때 소수가 특출한 것이므로 A집단보다는 B집단이 특출하고, 긍정적 정보보다는 부정적 정보가 특출한 것이다. 그 결과 실제로는 A와 B집단 모두에 부정적 정보를 지닌 사람이 2/3로 동일했음에도 불구하고, 특출한 B집단과 부정적 정보가 관련되는 것으로 지각되어, B집단에 부정적 정보를 지닌 사람이 높게 추정되었다.

상관주의 relationalism 만하임(K. Manheim)이 발전시킨 지식사회학의 기본입장을 가리키는 것으로 지식의 '존재구속성'을 강조하는 특징이 있다. 존재구속성이 의미하는 것은 과학적 지식을 포함하여 모든 지식이 그것이 성립하는 장으로서 역사적 상황과 조건에 밀접하게 결부되어 나타나고 또한 이들과 엇물려 기능한다는 것이다. 따라서 시공을 초월하여 성립하는 객관적이고 보편적인 진리는 부정된다. 이와 같이 상관주의 입장은 절대적 진리를 부정하고, 역사적 상황에 침전되어 있는 가치들이 인간의 모든 인식과 지식에 스며 있음을 인정하면서 주어진 역사적 상황에 부합되는, 또한 그 안에서 올바른 것으로 인정될 수 있는 진리를 규명할 수 있다는 것으로 상대주의와는 구별된다. 상관주의는 인간존재를 철저히 역사화시키는 입장으로 우리 일상생활을 이해하는 데 적용된다.

상관연구 relative study 객관적 평가도구를 통해 자료를 수집하고 그러한 자료 간 관계를 살펴보는 것으로서, 둘 이상의 변인 간의 관계를 파악하려는 연구이며, 소극적 연구(passive)라고도 부른다. 상관법은 대개 통계적 절차를 통해 그 관계를 파악하는데, 상관값은 -1에서 +1의 범위를 가지며, 0일 경우 두 변인 간에는 상관이 전혀 없는 것이고, 절대값 1에 가까울수록 상관이 높은 것이다. 또한 상관과 인과관계는 다르다. 인과관계가 있다는 것은 상관이 있다는 것이지만, 상관이 있다고 반드시 인과관계가 성립하지는 않는다.

상담 counseling 상담은 개인들로 하여금 여러 가지 삶의 사태를 처리하고 이에 응하는 새로운 방식들을 학습하도록 도움을 주는 것과 관련되는 것으로, 카운슬링(COUNSELING)의 어원은 라틴어의 CONSULERE다. 스나이더(W. U. Snyder)에 따르면 이 말에는 '고려하다(to consider)', '반성하다(to reflect)', '숙고하다(to deliberate)', '조언을 받다(to take counsel)', '문의하다(to consult)', '조언을 구하다(to ask counsel of)' 등의 뜻이 포함되어 있다고 한다. 즉, 상담에는 심사, 숙고, 문의, 조언 등의 활동이 포함되어 있음을 시사하는 것이다. 그러나 전문기능으로서의 상담은 단순히 문의하고 조언을 주고 하는 일 이상의 것이며, 독특한 인간관계에 의하여 이루어지는 전문적인 활동이다. 몇몇 학자들의 정의를 살펴보면 다음과 같다. ① 게리 콜린스(Gary Collins)는 상담에 대해 정의하기를, 상담은 한 사람이 다른 한 사람, 또는 여러 사람들을 충고하거나 격려하고 보조해 줌으로써 인생의 문제에 보다 효과적으로 대처하도록 도와주는 두 사람 또는 둘 이상의 관계라고 하였다. ② 이장호는 상담의 정의를 도움을 필요로 하는 사람이 전문적 훈련을 받은 사람과의 대면을 통해 생활 과제의 해결과 사고, 행동 및 감정 측면의 인간적 성장을 위해 노력하는 학습과정이라고 하였으며, ③ 정원식과 박성수의 저서에서는 상담은 정상적인 사람을 대상으로 하여 태도상의 문제와 심리적 갈등의 문제에 대하여 새로운 학습을 하도록 도움을 주는 과정이라고 하였다. ④ 로저스(C. R. Rogers)는 카운슬링은 훈련받은 카운슬러와 도움을 받고자 하는 카운슬리를 연결 짓는 상호작용적 과정으로서, 여기에서 카운슬러는 카운슬리의 감정을 수용하고 명료화하고 허용한다고 지적하면서 '피상담자(카운슬리)가 스스로 자기를 이해하고 발전적인 수준으로 나가도록 도와주는 과정' 이라는 점을 강조하고 있다. ⑤ 윌리엄슨과 폴리(Williamson & Foley)는 카운슬링은 두 사람이 얼굴과 얼굴을 마주 대는 장면이라고 규정한다. 그 중의 한쪽은 전문적인 훈련을 받은 사람으로서 또 한쪽의 사람으로부터 신뢰를 받고 있으므로 그가 적응상의 문제에 직면하였을 때, 그것을 지각하고, 명료화하고, 해결하고, 결정하는 것을 도와주게 된다. 여기에는 문제에 직면해서 그것을 명료화하고 그것을 해결하기 위하여 카운슬러와 카운슬리가 행하는 모든 노력이 포함된다. 간단히 말해서 카운슬링이란 개인의 인성(성격)의 성장과 통일을 기하게 하는 과정이다.

이와 같이 상담이란 도움을 필요로 하는 사람(내담자)이 전문적 훈련을 받은 사람(상담자)과 대면관계에서 대화를 통해 일상생활에서 생기는 고민이나 과제의 해결을 도모하는 과정이며, 또 과거나 현재의 사고 · 감정 · 행동 등을 조절하고 변화시켜서 인간적 성장을 촉진하기 위한 학습과정이다. 상담은 다시 말해서 도움을 필요로 하는 개인과 전문적 훈련을 쌓은 상담자 간에 이루어지는 조력상황(helping situation)이라고 할 수 있다.

상담심리학 counseling psychology 임상심리 전공자들이 정신병원, 가정재판소, 소년원, 교도소 등에서 보다 심각한 정신장애자들을 대상으로 일하는 데 비해 상담심리학자들은 같은 기능을 하되 결혼 및 자녀문제나 직업선택 등 개인의 일시적이거나 아주 심각하지 않은 행동문제와 일시적인 정신장애, 작업지도, 학교지도 및 부적응문제를 다룬다. 이들은 능력, 흥미, 적성, 성격 등에 대한 검사나 상담을 통해 심리치료를 하게 된다.

상대가이론 강화이론의 하나로서, 경험적 방식으로 강화를 설명한 것이다. 이는 프리맥(Premack)이 제시하였으며, 프리맥의 원리로 더 알려져 있다.
⇨ 프리맥의 원리 참고.

상대적 박탈 relative deprivation 어떤 대상으로부터 박탈되었다고 느낄 경우에, 다른 사람이나 집단과 비교하여 그들보다도 더 많이 박탈되었다고 느끼는 것이다.

상대주의 relativism 절대적으로 올바른 진리란 있을 수 없고 올바른 것은 그것을 정하는 기준에 의해 정해지는 것이라고 하는 입장이다. 상대주의는 지식이나 가치의 보편타당성을 인정하지 않기 때문에 회의주의와 합쳐질 가능성이 있다.

상동증 stereotype 동일한 단어, 구절 또는 몸의 움직임을 지속적이며 병적으로 되풀이하는 경우를 말한다. 이는 행동의 장애에 의한 것으로, 반복행동(repetitious activity)이라고도 하며, 자폐증아동, 강박장애 또는 긴장성 정신분열증에서 흔히 나타나는 증상이다. 상동증에는 한 가지 자세를 계속 유지하는 강경증과 관절에서 움직임이 밀랍 같은 '납굴증', 의미 없는 단어나 짧은 문장을 반복해 말하는 '음송증'이 있다. 이러한 증상이 일어나는 원인은 불안을 완화시키고 안정감을 얻기 위한 무의식적 시도로 해석되고 있다.

상동증적 행동 stereotyped movements 개인 의사와 상관 없이 쫓기듯이 반복적이고 내몰려지는 비기능적인 운동형태다. 예를 들면, 악수하기, 손을 흔들기, 몸흔들기, 머리 찧기, 물건을 입에 넣기, 자신의 몸을 물어뜯기 등을 말한다.

상보성 complementarity 상호보완성 서로에게 요구되는 보완기능을 상대방이 제공하는 것을 의미하는 것이다. 즉, 자신에게 부족하다고 느끼는 어떤 점을 상대방이 제공하는 것인데, 상보성은 사람들 간의 질서 있는 사회적 작용을 가능하게 한다. 의사소통관계에서도 두 사람 간의 상호작용패턴이 잘 수행되어질 때 효과적인 의사소통이 이루어질 수 있다. 상보성이 결여된 의사소통에는 두 사람 간에 불평등과 극대화된 차이만 존재하며, 이는 각 사람의 반응이 상대방의 역반응을 자극하거나 강화시키는 현상이 반복적으로 순환되는 상호활동패턴이나 의사소통패턴을 만든다.

상보성 욕구 complementarity need 보완욕구 유사성과는 대조적인 입장으로, 자기에게 없는 특성을 가지고 있는 사람에 대해서 호의적인 태도를 갖는 경향을 말한다. 욕구상보성가설과 같은 의미로서, 사람들은 자신과 태도, 신념, 가치, 흥미, 배경 등이 유사한 타인을 좋아하는 경향이 있지만, 신체적 조건이나 성격 등의 요소들이 유사하다고 해서 반드시 호감을 일으키지 않고 반대의 특성에 호감을 갖는다. 왜냐하면, 정신분석학에서는 인간은 어린 시절부터 충족되지 않은 욕구를 무의식적으로 추구한다는 가설을 가지고 있는데, 예를 들어 배우자를 구할 때 자기에게 충족되지 않은 욕구를 배우자를 통해서 충족시켜 보려는 심리(보완욕구)가 작용한다는 것이다. ⇨ 욕구상보성 가설 참고.

상보적 의사거래 complementary transaction 상보적 교류 교류분석의 개념에서, 대화하는 두 사람 사이에 참여하는 자아상태가 동일한 상태(부모-부모, 성인-성인, 어린이-어린이)에서 의사거래가 이루어지거나 의사소통 방향이 서로 같은 상태에서 이루어지는 가장 적절한 의사거래를 말한다. 이런 의사거래는 각자의 자아상태가 그대로 유지되면서 원활한 대화가 이루어지게 된다.

상상적 놀이친구 imaginary companions 실존하지 않는 놀이친구로서 사람일 경우가 가장 많으나, 어떤 특징 있는 생물이나 사물 등이 대상이 되기도 한다.

상승정지증후군 rising stop syndrome 중년기 여성이 겪는 빈둥지증후군과 비슷한 의미로서, 상승정지증후군은 중년기 남성이 겪는 증후군이라 할 수 있다. 융(C. G. Jung)은 사회적 성공을 위해 목표를 세워놓고 끝없이 전진하던 사람들이 어느 날 더 이상 올라갈 데가 없다고 느끼면 왠지 허무하고 공허해지는데, 이와 같이 중년 남성들이 느끼는 정체성의 위기를 상승정지증후군이라고 했다. 특히 어느 날 갑자기 한가한 자리로 책상이 옮겨지거나 자신의 업무와 무관한 계열 회사로 발령을 받을 때, 더 이상 승진할 수 없다고 느낄 때, 자신이 물러나야 할 때라고 생각될 때 느끼는 허무하고 공허한 심리적 현상이다. 이렇게 상승정지증후군이 된 경우, 이후의 인생을 어떻게 전개시키느냐에 따라서 상승정지증후군으로부터 벗어나느냐, 그렇지 못하느냐가 결정된다. 주변에 자신을 지지해 주고 지원해 주는 사람이 있다면 위기는 쉽게 극복할 수 있을 것이며, 서클이나 자원봉사 활동 등으로 새로운 인간관계를 맺는 것도 중요하다. ⇨ 빈둥지 증후군, 중년기 위기 참고.

상식심리학 naive psychology 귀인이론의 창시자라 할 수 있는 Heider는 일반인들도 심리학자와 마찬가지로 인간행동의 원인에 대해 나름대로 설명을 찾으려 한다고 주장하면서, 이를 상식심리학이라 하였다. 모든 인간은 세상을 이해하고 환경을 통제하려는 욕구를 가지고 있기 때문에 이러한 욕구를 충족시키기 위한 한 가지 방법은 타인이 어떻게 행동하는가를 예측하는 것이라고 하였다.

상실 loss 사망, 이혼, 재해나 범죄피해 등에 의해서 한때 소유했던 것이 박탈된 상태. 상담자와 다른 전문가들은 상실을 위기를 일으키는 결정적인 요소로 보며, 여러 형태의 우울증을 촉진하는 주요한 요소로 간주한다.

상위각본 episcript 부모가 하는 것을 따라 함으로써 그런 메시지의 충격에서 벗어날 수 있으리라는 마술적 희망 속에서 부모가 어린이에게 들려주는 부정적 각본메시지를 의미한다.

상위체계 suprasystem 각 체계는 하나의 부분이며 서로에게 상호의존적으로 연결되어 있어 안정성을 이룸으로 동시에 전체가 될 수 있는데, 상위체계는 더 높은 수준의 체계로서, 다른 체계들이 그 구성요소가 되어 하위체계 역할을 수행한다. 예를 들면, 가족 전체는 부부하위체계, 부모하위체계, 형제하위체계 등이 형성되어 이룬 하나의 상위체계다.

상위효과 discrepancy effect 상위(Discrepancy)란, 의사전달자의 입장과 수신자의 입장 차이를 말하는 것으로, '상위효과'는 메시지와 수신자의 태도가 너무 다르면 오히려 반발이 일어나 태도가 잘 변하지 않는 것을 말한다. 다시 말해, 설득장면은 메시지를 전달하는 송신자가 설득내용(메시지)을 표적인물인 수신자에게 제시하는 것이다. 이때 메시지와 그것을 받아들이는 수신자의 태도가 다를수록 수신자가 받는 태도변화의 압력이 증가할 것 같지만, 메시지와 어느 정도 다를 때까지는 태도 변화량도 증가하여도, 지나치게 다를 경우에는 오히려 태도변화량이 감소하게 된다. 이런 현상을 '상위효과'라고 하는 것이다. 남을 설득하기 위해서는 상대방이 가지고 있는 태도와 정보를 파악해서 적당히 차이나는 정보를 제시해야 커뮤니케이션 효과가 나타날 수 있다.

상전 topdog 펄스(Perls)는 우리의 무의식적 행동을 지배하는 두 개의 자기 부분을 '상전(top dog)'과 '하인(under dog)' 이라고 명명하고 인격분열의 한 형태로서 상전과 하인의 싸움을 들고 있다. 상전은 프로이트의 초자아 개념에 해당하는바, 내사된 가치관이나 도덕적 명령들로서 권위적이고 지시적이다. 상전은 항상 하인에게 도덕적 명령을 하며 하인의 게으름을 질타하고 몰아붙인다. 이와 같이 상전은 완벽주의를 추구하며, 하인에게 도달할 수 없는 이상을 요구한다. 이때 상전이 사랑하는 것은 삶이 아니라 자신의 이상이다. 하인이 자신의 이상을 달성하지 못하면 호되게 나무라지만, 정작 자신이 추구하는 이상의 내용이 무엇인지는 자신도 모른다. 이러한 이상의 본질은 달성불가능하며 이룰 수 없는 목표라는 것이다.

상징화 symbolization 어떤 대상이나 사상이 다른 대상이나 사상을 나타내는 데 사용되는 것으로, 어떤 사물이나 사람에 부착된 감정적 가치를 어떤 상징적 표현으로 전치시키는 과정을 말한다. 상징화를 통해 어떤 대상은 중립적 대상으로 전치되는 경우가 많이 있으며, 또한 추상적인 개념을 나타내기 위하여 구체적인 상징을 사용하는 것을 상징화라고 말한다. 예를 들어, 꿈에 나오는 어떤 것은 대다수의 경우 그것이 어떤 대상을 상징한다고 보는 것이다.

상처입은 치유자 Wounded Healer 헨리 나우웬(Henri Nouwen)의 표현으로 사역자들이나 상담자들에게 적용되고 있다. 즉, 상담자 자신이 겪은 어려움에 대한 규명과 자신의 고통을 통해 얻은 상처와 깨달음이 다른 사람들의 상처를 치유하고 생명을 주는 원천으로 작용할 수 있게 한다는 것으로 진정한 사역자를 상처입은 치유자로 부른다.

상태의존적 기억 state-dependent memory 사람들이 어떤 정보에 대하여 학습할 때 동일한 상태에 있으면 그 정보가 더 쉽게 인출(기억)되는 현상이다. 즉, 상태의존학습(state-dependent learning)은 무언가를 외울 때의 기분과 기억해낼 때의 기분이 비슷한 상태일 때 기억회상이 잘된다는 사실을 보여 준다.

상호대인적 수준 interpersonal level 보웬(M. Bowen)의 자아분화에 대한 측면으로 사고와 감정 사이에 분화의 결핍은 자신과 타인 사이에 분화의 결핍과 동시에 발생한다는 것을 말한다. 미분화된 사람은 자기 의견을 갖지 않거나, 갖는 경우에도 자신의 의견을 용납하거나 타인에게 제안하지 않으며 남에게 좋은 인상을 만들어 내는 것을 더 중요하게 생각한다. 그들은 특히 중요한 쟁점에 대해 자신과 타인을 분리하는 것이 어려우며, 이성적 사고보다는 주로 감정을 토대로 의사결정을 한다.

상호성 mutuality(reciprocity) 각자의 이익을 성취하기 위해 궁극적인 조화를 이루며 함께 행동하고자 하는 두 사람 이상의 노력.

상호억제 reciprocal inhibition 바라지 않은 반응이나 행동의 억제를 아주 상반되는 반응과 연합시킴으로써 이루어지게 하는 행동수정에서 사용되는 기술이다. 예를 들면, 체계적 탈감각화에서 이완반응은 불안이 억제될 때까지 불안반응과 한 쌍이 되는 것으로 이 기술은 조세프 볼페(Joseph Wolpe)가 개발하였다.

상호의존성 interdependency 내 인생의 목적을 추구하면서도 다른 중요한 타인들과 단절하지 않고 여전히 연결되어 있는 건강한 상태로, 바람직한 의존성을 의미한다. 이는 동반의존성(co-dependence)과 구별되는 의미로서, co-dependence를 '상호의존성'으로 번역하기도 하지만, 최근에는 긍정적인 의미에서의 상호의존성과 구별하여 '동반의존성'으로 번역하고 있다. 다시 말해, 상호의존성(interdependency)은 가족 안에서 다른 사람의 삶의 단계와 서로 영향을 주고받게 되는 가족 체제의 이론으로 의존성과 독립성 사이에 있는 균형 잡힌 입장으로서 분화와 관련이 있다. ⇨ 동반의존성 참고.

상호작용 reciprocal interaction (interplay) 상대방 앞에서 특정한 행동을 하며 서로에게 특정한 결과를 가져오게 하거나 혹은 서로 의사소통하는 것을 의미한다. 상호작용의 상황으로 동일시되는 모든 상황에서 적어도 각자의 행동이 상대방에게 영향을 줄 것이라는 가능성이 존재한다.

상호작용적 가족치료 interactional family therapy 전략적 가족치료 집단인 MRI(mental research institute)의 상호작용적 가족치료는 의사소통과 가족체계 개념에 기반을 두고 있으며, 관계나 동기 부여와 같은 역동성을 언급하는 정신역동적 방법과 대조적으로 가족치료에 있어 상호작용적 장이나 현재의 행동을 중시하는 접근방법이다. ⇨ MRI 모델 참고.

상호제지법 reciprocal inhibition 상반금지법 볼페(J. Wolpe)가 개발한 상호제지법은 행동치료의 하나로서 한 유기체 안에 서로 상반된 두 가지 정서감정이 동시에 일어나면 서로 상쇄되는 현상을 이용한 치료법이다. 어떤 특정한 자극에 대하여 불쾌한 정서 반응을 일으키도록 조건화된 신경증 환자를 유쾌한 정서감정을 유발할 수 있는 상반된 자극에 노출시켜 불쾌의 감정을 상쇄시킴으로써 역조건화를 이루려는 방법이다. 예를 들면, 흰쥐에 공포반응을 일으키는 유아가 있다고 할 때 이 공포증을 치료하기 위해 치료자는 아동에게 아이스크림을 먹이면서 흰쥐를 보여 주면 아이스크림의 시원하고 달콤한 맛이 주는 유쾌한 감정이 흰쥐에 느끼는 두려운 감정을 상쇄시킬 만큼 충분하다면 두개의 상반된 감정이 서로 상쇄되어 없어진다는 것이다.

상호활동적 삽화 interactive episodes 이야기 심리학자인 댄 맥아담스(Dan McAdams)가 설명하는 인간이해에 관한 접근방법으로 네 가지로 구분하여 설명하고 있는데, 즉 심리내적 신비(intrapsychic mysteries), 상호활동적 삽화(interactive episodes), 해석적 구조(interpretive structure), 대인관계 이야기(interpersonal stories)다. 이 가운데 상호활동적 삽화는 스키너(B. F. Skinner), 미드(G. Mead), 아이젠크(H. S. Eysenk) 등으로 대표되는 관점으로서, 인간을 상호교류하는 행동의 존재로 보는 시각이다. 즉, 인간은 예측할 수 없는 신비스런 존재라기보다는 예측 가능한 '행동하는 동물'이라는 것이다. 따라서 인간연구의 자료는 신비스러운 인간의 무의식적인 면이 아니라 예측 가능성과 과학적 관찰과 측정의 가능성을 지닌 인간의 행동이다.

상환 restitution 상환이란 무의식에 있는 죄책감을 씻기 위해 사서 고생하는 경우를 말하는데, 즉 상환행위를 통해 죄책감으로부터 벗어나려는 기제다. 예를 들면, 끊임없이 마음씨 좋은 사람의 경우, 자기는 반평생을 단칸 셋방살이하면서 돈만 좀 벌면 자선사업에 바치는 사람의 경우, 또 창조적인 행위로 나타난 경우로 30년을 두고 산더미 같은 돌을 깎아 부처님 조각을 완성했다는 옛날이야기에 나오는 사람 같은 경우다.

상황이론 contextual theory 대부분의 행동은 상황적인 것으로, 사람과 환경 간의 상호작용에서 도출되는 복잡한 양상의 결과라고 보는 관점이다. 이는 몇 세대를 통해 가족제도에 발생한 축적된 의무, 부채, 손해에 관한 유산의 측면에서 가족의 상호작용, 갈등, 충성심을 이해하기 위해 맥락적 가족치료자인 보스조르메니 너지(Boszormenyi-Nagy)가 만든 가족체계 개념으로서, 대부분의 가족치료이론가들은 이러한 상황적인 행동에 대해 동의하고 있다. ⇨ 맥락적 가족치료 참고.

상황적 요인 situational factors 인간의 행동 원인을 설명하는 데 있어 기질적 요인과 상황적 요인으로 구분하고 있다. 상황적 요인은 환경적이고 외부적인 요인을 의미하는 것으로 이러한 요인들을 통해 인간의 행동 원인을 추론하는 것이다. ⇨ 기질적 요인 참고.

색채생물학 Photobiology ⇨ 색채요법 참고.

색채심리학 color psychology 색채와 관련된 인간의 행동(반응)을 연구하는 심리학. 색채심리학에서는 색각(色覺)의 문제로부터 색채에 대하여 가지는 인상, 조화감 등에 이르기까지 여러 문제를 다룬다. 또한, 생리학 · 예술 · 디자인 · 건축 등과도 관계를 가진다. 특히 색채가 어떠하며, 우리 눈에 그것이 어떻게 보이고, 어떤 느낌을 주는지는 색채심리학이 다루는 연구대상 중 가장 주요한 부분이다.

색채요법 Color Therapy 색깔은 사람의 의학적 치료에 응용할 수 있으며, 색채가 인간의 행동과 내분비기능에 영향을 준다는 여러 임상 예가 나오면서 최근 미국 심리학자와 의사들의 색에 대한 관심이 크게 높아지고 있다. 색채생물학(Photobiology)으로도 불리는 이 분야는 19세기부터 연구의 대상이 되었으나 그 당시 지나치게 신비주의적 경향으로 학자들에 의해 무시되었다. 일부 학자들은 색채가 식품 다음으로 인체기능을 조절하는 중요한 요소라 지적한다. 예를 들면, 핑크색은 인간의 성격을 조용하게 만들기 때문에 성격이 난폭한 아이들을 핑크색 방 안에 수용한 결과 이들이 조용해지기 시작했으며, 영국의 경우 자살이 많이 일어나는 런던의 브랙 프라이어교에 청색 등을 설치하여 자살 감소 효과를 거두었다는 보고도 있다.

샌드위치증후군 sandwich syndrome 중간관리층이 겪는 고통을 말하는 것으로, 아래에서는 젊은 부하들이 쳐 올라오고, 위에서는 경영진이 다그치는 사이에서 받는 압력으로 중간관리층이 겪는 고통을 샌드위치에 빗대어 표현한 것이다. 이 증후군은 능력의 한계나 현실의 벽을 느껴 우울증으로 빠지거나 심할 경우 자살이나 심장마비 등의 돌연사를 초래할 수도 있다. 또한, 가족관계에서 고부간 갈등에서 스트레스를 받는 남편의 고통에도 적용될 수 있다.

생득관념 innate idea 데카르트의 주장으로 인간은 태어날 때부터 관념을 가지고 태어난다고 하는 것이다. 이는 경험에 의해 획득하게 되는 습득관념과 대립된다. 물론 생득관념은 태어나자마자 현실태를 파악할 수 있는 관념이 아니라 잠재되어 있는 관념으로서, 관념형성능력이나 경향으로 존재하다가 적합한 조건이 되면 비로소 현실의 관념이 되는 것이다.

생득설 nativism 어떤 인간성의 요소가 후천적으로 배워서 얻어지는 게 아니라 태어날 때부터 존재하거나 타고난 것이라는 이론.

생득적 행동 innate behavior 훈련이나 경험을 통하지 않고서도 일정한 자극에 의하여 생기는 행동을 말한다. 예를 들면, 신생아에서 볼 수 있는 각종 반사운동이 이에 속하며, 갈증이나 배가 고플 때 물이나 음식물을 요구하는 욕망이나 행동이 그 예다.

생리심리사회적 가족치료 biopsychosocial family therapy 애커먼(N. W. Ackerman)의 생리심리사회적 가족치료이론은 적극적, 역동적, 직접적이며 따뜻하고 직선적인 방법으로 가족문제의 핵심으로 파고 들어가 가족이 보다 의미 있는 의사거래를 할 수 있도록 돕는 것이다. 애커먼은 정신분석과 아동지도를 중심으로 가족에 대한 연구를 하게 되었는데, 심리분석적인 개념을 가족치료로 확대하여 적용하였다. 그는 가족을 심리적이면서도 사회적인 단위로 이해하고 가족을 분석하고 관찰하되 주로 역할관계와 의사소통의 내용과 과정에 초점을 두었다. 또한 그는 치료자에 대한 인식을 새롭게 하였다. 즉, 치료자는 내담자 개인과도 연관되어 있는 동시에 내담자의 가족들과도 연관이 있어야 한다고 믿었으며, 한 개인의 가족구성원을 개별적으로 인식하는 것이 아니라, 가족 전체 단위로 보아야 한다고 했다. 따라서 치료적 개입에 있어서 가족환경을 무시하지 않고 가족적인 맥락에서 개인을 다루는 것이 더 나은 변화를 가져온다고 믿었으며 치료대상의 잠재된 억압상태 해소에 중심을 두었다.

생리심리학 physiological psychology 생리학적인 연구방법에 뿌리를 두고 있는 심리학으로서 유기체의 생물학적 과정과 행동 간의 관계(신경 과학),

약물과 행동 간의 관계(약물심리학)에 대한 연구를 하며, 생리학의 이론에 의하여 심리현상을 설명한다. 생리심리학은 뇌의 연구, 호르몬 체계, 심리학적인 기능의 유전에 관심을 두었다. 캐나다의 신경외과 펜필드(W. Penfield)가 간질환자의 발작을 줄이기 위한 외과적 수술 중에 약한 전류로 뇌의 표면에 자극을 주어 뇌의 지도를 완성했으며, 뇌의 한쪽의 특정 부위에 대한 자극은 반대편의 신체 일부의 움직임을 유발한다는 것을 발견했다. 현재 생리심리학은 생리학의 방법이나 이론 외에 생화학, 약리학, 제반 신경과학 등 광범위한 생물과학과도 관련을 가지게 되어, 넓은 범위의 심리적 현상의 이해에 관한 물질적 기초연구 전반을 포괄적으로 지칭하는 경우가 많다. 예를 들면, '기억' 이라는 심리적 현상에 있어서 '기억' 의 여러 측면과 신경계의 대응 부위, 신경세포의 화학적 조성의 변화 및 여러 가지 종류의 약물효과와의 상관관계를 연구하게 되었다. 또한 독일의 심리학자 분트(W. Wundt)는 생리심리학을 실험심리학과 거의 같은 뜻으로 사용하고 있다. ⇨ 실험 및 생리심리학 참고.

생리적 동기 physiological motive 음식이나 물에 대한 요구처럼 분명한 신체적 요구에 기초한 동기를 말한다.

생리적 욕구 physiological need 매슬로우의 욕구의 단계에 의하면, 생존과 직결된 욕구로서 배고픔, 갈증, 성욕, 배설욕, 잠 등이다. 이 욕구 중 어느 하나라도 채워지지 않으면 인간은 그 욕구를 충족시키려는 동기에 지배당한다. ⇨ 욕구의 단계 참고.

생리적인 사랑 limerance 인간이 하는 사랑 중에 감정적인 사랑을 생리적인 사랑이라고 한다. 이는 진정한 사랑과 구별되는 단어로서 사랑에 빠지는 감정을 의미할 때 사용한다. 도로시 테노브(Dorothy Tennov)는 결혼한 부부들이 '생리적인 사랑' 에 빠지는 기간은 평균 2년이라고 언급한 바 있으며, 스콧 펙(M. Scott Peck)은 사로잡힌 감정하에서 친절하고 너그러운 행동들을 신뢰할 수 없다고 하면서, 사랑에 빠질 때 생기는 자아의 일시적인 붕괴는 종족보존을 위한 짝짓기나 성적인 결합의 가능성을 증진하기 위해 내적인 성적 본능과 외적인 성적 자극을 만들어 내는 인간의 반응이라고 하였다. 따라서 그는 사랑에 빠진 경험이 일시적으로 고조된 상태라는 것을 인식하고 진정한 사랑을 추구하라고 촉구하였다.

생리적 충동 biological impulses (physiological drives) 사람이 가지고 있는 근본 생리적인 요구, 즉 배고픔, 목마름, 수면과 성에 대한 욕구 등으로서, 행동의 강한 동기가 된다.

생리적 측정 biological measure 정서와 생리적 기능은 아주 밀접하게 관련되어 있으므로 성격측정, 즉 성격상의 개인차를 알아보는 데 때로는 생리적 측정이 쓰인다. 즉, 혈압상승은 적대감의 수준을 나타낼 수 있으며, 빠른 심장박동, 증가된 피부전하(conductance) 및 높은 혈압은 분노와 관련되어 있다고 볼 수 있다. 불안은 빠른 심장박동, 빠른 호흡, 땀나기, 그리고 근육긴장을 유발하기 때문이다. 이를 이용한 거짓말탐지기(Polygraph)도 정서에 관련된 생리적 상태를 나타내는 것이다.

생리전증후군(PMS) premenstrual syndrome (premenstrual Tension Syndrome) 월경전증후군 생리 3~4일 전 심하게 나타나는데 증상은 사람마다 매우 다양하다. 우울감, 긴장, 불안, 하복부통증, 두통 등 심리적 요인으로 생리와 성에 대한 부정적인 느낌에 영향을 미친다. 생리주기에 따른 호르몬의 변화와도 밀접한 관련이 있다.

생리학적 정서이론 정서이론의 하나로서, 우리가 어떤 정서를 느끼면 그로 말미암아 신체변화가 야기된다고 하는 이론을 말한다. 생리학적 정서이론에는 제임스 랑게(James-Lange) 이론과 캐논 바드(Cannon-Bard) 이론이 있는데, 제임스 랑게 이론은 '우니까 슬프다'는 식으로 어떤 상황에서 신체적 변화가 먼저 일어나며, 이를 지각하는 것이 정서라는 식의 이론을 의미한다. 즉, 눈물이 나오는 신체적 변화가 나타나면, 그 변화가 뇌에 전달되어 뇌가 슬프다는 정서경험을 나타내게 된다는 것이다. 반면, 캐논 바드 이론은 대뇌 아래 부분에 있는 시상하부에서 감정이 발생하는데, 환경으로부터 오는 감각정보가 시상에 전달되어 시상에서 대뇌피질과 신체의 여러 부위에 정보를 동시에 보내 정서경험과 신체변화를 동시에 일으킨다고 하는 것이다. 즉, 시상하부에서 '슬프다'는 감정이 일어나면, 그것을 대뇌가 신체의 각 기관에 '울어라!'고 명령한다는 것을 말한다. ⇨ 인지생리학적 정서이론, 정서 참고.

생물심리사회적 biopsychosocial 본질상 생물학적 · 심리학적 · 사회적인 스트레스처럼 생물학적 · 심리학적 · 사회적 요소로 이루어진 현상을 설명할 때 쓰이는 용어다.

생물심리학 biopsychology 뇌가 지니는 위대한 능력을 탐구하는 분야로서, 신경과학과 정신약리학을 포괄하는 생리심리학을 의미한다. ⇨ 생리심리학 참고.

생물학적 biogenic 심리학적이기보다는 생리학 혹은 생물학적으로 비롯되는 것.

생물학적 노화 biological senescene 전 생애 가운데서 퇴화과정이 재생적 생물학적 과정을 능가하여 결국 유기체의 파괴가 일어나게 되는 시기를 말한다. 노화의 이론은 여러 가지이나 어느 하나만을 확정하기 어렵다. 나이가 들면서 사람들의 신체기능이 덜 효과적으로 되는지에 대한 이유는 정확히 알 수 없다. 노화는 영양, 유전, 건강 및 다양한 환경 요인의 영향을 받는 복잡한 과정이라는 것을 알 뿐이다. 생물학적 노화에 대한 대부분의 이론들은 '계획된 노화이론'과 '마멸이론'이라는 접근법 가운데 하나를 취한다. 먼저 계획된 노화이론은 모든 유기체 내에 이미 짜여져 있는 정상적인 발달유형에 따라 신체가 노화한다는 이론이다. 각 종에 따라 달리 내재된 이 프로그램은 아주 작은 변화만 가능할 뿐이다. 이 이론을 지지하는 사람들은 그 근거를 각 종마다 고유한 노화유형과 고유의 평균 예상수명을 갖고 있다는 것에 둔다. 또한, 노화의 마멸이론은 신체는 지속적으로 사용하였기 때문에 노화한다는 견해로서 노화는 신체에 축적된 '피해'의 결과라고 한다. 이 이론을 따르는 사람들은 인간의 신체를 기계에 비유하고 있는데 기계부품이 오랜 사용으로 결국 마모되어 버리는 것과 같다고 설명한다. ⇨ 노화, 정상적 노화 참고.

생산성 대 정체 generativity versus stagnation 에릭슨(E. Erikson)의 이론에 따르면 대체로 24세에서 54세에 발생하는 것으로 인간의 심리사회적 발달 중 가장 긴 단계를 말한다. 여기에서 개인은 이기주의적 욕망과 장래 세대의 복지에 기여하려는 욕구 사이의 갈등을 조화시키려고 시도한다. 즉, 다음 세대를 돌보고 확립하며 인도하는 개인의 관심에 관한 용어로서, 이것은 또한 다른 사람들의 복지와 개인의 창조적인 노력의 탐구에 관심을 갖게 되는 것을 말한다. ⇨ 심리사회발달이론, 에릭슨 참고.

생존증후군 survivor syndrome 위험하고 생명에 위협적인 사건이나 심신충격을 경험한 사람들에게서 많이 발생하는 경향이 있는 행동유형이나 특성, 증상을 의미한다. 이런 사람은 특히 충격적 사건과 유사한 상황에서는 종종 장기간 주기적 불안, 죄의식, 노여움, 두려움을 나타낸다. 이러한 증후군은 특히 베트남 참전 재향군인, 전 전쟁포로, 대학살생존자, 성폭행희생자, 범죄희생자, 심각한 자연재해에서 살아남은 사람들이 경험하고 있다.

생태계 ecosystem 생태체계 영국의 탠슬리(A. G. Tansley)가 제창한 것으로 자연이 있는 그대로의 상태를 인식하기 위해서는 이것들 상호간의 관계를 지닌 생물과 무기적 환경을 하나로 통합하여 보아야 한다는 개념이다. 모든 구성성분 사이의 육체적, 생물학적 환경과 상호작용으로, 환경 속의 인간을 보다 포괄적이고 체계적으로 볼 수 있게 한다.

생태도 eco-map 생태도는 1975년 앤 하트먼(Ann Hartman)이 아동상담가들에게 가족이 필요로 하는 것을 조사하는 데 도움을 주기 위해 고안하였다. 가족과 가족생활공간에 속해 있는 사람과 기관들 간 역동적 관계를 그림으로 나타내는 방법으로 복잡한 가족생태체계의 전체 모습이나 조직적 가족유형과 가족관계를 시각적으로 나타내며, 생태도를 사용하여 가족을 둘러싸고 있는 환경의 중요체계들이 어떻게 구성되어 있는가와 가족체계의 요구를 충족시킬 자원의 유무도 파악할 수 있다.

생태시스템이론 ecosystem therapy 일생 전체에 초점을 둔 발달심리의 연구로 폴 발테스(Paul Baltes)와 워너 샤이에(Warner Schaie)를 중심으로 제시된 이론으로 기존의 아동기와 청년기의 변화발달과정을 중시하던 전통적인 발달관점을 수정하여, 발달의 변화는 일생에 걸쳐 여러 시기에 나타나며 그 방향도 여러 가지로 나타난다고 주장하였다. 또한 발달과정에서 형성하는 사회관계나 개인의 인생사에서의 경험, 역사적 변화가 심리사회 발달에 미치는 영향을 강조하였다. 따라서 유리 브론펜브레너(Urie Bronfenbrenner)는 각 연령에 있는 사람들이 자신의 환경 속에서 어떻게 상호작용하는지 살펴보아야 한다고 강조하면서 아동발달이론에 새로운 방향을 제시하였으며, 생태체계는 미시체계, 중간체계, 외체계, 거시체계로 구성된다고 보았다.

생태심리학 ecopsychology 생태심리학을 주창한 랄프 메츠너(Ralph Metzner)는 오늘의 심리학이 외계로 간다할지라도 하나도 변하지 않을 것이라고 말한 바 있다. 생태심리학은 사람들의 자연환경에 적응하는 과정과 적응양식, 사회관계양식을 포함하며, 또한 심성(psyche)과 대지 사이에는 공감적인 유대가 있다고 주장한다.

생태여성론 ecofeminism 1970년대 등장한 생태주의적인 성 평등주의를 의미한다. 자연생태계와 인간을 하나로 보고 생명의 가치, 평등한 삶의 가치를 실현하려는 사상이며, 지금까지 남성중심·서구중심·이성중심가치의 삶의 방식이 세상을 황폐화시켰다고 생각하고 이를 뒤바꾸려는 사상이다.

생태학 ecology 생태주의 생물 상호간의 관계 및 생물과 환경과의 관계를 규명하고자 하는 것으로 유기체와 환경 간 상호관계를 이해하는 데 기여한다. 헤켈(E. H. Haekel)에 의해 만들어진 말이며, 브론펜브레너(U. Bronfenbrenner)에 의해서 발달된 이론이다.

생태학적 관점 ecological perspective 인간에 대한 생태학적 접근의 목적은 인간이 스스로를 유지하기 위해 어떤 방법으로 환경을 유지하고 환경을 파괴하지 않으면서 그들의 욕구를 맞추는가에 있다. 이에 대한 중요한 개념은 적응, 교류, 사람과 환경 간의 호적상태, 상호교환성, 상호성 등이다. 즉, 환경의 다양성을 어떻게 증가시키며, 삶을 지원하는 자신을 어떻게 강화하는지에 대해 관심을 갖는다.

생태학적 오류 ecological fallacy 집단의 성격을 분석하면서 개인의 특성을 추론할 때 발생하는 오류를 의미한다. 이는 로빈슨(Robinson)이 명명한 것으로, 개체주의적 오류와 반대되는 개념이다. 그는 집단자료로부터 얻어진 자료와 개인 자료들로부터 얻어진 자료에 차이가 있음을 발견하고 조사문제가 개인에게 초점을 맞추고 있는 경우에 집단자료는 적절치 않다고 하였다. ⇨ 개체주의적 오류 참고.

생활양식 style of life 개인의 독특한 생활방식과 장기적 목표 추구적 방식, 즉 자아개념, 가치, 태도 등을 포함하는 것으로 개인의 행동을 특징지으며 이에 일관성을 부여하는 특성, 동기, 인지방식, 생활에 적응하는 기술의 독특한 양식을 의미한다. 이와 같이 생활양식은 삶에 대한 개인의 기본적 지향이나 성격을 말하며, 성격을 움직이는 체계적 원리로서 부분에 명령을 내리는 전체의 역할을 한다.

생활주기 life cycle 생애주기 출생으로부터 사망에 이르는 일련의 심리사회적 단계. 생활주기란 인간을 생물, 심리, 사회적 존재로서 통합적으로 이해하려는 것이며, 이를 발달단계적으로 보려는 노력을 확립한 사람은 에릭슨(E. Erikson)이다. 생활주기의 각 단계에서 요구하는 발달 과제는 항상 어떤 사회가 개인과 가족에게 요구하는 것을 포함하고 있다. ⇨ 가족생활주기 참고.

서비스접근 access provision 내담자들이 필요로 하는 서비스를 이용할 수 있도록 보장하는 사회 프로그램 또는 서비스 제공기관의 행동과 절차를 의미한다.

서비스접근성 accessibility of service 욕구를 가진 사람들이 관련 서비스를 획득하는 상대적 기회. 예를 들면, 사회기관들은 훨씬 더 접근하기 쉽도록 단골고객 근처에 있다. 즉, 이들은 편리한 시간에 이용할 수 있고, 기다리는 시간이 더 짧으며, 비용이 비싸지 않고 내담자를 만족시키는 정책, 환경, 자원, 인력을 가지고 있다.

서술정신의학 descriptive psychiatry 직접 관찰할 수 있는 증상, 임상적 실체 또는 임상적 증후군에 대한 관찰, 검토 그리고 분류에 근거를 둔 정신의학적 연구방법을 말한다. 정신의학적 증상과 장애를 일으키는 의식적 및 무의식적 요소에 초점을 맞추는 역동적 연구방법(dynamic approach)과는 대조적인 것이다. 서술정신의학은 정신장애의 각각의 형태란 폐렴이나 장티푸스와 마찬가지로 뚜렷이 구분할 수 있는 질병 단위며, 따라서 다른 신체적 질병에서와 같이 그 경과와 결과를 예측할 수 있다고 한다. 이와 같은 주장은 크레펠린(E. Kraepelin), 브로카(P. Broca), 알츠하이머(A. Alzheimer)와 같은 학자들의 확신에서부터 발전해 나왔다.

서신상담 counseling by letters 편지를 통해 자신의 어려움을 전문가에게 전하고 다시 편지를 통해 상담을 해주는 형태로 사람을 만나서 말로 의사소통하는 것보다 글로 자기의 마음을 더 잘 전달하는 사람에게는 좋은 방법이다. 또한 글을 쓰는 동안 자신의 생각을 정리할 수 있어서 더 유익하다. 서신 상담에는 우편이나 팩스, 이메일, 잡지의 Q & A 등 다양한 방법이 있다.

서약서 contracts 계약서 행동주의 가족치료사들이 사용하는 것으로, 앞으로 특정행동을 변화시키기로 가족구성원 간에 서면으로 동의하는 것.

석학증후군 savant syndrome 전체적인 지능은 저하되어 있지만 어떤 특정한 면에서의 재능이 특출하게 발휘되는 능력을 가진 정신발육지체아를 가리키는 것으로, 바보학자(idiot savant) 또는 천재백치로 불리다가 현재는 석학증후군으로 불리고 있다. 즉, 특정 능력이 엄청나게 뛰어난 자폐아와 같은 존재다. 그러나 그 특수 재능은 장소의 이름, 번호, 다른 사람의 생일, 달력날짜, 길거리의 순서, 또 시간표 따위에 대한 기계적 기억력, 음악의 율동감과 같이 음악적인 면에서 재능 등 극히 제한된 영역에서의 재능이다. 이들에게는 지능의 자유분방한 이용이나 응용 능력이 극히 제한되어 있어서 조직을 운영하기 위한 사회성이 없으며, 각자

가지고 있는 특정 능력 이외에는 할 줄 아는 것이 거의 없다. 석학증후군을 겪는 이들은 대부분 특정한 이유로 뇌 자체의 필터링(filtering) 기능이 제거된 형태로서, 보거나 듣는 정보를 '그대로' 받아들인다. 즉, 정보를 해석하는 것이 아니라 그대로 사진을 찍듯이 받아들이는 것이다. 석학증후군의 원인은 불분명하지만, 뇌에 어떤 중대한 변화가 일어난 때문으로 추정된다. 근년에 와서 소아자폐증과의 유사성이 주목을 받기 시작하였다. 골드슈타인(K. Goldstein)은 추상 능력의 장애가 기본에 깔려 있는 것을 지적하고 소아자폐증이 어느 정도 개선된 상태와 동등한 것이 아닌가라는 의견을 제시하였으며, 아주리아게라(J. Ajuriaguerra)도 이전에는 소아자폐증이 바보학자(천재백치)로 불리어졌을 가능성이 있다는 견해를 제시한 바 있다. 또환 1978년 버나드 림랜드(Bernard Rimland)는 『Psychology Today』에 게재된 논문에서 '자폐적 석학(autistic savant)' 이라는 용어를 사용한 바 있다. ⇨ 자폐증 참고.

선입견 preconception 어떤 특정 대상에 대하여 실제 체험에 앞서는 주관적 가치판단으로, 선입견은 명백한 증거나 증명 없이 생겨난 개인, 집단 또는 현상에 대한 의견이다. 선입견은 일단 가지게 되면 그것이 고정되기 쉬운 특징이 있으며, 선입견과 관련되는 일이 일어나면 무비판적이고 감정적인 태도로 나온다. 또한 선입견이 합리화되고 고정되면 편견이 된다. 편견은 호의적인 것일 수도 있으나 그렇지 못한 경우가 더 많으며 법이나 관습 등 사회적인 제도의 형태로 나타나는 경우도 있다. 선입견이 있으면 객관적 사실을 왜곡하여 인지하고 그 모순을 깨닫지 못한다.

선택이론 selection theory 현실요법의 이론으로 통제이론(control theory)이라고도 한다. 이 이론의 핵심은 인간의 모든 행동, 사고, 감정은 인간이 선택한 것이라는 것이다. 예를 들어, 내가 누구를 미워하는 것은 그가 그렇게 만든 것이 아니라 내가 미움을 선택하기로 한 것이다. 심지어 불안이나 우울과 같은 감정까지도 그것이 어쩔 수 없이 발생한 것이 아니라 개인이 선택한 가정이라는 주장이다. 따라서 개인은 자기의 생각, 감정, 행동에 대해 책임이 있다. 역기능적이고 부적응적인 생각, 감정, 행동도 개인이 선택한 것이고 따라서 그 개인의 책임하에 있다. 이런 책임을 받아들일 때 개인은 문제의 노예가 되지 않고 문제의 주인이 되며 문제를 해결하는 주체가 될 수 있다. ⇨ 현실치료 참고.

선택적 주의 selective attention 칵테일파티 효과와 같은 의미다. 선택적 주의는 정보가 단기기억으로 들어가는 필터의 역할을 해 준다. 어떤 시기에 노출된 모든 자극들에 주의를 기울이는 것은 불가능하기 때문에 이 자극들 중 많은 것을 무시하고 몇 개의 주요 자극에만 초점을 맞추게 되는데, 주의를 받지 못한 자극들은 단기기억에 아주 약하게 기록되거나 전혀 기록되지 않는다. ⇨ 칵테일파티 효과 참고.

선택적 추상화 selective abstract 선택적 추출(selective abstraction)로도 불린다. 이것은 과잉일반화와 다소 비슷하며, 부분만을 선택하고 전체적인 그림을 보지 않는 것을 말한다. 즉, 어떤 상황을 이루는 많은 요소 중에서 단지 하나의 요소만을 근거로 결론을 내린다. 특히 실패하고 실수하는 자신만을 바라보는 내담자들에게서 흔히 찾아볼 수 있다. 예를 들면, '나는 9개월 동안 맑은 정신이었는데, 요 며칠 수면제를 복용했다. 그러므로 약을 끊으려는 시도는 실패했다.' 와 같은 생각이다.

선택적 함구증 selective mutism 언어를 쓰고 이해하는 능력이 있고 기질적, 신체적 원인이 없는데도 거의 모든 사회 상황에서 말하기를 거절하는 것. 이런 상황은 너무 어린 아이가 가령 학교와 같은 사회적 장소에 참가하도록 강요당하는 동안에 가장 흔히 나타난다.

선택추론 choice corollary 인간이 사상(events)을 어떻게 인지하는지에 대한 인지구성체의 특성을 설명하는 추론. 선택에 직면했을 때, 개인들은 이분화된 구성체들 가운데 대안점으로서, 그들 자신들의 인지구성체계의 확대와 확립의 가능성을 증진시키기 위해 그의 현실 이해를 증진시켜 주거나 그의 현재 구성개념체계를 명확하게 해 줄 가능성이 있는 대안을 선택할 것이라는 추론을 말한다.

선행사건 activating event 개인에게 정서적 혼란을 야기하는 어떤 사건을 말한다. 가령 시험에 떨어졌다든지, 여러 사람 앞에서 심한 꾸지람을 들었다든지와 같은 인간의 정서를 유발하는 어떤 사건이나 행위를 의미한다.

선형적 생각 linear thinking 개인상담이 가진 기본 가정으로서 선형적 생각은 인과적으로 어떤 행동을 원인과 결과로 나누어서 생각하는 방식을 말한다.

설단현상 tip of the tongue phenomenon 혀끝에서만 뱅뱅 맴돌고 생각이 나지 않는 현상을 말한다. 설단현상은 여러 정보가 복잡하게 얽혀 있어 기억 인출에 실패했을 경우, 시험과 같이 심리적 압박이 심할 경우, 무의식적으로 어떤 것을 떠올리지 않으려고 하는 경우와 같이 다양한 이유로 나타난다. 대개 인출 실패로 인한 설단현상은 인출단서(Retrieval Cue)를 제공해 주면 쉽게 교정된다.

설득 persuasion 설득은 전달자가 전달내용을 수신자에게 보내어 소기의 목적을 달성하려는 의사소통 행위다.

설득주장이론 모험적인 주장을 하는 사람이 설득력을 지니게 됨으로써 구성원에게 더 많은 영향력을 끼친다는 이론으로서, 더 가치 있는 극단을 선호하는 주장이 많이 나오기 때문에 집단구성원이 더 가치 있는 극단 쪽으로 옮겨 간다는 집단 내 극화에 대한 설명이다.

설득치료 persuasion treatment 신경증에 대하여 환자의 이성에 호소하여 치료하는 것. 충동이나 욕구불만 및 잘못된 생각이나 습관을 환자의 이성과

의지 및 윤리도덕관에 적극적으로 호소하여 시정하도록 하는 요법이다. 엘리스(A. Ellis)의 합리치료에서는 성인의 정동은 주로 사고에 의해 일어나고 통제된다는 근거하에 자기 자신과 대화로서 사고적 왜곡을 깨닫게 하고 치료를 도모하는 것과 같다. 강요보다는 치료자를 신뢰하게 하고 권유나 설명을 통하여 자기 문제를 스스로 비판하고 이를 강화함으로써 증세를 완화시킨다. 증세를 억압하기도 하고, 보다 견디기 쉬운 대상으로 전환되게 하기도 하고, 때로는 더 강한 방어기제를 내세우거나 새로운 것으로 대치시키기도 하면서 설득과 체험을 통해서 터득시키는 것이다.

설명 explanation 교류분석상담론에 있어서, 설명은 상담자의 편에서 내담자에게 행동을 가르치는 것을 의미한다. 설명은 내담자가 현재 그렇게 행동하고 있는 이유에 대한 상담자와 내담자의 어른자아 간 의사거래를 통해 이루어진다.

설명심리학 explanatory psychology 독일의 철학자 빌헬름 딜타이(Wilhelm Dilthey)가 처음으로 사용한 용어로서, 정신현상을 인과관계에 의하여 설명하려고 하는 심리학을 말한다. 그는 자연과학의 방법이 설명에 의거하는 데 반하여 정신과학은 이해에 의거한다며 기술심리학을 주장하였으며, 이에 대하여 일반적으로 행해지고 있는 심리학을 설명심리학이라고 하였다.

설문 questionnaire 응답자가 개인적인 의견, 흥미 태도 및 일상생활에서의 상황(문제)에 대한 전형적인 반응을 보고할 수 있도록 묻는 내용으로 이루어진 검사도구다. 예컨대 의견조사, 성격검사 또는 흥미검사 등의 경우 응답자가 동의하는 정도, 또는 가지고 있는 흥미의 정도를 나타내기 위하여 설문에서 정의된 눈금에 표시하는 형식으로 도구가 만들어진다. 면접을 통해 설문을 작성할 수도 있고 설문을 응답자에게 주어서 자기보고를 하게 할 수도 있고, 응답자의 행동을 잘 훈련된 기록자가 관찰하며 설문에 답을 제공할 수도 있다.

섬망 delirium 의식이 흐려지고 주의집중이 잘 안 되며 사고의 일관성이 떨어지는 현상을 말한다. 흔히 환각, 망상, 정서적 불안정, 불안을 동반하는 혼돈상태다. 섬망은 급성뇌증후군(예 : 고열, 수술 후, 산욕기, 요독증, 중독상태, 알코올 금단 후 등)의 일반적 증상으로 급성이다. 의식장애, 착란, 주의산만, 당황, 좌불안, 지남력장애, 지리멸렬한 사고, 착각, 환각, 불안, 의심, 공포, 악몽 등의 증상과 경과의 변동이 심한 것이 특징이다. 감각자극이 감소되는 밤에 특히 악화된다. 대체로 회복 후 지나간 일에 대해 잘 기억하지 못하나, 꿈 같다고 회상하기도 한다. 의학적 원인과 알코올, 마약 등 물질남용을 원인으로 본다.

섬망증 delirium tremens (d.t's, 진전섬망) 알코올 중독자에게 알코올 공급을 차단했을 때 나타나는 섬망현상이다. 이때 뚜렷한 진전과 자율신경기능항진을 보이는 심한 상태를 섬망증이라고 한다. 주 증상은 섬망이며 보통 술을 끊은 지 1~4일 후에 열, 경련, 환각증상을 보인다. 그 외에 진전, 자율신경기능항진, 망상, 환각, 안절부절못하는 행동, 지남력장애를 보일 수 있다.

섭식장애 eating disorder 음식을 먹는 행동에 부적응적 문제를 일으키는 장애로서 섭식장애에는 거식과 폭식의 두 하위 형태가 있다. 신경성거식증에 걸리면 살찌는 데 대한 극심한 공포로 인해 음식 섭취를 거부하며 자연히 체중이 과도하게 감소한다. 간헐적인 폭식, 이에 수반한 의도적 구토와 설사제 과다 사용이 신경성폭식증의 특징이다.

섭취 interjection (incorporation) 타인의 태도와 속성을 자신의 일부분으로 둔화시키는 것을 말한다. 즉, 자기 속에 자기 이외의 것을 받아들여 안정을 찾는 것이다. 정신분석학에서는 동일시와 투사의 가장 초기의 형태, 그리고 외부현실에 대한 가장 원시적인 인식을 의미한다. 이 기전은 어머니의 젖을 먹는 과정에서 유아가 어머니의 유방 또는 어머니 전체가 자기의 일부분이 되는 것 같은 느낌을 가지거나 또는 공상을 하는 과정에서 즉, 구순기에서 맨 처음 나타난다. 이 기전은 또한 젖꼭지가 대상이 되는 가장 초기의 성활동의 표현으로 생각되고 있다.

성 sex/gender 성은 영어표기로 sex 또는 gender로 표현되는데, 여기서 sex는 선천적으로 타고난 성의 차이를 기준으로 한 남성, 여성, 혹은 불확실한 생물학적 상태를 말하는 것으로서, 상황에 따라 성의 결정은 외부 성기의 생김새나 핵형(karyotype)을 확인함으로써 결정할 수 있다. 즉, 생식적인 일차적인 성개념, 일반적으로 생식기, 성행위 위주의 성개념으로 통용되고 있으며, gender는 여성성, 남성성이라는 성역할을 중심으로 사회화 과정에서 만들어지는 이차적인 성개념으로, 여성과 남성이 사회 문화적인 조건에 따라 키워지고 만들어진다는 후차적인 성개념이다. 우리가 인식해야 할 올바른 성개념은 남 · 녀 양성의 신체적 · 생리적인 차이와 성행동은 물론 가치관과 태도 및 감정, 신념 등 심리적 · 문화적인 면을 모두 포함하는 것이어야 한다.

성감대 erogenous zones 자극하면 성적 각성을 일으키는 몸의 부위로서, 개인차가 현저하며, 일반적으로 간지러운 기분을 강하게 느끼는 부위다. 프로이트(S. Freud)는 성감대들은 모두 적절한 방식으로 자극을 받음으로써 특정한 양의 쾌락을 제공하는 데 이용되며, 이러한 쾌락은 긴장을 증가시키는 역할을 하고, 다시 성행위의 완성을 위해 필요한 운동에너지를 생성한다고 하였다.

성격 personality 라틴어의 'persona'에서 유래되었다고 하는데, persona는 헬라시대 극장에서 배우들이 쓰던 가면을 지칭했다. 성격을 개념적으로 정의 내리기에는 학자마다 의견이 일치하지 않지만, 일반적으로 내리는 정의는 개인이 환경에 대해서 대처하는 독특한 방법을 반영하는 특징적 사고, 감정 및 행동방식의 총체적 유형으로 정의를 내리거나 어떤 사람의 몸가짐, 생각, 말하는 모습, 풍기는 인상과 같은 인간이 가지는 기본적 행동양식의 지속적이고 일정한 틀을 발견해서 이것을 그 사람의 성격이라고 한다. DSM-III-R에 의하면 '성격'이란 개인이 자신과 환경에 대해서 지각하고 생각하는 방식, 환경과 관계 맺는 방식 등을 의미하는데, 이런 사고방식, 지각방식, 행동방식이 그가 접하는 다양한 사회환경이나 개인적 상황에서 지속적이고 일관성 있게 나타날 때 이를 성격이라고 부른다.

성격검사 personality test 인성, 인격, 개성 등 여러 가지로 불리는 성격의 특성과 그의 증상적 항목 중 일부를 과학적으로 측정·평가하여 학업, 진로 및 성격의 지도와 교정, 치료를 위한 기초 자료를 제공하고, 아울러 이 검사를 받는 수험자가 현실적이며 객관적으로 자기를 이해하고 치료하는 데 도움을 주기 위해 제작하였다.

성격목록 personality inventory 성격의 진단에서 피진단자가 자신의 성격을 어떻게 인지하고 있는지 조사하기 위한 질문지법의 자기진단 목록으로, 복수의 성격특성을 동시에 측정하여 특성 간 상관관계를 나타내려한 것을 성격목록이라 부른다. 성격목록은 측정적이라기보다는 진단적인 의미를 가지고 있다.

성격심리학 personality psychology 성격심리학은 사람들 간의 개인차를 다루는 분야를 총칭하는 것으로서, 이상성격을 다루는 임상심리학과는 달리 정상성격을 다룬다. 동일한 상황 아래서 동일한 자극에 부딪친 경우 인간이 어떻게 반응하고, 어떻게 행동하는가 하는 것은 사람에 따라 다르게 나타나는데, 이렇게 다르게 나타나는 이유를 찾고자 하는 것이 성격심리학의 출발이다. 그러나 단순히 개인의 지적 기능이나 행동의 단편적인 활동과 부분적인 것에만 초점을 두는 것이 아니라 기능을 적용하게 하는 내적인 체제 전체, 즉 사람을 밝히고자 하는 것이다. 성격의 측정을 위해서는 관찰 및 검사를 이용하며, 이를 통해서 얻어진 자료는 임상심리학, 상담심리학, 학교심리학, 산업심리학 등 심리학의 제반 분야에 기초적인 자료로 활용된다.

성격유형 personality types 독일의 정신의학자 크레치머(E. Kretchmer)는 정신병리학적 입장에서 기질과 체형의 관계를 논하면서 조울성 기질은 비만형에, 분열성 기질은 마른 체형에, 간질성 기질은 근골형 체형에 많다고 하였다. 또한 독일의 심리학자 옌슈(E. R. Jaensch)는 직관상의 소유자에게 특정한 성격이 많다는 발견에서 출발하여 성격을 융합형과 비융합형으로 대별하고 그 중간에 여러 유형이 있다고 하였다. 그는 정신을 사고, 감정, 표상작용, 의지활동, 충동활동 등의 여러 가지 기능으로 나누었는데 이것들이 융합하여 활동하는 것이 융합형이고, 그 융합의 정도가 낮고 고립해서 활동하는 경향이 있는 것을 비융합형이라 하였으며, 융합의 정도에 따라 중간형이 있다고 하였다. 스위스 심리학자 융(C. G. Jung)은 성격을 내향과 외향으로 분류하였는데, 리비도가 자기의 외부 대상으로 향하는 경향이 있는 사람을 외향형이라고 하였으며, 이런 유형의 사람은 정서의 표현이 활발하고 결단이 빠르며, 통솔력이 있고 사교적이라고 하였다. 반면, 내향형인 사람은 리비도가 내면으로 향하여 생활의 주관적인 면을 중시하고 내성적이고 사려 깊으나 결단력이 모자라고 고독을 즐기는 경향이 있다고 했다. 한편 프로이트(S. Freud)는 구순애적 · 전성기적 · 성기애적 · 항문애적 성격의 4유형으로 나누어 설명하고 있는데, 항문애적 성격의 소유자는 성인이 되어 수동적인 동성애에 빠지기 쉽고, 직접적인 애정의 만족을 피하게 되면 대상적으로 지나치게 꼼꼼하여 결벽성이 심한 성격을 형성한다고 한다.

성격이론 personality theory 현실세계에서 나타나는 인간의 복잡성과 다양성을 설명하기 위해 만들어진 내적으로 일관성 있는 개념들의 체계다. 성격을 연구하는 이론에는 크게 특성이론(character theory)과 과정이론(processing theory)이 있으며, 대표적인 성격이론들에는 프로이트(S. Freud)의 정신분석학적 성격이론, 로저스(C. R. Rogers)의 현상학적 성격이론, 파블로프(I. P. Pavlov) 또는 스키너(B. F. Skinner)의 행동주의적 성격이론, 켈리와 엘리스(G. Kelly & A. Ellis)의 인지적 성격이론이 있다. 성격이론을 설명하는 각 학파들의 주요한 기본 가정은 인간 본성에 대한 기본 가정으로서, 각 학파의 성격이론은 한 이론가가 인간의 본성을 어떻게 가정하는가를 반영하는 것이다. 즉, 성격이론은 심리학의 한 영역으로서, 인간의 본질을 이해하고자 하는 체계적인 노력이지만, 심리학 내에서 '성격'이란 용어는 합의를 보지 못하고 있으며, 다음과 같은 인간본성에 대한 아홉 가지 기본적인 가정을 토대로 한다. ① 개인이 자신의 의사를 결정할 수 있는 자유의지가 있는 것인지, 외부요인이 영향을 주는지에 따른 '자유론과 결정론' ② 인간이 이성을 통해 자신의 행동을 결정하는 합리적인 존재인지, 비합리적인 힘에 지배당하는 존재인지에 따른 '합리성과 비합리성' ③ 인간에 대한 연구를 전체로 볼 것인가, 그 특징을 각각으로 연구해야 할 것인가 에 따른 '전체주의와 요소주의' ④ 인간의 성격이 어느 정도 유전되고 어느 정도 환경의 영향을 받는지 연구하는 '체질론과 환경론' ⑤ 인간의 성격구조가 시간에 따라 변화를 주는지 여부에 대한 '가변성과 불변성' ⑥ 인간의 행동이 사적이고 주관적 경험에 의해 영향을 받는지, 외부적인 객관적 요인에 의해 영향을 받는지에 따른 '주관성과 객관성' ⑦ 인간의 행동이 인간 내부 스스로 야기되는지, 외부자극에 대한 반응인지에 대한 '발생성과 반응성' ⑧ 개인은 기본적으로 긴장을 줄이고 내적 균형상태를 유지하려고 동기화되는지 아니면 인간의 동기가 성장이나 자극추구 및 자아실현을 지향하는가에 대한 '평형성과 불평형성' ⑨ 인간의 본질이 궁극적으로 과학적인 용어로 파악될 수 있는지, 과학적 이해의 가능성을 초월하는 무엇이 인간의 내면에 자리 잡고 있는지 여부에 따른 '가지성과 불가지성' 으로 구별된다.

성격파탄 personality disorganization 주위의 사회환경에 적응하기 곤란할 때 정신생활의 표현으로서 나타나는 성격이 손상을 입게 된 상태를 말한다. 질적으로 보아 성격 손상이 개선될 가능성이 있는 경우, 환경을 변화시켜 줌으로써 회복의 가능성이 있는 경우, 일시적인 적응 실패에 기인한 것으로 스트레스를 풀거나 휴식을 통해 회복될 가능성이 많은 경우 등으로 구분된다. 정신역동의 입장에서는 외부에 대해 반사회적인 행동을 지향하는 유형과 내부로 향하는 자해적인 유형(음주 · 마약중독 · 자살 등)으로 구분하기도 한다.

성격학자 personologist 성격연구를 과제로 삼는 학자를 말한다. 성격에 관한 학설에는 그리스의 아리스토텔레스(Aristoteles)의 성격론, 히포크라테스(Hippocrates)의 기질론 등과 같은 체액가설, 갈(F. J. Gall)의 골상학, 클라게스(L. Klages)의 필적학 등 인상, 골상, 필적 등의 특징에서 성격을 분류하려고 한 학설이 있다. 또한 슈프랑거(E. Spranger)와 딜타이(W. Dilthey)의 형이상학적 유형학과 쿠로이엔슈크류가의 실험유형학적 연구, 크레치머, 셀돈 등의 체격과 기질의 관련성 연구, 프로이트(S. Freud)와 융(C. G. Jung), 아들러(A. Adler)의 정신역학적 유형론 등이 있다.

성경적 상담 Biblical counselling (1) 하나님의 말씀을 따르는 상담, 이러한 맥락에서 성경적 상담은 기독교 상담과 같은 것으로 간주된다. (2) 크랩(Lawrence J. Crabb, Jr.)의 기독교 상담방법으로 자신의 상담을 성경적 상담이라고 불렀다. 크랩은 성경적으로 중요한 요소로서 세 가지를 강조하는데, 첫째는 격려다. 흔히 신자들 사이에서 이루어지는 것으로 삶의 위기와 곤경에 직면하여 고통당하고 있는 사람에 대한 사랑에서 우러나오는 위로이며 원조다. 둘째는 권고로, 삶의 문제에 대해 적절한 성경적 해결방침을 제시해 주는 것이다. 셋째는 교화로, 사람들이 자기 자신에 대한 잘못된 이해와 인생과 하나님에 대한 그릇된 개념들이 삶에 얼마나 무의미한 결과를 가져다 주는지를 올바로 보고 이해할 수 있게 하는 것이다.

성과연구 outcome research 어떤 치료법이 어떤 내담자에게 효과가 있는지에 대해 의문을 해소하기 위한 실증적 근거를 보여 주려는 연구다.

성교통증 dyspareunia 성교 시 여성의(때로 남성의) 아픈 경험. 동통을 수반하는 성교를 말하며 특히 여성의 경우에 적용되는 말이다. 대개는 성관계에 대한 심한 혐오감 또는 임신이나 질병에 대한 공포증 때문에 일어난다. 때로는 성교를 즐기지 못하는 경우에도 이 용어가 적용되기도 한다. 이에 해당하는 DSM-III에서의 용어는 기능성 성교불쾌증(functional dyspareunia)이다.

성기기 genital stage 생식기 12세 이후 사춘기에 해당하는 시기로 좋아하는 대상이 동성에서 이성으로 차츰 옮겨가는 단계다. 아동이 사춘기가 되면서 성적, 공격적 충동이 이성에 대한 흥미와 관심으로 나타나게 되는 시기로서, 미해결의 문제를 불안 없이 교류, 직면할 수 있는 성격형성기다. 이 시기에는 사춘기와 더불어 나타나는 제2차 성징으로 인해 생식선의 기능이 성숙됨에 따라 이성에 대한 관심이 커지고 성적 발달이 급진적으로 진행된다. 또한 정서적 해방과 독립을 추구하는 심리적 이유의 시기와 겹치는 시기이기도 하다. 따라서 갑자기 진행되는 신체적 발달과 성적 성숙으로 인해 지금까지의 아동기의 동일성이나 연속성이 흔들리게 되므로 새롭게 탄생하는 자기가 누구이며, 자신의 사회적 역할이 무엇인지 탐구하지 않으면 안 되는 문제에 직면하게 된다.

성기능장애 sexual dysfunction 성기능 부전 성적 욕구의 장애, 또는 완벽한 성 반응의 주기를 특징으로 하는 정신생리적 변화의 장애를 수반한다. 이러한 장애에 해당하는 것은 성적 혐오 장애, 성욕장애, 성적 흥분장애, 절정감 장애, 성교 통증 장애 등이다.

성도착증 paraphilias 성적 흥분을 경험하기 위해 정상적인 이성 간 성교를 추구하기보다는 주로 비정상적이고 반인습적인 성적 대상을 사용하는 장애를 말한다. 성도착증에는 소아기호증, 동물음란증, 관음증, 노출증, 의상도착증, 절편음란증, 가학-피가학증, 동성애 등이 포함된다.

성숙 maturity (1) 현실적으로 지각하고, 방어하지 않으며, 책임감을 받아들이고, 자신의 감각에 기초하여 경험을 평가하고, 평가를 새로운 경험 위에서 바꾸고, 타인들을 자기와 다른 유일한 개체로서 받아들이고, 자기가 긍지를 가지고 남에게도 긍지를 가지게 할 때, 그 사람은 성숙한 것이다. (2) 인간발달 측면에서 성숙은 대체로 유전의 영향, 즉 환경의 영향과는 무관하게 부모로부터 받은 유전자 속의 유전정보에 따라 진행하는 생물학적인 변화로, 특히 운동 및 신경계통의 발달을 의미한다.

성 심리학 psychology of sex 성 행동을 연구대상으로 하는 심리학. 성 행동은 선천적 행동과 학습성 행동으로 성립된다. 이와 같은 성적 행동은 호르몬, 뇌의 작용, 학습적 또는 무학습성의 환경자극 등 내외적인 여러 요인의 결합에 의하여 나타난다. 따라서 성의 심리학은 성 행동이 어떻게 발동되고, 여러 가지 요인들이 성 행동과 어떻게 관련되며, 이들 요인의 상대적 중요성은 어떠한 것인지를 연구한다.

성역할 sex-role 개인이 살고 있는 문화권에서 요구하는 성적 태도나 행동양상 및 성격적 특성으로서, 흔히 전형적인 '남성다운' 사회적 역할, 또는 '여성다운' 사회적 역할을 말한다.

성역할의 양성성 sex-role transcendence 성 역할 초월 남성성 대 여성성을 단일적 · 양극적 차원에서 보던 전통적인 성역할 행동과 달리 한 개인 안에 남성적 특질과 여성적 특성이 비교적 균등하게 내재되어 있다고 보고 성역할 활동에 구속되지 않고 다양하게 행동할 수 있는 심리적 자유를 갖게 한다.

성인기 adulthood 합법적으로 성숙에 이른 완전히 다 자란 개인으로 대개 18세 시기에서 사망에 이르는 인생주기의 한 단계다.

성인아이 adult child 해소되지 않은 어린 시절의 문제, 즉 미해결과제(unfinished business)를 아직 처리하고 있는 18세 이상의 성인을 의미하는 말이다. 가족상담(치료)을 전문으로 하는 심리학자들은 이들이 역기능가정(dysfunctional family)의 산물로서 보았으며, 콘웨이(Conway)는 '성인아이'를 '겉으로는 다 컸는데, 속으로는 왜소하고 나쁜 사람처럼 느끼는 사람'이라고 정의하였다. 성인아이의 증상으로서는 동반의존성, 공격적 행동, 자기도취나 과시적 성격, 불신감, 중독 등이 있다. 또한 나이에 걸맞지 않게 성인의 문제를 다루어야 하는 '성인화된 아이(adultified child)'를 '성인아이'라고 부르기도 하는데, 이와 같이 생활의 어떤 영역에 대해서는 어른과 같이 생각하거나 행동하는 어린이를 의미할 수도 있고, 아직도 어린 시절의 미해결과제를 안고 있는 성인을 의미할 수도 있다. 그러나 이 용어집에서는 어른 역할을 하는 '성인화된 아이'를 의미가 같은 현상인 '부모화된 자녀'로 구별하여 명기하였다. ⇨ 부모화된 자녀 참고.

성장동기 growth motive 성장(growth)은 주로 신체적인 특성의 긍정적인 변화를 의미하는 것으로 이해되었으나, 최근에는 '발달'과 동일한 개념으로 이해되고 있다. 성장동기란 자신의 잠재력을 실현하고자 하는 선천적인 충동과 관련된 높은 수준의 요구로서, 성장동기는 기본요구가 충족된 후라야 나타난다.

성적 강박증 erotomania 색정광이라고도 한다. 병적으로 성욕을 느끼는 경우로서, 성욕의 이상항진, 음란증을 가리킨다. 남성이 병적으로 성욕을 느끼는 경우에 대하여는 satyriasis, 여성의 경우에는 nymphomania라고 한다.

성적 반응법 sexual response 성적 감정을 앙양시켜 공포, 긴장, 불안을 극복하는 것이다.

성적 일탈 sexual deviant 정상적이지 않은 사물이나 행동으로부터 성적인 흥분과 만족을 얻거나 특정 사회의 표준적인 성행동에서 현저하게 이탈된 성적 행동의 형태다.

성적 피학증 sexual masochism 피학성애라고도 한다. 메조키즘(Masochism)은 19세기 오스트리아의 소설가인 L. von Sacher-Masoch의 이름에서 유래하였다. 프로이트는 자기 자신에게로 향한 파괴적 환상에서 유래한다고 하였다. 이는 가해가 자신에게 통하지 않는다는 것을 과시함으로써 무능감과 상해의 공포를 극복하고자 하는 역동적 요인 때문이다. 어린 시절 고통이 성적 즐거움의 필수 조건임을 경험한 적이 있다. 다음과 같은 두 가지 중의 하나인데 ① 모욕, 구타, 채찍질, 묶임, 기타 고통을 당하는 방법이 성적 흥분을 얻기 위해 애용되거나 또는 유일한 방법이 될 때, ② 성적 흥분을 얻기 위해 신체적으로 상처를 입거나 생명의 위협을 받는 행동에 의도적으로 몸을 내맡기는 경향이 있을 때다. 자기애적 질식(Autoerotic asphyxiation)도 여기에 해당된다. 이들은 여자보다 남자에서 더 많고 성인 초기에 주로 시작된다. 경과는 만성적이다. 30%에서는 가학증적인 경과는 만성적이다. 도덕적 피학대음란증(Moral masochism)은 고통의 욕구는 느끼나, 성적인 공상은 없는 경우를 말한다.

성적 학대 sexual abuse 성적 학대는 고용관계에 있는 의존적 아동이나 미성숙한 개인에게 착취적이거나 신체적인 접촉으로 성적 행동을 하는 것이다. 이러한 학대에는 유방이나 성기를 만지거나 공격자 자위, 옷을 벗기는 것, 구강이나 항문 또는 생식기 접촉, 포르노 영화를 보여 주는 것, 신체적 자극을 목적으로 물건을 사용하는 행동 등이 포함된다. 이와 같이 성적 학대란 성폭력을 의미하며 임상심리에서는 성폭력이라는 용어 대신 성적 학대라는 말을 사용한다. ⇨ 성폭력 참고.

성전환증 transsexualism 개인이 자신과 다른 반대편의 생물학적 성의 신체적 특징이나 사회적 역할을 지속적으로 열망하면서, 자신의 성에 대해서는 심한 성 혐오감을 갖고 있는 상태다. 성 전환증은 정신성적 장애에 속하는 성 주체성 장애(sexual identity disorder)의 하나로서 자신이 타고난 해부학적 성에 대한 불만감과 부적절감이 지속되고, 자기 자신의 성기를 제거하고 자기와 반대되는 성의 소유자로서 살고 싶은 강한 충동이 수반되는 경우이다. DSM-III에서는 이런 상태가 적어도 2년 이상 지속되고 또한 정신분열증이나 기타 정신장애의 증상이 아니고, 또 신체적 간성(physical intersex)이나 기타 유전적 이상과 관계가 없을 때에만 이 진단을 내리도록 규정하고 있다. 어떤 이성지향증 환자들은 반대성의 옷을 입고, 또 어떤 경우의 환자는 외과적 수술이나 내분비치료를 통해서 그들의 해부학적 성을 변형시키기도 한다.

성정체감 gender identity 자신이 남자라거나 여자라는 내적인 확신감을 말한다. 즉, 자신의 성별에 대한 명확한 인식을 의미하는 것으로 성정체감이 제대로 형성되지 않았거나 문제가 있을 경우에는 성에 대한 비정상적인 생각과 태도를 지니거나 성적 문제를 일으킬 수 있다.

성정체감장애 gender identity disorder 개인이 자신의 성에 대한 개념과 그 해부학적 특징을 일치시키지 못하는 장애를 말한다. 예를 들면, 거울 속에 비쳐진 자신의 모습이 남자의 특징을 뚜렷이 나타내도 자신을 여자라고 주장한다. 이런 남자들은 남에게 매력적인 여자로 보이기 위해 성전환 수술을 받거나 여성호르몬 주사를 맞기도 한다.

성중독 sex addiction 섹스 중독증 이는 1983년 미국의 정신과의사 패트릭 칸즈(Patrick Carnes)가 『어둠 밖으로』란 책에서 처음 선보인 용어로 '성욕과잉증', '성적 강박증' 등으로도 불린다. 성중독증은 자신의 내면적 고통의 마취제로 성을 사용하는 행위를 뜻한다. 성중독자는 성을 하나의 일시적 절정제로 사용하면서 주로 섹스를 통해 불안과 스트레스를 해소하려는 사람으로, 성에 대한 집착에 빠져 강박적 행동을 나타낸다. 섹스중독증의 원인은 열등감이나 정서불안, 우울증 등을 풀기 위한 것으로 보거나, 남자답다는 그릇된 인식 외에 신체적인 원인으로 뇌에서 분비되는 엔돌핀이나 앤케팔린 같은 물질들이 성행위나 사정을 할 때 성적인 환상을 강화시키기 때문에 섹스에 자꾸 집착하게 된다는 주장이 있으며, 한편으론 신경생리학적으로 뇌의 전달물질에 문제가 있다고 보기도 한다. 즉, '세로토닌'이 떨어지면 성적 흥분이 높아지는데, 이 물질의 대사 이상이 섹스중독을 초래한다는 주장이다.

성직주의 clericalisation 성직주의란 치유를 영적, 종교적 방법에 의해서만 정의하는 것으로서, 과학적 방법과 대비된다는 점에서 주술과 같은 맥락에 있다고 할 수 있다.

성차 gender difference 성차란 남성과 여성 간 차이를 말한다. 성차는 생리·신체적인 차이에서 뿐만 아니라 행동·흥미·태도·능력의 차이에서도 나타난다. 성차의 발달은 생물학적 요인과 환경적 요인에 의해 출생 직후부터 나타나며, 특히 사춘기 이후 생식능력의 발달과 함께 사회적 태도 인식에 기반을 둔 정서적 측면이 점차 부각되면서 신체적 남성성과 여성성의 급격한 차이를 가져온다.

성차별 sex discrimination 성별을 이유로 편파적으로 인간을 취급하는 행위로 대체로 남자들에게는 특별한 편익을 주고 여성들에게는 열등하게 처우하는 것을 말한다. 동등한 능력을 소유하고 있는데도 남성을 여성보다 더 유리하거나 높은 위치에 기용하는 행위가 성차별이다.

성추행 sexual molestation 성추행은 상대방에게 불쾌감을 주는 모든 형태의 성적인 관심으로 상대방이 원치 않는 성적인 언어나 행동을 반복하는 경우를 말한다. 예를 들어, 상대방이 싫어하는데도 성적으로 치근대는 또는 성적인 농담이나 성적인 야유와 같이 상대방에게 성적 수치심을 주는 성희롱(sexual harassment) 및 성적으로 위협적이거나 모욕적인 말을 하는 행위, 허락없이 상대방의 신체를 만지는 행위 등이 성추행의 범주에 해당된다. ⇨ 성폭력 참고.

성취검사 achievement test 개인의 과업수행능력을 측정하는 검사로 현재의 특정 훈련결과나 지식을 측정한다. 성취검사는 개인이 타인과 비교하여 학습과 경험을 통해 얼마나 더 큰 도움을 받을 수 있는가를 측정한다.

성취동기 achievement motive 성공 또는 원하는 목표의 달성을 위하여 노력하는 경향으로 자신이 보기에 가치 있는 중요하다고 생각되는 것을 성취하려는 동기다. 계속 성공하는 사람들은 강한 성취동기를 가지고 있거나, 내적으로 우월하게 일을 처리하고자 하는 욕구를 가지고 있는 것처럼 보인다. 성취동기는 대부분 학습되어지기 때문에 부모의 행동에 의해 상당한 영향을 받는다는 것은 놀랄 만한 일이 아니다. 장남이나 장녀는 부모의 지대한 관심 때문에 높은 유친성(有親性)과 성취동기를 보이고 있다. 성취동기의 첫 번째 요인은 개인이 성공가능성을 어떻게 인지하는가이며, 두 번째 요인은 얼마나 성공하기를 열망하는가이다. 세 번째 요인으로는 자신의 성취동기에 대한 책임감, 네 번째 요인은 주어진 유인자극으로부터 만족을 얻으려는 개인의욕의 정도다. 가끔 다섯 번째 요인이 제시되기도 하는데 그것은 목표를 달성하는

데 필요한 수단 또는 방법에 얼마나 익숙한가이다. 일례로 외과의사가 될 확률이 아주 작다고 느껴질 때 이에 대한 자극의 가치는 오히려 커질 수도 있다. 한편 유친욕구가 높은 사람은 적은 위험을 택함으로써 경쟁을 피하는 반면 권력동기가 높은 사람은 타인의 인정과 관심을 끌기 위해 보다 큰 위험을 감수한다. 높은 성취동기를 지닌 사람은 성공할 확률이 가장 높은 기회를 얻을 수 있는 중간 정도의 위험부담을 택한다.

성취압력 pressure for achievement 머레이(H. A. Murray)의 욕구-압력 모형개념으로, 인간의 행동을 결정해 주는 요인에는 내적 · 심리적 요인으로 욕구가 있고, 부모의 기대와 관심, 요구와 같은 개인의 외부환경으로부터 지각하는 외적 · 환경적인 요인이 있다. 여기서 머레이는 부모가 자녀에 대하여 갖는 교육적 관심, 성취기대 및 역할기대가 높을수록 자녀가 느끼는 압력은 더 크게 지각되는데, 성취압력은 이와 같이 자신의 능력이나 소질 이상의 높은 기대나 압력을 받는 것으로 지각하는 것을 의미한다고 하였다. 이러한 성취압력은 동기, 태도, 흥미, 가치관에 영향을 미치며, 주어진 목적을 달성하는 데 성취를 촉진시키거나 혹은 장애 작용을 한다. ⇨ 욕구-압력모형 참고.

성치료 sex therapy 심리적 및 생리적인 요인에 의한 성기능 장애에 대한 전문적인 임상치료로서, 마스터즈와 존슨(Masters & Johnsons)이 개발한 스퀴즈기법 등을 포함하여 성치료는 다양한 행동적 기법들이 있다. 대부분의 성치료는 관능훈련(sensate focus)에서 시작한다. 여기에서 부부는 어떻게 기분을 전환하고 어떻게 서로 자극을 즐기는가를 배운다. 이 기법은 성공률이 비교적 높은 것으로 알려져 있으나 치료자는 여성과 남성의 신체적인 것에 대한 상당한 지식을 가지고 있어야 하며 기법 소개 및 표현을 위한 실제 모델이 필요한 것 등 제한이 따른다.

성폭력 sexual violence (sexual assault) 상대방의 동의 없이 일방적으로 일어나는 넓은 의미의 성행위를 포함한다. 강제로 상대방의 신체를 만지는 것, 강제로 키스하는 것, 강제로 가슴이나 성기를 만지는 성추행을 포함하여 강제로 성교하는 것을 말한다. 이러한 성폭력은 가족이나 친척, 직장동료 및 낯선 사람 등 누구나가 성폭행자가 될 수 있으며, 임상심리에서는 성적학대라고 부른다. ⇨ 성적학대 참고.

성혐오감 gender dysphoria 개인이 자신의 생물학적 성을 나타내는 신체적 특징을 싫어하며, 자신의 성과 관련된 사회적 역할의 일부 또는 전부에 대해 지속적인 혐오감을 갖는 것을 말한다.

성호르몬 sex hormone 안드로겐(androgen), 스테로이드(steroid), 에스트로겐(estrogen), 테스토스테론(testosterone), 에스트라디올(estradiol) 등이 있다. 성 호르몬은 종족의 유지에 중요하며, 웅성 또는 자성의 발육, 생식기관의 발달 및 그 기능을 발현시킨다. 정소에서는 테스토스테론이 만들어지는데, 그 작용에 주목할 경우에는 안드로겐이라는 이름이 사용된다. 난소에서는 2종의 스테로이드호르몬이 만들어진다. 즉, 성숙여포상피에서는 여로 호르몬인 에스트라디올, 임신 중에는 황체호르몬인 프로게스테론이 만들어진다. 에스트라디올은 성적 성숙에 따르는 여러 가지 변화, 즉 유선, 질, 자궁의 발달을 촉진하며, 프로게스테론(progesterone)은 자궁점막에 수정한 난세포가 착상할 수 있게 준비시키거나 또 임신을 유지시키는 작용을 가지는 외에, 난소에 여포가 새롭게 성숙하여 배란이 일어나지 않게 하는 작용도 가지고 있다.

세대 간 가족치료 trans-generational family therapy 보웬의 가족치료를 말하는 것으로, 다세대가족치료라고도 한다. ⇨ 다세대가족치료 참고.

세대 간 관계 intergenerational relations 다른 연령층의 사람들이 서로 관계하는 정도를 말하는 것으로, 그들이 살아온 환경이나 가치관, 기대 등에서 많은 차이를 보임으로써 나타나는 각 세대 간 차이는 가정에서 괴리감을 형성하고, 가족갈등의 원인으로 작용하기 때문에, 세대 간 관계개선을 위해 세대 간 차이에 대한 정확한 지식이나 이해, 가족문제해결을 위한 생활교육적 조처와 대책 등이 관심사로 증가하고 있다.

세대 간 경계 generational boundary 이 경계는 부모와 자녀의 역할, 권리, 의무 등을 구분하여 주는 규칙으로, 어떤 문화에 속한 가족에서든 위계적 구조를 유지시킨다. 이 규칙들은 부모이자 부부인 하위체계에 의해 성립되는데 부부관계의 배타성뿐만 아니라 부모단위체의 필수적인 리더십을 공고히 해준다. 또한 문제가정에서 부모의 권력투쟁에 아동이 개입되어지는 경우에 세대 간의 경계가 깨어지면서 한 부모와 자녀가 동맹 또는 결탁(coalition)할 수 있는데, 이때의 세대 간 결탁은 삼각관계의 한 유형이다.

세로토닌 serotonin 신경전달물질 가운데 하나다. 노어에피네프린과 밀접한 관계가 있어서 주로 수면이나 기분조절, 체온조절과 같은 기능을 하며, 공격성이나 통증에 영향을 주는 것으로 알려져 있다. 즉, 세로토닌의 저하는 공격성을 증가시키는 결과를 나타내며, 우울증 환자들에게서도 뇌의 세로토닌 수준이 낮은 것으로 알려졌다.

세쌍X염색체증후군 triple X syndrome 정상적인 여성염색체 쌍인 XX에 여성 성염색체가 하나 더 있는 XXX 구조를 가진 사람들에게서 나타나는 증상으로 주로 인지능력발달에 장애를 보인다.

세장형 ectomorph 쉘던(Sheldon)의 신체형과 기질관의 관계에서 인간의 성격을 이해하고자 한 분류에 있어서 키가 크고 마른 사람을 말하며, 이들은 억제적이고 자아의식이 강하며 매사에 신중하고 결단력이 약하며 혼자 있기를 좋아하는 특성을 가지고 있다고 한다.

세포막 cell membrances 세포의 최외층을 둘러싸고 있는 막으로 원형질과 같은 뜻으로 쓰인다.

셀프핸디캡핑 self-handicapping 구실만들기, 자기불구화 방어적 인상조작의 기법으로 조건이 불리하다는 식으로 말하는 것을 의미한다. 자신에게 핸디캡을 줌으로써 실패했을 경우 또는 욕구가 충족되지 못했을 경우, 다른 이유로 책임을 전가하여 핑계 댈 구실을 만듦으로써 자존심을 보호하고 그 충격을 완화시켜 주는 일종의 자아방어 수단이다. 예를 들면, 시험 전에 '컨디션이 좋지 않다' 거나, '전혀 공부를 하지 못했다' 는 식으로 말을 해 놓으면 그 결과에 대해 변명의 여지를 만들어 놓을 수 있다. 즉, 자신의 컨디션이 좋지 않다고 미리 알려줌으로써 성적이 나쁘더라도 그것이 하나의 핑계가 될 수 있기 때문이다. 이와 같이 셀프핸디캡핑은 의식적, 무의식으로 프라이드를 지키려는 심리적 메커니즘이며, 사람들은 그것을 모든 면에서 활용하고 있다. 그러나 이러한 기법은 가끔 사용할 때 효과적이지 자주 사용하면 변명을 잘 한다는 부정적인 인상을 줄 수 있다.

소거 extinction 소멸 강화시키지 않은 결과로 특정 행동이 사라지는 현상. 행동수정에서 반응이 일어난 뒤 강화가 계속되지 않음에 따라 야기되는 조건반사의 소멸 또는 행동의 빈도가 감소하는 현상을 말한다. 스키너(B. F. Skinner)는 실험실에서 쥐에게 지렛대를 누르는 행동을 학습시키는 도중 기계의 오작동으로 지렛대를 눌러도 음식이 나오지 않자 쥐의 지렛대를 누르는 행동이 감소하여 결국에는 완전히 나타나지 않는 현상을 발견한 것이다. 유익이 있으므로 행동이 발생한다는 것을 거꾸로 생각해서 유익이 없으면 행동이 사라진다는 것이다. 따라서 응석부리는 아이의 응석을 모른 척 하면 응석이 없어지는 경우다.

소속욕구 belongingness need 매슬로우의 욕구단계에 의하면, 세 번째 단계의 욕구로서, 타인과의 접촉, 모임, 사랑 등에 대한 욕구다. 이 욕구는 생리적 욕구와 안전욕구가 어느 정도 만족되어야 그 중요성이 느껴진다. ⇨ 욕구의 단계 참고.

소시오그램 sociogram (1) 소시오메트리(사회측정학)의 테스트에 의해 측정된 개인의 선택 · 거부 · 무관심 등의 관계를 실선이나 점선 따위의 화살표로 나타낸 도표다. 이 도표를 통해 집단구성원 간의 전체적인 서열관계 유형, 집단 내의 하위집단, 하위집단 내에 노력집단과 비노력집단, 정규지위, 주변지위, 고립지위 등을 한 눈에 볼 수 있으며, 도표에서 나타나는 정적 관계를 통해 선호지위 및 자생적 리더도 찾아볼 수 있다. ⇨ 소시오메트리 참고.
(2) 혈액형BN스즈기분류법에서, 일본 심리학자들이 연구한 결과를 토대로 조사와 실험을 거쳐 테스트한 '혈액형주제파악' 에 대한 내용을 말하는 것으로 사람마다 대립관계나 아무런 이데올로기가 없는 상황 속에서도 같이 있어도 기분이 좋거나 편안한 사람이 있는 반면, 그냥 같은 곳에 있기만 해도 기분이 나쁘거나 상대하기 싫은 사람이 있는데 이를 주제별로 사람의 기질적 성향을 설명하고 있다.

소시오메트리 sociometry 사회측정학이라고 번역한다. ⇨ 사회측정학 참고.

소시오메트릭스 sociomatrix 소시오메트리(사회측정학) 기법의 하나인 소시오메트릭 테스트에 의해 밝혀진 자료로서, 집단의 규모가 커지면 소시오그램을 작성하기가 어려울 뿐만 아니라 이를 한 눈에 파악하기가 어렵기 때문에 소시오그램에서 나타나는 관계를 수치로 분석한 것이다. 즉, 일정 범위의 사람들이 집합 내에서 이루는 상호적인 선택이나 배척(거부)의 관계를 양적 처리가 가능하도록 행렬형으로 정리한 것이다.

소아기붕괴성장애 childhood disintegrative disorders 아동기 비통합성 장애 생후 2년까지는 정상적 발달을 보이다가 그 이후 언어 수용력 및 표현력, 사회적 대인행동, 소변 및 대변가리기, 동작기술, 놀이행동, 기타 적응행동 등에서 이미 습득했던 기능을 상실하며, 자폐증의 전형적인 증상들을 나타낸다.

소아기호증 pedophilia 소아애호증 성적 대상을 선택하는 데 있어 이탈을 보여 주는 것으로 주로 아동과 성적 관계를 갖는 장애다. 정신 성적 장애의 하나로서 사춘기 전의 아동을 대상으로 하는 성행위나 성적 공상이 성적 흥분을 얻기 위한 유일한 방법으로 선택되는 경우를 말한다. 대상 아동들은 연령적으로 10세 이상 나이가 어리며 대개는 이성의 아동을 선택한다. 이 경우에서의 성행위는 직접적인 성교가 아니라 쳐다본다거나 만진다거나, 포옹한다거나 입을 맞추는 행위로 나타난다.

소외, 소외감 alienation 예측할 수 없거나 받아들일 수 없을 것 같은 사회 · 문화적 배경에서 경험하는 분리 또는 이상한 느낌.

소진 burnout 일을 지나치게 많이 해서 혹은 일은 열심히 했지만 성취감보다는 심리적 좌절을 많이 경험함으로써 신체적 · 심리적으로 소진상태가 되는 것을 말한다.

소집단화 subgrouping 양인(pairing)이라고도 한다. 두 환자 또는 몇몇 소집단이 집단과는 별로 관계없는 화제를 계속 주고받고 다른 환자들은 우두커니 앉아 구경만 하는 경우를 말한다. 특히, 치료시간 이외에 밖에서 몇몇 환자들이 따로 만나는 것은 집단이 해체될 위험이 있으므로 말려야 된다.

소크라테스 대화 Socratic talk 소크라테스 식으로 대화하는 것은 어떤 주제에 대하여 대화하는 가운데 진리를 추구해 가는 과정으로서, 반어법과 산파술이 포함된 문답법과 권유법의 형식이다. 소크라테스는 문제해결과정에서 문제와 관련된 질문을 함으로써 문제해결을 유도할 수 있다고 보았으며, 성취해야 하는 문제의 중요성에 관심과 의문을 갖도록 권고하는 방법을 사용하였다. 소크라테스 대화는 대화형식을 통해 자신이 알고 있는 것이 제대로 된 것이 아님을 자각하고 이를 깨우치는 과정에 주목하여 진리를 찾아가는 방법이다. 즉, 문제를 제기하고 그 문제제기에 대한 가치를 탐구하고, 그에 대한 또 다른 문제제기를 통해 다시 만족할 만한 답이 나올 때까지 문제 탐구의 과정을 밟아가는 것이다.

소크라테스 효과 Socratic effect 사람들이 어떤 대상이나 인물에게 가지고 있는 심리적 호오(好惡) 감정을 태도라고 한다. 이렇게 사람들이 가지고 있는 태도는 몇 가지 특징을 가지고 있다. 첫째, 태도는 시간이 흐를수록 더욱 강해진다. 가령 친한 친구의 경우, 그 친구를 생각하면 할수록 좋은 점들을 떠올릴 것이다. 이따금 나쁜 점들이 떠올라도 그것은 어디까지나 예외일 뿐이라고 생각하면서 그 친구를 더 좋아한다. 그러나 싫어하는 친구의 경우, 그 친구를 생각하면 할수록 나쁜 점들만 떠올릴 것이다. 이따금 좋은 점들이 떠올라도 그것은 어디까지나 예외일 뿐이라고 생각하면서 그 친구를 더 싫어한다. 이처럼 사람들은 자신이 가지고 있는 태도를 스스로 반복적으로 검토하면서 자신의 태도를 강화시킨다. 둘째, 태도는 시간이 흐를수록 논리적으로 변한다. 사람들은 평소 태도에 일관성이 있어야 한다는 심리적 압박을 받고 있다. 만약 자기의 태도에 일관성이 없으면 몹시 긴장한다. 그래서 태도가 논리적으로 일관되지 않으면 사람들은 자발적으로 자신의 태도를 변화시켜 논리적이게 한다. 흥미로운 사실은 그런 태도 변화가 외부의 압력 없이 자발적으로 일어난다는 점이다. 소크라테스가 자기 제자들에게 질문을 던져 스스로 결론에 이르도록 한 것처럼 사람들도 자발적으로 자신의 태도를 논리적으로 일관성 있게 변화시킨다. 이런 현상을 '소크라테스 효과'라고 한다.

소프롤로지 sophrology 의식의 조화를 연구하는 학문이다. 이는 알폰소 카이체도(Alfonso Caycedo)가 창설한 것으로 명상이나 긴장완화, 최면술을 통해 개인을 깨어 있는 상태와 꿈을 꾸고 있는 중간의 상태, 즉 '소프로닉' 상태라고 규정되는 의식상태에 있게 함으로써 환자가 부정적인 감정에서 벗어나 긍정적인 감정을 갖도록 만드는 치료방법이다.

속죄 propitiation 기독교상담과정에서 사용되는 개념이다. 즉, 그리스도께서 십자가에서 하나님의 진노를 온전히 감당하셨기 때문에 하나님이 자신을 호의의 눈으로 바라보시며 깊이 사랑하고 있다고 믿는 것을 의미한다. 이러한 개념은 내담자가 자신의 삶에 안전감을 느끼게 함으로써 치료의 효과를 가져온다고 보고 있다.

쇠퇴이론 decay theory 흔적쇠퇴설(trace decay theory)이라고도 한다. 망각이론에는 크게 보면 쇠퇴설(decay)과 간섭설(interference)이 있으며 망각의 원인에 대해서는 여러 가지 학설이 제기되고 있는데 쇠퇴이론과 간섭이론이 대표적이다. 쇠퇴이론은 망각의 한 요인을 저장된 정보가 생리적 변화로 인해 부식되어 사라진다고 설명한다. 즉, 쇠퇴이론은 학습된 정보가 사용되지 않으면 망각이 일어난다는 것이다. 머릿속에 저장된 내용을 계속 사용하다보면 흔적은 더욱 뚜렷해져 소멸되지 않지만 사용하지 않거나 사용 빈도가 적다면 흔적은 점차 쇠퇴해서 결국 망각이 다른 현상을 가져온다는 것이다. 건망증 예방을 위해 지속적인 학습이 권장되는 것도 이 때문이다.

수단성 instrumentality 브룸(V. H. Vroom)이 주장한 동기에 대한 기대이론의 개념으로서, 수단성이란 일차 수준의 결과와 이차 수준의 결과 사이의 상관관계의 강도를 뜻한다. 예를 들면, 공부를 열심히 하여 성적을 향상시키는 것은(일차수준의 결과) 그것이 수단이 되어 좋은 직장(이차수준의 결과)을 얻을 수 있다는 신념을 수단성으로 포함한다.

수동공격 passive aggression 수동공격이란 일이나 인간관계에서 수동적 혹은 간접적인 방법으로 저항하는 것을 말한다. 즉, 공격성을 숨기고 이를 간접적인 방법으로 나타내기 때문에 수동공격이라는 이름이 붙었다.

수동-공격성 인격장애 passive-aggressive personality disorder 대인관계에서 건강한 자기 표현과 자기주장을 하지 못하고 수동적이고 순응적인 면과 공격적이고 저항적인 면이 극단적으로 나타남으로써 어려움을 겪는 인격장애다. 자신과의 관계에서 건강한 자존감을 갖지 못한다는 특징이 있다. 이런 행동으로는 겉으로 드러나지 않는 방해, 게으름 피우기, 일 미루기, 꾸물거리기, 무의식적으로 일의 효율 떨어뜨리기, 깜빡 잊기, 다루기 힘든 완고함, 비능률성 등이 있다. 이것들은 내부의 공격성이 수동적으로 표현된 경우다.

수동성 passivity 스스로 행동을 주도하지 않고 주위의 힘에 순종적으로 반응하는 행동유형을 말한다.

수동적인 조종자 passive manipulator 조종(manipulation)의 네 가지 유형 중 하나로서, 짐으로써 이기려고 하는 유형을 말한다. 조정이란 반항의 한 증상이며, 기만적이거나 간접적인 수단을 통해 사람이나 환경을 지배하려는 시도를 의미하는데, 수동적인 조종자 유형의 사람은 패자(under dog)의 입장을 취하며, 그들의 목표는 지배하는 것이 아니라 고역을 피하고자 하는 것이다. 따라서 수동적인 조종자는 자기 입장을 이용해 자신이 필요한 사랑을 충족시키려고 상대방을 조종하며, 그들에게 의존하고, 자기연민에 빠져 '당신은 나를 떠날 수 없어요' 라고 말하는 유형이다. ⇨ 조종 참고.

수면곤란증 dyssomnias 이상수면 일차성 불면증으로 호흡관련 수면장애다. 수면이나 각성 상태에 대한 기본적 질환으로 불면증 또는 수면과다가 주요증상이다. 이상수면은 수면의 양과 질 또는 수면시간과 관련된 질환이다.

수면과다증 hypersomnia 장시간의 야간수면, 낮 동안의 각성 유지에 대한 어려움, 또는 원치 않게 일어나는 낮 동안의 수면삽화를 특징으로 하는 과다한 수면이다.

수면관련장애 parasomnias 악몽장애, 수면 중 보행장애 등 수면 도중이나 수면-각성 전환기에 발생하는 이상행동 또는 야뇨증과 같은 생리적 사건들을 겪는 것으로 수면장애의 일종이다.

수면박탈 sleep deprivation (1) 대개는 실험적 목적

을 위한 것이지만 징벌의 하나로서 또는 포로로부터 자백을 강요하기 위한 방법으로도 사용되는 고의적인 수면방해를 말한다. 지금까지의 연구결과에 의하면, 하루저녁의 수면을 박탈당한 사람들에게는 신체적 기능이나 정신적 기능에 별 변동이 일어나지 않으며, 30~60시간 각성상태를 강요받은 사람들은 생소하고 힘든 과업을 해내는 데에는 별 장애를 나타내지 않지만 무엇을 쳐다보는 것과 같은 따분한 과업에는 내성이 약해진다. 그 이상 수면을 박탈하면 언어 차질이 생기기 시작하고, 심리적 검사를 제대로 수행해 내지 못한다. 지남력장애, 현실과의 유리감, 지각의 왜곡, 편집적 태도들과 같은 많은 정신병적 증상은 6~7일간의 수면박탈을 당하고 난 연후에 나타난다. (2) 우울증의 치료에서 사용되는 방법이기도 하다. 수면 후반부의 수면박탈이 우울증치료에 효과가 있다. 대부분 우울증의 경우 일주기 리듬에 있어서 위상변화를 교정시켜 준다는 보고가 있지만, 치료효과는 확실치 않다.

수면발작 narcolepsy 'sleep attack' 라고도 한다. 수면에 대한 통제할 수 없는 욕구로 가장 흔한 증상은 자신도 모르게 잠에 빠져 들고 15분 정도 수면 후 맑은 정신으로 깨어나는 것이다.

수면자 효과 sleeper effect 태도의 망각과 관련된 것으로 스트레스나 힘든 감정이 있을 때 잠을 자고 나거나 다소 시간이 지나고 나면 당시의 감정이 어느 정도 감소된다는 것을 뜻하는 심리학 용어다. 실제로 심리적으로 커다란 충격을 받았다 할지라도 시간이 지나면 문제가 많이 해결되는 것을 볼 수 있다. 이와 같이 수면자 효과는 설득의 심리학에서, 신뢰성이 낮은 사람의 설득효과가 시간이 지남에 따라 높아지는 현상을 의미한다. 설득하는 사람의 신뢰성이 낮다는 기억과 설득 내용의 기억이 시간이 지남에 따라 분리된다는 분리가설에 의해 설명되는 것으로, 설득 직후에는 설득자의 신뢰성이 낮기 때문에 설득효과가 억제되지만 시간이 지나면서 설득자에 대한 기억이 희미해져서 본래의 설득효과가 보이기 시작한다.

수면장애 sleep disorder 수면과 관련된 여러 가지 부적응적 문제를 나타내는 것으로, 일반적으로 수면장애라 하면 불면증을 연상하지만 국제수면장애분류(ICSD)에 의하면, 80여 가지의 수면장애가 있으며, 불면증은 이런 수면장애에서 보여지는 하나의 증상이다. 수면장애에는 수면곤란증(dyssomnias)과 수면관련장애(parasomnias), 기타 정신장애관련 불면증, 일반적인 의학적 상태로 인한 수면장애가 포함된다.

수사적 질문 rhetorical question 긍정적인 의미를 강조하기 위하여 일부러 의문형을 사용하는 표현법이다. 예를 들면, '이러면 안 됩니다.'를 강조하기 위하여 "이래도 좋습니까?"라고 표현하는 것과 같다.

수용 acceptance 사람마다 서로 다르다는 사실을 기꺼이 인정하고 나름대로의 성장발달을 허용하는 것이며, 내담자의 생각이나 감정, 행동을 도덕적 또는 사회적으로 평가하지 않고 있는 그대로 받아들이는 것을 의미한다. 상담자의 수용적인 태도는 내담자에게 인정감과 안도감, 신뢰감을 제공한다. 로저스(C. R. Rogers)는 이러한 수용을 무조건적이고 긍정적인 존중과 동일시하였다.

수정 fertilization 난자와 정자가 합해져 정자핵과 난자핵이 융합하여 배수성인 핵을 만들어 내는 과정을 의미한다. 수정은 여성의 월경 주기 시작 후 약 14일 경에 발생하기 쉽다. 수정이 된 새로운 세포인 수정체는 세포분열에 의해 계속 복제되어 특별한 기능을 지닌 8,000억 개 이상의 세포로 분화된다.

수정막 fertilization membrane 한 개의 정자가 난자 내로 들어가면 난자의 주변에는 수정막이 형성되어 다른 정자의 침입을 막는다.

수직분리 vertical split 코헛(H. Kohut)의 자기심리학의 개념으로서, 코헛은 건강한 자기를 구축하지 못한 인간에게서 나타나는 파편화된 자기의 현상을 수직분리와 수평분리(horizontal split)라는 용어로 설명한다. 여기서 수직분리란 과대적 자기(grandiose self)가 현실 영역 속에서는 차단되지만 의식 속에서는 여전히 현존하는 것을 의미한다, 이에 대한 증상은 허풍을 떨거나 내적인 허무감을 경험하는 것이다. ⇨ 수평분리 참고.

수치 shame 수치감 죄책감과 비슷하지만, 죄책감이 다른 사람들의 인지에 관계없이 자기 자신에 향한 감정이었던 반면, 수치감은 자기 잘못이나 약점이 다른 사람 앞에 드러났을 때 느끼는 감정이다. 이는 세상의 다른 누구도 잘못되지 않은 어떤 것에 자신만이 유별나게 잘못되어 있다는 느낌이며 자기부정적인 태도나 자신의 결점, 결함에 관한 혐오감 등도 포함되는 복합적인 감정상태라 할 수 있다.

수평분리 horizontal split 코헛(H. Kohut)은 건강한 자기를 구축하지 못한 인간에게서 나타나는 파편화된 자기의 현상을 수직분리(vertical split)와 수평분리(horizontal split)라는 용어로 설명하고 있는데, 수평분리란, 과대적 자기(grandiose self)와 현실자아가 억압되고 부정되는 증상을 의미하는 것으로, 이는 의욕상실이나 자신감 결여, 막연한 우울증, 삶에 대한 수동적 자세 등으로 나타난다.
⇨ 수직분리 참고.

숙달모델 Mastery model 과제수행시에 아무런 불안이나 어려움을 나타내지 않고 성공적으로 과제를 수행하는 모습을 보여 주는 것이다. 즉, 이상적인 행동을 먼저 보여 주는 것으로서, 적응모델(coping model)과 상반되는 문제해결을 위한 모델링의 한 방법이다. ⇨ 적응모델 참고.

순기능가정 functional family 순기능가정은 가족구성원들이 서로 감정적으로 연결되어 있으면서도 서로에 대한 자유로움을 느끼는 가족을 말한다. 서로에 대한 지지를 통해 가족임을 확실히 느끼고 어려울 때 도움을 받을 수 있는 가장 확실한 자원이 된다. 가족구성원들은 건강한 의미에서 갈등을 느끼고 이를 창조적으로 해결할 수 있다. 순기능 가정에도 갈등이 있지만 상호존중과 솔직함으로 갈등을 해소할 수 있다는 확신이 있으며, 긴장과 불안과 소리 높임과 울음이 있을 수 있지만, 매일 그런 일이 있는 것은 아니며 슬픔과 절망감이 있을 수 있지만 늘 있는 것은 아니다.

순응 yielding 양보와 같은 의미로 상대방에게 져주고 상대방의 관점에 자신을 맞추는 것이다. 이는 약하고 수동적인 반응으로서 갈등해소에 큰 비중을 차지하지는 않는다.

순응하는 어린이(AC) adapted child 교류분석에 있어 자아상태를 설명하는 한 개념이다. 순응하는 어린이 모습은 일상생활에서 따라야 할 규칙들을 잘 수행하는 것으로 자신이나 다른 사람을 기분좋게 하면서 원하는 것을 얻는 모습이다. AC가 낮은 경우 자기중심적인 면이 많이 작용하고, 높은 경우 순응적이거나 타협적이며 잘 협조하는 특징이 있다. 그러나 지나치게 높으면 죄악감이나 자기 속박이 강해지고 자기비하와 열등감으로 말미암아 자신에 대한 적개심을 마음속에 묻어 버린다. ⇨ 교류분석, 이고그램 참고.

순행억제 proactive inhibition 먼저 기억된 내용과 다음에 기억된 내용들이 서로 간섭함으로 망각이 일어난다고 보는 간섭이론의 개념으로, 순행억제는 시간의 흐름과 같은 방향으로 일어나는 현상을 말한다. 즉, 오래된 기억에 의해 새로운 기억이 방해받는 것이다. 예를 들면, 새로 이사한 집의 주소를 적으려고 하는데 이전에 살던 집주소에 대한 기억 때문에 새 주소가 생각이 나지 않는 경우를 말한다. ⇨ 역행억제참고.

순환기질 ayklothymie 조울기질이라고도 한다. 분열기질과 대조적인 기질개념으로 건강하고 정상적인 비대체형에서 보이는 기질특성이 나타난다. 즉, 원활하고 유연성이 있으며, 활발하고 사교적이며, 친절하고 온화하고, 인정미 있는 완만한 파동적인 기질곡선을 보여 준다.

순환성장애 cyclothymic disorder 순환성장애는 적어도 2년 동안 잦은 경조증기간(조증 삽화의 진단 기준에 해당되지 않는)과 잦은 우울증 증상 기간(주요 우울증의 진단 기준에 해당되지 않는)이 있는 것이 특징이다. 이는 순환성장애의 가벼운 형태로 순환성장애의 유병률은 인구의 1%이다.

순환적 circular 원인에 의해 결과가 일어나고, 그 결과가 다시 원인이 되어 또 다른 결과를 일으키는 인과관계에 의한 사고모델을 순환적이라고 부른다.

순환적 인과관계 circular causality 인과관계가 직선적이지 않으며 상호작용하는 관계 맥락 속에서 고리의 네트워크를 통해 일어난다고 보는 관점이다. 그러므로 모든 원인이 가족 내부의 상호작용 속에서 일어난 그 이전의 상황이 원인이 되어 나타난 결과로 본다.

순환적 질문 circular questioning 순환적 질문기법 가족구성원에게 돌아가면서 가족 상호작용의 유형이나 가족관계에 대해 질문하는 것이다. 가족상담의 사정단계에서 효과적으로 사용될 수 있는 질문기법으로서, 가족구성원 간 지각차이를 밝혀내는 데 목적을 두고 있다. 이는 밀란(Milan)학파의 독특한 치료기법으로서 가족구성원은 각각 돌아가면서 순환적 질문을 받게 되고, 이에 반응하는 것을 경청하면서 각 개인들은 다른 가족에 대해 새롭게 인식하는 경험을 하게 된다. 즉, 서로 다른 가족구성원으로 하여금 사건이나 관계에 대한 인식, 특히 가족생활주기에서 발생한 중대한 동맹의 변환이나 적응에 관한 인식을 전환시키는 것에 초점을 둔 대화기법이다. 순환질문의 유형으로는 가족 내 관계에 대한 초점, 가족의 서열을 정하는 초점, 대답하지 않은 가족원에게 초점을 두는 것이 있다

쉼터 shelter 정상적인 숙소가 없는 사람 또는 동물들에게 일시적인 거주나 보호를 제공하는 시설로서 대체로 구타 또는 학대받은 여성, 무주택자, 유기 또는 학대받은 아동 등을 위해 대부분의 지역사회에 설치되어 있다.

스캐닝 전략 scanning 시행착오전략과 같은 의미다. 가능한 여러 가지의 전략들 중에서 우선적으로 한 가지씩을 선택하여 차례로 시도해보는 것을 말한다.

스키너 B. F. Skinner (1904~1990) 행동주의를 이끈 미국의 심리학자로서, 그는 가설의 구성이나 설명보다도 조작주의적 분석에 의해 선행조건과 귀결과의 관계만을 기술하는 입장을 주장하여 스키너 학파를 이루었다. 또한 극단과정을 무시하고 관찰할 수 있는 행동의 연구로서의 심리학을 제안하였으며 행동조절에 있어서 환경에 대한 자극보다는 행동의 결과에 대한 규칙을 강조하였다. 또한 행동과 성격은 환경에 의해 결정되며, 인간에게는 자유의지가 없다고 믿었다. 스키너는 동물과 사람은 긍정적 결과가 따라오는 행동을 반복하려는 경향이 있다고 주장한다. 따라서 외부에서부터 변화를 일으키는 시도인 행동수정방법을 개척했다.

스키너상자 Skinner box 조작적 조건화를 연구하기 위하여 1930년 스키너(B. E. Skinner)가 개발한 실험상자를 말한다. 그는 이 상자를 이용하여 쥐가 지렛대를 누르거나, 비둘기가 부러진 원판을 쪼는 실험을 하였다. 쥐를 이용한 연구에서 먹이를 강화물로 하기 위해 그 전날 먹이를 박탈시킨 후 쥐를 상자에 넣으면, 쥐는 처음에 가만히 있다가 구석구석을 돌아다니면서 우연히 지렛대를 누르게 된다. 그러자 먹이가 떨어지는 경험을 하게 되는데, 이 때 쥐는 지렛대를 누르는 반응을 하면 그 결과로 먹이라는 자극이 나온다는 사실을 학습하게 된다는 실험이다. 또한 비둘기를 피험동물로 한 연구에서는 상자 안에 원판을 두고 원판에 불이 켜지게 하는데, 비둘기가 불켜진 원판을 쪼을 때마다 먹이통에서 먹이가 나오게 함으로써 조작적 조건화에 관한 실험을 실시하였다.

스키마 효과 schema effect 스키마는 대상에 관한

어떤 지식, 대상에 대한 인지들 간의 관계, 조직화되고 구조화된 인지들의 전체를 의미한다. 사람은 지각과정에서 한정된 정보처리능력으로 타인을 판단할 수밖에 없기 때문에 복잡한 정보를 단순화하거나 중복되지 않게 하는 등의 인지적 책략을 사용하는데, 테일러와 크로커(Taylor & Crocker)는 우리가 처음 사람을 만나게 되면 그 사람에 대한 주요 인지세트, 즉 스키마라는 인지도식을 사용한다고 하였다. 스키마의 내용은 사람의 유형에 관한 이론, 자신에 대한 개념, 태도, 어떤 집단에 관한 고정관념, 의식화된 사상에 관한 지각들이 될 수 있다. 이러한 스키마는 복잡한 정보를 단순화시키고 조직화함으로써 정보처리에 도움을 주며, 자세한 것까지 기억하고 조직화하고, 신속하게 처리하고, 지식의 간격 메우기를 도와주고, 새로운 정보를 해석하고 평가하는 것을 도와준다. 대인지각과정의 스키마에는 인물 스키마와 역할 스키마 등이 있다.

스톡홀름 신드롬 stockholm syndrome 리마증후군(Lima syndrome)이라고도 한다. 1973년 스웨덴 스톡홀름 은행에 무장강도가 들어 은행원들을 인질로 잡고 6일간 경찰과 대치했을 때, 시간이 지날수록 인질들이 무장강도와 심리적으로 동화되어 그들에 대해 유리한 증언을 하게 되었던 것에서 유래했다. 즉, 인질극이라는 극도의 공포 속에서 자신이 인질범에게 동화되어 인질범들의 편을 드는 현상을 의미한다. 사람들은 스트레스를 받는 상황에 처하면 나름대로 그 상황에 적응하려는 적응기제를 발동한다. 인질로 잡히는 것은 매우 갑작스럽고 강력한 스트레스며, 게다가 인질이나 경찰은 그 상황을 통제할 만한 힘도 없다. 그런 스트레스 상황에서 스톡홀름 증후군은 세 단계를 거쳐 일어난다. ① 1단계 : 인질들은 자신들의 생사를 가름할 수 있는 인질범들이 자신을 해치지 않는 것을 고마워하고 그들에게 온정을 느끼기 시작한다. ② 2단계 : 인질들은 위험을 초래하며 그들을 구출하려고 시도하는 경찰들에게 오히려 반감을 느낀다. ③ 3단계 : 인질범들도 그들의 인질에게 긍정적인 감정을 느낀다. 결국 인질과 인질범들은 모두 함께 고립되어 있고, 두려움을 같이 하는 '우리'라는 믿음이 생겨난다.

스트레스 stress 인간이 환경에 적절히 반응하여 생존을 유지하는 과정을 적응(adjustment)이라고 한다. 그러나 적절하게 반응하기 어려운 경우, 적응상의 곤란을 당하게 된다. 예를 들어, 갑작스런 승진이나 실직, 또는 심한 질병처럼 과도한 자극을 받는 경우와 독방에 감금되는 것처럼 지나치게 자극이 없는 상황에서 인간은 심리적, 생리적 불균형상태에 놓이게 되는데, 이러한 적응 곤란에서 생기는 정신적, 신체적 긴장을 스트레스(stress)라고 한다. 즉, 유기체의 정상적인 기능을 저해하고 내적인 긴장과 압박을 가져오는 영향을 말하는 것으로, 개인이 스트레스를 받게 될 때 가장 먼저 보이는 반응은 생리적 반응이다. 생리적 반응은 일관된 패턴인 경고반응, 저항단계, 소진단계를 따르게 되는데, 스트레스가 장기간 계속될 경우 이 세 단계를 거치면서 신체 에너지의 고갈로 질병에 취약하게 된다. 뿐만 아니라 좌절감이나 불안, 홍분, 지루함, 우울과 같은 감정에 의해 정서적으로 반응할 수 있다. 스트레스 전문가들은 스트레스를 자극접근, 반응접근, 자극-반응상호접근의 입장으로 설명한다. 자극접근은 스트레스를 압력과 같은 자극의 개념으로 설명하며 스트레스에 대한 반응을 긴장이라고 표현하는데, 사람들마다 압력에 견뎌내는 저항 수준에 차이가 있게 마련이어서 어떤 사람에게 가해지는 압력수준이 최적의 조건에서 벗어날 때 스트레스가 발생한다는 것이다. 반응접근은 환경적인 자극이나 요구에 대해 사람들이 보이는 반응에 초점을 두는 것이다. 이는 물리적이든 심리적이든 어느 종류의 스트레스를 가해도 유사한 반응을 보인다는 입장으로 '일반적 적응증후군' 이라고 부른다. 자극-반응상호작용접근에서는 인간이 환경과 상호작용한다는 사실에 근거한 것으로 사람들이 지각하는 요구수준과 자신과의 지각적 능력에 불균형을 느낄 때 스트레스가 나타난다는 것이다. 이와 같이 모든 사람이 똑같은 방법으로 스트레스를 경험하는 것도 아니며, 똑같은 방법으로 스트레스에 반응하지도 않는다. 이러한 개인차는 스트레스의 원인과 반응 사이의 관계를 조절한다. 그러나 스트레스에는 무조건 해로운 스트레스(distress)만 있는 것이 아니라 즐거운 스트레스인 최적 스트레스(eustress)도 있는데, 이처럼 사람의 삶에는 늘 스트레스가 존재하는 것이므로 이에 대한 긍정적인 대처가 중요하다.

스트로크 stroke 교류분석의 중요한 개념으로, 인정(recognition)의 한 단위다. 이는 언어, 표정, 감정, 몸짓 등 언어적으로나 비언어적으로 행해지는 일체의 교류단위로서, 이러한 자극의 욕구를 만족시켜 주는 행동을 의미한다. 즉, 사람의 피부접촉이나 표정, 감정, 태도 등 여러 행동을 통해 상대방에 대한 자신의 반응을 알리는 인간인식의 기본단위를 말한다. 긍정적인 스트로크를 많이 받고 자란 사람은 긍정적인 스트로크를 많이 내며, 부정적 스트로크를 많이 받고 자란 사람은 부정적인 스트로크를 많이 내는데, 긍정적인 스트로크를 내는 점수가 높다는 것은 대인관계가 매우 원만한 경우로서, 이런 사람은 다른 사람에게 호감을 주며 다른 사람에 대해서도 호감을 가지려고 노력한다. 그러나 부정적인 스트로크를 내는 점수가 높으면 대인관계에서 매우 곤란을 느낀다는 것을 의미한다. 따라서 다른 사람에게 긍정적인 스트로크를 주는 훈련을 해야 하며, 남들로부터도 부정적인 스트로크를 받지 않도록 노력해야 한다.

스트로크의 기아현상 stroke hunger 인정의 욕구나 접촉의 욕구 등이 충족되지 못한 현상으로 '스트로크의 기아현상' 이라고도 한다. 교류분석의 이론에 의하면 stroke(인정자극)는 사람의 피부접촉이나 표정, 감정, 태도 등 여러 행동을 통해 자신의 상대방에 대한 반응을 알리는 인간인식의 기본단위라고 정의하였다. 즉, 인간의 만남과 관계는 스트로크의 연속되는 교환으로 이루어진다고 보았으며, 한 개인이 다른 사람에게 주는 신체적 접촉 또는 심리적인 인정은 개인으로 하여금 자기존중감을 느끼게 하고 자신을 긍정적인 존재로 인식하게 한다. 이와 같이 자신을 긍정적인 존재로 인식시키는 인정의 욕구, 자극의 욕구, 접촉의 욕구 등은 총체적인 인간의 욕구라 할 수 있는데, 이러한 욕구가 충족되지 못할 때 스트로크의 기아현상이 나타난다고 보았다.

스트루프 효과 Stroop effect 무의식적인 자동적 주의 때문에 정보를 처리하는 데 더 많은 시간과 노력이 드는 현상을 '스트루프 효과'라고 한다. 사람들은 크게 두 가지 종류의 주의(Attention)를 가지고 있다. 하나는 의식적 주의다. 의식적 주의는 능동적이고 의도적으로 일어난다. 다른 하나는 자동적 주의로서, 자동적 주의는 의식적 안내 없이 무의식적으로 일어난다. 실험자는 피험자들에게 제시되는 나무토막의 색깔 이름을 대라고 요구했다. 한 조건에서는 색칠한 나무토막의 이름을 대는 것이고, 다른 조건에서는 나무토막 위에 쓰여진 글자의 색 이름을 대는 것이었다. 그런데 나무토막에 쓰여진 글자의 색 이름을 대는 조건에서는 글자와 다른 색을 제시했다. 가령, '초록'이라는 단어가 노란색으로 쓰여져 있기도 했고, '노랑'이라는 단어가 빨간색으로 쓰여져 있기도 했다. 제시되는 자극의 이름과 쓰여진 글자의 색이 불일치되도록 한 것이다. 그렇게 두 조건으로 나누고 나무토막에 제시되는 색깔 이름을 대라고 요구하고 그 반응시간을 쟀다. 그 결과 두 번째 조건의 반응시간이 두 배 이상 걸리는 것으로 나타났다. 단어를 읽으라고 요구하지도 않았고, 피험자들도 그 글자를 읽으려고 하지도 않았는데도 자동적 주의가 의식적 주의에 영향을 미친 것이다. 제시되는 나무토막의 색깔이 무엇인지를 물었지만 사람들은 무의식적, 자동적으로 씌어 있는 글자를 정보처리했다. 다시 말해 색깔 이름을 대려는 의식적 주의뿐만 아니라 씌어 있는 글자를 무의식적으로 읽는 자동적 주의가 동시에 일어남으로써 정보처리가 지체되는 것과 같은 현상을 의미하는 것이다.

스핀컨트롤 spin control 어떤 문제나 사건을 다듬어서 최대한 잘 굴러가도록 하는 일 또는 해석하는 것으로 일종의 홍보조작이라고 할 수 있다. 스핀컨트롤은 닉슨이 '워터게이트 사건'에서 언론에 인위적인 조치를 취함으로써 언론의 방향을 조정한다는 의미로 사용하였고 이후 정치언론에서도 자주 사용되는 용어다.

스핀박사 spin doctors 대중매체를 조작하고, 갈등이나 말썽으로 빚어진 당혹스런 문제를 해명하며 전체적으로 청렴한 이미지를 만들어 주면서 엄청난 대가를 받는 재주 많은 사람을 가리킨다.

습관화 habituation 반사를 유발하는 소리, 광경 및 기타 자극을 반복해서 제시하면 반사강도가 작아지거나 또는 반사의 빈도가 줄어드는 방식으로 제시 자극에 익숙해지는 과정을 습관화(habituation)라 한다. 즉, 같은 자극에 계속해서 주의를 기울이면 주의가 감소되는 현상을 말한다.

승화 sublimation 위험한 원초아의 충동 때문에 일어난 갈등으로 인해 스트레스를 받게 되면 그 충동들은 학업, 문학, 운동 등 사회적으로 용인되는 활동으로 전환시킴으로써 갈등이나 불안을 줄일 수 있다고 보는 것이다. 이와 같이 승화는 억압되어 있거나 원시적인 욕구나 충동, 공격적인 본능의 힘을 사적 혹은 사회적으로 보람 있고 인정받는 행동으로 유용하게 돌려 쓰는 기제로서, 본능충동의 에너지가 본래의 직접 목적을 떠나 자아에 의해서 보다 바람직한 행동으로 변용되고 순화된 것을 말한다. 이는 충동에 대한 방어기제라기보다는 오히려 성숙된 자아에 의해서 사용되는 적극적인 적응 기제라고 볼 수 있다. 전치(치환)와 유사한 행동기제이지만 대치된 욕구충족의 대상이 보다 높은 문화적 가치를 지녔을 때 그것을 승화라 한다.

시각절벽 visual cliff 4~6개월의 여아가 선천적으로 깊이 지각을 할 수 있는 능력을 입증하기 위한 실험이다. 깁슨과 워크(E. J. Gibson & R. Walk)가 만든 장치로, 이 장치는 깊은 부분과 얕은 부분을 만들어 놓고 그 위에 투명 유리를 깔아 놓은 것이다. 얕은 부분은 유리판 바로 아래 체크무늬판이 깔려 있고, 깊은 부분은 유리판에서 1피트 이상의 아래에 체크무늬판이 놓여 있다. 유리판 한 가운데에는 깊은 부분과 얕은 부분을 분리하는 단을 장치해 놓았다. 아기가 유리판 위에서 볼 때 시각적으로 깊게 보여 낭떠러지가 있는 것 같은 착각을 주게 되어 있다. ⇨ 깊이단서 참고.

시간조망 time perspective 시간정향(time orientation)과 같은 말이다. 인간이 자기의 일생이라는 긴 시간을 보는 관점을 시간조망이라고 하는데 이 시간조망은 발달단계에 따라 변하게 된다. 즉, 어린 아이에게는 인생의 마지막 지점이라는 관념이 들어 있지 않으므로 생일이 될 때마다 한 살씩 더해 가고, 중년 이후부터는 죽음의 순간에서 한 살씩 빼어 나가게 되어 나이를 거꾸로 계산하게 된다. 이처럼 45세를 전후하여 연령은 늘지만 사실상 생애는 나날이 짧아지는 것으로 파악하는 시간조망의 변화를 갖게 된다.

시계열설계 time-series design 상담회기에 따른 차이를 알아보고자 할 때, 상담과 같이 수차례에 걸쳐서 정기적으로 반복되는 행동에 대해서 연구할 때 유용한 연구방법이다.

시냅스 synapse 한 뉴런의 축색종말이 다른 뉴런의 수상돌기나 세포체와 기능적으로 연결되는 부위다. 시냅스는 흥분을 전달할 뿐만 아니라 다른 신경세포로부터 흥분의 전달을 억제하는 작용을 가진 것(억제성시냅스)도 있다.

시너지 synergy (1) (약 등의) 상승작용, 공동상승작용(효과 등의), 협력작용을 말하는 것으로, 체계가 자신을 유지하기 위해 스스로 창조해 내는 에너지, 엔트로피를 거부한다는 의미에서 negentropy라고도 한다. 인간은 시너지가 있음으로 해서 결혼이나 집단에서 관계를 유지·강화하고 서로 자극을 주며 유대를 형성한다. (2) 모든 개인이 적합한 행동(상호작용)으로, 집단의 구성원으로서 통합되어 가는 과정을 말한다. 집단역동에서는 집단행동을 일종의 에너지 전환에서 기인하는 것으로 가정하고, 시너지는 집단의 목표설정과 그 실현을 위하여 쓰이는 에너지 전체를 의미한다.

시련기법 ordeal techniques 변화를 원하는 사람에게 증상보다 더 고된 체험을 하도록 과제를 주어 증상이 없어지도록 하는 것이다. 이는 헤일리(Haley)는 가족치료에서, 밀턴 에릭슨(Milton Erickson)이 최면기법을 중심으로 실시한 시련기법을 다양한 개입방법으로 발전시켰던 것으로, 시련기법에 근거한 과제에 따르는 고통은 증상으로 인한 고통보다 좀 더 괴로운 것이어야 하며, 시련과제가 사람들에게 유익한 것, 또는 다른 사람을 위해 희생하거나 사람에게 도움이 될 수 있는 주제일 경우 더욱 효과적이라고 하였다.

시상 thalamus 시구라고도 한다. 간뇌의 대부분을 차지하는 회백질부로, 뇌의 구조에서 들어오는 신호를 해당 영역에 보내는 기능을 한다. 후각을 제외한 모든 감각정보는 대뇌반구로 가기 전에 시상을 통과한다.

시상하부 hypothalamus 뇌의 구조에서 시상의 아래쪽에서 뇌하수체로 이어지는 부분으로, 배고픔, 갈증, 체온, 분노, 통증 및 쾌감 중추로서 생명과 직결되는 것을 조절하는 기능을 한다.

시한시계 time clock 생물학에서 인간의 노화는 시간의 경과에 따라 신체 내의 세포, 조직, 장기 등 신체 전반에 끊임없이 진보 및 퇴화적인 변화를 일으키는 현상이라고 보는데, 하이프릭(L. Hayflick)은 이러한 노화현상은 인간의 세포 내의 유전자가 세포분열의 속도와 횟수를 미리 한정시켜 놓은 데서 나온다고 말하고 그것을 시한시계라고 표현했다.

시행착오 trial and error 문제해결에 사용하는 일반적인 전략으로, 한 가지 가능한 해결책을 시도해 보고 나서 해결되지 않으면 차례로 다른 해결책을 시도해 보는 것을 말한다. 고전적 조건화로 알려진 파블로프(I. P. Pavlov)는 시행착오의 중요성을 강조한 최초의 과학자였다. 시행착오 전략을 정보처리적 용어로 표현한다면 스캐닝전략이라고 할 수 있다.

시행착오학습이론 trial and error learning theory 시행을 많이 하면 할수록 차츰 착오가 줄어들고 탈출잠복시간이 짧아진다는 학습이론을 말한다. 손다이크(E. L. Thorndike)는 '문제상자의 실험'에서 시행착오를 학습의 기본과정이라고 생각했다. 문제상자는 그 안에 가두어 놓은 동물이 여러 가지 반응을 시도하는 동안 우연히 상자의 문을 열고 탈출하게 만든 장치다. 동물이 탈출한 후 다시 그 상자에 가두면 또다시 여러 가지 반응을 시도하여 탈출하게 되는데, 이와 같은 과정을 반복하는 동안 효과가 있는 반응은 남고 효과가 없는 반응은 소실되어 탈출하는 데 소요되는 시간은 점점 단축된다. 손다이크는 이 실험결과에 의하여 특정의 반응을 학습하게 되는 것은 그 반응이 만족을 초래하기 때문이라고 생각하고, 만족의 정도가 크면 클수록 그 반응 또는 그 반응과 관계있는 반응이 선택된다는 '효과의 법칙'을 제창하였다.

시험불안 test anxiety 검사불안이라고도 한다. 이는 검사나 시험상황에서 피검사자가 느끼는 불안이나 공포를 의미한다. 흔히 지나치게 높은 불안은 피검사자를 긴장시키고 정서적으로 불안하게 하여 제대로 능력을 발휘하지 못하게 하므로 검사나 시험의 결과에 부정적인 영향을 미치게 된다. 일반적으로 시험불안은 인지적 요소인 걱정과 정서적 요소인 불안감의 두 가지 구성요소로 구분된다. 인지적 요소는 부정적 자기지향적 사고, 즉 결과에 대한 걱정을 나타내며 정서적 요소는 부정적인 감정과 생리적 반응을 포함한다. 이와 같은 시험불안은 대처기술을 습득시킴으로써 해소시킬 수 있다.

식역 threshold (threshold value, 역치) 감지할 수 있는 지각의 경계점으로, 반응을 일으키는 데 필요한 최소한의 자극의 세기, 즉 반응이 처음으로 나타나는 자극의 세기를 말한다. 식역은 절대식역(absolute threshold)과 차이식역(differential threshold)으로 구별된다.

식역하지각 subliminal perception 인간이 의식할 수 있는 수준 이하의 자극들이 인간의 감정이나 행동에 큰 영향을 준다는 이론을 말한다. 이는 시간과 강도에 있어서 보통의 경우라면 지각할 수 없는 자극이라도 무의식 중에 그것을 받아들이게 된다는 것이다. 예를 들면 영화관에서의 콜라광고의 예는 바로 이 식역하지각의 효과를 노린 것인데, 인지할 수 없는 빠른 속도와 작은 음을 노출하는 방법으로 영화 필름 사이에 콜라광고를 삽입하고 영화를 상영하다 보면 잠재의식을 활성화하게 된다. 이로써 영화를 보는 동안 콜라 광고를 직접 보았다는 인식은 하지 못하지만, 영화가 끝나고 나면 콜라를 마시고 싶은 충동을 일으키는 결과를 가져온다.

신경 nerve 감각뉴런이나 운동뉴런의 축색 다발로 몸의 각종 변화에 대처하여 몸의 각 부분을 통제하는 기관이다.

신경생물학적 접근 neurobiological approach 인간은 고등동물이라는 전제하에 인간의 신경계, 염색체, 호르몬, 해부학적 구조, 뇌, 유전을 연구하는 심리학의 접근방법을 신경생물학적 접근이라고 한다. 인간의 심리와 행동은 신경계의 영향을 많이 받는데, 인간의 뇌는 120억 개의 신경세포로 구성된 복잡한 구조를 갖고 있어서 공포나 분노 같은 정서반응들도 뇌 속에 특정한 부위에 전기자극을 주어 만들 수 있다. 이와 같이 감각기관에 자극을 주고, 신경흥분을 측정하거나, 중추신경 속에 전극을 삽입하여 특정한 신경세포들을 자극하여 감각이나 기억 내용을 재생시킬 뿐만 아니라 정서나 동기와 같은 심리과정과 관련된 신경생리의 근거를 찾는 것이다. 신경생물학적 접근으로 학습을 연구하는 심리학자는 어떤 새로운 과제의 학습 결과 나타나는 신경계통의 변화에 관심을 갖는다. 그리고 공격행동을 신경생물학적으로 연구하는 심리학자는 공격적인 사람들과 공격적이지 않은 사람들의 호르몬분비유형을 연구한다. 또한 신경생물학적 접근을 취하는 심리학자는 우울한 사람들이 자살을 시도할 경우 미세한 전기자극을 뇌의 쾌 중추에 줌으로써 우울을 감소시키려고 하고, 정신분열증 환자의 경우 뇌에 도파민이라는 호르몬 수준이 정상인보다 높기 때문에 치료를 위해 도파민 수준을 조절하기도 한다.

신경성거식증 anorexia nervosa 신경성식욕부진증 일반적으로 미혼의 청소년기 여성에게 보이는 정신 생리적 장애의 하나로서 문제발생의 계기는 우정이나 이성문제에서 실패와 같은 정신적 요인이나 놀림을 유발하는 비만과 같은 신체적 요인이 원인이 되는 경우가 많지만 때로는 계기가 확실치 않은 경우도 있다. 호소하는 증상은 오랜 기간에 걸친 식욕부진과 섭식거부, 구토증, 체중감소, 무월경, 변비 등이다. 사춘기 이전이나 중년 이후 또는 남성에서 발병하는 경우는 대단히 드물다. 환자는 심한 허기증을 느끼면서도 복부 팽만감이나 오심을 호소하며 섭식을 거부하거나 전혀 식욕을 상실하여 자발적으로 무엇을 먹으려고 하지 못하거나 먹기는 하지만 가족들과 같은 식탁에서는 먹지 못하고 밤중에 몰래 부엌에 나가서 음식을 먹거나 숨겨 두었던 음식을 몰래 먹는 것만 가능한 경우도 있다. 정도의 차이는 있지만 체중을 줄이려고 하는 의식적인 소망이 모든 환자에게 있으며 교묘한 방법으로 먹었던 음식을 토해 낸다거나 다량의 설사약을 일상적으로 사용한다. 그러면서도 운동량이 지나치게 많으며 비쩍 마른 체구를 가지고 있으면서도 활발하게 일을 한다거나 산책을 하는 경우가 흔하다. ⇨ 거식증 참고.

신경쇠약 neurasthenia 내외의 자극에 대하여 보통 사람과 달리 과민하게 반응하여 초조해지기 쉽고 정신적으로나 신체적으로 지나친 피로, 나약함과 전반적 무능을 보이는 신경증적 상태다. 신경질이 주로 체질성인 것을 가리키는 데 대하여 신경쇠약은 획득성인 것을 뜻한다. 1880년 미국의 의사 베어드(G. M. Beard)가 처음으로 기술한 증후군이다. 베어드는 이들 증상들은 주로 일을 많이 하여 피폐상태가 되기 때문에 일어나는 것으로 믿었다. 오늘날 이 병명은 거의 사용되지 않고 있으며 이 상태의 원인도 신체적인 피폐가 아니라 주로 감정적 가등, 긴장, 좌절, 또는 기타의 심리적 요인들이라고 알려져 있다.

신경심리학 neuropsychology 신경심리학은 이미 19세기부터 있었지만 최근에 들어와서 그 정체성을 인정받기 시작했다. 아직 시작단계의 학문이기 때문에 신경심리학에는 여러 접근법과 모델이 있다. 하지만 신경심리학이 다루는 영역은 명확한데, 즉 신경심리학은 여러 가지 원인에 의해 발생한 뇌손상을 평가하고 재활치료를 하는 분야라고 할 수 있다.

신경이완제 neuroleptics 일반적으로 정신분열병을 위시한 정신병적 행동을 치료하는 약물로서 인지작용의 변화를 초래하지 않은 채 정신병적 증상들(환각, 망상, 괴이한 행동, 와해된 사고, 격정 등)을 진정시킨다. 부작용으로 정도의 차이는 있으나 도파민(dopamine)수용체를 차단함으로써 추체 외로 증상과 기타 자율신경계 장애를 야기한다. 남용의 우려는 거의 없다.

신경전달물질 neurotransmitter 신경세포 간의 정보전달을 이루는 화학물질을 의미한다. 즉, 하나의 뉴런에서 다른 뉴런으로 시냅스를 건너서 정보를 전달하는 데 사용되는 화학물질로서 우리 신체에는 아세틸콜린, 도파민, 노어에피네프린, 세로토닌 등 수십 가지의 신경전달물질이 존재한다. 신경전달물질의 존재를 명백히 한 것은 1921년의 레에비(O. Loewi)의 실험이다. 관류액에 넣은 개구리의 심장박동을 부교감신경을 자극하여 느리게 한 후에 이 관류액을 신경자극을 하지 않은 개구리의 심장에 주입하였더니 이 심장 역시 느리게 박동하는 것이 관찰되었다. 이 사실로부터 그는 부교감신경을 자극하면 심장박동을 느리게 하는 화학물질이 방출되는 것으로 추론하였다. 이와 같이 신경세포로부터 딴 세포들의 정보전달은 그 모두가 화학물질에 의하여 이루어지고 있다. 이 정보전달을 신경전달이라고 부르며, 이때 작용하는 화학물질을 신경전달물질이라고 하는 것이다. 일반적으로 신경전달물질은 전구물질로부터 합성되며, 전구물질은 혈액을 위시하여 세포 외 체액에서 취해진다. 신경전달물질은 합성효소에 의하여 합성되며, 신경종말의 시냅스 소포에 저장된다. 충동이 신경종말까지 전도되면 신경전달물질은 시냅스 내로 방출되고 전시냅스막과 후시냅스막에 존재하는 수용체에 작용한 후에 대사효소에 의하여 불활성화된다. 최근까지 하나의 신경세포는 하나의 신경전달물질을 합성하고 방출한다는 데에르의 법칙(Dele's principle)이 우세했다. 그러나 신경펩티드(petide)의 연구로부터 하나의 신경세포에 두 가지 이상의 신경전달물질은 신경조절물질(neuromodulator)로 작용하는 것으로 추측되고 있다. 신경전달물질은 신경종말에서 방출되며 시냅스막에 존재하는 그 물질에 특이적인 수용체에 작용하여 생리적 효과를 일으킨다.

신경증 neurosis 기능성장애 중에서 발병과정을 심리학적으로 더듬어 조사할 수 있는 경우의 심인성질환이다. 정신증(psychosis)에 대조되는 병리현상으로 보통 '노이로제'로 불린다. 특별한 이유 없이 불안을 경험하게 될 때 그 경험을 회피하기 위해 적절치 못한 행동을 드러내는 것이다. 용어 그대로의 의미는 '신경의 질환'이다. 프로이트(S. Freud)는 이 병이 신경계의 장애에서 비롯된 것이 아니라, 본능적인 충동이 좌절되었을 때 생기는 성격상의 문제라고 보았다. 신경증과 정신이상(psychosis)에 대한 일반적인 구분 이상으로 신경증을 정의하려는 시도를 융은 하지 않았다. 융(C. G. Jung)의 분석은 장애를 일으킨 정신 전체를 그 대상으로 삼았다. 그래서 융은 신경증이 정신적 부조화를 반영하는 것이라고 보았다. 신경증 증상은 자가치료의 보상적이고 목적적인 과정으로 나타난다. 신경증으로 인해 환자는 자신의 정신적 불편감에 주의를 기울일 수밖에 없기 때문이다.
⇨ 불안(2) 참고.

신경증적 경향 neuroticism (1) 카렌 호네이(Karen Horney)의 견해에 따르면 인간의 무의식적인 동기는 두려움, 무력감, 고독감에도 불구하고 인생을 살아가려고 갈망하는 욕구, 즉 자신이 지니고 있는 신경증적인 요소를 아는 것이 바로 자기를 알아가는 과정이라고 하였다. 예를 들어, 다른 사람으로부터 인정받고 사랑받고자 하는 욕구가 신경증적으로 강하다면 그는 자기를 성격 좋고 사랑받을 가치가 있는 사람으로 생각하고 또 그러려고 노력하는 것으로 이것은 스스로를 좋게 평가하는 면이 바로 자기의 신경증적인 면일 수도 있다는 것이다. 신경증적인 완벽주의자라면 그는 자기가 남들보다 매사에 정확하다고 생각한다. 물론 그는 자기가 사랑받고자 하는 욕구, 완벽하고자 하는 욕구를 갖고 있다는 것을 얼핏 알지만 그것이 얼마나 스스로를 옭죄고 있는지는 모른다. 심지어 그것이 자기 인생의 모든 것을 결정할 정도로 신경증적 욕구에 붙잡혀 있다는 사실은 모르는 것이다. (2) 성격을 연구하는 특성이론 가운데 특질론 학자인 아이젠크(H. J. Eysenck)는 성격을 내향성과 외향성, 안정성과 불안정성(신경증적 경향성 neuroticism), 정신병적 경향성(psychoticism)으로 분류하였는데, 신경증적 경향성은 정서적인 안정성을 나타내는 차원으로, 이러한 경향성이 많은 사람은 적은 사람보다 쉽게 흥분하고 불안해하며, 불안정한 특성을 보인다고 말하고 있다. ⇨ 특질론 참고.

신경증적 불안 neurotic anxiety (1) 프로이트(S. Freud)가 분류한 불안의 형태(현실적 불안, 신경증적 불안, 도덕적 불안) 중 하나로서, 본능충동에 의해 생겨난 불안이다. 즉, 본능이 자아나 초자아의 통제를 벗어나는 데 대한 불안이다. (2) 해결되지 않은 내적 갈등에 의해서 발생하는 비적응적인, 비현실적인 불안반응을 의미한다.

신경증적 우울 neurotic depression 현실 생활에서 중요한 의미를 지닌 대상의 상실로 인하여 유발되는 절망감을 동반한 병적 우울감정이다. 자기비하 및 자기멸시의 경향과 행동, 정신운동영역의 지연이 특징이다.

신경충동 nerve impulse 활동전위, 신경흥분이라고도 하는 것으로, 뉴런의 전파성 전기적 신호로 이 신호가 축색을 따라 다음 뉴런으로 이동된다. 모든 심리활동은 인지과정에서 시작된다. 객관적 사실은 직접 감각기관의 말초신경을 자극하여 신경충동을 일으킨다. 신경충동은 감각신경을 따라 대뇌의 상응한 부위로 전달된다. 대뇌는 신경충동을 처리한 다음 운동신경을 통하여 연관된 정보를 반사작용이 일어난 근육 등 생리기관에 전달하여 이에 상응하는 감각을 발생시키는 것으로, 이 과정은 사물에 대한 인식의 시작이고 심리활동 발생의 기초다.

신념 beliefs 어떤 사상이나 명제 등을 적절한 것으로서 인식·승인하고 확신하는 심적 태도 또는 아이디어나 가치관을 말한다.

신념체계 belief system 어떤 사건이나 행위 등과 같은 환경적 자극에 대해서 개인이 갖게 되는 태도 또는 사고방식을 가리킨다. 신념체계에는 합리적 신념(rational beliefs, rB)과 비합리적 신념(irrational beliefs, iB)이 있다. ⇨ 합리적 신념, 비합리적 신념 참고.

신념치료 faith healing 의학적인 방법을 사용하지 않고 비합리적인 믿음을 통해 질병을 치료하려는 시도로서, 신념치료에 의하면 신념만 가져도 치료가 가능하다고 하였다. 플라시보효과(위약효과) 역시 신념치료의 일종이다.

신데렐라증후군 Cinderella syndrome (Cinderella complex) 신데렐라콤플렉스 여성들은 원하기만 하면 얼마든지 스스로 독립할 수 있다. 그러나 막상 스스로 독립할 때가 되면 왠지 모를 두려움 때문에 망설인다. 부모로부터 독립하는 것, 남성들로부터 독립하는 것에 대해 불안함을 느낀다. 홀로 서고 싶지만 홀로 서는 것을 두려워한다. 이처럼 독립하고 싶지만 독립에 대한 불안 때문에 독립하지 못하는 여성들의 심리적 갈등을 '신데렐라콤플렉스'라고 한다. 미국의 콜레트 다울링(Colette Doweling)은 여성들에게 볼 수 있는 증후군을 신데렐라콤플렉스라 부르고 '억압된 태도와 불안이 뒤얽혀 여성의 창의성과 의욕을 한껏 발휘하지 못하게 하는 일종의 미계발 상태로 묶어두는 심리상태'라고 정의하였다. 즉, 신데렐라콤플렉스에 빠진 여성은 무엇인가를 시도하려고 하거나 해야 할 때 두려움이나 불안을 느낀 나머지 주저하며 포기하려는 상태에 이르게 되고 누군가에게 의지하게 된다. 즉, 일정한 나이를 먹으면 일생을 책임져 줄 왕자를 기다리는 신데렐라의 꿈을 꾸는 것이다.

신뢰 대 불신 trust versus mistrust 에릭슨(E. Erikson)의 심리사회발달이론에 의한 출생에서 2세 사이의 인간성장의 첫 단계에서 발견되는 기본갈등을 말한다. 유아는 돌보아 주는 사람에게서 안정감과 자신감을 발달시킨다. 그러나 일관되지 않은 양육을 제공하는 사람은 믿지 않게 된다. 사회정서적발달심리학. ⇨ 에릭슨 참고.

신뢰도 credibility 검사의 조건으로 신뢰도는, 측정도구가 측정하고자 하는 개념이나 속성을 일관성 있게 측정하는 능력 또는 동일한 개념에 대해 반복 측정하였을 때 동일한 측정값을 얻을 수 있는 가능성을 나타내는 것으로, 검사가 어떤 대상을 일관성 있게 측정하면 그 검사는 신뢰할 만하다고 말한다. 우리는 생활에서 많은 자, 저울 등을 사용하고 있는데 그러한 측정도구들을 오늘 또는 내일 사용해도 판매하는 사람과 구매하는 사람에 관계없이 동일한 측정결과를 산출한다. 이렇게 잣대나 저울과 같이 심리평가기법도 반복 사용했을 때 같은 결과를 산출할 때만이 신뢰도가 있다. 검사에 신뢰도가 높다면 한 집단의 사람들이 시험을 달리해서 검사를 치른다 해도 집단 내 사람들 간의 점수의 순서는 대체로 동일하게 유지될 것이다. 또한 신뢰도의 측정방법에서 동형검사신뢰도는 하나의 검사에 대한 두 개의 상이한 도구나 방식(동형검사)이 동시에 실시되는 경우에 계산되는 것을 말하며, 내적 일관성(internal consistency) 신뢰도는 검사를 1회 실시했을 때, 검사 내 상이한 부분(또는 문항)들에 대해서 동일한 결과가 같은 정도를 의미한다.

신생아 neonate 생후 약 2주까지의 영아를 지칭한다. 신생아는 대단히 어리고 적응능력도 제한되어 있기 때문에 사망률도 높다. 적어도 임신 30주 이후에 태어나고 체중도 2.2kg 정도 이상이어야 생존율이 높으며, 남아보다는 여아, 백인보다는 흑인 신생아의 생존율이 더 높다.

신조어증 neologism 언어신착증 일상 사용되지 않는 기발한 새로운 말을 만들어 자신만의 의미를 가지고 사용하는 사고과정장애를 말한다. 일상 회화 중에서 사용하는 일도 있고, 문자로써 쓰는 경우도 있으며 이해가 어려운 경우가 많다. 그러나 환자는 자각 없이 사용하고 있다. 현기적 색체를 띠고 있는 일도 있고, 사고장애와 연결되어 현저한 경우에는 지리멸렬로 되는 일도 있다. 정신분열증에서 자주 볼 수 있는 증상이다. 조어증이라고도 한다.

신체망상 somatic delusion 신체의 각 기관 또는 신체 전부가 혼란되어 있다고 잘못 생각하고 있는 경우를 말한다. 가령 위나 또는 심장이 없어졌다거나 다리가 2미터나 길어졌다고 하는 따위다. 이런 망상들은 흔히 망상형 정신분열증에서 볼 수 있다.

신체변형장애 body dysmorphic disorder 정상용모를 가진 사람이 용모에 대해 상상적으로 추형이나 이형 또는 결손 등 문제가 있다는 생각 또는 사소한 외모문제를 과장되게 변형된 것으로 보는 생각에 집착해 있는 상태다. 이것은 대개 매력적인 여성에게 발생한다. 대부분 환자가 피부과, 성형외과 등을 찾기 때문에 연구된 바가 적다. 그러나 상당수 사람이 병적은 아니지만 자신의 용모 중 어디엔가 문제가 있다는 불만을 가지고 있는 것은 사실이다. 대체로 특정 신체부위에 무의식적으로 큰 의미를 주는 것은 어린 시절의 정신성적 발달 때의 특수한 경험 때문이다. 특히 성격 내지 감정적 갈등이 이와는 상관없는 신체부위로 대치되어 나타나는 것이라고 보기도 한다. 동시에 그 사회나 가족문화 내에서 미모에 대한 개념이 중요한 영향을 미친다. 일부 환자에게 sertomin과의 관련이 발견된다.

신체상 body image 개인이 자신의 신체를 지각하고 평가하는 것이다. 신체상은 유아기와 아동 초기에 형성되기 시작하나. 아동 후기에 또래 집단과의 관계 속에서 자신의 신체에 대한 개념을 평가하며, 이 같은 신체상은 성격형성에 많은 영향을 끼친다.

신체언어 body language 집단지도자는 집단원들의 신체적 단서에 유의하고 이를 지적해 줌으로써 개인의 각성을 촉진시킨다. 예컨대, 어떤 집단원이 손으로 의자의 손잡이를 딱딱 치고 있다면, 지도자는 그 행동을 지적하되 "당신의 손이 그 의자에게 무슨 말을 하고 있소?"라고 말한다. 즉, 지도자는 그렇게 묻는 물음을 통해서 그 집단원의 행동에 대한 해석은 하지 않고, 오히려 집단원이 스스로 그 의미를 이야기하게 한다. 신체적 단서에 강조점을 두는 것은 전일체로서의 인간에 대한 이모형의 신념을 나타낸 것이다. 마음속에 일어나는 것은 곧 신체적으로 일어나는 것과 상통한다고 보는 견해에서다. 따라서 신체적 언어를 정확히 판독하는 기술을 매우 중시한다.

신체취약성이론 somatic weakness theory 정신생리성장애의 발병을 설명하는 이론으로, 사람마다 태어날 때부터 타고나는 취약한 기관이 있는데 스트레스를 받으면 그 기관에 장애가 발생한다고 한다.

신체형장애 somatoform disorder 신체형장애는 생리적 원인은 없이 심리적 원인으로 인해 다양한 신체적 증상을 지속적으로 경험하는 것으로, 이 신체적 증상은 일반적인 의학적 상태나 물질의 직접적인 효과, 다른 정신장애 등으로는 충분히 설명되지 않는다. 신체형 장애는 허위성장애나 꾀병과는 달리 신체적 증상이 의도적이지는 않으며, 일반적인 의학적 상태를 진단할 수 없다는 점에서 의학적 상태에 영향을 주는 심리적 요인과는 다르다. 신체형장애에는 전환장애(conversion disorder), 신체화장애(somatization disorder), 심인성동통장애(psychogenic pain disorder), 건강염려증(hypochondriasis) 등이 포함된다.

신체화 somatization 침체된 기분을 신체증상으로 표현하는 것으로 종종 정신지체질병 혹은 가면우울증이라고도 불린다. ⇨ 신체화장애 참고.

신체화장애 somatization disorder 히스테리나 브리케증후군(Briquet's syndrome)과 관련이 있으며, 두통, 피로감, 복통, 흉통, 요통, 심계항진 등의 다양한 신체증상을 반복적으로 호소한다. 신체화장애는 30세 이전에 시작되고 몇 년 동안 지속되며 되풀이되는 패턴, 다중증상, 임상적으로 심각한 신체적 증상을 호소하는 특징이 있다. 수년간에 걸쳐서 다양한 신체증상, 즉 여성의 경우에는 14개 이상의 증상을, 그리고 남성의 경우에는 12개 이상의 증상을 과거력으로 하는 신체형장애(somatoform disorder)의 하나다. 내과적 진찰과 치료는 수없이 받아 보지만 이들은 어떤 신체적 장애나 손상에 의한 것들이 아니다. 이들의 호소는 흔히 극적이고 막연하거나 또는 과장되어 있으며 또 대개는 불안해하고 우울해하는 기분이 수반한다. 이들 증상 중에는 몸이 불편한 느낌, 연하곤란과 보행곤란, 시력장애, 복통, 오심, 설사, 월경통 또는 불규칙한 월경, 성에 대한 무관심, 성교통, 요통, 관절통, 숨이 가쁜 것, 심계항진 그리고 흉부동통 등이 있다.

신포도기제 sour grapes mechanism 합리화기제를 의미하는 것으로, 자신의 갈등이나 욕구좌절에 대해 자신을 정당화시키고 자신이 용인될 수 있는 이유를 만드는 것이다. 이는 이솝우화의 포도를 따먹으려 하던 여우의 이야기에서 비롯된 것으로, 맛있어 보이는 포도를 따먹기 위해 포도나무에 올라가려하지만 결국 따지 못하게 되자 '어차피 저 포도는 시어서 못 먹을 텐데.' 라며 자신의 욕구좌절과 포기에 대한 합리화를 시도했던 것을 말한다. 이런 신포도반응은 무의식 중에 자신에 대한 실망감을 줄이고 이런 심리를 통해 고통스럽지 않게 만드는 것이다. ⇨ 합리화 참고.

신프로이트학파 NeoFreudian 기본적으로 프로이트의 이론을 따르지만, 사회문화적 요소나 대인관계, 성인세계의 사회심리적 발달에 더욱 중점을 두는 이론의 방향을 말한다. 신프로이트 학파를 주도하는 인물들로는 설리번(H. S. Sullivan), 호네이(K. Horney), 아들러(A. Adler), 프롬(E. Fromm) 등이 있다. 아들러와 융은 프로이트의 리비도 사고법을 비판하고 각각 새로운 개인심리학과 분석적 심리학을 수립했으며, 호르네이는 신경증의 전체적인 파악을 꾀하였고, 설리번은 대인관계이론에서 광대한 정신병리학을 세우고자 하였다.

신행동주의 neobehaviorism 1930년대 홀(G. S. Hall), 스펜서(H. Spencer), 밀러(G. A. Miller) 등이 왓슨(J. B. Watson)의 극단적인 행동주의에 이의를 제기하고 인간의 의식도 객관적으로 연구가 가능하다면 포함시켜야 한다고 주장하였다. 홀에 의하면 생활체가 환경에 적응하기 위하여 최적상태를 유지하려는 것이 행동이라고 주장하는 진화론적 입장에서 최적상태의 결함이 필요를 낳고 그것을 줄이기 위해 행동한다고 하였다. 또한 스키너(B. F. Skinner)는 심리학의 여건은 의식도 아니고 신경계통도 아닌 행동 그 자체라고 하고 행동은 외계와의 교섭이며 행동에는 수동적으로 외부로부터의 자극에 의해 일어나는 반응적 행동(respondent behavior)과 능동적으로 내부에서 일어나는 발동적 행동(operant behavior)이 있는데, 학습된 행동은 대개 후자라고 했다.

신호탐지이론 signal detection theory 지각심리학 이론의 개념으로, 잡음이 섞인 배경 속에서 자극의 존재 유무를 판단하게 만들어 자극에 대한 개인의 민감도 및 반응경향을 연구하는 이론을 말한다.

실무율의 법칙 all or none principle 신경충동의 크기는 자극 크기와는 독립적이라는 개념. 즉, 역치 이상의 자극은 동일한 크기의 신경충동을 일으키고 역치 이하의 자극은 신경충동을 일으키지 않는다는 것이다. 예를 들면, 음식점에 들어갔을 때 처음에는 냄새를 느낄 수 있으나, 시간이 지나면 음식점 냄새 자극이 계속 주어지면서 음식점 냄새 자극 이상으로 역치가 높아져서 더 이상 음식점 냄새를 느낄 수 없는 것이다. 이와 같이 실무율의 법칙은 '베버의 법칙'과 함께 감각에 대한 법칙으로 어떤 종의 기관이나 조직. 세포 등에서 자극이 약할 경우에는 반응이 일어나지 않지만, 역치 이상의 자극에는 자극의 세기에 따라 반응의 크기에 차이가 없이 일정한 반응의 크기를 가지는 것을 나타내는 법칙을 말한다. ⇨ 베버의 법칙 참고.

실성증 aphonia 발성기관의 마비나 기타 기질적 장애에 의해서 말소리를 내지 못하는 경우 또는 기질적 장애 없이 심리적 요인에 의해서 말소리가 나오지 못하는 경우를 말한다. 후자의 경우는 흔히 전환장애의 하나로 일어난다.

실어증 aphasia 좌내반구에 손상이 오면 회화능력이 상실되어 말을 하지 않는 경우다. 실어증환자에는 의식도 있고 다른 사람의 말을 잘 이해할 수 있는데 자기의 생각을 말로 표현하지 못하는 경우가 있고, 몇 개의 단어를 기억하고 있어서 말을 만들려고 하지만 단어만 연결할 뿐 문장을 만들 수 없어 환자 자신이 몹시 초조해 하는 경우가 있다. 실어증에는 대상에 대한 맞는 이름을 발견치 못하는 명사성 실어증(norminal aphagia)과 올바르게 단어들을 연결하지 못하는 문장성 실어증(syntactical aphagia)이 있다.

실존적 공허 existential vaccume 실존적 진공상태 실존적 공허란 자신이 가지고 있는 전통이나 관습, 가치들이 무엇을 해야 할지 그 방향을 가리켜 주지 않음에 따라 일어나는 심리적인 깊은 공허감을 의미한다. 즉, 의미 없는 삶에 대한 좌절된 증상으로서 중년기에 이르면 뚜렷한 이유 없이 가슴에 깊은 공허감이 일어나는 내적 증상을 겪게 되는데, 이러한 텅 빈 상태를 말하는 것이다. 실존적 공허감을 느끼는 이들은 인생의 의미를 찾으면서 스스로 자신의 권태감이나 신체적 · 정신적 피로, 무력감을 달래 보려 하고, 여러 가지 활동을 통해 해결하려고 하지만 마음속에선 끊임없이 자신에 대한 회의적인 상태가 되고 이에 힘들어한다. 이러한 실존적 공허감은 젊은 시절 추구해 오던 물질로는 채워지지 않으며, 정신적 · 영적 의미로만 채워질 수 있는 공간이기 때문에 이를 실존적 공허라고 부른다.

실존적 신경증 existential neurosis 실존주의적 상담의 주요개념으로서, 실존적 신경증이 의미하는 것은, 인간의 이상심리가 일어나는 이유는 억압된 충동, 외상, 약한 자아, 생의 불안 때문이라기보다는 삶의 의미를 찾을 능력이 없기 때문이라고 보는 것을 말한다. 이러한 실존적 신경증의 주증상은 진실하지 못함, 책임감의 회피, 선택하지 못함, 인생의 방향이나 목적의 결여 등으로 인한 공허감, 무가치감 또는 절망감 및 불안감이다.

실존적 심리치료 existential psycho-therapy 실존주의 철학에 바탕을 두고 있는 역동적 심리치료의 한 형태로서, 분리된 하나의 학파나 특수기법을 가진 모형은 아니다. 실존적 치료는 인간이 자유롭다는 가정에 기초하는 것으로, 프랭클(Victor. E. Frankl)이 프로이트의 결정론적인 개념에 반대하여 인간의 자유, 책임성, 삶의 의미와 가치추구의 개념으로 정립하였다. 따라서 실존적 심리치료에서 인간 존재란 무엇인가를 이해하는 것에 치료의 기초를 두며, 인간을 존중하는 관점에서 입각해 있다. 인간들이 겪는 대부분의 고통은 자신 내부에서 스스로 찾으려는 믿음보다 타인으로부터 중요한 지시와 대답과 가치, 신념을 추구하기 때문이며, 특히 죽음에 대한 인식은 심리치료에서 중요한 역할을 한다. 죽음이 주는 과거와 현재의 위협(자신이 무(無)로 된다는 사실)에 대한 고정관념이 없어지면 죽음에 대한 인식을 할 때 자신이 어떻게 살았으며, 삶에서 무엇을 변화시키고 싶어 했는지를 평가해 봄으로써 건강한 감각으로 무를 수용하게 된다. 따라서 실존적 심리치료의 목표는 개인으로 하여금 자유가 두렵다는 것과 행동에 책임을 져야한다는 것을 수용하고 행동하게 돕는 것이며, 치료자는 내담자의 과거를 회상시키는 것이 아니라 현재 상황에 중점을 두고 내담자가 새로운 이해와 선택을 할 수 있도록 돕는 것이다.

실존주의 existentialism 사람들은 자신들이 내린 결정을 통해 그들의 삶을 규정한다는 철학적 관점으로 실존주의는 자신들이 내린 선택에 대한 책임을 받아들여야 하며 그것은 그들의 존재 이유라고 말한다. 개인을 자신의 개발을 결정하는 자유롭고 책임 있는 행위자로 강조한다.

실존주의 상담 existential counseling (Existential Humanistic Therapy) 프랭클(Victor. E. Frankl)의 의미요법을 기초로 한 것으로 인간은 자기 자신이 삶을 만들며, 창조할 수 있다는 전제하에 인간의 자유와 책임을 강조하는 방법으로 인생의 의미와 가치를 찾도록 돕는 것이다. 메이(R. May), 매슬로우(A. H. Maslow), 프랭클(V. E. Frankle), 주러드(S. M. Jourard) 심리학에서 '제3의 세력'으로 정신분석학과 행동주의에 대항하는 반동으로서 발달되었는데, 상담에서 철학적인 면, 그 중에서도 특히 인간관에 많은 영향을 미쳤다. 실존주의적 관점은 자신의 선택에 의해서 스스로 만들어 간다는 입장이다. 비록 우리의 선택 범위를 제한하는 요소들이 있지만, 우리는 궁극적으로 우리 인생의 주인이라는 주장이다. 주요 관심사는 인간의 조건 성격에 있으며 이것은 지각능력, 자신의 운명을 결정하는 선택의 자유, 근본적 요소로서의 자유, 근본적 요소로서의 불안, 무의미한 세계에서 특유한 의미를 탐구하는 것, 고독과 다른 사람과의 관계, 유한성과 죽음, 자아실현의 성향 등을 포함하는 것으로 확고한 이론적 모델이라기보다는 본질적으로 상담과 치료의 요법으로서 인간 상태의 핵심을 강조한다.

실존주의 심리학 existential psychology 사르트르(J. P. Sartre) 등이 중심인 실존주의철학에서 뿌리를 찾을 수 있으며, 실존주의적 접근은 인본주의심리학에 근거하여 출현하였다. 즉, 인간의 본질, 현재 세계에서의 인간의 존재, 그 개인에 대한 인간 존재의 의미에 관심을 두며, 그 초점을 인간의 가장 직접적인 경험인 그 자신의 존재에 두는 것이다. 실존주의심리학자에 의하면, 현대인은 신화와 영웅이 없는 '내버려진 존재'이며, 애국, 근로, 자유 등의 개념은 더 이상 호소력을 잃게 되었으며, 무의미와 소외의식이 현대인의 심리적 문제와 알코올, 마약중독의 원인이라고 보았다. 이러한 문제를 해결하기 위해서 정신병적인 행동에 대한 인식이 바뀌어야 한다고 하였다. 이와 같이 실존주의 심리학은 인간 각자가 자신의 정체감을 찾아서 책임의식을 갖고, 남을 돌보며 사랑할 수 있어야 한다는 것에 목표를 둔다.

실존주의 철학 existential philosophy 실존주의철학은 인간 자체의 중요성을 갈망하고 추구하는 데 관심을 두면서 자신의 존재를 각성한 실존으로 문제 삼고자 한다. 키에르케고르(S. A. Kierkegaard), 야스퍼스(K. Jaspers), 하이데거(M. Heidegger), 사르트르(J. P. Sartre) 등 실존주의자들은 산업혁명 이후 과학기술 문명, 대중 사회에서의 비인간화 현상, 전쟁으로 인한 불안 속에서 인간의 실존과 실존하는 개인의 주체성 회복을 강조하였다.

실증 illustration 상담과정에서의 긍정적인 효과를 강화시킬 목적으로 성공적인 직면기술(confrontation skill)의 사용 다음에 실제 예를 제시하는 방법을 이용하는데 이것이 실증이다.

실행증 apraxia 사지마비, 실조증 또는 불수의운동과 같이 장애가 없고 명령을 이해할 수도 있고 대상을 알아차릴 수 있음에도 불구하고 명령받거나 지시받은 동작을 제대로 수행하지 못하는 경우를 말한다. 즉, "담배를 피우시요" 하는 지시를 받았을 때 담배를 갑에서 꺼내 입에 물고 성냥이나 라이터를 사용해서 불을 붙이는 일련의 동작을 제대로 하지 못한다거나, 의복을 순서대로 알맞게 입지 못한다거나, 자동차운전을 할 수 있던 사람이 운전에 필요한 일련의 동작을 질서 있게 하지 못하는 경우 등을 말한다.

실험 및 생리심리학 experimentation-physiological psychology 많은 심리학자는 직접 실제적인 문제를 다루기보다 행동의 근본적인 원인을 찾으려고 노력한다. 일단의 실험심리학자들은 행동과 뇌 및 다른 생물학적 활동 간의 관계를 연구하는데, 이들을 생리심리학자라고 부른다. 실험심리학자들은 어떻게 행동이 수정되며, 어떻게 사람들이 수정을 지속하게 되고, 사람들이 주변의 경험을 할 수 있게 하는 감각체계가 어떻게 가능한지, 사람들로 하여금 행동하도록 하는 요인들은 무엇인지 밝혀 내려고 시도한다.

실험설계 experimental design 문제에 대한 해답을 이끌어 내기 위해 실험이 시작되기 전에 계획되어야만 하는 단계들을 기술하는 것을 실험설계라 한다. 즉, 어떤 문제를 연구할 때는 실험의 모든 세부절차를 계획해야 하는데, 이 세부 절차에는 실험장비 및 측정도구를 명시하고, 이의 사용 절차를 사전에 정해 두고, 자료수집절차 및 분석방법 등을 기술하는 것이 포함된다. 이와 같은 실험설계는 크게 집단 내 비교를 통한 집단 내 설계, 집단 간 비교를 통한 집단 간 설계, 이 두 가지를 혼합한 혼합(mixed)설계로 나누어볼 수 있다.

실험심리학 experimental psychology 심적 사상에 실험적 방법을 적용하는 심리학이다. 특별한 연구영역이 한정되어 있는 것은 아니지만 실제로는 시대, 국가, 학자에 따라 서로 다른 의미로 사용되고 있다. 넓은 의미로는 경험적 심리학, 과학적 심리학과 같은 뜻이며 주로 자연과학적인 관찰과 실험을 이용하는 심리학을 가리키는 것으로 성격, 사회심리학 등의 실험을 사용하는 다른 모든 이론심리학의 분야를 포함한다. 좁은 의미에서 실험 심리학은 지각, 생리, 학습의 세 가지 분야만을 포함하고 있다.

실험신경증 experimental neurosis 동물을 이용해서 실험적으로 만든 신경증적 이상행동을 말한다. 파블로프(I. P. Pavlov)가 개의 조건반사 실험 연구에서 발견한 현상으로, 어떤 자극에 대해서 조건반사가 형성된 동물에게 그 자극과 유사한 자극을 부여하되 처음에는 확실히 차이가 있는 자극을 주다가 점차 차이의 정도가 적은 자극으로 바꾸어

가면 변별력에 실패하고 실연행동에도 변화가 생기게 되는데, 강한 정동적인 흥분을 보이면서 침착성을 잃게 되는 이상행동이 나타난다. 이와 같이 변별자극이 서로 너무나 유사하면 동물은 일종의 신경증적 반응을 보이는데, 파블로프는 이를 실험신경증이라 불렀으며 이는 인간의 신경증에 대한 가능한 한 가지 원인을 제시한 것이다.

실험자 편파 experimenter bias 실험자 편향 심리학은 사람들을 대상으로 하는 학문이기 때문에 실험에 참가하는 사람들이 어떤 것을 실험하는지 모르게 해야 한다. 그뿐 아니라 실험을 수행하는 사람도 어떤 실험을 어떤 조건에서 행하는지 몰라야 한다. 만약 실험의 목적과 가설과 의도를 피험자가 알면 그런 것들은 의식적, 무의식적으로 실험에 영향을 미친다. 이와 같이 실험자들이 실험에 관한 정보를 알고 있기 때문에 나타나는 편파를 실험자 편파라 한다.

실험적 관찰법 experimental observation 실험적 관찰법은 자연적 관찰법이 갖는 결점을 제거하기 위해 연구된 방법이다. 이 방법은 처음에 관찰항목이나 사항을 미리 선정하여 다음에 관찰되는 행동이나 성격특성 항목에 대응하는 장면, 정황의 조건 변화를 수반하도록 해야 하기 때문에 복합적인 요인을 가진 장면 정황은 행동과 장면과의 관계가 명확하도록 조건의 통제가 필요하다.

실험집단 experimental group 연구자가 조사 또는 실험을 위해서 설정한 집단으로 프로그램의 개입, 실험처치의 대상이 되는 집단이다. 사회복지분야에서는 일반적으로 문제를 가지고 있어서 해결이 필요한 클라이언트를 말한다.

실험통제 experimental control 실험은 독립변인을 조작하고 종속변인을 측정하여 독립-종속 변인의 인과관계를 추리하는 연구방법이다. 독립변인을 제외한 다른 변인들이 종속변인에 영향을 미치지 않도록 조처하는 일을 실험통제라고 한다.

실현경향성 actualizing tendency 유기체는 자신이 갖고 있는 고유한 가능성들을 건설적인 방향으로 성취하고자 하는 경향성을 갖고 있는데, 이 자기실현경향성은 인간에게 생득적이며 행동의 최상 동기다. 실현경향성은 유기체의 긴장감소만 아니라 긴장을 증가시키기도 하는데, 발달을 위한 것이라면 비록 일시적 고통을 안겨 준다 하더라도 이를 회피하지 않고 고통을 감수하며 이겨 내려 한다는 것이다.

심리검사 psychological test 각 개인들은 나름대로 특성을 지니고 있는데, 심리검사는 이러한 개인의 내적이며 심리적 과정을 타당하게 측정할 수 있는 방법으로 사용된다. 즉, 심리적 현상에서의 각 개인마다의 심리적 현상을 비교하고 개인의 인격적, 행동적 측면을 이해하기 위한 심리학적 측정과정으로서, 개인의 지능, 학력, 성격이나 적성, 흥미 또는 가치관 등의 속성을 수량적으로 측정한다. 심리검사는 심리평가에서 가장 기본적인 과정이라고 할 수 있는데, 심리검사를 통해 개인의 행동이나 성격을 이해하여 개인이 지닌 문제해결에 도움을 주고자 하는 것이다. 또한 심리검사를 통해 피검자는 자신에 대한 이해의 폭을 넓힐 뿐 아니라 개인차를 인정하게 되고, 자신에 대한 통찰력을 가질 수 있다고 보고 있다. 이와 같이 심리검사는 행동의 표본에서 객관적이고 표준화된 측정을 위해 사용되는 일관성 있는 절차, 방법 또는 도구로서 사람들을 추론(inference)하기 위한 체계적 기초를 제공한다.

심리극 psychodrama 정신치료극 비엔나(Vienna)의 정신과의사 모레노(J. L. Moreno)에 의해 시작된 심리극은 정신질환자의 치료를 위하여 특별히 고안된 방법이었다. 이는 심리극의 참여자가 자신의 문제와 관련된 역할과 상황, 또는 환상 등을 극중에 재현해 내도록 함으로써 말로 표현할 수 없었던 자신의 문제를 표출하도록 하며, 이를 통해 그들을 진단하고 치료하고자 하는 것이다. 즉, 환자가 무대 위에서 여러 가지 역할을 연기하도록 하여, 내적 갈등과 경험을 표현하고 이를 통찰하도록 인도해 가면서 동시에 새로운 역할을 학습하게끔 하는 것이다. 심리극을 구성하는 것은 다음과 같다. 첫째, 주 연기자(protagonist), 즉 환자 또는 자발적으로 선택되어진 주인공을 말한다. 둘째, 무대감독(Director)이며 연출가인 치료자로서 심리극의 치료적 분위기를 조성하며 관객들의 변화까지도 관찰하고 분석하는 역할을 한다. 셋째, 보조자아(auxiliary ego)라고 불리는 치료자의 조수가 있어야 하며, 이 보조자아는 필요에 따라 환자와 같이 극중의 인물이 되는 경우가 있다. 넷째, 관객(audience)인데 그 관객은 환자에 대해서는 여론으로서의 의미를 가지며, 관객 자신도 연극을 관람함으로써 자신이 지니고 있는 문제의 치료에 도움을 얻을 수 있다. 다섯째, 행동표현이 일어나는 무대(stage)가 있어야 하는데 모레노의 심리극의 발전이론에 대응하는 것으로서 3개의 계단을 가지고 있는 원형의 무대다. 방법에 있어서 감독은 주 연기자가 관중석에 있을 때 미리 이 주 연기자의 문제에 대해 질문과 대화를 나누어 워밍업(warming up)을 하고 나서, 주 연기자를 무대로 불러내어 자발적으로 대사를 결정하고 자기 스스로 연기하도록 한다. 이때 상대하는 사람은 보조자아 또는 관객 중에서 자유로이 선택한다. 이렇게 하여 주 연기자는 무대 위에서 자신의 현실생활을 재현하고, 그 연기를 통해서 치료자의 치료적 지도와 관객의 충고의 도움을 받아 장애를 극복하고 현실생활에 대한 자신감과 자발성을 되찾을 수 있게 된다. 심리극은 초점이 상호 대인적 행동에 있기 때문에 가족관계를 연구하고 가족문제를 해결하는 직접적이고 강력한 수단이다. 이와 같이 심리극은 정서적 갈등을 명백히 해 줄 뿐만 아니라 카타르시스를 경험하고 갈등을 해소하는 역할을 한다.

심리내적 intrapsychic 정신 또는 심리 내면적, 특히 갈등세력과 관련되어 사용되는 용어다.

심리내적 신비 intrapsychic mysteries 이야기 심리학자인 댄 맥아담스(Dan McAdams)가 설명하는 인간이해에 관한 접근방법으로 네 가지로 구분하여 설명하고 있는데, 즉 심리내적 신비(intrapsychic mysteries), 상호활동적 삽화(interactive episodes), 해석적 구조(interpretive structure), 대인관계 이야기(interpersonal stories)이다. 이 가운데 심리내적 신비는 프로이트(S. Freud)와 융(C. G. Jung)으로 대표되는 방법론적 접근으로서, 인간을 심리 내부의 신비한 역동에 의해 행동하는 존재로 보는 시각이다. 즉, 인간은 한 마디로 알 수 없는 수수께끼의 존재이며, 모든 인간은 그 내부 깊숙한 곳에 자리한 신비스러운 비밀이 자리 잡고 있는 것이다. 이 신비한 우리 내면 속의 비밀은 때론 통제할 수 없는 힘으로 혹은 고뇌와 갈등, 예측하지 못한 육체적 증상의 표현으로 우리에게 나타나는데, 신비스러운 내면의 역동성을 파악하고 그 알 수 없는 힘에 이름을 붙여 줄 때(무의식의 의식화작업) 비로소 우리는 인간을 이해할 수 있다고 본다.

심리발생적 욕구 psychogenic need 구체적, 유기체적이거나 생리적 만족과 직접적 연관이 없는 2차적인 욕구다. 즉, 인정의 욕구, 성취, 지배, 친애의 욕구 또는 자율성의 욕구 등을 의미하는 것으로 이는 상황에 따라 더욱 강력한 영향력을 끼친다.

심리사회 발달이론 psychosocial development theory 사회정서적 발달심리학의 이론과 같은 의미로서, 모든 인간이 인생주기를 통해 경험하는 다양한 단계와 인생과정, 도전 등을 기술하기 위해 에릭슨(E. Erikson)과 다른 학자들이 사용한 개념이다. 그는 심리사회적 위기를 통한 인간의 발달단계를 8단계로 구분하여 설명하였다. 이러한 발달단계의 이론에서 에릭슨은 인간의 사회성을 강조하고 있다. 프로이트(S. Freud)와 마찬가지로 그는 일생을 계속적인 발달단계로 보았으며, 각 단계에는 각기 해결해야 할 과제가 준비되어 있다고 한다. 각 단계는 유아기, 아동 초기, 놀이기, 학령기, 청소년기, 청년기, 중년기, 노년기로 구별된다.

① 유아기(infancy) : 출생 후 1년경으로 에릭슨의 성격 단계별 특징에 의하면 '기본적 신뢰감 대 불신감(basic trust vs. basic mistrust)' 의 시기다. 이 시기 유아는 어머니를 통해 인생의 모든 경험을 하며, 어머니가 유아의 신체적 · 심리적 욕구를 적절하고 일관성 있게 충족시켜 주면 어머니를 신뢰하게 되어 기본적 신뢰감을 형성하게 된다.

② 아동 초기(early childhood) : 2~3세의 시기로 '자율성 대 수치심, 의혹(autonomy vs. shame and doubt)' 의 단계다. 이 시기에 유아는 자신을 돌봐주던 성인에게 완전히 의존하던 상태에서 벗어나게 되고, 여러 개의 상반되는 충동 사이에서 스스로 선택하고 행동하는 자율성을 가지려 한다. 이때 부모가 자녀의 한계를 알면서도 점차 자유를 허용하는 경우 자율성이 싹트게 되지만, 부모가 과잉통제하여 아동이 적절히 자율성을 연습하지 못하게 되면 수치심과 의혹이나 의심이 생기게 된다.

③ 놀이기(play age, 4~6세) : '주도성 대 죄책감(initiative va. guilt)' 의 시기로 프로이트의 남근기에 해당한다. 새로운 과제나 기술을 습득하며 스스로가 생산적인 존재임을 인정받고자 하는 시기다. 이때 부모가 유아로 하여금 자신의 일을 스스로 하도록 격려할 경우 유아의 주도성이 북돋워질 것이나, 스스로 과제를 완수할 기회를 주지 않을

경우 아동은 자신의 목표나 계획이 사회가 금지하는 것이라고 느끼게 되고 죄의식이나 죄책감을 느낀다.

④ 학령기(school age, 6~11세) : '근면성 대 열등감(industry vs. inferiority)'의 단계로, 자아성장의 결정적 시기로 인지적 기술과 사회적 기술을 습득하게 되면서부터 가족의 울타리를 벗어나 더 넓은 사회에서 통용되고 유용한 기술을 숙달하고자 한다. 지적 호기심과 그 성취가 행동의 핵심이며 이로 인해 근면성과 성취감을 갖게 된다.

⑤ 청소년기(adolescence, 11~15세) : '정체감 대 정체감 혼미(역할혼란)(identity vs. role confusion)'의 시기로 급격한 신체적 변화와 함께 사회적 압력과 요구가 나타나는 시기다. 이들은 자신이 어떠한가에 대해 생각할 뿐만 아니라 남의 눈에 어떻게 비추어지는가에 대해 관심을 갖게 된다.

⑥ 청년기(young adulthood, 16~25세) : '친밀성 대 소외(intimacy vs. isolation)'로 대표되며, 이성을 사귀고 결혼하는 시기며, 성적으로나 사회적으로 다른 사람에게 친근감을 갖게 되는 시기다. 이 시기에 친근감 형성과 사회 참여에 있어 사회적 관계를 피하거나 자기 자신에게만 열중하게 될 때 고립감을 느끼게 된다.

⑦ 중년기(middle adulthood, 25~65세) : '관용 대 정체(generativity vs. stagnation)'의 단계다. 가정적으로 자녀를 낳아 키우고 교육하며, 사회적으로 다음 세대를 양성하는 시기다. 이러한 생산성은 직업적 성취나 학문적, 예술적 업적을 통해 나타날 수 있다. 그러나 생산성을 제대로 나타내지 못하거나 나타내지 않으면 침체하게 된다. 생산성은 성인이 자녀양육 및 자녀의 성취와 관련하여 자신에게 충만감을 느낄 때 가장 잘 나타난다.

⑧ 노년기(maturity, 65세 이후) : '자아통합 대 절망감(ego integrity vs. despair)'의 시기로 신체적 힘의 쇠약, 건강의 쇠약, 퇴직, 수입감소, 배우자나 가까운 친구의 죽음 등 괴로움이 많은 때다. 한편으로 한 개인이 살아오면서 기울인 노력이나 성취가 반영되는 시기다. 따라서 자신의 과거에 관심을 갖게 되는데, 자신과 자신의 생활에 대해 만족할 때 자아 통합감을 형성하게 되지만 자신의 삶을 충만하지 못했던 것으로 보고 새롭게 시작하기엔 늦다고 생각하는 경우 인생에 무력감을 느끼고, 이때 자아 통합에 실패하면 절망감이나 자기혐오를 느끼게 된다. ⇨ 에릭슨 참고.

심리사회적 위기 psychosocial crisis 에릭슨(E. Erikson)은 자아의 발달에 따른 건강한 정체감 형성을 강조하였으며, 심리사회적 위기를 통해 발달하는 것으로 보았다. 이 위기는 신체적 성장이나 문화적 영향에 기인하는 것으로 이 위기를 어떻게 극복하느냐에 따라 정상인으로 성장하는 데 영향을 준다고 보고 있다. 즉, 인간은 인생을 통하여 예측 가능한 발전단계를 정신적 · 사회적으로 경험하며 각 단계에는 건강한 발달과정을 위해서 개인이 맞닥뜨려야 하는 독특한 상황과 도전들이 있다는 개념이다. 새로운 단계의 욕구를 충족함에 있어 이전의 경험이 거의 없을 때 위기가 생겨나고, 필요한 사회적 · 심리적 적응이 이루어질 때까지는 마찰을 일으키며 예측했던 만큼의 효과도 얻기 힘들다. ⇨ 사회정서적 발달심리학 참고.

심리사회적 정체성 psychosocial identity 에릭슨(E. Erikson)이 분류한 정체성으로 그는 정체성의 개념을 객관적 측면과 주관적 측면으로 나누었으며, 객관적 측면에서 또한 심리사회적 정체성과 개별적 정체성(individual identity)으로 구별하여 말하고 있는데, 심리사회적 정체성은 개인이 속해 있는 집단에 대한 귀속감 또는 일체감을 의미한다. 즉, 민족적 주체의식이나 국가적 주체의식 등으로 나타나는 집단적 정체의식을 말한다. ⇨ 정체성 참고.

심리사회치료 psychosocial therapy 심리사회치료는 내담자와 그의 환경 간의 공유영역을 강조하는 심리치료의 한 형태로서 전문가와 개인, 가족, 집단 또는 지역사회 간에 일어나는 관계를 중심으로 특별한 정서적 · 사회적 문제를 극복하고 행복을 성취하려는 내담자를 돕는 것을 목적으로 하는 치료요법이다. 심리사회치료자는 심리내적 관심사와 함께 인간의 상호관계 또는 사회관계 문제에 초점을 맞추고 있다.

심리생리적 측정법 psychophysiological measurement 인간의 심리적 상태를 평가하기 위해 신체생리적 변화를 수량적으로 표현하여 측정하는 방법이다. 이는 생리적 상태를 측정할 수 있는 측정도구를 통해 뇌파, 심장박동, 근육긴장도, 피부전기저항반응 및 혈압 등의 측정결과로 심리적 상태나 특성을 평가하게 된다.

심리성적 발달이론 psychosexual development theory 인간의 성격이 형성되는 과정을 기술한 정신분석이론과 프로이트 이론에서 유래한 개념으로, 프로이트의 이론에 의하면 출생시부터 인간에게는 특정량의 성적 에너지가 있는데, 이것이 심리성적 단계를 따라 변화해 간다. 이 이론에 따르면 인간은 기쁨과 즉각적인 만족을 위해 타고난 추진력과 본능으로 동기를 부여받는다. 즉, 인간이 성숙함에 따라 생리적 쾌감을 얻게 되는 주요 신체부위를 중심으로 성격발달단계를 구강기, 항문기, 남근기, 잠복기, 생식기로 나누었다. 그리고 발달단계마다 인간은 만족감을 가져야 하며, 이 만족감의 정도에 따라 또 성취 여부에 따라 성격형성이 변화될 수 있다는 견해다. 또한 인간이 각 단계에서 내재적인 갈등을 해결한다면 성인이 되었을 때 정신병리에서 벗어나지만, 그렇지 못할 경우 정신 내면의 갈등과 고착, 잠재적으로 심각한 정서문제를 겪을 수 있다고 주장한다.

각 단계를 살펴보면, ① 구강기(oral stage) : 출생 후 1~1세 반 정도로 인간의 욕구, 소망, 지각, 표현방법이 입, 입술, 혀 그 밖의 입 근처 기관에 집중되어 있는 시기로, 입술쾌락이 지나치면 의존적이고 잘 속이는 기질을 이룬다. 반대로 결핍되거나 불규칙이 되면 성인이 된 후 욕심 많고 남을 헐뜯으며 공격적인 사람이 된다고 본다. 그러나 잘 발달하면 긍정적이고 자신감과 관대함, 자급자족과 남을 신뢰하고 독립심이 있으며 잘 주고 잘 받는다.

② 항문기(anal stage) : 1세 반～3세 정도로, 마음의 주된 관심이 항문 요도에 있다. 이때 양육자가 배변훈련에 너무 조급해하거나 억압적인 훈련태도를 취하면 항문기에 고착된 성격을 지니게 되는데, 이 경우 대소변이 지저분한 것과는 달리 지나

치게 깨끗한 것을 추구하는 결벽증적 성격이 되거나, 수전노적인 인색함이나 수집광적인 특성을 나타낸다. 반대로 이 시기를 잘 보내면 창조적이고 생산적이고 자주적인 사람, 주도권과 긍지심을 갖춘 사람이 된다.

③ 남근기(phallic stage) : 3~6세의 시기로, 성기가 주된 관심사다. 긍정적인 반응으로는 아들인 경우 아버지를 닮으려고 할 경우이고, 부정적인 반응으로는 거세불안과 남근선망이 있다. 남근기에 고착된 성인 남성은 과장되고 경솔하며 야심적인 성격을 띠며 항상 자신의 강함과 남자다움을 나타내고 또한 남근기에 고착된 여성은 순진하고 결백해 보이지만 성관계에서 난잡하고 유혹적이며 경박한 기질을 나타낸다. 이 시기에 콤플렉스를 해결하지 못하면 남성은 성적 무기력, 여성은 불감증을 갖게 된다.

④ 잠복기(latent stage) : 6~12세경으로, 성적 · 공격적 욕구가 외견상으로는 잠복된 것처럼 잠잠해 보이지만 공상, 환상, 놀이를 통해 그러한 욕구를 속으로 발산하는 시기다. 남자는 남자끼리, 여자는 여자끼리 어울리며, 남는 에너지를 자아발전에 쓰려고 한다.

⑤ 성기기, 생식기(genital stage) : 13세 이후의 시기로 부모로부터 상대적인 독립이 이루어지고, 이성으로부터 성적 만족을 얻으려는 이성애적 경향을 보인다. 따라서 이 시기를 이성애착기(hetero-sexual period)라고 한다.

심리이설 psychoheresy Awareness Ministries의 마틴과 데이드레 밥건(Martin & Deidre Bobgan) 부부가 만든 말로서 세상의 심리학적 상담의 이론과 성경적 상담의 이론을 통합하는 것을 말한다. 기독교상담에서는 세상의 심리학, 즉 세속적 심리학이라 불리는 일반 심리학이론을 받아들이느냐 마느냐에 대한 논쟁이 있는데, 제이 아담스(Jay Adams)와 같은 상담심리학자는 기독교상담이란 오직 성경만 가지고 상담해야 한다고 주장하는 반면, 일반심리학의 여러 이론들을 차용해 기독교상담에 적용하자는 주장도 있다. 오직 성경만을 가지고 상담에 임해야 한다고 주장하는 입장에서는 통합된 심리학인 심리이설이 목회자들의 설교와 신앙생활에 영향을 주어 인간의 본질이나 신앙인의 생활방식, 성화된 생활에 부정적인 영향을 주어 신앙과 생활에 모순을 초래한다고 주장한다. 반면, 통합을 통해 기독교 상담에 적용하자는 입장에서는 일반심리학이 상담의 도구로서 충분히 이용할 만한 가치가 있다고 주장하고 있다.

심리적 반발 psychological reactance 사람들은 그들의 자유가 위협받고 있다거나 박탈당했다고 생각할 때는 동기적으로 흥분하게 된다는 것을 말한다. 예를 들면, 자연스럽게 잘 하던 행동도 타인의 의지가 개입되면 더 이상 하고 싶어지지 않는 심리현상으로 멍석 깔아 주면 안 한다는 것처럼 하라면 하기 싫고, 말리면 하고 싶은 것을 의미한다. 심리학의 설득과 태도의 측면에서 볼 때, 호브랜드(Hovland)와 추(chu)는 이슈에 대해 잘 알고 있는 사람들일 경우 양방적인 주장이 일방적인 주장보다 더 효과가 있다고 보았는데, 이는 주장이 일방적일 때 심리적 반발을 유발할 수 있기 때문이다. 즉, 사람들은 일방적인 의견을 받아들이도록 강요받으면 자신의 자유의지감을 보호하기 위해 이에 강력하게 반발하게 된다. 그러나 양방적 주장은 덜 편향적이며, 자유선택을 하고 있다는 착각을 줄 수 있기 때문에 사람들은 그 주장을 덜 방어적으로 평가한다.

심리적 시간 psychological time 시계 따위의 물리적인 계측시간에 의하지 않고 주관적으로 체험하고 파악하는 시간을 의미한다. 시계침이 가리키는 시간은 그저 한 점으로만 표시되는 현재이며 또 무한의 연속이지만 심리적 시간은 동시성의 인상을 기초로 한 어떤 연장을 가지고 있는 심리적 현재의 추이에 의해 구성되어 있다. 거기에는 기억을 통하여 과거가, 기대에 의하여 미래가 들어온다. 인간 내부에는 어떤 종류의 체내시계(내부시계)라 부르는 계시기구가 있는데, 이러한 자율적인 계시기구와 안팎에서 일어나는 현상의 변화를 인식하는 지각 등에 의한 직관적인 시간파악을 기반으로 심리적인 시간이 성립된다고 보는 것이다. 특수한 신체적 · 생리적 조건하에서 심리적 시간은 가끔 변조를 가져오는데, 꿈속에서의 기묘한 시간경과나 특정한 종류의 약물 투여, 혹은 정신질환에 따르는 특이한 시간 체험 등이 그 예다.

심리적 실체 Psychic reality 융의 핵심적인 개념으로, 융은 다음 세 가지 방법으로 심리적 실체라는 개념을 설명하였다.

① 경험을 통한 접근 : 심리적 실체는 현실로, 혹은 현실에 준하는 힘을 가지고 인간을 압도하는 모든 것을 포함한다. 융에 따르면 인간은 인생과 그 사건들을 역사적 진실이 아닌 서술적 진실에 의하여 경험한다. 심리적 실체로 경험된 것은 자기표현의 한 형태일 수 있다. 예를 들어, 무의식이 무의식 내용을 인격화(personification)하려고 하는 경향을 들 수 있다. 무의식적 인물들(그림자, 늙은 현자 등)은 자아에 감정적 영향을 주고 변화와 발전을 꾀한다는 의미에서 실재적이다. 따라서 융이 볼 때 인격화는 정신적 실체에 대한 경험적 증거다.

② 이미지를 통한 접근 : 모든 의식적인 것은 본질적으로 간접적이다. 언어작용은 물론 신경체계나 다른 지각심리과정들에 의하여 중재되기 때문이다. 따라서 내적 세계와 외적 세계는 모두 이미지에 의해서, 이미지로서 경험된다. 다시 말하면, 심리적 실체는 그 이미지적인 구성으로 인하여 우리가 직접적으로 경험할 수 있는 유일한 실체가 된다.

③ 정신의 본질과 기능을 통한 접근 : 융(C. G. Jung)에 의하면 정신(심리적 실체)은 물리적 영역과 영적 영역의 중간세계로서 기능한다. 예를 들어, 융은 불에 대한 공포와 유령에 대한 공포를 비교해 보자고 한다. 심리적 실체에서, 표면적으로는 완전히 다른 불과 유령은 동일한 위치를 점유하고 있으며 같은 방식으로 정신을 활성화한다.

심리적 이유 psychological weaning 사춘기의 시기 아동의 정서적 해방과 독립을 추구하는 심리적 젖떼기를 의미하며, 성인으로서 사회적 승인 혹은 인정을 받고자 하는 욕구가 강해진다. 그러나 사회인임을 자처하고 자신의 권리를 주장하면 그에 비례해서 사회인으로서의 의무와 책임이 수반된다는 것을 깨닫게 되는데, 이때 자립, 자율, 자기 일에 책임질 줄 아는 인식이 생겨나는 것을 심리적 이유라 한다. 따라서 자기를 재정의하고 재통합하여, 연속성 · 불변성 · 귀속성에 대한 감각과 의식이 흔들리지 않도록 뒷받침해 줄 자아정체성의 확립이 필요하다. 한편, 상담에서는 상담관계 종결 시 내담자가 더 이상 상담자의 도움에 의존하지 않고 혼자서 자기 일을 수행해 나갈 수 있는 상태를 심리적 이유라 한다.

심리적 피로 psychological fatigue 결혼을 하고 얼마 지나면 흔히 권태기라는 것이 온다. 지루하고 맛있는 음식도 자꾸 먹으면 물리듯이 똑같은 생활을 반복하면 아무리 멋진 파트너라 해도 권태가 일어난다. 이런 권태를 심리학에서는 심리적 피로라고 한다. 심리적 피로란 어떤 일을 계속할 의사가 있음에도 불구하고 심리적 · 신체적 · 생리적 탈진 현상 때문에 계속할 수 없는 상태를 말한다.
⇨ 쿨리지효과 참고.

심리치료 psychotherapy 심리요법 구체적으로 환자를 돕기 위해 심리학적 기법(상담을 포함)을 사용해서 심리이상과 정신장애를 치료하는 과학이나 기술이다. 프랭크(V. Frank)는 '심리치료는 사회적으로 인정받고 훈련받은 치료자가 특정한 활동을 통해 내담자의 태도나 행동에 원활한 변화가 일어나도록 도움을 주는 과정' 이라고 정의하고 있다. 상담과 차이점은 상담이 치료보다는 성장을 지향하는 반면에, 심리치료는 성장보다는 당장의 문제를 교정하는 것을 지향한다는 점이다. 심리치료에는 정신분석, 내담자 중심요법, 게슈탈트 요법, 내관법, 최면요법 등이 있다.

심리평가 psychological assessment 심리검사, 면담, 행동관찰 등 여러 방법을 통해 개인의 심리적 특성을 이해하는 일련의 과정을 말한다. 여기서 심리검사는 가장 기본적인 심리평가의 과정이며, 개인면담이나 자연적 상황 또는 체계적 상황 속에서 행동 관찰의 기록 등은 개인의 심리적 특성을 보다 정확하게 분석하고 해석할 수 있게 하는 도구이다. 이와 같이 심리평가는 개인의 행동이나 성격을 이해함으로써 개인의 문제해결을 돕는 것이 목적이다. ⇨ 심리검사 참고.

심리학 psychology 심리(정신, 사고)와 행동에 대해 과학적으로 연구하는 학문. 심리학이란 정신, 의식, 마음을 이해하고자 연구하는 것으로서 인간의 마음을 이해하고 행동을 예측하고 변화시키는 데 그 연구목적이 있다. 따라서 심리학은 인간의 행동이 관여되는 인간활동의 광범위한 내용들을 다루는데, 인간의 정서, 동기, 성격, 사회, 인지, 지각, 언어, 발달, 학습, 생리, 이상행동 등이 심리학의 기초적인 분야다. 프로이트(S. Freud)의 연구에서 출발했다고 해도 과언이 아닌 심리학은 오늘날 단순히 인간의 마음을 이해한다는 차원이 아닌, 여러 상황과 다양한 장에서 발생할 수 있는 심리적 문제들을 해결하기 위해 다양한 관점에서 심리학들이 새롭게 나타나고 있다. 이처럼 심리학은 단순히 사회과학이나, 자연과학의 어느 한 부분에 소속된 것이 아니라 신학을 포함한 인문과학분야에 걸쳐 우리의 모든 생활영역에서 그 관심이 늘어가고 있는 실정이다. 현대심리학의 관점은 크게 ① 행동주의적 관점으로 스키너(B. F. Skinner)가 주요 인물이며, ② 정신분석적 관점에는 융(C. G. Jung), 아들러(A. Adler), 프로이트(S. Freud), 클라인(M. Klein), 설리번(H. S. Sullivan), 에릭슨(E. Erikson), ③ 인본주의적 관점에는 매슬로우(A. H. Maslow), 로저스(C. R. Rogers), ④ 인지주의적 관점은 피아제(J. Piaget), 시몬(H. Simon), 켈리(G. Kelly), ⑤ 생리심리학적 관점은 펜필드(W. Penfield), 스페니(R. Speny) 등으로 나누어 볼 수 있다.

심리학적 측정 psychological measurement 개인의 행동을 특징짓는 성질, 즉 각 개인의 심리적 특성을 측정하여 수량적으로 표현하는 과정이다. 이러한 심리학적 측정은 물리학적 측정과는 다르게 직접적인 측정이 불가능한 간접적인 측정이다. 예를 들어, 자아강도, 지배성, 엄격성, 사회적응 등의 심리적 특성은 인간의 행동을 설명하기 위해 이론으로부터 도출한 가설에 불과한 것이고, 구성개념과 관련 있다고 생각되는 행동을 바탕으로 측정하기 때문에 심리적 특성을 측정하는 과정은 간접적인 것이다. 심리적 특성은 추상적인 구성개념으로 물리적으로 측량할 수 있는 개념이 아니기 때문에 이를 측정할 수 있게 하는 조작적인 정의가 필요하고, 구성개념과 관련이 있는 행동을 간접적인 방법으로 측정한다. 이와 같이 심리학적 측정은 구성개념에 대한 조작적인 정의, 측정도구인 심리검사도구 제작, 심리검사를 통한 측정, 그 결과를 해석하는 일련의 과정을 거치게 된다. 따라서 심리적 특성에 대해 정확하고 객관적인 측정결과를 얻기 위해서는 일련의 과정에서 객관적 측정을 보장해야 한다.

심상 imagery (mental image) 감각기관에 대한 자극 작용없이 사람의 기억에서 일어나 마음속에 떠오르는, 의식적으로 경험된 정신의 영상이다. 즉, 마음속에 그린 그림으로서 아리스토텔레스(Aristoteles)는 마음에 떠오르는 상이 사고에 필요하다고 하면서 "마음속에 그림이 없으면 생각할 수도 없다. 생각할 때 느끼는 감정은 그림을 그릴 때 느끼는 감정과 같은 것이다"고 하였다. 심상은 보통 과거에 지각했던 자극물을 상기시킨 것이나, 지금까지 지각했던 일은 없으나 책을 읽거나 다른 이야기를 듣고서 마음에 떠오르는 심상도 있다. 브렌타노(F. Brentano)를 시초로 하는 작용심리학에서는 '표상하는 작용'과 그 내용을 엄격히 구별하나, 심상은 결국 작용의 내용에 지나지 않으며, 일반적으로 구체적이고 직관적인 상이다. 사고작용은 이와 같이 직관적인 심상이 머리에 떠오르지 않은 채 이루어질 수 있으며, 이것을 '비직관적 사고' 또는 '무심상사고'라고 한다. 일반적으로는 환각이나 꿈도 심상의 하나이며, 또한 그리고 심상은 상담자가 내담자로 하여금 점진적인 긴장이완과정을 거치게 하고 실제로 일어난 대로 상황을 재연함으로써 이루어진다.

심상적 표상 imaginal representation 개인이 이전에 관찰한 사건 또는 모방한 행동을 통해서 형성한 정신적 심상을 의미하는 것으로, 브루너(J. Brunner)는 각 발달단계에 고유한 인지구조가 있다고 하며 3단계, 즉 학령전기의 행동적 표상, 초등학교 입학 전후의 심상적 표상, 초등학교 고학년의 기호적 표상을 설정하였다. 이 같은 브루너의 인지발달단계는 지식의 구조와 인지구조와의 결합의 방법에 따라 유연성을 갖는다는 점에서 피아제(J. Piajet)의 인지발달단계와 차이점을 보인다.

심상치료 imagetherapy 심상치료는 우리 마음의 구조 및 내용 등을 체험적 심상(마음)을 통하여 분석하고 재구성하는 치료방법이다. 마치 내시경으로 우리 마음을 들여다보듯 마음의 문제점을 발견하고 결과적으로 내담자의 행동변화 및 성격변화, 전인적 성장을 가능하도록 한다. 정신분석에서 우리 문제점의 심층적인 원인을 알기 위하여 무의식 세계의 내용과 법칙을 분석하는 작업이 최종 목적이라면, 심상치료에서는 심상체험을 통하여 우리의 성격 구성요인(사고, 정서, 행동패턴)들에 결정적으로 영향을 끼치는 깊은 마음의 내면세계(무의식의 세계)의 내용을 좀 더 구체적으로 변화시키거나 직접 재구성하는 작업이 최종 목적이다.

심신증 psychosomatic illness 정서가 핵심적 역할을 한다고 믿어지는 신체장애로서 심신증은 실제로 병이 아니며 의학적 주의를 할 필요가 없다고 잘못 인식되어 왔지만, 실제로 심신증의 증상들은 조직손상 및 고통과 연합된 생리적 장애를 동반한다. 심신증은 심리적인 스트레스, 즉 욕구불만 때문에 일어나는 심리적 긴장상태가 하나의 계기가 되어 일어나는 신체적 질환이다. 정신신체증이라고도 한다.

심인성 psychogenic 신체의 생리적 구조보다는 개인의 정신이나 마음에서 일어난 장애나 상황에 관련된 용어다.

심인성 기억상실 psychogenic amnesia 해리성장애의 한 종류로 심인성 기억상실증은 정신적 충격을 야기한 사건 이후, 자신의 신상에 대한 중요한 사실들을 기억해 낼 수 없는 특징을 보인다.

심인성 동통장애 psychogenic pain disorder 심한 불편감과 지장을 초래하는 동통이 6개월 이상 지속되는데, 심리적 요인이 동통의 발병, 증상의 정도, 악화, 유지에 중요한 역할을 하는 것으로 판단된다.

심인성 둔주 psychogenic fugue 해리성장애의 하나로, 극심한 스트레스를 받고 난 후에 발생되는 총체적인 정체감 상실을 말한다. 심인성 둔주의 장애를 갖고 있는 사람은 비록 일시적이라고 하지만 자신의 정체감을 완전히 상실하며, 둔주가 지속되는 동안에는 자신의 과거에 대한 기억상실과 함께 새로운 성격특성이 나타나 새로운 생활을 영위하게 된다.

심적 지도 mental map 사물의 형태를 심적 위계구조과정을 통해 통찰하는 것을 말한다. 이는 사물을 공간적으로 다룬다는 것인데, 즉 사물을 공간상에서 변화되는 형태로 지각하는 것이다. 또한 머릿속에 그려지는 심적 지도는 자주 접한 곳일수록 실제와 더욱 일치할 것이다. 그리하여 실제로 가보지 않은 길도 지름길이 될 것이라고 생각하여 안내해 줄 수 있게 된다.

심적 포화 mental saturation 같은 일을 반복하게 될 때 의욕이 감소하여 일의 성과가 떨어지는 현상을 의미한다. 심적 포화 상태에 빠졌을 때에는 일시적으로 다른 일로 방향 전환을 하였다가 다시 본래 하던 일로 돌아가도록 하면 심적 포화를 해소할 수 있다. 또한 심적 포화를 행동주의적 접근의 정적강화기술로서 사용하기도 하는데, 포화상태에 이르기까지 강화를 계속 주게 되면 그 강화의 가치가 상실되고 오히려 그 반대의 효과가 나타나는데, 이를 이용하는 것이다. 예를 들면, 담배를 피우고 싶어 하는 소년에게 많은 담배를 주고 계속 피우게 함으로써 진저리가 나서 담배에 대한 맛을 잃도록 하는 방법이다. 심적 포화는 자극을 풍부히 줌으로써 그 강화의 값을 상실하게 하거나, 그 이상 더 실행할 수 없을 때까지 하나의 반응에 계속적으로 강화를 주는 두 가지 방법을 통해 일으킬 수 있다.

심층심리학 depth psychology 프로이트의 정신분석학과 그의 영향을 받은 심리학을 일컫는 심리학으로서, 일상의 의식생활을 무의식적인 심적 기제에 의해서 설명하려는 심리학이다. 프로이트는 심층심리학이 세 가지의 견지에서 정신현상을 다루어야 한다고 주장한다.

① 국소론적 : 정신을 초자아, 자아, 이드라는 3부분으로 구성된 기관으로 보고 그 중 어느 부분에서 심적 과정이 이루어지는지를 조사한다.

② 역동적 : 정신현상을 협력, 반발 및 타협하는 힘의 상호작용에 대한 표현으로 본다. 그리고 이 힘은 본능 또는 충동의 성격을 띠고 있다.

③ 경제적 : 정신기관은 이 힘의 정체를 방지하고 흥분의 총량을 가급적 극소화시키려 한다고 생각한다. 그리고 흥분의 증가는 불쾌를 초래하고 흥분의 감소는 유쾌를 초래한다고 보았다. 따라서 정신기관은 원래 쾌감원리에 따르지만 후에 현실에 의하여 수정되어 현실원칙을 따르게 된다는 것이다. 따라서 유쾌함을 구하고 불쾌함을 피하는 무의식 중의 에너지의 대립 · 상극 · 타협으로 정신현상을 설명하는 심리학이다.

싱커스 족 thinkers 젊은 남녀가 결혼한 뒤 맞벌이(Two Healthy Incomes)를 하면서 아이를 낳지 않고(No Kids), 일찍 정년퇴직(Early Retirement)해 노후 생활을 즐기는 신계층을 일컫는 말.

싸움 또는 도피 fight or flight (1) 환자들끼리 또는 환자가 치료자에게 고함을 치거나 공격하는 경우 또는 아예 집단을 떠나는 경우를 말한다. 정도에 따라서 카타르시스(catharsis)의 의미가 있으므로 파괴적인 행동이 아닌 경우에는 지나친 걱정은 하지 말아야 된다. (2) 캐논(Cannon)이 명명한 것으로, 분노와 공포 같은 정서를 경험하게 될 때 혈당수준, 맥박, 호흡률, 혈압이 증가하고 근육으로 보내는 혈액량이 증가하는 현상을 말한다. 이는 개인이 스트레스 유발요인에 대처하는 차원에서 생리적·신체적 변화를 일으킬 때 평형을 유지하려는 특징이 있는데, 이 과정을 싸움과 도피로 비교한 것이다. 즉, 심각한 스트레스 상황에 처하게 되면 온몸은 자동적으로 이러한 투쟁(싸움) 또는 도피반응을 하는 것이다.

ㅇ

아날로그 대화 analogic communication 아날로직대화라고도 한다. 비언어적인·상징적인 대화를 의미한다. 사람들은 대화를 통해 언어적으로는 내용을 전달하지만 비언어적으로는 상징적 의미를 전달한다. 즉, 신체를 통해서 전달되는 대화로서 상징을 많이 수반하는 것이다. 비언어적 대화를 해석하고 이를 알게 하는 일은 상담에 있어서 대단히 중요한 역할을 하며, 비언어적 대화를 언어적 대화와 일치시키는 일도 상담에 있어서 중요한 역할이다. 디지털대화 비교. ⇨ 디지털대화 참고.

아니마 anima 융의 이론으로 남성의 무의식 속에 자리 잡은 여성성을 의미한다. 남성에서의 아니마는 기분(mood), 정동(emotion)으로 나타나는데 여러 느낌과 기분, 예견적 육감, 비합리적인 것에 대한 감수성, 개인적 사랑의 능력, 자연에 대한 느낌, 무의식과의 관계 등과 같이 남성의 마음에 숨은 모든 여성적인 심리적 경향들이 인격화된 것이다. 원초적 여성성(아니마)은 다양한 성질을 가질 수 있지만, 남성이 남성의 페르소나 때문에 소홀히 하기 쉬운 파토스(pathos, 감성)와 예지능력으로 흔히 표현된다. 그러나 존재를 인식하지 못한 채 버려둘 경우 미숙한 상태로 남아 변덕스럽고 짜증섞인 잔소리를 일삼게 된다. 아니마의 발전 4단계는 첫째 이브(eve)상으로 본능적이고 생물학적인 여성상이다. 둘째는 낭만적이고 미적인 수준의 성적인 이미지이며, 셋째는 성모마리아 상에서 표현되는 영적 헌신으로 지양된 에로스이며, 넷째 단계는 거룩하고 가장 순수한 지혜, 모나리자 상이다.

아니무스 animus 융의 무의식의 여러 원형 중에 특수한 원형으로서, 여성의 무의식 속에 자리 잡은 남성성을 의미한다. 원초적 남성성(아니무스)은 여성들이 소홀히 하기 쉬운 로고스(logos, 논리성)와 지혜능력으로 흔히 표현된다. 현실적으로 관찰할 수 있는 내적 인격의 표현은 의견(opinion)으로 나타나며, 부정적인 작용은 융통성 없이 따지는 버릇이 생길 수 있다. 여성 속의 아니무스로 인해 여성이 남성을 볼 때 남성에게서 신화에 나오는 영웅상, 성자상 같은 것을 본다고 한다. 또한 아니무스는 4단계의 발전단계를 갖는데 첫 단계는 육체적인 영웅이며, 둘째는 낭만적인 남성, 행동적인 남성으로 전쟁 영웅의 이미지이며, 셋째는 교수나 목사의 상으로 '말씀'의 사자이며, 넷째는 종교적 체험의 중개자이며 영적 진리로 이끌어 가는 지혜로운 안내자의 이미지 단계다.

아도니스 콤플렉스 adonis complex 남성외모집착증이라고도 한다. 현대사회에서 남성들이 외모 때문에 겪는 강박관념이나 우울증 등을 의미한다.

그리스 신화에 나오는 아도니스는 미의 여신 아프로디테의 애인이었는데, 그가 죽으면서 흘린 선혈이 떨어진 자리에 핀 꽃이 아네모네라고 한다. 아도니스 콤플렉스는 미국의 포프(Harrison G. Pope) 외 2인의 공저인 『아도니스 콤플렉스』에서 소개되었는데, 수많은 남성이 근육질 몸매를 만들어야 한다는 강박관념에 사로잡혀 있는 등 초등학생들까지도 자신의 신체에 불만을 느끼고 우울증에 빠지는 현상으로 규정하고 있다.

아동기 childhood 7~12세까지로 생활의 중심이 가정에서 학교로 옮겨지는 학동기를 말한다. 이 시기는 부모와 가정의 영향권에서 다소 벗어나 또래와의 인간관계가 크게 확장되므로 또래시대라고도 한다.

아동방임 child neglect 아동방치 아동학대의 일종으로, 부모, 부모역할을 하는 사람, 가족구성원 또는 법적 후견인들이 행동유무와 관계 없이 18세 이하의 아동에게 신체적 또는 잠재적 위해 요소를 가하거나 음식, 집, 의복, 건강 간호, 정서적 지원 등을 제공하지 않는 부실한 관리로 아동에게 해를 끼치는 것을 말한다.

아동보호기금 Children Defense Fund 전국의 아동을 위해 지지 및 로비활동을 하는 조직으로 아동에게 영향을 미치는 법률과 정부기관을 면밀히 조사하고, 오래된 프로그램을 바꾸고 새로운 프로그램을 제시하는 일을 수행한다. 또한 이 조직은 아동의 특수한 욕구를 만족시켜 주는 기관을 지원하고 아동복지법을 만들고 강화시키기 위한 노력을 한다.

아동심리학 child psychology 아동의 심리를 연구하는 심리학의 한 분야로서, 이론적으로는 인간의 심리가 어떻게 발달해 가는가를 연구하고 개체발생에 있어서의 발달의 원리를 구명하려는 학문이다. 아동심리학에서는 출생으로부터 청년전기까지의 아동의 심리기능과 이와 관련이 있는 생리적 과정까지도 연구한다. 유아 · 아동의 각 발달단계의 아동심성 연구는 발달심리학으로서도 중요하고, 또한 아동심리학은 실천의 학문으로서 아동심리의 성립과정을 파악하고 아동의 교육 및 그 방법의 기초를 확립하는 데 중요한 임무를 가지고 있다.

아동양육권 custody of children 이혼하는 부모 중 누가 아동을 맡을 것인지 혹은 부모 외에 다른 보호자가 아동을 맡을 것인지를 지정하는 법적 결정으로 아동의 이익을 가장 잘 반영하는 내용에 근거하여 이루어져야 한다.

아동지도 child guidance 어린이들과 그 부모에 대한 상담을 통해 어린이들의 비정상적인 행동을 수정하거나 정신신체장애를 진단하고 치료하는 것을 포함한다.

아동학대 child abuse 부모 · 부모역할을 하는 사람, 가족구성원 또는 법적 후견인들이 18세 이하의 아동에게 고의적으로 신체적 해를 가하는 것.

아동학대의 원인으로 가해자에게 인격장애가 있거나 어렸을 때 제대로 부모 사랑을 못 받았을 뿐 아니라 학대를 받았던 경우 등이 거론되고 있다. 특히 가해자는 아버지보다 어머니가 더 많고, 이들은 대부분 자식의 버릇을 고치기 위해 혹은 말을 잘 듣지 않기 때문에 훈육한다는 등의 이유로 아이를 구타, 폭행한다. 심한 타박상, 고열 화상 등 신체적 손상을 가하고 심하면, 살해하기까지 한다.

아들러 Alfred Adler (1870~1937) 오스트리아 태생의 심리학자. 처음에는 프로이트(S. Freud)의 이론에 심취했으나, 후에 그 이론과 결별하고 개인심리학이라는 독자적인 이론을 개척했다. 아들러는 생물학적인 본능보다는 사회적인 면을, 무의식적인 면보다는 의식적인 면을 강조했으며, 보상의 욕구가 인간에게 미래를 개척하게 하는 원동력이 된다고 생각했다. 즉, 인간의 발전은 사람들이 무의식 중에 자신의 열등성을 극복하려고 열심히 노력하는 가운데 이루어진다는 진리를 발견한 것이다. 그는 차남으로 성장했는데, 부모로부터 제대로 인정받지 못하고 자란 자신의 경험에 비추어 열등감이나 이에 대한 보상의 개념, 형제의 출생순위에 따른 개념들에 관심을 두었으며, 실제로 그의 이러한 개념들은 가족치료에 실제로 적용되었다.

아들러의 이론 scheme of Adler 아들러(A. Adler)는 인간 각 개인을 유일하고 분리할 수 없는 개체로 규정하면서 자아가 통일된 인간을 설명한다. 프로이트(S. Freud)가 인간행동을 이해하는 데 있어서 본능적으로 쾌락에의 의지를 추구하는 것으로 성적 충동을 강조했다면, 아들러는 인간의 마음속에 존재하는 공격적 충동으로 권력에의 의지를 강조했다. 이 개념 속에서 아들러는 여성의 약함과 남성의 힘을 동일시하고, 남녀의 부족감과 열등감 극복에 대한 추구로 과잉보상의 한 형태인 남성적 항의(masculine protest)를 창안했지만, 1912년 남성적 항의 개념이 정상인의 동기유발을 충분히 설명하지 못한다는 이유로 거부하고, 그 대신 우월성의 추구, 권력에의 의지를 강조했다. 아들러에 의하면 인간은 누구나 선천적으로 우월하고자 하기 때문에 우월성의 추구는 모든 인간생활의 기초와 인생의 모든 문제해결의 기초가 된다고 주장했다. 또한 인간을 선천적으로 사회적 존재로 보고 인간은 주로 사회적 요구에 의한 동기로 행동한다고 가정했다.

아리스토텔레스 Aristoteles (B. C. 384~322) 고대 그리스의 철학자. 플라톤(Platon)의 아카데미아(Academia)에서 수학하였다. 그는 『니코마코스 윤리학』, 『영혼론』, 『형이상학』 등을 비롯하여 그 분야에 관계되는 방대한 양의 책을 저술하였다. 아리스토텔레스는 인간의 마음을 이론적으로 추구하기 시작한 철학자로 『영혼론』에서 '감각', '기억과 상기', '수면과 각성', '꿈' 등 현대심리학에서 다루고 있는 주제에 대해 언급하고 있다.

아리스토텔레스의 착각 Aristoteles' illusion 촉각에 대한 착각의 대표적인 예다. 집게손가락과 가운데 손가락을 꼬고 그 사이에 작은 구체나 막대를 끼우면, 그것이 2개인 것처럼 느껴지는 착각을 말한다. 손가락을 교차시켜 물건에 접촉시키는 것과 같이 보통 상태와 다른 대응점이 자극을 받게 되면, 감각이 2개로 느껴지면서 손가락의 정위에도 변화가 일어나기 때문에 착각이 일어난다.

아세틸콜린 acetylcholine ACTH 신경전달물질 가운데 하나다. 신경축색이 골격근과 시냅스 하는 부위에 작용하는 물질로 이 물질이 방출되면 근육이 수축하여 운동을 하게 되며, 뇌의 아세틸콜린은 기억과 관련이 있는 것으로 보인다. 심각한 기억장애를 수반하는 알츠하이머 병에서 보면, 이들의 뇌에서는 아세틸콜린 수준이 매우 낮은 것을 볼 수 있다.

아스퍼거 장애 asperger disorder 자폐증보다 발병시기가 늦으며 주 증상은 자폐증과 유사하지만 주로 행동언어(눈맞추기, 표정, 제스처, 자세 등)상에 현저한 장애가 있고, 또래관계에서 발달장애를 보이며, 호기심 및 흥미 표현이 부족하고, 타인과의 정서적 감정을 주고받는 데 어려움을 보인다. 또한 일정한 동작을 반복하거나 일정한 물건에 집착하는 등 자폐증과 같은 행동을 보인다. 그러나 언어발달 및 기타 인지발달에는 심각한 지체가 없다는 점이 자폐증과 구별된다.

아웃리치 outreach 근린 중심 기관에 근무하는 사회사업가 또는 상담자들이 벌이는 활동으로서, 가정 혹은 평범한 환경에서 서비스를 제공하고 서비스 이용에 대한 정보를 제공하는 것을 말한다.

아홉유형도 enneagram ⇨ 에니어그램 참고.

악마효과 devil effect 후광효과와는 반대로 못생긴 외모 때문에 그 사람의 다른 측면까지 부정적으로 평가하는 심리상태를 말한다. ⇨ 후광효과 참고.

안락사 euthanasia 죽음을 앞둔 치료할 수 없는 환자가 고통이 심할 때 그 고통을 제거하기 위해 안락하게 죽이거나 죽도록 허용하는 것이다. 죽음의 시기를 앞당기는 문제가 있기 때문에 살인죄 또는 촉탁살인죄의 범죄를 구성하는지에 대한 논쟁이 되고 있다.

안드로겐 androgen 성호르몬의 종류로서, 남성의 고환에서 생산된다. 안드로겐은 남성에게 가장 중요한 성호르몬으로, 2차 성징을 발달시키며, 단백질합성을 증가시키고, 단백질분해를 감소시킨다. 그러나 남성인 환자의 체내에 존재하는 남성호르몬 수용체에 이상이 생겨 결과적으로 남성으로의 발생이 이루어지지 않아 외형 및 외부 생식기가 여성화되는 증후군을 안드로겐 내성증후군(androgen resistance syndrome)이라고 한다. 비록 여성화되었다 할지라도 나팔관, 자궁 등의 여성 생기는 존재하지 않고, 내부에 정소가 생성되어 있는 것이 특징이며, 안드로겐 내성증후군의 경우 임상적 치료도 중요하나 환자와 환자의 보호자에 대한 정신적인 상담과 치료가 상당히 중요하다. 이 증후군으로 확진되면, 정소를 제거하고 정상과 비슷한 질을 만들어 주는 수술을 통해 여성과 가깝게 되도록 치료할 수 있다.

안전욕구 safety need 매슬로우(A. H. Maslow)의 욕구단계에 의하면 배고픔의 문제가 해결되면 그 다음으로 안전욕구가 지배적으로 나타난다고 한다. 안전욕구란 물리적·심리적 안전을 모두 지칭하는데, 물리적 침입이나 공격으로부터의 안전뿐 아니라 심리적 안정감을 추구하게 된다. 따라서 사람들은 불확실성과 변화에 대해서 심한 불안을 나타내며 안정, 예측가능성, 질서, 구조를 추구하게 된다. ⇨ 욕구의 단계 참고.

안정된 결탁 stable coalition 일종의 제휴로서, 가족구성원 간에 고정적이고 유연성이 없이 맺어진 제휴가 그 가족의 일상적인 기능에서 지배적인 세력이 되는 것을 의미한다.

안정전위 resting potential 뉴런의 세포막은 선택적 투과성을 지니고 있어서 어떤 물질은 통과시키나, 그와 다른 물질은 통과시키지 않게 된다. 세포막 밖에 있는 물질(양전하)은 음전하를 띤 세포막 안으로 들어오려는 힘을 갖게 되는데, 이와 같은 전기적 상태를 안정전위라 한다.

알고리즘 algorithm 연산적 방법 문제해결방법에 있어서, 한 단계씩 따라 할 때 문제의 해결책이 발견되는 것이 확실한 규칙을 말한다. 문제해결을 할 수 있는 방법에는 두 가지 유형의 전략이 있는데, 하나는 알고리즘(연산적 방법)이며, 다른 하나는 휴리스틱(발견적 방법)이다. 가장 기본적인 형태의 알고리즘은 체계적 탐색(systematic search)으로, 이것은 모든 가능한 해결 대안들을 포함하고 있으며 체계적으로 차례차례 그것들을 검토해 나간다. 즉, 문제를 해결하는 데 필요한 모든 조작이 단계별로 상세히 기술되는 절차를 말한다. 마치 수학 문제를 풀기 위해 기존의 공식들을 체계화하여 사용하듯이 알고리즘에서는 규칙을 이용하여 문제해결을 시도하기 때문에 언젠가는 반드시 해결될 것이 보장된다. ⇨ 휴리스틱 참고.

알아차림 awareness 게슈탈트 치료에서 awareness는 '알아차림'으로 번역되는데, 알아차림은 자신의 유기체 욕구나 감정을 지각한 다음 게슈탈트(형태), 즉 하나의 의미적인 전체로 조직화하여 지각한 한 형태로 형성하여 '전경'으로 떠올리는 행위를 말한다. 즉, 관심의 초점으로 이끄는 것을 말한다. 게슈탈트 이론에 의하면, 우리는 어떤 대상을 지각할 때 관심 있는 부분은 지각의 중심 부분으로 떠오르고 나머지는 '배경'으로 물러나는 것을 경험하는데, 이와 같이 관심이 초점이 되는 부분을 '전경'이라 하고, 관심 밖으로 물러나는 부분을 '배경'이라고 한다. ⇨ 게슈탈트 심리학, 게슈탈트 치료 참고.

알아차림 연속 게슈탈트 치료에서 가장 중요한 기법중의 하나로 알아차림 연속은 지금 여기에서 자신과 환경에 일어나는 모든 것을 일어나는 그대로 연속해서 알아차리는 것이다. 즉, 전경으로 떠오르는 것을 그때그때 놓치지 않고 계속해서 알아차리는 것이다. 이때 아무 가치판단이나 비판 없이 그냥 알아차리기만 해야 한다. 알아차림 연속은 정신분석의 자유연상과는 차이가 있다. 자유연상은 그냥 머릿속에 떠오르는 생각을 말하는 것으로서 내담자의 무의식적 갈등을 찾아내는 도구이지만, 알아차림 연속은 현재 순간에 중요한 유기체와 환경의 현상들을 자각하는 것이다. 방법에 있어서도 자유연상처럼 이 생각에서 저 생각으로 왔다갔다하는 것이 아니라, 어느 한 순간에 중요한 현상에 충분히 집중하여 몰입하고, 그것이 해결되고 나면 다음 현상으로 넘어가는 자연스런 흐름에 따르는 방식이다.

알츠하이머병 alzheimer' disease 알츠하이머병은 치매를 일으키는 많은 질환들 중에 가장 흔한 것으로, 1960년 알츠하이머(A. Alzheimer)가 당시 56세의 치매환자를 보고한 데서 시작되었다. 50세 경에 발병하는 비율이 많으며, 이 병의 원인은 유전이라고 알려져 있는데, 뇌가 조기에 급격히 노화되면서 일어나는 것으로 알려져 있다. 알츠하이머병의 첫 번째 증상은 가벼운 건망증이며, 이 후에 병이 진행되면서 언어구사력, 이해력, 읽고쓰기능력 등에서 장애를 가져오게 된다.

알코올금단 alcohol withdrawal 심하게 지속적으로 사용하던 알코올을 중단한 후 특징적인 금단증후군이 나타나는 것을 말한다. 금단증후군 자율신경계 기능항진으로 발한. 맥박수의 100회 이상 증가가 있으며, 손떨림이 증가하고, 불면증, 오심 및 구토, 일시적인 환시, 환촉, 환청 또는 착각, 정신운동성 초조증, 불안, 대발작을 보인다. 이러한 증상은 보통 알코올 투여나 다른 뇌 억제제에 의해서 완화된다. 알코올금단의 증상은 금주 후 이틀째 그 강도가 절정을 이루고, 4일째는 개선되는 모습을 보이지만, 급성 금단기가 지난 후 불안증상이나 불면증, 자율신경계 기능저하의 강도가 약하기는 하나 3~6개월 지속될 수도 있다.

알코올남용 alcohol abuse 사용자나 사용자가 접촉하는 사람의 안녕을 해치는 알코올 소비를 말한다. 알코올 남용자들은 사고를 일으키기도 하고 신체적으로 공격적이 되고, 덜 생산적이 되며, 신체적으로 약화된다. 또한 알코올남용 상태의 개인들은 지속적인 알코올 섭취가 스트레스나 가족갈등, 직장 내 부적응 등 그들에게 심각한 사회적 문제나 대인관계 문제를 일으키고 있음에도 불구하고 알코올을 지속적으로 섭취한다.

알코올중독 alcohol intoxication (alcoholism) 가장 일반적인 물질사용장애다. 로이스(J. E. Royce)는 알코올중독이란 '습관적으로 음주함으로써 음주에 대한 조절능력을 상실하여 건강, 직업, 가족, 대인관계, 법적인 문제 등 주요 생활기능에 장애를 일으키는 만성적인 질병' 이라고 정의하였다. 알코올중독의 사람들은 알코올을 정기적으로 마시지 않으면 우울해지고 구토, 떨림 및 강박적 사고가 두드러지는 증상을 느끼게 된다. 알코올중독이 신체적 의존인지 심리적 습관인지는 아직 명확하지 않다. 신체적 의존에서 볼 때 신체화학이 변하면 약물에 대한 의존이 생물학적 욕구가 된다. 한편 심리적 습관에서 볼 때는 알코올은 약에 대한 정서적 의존이다. 사람들이 약이 필요하다고 느끼는 것은 심리적인 것이기 때문이다.

알코올중독 가정의 성인아이들 Adult children of alcoholics (AcoA) 알코올중독자의 자녀들은 정상인들의 자녀들보다 음주문제, 법적인 문제행동, 학교문제, 정서적인 행동, 낮은 자신감 그리고 반사회적이고 공격적인 행동 등의 문제들을 더 많이 경험하는 것으로 알려져 있다. 또한 이들은 술 마시는 아버지 또는 어머니의 계속적인 요구와 예측할 수 없는 행동, 모든 지켜지지 않는 약속을 경험함으로써 자신의 감정을 솔직하게 표현하거나 다른 사람을 완전히 신뢰하기 어렵게 된다.

알코올중독성 섬망 alcohol intoxication delirium 과음에 기인하는 장애로서 다음과 같은 증상이 나타난다. 첫째 싸움을 한다거나 판단력의 장애가 오고 사회적 및 직업적 기능에 결함이 오며, 둘째 얼굴이 붉어진다거나, 말이 제대로 되지 않는다거나 보행불안정, 협동운동실조(incoordination), 안구진탕(nystagmus) 등과 같은 생리학적 소견이 하나 또는 그 이상이 나타나고, 셋째 주의력 장애, 자극과민증(irritability), 다행증 및 감정의 불안정성 등과 같은 심리학적 소견이 하나 또는 그 이상이 나타난다. 그 이외에 흔히 나타나는 장애로는 기억상실증(blackouts), 의심증, 심하면 편집증에 이르기까지의 증상이 있고, 또는 철퇴에서 홍겨움에 이르기까지의 행동변화들이 있다.

알코올중독자 자주 치료협회 Al-Anon (Alateen) 알코올중독자인 배우자와 가족을 돕는 자체모임으로, 알코올중독자들이 스스로 치유되기 위해 결성된 미국의 특별 단체 이름으로, AA(익명의 알코올중독자 모임)와의 차이점은 AA가 알코올중독 당사자들의 모임인 반면, Al-Anon은 알코올중독자 가족의 모임이라는 점이다.

알파압력 alpha press 머레이(H. A. Murray)가 제시한 개념으로서, 욕구가 행동을 결정하는 내적 힘이라고 한다면, 압력은 환경적 힘이라고 하였다. 알파압력은 베타압력에 비교되는 개념으로서, 훈련된 제3자가 판단할 수 있는 환경의 객관적 특성을 말한다. 즉, 알파압력은 한 개인의 직접적인 환경 내에 객관적으로 존재하는 사물, 사건, 사람을 의미한다. ⇨ 압력, 욕구-압력 모형 참고.

암시 suggestion (1) 어떤 자극이나 작용에 대하여 이성에 호소함이 없이 사고나 태도를 수동적이고 무비판적으로 수용하도록 반응하는 과정을 말한다. 암시는 최면상태에서 행해지는 수도 있고 각성상태에서 행해지는 수도 있다. 피암시자는 암시자의 언사나 행위를 무비판적으로 받아들이며 그것이 타인으로부터 전해진 것이라는 생각을 하지 않고 마치 자기 자신이 생각해 낸 것 같이 믿고 거의 자동적·일방적으로 어떤 태도를 취하거나 판단을 내린다. 암시는 특정 개인에 의하여 행해질 때도 있으나 어떤 집단이 암시를 주는 경우도 있으며, 또한 자기 자신이 암시자가 되어 자기 자신이 주는 자극에 반응하여 암시를 받는 자기암시의 경우도 있다.

(2) 겪고 있는 증상이 완화되거나 곧 나을 것이라고 암시해 줌으로써 치료효과를 얻는 요법이다. 치료자가 권위나 신뢰를 유지한 채 피암시성이 강

한 환자를 동정적으로 대할 때 자아의 퇴행이나 무의식적 갈등의 표현이 잘 되며 암시의 효과가 높다. 그러나 일시적 효과에 그치기 쉽고 병식의 역동적 접근을 시도하지 않으면 증상의 재발이 잘 일어나므로 재교육 치료도 필요하다. 암시는 어린애같이 감정이 미숙하거나 히스테리 경향을 가진 환자, 초발한 전환장애나 외상 후 스트레스장애 등에 잘 듣는다.

압력 press 환경 자극이 인간에게 주는 영향을 나타내는 용어로서, 머레이(H. A. Murray)는 인간을 둘러싸고 있는 환경이 주는 힘을 압력이라고 불렀다. 이러한 압력은 어떤 목표를 향해 가는 것을 돕거나 방해하는 타인, 물건, 환경 조건의 속성이라고 할 수 있다. 그는 중요한 압력을 제시하였는데, 어릴 때 노출된 압력들이 그 정도가 극단적이었을수록 '습관적 반응체계', 즉 성격특성으로서 욕구의 형성에 영향을 많이 미친다는 것이다. 그는 또한 두 종류의 압력을 구별하고 있다. 알파압력은 환경의 객관적 특성을, 베타압력은 환경의 지각된 특성을 말한다. 이때 두 압력의 불일치가 너무 크면 심리적 장애가 발생하는 것이다. 예를 들면, 방을 같이 쓰는 두 친구가 저녁 때 집에 들어 왔다. 동아리 회장인 한 사람은 그날 모임이 얼마나 엉망으로 돌아갔는지 이야기하다가 상대방이 듣고 있지 않음을 알아차린다. 그의 베타압력은 지지부족이 될 것이다. 친구는 실제로 다른 생각을 하고 있었지만, 상대방을 무시해서가 아니라 지난 학기말에 신청한 장학금을 못 받게 되었다는 말을 듣고 그 날 오후 다음 학기 등록금과 밀린 방세 걱정을 하고 있었다. 이와 같이 알파압력은 일시적 주의상실이다. 베타압력이 개체가 통각하는 내용인데 반해, 알파압력은 훈련된 제 삼자의 판단이다. 행동에 더 직접적인 영향을 미치는 것은 물론 환경의 지각, 베타압력이다. 사실이야 어쨌든 친구에게 무시당했다고 느낀 사람은 일단 화가 나고 공격욕구를 느꼈을 것이다. 머레이처럼 어머니가 자기를 사랑하지 않았다고 느낀다면(거부의 베타압력), 사실 여부와 상관없이 그것이 그를 불행하게 만들며, 알파와 베타압력 사이의 차이가 너무 크면 심리적 장애를 추리할 수 있다. 남들은 아무렇지도 않게 지나치는 자극들을 빈번히 공격으로 받아들이는 사람은 적응에 어려움을 겪게 되는 것이다.

압축 condensation 여러 개념을 하나로 융합시키는 것이다. 프로이트(S. Freud)에 의해서 밝혀진 정신방어기전으로서 무의식적 과정에서 일어나는 본질적 기능의 하나다. 어느 하나의 언어, 이미지, 또는 사건에 몇 가지의 의미가 융합되는 경우를 말한다. 정신적인 증상, 기타의 무의식과 정의 표현, 특히 꿈속에서 흔히 나타난다.

애도 mourning 흔히 사랑하는 사람의 죽음에 따르는 슬픔의 표현. 실제적 상실에 따른 슬픔이다. 이 애도반응이 연장될 때 우울이 된다. 우울과 애도 과정은 같은 정신역동적 과정을 가진다. 사랑하던 사람의 상실에 기인하는 비탄반응이며 낙담, 외부세계에 대한 관심상실, 그리고 활동과 자발성의 감소 등이 특징적으로 나타난다. 이들 반응은 우울증이나 멜랑콜리아(Melancholie)와 유사하지만 덜 지속적이고 또한 병적이라고는 볼 수 없다.

애착 attachment 매력과 의존에 바탕을 둔 개인들 간의 정서적인 연대. 이것은 인생의 중요 시기에 발전되었다가 한 사람이 다른 사람과 관계를 더 이상 갖지 못할 때 사라진다. 에인스워스(Ainsworth)는 '낯선 상황검사(strange situation test)'로서 애착의 특성을 연구하였는데, 이에는 안정애착(secure attachment), 불안정 회피애착(insecure-avoidant attachment), 불안정 저항애착(insecure-resistant attachment), 불안정 혼돈애착(insecure-disorganized attachment) 등이 있다. 안정애착은 엄마가 없는 낯선 상황에서 약간 놀라고 탐색활동이 줄어드는 경향이 있으나, 엄마가 돌아오면 적극적으로 엄마에게 접근하고 접촉하려는 것이며, 불안정 회피애착은 엄마가 떠나도 별 동요를 보이지 않을 뿐 아니라 엄마가 돌아와도 다가가지 않고 무시하는 것이다. 불안정 저항애착은 일반적으로 엄마의 접촉시도에 저항하는 경향이 높은데, 엄마가 있어도 잘 울고 보채지만, 엄마가 떠나면 극심한 불안을 보인다. 불안정 회피애착과 달리 엄마가 돌아오면 엄마 곁에 머물려고 한다. 불안정 혼돈애착은 애착형성이 불안정하고 회피와 저항이 복합된, 어느 편에도 속하기 어려운 유형을 말한다.

애착이론 attachment theory 보울비(Bowlby)의 애착이론은 영아가 그들의 일차적 양육자에게 어떻게 애정적 유대를 형성하고 그들과 분리될 때 어떻게 슬퍼하는가를 기술하고 설명한다. 애착은 근접과 접촉을 추구하려는 경향성이다. 환경을 탐색하는 영아는 위험을 느끼면 어머니에게 다가가 위안을 얻은 후 다시 탐색하러 나간다. 애착행동은 진화의 결과로 유기체의 생존에 기여한다. 따라서 유기체가 성숙함에 따라 행동표현은 변할 수 있으나 전 생애를 통하여 그것의 생물학적, 심리학적 기능은 유지된다. 예를 들어, 영아의 경우는 낯선 사람이 나타나면 어머니에게 매달리는 행동으로 애착을 표현하나 청년 후기의 대학생들은 부모에게 편지를 쓰거나 전화를 거는 등의 행동으로 애착을 표현한다. 전 생애 동안의 애착연구는 보울비(1969)의 내적 작동모델(internal working model)의 개념에 기초한다. 내적 작동모델은 자기와 타인에 대해 영아가 형성한 정신적 표상으로 애착인물과의 상호작용을 통하여 형성된다. 영아는 양육자의 반응성(responsiveness)과 활용가능성(availability)을 바탕으로 내적으로 표상된 기대세트를 형성하며 이 조직화된 기대가 내적 작동모델이 되어 매일의 사고와 행동에 영향을 주는 것이다. 애착인물이 환경을 탐색하려고 하는 영아의 욕구를 존중하고, 위안과 보호를 받으려는 영아의 욕구를 수용해 준다면, 영아는 자기에 대해 다른 사람의 관심을 받을 만한 소중한 사람이라는 내적 작동모델을 발달시킬 수 있다. 그러나 위안을 얻고 주위환경을 탐색하려는 영아의 노력을 애착인물이 자주 무시하고 거부한다면, 자기에 대한 영아의 내적 작동모델은 가치 없고 무능한 사람으로 구성될 것이다. 영아는 내적 작동모델을 기초로 애착인물의 가능한 행동을 예측할 수 있고 그들 자신의 행동반응을 계획할 수 있다. 한번 형성된 내적 작동모델은 애착체계가 활성화될 때 어떻게 행동할 것인가를 인도하는 역할을 한다. 애착이론의 주 원리는 애착관계가 평생에 걸쳐 지속된다는 것이다. 보울비는 영아의 초기관계의 성질은 이후 관계의 모델이 되어 평생 동안 자신과 타인에 대한 기대와 신념을 주도하여 사회적인 유능감과 안녕감에 영향을 미친다고 하였다. 영아기에 안정되지 못한 애착을 형성한 아동들은 학령 전기와 아동 중기에 사회정서적 적응능력이 부족하였다. 그들은 바람직한 또래관계를 형성하지 못하고 교사에게 지나치게 의존하며 자신감이 결여되어 있고, 안정된 애착을 형성한 아동들에 비해 더 적은 탐색능력과 자아탄력성(ego resilience)을 지니고 있었다. 보울비의 애착이론은 진화론적-동물행동학적 접근이면서 동시에 사회적 · 성격적 발달모델이라 할 수 있다. 보울비의 애착이론과 연구들은 초기 어머니-양육자와의 상호작용을 통해 형성된 내적 작동모델이 이후의 중요한 사회적인 관계들에 영향을 준다는 것을 확인시켜 주었다. 내적 작동모델이 작동하게 되는 중요한 사회적인 관계들 중에는 치료자와 내담자의 관계도 포함된다. 보울비는 애착이론을 치료에 적용시켜 성공적인 치료를 위해 치료자가 해야 할 역할이 무엇인지를 강조하고 있다. 그는 치료자를 어머니에, 동시에 신체의 자기-치료 경향을 확신하고 수술하는 외과의사에 비유한다. 애착이론을 적용하는 치료자라면, 내담자를 현재 문제를 겪고 있지만, 여건만 허락된다면 스스로 자신이 작동시키고 있는 내적 작동모델을 탐색하고 도전하여 변화시킬 수 있는 자기-치료 경향이 있는 사람으로 볼 것이다. 보울비가 말하는 여건은 내담자가 위험하게 생각하고 두려워하는 자신의 내적 모델을 탐색할 수 있는 안전기지(secure base)를 말한다. 에인스워스(Ainsworth)의 결론에서처럼, 어머니가 영아의 정서적 요구에 민감하여 적절하게 반응할 때, 영아는 어머니와 안정된 애착을 형성하게 되고 이는 환경에 대한 자유로운 탐색으로 나타난다. 이 때 어머니는 아이에게 안전기지로 작용하는 것이다. 누군가 심리치료적인 도움이 필요하다면 그는 이미 과거에 그런 안전기지를 형성하는 데 곤란이 있었던 사람이므로 자연히 치료자와의 관계에서 불안정한, 방어적 애착형태들이 재현될 것이다. 치료자는 내담자의 내적 작동모델이 활성화될 때, 내담자에게 맞춰 조율해 주고, 그의 단편적이고 여기저기 끊어진 경험들을 내담자가 하나의 연결된 이야기(narrative)로 엮어 내어 자기의 이야기로 소유할 수 있도록 도와주며, 자유롭게 분리와 상실에 대한 과거 및 치료자와의 관계에서의 감정들을 털어놓고 처리할 수 있도록 도와준다. 내담자는 이렇게 치료자가 제공하는 안전기지 위에서 자신이 치료장면에 가지고 온 내적 작동모델에 도전하고 변화하게 된다.

애통과정 grief process 인간이 어떤 의미 있는 대상이나 사물을 상실하게 되었을 때 나타나는 반응, 즉 단절에 대한 아픔을 말한다. ⇨ 비탄의 작업 참고.

야뇨증 bed-wetting 오줌의 무의식적인 배출로서 방광통제방법을 익힌 아이들이 잠을 자거나 침대에서 휴식을 취할 때 나타난다. 대개는 2세의 후반기부터 변기에 배뇨하는 것을 알게 되어 3세경부터는 야뇨는 하지 않게 되지만, 이 연령에는 개인차가 있으므로 병적인 것인지 검토할 필요가 있다.

약물남용 substance abuse 알코올이나 약물을 불건전하게 사용함으로써 생기는 장애를 말한다. 약물남용자로 간주되는 사람들은 한 달 이상 약물을 사용해 왔으며, 약물사용의 결과로 사회적 · 법적 · 직업적 문제를 갖고 있는 경우다. 이들은 병리적인 사용패턴이나 심리적 의존성을 발전시킨다.

약물치료 phamacotherapy (drug therapy) 뇌중추 신경계의 신경전달물질에 영향을 주는 약물(화학물질)을 통해 정신장애 등의 증상을 치료하는 방법이다. 이러한 항정신성 약물의 종류로는 항정신병약물로서 Thorazine, Haldol, Clozaril 등이 있으며, 항우울약물로서 Nardil, Prozac 등이 있다.

약호화 encoding 약호화, 부호화 기호화, 부호화로 번역되어 사용되고 있다. 이 용어집에서는 기호화로 통일하였다. ⇨ 기호화 참고.

양가감정 ambivalence (ambivalent feeling) 사물에 대해 갈등하는 태도로서 한 가지 이상의 감정이 일어나는 것이다. 개인 내부에서 동시에 발생하는 사랑, 증오 같은 모순적 감정이며 극단적으로 이러한 감정은 우유부단함과 동시에 어떤 사람 또는 사상으로 빠르게 감정적인 태도 변화를 갖는 것과 관련된다. 이는 한 대상에 대해 사랑과 미움이 동시에 있는 것과 같이 두 가지의 상반된 감정이 모순 없이 존재할 때이며 한쪽이 무의식 내에 억압되어있다. 즉, 동일한 대상에 대해서 사랑과 증오 또는 친근감과 적대감 등과 같은 상반된 심리적 경향, 감정 및 태도가 동시에 존재하는 정신상태를 말한다. 양가성감정과 같은 갈등적 감정은 애정과 징벌을 행사했던 부모에 대해 특히 강하게 지향한다. 결혼을 할까말까, 어떤 직업을 가질까 말까 하는 우유부단함 역시 부분적으로 자신도 알지 못하고 있는 근거에서 오는 양가감정에 기인하는 것이다.

양극성 polarity 빛과 어둠, 사랑과 증오처럼 정반대의 요소를 갖는 것이다. 켈러만(Kellerman)은 정서와 기본 방어기제가 이러한 양극성을 갖는다고 가정한다. 예를 들면, 분노 대 대치의 경우, 분노가 직접 표현될 수 없는 경우 다른 대리 목표 대상으로 간접적으로 표현되는 것이다. 또한 정신분석에서 반동형성이란 방어기제는 사회적인 기대 때문에 자신의 기쁨이나 만족을 그대로 표현하지 못하고 자신의 정서를 반대로 표현하는 것으로 보고 있다.

양극성장애 bipolar disorder 이전에는 조울증으로 불리던 장애로서, 조증과 주요우울증이 번갈아가면서 나타나는 장애를 말한다. 양극성장애에는 양극성장애 I형과, 양극성장애 II형으로 구분되는데, 양극성 I형 장애는 하나 이상의 조증삽화나 혼재형삽화를 주로 보이면서 가끔 하나 이상의 주요우울삽화를 보일 때 진단되는 것이며, 양극성장애 II형은 주요우울삽화를 보이면서 간혹 경조증 삽화를 보이는 장애를 의미한다. 이러한 양극성 장애는 우울증과 마찬가지로 유전적인 요인이나 생물학적 요인, 심리적 요인 등이 복합적으로 작용하여 발생한다.

양보 accommodating 양보는 상대방에게 길을 내어주고 상대방의 관점대로 무조건 순응하는 것이다. 그것은 수동적이며 허약한 갈등해결접근으로서 갈등해결은 거의 되지 않는다.

양성성 androgyny 그리스어의 andro(남성)와 gyn(여성)의 합성어로서, 남성성과 여성성의 균형 또는 통합을 의미한다. 심리학에서는 융(C. G. Jung)의 아니마와 아니무스 개념에서 반영되었으며, 그는 남성성과 여성성은 우리 안에서 통합되어야 한다고 믿었다. 또한 벰(Bem)은 남성성, 여성성은 독립차원으로서, 한 개인 내에 남성성, 여성성이 함께 공존하면서 한쪽 성만을 갖는 개인이 존재할 수 있고 이 둘을 모두 갖는 양성성 개인도 있다고 주장하였다. 또한 전통적인 성역할 개념에서 벗어나서 남녀의 좋은 특성을 자유롭게 표현할 수 있는, 남성과 여성 모두를 위한 심리학적으로 건강한 새로운 성역할 표준으로서 양성성 개념을 제시하였다. 대체로 남성다움이나 여성다움은 대립적이며 우열을 다투는 이미지를 가지고 있다. 그러나 인간의 내면 속에 남성다움과 여성다움이 공존하고 있다는 입장으로 바꾸어 보면, 남・여 성격의 본질적인 차이로 보이던 것이 사실은 정도의 차이에 지나지 않음을 알 수 있다.

양수검사 amniocentesis 양수를 추출해 조사하여 자라고 있는 태아의 특정 기형 여부를 살피는 조사를 말한다. 즉, 주사기로 양수 속에서 떠다니는 태아의 세포를 양수와 함께 채취하고, 그 세포를 실험실에서 배양하여 그 수를 늘린 다음 염색체 분석 등을 통하여 태아의 염색체 이상 여부를 진단하는 방법이다.

양심 conscience 광의의 개념으로 양심이란 사람이 갖고 있는 본성 가운데 이성에 속한 능력을 말한다. 즉, 사람들이 갖고 있는 도덕적 가치체계, 행위 기준, 옳고 그름에 대한 정당성을 기하려는 의지를 가리킨다. 협의의 개념으로 양심은 정적인 반응으로서 나타나는 것이다. 즉, 자신이나 타인의 행위에 관한 잘못을 의식하고 이에 감정적인 반응을 일으키는 것이다. 만일 자신의 행위가 그릇되었다는 인식을 할 때에는 그에 따른 반응으로서 죄책감 또는 죄의식이라는 양심의 가책이 야기된다.

양안부등 binocular disparity 우리의 감각체계는 경험적 단서를 사용하지 않고서도 입체를 지각할 수 있다. 우리가 어떤 입체를 양쪽의 눈을 통해 보면 양안의 망막에 비치는 그 입체의 상들이 서로 다른데 이러한 결과를 양안부등이라 한다.

양어머니 foster mother 아이를 입양(adopt)해 키우는 어머니.

양연 보호 foster care 가족을 위한 복지정책의 일환으로, 친부모와 살 수 없는 아동들에게 신체적 보호와 가정환경을 주는 것이다.

양육적 어버이(NP) nurturing parent 교류분석에 있어서 자아상태의 한 개념이다. 양육적 어버이의 모습은 보호하거나 돌보아 주며 도와주고자 하는 따뜻한 측면의 모습을 보인다. NP가 낮으면 냉정하고 방임적이며, 높으면 헌신적이고 모성적인 면이 있으며 다른 사람들을 도와주고 동정적이며, 타인으로부터 원조요청을 거절하지 못하는 특성이 있다. 그러나 지나치게 높으면 과보호·과잉개입의 면이 있다. ⇨ 교류분석, 이고그램 참고.

어른자아 adult self 교류분석에 있어서 자아상태의 한 개념이다. 현재 무엇이 진행되고 있는지를 아는 인격의 부분이다. 이는 감정적·비판적인 것이 아니며 사실을 처리하고 외적인 실제는 조사처리하는 인격의 부분으로서 어른자아는 얻을 수 있는 자료에 근거하여 특수한 문제에 대한 최선의 해결책을 간구한다. 어른자아가 낮을 경우 정확한 판단이나 이해를 하지 못하여 계획성이 없어서 하는 일에 지장이 생길 때가 많다. 그러나 중심선을 지나 높으면 이성적·합리적인 특성이 강하며, 지나치게 높을 경우 물질만능주의에 빠지고 무감정적이고 기계적이 되는 등 상대편에게 차갑고 냉정한 느낌을 준다.

어릿광대 clown 가족의 역기능을 덮어두기 위해 행동하는 회유자로서, 유머와 코믹한 활동을 통해 가족 스트레스를 해소하는 역기능가정의 역할 중 하나다. 이것은 가족들을 역기능에 집중하는 시선을 흩어 준다. 어릿광대 역할을 하는 그들은 불안전감과 두려움이라는 근본 문제를 안고 있다. 마스코트와 같은 개념이다.

어용론 pragmatics 대화는 모든 행동에 영향력을 준다고 강조하는 이론이다. 인간의 모든 사고, 언어, 느낌, 행동, 태도 등 삶의 모든 영역을 포함시킨 영역이다. 삶 속에서 나타난 한 인간이 관계 속에서 실제적으로 살아내는 삶의 모든 몸부림을 대화라고 인정하는 말의 실천적 영역인 것이다. 즉, 한마디의 말, 몸짓 하나와 표정 하나까지도 대화의 영역에서 제외될 수 없는 통괄적인 대화의 영역이다.

억압 repression 억압은 많은 방어기제 속에서 가장 기본적인 것으로, 사회적·윤리적으로 용납되지 않은 일이나 욕구, 불쾌한 감정을 자신의 무의식 속에 묻어 버리는 적응기제다. 억압을 통해 자아는 위협적인 충동, 감정, 소원, 환상, 기억 등이 의식되는 것을 막아준다. 바람직하지 못한 충동이 의식적으로 나오려는 것을 막을 때, 자아는 정신적 에너지를 사용하게 된다. 특히 죄책감이나 수치심 또는 괴로운 경험이나 자존심을 상하게 하는 경험일수록 억압되기 쉽다. 그 전형적인 예가 기억상실이다. 귀찮은 과제는 '잊었다' 고 하는 것을 들 수 있다. 그러나 억압된 욕구는 소실되는 것이 아니라 마음에 남아 있기 때문에 어떤 수단으로든 해소 시켜주지 않을 때 무의식적인 갈등을 일으키게 되고 정서적 부담을 갖게 되고, 억압이 많을수록 이런 억압된 생각들이 나오지 못하게 하는 편견과 선입견이 많다. 이런 억압은 어떤 바람직하지 못한 행동이나 스트레스를 유발하는 갈등을 의도적으로 생각하지 않음으로써 의식 속에서 제외시키는 억제(suppression)와는 구별되어야 한다. ⇨ 억제 참고.

억제 suppression (inhibition) 억압은 완전히 무의식적인 과정이고, 억제는 받아들이고 싶지 않은 욕구나 기억을 의식적으로 잊으려는 행동으로서, 해롭고 바람직하지 못한 생각과 충동을 의식적으로 통제하는 것이다. 즉, 고통을 피하기 위하여 갈등이나 바람직하지 못한 충동을 일시적으로 제외시키는 자기통제과정이다. 이 억제는 억압과 같은 목적을 가지고 있으나 개인의 의식적인 의도가 있다는 면에서 차이가 있다. ⇨ 억압 참고.

억제곤란 disinhibition 자극에 대해 즉시 반응이 유발되는 운동 또는 행위를 억제하는 것이 곤란한 것으로 충동성이라 한다.

언어심리학 psycholinguistics 심리사회적 요인에 영향을 받는 것으로서의 언어, 의사소통, 초커뮤니케이션을 연구하는 학문으로 언어습득, 언어의 사용, 언어와 인지와의 관계를 다룬다.

언어압박 pressured speech 말이 빠르며 중단시키기 어려울 때다. 속도가 빠르고, 조절할 수 없는 정도로 수다스럽게 지껄이는 것을 말하며, 때로는 주위 사람들에게 명령을 하거나 연극조로 열변을 토하기도 한다. 경조증, 급성조증, 정신분열증이나 기질성 뇌장애의 경우에도 나타나는 증상이다.

언어양식 speech mode 유아가 태어날 때부터 가지고 있는 것으로 가정되고 있는, 일상언어에서 사용되는 음의 변별을 가능하게 하는 지각상태를 의미한다.

언어적 사고 verbal thinking 언어의 조작에 의하여 이루어지는 사고를 말한다. 과거에는 사고가 개념, 판단, 추리의 세 가지 작용에 의하여 이루어진다고 규정하고 이 작용은 모두 언어에 의하여 뒷받침되는 것이라고 보았다. 그러나 근대심리학에서는 사고를 이와 같은 협의의 측면에서뿐 아니라 유기체가 문제, 사태에 적응하려는 지적 과정 전반이라고 생각하게 되었다. 따라서 언어를 가지고 있지 않은 동물이나 언어습득 이전의 유아의 사고작용도 인정한다.

에니어그램 Enneagram 아홉유형도 성격유형검사법 중 하나다. 에니어그램은 그리스어로 '아홉 개의 점이 있는 그림'이란 뜻으로, 모든 사람의 성격은 아홉 가지 유형 중 어느 한 가지로 나뉘어져 있다는 기본적 사고방식에 입각해서 각자의 감정이나 행동의 원천으로 되는 본질을 찾아내는 인간학이다. 에니어그램이 말하는 아홉 가지 유형은 사람들이 어린 시절의 삶에 대한 여러 가지 강박적 방어방법을 발전시킨다는 데에 기초하고 있다. 사람들은 그들이 직면하는 냉혹한 현실에 적응하기 위하여 강박적인 유형을 발전시킨다고 보는 것이다.
제1유형은 개혁가로서 완벽을 추구하는 사람으로

매사에 완벽을 기하고 스스로의 이상을 건설적인 자세로 추구하며, 이를 위한 노력을 아끼지 않는 사람이다. 항상 공정함과 정의를 염두에 두고 정직하고 신뢰할 수 있는 성품으로 자신의 윤리관에 자신감을 가지고 있다. 인상이 깔끔하고 항상 절제하는 자세를 잃지 않고 '해야 한다'라는 말을 자주한다.

제2유형은 조력가로서 타인에게 도움을 주려는 사람으로, 정이 많고 곤경에 빠진 사람들에게 도움의 손길을 뻗치며 주변 사람들에게 도움이 되는 일에 만족을 느낀다. 타인이 필요로 하는 것에 몰두하지만 타인의 도움을 필요로 하고 있는 자기 자신에 대해서는 자각하고 있지 못하다. 예리한 직감을 자기고 있고 주위 사람들의 기분을 이해하고 거기에 맞출 수 있기 때문에 적응력이 뛰어나다.

제3유형은 성취자로서 성공을 추구하는 사람으로, 항상 효율을 중시하고 성공을 위해서는 자신의 생활을 희생시키더라도 개의치 않는다. 자신이 세운 목표를 향해 남들도 효율적으로 매진할 것을 바라며 주위 사람들의 의욕을 고취시키는 것에도 능숙하다. 인생의 가치를 '성공이냐 실패냐'라는 척도로 재고 실적을 중시하는 정력가이며 자신감 넘치는 인상으로 주위 사람들에게 좋은 인상을 심어주려 한다.

제4유형은 예술가로서 특별한 존재를 지향하는 사람이다. 자신은 특별한 사람이라고 자부하고 있으며 무엇보다도 감동을 중시하고 평범함을 싫어한다. 다른 사람들보다 슬픔이나 고독 등을 진하게 느낄 수 있다고 생각하며 타인에 대한 이해심이 많고 사람들을 받쳐 주고 격려하는 것을 좋아한다. 또한 자신을 연기자처럼 느끼고 있으며 행동에서 패션에 이르기까지 세련된 느낌과 표현력이 풍부하다는 인상을 준다.

제5유형은 사색가로서 지식을 얻고 관찰하는 사람이다. 지식을 쌓아가는 것을 좋아하며 항상 현명하게 판단하려고 한다. 분석력과 통찰력이 뛰어나며 객관적이고 방관자적인 태도를 일관되게 유지하려고 하여 말이 적고 태도가 조심스럽다. 어리석은 판단을 내리는 것을 두려워하며 일을 시작하거나 의견을 발표하기 전에 정보를 열심히 수집해 상황을 정확하게 파악하려고 한다.

제6유형은 충성가로서 안전을 추구하고 신중한 사람이다. 자기 자신을 안전하게 보호하려고 강한 보호자를 찾고 그 보호자에 대해 대단히 충직하고 자신의 책임을 다한다. 그러나 한편으로는 납득할 수 없는 권력에 반항하고 약자의 주장에 공감하며 불리한 싸움에 과감하게 도전하는 면도 있다. 상대방의 조그마한 언동으로부터 그 진의를 파악하는 능력을 갖고 있으며 신뢰할 수 있는 관계라면 따뜻한 정과 마음을 보여 준다.

제7유형은 낙천가로서 즐거움을 추구하고 계획하는 사람이다. 모든 일을 낙관적으로 보려 하고 밝고 명랑하다. 자기 주변에서 즐거움을 찾아내는 능력이 뛰어나며, 좋아하는 사람들이 주변에 많이 있고 자기 자신도 매력적인 인간이 되려고 노력한다. 항상 즐거운 계획을 세우고 아이디어를 생각해 내며 호기심이 많고 상상력이 풍부하다.

제8유형은 지도자로서 강함을 추구하고 자기를 주장하는 사람이다. 자신이 옳다고 생각하는 것에 대해서는 전력을 다해 싸우는 전사다. 용기와 힘이 넘치고 부정이나 태만, 허영심 등을 재빠르게 꿰뚫어 그것에 결연히 대항한다. 권력구조를 파악하는 능력이 뛰어나며 자신의 강한 힘을 발휘할 수 있는 위치를 확보하는 능력도 갖추고 있다. 거드름을 피우지 않고 성실하며 약자를 옹호하고 보호하려고 한다.

제9유형은 조정자로서 조화와 평화를 바라는 사람이다. 갈등이나 긴장을 피하는 평화주의자로 자신의 내면이 혼란스러워지는 것을 싫어한다. 다른 사람들에게 쉽게 동화되기 때문에 주위 사람들의 영향을 받기 쉽지만 좋은 환경에 있으면 마음이 넓고 동요되는 일이 없으며 인내심이 강하다. 편견이 없고 다른 사람의 기분을 이해할 줄 알기 때문에 타인의 고민을 잘 들어 준다.

에니어그램의 장점은 인성검사의 특성뿐 아니라 인성의 유형을 알아낸 후 치료의 가장 효과적인 방법을 찾아 사람에게 제일 약한 부분을 보완해 나갈 수 있다는 것과 위기를 당하거나 치료를 받지 못해 상황이 악화될 때 그 사람에게 나타나는 병리성이 무엇인지 예측할 수 있다는 장점이 있다.

에릭슨 Erik H. Erikson 에릭슨은 인간형성을 문화 · 사회와 관련지어 설명하고, 특히 청년기에 있어서의 자아통합 위기의 해결방법 여하에 따라 역사의 양식을 창조하게 되는 측면을 밝혔다. 자기동일시의 개념에 의해 프로이트(S. Freud) 이후의 정신분석학적 자아심리학을 비약적으로 발전시켰다. 또한 그는 사회정서적 발달심리학을 발표했으며 이 분야의 지도자다. 프로이트의 이론을 바탕으로 일생을 계속적인 발달단계로 보았으며, 각 단계에는 각기 해결해야 할 과제가 준비되어 있다고 한다. 각 단계는 유아기, 아동초기, 놀이기, 학령기, 청소년기, 청년기, 중년기, 노년기이다.

⇨ 심리사회발달이론 참고.

에빙하우스 Hermann Ebbinghaus (1850~1909) 독일의 심리학자, 페히너(G. T. Fehner)의 정신물리학에 심취하였으며, 실험심리학에도 관심을 가졌다. 학습 및 기억(망각곡선)을 심리학의 대상으로 삼아 제일 먼저 실험을 하기도 하였다. 또한 기억의 연구에 있어 무의미 음절의 사용을 고안하여 스스로 피험자가 되어 여러 가지로 실험한 결과 망각률은 습득 직후가 높고, 기억을 가지고 있는 양은 처음 9시간은 급격히 감소하다가 그 뒤로는 서서히 준다는 '에빙하우스의 망각곡선'을 발견하였다. 그의 이러한 연구결과는 기억 · 학습 연구의 원형이 되었다.

에스트라디올 estradiol 여성호르몬의 일종으로 난소 · 태반에서 추출 · 결정화되며, 여성의 생식선 발달에 역할을 하는 호르몬이다.

에스트로겐 estrogen 여성의 성호르몬의 일종이다. 에스트로겐은 월경 후에서 배란기에 작용하는데, 에스트로겐의 작용은 내생식기와 외생식기를 발육시키고, 발육된 생식기의 기능을 유지하는 일종의 여성화기능을 한다. 한편 또 하나의 여성 성호르몬인 프로게스테론(progesteron)은 내생식기관에 작용하는 것으로, 배란기에서 월경 기간에 작용하며, 에스트로겐으로 증식비후되어 있는 자궁내막을 발달시켜 수정난의 착상을 위한 최적 환경을 만드는 역할을 한다.

A-B-C-D-E 이론 엘리스(A. Ellis)의 성격이론의 핵심이 되는 것으로 인간이 비합리적인 신념으로 인해서 부적응적인 정서와 행동에 고착되는 것과 이의 치유과정을 설명하는 이론이다. 즉, ① 선행사건 : A(activating event) 개인에게 정서적 혼란을 야기하는 어떤 사건이나 행위를 말한다. ② 신념체계 : B(belief system) 어떤 사건이나 행위 등과 같은 환경적 자극에 대해서 개인이 갖게 되는 태도 또는 사고방식을 가리키는데, 신념체계에는 합리적 신념과 비합리적 신념이 있다. ③ 결과 : C(consequence) 선행사건에 접했을 때 비합리적인 태도 내지 사고방식을 가지고 그 사건을 해석함으로써 느끼게 되는 정서적 결과를 말한다. 비합리적인 사고방식을 지닌 사람들은 대개의 경우 지나친 불안이나 원망, 비판, 죄책감 같은 감정을 느끼게 되고 정신장애와 질환을 앓게 되며, 주로 방어적 태도를 취하는 경향이 있다. ④ 논박 : D(dispute) 자신이 가지고 있는 비합리적인 신념이나 사고에 대해 도전해 보고 그 생각이 사리에 맞는지 검토해 보도록 상담자가 촉구함으로써 상담자는 논리적인 원리들을 제시하여 내담자의 그릇된 신념을 논박하여 내담자의 자기패배적인 생각을 바꾸거나 포기하도록 하는 것이다. ⑤ 효과 : E(effect) 내담자가 가진 비합리적인 신념을 논박함으로써 합리적인 신념으로 대치한 다음에 느끼게 되는 자기 수용적인 태도와 긍정적인 감정의 결과를 지칭한다.

에피파니 epiphany 체득과정 평범한 사건이나 경험을 통해 직관적으로 진실의 전모를 파악하는 과정이다. 즉, 갑작스런 정신적 계시를 말한다. 원래 에피파니는 신의 현현(주현절)을 의미하는 종교적 용어로서 구유에 누운 아기 예수가 동방박사들에게 그 모습을 드러낸 것을 말하는데, 제임스 조이스(James Joyce)가 일상적인 생활에서 느낄 수 있는 갑작스럽고 신비스러운 경험을 설명하기 위해 발전시킨 개념이다.

엑스(X)결함 증후군 fragile-X syndrome 엑스결함 증후군은 주로 어머니의 X(엑스)염색체의 이상이 아들이나 딸에게 전달되어 나타나는 증후군으로서, 이상이 있는 어머니의 X(엑스)염색체는 정상적인 X(엑스)염색체보다 구부러져 있거나 지나치게 가늘다. 엑스결함증후군은 남자에게 더 흔하게 나타나며, 정신지체의 확률이 높다.

X, Y이론 X이론과 Y이론은 더글러스 맥그리거(Douglas McGregor)가 주장한 욕구이론으로서, 기본적으로 두 가지 관점에서 인간을 바라볼 수 있다고 한다. 한 가지 관점은 부정적인 관점으로서 X이론이라 하며, 다른 관점은 긍정적인 관점으로서 Y이론이라고 하는데, X이론은 인간은 본래 게으르고 일을 하기 싫어하며, 어떤 일에 대해 책임을 지려 하지 않고 남으로부터 지시받기를 원하며, 무엇보다도 안전성을 추구한다고 가정한다. 이에 반해 Y이론은 인간은 본성이 게으르거나 일

을 싫어하는 것이 아니기 때문에 적절히 동기화만 된다면 자신이 할 일에 대해 자율적이고 창의적으로 행동하게 된다고 가정하는 것이며, 타인으로부터의 지나친 간섭이나 통제는 오히려 인간의 동기를 저하시키는 결과를 초래할 수 있다고 한다.

XYY 증후군 여성 성염색체가 하나 더 있는 클라인펠터 증후군과 달리 남성 성염색체가 하나 더 있는 현상으로 1,000명당 1명꼴로 태어난다고 하였다. 제이콥스는 남성범죄자 연구에서 Y염색체를 더 가지고 태어난 사람이 많았다고 보고하면서, 이들은 비교적 키가 크고 공격성이 강하고 난폭한 행동을 저지르면서 이를 죄의식이 없이 행하는 반사회적인 행동을 보인다고 하였다.

엑스타시 ecstasy 황홀경 (1) 가장 극단적인 경우로 특이한 초월적 신비경, 전능감 등을 가질 때를 말한다. 정신의학에서는 간질이나 또는 경조증상태(hypomanic state)에서 때때로 경험하는 의기양양한 감정, 또는 극치의 행복감을 말한다. 성과학(sexology)에서는 사정의 순간 경험하는 성적 흥분과 쾌감의 극치를 말하며, 종교의 경우에서는 우주와의 결합을 경험할 때 느끼는 열광적인 무아경지의 느낌을 말한다. (2) 일반적으로 종교적 신비체험의 최고 상태를 가리키지만 종교와 무관하게 나타나는 심리의 이상상태까지도 포함한다. 본래 엑스터시는 그리스어 ek, exo(~의 밖으로)와 histanai(놓다, 서다)의 복합어인 엑스터시스(ecstasis)에서 나온 것으로, '밖에 서다'라는 뜻이다. 이것은 영혼이 육체를 떠나 있는 상태를 나타낸 것이었다. 그 후 고대 말기에 이르러 신비체험까지도 포함하게 되었다. 엑스터시 현상이 가장 두드러진 종교로서 샤머니즘을 들 수 있다. 대개 샤먼이 되기 위해서는 엑스터시를 겪어야 할 뿐만 아니라 그러한 상태에 스스로 몰입할 수 있어야 한다. 엑스터시 상태에서 샤먼은 자신의 혼이 육체를 떠나 하늘로 상승하거나 지옥으로 하강하는 경험을 한다. (3) 기분전환을 위해 사용하는 정신활성 약물의 하나.

NLP neuro linguistic programming 신경언어프로그래밍 생각이 행동에 영향을 미치고, 행동이 생각에 영향을 미친다는 상관관계를 인정하는 것으로, 생각과 언행을 프로그래밍함으로써 심신을 원하는 방향으로 이끌어가는 치료법이다. NLP는 리차드 밴들러(Richard Bandler)와 존 그라인더(John Grinder)가 1980년대에 소개한 것으로, 신경(neuro)을 의미하는 'N'은 뇌, 생각, 사고방식을 포함하며, 언어(linguistic)를 의미하는 "L"은 언어적 표현과 비언어적 영상을 모두 포함하는 것으로, 특정 치료이론에 구애됨이 없이 치료자와 내담자 간 상호작용을 미세하게 분석하는데, 상담자가 감각 · 재구성을 사용하여 내담자가 자기 세계와 관계를 형성하도록 하며, 긍정적인 생각과 자기암시를 통해 치유를 모색하는 것이다. 자신의 의식을 프로그래밍하는 방법은 탁월한 사람의 사고와 방식을 따라하거나 자신이 과거에 성공했던 요소들을 생각해내어 자신에게 긍정적인 메시지를 투사하는 것이다. 또한 스트레스의 상황에서 객관적 입장이 되어 문제와 떨어져 관조하는 훈련을 통해 스트레스를 해소하기도 하는 기법이다.

엔트로피 entropy 엔트로피는 열역학의 제2법칙으로 엔트로피가 증가한다는 것은 에너지가 그 유용성을 얼마간 상실해 간다는 것이다. 즉, 물질과 에너지를 소비할 때마다 유한한 자원을 소비하면서 엔트로피를 증가시킨다는 것이다. 이처럼 엔트로피는 체계가 무질서해지는 경향을 뜻하는 말로서 사용된다. 특히 조직의 해산 또는 해체에 관한 체계이론에서 쓰이는 개념으로, 조직을 평형상태를 향하기도 하고 벗어나기도 하는 운동과정을 거치는 것으로 가정하는데, 막지 않고 내버려 두면 비조직적이고 미분화된 상태에 도달하게 된다.

엘렉트라 콤플렉스 electra complex 4~6세의 남근기(성기기)의 여아가 자신의 성기가 남자와 다른 것을 알게 되고 그 거세의 책임을 어머니에게 돌려 어머니에 대한 적대감을 갖게 되는 것을 말하며, 여아는 남근이 없기 때문에 남근을 갖고 싶어 하는 감정인 남근선망(penis envy)을 갖는 동시에 열등감을 갖기도 한다. 즉, 오이디푸스 콤플렉스와 상반되는 개념으로, 엘렉트라 콤플렉스는 여자아이들이 아빠에 대한 이성애를 느끼며 엄마를 적대시하는 행동을 보이는 것을 의미한다.

엘리스 Albert Ellis 1913~ 인지행동 심리치료가로서 합리정서치료의 설립자다. 그는 사람에게는 합리적이고 올바른 사고와 비합리적이고 올바르지 못한 사고를 둘 다 할 수 있는 가능성이 있다고 전제하며, 사람이 오류를 범하지 않을 수 없다고 인정하기 때문에 사람들은 계속해서 실수를 하면서도 좀 더 평화롭게 사는 방법을 배울 수 있다는 사실을 인정하도록 도우려고 하였다. 또한 상담이란 '내담자의 중심된 자기 패배적 견해를 극소화시키고 더 실제적이고 아량 있는 인생철학을 습득하는 것' 이라고 하였다. 엘리스의 성격이론의 핵심이 되는 A-B-C-D-E 이론은 인간이 비합리적인 신념으로 인해서 부적응적인 정서와 행동에 고착되는 것과 이의 치유과정을 설명하고 있다.

MBTI 성격유형검사 Myers-Briggs Type Indicator 마이어브릭스 성격유형검사 MBTI는 융(C. G. Jung)의 성격유형이론을 토대로 개발된 성격검사로서, 자기 보고를 통해서 개인이 선천적으로 갖고 태어난 심리적 경향성을 파악해 보는 검사다. 95문항으로 구성된 MBTI는 인간의 네 가지 선호경향을 나타내는 성격유형지표를 통해 각 개인이 선택적으로 더 자주, 더 일관되게 사용하는 선호성을 파악할 수 있도록 한다.

네 가지 성격유형 지표는 ① 외향성-내향성(extraversion-introversion : E-I) 개인이 에너지를 어디서 획득하고 관심이 어느 쪽에 있는가에 따라 외향성과 내향성으로 나뉜다. 외향성인 사람의 심리에너지는 주로 외부세계를 지향하고 외부세계에서 일어나는 것에 의해서 에너지를 얻게 되므로, 활달해보이고 활동적으로 보인다. 반면 내향성인 사람의 에너지는 주로 자기 내부세계를 지향하며 내면세계에서 일어나는 것에 의해 에너지를 얻게 된다. 따라서 이들은 주로 생각을 하는 일을 할 때 더 많은 흥미와 편안함을 느낀다.

② 감각-직관(sensing-intuition : S-N) 정보를 수집하고 인식하는 방법에 따라 감각형과 직관형으로 구분한다. 감각형의 사람들은 내적 · 외적 세계에 대한 정보를 오관에 의존하여 받아들이는 경향이 있다. 이들은 실제적인 경험을 중시하므로 현실적이고 실용적인 특징을 지닌다. 반면 직관형의 사람들은 사건과 사상의 전체와 의미를 파악하고 새로운 가능성을 추구한다. 이들은 상상력과 영감, 육감에 더 비중을 두기 때문에 현재에 머무르기보다 미래의 성취와 변화, 일의 다양성을 즐긴다.

③ 사고-감정(thinking-feeling : T-F) 판단을 내리고 의사결정을 하는 과정에서 논리적 결과에 의거하여 결정을 내리는지 개인적 가치에 근거하여 결정하는지에 따라 사고형과 감정형으로 나뉜다. 사고형은 논리적 결과를 예측하고 객관적인 판단기준에 근거해 정보를 분석하고 의사결정에 이르나, 감정형의 사람은 자신이 주관적으로 어디에 가치를 느끼는가에 따라 판단과 의사결정을 할 때가 많으며 그 결정이 자신과 남의 감정에 어떤 영향을 주는가를 중요시한다.

④ 판단-인식(judging-perception : J-P) 외부세계에 대한 태도에 있어서 판단과정을 선호하는지 인식과정을 선호하는지에 따라 판단형과 인식형으로 구분된다. 판단형은 생활을 조절하고 통제하기를 원하며 계획을 세우고 질서 있게 살아가는 경향이 있기 때문에 계획에 따라서 일을 추진하며 정한 기간 내에 일을 마무리 짓는 편이다. 인식형의 경우엔 미리 짜여진 계획보다는 상황에 맞추어 적응하며 자율적으로 살아가기를 원한다. 삶을 통제하기보다는 이해하려는 편이다.

MRI 모델 mental research institute 전략적 가족치료의 유형으로 MRI 모델은 베이슨(G. Bateson)의 영향을 받아 그가 소개한 사이버네틱스 개념에 의존하여 가족을 본다. 따라서 가족에게는 일탈의 범위를 지배하는 규칙이 있으며, 가족의 행동을 지배하는 가족규칙을 변화시키는 데 초점을 두고 있다. MRI는 가족이 치료에서 도움이 필요하다고 언급한 문제만을 다루고, 그 문제에 대해 가족이 만족한다면, 문제의 해결이 끝난 것으로 간주하며, 가족치료자의 역할도 다했다고 본다. 즉, 치료의 목표는 문제에 대한 행동적 반응을 변화시키는 것이다. 주요 기법으로는 재정의 기법을 자주 사용하며, 문제를 일으키게 하는 정적 피드백에 관심을 가지고 이를 둘러싼 상호작용의 주된 규칙과 특성을 발견해 이를 변화시킬 수 있는 방법을 찾고자 한다. 예를 들면, 여동생을 괴롭히는 아들에게, 여동생을 야단치지 말라고 말하는 부모는, 아들에겐 부모가 여동생을 더 사랑한다는 생각을 갖게 한다. 부모는 아들의 문제행동을 줄이기 위해 야단을 치지만(부적 피드백), 이는 실제로 문제행동을 증폭시키는 효과를 나타낸다(정적 피드백). 이런 경우 치료자는 부모가 이전 행동과 다르게 아들을 야단치는 대신 아들을 얼마나 사랑하는지 보여줌으로써 아들의 문제행동을 줄이는 방법을 강구하도록 조언하는 것이다. 또한 시도한 방법이 효과가 없을 때는 또 다른 시도를 생각해 내고 다시 실행에 옮기도록 한다. 또한 MRI 모델에서는 가족 내에서 변화에 대한 동기가 가장 높은 사람(그를 고객이라고 부른다)을 찾아 치료효과를 높이고자 하는 방법을 사용한다. 와츠래비크(P. Watzlawick),

위클랜드(J. H. Weakland), 휘쉬(R. Fisch)가 주요 인물이다. MRI 모델은 상호작용적 가족치료라고도 하는데, 의사소통이론과 단기치료모델로 알려져 있다. ⇨ 상호작용적 가족치료 참고.

MMPI 검사 Minnesota Multiphasic Personality Inventory 미네소타 다면적 인성검사 질문지법에 의한 인격검사방법이다. 1943년 미네소타 대학의 심리학자 하타웨이(S. R. Hathaway)와 맥킨리(J. C. Mckinley)에 의해 정신의학 분야와 일반의료분야에서 환자들의 임상 진단에 대한 정보를 제공하기 위해서 제작되었다. 이론적 배경에 의해 문항이 선택된 것이 아니라, 기존 문항들 중에서 내용과 주제를 고려하여 추출한 후 정신장애군과 정상인군을 변별해 주는 문항이 최종적으로 선택되어 제작되었다. 인간의 성격을 크레펠린(E. Kraepelin)이 분류한 정신병의 유형에 따라 측정하고, 그것을 임상적인 치료에 사용하고자 개발한 것이다. 다면적 인성검사는 개인적·사회적 적응을 좌우하는 주요 인성 특징을 객관적으로 측정, 평가하려는 것으로 개인의 내적 경향, 징후, 비정상적 또는 이상성을 정확히 판단하여 상담지도나 정신치료에 기여하고자 하는 것이며, 아울러 비정상적이고 불건전한 방향으로 진전될 가능성을 미리 알아내어 미연방지의 선도책을 보완하려는 것이다. 이 검사는 문항의 경험적인 준거 즉, 정신병원의 환자에게서 구했다는 것이 특징이다. 550개의 질문항목으로 되어 있으며, 피검사자는 단지 '그렇다', '아니다' 만으로 대답하고, 그에 따라 네 가지의 타당성척도와 아홉 가지의 임상척도에 대하여 각각 표준 득점이 계산되어 인물형이 그려지며, 특정하고자 하는 성격특성은 다음과 같은 열 가지다. ① 심기증(Hs : Hypochondriasis) : 자기의 신체기능 및 건강에 지나칠 정도의 병적 관심을 갖는 증후, ② 우울증(D : Depression) : 일반적으로 인생과 장래에 대한 비관, 염세, 절망 및 자신의 사기저하, 무가치감, 무능감 등의 증후, ③ 히스테리아(H : Hysteria) : 어려운 곤란이나 갈등, 문제, 책임 등을 신체적 증후를 통해 피해 나가려는 증후, ④ 정신병질 이상성격(Pd : Psychopathic Deviate) : 비사회적 반사회적인 문제·행동 및 범죄적 특성을 나타내는 증후, ⑤ 편집증(Pa : Paranoia) : 편집증, 의심증 및 각종 망상의 증후, ⑥ 정신쇠약증(Pt : Psychasthenia) : 공포, 근심, 불안, 강박관념, 죄악감의 증후, ⑦ 정신분열증(Sc : Schizophrenia) : 붕괴된 사고와 행동이 특징이며, 현실에 대한 냉담, 무관심, 망상, 환상, 외계와의 절연, 사고와 행동의 전후모순의 증후, ⑧ 경조증(Ma : Hypomania) : 사고와 행동의 생산과잉, 지나친 정서적 흥분, 관념의 비약, 낙천주의 등의 증후, ⑨ 남녀 성 홍미(Mf : Masculinity-feminity) : 남성적 홍미와 여성적 홍미의 증후, ⑩ 사회적 내향성(Si : Social Introversion) : 사회적 접촉의 회피, 대인관계의 기피, 비사교적인 성격의 증후를 말한다. MMPI는 세계적으로 가장 널리 보편적으로 사용되어오고 있는 성격검사이며, 특히 임상적 목적에서는 가장 유효한 도구로 인정받고 있다. 그러나 각 임상척도가 개별적으로 임상집단을 구별하지 못하며 정상집단에서도 임상척도가 상승되는 경우가 있다는 문제점이 있다.

여성성 feminity 성격특성으로서 여성다움. 즉, 여성적 성격 또는 여성적 성향을 말한다. 이는 성역할을 구성하는 요소의 하나로 사회적인 기대에 따라 일반적으로 여성에게 기대되는 역할 특성을 가리킨다. 일반적으로 이성보다는 감성에 따라 행동하고 직관적으로 사물을 보며, 암시나 시사에 따라 결단하고 타인의 기분을 잘 아는 것 등이 그 특징이라고 보았다.

여성주의 feminism 여권주의라고도 한다. 여성의 법적, 사회적, 경제적 평등을 주장하는 사회운동과 신조로 18세기 영국에서 시작되었다. 여성도 남성과 평등한 경제적·사회적 권리를 가져야 하고 책임 있는 시민으로서 정치에 참가할 권리, 특히 여성 자신의 생활에 영향을 주는 입법에 참가할 권리가 있다고 주장한다. 이는 오랜 세월 동안 남성의 부속물로 취급되어 왔던 여성에게 인간으로서의 지위와 권리를 주도록 요구하는 것이다.

여성주의 가족치료 feminist family therapy 여성주의 가족치료는 가족치료분야의 새로운 입장으로 명백한 기법을 가진 이론이기보다는 가족상담을 위한 상담 메타모델이라고 할 수 있다. 남녀의 성차에 대한 연구, 여성의 발달과 정신건강에 대한 연구, 다문화 상담에 대한 연구를 바탕으로 성, 성적 오리엔테이션, 연령, 신체적 장애, 계급, 인종, 언어 등이 인간에게 많은 영향을 미친다는 것을 밝히고 있으며 이런 것들이 사회적으로 구성되어 진다는 것을 조명하고 있다. 여성주의 가족치료의 제기는 가족 내에서의 정형화된 성역할을 강화하는 가족치료자의 역할에 대한 의문과 가족치료이론이 사회에 대한 고려가 포함되어 있지 않다는 지적에서 시작되었다. 여성주의 가족치료자들 간의 가장 큰 일치점은 치료자의 중립성을 거부한다는 것이다. 중립성은 치료자가 가족구성원 각자에게 공정한 입장을 취해야 한다는 개념으로 여러 체계이론가들에게 옹호되어 왔다. 그러나 여성주의 가족치료자들은 치료적 중립을 지키는 것은 가정폭력을 설명하지 못하며, 불평등을 감추게 하고, 인간관계 내에 있는 권력에 대한 고려를 하지 못하기 때문에 정당하지 않다고 하였다. 이와 같은 맥락에서 여성주의자들은 가족체계이론의 중립성이 남성 중심적 편견을 보지 못하게 하며 권력 무시를 초래함으로써 전형적 역할 구분을 가지고 있는 전통적 가족을 자연스럽고 정상적인 것으로 보이게 만들었다고 주장한다. 여성주의 가족치료의 과정은 기존 가족치료의 과정과 큰 차이 없이 일반적으로 접수, 조사, 사정, 치료의 단계를 거치나, 몇 가지 차이점이 있다. 첫째, 내담자와 치료자 간 관계에서 평등한 관계를 매우 강조하고 치료자는 숙련가라기보다는 촉매자의 역할을 한다. 둘째, 내담자는 능력과 권위를 가진 자로 간주되며, 그들이 가진 장점과 유용성들이 강조된다. 셋째, 문제의 중요한 원인으로 환경적 스트레스가 중시된다. 넷째, 진단검사와 낙인은 여성에게 편견을 갖게 하고 치료자의 권력을 크게 하며 검사의 결과는 일시적인 것이 아니라 영원한 특성으로 인식될 가능성이 있으므로 사용하지 않는다. 다섯째, 치료전략과 기법은 내담자 행위의 전후맥락을 변화시키고 그것에 도전하는 것이 중시된다. 특히 성차별적인 전통적 구조와 제도를 평등하게 변화시키는 데 전략의 초점이 있다.

여성주의 상담 feminist counseling 여성이 성차별적 사회에서 구조적으로 억압당해 온 존재임을 이해함으로써 여성이 갖고 있는 문제와 갈등을 개인적 차원보다는 사회구조적 차원에서 여성의 문제를 바라보고 해결하려는 것이다. 여성주의 치료자들은 성(gender)은 모든 인간관계에 영향을 주는 기본적인 변수라는 것을 분명히 하고 있다. 또한 사회에 존재하는 사회위계들(연령, 성, 계급) 중의 하나이고, 여성은 남성보다 권력을 덜 갖고 있는 것이 현실이라고 말한다. 그리고 여성이 가정 내에서 권력이 없는 것을 여성 한 사람의 개인적인 문제로 보지 않으며 오히려 여성을 억압하는 사회 · 정치 · 종교적 체계의 직접적인 직선적 결과라고 보고 있다. 따라서 가정 내에서 성과 권력, 불평등을 무시하는 것은 결국 사회 내 양성 간 권력 불평등을 강화하는 것이라고 주장한다. 따라서 치료자는 내담자로 하여금 사회의 성 분화된 속성에 대한 이해를 높이고 내담자 자신의 성에 관한 이해를 촉진하게 하며, 여성의 경험을 가치 있고 중요한 것으로 인정하게 한다. 치료자는 조작적 개입을 하지 않으며 간접적인 제안을 하지 않는다. 전반적으로 정직하고 개방적이며, 내담자를 존경하는 관계를 통해서 모든 사람들이 평등한 사회에서 어떻게 취급받아야 하는지를 모델로 보여 주겠다고 하는 것이다.

여성폭력 gender violence 일종의 가정폭력으로, 배우자 또는 친밀한 사람이 상대방의 행동을 강압적인 방법으로 조정하는 것이다. 강압적 방법에는 감정적 학대, 정신적 학대, 협박, 박탈, 격리, 경제적 학대, 신체적 및 성적 학대가 포함된다.

여성혐오증 misogyny 남성혐오증과 상반되는 개념으로 여성에 대한 경멸과 증오심이 여성에 대한 애증의 형태로 나타난다.

역기능 dysfunction 사전적 해석으로, 고유의 기능을 가지고 있는 사회의 여러 제도, 기구 등이 본래의 목적에서 벗어나 반작용을 일으켜 바람직하지 못한 방향으로 나가는 것이다. 이와 같이 적절한 실행을 방해하는 제도상 결함 또는 스트레스에 적응하거나 대처하는 능력이 비정상적이거나 손상된 상태를 의미한다.

역기능가정 dysfunctional family 가족상담(치료)을 전문하는 심리학자들은 가정에 습관적으로 술을 마시는 알코올중독자나, 가정을 돌아보지 않고 돈버는 일이나 직장 일에만 열중하는 일중독자(workaholic), 충동적으로 놀음을 하지 않으면 견디지 못하는 도박꾼, 외도를 해 다른 살림을 차리고 자식들을 돌보지 않는 아버지, 이혼했거나 재혼한 가정에서의 편모 또는 계부와 계모, 엄격하고 율법주의적인 신앙생활을 했던 부모, 중풍이나 뇌성마비와 같은 중병을 앓는 환자, 의처증이나 의부증세를 나타내는 부모를 둔 가정과 기본적으로 식생활을 하기 어려울 정도로 가난한 가정을 통틀어 '역기능가정' (dysfunctional family)

이라고 부른다.

역동성 dynamic 성격이론에서 정신 내면의 영향, 의식 또는 무의식의 사고과정과 충동, 갈등, 동기 및 방어기제와 같은 관찰할 수 없는 정신적 현상을 강조하는 지향을 말한다. 장이론에서는 심리적 장에서 행동하는 힘을 뜻하고, 사회체계이론에서는 항상적 안정성을 얻으려 애쓰고 유지하는 과정을 지칭한다.

역동심리학 dynamic psychology 심층심리 또는 행동의 무의식적 원인이나 동기를 강조하는 심리학의 체계다. 심적 사상을 원인과 결과의 연쇄라고 간주하여 원인에 중점을 두면서 전체를 역동적으로 받아들여 체계적으로 해명하려고 하는 것으로, 보통 프로이트의 정신분석학을 가리키며, 넓은 의미에서 기능심리학이나 게슈탈트 심리학, 장이론 등을 포함하고, 좁은 뜻으로는 주어진 동기를 이론의 중핵으로 하는 심리학을 가리킨다.

역사가 historian 집단상담의 과정 속에 나타나는 현상으로 역사가는 특히 새 구성원이 들어올 때 잘 생긴다. 옛날 이 집단에서 일어났던 이야기를 계속 끄집어내거나 또 떠난 구성원에 대한 이야기를 함으로서 새 구성원을 은근히 제외시키거나 또는 죄책감까지 갖게 만든다. 치료자는 이런 현상을 지적하여 새 구성원이 빨리 집단에 동화할 수 있도록 해야 된다.

역설 paradox 역설은 얼핏 생각하여 상식에 반대되거나 논리적으로 자기모순에 빠져 있는 듯하면서도 실은 상징적으로 진리를 지향하거나 암시하는 표현법이다. 와츠래비크(P. Watzlawick)는 역설이란 일관성 있는 전제로부터 나온 정확한 추론에 거슬리는 결론이라고 하였다.

역설적 개입 paradoxical intervention 역설적 개입은 건강하지 못한 행동을 더 많이 늘리도록 시도함으로써 그 행동의 빈도수를 줄이게 하는 개입방법이다. 전략적 가족치료의 기법 가운데 하나로 사용된다. 치료자가 목표의 반대되는 것을 실행하도록 지시하여 보다 효과적인 결과를 초래하려는 시도로서, 일반적으로 전략적 치료모델에서는 문제해결을 위해 시도되었던 기존의 방법과 전혀 상반된 방법을 사용한다. 치료자들은 흔히 가족원에게 상식에 반하는 일을 행하게 하거나 믿게 하려고 노력한다. 그러한 방법은 때로 그 목표에 도달하기 위하여 치료목표와 명백히 반대되는 일을 해야만 하는 역설적인 점이 있으므로 역설적 개입으로 불린다. 예를 들어, 부모가 아이취급을 해서 모든 것을 해주기 때문에 고통을 겪는 젊은 부부가 있다면, 부부에게 부모에게 맞서는 대신에 의존적인 태도를 취하라는 과제를 주거나, 불면증으로 고민하는 사람에게 잠을 자지 않고 깨어 있도록 노력하라고 제안하는 것이다. 이러한 개입은 그렇게 하지 않으려고 애쓰는 문제행동으로부터 관심의 초점을 돌리고, 그로 인해 불안을 줄이고 해소하도록 촉진하는 것이다. ⇨ 반대역설 참고.

역설적 의사소통 paradoxical communication 이중구

속적인 메시지 속에서 내적으로 일관성이 없고, 메시지 간에 상호 모순되고 일치되지 않는 의사소통을 의미한다. 예를 들어, 놀고 있는 자녀에게 말로는 잘 놀라고 하면서 태도는 못마땅해 하는 표정을 짓는다든지, 또는 말로는 반갑다고 하면서 눈으로는 냉담한 표정을 짓는 경우처럼 여러 경로를 통해 들어오는 메시지 간 상호 불일치로 인해 메시지를 듣는 수신자는 메시지를 전달한 송신자의 본래 의미를 파악하는 데 혼란을 겪게 하는 현상을 의미하는 것이다.

역전이 counter-transference 내담자의 전이에 대한 상담자의 태도, 반응. 환자가 과거에 지녔거나 특징적인 양상의 반응을 치료자에게 전이할 수 있듯이 마찬가지로 치료자의 무의식에서 환자가 마치 자기 과거의 그 어떤 중요한 인물로 부각되어 일어나는 현상을 말한다. 치료자도 또한 치료상황에서 비롯되지 않은 다른 동기에 의해 결정된 방식으로 환자에게 반응할 수 있다. 상담자(치료자)의 미해결된 감정이나 문제가 내담자에게 투사되는 것으로 뮐러의 상담자의 내담자에 대한 태도에서 신경증적이면서도 반동적인 것으로, 예를 들어 절대로 떼어놓지 않으려는 어머니를 가진 상담자가 내담자의 애착욕구에 불안을 느끼는 것이나 정상적이면서도 반동적인 것, 내담자가 깐죽거릴 때 화가 나는 것 등이다. 치료자는 치료에서 요구되는 방식에 의해서가 아니라 자기 자신의 발달사나 무의식적 욕구 때문에 환자에게 공격적으로 혹은 순종적으로 반응할 수 있다. 역전이 효과를 최소화하기 위해서는 모든 분석가들에 대한 개인분석이 필수적으로 행해져야 한다.

역조건 형성 counter conditioning 불안증상이 예상되는 사례를 체계적 둔감법을 통해 치료하는 행동요법 가운데 하나로 공포, 긴장, 불안반응과 상대하는 정서, 혹은 신체 생리적인 상태 즉, 근육이완, 유쾌 감정, 자신감 등을 연결시켜 불안감정을 이완시키는 것이다.

역치 threshold value 신경이나 근육 등 감각기에 반응을 일으키는 데 필요한 최소한의 자극값을 말한다. 절대식역과 같은 의미로서 반응이 처음으로 나타나는 자극의 세기를 의미한다. ⇨ 절대식역 참고.

역학 epidemiology 원래 전염병의 발생과 유행 및 종식에 따르는 자연적 · 사회적 모든 조건을 밝히고 그것을 통해 전염병의 예방이나 제압의 방법을 구하려는 의학의 한 분파였다. 현재는 전염병 이외의 병, 이상행동과 정신장애 및 재해사고 등도 연구대상으로 하며, 일정한 시기 안에 사람 사이에서 발생하는 질병과 같은 특별한 현상의 빈도와 분포 양상에 대한 연구로 대개 이것은 발병률과 유병률, 분포율 및 위험요인에 대한 조사를 한다.

역할 간 갈등 interrole conflict 두 개 이상의 사회적 위치를 가진 사람이 서로 상충되는 기대를 수행함으로써 겪게 되는 경험을 말한다. 즉, 두 가지 이상의 역할을 동시에 수행함으로 인해 겪는 갈등이다. 예를 들면, 자녀를 가진 중년부인이면서 대학생인 여성의 경우다. 그녀는 대학생으로서 중요한 시험을 준비하는 동안에 자녀의 선생님으로부터 자녀가 몸이 아프니 집으로 데려가야만 한다는 전화를 받게 되고, 동시에 그녀의 남편이 그의 상사가 집으로 저녁식사를 하러 오고 있다고 알려주었을 때, 학생이며 엄마이며 아내로서의 역할이 동시에 이루어질 수 없기에 일어나는 역할 간 갈등을 의미한다. ⇨ 역할 내 갈등 참고.

역할갈등 role conflict 역할이란 사회적인 관계에서 어떤 위치를 차지하는 사람들이 해야 할 것으로 기대되는 행동이나 행위의 범주를 말하는 것이다. 하나의 역할은 조직구조의 구성단위로서 다른 역할들과 구분되며, 이들과 함께 전체적인 조직구조를 형성하게 되는데, 역할갈등에는 두 가지 이상의 역할을 수행함에 따른 역할 간 갈등과 동일 역할에 대해 다른 기대를 받게 되는 역할 내 갈등, 또한 개인과 역할 간 갈등(person-role conflict)으로 주어진 역할이 개인의 기본적인 가치관, 태도, 욕구들과 상충될 때 발생하는 갈등이 있다.
⇨ 역할 간 갈등, 역할 내 갈등 참고.

역할강화가설 role enhancement hypothesis 역할증대가설 개인에게 부과된 많은 역할들이 개인의 자존심·주체성·사회적 지위를 확대시킴으로써 인간의 에너지 자원을 증가시킨다고 보는 것이다. 역할긴장가설에 대한 반론이자 역할확대가설(role expansion hypothesis)과 같은 의미로서, 다양한 역할에 수반하는 의무보다는 우선권을 강조하는 입장이다. 이와 같이 역할강화가설을 제안하는 시버와 토이츠 등은 다양한 역할수행을 통해 개인이 경험하는 자경심, 인정, 위험, 재정적 보상 등이 역할부담을 능가한다고 주장한다. 이 관점은 개인이 지닌 역할의 양과 심리적 복지감과의 관계가 긍정적임을 제시하고 있으며, 결국 많은 역할에 관여하는 것이 보다 좋은 심리적 건강과 관련이 있다고 본다. ⇨ 역할긴장가설 참고.

역할교체 role replacement 역할전환 혹은 역할 바꾸기(role reversal)라고도 한다. 상대하던 두 사람은 서로의 역할을 바꾸어 함으로써 상대방의 눈을 통해 자신의 문제, 갈등을 보게 될 뿐만 아니라 상대의 역할을 이해하고 자신의 생각과 표현의 불일치를 이해하게 된다. 특히 권위에 대한 두려움을 가진 환자, 말을 위한 말이나 질문을 위한 질문을 하는 환자, 질문에 대한 답변을 스스로 찾을 수 있는 환자의 경우, 치료자와의 역할 교대는 효과가 있다. 그러나 치료자, 환자 관계가 형성되지 못한 경우에는 환자가 당황하기 쉬우니 조심하여야 된다. ⇨ 역할전환 참고.

역할기대 role expectation 역할기대는 지위에 상응하는 역할의 기대를 말하는 것으로, 사람들은 역할을 학습할 때 자신의 역할뿐 아니라, 사회적 맥락 속에서 자신과 상호작용하는 타인들의 보완적인 역할의 다각적인 측면을 배운다. 예를 들면, 가족집단 속에서 '주부'라는 지위를 가지고 있는 사람은 남편이나 자녀 등 다른 가족구성원과 밀접한 상호관계를 가지므로, 각기 그들의 역할에 상당한 지식을 필요로 하고, 이를 습득하게 된다. 즉, 각 개인은 타인들과 공동생활을 하는 가운데 사회체계 내에서 갖가지 지위를 차지하게 되고, 그러한 지위에 적합한 역할을 수행할 것을 기대받게 되는데, 이러한 역할의 기대를 의미하는 것이다.

역할긴장가설 role strain hypothesis 역할에 대한 결핍가설로서, 인간의 에너지는 한정되어 있기 때문에 개인이 감당해야 할 역할이 늘어나면 그것은 스트레스나 역할갈등, 역할과부하 등의 부작용을 야기한다는 가설이다. 다양한 역할수행은 개인의 심리적 건강에 부정적 영향을 미친다는 관점으로 구드(W. J. Goode)에 의해 제기되어 코저(L. Coser)와 슬래터(E. Slater) 등에 의해 확산되었다. 이 가설은 개인은 제한된 양의 에너지를 소유하고 있으며, 사회조직은 모든 개인으로 하여금 의무와 충성을 과도히 요구한다는 점이 전제된다. 개인은 그들의 역할과 관련된 의무를 수행하기에 충분한 에너지를 소유하지 못하므로 다양한 역할을 수행할수록 긴장감이 높아지며, 심리적 스트레스를 유발하게 된다는 것이다. ⇨ 역할강화가설 참고.

역할 내 갈등 intrarole conflict 이는 역할갈등과 달리 어떤 단일한 역할이 부조화되고 있는 기대를 갖고 있을 때 일어나는 갈등을 말한다. 즉, 동일 역할에 대해 다른 사람들에게서 서로 상충되는 기대를 받게 될 때 겪는 갈등이다. 예를 들면, 한 대학생이 시험을 위해 공부하는 것과 동일한 날짜에 제출해야만 하는 리포트를 작성하는 것 사이에서 선택을 해야만 한다면 역할 내 갈등을 겪게 된다고 말하는 것이다. ⇨ 역할갈등, 역할이론 참고.

역할상보성 role complementarity 상호간에 서로 다른 분야에서 상대방의 기능을 지지하며, 서로 다른 욕구들을 보완하는 것을 의미한다. 정신분석학적 가족치료자인 애커먼(N. W. Ackerman)은 가족 내에서 기능이 파괴되는 것은 갈등 때문이라기보다는 역할상보성의 붕괴로 말미암은 것이라고 한다. 가족 통합의 상징은 애정, 관심, 신뢰인데 이들은 역할상보성을 통해서 이루어질 수 있다고 보았기 때문이다. 즉, 가족체계 안에서 가족구성원들은 많은 역할을 하는데, 주어진 서로 다른 역할과 기능을 수행함으로써 가족의 균형과 성취를 이루게 되는 것이다. ⇨ 상보성욕구 참고.

역할순환 role-cycling 역할 순환의 방법은 직업과 가족의 요구를 수용하기 위해 시간적으로 차이를 두고 해결하는 것으로 직장에서 지위가 확고해질 때까지 자녀 출산을 미룬다거나 육아의 역할을 충실히 하기 위해 취업 시기를 늦추는 것과 같은 상황이다.

역할 스키마 role schema 의사나 교수, 동사무소 직원 등 어떤 특정한 역할을 가지고 있는 사람들을 떠올릴 때 지각되는 고정되며 조직화된 추상적인 상들을 의미한다. ⇨ 스키마 참고.

역할연기 role playing (role acting) 일상생활에서 수행하지 못하거나 수행하기 곤란한 역할행동 때문에 이상행동을 하는 내담자에게 현실적 장면이나 극적 장면을 통해 역할행동을 시키고, 그것을 연습시킴으로써 이상행동을 적응행동으로 바꾸는 기술이다. 역할연기의 과정은 ① 개방적이고 부담이 없는 분위기를 조성하고, ② 주어진 역할을 수행하며, ③ 피드백(feedback)으로 바라는 행동에 보다 가깝게 행동하도록 격려하고, 잘 되지 않은 부분을 내담자에게 알려 준다. ④ 내담자는 자신의 학습경험을 통합하여 비슷한 실제 생활 장면에서 활용할 수 있도록 일반화하는 단계를 거친다. 일반적인 역할상황은 재연(reenactment), 연습(rehearsal), 회상(recollection), 역할바꾸기(reversal)가 있다.

역할연습 role-playing exercise 역할연습은 올바른 행동패턴을 보여 주기 위해서 치료자가 사용하는 모델링 기법으로, 실패의 위험부담이 없는 모의 장면에서 새 행동 반응을 연습하는 것이다. 내담자는 역할연습을 통해 자기 행동을 교정할 수 있으며, 예측되는 곤란한 대인관계의 처리방식을 익히고, 자기와 생활 배경이 다른 사람들의 감정과 경험을 이해할 수 있게 된다. 역할연습의 절차는 먼저 상담의 목적과 내담자 문제의 정의, 상담 목표에 따른 방법에 대해 합의를 한 후에 역할연습의 취지와 기본 절차를 내담자에게 설명한다. 그런 다음 '문제 장면'의 주요 역할을 배정하고, 배정된 역할자의 전형적 행동양식과 최근에 실제로 있었던 대화 내용을 알아보고 그 과정을 분석한다. 실제 장면에서 주요 인물과 상호작용에 대한 분석은 내담자 및 주요 인물들의 위치와 각자의 감정을 구체적으로 이해하며, 미처 표현되지 못한 기대와 감정을 파악하기 위함이다. 그 후에 내담자가 실제로 행했던 것과 다르게 어떤 행동 반응을 하고 싶은지 알아보고, 역할연습에서 시도할 행동 및 대화 장면을 설정한다. 그리고 서로의 역할을 하면서 새로운 행동 반응을 가능한 한 실제적으로 연습하고, 또 다시 역할을 서로 바꾸어 연습을 진행하면서, 새로 시도하고자 하는 행동반응이 성공적으로 수행될 것으로 판단될 때까지 진행한다.

역할이론 role theory 한 개인이 사회구조 속에서 자신의 역할이나 행동양식을 획득해 가는 과정을 설명하는 이론이다. 이는 사회문화적, 인류학적 연구에 바탕을 둔 복합적인 이론체계로서 한 개인이 대인관계나 사회적 위치 또는 그러한 위치에 따르는 기대에 의해서 그의 행동이 결정되고 영향 받는 것을 총칭하는 개념으로, 인간에게 주어진 상황에서 표출하는 행동양태에 대한 연구와 이러한 행동에 의해 생산되고 설명되며, 영향을 받는 과정을 체계적으로 설명한 이론인 것이다. 이와 같이 역할이론은 사회를 하나의 무대로 보고 개인을 무대 속의 배우로 비유하여 각 개인은 사회 속에서 자기 자신이 처해 있는 상황을 스스로 배우게 되며, 상호작용의 관계 안에서 자신의 연기를 완전하게 함으로써 사회화 과정을 이룬다고 하였다.

역할전환 role reversal 역할바꾸기 역할교체와 같은 의미다. 한 개인이 행동을 완전히 전환하여 상대방이 기대하는 방식으로 행동하는 상태다. 예를 들면, 아버지가 아들 앞에서 어린아이처럼 행동하는 반면 아들은 아버지 앞에서 더욱 성숙한 행동을 보이는 경우다. ⇨ 역할교체 참고.

역행성 기억상실증 retrograde amnesia 역행성 건망증, 후행성 기억상실증 뇌손상 이후의 일들을 기억해 내는 데는 문제가 없지만, 손상 전의 일들에 대한 기억은 상실한다. 환자는 회복함에 따라 기억이 점차 돌아오는데 처음에는 시간적으로 먼 과거의 일부터 점차 가까운 과거의 순서로 기억이 되살아난다고 한다.

역행억제 retroactive inhibition 먼저 기억된 내용과 다음에 기억된 내용들이 서로 간섭하기 때문에 망각이 일어난다는 간섭이론 가운데, 역행억제는 새로 학습된 내용이 이전에 학습했던 내용의 회상을 간섭하는 것으로, 간섭방향이 시간과 역행해서 일어나는 현상이다. 예를 들면, 한 친구의 전화번호를 알고 난 후에 곧 이어 다른 친구와 통화를 하고 나서 먼저 친구에게 전화를 걸려고 하면 혼란이 생기는 현상이다. ⇨ 간섭이론, 순행억제 참고.

연구설계 research design 누가, 언제, 누구에게, 무엇을 실시하고, 얻어진 자료를 어떻게 통합하고 분석할 것인가에 대한 일련의 계획을 말한다. 연구설계에는 집단 간 설계, 피험자 내 설계, 시계열 설계, 단일피험자설계, 기술연구설계, 모의상담 연구설계가 있다.

연동병리 interlocking pathology 표현, 유지, 지배하는 방식에 있어서 상호의존적인 가족구성원들 사이에 복합적으로 존재하는 장애 또는 역기능을 의미하는 것으로, 연쇄고리의 병리라고 번역하기도 한다. 이는 애커먼(N. W. Ackerman)이 제시한 개념으로서, 가족구성원 각각의 정신병리가 치료자가 직면하고 있는 가족체계를 만들었다고 보는 것이다.

연산적 방법 algorithm 문제해결을 위한 유형으로 규칙에 따라 문제를 해결해가는 과정을 말한다. 이 용어집에서는 알고리즘으로 정리하였다. ⇨ 알고리즘 참고.

연상의 해이 loosening of association 연상이완 환자의 사고와 말의 진행이 지리멸렬하고 단편화되어 있고, 하나의 생각에서 전혀 관계가 없고 타당치 않은 다른 생각으로 옮겨가게 됨으로써 연상이 정상적으로 진행되지 않는 상태를 말하며, 정신분열증의 특징적인 증상이다.

연속강화 continuous reinforcement 특속적 강화 전체 강화(total reinforcement)라고도 한다. 연속강화는 반응이 있을 때마다 반드시 강화하는 절차를 의미하는 것으로, 동물실험 결과에 의하면 연속강화 모델에 의해 학습이 가장 신속하게 일어난다고 보았다. 그러나 이러한 연속강화는 강화에 포만을 일으킬 수 있다.

연속행동 continuous behavior 순서적으로 조직된 특정한 목적을 향해 있는 여러 가지 구체적인 신체적 · 언어적 동작을 말한다.

연속수행과제(CPT) continuous performance test 주의력을 객관적으로 측정하는 연속수행과제 패러다임은 ADHD 평가에서 가장 많이 사용되고 폭넓게 연구되고 있다. 여기에는 시각적, 청각적 방법 등 다양한 방법이 있지만 가장 보편적으로 사용되는 것은 어떤 특정 기호, 숫자, 문자를 빠른 속도로 화면에 제시하고 지정된 목표자극에만 반응하게 하는 것이다.

연습 rehearsal 시연 가족치료에서 역할연기(역할극)기법 가운데, 역할상황의 하나로서, 연습은 가족구성원은 자신들이 직면하고 싶은 상황을 연기해 봄으로써 그들이 예상하는 문제들을 능숙하게 다룰 수 있게 하는 것이다.

연역적 추리 deductive reasoning 연역적 추론 (1) 논리학에서 연역에 의해 추리하는 방법을 말하는데, 연역이라 함은, 진리라고 믿는 일반적인 원칙으로부터 출발하여 낱낱의 사실이나 특정한 결론을 이끌어내는 과정이다. 대표적인 방법은 삼단논법(syllogisms)으로 타당한 결론에 도달하기 위해 두 개의 전제가 진술하는 논항들의 관계를 올바르게 추리하는 과정을 거친다. 예를 들면, 나무로 만들어진 장난감 물고기는 물에 뜰 것이라는 결론을 이끌어내기 위해, 먼저 "나무로 된 물체는 뜬다."는 일반적인 원칙에서 출발하여, 다음으로, "장난감 물고기는 나무로 되어 있다." 그러므로 "그 장난감 물고기는 뜰 것이다."라는 개별적인 사실을 밝히는 과정을 말한다. ⇨ 귀납적 추리 참고. (2) 연역적 추론의 다른 유형은 형식적 조작기의 가설로서 비진실, 즉 잘못된 전제라고 생각되는 가설에 대해 추론할 수 있는 능력을 말한다. 예를 들어, 논리적 논쟁에서 '석탄이 흰색이라고 가정하자.' 라는 진술이 전제된다면, 이 문제를 해결하도록 요청받은 구체적 조작기 아동은 석탄은 검은색이며, 따라서 그 질문은 대답할 수 없는 것이라고 주장하지만, 형식적 조작기의 아동은 석탄은 흰색이라는 가정을 기꺼이 받아들이고, 문제의 논리에 관해 추론하게 된다.

연합 association 연상 연합의 사전적 의미는, 요소적 경험이 어떤 법칙에 따라 결합하여 표상적 심상이나 관념으로 복원되는 과정을 말한다. 즉, 한 가지 사항을 생각하고 있을 때 그것과 관계가 있거나 유사한 것, 또는 정반대의 것을 생각하게 하는 것으로, '연상', 또는 '관념연합' 이라고도 부른다. 연합에는 의식내용 A가 B와 시간적으로 공간적으로 공존할 때 A의 출현이 B의 출현을 촉진하는 '접근연합' 이 있으며, 의미내용이 유사한 것들 사이에서 한쪽의 출현으로 다른 쪽이 출현하는 '유사연합', 여름에 겨울을 연상하는 것과 같이 대비관계에 있는 것 사이에서 한쪽 출현에 의하여 다른 쪽이 출현하는 '대비연합' 이 있다. 또한 기억연구의 형식으로서 한 쌍의 낱말 사이에 생기는 '동시연합', 계열적으로 연결된 낱말 사이에 생기는 '계시연합', 계열 내에서의 인접한 낱말 사이의 '직접연합', 낱말을 사이에 둔 '간접연합', 계열순서에 따른 '순위연합', 계열순서를 역행하는 '역위연합' 등이 있다. 연합은 의식내용 사이에서만 생기는 것이 아니라 미국의 행동주의, 결합주의 등 자극 반응의 행동이론에서도 원리로서 사용된다. 이러한 연합의 원리는 요소로서의 의식내용이나 반응을 기계적으로 결합하는 것이라 하여 의식과 행동의 전체적·내적 연관을 주장하는 게슈탈트 심리학의 비판을 받았다.

연합영역 association area 대뇌피질의 영역 중 고도의 정신적 행위를 하는 부분은 감각이나 운동에 직접 관여하지 않는 영역들을 연합영역이라고 한다. 뇌의 고도한 활동을 통합하는 부분인 연합영역은 5개다. 연합영역은 연합피질(association cortex)이라고도 하며, 어떤 동물들보다도 인간의 연합영역이 발달되어 있다. 인간의 지능, 추론하고 계획하는 능력, 언어능력, 과거의 경험이 가져오는 결단능력 등 인간의 고등능력은 대부분 연합영역의 기능인 것이다.

연합적 사고 associative thinking 특정한 목표에 대한 설정 없이 진행되는 사고를 말한다. 분트(W. Wundt)는 인간이 가지는 가장 뚜렷한 특징을 복잡한 사고를 할 수 있다는 것으로 보고, 사고의 형태를 지적 사고(intellectual thinking)와 연합적 사고(associative thinking) 두 가지로 구분하였다. 연합적 사고는 지적 사고와 달리 생각이 자유자재로 움직이는 사고를 의미한다. ⇨ 지적 사고 참고.

열등감 inferiority (inferiority feeling, sense of inferiority) 열등감은 글자 그대로 자기가 누구보다 못하거나 부족하다는 인식에서 오는 느낌을 말한다. 열등감에 대해 서양의 초기 분석학자인 아들러(A. Adler)는 '열등함'과 '열등감'을 구분했는데 정상적으로는 자기의 부족함, 즉 열등함을 관찰하고 경험하면서 열등감을 느낀다고 한다. 아들러가 말하는 열등감은 타인과의 비교에 의한 열등함보다는 자기 내부로부터 느껴지는 불완전감이나 좌절감 자체를 열등감의 원인으로 보았다.

열등콤플렉스 inferiority complex 사람들은 자신의 모습을 자기 내면보다는 다른 사람들과 자신을 비교하는 가운데 찾는다. 타인이 자신을 비춰주는 거울인 셈이다. 사회학자인 쿨리는 그렇게 자기의 모습을 찾아가는 사회적인 자기를 '거울 속에 비친 자기(Looking-glass Self)'라고 했다. 다른 사람과 비교하고 그들에게 비춰지는 자신의 모습을 바라보며 자신(Self)을 찾다보면 자기보다 잘생기고, 잘나고, 잘 사는 사람들이 눈에 띈다. 그러면 자연스럽게 상대적인 열등감이 발동한다. 그런 콤플렉스를 바로 '열등콤플렉스'라고 한다. 이는 부적당함에 대한 개인의 집요하고 과장된 감정과 기대보다 낮은 서열에 있다는 열등감에 대한 아들러의 개념으로, 누구든 자신의 능력이 남보다 뒤지고 있다는 생각 때문에 열등감을 갖게 된다고 주장했다. 그러나 아들러는 열등감은 나쁜 것이 아니라 오히려 완전함이나 우월을 성취하는 동기가 된다고 하였다. 즉, 열등콤플렉스를 보상하기 위해 아동은 우월감, 충족감, 권력감을 성취하게 해주는 개인적 목표를 설정한다고 하는 것이다. 그러나 열등감이 너무 심해서 개인을 지배하게 되면 건설적인 동기로 작용하지 못하는데 이것을 열등콤플렉스라고 불렀으며, 이것이 여러 가지 심리문제의 근원이라고 주장했다.

열린체계 open system 개방체계 체계 안의 개체들이 환경 또는 다른 체계들과 상대적으로 높은 상호작용을 가지면서 정보의 유입과 방출이 자유로운 상태를 의미한다. 따라서 경계선이 다소 투과되기 쉽고 체계 내의 구성요소나 하위체계 간에 상호작용이 허용되는 체계다. 예를 들어, 개방가족체계가 구조화되면 가족성원들이 외부인들과 접촉하고 그들의 생각을 가족에 끌어들여 가족구성원이 상호작용하는 방법에 변화를 가져오게 한다.

염색체 chromosome 세포가 핵분열 때 핵 내의 유전자가 포함되는 염색질이 모여서 이루어진 작은 막대기 모양의 소체다. 염색체는 주로 유전의 기초단위로서, 인간의 세포는 대부분 긴 사슬의 형태를 이루고 있는 46개의 염색체를 가지고 있으며, 부모의 유전적 특질을 담고 있는 DNA(디옥시리보핵산)와 단백질, 두 가지 물질로 구성되어 있다. 성 결정에 관계가 깊은 염색체는 성염색체라고 하고, 그 밖의 것을 상염색체라고 한다. 염색체의 수와 모양은 생물의 종에 따라 일정하다. 일반적으로 생물이 가지고 있는 염색체를 그 수와 모양을 동시에 고려할 때 이를 핵형(karyotype)이라고 하는데, 핵형의 특징을 비교하여 염색체의 이상을 알아내기도 하고 또 생물의 유연관계를 찾아내기도 한다.

영가설 null hypothesis 대립가설(alternative hypothesis)이 연구문제에 대해 잠정적인 해답을 가지고 있는 것과 반대로 영가설은 통계자료상의 차이가 우연하게 생긴 것을 말한다. 영가설은 'null'의 의미가 내포하듯이 일반적으로 "A와 B의 결과 사이에는 유의한 차이가 없다." 혹은 "관계가 없다."는 등식으로 표현된다. 즉, 영가설은 지금까지 주장되어 온 것으로 정하거나 현존하는 모수값에 새로운 변화 또는 효과가 존재하지 않는 경우다. 영가설은 '귀무가설'이라고도 부르며 H0으로 표시한다. 그러나 어떤 가설을 영가설로 설정해야 하는지에 대한 정해진 법칙은 없으며, 연구자가 연구주제에 따라 결정하지만, 일반적으로 연구자는 연구가설로 대립가설을 설정한다. ⇨ 가설 참고.

영상 vision 시각적이고 회화적인 개인의 경험형태로, 깨어 있는 상태에서 무의식의 내용이 의식의 영역을 침범한 결과다. 영상을 보는 것 자체가 정신적 장애의 증거가 되는 것은 아니지만, 어떤 영상들은 병적이며 신경증의 결과로 발생하기도 한다. 영상을 보기 위한 특별한 비법은 없다. 단지 받아들이는 사람이 그 영상에 대하여 취하는 태도에 따라 영상들의 가치가 달라진다.

영상기억 iconic memory 시각적인 감각기억을 말한다. 감각기억의 존재를 처음으로 증명해 보인 사람은 스퍼링(G. Sperling)으로 피험자들에 순간노출기를 통해서 짧은 시간 동안 문자행렬을 보여준 뒤 회상시키는 실험을 하였다. 영상기억은 제시된 자극의 모든 정보를 원상태로 생생하게 저장해 두는 장치이며 여기에 저장된 자극은 재빨리 사라져 버리는 특징을 갖는데 대개 새로 제시되는 자극 내용에 의해 대치되는 것으로 보인다.

영웅아이 hero child 초책임적인 사람이며 완벽주의자로서, 완벽해지면 문제가 사라질 것이라고 생각하는 그들은 부적절감과 죄책감이라는 근본문제를 지니고 있다. 역기능가정의 역할 중 하나로서 대개 맏아이가 이 역할을 수행한다. 영웅은 초책임적이고 군림적이며 심각하고 가족을 뒷받침하는 사람이 되려고 한다.

예견 anticipation 감정적 갈등, 스트레스 요인으로 인해 가능한 미래의 사건에 대해 미리 감정 반응을 경험하거나 결과를 예측함으로써, 현실적인 대안적 반응이나 해결책을 고려하여 대응하는 것이다.

예견적 애통 anticipatory grief '예견된 슬픔' 이라고도 한다. 실제적인 상실사건을 예측할 수 있는 상황에서 경험하는 전인격적 반응을 의미하는 것으로, 예를 들어 이 애통(슬픔)은 환자가 아직 살아있을 때 나타나는 것이다. 일단 말기 질환이라고 진단이 내려지면, 환자나 그 가족들이 이 사실을 인정하면서 애통의 과정을 경험하게 되는 것이다.

예기불안 anticipatory anxiety 불안을 유발하는 단순공포상황에 할 수 없이 처하게 될 때 이전에 반복적으로 느꼈던 공포상황이 다시 나타날까 봐 느껴지는 불안을 말한다. 환자는 이전에 공포가 견딜 수 없이 두렵다는 것을 경험했기 때문에 또 있을지 모른다는 생각만으로도 무척 불안해지는 것이다.

예술치료 Arts therapy 정서적인 문제를 지닌 사람들을 치료할 때 예술적인 표현을 통해서 마음속의 감정을 표현 혹은 표출하게 하거나 남의 표현을 감상함으로써 공감을 경험하게 하는 새로운 상담치료방법으로, 음악치료, 미술치료, 드라마치료 등이 있다. 예술치료는 arts therapy라고 하여 미술치료 art therapy와 구분한다.

예언타당도 predictive validity 예언타당도는 한 측정도구의 검사결과가 피험자 미래의 행동이나 특성을 어느 정도로 정확하고 완전하게 예언하느냐에 의해 결정되는 타당도를 말한다. 예언타당도의 타당성의 준거는 시간적으로 미래의 행동특성으로 이것은 학업에서의 성공이나 직업에서의 성공일 수도 있고, 개인적, 사회적 적응의 정도일 수도 있다. ⇨ 타당도 참고.

예측적 질문 estimative question 상담자가 내담자의 숨겨진 감정을 잘 이해하고 있는 듯 넘겨짚는 것으로써 내담자를 기분 상하게 하는 질문일 수 있다. 상담자의 예측이 적중하지 않았거나 잘못되었을 때 내담자로부터 불신감까지 야기할 수 있다.

예후 prognosis 현재 다루고 있는 문제의 예상 진행방향 및 결과에 대한 전문인의 예측.

오기억 allomnesia 기억착오의 일종으로 과거의 사실과 다르게 실제의 체험이 왜곡되거나 개조되는 등 다르게 회상되는 것을 말한다. ⇨ 기억착오 참고.

오류 fallacy 오류란 올바르지 못한 논리적 과정을 말하는 것으로 잘못된 사고과정에서 기인한다. 특히 논리적 오류는 전제와 전제에 의해 증명되는 결론이 잘못되었을 때 발생한다. 이러한 오류에는 성급한 일반화의 오류, 과잉 일반화의 오류, 잘못된 유추에 의한 오류, 흑백 사고의 오류 등이 있다.

오용 misuse 의학적인 목적으로 약물을 사용하나, 의사의 처방에 따르지 않고 임의로 사용하거나 제대로 또는 지시대로 사용하지 않는 것을 말한다.

오이디푸스 콤플렉스 oedipus complex 남성이 아버지를 증오하고 모친에 대해서 품고 있는 무의식적인 성적 애착을 말한다. 4~6세 사이의 시기에 남아는 어머니에 대해 이성적 관심을 갖고 아버지를 적수로 생각하여 아버지와의 사이에서 갈등을 느끼게 된다. 현실적으로 자신보다 힘이 센 아버지가 이런 자신의 무의식적 욕구 때문에 자신을 거세할지도 모른다는 불안으로 그들은 자신의 안전을 도모하고 동시에 어머니의 사랑을 빼앗기지 않기 위해 보다 현실적인 방법을 택하게 된다. 즉, 아버지와 경쟁을 포기하고 어머니와 사랑을 나누는 아버지를 동일시의 대상으로 삼아 아버지를 닮아감으로써, 자신을 거세불안으로부터 해방시키고 어머니의 사랑을 찾아간다고 했다. 이런 갈등이 성공적으로 해결된다면 성장한 후 원만한 성격을 유지하고 성적으로 건강해질 수 있지만, 오이디푸스 갈등 해결에 실패하거나 갈등을 겪게 되면 아버지의 상을 상징하는 권위에 대한 지나친 도전이나 반항으로 이어질 수 있으며, 어머니를 사랑했다는 무의식적 죄의식에서 해방되지 못해 성적으로 아주 불안정해질 수 있다. 또 오이디푸스 콤플렉스가 해소되지 못하고 무의식에 잠재하게 되면 사춘기 이후 다시 행동으로 나타나 결혼이나 애정의 대상으로 어머니와 비슷한 사람을 고르는 경향을 나타내기도 하고 연상의 여인을 사랑하기도 한다.

옥시토신 oxytocin 뇌하수체 후엽에서 분비되는 폴리펩티드의 호르몬으로 9개의 아미노산으로 구성된다. 자궁수축 호르몬으로 알려져 있고, 젖의 분비를 촉진한다. 그러나 황체호르몬의 작용을 받는 자궁에는 전혀 작용하지 않는다.

온정주의 paternalism 어떤 사람이나 기관이 다른 사람이나 기관의 문제를 다루는 권위의 원리로서, 이 용어는 도움을 받는 사람들에게 직접 개입하지 않은 채 그들의 문제를 해결하려는 전문가나 그 조직을 비난할 때 종종 쓰인다.

올포트 Floyd Henry Allport (1890~1948) 미국의 사회심리학자로서 개인 심리학의 입장에서 사회심리학을 다루었으며, 개인을 떠나 사회심리의 존재를 주장하는 것을 '집단오류'라고 하였다. 또한 그는 '동조행동'의 연구로도 유명하다.

올포트 Gordon Willard Allport (1897~1967) 미국의 사회심리학자로 인간의 동기는 단계적인 것이 아니라 각기 독립된 것이라 생각했다. 이로써 "종교적 가르침을 지키기 위해 목숨까지도 버린다."는 행위적 설명이 가능했다. 성격심리학의 권위자이며 특히 특질론을 통해 인간행동의 다양성을 설명해 주고 있다. 그는 인간을 설명하는 약 18,000개 정도의 형용사를 분석하여 성격을 공통특질과 개별특질로 구분하였으며, 성숙한 성격의 특징을 '과거의 짐으로부터 벗어나 자율적으로 삶의 동기를 찾았으며, 일차적 욕구에 의해 지배받지 않고 보다 높은 가치를 향하여 의미 있는 인생 여정을 추구하는 삶의 길을 추구하는 태도'라고 하였다. 따라서 성숙한 인간이 된다는 것은 먼저 자기 자신을 현실적으로 정확하고 올바르게 이해하고, 둘째, 있는 그대로의 자신을 용납하고 수용하며, 셋째, 있는 그대로의 자신을 타인에게 솔직하게 개방할 수 있는 태도와 자기개방의 능력을 갖는 것이다. 그는 어떠한 사람이라도 완전하게 닮은 두 사람은 없고 동일한 심리학적 상황 또는 자극에 대해 똑같은 반응을 하는 사람도 없다고 주장한다. 또한 정신분석이 무의식적인 동기를 중시하는 것에 비해 올포트는 의식적인 동기를 중시하고 인간의 행동에 있어서 자아의 역할을 강조한다. 특히 청소년을 '자아정체성의 위기'를 겪는 시기라고 언급하였다. 올포트(F. H. Allport)와 형제다.

완고함 rigidity 완고함은 '융통성이 없다, 유연성이 없다, 극단적으로 강직하다'는 뜻을 가지고 있다. 완고한 사람들은 그들이 생각하는 정상적인 구조를 벗어나면 불안전감을 느끼며 그들 주변의 익숙한 것에만 몰두한다.

완벽주의 perfectionism 완전주의 자신에 대하여 비상하게 높은 수준을 요구하고 모든 것을 철저하게 처리하고자 하거나 사소한 실수에 대해 강박적으로 걱정하는 경향을 갖는다. 완벽주의의 중심에 있는 거짓 신념들 중 가장 일반적인 것은 아마도 "나는 항상 잘해야 한다."는 것이다. 완벽주의자는 자신의 행동에 따라 자기 가치를 두며, '당연히, 마땅히, 해야 한다'라는 말을 즐겨 사용하는 경향이 있다.

왓슨 John Broadus Watson (1878~1958) 미국의 심리학자, 분트의 구조주의를 비판하며 행동주의 심리학을 제창했다. 그는 정신역동 접근에서 갈려나온 내성에 반기를 들고 과거와 현재의 내적 경험보다 관찰 가능한 행동에 초점을 맞추기 시작했다.

왕자병 prince syndrome 공주병과 비교되는 증후군으로 자신을 선택된 특별한 사람이라고 생각하는 것이다. 마치 자신이 영웅처럼 느껴지고, 무언가 뛰어난 존재일 것이라는 착각에 사로잡힌 자아의 팽창상태에 있는 것을 말한다. 그러나 자아가 팽창되면 자신의 기대에 실제능력이 미치지 못하기 때문에 소외감을 겪지만 이렇게 된 원인을 주변 환경 탓으로 돌린다.

왜곡 distortion 정신분석학에서 사용되는 경우에는 금지된 생각, 충동, 경험들을 자아가 좀 더 받아들이기 쉽도록 하기 위해 수식하는 것을 말한다. 가령 꿈속에서는 금지된 욕망이 흔히 변장되거나 또는 상징적인 형태로 표현된다. 즉, 층계를 걸어 올라가는 것 같은 천진난만한 행동은 그것이 상징하고 있는 죄 많은 성교행동보다는 상위자아가 설정한 검열을 훨씬 쉽게 통과할 수 있는 것이다. 그러나 이 왜곡은 다른 형태를 취할 수도 있다. 많은 사람들이 대개의 경우 그들이 그렇게 한다는 것을 알지 못하면서 어떤 경험을 말할 때 자기에게 불리하지 않도록 왜곡해서 말하는 경우가 많다. 좀 더 병적인 차원으로서는 망상, 환각, 비현실감, 정서둔화, 신조어(neologism) 등과 같은 정신병적 증상들이 있으며, 이들은 정신과정 또는 감정의 왜곡에 의한 것이라고 말할 수 있다.

외래환자 outpatient 지속적인 치료를 위하여 병원에 입원하지 않고 통원하면서 치료받는 사람.

외면화 externalization 문제표출 환경의 어떤 측면에 대한 자기 자신의 사고나 가치의 투사 또한 아동이 자신과 환경을 구분하는 것이다. 외면화하는 것은 내담자를 문제 증상에 오염되어 있지 않은 일부분을 가진 존재로 바라보는 길을 제시하는 것으로, 내담자를 존중하고 내담자에게 능력을 부여하게 한다. ⇨ 이야기치료 참고.

외부강화 external reinforcement 사회적 인정이나 돈 등, 어떤 행동이 있은 후에 즉시 뒤따라오는 강화를 말한다. 이러한 강화는 강화를 주지 않을 경우 소거될 가능성이 많으며, 또한 타인에 의해 자신의 행동이 통제된다는 부정적인 느낌을 들게 할 수 있다.

외부세계와의 경계 가족단위를 규정하며 동시에 외부세계와의 접촉과 상호교환을 하면서 잘 기능하는 개방체계를 유지할 수 있도록 하는 것이다. 캔터와 레르(Kantor & Lehr)는 그 침투성 정도에 따라 가족을 '개방형가족', '폐쇄형가족', '방임형가족'으로 구분하였다. 개방형가족은 경계가 분명하면서도 침투력이 있어서 이웃, 지역사회와 접촉이 활발하며 정보교환이 자유롭다. 폐쇄형가족은 경계가 상대적으로 모호하고 침투력이 없으며, 이웃과 접촉이 거의 없고 모든 정보나 미디어가 부모의 통제 밑에 있기 때문에 아동은 부모의 강한 통제나 억압으로 인해 사회화가 지연될 뿐만 아니라 정서장애를 나타내기 쉽다. 방임형가족은 가족과 외부와의 구분이 거의 없기 때문에 각자 자기 마음대로 행동하게 되는데, 이러한 가족에서는 통제의 기능이 없으며 사회적으로 비행아가 나올 가능성이 있다.

외상 trauma 심신충격 trauma란 심한 정신적, 감정적, 신체적 충격을 주는 스트레스 상황을 나타내는 헬라어로 '상처'를 의미한다. 즉, 외상이란 정신적으로 충격을 주는 상처 , 폭력, 예상치 못한 상황으로 인한 신체 또는 심리적 상해를 의미한다. 증상에는 불감증, 의기소침, 무력감, 우울증, 근심, 공포 등이 포함된다. 외상으로 인한 심리적 고통은 불안과 공격성을 자극할 뿐만 아니라 태도 및 가치관의 변화를 초래할 수 있다.

외상적 경험 traumatic experience 외상적인 경험은 정상적으로는 소멸되지 않고 행동을 유발하는 능동적이고 무의식적인 힘으로 남는다. 외상적 경험은 사람들이 외상적인 충격을 받아들이는 수준의 정도에 따라 차이가 있는데, 이는 정신적으로 얼마나 건강한 자아를 지녔는가에 달려 있다. 프로이트에 의하면 기억될 수 없는 것은 그 흔적을 남기지 못한다. 심리치료는 이러한 외상적 경험을 철저히 처리함으로써 내담자가 외상에 붙잡힌 채 살도록 하지 않는데 목적이 있으며, 내담자가 이전에 가지고 있던 자아의 취약성을 평가함으로써 외상적 경험을 재구성하도록 해야 한다.

외상후 스트레스 장애(PTSD) post-traumatic stress disorder 극심한 스트레스 사건에 노출된 후 그 스트레스에 대하여 극단적인 반응을 보이는 것을 말한다. 외상성 사건은 여러 방식으로 재경험되는데, 공통적으로는 외상적 사건이 반복적으로나 강제적으로 회상되거나, 그 사건이 다시 일어나는 고통스러운 꿈을 반복적으로 꾸는 것, 감정적 둔마와 같은 반응성의 감소와 이에 수반하는 타인들로부터 떨어져 있는 것 같은 소원감 및 중요한 활동에 대한 무관심, 과장된 경악반응, 수면장애, 주의집중력과 기억력장애, 딴 사람들은 죽었는데 자기만 살아남은 데 대한 죄악감, 그 사건과 유사하거나 그 사건이 상징되는 사건에 처했을 때 심한 심리적 고통이나 생리적 반응이 나타나게 되어, 사건과 관련이 되는 자극을 지속적으로 피하게 된다. 치료방법으로는 공격적인 행동을 통해 불만족 상태를 회복시키거나 내면적인 방어기제를 발달시키거나 욕구만족 방법을 바꾸게 하는 것이다.

외적 귀인 external attribution 외부귀인 사람들은 자기 행동에 대한 귀인을 할 때와 다른 사람의 행동에 대한 귀인을 할 때 다르게 귀인한다고 하는 것으로, 일이 잘못되었을 때 그 원인을 자신이 아닌 외부적 요인으로 돌리는 것을 말한다. 이러한 외적귀인은 방어적 귀인(defensive attribution)이라고도 한다.

외적 진행 external proceeding 개인이 운동이나 언어행동과 같이 환경에 적극 가담하는 것을 말한다. ⇨ 내적 진행 참고.

외집단 out-group 집단의 경계개념과 관련하여 분류하는 집단의 종류로서 내집단과 구별되는 개념이다. 즉 Sumner(섬너)는 집단의 구성원이 느끼는 심리적인 태도와 소속감을 기준으로 집단을 내집단과 외집단으로 분류하였는데, 내집단이 우리집단(We-group)으로 한 개인이 소속감과 애착심을 가지는 집단인 반면, 외집단은 그들 집단(they-group)으로 소속감이나 우리의식을 느낄 수 없는 집단을 말한다. 사람들은 보통 내집단에 대해서는 신뢰감을 가지고 공감하며 보호하려는 태도를 보이지만 외집단에 대해서는 차별적이며 적대적이고 방어적 태도를 취한다. 외집단, 내집단 구분은 집단성원의 심리적 태도나 소속감에 따른 분류이므로 경계가 고정된 것이 아니라 유동적이다. 가령, 전국체전에서 전라도응원단은 외집단이지만 한일친선경기에서는 내집단이 된다.

외체계 exosystem 외적 체계 생태학적 환경의 한 체계로서, 브론펜브레너(U. Bronfenbrenner)가 체계화한 이론이다. 외체계는 직접 경험하지는 않지만 한 사람의 경험에 영향을 미치는 사회적 구조를 말한다. 외체계는 발달하는 한 개인이 적극적인 참여자로 관여하지는 않지만 발달하는 개인이 속해 있는 환경과 영향을 주거나 받으며 사건을 발생시키는 하나 또는 그 이상의 환경을 의미한다. 예를 들면, 어린 아동의 경우에는 부모의 직장, 손위 형제가 다니는 학교 학급, 부모의 친구, 조직망, 지방교육처의 활동 등이 포함된다. ⇨ 거시체계 참고.

외향성 extroversion 융(C. G. Jung)은 정신에너지인 리비도가 환경 즉, 외적 세계로 향할 때 외향이라 하고 자기 자신 즉, 내부세계로 향할 때를 내향이라고 불렀다. 모든 사람은 외향·내향의 두 가지 경향을 함께 가지고 있으나 어느 한쪽이 상대적으로 우세한 경우가 많다. 외향성은 외향 경향이 더 우세한 것을 말한다. 외향성을 지닌 사람은 일반적으로 외적·객관적인 세계에 관심이 있고 다른 사람과 사건에 흥미를 느끼는 사교적이고 진취적인 사람이다. 갈등상황에 부딪치면 이에 직면하여 해결하려는 경향을 보여 준다.

요소주의 elementalism 인간행동의 구체적이고 기본적인 성질을 각각 다른 것과 무관하게 독립적으로 연구함으로써 인간행동의 이해가 가능하다는 기본가정을 말한다. 이들은 심리현상을 분석하여 더 이상 분할할 수 없는 궁극적인 요소를 발견하고 이들 요소의 결합에 의해 모든 심적 현상을 설명하려고 했으며, 이러한 심리학을 요소심리학, 또는 모자이크적 심리학이라고도 한다. 대표적인 학자는 분트(W. Wundt)로서 순수감각과 단순감정을 심리학의 요소라고 보았다.

요약 summary 내담자가 제시한 내용과 감정에 대한 복습과 요점의 반복이다. 간략하게 대강의 뜻과 주요 골자로 단순화시킨다. 진부한 내용과 사족 같은 곁이야기를 제거한 채 조감적 초록을 작성해야 하며, 내담자의 장시간에 걸친 진술 뒤에 이루어지며 상담의 방향을 유지하고 본론과 객담을 구별시킨다.

욕구 need (wants, drive) 생존이나 안녕, 충족을 위한 물리적, 심리적, 경제적, 사회적인 필요를 의미한다. 생활체의 생리적·심리적 기구에 생기는 부족상태를 보충하고 과잉상태를 배제하려는 생리적·심리적 과정이다. 욕구는 평형상태(항상성)의 이탈이나 생리적 불균형으로 직접 발생하는 1차적 욕구와 어떤 경험에 의하여 1차적 욕구로부터 파생한 2차적 욕구로 구분된다. 생리적인 1차적 욕구는 공기에 대한 욕구, 수분에 대한 욕구, 성적 욕구, 육아를 갈망하는 모성의 욕구, 피로에 대한 휴식의 욕구, 수면의 욕구 등이며, 심리적인 1차적 욕구는 유해자극으로부터의 도피, 적을 만나 경계하고 도망치려는 위급욕구, 적에 대한 투쟁 등이 있으며, 이와 같은 1차적 욕구에 의하여 이를 충족시키려는 과정에서 경험적으로 습득되는 욕구들이 있다. 이를 경험적 또는 습득적 2차적 욕구라 한다. 습득적인 2차적 욕구는 지위, 명예, 권력, 독립 등에 대한 욕구, 애정, 집단, 소속 등과 같은 사회적 안정감을 확보하려는 욕구가 있다. 1차적 욕구는 생명유지, 종족의 보존이라는 생물학적 의미를 지니고 있으며 개체의 공통적인 것이지만, 2차적 욕구는 이러한 공통성이 없으며 문화, 역사,

사회에 따라 달라진다. 또한 사람에게 있는 다섯 가지 욕구는 ① 사랑하고 나누고 협력하고자 하는 소속욕구(Belonging need), ② 경쟁하고 성취하고 중요한 존재로 인정받고 싶은 힘에 대한 욕구(power need), ③ 마음대로 하고 싶은 자유욕구(freedom need), ④ 새로운 것을 배우거나 놀이를 통해 즐거움을 얻고자 하는 즐거움에 대한 욕구(fun need), ⑤ 살고자 하는 생식을 통해 자기 확장을 하고자 하는 생존욕구(survival need)가 있다.

욕구-상보성 가설 need complementarity hypotheses 기대-가치이론과는 반대로, 지배욕구가 강한 사람이 순종적인 사람을 좋아하는 것처럼 서로 상반되는 성향의 사람들이 자신들의 욕구를 보상받을 수 있는 상대와 친해지려고 한다는 가설을 말한다. ⇨ 상보성원리 참고.

욕구-압력 모형 성취압력을 설명하는 이론으로서, 머레이(H. A. Murray)에 의하면 인간의 행동을 결정해 주는 요인에는 내적 · 심리적 요인으로 욕구가 있고, 부모의 기대와 관심, 요구와 같은 개인의 외부환경으로부터 지각하는 외적 · 환경적인 요인이 있다. 여기서 내적 욕구와 외적 요구가 서로 작용하여 개인의 행동이 결정된다고 본 것이다. 머레이는 개인의 욕구를 28개의 영역으로 나누고 환경의 압력을 알파압력과 베타압력으로 구분하여 알파 압력은 '환경 내에 실재하는 현실적인 힘'을 말하고, 베타압력은 '환경 내의 사물을 개인 나름대로 지각하고 해석하는 힘'이라 하였다. 같은 환경이라도 개인의 지각에 따라 서로 다른 영향력을 가지기 때문에 개인의 행동은 알파압력보다 베타압력과 관련이 있다고 하였다. 또한 환경 내에는 심리적인 힘이 있다고 가정하고 이것을 압력이라는 개념으로 표현하여 '압력은 환경 내에 있는 사물이나 사람의 구성요소로서 개인으로 하여금 주어진 목적을 달성하는 데 촉진적이거나 장애적인 작용을 한다.'고 하였다. ⇨ 성취압력 참고.

욕구의 단계 hierarchy of needs 욕구의 위계 동기이론 가운데 가장 널리 알려진 이론은 매슬로우(A. Maslow)의 욕구의 단계다. 매슬로우에 의하면 인간은 기본적으로 다섯 가지 종류의 기본적인 욕구의 단계를 가지고 있다고 한다. ① 생리적 욕구(physiological needs) : 인간이 자신의 신체적 균형을 유지하는 데 필요한 욕구를 말하는 것으로 가장 기본적인 신체적 욕구를 말한다. ② 안전의 욕구(safety needs) : 신체적 · 정서적 위협으로부터 자신을 보호하려는 욕구를 말한다. ③ 사회적 욕구(social needs) : 주로 인간관계와 관련된 욕구로서 타인들과 어울리고 싶어 한다든지 어딘가에 소속되고 싶어 하는 욕구를 의미한다. ④ 자존감의 욕구(self-esteem needs) : 타인들로부터 인정이나 존경을 받고 싶어 하는 심리적 욕구를 말한다. ⑤ 자아실현의 욕구(self-actualization needs) : 한 인간으로서 자기 발전을 위해 실현할 수 있는 자신의 잠재력을 극대화시키려는 욕구이며 자기완성에 대한 욕구다.

욕구의 부인 disowning of needs 사회적으로 용납되지 않는 욕구를 인정하지 않고 부정해 버리는 것을 말한다. 즉, 그 힘을 건설적인 행동으로 바꾸려고 하는 대신에 욕구라는 존재 자체를 부인함으로써 그 욕구로부터 생성될 수 있는 힘을 상실하는 것이다.

욕구이론 need theory 머레이(H. A. Murray)의 욕구이론은 동기이론에 근거하여 세운 성격이론으로서 내용이론(content theory)이라고도 한다. 욕구는 생활체의 생리적 · 심리적 기구에 생기는 부족상태를 보충하고 과잉상태를 배제하려는 생리적 · 심리적 과정이다. ⇨ 내용이론, 욕구 참고.

우리의식 we feeling 같은 집단에 소속하고 있는 집단구성원의 친밀한 결합체계의 결과로서 발생하는 강력한 일체감, 동일화의식을 말한다. 발달적으로 보면 8세에서 9세 사이에 이와 같은 의식이 발생하게 된다. 집단구성원이 갖는 '우리들'이란 감정은 사회구성원이 자각적으로 집단을 구체화하는 데서 생기는 감정이다.

우반구 right hemisphere 오른쪽 대뇌반구를 말하는 것으로 음악, 그리기, 조각하기와 같은 예술적인 능력을 관장하는 부분이다. ⇨ 좌반구 참고.

우울장애 depressive disorder 우울장애는 우울삽화만을 보이는 장애로서 주요우울증(major depressive disorder), 기분부전장애(dysthymic disorder), 미분류우울장애(depressive disorder not otherwise specified)가 이에 속한다.

우울증 depression (black dog, hypochondria) 우울증은 감정적인 침체(depression) 상태가 지속되는 것인데, 자발적으로는 그런 침체상태에서 회복되지 못하는 것을 말한다. 이러한 우울증은 점차 발전하여 지속적으로 밤에 잠을 자지 못하거나 환청이나 환각상태까지 경험하기 때문에 반드시 전문적인 의사의 치료를 받아야 한다.

우울질 melancholy temperament 히포크라테스(Hippokrates)의 네 가지 기질유형(다혈질, 점액질, 우울질, 담즙질) 가운데 하나로, 우울질은 매사에 신중하고 실패를 두려워한다. 혼자 있기를 좋아하며 소수의 절친한 친구들과 사귀기를 좋아한다. 분석적이고 논리적이며 내성적 · 정서적으로 민감하다. 어떤 일을 수행할 경우 온전하고 완전한 것을 추구하는 경향이 있으며, 감수성이 풍부하고 분석력이 뛰어나며 희생적이다. 단점은 기회가 있어도 과감하게 붙들지 못하며 까다롭고 완벽주의적이며 보복심이 강하다는 점이다.

우원증 circumstantiality 결과적으로는 애초에 의도했던 사고 결론에 이르기는 하지만 사고 진행 과정 중에 지루할 정도로 불필요하다고 생각되는 하찮은 묘사들을 거쳐 말하고자 하는 목적에 도달하는 경우를 말한다. 우원증은 정신분열증, 기질성 정신장애, 정신지체 등에서 흔히 볼 수 있다.

우월감 superiority 아들러(A. Adler)가 사용한 용어로서, 자기 자신이 남보다 우수하다고 생각하는 상태, 또는 자기 자신이 자기에 대한 평가가 높아진 상태를 의미한다. 여기에서 자신이 남보다 우월하다고 느끼는 것은 객관적인 사실이 아니다. 오히려 우월감의 이면에는 깊은 열등감과 불안전감이 자리 잡고 있다고 할 수 있다.

우월성의 추구 striving for superiority 우월성의 추구란 아들러(A. Adler)가 제시한 개념으로 열등감에 대한 보상의 노력이라고 할 수 있다. 즉, 자신의 약점을 극복하고 자신의 잠재력을 극대화하려는 노력이 결과적으로 인간행동을 추진하는 역동적인 힘이라고 하였다. 이와 같이 아들러는 인간이 추구하는 궁극적인 목적을 바로 우월성의 추구라고 보았는데, 이는 단지 열등감을 극복한다는 소극적인 개념이라기보다는 좀 더 적극적으로 향상과 완성으로 나아가는 것으로서, 아들러는 성공에의 목표가 개인을 완숙으로 나가게 밀어주고 장애물을 극복하게 한다고 주장한다. 뿐만 아니라 아들러는 우월성의 본질에 대해 다음과 같이 정리한다. 첫째, 우월성은 인간의 기본적인 동기이며, 인간 모두가 공통적으로 가지고 있는 것이다. 둘째, 우월의 목표는 부정적인 경향이나 긍정적인 경향을 취할 수 있다. 셋째, 완성을 향한 노력은 상당한 노력을 요구한다. 넷째, 우월성에 대한 추구는 개인과 사회라는 두 가지 수준 모두에서 일어나는데, 즉 개인으로서는 완성을 위해서 노력하고 사회의 일원으로서는 우리의 문화를 완성하기 위해 노력한다는 것이다.

우회적 결탁 detouring coalition 일종의 제휴로서, 우회적 결탁은 서로의 갈등이나 문제의 원인으로 다른 가족성원을 지적하고 공격함으로써 책임을 전가시키거나 걱정하는 태도를 취하는 것이다. 이는 보통 자녀에게 이 같은 주의를 집중함으로써 부부간 갈등을 회피하거나 조정하는 어머니, 아버지, 자녀 사이에 삼인군을 형성하고, 연합하고 있는 다른 가족성원들 사이의 긴장을 확장시키는 것을 의미한다. ⇨ 제휴 참고.

운동과다증 hyperkinesis 지나친 신경운동으로 특징지어지는 아동기의 장애로 집중력이 떨어지고, 신중하게 배우고 지각하는 데 어려움이 따르는 것이다. 행동과다증(Hyperactivity)과 동의어로서 현대 전문가들이 선호하는 용어는 주의력결핍장애다.

운동뉴런 motor neuron 뇌나 척수에서 오는 정보를 근육이나 분비선으로 전달하는 뉴런을 말한다. 몸통의 근육을 지배하는 운동뉴런의 세포체는 척수에 있으며, 안면과 머리의 근육을 지배하는 운동뉴런의 세포체는 뇌간에 있다. 이와 같은 운동뉴런은 뇌의 여러 운동중추의 통제를 받아 골격근이나 평활근, 분비선의 활동을 통제한다.

운동이상증, 운동장애 dyskinesia 불수의(의지와 상관없는)운동과 함께 수의운동에 장애가 있는 상태를 말하는 것이다. 즉, 수의운동장애에는 자신의 의도와 관계없이 일어나는 불수의적 운동인 떨림, 무도병, 마비 같은 불구와 비정상적으로 운동의 시작이 안 되거나 느려지는 운동감소증, 운동불능증 등의 증상이 있다. 이 같은 운동이상증은 여러 가지 약물들의 부작용으로 비정상적인 운동증을 일으킬 수 있는데, 대표적인 약물이 신경이완제(neuroleptics)와 항파킨슨 약물(antiparkinsonian drugs)이다.

운동피질 motor cortex 대뇌피질에서 중심열의 바로 앞에 있는 뇌부분으로 이곳을 전기로 자극하면 해당하는 신체부위가 움직이거나 운동이 일어난다. 우측 대뇌반구쪽에 있는 운동피질은 신체의 왼쪽 부분의 운동을 통제하며 좌반구 쪽의 운동피질은 그 반대다.

운명주의 fatalism 운명주의란 인간 주위에서 일어나는 모든 일들, 즉 성공을 했거나 실패를 했거나 재앙을 당하거나 축복을 받거나 하는 모든 일들이 인간의 의지나 능력 이외의 초자연적 힘이나 운에 의해서 결정된다고 믿는 사상이다. 운명주의적 인간은 어려운 난관을 공격해서 해결하겠다는 투쟁정신이 약할 뿐만 아니라 목적성취를 꾸준히 추구하는 결의력도 약하다. 이들은 현재상태가 견딜 만하면 이것의 유지에만 신경을 쓸 뿐 이것을 적극적인 의미에서 개선하려고 하지 않는다. 흔히 결정론과 혼동되는데, 운명론이 사상적 입장인 반면 결정론은 인간의 의지적 행위를 다수의 자연적 원인으로 돌리려고 하는 심리학적인 이론이다.

울혈심장기능장애 congestive heart failure 심장이 혈액을 제대로 공급하지 않기 때문에 발생하는 병으로, 특히 심장마비는 심장질환으로 인하여 혈액을 대뇌에 공급하지 못하기 때문에 일어나며 심장마비 환자 중 약 13%가 정신장애를 나타낸다.

원가족 family of origin 태어나거나 입양되어 성장한 가족으로 근원가족, 출생가정, 원천가정이라고도 한다. 원가족이 역기능가정이었던 경우 가정의 잘못된 습관을 배우고 잘못된 가치관도 내면화시키기 때문에 개인의 성격형성에 어려움을 일으키므로 대인관계의 갈등을 비롯하여 결혼 이후 부부의 삶에 여러 가지 간섭과 방해의 요인이 되기도 한다.

원가족도표 family of origin map 사티어(V. Satir)가 사용한 원가족도표는 가족의 역동성과 가족관계를 쉽게 이해하고 평가하게 한다. 이 도표를 통해 가족구성원의 성격, 자존감 정도, 의사소통의 대처방식, 가족의 역동성, 세대 간의 유사점과 차이점, 사회의 연계성 수준 등을 파악할 수 있다.

원가족삼인군치료 primary triad therapy 역기능적인 학습이 원가족삼인군에서 온다는 것을 전제로 한다. 내담자가 원가족삼인군에서 학습한 역기능적 대처방법에 집착하는 것에서 벗어나고, 가족규칙과 부모의 규제에서 벗어나 독자적인 개별성을 갖도록 도우며, 의식적인 선택을 통하여 내담자가 자신의 행동에 책임을 지고 자신의 감정과 그 감정에 대한 감정을 잘 관리할 수 있도록 도우며, 자신의 내적 · 외적 자원을 인정하고 개발하며 일치된 의사소통을 할 수 있도록 하며, 결과적으로 그 목표는 자존심을 높이는 데 있다. 치료는 우선 원가족도표를 사용하며, 가족원들이 공동으로 원가족도표를 작성하는 과정과 완성한 원가족도표를 설명하고 재구조화하고, 조각 내지는 역할극을 병행하면서 이루어지게 된다. 원가족삼인군치료는 출생 이후 성장과정에서 자기존중감정의 발달측면에 대한 부모의 영향을 중요시하면서, 성장 이후에도 자기존중 감정의 변화와 새로운 차원에서의 성장이 가능함을 강조하였다.

원망충족 wish-fulfillment 소망성취 긴장으로부터 해방되기 위한 정신적 투쟁으로, 꿈을 통해 불쾌한 감정을 표출하는 것을 말한다. 이는 프로이트의 욕망에 대한 개념이다. 정신분석이론에 의하면, 실제의 꿈(현시적인 내용)은 성적 또는 공격적인 충동, 원망이 위장된 충족, 즉 '원망충족'이라고 한다. 유아들이 가지는 여러 감정들 가운데 두려움이나 불안과 같은 불쾌감정은 항상 표출되는 것이 아니며 이러한 불쾌감정이 표출되지 못하고 잠자는 동안 악몽이나 야경증으로 나타나는데, 예를 들면 아버지에 대한 강한 적개심이 아버지가 죽는 꿈으로 나타나는 것과 같다. 이러한 꿈의 내용은 무의식적인 생각이나 원망에 관한 것이 많다고 한다. 프로이트는 이러한 꿈의 기능을 원망충족이라고 한 것이다.

원시적 비명법 primal scream Scream therapy는 아더 제노브(Arthur Janov)가 만든 원시적 비명치료법이다. 무의식적으로 행동을 결정하게 만드는 결정요소들이 있다는 이론, 유년기의 생활이 현재 행동에 영향을 준다는 이론, 무의식 속에 묻어 버린 어릴 때의 충격들을 알려면 과거로 돌아가야 한다는 정신분석의 기본적 개념에 자기의 독특한 이론을 합하여 만들었다. 원시적 비명치료법은 의식세계에서 무엇을 억제하든지 제거할 때 심리적 질병이 생긴다는 이론에 근거하고 있다.

원시적 치료법 primal therapy 일차적 치료 격렬한 정화를 기본으로 한 심리치료의 한 형태다. 게슈탈트와 매우 유사한 접근으로 정화, 억압된 외상과 관련된 감정의 재경험을 강조한다. 치료자는 환자가 오랫동안 크게 소리 지르도록 하는 것과 같은 극적인 수단을 통해 원초적인 감정을 나타낼 정도로 어린 시절의 경험에 초점을 맞춤으로써 환자의 회복을 조장하는 치료기법이다.

원심력 centrifugal 중심부에서 바깥쪽으로 향해 가려는 경향으로 특히 가족집단의 응집성이 결핍되어 있을 경우 가족구성원을 따로 떨어지게 만드는 힘을 의미한다.

원심적 가족구조 centrifugal family structure 가족구성원이 응집력이나 애착이 별로 없고 가족 밖에서 정서적 지원을 찾으려는 가족관계형태를 가진 가족체계를 의미한다. 원심적 가족구조는 비버스(V. Beavers)가 기능수준모델(levels of functioning)에서 제시한 가족체계유형으로서, 가족구성원이 가족 내부에서보다는 가족 외부에서 더 많은 만족을 찾으려 하기 때문에 가족 밖으로 나가려는 경향을 가지고 있다. 이는 구심적 가족구조와 반대되는 개념으로서 가족 간의 애착이나 결합력이 결여되어서 이른 시기에 자녀를 가족에게서 밖으로 밀어

내는 형태를 보인다. ⇨ 구심적 가족구조, 기능수준모델, 가족체계 참고.

원장 ledger 맥락적 가족치료에서, 인간의 실존과 관계된 개념으로, 원장은 사람들이 다른 사람들과의 관계 속에서 얻은 '신용'과 '빚'이 적혀져 있는 장부를 의미한다. 마치 장부에 수입과 지출을 기록하듯이, 여기에서 원장은 감정 은행 장부와 같다고 볼 수 있다. 즉, 인간관계에서 구축하는 신뢰의 정도를 은유적으로 표현한 것이다. 예를 들어 부모가 자녀를 잘 돌보았다면 자녀가 가진 원장에 '신용'을 적게 함으로써 인간관계에서 긍정적인 자산을 지니게 되지만, 반대로 부모가 자녀를 제대로 돌보지 못했다면 부모는 자녀에게 '빚'을 지게 되는 셈인데 이런 '빚'을 물려받은 자녀는 그 '빚'을 다음 세대를 통해서 보상받고자 하는 욕구를 지니게 되는 결과를 가져온다. ⇨ 맥락적 가족치료 참고.

원형 archetype 태고유형 인류의 축적된 경험으로부터 오는 마음의 구조적 부분. 우리의 잠재의식에는 잠자고 있다가 그림을 감상하거나 어떠한 상황에 이르러 '아, 그거로구나!'가 아니면 '내가 그려도 아마 이렇게 되었을 것이다.'라거나, 아니면 언젠가 본 듯한 상상을 하게 된다. 융(C. G. Jung)은 인간의 마음은 일반적으로 가진 경험의 집합적 기억이나 집합적 사고형태를 발전시킨 것이라고 믿었는데, 이런 사고형태를 원형이라 불렀다. 이와 같이 원형이란 전인류 공통의 기억이나 이미지의 모티브가 된 것을 말한다. 그리스어 archetypos(근원적인 패턴 original pattern)'라는 말에서 따왔다. 이는 지각 자체를 조절하는 본능과 관련된 유전되고 선천적이며 선험적인 지각으로, 원형은 무의식과는 독립적으로 정서의 기능을 맡고 있다. 융은 정신을 진화과정 안에 놓음으로써 정신의 엄격한 환경결정론을 깨뜨리고 진화와 유전이 정신계에 뚜렷한 흔적으로 존재함을 입증했다. 즉, 어느 누구에게나 이미 선험적으로 부여되고 있는 인간 공유의 원초적 체험 내용, 태초로부터 겪은 인류의 체험에 대한 침전, 생물학적인 인간의 뇌의 구조처럼 이미 주어져 있는 여러 가지 원초적 체험의 가능성 혹은 그 가능성을 산출하게 하는 조건이 집단무의식이다. 집단무의식은 오랜 진화과정을 거치면서 '원형'을 형성하게 된다. 이 원형들은 인간의 마음을 사로잡고 뒤흔들며 강력한 감정을 자아내는 선험적인 무의식상이라고 말할 수 있다. 이렇듯 원형은 인간의 최심층에 자리잡고 있어서 종교와 상당히 깊은 관계를 맺고 있다. 종교는 인간 최고의 열망과 최고의 가치를 추구하는 것이기 때문에 결국 이 원형과 만나지 않을 수 없다. 원형은 인간에게 항상 보호와 구원을 가져다 주는 것이다. 이처럼 융의 집단무의식 개념은 한 개인의 심성의 차원을 넘어서 전인류의 공통된 심성이라고 할 수 있다. 이 원형에는 각양각색의 것이 있는데, 그 중 중요한 것은 '페르소나(persona)'와 '그림자(shadow)', '아니마(anima)', '아니무스(animus)'이다. 원형은 그 자체가 정신적 이미지는 아니지만 어떤 전형적인 정신적 이미지나 신화적 표상을 낳게 할 수는 있다. 즉, 그 자체로는 표현될 수 없고, 원형적 이미지의 재현을 통해서만 분명해지는 가설적 실체들이다. 예를 들어, '어머니' 의 원형은 한 개인의 어머니, 대지, 보호적 존재의 이미지와 광범위하게 연합될 수 있다.

원형 prototype 한 개념의 범주에서 중심부에 자리잡고 있어 그 개념을 가장 잘 대표해 주는 항목을 로쉬(Rosch)는 원형이라고 불렀다.

월경 전 긴장 premenstrual tension 월경 전 일어나는 각종의 증세가 고통으로 나타나는 것을 말한다. 월경이 시작하기 전 7일쯤부터 나타나는 두통, 구역질, 견통, 불면, 현기증, 식욕부진, 변비, 설사, 유방통 등 증세를 나타내는데, 월경시작과 함께 이런 증세는 사라진다. 이들 증세는 난소호르몬의 분비 이상에 의한다고 생각된다.

월경 전 불쾌장애 premenstrual dysphoric disorder 월경 전 우울장애 현저한 우울감, 현저한 불안, 현저하게 불안정한 정동, 활동의욕의 감소가 필수적인 증상으로 나타난다. 이러한 증상들은 대부분 생리주기 중 황체기의 마지막 주일 동안 규칙적으로 일어나는데, 생리가 시작되기 며칠 전에 증상이 감소되기 시작하여 생리가 시작하면(난포기) 거의 사라진다. 월경 전 불쾌장애는 이 증상이 직장이나 학교, 사회적 활동이나 대인관계에 있어서 심각한 장애를 일으킬 때에만 진단이 고려된다.

웨이스(WAIS) Wechsler adult intelligence scale 웩슬러 성인용 지능검사를 말한다. 16세 이상의 성인들에게 실시할 수 있는 규준을 갖춘 검사로서, 언어성 검사 6개와 동작성 검사 6개로 구성되어 있으며 검사에 필요한 시간은 대략 60~90분 정도다. 검사를 통해 전체검사의 지능지수 및 언어성 지능지수와 동작성 지능지수를 구별하여 산출할 수 있고 그 차이를 비교 분석할 수 있다. 아동용 검사로는 위스크(WISC)가 있다.

위계질서 hierarchy order 어떤 체제들은 다른 체제들보다도 상위의 규칙과 질서를 가지고 있어서 하위체제들을 통제하고 조절하는 역할을 한다. 위계질서는 정체적이며 불변적인 것이 아니고 역동적이고 가변적인 속성을 지니고 있으므로 관계를 맺는 상황에 따라 가족 내의 위계질서가 달라질 수 있다. 가장 기본적인 위계질서의 요소는 세대선(generational line)이다. 가장 보편적인 가족유형은 조부모, 부모, 자녀의 3세대로 이루어지며, 각 세대는 다른 세대를 보호, 양육, 지배하는 과정에서 각기 다른 권력과 지위를 가지므로 다른 수준의 위계질서를 만들어 낸다.

위기 crisis 정서적 변화와 고통을 겪는 내부적 경험이라는 의미를 지니며, 에릭슨의 성격발달이론의 두 개념(점성적 원리, 위기)에 의하면, 위기란 개인의 생활에 있어서 결정적 전환기로 성격의 각 발달단계마다 있게 된다. 위기는 개인의 생리적 성숙과 특정 단계의 각 인간에게 주어지는 사회적 요구에 의해 일어나는 것이다. 에릭슨은 이 위기를 어떻게 해결해 나가느냐에 따라 성격이 결정된다고 보았다.

위기개입 crisis intervention 위기에 직면하여 스스

로 헤어나지 못하는 개인이나 집단에 신속하고 효과적인 조치를 해줌으로써 혼란 속에서 빠져나올 수 있도록 하는 것으로, 긍정적인 성장과 변화를 유도할 수 있는 효율적인 대처기술을 개발시켜 줌으로써 위기에 처해 있는 내담자를 원조하는 데 사용되는 치료방법이다. 효과적인 대처기술의 개발은 내담자에게 문제를 인식시켜 주고, 그 문제가 가져올 충격을 깨닫게 하며, 유사한 경험에 직면했을 때 이에 대처하는 새롭고 더욱 효과적인 행동을 학습시킴으로써 이루어진다. 위기의 구체적인 경우로는 자살기도, 심리적 공황장애, 가출, 불안, 우울증, 정신적 착란상태, 가족의 죽음에 의하여 야기되는 비탄상태, 충동적 행동, 범죄, 비행, 급성적인 약물 또는 알코올 중독 등이 있다.

위기상담 crisis consulting 어떤 사람이 위기에 처해 있다는 것은 그가 위기의 사건으로부터 스트레스를 겪고 있음을 의미한다. 충격이나 스트레스가 클수록 그 자신의 내부와 다른 사람들과의 관계에서 긍정적이든 부정적이든 심리적이고 영적인 파동이 일어난다. 위기상담이란 이런 파동을 진정시켜 영적으로나 정신적으로 성장하도록 돕는 것이다.

위기억 pseudomnesia 기억착오의 일종으로, 과거에 없었던 일을 마치 실제로 있었던 것같이 회상하는 것을 의미한다. ⇨ 기억착오 참고.

위기이론 crisis theory 새롭고 익숙하지 못한 사건에 직면했을 때 나타나는 사람들의 반응과 연관된 제반 개념으로 이러한 사건들은 자연적 재앙, 중요한 것의 상실, 사회적 지위의 변화, 생활주기의 변화와 같은 형태로부터 발생할 수 있다.

위스크(WISC) Wechsler Intelligence Scale for Children 미국의 심리학자 웩슬러(D. Wechsler)의 아동지능검사법을 말한다. 적용범위는 5~15세이며, 이 검사의 특징은 언어성 검사와 동작성 검사를 분리하여 별개의 IQ를 구할 수 있으며, 전검사의 IQ도 구할 수 있다는 것이다. 16세 이상의 성인용 웨이스(WAIS)가 있다.

위약효과 placebo effect ⇨ 플레스보 참고.

위자료 alimony 법적 구비요건에 따라 전 배우자가 다른 배우자에게 이혼하기 위해 지불하는 돈으로 자녀양육비와는 구별된다.

위장 mystification 가족 내에서의 갈등이나 불화를 모호하게 하거나 가면을 쓰고 반응하는 현상을 말한다. 위장의 주요 기능은 현상을 유지하는 것으로 가족 중의 한 사람이 자기가 경험한 일로 인해 현상을 깨뜨리려고 할 때 위장이 일어난다.

위축 atrophy 신체기관이나 조직의 기능, 부피, 수가 감소하는 상태로 결과적으로 신경장애를 비롯한 기능장애를 초래하게 된다. ⇨ 퇴화 참고.

위치갈망 position hunger 번(E. Berne)이 설명하는 인간에게는 생존을 위한 기본적인 욕구 외의 갈망

(자극갈망, 구조갈망, 위치갈망)으로 위치갈망은 자신의 전생애를 통해 어떤 확고한 삶의 위치를 갖고자 하는 갈망을 말한다. 따라서 각 개인은 자기 나름대로의 삶의 자세를 결정하는데 그것은 그 개인의 생의 초기에 형성 · 결정되는 것으로 보인다.

위치효과 position effect 커뮤니케이션 구조 중에 바퀴형, Y형, 사슬형과 같은 중앙집중적 통신망에서는 전체 집단구성원의 만족이 낮다. 그도 그럴 것이 중앙집중적 통신망에서는 주변에 위치해 있는 사람들이 중심에 위치해 있는 사람보다 많기 때문에 의사소통에서 소외될 가능성이 높다. 그에 비해 분산적 통신망은 집단구성원 한 사람 한 사람의 권한, 행동 그리고 자기주장을 북돋워 주기 때문에 분산적 통신망에 속한 집단구성원의 만족 수준은 높다. 이처럼 통신망에서 위치에 따라 집단구성원의 만족이 달라지는 현상을 '위치 효과'라고 한다.

위탁 referral 의뢰 필요한 서비스를 제공할 수 있는 것으로 알려진 기관, 자원, 전문가에게 내담자를 연결시켜 주는 과정을 말한다.

유관계약 contingency contracting (contingency contract) 조건부 계약 리버먼(Liberman)의 유관계약은 둘 또는 그 이상의 가족구성원끼리 서로 긍정적인 보수를 주도록 유관계약을 맺게 함으로써 가족체계 내에서 부적응행동을 강화시키는 유관반응을 재프로그램화시키는 것이다. 즉, 한 사람이 상대방을 위해 어떤 것을 하기로 하는 상황을 조건으로 달고, 그렇게 할 경우 상대방의 행동에 대해 보상을 하겠다는 동의를 두 사람 이상의 가족구성원 간에 하는 것이다.

유관형성행동 contingency shaped behavior 강화나 처벌과 같은 행동의 결과에 직접적으로 노출됨으로써 통제되는 행동으로, 환경에 적응된 행동을 의미한다.

유기체 organism 모든 살아 있는 동 · 식물뿐만 아니라 구체적으로 행동하는 사회적 집단을 비유할 때 사용되는 용어다. 즉, 호흡, 순환 등의 자기 통어적(self-constrained) 체제를 가지고 있어 독립적으로 존재하는 생명체를 말한다. 인간을 생물적 존재며 유기체라고 지칭할 때, 그 개인의 사상, 행동, 신체적 존재 모두를 포함하는 전체로서의 한 개인을 의미하는 것이다. 행동과학적 연구에서는 피험자의 물리적, 생리적, 심리적인 특성을 일컬어 유기체적 변인이라고 하며 성별, 신장, 연령, 교육수준, 지능, 동기 등이 이러한 유기체적 변인범주에 속한다.

유기체적 가치과정 organic valuing process 유기체적 평가과정. 로저스(C. R. Rogers)가 쓰는 개념으로 인간이 가장 자연스러운 상태에서 세상을 판단하는 기준이다. 로저스는 인간에게 심리, 행동문제가 생기는 것은 이 유기체적 평가과정을 잊어버리고 가치조건(conditions of worth)에 의해 생활하기 때문이라고 주장한다. 따라서 심리치료는 개인이 자기 본래의 가장 자연스러운 모습, 즉 유기체적 평가과정을 다시 체험하도록 해 주는 것이다.

유기체적 신뢰 organic trusting 타인이나 사회규범에 따라 행동하지 않고, 자신의 느낌과 판단을 신뢰하는 것을 말한다. 즉, 중요한 결정을 내리는 것에 대한 기초로서 자신의 내적 경험의 느낌과 상의하고 의존할 수 있는 능력을 의미한다. 이는 로저스(C. R. Rogers)의 '충분히 기능하는 인간'의 한 특성을 말하는 것으로 어떤 의사결정 상황에서 대부분의 사람들은 일부 집단이나 사회적 규범 등에 의존하며 다른 사람들의 판단이나 이전에 비슷한 상황에서 자신이 행했던 방법에 의존하는 경향이 있지만, 충분히 기능하는 인간은 유기체적 경험을 자신이 해야 할 것과 하지 말아야 할 것을 결정하는 정보의 타당한 출처로 간주하고 옳다고 느끼는 것을 행하는 자신감을 가지고 있다. ⇨ 유기체 참고.

유뇨증 enuresis 자신도 모르게 소변이 흘러나오는 증세. DSM-IV에 의하면, 유뇨증은 반복적이고 불수의적으로 또는 고의로 소변을 옷이나 방바닥에 보는 것이다. 최소한 3개월 동안 일주일에 두 번 이상 소변을 못 가리는 경우에 진단이 고려된다. 소아의 실제 나이나 발달 나이가 최소한 5세이어야만 한다.

유머 humor 갈등이나 스트레스 요인의 유쾌한 측면이나 역설적인 측면을 강조함으로써 감정적 갈등이나 내외적인 스트레스를 처리하는 것이다. 자신에게 불편이나 무력감을 야기하지 않고, 타인에게도 불쾌감을 야기하지 않게 느낌이나 생각을 우스꽝스럽게 표현하는 것이다. 이로써 사람은 가지고 있기에 너무 힘든 것을 견딜 수 있게 되고, 동시에 거기에 집중할 수 있게 된다.

유발전위 evoked potential 특정한 감각기관 또는 말초신경종말 부위가 자극을 받을 때 뇌의 특정한 부위에서 관찰되는 전기활동을 말한다. 가령 불빛에 의한 시각적 자극은 시각피질에, 소리에 의한 청각적 자극은 청각피질에 유발전위를 일으킨다. 유발전위가 자발적인 뇌파와 다른 점은 자발적으로 일어나는 것이 아니라 자극을 받을 때에만 일어나고 자극의 신경전도로가 도달하는 일정한 감각영역에서만 일어난다는 점이다.

유사관찰법 analogue observation 유사관찰법은 관찰의 효용성을 높이기 위해 제한이 가해진 체계적인 환경에서 관찰하는 방법이다. 주로 자연스런 환경에서 관찰하기 어렵고 발생빈도가 낮은 행동이나 정상적인 방법으로는 나타나지 않는 행동을 관찰하기 위해서 제한되어 있는 체계화된 환경 속에서 관찰하게 된다. 이 방법은 제한적이고 조작된 관찰 환경이 개인행동에 영향을 미칠 수 있으며, 이렇게 관찰된 결과를 일반적인 상황으로 일반화시키는 데 문제가 있다.

유사상호성 pseudo mutuality 의사상호성 거짓상호성, 가성상호소통이라고도 한다. 리먼 와이너(Lyman Wynne)가 제시한 개념으로, 가족성원들이 겉으로는 서로 돕고 상대방에 맞추려고 하여 의사소통이 잘 되는 것처럼 보이나 사실은 개개인의 독립된 발전을 두려워하여 이를 막기 때문에 자녀의 정상적인 발전을 질식시킨다. 이들은 가족이라는 큰 테두리를 유지하기 위하여 좁고 위축된 역할을 가족성원에게 강요하여 피상적인 공존을 기도하는 데 문제가 있다. 즉, 가족구성원들 사이에 항상성을 추구하는 관계로서 겉으로는 개방적이고 서로를 이해하고 만족스러운 것처럼 보이지만 실제로는 그렇지 않은 가짜로 친밀한 관계다.

유사성-매력이론 similarity-attraction theory 태도, 신념 등의 유사성이 대인관계형성에 중요한 매력의 근거가 된다고 가정하는 이론으로서 유사성원리를 설명하는 비너(D. Byrne)의 이론이다. 유사성-매력에 대한 초기 연구는 주로 대인관계형성에서 태도의 유사성에 초점을 맞추었으나, 최근의 연구에서는 태도 외에 인종이나 성, 교육수준, 외모에 이르는 다양한 차원의 유사성을 매력의 근거로 주장하고 있다. 또한 유사성이 감정적인 선호와 의사소통의 빈도를 매개로 하여 매력을 증대시킨다고 보고 있다. ⇨ 유사성원리 참고.

유사성원리 similarity principle 이해, 관심, 가치관, 믿음, 이상 등이 서로 비슷한 사람들을 좋아하는 경향을 의미한다. 최소한 집단을 만들거나 집단에 참가하려 할 때 사람들은 교육, 연령, 계급적 지위, 인종, 종교, 정치적 성향 등이 비슷한 사람들이 모이는 쪽으로 끌려가게 마련이다. 혹시 비슷한 특성을 지니지 않은 사람들이라도 공통의 목표를 추구하기 위해서 집단을 만들 수도 있다. 그뿐 아니라 지위가 같은 사람들이 상호작용을 하면 할수록 비슷한 가치태도나 이해와 관심을 갖게 되고, 서로를 좋아하게 되는 경향이 있다. 그러니까 집단은 이미 비슷한 사람들끼리 형성하는 것이 보통이고, 또 어떤 집단에 참여함으로써 그 성원들은 이전보다 더 비슷해지기도 한다. 이러한 유사성의 원리는 페스팅거(Festinger)의 사회비교이론, 헬더(Helder)의 균형이론, 뉴콤(Newcomb)의 균형이론 , 던 비너(Donn Byrne) 이론, 기대가치이론으로 설명된다. 즉, 사회비교이론은 사람들은 자신의 의견이나 능력을 평가하는 욕구로서 다른 사람과 비교하는데, 다른 아무하고나 비교하는 것이 아니라 해당되는 특성면에서 어느 정도 유사하다고 기대하는 사람과 비교한다는 것이다. 헬더의 균형이론은 개인의 타인에 대한 태도와 대상에 대한 태도가 유사한 성질을 가지고 있다는 기본가정을 가지고 있으며, 뉴콤의 균형이론은 개인의 사람과 대상에 대한 태도들이 각각 특유한 성질을 가지고 있다고 가정하는 것이다. 던 비너의 이론은 유사성과 매력 간의 관계를 살핀 것으로 많은 양의 정적 강화를 우리에게 제공하는 사람을 좋아한다고 주장한다. 또한 기대가치이론에서는 자기에게 가장 많은 소용이 있거나 얻고자 하는 것을 얻을 가능성이 높은 것을 향해 행동한다고 가정하는 것이다. 그리고 이러한 유사성원리가 데이트나 결혼에서 나타나는 현상을 '매칭원리(matching principle)' 혹은 '걸맞추기원리'라고 한다. ⇨ 유사성-매력이론, 매칭원리 참고.

유사적대성 pseudo-hostility 가성적대성, 의사적대성 리먼 와이너(Lyman Wynne)가 가성상호성과 반대되는 개념으로 제시한 것으로 가족구성원 간 병리적 관계를 가리키는 것으로서 가족 간에 현상적인 갈등을 의미한다. 즉, 유사적대성은 표면적 수준에 한정되어 있는 분열 또는 이간상태를 뜻하는 것으로, 유사상호성과 마찬가지로 유사적대성도 표면 밑으로 들어가면 어느 정도는 파괴적인 요소와 친밀에 대한 욕구, 애정에 대한 욕구가 있다. 이는 가족갈등이 극심한 것으로 보이지만 그것은 단순히 표면적 현상에 지나지 않는다는 것으로 이 또한 의사소통을 왜곡시키고 현실감각과 관계에 관한 합리적인 사고를 손상시킨다.

유산 legacy 맥락적 가족치료의 개념으로, 유산은 적어도 세 세대를 통해서 내려온 원장(ledger)의 결과로 생기게 된다. 한 세대에서 생긴 원장은 다음 세대로 전달되는 현상에 대해서 이해를 하게 된다. 예를 들면, 부모가 자녀를 잘 돌보았으면 그 부모는 자녀가 다음 세대를 잘 돌볼 것을 기대하게 되어 유산은 세대를 통해서 전달이 된다. 유산에는 긍정적 유산과 부정적 유산이 있는데 긍정적 유산은 부모가 자녀를 잘 돌보았을 때 자녀에게 '신용'을 물려주는 셈이 되며, 부정적 유산은 부모가 자녀를 제대로 돌보지 못했을 때 부모는 자녀에게 '빚'을 지게 되는 셈이 되어 부정적인 유산을 물려받은 자녀는 그 빚을 다음 세대를 통해서 받으려 하는 증상을 보이게 된다.

유스트레스 eustress 긍정적 결과를 가져오는 순기능적 스트레스를 말한다. 이는 기쁨을 주는 건강에 좋은 스트레스로 '최적스트레스'라고도 한다. 부정적인 영향을 미치는 디스트레스에 상반되는 개념으로 스트레스라고 무조건 해로운 것은 아니며 최적스트레스(유스트레스)의 경우는 흥미롭고 즐거우며 우리에게 활력을 주는 유쾌한 변화나 요구에 의해 삶에 활력과 기쁨을 주는 긍정적이며 건설적인 스트레스다. ⇨ 디스트레스 참고.

유아기 반응성 애착장애 reactive attachment disorder of infancy of early childhood 보호자로부터의 무관심, 지나친 처벌, 부족한 영양공급, 지나친 교대 등의 사유로 인해 제대로 양육 받지 못한 아동들 중에서 나타나며 대인접촉에 관심을 보이지 않고 반대로 낯선 사람과 낯익은 사람을 구분하지 못하는 증상이다. 자폐장애와 달리 적절한 양육을 받으면 회복된다.

유아기억상실증 infantile amnesia 초기 아동기의 기억상실로 정신분석에서는 이를 억압이라고 설명한다.

유연한 관계 flexible relationship ⇨ 가족적응성 참고.

유의도검증(有意度檢證) test of significance of a difference 통계를 분석하는 데 사용되는 개념으로, 유의도검증이란, 표본에서 얻은 사실을 기초로 하여 모집단에 대한 가설이 맞는지를 통계적으로 검증하는 것을 말한다. 다시 말해 표본에서 발견되는 어떤 관계가 표집의 대상인 모집단 내에 실제로 존재하는지를 결정할 때 사용하는 검증으로, 이와 같은 검증을 통해 표본으로 인한 오차발생가능성을 알 수 있다. 만약 데이터가 무작위로 표집되었다면 내용 모집단에 대한 타당한 추론을 위해 통계적 유의도검증이 반드시 이루어져야 한다. 즉, 상관계수가 어느 정도 나오는지에 따라 두 변인 간에 '관련 있다'고 결론내릴 수 있는지를 검증하는 것이다.

유인가 valence 브룸(V. H. Vroom)이 주장한 동기에 대한 기대이론의 개념으로서, 유인가는 어떤 가능한 결과에 대하여 개인이 가지는 선호의 정도를 말하며 그것은 긍정적일 수도 있고 또 부정적일 수도 있다.

유인가이론 incentive theory ⇨ 인센티브 참고.

유전 heredity 유전자를 지니고 있는 염색체를 통해 부모로부터 자녀에게 특질이 유전되는 것, 즉 조상의 특성을 나타내는 개인의 경향을 의미한다.

유전자 gene 다음 세대에 물려줄 형질을 지배하는 기본이 되는 인자를 말한다. 유전자는 세포의 증식과 더불어 세포로부터 안정된 상태에서 전해지는 것이지만 때때로 여러 원인에 의해서 유전자에 변화가 일어나게 된다.

유전자풀 genetic pool 어떤 종속의 유전자의 총체, 유전정보의 총량을 의미한다. 유전자풀은 어떤 집단에서 그 구성이 항상 평형을 유지하고 있는 경우를 말하며, 따라서 상당히 큰 집단이 아니면 유전자풀을 일정하게 유지할 수 없다고 한다.

유전자형 genotype 유전인자들이 결합되어 이루어진 잠재적인 유전인자구조를 말하는 것으로 생물체 개체의 특성을 결정짓는다.

유친욕구 need for affiliation 사회심리학에서 다른 사람과 함께 있고 싶은 욕구로 특히 다른 이들과 똑같이 불쾌한 경험에 직면했을 때 강하게 나타난다. 출생순서와 관련한 유친욕구를 살펴보면, 맏이가 가장 센 유친욕구를 지니고 있으며, 막내는 가장 약하다.

유토피아 Utopia 현실적으로는 아무데도 존재하지 않는 이상의 나라, 이상향. 1516년 토마스 모어(Thomas More)의 『Utopia』에서 처음 등장했으며 플라톤(Platon)의 『Republic(국가)』와 아우구스티누스(A. Augustinus)의 『De civitate Dei(신국론)』도 유토피아 사상에서 나온 것이다. 한마디로 유토피아는 중세적 사회질서에서 근세적 사회질서로 옮아가는 재편성의 시기를 맞아, 거기에서 생겨나는 사회모순에 대한 단적인 반성 내지는 근세 과학기술문명의 양양한 미래에 대한 기대에서 생긴 것으로 보고 있다. 이러한 유토피아는 현실에 대한 비판과 불만이 해결방법을 찾지 못할 때 나타나고, 지향하는 변혁이 실현 가능하게 되면 그 필요성은 소멸된다.

유형론 typology 성격이론의 하나인 특성이론으로서 유형론은 가장 오래된 역사를 가진 이론으로 체액론과 체격론이 있다. 체액론은 고대 그리스의 의사인 히포크라테스(Hippocrates)가 사람의 체액을 혈액, 점액, 흑담즙, 담즙으로 구분하고 그 중 어느 체액이 신체 내에서 우세한가에 따라 성격이 결정된다고 주장했는데, 혈액이 우세하면 다혈질로 성격이 다정하고 유쾌하다는 식으로 성격을 설명했다. 한편 크레츠머(E. Kretchemer)와 셸던(Sheldon)은 체격에 따라 성격을 구분했기 때문에 이를 체격론이라 부른다. 이밖에 융은 심리특성을 내·외향성으로 분류하기도 했다. 즉, 융은 의식의 구성요소들을 구분하고자 심리학적 유형에 대한 일반이론을 만들었다. 우선, 사람들 중에는 내적인 세계에 의하여 더 자극받고 에너지를 충당받는 사람이 있는가 하면, 외적인 세계에 의하여 보다 더 그런 사람이 있다. 이를 상대적으로 내향형과 외향형이라고 구분할 수 있다. 세계에 대한 이러한 기본적 태도에 덧붙여서 다음의 네 가지 정신기능을 살펴볼 수 있다. ① 사고 : 사물이 무엇인지 알고, 그 이름을 부르며, 그것을 다른 사물들과 연결짓는다. ② 감정 : 일반적 의미의 정동이나 '감정'과는 다른 뜻으로 융은 이 단어를 사용했다. 이는 어떤 사물에 대한 가치를 고려하는 것이다. ③ 감각 : 감각기관에 닿는 모든 것을 표현하며, 우리에게 그것이 어떠한지를 말한다. 그러나 그것이 무엇인지는 말하지 않는다. ④ 직관 : 그것이 어디로 가고 있으며 그 가능성들은 어떠한가에 대한 느낌을 의식적인 증거나 지식 없이 그냥 느끼는 것이다. 이 중 사고와 감정을 묶어 합리적인 쌍, 감각과 직관을 묶어 비합리적인 쌍이라고 할 수 있다. 융은 개인이 이 네 가지 기능 중 어느 하나를 우월한 기능으로 가질 때, 그 다음의 보조적 기능은 다른 한 쌍의 두 기능 중 하나가 된다고 보았다. 예를 들어, 감정기능이 우월한 사람(합리적인 쌍)은 감각이나 직관(비합리적인 쌍)을 보조적 기능으로 가질 것이다. 그리고 우월한 기능이 속한 쌍의 나머지 한 기능, 위의 경우 사고기능이 이 사람에게는 커다란 어려움을 가져올 수 있다고 융은 생각했다. 다시 말하여 체계적인 사고능력이 떨어진다거나 그것을 싫어할 수 있다는 것이다. 이러한 융의 유형론을 바탕으로 만들어진 성격검사기법으로 MBTI가 있다. ⇨ 성격이론, 특성이론 참고.

유혹가설 seduction hypothesis 유혹가설은 프로이트가 히스테리 환자를 치료하면서 발전시킨 이론이다. 히스테리 환자의 내면에 존재하는 어린 시절의 성적인 외상(trauma)이 원인이 되어 자기 처벌적 방어기제를 만들고, 이것이 신체적인 기능장애를 가져온다고 보았다. 즉, 성적인 희롱을 당한 어린 아이들은 이러한 성적인 접촉이 자신의 잘못이며, 자신의 유혹이 원인이라고 받아들이고 자기 스스로를 처벌하려는 마음이 무의식 속에 억압과 저항으로 형성된다는 것이다. 결국 이 같은 억압과 저항이라는 심리적 에너지가 히스테리라는 질환으로 나타난다고 보았다.

윤리 ethics 옳고 그름에 대한 도덕적 원리와 지각의 체계, 개인, 집단, 전문가, 혹은 문화에 의해서 실천되는 행위의 철학이다. 인간은 자기가 원하든 원치 않든 간에 사회적 일원으로서 태어나며, 일정한 생활방식을 가지고 있는 사회 안에서 개인은 하나의 구성원으로서 그 사회가 갖는 생활방식에 따르지 않고서는 살아갈 수 없다.

윤리강령 code of ethics 회원의 행위를 규제하는 전문직의 가치, 원칙, 규칙을 말한다.

율리시즈증후군 Ulysses syndrome 조직의 상사가 부하를 소홀히 다루거나 심한 질책을 함으로써 부하를 점점 위축되게 하거나 겉돌게 만드는 경우를 율리시즈 증후군이라고 한다. 이는 트로이 전쟁 종식 후 고국으로 돌아가는 뱃길에서 사소한 일로 해신 넵튠의 노여움을 사 10년 동안 바다 위를 표류하는 율리시즈를 빗대어 붙인 신드롬이다. 즉, 잠재력 있는 부하를 무능이라는 낙인을 찍어 매장해 버리는 바다의 신 넵튠(Neptune)과 같은 관리자를 말한다.

융 Carl Gustav Jung (1875~1961) 스위스의 심리학자. 처음에는 프로이트와 함께 정신분석학의 확립을 도모했으나, 성욕설이나 무의식의 사고에 뜻을 달리해 독자적인 분석심리학을 창시하였다. 융은 전체성에 관심을 두었고 환경에 상대적인 정신의 총체성에 관심을 두었는데, 정신은 의식적 · 무의식적인 모든 생각과 감정 및 행동을 포함하고 있다. 정신은 개인을 규정하며 그 사회적 · 물리적 환경에 적응시키는 지침의 구실을 한다. 프로이트가 무의식을 개인적인 것으로만 이해한 데 반해, 융은 '개인적인 무의식'과 '집단무의식'의 두 종류가 있다고 생각했다. 그리고 이 집단무의식을 구성하고 있는 것을 '원형(Archetype)'이라고 하였다. 그는 종교는 신화라고 믿었으나 영성을 지탱해 주는 데 도움이 된다고 믿었다. 그는 정신분석의 유효성을 인식하고 연상실험을 통해 프로이트가 말하는 억압된 것을 입증하고 '콤플렉스'라고 이름 붙였다.

융통성 flexibility 유연성 그때그때 사정에 따라 적절하게 일을 대처하는 성질을 의미하는 것으로, 인간의 행동에서 융통성은 사회화의 어떤 패턴에 '반응'하면서 행동들을 배우도록 하는 인간 고유의 특징으로 정신적으로 건강하다는 신호를 뜻하기도 한다. 이와 같이 정신적으로 건강한 사람은 사고가 유연하며 변화에 개방적이고 무수히 다양한 사람들과 사상과 사실을 허용하고 수용하는 것이 가능하다고 본다.

융합 confluence 펄스(F. Perls)는 융합이란 밀접한 관계에 있는 두 사람이 서로 간에 차이점이 없다고 느끼도록 합의함으로써 발생하는 '접촉경계혼란'이라고 말했다. 가족체계이론에서 가족구성원 간의 독립된 정체성의 모호화를 의미한다. 즉, 부부 간이나 가족구성원들 사이의 '자기개별화' 수준이 낮아짐으로 인하여 각 구성원의 개체성의 '경계선'이 흐려지고 밀착되는 것이다. 이는 자신이 사로잡혀 있는 사람에게 깊이 동화되어 있어서 자신의 지적 · 정서적 측면이 상대방과 뒤얽혀 가족관계에서 분리된 자아감을 상실한 상태를 말한다. 이러한 관계에 있는 사람들은 겉으로 보기에는 서로 지극히 위해주고 보살펴 주는 사이인 것처럼 보이지만, 내면적으로는 서로 독립적으로 행동하지 못하고 의존관계에 빠져 있는 경우가 많다. 이는 다만 서로가 서로를 필요로 한다고 생각하기 때문에 상대편을 놓아주지 않고 붙들고 있는 상태인 것이다. 이들은 오랫동안 서로 길들여진 관계에 익숙해 있기 때문에 서로 간의 균형상태를 깨뜨리는 행동은 금기로 되어 있다. 마치 두 사람은 하나의 개체인 것처럼 착각하고 살기 때문에 그들은 서로 간에 어떤 갈등이나 불일치도 용납하지 못하고 이러한 융합관계에 위협이 닥치면 죄책감과 짜증을 나타낸다. 각자의 개성과 자유를 포기하고 그 대가로 얻은 안정을 깨뜨리는 행동은 서로에 대한 암묵적인 계약을 위반하는 것으로 상대편의 분노와 짜증을 사게 되며, 융합관계를 깨뜨리려는 사람은 죄책감을 느끼게 된다는 것이다. 펄스에 의하면 죄책감과 짜증은 융합관계에 위협이 닥치면 나타나는 감정이라고 한다.

은퇴이론 disengagement theory 분리이론 노인은 신체적, 정신적 퇴화에서 기인하는 노화 때문에 당연히 사회의 의무로부터 해방되어 쉬어야 한다는 이론으로 커밍과 헨리(Cumming & Henry)에 의해 제시되었다. 사회활동이론과 반대개념인 은퇴이론은 노화과정에 관해 전문가들이 생각하는 관점으로 본인들이 둔화됨에 따라 점차로 더욱 자기에게 골몰하게 되고 다른 사람들과의 정서적 유대가 감소하여 세상사에 흥미가 줄고 서서히 사회에서 격리되어 간다는 것으로, 이 이론의 기본적 입장은 노인은 젊은이에 비해 건강이 약화되고 죽음에 임하게 되는 확률이 높으므로 개인의 입장에서의 최적의 만족과 사회체계의 입장에서의 최적을 유지하기 위해서 노인이 사회로부터 분리된다는 것이다. 또한 사회로부터 은퇴(분리)의 결정은 개인이 먼저 선택할 수도 있고 사회제도에 의해서 취해질 수도 있는데, 개인의 의사에 의해 행해지는 경우를 개인적 분리(individual disengagement)라고 하며, 사회적 제도에 의해 행해지는 경우를 사회적 분리(social disengagement)라고 한다. 즉, 사회적 분리이론은 사회가 노인에게서 떨어져 나간다고 생각하는 것으로, 노인을 사회로부터 분리시키는 것이 사회의 기능과 안정을 위해 보다 효율적이라는 견해다. 이러한 은퇴이론에는 논쟁의 여지가 있는데, 어떤 연구자는 많은 노인이 말년에도 왕성한 생활을 유지하며 생활만족도에서도 감퇴를 나타내지 않는다고 지적한다. ⇨ 사회활동이론 참고.

음성학적 규칙 phonological rule 언어에서 소리의 결합을 지배하는 규칙을 말하는 것이다. 음성은 인간에게 가장 기본적이고 친숙한 커뮤니케이션의 수단으로서, 발화할 때 조금이라도 더 쉽고 빨리 발음할 수 있게 말소리의 변동현상이 일어나는 것이다. 예를 들면, '먹는'이 [멍는], '몇 리'가 [면니], '신라'가 [실라]와 같은 자음동화현상이라든지, '해돋이'를 [해도지], '굳이'를 [구지]처럼 소리 나는 구개음화, 또 '약국'을 [약꾹]처럼 소리 내는 된소리되기 등 말소리의 변동현상이 일어나는 규칙들을 의미한다.

음소 phoneme 언어에서 일련의 구별되는 소리의 표상으로 음운론에서 음운의 최소단위를 말한다. 즉, 우리가 일상적으로 소리 내어 하는 말은 모음과 자음으로 이루어진 음소들로 구별된 것으로, 음소는 더 분해할 수 없는 가장 기본적인 소리의 단위다. 예를 들면, /p/, /b/, /t/, /d/,

/k/, /g/ 등이다.

음송증 verbigeration 행동의 장애에 따른 반복행동(repetitious activity)의 하나로서, 의미 없는 단어나 짧은 문장을 반복해서 발성하는 것을 말한다.

⇨ 반복행동 참고.

음악치료 music therapy 음악을 통해 심상을 떠올려 자신의 내면세계를 탐색하거나 신체표현을 함으로써 자신의 창조적인 행동방식을 실험하고 발견해 보는 것이다. 이와 같이 음악치료는 내담자에게 음악을 듣게 하거나 적절한 연주행동을 통하여 치료적 효과를 보게 하는 특수한 심리치료기법 가운데 하나다.

응급피임약 emergency contraception pill 가장 잘 알려진 ECP 요법으로는 유즈페(Yuzpe) 요법이 있다. 1974년 캐나다의 유즈페(Albert Yuzpe) 교수가 약효를 발표한 후 그의 이름을 따서 이렇게 불렀는데, 이는 estrogen과 progestin 호르몬을 배합한 것으로 두 개의 알약으로 되어 있다. 성관계를 가진 후 72시간 내에 한 알을 복용하고 다시 12시간 후에 한 알을 복용한다. 강간이나 불의에 의한 성관계 등으로 임신을 원치 않을 때 사용하는 방법으로 사후피임약(postcoital comtraception) 또는 모닝애프터필(morning after pill)이라는 말을 사용했지만, 이 용어가 응급피임의 방법과 시기에 혼란을 준다고 하여 '응급피임'이라는 말로 바꿨다.

응용심리학 applied psychology 심리학은 이론심리학과 응용심리학으로 구분할 수 있다. 이론심리 영역에는 실험심리, 생리심리, 발달심리, 사회심리, 학습심리, 성격 심리 등이, 응용심리 영역에는 임상심리, 상담심리, 교육심리, 산업 및 조직심리 등이 속한다. 응용심리학은 사회와 개인이 현실적으로 당면하고 있는 실제적인 여러 문제를 해결하거나 해명하기 위해 심리학적 원리와 방법으로 연구하는 학문이다.

응용행동분석 applied behavior analysis 작동조건화의 원리에 입각한 행동치료의 방법으로서 행동과 환경자극간의 기능적 관계를 관찰 분석하고, 환경자극의 체계적 재배열을 통하여 이상행동의 제거 또는 새로운 적응행동의 학습을 시도하는 행동수정의 절차와 방법을 말한다.

응종 compliance 사회에서 흔히 볼 수 있는 사회적 압력의 한 형태로서 특정한 방식으로 행동하도록 하는 타인의 직접적인 요구나 명령에 동의하는 것을 말한다.

응집성 cohesion (cohesiveness) 응집성은 부부나 가족이 얼마나 연대되어 있는지를 측정할 수 있다. 부부와 가족은 매우 친근하거나 밀착된 상태에서 거리감이 있고 이탈(융합)된 관계에 이르기까지 다양하다. 응집성에 따른 관계를 정리하면 다음과 같다. ① 이탈된 관계(disengaged relationship) : 종종 정서적인 분리가 극단적으로 되어 있다. 부부나 가족원들 사이에 유대가 거의 없으며 개인적인 분리나 독립성이 크다. ② 분리된 관계

(separated relationship) : 정서적 분리가 어느 정도 있지만 이탈된 체계만큼 극단적이지는 않다. ③ 결속된 관계(connected relationship) : 감정적인 친근감과 충성심이 적절히 있는 것이다. ④ 밀착된 관계(enmeshed relationship) : 극도의 정서적 친근감과 충성심을 요구한다. 사람들은 서로에게 매우 의존적이며 서로에게 반사적으로 행동한다. 대체로 개인적인 분리가 부족하며 사적인 공간을 거의 허용하지 않는다. 가족 외에 친구들이 별로 없다.

응집적 자기 cohesive self 코헛(H. Kohut)의 자기심리학의 개념으로서 응집적 자기란 건강한 자기인식과 대인관계를 맺을 수 있는 공감능력을 가지고 있다는 것이다. 이와 같은 응집적 자기가 형성된 사람은 타인을 사랑하고 인정할 수 있으며, 타인뿐 아니라 자신의 한계도 인정하고 수용할 수 있어서 자기 대상과의 건강한 관계성을 유지하게 된다.

의견일치가족 consensus-sensitive family 가족은 항상 함께 있어야 하며, 의견도 항상 일치되어야 한다고 생각하는 가족의 유형을 말한다. 리스(A. Reiss)는 '가족패러다임'을 기준으로 하여 가족체계의 유형을 제시하였는데, 의견일치가족은 외부세계는 혼돈스럽기 때문에 가족이 외부로부터 보호받기 위해서는 가족이 같은 의견을 가지고 있어야 한다고 생각하는 것이다. ⇨ 가족패러다임, 가족체계 참고.

의료주의 medicalisation 의료주의는 근대 이전의 세계가 인간의 문제와 이에 대한 치유를 주술의 범주 안에 두었다고 비판하면서 등장한 과학적 접근방법에 기초를 두고 있다. 의료주의는 치유에 있어서 과학적 방법만이 타당하다고 보면서 과학적 방법으로 고통과 증상을 제거하는 데 초점을 둔다.

의미기억 semantic memory 세상에 대한 일반적인 지식을 포함하는 기억이다. 의미기억은 개념과 예들 간 상호연관성에 대한 지식을 포함하며 어떤 개념이 활성화되어 의식되면 그 개념들과 연결된 고리로 확산되면서 관련된 개념들이 머릿속에서 일어나는 것이다.

의미론 semantics 의미를 연구대상으로 하는 언어학의 한 분야다. 의미는 본질적으로 심리적 현상이므로 직접 관찰할 수가 없고 내성적인 방법으로도 그 본질에 접근하기 어렵기 때문에 진척이 어렵다. 의미에는 개념적 의미와 연상적 의미가 있는데 의사전달의 중심적 요인이 되고 언어표현단위의 개념이나 속성을 분석 · 표현해 주는 것을 개념적 의미라 하고, 문장이라는 표현단위의 개념적 의미를 명제라고 한다. 연상적 의미는 함축적 의미라고도 하며 어떤 표현단위의 개념적 의미 이외에 부여되는 특성을 말한다. 이 연상적 의미는 시대나 사회 그리고 개인의 경험에 따라 다르며, 무한하기 때문에 통계적 방법으로 분석한다. 또한 얼마나 정확히 정보를 전달하였는가는 그 말 한마디 한마디가 얼마나 정확히 그 기능을 다 했느냐는 것이 아니라 정보를 보내는 사람의 뜻한 바와 정보를 받은 사람의 의미가 같아야 한다는 데 강조점을 둔 대화의 영역이 의미론이다. 대화의 의미론에서 가장 중요하게 다루는 것은 말과 말이 합쳐져 뜻하는 의미다. 단어 하나의 기능 자체는 전체적인 의미를 위해서 변화할 수도 있으며, 나누어진 정보는 그 정보를 보내는 자와 받는 자가 의미의 협의를 이루어야 한다는 데 그 전제를 둔다. 누가 말하느냐에 따라 같은 내용의 말이라도 의미가 달라진다는 점을 강조하는 것이다.

의미요법 logotherapy 담화치료 프랭클(Victor E. Frankl)은 1942~1945년 독일의 아우슈비츠(Auschwitz)와 다카(Dachau)에서 집단수용소 생활을 했으며, 부모, 형제, 아내를 잃었다. 그는 수용소에서의 경험을 통해 진리 중의 하나로 사랑은 궁극적이며 인간이 존중해야 할 가장 높은 목표라고 믿었으며, 인간의 구제는 사랑을 통해 이루어진다고 믿었다. 또한 어떤 최악의 상황에서도 인간은 정신적인 자유와 마음의 독립을 얻을 수 있다고 믿었으며, 인간 존재의 본질은 의미와 목표를 추구하는 것으로 보았다. 따라서 의미요법은 삶에 대해 인도주의적이고 정신적인 의미를 찾도록 도와주기 위해 고안되었다. 프랭클은 인간은 의미에 대한 욕구가 충족되지 않으면 육체와 정신이 병들어가기 시작한다고 보았는데, 이러한 의미는 궁극적 의미와 상황적인 의미로 나누어진다. 즉, 궁극적 의미란 절대적 존재인 신을 만나고 싶은 인간의 욕구로 신앙을 통해 성취될 수 있는 욕구이며, 상황적 의미는 일상적인 생활 속에서 충족될 수 있는 욕구로서 상황적 의미에 대한 욕구는 삶의 여러 부분에서 나타난다. 예를 들면, 사랑에 대한 욕구충족, 예술과의 만남, 자연과의 만남, 노동을 통한 의미, 고난을 통한 의미 발견 등이다. 이와 같이 궁극적 의미의 욕구와 상황적 의미의 두 욕구가 충족될 때 인간은 안정을 느끼며, 두 개의 의미가 맞물려 갈 때 인간은 온전할 수 있다고 보는 것이다.

의사소통 communication 보통 커뮤니케이션이라고 통용된다. 커뮤니케이션은 일반적인 의미로 집단이나 인간 상호 간에 메시지(message)를 주고받는 것으로 이해된다. 그러나 이론적 커뮤니케이션의 의미는 의사(opinion), 정보(information), 감정(sentiment)을 포함하는 것으로 '의사소통이나 정보교환 또는 감정이입의 행위과정'으로 해석된다. 즉, 커뮤니케이션을 효과적으로 전달하기 위해서는 송신자(sender)의 메시지, 의사, 정보, 감정을 수신자(receiver)에게 전달하는 여러 단계를 거치게 된다. 그 1단계는 관념화(ideation)로서 전달하고자 하는 문제에 대해 목적을 명확하게 하기 위해 생각을 조직화하는 단계다. 제2단계는 기호화(encoding)로서, 수신자에게 전달한 내용을 말, 손짓, 몸짓 등을 통해 명료화하고 이해하기 쉽게 만드는 것이다. 제3단계는 전달(transmission)단계로서, 수신자에게 기호화된 내용이나 메시지를 전하는 과정을 말한다. 이때 면담, 전화, 메모, 게시판, 제스처 등의 매체를 이용하기도 한다. 제4단계는 수신(receiving)단계다. 송신자가 수신자에게 보낸 메시지를 받는 단계로서 정확성이 요구되며, 전달과정에서 잡음 등의 장애요인이 수신을 방해할 수 있기 때문에 주의와 수신내용에 대한 재확인이 요구된다. 제5단계는 해독 또는 해석(decoding or interpretation)단계로서 송신자가 수신자에게 보낸 기호나 메시지를 수신자가 해독하는 단계다. 이때의 해석이나 해독과정은 수신자의 마음 상태에 따라 좌우될 수 있음을 유의해야 한다. 제6단계는 수신자가 전달받은 메시지를 오류 없이 정확하게 이해하는 단계다. 이 과정에서 수신자가 주관적 사고방향으로 이해하기보다는 전달내용의 사실 자체를 과장 없이 수용하는 태도와 사고가 요구된다. 제7단계는 송신자의 의도대로 수신자가 행동하는 단계다. 이러한 7단계의 단계모델에서 유의해야 할 점은 커뮤니케이션에 다양한 장애요인(noise)이 있다는 점이다. 이는 전달하고자 하는 내용을 왜곡시키거나 변질시킬 수 있어서 커뮤니케이션의 과정에서 오해와 갈등을 일으킬 수 있다. 따라서 건전하고 효과적인 커뮤니케이션을 위해서는 다양한 장애요인을 사전에 제거한다는 전제하에 행동하는 것이 바람직하다.

의사소통 가족치료모델 communications family therapy 가족의 의사소통에 관한 과학적인 이론적 탐구, 즉 베이슨(G. Bateson)이 이끈 정신분열증 연구프로젝트와 잭슨(D. Jackson)이 설립한 MRI를 중심으로 유추한 개념들이 치료적 목적으로 적용되는 과정에서 발전한 가족치료모델이다. 즉, 의사소통 가족치료는 가족체계 내에서 현재 일어나는 상호작용에 초점을 둔 접근으로 언어적, 비언어적 의사소통을 연구함으로써 가족체계를 파악할 수 있다는 것을 전제로 한 이론으로 그릇되고 모순적인 또는 2중 구속적인 메시지의 역할을 강조한다. 따라서 가족구성원 간의 자아존중감을 높여 주어 가족체계 내 잘못된 의사소통을 인식하게 하고 그런 역기능적인 의사소통방법을 교정하여 성장지향으로 개선함으로써 가족들이 건강하게 상호작용하도록 한다. 잭슨(D. Jackson), 헤일리(Haley), 사티어(V. Satir) 등에 의해 많은 연구가 이루어졌으며 이 중에서 사티어는 가족구성원의 정서적 측면과 감정에 관심을 두면서 가족체계와 의사소통하는 방법을 개선하는 데 초점을 두었다.

의사소통유형 communication pattern 버지니아 사티어(Virginia Satir)에 의한 대화의 유형에는 회유형, 비난형, 계산형(초이성형), 주의산만형, 수평형 또는 일치형의 유형이 있다.

① 회유형(placate): 자신의 의견이나 생각의 제시 없이 무조건 상대방의 의견을 따르는 스타일이다. 회유형을 사용하는 사람은 아첨하고 빌고 자책하며 무조건 '예'라고 말하는데, 그들은 어떤 대가를 지불하고서라도 화평을 유지하려고 한다. 그러나 그들이 느끼는 감정은 무가치감이다. 그들의 내면에는 '나는 아무것도 아니다. 나는 가치없는 존재다.'라는 감정이 깔려 있다. 회유자는 분노를 표현하는 데 어려움을 겪으며, 너무 많은 감정을 억압하고 있어 우울증이나 질병에 걸리는 성향이 있다.

② 비난형(blame) : 비난자는 사정없이 비판하고 일반화시켜서 말하기를 좋아하는 흠잡는 사람이다. 경우에 따라서는 자신이 잘못했음에도 불구하고 먼저 비난을 가함으로써 예상되는 공격을 차단하기도 한다. 그러나 비난자 역시 내면적으로는

자신을 무가치하고 사랑스럽게 여기지 않는다. 그는 고독하며 실패자라고 느낀다. 자기가 원하는 것을 얻지 못하리라는 예상을 하고 화가 나 있는 사람인 것이다. 비난자는 문제가 주어지면 최선의 방어가 좋은 공격이라고 느낀다. 그들은 고통과 두려움을 다루거나 표현할 능력이 없기 때문이다.

③ 초이성형 또는 계산형(super-reasonable) : 스스로의 감정까지도 통제하고 계산하면서 표출하는 냉정한 타입이다. 그래서 본마음을 잘 드러내지 않으며, 감정을 적당히 포장해서 미화하기도 한다. 컴퓨터 같은 이 사람은 초이성적이고, 침착하며, 결코 실수를 시인하지 않으면서 사람들이 순종하고 따라와 주기를 기대한다. 이런 사람은 '화났다구요? 나는 화나지 않았어요. 내가 화났다고 말하는 당신은 누구요?' 하고 말한다. 그는 감정은 두려워하면서 사실과 통계는 좋아한다. 이런 사람은 희로애락의 감정이 순수하지 않기 때문에 대인관계가 삭막하게 되고, 더불어 이 사람이 속한 가정은 위선과 가식이 넘치게 될 수 있다.

④ 주의산만형(irrelevant) : 자신에게 불리한 질문이나 대화가 이어지면 직접적인 눈의 마주침과 대답을 피하고, 스트레스를 받으면 재빠르게 '쇼핑이나 하자'는 등 엉뚱한 주제로 관심을 돌린다. 문제에 직면하자면 싸움이 일어날 수도 있다. 그것은 위험한 일이라고 생각하는 것이다. 산만형은 자신이 안전하며, 설 자리가 없는 무능한 사람이 아니라는 것과 문제는 해결될 수 있고 갈등은 해소될 수 있다는 사실을 알 필요가 있다.

⑤ 수평형 또는 일치형 : 메시지나 얼굴표정, 몸의 자세나 음정이 어울리는 말을 하는 것이다. 다섯 가지 유형 중 수평적 의사소통만이 바람직한 의사소통유형으로서 불화를 고치고 궁지를 벗어나게 하며 사람들 사이에 다리를 놓을 가능성을 가지고 있다. 수평적 의사소통을 할 때 뜻하지 않던 어떤 일을 깨닫게 되면 실제로 사과할 수 있는 자유로움과 정직성, 진실함을 갖추고 있되 자존심을 해칠 위험성은 거의 없다.

의사소통입장 communication stances 사티어(V. Satir)가 언급하는 의사소통유형을 취하는 것으로, 가족구성원에게 회유형, 비난형, 초이성형, 산만형 중 하나의 입장을 취하도록 한 후, 가족구성원은 각 입장에 대한 감정을 서로 나누고 서로의 입장에 대해 반응한다. 이렇게 하여 가족구성원은 효과적인 의사소통방법을 배우고 어떻게 행동해야 합리적일 수 있는지를 알게 되는 것이다.

의사소통이론 communication theory 의사소통이론은 1960년대 Palo Alto의 정신세계연구소에서 그레고리 베이슨과 던 잭슨(Gregory Bateson & Don Jackson)의 주도하에서 진행된 연구를 통해서 발달하였다. 이 이론은 인간은 대화를 하지 않을 수 없다는 수학적 공리에 그 근거를 두고 있다. 인간의 모든 행동은 대화로 이해될 수 있으며, 인간의 마음의 기능은 다른 사람들과의 관계 속에서 대화로 표현된다. 사람들 사이의 대화를 이해하는 일이 곧 인간의 마음을 이해하는 일이 되는 것이다. 가족상담에서 의사소통이론은 가족 내에서 대화의 역할의 중요성을 발견하고 이를 통해 가족들의 관계적 병리와 개인의 병리현상을 발견하여 이러한 병리적 대화를 연속적인 대화의 흐름으로 볼 수 있도록 돕기 위한 것이다.

의사소통장애 communication disorders 의사소통장애는 DSM-IV에 새로 도입된 진단명으로 이는 다시 표현성언어장애, 수용성·표현성 혼합언어장애, 음성장애(phonological disorder), 말더듬기 및 기타 의사소통장애로 분류된다. 표현성언어장애는 어휘를 적절히 구사하고 시제를 정확하게 사용하며 종속절이 포함된 복문을 만들고, 낱말을 생각해 낼 수 있는 언어능력이 기대수준보다 낮은 경우를 말한다. 수용성·표현성 혼합언어장애는 DSM-IV에서 처음으로 명명된 진단명으로 수용성 언어장애와 표현성언어장애가 같이 있는 경우다. 즉, 언어에 대한 이해력과 표현력 모두에 장애가 있는 것이다. 음성장애는 부적절하거나 분명하지 못한 발음장애로 환자의 나이나 지능에 비해 기대되는 언어음발달이 정확하지 않거나 부적절하거나 지연되는 경우를 다 포함한다. 말더듬기는 DSM-IV에서 의사소통장애에 포함되었다. ICD-10에서는 이를 소아 및 청소년기 발병 기타 행동 및 정서장애 중 하나로 분류하고 있다. 이는 말할 때 음이나 음절을 자주 반복하거나 지연시키거나, 한 단어 사이를 쉬어서 발음하기 때문에 유창하게 말하는 것이 나이에 비해 현저한 장애가 있는 것으로 정의된다. 대부분 소아기에 발생한다. stammering은 말더듬기와 같은 의미로 사용된다. 이 외에 소리장애, 조구증, 수용성언어장애가 있다.

의상도착증 transvestism 반대편 성의 옷을 입고자 하는 강박적 행동이나 그러한 옷을 입었을 때 경험하는 성적 흥분을 말한다.

의식 consciousness 자기 내부와 외부에서 오는 지각을 인식하는 마음의 부위로서 주의(attention)하고 있는 부분, 즉 알고 있는 부분을 말한다. 이는 한 개인이 현재 각성하고 있는 모든 행위와 감정들을 말하는 것으로 대부분의 자아가 이에 해당하며, 우리들의 관심이 다른 곳으로 돌려지면 전의식이나 무의식으로 그 내용이 사라져 버린다. 또한 의식은 정신집중만 하면 능히 기억할 수 있는 생각(thoughts)과 기억 등을 말하며, 의식은 무의식 사이의 영역으로 상호 연결되며 이차과정사고를 수행한다고 하였다.

의식주의 ritualism 한국사회에서 특징적인 문화적 가치관의 하나가 형식이나 의식, 예절을 지나치게 존중하는 것이다. 이러한 형식을 중히 여기는 의식주의는 타인의 조소를 피하고 체면이나 권위를 지키려는 태도와 직결되어 있는 것으로서, 한국인의 생활양식과 의식구조를 크게 지배하고 있다. 본래 의식주의는 모든 생활의 규범적이고 윤리적 지침이었던 '예'의 존중사상에 뿌리박고 있다고 할 수 있다. 모든 사람들은 이러한 '예'를 철저히 준수하기를 사회체제적으로 강요당했던 것이다. 그러나 의식주의는 그 나름대로 사회존속을 위해서 여러 가지 기능을 한다. 즉, 사회성원 간의 커뮤니케이션을 신속하게 한다든지, 질서의 확립 및 유지에 공헌을 한다든지, 동질화를 촉진시킨다든지, 유형유지를 강화시키는 등의 기능을 말한다.

의식착란 confusion 이는 의식장애의 특수한 형태로서 당황, 혼동, 지남력장애, 연상장애, 사고의 빈곤 등이 특징인 의식장애다. 전형적으로 광범위한 뇌기능 손상 때 나타나고, 심한 정신병이나 해리상태에서 나타나기도 한다.

의원 iatrogenic 약을 먹거나 의사에게 치료를 받아서 오히려 불의의 병이 생기는 것으로, 치료의 역효과가 나는 것을 말한다.

의존성인격장애 dependent personality disorder 자기 생활의 중요한 영역을 다른 사람이 책임지도록 피동적으로 허용하거나 또는 자신감과 자기 자신에게 의존하는 능력 등의 결함 때문에 자기 개인의 욕구보다도 다른 사람의 욕구를 충족시켜 주는 것과 같은 행동양상이 장기간에 걸쳐 나타나는 인격장애를 말한다. 보살핌을 받고자 하는 과도한 욕구가 있는 순종적이고 의존적인 행동을 하는 인격장애다. 남에게 의존적이고 복종적인 행동방식이 그 특성이다. 자신을 약한 존재로 보기 때문에 자신을 이끌어 주고 보호해 줄 대상을 찾으며 그런 사람이 없을 때 심리적 혼란 상태에 빠진다. 일상생활의 사소한 의사결정을 하는 것도 어려워하며 가족이나 친구에게 의사결정을 맡긴다. 혼자 있게 되는 상황을 두려워하며, 남에게 비판 대상이 되거나 인정받지 못하는 것에 민감하고 거부당하거나 버림받는 데 대해서 공포가 심하다.

의존적 욕구 dependency demand 문제가 있을 때 환자끼리 의논해서 해결책을 찾으려 하지 않고 계속해서 치료자에게 의지하려고 하는 경우를 말한다. 심하면 치료자 중심의 집단이 되고 문제해결은커녕 오히려 퇴행현상까지 나타나 중증의 저항으로 발전한다.

의지 will 일반적으로 인간정신은 지식, 감정, 의지의 세 가지 기본요소로 이루어져 있는데, 이 중에서 의지가 그 근본을 이루고 지식과 감정은 그 상부기능이다. 의지는 반드시 그 동기와 목적이 있다. 따라서 좁은 뜻으로는 유의작용을, 넓은 뜻에서는 충동까지를 포함한다. 정신분석학에서는 생명의 무의식적 발동을 말하며 그것은 무의식의 깊은 바닥에 있는 것일수록 기계적이며, 의식 표면 가까이에 있는 것일수록 조절적이다. 일반적으로는 이 조절적인 것만을 의지라고 부르나, 이는 원래 무의식의지의 표피에 지나지 않는다. 인간에게 욕구충족의 수단 · 목적 관계는 복잡한 계층적 질서를 이루고 있고, 이에 따른 정연한 통일로 하나의 전체 인격이 형성되는데 의지향의는 이러한 인격에 의해 통제되는 행동이라 할 수 있다.

이고그램 egogram 자아기능그래프 각자의 퍼스낼리티 각 부분끼리의 관계와 외부에 방출하고 있는 심적 에너지의 양을 막대그래프 혹은 꺽은선그래프로 나타낸 것으로 인간의 외부에 드러난 사고, 감정, 행동 등을 보고 그 사람의 자아상태를 추정하여 인간상, 인격상을 그려보는 자화상 및 타화상이라 할 수 있다. 이고그램 이론은 TA 중에서 구조분석에 속하며 에릭 번(Eric Berne)의 수제자인 존 듀세이(John Dusay)가 고안한 것이다. 즉, 자아상태를 기능적으로 파악하고 세 가지 자아상태 사이에 흐르고 있는 심적 에너지의 급부상황을 그래프화하여 시각적으로 파악한 것이다.

이데올로기 ideology 가치관, 경험, 정치적 신념, 도덕적 발달수준, 인간애에 대한 열망의 산물인 사고의 체계, 즉 인간 · 자연 · 사회에 대해 품고 있는 현실적이며 이념적인 의식의 제형태를 말한다. 일반적으로 사상이나 관념형태의 내용을 순수하게 내면적으로 이해하는 방법을 이데아적 견해라 한다. 이에 대하여 관념형태를 본인의 사회적 기반과 관련시켜 그 이해를 반영하고 있는 것으로 생각하는 방법을 이데올로기적 견해라 한다. 사회적 이데올로기는 구체적인 각 개인의 생활을 통해 내면화되며 이로써 각 개인의 개인적 이데올로기가 형성된다. 사람들은 좋든싫든 이데올로기에 의해 현실을 파악하고 있다. 올바른 가치와 정확한 분석을 포함하는 이데올로기는 뛰어난 현실인식을 가져오며 그것에 의해 사람들의 사회적 요구에 올바른 실천적 해결의 길잡이를 제공하게 된다. 처음 이데올로기라는 용어를 학문적으로 사용한 것은 18세기 프랑스의 드 트라시(Destutt de. Tracy)의 『이데올로기개론』에서였다. 그의 이데올로기는 관념의 형성과정을 개인의 심리 · 생리적 기반에 결부시키는 것으로서 단편적인 심리적 고찰에 그친 아쉬움이 있었다. 그러나 제2차 대전 후에 발달한 사회심리학적 이데올로기론은 사회적 기반과 이데올로기와의 중간에 퍼스낼리티라는 매개의 항을 두는 점에 특색이 있다. 따라서 계급을 중심으로 하는 사회집단의 이데올로기보다도 각 개인의 퍼스낼리티 요인을 분석하는 것에 의해서 개인적 이데올로기의 심리적 형성과정이나 병리현상을 추구하는 경향이 많으며, 프로이트(S. Freud)의 강한 영향을 받는다.

이드 id 본능, 원욕 정신분석이론에서 개인의 본능적이거나 생물학적인 충동, 리비도, 정신력 같은 것들을 품고 있는 마음 또는 정신의 한 부분. 무의식의 일부분으로서 쾌락의 원리(pleasure principle)에 따르는 생득적 · 생물학적 반사 및 충동과 본능을 포함한다. 즉, 출생 시부터 가지고 태어나는 것으로 성격에서 무의식의 핵심이 되며 충동의 즉각적 만족을 추구하고자 한다. 건강한 개인에게 이드는 전적으로 무의식적이며, 사회환경과는 접촉하고 있지 않다. 이드의 요구는 신체를 중심으로 성적 동기나 공격적 동기에 의해 유발되는 심리적 에너지를 즉각적으로 발산하도록 하며 오직 쾌락원칙의 지배를 받는다. 이드는 일반적으로 현실원리에 의해 지배되는 자아가 장기간의 결과를 고려하지 않은 채로 자기의 요구를 충족시키도록 자아에게 강요하려고 하며, 기능상 외부세계와 접촉이 불가능하여 현실을 고려하지 못하므로 공상과 같은 비현실적인 수단으로 욕구를 충족시키려 한다. 프로이트(S. Freud)는 이드를 인격의 가장 원시적인 부분이라고 생각했으며, 무의식의 가장 깊은 층에 자리 잡고 있는 흥분이 들끓는 가마솥이며 내적인 조직이나 편성을 가지고 있지 않고 쾌락 원칙에 맹목적으로 또 불합리하게 복종해서 기능한다고 하였다. 유아의 생활은 의식적인 자아가 발전하여 현실원칙과 상위자아에 복종하면서 기능하기 전까지는, 본능의 직각적이며 자기중심적인 만족만을 추구하는 욕구에 의하여 좌우된다는 것이다.

이란성 쌍생아 fraternal twins 두 개의 난자에 대해 각각 정자가 하나씩 수정되어 두 개체로 발달하는 경우로, 두 개체 간 유전적인 일치도는 서로 다른 시기에 출생한 형제들 간 유전적 일치도와 같다.

이마고 imago imago는 심상, 어렸을 때의 사랑의 대상이 이상화된 것으로 감각기관에 대한 자극작용 없이 마음속에 떠오르는 영상을 말한다. 라캉(Lacan)에 의하면, 유사자의 이마고는 주체 자신의 신체 이미지와 서로 교환될 수 있는데, 그 신체상은 거울단계에서 주체가 동일시하여 자아의 형상으로 이끌어 가는 거울상이다. 이러한 상호교환 가능성은 이행성(transitivism)이란 현상에서 분명히 나타나고 주체가 자신의 자아를 기초로 하여 자신의 대상들을 구성해 가는 방식을 보여 준다. 다른 사람의 신체상은 그것이 자신의 신체와 유사하다고 지각되는 한에 있어서 동일시될 수 있으며, 역으로 자신의 자아를 그에게로 투사함으로써 유사자를 분리되고 동일시할 수 있는 하나의 자아로 지각한다.

이면적 의사거래 ulterior transaction 한 가지 내용을 전달하는 메시지가 동시에 두 가지 이상의 의미를 갖게 되는 복잡한 의사거래다. 자아의 기능도 외견상으로 나타나는 자아상태가 내면에서 실제로 작용하고 있는 자아상태와 서로 다르다.

이미지 Image 이미지에 대한 융(C. G. Jung)의 이해는 일생 동안 변화했다. 경험적으로 입증된 그의 가장 뛰어난 발견은 정신 그 자체는 '과학적으로' 즉 가설과 모델에 의하여 진행되는 것이 아니라, 사상(寫像)적으로 즉 신화와 메타포에 의해서 작용된다는 것이다. 융은 이미지에 대하여 다음과 같이 말한다. 의심할 것도 없이 이미지는 무의식의 내용들을 표현한다. 그러나 무의식의 내용들 전부가 아니라 그 가운데 일시적으로 자리 잡은 것들만 표현해 준다. 이는 한편으로는 무의식의 자발적인 활동의 결과이고, 다른 한편으로는 일시적이고 의식적인 상황의 결과다. 그러므로 이러한 의미를 해석하기 위해서는 의식만을 고려하거나 무의식만을 고려해서는 안 된다. 그 둘의 상호관계로부터 파악해 나가야 한다. 대극(opposites)의 중개자인 상징과 달리, 이미지는 대극을 담는 그릇이기 때문에 어느 한 가지 모습만을 고집하지 않는다.

이미프라민 imipramine 정신분열증의 치료에 쓰이는 약의 종류로서, 항우울제로 효과가 있다고 알려져 있다. 우울상태와 우울증에 빠져 있다는 생각으로 고민하는 '억울염려' 및 감정의 불안정함을 진정시키는 데 효과가 있다. 그러나 이미프라민은 우울증 예방에는 좋지만 조증을 빈발시킬 위험이 있다고 한다. 또한 이미프라민은 야뇨증에도 자주 사용되지만 맥박이 빨라지고 손발이 차가워지는 등 심혈관계의 부작용이 있어 조심스럽게 사용할 것을 권고하는 약물이다.

이분법적 사고 dichotomous thinking, black-and-white 흑백론 이것은 모든 것을 절대적 · 양극적 · 흑백논리로 바라보는 경향을 말한다. 예를 들어, '완벽하게 잘 하지 못하면 나는 실패한 것이다.'와 같은 생각이다. 대인관계에서 또 다른 예는, 상황을 해결하기보다는 '좋아! 다 네가 원하는 대로 해라!' 고 말하는 것이다.

이분법적 추론 dichotomy corollary 인간이 사상(events)을 어떻게 인지하는지에 대한 인지구성체의 특성을 설명하는 추론으로, 한 개인의 인지구성체계는 유한한 수의 이분법적 인지구성체로 구성되어 있다고 보는 것을 말한다.

이분설 dichotomy 인간의 본성이 물질적인 몸과 영혼의 두 측면으로 구성되어 있음을 강조하는 설로, 아타나시우스, 어거스틴, 개혁신학자들에 의해 주장되었다.

이분청취검사 dichotic listening test 서로 다른 청각적인 자극을 동시에 오른쪽, 왼쪽 귀에 제시할 때 어떻게 뇌에 전달되는가를 알아보려는 검사방법이다. 양쪽 귀에 서로 다른 정보를 들려주고 두 귀에 들리는 내용 중 어느 한 귀에 들리는 내용만을 주의해 듣고 따라 말해 보라고 하는 것이다. 이때 주의를 기울이지 않았던 귀의 정보가 어느 정도까지 처리되었는지는 이 귀에 들려주었던 내용에 대해 물어보면 알 수 있다.

이상심리학 abnormal psychology 인간이 나타내는 이상행동과 심리적인 장애를 과학적인 방법들을 통해 연구하는 심리학의 한 분파로서, 정상인의 이상한 심리상태(꿈, 최면상태) 또는 정신이상자의 병적 심리상태 및 그 구조와 발생과정을 해명하고 어떻게 치료하고 예방할 수 있는지를 살펴보는 심리학이다. 이상행동의 원인을 설명하고자 하는 이상심리학 연구의 주요한 학파는 첫째, 프로이트(S. Freud)를 시조로 하는 정신분석학파의 심리적 결정론과 무의식에 대한 가정으로부터 시작하는데, 인간의 심리적 구조와 기능이 서로 경합하고 조정되는 역동적 과정에서 일어나는 부적응과 이에 따른 방어기제 등으로 설명하고 있다. 둘째, 이상행동을 행동주의 입장에 근거를 두는 학습이론이다. 행동주의적 입장에 의하면 인간의 모든 행동이 환경과의 상호작용 속에 학습되었던 것과 마찬가지로 이상행동 역시 학습의 원리에 의해 학습된 것으로 환경으로부터 잘못된 학습에 있다고 가정하는 것이다. 셋째, 인지적 입장으로 이상행동이나 정신장애가 인지적 기능의 편향이나 결손과 밀접한 상관이 있다고 보는 것이다. 즉, 왜곡된 현실이해와 외부현실에 대한 주관적 이해에 영향을 받고 있다고 보는 것이다. 넷째, 이상행동과 정신병리의 원인을 신체적이고 생물학적인 입장에서 보는 것이다. 생물학적인 입장은 유전적 요인이나, 뇌의 구조적인 손상 또는 생화학적인 이상이 주요 원인이다. 이상심리학은 방법상으로 보면 일반 심리학과 다를 것이 없으나 그 대상이 이상상태로 정신장애의 연구와 밀접한 관계를 가지고 있다고 할 수 있다.

이상적 자아 ideal self 자기가 되고자 하고 또한 되어야 한다고 생각하는 자신의 모습에 대한 지각을 의미한다. 그러나 지금 그대로의 현실자아와 차이가 크면 클수록 인간은 만족감을 찾지 못하고 부적응현상을 나타낸다.

이상행동 abnormal behavior 정신장애를 뜻하는 말이나 우리 사회에서는 단순히 남과 다른 행동에서부터 괴이하고 위험스러운 행동을 지칭하는 데 이르기까지 그 의미가 넓게 쓰이고 있다. 그러므로 이상행동이란 말은 오해를 갖게 하는데, 먼저 이상행동을 너무 보편적 문제로 보려 한다는 것이고, 또 하나는 독특한 개인의 지나치게 특수한 문제로만 보려 한다는 것이다. 일반적으로 이상행동이란 정상에서 벗어난 행동을 말하지만, 무엇이 정상인가 하는 관점은 판단하는 사람이 가진 기준에 따라 다르다. 하지만 이상행동을 구별하기 위해 보편적으로 적용되는 기준은 적응의 관점에서 개인의 적응을 저해하는 심리적 기능의 손상, 개인으로 하여금 고통과 불편을 느끼게 하는 주관적 판단, 개인이 속한 사회 속에서 따라야 하는 문화적 규범으로부터 일탈 및 통계적 규준의 일탈로 구분할 수 있다. 이와 같이 이상행동이란 외현적으로 드러나거나 측정 가능한 행동으로서 판별기준에 의거해 '비정상적' 이라 평가할 수 있는 행동을 의미한다.

이상화 idealization 이상화의 사전적 의미는 사물을 현실 그대로 보지 않고, 가장 바람직한 모습에 비추어 생각하거나 특정한 대상을 이상으로 삼는 것을 말하는 것이다. 심리학에서 방어기제로 사용되는 '이상화' 의 의미는 과장된 긍정적인 점들을 타인에게 돌림으로써 감정적 갈등이나 내외적인 스트레스를 처리하는 경우를 말한다. 즉, 마음속에서는 어머니를 미워하지만 의식상에서는 이상화라는 방어기제로 자신의 공격성과 분노를 위장한다. 특히 성격유형검사의 종류인 에니어그램에서 9번 유형의 경우는 '모든 것이 언제나 평화롭고 조화로워야 한다.' 고 믿고 있기 때문에 자신들의 이상화된 세계관과 모순을 일으키는 어떤 것도 바라보기를 거절한다고 말한다.

이상화기둥 idealizing pole 어린 자녀들이 부모와 의미 있는 주변의 사람들 특히 아버지의 행동을 보면서 이상적인 자아 및 행동을 키워 가는 과정 속에서 생기는 심리적 기둥을 말한다.

이성애 heterosexuality 반대의 성을 가진 사람들과의 교제 및 성행위를 지향하는 것이다.

이성애착기 heterosexual period (heterosexualism) 프로이트의 성적 발달단계 가운데 성기기(genital stage)를 의미한다. ⇨ 성기기, 성적 발달단계, 프로이트 참고.

ERG 이론 최근의 욕구이론으로서, 앨더퍼(C. P. Aldefer)가 제시한 존재욕구(existence), 관계욕구(relatedness), 성장욕구(growth)를 의미한다. 그는 매슬로우(A. Maslow)의 5단계 욕구이론이 실제 생활에 적용하기가 모호하다는 비판을 하며, 위의 세 가지 욕구를 제시하였다. 즉, 존재욕구(existence)라 함은 매슬로우가 말하는 생리적 욕구나 안전욕구와 같이 인간이 자신의 존재를 확보하는 데 필요한 욕구를 말하며, 관계욕구(relatedness)는 개인이 주변 사람들과 의미 있는 인간관계를 형성하고 싶은 욕구를 말하고, 성장욕구(growth)는 매슬로우의 존경욕구와 자아실현욕구를 뜻하는 것으로서 개인의 잠재력 개발과 관계된 욕구를 의미하는 것이다. 이 이론이 매슬로우와 차이를 보이는 점은 첫째, 욕구의 분류체계가 세 가지로 되어 있어서 개념 자체가 포괄적이라는 것이며, 둘째, ERG 이론에서는 개인이 세 가지 욕구를 동시에 경험할 수 있으며 계층구조가 매슬로우의 욕구계층이론보다 약하다는 것이다. 셋째, 욕구가 나타나는 방향이 매슬로우의 욕구단계에서는 상향일변도였지만, ERG 이론에서는 고차원의 욕구가 충족되지 않으면 다시 하위욕구가 나타나는 등 상향 또는 하향의 쌍방향으로 나타난다고 보았다는 점이다. 그러나 ERG 이론은 결국 욕구중심이론이 갖는 한계를 벗어날 수 없으며 매슬로우의 욕구단계이론의 범주를 축소시켰을 뿐이라는 지적을 받고 있다. ⇨ 욕구의 단계, 욕구이론 참고.

이야기심리학 Narrative psychology 이야기심리학이란 용어는 1980년대 중반 데어도어 사르빈(Theodore Sarbin)에 의해 사용되었다. 이야기심리학은 인간의 정체성을 단편적인 인간 내면의 심리적 현상으로만 이해하는 것이 아니라 총체적으로 이해하기 위한 것으로, '이야기의 속성'을 파악함으로써 인간을 이해하고자 하였다. 이를 위해 치료자는 심층면접의 방법을 사용하는데, 개방적인 분위기 속에 판단과 조언을 최대한 자제하면서 한 인간의 삶의 이야기를 자연스럽게 이끌어 낸다. ⇨ 이야기치료 참고.

이야기치료 narrative therapy 이야기치료는 자신의 문제나 고통·슬픔을 이야기를 통해 자신의 삶의 의미를 발견하고 치유하고자 하는 것이다. 미쉘 화이트(Michael White)가 구성주의적 이야기접근법을 개발한 것에서 비롯되었으며 포스트모더니즘의 세계관을 배경으로 한다. 그에 의하면 각 사람은 자신의 삶에 대해 지배적인 이야기를 갖고 있으며 또한 종종 숨겨져 있는 대안적인 이야기도 갖고 있다고 한다. 이러한 이야기는 같은 사건이라도 매우 다양한 방식으로 이루어질 수 있는데, 삶의 경험들이 이야기를 보다 풍부하게 만든다. 이야기치료의 기본전제는 무엇보다 인간은 이야기적 존재로 태어나며, 우리는 자신의 이야기의 주체가 되고, 그 이야기는 주제가 있는 우리 삶의 역사적 기록이라는 것이다. 우리는 삶을 이야기로서 경험하며, 이해하고 정리해 나가며, 이야기를 통해 우리 자신과 다른 사람들 그리고 이 세계와 관계성을 맺고 있는 것이다. 따라서 이야기를 잘 들어보면 그 사람의 관계성을 알 수 있기 때문에 이야기는 인간의 삶에서 관계성의 틀과 의미를 밝혀 주는 통로가 된다. 이야기치료의 열쇠는 '사람은 결코 문제가 아니다. 문제가 문제다.' 라는 신조를 갖기 때문에 이야기치료에서 문제에 대한 해결은 문제 중심의 지배적 이야기로부터 사람들을 분리시키는 것에서 시작한다. 이것은 사람들의 행동을 수정하거나 어떤 특정한 양식의 사고에 의해 처방하는 것이 아니라 이야기를 바꾸어가는 과정을 통해 자연스럽게 자신의 삶에 대한 변화를 모색하도록 하는 것이다. 이야기치료에서 사용하는 주요기법은 문제표출(acting-out) 또는 외면화(externalization)하는 것으로 문제를 내담자의 자기 정체성으로부터 언어적으로 분리하는 것이다. 이 과정을 통해 내담자는 문제와의 관계를 살펴보면서 그 문제들을 자신이 어떻게 퇴출하려 했는지를 탐색하게 되고, 희망과 변화를 촉진하도록 하는 것이다. 즉, 문제표출은 내담자를 문제증상에 오염되어 있지 않은 일부분을 가진 존재로 바라보는 길을 제시하는 것으로 내담자를 존중하고 내담자에게 능력을 부여하게 한다. 이를 위해 치료자는 다양한 질문을 통해 새로운 이야기를 찾아낼 수 있도록 도와야 한다. 즉, 내담자의 경험에 대한 대안적인 해석에 내담자의 눈이 열릴 수 있도록 개인의 부정적인 견해를 반박하여 문제를 해결할 수 있는 자원과 능력을 찾아 내담자가 다양한 관점의 세계관으로 탐색할 수 있도록 도와야 한다. 이와 같이 이야기치료의 목표는 사람들이 문제에 빠져 있는 이야기를 버리고 보다 자신에게 힘과 만족을 주는 새로운 대안적 이야기를 가지게 하는 것이다. 흔히 치료를 받으러 오는 사람들은 문제로 구성된 지배적 이야기에 의해 삶의 선택을 제한받고 있는 사람들로서 그들이 할 수 있는 긍정적 경험의 행동과 사고를 스스로 방치해 버리고 다른 방식의 경험을 참경험으로 받아들이기를 포기한 이들이기 때문이다.

이익집단 interest group 종종 어떤 의도적이고 통일된 행동으로 이끄는 공통된 관심, 목표, 개념, 욕구를 가진 공식적이거나 비공식적인 협의의 구성원을 의미한다.

이인군 dyad 두 사람 간에 일시적 또는 영구적으로 맺어지는 교섭이나 관계를 말하는 것으로, 주로 부모와 자녀의 2인 관계를 의미한다.

이인성장애 depersonalization disorder 개인이 자신의 자아로부터 분리되거나 소외되는 느낌이 특징인, 지속적이거나 반복적인 삽화다. 개인은 자신이 기계인 것처럼 느끼거나 꿈속이나 영화 속에서 사는 것처럼 느낀다. 개인의 정신과정이 신체로부터 분리되어 있다는 감정, 마치 외부의 관찰자처럼 지속적으로나 반복적으로 이런 감정을 경험한다.

이인성정신병 folie a deux 이중정신병, 폴리아쉬 제 정신이 아닌 두 사람이라는 프랑스 용어로, 극히 드문 정신병적 장애이며, 두 사람 또는 때에 따라서는 그 이상의 밀접한 관계를 가지고 있는 사람들이 똑같은 망상을 공유하는 경우를 말한다. 흔히 지배적인 위치에 있는 사람이 굴종적이며 피암시성이 강한 사람에게 그의 편집성망상을 전달하는 양상으로 나타난다. 이 경우의 짝은 가장 흔히 두 사람의 자매, 남편과 아내 또는 어머니와 자식이다. 즉, 일종의 공동정신병이라고 할 수 있다.

이인증 depersonalization 비인간화, 탈인간화 전반적인 소원감이 근본증상이며 비현실감과 자기 자신에 대한 주체성(identity)의 상실 및 자기 몸을 자기 마음대로 조절할 수 없다고 느끼는 것 등이다. 따라서 이인증은 두 가지로 구분할 수 있는데, 첫째는 자신의 인격이 변한 것 같은 느낌을 가지는 것이고, 둘째는 자기가 살고 있는 외부세계가 변한 것 같은 비현실감이다. 다른 사람이 된 것도 아닌데 그 전의 자기가 아닌 것처럼 느끼며, 따라서 이런 상태에서 경험하는 것들은 모두가 그것들이 지니고 있는 본래의 감정적 의미를 상실한 두렵고 이상한 느낌과 비현실적 느낌을 일으킨다. 이인증은 이지적이고, 민감하고, 다정하고, 내성적이고, 상상력이 풍부한 인격의 소유자에게서 더욱 자주 일어난다. 흔히 "느낌이 얼어붙었다.", "자기 생각이 이상하다.", "사람들과 사물이 모두 어색하게 보인다.", "마치 꿈속을 가는 것 같다." 등으로 호소하게 된다.

이중구속 double-bind 이중속박 한 사람이 다른 사람에게 논리적으로 상호 모순되고 일치하지 않는 두 가지 메시지를 동시에 전달하는 것을 의미한다. 상대적으로 모순된 형태로 두 수준을 가로지르는 강제적으로 혼란스럽게 하는 의사소통으로서 일반적으로 메시지는 '언어적' 인 메시지와 '비언어적' 인 메시지를 통해 전달되는데, 이중구속개념은 메시지나 명령이 동시에 전달되지만 언어적인 메시지와 비언어적인 메시지가 모순되는 경우다. 예를 들어, 슬픈 일을 이야기하는 사람이 웃으면서 설명을 한다면 이것이 이중구속메시지를 보내는 것이다. 베이슨(Bateson)은 이를 한 사람이 다른 사람에게 논리적으로 상호 모순되고 일치하지 않는 두 가지 메시지를 동시에 전달하는 것으로 보고, 가령 아이에게 내려지는 말과 행동에 모순된 의사전달방법이 되풀이 될 때 아이는 갈등에서 벗어나지 못하고 마비, 분노, 불안, 절망에 잠기게 되며 분명한 의사소통, 사회적인 판별능력을 발전시키지 못하게 된다고 하였다. 이와 같이 역기능 가족구성원 간에는 서로 이중구속메시지를 교환한다. 한 사람이 다른 사람에게 이중구속메시지를 전달할 때에 여기에는 적어도 두 가지 또는 그 이상의 상반된 메시지나 요구가 있으며 이 메시지를 받는 사람은 어떤 식으로 반응을 하든 실패하기 마련이다. 한 메시지에 반응하면 자동적으로 다른 메시지에는 위반하도록 되어 있기 때문이다.

이중맹목 double blind 연구에서 실험을 받는 사람도 실험자도 실제 변화가 사실상 이루어지고 있는지 모르게 하는 기술이다, 예를 들어, 약의 효과를 연구할 때 실험자와 실험을 받는 사람이 위약이 투여되었는지 약효 있는 약이 투여되었는지 모르게 하는 경우를 말한다.

이중인격 double personality 개인이 두 가지 혹은 그 이상의 인격을 갖고 그것을 교대로 나타내는 상태를 말한다. 한쪽 인격은 다른 쪽 인격의 정반대이나, 그 사람이 되고 싶다고 의식적으로 생각했던 것이 나타날 때가 있다. 이중인격을 가진 사람들은 종종 그들의 갈등을 해소하기 위해 일시적인 충동에 따라 행동한다. 오늘날 이중인격은 히스테리의 한 증세로 생각되고 있다. 현실에서는 채워지지 않았던 욕구, 소망이 의식에서 분리 독립하여 이것이 의식을 지배한 것이 이중인격의 한쪽 인격으로 간주되고 있다.

이중접근-회피 갈등 double approach-avoidance conflict 두 선택 모두가 긍정적 결과와 부정적 결과를 수반하지만, 어느 한 가지만 선택해야 한다고 요구되어질 때의 갈등을 의미한다. 이는 레빈(K. Lewin)의 갈등유형 가운데 하나로서 두 가지의 목표가 있으며, 각기 접근하고 싶은 긍정적 유인가와 회피하고 싶은 부정적 유인가가 작용하는 경우다. 예를 들면, 과거의 못 이룬 피아니스트의 꿈을 이루기 바라는 어머니와 학자가 되기를 바라는 아버지를 둔 자녀의 경우 피아노를 연습하면 어머니가 좋아하나 아버지가 좋아하지 않고, 공부를 하면 아버지가 좋아하나 어머니를 실망시키는 결과를 낳는다. 이럴 때 자녀는 이중접근-회피 갈등을 경험하게 되는 것이다. ⇨ 갈등 참고.

이차과정 secondary process 자아가 본능의 욕구를 현실과 구분 지어 절충하면서 복잡한 사고나 미래를 예측하는 데 영향을 주는 기능을 말한다. 이는 현실원리와 같은 의미로서 정신분석학 이론에서 자신 혹은 타인의 안전을 해치지 않고 본능적 욕구를 만족시키게 하는 인지-지각적 기술이라고 할 수 있다. 또한 이차과정은 유기체의 과거 조건 역사에서 일차적 강화와 밀접하게 연관됨으로써 강화속성을 획득한 자극이다.

이차예방 sencondary prevention 어떤 문제를 해결하기 위해 문제의 초기 진단, 사례 발견, 격리 등의 방법을 동원하여 그 문제가 다른 사람들 또는 환경에 미치는 영향을 최소화하거나 조기 치료하려는 노력을 말한다.

이차적 강화 secondary reinforcement 파블로프(I. P. Pavlow)의 조건반사 실험에서 주어진 자극이 반응을 강하게 만들거나 변화시킬 경우에 그러한 자극을 주는 것을 이차적 강화라고 한다. 강화의 한 유형으로서 이차적 강화자(secondary reinforcer)는 상징적, 언어적 혹은 사회적 속성을 지니는 자극이나 사상을 말하는 것으로 일차적 강화자와 연합된 강화의 속성을 가진 것이다. 예를 들면, 칭찬이나 관심, 점수, 미소, 상장 등과 같다.

이차질서변화 second-order changes 체계의 조직과 기능이 근본적으로 변하는 것을 의미한다. 가족치료이론에서 보면 상담과 치유는 변화를 통해 이루어지는데 변화에는 두 가지 종류가 있다. 즉, 어떤 주어진 규칙 내에서 변화를 가리키는 일차질서변화와 이차질서변화다. 이차질서의 변화는 역동적인 가족관계에서 가족들 간의 신화나 규칙 등을 변화시키는 것을 말한다.

이타주의 altruism 이타주의란 문자 그대로 남들의 본능적 욕구충족을 집요하게 건설적인 면으로 도와주는 것을 말한다. ① 타인의 안녕을 위한 비이기적인 생각으로 돈이나 재화, 서비스, 동료의식 등을 제공하려는 동기를 지닌다. ② 먼저 타인의 욕구에 맞도록 헌신함으로써 감정적 갈등이나 내외적인 스트레스를 처리한다. 때때로 반동 형성의 특징이 되는 자기희생과는 달리 개인은 대리적으로 만족하거나 타인의 반응에 의해 만족한다.

이타행동 altruistic behavior 애타행동이라고도 한다. 이타행동은 공감하는 마음으로서 친사회적 행동과 범주를 같이 한다. 이타행동은 아동 후기 그 이후 발달하는 것으로, 레인골드(Reingold)는 생후 18개월 또는 그 이하의 연령에서도 부모뿐 아니라 낯선 사람에게 자기의 장난감을 나누어 주는 행동을 볼 수 있다는 것을 확인했다. 이타행동에는 공감, 동정, 위로하기, 돕기, 구조하기, 분여(나누어 주기) 및 기부행동, 집단 내의 협동, 협력행동 등이 있다.

이탈 disengagement 구조적 상담이론의 주요 개념으로 한 하위체제에 있는 구성원이 다른 하위체제에 있는 구성원들과 상호작용이 거의 없거나 전혀 없는 상태를 말한다. 이는 경직된 경계선을 가진 가족집단에서 나타나는 현상으로 가족구성원은 격리되어 있고 서로에게 분리되어 있다고 느끼며 각자 개별적, 자율적으로 기능하면서 가족 내에 일상적인 상호작용이 없는 상태다. ⇨ 이탈된 가족, 가족경계 참고.

이탈된 가족 disengaged family 유리 가족 가족구성원이 서로에 대해 관심도 관여도 없고 가족에 대한 몰두도 없다. 가족구성원 간 응집력과 결속이 대단히 낮기 때문에 가족구성원들의 정서적 욕구를 잘 알아차리지도 못하고 그에 반응하지도 못한다. 이들 가족은 개인적 자유와 자율성을 중요하게 여긴다. 밀착된 가족과 대조적으로 가족구성원 간 차이에 관대하고 가족 밖의 사람과 관계를 더 잘 맺는다. 이런 가족의 자녀의 경우 존중감, 소속감 등의 대인관계 능력이 결여될 수 있다. ⇨ 가족경계 참고.

이탈된 관계 disengaged relationship

⇨ 응집성, 가족경계 참고.

이행과제 transitional task 피아제(J. Piaget)가 아동의 논리적 조작의 발달에서 설명하는 것으로, 아동은 전형적으로 7세 정도에 이행과제(추론)를 발달시킨다고 한다. 이행성(transitivity)이란 어떤 2개의 사실에서 제3의 사실을 도출하는 것을 말한다. 예를 들면, 만일 A가 B보다 작고 B가 C보다 작으면, 그러면 A는 필연적으로 C보다 작다는 것을 이해하는 것이다. 즉, 이행과제는 아동에게 크기, 무게, 혹은 부피의 증감에 따라 질문이나 과제가 주어질 때, 이와 같은 일련의 요소를 정확하게 지적으로 배열하는 능력을 말한다.

이행대상 transitional objects 영아가 어머니와 동일시하고 있는 대상을 현실 대상으로 바꾸어 놓는 매개물을 말한다. 이는 위니캇(D. W. Winnicott)이 제시한 정신분석학적 개념으로 이행대상을 매개로 하여 환상, 공상도 발달하게 되며, 영아는 이 매개물을 통하여 어머니로부터 분리되어 혼자서 유희에 몰두할 수 있게 된다. 또한 강박성격, 강박신경증, 과보상성격 등도 이 시기와 관련되어 있다고 보고 있다.

이혼 divorce 결혼의 법적 소멸. 일반적으로 수락되는 이혼근거에는 외도, 성격차이, 일정기간의 별거가 있다.

이혼치료 divorce therapy 이혼하기로 결정한 부부를 돕기 위해서 마련된 일종의 임상적 개입형태. 이혼치료에는 부부가 이혼의 대안을 고려하는 것을 돕는 일, 조정문제를 최소한으로 줄이는 일, 이성적으로 가능한 가장 건전한 방법으로 이혼방법을 토의하는 것이 있다. 이와 같이 이혼치료는 이혼 전, 이혼과정, 이혼 후의 가족시스템을 구축하고 원조하는 것이 중심이 되는 치료과정으로서 이혼 전에는 관계에 대한 집착이나 헤어지고 싶거나 그렇지 않은 양가감정, 관계의 거절 등에 관한 대응이 원조의 과제이고, 이혼의 절차가 진행되는 과정에서는 법률적인 문제, 자녀들의 양육문제 등이 원조의 초점이 되며, 이혼 후에는 자녀들과의 만남, 전 배우자와의 새로운 조정관계 및 재혼이라는 문제가 원조의 중심이 된다.

익명의 알코올중독자모임(AA) Alcoholics Anonymous 알코올 중독 무명회, 알코올 중독자 치유협회, 단주동맹 등의 이름으로 불린다. 가족 중에 알코올중독자가 있는 사람들끼리 모여서 서로 이름을 밝히지 않은 채 서로 돕고 있는 치료단체로서 140여 개 국에 수백만 알코올중독자 회원이 있다. AA그룹은 1935년 미국의 빌(W. Bill)과 밥(S. Bob)에 의해 창설되었다. 알코올중독자였던 이들이 신앙을 통해 신체적으로 조절할 수 없었던 알코올중독의 문제를 해결하고 이후 이들의 지속적인 모임을 시작으로 전 세계에 보급하게 된 것이다. AA는 알코올중독의 치료에 있어서 가장 효과적인 치료모델로 증명되고 있으며 AA그룹에는 두 가지 유형이 있는데, 하나는 공개적 모임으로 중독자 자신뿐 아니라 그들의 가족들도 참석할 수 있는 것이며 또 하나는 비공개적 모임으로서 오직 중독자 자신들만의 모임이다. 이들은 여기에서 자신만이 겪는 고통과 죄의식을 서로 격려하고 조언함으로써 해결하는 것이다.

인간개발 human development 사람의 생활주기에 따라 나타나는 신체적 · 정신적 · 사회적 · 경험적인 변화. 이러한 변화는 지속적이고 공정하게 일관된 결과를 발생시키며 다른 변화들과 함께 누적된다. 인간개발은 예상할 수 있는 방법으로 발생하지만 변화율은 각 개인에 따라 다르게 나타난다.

인간발달생태학 ecology of human development 적극적으로 성장해 가고 있는 인간과 그 발달하고 있는 개인이 살고 있는 즉각적인 장면의 변화하는 속성이 발전적으로 상호 조절하는 과정을 과학적으로 연구하는 학문이다. 개인의 특성과 그의 과거와 현재를 포함하는 환경의 상호작용 속에서 인간의 증상과 행동에 대한 이해가 가능하다고 말한다.

인간성 humanity 인간의 본성, 특히 인간으로 하여금 인간답게 하는 것 또는 그것 없이는 인간이 참다운 의미에서 인간이 아니게 되어 버리는 것으로 가치적인 색채의 말이다.

인간잠재력운동 human potential movement 각 개인 속에 감각적 인식을 확장하고, 삶의 경험을 풍요롭게 하며, 창의성의 잠재력을 충족시키는 것과 관련된 치료적 운동이다. 이는 1960년대 '참만남 운동(encounter movement)'과 더불어 미국을 휩쓸었던 운동으로 로저스(C. R. Rogers)와 매슬로우(A. Maslow)가 원동력 역할을 하였다. 즉, 인간잠재력운동은 인간의 본질적 선과 무한한 잠재력을 강조하는 인본주의심리학에 뿌리를 둔 것으로 명상이나 요가를 비롯한 각종 정신수련 및 관련 세미나를 통해서 인간성 계발과 참만남을 도모하기 위한 훈련을 모색하는 운동이다.

인간중심치료 person-centered psychotherapy 로저스(C. R. Rogers)의 인간중심상담론의 주된 틀은 상담자가 솔직한 태도, 인간적 존중, 공감적 이해를 경험하고 이러한 태도를 내담자에게 전달하여 신뢰와 허용의 분위기를 조성하게 되면 내담자의 성장 잠재력이 발현된다는 것이다. 처음에는 비지시적 상담으로 불리다가 후에 내담자중심으로, 최근에는 인간중심상담으로 개칭된 것으로 로저스에 의해 창안되었다. 이 상담은 모든 인간은 정상이든 비정상이든 각자의 계속적인 성장에 궁극적 관심을 갖고 있으며, 누구나 이와 같은 계속적인 성장을 위한 잠재능력을 갖고 있다는 인간관을 가정하고 있다. 이와 같이 내담자에게는 스스로 이해하며 회복할 능력이 있기 때문에 지시할 필요가 없다고 하며, 이 내용에 근거하여 로저스의 인간중심의 상담방법을 내담자중심의 상담이라 이름하였다. 인간중심상담론이라는 이름은 1970년대 이후부터 불린 것으로 상담은 이처럼 개인 속에 이미 존재하고 있는 잠재능력을 제약받고 왜곡된 상태로부터 해방시킴으로써 충분히 기능을 발휘하도록 인간으로의 성장을 조력하는 것이라고 보고 있다. 즉, 인간중심상담론은 우리가 문제를 이해할 능력이 있고 우리 내부에 그 문제들을 효과적으로 해결할 자원을 가지고 있다고 가정하는 것으로 기본적으로 인간을 신뢰할 수 있다는 것을 강조한다.

인격 personality 어떤 사람이 어떤 고정된 양식에 따라 환경과 자신을 지각하고, 대인관계를 맺으며, 환경과 자신에 대해 생각할 때 이 고정된 양상을 인격 또는 성격이라고 한다. ⇨ 성격 참고.

인격장애 personality disorders 성격장애 인격장애란 개인의 성격특성이 융통성이 없고 부적응적이어서 사회생활이나 직무를 수행할 때 중대한 손상이나 주관적 고통을 일으키는 경우를 가리키는 것이다. 이는 일시적인 장애나 상황에 대한 반응성 장애가 아니라 성격특성으로 굳어진 즉, 지속성이 강한 부적응행동패턴을 말하는 것으로, 그 개인은 문화적 기대로부터 심하게 벗어난 지속적인 내적 경험과 행동양식을 보인다. 이러한 인격장애는 광범위하며, 청소년기 또는 성인기 초기에 시작되어 지속적으로 굳어진 양상을 보임으로써 시간이 지나도 변하지 않고 이로 인하여 스트레스나 상황의 변화에 대해 고통과 장애가 초래되는 부적응적인 반응을 보인다. DSM-IV는 인격장애에 대한 10개의 하위유목이 있는 데, A, B, C의 세 군집으로 분류하고 있다. A군은 기이하고 괴상한 행동특성을 나타내는 장애로서 편집성 인격장애, 분열성 인격장애, 분열형 인격장애를 말하며, B군은 극적이고 감정적이며 변화가 많은 행동이 주된 특징으로 반사회성 인격장애, 경계성 인격장애, 히스테리성 인격장애, 자기애성 인격장애를, C군은 불안과 두려움을 지속적으로 경험하는 특징을 지닌 회피성 인격장애, 의존성인격장애, 강박성 인격장애를 의미한다.

인격 특성 personality trait 인격특성은 중요한 사회생활과 개인생활의 광범위한 영역에서 나타나는 성격의 독특한 특성을 말한다. 인격특성이 융통성이 없고 부적응적이며 심각한 기능장애나 주관적인 고통을 유발할 때만 '인격장애'가 된다.

인공두뇌학 cybernetics 체계 내에서 피드백조절방식을 연구하는 것으로 특히 피드백고리를 통한 정보의 흐름을 연구한다. 즉, 체계를 규제하고 통제하는 특히, 정보의 흐름을 규제하고 통제하는 과정에 관한 연구다. ⇨ 사이버네틱스 참고.

인공지능 artificial intelligence 컴퓨터로 수행되는 인지과정으로 형태인식이나 문제해결을 수행하는 컴퓨터 프로그램으로서 인지심리학과의 연결을 연구하는 분야다.

인물스키마 person schema 대인지각과정에서 인물스키마는 특정한 개인이나 집단에 대해서 가지고 있는 도식을 말한다. 예를 들어, 이순신 장군에게 '용감하다', '총명하다'와 같은 형용사를 적용하는 것과 같다.

인본주의심리학 humanistic psychology 인본주의적 접근은 1950년에 미국의 심리학자인 매슬로우(A. Maslow)와 로저스(C. G. Rogers)가 인간에게는 자유의지가 있으며 무의식적인 동기와 환경적 자극에 의해 움직이는 존재가 아니라는 생각을 발전시키면서 생겨났다. 매슬로우는 인간의 자연적인 본성인 자아실현에 대한 욕구를 강조하였는데 이는 모든 사람의 잠재력의 실현에 대해 적용되는 용어다. 인본주의심리학은 로저스에 의해 심리치료 분야의 변화에 주요한 원동력이 되었다. 인본주의심리학에서 인간은 깊은 내면에 적극적인 선을 소유한 존재로서 신뢰할 만하며, 자기 자신을 깨달아 아는 힘과 생각하고 결정을 내릴 수 있는 독특한 가능성을 소유한 책임적 존재다. 본질적으로 삶의 목표와 창조적인 가치를 발견하려고 투쟁하며, 타인과의 협동성이 뛰어나고 자신의 내부에 잠재해 있는 능력들을 자발적으로 계발하고 성장하려는 건설적인 욕구가 있다. 또한 문제에 봉착했을 때 문제해결능력도 갖고 있는 유능한 존재로 인식하고 있다. 인본주의심리학은 개인의 잠재력을 실현해야 한다는 점에서 실존주의심리학과 같으나 실존주의심리학에서는 내적 정체감과 의지를 강조하는 반면, 인본주의심리학에서는 비언어적 경험, 신체접촉을 통한 감정소통, 억제된 감정과 욕망의 분산 등에 초점을 둔다.

인본주의치료 humanistic therapy 정신분석치료와 비교하여 과거보다 현재를 강조하고, 행동치료와 비교하여 주관적인 심리적 요인에 더욱 관심을 둔다. 인지치료가 정서를 통제하려는 데 비해, 인본주의치료는 정서표현을 격려한다. 인본주의 치료에는 인간중심치료(person-centered therapy), 게슈탈트 치료(gestalt therapy), 실존치료(existential therapy) 등이 있다.

인본주의적 지향 humanistic orientation 인간의 자유의지에 기반을 둔, 인간을 중시하는 것을 의미한다. 상담에서 비지시적 상담 또는 내담자 중심의 상담을 주장하고 이끈 로저스(C. R. Rogers)의 상담은 후에 인간중심상담으로 불리게 된 인본주의상담으로 유명하다. 상담 또는 치료의 과정에 있어서 인본주의적인 지향을 취한다는 것은 사람들의 역기능보다는 그들의 잠재력을 강조하는 개념, 가치, 기술들의 집합이라고 볼 수 있다. ⇨ 인본주의심리학 참고.

인상조작 impression management 다른 사람들에게 사랑받고 싶다거나 유능하게 보이고 싶다는 동기에서 자신의 인상을 조작하고 상황에 따라 연기하는 것과 같이 자신을 꺼내서 보인다는 뜻을 말하며, 자기정시(self-presentation)라고도 한다. 인상조작 테크닉에는 크게 획득적 인상조작(acquisitive impression management)과 방어적 인상조작(defensive impression management)으로 나눌 수 있다.

인상학 physiognomy 외부에 나타난 모습, 특히 얼굴의 형상, 특징, 표정 등으로부터 사람을 보는 기술을 의미한다.

인생각본 life-script 교류분석의 중심이 되는 개념이다. 사람들은 어린 시절 각자의 자기인생일화(life story)를 쓰게 된다. 성년이 된 후 통상 그 인생일화를 의식하지는 않지만 그것을 의식하지 못한 채 어렸을 때 결정한 줄거리의 마지막 장면을 향하도록 우리의 삶을 설정해 가기 쉬운데, 이러한 인생일화를 인생각본이라고 한다. 즉, 어린 시절에 만들어지고 부모에 의해 강화되며 후속 사건들에 의해 '정당화' 되고 양자택일의 선택 속에서 절정에 달하게 되는 무의식적인 인생계획을 말한다. 이러한 각본분석을 통해 사람들이 어떻게 스스로 무의식적으로 문제를 만들고 그 문제들을 해결하려 하는지를 이해하려 하는 것이다. ⇨ 각본 참고.

인성학 ethology 생물유기체의 유전학적 · 생리학적 · 진화적 발달과 환경에 대한 적응을 조사함으로써 인간의 성격형성과 동물의 행동을 과학적으로 연구하는 학문.

인센티브 incentive 유인, 유인가 개인의 동기획득을 유도할 수 있는 방법대로 행동하도록 유발하는 가치의 보상 또는 대상을 말한다.

인쇄효과 printing effect 바로 앞에서 얻은 정보가 이후의 인상판단에 직접 영향을 미치는 현상을 '인쇄 효과' 라고 한다. 사람들은 편견이 심한 사람이건 심하지 않은 사람이건 간에 어떤 사람을 보면 자동적으로 도식적 처리를 한다. 그러나 그런 도식적 처리는 상대방을 삐딱하게 볼 소지를 다분히 안고 있다. 누구에게 들은 정보를 가지고 사람을 단 한 번에 평가한다면 그보다 어리석은 일은 없다.

인식 awareness 사물을 인지 · 식별하고 기억 · 사고하는 작용 및 그 결과를 말한다. 인식작용은 과학의 대상으로서 지각, 기억, 지능 등의 요소에 있어서 심리학 · 생리학 등의 대상이 된다.

인식론 epistemology 인식론이란 '어떻게 아는가? 무엇이 진리인가?'를 뜻하는 철학적인 용어다. 지식의 한계와 함께 그 기원, 속성, 방법론 등을 철학적으로 연구하는 학문으로 이는 관찰하고 경험한 것을 기술하고 개념화하는 틀이 된다.

인정갈망 recognition hunger 인정기아, 인정중독이라고도 하며, 에릭 번(Eric Berne)이 제시한 개념이다. 인정갈망은 인간의 욕구인 자극욕구(자극갈망)의 충족을 이루어 주는 것으로서 신체적 접촉이든 회화의 형식이든 한 인간이 다른 인간에게 주는 인정의 한 형태다. 대부분의 인간행동은 이러한 자극을 받고자 하는 욕구에 의해서 일어나는데 이러한 자극의 상호교환이 의사거래이며, 의사거래가 사회적 상호교섭의 한 단위가 된다. 이처럼 인정갈망은 다른 사람들의 인정을 충동적으로 추구하는 것을 말하는데 사람들은 미소나 칭찬 등을 통해 자신의 존재가 인정받고 있다는 것을 느끼기를 열망하는 것이다.

인정요구 demand for approval 엘리스(A. Ellis)의 11가지 비합리적인 신념 가운데 하나로 인정요구는 자신을 아는 모든 사람들로부터 사랑, 인정, 이해를 받아야만 가치가 있다고 믿는 사고를 의미한다.

인지 cognition (cognitive) 일반적으로 사고의 능력을 의미하며, 관련된 정보를 지각, 사고, 기억, 인식, 계획하는 것과 같은 정신과정에 관련된 것이다. 즉, 기억 속에 있는 정보의 종류와 그러한 정보를 획득하고 활용하는 과정을 말한다.

인지구조 cognitive structure 외적 행동을 가능하게 하는 내재적인 지적 구조로서 인간이 주변 세계를 이해하고 사고하는 방식을 말한다. 따라서 인간이 발달한다는 것은 인지구조가 변화한다는 것을 의미한다. ⇨ 인지발달 참고.

인지도 cognitive map 미국의 학습심리학자인 톨먼(E. C. Tolman)에 의해 제안되었다. 학습 시에 인간이나 동물이 소유하게 되는 문제해결이나 목표달성 방법에 대한 정신적인 표상을 말한다. 즉, 환경에 대한 개인의 이미지나 지각적 영상이다.

인지반응이론 cognitive response theory 인지반응이론에 따르면 사람들은 특정 입장의 다양한 측면들에 대해 그것이 정적인지 부적인지를 평가하고(인지적 반응), 이후 이러한 인지적 평가에 따라 그 입장을 지지할 것인지의 여부를 결정하게 된다고 주장한다. 이와 같이 그린월드(Greenwald)의 인지반응이론은 어떠한 설득상황에서건 인지의 근원은 메시지의 내용이 아니라 메시지에 대한 인지적 반응이라고 가정하는 것이다. 즉, 인지적 반응이론의 핵심가정은 인간이란 접하게 되는 어떤 메시지들에 대한 단순한 수동적 수용자라기보다는 메시지들에 대해서 인지적 반응을 일으키는 적극적인 정보처리자인 것이다.

인지발달 cognitive development 개인이 정보를 지각하고 평가하며 이해할 수 있는 지적인 능력을 습득하는 과정을 의미한다. 피아제(J. Piaget)는 인간의 인지발달을 네 가지 전형적인 단계로 분류하였다. 즉, 감각운동기, 전조작기, 구체적 조작기, 형식적 조작기를 말하는 것으로, 각 단계의 순서는 바뀌거나 생략되지 않으며, 연령 범위는 개인적인 경험과 유전에 따라 달라질 수 있다.

① 감각운동기(sensorimotor stage, 0~2세) : 이 기간 동안 영아에게는 세상에 관한 추론이나 사고능력이 없으며, 다만 자신의 감각 및 반사능력을 통해 세상을 알아 가게 된다. 즉, 출생시부터 가지고 있는 몇몇의 감각 능력 및 빨기나 잡기와 같은 반사적인 행동들을 사용하여 세상을 탐색하고, 자신의 행동과 그 결과와의 관계를 발견하면서 세상을 배워 간다. 이 단계 후기로 가면서 대상영속성 개념 획득이라는 중요한 발달을 이룬다.

② 전조작기(preoperational stage, 2~7세경) : 물체나 사건을 내적으로 표상하는 것을 잘할 수 있고 언어와 내적 상상을 통해 세상을 이해할 수 있게 된다. 따라서 이 시기의 아동들은 가장놀이를 하기도 하고, 인형이나 장난감 자동차를 사람이나 실제 자동차처럼 가지고 놀기도 한다. 또한 사물이나 대상을 나타내기 위해 단어를 사용할 수 있게 된다. 그러나 아직 이 시기의 아동들은 체계적이고 논리적으로 사고하는 능력은 결여되어 있어서 피아제는 이런 의미에서 전조작기라고 명명하고 있다. 이 단계의 아동들의 인지적 한계를 보여주는 특성으로 자기중심성을 들 수 있는데 이는 사물이나 사건을 대할 때 자신의 관점에서만 보고 타인의 관점이나 견해를 이해하지 못하는 경향을 말한다.

③ 구체적 조작기(concrete operational stage, 7~12세경) : 전조작기에서의 한계를 극복하고 논리적으로 사고할 수 있게 되며, 액체, 수, 부피, 무게 등에 관한 보존개념을 획득하게 되고, 자기중심성에서 벗어나 다른 사람의 입장을 고려하고 추론할 수 있게 된다.

④ 형식적 조작기(formal operational stage, 12~16세경) : 가설설정을 통해 문제해결을 할 수 있게 되고, 구체적 상황 또는 현재의 상황을 뛰어넘어 사고할 수 있으며, 다양한 상징적 표상을 이용하여 추상적인 사고를 할 수 있게 된다.

인지부조화 cognitive dissonance 레온 페스팅거(Leon Festinger, 1957)에 의해 제안된 인지일관성의 이론으로서 개인이 자신의 생각, 가치관, 태도, 의견, 행동들 간에 불일치나 갈등을 인식할 때 발생한다. 이 불일치성이 해소되지 않으면 심리적 불편감을 체험하며 사람들은 보통 이 부조화상태를 조화상태로 바꾸기 위해서 생각, 태도, 가치관, 행동의 변화와 같은 모종의 조치를 취한다.

인지삼인군 cognitive triad 벡(A. Beck)에 따르면 우울한 사람들은 세 가지의 부정적인 인지도식을 가지고 있다고 하는데 이러한 인지삼인군은 다음과 같다. 첫째, 자신은 무가치하고 무능하며 부적절하기 때문에 인정과 사랑을 받지 못하는 사람이라고 믿는다. 또한 자신을 결점이 많아서 가치 없는 존재라고 믿으며 평가절하하고 비난하는 경향이 있다. 둘째, 자신을 둘러싼 세상에 대한 부정적인 인지로서 세상이 자기에게는 항상 가혹하고 부정적이어서 실패와 좌절을 경험할 수밖에 없다고 생각한다. 셋째, 우울한 사람들은 미래에 대한 부정적인 견해를 갖는다. 현재의 고통과 어려움이 계속될 것이라고 예상하는 것으로 무엇을 시작하든지 이들은 실패를 먼저 예상한다는 것이다.

인지생리학적 정서이론 정서적 경험은 자율신경계에 의한 신체의 각성에 의해 일어나는 것이 아니라 개인 자신이 처해 있는 전체 상황에 대한 평가를 통하여 그 신체적 각성을 어떻게 해석하느냐에 따라 달라진다고 하는 이론을 말한다. 이는 샤처(D. L. Schachter)가 제시한 생리학적 정서이론에 대한 이견으로서, 정서의 이요인이론(two-factor theory of emotion)이라고도 한다. 즉, 정서가 유발되기 위해서는 일반적 자율신경계의 각성과 그러한 각성에 대한 인지적 해석이 모두 필수적이라고 생각하는 것이다. 다시 말해, 생리학적 정서이론 가운데 제임스 랑게(James-Lange) 이론이 '신체적 변화가 먼저 일어난 후 이를 지각하는 것이 정서다.'라는 이론이라면, 캐논 바드(Cannon-Bard) 이론은 '신체변화와 정서경험은 동시에 일어난다.'는 이론이다. 이에 반해 샤처의 인지생리학적 정서이론에 의하면, 신체변화는 정서경험에 필요조건이 되는 것으로 제임스 랑게(James-Lange) 이론에 부분적으로 찬성한다. 그러나 신체변화가 정서경험의 충분조건은 아니며 경험하는 정서의 종류는 상황을 어떻게 해석하느냐하는 인지적 요인에 달렸다고 하는 것이다. 이와 같이 인지생리학적 정서이론은 정서를 경험하게 되는 상황에 대한 평가가 정서적 경험에 상당한 영향을 미친다고 한다. ⇨ 생리학 적정서이론, 정서 참고.

인지심리학 cognitive psychology 인지를 다루는 심리학의 개념으로서, 인지적 접근은 게슈탈트 심리학과 행동주의심리학의 결합이다. 게슈탈트 심리학처럼 인지심리학은 유기체의 지각과 정보처리, 경험의 해석 등 활동적인 정신의 작용을 강조한다. 그리고 행동주의 심리학처럼 인지심리학은 객관적이고 잘 통제된 실험실에서의 연구를 강조한다. 그러나 생각과 같은 정신적 작용이 행동에 영향을 미치지 못한다는 엄격한 행동주의심리학자들과는 달리 많은 인지심리학자들은 정신작용이 행동에 영향을 미친다고 믿는다. 따라서 인지심리학은 인간이 자극을 지각하고 처리하며 그에 대한 저장 및 반응을 보이는 과정을 컴퓨터의 정보처리과정에 입각하여 연구한다. 즉, 사람들이 어떻게 지식을 얻고 조직하는지를 다루기 위해 1970년대부터 시작된 분야로서 인간의 인지행동을 이야기함에 정신적 표상은 어떻게 이루어지는지 사회학적, 문화적인 분석 수준과 생물학적, 신경학적 분석 수준과는 구분될 수 있는지에 대한 인지심리학이 요구되었다.

인지욕구 need for cognition 생각하고 사고하기를 즐기는 경향에 있어서 개인차가 존재함이 밝혀졌다. 코허(Cohe), 스토트랜드(Stotland), 울프(Wolfe)는 개인의 차이점 가운데 하나를 인지욕구라고 보았는데 인지욕구란 "개인이 당면한 문제와 이와 관련된 상황을 의미 있고 일관된 방법으로 풀어나가려는 욕구"를 말한다. 인지욕구가 높은 사람은 낮은 사람에 비해 설득메시지를 논점 위주로 처리하려는 경향이 강해서 적극적으로 논지를 생각하고, 설득 주제와 관련된 내용의 회상률이 높으며, 태도변화에 대한 저항이 크지만, 일단 형성된 태도의 지속성은 높은 것으로 나타난다.

인지유형 cognitive style 개인이 정보를 조직하고 처리하는 방식. 이것에 영향을 미치는 문제를 지각, 기억, 이해, 해결하는 방법은 개인마다 다르다. 예를 들면, 어떤 사람들은 환경에 대해 더욱 분석적일 수 있지만 다른 사람들은 좀 더 전체적인 접근법을 취할 수도 있다는 것이다.

인지이론 cognitive theory 개인이 정보를 받아들이고 처리하고 반응하기 위한 지적인 능력을 개발하는 방법과 관련된 일련의 개념들로서 인지적 개념들은 행위가 일차적으로, 본능적인 성향이나 무의식적인 동기보다는 오히려 사고와 목표에 의해 결정된다는 점을 강조한다.

인지적 갈등 cognitive conflict 생각, 의견 등이 상충하거나 공존하지 못하는 경우의 갈등을 말한다. 즉, 자신의 원래 생각과 예상이 다를 때 나타나는 갈등이다. 피아제(J. Piaget)는 인간과 환경의 상호작용의 본질이 내적인 인지적 갈등을 해결하며 평형에 이르는 데 있다고 하면서 인지적 갈등을 학습기제로 이해하였다. ⇨ 갈등 참고.

인지적 결손 cognitive deficits 심리적 장애와 관련된 부적응적 인지의 유형으로서 인지적 결손은 주의폭의 협소화, 단기기억용량의 감소와 같이 특정한 인지기능의 저하 또는 결손을 의미하며 정상적인 적응을 위한 인지적 활동이 불충분한 상태를 말한다.

인지적 구두쇠 cognitive miser 인간을 인지적 구두쇠로 보는 관점이 있다. 이 관점에서는 인간이 정보를 처리할 수 있는 한정된 용량만을 갖고 있기 때문에 가능한 한 간단한 방식으로 주어진 정보를 처리한다고 보았다. 즉, 인간은 설사 자신의 판단이나 결정에 오류가 있을지라도 복잡한 문제를 간단히 처리할 수 있는 책략을 사용한다는 것이다.

인지적 구성요소 cognitive component 태도대상을 지각하는 방법에 영향을 미치는 요소다. 인지적 구성요소는 대상이나 상황에 대한 특정인의 지식이나 정보와 관련된 것으로 개인이 가진 신념을 포함한다. 즉, 태도의 인지적 요소는 태도대상물에 대한 개인들의 신념이나 사실적 지식을 말하는 것이다. 태도의 개념을 설명함에 개인이 가진 태도를 형성하는 신념은 세 가지 요소로 구성되어 있다고 보는데, 즉 인지적 구성요소와 정서적 구성요소(affective component), 행동적 구성요소(behavioral component)를 말한다. 또한 인지적 구성요소는 정보를 어떻게 인식하여 받아들이며, 어떻게 처리하는지에 따라 분류할 수 있는데, 정보 인식의 차원에서 구체적 인식과 추상적 인식으로 나누며, 인식된 정보 처리의 차원에서 전체적 사고와 분석적 사고로 나눈다. 즉, 구체적 인식은 우리의 감각기관(시각, 후각, 촉각, 미각, 청각)을 통해 받아들이는 것이고, 추상적 인식은 실제로 볼 수 없는 것을 시각화하거나 아이디어를 떠올려 이해하거나 믿을 수 있도록 하는 인식능력으로 직관, 지성, 상상력이 전제가 된다. 또한 전체적 사고는 상세한 부분보다 전체에 대해 관심을 기울이고, 특정한 사물 그 자체보다 그 사물이 놓여있는 전체의 맥락이나 장을 중시하는 입장이며, 분석적 사고는 놓여 있는 장을 떠나서 부분을 자세히 보려는 것을 말한다. 이와 같은 인지적 구성요소는 태도대상의 평가적 측면을 제공하는 지각과 상호관련을 맺고 있다. ⇨ 태도 참고.

인지적 변수 cognitive variable 웨이스(Howard M. Weiss)와 아들러(Seymour Adler)는 성격변수를 두 가지 범주, 즉 인지적 변수와 동기적 변수로 나누는데 인지적 변수는 상황에 대한 판단과 정보를 처리하는 양식을 나타내는 변수다. 이와 같은 인지적 변수에는 내·외향성, 신념체계, 태도, 지각유형 등이 있다.

인지적 심상기법 cognitive imagery technique 공포나 불안을 야기하는 사건에 대한 비생산적 반응을 소거하기 위한 기법으로 사용되는데 현실에서나 상상 속에서 절차를 규칙화하거나 강화시킴으로써 불안에 대해 반응하는 것을 그치도록 하는 것이다. 이러한 심상기법으로는 홍수기법(flooding)과 내파기법(implosion)이 있다. ⇨ 홍수기법, 내파기법 참고.

인지적 왜곡 cognitive distortions 인지적 오류(cognitive errors)라고도 한다. 인지적 기능이 위축된 결손상태와는 다르게 적극적이고 능동적인 활동상태지만, 어떤 경험이나 사건을 해석하고 받아들이는 과정에서 생기는 판단의 오류로서 현실을 제대로 지각하지 못하거나 사실 또는 그 의미를 왜곡해서 받아들이는 것이다. 이러한 인지적 왜곡의 종류에는 잘못을 확대하거나 성공을 축소하는 확대와 축소, 평가절하, 파멸적 사고, 개인화, 과잉책임, 자기중심적 사고, 이분법적 사고, 과잉일반화, 선택적 추상화, 감정적 논리, 비약적인 결론, 낙인찍기 등이 있다.

인지적 일관성 cognitive consistency 기초가 되는 개념을 인지적으로 이해하는 것을 말한다. 인간의 인지적 과정과 태도에 대한 연구에 의하면 인간은 자신들이 형성해 놓은 지식구조와 틀 또한 이전의 기억에 부합하는 방식으로 인지하고 행위하려는 경향성을 갖는데 이를 인지적 일관성이라고 한다. 이와 같은 인지적 일관성은 사람들이 가지고 있는 선택적 지각을 통해 유지되며, 해석과정에서도 일관성을 유지하려고 한다. 뿐만 아니라 인지적 일관성은 귀인과정에서도 작용하는데 즉 자신이 이전에 가지고 있던 태도적 기대와 부합하는 상대방의 행동에 대해서는 일관된 내적인 요인으로 귀인시키는 데 비해, 자신의 태도적 가정과 일치하지 않는 행위에 대해서는 외적 요인으로 귀인시키는 경향이 있다. 또한 이러한 인지적 일관성을 유지하려는 경향과 과정에서도 인지의 오류 또는 편향성이 나타날 수 있는데 이것에는 후광효과, 자기-충족적 예언으로 고정관념의 확인편파(confirmation bias), 관대화의 오류 등이 있다. 결국 상대방에 대한 평가에서 인지적 일관성을 유지하려는 경향이 있음을 나타내는 것으로 사람들은 관련된 인지요소들 간에 일관성을 유지하려는 경향이 강하며, 태도도 이 일관성을 유지하는 과정에서 형성되고 변화된다.

인지적 자기지시기법 cognitive self-instructional 마이첸바움(Meichenbaum)이 개발한 기법으로 내적 대화와 겉으로 드러나지 않은 자기진술을 하게 함으로써 어려운 생활사건에 대처하고 행동문제를 해결하게 하는 기법이다. 예를 들어, '나는 할 수 없어.' 라고 말하는 내담자에게 '나는 최선을 다해 그걸 해 볼 거야.' 라는 말을 마음속에 반복하게 함으로써 부적응적 행동의 원인이 되는 자기 패배적 사고에서 벗어나게 하는 경우를 말한다.

인지적 재구조화 cognitive restructuring 인지적 재구조화기법은 인지적 행동수정기법의 한 방법으로서 마호니(Mahoney)가 개발한 기법이다. 내담자의 사고에 내포되어 있는 잘못된 논리를 표현하게 하고, 불합리한 사고과정을 논리적이고 합리적인 사고유형으로 대치하는 기법이다.

인지적 평가 cognitive appraisal 정서의 인지이론의 중추적인 평가과정에서 사용되는 개념으로 어떤 상황, 왜, 어느 정도로 위협적인지를 결정하는 평가적 과정이다. 예를 들면, 스트레스 상황에서 스트레스의 상황이나 요인에 대해 개인이 평가하는 과정을 의미하는 것으로 이러한 해석에 따라 스트레스 수준이 결정되고 이에 대해 어떻게 대처할 것인가의 방향을 결정하게 된다.

인지적 행동수정기법 cognitive behavior modification technique 역기능적 행동을 하게 만드는 사고를 수정할 수 있도록 원조하는 데 널리 활용되는 기법으로 여기에는 인지적 재구조화, 인지적 자기지시, 인지적 심상기법 등이 있다. 즉, 모형화, 역할놀이, 행동의 조절 등을 이용하여 학습과 인지적인 문제에 대한 해결기술을 가르치고 자기지시적인 훈련을 통해 자신의 행동을 조절하는 등 실제적으로 문제행동에 내재해 있는 인지과정을 훈련시킴으로써 부적절한 행동을 줄이거나 과제수행과 관련된 '인지' 나 '전략' 을 적절하게 가르치고, 행동변화를 모색하는 기법이다.

인지치료 cognitive therapy 어떤 행위에 대한 내담자의 의식적 사고과정, 동기, 행위의 원인에 초점을 맞추어 인지이론개념을 이용한 임상적 개입으로 인지치료의 주요 창시자는 아들러(A. Adler)다. 인간의 행동이란 주변의 자극이나 사건보다는 그것을 어떻게 지각하고 해석하는가 하는 인지, 즉 생각에 따라 결정된다고 가정한다. 따라서 치료의 목표는 인간의 잘못된 인지를 수정하고 합리적으로 평가하고 해석할 수 있도록 하는 것이다. 또한 인지치료는 단기상담모형으로서, 10회 내지 12회 상담으로 이루어진다. 정신역동치료자가 내담자에게서 위장된 의미 혹은 숨겨진 의미를 찾는 데 반해, 인지치료자는 내담자의 숨겨진 의미보다는 의식적 생각을 이해하려 하며 내담자와 함께 변화할 필요가 있는 내담자의 사고 특면을 찾아내려 한다. 현재 이 접근의 유형으로는 현실치료(reality therapy), 실존주의 치료(existential therapy), 합리적 개별사회사업(rational casework) 등이 있으며, 엘리스(A. Ellis)의 합리적 · 정서적 치료(rational-emotive therapy)와 벡(A. Beck)의 인지행동치료(cognitive-behavioral therapy)가 대표적이다.

인지학습이론 cognitive learning theory 복잡한 형태의 학습과제를 연구하기 위해 지각의 역할과 인지 과정에 주의를 기울인 학습유형으로 통찰학습과 잠재학습, 장소학습이 있다. 인지학습이론가들은 학습을 반응의 변화가 아니라 지식의 변화로 보며, 목적 · 통찰력, 이해 등의 정신적 과정을 강조한다. 또한 인지학습이론에 의하면 학습자들은 단순히 사실을 기억하고 정적 기능을 수행하는 것이 아니라 이해 증진을 위해 사전 지식을 통해 새로운 학습을 이루는 것이라고 한다.

인지행동치료 cognitive behavior therapy 아론 벡(Aaron Beck)의 인지행동치료는 인지치료의 한 방법으로서 잘못된 거짓신념과 비합리적인 사고 등을 합리적인 사고로 대체시키는 것이다. 이는 사고나 인지로 불리는 개인의 내면에서 은밀하게 일어나는 과정이 행동변화를 중재한다는 이론적 입장을 취하는 모든 치료접근법을 의미한다. 즉, 인지에 변화를 일으킴으로써 내담자의 감정과 행동을 변화하려는 목적을 가진 치료접근법이다. 그는 실패와 실망의 과장, 과잉 일반화, 부정적인 측면만을 고려하여 생각하는 재앙적 사고 등 인지과정의 오류가 우울증의 원인이라고 설명한다. 따라서 우울증을 치료하는 가장 좋은 방법은 우울증 환자의 인지과정을 수정하는 것이라고 하였다. 이런 치료 유형은 통찰치료(insight therapy)와 반대되는 유형으로 비교적 단기적이고 내담자의 표출된 문제에 초점을 맞춘다.

일과성 틱 장애 transient tic disorder 여러 가지 운동 틱이나 음성 틱이 존재하는 증상으로 틱은 적어도 4주 동안 거의 날마다 하루에 몇 차례씩 일어나는 장애를 말한다. 틱(tic)이란 뚜렷한 이유나 목적 없이 신체의 어떤 근육근이 갑작스럽게 연속적으로 움직이는 것으로 눈을 깜빡인다든지, 갑작스레 소리를 지르거나 가래를 뱉는 듯한 소리를 내는 경우를 말하는 것이다. 일과성 틱 장애는 이러한 증상이 연속적으로 12개월 이상 지속되지는 않는다. DSM-IV에 의하면, 일과성 틱장애의 진단기준은 한 가지 또는 여러 가지의 운동 틱이나 음성 틱, 즉 갑작스럽고, 빠르며, 반복적이고 비율동적인 동작이나 음성이 나타나는 것인데, 이 장애는 사회적 또는 다른 기능 영역에서 심각한 고통이나 장애를 일으킨다고 보고 있다. 이러한 틱 장애를 유발하는 원인으로는 정서적, 신체적 요소가 관련되어 있다고 알려져 있지만, 확정된 분명한 원인은 없으며 일반적으로 긴장과 스트레스를 겪고 있는 아이에게 많다고 보고 있다.

일관성 결여 inchoherence 지리멸렬 사고진행이 와해되어 논리적 연결이 없고 의미론적으로도 파괴된 언어로 도무지 줄거리를 알 수 없는 얘기를 계속하는 경우로 그들의 말은 문장구성이 엉망이며, 서로 연결성 없는 단편적인 문장이나 구절로 이루어지게 된다. 즉, 하는 말에 전혀 조리가 없고 논리도 없다. 정신분열증에서 보는 연상이완(loosening of association)이 전형적 예다. 극심한 예로써 말비빔(Word salad)으로 비슷한 모양으로 명사만 잇달아 쏟아낼 때를 말한다. 강한 정서를 지니고 있는 무의식의 갈등체로부터 무질서하게 쏟아져 나오는 관념의 연속으로 이루어지는 증상이다.

일관성정보 consistency information 일관성정보는 시간이나 상황이 달라도 언제든지 그 자극대상에 대해서 반응하게 되는 경우를 말하는 것으로 여러 다른 상황들에서 그 사람의 행동을 관찰했을 때 얻게 되는 정보다. 이는 사람들이 귀인과정에서 사용하는 정보로서 켈리(H. Kelley)의 모델에 따르면 상대방의 행동에 대한 원인을 추론하는 과정인 귀인이론의 모델에서는 타인의 행동을 설명하기 위해 세 가지 정보(합의성정보, 독특성정보, 일관성정보)에 의존한다는 것이다. 즉, 그 사람뿐 아니라 다른 모든 사람도 같은 행동을 하는 '합의성 정보', 그 사람이 다른 사람에게도 같은 행동을 하는 '독특성정보', 또 상황, 시간, 여건이 있을 때 행동하는 '일관성정보'로 설명한 것이다. ⇨ 귀인이론 참고.

일란성쌍생아 identical twins 하나의 수정란으로부터 분열하여 두 개체로 발달하게 되는 경우의 쌍생아로서 동일한 성과 신체적 특징을 공유하게 된다.

일반구속 universal constraints 가족상호거래유형의 두 가지 구속체계, 즉 일반적인 규칙과 특이한 규칙 가운데 하나로 구속체계의 일반적인 규칙을 말하는 것이다. 일반적인 규칙이 잘 기능하는 가족에서 볼 수 있는데, 가족구조에서 모든 가족의 부모와 자녀들이 서로 다른 양의 권위를 가지면서 일련의 계층적 구조를 가지고 있는 것을 말한다.

⇨ 가족상호 거래유형, 특이구속 참고.

일반적 적응증후군(GAS) general adaptation syndrome 한스 셀리(Hans Selye)의 스트레스에 대한 개념으로 스트레스를 "신체에 가해진 어떤 외부 자극에 대하여 신체가 행하는 일반적이고도 불특정한 반응"이라고 정의하였다. 내과의사였던 그는 장기간의 연구를 통해, 신체는 위협에 대해서 그 위협이 감염, 상해, 외상의 형태이건 심리적인 스트레스의 형태이건 간에 반드시 동일한 방식으로 반응을 하게 된다고 주장했다. 즉, 신체는 위협을 피하기 위하여 셀리가 일반적응증후군(GAS)이라 부르는 형태로 신체의 방어기제를 동원한다는 것이다. 이 증후군에는 3단계가 있는데, 첫 번째 단계는 경고반응(alarm stage)이다. 위협이나 그 외스트레스에 대한 신체의 최초의 반응으로 신체 내에 저장된 자원을 동원하는 것이다. 자율신경계 중에서 교감신경계는 심장박동, 혈압, 땀을 증가시키며, 그 외 다른 방법으로 물리적인 위협에 대비하도록 신체를 준비시킨다. 이러한 변화는 근육긴장, 위통, 두통, 그 밖의 다른 '통증'을 느끼도록 하는데, 일반적응증후군의 초기단계에서는 종종 감기에 걸렸는지 스트레스를 받고 있는 것인지를 구분하기 힘들다. 두 번째 단계는 저항단계(resistance stage)로서 신체의 에너지가 총동원되고 스트레스에 대한 저항이 최고도에 이른다. 그러나 이러한 반응이 신체의 에너지자원 측면에서는 희생을 크게 하고 질병 등에 대한 신체적인 저항을 약화시킨다. 세 번째 단계는 소모단계(exhaustion stage)로서 마침내 개인이 보유하고 있던 자원은 완전히 소모되고 스트레스에 대한 저항은 더욱 약화된다. 심리적인 스트레스는 직접적으로 죽음에 이르게 하지는 않지만 위 · 십이지장궤양, 만성고혈압, 심장마비 등의 심각한 신체적 질병을 야기할 수 있다.

일반적 지도 general leads 내담자가 어떤 주제나 어떤 국면을 선택해도 좋도록 이끌어 주는 것이다. 개방적 입장을 취하지만 상담의 진행에 대한 책임을 진다. 소감, 가능한 해결대안 등 상담자에 대한 역할 기대 등을 묻고 제안하는 것이다.

일반체계이론 general system theory 1940년대에 생물학자인 버틀란피(Bertalanffy)가 처음 제안한 일반체계이론이 사회과학에 도입되면서 인간행동을 체계이론으로 이해하려는 운동이 활발해짐에 따라 체계이론에 입각한 가족연구와 임상분야에 많은 영향을 미쳤다. 체계이론은 여러 하위체계들과 상위체계들의 관계를 밝혀내고 조직화의 유형을 파악하는 것이다. 체계는 하나의 통일된 전체를 구성하는 상호관련된 요소들의 복합으로 이러한 견해는 각 부분이 서로 고립되어 있어서 더하기만 하면 체계를 이룬다고 보는 것이 아니라 각 부분들 간의 관계를 강조한다. 체계의 한 부분이 변하면 다른 부분들도 그에 의해 변화하며 그 변화가 다시 처음 변화 부분에 영향을 주기 때문에 다양한 구성요소들을 전체 체계의 기능으로 보아야 이를 잘 이해할 수 있다고 한다. 따라서 일반체계이론에 입각한 가족연구의 이해는 가족은 하나의 체계로서 그 속에 모든 구성원이 어떤 역할을 하도록 되어 있고 이에 상호반응하게 되어 있으며 가족 각자가 다른 가족에게 영향을 미치고 또 가족 각자가 다른 가족으로부터 영향을 받는다는 것이다.

일반화 generalization 경험의 일부를 뽑아서 그 일부를 경험 전체라고 표현하거나, 같은 범주에 속한 다른 모든 경험까지도 이 일부의 경험을 가지고 확대 해석하는 형태의 변화과정을 말한다. 일종의 사고의 왜곡으로 나타날 수 있으며, 개인이 보편적으로 개인의 문제들의 성격을 규정함으로써 그것들에 대해 토론하기를 회피하는 행위 또는 행동양식이라 할 수 있다. 예를 들면, 어떤 내담자는 자신들의 문제를 대부분의 사람들도 그렇다라고 말하는 것이다. 또한 어떤 특정한 사람과의 부정적 경험을 확대하여 그 사람의 연고지역의 모든 사람에게 부정적 견해를 가지는 것도 일반화에 속한다. 이는 파블로프(I. P. Pavlov)의 실험에서 특정 자극에 대해 조건반응이 형성된 후 그 조건자극과 유사한 다른 자극에 대해서도 조건반응을 보이게 되는 것을 의미하기도 하며, 정신분석학에서의 전이와 같은 경우에 해당되기도 한다. 예를 들면, 아버지에게 공포를 느끼는 아들이 직장 상사에게 공포를 느끼는 경우다. 이러한 일반화는 행동적 가족치료모델에서는 변별학습과 관계된 과정으로서 적용되는데, 다른 상황에서 달리 행동하는 것이 아니라 배운 행동을 다양한 상황에서 활용할 수 있도록 하는 것을 말한다. 즉, 치료과정에서 직업을 구하기 위한 면접시험 연습은 실제 면접시험에 잘 적응되도록 전이하는 것과 같다.

일반화의 오류 fallacy of generalization 사람들은 어떤 것을 배우면 그것을 다른 장면에도 적용하려는 경향이 있는데, 여러 가지 공통된 특징으로 일반화를 삼는 것이 아니라 일부분을 가지고 전체적인 특징이라고 규정하고, 그 결론이 잘못된 판단을 이끌어내는 것을 말한다. 이를 성급한 일반화의 오류와 과잉일반화의 오류로 분류하여 설명하기도 한다. 성급한 일반화의 오류는 어렵게 일하면서 목표를 성취한 사람이 갑자기 사고로 죽었을 때 인생을 아등바등 살 필요가 없다고 단정하는 것과 같이, 널리 적용할 수 없는 우연적인 상황을 일반적인 규칙으로 일반화시키는 것으로, 주어진 자료를 그릇된 판단으로 너무 쉽고 빠르게 일반화해서 잘못된 결론을 이끌어 내는 것이다. 과잉일반화 역시 지나치게 작은 정보를 지나치게 큰 범위에 적용하여 그릇된 판단을 내리는 경우를 말한다. 가령 '자라보고 놀란 가슴 솥뚜껑보고도 놀란다.', 더위 먹은 소, 달만 봐도 허덕인다.'와 같은 속담이 이런 현상을 잘 보여 주고 있다.

일부다처제 polygamous 한 명의 남편과 한 명 이상의 부인으로 이루어진 결혼형태를 허용하는 사회관습이다.

일중독 workaholism 남달리 일을 많이 하고 일을 좋아하는 사람을 일중독자(workaholic)라고 부르기도 한다. 본인은 활동이 좋기 때문에 그것이 해가 된다는 생각을 하지 않지만 본인의 신체 건강이 악화되거나, 그로 인해 배우자의 불만과 가족구조에 문제가 발생하는 경우가 흔하다. 이들은 자기의 삶보다는 직장이 우선이고, 고향 친구들보다는 직장에서의 인간관계가 중요하고, 자신의 욕구보다는 일이 더 중요하다. 행여 집안에 무슨 행사라도 있으면 자신이 하는 일이 방해받는 것 같아 귀찮아한다. 이와 같이 자신과 가족의 개인적인 삶이나 욕구는 제쳐둔 채 가정보다는 일을 우선하는 사람들이 보이는 심리적, 행동적 현상을 '과잉적응증후군' 또는 '일중독증'이라고 한다.

일지작성 journalling 일지작성은 치료 중에 진보된 것을 기록하는 방법이다. 비합리적인 사고패턴을 다루는 생각일지뿐만 아니라 불안, 우울증, 분노, 적개심 등을 다루는 특정한 일지와 다양한 개입방법도 포함된다. 분노일지는 분노사건, 그것이 야기한 것, 그것을 어떻게 다루었는가, 작용하고 있는 신념체계에 대한 논박, 다음 번에는 어떻게 더 잘 조절할 수 있을 것인가, 이에 대한 지속적인 평가 등을 기록하는 것이다.

일차강화 primary reinforcement 일차적 강화 강화는 차원에 따라 일차강화와 이차강화로 구분되는데, 일차강화는 음식물 등 선천적 욕구를 만족시켜주는 자극이나 사건을 의미하는 것으로 정적 일차 강화물이라고 한다. 즉, 특별한 훈련으로 습득되지 않는 생리적 강화자극에 의한 강화를 의미하는 것으로 학습되지 않고서도 강화 자체가 무조건 동기를 높일 수 있는 힘이 있다.

일차과정 primary process 쾌락원리와 같은 의미로 프로이트는 이를 일차과정이라고 불렀다. 이는 이드(원욕, 원초아)가 좌절을 참지 못하고 실제 행동이나 상상을 통해서 현실과 무관하게 만족을 추구하는 경향으로, 환상을 통한 본능적 욕구의 만족이나 이전에 기본욕구의 만족과 연합되었던 사물의 심상을 머릿속에 그려 넣음으로써 긴장을 해소하려는 심리적 현상을 말한다.

일차과정사고 primary process thinking 일차적 사고과정 외부세계에 대한 고려 없이 표현된 비조직적이며 비합리적인 생각으로, 바라는 것들이 충족되는 것과 본능적 충동의 발산이 일차적 목적인 사고체계를 말한다. 그래서 일차과정사고는 쾌락원칙을 따른다. 따라서 논리적인 연관성이 무시되고, 시간의 개념이 없으며, 바라는 것은 다 이루어지며, 서로 모순되게 상반되는 것들이 동시에 존재하고 반대되는 것의 존재를 무시하기도 한다. 심리분석 이론가들은 이러한 생각이 자아(ego)에 의해 걸러지지 않은 무의식적인 생각으로 정신의 깊은 곳으로부터 나온다고 믿는다. 이와 같은 현상은 정신병 환자나 잠꼬대하는 사람들에게서 볼 수 있다.

일차대상 primary object 대상관계이론에서 사용되는 용어로 유아의 '자기' 에 영향을 끼쳐 내면화됨으로써 유아의 인격발달에 일차적으로 영향을 끼치는 대상을 말한다. 대상관계이론은 인격발달에 있어, 성장하는 유아는 자신을 돌보는 사람과의 관계를 경험하면서 그 경험을 통해 자신과 다른 사람들에 대해 배우게 된다고 보는 것으로, 자신을 돌보며 일차적으로 영향을 끼치는 대상은 주로 어머니가 된다. ⇨ 대상관계이론 참고.

일차적 강화자 primary enabler 행동에 즉각적이고 직접적인 영향을 미치는 대상이나 사상을 말한다. 이는 동기를 유발시키는 외적강화의 유형으로서, 가족치료개념에서 적용되는 일차적 강화자는 모든 것을 좋게 보이게 만들려고 애쓰는 사람을 지칭한다. 이들은 대체로 배우자로서 그들은 분노라고 하는 근본문제를 지니고 있다.

일차적 역기능자 primary dysfunctional person 가족치료의 개념에서 일차적 역기능자는 가족의 역기능을 유발하는 학대자, 중독자, 장애자, 만성질환자 등을 지칭하는 것으로 그들은 고통과 수치감이라는 근본문제를 지니고 있다.

일차질서변화 first -order change 체계 내에서 일어나기는 하지만 체계 그 자체의 근본적인 조직은 바꾸지 않는 변화를 의미한다. 이는 가족치료에 대한 개념으로서, 상담과 치유는 변화를 통해 일어난다고 보고 있는데, 이러한 치유를 가져오는 변화를 일차질서변화와 이차질서변화로 구별하여 설명하고 있다. 여기서 일차질서변화란 가족규칙이나 신화가 변화되지 않은 상태 내에서의 변화를 의미하는 것이다. 예를 들면, 역기능가족관계 내에서 고통 받는 자녀의 경우에 그 자녀를 둘러싼 가족의 신화나 규칙 등은 변화하지 않은 상태에서 그 자녀가 가정을 떠나 다른 곳으로 간다면 그것이 일차질서의 변화가 되는 것이다. ⇨ 이차질서변화 참고.

일차예방 primary prevention 질병이나 사회문제를 야기하는 조건 또는 상황이 발생하지 않도록 취하는 조치. 일차예방의 예로 지역 내의 위생시설, 레크리에이션 센터 및 공원 건립 등을 들 수 있는데, 이러한 조치가 스트레스성 장애나 질병 예방에 도움이 될 수 있다.

일처다부제 polyandry 한 명의 부인과 한 명 이상의 남편으로 이루어진 결혼형태를 허용하는 사회관습.

일치성 congruence (1) 상담자의 태도로서 진실성 · 성실성과 같은 뜻으로 치료자가 내담자를 조력하는 과정에서 정직하고 솔직한 태도를 가지는 것을 말한다. (2) 일치는 자아경험이 정확하게 상징화된 자아개념이 포함된 상태, 즉 개인의 실제 경험과 그에 대한 인식이 합치되어, 유기체적 평가와 자아평가 간의 내인내적 의사소통이 차단되거나 왜곡되지 않고 이루어지는 것을 의미한다.

일탈적 성행위 deviant sexual behavior 정상행위나 기존의 기준과 뚜렷이 구분되는 행위 또는 수용되는 기준과 상반되는 행동, 규범, 가치의 기준을 유지하는 행위로서 전에는 성변태(perversion)를 나타내는 데 사용되었다.

일화기억 episodic memory 기억은 내용을 중심으로 일화기억과 의미기억으로 구분하는데 일화기억은 자신이 경험한 사건에 관한 기억을 말한다. 예를 들면, '유치원 시절, 부모님과 함께 동물원에 갔다.'는 것처럼, 내가 무엇을 했는지 기억하는 기능은 일화기억이다. 가장 쉽게 왜곡되거나 잊혀지기 쉬운 형태의 기억이 바로 일화기억이다. 일반적으로 일화기억은 쉽게 간섭의 영향을 받아 망각되나 의미기억, 즉 일반지식에 대한 기억은 간섭의 영향을 덜 받는 것으로 밝혀졌다.

읽기장애 reading disorder 읽기장애는 적절한 읽기능력을 습득하는 데 실패한 난독증(dyslexia)과 뇌손상으로 이미 습득한 읽기능력을 상실한 읽기장애(alexia)로 두 종류가 있다. 1968년 세계 신경학회에서는 발달적 난독증은 지능, 교육, 문화적인 면에서 아무런 문제가 없음에도 불구하고 읽기학습의 어려움을 보이는 장애증이라고 규정했다. 읽기장애에는 대뇌기능의 문제에서 원인을 찾는

1차적인 난독증(primary) 등으로 인한 뇌 손상에서 발생한 후천적 난독증과(acquired dyslexia) 심한 난독증세로서(deep dyslexia) '자'를 '인치'로 읽는 등의 어법적인 난독증이 있다.

임상목회교육(CPE) clinical pastoral education 임상목회교육은 신학생들이 정신치료를 위한 상담훈련을 받을 필요가 있다고 생각한 보이슨(Anton T. Boisen)이 시작하였으며, 그 후 1930~1940년대 미국의 많은 신학교에 CPE가 교육과정에 들어가게 되었다.

임상사회사업 clinical social work 주로 사회사업가의 사무실에서 이루어지는 개인, 집단, 가족에 대한 직접적인 사회사업 개입의 특수한 형태다. 일부 전문 사회사업가들은 이것을 개별사회사업이나 정신의료사회사업 등과 동의어로 사용하나, 다른 사람들은 다른 의미로 받아들이고 있다. 스트린(Herbert S. Strean)에 의하면, 대부분의 임상사회사업가들은 그들의 전문가적 책임에는 정신내면의 요소뿐 아니라 문제를 일으키는 내담자의 환경에 대한 관심과 개입까지 포함되는 것으로 생각한다는 것이다.

임상심리학 clinical psychology 임상심리학이란 심리학자의 의학적 훈련을 위해 또는 의사의 심리학적 훈련의 필요에 의해 생겨난 심리학의 기초적 이론을 연구하는 학문으로 주로 심리진단과 심리요법의 두 가지로 되어 있다. 임상심리학은 이상성격, 정서 및 부적응적 행동문제(정신병, 성격장애, 부적응 및 반사회적 행동, 발달장애, 사회생활 부적응 등)에 심리학적 원리를 적용하여 치료하게 된다. 임상심리학자는 약물, 전기 및 화학치료 대신에 행동수정 등의 방법을 쓰게 되고, 행동장애 예방 등에서 정신과의사와 함께 일하게 된다.

임상심리학자 clinical psychologists 대학, 연구소, 병원 및 다른 전문기관에서 이상행동 및 부적응행동에 관한 진단과 치료, 연구를 수행한다. 최근에는 지역사회 정신건강센터를 중심으로 지역 주민의 건강 및 부적응행동의 예방과 적응을 촉진하는 역할을 하고 있다.

임신 pregnancy (gestation) 수정란이 자궁내막에 착상해서 모체로부터 영양을 공급받으며 태아로 발육하여 출생까지의 기간을 말하며 인간의 임신 기간은 평균 266~280일이다.

임의가족체계 random-family system 가족과 외부사이의 경계가 거의 없어 가족과 외부사회 사이의 차이가 거의 없는 가족체계를 말한다. 이러한 분류는 캔터와 레르(Kantor & Lehr)가 제시한 가족체계의 유형으로서, 그들은 가족을 둘러싸고 있는 경계의 성격에 따라 가족체계를 분류하였다. 임의가족체계 내에서는 가족을 하나로 묶는 끈이 없으며, 가족 행동을 지배하는 규칙도 없고, 행동범위도 분명하지 않기 때문에 각 가족구성원들은 자신들의 욕구대로 행동하려고 한다. ⇨ 가족체계 참고.

입면기 hypnagogic 잠들기 시작해서 2~3분 동안의 얕은 잠이다. 졸음이 몰려와 꾸벅꾸벅하기 시작했으나, 외적인 자극을 조금만 받아도 번쩍 눈을 뜨는 상태다. 맥박은 일어나 있을 때보다 얼마간 느려지고, 호흡도 저하되며, 안구의 움직임은 시계추처럼 천천히 좌우로 움직이고 있다.

입방체 이론 cube theory 사람들이 귀인의 방향을 결정할 때 귀인과정에서 사용하는 특이성 정보, 일관성정보, 합의성 정보라는 3종류의 정보를 종합적으로 검토하는 것을 말한다.

입양 adoption (1) 보통 유아나 어린이를 가정에 속하게 하고 그 가정에서 태어난 것처럼 친자관계와 동일한 법률관계를 설정할 것을 목적으로 하는 신분행위다. (2) 기독교상담에서 입양의 개념은 하나님이 사랑하시는 독생자 그리스도와 연합하여 하나님의 영원한 가족의 아들로 입양되었음을 의미한다.

있음동기 being motivation B-동기 매슬로우의 자기실현인의 특징 중에 하나로 결핍감이나 욕심을 채우기 위해서 일어나는 동기가 아니라 인간에게 본능적으로 내재되어 있는 성장욕구에 의해서 저절로, 자연적으로 생기는 것이다. D-동기(결핍동기)에 의해서 나오는 행동과 감정은 강박적이고 집착이 강하지만 B-동기에 의해서 나오는 것은 자연스럽다.

잊혀진 아이 lost child 잃어버린 아이 흔히 순응자, 고독자, 공상하는 사람으로서 역기능가정의 역할 중 하나. 불안전감과 슬픔을 쓴 뿌리로 가지고 있는 잃어버린 아이는 가족의 역기능을 도피를 통해 처리한다. 그들은 거절감, 분노, 두려움이라고 하는 근본문제를 지니고 있으며 막내에게 흔히 나타난다.

ㅈ

자극갈망 stimulus hunger 자극기아 번(E. Berne)은 인간에게는 생존을 위한 기본적인 욕구 외에 자극갈망, 구조갈망, 위치갈망 등의 갈망이 있으며 이들이 인간의 행동을 설명한다고 말하고 있다. 여기에서 자극갈망은 신체적이며 정신적인 자극의 결핍을 의미하는 것으로, 이 욕구의 충족은 인정자극(strokes)을 통해서 이루어진다. ⇨ 스트로크의 기아현상 참고.

자극변별 stimulus discrimination 서로 다른 자극을 구별할 줄 아는 것으로, 여러 환경자극에 대해 어떻게 반응할 것인가를 학습하는 과정을 말한다.

자극일반화 stimulus generalization 하나의 대상이 다른 또는 유사한 자극에 반응했던 것과 같은 방식으로 하나의 자극에 반응하는 능력으로, 원래의 조건자극과 유사할수록 이러한 경향성도 크다.

자극통제 stimulus control 환경요법, 자극제어요법 조작적 조건화에서 행동에 영향을 미치는 것이 강화나 처벌 같은 행동의 결과라고는 할 수 없으며, 행동이 발생하기 이전에 존재하고 있는 자극상황 또한 행동에 영향을 미치는데, 이와 같이 행동이 나타나기 이전에 존재하는 사전 자극으로서의 변별자극이 행동을 통제하는 현상을 말한다. 자극통제는 불안유발자극(환경)을 변화시키기 위한 개입이다. 개인 차원에서는 불안반응을 일으키는 외적 · 내적 자극들을 미리 제거하거나 통제하는 것이다. 내적 자극 중에는 '떠오르는 걱정'이 있는데 이것은 걱정을 별도로 설정해 둔 '걱정 시간'으로 연기하는 방법을 사용하여 걱정이라는 불안유발자극을 제어할 수 있다.

자극포만 stimulus satiation 최초로 어떤 가벼운 자극을 받았을 때 크게 느껴지다가 그 자극이 반복되면 후에 자극으로 생각하지 않게 되다가 점점 더 큰 자극을 기대하게 되고 큰 자극도 자극으로 생각하지 않게 된다는 이론이다. 따라서 심리학적인 치료방법에 있어서 자극포만기법(stimulus-satiation technique)은 좋아하는 것을 물리게 하여 그만두도록 하게 함으로써 비정상적인 행동을 고치고자 한다.

자극화 욕구 need for stimulation 동질정체의 의미를 가진 개념으로 각 개인이 자신의 최적수준의 각성상태를 유지하려는 욕구를 말한다. 최적수준의 각성에 도달할 때 각 개인은 환경자극에 더욱 예민해지고 효과적인 방법으로 환경을 다룰 수 있게 된다.

자기 self 자기란 원칙을 제정하는 중심 존재, 전체로서의 인격의 통합된 이미지를 말하며 개인 자신의 존재각성 또는 기능작용의 각성을 의미한다. 자기라는 용어는 융(C. G. Jung)을 비롯한 초기정신분석학자들이 사용하기 시작하였는데, 융은 자기란 개인의 원시적인 원형이나 콤플렉스의 균형을 잡기 위해 모든 것을 통합하는 정신구조라고 하였으며, 아들러(A. Adler)는 자기에 대한 열등감을 방어적으로 보상하는 특징에 따라 삶의 방식이 결정된다고 하였으며, 또한 카렌 호니(Karen Horney)는 참된 자기(real self)를 강조하며 이상화시킨 자기(idealized self)가 참된 자기의 실현을 방해한다고 보았다. 하트먼(Hartman)은 자기(self)와 자아(ego)를 구별하여, 자기는 사람(person)을 말하는 것이고 자아는 구조(system)를 가리킨다고 하였다. 이와 같이 자아발달을 통해서 개인은 자기에게 속한 것 혹은 자기의 일부와 자신이 지각하는 다른 모든 대상들 사이를 구별할 수 있게 된다. 자아(ego)가 의식만의 중심인 데에 비하여, 자기는 전체성의 중심이다.

자기개방 self disclosure 자기노출(self exposure), 자기표출(self expression)과 같은 의미로서 자신의 긍정적인 측면은 물론 부정적인 측면도 상대방에게 노출할 수 있으며 함께 공유할 수 있는 것을 말한다. 즉, 자기 자신에 관한 일이나 자기 자신의 느낌을 있는 그대로 솔직하게 드러내는 것이며, 자신의 욕구, 사고, 감정, 행동 및 배경 등을 다른 사람에게 말하는 것으로 심리학자들은 자기개방이 좋은 강화를 주고 경험을 활성화한다고 주장한다.

⇨ 자기표출 참고.

자기결정 self-determination 내담자가 스스로 선택과 결정을 할 수 있도록 내담자의 권리와 욕구를 인정해 주는 윤리적인 원칙이다. 여기에는 내담자가 선택에 필요한 정보를 습득하게 하고, 선택에 따른 결과까지도 이해할 수 있도록 도와주는 전문가의 역할이 포함되어 있다. 대체로 이러한 자기결정권을 행사하도록 하기 위해서는 내담자가 결정한 사항을 실행에 옮기도록 도와주어야 한다.

자기계약 self-contract 행동치료에서 자기조절의 한 방법으로, 자기계약은 자신이 배우거나 교정해야 할 어떤 행동을 약속하는 방법으로 약속을 어겼을 때와 지켰을 때 보상과 벌칙을 스스로, 혹은 부모와 계약하는 방법으로 사용할 수 있다.

자기고문게임 self-torture game 펄스(F. Perls)는 우리의 무의식적 행동을 지배하는 두 개의 자기 부분을 '상전(top dog)'과 '하인(under dog)'이라고 명명하고 인격분열의 한 형태로서 상전과 하인의 싸움을 들고 있다. 이처럼 우리의 인격이 상전과 하인으로 양분되어 싸우며 서로 통제하려 하고, 끝없는 싸움에 말려들어 창조적인 에너지를 고갈시키게 되는데, 이러한 상태를 펄스는 '자기고문게임'이라고 하였다. 즉, 상전은 통제수단을 통해 하인을 징계하고 처벌하며, 하인은 표면적으로는 상전의 명령에 복종하는 척하나 변명하고 회피하며 상전의 비난에 분노감과 짜증으로 대한다. 이렇게 상전과 하인은 서로 내전상태에 빠지는 것이다. 게슈탈트 치료에서는 내면의 두 부분 간에 치열한 싸움이 일어나도록 해주고 서로 대화해 보도록 촉구하는 방법으로 이러한 자기고문게임을 중단시켜 상전과 하인 간에 진정한 대화의 통로를 열어줌으로써 문제를 해결하도록 도와준다.

자기고양 self-enhancement 자기고양성 자기 자신에 대한 좋은 감정을 갖고자 하는 것으로 자존감을 유지하려는 동기를 의미한다. 이러한 자기고양의 욕구는 개인에게 있어 긍정적인 자기상을 갖도록 하며, 행복감을 느끼게 하고, 타인과 원만한 대인관계를 유지하게 만드는 역할을 한다. 또한 이를 충족시키기 위한 노력으로 정적인 정보를 추구하거나, 자신의 능력을 과대평가하기도 하며, 긍정적인 결과는 내적으로, 부정적인 결과는 외적으로 귀인하도록 한다.

자기공명영상술(MRI) magnetic resonance imaging 핵자기공명술이라고도 한다. 뇌의 구조적 결함이나 생리적 활동을 측정하는 도구로서 이는 강력한 자장 하에서 인체 각 장기 내에 있는 수소 원자핵의 위치 변화에 따라 방출되는 electromagnetic energy를 측정하여 컴퓨터로 영상화한 것이다. 이는 해상력이 보다 높고, 백질과 회백질을 구분하고 뇌척수액도 구분하는 등 단층촬영보다 우수하다.

자기관심 self-interest 정서적으로 건강한 사람은 우선 자기 자신에게 관심이 있고 진실하며 타인을 위하여 자기 자신을 자학적으로 희생시키지 않는다. 자기 자신에게 완전히 몰입하지 않고 비교적 자유를 누리면서 자신에게 관심을 갖는다.

자기관여 self involvement 자기관여는 두 가지로 구분되어 논의할 수 있는데 첫째, 자신의 입지(commitment)다. 이는 자신이 취하게 된 태도로 의견이 확고하며 변할 수 없는 경우를 의미하며, 태도와 반대되는 설득은 태도변화보다는 방어적 반응을 일으키기 쉽다. 둘째, 논점관여다. 이는 수신자가 제기된 논점에 얼마만큼 흥미를 느끼는가와 같은 문제다. 자신의 이해가 관련되어 있는 정도가 강할수록 논점관여가 심해지며, 정보의 내용에 깊은 관심을 보이는 처리가 나타난다. 그러나 논점이 복잡한 문제를 다루고 있으면 수신자의 이해능력에 따라 논점에 대한 관심보다는 전달효과가 나타나기 쉽다.

자기관찰법 self-observation 자기관찰법은 피검자가 자신의 행동을 스스로 관찰하고 기록하는 방법이다. 즉, 개인이 자신의 생각, 감정, 동기, 행동을 다시 생각해 보고 이에 따라 적절히 행동함으로써 감정적 갈등이나 스트레스를 처리하고자 하는 것이다. 이 방법은 광범위한 문제행동에 적용 가능하고, 비용과 시간이 절약되며 자연적 상황에서도 자료수집이 가능하다는 장점을 지니고 있으나, 자신의 행동을 자신이 직접 관찰하고 보고하므로 객관성의 문제가 발생한다.

자기규제 self regulation 자기 자신의 행동에 영향력을 행사할 수 있는 능력으로 부적절한 반응을 억제하고 특정 활동에 참여를 늦출 수 있으며, 보상을 기다릴 수 있는 능력을 말한다. 즉, 스스로 참고 만족을 지연하고 남에게 양보할 수 있는 힘이라 할 수 있다. 이는 개인적 욕구와 사회 또는 부모가 요구하는 것 사이에서 갈등할 때 외부의 감시 없이도 사회적 규칙을 준수하려는 능력이나 바람직한 목표를 위해 충동적인 욕구나 행동을 지연시키는 힘으로서, 자기규제행동은 자기조절, 자기통제 등의 용어와 혼용되어 왔다. 이러한 자기규제의 능력을 위한 요소에는 전략에 관한 지식, 자아효능감, 주체의식, 전문가적인 지향, 자기반성이 있다.

자기노출 self exposure 자기개방(self disclosure), 자기표출(self expression)과 같은 의미다. ⇨ 자기개방, 자기표출 참고.

자기다양성 self-complexity 다양한 측면의 자기를 동시에 가지고 있음을 의미한다. 즉, 한 여성이라는 개인은 딸로서, 어머니로서, 아내로서, 친구로서, 직장인으로서 다양한 역할이 존재하는 것이다. 이러한 자기다양성이 풍부하지 못한 경우에, 자신이 중요하게 여기는 영역에서 성공할 경우 쉽게 고무되지만, 실패할 경우에는 다른 영역들이 완충역할을 해 주지 못함에 따라 심한 스트레스를 겪게 된다.

자기대상 self-object 자기로부터 분리하고 독립한 것으로서 경험하지 않은 대상을 말한다. 코헛(H. Kohut)은 유아의 '자기'의 싹에는 안정성과 일관성을 가진 부모의 응답이 필요한데, 이 지지적인 타자의 존재를 자기대상이라고 하였다. 이처럼 자기대상이란 자기 자신의 신체의 일부처럼 자신의 생각대로 되고 자기의 연장인 것처럼 느끼는 외적 대상을 말하는 것으로서, 이는 단순히 사람뿐만이 아니라 사물과도 관계된 인간의 대상경험을 의미한다.

자기대상관계 self-object relationship 코헛(H. Kohut)은 자기대상관계로서 부모와 유아 사이의 중요한 공감적 관계를 언급했는데, 자기대상관계란 유아를 돌봐 주고 달래 주고 정서적으로 안정되게 보살펴 주는 것과 같이 유아 스스로 할 수 없는 심리적 역할들을 제공해 주는 타인, 즉 자기대상과의 관계다. 그러므로 유년기에는 부모가 각 개인의 가장 중요한 자기대상이 되며, 청소년기에는 점차 또래 집단이 중요한 자기대상이 되어간다. 이러한 자기대상에게서 지속적으로 적절하고 믿을 만한 경험을 하게 되면 인간은 자신의 내면세계에 긍정적인 구조를 갖게 되어 자신이 가치 있는 존재라고 생각하게 되지만, 반면 이러한 자기대상들로부터 무관심하고 적대적이고 지나치게 비판적인 취급을 받게 되면 인간은 자신의 내면세계에 부정적인 구조를 갖게 되고 수치감, 무가치함, 상처를 느끼게 될 것이다.

자기대화 self-talk 자기대화 또는 독백은 그 당시에 자신이 다루고 있는 것에 대해 혼자 생각 속에서 하는 사적인 대화다. 그것은 다중적인 대화가 될 수도 있다. 삶 속에서 어떤 일이 일어날 때마다 우리는 생각 속에서 어떤 독백을 하게 되는데, 이러한 자기대화는 우리의 핵심 신념과 관련이 있다.

자기도식 self schema 자기도식이란 '우리 자신이 자신에 대해 지니고 있는 신념들의 모음'으로 때로는 자기개념이라고도 부른다. 즉, 자기(self)와 관련된 정보의 처리를 조직화하고 인도하는 자기개념들의 체계로서 과거 경험에서 나온 자기에 관한 일반화나 이론을 의미한다. 사람들은 자기도식과 합치되는 정보를 추구하고 이 도식과 일치하는 방향으로 행동하려고 한다. 자기도식에 관련된 대부분의 모형들은 기본적으로 인지심리학의 견해로부터 출발하였다. 자기도식의 내용은 주로 인지적인 것이고 이것이 판단, 추론, 대인행동에 영향을 준다는 것이다. 보다 일반적으로 말하면 자기의 여러 측면들이 처음부터 자신이 경험하는 삽화(episodic)기억의 형성에 관여한다(Greenwald, 1980). 최근에 자기도식에 관한 지나친 인지적 입장에 대해 몇몇 비판이 제기되고 있으나, 자기는 일종의 사회도식(social schemata)의 개념으로, 원형의 개념으로, 연상망(association network)의 개념으로, 그리고 위계적 구조의 개념으로 정착되어 가고 있다.

자기보고목록 self report inventory 비인지적 구성개념들을 측정함에 있어서 가장 경제적인 방법이다. 이런 목록실시의 방법은 지능검사의 경우와 같은데, 우선 사람들 사이에 여러 가지 특성에서 개인차가 있다는 것을 가정하며 측정에 있어 어떤 단일문항도 모든 사람에게 적용되는 것은 아니므로 신뢰도 있는 평가를 위해 많은 문항이 사용된다.

자기본위적 편향 self serving bias 자기를 긍정적이고 호의적으로 평가하려는 경향이다. 이러한 경향에서 사람들은 자신의 부정적인 의견이나 행동에 대해서는 다른 사람들도 자기와 같이 생각하고 행동한다고 과대평가하게 되며, 자신이 이룩한 성공적인 일이나 능력에 대해서는 다른 사람들은 자기와 같이 훌륭하게 일을 잘 수행하지 못할 것이라고 과소평가하게 된다. 우리 나라 속담의 '잘되면 제 탓 못되면 조상 탓' 이라는 개념과 유사한 맥락이다.

자기분석 self analysis 일반적으로 개인이 자신의 동인 · 정서 · 잠재력의 한계에 관해 이해하려는 시도를 의미한다. 이는 프로이트가 제시한 상담으로 스스로가 내담자인 동시에 상담자가 되어 자신의 문제를 스스로 분석하는 것이다. 프로이트(S. Freud)는 자기분석이 자신을 괴롭히는 심리적 문제의 해결과 내담자 자신을 더 잘 이해할 수 있는 목적으로 사용된다고 하였다. 사람들은 어느 정도 심리적 문제를 모두 가지고 있다고 믿었기 때문이었다. 그는 상담자가 자신의 문제를 해결하지 못한 한 내담자를 이해하는 데 방해가 되기 때문에 자기분석은 매우 중요하다고 주장하였다. ⇨ 교육분석 참고.

자기불일치 self-discrepancy 실제적인 자기와 이상적인 자기와의 불일치를 의미한다. 자기불일치는 개인의 행동과 사고에 영향을 미치게 되어 다양한 정서반응을 유도함에 따라 실망과 불만족, 슬픔 등을 경험하게 하며, 낮은 자존감을 형성하는 역할을 하게 된다.

자기상 self-image 개인의 자신에 대한 긍정적 혹은 부정적 평가내용. 즉, 자기를 어떠한 인간으로 지각하고 있는가에 대한 내용으로 자신의 능력, 성취 정도, 매력, 타인에 의해 인정받거나 수용되는 정도 등에 대한 주관적인 평가다. 이러한 자기상은 현실과 일치하지 않을 수도 있으며 자신이 원하는 이상상과 다를 수 있다. 특히 어린 시절 주위 사람들로부터 받은 인정, 존중, 승인 등은 긍정적 자기상을 확립하는 데 중요하다.

자기수용 self-acceptance 건강한 사람은 자기가 살아 있다는 것 자체를 기뻐하고 끊임없이 삶을 즐기며 행복과 기쁨을 창조할 수 있는 능력이 자신에게 있다고 믿는다. 자기의 외적인 성취나 다른 사람들이 그를 어떻게 생각할 것인가에 가치를 두기보다는 자기 자신이 자신의 삶을 위하여 최선을 다했는가에 가치를 둔다.

자기실현 self-actualization 자아실현경향성 개인적 성장, 건강, 적응을 향해 나아가는 충동 즉, 평생을 지속하는 과정으로서 한 인간이 자신이 되는 과정이며 좀 더 유능한 인간으로 그 개인의 독특한 잠재력을 발달시켜 가는 과정이다. 자아실현은 경험이나 학습에 의해 도움을 받을 수도 있고 방해될 수도 있다. 로저스(C. R. Rogers)는 자아실현이란 완전한 최종의 상태를 말하는 것이 아니고 죽을 때까지 지속되는 과정이라 한다. 또한 매슬로우(A. Maslow)에 의하면 건강한 사람은 안전, 소속, 사랑, 존중받음, 자존심 등에 대한 욕구가 충족되었다고 느끼면 자기실현의 동기를 강하게 느낀다.

자아실현은 본인의 잠재력과 재능을 실현시켜 나가는 것인데 그것은 운명이나 소명을 이룩하는 형태를 띠기도 하고 자기의 본래의 속성에 대해서 더 잘 이해하고 더 잘 수용하는 앎과 이해의 증진이라는 형태를 띠기도 하며, 한 인간으로서의 통합을 추구하는 형태를 띤다.

자기실현인 self-actualizing person 자아실현인 매슬로우(A. Maslow)는 자기실현인의 특징은 한마디로 우리가 추구하는 건강한 사람의 성격적 특성이라고 했다. 즉, 현실지각이 정확하고 풍부하다. D(결핍)-인지가 아니라 B(있음)-인지에 의해 세상을 보기 때문에 이들의 지각과정에는 본인의 욕심이나 방어가 개제되어 있지 않으며, 감정과 체험에 충실하고 가면을 쓰지 않는다. 외부의 영향에 쉽게 흔들리지 않으며 독립적이고 자율적이며, 때때로 신비스러운 극치감(신비체험)을 경험한다. 이 극치감은 일상적인 일, 대인관계에서도 경험한다.

자기심리학 self psychology 자기심리학은 미국의 하인츠 코헛(H. Kohut)에 의해 시작되고 주도되어 온 정신분석학의 한 영역이다. 코헛은 주로 자기애적 장애환자(Narcissistic Patients)들과 많은 작업을 하였는데 이런 경험을 통해서 전통적인 정신분석이나 자아심리학(Ego Psychology)의 한계를 느꼈고, 자기분석을 통한 자기심리학을 통해 통상적인 정신분석으로는 잘 치료가 안 되는 나르시시즘 환자나 경계선 분열증 환자의 치료를 시도한 것이다. 치료방법은 흔적조차 희미해져버린 내담자의 자아를 되찾아 주기 위하여 말도 안 되는 내담자의 유치한 나르시시즘적 환상을 현실로 끌어내어 이해해 주고 박수와 갈채를 보내주는 것이다. 이로써 상처 난 자존심을 보상하기 위해 공상 속으로 빠져 들어 삶의 에너지를 쓸데없이 낭비하지 않도록 도와주고, 그 대신 자유로워진 에너지를 자아를 재건하는 데 현실적으로 이용할 수 있도록 도와준다. 코헛은 자기심리학의 본질을 인간은 인정(appreciation)을 갈망하는 존재며 인간욕구의 중심은 관심(attention)에 대한 열망으로 구성되어 있다는 것에 둔다. 그러므로 우리가 어렸을 때 부모가 우리를 충분히 인정해 주었다면 그 인정은 우리가 안정감 있고 자신감 있고 자율적인 인성을 형성하도록 내면화한다는 것이다. 그러나 부모의 인정과 수용이 충분하지 못했다면 그것에 대한 갈망은 아이의 잠재의식 속에 남아 있게 되고 성인이 된 후에도 배우자나 자녀에게 사랑과 관심을 기울이기보다 모든 것을 '자신'에게 초점을 두게 되며 이러한 상황에서 그들의 배우자나 자녀들은 심히 거부당한 느낌 속에서 분노와 마음의 상처를 갖게 된다고 하였다.

자기암시 autosuggestion 자기가 자기 자신에게 암시를 주는 것을 말한다. 자기암시는 의도적으로 주어진 경우와 무의식적으로 주어진 경우가 있는데, 자기최면이나 자율훈련법은 의도적으로 주어진 자기암시에 해당된다. 이러한 방법을 통해 심신의 이완상태나 의식변화 상태를 유도할 수 있다. 자기암시는 일상생활 중 특정 장면에서 일어나는 불안이나 공포 등 신경증 증상의 원인이 되기도 한다.

자기애 Narcissism 자기도취 나르시시즘은 자신이 리비도의 대상이 되는 정신분석학적 용어로, 우리말로는 '자기애', '자기도취', '자기중심주의'라고 번역될 수 있는데, 이것은 현대사회를 건강하게 이끌어온 개인주의와는 다른 것이다. 크리스토퍼 래쉬(Christoper Lasch)는 자기중심주의와 개인주의를 이렇게 표현했다. "개인주의자들은 이 세상을 자기가 구상한 대로 형성되어질 빈 공간으로 여기는데, 나르시시스트들은 세상을 거울로 본다." 즉, 나르시시즘은 개인주의와는 달리 자신의 가치를 세상 사람들의 관심과 환호에 의지한다는 면에서 병적인 요소가 있다. 물에 비친 자신의 모습에 반하여 자기와 같은 이름의 꽃인 나르키소스, 즉 수선화가 된 그리스 신화의 미소년 나르키소스와 연관지어 1899년 독일의 정신과의사 네케(P. Nacke)가 처음 사용한 이 말은 자기의 육체를 이성을 보듯 하고 또는 스스로를 애무함으로써 쾌감을 느끼는 것을 의미한다. 그러나 이 말이 널리 알려진 것은 프로이트(S. Freud)가 이를 정신분석 용어로 도입한 뒤부터다. 자기애는 자기 자신에게 리비도가 쏠려 있는 상태, 자기 자신이 관심의 대상이 되는 상태, 또한 자신에게 취해서 현실을 제대로 인식할 수 없는 경우를 의미한다. 정신분석학자들은 나르시시즘을 성인이 당연히 벗어났어야 했을 유아기를 벗어나지 못한 결과라고 설명한다. 정신분석에 따르면 유아기에는 리비도가 자기 자신에게 쏠려있다. 그래서 프로이트는 이 상태를 1차적 나르시시즘이라고 하였다. 나중에 자라면서 리비도는 자기 자신으로부터 외부의 대상(어머니나 이성)으로 향한다. 아이들이 충분한 사랑과 보살핌을 받아 자신의 나르시시즘을 충족시키며 성장하면, 자기 외의 다른 세상에 관심과 여유를 갖게 되고 자기 안으로만 향해 있던 사랑의 화살을 밖으로도 향하게 한다. 자신뿐만 아니라 남과의 관계 속에서 진정하고 성숙한 따뜻함, 기쁨, 만족을 얻기 시작하고 더욱 풍성해지는 것이다. 그러나 아이의 나르시시즘이 충족되는 과정에서 문제가 생기게 되는 경우 성인에 이르러서도 애정생활이 위기에 직면하여 상대를 사랑할 수 없게 되고 유아기에서처럼 자기 자신을 사랑하는 상태로 되돌아간다. 이것이 2차적 나르시시즘이다. 우리가 나르시시즘의 개념을 파악하려 할 때 우선 당혹스러운 것은 그 개념이 광범위하고 대립적이라는 점이다. 나르시시즘에는 자기찬미, 자기도취 등 과대자아로의 자체 만족감이 있는 반면 이와 정반대로 자기파괴적 경향, 자기인식의 어려움, 자기부정, 공허감 등도 있다는 데에 나르시시즘의 괴리가 있기 때문이다.

자기애성 인격장애 narcissistic personality disorder 자기도취형 성격장애라고도 하며 자신에 대한 과대평가, 칭찬에 대한 욕구, 공감의 결여를 특징으로 하는 인격장애다. 자기가 대단히 중요한 인물이라는 과장된 생각에 빠져 있고 큰 성공의 환상을 꿈꾸며 항상 남의 주목을 받고자 원하며 남의 약점을 이용하거나 착취하려는 경향이 많다. 자기 본인은 능력이 있고 특별하다고 여기지만 남의 권리나 감정에는 관심이 없다. 이와 같이 자기애성 인물들은 연약한 것이나 의존적인 삶을 경멸한다. 그들은 다른 사람들을 경멸하면서 자신이 일반 사람들보다 위에 있고 더 우월하다고 생각하는 데서 삶의 만족과 존재의미를 갖는다. 자신에 대한 이와 같은 평가는 근거도 없는 것이지만, 자기 자신에 몰두해 있고 자기애적 생활양식을 가진 사람들은 항상 이렇게 생각한다. DSM-IV는 다음의 아홉 가지 증상 중에서 다섯 가지 이상일 때 자기애적 인격장애를 가진 것으로 진단하고 있다. ① 자기의 중요성에 대하여 과장된 지각을 갖고 있다. ② 끝이 없는 성공, 권력, 명석함, 아름다움, 이상적인 사랑과 같은 공상에 자주 사로잡힌다. ③ 자신이 특별하고 특이하다고 믿고, 다른 특별한 높은 지위의 사람이나 기관만이 그것을 이해할 수 있고 혹은 그들과만 관계해야 한다고 믿는다. ④ 과도한 찬사를 요구한다. ⑤ 특권의식을 갖는다. 즉, 특별히 호의적인 대우 원하고, 받기 원하고, 자신의 기대에 대해 자동적으로 순응하기를 불합리하게 기대한다. ⑥ 대인관계에서 착취적이며 자신의 목적을 달성하기 위해서 타인을 이용한다. ⑦ 감정이입 능력이 결여되어 있다. 즉, 타인의 느낌이나 필요를 인식하거나 확인하려 하지 않는다. ⑧ 다른 사람을 자주 부러워하거나 다른 사람이 자신을 부러워하고 있다고 믿는다. ⑨ 오만하고 건방진 행동이나 태도를 보인다. 자기애성 인격장애를 치료하기 위해서는 먼저 내면적 감정이 분출하지 않고 마음에 담아두는 연습을 하며, 자신의 감정이 어떤 것인지, 왜 그런 감정이 일어났는지를 살펴보는 작업이 필요하다. 또한 이들은 치료에 대한 저항이 많기 때문에 이들의 손상받기 쉬운 자기애적 감정을 잘 받아 주고 이해해 주어야 한다.

⇨ 나르시시즘, 자기도취 참고.

자기억제 self-restraint 행동치료에서 자기조절의 한 방법으로, 자기억제는 특정자극이나 상황이 주어지거나 충동상황에서 대처행동을 개발 할 때 유리하다. 충동이 일어날 때마다 수를 세어 강박적인 사고 방해하기, 수첩에 메모하기 등 긴장에 대한 완충장치 개발로 사용된다.

자기연민 self-pity 자기연민은 슬픔과 밀접한 관련이 있으며 어떤 실망에 대해 계속적으로 자기를 달래는 것이다. 자기연민에 빠진 사람은 무시당하거나 처벌받는 것이 자기가 잘못했기 때문일 수도 있다는 사실을 인정하지 않으며 자기연민이라는 위로를 더 좋아하고 편안해한다.

자기인식 self awareness 자신을 있는 그대로 인식하는 것으로 머리에 있는 인지적 인식이라기보다는 감정, 감각, 인지, 행동관찰 등을 통틀은 통합적 체험이다. 긍정적인 자기인식과 부정적인 자기인식이 있다.

자기제시 self presentation 타인들이 자기에 대하여 자기가 원하는 산출물을 얻기 위해 인상을 통제하기 위한 노력을 일컫는 말이며 의도적 · 비의도적 시도다. 즉, 타인들에게 선택적인 개인정보를 전달하여 타인의 사회지각에 영향을 주는 것을 말한다. 이러한 자기제시는 단지 타인에게 자신을 보다 호의적으로 보이게 하는 목적에서만 이루어지는 것은 아니며 때론 타인에게 위협적인 모습으로 보이게 하는 목적을 가지기도 한다.

자기조절 self regulation 행동치료에서 부적응적 행동을 수정하기 위해 자기 자신의 행동을 감시하고 자기강화와 같은 방법을 사용하거나 자극조건을 통제하는 것이다. 이 방법은 초등 3~4학년 이상으로 읽기, 쓰기가 가능한 아동에게 적합한 방법이다. 여기에는 자기관찰(self-observation), 자기억제(self-restraint), 자기계약(self-contract), 독백훈련, 자기주장훈련 등이 있다. 자기관찰방법은 문제가 되는 행동이 어느 상황에서 자주 일어나는지 그 행동으로 인한 손해는 무엇인지를 기록하게 하는 것이다. 이 방법은 스스로 자기문제를 기록하는 것을 통해 통찰이 가능하다는 장점이 있다. 이 방법은 스스로 기록에 대해 얼마나 정확하게 기록했는지의 신뢰도가 문제된다. 다른 사람에게 이야기할 수 없는 강박증, 열등감, 공상 등에 대한 통찰이 가능하다. 이외에 자기 스스로 잘 할 수 있다는 독백훈련이나 대인관계에서 자기표현이 어려워 곤란을 겪는 성격장애 등에게 표현하는 훈련을 직접 훈련해 주는 자기주장훈련 등이 이에 속한다.

자기주장 self assertion 방어기제의 유형으로, 개인이 자신의 감정이나 생각을 위압적이거나 조작적이 아닌 방법으로 직접적으로 표현함으로써 감정적 갈등이나 내외적인 스트레스를 해소하는 것이다. 자기주장에 대한 학자들의 정의를 살펴보면, 볼페(J. Wolpe)는 자기주장이란 타인에게 불안을 느끼지 않고 자기의 감정을 적절히 표현하는 것이라고 정의하였으며, 라자루스(A. Lazarus)는 자기주장이 개인의 권리, 느낌의 표출 등 모든 표현에 사용되어야 하는데 이를 정서적 자유라고 표현하였고, 여기에는 자신의 권리를 요구하는 것뿐만 아니라 타인의 권리를 보호하는 것도 포함된다고 하였다. 또한 펜스터하임(H. Fensterheim)은 자기가 어떤 사람이라는 것을 알리는 행동, 느낀 대로 생각하는 대로 말하는 행동, 소극적이기보다는 적극적으로 생활에 접근하는 행동이라고 정의하였다. 즉, 이상적인 자기주장행동은 자기를 내세우되 타인의 권리를 침해하지 않으면서 상대방의 인격을 존중하고 자신의 감정, 권리, 욕구, 생각이나 의견을 솔직하게 상대방에게 직접적으로 표현하는 공감적 주장이라고 할 수 있다.

자기주장훈련 assertiveness training, self assertion training 주장훈련, 자기표현훈련 자기주장훈련은 자기의 권리가 침해당했거나 혹은 그럴 가능성이 있을 때 자기의 권리를 주장하여 정당한 결과를 획득하는 행동을 습득하는 훈련이다. 즉, 인간관계에 있어서 부적응적 불안반응이 습관화되어 자기주장적 감정과 행동을 억제하고 있는 개인들에게 자기를 주장하는 반응을 할 수 있도록 도움을 주는 것이다. 이 방법은 자율훈련 대신에 자기주장을 쓰는 방법이며 자기가 하고 싶은 대로 해보게 하는 훈련으로 정신분석에선 공격성의 외향화를 권하는 것과 같은 원리다. 이처럼, '주장행동'이란 상대방의 권리를 침해하거나 상대방을 불쾌하게 하지 않는 범위에서 자신의 권리, 욕구, 의견, 생각, 느낌 등 자신이 나타내고자 하는 바를 마음속에 있는 그대로 솔직하게 상대방에게 직접 나타낼 수 있는 방법을 익힘으로써 인간관계를 개선할 수 있도록 장면에 따라 특별히 학습된 행동이다. 이 자기주장훈련프로그램은 일반적으로 대인관계에서 소외감이나 피해의식, 대인공포 및 이에 대한 불안과 고독감이 문제가 되는 사람에게 필요하다. 아들러(A. Alder)는 자기주장행동이 필요한 사람에게 자기주장훈련을 시키면 자기표현력을 증가시킬 수 있다고 보았다. ⇨ 집단둔감법 참고.

자기중심성 egocentrism (1) 자기에 대한 지나친 집착이나 자기 중요성에 대한 과장된 견해를 말한다. (2) 피아제 이론(Piagetian theory)에서 아직 다른 사람의 견해를 받아들이는 것을 배우지 못한 6세 이하 어린이의 정상적인 상태다. 즉, 전조작기에 해당되는 시기로 이 시기의 아동은 사물이나 사건을 대할 때 자신의 관점에서만 볼 뿐 타인의 관점이나 견해를 이해하지 못하는 경향이 있다. 이는 아동이 아직 자신과 외부세계를 구분하고 있지 못함을 의미한다. 예를 들면, 아동이 자신의 눈을 천으로 가리면 타인도 자신처럼 볼 수 없을 것이라고 생각한다.

자기중심적 사고 egocentric thinking 자기중심적 사고는 전조작기의 아동들에게서 볼 수 있는 자기 관점에서의 사고를 의미하는 것이며, 또한 자기 평가적인 사고유형으로서 세상은 나를 지켜보고 있으며 나의 문제를 지나치게 살펴보고 있다는 사고다. 예를 들면, '만일 내가 제대로 하지 못하면 사람들은 나를 실패작으로 생각할 거야.'라는 생각이다.

자기증오 self hatred 자기 자신에 대한 부정적인 감정으로 내면의 자기가치를 거부하게 만든다. 자기증오는 중독적인 행동을 하는 사람이나 성적 학대를 받은 적이 있는 사람에게서 흔히 볼 수 있다.

자기지각 self perception 인지부조화이론에서는 행동에 의해 태도변화가 일어나는 것으로 오랫동안 태도와 관련한 연구를 주도하여 왔는데, 벰(Bem)은 1967년에 태도의 형성과 변화에 관해 자기지각이론(self-perception theory)이라는 새로운 이론을 내놓았다. 그는 사람들은 자신의 태도를 파악하지 못하며 단지 행동이 발생하는 환경과 자신의 행동을 통해 자신의 태도를 파악하게 된다고 주장하였다. 즉, 사람이 다른 사람들의 행동을 관찰함으로써 그들의 태도를 추론하듯이 자기 자신의 태도도 자신이 행동을 관찰함으로써 추론한다고 주장하였다. 예를 들어, 한 개인이 어떤 전문커피점을 계속 이용하는 것을 관찰하면 우리는 그 소비자가 그 커피전문점을 좋아하는 것으로 생각할 것이다. 마찬가지로 우리가 어떤 커피점을 자주 이용할 때 타인으로부터 그 커피점을 좋아하느냐는 질문을 받으면, 평소 한 번도 생각해 본 적이 없더라도 제3자의 입장에서 우리 자신이 행동을 관찰하여 자신이 그 커피점을 계속 이용하므로 그 커피점을 좋아하는 것으로 대답한다는 것이다. 마찬가지로 우리가 몇 가지 종류의 과일이 담겨 있는 바구니에서 오렌지를 선택하여 먹으려는 순간 누군가가 오렌지를 좋아하느냐고 묻는다면, 우리는 그 누구도 나에게 오렌지를 먹도록 강요하지 않았는데 스스로 오렌지를 선택하였기 때문에 나는 오렌지를 좋아한다고 생각하게 된다는 것이다.

자기지시훈련 self-instructional training 자기교수훈련이라고도 하는데 자기지시란 개인이 문제해결 과정 동안 자신을 인도하기 위해서 사용하는 내면적인 대화다. 이러한 자기지시는 일반 아동의 경우 자동적으로 나타나지만, 충동적인 아동의 경우는 이러한 자기지도가 결여되어 있으므로 모델링을 통해 과제수행 시에 사용할 수 있는 사고전략을 제공하는 것이다. 캐나다의 아동심리학자 마이첸바움(Meichenbaum)에 의해 개발된 인지 재구성적인 자기훈련의 절차는 다음과 같다. ① 성인 모델이 큰 소리로 혼잣말을 하면서 과제를 수행한다(인지적 모델링). ② 아동이 성인 모델이 하는 말을 따라서 큰 소리로 말하면서 같은 과제를 수행한다(외현적인 지도). ③ 아동이 성인의 모델 없이 혼잣말을 크게 하면서 과제를 수행한다(외현적인 자기인도). ④ 아동이 작은 소리로 혼잣말을 하면서 과제를 수행한다(외현적인 자기인도의 점차적인 감소). ⑤ 아동이 마음속으로 혼잣말을 하면서 과제수행을 인도한다(은밀한 자기교수).

자기지향 self-direction 자기지도 정서적으로 건강한 사람은 다른 사람의 행동이나 지지를 좋아할 수 있으나 그런 지지를 매번 요구하는 것은 아니다. 그들은 자신의 삶에 책임을 느끼며 자신의 문제를 독립적으로 해결할 수 있다.

자기징벌 self punishment 자기를 책하고 벌함으로써 무의식적인 죄책감을 경감시켜 마음의 안정을 얻으려는 자아의 작용을 자기징벌이라 한다.

자기충족적 예언 self -fulfilling prophecy 자성예언, 자기이행적 예언 자기 자신이나 다른 사람의 행동에 대한 기대는 그 기대한 행동을 실질적으로 발생시킬 수 있다고 보는 것이다. 피그말리온 효과와 같은 의미다. 이와 같은 자기충족적 예언의 효과는 로젠탈(Rosenthal)의 실험에서 나타났는데, 즉 선생님에게 새로이 개발되었다고 믿도록 한 지능검사 결과에 대한 거짓 피드백을 주어 학생들에 대한 기대를 조작한 결과, 선생님이 그 지능이 많이 발전했다고 믿었던 학생들의 지능이 그렇지 않은 학생에 비해 실제적으로 높아졌던 것에서 볼 수 있다. 이러한 결과는 선생님이 지능이 높아질 것이라고 기대하는 학생들에게 질문에 답변할 기회를 더 많이 부여하고, 더 자주 눈 맞추는 등 자신의 행동을 바꾸고, 이에 영향을 받은 학생들은 질문에 대한 답변을 더 자주 시도하며 더 열심히 공부하는 등 선생님의 태도에 대응하는 과정을 통해 이루어진 것이다. 즉, 대상에 대한 고정관념이 대상에 대한 정보처리에 있어서 자신의 고정관념을 확인하려는 인지적 일관성을 유지하고자 하는 것으로 고정관념에 대한 확인편파라고도 한다. ⇨ 피그말리온 효과, 확인편파, 인지적일관성 참고.

자기타당화 self validation 이는 자신의 자아를 어떻게 인정하고 받아들이는지에 대한 한 방법으로서, 자기타당화에 의한 자아는 타인으로부터 인정과 돌봄을 통해 얻어지는 자아의 모습을 의미한다. 인간에게는 두 가지 다른 방향의 자아가 존재하는데, 즉 자기확립(또는 자기묘사, self-delineation)에 의한 자아와 자기타당화에 의한 자아다. 그리고 이 두 가지 자아는 서로 경쟁을 통해 부정적인 인간이 될 수도 긍정적이고 창조적인 인간이 될 수도 있는 것이다. 자기확립에 의한 자아가 타인과 자신을 구별하는 개별화를 통해서 얻어지는 반면, 자기타당화에 의한 자아는 자기 자신의 개별성을 인정하며 있는 모습 그대로를 수용하는 것이 아니라 규범적 기준이나 목적 또는 관점이 다른 사람들의 인정과 돌봄을 통해 자신의 자아를 얻는 것을 말한다.

자기통제 self control (self manipulation) 인간이 자기가 처한 환경이나 상황에 합당하도록 자신의 충동 또는 행동을 통제할 수 있는 상대적 능력을 말한다. 보다 크고 장기적인 목표를 달성하기 위해 순간의 충동적인 욕구나 행동을 자제하며 즐거움이나 만족을 지연시키는 능력을 뜻한다. 자기규제와 같은 의미이며 행동주의심리학에서 외부로부터 강화나 벌이 전혀 없는 상태에서 자기 스스로 내적 강화나 벌을 부가함으로써 특정의 행동을 증가시키거나 또는 감소시키는 것이다. 자기통제력의 구성요인은 유혹에 저항하는 능력, 만족을 지연하는 능력, 충동을 억제하는 능력이며 비교적 일찍부터 발달한다. 아동의 통제력 발달은 부모나 양육자의 양육방식과 밀접한 관련이 있으며, 부모의 자기통제행동에 대한 역할모델도 자기통제력 발달의 중요한 수단이 된다.

자기표출 self expression 의식된 생각이나 감정을 언어나 행동을 통해 자아 밖으로 표현해 내는 것을 말한다. '자기표출'이란 용어를 심리학적인 전문용어로 제일 먼저 사용했던 줄라드와 라사코우(Jourard & Lasakow)는 "자기 자신을 다른 사람에게 알려 주는 과정"이라고 정의하였다. 상담에서 자신의 감정이나 생각을 표출하게 하는 자기표출을 통해 카타르시스를 체험하는 효과를 가져올 수 있다. 자기개방(self disclosure)과 같은 의미다.

⇨ 자기개방 참고.

자기확립 self-delineation 자기묘사 자신이 타인으로부터 구분되는 독특하고 유일한 자아의 모습을 말한다. 자기타당화가 타인들로부터의 인정을 통해 자아를 얻으려 하는 반면, 자기확립은 자신과 타인을 구별하는 개별화를 통해서 자아를 얻는다.

자기효능감 self efficacy 반두라(Bandura)의 사회인지이론에 바탕을 둔 신념이다. 자기효능감은 개인이 스스로 생활을 극복할 수 있고 자신의 노력으로 자신이 원하는 결과를 얻을 수 있다는 신념 또는 기대로서 사람들이 어떻게 느끼고, 사고하고, 스스로를 동기화시키며 행동하는지에 영향을 미친다. 높은 자기효능감은 긍정적인 자아인지를 촉진하고 지속적인 과제지향적 노력을 통해 높은 성취수준에 도달하게 하나, 낮은 자기효능감은 부정적인 자기평가를 하여 자신감을 결여시키고 성취지향적 행동을 위축시킬 수 있다. 반두라는 자기효능감이 성공경험, 대리적 경험, 언어적 설득, 생리적·정서적 상태와 같은 네 가지 요소에 의해 영향을 받아 형성된다고 보았다.

자녀양육유형 parenting style 부모의 자녀에 대한 양육태도는 부모의 사회적 · 경제적 지위, 부모와 자녀의 성, 결혼만족도, 부모의 인성 및 연령, 자녀수, 지역차에 따라 다양하지만 부모의 양육태도는 자녀의 성격형성에 중요한 영향을 미친다고 알려져 있다. 자녀양육에는 통제능력과 지원능력의 두 가지 차원을 바탕으로 네 가지 다른 유형이 있다. 통제는 자녀의 행동을 관리하는 부모의 능력이고, 지원은 자녀에게 사랑받고 있다는 느낌을 갖게 하는 부모의 능력이다. 자녀양육유형은 독재형(authoritarian), 허용형(permissive), 방임형(neglectful), 권위형(authoritative) 이 네 가지 유형으로 구별된다.

① 독재형: 독재적인 자녀양육유형은 강하고, 훈육적이고 엄격한 통제가 특징이다. 통제는 심하지만 아이에 대한 지원은 거의 없다. 이런 유형은 아이에게 두려움, 적개심, 분노, 반항심을 쌓게 한다.

② 허용형: 허용적인 자녀양육유형은 통제의 측면에서 독재형과 반대로 통제는 없고 지원만 있는 경우다. 아이는 자신이 통제권을 쥐고 있다고 느끼면서 자기가 원하는 대로 할 수 있다고 느낀다. 이런 유형은 권위를 약화시키고, 자기가치감을 손상시키며, 불안전감을 만들어 낸다.

③ 방임형: 방임적인 자녀양육유형은 독재형과 정반대로 통제는 거의 없거나 전혀 없으며 지원도 거의 없거나 전혀 없다. 아이에게 끼치는 영향은 허용형과 유사하다.

④ 권위형: 권위적인 자녀양육유형은 권장되는 자녀양육방식으로 이 양육의 특징은 사랑, 자비, 공정함이다. 통제도 잘하지만 지원도 잘하는 것이다. 이런 양육방식은 자녀에게 자기가치감, 안전감, 책임감을 길러준다.

자녀체계 sibling system 가족구조에서 자녀들이 서로 상호작용하는 하위체계를 의미하는 것으로 가족관계는 부부체계, 부모체계, 자녀체계의 세 가지 체계로 이루어진다.

자동적인 부정적 사고(ANTS) automatic negative thoughts 비합리적 신념을 의미한다. ⇨ 비합리적 신념 참고.

자동행동 automatism 행동의 장애에 따른 한 유형으로서 타인의 말과 행동을 자동적으로 따라 하는 것이다. 자동행동에는 타인의 말에 강박적으로 자동적으로 따르는 명령자동증(command automatism), 주어진 말을 따라 하는 반향언어증(echolalia), 보여진 행동을 따라 하는 반향동작증(echopraxia)이 있다.

자만심 conceit 자만심은 다른 사람들에게 무관심하거나 떨어져 있는 것으로 개인적인 허영심과 자기중심주의를 반영하는 것이다.

자발성 운동장애 tardive dyskinesia 디스키네지아란 진전보다는 복잡한 운동의 규칙성이 부족한 반복성의 불수의운동이다. 자발성 디스키네지아란 장기에 걸친 항정신병제제의 복용경과 중이나 이에 대한 중단이나 감량을 계기로 출현하는 디스키네지아를 말한다. 주로 입술, 혀, 아래턱 등 구부에서 볼 수 있으며 때로는 사지, 체간에서도 볼 수 있다. 투약 중지에 의하여 경감하는 일도 있으나 일반적으로 난치성이며 불가역성의 것도 적지 않다.

자발적 회복 spontaneous recovery 파블로프(I. P. Pavlov)의 실험에서 조건반응이 소거된 후 재습득을 시키면 처음 필요로 했던 강화시행수보다 훨씬 적은 강화시행수에서 상당한 수준의 조건반응이 나타난다. 이는 조건반응이 완전히 나타나지 않게 된 후에 일정 휴식시간이 지난 후 조건자극을 제시하면 조건반응을 보이게 되는 것을 말하며, 이 현상으로 소거에 의해 조건반응이 사라진 것이 아니라 억압되었다는 것을 알 수 있다.

자살 suicide 행위자가 자신의 죽음을 초래할 의도를 가지고 자신의 생명을 끊는 행위를 말한다. 자살의 원인에 대해서, 프랑스의 뒤르켐(E. Durkheim)은 자살에는 이기적 자살, 애타적 자살, 아노미적 자살 유형이 있다고 하였다. 이기적 자살은 개인이 사회에 결합하는 양식에 있어서 과도한 개인화를 보일 경우로 개인과 사회의 결합력이 약할 때의 자살이다. 애타적 자살은 과도한 집단화를 보일 경우 사회적 의무감이 지나치게 강할 때의 자살이며, 아노미적 자살은 사회정세의 변화, 사회환경의 차이, 도덕적 통제의 결여 등에 의한 자살이다. 자살의 원인은 복잡하고 파악하기 어렵다. 통계에 의하면 신경쇠약, 실연, 병고, 생활고, 가정불화, 장래에 대한 고민, 사업실패, 염세 등 여러 가지가 있으나, 대체로 사랑의 결핍, 무능감, 거부감을 느끼기 때문이거나 자기를 버린 사람에게 죄책감을 불러일으키기 위한 경우가 있으며, 알코올중독, 정신분열증, 우울증 환자에게 자살자가 많고 퇴원 후 6개월 이내였던 확률이 높다. 이와 같이 자살의 동기는 삶에 대한 의욕과 동기를 상실한 경우, 극도로 좌절되고 낙담한 상태에서 도움을 청하고 관심을 끌기 위한 경우, 또 이 두 가지의 혼합이라고 볼 수 있다.

자상벽 self mutilative habit 반 고흐 신드롬이라고도 부른다. ⇨ 반 고흐 신드롬 참고.

자아 ego 인간이 의식적으로 조정할 수 있는 마음의 부분이며, 나와 현실과의 관계를 수립하는 마음의 부분이다. 자아는 출생 후부터 발달하기 시작하며 원욕(이드, 원초아)과 달리 현실 원리의 지배를 받는다. 즉, 성격의 논리적 부분으로 원욕과 충동을 표출할 때 현실 세계에서의 한계를 지각하면서 사회의 규범에 위배되지 않는 방법으로 이를 만족시키고자 하는 현실 원리(reality principle)를 따르는 합리적이고 문제해결적인 측면을 지닌 인격의 국면으로 성격구조 세 가지 요소 중 조정자 역할을 한다. 따라서 자아는 현실적 사고과정을 통하여 통제하고 반응할 환경의 성질을 검토, 선정하며, 어떤 욕구를 어떤 방법으로 만족시킬 수 있을 것인가를 결정하는 역할을 한다.

자아개념 self-concept 자아개념은 자아구조를 의미하는 것으로서 각성될 수 있는 자아지각들의 조직된 틀, 즉 자신에 대한 자각의 총체를 말한다. 개인의 여러 특성들과 능력에 대한 지각들, 다른 사람들이나 기타 환경과 관련된 자신에 대한 지각과 개념들, 경험과 대상들과의 관련하에서 지각되는 가치관, 긍정적 혹은 부정적인 유인성을 갖는 것으로서 지각되는 목표 및 이상과 같은 요소들로 구성된다. 자아개념의 발달은 자신의 경험을 어떻게 지각하느냐에 따라 많이 좌우된다.

자아구조 self-structure 개념의 틀을 말한다. 개인의 특성, 관계성, 그리고 이들과 관련된 가치관을 포함하는 정형화된 지각을 포함하고 있다. 자아구조(소망)와 경험(현실)일치도가 낮을수록, 이상적 자아와 현실적 자아의 괴리가 커질수록 심리적 갈등과 문제의 원인이 발생한다고 보고 있다.

자아군 ego mass 자기가 없는 사람은 가족집단자아의 공통적인 자아를 나누어 갖는다고 하는 보웬(M. Bowen)의 이론이다.

자아기능 ego function 자아는 내적 · 외적 환경에 따라 기본적인 본능적 충동을 방출하게 하거나 묶어 두는 역할을 하는 성격의 통제기관으로, 자아기능은 자아가 현실에 적응하고 조작하는 활동이며, 사회적 요구를 처리하고 내적 · 심리적 갈등을 조절하는 방법이다. 또한 자아기능은 부모나 다른 영향력 있는 사람들이 개인에게 부과하는 요구사항에 의해 영향을 받게 된다.

자아동조적 ego-syntonic 자아동질적 자아 또는 의식적인 자기개념과 화합할 수 있는 경우를 말한다. 자아에 위협을 주지 않고, 또 상위자아(초자아)의 간섭을 받지 않고 가질 수 있거나 할 수 있는 생각, 소원, 충동, 행동들이 이에 해당한다. 동성애의 경우도 자아동조적인 경우가 있고, 자아이질적인 경우가 있는데, 많은 성변태증, 충동조절 장애, 공상 또는 성격 경향 등 역시 자아동조적인 경우들이다.

자아분화 self differentiation 자기개별화, 자기분화 자아분화란 자녀가 어머니와의 융합에서 서서히 벗어나 자기 자신의 정서적 주체성을 향해 나가는 장기적인 과정을 의미하는 용어다. 이는 보웬(M. Bowen)의 가족체계이론의 주요 개념으로서 개인의 지적 능력과 정서적 기능이 어느 정도 융합되어 있는지, 또는 어느 정도 분화되어 있는지에 따라 개인을 정의하는 개념이다. 즉, 자아분화는 하나의 과정으로 지적 체제와 정서 과정을 구분할 수 있는 능력과 감정과 사고의 분리, 자신과 다른 사람과의 분리를 모두 포함하는 것으로 보웬은 가족에서의 유일한 문제는 정서체계와 지적 체계를 분화하는 데 실패하는 것으로 보았다. 이와 같이 보웬은 인간의 모든 기능을 자아의 분화와 융합이라는 연속선상에서 보고 있는데, 자아분화의 수준을 아주 낮은 사람, 대체로 낮은 사람, 보통사람, 높은 사람으로 나누어 설명한다. 자아분화 수준이 낮은 사람은 자아융합의 정도가 심하여 주위의 반응에 민감하고 의존적이며 긴장, 불안, 스트레스 상황에 적응을 못하며 타인에게 심한 애착을 보이는 것으로, 자기정체성이 분명하지 못하다고 하였다. 또한 자아분화는 확고한 자기와 거짓자기의 구분으로서, '정신내적 수준'과 '상호대인적 수준'의 두 가지 면이 있다. 즉, 분화가 많이 되면 될수록 진짜 자아의 부분이 가짜 자아의 부분보다 늘어난다. 따라서 자아가 분화된 사람은 자신의 생각이 분명하고 자신이 믿는 대로 행동하며, 다른 사람들의 영향에 좌지우지되지 않으며, 친밀한 관계를 형성한다고 하였던 것이다. ⇨ 가족체계이론 참고.

자아불일치 ego disagreement 타인에게서 배운 가치관을 믿고 그 가치관에 위배되는 감정체험을 왜곡이나 부인을 통해서 의식 밖으로 추방하거나 억압하는 것이다. 또한 있는 그대로의 자아를 망각하고 소원하는 자아를 참자아로 믿는 것으로 이러한 자아개념이 현실적 자아에 의해 파괴 · 손상되지 않는지 불안이나 긴장을 갖는 것이다.

자아상태 ego state 자아상태란 일련의 일치되는 행동의 유형 혹은 일련의 행동유형을 개발시켜 주는 감정체계로 정의된다. 번(E. Berne)은 한 개인 안에 각기 다른 자아가 존재한다고 하였고, 이를 '자아상태'라 불렀다. 즉, 한 개인에게는 '부모', '성인', '어린이'의 세 가지 구별된 자아상태가 존재하며 이것들이 개인의 행동유형과 성격을 결정한다는 결론을 내렸다.

자아심리학 ego psychology (psychoanalytic ego-psychology) 에릭슨(E. Erikson)으로 대표되는 자아심리학은 프로이트의 본능심리학(id psychology)에서 하나의 심리적 기능으로 분류되는 자아의 역할을 강조하는 데서 출발하였다. 자아심리학은 인생 전반에 걸친 발달과정을 강조하며, 본능과 충동보다는 개인의 성장발달과 문제해결 및 사회적 실체의 처리능력을 강조하는 것으로, 치료의 목표를 자아의 강화에 두고 있는 것이다.

자아이상 ego-ideal '~처럼 되어야지' 하는 긍정적인 것으로 대부분이 의식에 있고 일부는 무의식에 있다. 아이가 부모나 그 밖의 다른 사람들로부터 크게 인정받았거나 칭찬받았던 일들이 토대가 된다.

자아이질적 ego-dystonic 자아나 자신이 용납할 수 없거나 불쾌하게 여기는 충동, 소원, 생각 등을 의미하는데, 이는 자발적으로 수행하는 성향이 아니라 자신이 원하지 않음에도 불구하고 끌려가는 것을 말한다. 이와 같이 동성애의 경우, 자아동조적 동성애는 동성애로 인해 괴로움을 겪거나 동성애 선호성향을 바꾸려는 의지가 없기 때문에 심리적 장애에서 제외되지만, 이와는 달리 자아이질적인 동성애는 자신이 이성 간의 관계를 원하면서도 어쩔 수 없이 동성애에 이끌리거나 동성애로 인해 괴로움을 경험하는 것을 의미하기 때문에 성도착증으로 보는 입장이 있다.

자아일치 self-congruence (self-consistency) 아들러(Adler) 심리학의 가장 중요한 가설은 인간이 통일되고 자아일치된 존재라는 것이다. 자아일치는 사실에 근거한 자아개념을 갖는 것으로 있는 그대로의 나, 현실적인 나와의 일치, 주관과 객관의 일치를 의미한다. 즉, 현실적 자기와 이상적 자기 사이의 일치로 갈등이 없는 상태다. 또한 렉키(Lecky)가 사용한 자아일치의 개념은 사람들은 즐거움(쾌)을 추구하며 고통을 회피하려고 행동하는 것이 아니라 자존감(self-esteem)을 유지하기 위한 방향으로 행동한다는 것이다.

자아정체성 ego identity 자신의 자아가 연속성과 동일성을 갖는 것으로 경험하고 많은 갈등과 혼란 속에서라도 자신이 누구인가에 대해 일관성 있고 동일한 자기인식을 가지고 행동하도록 확립해가는 청년기의 탐색능력이다. 에릭슨(E. Erikson)은 분류한 주관적 측면인 개별적 정체감을 다시 개인적 정체성과 자아정체성으로 나누고 있는데, 여기에서 그는 자아정체성은 개인의 내적 충동 및 욕구, 외적 압력, 유혹 등을 자기다운 독특한 방식으로 조정 · 통합함으로써 자기동일성을 견지해 나가려고 하는 자각적이고 의식적 · 무의식적 노력이라고 보았다. 이와 같이 자아정체성은 자기 지각의 전체성으로서 개인에게 자신만의 독특함(uniqueness)과 시간상의 연계성(continuity)을 제공한다.

자아존중감 self esteem 자존감 자아존중이나 자기가치는 다른 사람들이 자기를 보는 것과는 별개의 것으로 자기가 자신에게 가지는 애착, 사랑, 신뢰, 존중, 가치로움이다. 자아존중감(자존감)은 종종 자아개념(self-concept), 자아형상(self-image)의 의미가 중복되어 사용되고 있지만, 엄밀히 구분하면 자아개념이나 자아형상은 우리가 우리 자신에 대해 갖고 있는 생각, 태도, 감정 등을 포함한다. 즉, 자아형상과 자기개념이 자기표현을 의미하는 반면, 자존감은 자기평가를 뜻한다. 윌리엄 제임스(William James)는 자아존중감의 결정력으로 자기판단 영역에서의 개인적 가치, 비교상에 근거한 공동체의 표준, 자신을 신장하는 데 있어서의 가치관을 들었다.

자아통합 ego integration (ego synthesis) 통합체로서 개인 성격의 여러 양상에 대한 내적 조화와 적합성을 달성하는 것으로, 신체적 · 경제적 · 사회적 현실 속에서 있는 그대로의 자신을 인정하고 삶에 만족감을 갖는 것을 의미한다.

자아통합 대 절망감 ego-integrity vs despair 에릭슨(E. Erikson)의 발달단계이론의 마지막 단계의 특징으로서, 노년기에는 어떤 발달단계보다도 자아실현을 향한 내적 지혜를 얻게 되는 시기라고 표현하였다. 자아통합은 모든 관점에서 자신의 인생을 돌이켜보고 자신의 삶에 후회가 없으며 열심히 가치 있게 살았다고 믿는 특성으로 겸허하고 확고하게 '만족스럽다' 고 확신하는 데서 생기는 것이다. 반면 자신의 인생을 실패의 연속이었다고 생각하는 사람은 심한 절망감과 후회를 하기도 하며 죽음에 대한 공포를 갖기도 한다. ⇨ 심리사회발달이론 참고.

자아팽창 inflation 자아팽창이란 자아가 무의식의 원형적인 내용에 과도하게 침범하거나, 의식이 확장된 결과로 집단심리와의 동일시가 일어나거나, 반대로 그 힘에 눌려 자신이 무가치하고 의미 없는 존재라는 생각에 빠져 버리는 것이다. 자아팽창이 일어나면 무한한 힘과 유일성을 느낄 수도 있고, 무가치하고 시시한 존재라는 느낌이 수반되는 방향상실을 겪을 수도 있다. 융(C. G. Jung)은 "자아팽창은 의식이 무의식으로 퇴행한 것이다. 이것은 의식이 그 자체에 대하여 너무 많은 의식적 내용을 취할 때 항상 발생하는 현상이며, 자아팽창이 일어나면 분별의 기능을 잃게 된다."고 했다. 자아와 자기가 동일시될 정도로 확장되면 자아는 큰 위험에 빠지게 된다. 그렇게 되면 인간과 신의 형상 사이에 더 이상 구별이 없어지기 때문에 개성화과정을 이룰 수 없다.

자연관찰법 natural observation 자연환경 내에서 일어나는 피검자의 행동을 체계적으로 관찰하는 방법이다. 자연상황에서 일어나는 행동을 관찰한다는 장점은 있으나 피검자가 타인으로부터 관찰된다는 것을 알게 됨으로써 실제 반응과는 다른 반응을 나타낼 수 있다. 자연적 관찰법에는 크게 직접적 관찰법과 간접적 관찰법이 있는데, 직접적 관찰법은 관찰자와 피관찰자 사이에 어떤 계획적 장치가 없고 관찰한 후 곧바로 기록하는 식이다. 간접적 관찰법은 녹음기, 비디오 등의 기기를 사용한 관찰로 관찰기록을 다시 관찰, 분석함으로써 일과성의 사상이나 행동을 반복해 가면서 검토할 수 있다.

자연살해세포(NK cell) natural killer cell 면역세포의 일종으로 감염이나 병으로부터 신체를 지키는 데 매우 큰 역할을 한다. 이 세포는 체내에서 다른 세포와 직접 접촉하는 것으로써 감염된 세포나 악성세포를 발견하고 파괴한다. NK세포의 결핍에 의한 질병에는 암, 후천성·선천성 면역부전 증상, 만성질환, 감염증, 자기면역질환, 유전자질환, 행위장애 등이 있다.

자연적 개념 natural concepts 논리적 개념처럼 그 개념에 속하는 모든 성원들이 공통적인 특징에 대한 가설검증을 통해 형성되기보다는 일상생활 속의 경험을 통해 자연스럽게 형성되는 개념이다. 그러나 일반인들이 자연적 개념을 정의하는 데 필요한 특징들을 완전히 파악하기는 어렵다. 자연적 개념은 대부분 그 경계가 애매하기 때문이다. 심리학자들의 연구에 따르면, 진실, 정서, 성격, 낭만적인 질투 등이 자연적 개념에 포함된다.

자위 masturbation 스스로 성기를 자극함으로써 쾌감을 얻는 행위를 말한다. 일반적으로 생각하는 것과 달리 자위 자체가 정신적이나 신체적 질병의 원인이 되지는 않지만 자위행위에 대한 죄의식이나 불안 등은 행위자의 감정을 심각하게 위협할 수 있다.

자유로운 어린이(FC) free child 교류분석에 있어 자아상태의 한 개념이다. 자유로운 어린이는 단지 자신이 원하는 대로 행동하는 모습, 부모의 강압에 관계하지 않고 독립적으로 행동하는 모습과 같은 것이다. FC가 낮으면 놀이나 여행 등을 적극적으로 즐기려 하지 않으며, 높으면 자발적·적극적·창조적이며 즐기려는 특징이 강하고 희로애락의 감정을 솔직히 표현하며 개방적인 생활태도를 보인다. 그러나 지나치게 높을 경우 충동적이고 자기중심적이며 무책임한 면이 강해서 자기도취자와 같은 모습을 보인다. ⇨ 이고그램, 교류분석 참고.

자유연상 free association 정신분석과 다른 통찰-지향적인 치료에서 널리 사용되는 치료절차로서 내담자로 하여금 마음속에 떠오르는 것이면 무엇이든지 이야기하도록 하는 방법이다. 즉, 아무런 제한 없이 무엇이든 논리적이거나 의미 있는 이야기가 아니더라도 아무리 사소한 것이라도 의식에 떠오르는 것이면 무엇이든 모든 것을 이야기하도록 하는 것이다. 이때 치료자는 내담자의 자유스런 연상에 방해가 되지 않도록 내담자의 얼굴을 바로보지 않고 내담자가 누워 있는 머리맡에 자리하게 된다. 이렇게 치료자를 의식하지 않고 떠오르는 대로 무의식적인 흐름을 따라 이야기를 하다 보면 그 이야기들은 결국 하나의 사건으로 구체화되는데 구체화된 사건들 속에 자신의 모습을 통찰하고 이를 통해 자신을 찾는 경험이 가능하다고 한다.

자율성 autonomy 독립적인 행동을 할 수 있는 개인의 감각을 의미한다. 즉, 자신의 욕구를 충족시킬 수 있는 능력 또는 다른 사람의 통제로부터 독립을 말한다.

자율성 대 수치심, 의혹 autonomy vs. shame and doubt 에릭슨이 주장한 인간심리 사회적 발달의 두 번째 단계에서 나타나는 기초적 갈등. 대략 2~4세에 발생하며, 이때 유아는 사회적 통제와 훈육을 경험함과 동시에 사회화과정을 통해 자신의 독자성을 인식하는 방법을 배우게 된다. ⇨ 심리사회발달이론, 에릭슨 참고

자율신경계 autonomic nervous system 자율신경계의 주된 기능은 적절한 내적 신체 상태를 유지시키는 데 있다. 심장, 혈관, 소화기 등에 분포하고 있는 것으로서 중추신경계의 명령에 의해서 조절되지만 의식적 통제 없이 자동적이고 불수의적으로 작용하며 교감신경계와 부교감신경계로 나뉜다. ⇨ 교감신경계, 부교감신경계 참고.

자의식 self awareness 개체가 자신에 대해 지나치게 의식하고 관찰하는 현상이다. 이는 자신의 행동에 대한 타인의 반응을 지나치게 의식하기 때문에 생긴다. 자의식의 치료를 위해서는 내담자로 하여금 자신의 욕구나 감정, 관심을 알아차리게 해주고 이를 다시 표현할 수 있도록 해주어야 한다. 또한 타인의 관심의 초점이 되려는 생각을 버리고 지나친 자애적 욕구를 포기하도록 설득하여야 한다.

자이갈닉 효과 zeigarnik effect 미완성효과 블루마 자이갈닉(Bluma Zeigarnik)이라는 사람이 연구하여 그의 이름을 따서 자이갈닉 효과라고 한다. 미완성효과는 어떤 과제가 수행되다가 중도에 방해를 받았을 때 그 과제의 세부 사항들을 더 잘 기억하게 된다는 것이다. 즉, 사람들은 특정한 일을 수행하고 있거나 그런 수행을 중도에 멈출 경우 그 일을 계속해서 수행하려고 하기 때문에 기억을 잘 한다. 사람들은 어떤 과제를 받으면 인지적으로

불평형상태(Disequili-brium State)가 된다. 다시 말해 긴장한다. 그런 긴장은 문제가 해결될 때까지 계속된다. 만약 문제가 해결되지 않으면 그런 긴장은 지속되고 그 문제와 관련된 기억은 생생하게 남는다. 이와 같이 자이갈닉 효과는 업무가 완성되지 않으면 심리적으로 압박을 받기 때문에 그것을 기억하지만 일단 업무가 완성되면 그 업무와 관련된 기억이 사라지는 현상을 말한다.

자조집단 self-help group 알코올이나 도박치료를 위한 자조집단은 특정한 공통적인 문제나 인생위기를 가진 동질성집단으로서 심층분석이나 인격개조보다는 정신건강과 복지의 유지를 목적으로 하며, 상호 돕고 힘이 되어 주는 집단응집력을 강조한다. 기타 비행청소년 재교육집단, 종교적인 치료모임 등이 이에 해당된다.

자존심고양효과 self-esteem enhancing effect 유명하고 똑똑하고 힘 있는 사람이 내 옆에 많으면 내 위치가 올라간다고 생각하는 심리로 후광효과의 일종이다. 이는 고양된 자기 효과의 인지적 오류일지라도 그 자신에게는 유익함을 보여 주는 결과가 있다.

자폐장애 autistic disorder 발달장애가 여러 부면에서 나타나기 때문에 전반적 발달장애라고 한다. 전형적으로 나타나는 증상은 대인상호작용의 손상, 의사소통 및 상상행동의 손상, 극도로 제한된 행동과 흥미 등이다. 중요한 것은 이런 손상으로 인해서 지적 · 사회적으로 언어 및 신체 동작 면에서 모두 발달이 이루어지지 않는다는 점이다.

⇨ 자폐증 참고.

자폐적 공상 autistic fantasy 인간관계, 효과적인 행동, 문제해결 등의 대처방안으로 과도한 백일몽을 사용함으로써 감정적 갈등이나 내외적인 스트레스를 처리하는 것이다.

자폐증 autism 발달장애의 대표적인 질환으로 외계와의 접촉에 등을 돌리고 자기 안에 틀어박히는 비현실적 심성을 말한다. 브로일러(E. Bleuler)가 1911년에 분열병의 기본장애의 하나로서 연합장애, 양가성 감정장애와 함께 언급한 것이다. 민코프스키(H. Minkowski)는 자폐를 '현실과의 살아있는 접촉의 상실'이라고 했다. 환자는 자기 방에 틀어박혀서 얼굴을 보이지 않고 여름에도 문을 잠그고 식사도 자기 방에서 하고 학교도 직장도 가지 않고 전혀 외출을 하지 않는 생활을 몇 개월이건 몇 년이건 계속한다. 병원에서 집단 속에 있어도 대인교류를 피하고 자신의 세계에 틀어박혀 간섭당하는 것을 싫어한다. 자폐증은 생후 36개월 이전에 발병하며, 남자 아이의 경우 여자에 비해 3~5배 정도 더 잘 발병하며, 여자 아이는 남자에 비해 증상이 더 심하게 나타나는 것으로 알려져 있다. 자폐아동은 성장과정에서 전반적으로 장애를 나타내는데, 특히 다른 사람과의 사회적 · 정서적인 관계를 발전시키지 못한다. 사회성 발달이 늦어져 다른 사람과의 사회적인 접촉을 기피하며, 언어발달이 잘 이루어지지 않아 상대의 말을 되뇌이거나, 같은 말만 반복하며, 괴상한 소리를 지르거나 괴상한 행동을 되풀이하기도 하고, 특정 물체나 생물에 과도한 집착을 보이며, 주위 환경의 변화에 대한 저항이 많아 새로운 환경이나 경험을 받아들이지 못하고 똑 같은 것만을 고집하려고 한다. 이와 같이 자폐증 환자들은 대인관계가 원만하지 못하다는 특징 이외에 언어와 의사소통에 장애가 있으며 특이한 행동을 반복하는 것이 특징이다. 자폐증의 원인은 아직 분명하게 밝혀지지 않았지만 선천적인 유전자 이상, 출생 전후의 뇌손상 또는 감염, 뇌의 구조적 이상 또는 생화학적 이상처럼 뇌기능발달의 결함과 밀접한 관련이 있는 것으로 분석되고 있다. 간혹 특정한 일에서는 정상인보다 우수한 능력을 보이는 경우도 있는데, 특히 단순기억이나 계산, 시간, 공간적 능력 등에서 뛰어난 경우가 있으며, 이를 바보학자(idiot savants) 또는 석학증후군(savant syndrome)이라고 한다. 자폐증은 거의 일생 동안 장애가 지속되며, 5~20%는 어느 정도 호전이 되지만 다른 사람의 도움 없이는 독립적으로 생활하기 어렵다. 자폐아동들은 대개 발달장애와 행동상 문제를 보이기 때문에 체계화된 특수교육과 행동수정치료가 가장 중요하다. 행동상의 문제가 행동수정만으로 조절이 잘 안 될 때에는 약물도 투여한다. 이와 같이 자폐증은 객관적인 현실에 따라 규제하기보다 자신의 사고나 인식 속에 있는 개인적 욕구나 필요에 따라 과도하게 규정하는 경향을 말하는 것으로, 현실에서 물러나서 다른 사람들은 연결될 수 없는 사고와 감정의 내면세계로 들어가는 것이다. 외부세계에 거의 관심이 없으며 다른 사람들이나 사물과 효과적으로 관계를 형성할 능력도 없고, 내적인 소망이나 감정에 온통 관심을 집중시키는 발달장애다. ⇨ 석학증후군 참고.

자학적 성격장애 self-defeating personality disorder 자기파괴적, 자해적 성격장애. 자기에게 손해가 되거나 고통을 받을 수 있는 행동을 여러 상황에서 선택하는 성격패턴을 지칭한다. 일반적으로 즐거움을 얻을 기회를 피하고 타인의 도움 혹은 이익을 볼 기회를 거절하곤 한다. 자학증은 일방적으로 상대방으로부터 오랫동안 상처받아온 사람에게서 생기는 심리적인 특성으로서, 자기에게 고통을 가함으로써 마음의 안정을 찾으려고 하며 가능하면 자기를 약하게 보이고 낮춤으로써 마음의 안정을 얻는다.

작은 수의 법칙 law of small number 섣불리 판단하기 어려운 불확실한 상황의 경우, 표본이 크다고 해서 불확실성이 극적으로 줄어들 것이라고 생각지 않는 것이다. 즉, 불확실한 조건에서 판단을 내릴 때 인간은 확률이나 효용극대화이론을 복잡하게 따지기보다는 경험 법칙에 비추어 어림짐작으로 가장 그럴듯하게 여겨지는 방법에 의존하는 것이다.

작화증 confabulution 이야기나 세부적인 사항들을 꾸며내어 기억의 틈을 메우는 행위. 실제의 체험과는 다른 것을 자기가 경험한 것처럼 착각해서 말하는 것으로 그 내용은 갖가지로 변화하기 쉽고, 환자는 추억의 착오라고 자각하지 못한다. 뇌기질성 정신장애, 특히 코르사코프(건망) 증후군에서 잘 나타난다. 환자는 실제 일어나지 않은 일을 현재 일어난 것처럼 이야기하거나, 과거의 일을 오늘의 일처럼 말하든지 다른 사람이 이렇게 했다는 등으로 말한다. 또한 작화증의 하나인 당혹작화는 노인치매로 심한 건망증과 기억장애의 공백을 채우기 위한 것이다.

잔물결효과 ripple effect 조직구성원의 일부를 야단쳤을 때 다른 구성원들에게 미치는 부정적 영향을 '잔물결효과'라고 한다. 잔물결효과는 특히 벌을 받는 사람이 조직에서 중요한 역할을 하고 있을 경우, 상사의 명령이나 지시가 모호하고 분명하지 않을 경우에 더 크게 나타난다.

잔상 after image 밝은 빛을 본 후 눈을 감을 때처럼 어떤 자극이 제거된 후에도 지속적으로 남아 있는 시각적 인상을 말한다.

잔상효과 aftereffect 잔존효과 (1) 어떤 형태를 지각한 후 다른 형태를 지각할 때 나타나는 지각적 왜곡으로 처음 형태를 볼 때 나타나는 전경과 배경의 관계가 두 번째 형태를 볼 때도 똑같이 지각된다. (2) 당신과 얼마 동안 함께 지낸 후에 그들이 잠재의식 속에서 당신을 어떻게 생각하고 있는가를 의미한다.

잔존보유기능 existent functions 지체의 장애나 손상으로 신체의 고유기능을 사용할 수 없을 때 그 신체 부분에 남아 있는 최소한의 기능을 말한다. 따라서 치료와 재활에 있어서 남아 있는 기능이 얼마나 되는지를 알고 이를 개발하거나 재활이 이루어지도록 하고 있다.

잔향기억 echoic memory 청각정보에 대한 감각기억으로서 어떤 일에 열중해 있을 때 누가 무슨 말을 하는 경우 무슨 말을 하는지 잘 모르고 되묻다가 종종 되묻는 도중에 그 사람의 말이 생각나는 경우가 있는데 이는 다른 사람의 말소리가 아주 잠깐 동안 원음 그대로 저장되어 있었다는 것을 의미하게 된다. 나이서(U. Neisser)는 이 잠시 동안의 청각적 저장을 시각적 감각기억인 영상기억과 대비하여 잔향기억이라고 이름하였다.

잠재기 latency 잠복기 프로이트(S. Freud)의 심리성적발달 단계에서 대략 7세에서 12세까지의 시기로 성적 욕망이 억눌리고 비성적 활동들인 지적 호기심, 운동, 친구관계의 활동이 싹트며 사회성의 발달이 현저하게 나타나는 시기다. 즉, 사회화의 시기로서 개인의 욕구를 억압하여 사회의 규칙을 학습하면서 현실원리에 따르는 시기이기도 하다. ⇨ 심리성적발달이론 참고.

잠재몽 latent dream 프로이트(S. Freud)는 무의식을 이해하는 시도로서 잠재몽을 밝히고자 하였는데, 꿈을 꾸게 하는 잠복된 원리의 충동이나 억압된 감정이 있다고 하였다. 잠재몽은 현재몽 내에 내포되어 있는 무의식적 사고와 소망을 말하는 것으로, 잠재된 내용이 여러 방어기제의 꿈 작업에 의해 억압된 원래 내용이 바뀌어진 후 꿈으로 허용되도록 타협되어 이차적 가공을 거쳐 현재몽으로 나타나는 것이라고 하였다. 즉, 잠재몽의 내용은 꿈의 진정한 의미인데 이는 네 가지 근원에서 나온다. 첫째, 본능적 욕구로서 유아기의 기억이나 환상이 크게 기여한다. 둘째, 신체적 감각주입으로서 내적 신체자극과 외적 신체자극이 있다. 셋째, 현재의 인생상황이 꿈의 내용이 된다. 넷째, 그날 있었던 일로서 기억에 남는 일, 마음에 감정이 남아 있는 일들이 꿈의 근원이 된다.

잠재적 의도 hidden agenda 자기 자신의 욕구에 따라 메시지를 이해하는 것을 말한다. 사람들은 자신이 마음속에 특별한 관심사를 갖거나 시비를 걸려고 하거나 어떤 사람에 대한 증오심을 품게 되면, 사람들은 의식적이거나 무의식적으로 모임을 방해하고 대화를 자기 자신의 목적을 진전시키는 방향으로 이끌려고 하게 되는데 이는 잠재적 의도의 예가 된다.

잠재학습 latent learning 대부분 학습은 보상과 관련이 있다고 생각하지만 잠재적 학습은 즉각적인 보상이 없는 상태에서 이루어지는 학습이다. 톨먼(E. C. Tolman)은 먹이(보상)가 없는 미로를 마음대로 달리게 한 쥐가 보상이 주어졌을 때 급속히 학습하게 된다는 사실을 실험함으로써 잠재학습을 실험하였다. 이는 낯선 집을 찾아갈 때 이전에 그 근처를 산책한 경험이 있다면, 그 근처의 건물이나 골목 등이 인지되어 있기 때문에 쉽게 그 집을 찾을 수 있는 것과 같은 예다. 이와 같이 학습은 되었으나 실행으로 옮겨지지 않았던 이전의 습득행동이 다른 행동으로 나타나는 효과를 가지게 되는 경우를 의미한다.

잡담 pastime 소일 특별한 목적 없이 다른 사람과 함께 지내며, 날씨, 운동경기, 자녀, 음식에 대한 이야기를 서로 교환한다. 잡담은 큰 정서적 동요 없이 자신의 사회적 위치를 안전하고 확고하게 하는 데 도움을 주는 구조방법이다. 표층적 교류지만 구속됨이 없이 반복적인 자기표현을 가능하게 하는 손해 없는 보상감이 장점이며 겉치레처럼 책임 있는 자기 위탁이 없다.

장기기억 longterm memory 정보를 오랫동안 저장할 수 있는 기억을 말한다. 장기기억은 과거의 경험을 보존하고 그것을 이용하여 현재의 삶을 영위할 수 있게 해 주는 것으로 장기기억이 없는 인생은 새로운 경험들로만 가득 차게 될 것이며, 학습할 수 있는 능력도 존재할 수 없게 된다.

장기적 쾌락 long range hedonism 미래지향적인 쾌락을 의미한다. 건강한 사람은 순간적인 쾌락을 추구하기보다는 미래지향적인 장기적 쾌락을 추구한다.

장기흔적조건형성 long-trace conditioned response 조건자극이 정지한 후 1분 이상의 간격을 두고 무조건자극이 주어지는 것을 장기흔적조건형성이라고 한다.

장단기치료 long brief therapy 적은 횟수의 단기치료를 확대하여 장기간 실시하는 치료로 밀란

(Milan) 체계적 치료에서 흔히 사용된다. 즉, 치료 과정 사이에 긴 배양기를 두는 것으로 치료횟수를 줄이는 대신 치료간격을 넓힘으로써 가족의 치료비용과 시간상의 부담을 줄여줄 수 있는 방안이었다.

장독립적 field independent 인지양식의 개인차를 구분하는 유형 가운데 하나로서 위트킨(Witkin)이 제안한 개념이다. 장독립성(filed independence)은 사태를 지각함에 있어 그 사태의 주변상황에 영향을 덜 받는 경우를 말한다. 예를 들면, 숲을 보면서 개개의 나무를 잘 인지 하지 못하는 경우를 장의존적이라고 한다면, 개개의 나무들을 보다 확실히 구분하여 보면서 전체로서의 숲을 조망하지 못하는 경우는 장독립적인 경우라고 할 수 있을 것이다. 장독립적인 성향의 사람은 심리적 분화가 잘 된 사람으로 자신의 주변에 있는 다른 사람 및 세계를 보다 분화된 방식으로 경험하고 자신이 경험한 것을 잘 분석하고 구조화하여 대상의 상호 독립성을 유지하는 편이며, 같은 맥락에서 자아와 자아가 아닌 것을 엄격히 구분하여 자기지향적이고 과제지향적이다. 사태를 분석하고 재조직하는 데도 유능해서 문제해결에 유리한 쪽이 장독립성이 강한 사람들이다.

장애 handicap (disorders) 다른 사람들이 보통 행하는 기능에 대한 개인의 능력을 방해하거나 제한하는 신체적 또는 정신적인 손상.

장의존적 field dependent 인지양식의 개인차를 구분하는 유형 가운데 하나로서 위트킨(Witkin)이 제안한 개념이다. 장의존성(field dependence)은 말 그대로 대상을 바라볼 때, 어떤 상황, 환경(장)에 크게 의존하여 인지하는 경우다. 예를 들면, 숲을 보면서 개개의 나무를 잘 인지하지 못하는 경우로서, 장의존성이 우세한 사람은 사물을 지각함에 있어 그 사물의 배경, 주변의 장에 영향을 많이 받는 사람으로 비교적 비분석적이고 직관적으로 자극을 지각하고 인지한다. 또한 심리적 분화가 잘 이루어지지 않아 주어진 대상을 전체적으로 파악하려는 경향이 있으며, 사회적 상호관계에 치중하고, 외부의 비평에 크게 영향을 받는 편이다. 물론 장의존적인 사람과 장독립적인 사람의 구분이 어떤 경우에나 확연하며 극단적인 것은 아니며, 어느 부분 혹은 어느 순간에 어느 한쪽이 더 우세한 성향을 보이는 것이다.

장의존학습 field-dependent learning 내부심리, 생리에 달려 있는 상태의존학습과 달리 어떤 장소에 가면 기억이 잘 떠오르는 현상을 '장의존학습'이라고 한다. 가령 공부한 데서 시험을 보면 기억이 잘 나는 것과 같다.

장 이론 field theory 장 이론은 심리적인 여러 사상을 물리학에서 사용하는 장의 개념과 유추에 의해 체계화하려는 심리학의 이론으로서 사회심리학자인 커트 레빈(Kurt Lewin)에 의해 개발되었다. 레빈에 의하면 장개념은 상호 의존적이며 공존하고 있는 모든 사실들의 총합으로서, 장 이론의 특징은 심리적인 여러 사상을 장의 전체적 구조관념으로 파악하려는 것이다. 장 이론에 의하면 정신현상이나 사회현상도 물리학에서와 마찬가지로 전체가 하나의 장을 이루고 있으며 각 부분은 상호의존의 관계를 이루고 있다. 전체는 부분의 합 이상이며 뇌는 단순한 신경세포의 합보다 전체적인 장으로서 더 잘 이해될 수 있고, 어떤 특정행동의 원인은 가장 분명한 외부적 자극보다는 상호작용하는 요인들의 전체적인 장 속에 존재한다는 이론이다.

재강화 reinforcement 강화 사람들은 보상을 받으려고 행동을 시작하고 그 행동을 반복하는 경향이 있는데, 그 보상을 강화라고 하며 그 강화는 그 행동 속에 내재해 있을 수 있다.

재결합가족 reconstituted family 재구조가족 이혼한 사람끼리 자녀를 데리고 재혼함으로써 형성되는 가족을 말하는 것으로 계부모가족, 혼합가족, 재혼가족 등의 용어로 혼용되고 있다. 이러한 재결합가족은 대부분 많은 상실과 변화를 겪은 후에 형성되며, 재결합가족에 대한 사회적 지지가 부족할 뿐만 아니라 이들의 자녀관계는 아직 법적 관계가 없거나 모호한 실정이다.

재구성 reorganization reconstruction 사람들은 자신이 들었던 이야기나 문장을 그대로 기억하는 것이 아니라 나름대로의 의미를 추려서 기억한다. 이 때 자신이 가지고 있던 생각에 비추어서 그 의미를 해석하므로 원래의 문장과는 다르게 기억해 둘 수도 있다. 이와 같이 이미 가지고 있는 지식에 의거하여 들어온 정보를 해석하므로 기억된 정보는 왜곡되거나 변형될 수 있다.

재구조화 reframing 재구조화는 인지의 재형성을 의미하는 것으로 이는 상황과 사실은 변화하지 않은 상태이지만, 어떤 행동이나 사건이 지니는 부정적 의미, 고정관념, 사고, 판단의 준거들이 변화함으로써 의미와 가치판단이 변화하게 하는 것이다. 다시 말해, 인지적으로 행동에 새롭고 좀 더 긍정적인 관점을 부여함으로써 행동에 다시 명칭을 붙이는 것을 의미한다. 이와 같은 인지의 재구조화는 상담의 과정에서 사람들이 가진 잘못된 개념이나 불합리한 신념들을 변화시켜 사람들이 세계를 더욱 현실적으로 보도록 하고, 잘못된 신념이나 기대를 변화시키도록 돕는 역할을 한다. 또한 이런 재구조화를 통해 부정적인 행동에도 긍정적인 암시를 부여함으로써 문제의 해결을 돕기도 하는데 예를 들면, 아들에게 공부하라도 고함치는 어머니도 어머니의 입장에서는 고함이 아니라 아들을 향한 관심의 표현이라는 암시를 주는 것이다. 모든 행위에는 긍정적인 면과 부정적인 면이 있기 때문에 행위를 수용하게 될 때 그 문제행동은 감소할 수 있다고 본다.

재귀인 reattribution 재귀인은 불안과 염려스런 관심사를 단순한 스트레스의 신호로 해석하는 개입방법으로 강박충동장애에서 강박적 사고를 치료하는 데 매우 유용하다.

재명명 relabeling 리레이벌링 구조적 가족치료에서 사용하는 기법 중 하나다. 이는 증상이나 행동에 관한 이해 방식을 바꾸는 과정으로 가족이 통상 개인의 증상으로 간주하고 있는 것을 대인관계적으로 정의하는 것을 의미한다. 즉, 같은 행동에 대해 다른 사람들이 더 긍정적인 반응을 하도록 자극하기 위해 사건을 언어적으로 재정의함으로써 역기능적인 행동을 좀 더 이치에 맞고 이해할 만한 것으로 보이게 만드는 것이다. 이 기법은 문제 행동에 대한 새로운 의미의 부여가 중요하며, 문제와 유사한 구조적인 기반 위에 서면서도 가족이 확실히 이해할 수 있는 차이가 보여져야 한다. 예를 들면, 부인이 남편한테 너무 조정당하고 있다고 불평한다면, 오히려 남편이 너무 많은 짐을 지고 있다고 재명명하면서 치료과정 중 부정적인 형용사를 긍정적으로 재명명하는 기법이다.

재반응 abreaction 소산반응 심리적 긴장을 일으켰던 경험을 '경감'함으로써 불안감을 없애거나 약화하는 정신분석학적 용어로 깨어 있거나 최면상태에서 고통스런 순간을 극적으로 재연하는 것, 혹은 비밀을 털어놓는 것이다. 즉, 정화작용으로서 억압된 정신적 긴장을 완화시키는 요법이다. 브로이어(J. Breuer)에 의해 시작된 치료방법의 하나로서, 환자는 무의식 속에 억압되어 있던 고통스러운 경험을 상기하거나 또는 재연함으로써 그러한 경험과 결부되어 있던 억압된 감정을 방출하고 긴장감에서 해방되는 것이다. 의식적으로 억압되어 있던 내용이 표현되는 고백과는 구별하는 것이 상례지만 임상적으로는 동시에 일어나는 경우가 흔하기 때문에 구별하기가 곤란할 때가 많다. 대개는 언어를 중심으로 한 표현이 사용되지만 눈물을 흘린다거나 몸부림을 친다거나 기타 신체적인 반응과 운동과 같은 신체표현을 수반하는 경우가 흔하다. 이 과정에서 치료자는 환자의 표현에 대해 옳고 그름을 지적하거나 또는 비판을 해서는 안 되며 수용적인 태도로 받아들이는 것이 중요하다. 또한 환자의 자아기능 상태를 고려해서 환자의 자아가 감당하기 힘들 정도로 한꺼번에 억압된 내용을 표출시키게 해서는 안 된다. 또한 이 치료가 성공적이 되기 위해서는 다른 치료자와의 병행이 필요하다.

재부족화 retribalisation 네트워크 치료에서 가족위기에 대한 해결책을 찾는 능력을 촉진하기 위해 가족구성원들 간의 부족적인 결속을 창출하거나 강화시키는 노력을 말한다.

재연 enactment 시연, 실연 문제성 있는 결과들을 치료로 끌어들여 가족원들이 면담과정에서 직접 행동하도록 하여 치료자가 관찰하고 변화시키는 기법으로 이전에 있었던 가족상황을 재연하거나 역할연습을 하게 하는 것이다. 구조적 가족치료에서 사용하는 촉진적인 개입방법으로서 재연은 치료자가 가족들이 갖고 있는 독특한 문제를 어떻게 처리하고 있는가를 보이도록 유도하고자 할 때 사용하는 것이다. 치료상담 시간에 가족들이 즉흥적으로 그들의 관계 패턴을 실연하거나 실제 행동으로 보여 주도록 요청하며, 치료자는 가족의 실연을 관찰하고 궁극적으로 미래의 변화를 재구성하기 위한 계획을 짠다. 게슈탈트 치료에서 실연은 내담자가 자신에게 중요했던 과거의 어떤 장면이나 혹은 미래에 있을 수 있는 장면들을 현재 상황에서 벌어지는 장면으로 상상하면서 어떤 행동을 실제로 연출해 보는 것을 말한다. 즉, 내담자가 그 상황에서의 자신의 감정이나 입장을 추상적인 개념을 사용하여 설명하는 대신 직접 연기해 보는 것으로써, 내담자는 미처 몰랐던 자신의 감정이나 행동패턴들을 발견할 수도 있고 회피해 왔던 행동들을 실험해 볼 수도 있다.

재정의 redefining 팹(P. Papp)의 역설적 개입에 있어서 사용하는 세 가지 단계, 즉 재정의, 처방하기, 억제하기 가운데 하나다. 재정의는 재구조화와 같은 의미로서 가족들이 가지고 있는 내적 논리를 지지할 수 있는 다른 의미의 틀로 문제행동을 재명명하여 제시하는 것이다. ⇨ 재구조화 참고.

재정향 reorientation 기존의 가족들이 가지고 있던 규칙이나 신념들이 재검토되고 변화를 겪게 되면 가족들은 새로운 가치관과 목표를 필요로 하게 되는데, 새로운 체제에 알맞는 목표를 정립하는 과정을 의미한다.

재조건형성 reconditioning 일단 조건반응이 소거된 동물에게 CS(조건자극)에 뒤이어 강화인자인 UCS(무조건자극)를 다시 짝지우면 다시 조건반응이 획득된다. 이 때의 재조건형성은 처음 조건형성시보다 빠르게 이루어진다.

재진술 restatement 재언급 내담자의 진술내용에 대한 축어적 반복으로 그가 제시한 내용에 정확한 피드백을 준다. 내담자가 자기 말을 객관적으로 듣고 확인하며 그 강조점을 복창한다. 이 때 상담자는 재언급할 내용을 책임 있게 선택하여야 한다.

재탄생 rebirth 갱생, 부활, 초월의 정신적인 경험 또는 외적인 관점에서 관찰될 수 없는 변화를 말한다. 그러나 그것을 경험한 사람들은 그것을 어떤 실체로 느끼고 증언한다. '변형'이라는 원형과의 만남에 대한 주관적인 결과다. 주관적인 변형은 개성화(individuation)의 자연스러운 결과로 생겨날 수 있다. 그 과정에서 인간은 '보다 큰' 인격으로 다시 태어남을 느낀다. 연금술에서는 이러한 '더 큰 자기'의 인격화 된 내적 형상으로 현자의 돌, 그리스도, 신숭배, 구루, 인도자, 지도자 등이 있다.

재활치료 rehabilitation therapy 건강하고 유능한 능력을 되찾거나 현 상황을 가능한 한 만족스러운 상황으로 복귀시키는 것으로 보통 부상, 질병, 역기능으로 인해 손상을 받은 사람들을 돕는 데 이 용어를 사용한다.

저항 resistance 저항이란 상담관계를 맺기 시작하려 할 때 발생하는 방어적인 혐오를 말하는 것으로서, 치료의 초기에 내담자는 억압된 감정이나 생각들을 회상할 수 없거나 그 표현을 주저하는 경향이 있다. 이것이 내담자가 보이는 일종의 저항현상이다. 즉, 내담자는 자신의 부정적인 감정이나 고통을 해결하고자 하면서도 무의식적으로 이와 같은 저항현상을 나타낸다. 이와 같은 현상은 사람들이 자신의 억압된 충동이나 감정들을 깨닫게 되면 불안을 느끼고 그 불안으로부터 자아를 방어하려고 할 때 나타나는 것이다.

적개심 resentment (aggression) 원망 적개심은 상담에서 맞닥뜨리게 되는 가장 흔한 문제다. 상처를 입었을 때 나타나는 감정으로 분노에 이어 적개심, 쓴 뿌리(내적치유 등 치유상담에서 거론되는 개념으로 내면에 감춰진 아픈 상처의 기억이나 원인을 말함.), 증오, 살인충동의 순서로 나타난다.

적극적 경청 active listening 따스함, 주의집중, 존중, 공감으로 이루어진 의사소통기술을 말하는 것으로 내담자로 하여금 그들의 생각과 감정에 초점을 맞추고 명료하게 표현하도록 도와 준다. 칼 로저스는 이를 반영적 경청(reflective listening)이라고 불렀는데, 적극적 경청은 학습해야 하는 기술로서 주의집중, 존중, 공감의 세 가지 조건을 포함한다. 적극적 경청이라 불린 이유는 경청자가 올바른 태도로 경청하고 있다는 것을 행동으로 나타내기 때문이다. ⇨ 반영적 경청 참고.

적극적 명상 active imagination 1935년 융(C. G. Jung)은 눈을 뜬 채 꿈을 꾸는 현상을 설명하기 위하여 이 용어를 처음으로 설명하였다. 처음에 피험자는 어떤 특별한 점, 분위기, 그림 혹은 사건을 집중적으로 생각한 뒤 그것의 극적인 특성을 발전시키고 몸에 익히기 위하여 연상된 환상들을 마음속에 떠올린다. 그러면 영상들은 스스로 생명을 가지고 자신의 논리에 따라 발전하는 것이다. 적극적인 명상을 하고 나면 이전에는 관련 없던 내용들이 어느 정도 분명해지고 구분되기 시작하며 의식적 자아는 꿈보다 더 즉각적이고 직접적으로 반응하도록 자극되는 것이다. 적극적 명상은 개인의 일상경험의 표면에 머무는 백일몽과는 구별되어야 하는데, 적극적 명상은 '깨어 있는 상태에서 무의식적인 내용이 노출되는 것' 이며 그럼으로써 새로운 상황이 만들어지는 것이다. 그러나 융은 적극적 명상을 모든 사람이 사용하거나 분별 없이 사용하는 것을 경계하였다. 이미지의 객관화가 꿈의 기능을 대치할 수 있을 때, 분석의 최후단계에 이르렀을 때에만 이 명상을 사용하라고 당부했다. 때로 무의식의 입구 언저리에 있던 내용들을 의식으로 끌어올리는 이 과정을 통하여 정신적 위험이 발생하기도 하기 때문이다. 융은 다음 세 가지 위험성을 강조했는데 첫째, 환자가 자신의 콤플렉스에 계속 사로잡혀 있어서 이 과정이 아무 소용이 없이 되어버리는 것이다. 둘째, 환자가 환상의 출현에 현혹되어 그것을 대면하려고 하지 않는다는 것이다. 셋째, 무의식 내용들은 매우 높은 단계의 정신적 에너지를 가지고 있기 때문에 적극적 명상으로 인해 출구가 생겨나면 인격을 압도해버릴 위험이 있다.

적극적인 조종자 active manipulator 조종(manipulation)의 네 가지 유형 가운데 하나로서 이김으로써 사람이나 환경을 지배하려는 유형을 말한다. 조종은 반항의 한 증상으로서 기만적이거나 간접적인 수단을 통해 사람이나 환경을 지배하려는 시도를 의미하는데, '적극적인 조종자' 유형을 사용하는 사람은 통제를 사용해 이기려 하는 것으로 승자(upper dog)라 할 수 있다. 이들은 다른 사람의 약점을 싫어하지만 자기 자신의 약점을 직시하는 것은 피하고자 하며, 어떤 관계에서든 강한 사람의 모습을 보이는 유형을 말한다. ⇨ 조종 참고.

적대적 공격성 hostile aggression 공격행동의 유형으로서 도구적 공격성이 자신의 욕구를 충족시키거나 가치 있다고 여겨지는 것을 획득하기 위한 수단으로 일어나는 경우라면, 적대적 공격성은 고통이나 불쾌감으로 인해 감정적이거나 충동적으로 공격행동이 일어나는 것을 의미한다. ⇨ 도구적 공격성 참고.

적대적 동일시 hostile identification 부정적 동일시(negative identification)라고도 한다. 적대적 동일시는 제일 닮지 말았으면 하던 사람을 닮는 것을 말한다. 예를 들면 깡패, 범죄자, 잔인무도한 자를 닮을 때다.

적대적 반항장애 oppositional defiant disorder 반항성 장애라고도 한다. 3~18세에서 나타나는, 권위적 위치에 있는 사람들에게 복종하지 않고, 거부적이며 그리고 도전적인 반항을 하는 양상이 지속되는 경우를 말한다. 이들은 성인 특히 부모의 지시나 말을 듣지 않으며 곧잘 반항하고 대든다. 종종 떼를 쓰고 고집을 부리며 화를 잘 낸다. 다른 아이를 괴롭히는 등 남이 싫어하는 행동을 자주하며, 욕이나 외설스러운 말을 쓰고, 짜증, 사소한 규칙위반, 게으름 피우기, 말싸움 그리고 고집과 같은 행동으로 나타난다. 남의 실수에 대해서는 비난하기를 좋아하며 자기의 행동에 대해서는 변명한다. 이런 특징이 강한 아동 · 청소년문제를 적대적 반항장애(반항성장애)라 한다.

적성검사 aptitude test 개인의 어떤 분야나 활동에 적성과 소질이 있는가를 알아 내어, 학교, 학과, 장래 직업 선택에 도움을 주기 위한 검사다. 이 검사는 언어추리, 기계추리, 수리력, 공간지각, 추리력, 지각속도, 어휘력, 수공능력 등의 영역에 걸쳐 구성되어 있다.

적응 adjustment 조정 생존, 발달, 충분한 재생산 기능을 위해 환경에 잘 적응해 나가려는 활동적 노력을 의미한다. 저메인(Carel B. Germain)에 의하면 적응은 개인과 환경 사이의 상호과정으로서 개인이 환경을 변화시키고, 환경에 의해 변화되는 것을 포함한다. 성공적인 조정은 적응을 가져오며, 성공적이지 못한 조정은 부적응이라고 한다. 한편 피아제(J. Piaget)는 적응의 과정에서는 동화(assimilation)와 조절(accommodation)의 두 상보적인 인지활동이 일어난다고 하였는데 동화는 현재의 도식으로부터 외부세계를 해석하는 과정이며, 조절은 환경에 더 적합한 것을 양산하기 위해 새로운 도식을 조성하고 기존의 도식과 조화를 이루게 하는 인지과정의 일부다.

적응검사 adjustment test 사람이면 누구나 갖게 마련인 여러 가지 문제와 그것을 해결해 나가는 개인적 적응방식을 과학적으로 분석하여 보다 만족스럽고 행복한 생활을 누리는 데 필요한 자료와 도움을 주고자 하는 것이다.

적응기제 adjustment mechanism 방어기제라고도 한다. 개인이 가진 요구를 충족시키지 못할 때 어떻게든 긴장을 해소시키려고 하는 여러 가지 비합리적인 반응이 나타나는 것을 말한다. 백일몽, 억압, 퇴행 등에서와 같이 요구를 채울 수 없을 때 거기서 도피해 현실에서 겪는 압력을 피한다거나, 합리화나 대상에 의하여 자기의 가치가 떨어지는 것을 막거나 적극적인 공격태도 등의 반응을 보이는데, 이와 같은 적응기제는 긴장을 경감시켜 자존심을 유지하기 위하여 요구의 간접적 만족을 달성하려고 하는 것이다. 일반적으로 합리적인 해결이 불가능할 때는 이와 같은 일시적인 부적응 행동을 하는 일이 있지만, 부적응이 인격구조의 불균형을 가져와 그로 인해 부적응행동이 고정화되기도 한다.

적응모델 coping model 과제에 접근하거나 과제를 해나가면서 약간의 불안이나 실패를 보여 주기도 하면서 꾸준한 노력으로 결국에는 과제를 성공적으로 해내는 것을 보여 주는 것이다. 이는 모델링의 한 방법으로서 숙달모델(mastery model)과 상반된 방법이다. ⇨ 숙달모델 참고.

적응성 adaptability 개인, 집단, 사회체계가 체계와 환경의 변화에 적응할 수 있는 정도를 말한다.

적응장애 adjustment disorders 적응장애는 기분장애와 불안장애와 같은 확인 가능한 정신 사회적 스트레스에 반응하여 임상적으로 심각한 정서적 또는 행동적 증상을 특징적으로 보인다. 즉, 생활상의 변화 또는 어떤 정신적인 충격을 받은 후 사회적으로나 직업적으로 기능적 장애를 나타내는 것이다. 예를 들어, 이사, 결혼, 이혼, 사업의 위기, 가정불화, 부모가 되는 것, 정년퇴직 등과 같은 특수한 그러나 확인할 수 있는 스트레스에 직면했을 때 3개월 이내에 나타나는 부정적인 반응을 말한다. 특히 인격 구성면에서 취약점을 많이 갖고 있는 사람의 경우 대단치 않은 충격에도 심한 반응을 나타낸다.

적응하기 accommodating 적응하기는 구조적 가족치료사가 주로 사용하는 치료 전략으로서 가족과 치료적인 동맹을 맺기 위한 노력의 일환이다. 그 가족의 스타일에 적응하기 위해 개인적으로 조정하려고 시도하는 치료자의 활동을 말한다.

전경-배경 figure-background 전경이란 관심의 초점이 되는 부분을 의미하며, 관심에서 밀려난 부분을 배경이라고 한다. 이는 게슈탈트 치료의 중요개념으로서 외부세계를 이해하기 위해서는 형태를 인식해야 하는데, 그 형태가 배경과 전경으로 분리되어 있음을 설명하는 것이다. 전경과 배경은 때에 따라 뒤바뀌기도 하며, 일반적으로 전경이 장의 일부로서 지각자의 주의를 환기시킨다. 즉, 사람이 어떤 일에 집착하여 있는 것이 전경이라면 그 외의 것은 배경이 되지만, 그 외의 하나를 선택하면 전경이 배경이 된다. ⇨ 게슈탈트 심리학 참고.

전구 prodrome 발병 전 환자는 대개 전구증상기를 보인다. 보통 수개월 내지 수년에 걸쳐 서서히 발병한다. 갑작스런 발병은 혼란이 심한 정신병적 증상을 보이는 수가 많다. 대개 조용하고 수동적이며 내성적이다. 친구가 적고 집단행동을 피하고 (사회적 철퇴), 영화, TV, 음악 등을 즐기는 편이다. 초기 증상으로 논리에 맞지 않는 신체증상을 표현하는 수가 많고 학교, 직장, 사회적 활동에서 기능이 위축된다. 흔히 발병 전에 주위 사람들은 그가 뭔가 변했다는 인상을 받는다. 또는 추상적 사고, 철학, occult 현상, 종교 등에 심취하기도 한다. 그리고 괴상한 생각과 행동, 감정반응, 착각 등을 보인다.

전기충격요법(ECT) electroconvulsive therapy (electric-shock therapy) 환자의 한쪽 관자놀이에서 다른 쪽 관자놀이로 70~130 볼트의 전류를 약 0.1~0.5초 동안 흘려보내는 치료방법이다. 일반적으로 전기치료요법은 다른 치료방법에 비하여 위험한 방법으로 인식되어 있으나 자살을 기도한 위급한 환자를 일시적으로 치료할 때 효과가 있다고 보고 있다.

전뇌 forebrain 뇌는 후뇌(hindbrain), 중뇌(mid-brain), 전뇌(forebrain)로 구분한다. 전뇌는 간뇌와 종뇌로 구분할 수 있다. 간뇌는 중뇌의 바로 윗부분으로 시상(thalamus)과 시상하부(hypothalamus)가 포함된다.

전능감 omnipotence 개인은 자신이 특별한 힘과 능력을 지니고 있고, 따라서 타인보다 우월한 것처럼 느끼고 행동함으로써 감정적 갈등이나 내외적인 스트레스를 처리한다.

전도성 실어증 conduction aphasia 말이 수다스럽고 남이 하는 말은 잘 이해를 하지만 흔히 착어증이 일어나는 것이 특징이다. 복창과 사물을 보고 이름을 대는 것뿐만 아니라 쓰기에도 심한 장애를 발견할 수 있다. 글을 보고 크게 소리 내서 읽는 것은 잘 되지 않지만 쓰여 있는 글을 이해하는 기능은 잘 보전되어 있다. 이 경우의 뇌손상은 상변연회(supramarginal gyrus)의 백질에 있다. 이곳 궁형속(arcuate fasciculus)의 손상은 측두엽 언어영역인 베르니케 영역과 전두엽 언어영역인 베르케 영역과 브로카 영역과의 연결을 단절하는 결과를 일으킨다. 어떤 경우에는 제1측두회에 손상이 있을 때도 있다. 우측반신의 피질성 감각상실 즉, 우측반신의 입체인지결함, 2점 압통구별능력의 결함 등이 있을 때에는 전자의 병소일 가능성이 농후하다.

전두엽 frontal lobe 뇌의 중심열 앞에 있는 대뇌반구의 한 부분으로 대뇌반구의 3분의 1을 차지한다. 기억력, 사고력 등의 고등행동을 관장하는 곳으로 인간의 마음이 기능하는 데 없어서는 안 되는 결정적인 부분이다. 전두엽의 '운동-전운동영역(moto-premotor components)'이 손상되면 뇌졸증의 전형적인 특징이 나타난다. 즉, 근육의 힘이 없어지는 것, 근육긴장에 오는 변화, 실어증이 그 증상이다. 또한 운동-전운동영역보다 더 앞에 있는 전두전피질이 손상되면 사고와 행동에 놀라운 변화가 일어난다. 어떤 환자들은 철부지 어린아이가 되어버리고, 상스러운 말을 하며, 옷차림이 단정치 못하게 되고, 무책임하고 과장된 행동을 보이며, 화를 잘 내는 성격으로 변한다. 또는 자발성, 호기심, 독창성을 상실하고 감정이 무뎌지며 정신기능과 행동이 무감각해지고 둔해지는 경향이 있다. 또 어떤 사람들은 판단력, 통찰력이 사그라지고 양심의 가책을 느끼지도 못하거나, 추상적인 추론, 문제해결, 정신적인 융통성에 결손이 생겨 자극에 지나치게 매달리는 경향을 보인다. 전두엽의 손상은 바로 인간이 동물과 구별되는 사고력을 상실하는 것과 같다고 볼 수 있을 것이다.

전략 strategy 상담이나 치료과정에서 문제를 해결하거나 과제를 수행하기 위한 체계적인 인지적 조작활동, 기법을 의미한다.

전략적 가족치료 strategic family therapy 최근에 발전된 것으로 의사소통법과 같은 다양한 전략을 사용해서 가족문제에 직접적으로 개입하는 것이다. 그것은 내담자가 제시한 문제에 초점을 맞추며 과거의 가족패턴에 별로 집중하지 않는다. 전략적 치료는 원래 헤일리(J. Haley)가 밀턴 에릭슨(Milton Erickson)의 관점과 개입방법을 '전략적 치료'라고 명명한 데서 비롯되며, 에릭슨의 전략적 접근을 사용하여 제시된 문제를 해결하는 특성을 갖는 치료모델을 통칭하는 말이다. 이에 속하는 것으로는 MRI 그룹의 잭슨(D. Jackson)의 의사소통이론, 와츠래비크(P. Watzlawick)의 단기치료, 헤일리와 머데인즈(J. Haley & Madanes)의 전략적 치료, 밀란(Milan) 학파의 체계론적 치료 등이 있다. 헤일리는 정상가족 또는 비정상이란 용어를 사용하지 않고 '기능적 가족', '병리적 가족' 또는 '역기능가족'이란 용어를 사용하였으며, 전략적 가족치료의 주요 개념으로 '세력과 조정', '관계규정', '세력다툼(관계통제)', '위계질서'의 개념이 있다. 즉, 전략적 가족치료는 가족 내의 위계질서와 상호작용의 연쇄과정에 초점을 두면서 가족을 하나 이상의 권력 관계와 통제과정을 가지고 있는 체계로 보았기 때문에 역기능가족은 가족 내의 권력 배분이 불균형적이고 지위 수준이 혼란되어 있거나 명확하지 않을 때 권력싸움이 일어나는 경우에 나타난다고 보았다. 또한 가족의 기능에 있어 중요하게 생각하는 측면은 가족발달과정으로서 모든 가족은 일련의 발달과정을 거치면서 가족 특유의 의사소통유형과 관계유형 및 규칙을 형성해 나간다고 하였다. 따라서 전략적 가족치료는 가족체계의 의사소통이론을 출발점으로 삼아 반복되는 행동의 연쇄과정과 의사소통 유형에 관심의 초점을 둔다. 이와 같이 전략적 가족치료는 방법지향적이며 문제행동을 분석하는 데 있어 상당히 지적이지만 내담자에게 통찰력을 갖게 하기 위한 의도로 행동을 조작하지는 않는다. 대표적인 연구자는 헤일리로 인간행동의 원인에는 관심이 없고 행동을 변화시키는 전략에 관심을 둔다. 그는 모든 인간관계를 파워의 관계로 이해했다. 따라서 문제가 있어 찾아오는 가족들을 상담하고 치료할 때 그 가족 안에 일어나고 있는 파워게임을 알아내고 그 파워를 건강하게 분산시키는 방법으로 치료를 한다. 즉,

가족 안에서 일어나는 병적인 관계는 파워의 남용인지, 아니면 파워의 대립인지' 그로 인해 어떤 증상들이 일어나는가' 하는 상담의 테두리를 가지고, 인간행동을 통제하고 지배하는 가족의 규칙에 일차적 관심을 갖는다. 이는 가족 내 문제를 정의하고 이를 해결하려는 적절한 전략을 고안하는 것이다. 특히 인생주기의 이동 시, 서열의 장애, 삼각관계 등에서 증상이 나타나므로 특정행동적 치료목표를 정해 악순환을 차단하고 사소한 변화를 시도하여 전체적 변화를 꾀하는 것이다. 참고로 헤일리의 가족치료이론은 체계적 가족치료이론 중의 하나이나, 학자에 따라 의사소통이론으로 분류하기도 하고 전략적 가족치료이론으로 분류하기도 한다. 헤일리의 초기이론이 의사소통에 초점을 둔 반면, 후기이론에서는 '위계질서' 에 관심을 두었기 때문이다.

전략적 동맹 strategic alliances 전략적 가족치료자들이 많이 사용하는 이 기법은 치료자가 가족구성원 중 한 사람과 동맹관계를 맺어 가족 내의 구성원의 위치를 변화시키고, 구성원에게 새로운 행동처방을 하여 다른 구성원의 행동변화를 유도하고, 결과적으로 가족체계를 변화시키고자 하는 방법이다. 전략적 동맹은 가장 건강한 구성원, 가장 힘을 가진 구성원 또는 가장 고통받는 구성원과 맺을 경우에 효과적이다. 전략적 동맹을 맺는 이유 중 하나는 치료자가 한 구성원을 특별한 위치에 두면 동맹을 맺은 구성원의 변화 동기가 커져 치료자의 지시를 수행할 가능성이 높아지기 때문이다.

전보문 telegraphic speech 아동의 두 단어 시기를 기술하는 용어로 기능어를 생략하고 내용어만을 표현하는 특징을 갖는다. 대략 20개월경 유아가 단어와 단어를 조합하기 시작하는데 예를 들면, "엄마 까까", "엄마 쉬" 등으로 조합하는 것으로 이 두 조합을 '두 마디 말(duoreme)', '이어문(two word)' 이라고도 한다.

전생애발달심리학 life-span develop-mental psy-chology 전생애에 걸친 발달과정을 연구하는 심리학의 분야다. 종래의 인간의 성장과 발달의 연구는 아동기와 청년기에 관심이 쏠려 있어서 발달의 개념도 상승적 변화만을 뜻하였으나 발달심리학의 관심이 잉태에서 사망까지의 전생애로 확대되면서 발달의 개념이 확대되었다. 따라서 발달의 개념을 전술한 상승적 변화뿐만 아니라, 청년기 이후의 하강적 변화까지를 포함하여 다루는 것을 의미한다. 뷜러(S. Buhler)의 전생애 발달심리학의 이론에 의하면 인생이란 목표지향적인 것이며, 목표의 실현은 개인의 행동을 의도적으로 계획하고 그 계획을 실현해 간다고 가정한다. 그는 대부분의 사람들은 젊은 시절에 목표를 형성하지 못했거나 일관성 없는 목표를 갖는 것이 보통이며, 목표달성은 노년기에 이르러서야 이루어지거나 형성된다고 보았다.

전성기 pre-genital 심리성적발달 단계에서 구강기 및 항문기, 남근기를 통틀어 전성기라고 한다. 이 시기의 특징은 자신의 신체를 자기가 자극함으로써 얻어지는 쾌락을 추구하는 것이고, 자기애(나르시시즘)의 특징이 있다. 전성기에는 리비도에 의한 성적 발달이 활발해지며, 이 때 적절한 만족을 얻지 못하거나 지나친 과잉만족을 경험할 경우 발달이 특정 단계에서 중지되는 고착에 빠질 수 있다. 그러나 이 시기를 적절하게 보내게 되면 리비도가 승화되어 사회적으로 수용될 수 있는 형태로 변화하기도 한다. ⇨ 심리성적발달이론 참고.

전위적 공격행동 displaced aggression 동쪽에서 뺨 맞고 서쪽에 화풀이한다고 하는 것처럼 처벌을 가한 자에게 공격행동을 하기보다는 다른 대상을 찾아 분노감을 해소하는 것을 말한다.

전의식 preconsciousness 전의식은 무의식과 의식 영역을 연결해 주는 것이다. 정신분석 기술을 통해 무의식의 내용을 전의식으로 나오게 할 수 있으며, 또한 의식화될 수 있는, 즉 정신집중만 하면 능히 기억할 수 있는 마음의 부위가 전의식이다. 이는 비록 의식의 부분은 아니지만 조금만 노력하면 과거의 사실을 기억하려고 회상하면 의식 속으로 떠올릴 수 있는 생각이나 감정들을 포함한다.

전이 transference 감정전이 정신분석에서 사용되는 용어로 치료과정 중에 내담자의 왜곡된 무의식적 감정반응, 내담자 자신의 무의식적인 갈등의 문제들을 표출하게 되는데 그 때 그 갈등과 관계되는 대상에 대한 감정들이 치료자를 향하여 나타나게 된다. 이와 같이 전이는 어떤 사람에 대한 심상(image)이 무의식적으로 다른 사람에 대한 심상과 동일시될 때를 말한다. 즉, 어릴 때 중요하였던 인물에 대한 감정을 현재 대상에 동일하게 느끼는 수가 있는데 그 때문에 까닭 없이 누군가를 좋아하거나 싫어하는 감정의 전이가 생긴다. 예를 들어, 과거에 부모에게 가진 느낌이나 행동을 치료자에게 전이하는 것이다. 이 때 치료자는 내담자로 하여금 어린 시절의 꿈, 욕망, 환상들을 현실에서 이해할 수 있게 해 주며, 과거와 현재를 분별할 수 있게 도와줌으로써 내담자로 하여금 자신의 충동과 불안이 비현실적이라는 사실을 깨닫게 하고, 현실적인 수준에서 적절한 결정을 할 수 있는 통찰력을 가져온다.

전이신경증 transference neurosis 내담자가 부모 대신 치료자에게 애착을 느끼는 것처럼 대체적인 기제에 의해 본능적인 만족을 얻는 신경증을 말한다.

전쟁피로증후군 battle fatigue 전환성 히스테리(전환신경증)의 한 형태인 심리적 장애다. 탈진 및 스트레스와 전쟁에 대한 불안 때문에 생기는 것으로, 치료는 보통 전쟁 장면으로부터 벗어나게 하는 것이다.

전조작기 pre operational stage 피아제(J. Piaget)는 인지발달이론에서 유아기를 전조작기로 보았는데 전조작이란 논리적인 사고를 하기 이전의 단계로, 사고는 가능하지만 그 사고를 원래대로 되돌릴 수 있는 가역성이 발달되기 이전을 말한다. 즉, 이 기간의 아이들은 상징 및 추론능력을 사용하기 시작하나 물체에 대한 분별능력이 없어 각각의 물체를 별개의 것으로 다룬다. 전조작기의 여러 특성은 다음과 같다. ① 직관적 사고 : 이 시기의 아동은 가시적인 조건에만 의지하며, 내적 조건이나 객관적 기준에 의한 사고는 어렵다. 즉, 보이는 대로 대상을 이해하는 것이다. ② 자아중심적 사고 : 자신의 관점과 타인의 관점을 구별하지 못하는 것으로 이기적이거나 독단적인 것과는 다른 개념이다. ③ 물활론적 사고 : 애니미즘(animism)적인 사고를 말하는 것으로 물건이나 현상이 살아 있고 움직인다고 생각하는 것을 말한다. ④ 상징적 사고 : 여자아이가 인형을 가지고 놀면서 사람이 아닌 것은 알지만 인형을 아이의 상징으로 다루는 것으로 인형을 가지고 업어주거나 재우려고 노력하는 행동처럼 상징적 사고는 과거에 체험한 것을 마음속에서 재생해서 그것을 상징적인 형태로 재현하려는 것이다. ⑤ 인공론적 사고 : 물체가 인과관계에 의해 만들어지는 것이라고 생각하는 것을 말한다. ⑥ 실재론적 사고 : 자기가 보고, 듣고, 느끼고, 생각하고, 상상하는 모든 것은 외부에 실제로 존재하고 있다고 생각하는 것이다. ⑦ 도덕적 실재론 : 이 시기에는 누군가 잘못했을 때 동기에 의해 잘잘못을 판단하는 것이 아니라 행위에 대한 결과 여부에 따라 잘못한 정도를 판단한다. ⑧ 꿈의 실재론 : 자신이 꾼 꿈의 내용이 실제로 일어났을 뿐만 아니라 실재하고 있다고 생각하는 것으로 자신의 꿈속에 등장한 사람은 깨어난 후에도 그 꿈의 내용을 알고 있을 것이라고 생각한다.

⇨ 인지발달 참고.

전집 universe 연구대상이 무엇이건 간에 연구하고자 설정된 대상 전부를 가리킨다. 보통 모집단(population)과 혼용되어 사용하기도 하나, 전집은 보통 가설적으로만 상정할 수 있는 것이다. 따라서 이를 이론적이고 가설적인 일반전집(general universe)이라고 부르기도 한다. 예를 들면, '충청도사람'이 연구대상이라면 이 말은 사실상 시간과 공간에 구애됨이 없이 가설적인 집합을 가리키는 것이므로 현실적으로 유용성이 없는 개념이다.

⇨ 모집단 참고.

전체성 wholeness 통합성 단위, 구성요소, 요인들을 결합하면 그러한 각 부분을 합한 것보다 더 큰 전체를 만들어 낸다는 체계론적 관점.

전체적 강화 total reinforcement 어떤 올바른 행동을 할 때마다 100% 강화를 받는 경우로서 계속적 강화(continuous reinforcement)라고도 한다.

전체주의 holism 인간행동을 이해하는 데 인간을 전체성의 측면에서 연구해야 한다고 하는 기본가정이다.

전치 displacement 치환, 대치, 전위 만족되지 않은 충동 에너지를 다른 대상으로 돌림으로써 긴장을 완화시키는 방어기제. 본능적 충동의 표현을 재조정해서 위협을 덜어 주는 상대로 대치하는 행동기제다. 즉, 표현하고자 하는 욕구를 원하는 대상에게 표출하지 못하고 표출하기 쉬운 다른 대상에게 표현하는 것으로, 제1의 대상으로 향해진 무의식적 욕구나 충동이 그 모양을 바꾸어서 다른 제2의 대상으로 향하여 표출되는 작용이다. 예를 들어, 언니가 참을 수 없이 미워질때, 여동생이 언니의 공책을 찢어버리는 것처럼 직접대상에게 향해진 태도나 감정이 자기에게 위협을 가져올 경우 이것을 대신해서 다른 대상으로 그 방향을 바꾸는 것이다. 또한 아버지를 무서워하는 어린이가 말을 무서워하게 되는 것, 자기의 도덕적 타락에 대한 무의식적 죄책감에 휩싸인 사람이 더러워지는 것을 무서워해 하루에도 몇 번씩 내복을 갈아입고 또 시내버스 손잡이도 장갑을 끼어야 잡는 것, 제주도 출신 상사에게 부당하게 야단맞고 들어와 제주도 출신 아내에게 화를 내는 경우, 기타 공포의 대상, 손 씻는 강박증상, 상징화 등도 전치의 한 종류로 생각한다. 전치와 대치는 서로 비슷하나 대치는 그 어떤 대체물이 되는 '대상'에 중점을 두어 말하고, 전치는 '감정'에 중점을 두어 말한다는 차이가 있다.

전치태반박리 placenta praeuia 임신 중 나타날 수 있는 비정상적인 태반 위치의 하나다. 임신 중 자궁에서는 태반이 자궁 체강의 위쪽에 기울어 부착하고 있는 것이 정상이나 아래쪽의 자궁 경관 가까운 부분에 부착되어 자궁 내부를 덮는 것을 말한다. 이러한 상태가 되면 임신 중이나 분만 시 많은 출혈을 유발하므로 모자 모두에게 위험하다.

전화상담 counseling by telephone 전화를 통한 상담으로 우리 나라에서 많이 활용되고 있다. 익명성을 보장받을 수 있다는 점과 상담자를 방문할 필요 없이 전화로 상담자와 대화할 수 있는 즉시성이 장점으로 작용하기 때문이다. 그러나 전화상담은 상담의 통제권과 주도성을 내담자에게 주기 때문에 내담자의 욕구에 미치지 못한다 싶으면 상담을 쉽게 단절할 수 있다는 단점이 있으며, 단회상담으로 그치는 경우가 많아 지속적인 상담이 어렵다.

전환 conversion (transition) 불안이나 정서적 갈등이 고통, 감정상실, 신체마비와 같은 뚜렷한 신체적 증상으로 나타나는 방어기제로서 히스테리에서 많이 나타난다.

전환신경증 conversion hysteria 여러 형태를 취하는 복잡한 신경증으로 일반적으로 정서적 불안정, 억압, 해리, 피암시성 등이 장애로서 나타난다. 이는 히스테리의 일종으로 심리적 갈등을 마비와 같은 심각한 신체적 문제로 전환시킨다.

전환장애 conversion disorder 심리적 갈등이 신체 감각기관(sensory organ)과 수의근계(voluntary muscular system)의 증상으로 표출되는 것을 말한다. 명하기 어려운 수의적 운동기능이나 감각기능에 영향을 주는 증상 및 장애를 포함한다. 예를 들어, 심리적 스트레스가 예상되는 장면에서 시력이나 청력을 상실하거나 팔다리의 운동마비가 일어나거나 졸도하는 것, 글을 쓰는 데 갈등을 느끼는 소설가가 원고를 쓰는 오른 팔이 마비되는 것, 군에 입대하기 싫은 사람이 입영영장을 받아 보고 시각장애를 가져오는 경우, 상상임신 등을 말한다.

전환증상 conversion symptom 신경학적 또는 정신

상태의 이상을 암시하는 수의운동이나 감각기능의 상실 또는 이상을 말한다. 심리적 요인이 증상을 유발하는 데 관련되어 있다고 판단되며, 증상은 신경학적 또는 일반적인 의학적 상태로 잘 설명되지 않으며 어떤 물질의 직접적인 효과 때문이라고도 할 수 없다. 증상은 의도적으로 유발된 것이 아니고 문화적으로 금지된 것도 아니다.

절감원리 discounting principle 중요성 절감(discounting) 현상이라고도 한다. 사람들이 어떻게 귀인에 이르는지를 밝히는 원리 가운데 하나로서 캘리(H. Kelley)는 특정 결과를 나타나게 하는 특정 원인을 찾았지만, 또 다른 원인이 있음을 알게 될 때에는 그 결과의 효과를 깎아내리게 되는데 이것을 절감원리라고 주장하였다. 예를 들면, 이기적이라고 생각했던 사람이 갑자기 호의를 보이면 의심하듯이 나중에 들어오는 정보의 중요성은 처음 들어오는 정보에 비해 가볍게 취급되는 것이다.

절대식역 absolute threshold 절대역, 역치 감각과 지각에 관한 연구에서 탐지를 측정하기 위한 개념으로, 뉴런 세포막의 나트륨 이온 통로가 열리게 하는 최소의 자극값을 말한다. 즉, 자극을 탐지할 수 있는 반응을 일으키는 최소한의 자극량으로서, 한 자극이 있다는 것을 알기 시작할 때의 자극의 강도를 의미한다. 절대식역은 감각의 개인차를 반영하기 때문에 사람마다 다르며, 현대의 성격 심리학에서는 이 개념을 성격과 관련 있는 것으로 생각한다. 따라서 절대식역이 낮은 사람은 자극에 둔감하고 낙천적이며 외향적인 성격을 지니고 있고, 절대식역이 높은 사람은 자극에 민감하고 신경질적인 경향성이 있다고 해석한다.

⇨ 식역 참고.

절정경험 peak experience 신비체험, 신비로운 극치감 아브라함 매슬로우에 의하면, 성숙한 인생을 살았던 사람들은 거의 모두 신비체험(절정경험)을 했다고 한다. 영적인 성장의 가능성을 풍부하게 지닌 사람은 다른 사람들이 무심코 지나치는 사소한 일에도 쉽게 감격하고 놀라며 그 속에서 우주적 진리를 발견하기도 한다. 이 신비의 경험은 경험자에게 빛을 주기도 하지만 동시에 갈등과 모순이라는 어두움을 드리우기도 한다. 이러한 신비 체험을 긍정적인 자세로 대처하면 영성이 발전하지만, 이를 부정하거나 소극적으로 대처하면 퇴보한다. 신비의 자각을 통해 하나님으로부터 소명의식을 깨닫는 일이 중요하다. 이러한 절정경험은 일시적인 것이긴 하지만 그러한 자아실현의 순간적 영감을 일상적인 행동과 사고를 할 때 생생하게 유지하도록 할 것이다.

점변진화(漸變進化) anamorphosis 점차 높은 형태 수준으로의 변화. 욕구를 만족시키고 환경에 적응하는 것 이외에 혁신적이고 창조적이 되면서 성장하고 변화하려고 하는 체계의 경향, 즉 각 인간은 변화와 항상성 사이의 소위 안정상태라고 하는 균형을 발달시킨다.

점성적 원리 epigenetic principle 점성적 원리란 성장하는 모든 것은 기초 안을 가지며 이 기초 안에서 부분이 발생하고 이 모든 부분이 발생하여 기능하는 전체를 이루게 된다는 것으로, 한 단계의 발달이 이전 단계의 사건에서 시작되고 생물학적 계획에 의해 추진된다는 원칙을 말한다. 에릭슨의 성격발달이론의 두 가지 개념(점성적 원리와 위기) 중 하나로 간단히 표현하자면, 이는 한 인간의 발달이 공통적인 일련의 단계에 따라 이루어진다고 보는 견해다. 즉, 태아가 발달할 때 신체의 각 기관이 각각 특정한 시기에 나타나 어우러져 한 인간이 형성되듯 성격에 있어서도 자아의 발달 단계를 8단계로 나누었으며, 각 단계에는 그 발달의 결정적 시기가 있다고 보았으며, 이 모든 단계가 계획에 따라 성숙할 때 완전한 기능을 발휘하는 성격이 이루어지게 된다고 보았다. ⇨ 심리사회발달이론 참고.

점액질 phlegmatic temperament 히포크라테스(Hippokrates)의 네 가지 기질유형(다혈질 · 점액질 · 우울질 · 담즙질) 가운데 점액질은 상상력이나 유머 감각이 뛰어나다. 조용한 스타일로 어떤 일을 할 때에 냉정하게 대처하며, 모방성, 정확성, 정밀성을 갖는다. 평화를 사랑하고 보수적이며, 스트레스 상황에 잘 적응하며 관계지향적이며 목적을 중요시하지만, 남의 일에 무관심하고 게으르며 일을 뒤로 미루는 성향이 있다.

점진이완 progressive relaxation 여러 이완기법 중에서 가장 많이 쓰인다. 점진이완은 몸의 주요 근육들을 차례로 긴장시켰다가 이완시키기를 반복하는 동작으로 이루어져 있다. 점진이완을 할 때에는 긴장을 할 때와 이완을 할 때 어떤 느낌이 드는지를 잘 느껴야 한다. 긴장은 5~7초 정도 하며, 이완은 30~40초 정도 한다.

점진주의 incrementalism 가장 이성적인 결정뿐만 아니라 타협과 상호 동의로부터 생기는 것으로, 가능한 한 받아들이기에 가장 알맞은 절차를 위해 다양한 정치적 · 다원적인 영향을 고려하는 노력이다.

점착기질 viskose 크레츠머(Kretschmer)의 세 가지 기질 유형론에서 순환기질과 분열기질이라는 대조적 특징을 가진 유형에 추가된 점착기질은 하나의 일이나 상태에 고착하기 때문에 변화하거나 동요하는 일이 적으며 신중하고 질서를 좋아하며 융통성이 없다. 기질과 체격 간 관계에서 점착기질은 투사형(athletisch)으로서 끈기가 강하고 약속이나 규칙을 준수하고, 타인에 대한 태도는 공손하나 때로는 격노하는 수도 있다고 설명하고 있다.

점화효과 priming effect 특정한 정서와 관련된 정보들이 그물망처럼 서로 연결되어 있어서 한 가지 정보가 자극을 받으면 관련된 기억들이 함께 떠오르는 것을 말한다. 뿐만 아니라 주변상황에 따라 전이효과가 일어나는 것을 말한다. 즉, 모여 있는 사람들이 모두 슬퍼하면 자신도 모르게 슬픈 분위기가 되고, 즐거운 곳에 가면 즐거워지는 것과 같다.

접근-접근 갈등 approach-approach conflict 바람직하지만 양립할 수 없는 두 목표를 추구할 때 거의 동등한 가치를 지닌 선택을 해야만 할 때 일어나는 갈등이다. 이는 레빈(K. Lewin)이 분류한 갈등의 유형으로 비슷한 정도의 원하는 옵션이 둘 이상 있고 그들 중 하나를 선택해야 할 때의 갈등을 말한다. 두 가지 모두 긍정적이지만 하나를 선택해야만 하는 것은 굉장한 스트레스를 준다. 예를 들면, 같은 방송시간에 방영하는 만화영화를 보고 싶은 경우 하나만 선택해야 하는 경우에 갈등이 발생하는 것과 같다. ⇨ 갈등 참고.

접근-회피 갈등 approach-avoidance conflict 긍정적 목표달성이 부정적 결과를 수반할 때 생긴다. 즉, 선택할 수 있는 옵션들이 각각 좋은 점과 나쁜 점을 가지고 있을 때 발생하는 갈등이다. 이는 레빈(K. Lewin)이 분류한 갈등의 유형으로 예를 들어, 결혼을 원하면서도 독신으로서의 자유를 잃어버릴까봐 망설이는 경우와 같다. ⇨ 갈등 참고.

접점현상 interface phenimena 접점은 두 개나 그 이상의 하위체계나 혹은 체계가 만나는 지점을 말하는 것으로, 가족활동은 가족 자체와 가족 내 두 사람 사이의 대인적 하위체계와 개인적 하위체계 간의 접점을 포함한다.

접촉가설 contact hypothesis 서로 다른 두 민족이나 국민 간 커뮤니케이션에 있어서의 접촉효과에 대한 연구에서, 현재까지 '접촉은 태도변화를 끌어낸다.'는 기본명제는 많은 연구에 의해 확인되어 왔다(Janiszewski, 1993; Zajonc, 1968; Zajonc & Markus, 1982). 그러나 모든 접촉이 소비자의 긍정적인 태도를 형성시키는 것은 아니며, 중성적이지 않은 자극 또는 초기에 부정적으로 평가된 자극에 대해서는 더 부정적인 평가가 발생한다는 결과도 있다(Bornstein, 1989; Grush, 1976). 즉, 다양한 장면에서 일어나는 접촉의 효과는 접촉장면의 제 상황요인에 의해 그 방향을 달리한다고 볼 수 있다. 쌩어(Saenger, 1954) 등은 호의적 태도변화를 촉진하는 두 민족 간 접촉상황을 '① 동일계층과의 접촉 ② 대상집단(민족)의 높은 지위의 사람과의 접촉 ③ 사회적 권위나 세론의 지원 ④ 친밀(순수)한 접촉 ⑤ 쾌적한 상황하에서의 접촉 ⑥ 협력적 장면에서의 접촉, ⑦ 문화적 기반이 동일한 민족 간의 접촉 ⑧ 선진국 국민과의 접촉' 등이라고 밝혔다. 아미어(Amir, 1969)는 문화 교류에 있어서 '① 편견을 가진 사람일수록 다른 민족(국민)과 접촉하는 기회를 갖고자 하지 않는다. ② 동일계층(equal status)의 인간과의 접촉은 호의적인 태도변화를 촉진한다. ③ 편견의 대상이 된 집단의 높은 지위의 인간과의 접촉을 하는 경우 그 집단에 대한 편견이 낮아진다. ④ 접촉상황이 협력적(cooperative) 장면에 있을수록 호의도가 증가하고, 반대로 경쟁적(competitive) 장면에 있을수록 호의도가 감소한다. ⑤ 접촉상황이 우연적(casual) 또는 표면적(superficial)이면 태도변화가 일어나지 않고 친밀(intimate)하고 자아내포적(ego-involving)인 경우 호의적인 방향으로 태도변화가 일어난다. ⑥ 법률이나 도덕, 세론의 동향 등 제도적 지원(institutional support)이 있는 경우에 호의적인 태도로 변화하기 쉽다.'와 같이 여섯 가지의 상황에 따른 접촉과 문화 교류의 특성을 밝혔다.

정당성 legitimacy 구체적으로 기술된 기능을 수행하거나 구체적 목표를 추구하기 위한 권리나 권한의 획득을 의미한다.

정동 affective (affect) 자극에 의하여 유발되는 유쾌 및 불유쾌의 감상에 대하여 사용되는 프로이트 학설상의 용어. 분위기, 성미, 느낌에 대한 개인적 표현으로 감동과 결부하여 경험하는 감정. 주관적인 감정적 느낌을 말하며 강한 주관적인 느낌의 시간적인 변동, 조절, 표현을 모두 포함하는 개인이 표현하는 주관적인 감정적 상태를 말한다.

정동성정신병 affective psychoses 정동장애를 가리킨다. 기분이 극단적으로 우울하거나 의기가 충천된 상태를 말한다. 기분이 극단적으로 우울한 우울증이나 의기가 충천된 조증, 또는 이 같은 증상이 번갈아 나타나는 양극성장애가 있다. 대체로 우울증이 주를 이루는 정동성정신병은 여자의 경우 40~55세, 남자의 경우 50~65세에 가장 많이 나타난다. ⇨ 정동장애 참고.

정동장애 affective disorder 우울증, 무의미한 느낌, 공허감, 심적 고조와 저조와 같은 특징을 갖는 기분의 장애를 말한다. 정동장애는 크게 조울증과 우울증이 있다. 우울하거나 의기가 충천된 상태를 말한다. 기분이 극단적으로 우울한 상태를 우울증, 기분이 충천된 상태를 조증이라 한다. 조울증의 경우에는 우울증과 달리 주로 신체적 · 생화학적인 작용 때문에 생겨나는 질병으로 알려져 있다. 정신분열증과의 차이점은 정동장애는 감정적 장애만 있고 사고의 장애가 없다는 점이다.

정보처리과정 information processing 정보의 생산을 위한 과정을 말한다. 즉, 바깥에서 제시되는 자료를 사람이 받아들이고 처리하여 기억 속에 저장할 수 있는 형태로 조직함을 나타내는 말이다. 정보처리과정은 자동적 또는 무의식적 과정과 노력을 기울이는 의식적 과정으로 나눌 수 있다. 또한 브로일러(E. Bleuler)는 정신분열병이 뇌의 인지처리기능의 장애로, 즉 정보처리과정에 장애가 있을 때 일어난다고 보았다.

정상 normality 일반적이고 평균적인 기대치와 크게 다르지 않은 행위나 현상을 문화적으로 규정한 개념이다. 정상과 비정상을 판정하는 규준은 일반적으로 다음과 같다. 첫째, 정신병리학적인 견해로부터 나온 것으로 환각 · 망상 · 발작 등의 임상적인 정신증상을 가진 사람을 이상자로 보고 이를 기준으로 정상을 판정하는 견해다. 그러나 심리면의 증상을 일평생 한 번도 나타내지 않은 사람이 없고 스트레스가 강한 상황에서는 거의 모든 사람들이 정신신경증상을 나타낼 것이기 때문에 문제가 제기된다. 그러므로 이러한 견해는 이상성의 판단에는 도움이 되나 정상성의 정의에는 문제가 있다고 본다. 둘째, 통계적인 정보에 기초한 견해다. 많은 대상에서 획득한 자료를 분석하여 표준 또는 기준을 산출하고 여기에 해당하는 것을 정상으로 보고, 기준에서 이탈한 것을 이상으로 보는 견해다. 그러나 측정 가능한 지능이나 그 외 성격특성은 어떤 특성을 선정하는가에 따라 결과가 달라지므로 정상·비정상의 판정에는 충분하지 않다. 셋째, 문화의 상이성에서 본 견해다. 정상인가 비정상인가하는 판단은 대상이 되는 사람이 생활하는 사회적 환경 내에 있는 가치기준에 의해 결정된다고 보는 입장이다. 그러나 문화의 차이에 따라 판단기준이 다르고, 시대에 따라 기준이 다르며, 장소에 따라 달라지기 때문에 이 또한 판정 기준으로 보기 어렵다. 이와 같이 정상·비정상이란 상대적인 경우가 많고 사회적 규범 또는 사회적 합의에 근거한 문화적 구성개념이라고 생각할 수 있다.

정상적 노화과정 normal aging 비렌과 레너(Birren & Renner)는 정상적 노화과정이란 '발생학적으로 대표적인 유기체가 정상적인 환경 조건 속에서 살아가면서 시간이 흐름에 따라 자연히 일어나게 되는 변화'라고 정의하였다. 정상적 노화란 천재지변이나 전쟁과 같은 비정상적인 환경이 아니라 정상적인 환경 속에서 유전적 결함이 있거나 특이한 형질을 갖추지 않은 일반적인 유기체에서 시간이 경과함에 따라 나타나는 변화를 말한다. ⇨ 생물학적 노화 참고.

정서 emotion 감정, 기분 또는 정동을 의미한다. 생리적·행동적 변화를 동시에 수반하며 어떤 내적 외적 대상에 대한 인식에 토대를 둔 마음의 상태다. 동기와 정서는 분명히 구분 짓기가 어렵다. 동기화된 행동 대부분에는 정서가 수반된다. 보통 우리가 동기를 얘기할 때는 대개 목표지향적인 활동에 초점을 두는 반면, 정서를 논의할 때는 그 행동에 수반되는 주관적인 감정적 경험에 초점을 둔다. 또한 정서와 신체변화에 대한 이론으로, 제임스 랑게(James-Lange)의 이론과 캐논 바드(Cannon-Bard)의 이론에는 대표되는 생리학적 정서이론, 샤처(D. L. Schachter)의 인지생리학적 정서이론이 있다. ⇨ 생리학적 정서이론, 인지생리학적 정서이론 참고.

정서심상법 emotive image 긍지, 장래의 꿈, 동일화, 닮아감, 상대방의 실패에 대한 상상 등의 이미지를 갖는 것으로 현재의 공포를 잊거나 해소시켜 주는 것이다.

정서의 말초설 peripheral theory of emotion 아이들이 싸우다 코피가 나면 눈물을 흘리며 우는 것처럼, 신체의 말초반응들이 감정을 유도하는 것을 의미하는 것이다. 이는 정서에 대한 이론으로 말초설, 중추설, 인지과정을 강조하는 이론이 있는데, 말초설은 제임스 랑게(James-Lange) 이론을 말하며, 중추설은 캐논 바드(Cannon-Bard) 이론을 의미하고, 인지과정을 강조하는 것은 샤처(D. L. Schachter)의 인지생리학적 정서이론을 말한다. ⇨ 제임스 랑게이론 참고.

정서재교육 emotional reeducation 환자가 얻은 통찰을 일상생활에 적용하도록 그를 격려함으로써 치료를 기하는 정신분석학적 기술로서 치료의 마지막 단계에서 이용한다.

정서적 구성요소 affective component 태도 대상을 지각하는 방법에 영향을 미치는 구성요소로서, 정서적 구성요소는 태도 대상에 대한 개인의 좋고 나쁜 느낌이나 감정에 대한 태도의 측면을 의미하는 것이며, 이는 신념의 대상 혹은 신념 자체에 관해 집중하려는 강도에 영향을 미친다. 태도에 대한 개념을 설명함에 있어, 어떤 대상을 향해 나타나는 태도는 개인이 가진 신념에 의한 것이라고 볼 수 있는데, 이러한 신념을 형성하는 요소로서는 이와 같은 정서적 구성요소 이외에 인지적 구성요소(cognitive component)와 행동적 구성요소(behavioral component)가 있다. ⇨ 태도 참고.

정서적 긴장 emotional tension 행동으로 옮기기 전의 감정상태가 지속되는 것을 말한다. 정서적 긴장에 대한 대응 행동을 억제하면 정상상태로 되돌아가는 것이 아니라 신체적으로 위기상태가 계속되는 경향이 있다.

정서적 단절 emotional cut-off 감정적 단절 개인의 가족에게 묶여 있는 정서적 끈으로부터 도피하는 행동을 의미한다. 이는 정서적으로 지나치게 밀착되어 있어서 관계 속의 불안을 제대로 다룰 수 없을 때 일어나는 현상이며, 전형적으로 가족으로부터 멀어지거나 달아나는 행동 또는 자신의 삶 속에서 가족이 현재 가지고 있는 중요성을 부인하는 행동으로 표현된다. 정서적 단절은 사람들이 부모와의 관계에서 해결하지 못한 세대 간의 미분화의 결과로 나타나며, 그와 관련된 정서적 긴장을 관리하는 방식을 묘사한다. 보웬(M. Bowen)에 의하면 부모에게서 분리되지 못하고 부모와 정서적 애착이나 융합이 클수록 오히려 가정에서 정서적으로 단절하려는 경향이 클 수 있다고 한다. 정서적 단절은 흔히 자녀가 부모로부터 멀리 떠남으로써 거리를 두거나, 같이 살면서도 자신을 부모에게서 격리시키고 부모가 중요시하는 것을 부인하거나 거부하는 등의 행동으로 표출되는데, 정서적 단절의 확실한 표시는 가족의 중요성에 대한 부정과 독립성의 과장이다. 뿐만 아니라 부모와의 정서적 단절이 심한 자녀일수록 자신의 긴장과 문제가 부모 탓이라 보며, 이러한 패턴은 그들이 맺는 다른 사람과의 관계에서도 그대로 반복되고 영향을 미친다. 그러므로 성인이 되어 원가족을 떠날 때 정서적 단절 혹은 대체적인 정서적 은신처로 도주하는 것이 아니라 새로운 가족을 형성하기 위해 다른 사람과 합류하기 전에 자율적인 자아를 확립하는 것이 무엇보다 중요하다. 또한, 정서적 단절은 가족들과의 관계 속에서 자신을 보호하려는 목적으로 가족구성원들과의 감정적인 연결을 끊는 현상을 말한다. 예를 들면, 회피의 기제를 사용하는 사람들은 가족들을 만나지 않음을 통해서 감정을 끊게 된다. ⇨ 가족체계이론 참고.

정서적 무책임 emotional irresponsibility 엘리스(A. Ellis)가 언급하는 11가지 비합리적 신념 가운데 하나로서, 정서적 무책임은 인간의 불행은 외적인 조건 즉, 운명에 의한 것이며 인간의 힘으로는 그것을 통제할 수 없다고 느끼는 사고를 말한다.

정서적 위치 emotional position 대인관계 분석상담의 거장으로 알려진 해리스(Thomas A. Harris)에 의하면 사람들은 다음 네 가지의 대인관계 유형을 가지고 있다. 이는 'I' m not OK, You' re OK / I' m not OK, You' re not OK / I' m OK, You' re not OK / I' m OK, You' re OK.' 의 유형을 말하는 것으로 삶의 자세, 인생태도라고도 한다. 정서적 위치는 어린이가 성장할 때 부모에 의해 어떻게 양육되었는가에 따라 결정되는 것이며, 대부분의 사람들은 다음의 첫째, 둘째, 셋째 유형 가운데 하나의 인생태도를 취하고 있기 때문에 문제가 있다고 보았다. 즉, 첫째 유형은 자기 부정-타인 긍정(I' m not OK-You' re OK)으로서 자기 자신은 불신하면서 타인을 신뢰하고 의지하는 인간관계를 말한다. 이러한 인간관계는 마치 유아가 어머니에게 모든 것을 의지하며 문제를 해결하려는 것과 같은 유아적 인간관계로서 의존적 대인관계를 하는 사람이 이에 속한다. 이러한 자세를 취하는 사람은 자신감이 없어 늘 타인에게 의존하며 자신에 대해 부정적이고 생활 속에서 자주 좌절감을 맛본다. 이들은 타인의 지도에 순종적이며 자신의 일에 만족하지 못한다. 둘째 유형은 자기 부정-타인 부정(I' m not OK-You' re not OK)으로, 자기 자신도 믿지 못하면서 다른 사람도 믿지 못하는 인간관계를 말한다. 이들은 사람을 만나는 것도 싫어하고, 자신의 인생에 대해서도 낙관적이지 못하며, 의욕적인 삶을 살지 못한다. 이러한 인간관계를 맺는 사람은 대개 유아기에 부모가 자녀에게 냉담했거나, 방임했을 때, 혹은 자신들이 버림받은 느낌을 해소할 수 없어 극단적으로 움츠려드는 생활을 하게 되는 경우로서, 이러한 자세를 취하는 사람은 삶의 희망이 없고 세상과 자기를 부정적이고 비관적으로 본다. 셋째 유형은 자기 긍정-타인 부정(I' m OK-You' re not OK)으로서, 자기 자신은 신뢰하는데, 타인은 신뢰하지 못하면서 이루어지는 인간관계다. 이들은 사람을 사귈 때 가능한 한 일정한 거리를 두면서 믿지 않으려 하고 의심을 많이 한다. 또한 자신의 내적인 상태를 타인에게 잘 드러내 보이질 않기 때문에 상대방을 불편하게 하면서 친밀한 대인관계를 맺는데 어느 정도 한계를 가지고 있는 유형이다. 이러한 자세를 취하는 사람은 타인을 무시하거나 멸시하고 타인의 간섭을 받지 않고 독자적으로 일을 처리해 버리며 자기방어적인 경향이 강하다. 넷째 유형은 자기 긍정—타인 긍정(I' m OK-You' re OK)으로, 자신도 신뢰하고 타인도 신뢰하는 대인관계 유형을 말한다. 이들은 문제를 합리적으로 해결할 줄 알며, 인생을 건강하게 살며, 행복한 태도를 보인다. 즉, 건강한 대인관계로서 각각의 사람들이 서로의 가치를 인정하고 수용하는 태도를 의미한다. 이러한 자세를 취하는 사람은 긍정적이고 낙천적인 태도를 보이며 자신뿐 아니라 타인에 대한 존재가치를 동시에 인정하는 사람이다. 이러한 대인관계는 위의 세 가지 유형이 새로운 사람이나 낯선 상황에서 그다지 적극적이지 못한 반면에 자신과 타인을 모두 신뢰하는 대인관계는 주로 사려깊은 생각, 성실성, 도전하고자 하는 의욕에 의해 형성되기 때문에 훨씬 적극적이라 할 수 있다. 그러나 해리스의 대인관계 유형에 비추어 볼 때, 사람들은 특정한 한 가지 종류의 인간관계만을 형성하고 있지는 않다. 본인의 심리적 상태에 따라, 상대방의 인적 조건에 따라, 상황 조건에 따라 달라지기 때문이다.

정서적 이혼 emotional divorce 감정적 이혼 기혼 배우자 간에 정서적인 거리감이 뚜렷하게 나타나는 것으로 두 사람 다 미성숙하지만 한쪽에서 미성숙함이 두드러지게 나타나는 반면 다른 쪽은 과도하게 책임지는 행동을 함으로써 미성숙함을 부인한다. 고학력층에 많으며, 체면, 사회적 제약 때문에 나타난다.

정서적 체제 emotional system 감정적 체계 인간을 감정적으로 반응하게 하고 주관적으로 움직이게 하는 인간의 능력을 말한다. 이는 다세대(세대간) 가족치료의 개념으로서 인간은 개인적으로 인지적 체제(intellectual system), 정서적 체제(emotional system), 느낌 체제(feeling system)라는 세 가지 다른 종류의 체제를 가지고 있다.

정서중심부부치료(EFT) emotionally focused couples therapy 정서중심부부치료(EFT)는 게슈탈트 심리치료자이자 토론토 요크 대학(Toronto York University) 심리학과 교수인 그린버그(Leslie Greenberg)가 창안한 것이다. EFT에서는 우리의 정서를 적응적 정서와 부적응적 정서로 구분하여, 적응적 정서의 자각과 활성화를 지향하는 한편 부적응적 정서의 변화를 위한 다양한 책략들을 개발하였다. 이 과정에서는 게슈탈트 심리치료의 빈의자기법 사용을 통한 부적응적 정서의 탐색과 더불어 역기능적 신념들을 완화시키고, 자기 통합적 정서의 계발을 위한 방법들을 사용한다.

정신 psyche 융(C. G. Jung)이 독일어 Seele 대신 사용한 단어로, '융전집' 번역자가 지적한 대로 Seele를 한마디로 번역할 수 있는 영어 단어는 없다. 융은 정신을 '의식적인 것뿐 아니라 무의식적인 모든 심리적 과정의 총체로서 인간존재의 전체성을 나타내는 용어'라고 정의했다. 정신과 자기 사이의 개념적 중복은 이렇게 이해할 수 있다. 비록 자기가 전인격을 의미한다 하더라도 초월적인 개념으로서 자기는 여러 가지 구성요소들 예를 들면, 자아와 연관지을 수 있는 모순적 능력을 가지고 있기도 하다. 정신은 이러한 관계들을 포함하며, 그러한 역동들로 구성되어 있다. 한편 정신에 대하여 궁극적으로 알 수 없다고 융이 말한 것은 초심리학적이거나 초자연적인 정신현상들을 정신이라는 개념 안에 포함시키려는 준비가 되어 있다는 뜻이다.

정신건강 mental health 인간의 심리적 기능이 어느 정도 정상인가를 나타내는 것이다. 일반적으로 정신질환이 없으며, 갈등하지 않고 합리적인 결정을 하며, 환경적 스트레스와 내적인 압력에 대응할 능력을 만들 수 있고, 수행할 수 있는 지속적인 능력을 지님으로써 갖게 되는 상대적으로 좋은 정서상태를 말한다.

정신결정론 psychic determinism 정신결정론이란 프로이트 심리학의 기본 가설로서 인간의 심리도 자연계와 마찬가지로 우연한 현상이란 없으며, 모든 정신적 상황은 그 전에 일어난 정신적 사건에 의해 결정된다는 관점이다. 즉, 인간이 오늘 무엇을 생각하고 무엇을 말하느냐 하는 것은 모두가

다 과거에 경험했던 여러 가지 것의 영향을 받아서 이루어지기 때문에 심리적 작용은 흔히 무의식적 수준에서 작용하는 앞선 원인을 갖게 된다는 뜻이다. 그러므로 현재 나의 모습은 내 속의 무의식이 나의 생 전체에 끼친 결과이며, 우리는 나 자신도 모르고 또 내가 지배할 수도 없는 내 속에 있는 다른 어떤 힘에 의해서 살고 있다고 본다. 따라서 인간은 무의식의 꼭두각시에 지나지 않으며 생후 6년 내에 이런 힘들에 의해 우리의 인간이 형성된다는 것이다. 또한 무의식 속에서 부모에게 책임을 전가시키기 때문에 모든 사람은 생후 몇 년 동안 부모가 그를 어떻게 대하느냐에 따라 형성되는 무의식 세계에 의해 그의 행동이 결정되므로 자기의 행동에 대한 책임이 없다고 가르친다.

정신내적 수준 intrapsychic level 사고로부터 감정을 분리할 수 있는 능력이다. 미분화된 사람들은 감정으로부터 사고를 구별하기 어렵고 객관적인 사고를 거의할 수 없다. 그들의 생활은 주변 사람에 대한 맹목적인 추종이나 분노에 의한 거부 등 고조된 감정에 의해 지배받는다. 반면 분화된 사람은 사고와 감정이 균형잡혀 있으며 풍부한 정서와 자발성을 지닐 뿐 아니라 충동적 감정에 좌우되지 않는 억제능력과 객관적 사고기능을 지닌다.

정신박약 mental deficiency, mentally defective '정신적으로 부족한' 이라는 의미를 지니고 있어서 정신박약이란 용어보다는 정신지체라는 용어를 사용한다. 즉, '정신능력의 발달이 뒤늦은' 이라는 중립적인 의미를 표현하고자 하는 것이다.

정신병리 psychopathy 정신질환, 정신장애, 이상행동이란 용어의 개념과 같이 쓰이고 있다. 발달심리적 측면에서 볼 때 정신병리는 연령증가에 따른 부적응, 발달 규준과 규범에서 일탈된 행동을 말한다.

정신병리학 psychopathology 정신의 질병을 연구하는 학문으로, 역기능이 발생하는 심리사회적 환경과 사물의 원인, 증상, 결과 등을 포함하여 정신적, 인지적, 행동적 장애의 본질에 대해 연구하는 학문이다. 또한 이 용어는 개인이나 개인과 접촉하는 사람들에게 문제나 지능지수 등의 결과를 야기하는 성격이나 행동특성을 설명할 때 사용된다.

정신병적 경향성 psychoticism 성격을 연구하는 특성이론 가운데 특질론 학자인 아이젠크(H. J. Eysenck)는 성격을 내향성과 외향성, 안정성과 불안정성(신경증적 경향성 neuroticism), 정신병적 경향성(psychoticism)으로 분류하였는데, 정신병적 경향성은 정신병이 될 성향과 정신병질자가 될 정도를 반영한다. 이러한 경향성이 높은 사람은 공격적이고 냉정하며 타인에 대한 배려를 하지 못하고 사회적 관습을 받아들이지 않으며 충동적인 행동특성을 보인다. ⇨ 특질론, 성격이론 참고.

정신 분석 psychoanalysis 무의식적인 자료를 의식으로 끌어오는 정신치료 방법으로 정신분석은 의학에서 그 기원을 찾을 수 있다. 정신분석의 창시자인 지그문트 프로이트(Sigmund Freud)는 오스트리아 출신의 신경과의사였다. 정신분석은 신체적 고통을 겪는 환자, 예를 들어 마비, 실어증, 신체감각의 상실같이 명백하게 병인을 알지 못하는 환자들에 대한 프로이트의 시도에서 발전하였다. 전환성 히스테리(conversion hysteria)의 징후를 겪는 환자들에 대한 그의 치료에 기초하여 프로이트는 장애란 성적 흥미에 대한 사회의 금기에 의하여 야기되는 성에 대한 무의식들의 충돌 결과라고 하였다. 따라서 히스테리를 고치려면 무의식 속에 눌려 있던 감정을 정상적 통로를 통하여 의식계로 정화시키면 된다는 이론을 세웠다. 즉, 정신분석은 무의식을 연구하는 심리학이다. 프로이트의 말을 빌리면 심층심리학으로서 정신분석은 모든 정신현상을 협력하다가도 반발하는 갈등과 결합했다가 타협하는 힘의 상호작용이라고 보았으며, 이 힘의 나타냄을 자기보존본능 즉, 자아본능과 성의 본능으로 나누고, 성의 본능을 리비도라고 불렀다가 후에 삶의 본능인 에로스와 죽음의 본능인 타나토스로 나누었다. 또한 정신에는 쾌감을 추구하고 불쾌를 피하려는 쾌감원칙이 있으며, 성장함에 따라 현실원칙과 타협하여 쾌감추구를 지연시키기도 하고 일시적인 불쾌감을 참는다고 하였다.

정신분석치료 Psychoanalitic Therapy 정신분석은 프로이트(S. Frued)가 창시한 심리학의 한 체계로서, 인간행동의 기본동기를 성적 에너지에 두고 무의식, 어린 시절의 경험, 성, 공격성 등을 강조하고 있다. 그의 주된 원리는 "인간의 모든 행위, 현상은 심리적으로 결정되어 있는데, 그 결정은 어릴 적의 추억과 체험이 가능하게 하며 그 어릴 때의 체험은 성적이다."라고 정리할 수 있다. 따라서 정신분석상담은 유·소년기의 체험 중 무의식층에 억압되어 있는 것을 상기시켜 늦게라도 그 체험을 극복하는 것, 즉 무의식의 의식화를 중요시하는 것이다. 정신분석치료는 자유연상법(free association), 해석(interpretation), 꿈의 분석(analysis of dream), 저항의 분석(analysis of resistance)과 전이의 분석(analysis of transference) 같은 기법을 사용한다. 이 치료법은 오랜 시간의 치료기간과 많은 치료비가 소요되며, 한 사람의 정신과의사가 불과 수명의 환자밖에 완치시킬 수 없다는 단점과 그 외 치료약물의 발달로 인해 초창기의 절대적인 지지는 무너져 가고 있다.

정신분석학적 가족치료 psychoanalytic family therapy 정신분석학적 가족치료는 현재의 관계를 왜곡시키는 무의식적 충동과 그것에 대항하는 방어기제들을 대상관계이론에 입각하여 인식하고 해석하는 것으로, 가족을 계속 진행되는 체계로 간주하며 정신분석학에 바탕을 두어 가족관계에 있어서 연동병리를 강조(N. W. Ackerman, M. Bowen)한다. 따라서 가족 상호작용을 무시한 개인을 분석하는 것이 아니라 성숙한 방식으로 상호작용하고자 하는 개인을 방해하는 어떤 근본적인 욕구와 공포를 찾아내어, 과거의 무의식적 이미지에 대한 통찰을 통해 인성변화와 무의식적 구속으로부터의 자유, 현실에서 보다 건강하고 온전한 개인과 가족의 성장을 이루는 데 목적이 있다.

정신분석학적 상담 psychoanalytic counseling 프로

이트의 이론을 기초로 내담자의 아동기와 성장과정에서 억압되었던 무의식세계에 초점을 두고 치료하는 상담이다. 융(Carl Jung) 랭크(Otto Rank), 프롬(Erich Fromm), 호니(Karen Horney), 설리번(Harry Stack Sullivan) 등이 있다. 인간본성에 관한 프로이트의 관점이 기본적으로 결정적이고 비합리적인 힘, 동물적이고 본능적인 충동, 그리고 무의식적 동기에 중점을 둔다 하더라도 프로이트 이후의 정신분석이론의 발달은 사회적이며 문화적인 요인들을 강조하며, 현대의 정신분석학자들은 자아의 발달과 자아의 다양성 및 개별성을 강조한다. 상담의 주요목표는 무의식상태를 의식화하는 것이다. 정신분석학과 관련된 상담은 저항과 전이의 분석을 통하여 자아의 성장을 모색하며 자아가 무의식적 갈등을 해결하도록 돕는 것이다. 초기의 정신분석이론은 내담자들이 상담자에게 감정을 투사할 수 있도록 상담자의 모호한 존재와 역할을 강조한다. 정신분석이론에 바탕을 둔 현대의 상담자들은 의도적으로 온화함과 초연한 자세를 취하지만 모호한 존재로 남아있지는 않는다. 치료과정에서 일어나는 저항에 초점을 맞추며 이러한 저항의 해석과 전이되는 감정들을 다루는 데 중점을 둔다. 이러한 과정을 통하여 내담자들은 그들의 과거와 현재 경험 사이의 관련성을 탐색하며 그렇게 함으로써 성격변화를 위한 기초가 될 수 있는 새로운 이해를 하게 된다. 모든 상담기법들은 내담자가 통찰하며 억압된 감정을 표면화시킴으로써 의식적인 방법으로 다루어질 수 있도록 설계되어 있다. 주요 상담기법들은 어린 시절 병력의 수집, 꿈의 분석, 저항과 전이의 해석과 분석이며, 이 기법들은 인식을 증가시키고, 지적 통찰력을 증가시키며, 성격을 재구조화하기 위한 상담과정으로 이끄는 데 기여한다.

정신분석학적 심리학 psychoanalytic psychology 인간은 본능(Id), 자아(Ego), 초자아(Super Ego)로 구성되어진 결정론적인 존재이며 리비도(libido)의 본거지인 본능의 욕구가 자아에 의해 표출되는데, 이때 학습되고 사회화된 초자아에 의해 본능이 좌절되면 갈등이 생기게 되고 죄책감을 경험하게 된다. 여기에서 치료는 초자아의 억압을 제거해 줌으로써 잘못된 죄책감을 버리고 올바른 감정을 갖도록 하는데, 대부분의 문제는 과거에 다른 사람들이 미친 악영향에 의한 것으로 본다. 이와 같이 프로이트 심리학의 전제는 인간의 문제행동에 대한 책임이 자신에게 있는 것이 아니라 타인에게 있는 것으로 보고 있으며 인간의 본능을 표출시켜 억압을 해소함으로써 치료가 가능하다고 보는 것이다.

정신분열 병원적 어머니 schizophrenogenic mother 가족구성원 중에서 정신분열증 클라이언트를 만드는데 어머니의 특성을 연구한 것으로 모자관계에서 심각할 정도의 부적절성과 심리사회적 장애를 발견하고 라이히만(Fromme-Reichmann)이 만든 용어로서, 지배적, 냉담한, 거부적, 소유적, 죄책감 유발적 어머니와 수동적, 무관심적, 무감정적 아버지와의 결합이 아들에게 혼돈 및 부적절한 감정을 갖게 하여 궁극적으로는 정신분열증환자가 되게 하는 원인을 제공한다고 했다.

정신분열성 인격장애 schizoid personality disorder 고립형 성격장애, 분열성 성격장애라고도 부르며 대인관계형성에 관심이 없거나 할 줄을 모른다. 가족 이외에는 가까운 친구가 거의 없다. 감정 표현을 잘 못하여 표현할 수 있는 범위가 제한적이며 자기는 강한 분노나 기쁨을 느끼지 않는다고 말하며 남의 칭찬이나 비판에 무관심하다.

정신분열증 Schizophrenia 사고, 정서, 감각, 운동 등 성격의 여러 측면에서 와해가 일어나는 증상이다. 정신장애 가운데 가장 혼란되고 부적응적인 이상행동을 나타내는 장애로서, 뇌에 이상이 있어서 나타나는 뇌질환, 뇌장애, 뇌병으로 정신기능과 신체기능에 있어 아주 다양한 이상소견을 나타낸다. 원래는 조발성 치매(dementia praecox)라고 일컬어졌으며, 명칭에서 알 수 있듯 신체의 화학적인 장애의 하나라고 생각되었다. 적어도 6개월 이상 지속되며 1개월 이상의 활성기증상이 있는 장애다. 정신분열증 증상은 보통 20대에 발병하여 대개 점진적이다. 정신분열증은 사고, 정동, 지각, 행동에서 장애가 나타나는데 정신분열증을 지닌 사람은 비현실적인 잘못된 믿음에 집착하는 망상과 실제와 다른 비현실적인 지각경험을 하는 환각을 비롯하여 비논리적이며 혼란된 언어, 몸의 경직상태 및 현실에서의 도피, 둔감하거나 부적절한 감정, 흩어지는 사고와 말투 등 개인적 · 사회적 기능의 전반적인 붕괴와 같은 심각한 정신장애군을 겪으며 사고, 감정, 행동이 분리되는 등의 증상을 나타내는 가장 심각한 정신장애다. 정신분열증에는 해체형 정신분열증, 긴장형 정신분열병증, 편집형(망상형) 정신분열증, 감별 불능형 정신분열증 등 여러 유형이 있다. 융(C. G. Jung)은 이 정신장애에 생리학적 요인이 있음을 인정하였지만 본래적 기원은 심리상태에 있다고 간주하였다. 즉, 분리되어 나온 콤플렉스가 그 인격을 지배하게 될 때 정신분열증이 발생한다는 것이다.

정신분열형인격장애 schizotypal personality disorder 독특한 생각을 잘하고, 대인관계형성에 문제가 있다. 정신분열증과 거의 유사한 증상을 보이지만 증상의 지속기간이 짧은 경우로서 괴이한 생각, 피해망상, 관계망상, 환각, 텔레파시 등 현실성이 약한 내용을 이야기한다. 감정표현이 부적절하거나 제한적이다.

정신분열형장애 schizophreniform disorder 정신분열증의 모든 기준에 해당되는 장애다. 그러나 정신분열형장애의 발병기간은 2주에서 6개월 사이로 짧은 편이며, 감정적 혼란상태가 나타나는 경향이 더욱 많다. 또한 급격히 발병하고 급격히 회복되는 것과 회복이 되면 발병 전기능 상태로 완전히 돌아가는 것이 특징이다.

정신생리성장애 psychophysiological disorder 극심한 스트레스 장면에 만성적으로 노출되거나, 정도가 약한 스트레스도 감내하지 못하는 성격적 요인 때문에 기질적 손상이 나타나는 장애다. 신체형장애와는 달리 생리적 근거가 있는 신체증상을 호소하는데, 이러한 신체증상이 심리적 원인에 의해 유발되거나 유지되는 것을 말한다. 흔히 '신경성' 이나 '스트레스성' 이라는 신체질환이 이에 속한다.

정신신체장애 psychosomatic disorder 정신신체질환, 심신증이라고도 한다. 정서가 핵심적 역할을 한다고 믿어지는 신체장애다. ⇨ 심신증, 정신신체질환 참고.

정신신체질환 psychosomatic 정신적인 요소가 신체기관에 영향을 주어 생기는 질환을 말한다. 즉, 심리적 갈등이나 요인 등 만성적인 정서적 질환에 의하여 야기되는 실제적인 신체적 증상이나 신체적 질병이며, 보통 자율신경계 작용 하에 있는 단일 기관계에서 일어나는 신체장애로서 심신증이라고도 한다. 이러한 심리적 갈등이 신체적 증상으로 표현되는 것은 대개 무의식적인 수준에서 이루어진다고 보기 때문에 환자가 의식하여 일부러 신체적 증상을 표현하는 꾀병(malingering)과는 다르다.

정신약리학 psychopharmacology 행동이나 성격에 변화를 일으키기 위한 약물사용이나 연구를 말한다.

정신역동 psychodynamic(심리역학, 정신역학) 태도, 행동, 증상, 또는 정신장애와 같은 특정한 심리적 사건 또는 상태를 일으키는 의식적이거나 무의식적인 동기적 힘의 양상을 말한다. 이런 힘들은 추동(drive), 욕망, 감정, 방어기전, 공복이나 성과 같은 생물학적 욕구를 포함한다. 개인의 동기부여를 이해하는 것을 기초로 하여 개인 내면의 상반되는 힘이 상호작용하는 것이다. 변화와 발달과정을 강조하는 동기부여적 · 심리학적 체계와 이론에 대해 자유롭게 사용하는 용어로서 현재에 영향을 미치는 과거의 영향을 통찰하는 것과 특히 관계가 있다.

정신역동가족치료 psychodynamic family therapy 정신역동모델은 프로이트(S. Freud)의 정신분석모델에서 비롯된 것으로 가족구성원의 과거에 뿌리를 둔 심리내적 갈등이 다른 가족구성원과 뒤엉켜 있는 가족 간의 연동병리를 강조한다. 상반되는 힘의 상호작용은 한 사람의 동기와 불안을 이해하는 기초를 제공해 준다. 따라서 과거에 대한 통찰은 변화를 위해 필수적이며 치유에 있어서 치료자와의 관계가 가장 중요하게 여겨진다.

정신역동적 치료 psychodynamic therapy 우울증에 대한 정신역동적 이론에 의하면 아동기에 주요 인물에 대한 실망감이 그 후의 대인관계에 전반적으로 확산된 현상이라고 가정한다. 아동기에 주요 인물을 향한 분노를 표현하지 못하고 안으로 내면화시키고 자기 자신에게로 공격을 가한 결과라고 해석하기도 한다. 우울증에 대한 치료법이 따로 개발된 것은 아니어서 일반적인 정신역동적 치료와 마찬가지로 전이 및 저항의 인식과 극복이 치료의 핵심이다. 증상치료보다는 성격구조변화에 목적을 둔다.

정신연령 mental age 지능발달을 연령단계로 표시한 것으로서 발달 수준이 정상적이라고 판단되는 생활연령의 단위로 정신적인 발달이 표현되는 수준을 말한다. 일반적으로 연령척도를 바탕으로 하여 작성된 지능검사(비네식)에 의해 산출되며, 지능연령이라고도 한다.

정신운동적 지연 psychomotor retardation 정신과 신체적 활동이 느려지는 것으로 말과 행동이 현저하게, 전반적으로 느려진 상태를 의미한다.

정신위생 mental hygiene 정신위생은 정신의학을 기초로 위생학적 지식이나 기술을 적용하는 것으로 정신건강을 도모하며, 정신병의 치료를 위한 시설이나 절차를 향상시키고, 사람들이 정서적인 안정성과 심리적인 만족감을 증진시킬 수 있는 방법을 알도록 가르치는 노력들을 포함한다.

정신의료 사회복지사 psychiatric social workers 정신건강 분야의 사회사업가로서, 정신질환자에게 심리치료와 사회봉사를 제공하며 정신과의사 및 다른 정신건강 팀의 구성원들과 협조하여 환자의 가족과 함께 일한다.

정신이상 Psychosis 무의식이 의식의 영역에 침범하여 의식적인 에고(Ego)를 압도하는 것. 환자는 사회적으로 당연시되는 반응을 보이지 못하게 되고 관례적인 현실로부터 분리된다. 결과적으로 정신병 환자들은 정신치료에도 반응을 보이기가 힘들게 된다. 어떤 사람을 미치게 만드는 것과 동일한 과정이 누군가를 천재로 만들 때에도 나타난다. 정신병 상태는 일종의 종교적 개종이나 극도의 영감이 떠오르는 때에도 나타날 수 있다.

정신장애의 진단 및 통계편람 제4편(DSM-Ⅳ) Diagnostic and Statistical Manual of Mental Disorders-Ⅳ DSM-IV는 정신보건 분야에 종사하는 사람들이 정신장애의 진단에 혼란을 방지하기 위하여 출간된 것이다. 정신장애(mental disorder)는 때로는 심리장애(psychological disorder)나 정신질환(mental illness)이라는 용어로 사용되는 것으로, 비정상적인 심리상태를 포함한 일련의 이상행동이나 정신병리적 증상들로 이루어진 증후군을 의미한다. DSM-IV가 제시하는 정신장애는 크게 7가지 범주로 분류하고, 이어 여러 가지 하위장애로 세분한다. 특히, DSM-IV는 다축평가체계를 사용하고 있는데, 정신장애의 진단 및 통계(DSM-IV)를 위한 다축평가체계는 여러 축의 평가를 포함하고 있다. 이는 임상가가 환자에 대해 보다 깊은 이해를 하고, 치료를 계획하는 데 도움이 될 수 있도록 서로 다른 영역에서 정보를 포괄적으로 다루기 위한 것이다. 즉, DSM-IV의 다축평가에는 5개 축이 포함된다. 축1-임상적 장애, 임상적 관심의 초점이 되는 기타상태, 축2-인격장애, 정신지체, 축3-일반적인 의학적 상태, 축4-심리사회적 · 환경적 문제, 축5-전반적인 기능평가로 분류하고 있다. 3판과 4판의 중요한 차이 가운데 주목받을 만한 것은 이른바 '신체적 정신장애(organic mental disorder, OMD)'라는 유목을 삭제했다는 것이다. 이유는 아마도 대부분의 다른 정신장애, 예를 들어 조증, 우울, 정신분열증, 불안 등이 심리적 원인만 있는 것이 아니라 생물학적 원인이 함께 있기 때문에 마치 신체적 정신장애만 생물학적 원인에 기인하고 다른 장애는 심리 사회적 원인에 기인한 것 같은 인상을 준다는 문제점을 제거하기 위함이었다고 생각된다. 따라서 많은 문제들의 원인은 단일 요인이라기보다는 복합 요인이므로 상담가와 심리학자들은 너무 심리사회적인 원인에만 집착하지 말고 생물학적 요인에도 관심을 가져야 한다.

정신적 에너지 Psychical Energy 융(C. G. Jung)은 정신이라는 말을 무의식과 의식을 포괄하는 인간 존재의 전체성을 나타내는 용어로서 사용했다. 융의 분석심리학에서는 정신의 구조와 역학에 대해서 밝히려는 노력을 했으며, 새로이 정신적 에너지라는 용어를 만들어 내었다. 정신적 에너지는 생물적 통로, 심리적 통로, 영적 통로, 도덕적 통로 등 여러 가지 채널을 통해 흘러다닐 수 있다. 만약 어떤 채널이 막혀 있으면 방향을 바꾸어 다른 채널로 흘러가기도 한다. 에너지 흐름의 변동은 정신을 하나의 '전체'로서 조화롭게 유지하기 위한 목적과 기능을 가지고 있다.

정신지체(MR) mental retardation (mentally handi-capped) 흔히 정신박약(feeble mindedness)이라 하는 것으로 이 용어가 치료불가능이란 의미를 내포한다는 비판에 따라 1960년대 이후 정신지체란 용어를 사용하게 되었다. 정신지체의 주요 진단 준거는 지적인 능력과 기능이 평균에 비해 현저히 떨어지고 일반 적응기능도 현저히 부족하거나 손상된 상태를 말한다. 미국정신지체학회(AAMR)에 의하면 정신지체는 현재 기능에 실질적인 제한성이 있는 경우를 지칭한다고 정의하고 있으며 유의하게 평균 이하인 지적 기능과 동시에 적응상의 제한성이 두 가지 또는 그 이상의 실제 적응기술 영역들(의사소통, 자기관리, 사회성기술, 가정생활, 자기지시, 건강과 안전 등)에서 나타나며, 18세 이전에 이러한 특징이 나타나는 것을 의미한다. 또한 정신지체는 지능검사에 의해 측정될 수 있다. 대체로 표준화된 지능검사의 실시 결과 지능지수 70 이하를 말하는데, 비네식 검사에서는 67 이하, 웩슬러식에서는 69 이하가 이에 해당된다.

정신착란 조증 delerious mania 조증의 하나로서 매우 흥분되어 있으며 웃음이 그칠 줄 모른다. 증상이 발작하면 옷을 찢고 가구를 부수는 등의 파괴행위를 서슴없이 자행한다. ⇨ 조증 참고.

정신측정법 psychometrics method 심리측정이라고도 한다. 심리적 변인과 개념의 측정방법으로 정신의 성질이나 능력을 작용시키는 자극의 양 또는 질을 기점으로 하여 측정하는 것이다. 이는 관찰될 수 있으며 측정될 수 있는 외적 자극과 내적 감각과의 관계 즉, 신체적 세계와 정신적 세계와의 양적 관계를 측량할 수 있는 것이라고 보는 페히너(G. T. Fechner)의 가설에 근거한 정신측정법으로 인간의 심리적 작용을 측정하는 방법을 확립했다는 점에서 성격심리학에 지대한 공헌을 하였다.

정신현상수반설 epiphenomenalism 부수현상론 심신관계에 관한 설명으로, 정신현상은 육체현상의 부산물에 지나지 않는 필연적인 결과지만 정신현상이 육체현상을 낳는 원인은 아니라고 보는 입장이다. 이는 정신적 사건을 물리적 사건의 '부수현상' 이나 '부산물' 로 보는 입장이다. 즉, 심적 현상은 신체의 생리적 과정에 수반하여 나타나는 것에 불과하다고 하여, 심적 현상이 신체로 이어지는 인과적 작용을 부정한다. 정신현상수반설을 처음으로 사용한 학자는 토마스 헉슬리(Thomas Huxley)로서 다분히 유물론적 입장을 반영한다. 리보(T. A. Ribot)가 이 입장을 취하였으며, 이 입장은 육체적 현상을 완결한 체계로서 간주하므로 과학적으로 보이지만 그 근본은 형이상학적이다.

정위불능 akathisia 착석불능의 뜻으로 가만히 앉은 채로 있을 수 없는 상태를 가리키며, 서거나 앉거나 제자리걸음을 하거나 몸을 전후좌우로 흔드는 상태다. 전에는 뇌염후유증에서 볼 수 있는 증상이었는데 오늘날에는 강력정신안정제(메저·트랭킬라이저)의 사용 중에 종종 볼 수 있는 약물부작용으로 알려져 있다. 이 증상은 감량이나 중단 또는 항파킨슨제의 병용으로 소실 내지 경감된다.

정적 인간주의 emotional humanism 한국사회에서의 인간 간의 관계란 정의, 우정, 신의, 의리 등 정적 요소로 특징지어지고 있다. 일반적으로 한국인은 다른 사람과의 따뜻한 정적 유대관계를 유지함으로써 자신의 가치성을 발견한다. 즉, 정적 인간주의는 집단구성원 간에 신념, 태도, 가치관, 행동 등에서 동질성을 강조하고 또 집단의 동료로부터 경시되고 소외되었을 때에 불안감을 느끼고 걱정에 빠지게 된다는 점에서 집단구성원의 일치성과 비슷한 개념이다. 정적 인간주의는 타인과 정적 유대관계를 계속해서 유지하려는 성향으로서 이것의 주된 구성요소란 상호 내포성, 밀접성, 친밀성, 신의, 의리 및 전체로서의 결합성이다. 따라서 정적 인간주의는 협동적 작업을 성취하기 위한 수단이 아니고 그 자체가 목적이며, 기껏해야 개인의 목적 실현을 위해서 사용되는 수단적 역할을 한다.

정체 stagnation 개인의 사적 요구가 가장 관심의 초점이 되는 자기 탐익(self absorption)상태로 침체라고도 한다. 에릭슨(E. Erikson)은 인생의 중반기를 생성 대 정체의 시기라고 표현하면서 이 단계에서 욕구좌절을 겪게 되면 자기침체를 형성하게 된다고 하였다. ⇨ 심리사회발달이론 참고.

정체성 identity (자기동일성) 다양한 상황에서 유지되는 가치관, 행위, 사고의 기본적인 통합과 지속성뿐만 아니라 개인의 자의식과 독특성 즉, 이러한 자기 자신의 독특성에 대한 안정된 느낌을 말한다. 하버드대 에릭슨의 정신분석적·자아심리학과 올포트(G. W. Allport)의 인격심리학 등에서 사용한 용어로서, 사람은 태어나서 죽을 때까지 환경과의 교섭을 통하여 새로운 경험을 거듭하게 되므로 생각이나 행위가 시간에 따라 변화되는 데도 불구하고 현재의 자기는 어제나 과거의 자기와 같은 자기이며 또 내일이나 미래의 자기와 이어진다고 생각하여 점차 그 통합성을 굳히게 된다. 이러한 경험이나 사실을 정체성 또는 자기 동일성이라 한다. 정체성의 기반이 되는 요소는 유아기에 갖는 부모와의 신뢰관계와 생후 2년부터 있게 되는 언어의 습득이다. 또 정체성을 확립하는 데 중요한 시기는 급격한 신체적 성숙과 사회적 역할의 취득을 경험함으로써 내면적 연속감과 사회적 동일성의 통합이라는 과제에 당면하게 되는 사춘기 또는 청년기다. 또한 에릭슨(E. Erikson)은 정체성을 객관적 측면과 주관적 측면으로 나누어 이를 심리사회적 정체성, 개별적 정체성이라고 불렀다.

정체성 위기 identity crisis 생활에서 자신들의 역할에 대해 혼란을 느끼는 상태로서, 정체감의 위기는 자신의 정체감에 대한 갈등 또는 혼란을 갖게 된 경우에 나타난다. 개인은 다른 사람의 기대에 부응하여 살 수 있는가 의심해 보는 시기가 있으며, 만일 그러한 기대가 충족되지 않는다면, 어떤 사람이 될 것인가에 대해 불확실하게 생각한다. 이처럼 자신과 관련된 다양한 갈등과 고민을 갖기 시작하는 청년기를 에릭슨(E. Erikson)은 정체성의 위기라고 불렀으며, 이 위기에 의해 새로운 자신을 추구하고 모색해 간다고 한다. 그러므로 인간의 성격적 성장은 위기를 어떻게 극복하느냐에 좌우된다고 본다.

정체성 혼미 identity confusion 정체성 산만(diffusion)이라고도 한다. '~로서의 자신'을 상실해버린 상태를 말한다. 에릭슨(E. Erikson)은 이 현상을 청소년·청년기의 자아정체감의 한 병리로 본다. 정체성 혼미의 상태는 정체성이 발달해 가는 과정에서 특히 청소년, 청년기에 자신에 대한 회의, 갈등 등으로 인해서 정체성이 산만 또는 혼란한 심리적 상태를 말한다.

정향반사 orienting reflex 파블로프(I. P. Pavlov)의 실험에서, 새로운 자극이 나타났을 때 개가 최초로 보인 반응을 정향반사라고 한다. 파블로프가 조건반사를 연구하는 가운데 발견한 것으로 갑자기 나타나는 자극에 대해 "무엇이야?"하고 주의를 향하는 반응을 말한다. 이 현상을 Pavlov는 활동하고 있는 중추가 새로운 자극에 의한 흥분에 의해 방해되는 외부의 억제 가운데 한 종류라고 생각하였다. 이 반사의 특징으로서 자극이 반복되어 제시되면 익숙(habituation)해져 반사는 소실되지만, 자극일반화가 일어나기 어렵고 조금 다른 자극이 나타나면 다시 정향반사가 나타난다.

⇨ 파블로프의 실험 참고.

정확한 공감적 이해 accurate empathic understanding 로저스(C. R. Rogers)가 강조하는 상담자의 태도 가운데 하나로서 정확한 공감적 이해는 상담자와 내담자가 상호작용하는 동안에 발생하는 내담자의 경험들과 감정들, 또한 그 경험과 감정들이 상담의 과정에서 내담자에게 갖는 의미를 민감하고 정확하게 이해하려고 하는 노력을 말한다. 정확한 공감적 이해는 내담자로 하여금 있는 그대로의 자신에게 보다 가깝게 접근하도록 격려하고, 보다 깊이 있는 강한 경험을 할 수 있도록 도와서 내담자 자신 내에 존재하는 자아와 유기체적 경험 간의 불일치성을 인지하고 해결할 수 있도록 하는 것이다. ⇨ 로저스 참고.

제로섬게임 zero-sum game 사람들 사이의 이해득실이 서로 영향을 미치고 있는 것으로 예를 들면, 경기에 있어서 한 팀의 경기 성적은 다른 팀의 경기 성적에 영향을 미치는 것을 의미한다. 이와 같은 제로섬 개념은 사회적 행동 가운데 '흥정'에 관한 이론에서 거론되고 있는데, 한쪽이 이득을 더 많이 얻으면 상대방은 그 만큼 손해를 보게 되는 것처럼 쌍방의 이득과 손해를 합하면 영이 된다고 해서 이런 상황을 제로섬 상황이라고 한다.
⇨ 흥정 참고.

제왕절개분만(C-Section) Cesarean delivery 질을 통한 자연분만이 아닌 자궁으로부터 태아를 들어내는 개복수술에 의한 분만방법이다. 진통이 지나치게 천천히 진행될 때, 자궁 안의 태아 위치가 이상이 있을 때, 태아의 머리가 너무 커서 산모의 골반을 통과하지 못할 때, 태아에게 문제가 생겼다고 판단될 때, 산모의 질에서 출혈이 있을 때 시행되는 수술로 산모가 회복하는 데 정상분만의 경우보다 더 오래 걸린다.

제6감 sixth sense 인간의 주요 감각인 시각 · 청각 · 미각 · 취각 · 촉각 이외의 감각으로 감각수용기관의 감각이 아닌 감각의 범위에 포함되지 않는 특수한 인지기능을 말한다. 보통 인지가 외부의 상황을 합리적 방법에 의해 인지하는 데 비하여 제6감은 직관적인 방법으로 인지가 행하여지는 것이다.

제2차 성징 secondary sexual characteristics 일반적인 성 기관의 발육 외에 사춘기 성호르몬이 분비되면서 나타나는 신체적 변화를 말한다. 즉, 출생 시 남성이나 여성으로서 성별이 결정되는 것을 1차 성징이라고 할 때, 내분비계의 영향을 받아 생리적 기능이 변하며 전신의 체형, 골격, 근육, 피부, 발모상태, 유방 등 형태적인 특징 및 기타 기능적인 특징을 의미하는 것이다. 이러한 신체적 변화가 일어나면 불안이나 호기심으로 동요되기 쉬우며, 또래보다 유난히 빠르거나 더디면 열등감이나 소외감을 느끼기도 한다.

제임스 랑게 이론 James-Lange theory 생리학적 정서이론의 하나로서 정서와 신체변화의 관계를 설명한 이론이다. 제임스 랑게 이론에 의하면, 어떤 상황에서 신체적 변화가 먼저 일어나면 뇌가 이에 대한 정보를 받아 정서경험을 일으킨다고 한다. 예를 들면, 웃기 때문에 기쁜 감정이 생기는 것이며, 울기 때문에 슬프다고 하는 식이다. 즉, 자극에 직면하여 발생한 내장기관의 변화나 나타난 행동의 지각결과가 정서적 경험이라는 것으로 정서의 말초설을 주장하는 것이다. 그러나 이러한 이론은 후에 캐논(Cannon)에 의해 비판을 받았다. 비판의 근거는 주관적으로 느끼는 감정은 다양한데 신체변화는 거의 동일하다는 점, 내부기관의 반응은 비교적 느리기 때문에 내부기관의 변화가 정서적 느낌의 원천이 되기에는 너무 느리다는 점, 아드레날린 등 호르몬을 투여하여 인위적으로 신체변화를 일으켰을 때 바로 그 정서를 일으키지 않았다는 점에 있다. ⇨ 생리학적 정서이론, 정서, 정서의 말초설, 캐논 바드 이론 참고.

제자화 상담 discipleship counseling 게리 콜린스(Gary R. Collins)의 기독교상담 접근법으로, 제자화 상담은 주께서 당부하신 사명의 중요성을 인식하고 다른 사람들을 제자화한다는 것을 그 핵심으로 하는 상담관이다. 제자화 상담의 목적은 사람들로 하여금 일상생활에서 좀 더 효과적으로 정상적인 기능을 발휘하도록 도와주는 것이다.

제지기법 restraining technique 역설적 개입기술 중 하나인 제지기법은 변화의 속도가 지나치게 빠르다고 지적하고 가족원에게 천천히 진행하라고 경고하거나 또는 개선이 생길 때 퇴보에 대해 걱정하는 방법이다. 이는 대부분의 가족이 문제와 이를 개선하기 위해 요구되는 변화에 대해 일종의 양가감정을 가진다는 전제에 기초한다. 치료자가 가족에게 이러한 변화들을 촉진시킬 때 가족원들은 두려운 반응을 보이고 저항이 증가하지만, 만일 치료자가 가족에게 변화의 위험을 경고하고 너무 빠른 변화를 제지하게 되면, 가족은 양가감정 중에서 변화를 원하는 면으로 반응하게 되어 치료효과를 가져오는 결과를 낳는 것이다.

제휴 alignment 체계의 한 가족구성원이 합류하거나 대항하는 것으로 안정적 결탁이나 삼각관계, 우회적 결탁을 의미한다. 즉, 항상성을 유지하려는 목적으로 전반적인 가족집단 내의 가족구성원 간에 일시적 또는 영구적으로 맺어지는 동맹, 협력, 분열 등의 일련의 행위를 말하며, 둘 혹은 그 이상 사이에서 공통적인 관심, 태도, 가치체계를 경험하는 것이다.

조각하기 sculpting 치료장면에서 가족구성원의 실제 관계를 상징하는 자세를 신체적으로 표현하게 하는 기법이다. 집단 또는 가족치료가들에 의해 실험적으로 사용되는데, 집단이나 가족의 한 구성원에게 다른 가족구성원과의 관계를 어느 정도 이해하는가를 서술하도록 요구하는 것이다.

조건강화물 conditioned reinforcer 파블로프(I. P. Pavlov)는 처음에 소리를 먹이와 짝지워 제시하여 조건화시킨 후 다음에는 그 소리와 불빛을 짝지워 반복해서 제시하였더니 먹이와 한 번도 짝지워 제시한 적이 없던 불빛에 대해서도 타액분비반응을 일으킬 수 있었다. 이를 2차 조건화라고 하는데, 먹이는 일차강화물이고, 불빛은 조건강화물이 되는 것이다.

조건반사(CR) conditioned response 조건자극에 의해 유출되는 반응. 파블로프의 실험에서는 종소리라는 조건자극에 의해 나오는 타액분비를 말한다. 파블로프는 조건자극을 무조건 자극과 짝지음으로써 학습되는 반응을 조건반사(conditioned response : CR)라 불렀다. ⇨ 파블로프의 실험 참고.

조건자극(CS) conditional stimulus 중립자극만으로도 반응을 유출시킬 수 있게 될 때를 의미한다. 파블로프는 소리를 고기와 적절히 짝지어 반복 제시한 결과 소리가 침을 분비시킨다는 사실을 관찰하고 이를 조건자극(conditional stimulus : CS)이라 하였다. ⇨ 파블로프의 실험 참고.

조건형성 condition formation 조건반응이 학습되는 과정으로 고전적 조건형성과 조작적 조건형성이 있다. 즉, 바람직한 반응에 대해 자연스러운 자극이나 보상을 주게 된 결과(강화), 주어진 환경 안에서 일어나는 반응이 더 잦아지거나 반응의 예측 가능성이 더 높아지는 행동과정을 말한다. 조건형성의 원리들 가운데 가장 중요한 것은 자극 - 반응 이론들로, 인간행동은 학습의 결과라는 가설에 바탕을 둔 다양한 이론들이다. 이 분야의 개척자 가운데 하나인 미국의 심리학자 손다이크(E. L. Thorndike, 1874~1949)는 '효과의 법칙' (law of effect)을 주장했다. 이 이론에 따르면 만족스러운 결과가 가장 밀접히 뒤따르는 행동반응(R)은 일정한 행동양식으로 확립될 가능성도 가장 높으며, 똑같은 자극(S)이 주어질 때 되풀이하여 일어날 가능성이 가장 높은 반응이다.

조건형성학습 conditioning learning 사람들은 무의식적 · 자동적으로 어떤 현상을 보면 그 현상을 반사적으로 배운다. 그런 현상을 '조건형성' 이라고 한다. 덜 익은 살구를 생각하기만 해도 입에 침이 고이는 현상, 잔소리 많은 상사를 보면 저만치서 피해가는 현상들은 모두 조건형성이 되어 있기 때문이다. 또한 어렸을 때 닭고기에 탈이 났던 사람이 커서도 닭고기를 먹지 못하는 가르시아 효과도 조건형성의 결과다. 이처럼 어떤 자극과 자극이 연합을 통해 세상을 배우는 원리를 '조건형성학습' 이라고 한다.

조건화 conditioning 행동이 학습되는 과정 · 조건화는 두 가지 주요한 형태가 있는데 하나는 반응적이고 다른 하나는 자발적인 것으로, 이 구분은 자극이 주어지는 연속선상에 의한 것이다. 반응적 조건화에서는 행동이나 반응을 유도해 내기 위해 자극이 먼저 주어진다. 조작적 조건화에서는 주체의 행동이 먼저 나타나고 다음에 보상이 주어진다.

조루증 premature ejaculation 부부간의 성문제에서 남성의 경우 본인이 하는 만큼의 시간이 되기 전에 사정이 일어나는 것이다.

조망채택능력 perspective-taking abilities 조망수용능력 다른 사람의 욕구를 고려하며, 자신의 행동이 다른 사람들에게 미칠 영향을 사전에 충분히 고려하는 능력을 의미한다. 다른 말로 역할취득(role-taking)이라고도 하는데, 타인의 입장에 놓인 자신을 상상하는 것에 의해 타인의 의도나 태도 또는 감정, 욕구를 추론하는 능력, 즉 역할취득이 가능한 능력이다. 셀먼과 번(Selman & Byrne)은 4세부터 10세 아동의 역할취득능력이 자기중심적 역할취득, 주관적 역할취득, 자기내성적인 역할취득, 상호적 역할취득이라고 하는 네 가지 단계를 거쳐 발달한다고 보았다.

조산 premature birth 정상적인 임신 기간이 만료되기 훨씬 전의 조기출산 또는 체중이 비정상적으로 가벼운 아기(통상 2.5 kg)를 출산하는 것을 말한다. 평균적으로 남아보다 여아에게 많으며, 출생 순위로는 첫 아이에게 많고, 임산부의 연령이 20세 미만과 35세 이상에서 그 빈도가 높다. 조산아의 원인은 외상으로 인하여 일어나는 수도 있으나, 대부분은 모체의 질병으로 인한 것이 많다.

조울기질 ayklothymie 순환기질과 같은 말이다.

⇨ 순환기질 참고.

조울증 manic depression 깊고 오랜 우울증으로부터 흥분, 도취, 동요하는 행동에 걸친 심각한 기분동요로 특징지어지는 정서장애다. 이는 청년기 이후에 발생하는 내인성 정신병의 하나로 조급상태나 울적상태가 어느 기간을 두고 반복되거나 이 두 가지 형태가 교차적으로 나타난다. 정신의학자들은 이 증세를 양극장애라는 진단명으로 부른다.

조이혼율 crude divorce rate 당해 연도의 인구 1,000명당 이혼 건 수(쌍 기준)로 계산하는 방법으로 인구통계학자들이 자주 사용하고 있는 방법이다.

조작 operation 피아제(J. Piaget)는 '논리적으로 사고하는 능력'을 일컬어 조작이라고 표현했는데, 구체적 조작기의 아동들이 무게 등의 차원을 기초로 하여 물체들을 배열한다든지 일련의 행동들에 관한 내적 표상을 할 수 있게 되는 것을 말한다.

조작적 대인관계치료 operant interpersonal therapy 스튜어트(Stuart)의 조작적 대인관계치료는 조작적 조건화 이론에 입각한 부부치료 접근으로서, 가족성원들의 문제해결 및 의사결정 능력을 증진시키고, 서로 기쁨과 봉사를 주고받을 수 있도록 부부간에 긍정적인 보상을 교환하도록 돕는 것이다.

조작적 정의 operational definition 조사연구에서 연구할 현상을 어떻게 측정해야 할 것인지에 대한 구체적 진술을 말한다. 즉, 추상적인 개념을 측정가능하도록 관찰 가능한 형태로 정의하는 것으로, 특정한 연구에 있어서 하나의 개념을 연구목적에 부합하도록 규정한 것이다. 이는 특정변수나 개념을 다른 개념을 이용해 추상적으로 정의하는 개념적 정의와 구별되는 정의로서 예를 들어, 폭력적인 TV 프로그램을 시청한 어린이의 공격성을 측정한다면 상황을 제시한 후, 장난감 등을 제시해 주고 아이들을 행동을 관찰하면서 아이들의 '직접 공격'에 해당하는 반응횟수를 측정한다. 이에 대해, 폭력적인 프로그램을 시청하지 않은 아동의 경우 10명 중 3명만이 장난감을 가지고 노는 상황에서 폭력적인 장면을 보여 준 반면, 폭력적인 프로그램을 시청한 아동의 경우 10명 중 8명이 장난감을 가지고 노는 상황에서 폭력적인 장면을 보여주었다는 측정결과에 따라 폭력적인 프로그램을 시청한 아동의 폭력성이 증가한다고 구체적인 정의를 내릴 수 있다. 이처럼 측정하고자 하는 개념에 대해 어떻게 측정해야 할 것인지 숫자를 부여함으로써 측정할 수 있는 수준까지 구체화하여 정의를 내리는 것을 조작적 정의라 한다.

조작적 조건화 operant conditioning 도구적 조건화(instrumental conditioning)와 본질적으로 같은 의미이며, 조작적 조건화를 위한 실험장치가 스키너 상자다. 이는 대상물이 자발적으로 행동에 관계되어서 이루어지는 과정을 의미하는 것으로 보상을 받기 위해 행동을 수행하는 학습이다. 즉, 올바르고 바람직한 반응에 대해 보강 또는 포상해 주고, 바람직하지 않은 행동이 나왔을 때에는 포상을 보류하거나 적극적인 징벌을 가함으로써 학습 또는 행동변화를 일으키는 과정에 대해서 스키너가 적용한 용어다. 사람들이 바람직한 결과를 이끌어내기 위해 단지 어떤 자극에 대해 수동적으로 반응하는 것이 아니라 환경상에 어떤 능동적인 '조작'을 가한다는 의미에서 나왔다. 조작적 조건화가 고전적 조건화와 다른 점은 고전적 조건화에서는 보상이 자극과 함께 주어지는 반면 조작적 조건화에서는 보상이 행동 뒤에 주어진다는 것이며, 고전적 조건화에서는 실험동물이 실험상황을 조절하지 못하며 단지 빛과 음식을 기다릴 뿐이지만, 조작적 조건화에서는 보상이 나타나든 그렇지 않든 간에 동물이 자기의 행동을 결정한다는 데 있다. 스키너(B. F. Skinner)가 연구한 조작적 조건화의 원리로서는 정적강화(positive reinforcement), 부적강화(negative reinforcement), 소거(extinction), 처벌(punishment) 등이 있다.

조절 accommodation 조정 (1) 발달이론과 피아제 이론에서 새로운 또는 새롭게 인지된 환경상태를 다룰 수 있도록 현재의 사고구조를 수정하는 개인의 성장된 능력을 말한다. 즉, 개체가 환경에 적응하기 쉽도록 자기의 행동양식을 바꾸는 것으로, Piaget에 의하면 발달이란 동화와 조절이 서로 보완하여 보다 적응적인 행동이 가능하게 되고 보다 균형화한 체계가 형성되어 가는 과정이다. 이와 같이 기존의 도식으로 새로운 사물이나 대상을 동화하는 데 실패할 경우 새로운 사물이나 대상에 적응할 수 있도록 기존의 도식을 바꾸어 가는 인지과정을 의미한다. (2) 지역사회조직에서 다른 집단과 더 좋은 관계를 맺기 위해 문화적으로 또 환경적 측면을 수정하는 집단의 능력이다.

조정망상 idea of control 조종망상 자신이 타인에 의해서 또는 미지의 존재에 의해 조종당한다는 망상이다. 또는 남들이 자기 생각을 읽고 있다고 믿는 것으로 자신의 생각이 다른 사람들에게 알려진다는 사고전파(thought broadcasting), 또한 자신의 생각은 자신의 것이 아니라 남이 생각을 자신의 머릿속에 집에 넣고 있다는 망상으로 사고흡입(thought insertion), 타인에 의해 생각이 빼앗긴다는 사고철회(thought withdrawal) 등이 조종망상에 포함된다.

조정추론 modulation corollary 인간이 사상(events)을 어떻게 인지하는지에 대한 인지구성체의 특성을 설명하는 추론이다. 조정추론은 변화성 추론이라고도 하는데 한 개인의 인지구성체계의 변화는 그 변화가 갖는 편리성의 범위 내에서 구성체들의 투과성에 의해서 조정되고 제한되어진다고 하는 추론을 의미한다.

조종 manipulation 조종은 거절과 반항의 매우 중요한 증상으로 기만적이거나 간접적인 수단을 통해 사람이나 환경을 지배하려는 시도다. 조종은 획득하는 것을 뜻하는 것으로 조종에는 적극적인 조종자(active manipulator), 수동적인 조종자(passive manipulator), 경쟁적인 조종자(competitive manipulator), 무관심한 조종자(indifferent manipulator)의 네 가지 유형이 있다.

조증 mania 특별히 정신적이고 행동적인 상태를 묘사하는 데 사용되는 용어로서, 과잉 활동적이며 과도하게 흥분한 상태를 의미한다. 정도에 따라 경조증, 급성조증, 정신착란성 조증으로 분류된다.

조증삽화 manic episode 비정상적으로 고양되거나 흥분된 기분이 일주일 이상 지속되는 경우를 말한다. 이때에는 고양되거나 과장된 자아존중감, 수면욕구의 감소, 빠른 언어표현, 사고비약, 과도한 목표 지향적 활동이나 정신운동의 초조함, 고통스런 결과를 가져오는 쾌락 활동 참여 등의 행동이 발견된다.

조직 organization 한 체계의 구성요소들은 어떤 일관적인 양식으로 서로 관계하며 그 체계는 그러한 관계에 의해 구조화된다는 개념이다. 조직에는 '조직하는 과정의 활동' 과 '조직하는 활동이 이루어진 결과의 상태' 라는 의미가 있는데, 일반적으로 조직이라 하면 '특정목표를 달성할 목적으로 의도적으로 구조화된 계획적 단위' 라고 정의할 수 있으며 이는 사회적 구조, 참여자, 목표, 기술, 환경이라는 주요 요소를 지니고 있다.

조직 내 갈등 intraorganizational conflict 조직 내 갈등은 집단 간 갈등뿐만 아니라 조직 구조상의 문제를 반영하기도 한다. 부서의 역할과 직무가 분명히 정의되어 있지 않다든지 서로 중복될 때, 부서의 권한이 불분명하거나 중복될 때 조직갈등이 생긴다.

조직성 추론 organization corollary 인간이 사상(events)을 어떻게 인지하는지에 대한 인지구성체의 특성을 설명하는 추론 가운데 하나다. 조직성 추론은 각 개인들은 인지구성체들 간의 서열관계를 구조화시키는 데 있어, 자신들의 사상들, 즉 주변 세상의 현상들을 나름대로 쉽게 예측할 수 있도록 하는 특색 있는 인지구성체계를 발전시킨다는 추론이다.

조합적 능력 combinational thinking 동시에 작용하는 두 가지 이상의 요인들의 효과를 고려하여 논리적이고 체계적으로 가능한 해결책을 검증해 가면서 문제해결을 시도할 수 있는 체계적인 사고능력이다.

조형 shaping **행동조성, 행동형성, 세분화, 형태화** 조건적 조작화 원리에 입각한 행동주의 치료형태로서, 바람직한 행동에 가깝게 접근한 결과를 성공적으로 강화시킴으로써 바람직한 행동을 성취하게 하는 것이다. 기대하는 행동에 가까운 행동들을 하게 하므로 마침내는 기대하는 바람직한 행동을 하게 하는 하나의 방법으로 한 번도 일어나지 않은 행동은 강화할 수가 없다. 유기체로 하여금 전혀 해보지 않은 새로운 행동을 학습시키려고 할 때에는 행동이 전혀 발생하고 있지 않기 때문에 강화를 적용시킬 기회가 없다. 이 때 목표행동과 다를지라도 이와 유사한 행동이 나올 때 강화를 하기 시작하면 유사행동이 강화되어 그 빈도가 점차 늘어나게 된다. 그리고 이 행동의 빈도가 어느 정도 증가하면 강화를 다시 중단하고 보다 목표행동에 유사한 행동이 나올 때만 강화를 해 주는 과정을 목표행동이 나올 때까지 계속하는데, 이러한 절차를 조형이라고 한다. 즉, 피험자의 여러 행동 중 실험자가 의도한 방향으로 행동했을 때에만 선택적으로 강화하고 원하지 않는 행동을 소거시켜서 행동을 변화시키는 것으로 바람직한 목표를 정해놓고 한 단계씩 목표를 수정하여 바람직한 목표에 도달하게 만드는 것을 의미한다. 이러한 조형에는 차별강화와 계속적 접근의 두 가지 요소가 있다.

졸도발작 cataplexy 탈력발작 웃음, 분노, 공포, 놀람과 같은 강렬한 감정이 일어났을 때 갑자기 양쪽 근육의 긴장을 상실하고 쓰러지는 경우를 말한다. 수면발작증(narcolepsy)의 주 증상의 하나로서, 수면발작 다음으로 흔히 나타나지만 이 증상만이 나타나는 증례도 있다. 참을 수 없는 폭소, 엄청난 불안, 분노를 일으킬 만한 사건과 같은 감정의 흥분 또는 급격한 동작 등이 유발인자가 되어 갑자기 전신의 힘이 빠지고 사지를 움직일 수 없는 상태가 나타난다. 이 기간 동안에는 의식을 상실하지는 않지만 곧바로 수면발작으로 이행하는 경우도 있다. 이 증상에 대한 치료에는 일반적으로 항우울제로 사용되고 있는 이미프라민(imipramine), 디메틸이미프라민(demethylimipramine)이 효과적으로 사용되고 있다.

졸부증후군(SWS) sudden wealth syndrome 갑자기 벌어들인 많은 돈으로 처음에는 황홀해하나, 곧 순간적으로 번 돈이기 때문에 돈을 잃는 것도 순간일지 모른다는 불안으로 스트레스를 받는 것이다. 증후는 공허감과 죄의식, 정서불안, 소외감, 우울증 외에 신체기능 장애 등의 고통에 시달린다는 것이다.

종단적 연구방법 longitudial method 몇 가지의 사회적 인자 사이의 인과관계를 알기 위하여 동일한 연구대상에 대하여 일정한 시간 간격을 두고 조사연구하는 방법이다. 특정의 사회집단을 장기간 연속 조사하는 수도 있으며, 현재로부터 과거로 거슬러 올라가서 조사하는 소급조사와 현재로부터 미래를 향하여 추적하는 추적조사(또는 계속조사)가 있다. 이러한 연구방법은 횡단적 접근법에서 밝힐 수 없는 연속적이고 진정한 발달과정을 알 수 있다는 점에서 이점이 있으나, 단점으로는 시간·노력·경비 외에도 피험자의 주거이동, 사고, 사망 등으로 인한 연구의 어려움을 들 수 있다.

종단적 접근법 longitudinal approach 발달연구에 있어서, 동일한 피험자를 대상으로 긴 시간에 걸쳐 관찰 혹은 검사를 지속해 가면서 시간경과(연령변화)에 따라 나타나는 발달적 변화를 연구해 가는 접근방법을 말한다. 종단적 접근법은 시간 경과에 따른 개인의 발달적 변화의 양상을 밝혀낼 수 있다는 장점이 있는 반면, 연구를 시행하는 기간이 길고 비용이 많이 든다는 점, 연구가 지속되는 동안 피험자들이 사망 또는 실종 외에 다른 이유들로 더 이상 피험자를 연구하기 어려운 상황이 발생할 가능성이 많다는 점 등의 단점이 있다.

종말단추 terminal button 축색의 끝에 있는 단추모양처럼 생긴 부위로, 신경충동이 오면 신경전달물질을 시냅스로 방출하여 그 다음 세포에 정보를 전달한다.

종속 subsidiation 종속의 사전적 의미가 '주가 되는 것에 딸려 붙어 있는 것' 이듯, 욕구에 대한 이론에서 종속이 지니는 의미는 어떤 욕구는 다른 비교적 덜 강한 욕구를 통해 충족될 수 있음을 나타내는 욕구상호작용을 지배하는 원칙을 말한다.

종속변수 dependent variable 독립변수의 변화에 따라 변화하는 변수를 의미하는 것이다. 종속변수는 연구조사의 과정에서 새로운 자극이나 조건을 줌으로써 측정하거나 시험하는 현상이나 반응을 의미하는데, 어떤 과제에 대한 수행량으로서 점수 등으로 나타낼 수 있다.

종속의존성 codependency 종속의존관계, 내면적 속박이라고도 부른다. '종속의존성' 은 잃어버린 정체성을 가리키는 용어로, 내면이 공허함을 매우기 위해 특히 사람들에게 정서적으로 집착하거나 사람에게 중독된 상태를 말한다. 이러한 용어들은 건강하고 바람직한 의존성을 지칭하는 'interdependency' 와 구분이 모호하므로, 건강한 의존성을 '상호의존성' 으로, 병적인 의존성을 '종속의존성' 으로 구분해 사용한다.

종족성 ethnicity 민족성 여러 세대를 거쳐 전수되며 개인 또는 가족이 소속되어 있는 하위그룹의 기대에 의해 강화되는, 문화적 하위그룹에서 뚜렷하게 나타나는 특징이다.

좌반구 left hemishere 뇌의 좌측 부분으로 읽기, 쓰기, 말하기, 셈하기와 같은 학교 학습의 기본적인 능력을 관장하는 곳이다.

좌절 frustration 어떤 목적 지향적 행동이 훼방당하거나 연기될 때 일어나는 긴장상태. 목표를 장애물이 가로막아 동기나 욕구를 이루지 못할 때 생겨나는 마음의 응어리를 욕구불만 또는 욕구좌절이라고도 한다. 다급한 경우에도 강제로 기다려야만 할 때처럼 좌절은 어떤 일을 하려는 노력이 방해받을 때 흔히 일어난다. 추구하는 목표의 목적물 부재를 통해서도 좌절이 생긴다. 좌절은 동기와 밀접한 연관이 있기 때문에, 신호등을 기다리거나 공중전화박스 앞에서 차례를 기다리거나 상대방에게 자신을 명확히 이해시키려고 노력할 때마다 좌절을 경험하게 된다. 환경이 도시화될수록, 복잡해질수록, 좌절경험 가능성은 점점 더 증가하는 것이다. 지연에 의한 좌절은 삶의 영위과정 그 자체에서 불가피하게 발생하는 것이라 할 수 있다. 실패는 또 다른 기회를 얻을 수 없게 되는 경우에는 이중으로 좌절감을 가중시키게 된다. 대체로 좌절경험이 공격적인 행동으로 표출되는 것은 얼마나 많은 동기의욕이 심하게 좌절당했는가, 얼마나 심한 방해가 작용했는가, 개인이 얼마나 좌절에 대한 이해를 하고 견딜 수 있는가에 의해서 결정된다. 결론적으로 결핍이 절대적인 불평의 원인이라기보다는 상대적인 만족이나 불만족에 영향을 받는다는 것이다. 즉, 자신이 기대했던 것과 자신과 비슷한 처지에 있는 이웃과 또 타인들에게 일어난 일을 비교하는 데서 영향을 받는다.

좌절-공격 이론 frustration aggression theory 목표에 도달하려는 노력이 방해를 받게 되면 좌절을 일으킨 대상이나 사람을 해하려는 공격 충동이 생긴다는 것이다. 달라드(Dollard, 1939)등의 좌절-공격성 가설(frustration-aggression hypothesis)은 공격행동에 대한 최초의 과학적연구로서, 좌절과 공격성을 매개하는 요인에 대한 조사는 분노 등과 같은 부적 정서가 공격성을 유발할 수 있다는 점을 시사한다. 좌절-공격 이론의 예는 만족스럽지 못한 성적을 받은 경우 가까이 있는 친구를 향해 화풀이를 하는 것, 경쟁자가 있는 게임을 하다가 계속적으로 지게 되면 상대방에게 분노를 느끼는 것 등이다.

좌절반응 frustration reactivity 엘리스(A. Ellis)의 비합리적 신념 가운데 하나로서, 좌절반응은 일이 자신의 뜻대로 진행되지 않았을 때 이에 대해 끔찍스럽고 파멸적인 사고를 갖는 것을 말한다.

좌절효과 frustration effect 어떤 보상을 기대했다가 보상이 이루어지지 않으면 사람들은 좌절한다. 그러면 좌절은 오히려 다른 행동을 유발하는 하나의 강력한 동기가 되어 사람들의 행동을 더 활성화시킨다. 가령 위급한 환자를 C라는 병원으로 데리고 갔다고 하자. 그런데 그 병원에서는 담당 의사가 없다고 환자를 받아 주지 않는다. 그래서 다른 병원에 가야만 한다. 그럴 경우 보호자들은 처음 C병원에 갈 때보다 더 빨리 움직이게 된다. C병원에서의 좌절이 오히려 다른 병원으로 가는 행동을 활성화시켰기 때문이다. 이처럼 좌절이 다른 행동의 강력한 동기로 작용하는 현상을 '좌절효과'라고 한다. 보상이 줄어들수록 좌절효과는 그만큼 커지고, 그 다음 행동도 더 강하게 일어난다.

죄수의 딜레마 prisoner's dilemma 서로 경쟁적일 때 한 사람이 이득을 취한다면 상대방이 손해를 입어야 할 때 개인 간 갈등이 발생하는데, 이러한 갈등상황을 죄수의 딜레마라 한다. 예를 들어, 검사 앞에 범죄 혐의가 있는 두 용의자가 구금되었을 때, 서로에게 자백을 요구하며 자백을 한 사람에게 관대한 처분을 약속한다. 단 두 용의자는 서로 의견교환을 할 수 없는 상황이다. 이런 형태의 갈등에는 다음과 같은 세 가지 특징이 있다. ① 결과를 나 혼자서 결정할 수 있는 것이 아니라 상대방이 어떻게 하느냐에 따라 결과가 크게 달라진다. ② 개인결과와 공동결과가 구분된다. 최선의 개인결과를 얻으려면 내가 자백을 해야 하고, 최선의 공동결과를 얻으려면 둘 다 자백하지 말아야 한다. 최선의 개인결과와 최선의 공동결과가 동시에 얻어질 수는 없다. ③ 이 딜레마는 불안한 신뢰감을 전제로 하고 있다. 서로는 서로가 어떤 선택을 할지 모른다. ⇨ 사회딜레마 참고.

죄책감 guilt 죄의식 어떤 나쁜 일을 행했거나, 어떤 일에서 실패했거나, 중요한 사회규범을 위반한 사실을 인식한 뒤에 갖게 되는 감정적인 반응으로 때때로 자존심의 상실과 이를 회복하려는 욕망으로 나타난다.

주관성 subjectivity 인지적인 힘에 의해서 움직이기보다는 감정과 느낌에 의해서 더 영향을 받는 인간의 특성이다.

주도성 proactivity 능동성, 사전행동성 등으로 번역하기도 한다. 주도성은 모든 행동의 근원이 그 개인 속에 내재한다는 기본가정으로 주변의 환경에 의해 영향을 받기보다는 자신이 선택하고 스스로 책임질 수 있는 가치관을 말한다.

주변언어학 paralinguistics 의사소통에 부가적인 의미를 부여하고, 말하는 사람의 정서와 문화적 입장을 표현한 발언에 동반되는 비언어적 발성으로 목소리, 속도, 쉼, 크기, 탄식소리, 웃음 등이 포함된다.

주변인 marginal man 사회심리학의 용어로 2개 또는 그 이상의 집단의 어느 쪽에도 완전하게 소속해 있지 않은 사람을 말한다. 오랫동안 소속되었던 집단에서 다른 집단으로 옮겼을 때, 원래의 집단의 사고방식이나 행동양식을 금방 버릴 수 없고 새로운 집단에도 충분히 적응되지 않아 어정쩡한 상태에 있는 사람을 의미한다. 한편 아동으로부터 성인으로의 이행기에 있는 청년 역시 주변인이라 할 수 있다. 현대사회에서는 중학생, 고등학생의 연대가 여기에 해당한다. 그들은 신체적, 지적인 면에서는 아동의 세계를 벗어나 있지만 일반적으로는 아직 학업 도중에 있고, 진로도 정해 지지 않은 상태로 사회적 · 경제적인 면에서는 성인이라고 보기 어려운 어린이와 어른 세계의 경계선상 또는 그 주변에 있는 것이다.

주변인효과 bystander effects 방관자 효과 타인을 도와주는 행동은 우리가 어떤 상황에 있느냐에 따라 달라질 수 있다. 시간 압력, 도움을 줄 수 있는 능력, 성격 등이 영향을 미친다. 그 중에서도 흥미로운 사실은 나 이외에 다른 사람이 있었느냐에 따라 도움 행동이 결정된다는 것이다. 특히 사람들은 목격자가 많을수록 다른 사람을 덜 도와준다. 설령 도움 행동을 한다 하더라도 도움 행동을 하기까지 걸리는 시간이 더 길다. 존 달리와 밥 라테인(J. Darley & B. Latane)이 미국의 한 살인사건을 바탕으로 실험한 것으로 간질환자를 가장해 고통을 호소하게 한 뒤 그 소리가 들리는 옆방 사람의 반응을 조사했을 때 다른 사람들도 그 소리를 듣고 있다는 것을 아는 피험자들은 고통의 소리를 거의 외면했으며 반대로 자신과 그 환자만 있다고 여긴 경우 바로 달려 온다는 것이다. 이와 같이 일반적으로 집단의 규모가 클수록 위험을 무릎 쓸 가능성이 높다고 여겨지지만 실험은 반대로 주변에 사람이 많을수록 도움 행동이 잘 일어나지 않는다는 것이다. 이러한 원인으로는 자기가 아니더라도 주변에 도와 줄 사람이 많다고 생각하는 책임감 분산(diffusion of responsibility) 현상을 들 수 있다.

주요우울삽화 major depressive episode 우울한 기분이나 거의 모든 활동에 대한 관심과 흥미의 상실이 약 2주 이상 지속되는 것을 말한다. 식욕저하, 체중감소, 수면장애, 정신운동활동의 장애를 경험하기도 하고, 성에 대한 관심이 줄고, 무가치감과 죄책감, 주의집중곤란, 죽음에 대한 생각 등의 증상을 보이며, 이로 인해 임상적 의미가 있는 혼란을 경험하거나 사회적, 직업적 기능이 손상된다.

주요우울증 major depressive disorder 일상활동에서 관심의 상실, 초조, 식욕부진, 불면이나 과도한 수면, 성적 충동의 감퇴, 피로, 정신운동 동요, 절망감, 집중불능, 자상성 사고와 같은 1회 이상 주요우울삽화가 나타나면 진단된다.

주요특질 cardinal trait 올포트(G. W. Allport)는 특성이 갖는 일반성이라는 관점에서 성격의 구성특성을 세 가지 요소(주요특성 또는 경향, 중심특성, 2차적 특성)로 구분하고 이것들이 위계를 이룬다고 보고 있는데, 주요특질은 개인의 행동 및 사고양식에 가장 광범위하게 영향을 주는 특성이다. 주요특성은 모든 사람이 갖고 있는 것이 아니라 매우 소수의 사람만이 갖고 있다. 주요특질은 개인의 생활에 매우 우세하게 나타나며 이로 인해 그 사람의 존재를 더욱 부각시킨다.

주의감소현상 attention decrement 첫인상이 나쁘면 나중에 아무리 잘해도 어려운 것처럼 먼저 들어온 정보가 나중의 정보를 압도해, 후에 들어오는 정보에 주의를 기울이는 정도가 줄어드는 것을 말한다. 즉, 사람은 일상생활에서 수많은 정보를 입수하기 때문에 모든 정보에 주의를 기울일 수 없으므로 선택적으로 처리한다는 것으로 주의 감소현상은 첫 정보의 중요성을 말해 준다.

주의력 attention 특정 자극이나 활동에 지속적으로 집중할 수 있는 능력. 주의력장애는 주의산만, 업무를 종결하지 못함, 작업 집중 곤란 등의 양상으로 나타날 수 있다.

주의력결핍 및 과잉행동장애(ADHD) attention-deficit hyperactivity disorder 아동의 발달상 흔히 볼 수 있는 행동장애의 하나로써 주의집중력 부족, 충동적인 행동, 과잉활동성향이 주요한 특성이다. 이러한 일차적인 문제로 인해서 이차적으로 학습수행, 또래와의 관계 등 사회적인 적응에 심각한 문제를 일으킬 뿐만 아니라 그 결과 낮은 자존감 등의 정서적 부적응을 초래하게 되는데, 학습상황이 구조화되고 대인관계가 넓어지는 학령기에 이르러 특히 문제가 되고 있다.

주의산만 distractibility 주의력을 유지할 수 없는 상태. 바로 가까이에 있는 사물로부터 주의가 쉽사리 전환되는 경향을 말한다. 즉, 조금만 자극이 있어도 한 영역이나 주제로부터 다른 쪽으로 주의가 바뀌거나 별로 중요하지 않고 부적절한 외부

자극에 지나치게 빈번하게 주의가 쏠리는 상태다. 심한 주의산만증은 학습장애 아동에게서 흔히 볼 수 있으며, 하나의 주제에서 다른 주제로 빠르게 관심이 옮겨가는 조증환자에게서도 볼 수 있다.

주의집중 attending (mindfulness) 주의집중은 여러 정보의 원천보다 한 원천에서 나오는 정보에 바탕을 두고 집중할 수 있는 선택능력과 경각심이다. 상담과정에서 주의집중은 따스함과 같은 의미로 신체적, 심리적으로 내담자와 '적극적으로 함께 있다'는 것을 의미한다.

주제통각검사(TAT) Thematic Apperception Test 성격, 성취동기를 측정하는 검사로서 모건(C. D. Morgan)과 머레이(H. A. Murray)가 1936년에 발표한 투사법 테스트다. 내용이 불분명한 그림을 보고 나타내는 반응을 분석하여 성격을 파악한다. 인간의 퍼스낼리티 탐색이 목적으로 머레이는 사람의 퍼스낼리티는 그 사람의 시간적, 역사적 계열이라고 생각했다. 그림을 보고 이야기 만들기, 개인과 환경과의 관계, 즉 개인성격과 환경과의 상호관계를 제공해 주는 검사로서 피검자의 성격, 내적 욕구 및 동기, 환경과의 심리적 갈등에 대한 정보를 빠른 시간 내에 알 수 있다는 장점을 가지고 있다. 주제통각검사의 기본가정은 사람들은 모호한 상황을 자신의 과거 경험과 현재의 소망에 따라 해석하는 경향이 있으며 또한 축적된 경험과 의식적·무의식적 감정과 욕구와 일치하는 방향으로 이야기를 만드는 경향이 있다는 것이다. 따라서 검사에 대한 지각과정을 개인의 선행경험에 의해 지각이 왜곡되고 공상적 체험이 혼합되는 통각과정으로 보는 것이다. 테스트에 대한 해석방법으로는 TAT 해석을 수량화하는 입장인 '표준화법'과 '주인공 중심의 해석법', 해석자의 통찰적인 감정이입 능력에 의존하는 '직관적 방법', '대인관계법', 피검자의 이야기 내용의 형식을 분석하는 '지각법' 있으며, 이 가운데 '주인공 중심의 해석법'은 다시 '이야기 속 인물 분석법', '주인공 중심법', '요구-압력 분석법'으로 분류하여 피검 내용을 분석하고 있다. 특히, '요구-압력 분석법'은 현재 가장 많은 지지를 받고 있는 분석법으로서, 개인의 욕구와 환경의 압력 사이의 상호작용 결과를 분석하여 심리적 상황을 평가하는 것이다. 그 단계는 우선 내담자의 답변을 통해 주인공으로 등장시키는 역할을 찾고, 주변의 환경자극이 주인공에게 어떤 압력을 주고 있는지 분석하는 것이다. 이와 같은 환경자극의 압력에는 주변인물이 주인공에게 가하는 인적압력으로서 착취압력, 친화압력, 고격압력, 지배압력, 양육압력, 거부압력, 구원압력 등이 있으며, 주변사물이 주인공에게 영향을 미치는 환경적 압력과 주인공 자신에게 주는 내적 압력이 있다. 다음 단계는 주인공의 욕구를 분석하고, 주인공이 애착을 표현하는 대상을 분석하며, 주인공의 내적인 심리상태와 주인공의 행동이 표현되는 방식을 분석함으로써 욕구와 압력관계에 의한 결말이 행복한지, 불행한지, 아니면 성공적인지, 또는 문제나 욕구가 충족되었는지 등의 결말을 분석하는 것이다.

죽음의 단계 death stages ⇨ 퀴블러로스의 사망단계 참고.

죽음의 본능 thanatos 타나토스 프로이트(S. Freud)가 에로스의 개념을 수정해서 보완한 개념으로 인간에게는 '생명의 욕구' 인 '에로스' 와 대조되는 '죽음 혹은 파멸을 치닫는 욕구' 를 말한다. 생의 본능이 건설적인 행위, 사랑과 애타적 행위를 촉진하는 반면, 죽음의 본능은 파괴적 행위나 증오, 공격을 이끈다. 헬라어로 타나토스는 죽음을 뜻하는데, 타나토스는 공격적인 본능들로 구성된다. 이 본능 때문에 인간은 죽게 되며, 살아 있는 동안에 자신을 파괴하고 처벌하며 타인이나 환경을 파괴시키려고 서로 싸우며 공격하는 행동을 하게 된다고 한다.

죽음의 의식 death ceremony 사회적 지지망 가족치료의 기법으로서 이 죽음의 의식은 가족구성원의 유리나 상실 문제를 다루는 강력한 기법이다. 한 개인이 의자에 앉거나 마루에 눕도록 선정되고 자신이 죽었다고 상상하도록 한다. 다른 성원들은 이 사람에게 이불을 덮어씌우고 그의 죽음을 애도하도록 한 후에 구성원에게 그들의 감정과 경험을 나눌 수 있도록 시간을 제공해 준다.

준거집단 reference group 한 개인이 자신의 신념 · 태도 · 가치 및 행동방향을 결정하는 데 준거기준(모델)으로 삼고 있는 집단을 말한다. 즉, 한 개인이 모방하고 동경하는 행동, 가치, 생활방식 등을 가지고 있는 사회적 지위, 문화, 하위문화, 또는 다른 형태의 결합체로 그 사람은 자기가 동일시하고 있는 집단의 구성원일 수 있고, 아닐 수도 있다. 미국의 사회학자 머턴(R. K. Merton)은 준거집단은 개인에 대하여 두 가지 기능을 한다고 한다. 하나는 개인에 대하여 행위의 기준을 설정하는 기능이고, 또 하나는 개인이 자기 및 다른 사람을 평가할 때에 그 평가의 기준을 제공하는 기능이다.

준거타당도 criterion validity 어떤 검사가 그 검사를 실시한 결과를 통해서 알고자 하는 특정의 목표변수. 즉, 준거변수가 가지는 상관의 정도를 말하는 것으로 주어진 검사와 어떤 기준과의 관계의 정도를 말한다. 이는 이미 타당성이 검증된 기준과 관련시켜서 타당성을 검증하기 때문에 경험적 타당성이라고도 한다. 다시 말해 준거타당도는 얻은 점수를 통해 미래의 행동을 예언하거나 다른 검사에서의 점수를 추정해 보려고 할 때 얻어야 하는 타당도로서 이 기준이 현재에 있는지 미래에 있는지에 따라 예언타당도와 공인타당도로 구별된다.

준비된 조건화 prepared conditioning 인간이 태어나면서부터 특정한 종류의 대상이나 상황에 공포를 보이도록 생물학적으로 준비되어 있다는 가정을 말한다.

중간 거주처 half way house 알코올중독자, 약물중독자 같은 환자들 가운데 병원에 완전 입원은 필요치 않지만 그들이 사회의 공동체생활에 적응할 수 있기까지 중등도의 간호가 필요한 환자들의 거주지를 말한다.

중간체계 mesosystem 메소체계 생태학적 환경의 한 체계로서 중간체계는 발달하는 개인이 적극적으로 참여하는 둘 이상의 환경들 간의 상호관계로 이루어진다. 예를 들면 아동의 경우는 가정과 학교와 이웃, 동료집단 사이의 관계며, 성인의 경우는 가족, 직장, 사회생활 사이의 관계다.

중개변인 mediating variable 독립변인과 종속변인 사이에 개재하여 종속변인에 영향을 미치는 변인을 말한다. 즉, 자극과 반응 사이에 개입될 것이라고 추론되는 변인을 의미하는 것으로 개인들의 언어적, 지적, 사회적 능력, 태도 등의 측정 시에 개인들의 태도와 행동이 일치하지 않는 것은 여러 가지 중개변인들의 영향 때문이라고 본다.

중년기 middle adulthood 중년기를 언제부터라고 단정할 수는 없지만, 대부분 학자들은 40세에서 시작 60세까지로 본다. 에릭슨(E. Erickson)은 40세에서 50세 까지를 성인기로 칭하고 이 시기 특성은 생산성 대 침체 또는 자기열중이라고 하는데, 자신의 삶에만 관심을 쏟지 않고 후손들과 미래의 역사를 위해 정열을 쏟는 시기다. 또한 레빈슨은 중년기를 40~60으로 보고 4단계로 구분(40~45; 중년기로의 전환기, 45~50 중년 진입기, 50 과도기, 60 중년기 절정)하고 있으며, 중년기에 들어서면 사람들의 생리적 · 심리적 기능에 변화가 생기고, 생활양식과 사회역할의 재조정 열망, 통전적 방향으로 인생을 정리하려는 모습을 보이며, 삶의 결실을 회고하면서 앞으로의 삶을 생각한다고 말하고 있다. 뿐만 아니라 융(C. G. Jung)은 중년기에 관심을 두었는데 융의 심리학을 중년기 심리학이라 칭하기도 한다. 그는 인생의 여정을 태양이 뜨고 지는 것으로 비교하여, 인생의 전반부인 아동기, 청년기, 젊은 성인기는 외부세계에 적응하고 조화를 이루는 시기, 후반부인 중년기와 노년기는 내적인 세계에 적응하는 시기라고 하였다. 중년기에 들어선 사람은 새롭게 정립된 가치관 중심으로 자기 삶을 수정하고 정신적인 가치와 영적인 가치에 의미를 두며, 이러한 세계로 전환시키는 것이 이들에게 가장 큰 과업이다. 그러나 상당수 사람들이 물질적인 에너지의 흐름을 영적인 세계로 전환하지 못하고 인생을 어둡게 살아 간다고 보고 있다.

중년기위기 mid-life crisis 성인발달을 대상으로 한 연구 가운데 성인기는 직선적이 아니라 단계적으로 변화하고, 각 발달기마다 특유의 과제나 위기가 존재한다. 그 가운데 중년기는 성인기에 있어서 중요한 전환기로 예컨대, 레빈슨(Levinson)은 40~45세를 인생 전반기에서 후반기로의 이행기에 해당한다고 하였으며, 중년이행기(period of mid-life transition)라고도 하여 각 인생의 생활구조에 큰 변화를 보이는 시기로 보았다. 중년기위기는 40세를 전후하여 중년이행기에 체험하게 되는 자기 내 · 외의 변화, 즉 체력의 쇠퇴, 시간적 전망의 축소, 자기의 죽음과 유한성에 대한 자각, 사회적 역할의 변화 등에 따르는 정체감의 위기를 말한다. 이와 같은 중년기 위기의 대표적 증상으로 '빈둥지증후군' 과 '상승정지증후군' 이 있다.

⇨ 빈둥지증후군, 상승정지증후군 참고.

중뇌 midbrain 뇌는 후뇌(hindbrain), 중뇌(midbrain), 전뇌(forebrain)로 구분된다. 중뇌는 후뇌와 전뇌 사이의 비교적 작은 영역으로 뇌의 중앙에 위치하고 있으며 망상체, 시상하부, 뇌상수체로 구성되어 있다. 연수에서 교와 중뇌에 걸쳐서 망상체(reticular formation)라는 부위가 있는데, 이 곳으로 감각정보가 들어오며, 망상체의 많은 뉴런들의 활동은 뇌의 전반적인 활동성에 영향을 미친다. 이 결과 각성수준이나 주의상태가 조절된다

중다성치매 multi-infarcts dementia 노화에 따라 대뇌에 혈액을 공급하는 동맥이 점차로 굳어지고 통로가 좁아지고 막히는 동맥경화증으로 인해 대뇌혈관이 손상되어 간접적으로 정신장애가 오는 것을 말한다. 증상은 노인성치매와 비슷하나 더욱 다양하고, 지적 능력이 완전히 상실되었다기보다는 어느 일부분의 결함만을 보인다. 증상의 원인은 명확하지 않으나 영양섭취의 불균형, 운동부족, 흡연, 유전적 소질에 있다고 알려져 있다. 이 증상을 가진 노인은 어지러운 증세, 두통, 신체적 · 정신적 활력의 감퇴, 몸이 불편하다는 불평 등의 임상증상을 보인다. 이 병은 가족, 친지, 의료진 등이 정서적 지원과 적절한 정신치료를 계속해 주면 일상생활에 효과적으로 적응하며 견뎌 나갈 수 있다.

중다회귀분석 multiple regression 두 개 이상의 예언변인(독립변인)이 하나의 기준변인(종속변인)의 변량에 기여하는 정도를 파악하는 분석방법이다.

중독 addiction 정신의학적으로 중독은 주로 약물중독을 의미하는 것으로 약물을 이용할 수 없을 때 '내성'과 '금단증상'을 일으키는 화학약품에 대한 생리학적 의존을 의미한다. '내성'과 '금단증상'이라는 생리학적 의존 증상들은 대뇌의 신경세포들을 손상시켜 안절부절못하게 하거나 극도의 불안과 이성을 잃게 만드는데, 이와 같이 중독은 순간의 기분전환을 경험하게 하지만 삶을 손상시키는 결과를 낳게하는 병리적 관계다. 중독현상에 대한 생리학적 기제(mechanism)는 크게 도파민(Dopamine)가설과 세로토닌(Serotonin)가설로 설명되는데, 도파민가설은 학습과 행동강화에 따른 동물실험을 바탕으로 한 것이다. 알코올이나 필로폰, LSD 등 중독물질은 도파민계의 신경세포에 자극효과를 보이며, 도파민계 신경세포의 자극은 중독의 생리현상과 비슷한 '행동강화효과'를 유발한다는 것을 밝혔다. 실험에서 우연히 페달을 밟아 자신의 도파민계가 자극되는 것을 학습한 흰쥐가 자극횟수를 늘이기 위해 점점 페달 밟는 횟수를 늘려 가다, 먹이 먹는 것도 잊고 결국은 지쳐서 사망한다는 것이었다. 또한 세로토닌가설은 정신약물학적인 연구에 의한 것으로, 선택적 세로토닌 재흡수 차단제의 사용이 대뇌 전반에 걸쳐 억제능력을 향상시켜 강박행동이나 충동적 행동의 완화에 도움이 된다는 것을 입증한 것이다.

중립성 neutrality 치료자로 하여금 결탁이나 동맹, 제휴를 통한 가족게임에 말려들지 않도록 하는 무비판적인 치료자의 입장이다. 중립성은 치료자가 특정 인물 편을 든다고 아무도 말할 수 없는 방법

으로 각 가족구성원 편에서는 밀란 치료에서 특히 많이 사용된다.

중립자극(NS) neutral stimulus 원래는 무조건반응을 일으키지 않는 자극을 의미하는 것으로, 파블로프의 실험에서는 개에게 물리적 반응을 일으키지 못하는 자극을 뜻하는 것이다. 즉, 개의 타액을 분비하게 만드는 종소리와 같은 것이다. 그러나 개는 조건화되기 전에는 종소리를 듣고 침을 흘리지 않기 때문에 여기서 종소리는 중립자극이 되며, 종소리를 들려 주고 먹이를 주는 과정을 반복하면 개는 종소리만 듣고도 침을 흘리는데 이는 고전적 조건화로서 곧 학습되었음을 의미한다.

중복혼 polygamy 일반적으로는 일부다처제를 말하는 것으로 이는 일처다부(polyandry) 또는 일부다처(polygamous)를 포함한다.

중심열 central fissure 중심열은 다소 불분명한 고랑인데 반구의 바깥 쪽 위에서부터 아래로 지나며 실비아열(Sylvian fissure) 쪽으로 굽어지는데, 좌우 대뇌반구에서 전두엽과 두정엽을 분리시키는 기준이 되는 깊은 중심구 부분이다.

중심특질 central trait 중심특성 올포트(G. W. Allport)는 특성이 갖는 일반성이라는 관점에서 성격의 구성특성을 세 가지 요소(주요특성 또는 경향, 중심특성, 2차적 특성)로 구분하고 이것들이 위계를 이룬다고 보고 있는데, 중심특질은 특수한 상황에서만 나타나는 보편성과 일관성이 적은 특성을 말한다.

중요한 타인 significant others 어린이의 발달에 중요한 영향을 미치는 사람이라는 뜻으로 설리번(H. S. Sullivan, 1947)이 처음으로 공식화하여 사용하였다. 우리 각자는 중요한 타인의 태도와 말이 우리의 자아상을 긍정적으로 또는 부정적으로 형성시키기도 한다는 것이다. 다시 말해 사람은 사랑을 받을 때 중요한 타인으로부터 인정, 칭찬, 긍정적인 태도나 말을 통해 긍정적인 자아상을 만들어 가는가 하면, 거절을 당할 때는 잔소리, 꾸중, 충고, 비판, 판단 등을 통해 부정적 자아상을 형성하게 된다는 것이다.

중재 mediation 둘 이상의 적대적인 파벌이 의견일치를 볼 수 없거나 목표를 달성하기 위해 계속 의견조정을 할 수 없을 때 요구되는 의사결정기제다. 각 파벌은 중립적인 사람을 지명하고 그 사람의 결정에 따르는 것에 동의한다. 부부문제에 있어서 중재는 부부가 서로 받아들일 수 있는 타협을 이끌어내고, 부부문제의 성격을 이해하게 하며, 건강치 못한 관계를 정서적으로 청산하도록 돕는 것을 목표로 한다.

중추신경계 central nervous system 뇌와 척수가 중추신경계를 구성하고 있으며, 중추신경계의 내부에서는 감각뉴런과 운동뉴런과의 접속에 의한 신경정보의 전달 및 이들 양자와 개재 뉴런의 복잡한 회로망에 의한 정보처리가 일어나는 것이 특징이다.

중혼 bigamy 이중결혼으로서 동시에 한 명 이상의 아내 혹은 남편을 취하는 불법적인 행위를 말한다.

즉시성 immediacy 즉시성이라는 상담기술은 상담자와 내담자 간의 상호작용관계를 토론하고 분석하는 것을 말한다. 에건(Egan)은 즉시성은 상담과정에서 지금-여기에서의 인간관계에서 일어나고 있는 것에 관하여 직접적이고 공개적으로 논의하는 것이라고 말하면서 즉시성의 본질을 직접적이고 상호적인 의사소통이라고 지적한다. 카르크후프(Carkhuff)에 의하면 유능한 상담자는 과거나 미래에 얽매이지 않고 지금 이 순간에 의사소통을 하고 현재의 상황에서 자기를 표현하는데, 이와 같이 즉시성은 상담과정에서 내담자가 상담자와의 관계에 대하여 어떤 표현을 할 때 상담자가 이를 민감히 지각하여 직접적으로 이에 대하여 반응을 보이고 논의하는 것이다.

증상 symptom 질병이나 상처 때문에 나타날 수 있는 상태나 현상을 말하는 것이다. 내담자들에게 보이는 증상은 내면화된 심리적 · 신체적 장애 또는 심리사회적인 문제가 생길 가능성을 나타내는 지표를 의미한다.

증상처방 symptom prescription 내담자에게 문제 증상이 되는 행동을 자발적으로 하도록 지시를 내려서 그 결과 내담자가 거부하고 증상을 버리는 입장을 취하든지 혹은 지시대로 순종해서 그 증상이 스스로의 자발적인 통제권 하에 있음을 인정하게 하는 역설적 기법이다. 즉, 역설적 개입의 기술인 증상처방은 가족이 불평하는 행동을 계속하거나 더 많이 하도록 하는 방법이다. 예를 들면, 우울증으로 고통을 겪는 아이에게 하루에 몇 번씩 우울하게 되도록 노력하라고 얘기하고, 그 가족은 그가 우울하도록 격려하게 하면 그들은 더 이상 그의 기분을 돌이키려고 비효과적인 노력을 하지 않을 것이고 죄책감을 느끼지도 않을 것이다.

증후군 syndrome 신드롬 관련된 징후와 증상을 하나로 묶어놓은 것으로 특정 질병이나 어떤 상태를 만들기 위해 발생하는 행동유형, 성격특성, 신체적 증상 등을 총칭하는 용어다. 예를 들면, 신데렐라증후군(Cinderella syndrome), 공주병(princess syndrome) 등이 있다.

지각 perception 지각은 감각기관을 통해 들어온 정보를 조직하고 해석하는 과정이다. 즉, 시각, 청각, 후각, 미각, 촉각에 의해 만들어지는 정신적인 인상과 자신의 생활경험을 토대로 하여 인지적이고 정서적으로 이러한 인상을 해석하는 방법이다. 그러나 지각이 감각과 구별되는 점은 감각이 자극들에 대한 감각수용기의 직접적인 반응이지만 지각은 이러한 자극을 받아들이는 경험에 대한 결과인 것이다. 즉, 반응대상물이 개별적으로 시각, 촉각, 후각, 미각, 청각 등의 감각에 나타나는 것을 뜻하는 감각(sensation)이라 하는데, 이러한 감각이 생리적인 현상이라면 지각은 심리적인 현상이라 할 수 있다. 인간의 지각과정은 정적인 것이 아니라 일생 동안 계속적으로 변화한다. 또한 지각에 대한 이론은 구성주의적 입장과 생태학적인 입장으로 설명되고 있다. 구성주의적인 입장에서 지각자는 지각적인 경험에 근거하여 감각정보를 지각자극으로 구성하는 것으로 설명되며, 생태학적인 입장에서는 지각을 위해 필요한 정보가 망막에 맺혀진 영상과 같이 감각정보 내에 모두 존재하는 것을 의미한다.

지각심리학 perception psychology 지각심리학이란 유기체가 감각기관을 통해 환경사상을 어떻게 받아들이고 처리하여 지각표상을 형성하게 되는지를 연구하는 심리학의 한 분야이다. 즉, 인간이 세상을 보는 원리가 무엇이고 어떻게 세상에 대한 지각이 이루어지는지를 연구하는 것으로 지각심리학은 감각을 함께 다룬다. 지각은 단순히 생기는 것이 아니다. 우리는 '내가 어떻게 친구의 얼굴을 알아보는지', '왜 내가 책상을 지나갈 때 책상의 모양이 달라지는 것으로 지각을 하지 않는지'와 같이 일상생활에서 흔히 경험하는 것에 대해서 질문하지 않는다. 이런 경험들은 힘들이지 않고 늘 자동적으로 일어나기 때문에 친구의 얼굴을 보는 것이라든가 책상의 정확한 생김새와 같은 것은 당연한 것으로 여긴다. 그러나 사실 우리가 지각하는 것들은 그저 일어나는 것이 아니다. 친구의 얼굴을 알아볼 수 있는 것은 눈, 코, 입 머리카락과 같은 여러 부분들이 조직화된 하나의 지각체로 결합되는 복잡한 과정을 포함하고 있으며 책상의 형태를 지각하는 것도 어느 관점에서 보느냐에 따라 안구 속에 형성되는 상이 아주 급격하게 변하기 때문에 복잡한 과정을 거쳐야 한다. 또한 다른 각도에서 책상을 볼 때마다 그 책상이 여러 가지 다른 책상이 아닌 하나라는 것을 알기 위해서 우리의 머릿속에선 과정이 일어나야 하는 것이다.

지각오류들 false perceptions 지각오류들이란 정상적으로 일어나는 과정으로서 선잠이 들려고 할 때(입면(入眠)상태 hypnogogic), 잠에서 막 깨어날 때(출면(出眠)상태 hypnopompic), 혹은 생생한 종교적 체험을 할 때 드물게 볼 수 있는 이미지들을 말한다.

지각적 왜곡 perceptual distortion (1) 신체적 현실과 개인이 지각하고 이해하며 해석하는 방법 간의 불일치를 의미한다. (2) 애쉬(S. Asch)의 집단압력에 복종하는 방식 가운데 하나로서 지각적 왜곡은 집단의 반응에 동조하기 위해서 자신의 지각을 왜곡시켜서 스스로 겪고 있는 동기적 갈등을 해소하는 것이다.

지남력상실 disorientation 지남력 장애, 방향감각상실 환경을 이해하고 그에 대해 자신의 위치를 파악하는 것을 지남력이라 하는데 여기에는 시간, 장소 또는 상황, 타인과의 관계 등 세 가지 분야가 있다. 지남력 상실은 시간, 장소, 사람 등에 관한 정신적 혼란으로 날짜, 시간, 또는 계절을 파악하지 못하며 자신이 어디에 있는지 자신이 누구인지를 모르는 경우를 말한다. 대개 기억, 주의, 지각에 장애가 있을 때 나타나며 뇌증후군, 심한 정신병, 격한 감정 상태에 있을 때 흔히 볼 수 있다.

지능 intelligence 문제해결 및 인지적 반응을 나타내는 개체의 총체적 능력을 말한다. 지능에 대한 학자들 간 통합된 정의는 없으나 슈테른(W. Stern), 핀트너(R. Pintner) 등은 지능이란 한 개인의 생활이나 전체 환경에 대한 적응능력이며, 생활의 새로운 문제 및 새로운 사태에 대한 일반적인 정신적 적응훈련이라고 보았다. 비네(A. Binet)나 터먼(L. M. Terman)은 지능을 학습하는 능력이며 추상적으로 사고할 수 있는 능력이라고 하였고, 에빙하우스(H. Ebbinghaus)는 추상을 배울 뿐만 아니라 그것을 구체적 사실과 관련시키는 능력이라고 하였다. 또한 웩슬러(D. Wechsler)는 지능이란 목적을 향해 행동하고 합리적으로 사고하며, 환경을 효과적으로 다루는 개인의 종합적 능력이라는 견해를 가지고 있다. 이와 같이 지능은 추상에 의한 사고력, 태어날 때부터 지니고 있는 소질, 학습능력, 환경에 대한 적응력, 정보처리능력 등 다양한 지능관이 있다. 지능을 논의할 때 일반적으로 유동성 지능과 결정성 지능으로 구분한다. 유동성 지능이란 새로운 문제를 해결하는 데 필요하며 성인 후기에는 쇠퇴한다고 보고 있다. 반면 결정성 지능이란 학습과 경험에 의존하는 지능유형을 말한다. 이 주장에 의하면 유동성 능력은 쇠퇴하나 결정성 지능은 노년기에도 그대로 유지되거나 증가한다고 한다.

지능검사 intelligence test 개인의 지능을 정확히 알아볼 수 있도록 지능의 요인을 측정 혹은 진단하기 위해 제작된 검사로서 어휘적용과 언어추리, 산수추리, 수열추리, 도형추리의 검사들로 이루어져 있다. 즉, 지능검사는 검사가 추상적 개념을 효과적으로 파악하며, 관련 환경에 관한 정보를 얻고, 새로운 상황에 적응하는 개인별 능력을 결정하기 위해 고안되었다. 임상심리학자, 정신과의사, 학교에서 상담교사 등은 일반적으로 한 사람의 피검자에게 1대 1로 검사를 실시하는 것을 선호한다. 이러한 개인검사는 개인의 지능에 관한 표준적인 정보를 제공할 뿐 아니라 그 개인의 행동에 대한 풍부한 표본을 제공한다. 이러한 행동적 정보는 아동이 처한 어려움을 이해하는 데 있어서, 적용할 프로그램의 선택에서 유용하다. 오늘날 널리 쓰이는 개인용 지능검사 중에서 Binet검사의 계열과 웩슬러(D. Wechsler)가 개발한 Wechsler검사계열이 있다. 이러한 지능 검사들을 살펴보면 다음과 같다. ① Binet검사계열(Stanford-Binet) 검사 : Binet의 지능검사를 여러 나라에서 심리학자들이 적용하면서 여러 번 수정하였다. 그 중에서 유명한 것이 터먼(L. Terman, 1916 : Terman and Merrill, 1973)에 의해서 미국 스탠포드 대학교에서 개발된 Stanford-Binet 검사다. 이것이 Stern의 IQ개념을 적용한 최초의 검사다. 오늘날 미국에서 쓰이고 있는 것은 연령별로 여러 가지 소검사들로 이루어져 있다. 이들 소검사 중 어떤 것은 언어적 능력을, 어떤 것은 실제수행능력을 검사한다. 국내 심리학계에서는 전자에 대한 검사를 언어성검사, 후자에 대한 검사를 동작성검사로 부르고 있다. ② Wechsler 검사계열(WAIS, WISC, WPPSI) : 1930년대에서 웩슬러는 Stanford-Binet검사에 대해서 불만이었다. 왜냐하면 당시의 검사는 주로 언어성검사로 이루어져 있었으며 또한 성인용 검사로는 부적절하였다. 이러한 문제를 극복하기 위하여 그는 동작성능력과 언어성능력을 모두 측정할 수 있으며 성인에게 사용할 수 있는 검사를 개발하였다. 즉, WAIS(Wechsler Adult Intelligence Scale)를 개발하였고, 1981년에 개정한 후에는 WAIS-R로 불리고 있다. 웩슬러는 또한 어린이용으로 WISC (Wechsler Intelligence Scale for Children)를 만들어서 1974년에 WISC-R로 개정하였다. 1960년대에 그는 4~6.5세의 아동들에게 사용될 수 있는 WWPSI(Wechsler Preschool and Primary Scale of Intelligence)를 개발하였다. 이것은 좀 더 쉬운 문항들이 들어 있긴 하지만 WISC에 유사하다. Wechsler 계열의 검사는 정신연령에 기초한 IQ를 널리 보급시키는 데 선두주자가 되었다. 국내에서는 1955년판 WAIS를 전용신, 서봉연, 이창우(1963)가 KWIS(Korea Wechsler Intelligence Scale)라는 이름으로 표준화하였고, 1949년판 WISC를 이창우와 서봉연(1974)이 K-WISC란 이름으로 표준화하였다.

지능지수 intelligence quotient 지적지수 전문화된 검사를 실시함으로써 결정되는 개인의 상대적인 지능수준의 지수를 의미한다. 즉, 지능의 발달정도를 나타내는 지수로서 정신연령척도, 비율지능지수, 편차지능지수로 대별된다. 결과로서 나타나는 지능지수 점수는 개인의 지적 잠재력을 나타내며, 검사의 부차적 점수는 정신병 판단 여부에 사용된다. 이는 독일의 심리학자 슈테른(W. Stern)이 정신연령(MA; mental age)을 생활연령(CA; chronological age)으로 나눈 비율에 100을 곱하여 지능지수로 사용할 것을 제안한 데서 비롯되었으며, 이를 실제적으로 사용한 것은 1916년 터먼(L. M. Terman)이 스탠포드 비네 지능검사에서였다. 평균 지능지수 점수는 100이고, 90~110의 점수를 가진 사람들이 정상으로 여겨진다. 70 이하의 사람들은 종종 특수한 교육적 도움이 필요하다고 생각된다.

지리멸렬 incoherence (word salad) 언어해체의 정도가 심한 것으로 낱말이나 문장이 논리적이지 않고 의미 있는 연결을 갖지 못하고, 나열되기 때문에 타인에게는 전혀 이해되지 않는 것을 말한다. 이는 절과 절 사이에서 장애가 발생하는 탈선과 달리 절 내에서 발생한다.

지명후보자 revolving slate 맥락적 가족치료의 개념으로 부정적 유산을 받기 위해 지명된 사람을 말한다. 인간은 관계적 정의를 실천하고자 하는 욕구가 있기 때문에 자신이 정당하게 대우를 받지 못했으면, 이를 지명후보자를 선택하여 해결하고자 한다는 것이다. 예를 들면, 부모가 그 전 세대의 부모와의 관계 속에서 부당한 대우를 받았을 때, 부모가 자녀를 지명후보자로 삼아 자신이 받은 부당한 대우를 만회하고 해결받고자 하는 것이다.
⇨ 유산 참고.

지배관념 overvalued idea 망상보다는 덜한 불합리하고 지속적인 신념이다. 이 신념은 개인이 속한 문화권이나 다른 문화권의 구성원이 통상적으로 받아들일 수 있는 내용과 다른 것이다.

지배압력 press dominance 자기를 억제시키거나 금지시키는 사람이나 사물로 인해 느껴지는 압력을 의미한다.

지배욕구 need dominance 자신의 인간적 환경을 통제하려는 것으로 다른 사람을 통제하고 싶어 하는 것이다. 즉, 암시 · 유혹 · 설복 · 명령을 통해 다른 사람의 행동에 영향을 주거나 그의 행동을 이끌기 위한 욕구로서 이를 통해 주위에서 인정을 받거나 존경받고 싶어 하는 욕구다.

지성화 intellectualization 주지화, 지식화 방어기제의 하나로서 감정을 생생하게 표출하는 것이 두려울 때, 느낌이나 감정을 무시하고 될 수 있는 한 객관적 또는 추상화시켜 표현하는 것이다. 때때로 형식적이거나 지나치게 이성적인 태도를 보일 수 있다. 이와 같이 주지화는 부정의 교묘한 형태다. 불편한 감정을 조절하거나 최소화하기 위해 과도하게 추상적으로 사고하거나 일반화함으로써 감정적 갈등이나 내외적인 스트레스를 처리한다. 골치 아픈 문제로부터 벗어나거나 위협적인 감정에서 자기를 떼어놓기 위해 우리는 가끔 문제 장면이나 위협 조건에 관한 지적인 토론 및 분석을 하는 경우가 있는데, 이는 스트레스를 부정하는 고등수단이라고 볼 수 있다. 지성화의 예는 감정적인 혼란 상태를 그대로 인정하기보다는 시간을 소모해가며 문제의 원인이 무엇인가를 분석하는 데서 볼 수 있다. 겉으로는 당면 문제를 처리하는 듯 보이지만 실제로는 혼란스러운 감정에서 자신을 떼어놓는 수단이 되는 것이다. 이 기전은 안나 프로이트(Anna Freud)에 의하여 청소년기에 특히 활발하게 사용되는 자아의 방어기전으로서 주목을 받았다. 일반적으로 청소년들은 성욕에 대해서 그 추동(drive)과 정서를 억압하고 그로부터 격리된 관념의 인식과 지식의 획득 등과 같은 지적 활동에 의하여 성욕을 조절하고자 한다. 즉, 지성화는 본래 갈등 밖의 자아영역에 있는 자아의 기전인 지성을 방어기전으로 전용하는 자아의 활동으로서 일정한 지적 능력의 발달을 전제로 하며, 그와 더불어 욕정과 감정을 관념과 격리시킴으로써 적용되는 기전이기 때문에, 쉐퍼는 지성화란 격리의 보편적 형태라고 보고 있다. 따라서 지성화는 추동과 감정의 직접적인 해방을 억제하는 경향을 가지고 있지만 한편 이 지성화 과정 그 자체가 방어된 추동의 대리만족의 의미를 가지게 되기도 한다. 즉, 지성화는 공격성과 성욕을 사회적으로 해방시키는 승화(sublimation)의 의미를 가지는 경우가 많다.

지시적 상담 directive counseling 상담자가 더 효과적인 행위를 하기 위한 방법이며 처방에 관한 충고, 제안, 정보를 제공하는 상담의 접근방법이다. 즉, 상담자가 내담자의 문제를 해석해 주고, 정보를 주며, 제언이나 충고를 주는 상담방법이다. 따라서 피상담자보다는 상담자 중심으로 상담이 이루어진다. 이 상담은 고전적 상담학자인 윌리엄슨(Edmund G. Williamson)이 주장한 상담법이다. 윌리엄슨은 특성-요인 이론의 대표적인 지지자로서 개인의 각종 특성들을 폭넓고 정확하게 측정 평가한 다음 그 자료에 기초하여 그에게 적합한 상담을 해 준다는 것이 그의 기본 상담전략이다. 이 상담의 과정은 분석, 종합, 진단, 예후, 사후 지도로 되어 있다.

지역공동체 community 지역사회 공통의 이익을 가지고 있거나 같은 지역에 사는 개인들의 집단을 말한다.

지역사회 정신보건센터 community mental health center 부분적으로 정부의 재정 지원과 통제를 받는 지방조직으로 그 지역에 살고 있는 주민들에게 정신치료와 사회서비스를 제공한다.

지엽적 특질 peripheral trait 대인지각에 있어서 언제 알게 되느냐와 관계없이 전반적인 인상에 다른 특질보다 더 중요한 영향을 미치는 특징을 핵심특질이라 하고, 별로 중요한 영향을 미치지 못하는 특질을 지엽적 특질이라 한다.

지원그룹 support groups 지원체계(support system)를 의미한다. 즉, 개인들에게 정서적, 정보적, 물질적, 애정적 지지를 제공하는 사람들, 자원들, 단체들의 상호관련 집단을 말한다. 지원체계의 성원들에는 욕구가 있을 때 원조를 요청할 수 있는 개인들의 친구, 가족성원, 동료집단의 주요 성원들, 동료직원, 회원조직과 기관이 포함될 수 있다.

지적된 환자 identified patient (IP, 문제아, 지명환자) 한 가족 중에서 증상을 가진 식구, 문제아를 지칭하는 것으로 대개 치료를 받으러 제일 먼저 오는 사람이나 치료해 달라고 데리고 오는 사람이 여기에 해당된다. 그러나 그는 단지 그 체계에서 일어나고 있는 것을 드러내 보인 증상에 불과하다. 지적된 환자는 희생양이다. 희생양 만들기는 역기능 가정의 증상을 드러내도록 무의식적으로 가족 중 한 명이 선택되는 과정이다. 그러므로 가족치료의 다양한 접근법이 있지만 공통점은 바로 한 개인의 문제 증상을 그 개인만의 문제로 보지 않고 그 개인이 속한 체제의 구조적 문제로 본다는 점이다.

지적 사고 intellectual thinking 목표나 목적을 가지고 진행되는 사고를 말하는 것이다. 분트(W. Wundt)는 인간이 갖는 가장 뚜렷한 특징을 복잡한 사고를 할 수 있다는 것으로 보았는데, 이러한 사고의 형태를 지적 사고(intellectual thinking)와 연합적 사고(associative thinking)로 구분하였다. 여기서 지적 사고는 목표에 도달하기 위해 현실을 이용하여 그 현실에 대한 논리적 조작을 수행하는 사고를 의미한다. 따라서 논리적인 문제를 해결할 때 지적 사고를 하게 된다. ⇨ 연합적 사고 참고.

지적 체계 intellectual system 인간을 유일하고 독특하게 만드는 특성이 무엇인지 알고 이해하는 인간의 능력을 말한다. 보웬(M. Bowen)은 이러한 지적체계는 정서나 감정을 주관해서 행동하도록 선택권을 부여하는 체계로서, 정서적 체계의 반응을 중재하는 역할을 한다고 하였으며, 지적 체계 개발을 자아분화 개발의 열쇠로 보았다.

지지치료 supportive therapy 지지적 정신치료(supportive psychotherapy)라고도 한다. 주로 개인들이 적응양식을 유지하도록 원조하려고 계획한 원조

개입이다. 이것은 재보증, 충고, 정보제공, 내담자의 장점과 자원 지적을 통한 면접에서 제공된다. 지지치료는 무의식적 요소를 다루거나 변화시키려고 하지 않는다. 지지치료 환자의 방어기제를 지지해 주고, 장점을 이용하고, 고통을 같이 나누고, 병의 경과를 설명하고, 병이 결국 호전될 것을 확신시킴으로써 도와주는 치료다. 지지치료는 환자의 성격의 기저에 있는 역동적인 원인을 깊이 탐구함이 없이 환자를 돕도록 고안된 다양한 기법들이다. 따라서 지지치료는 환자의 심리적 생활 중에서 그가 이미 의식하고 있는 장애만을 다루는 것이고, 그가 의식하고 있지 않는 심리적 갈등이나 장애를 의식시키려고 하지 않는다. 다시 말해서 지지치료는 그 환자가 당면한 증상이나 장애에 보다 잘 대처해 나가도록 지지하거나 돕는 것을 목적으로 한다. 따라서 근본적인 문제로 보이는 것을 알아내거나 치료나 자기평가에 대한 환자의 방어와 저항을 극복하도록 시도하기보다는 환자의 방어와 대응기제를 강화하기 위해 그와 함께 긴밀히 협조하는 것이 그 목표다. 그러므로 지지치료는 치료자가 환자를 안심시켜 주고 설득하기도 하고 격려, 충고, 설명 또는 환경 조정을 해 줄 수도 있으며, 동정적이고 관대한 태도를 보여줌으로써 상대방의 긴장과 불안을 덜어 주고, 환자의 약해진 자아를 지지해줌으로써 현실생활에 좀 더 잘 견디어 나갈 수 있게 해주는 것이라고 할 수 있다. 따라서 지지요법에서는 치료자와 환자 사이의 신뢰감 형성이 치료의 근본 바탕이 된다. 즉, 지지치료는 약해진 자아를 지지(support)해 줌으로써 문제점을 처리해 나가도록 도와주는 것이므로 환자가 부가적인 힘을 얻기 위해 치료자에게 의지하거나 기댈 수 있는 이런 유형의 도움을 받을 때 그가 장애를 더 잘 극복하고 생활환경에 적응할 수 있을 것이다.

지체 retardation (1) 개인의 신체적 · 정신적 발달이나 사회적 진전이 늦는 경우, 지적 기능이 평균 능력보다 현저히 낮은 경우, 신체적 · 정서적 반응이 늦는 경우도 포함된다. (2) 사고의 지체를 의미하는 것으로 사고비약에서 사고의 흐름이 비정상적으로 빨랐던 것과는 반대로 사고의 시작과 진행이 지나치게 느린 것이다. 흔히 목소리도 낮다. 이런 증상을 갖고 있는 환자들은 흔히 생각이 잘 떠오르지 않는다든지 생각하기가 힘들다고 호소하는 경우가 많다. 이 증상은 우울증에서 흔히 볼 수 있다. 때로는 정신분열증에서도 볼 수 있다.

지형학적 이론 topographical theory 프로이트의 초기 인격이론에 있어 인간의 정신이 의식(conscious), 전의식(preconscious), 무의식(unconscious)의 세 가지 영역으로 구성되어 있다고 보는 이론으로서, 지형모델이라고도 한다. 즉, 프로이트는 인간의 마음을 작게는 의식 · 전의식 · 무의식이라는 세 구획으로, 크게는 의식과 무의식이라는 두 구획으로 나누는 지형학적 관점에서 인간의 심리적 역동성을 이해하고자 하였다.

지휘자 conductor 지도자 적극적 · 공격적 · 카리스마적인 유형의 가족치료사를 뜻하는 단어로, 역기능가정의 상호작용패턴을 공개적, 직접적으로 직면하는 치료자를 일컫는 말이다.

직계가족 stem family 결혼한 자녀 중 한 부부가 부모와 동거하는 가족으로 가족이 영속되는 것을 전제로 한다. 즉, 부부와 자녀가 동거하며 살다가 자녀의 한 사람이 결혼한 후에도 부모와 계속 동거하며 가계를 계승하는 가족을 말하는 것으로 가계의 계승에 중점을 두는 가족의 형태다. 특히 우리나라는 부계 직계가족의 대표적인 경우로서 자녀는 부모에게 효를 다하며, 부모와 자녀의 관계는 권위와 순종을 강조하며, 가계를 계승함에 있어 아들의 위치가 중요하게 여겨지기 때문에 장자 우대, 불균형 상속, 고부간의 갈등이 문제점으로 지적된다. ⇨ 가족 참고.

직관 intuition 판단, 추론 등을 개제시키지 않고 대상을 직접적으로 인식하는 것을 말한다. 즉, 사물이 갖는 지각적 속성과 특징에 의해 판단하지 않고 그 심상을 기초로 하여 사고하는 경향을 말한다. 직관형의 사람들은 사건과 사상 전체의 의미를 파악하고 새로운 가능성을 추구한다. 이들은 상상력, 영감, 육감에 더 비중을 두기 때문에 현재에 머무르기 보다는 미래의 성취와 변화, 일의 다양성을 즐긴다. 그러나 전체를 보기 위해 구체성을 높이는 경우가 많으며 새로운 일이나 복잡한 일에 겁 없이 뛰어드는 경향성이 있다.

직면 confrontation 직면기법, 맞닥뜨림 상담자가 내담자의 행동을 나타내는 모순들, 특별히 언어적 표현과 비언어적 행동 간의 모순들을 지적해 주는 것이다. 다시 말하자면 내담자가 자신에 관하여 이야기한 내용과 실제로 그가 행동하는 것 사이의 불일치를 지적해 줌으로써 자신을 각성하게 도와주는 기술이다. 내담자는 자신의 진정한 욕구나 감정을 회피해 버림으로써 미해결 과제들을 쌓아가는데, 상담자는 이러한 회피행동을 지적하는 동시에 내담자 자신의 진정한 동기에 대해 진실을 회피하지 않고 그대로 받아들이는 직면을 통해 미해결 과제를 해소시키는 것이다. 직면은 이와 같이 상담자가 내담자의 감정, 태도, 행동상의 모순점, 불일치점을 지각하여 이를 명료하게 지적함으로써 내담자의 새로운 통찰과 행동의 변화를 촉진하는 것이다. 경험이 적은 상담자가 내담자의 마음을 상하게 하거나 자신이 그릇된 판단을 하거나 혹은 내담자에게 보복을 당할까 하는 두려움에서 이 기술의 사용을 주저하는 경우가 흔히 있다. 그러나 우호관계만 이용하면 이는 행동변화를 위한 가장 효과적인 기술 중의 하나다. 따지고 보면 지극한 관심이나 위하고 아끼는 마음 없이는 직접적으로 솔직히 내담자의 행동을 지적해 주기란 힘든 것이다. 그러나 내담자가 상담자의 직면 기술을 통해 지적된 내용을 자신의 문제해결을 위해 활용하지 않는다면 그 기술은 쓸모없는 낭비에 불과하다. 직면은 때때로 내담자에게 불안감을 조성시킬 수도 있으나, 그 때문에 오히려 직면이 효과를 거둘 수도 있다.

직무분석 job analysis 어떤 직업에서 어떤 일을 하는지 구체적으로 기술하고 그것이 다른 직업과 어떻게 다른지 구분하는 방대한 자료를 통해 직무를 분석하고 진로상담에 이용하고자 하는 것이다.

직선적 인과관계 linear causality 단선적 인과관계 한 사건이 원인이 되고 다른 사건이 결과나 반응이 된다는 생각으로, 일련의 사건들 사이에는 상호적인 관계가 존재하지 않기 때문에 한 사건은 그 다음 사건을 유발할 수는 있지만 그 반대의 경우가 일어나지는 않는다는 관점이다.

직업상담 vocational counseling 미래의 직업을 결정해야 하는 사람과 현재의 고용상황을 개선시키려 하는 노동자에게 자원을 연계해 주고 정보와 조언, 지원을 제공하기 위해 사회사업가, 지도교사, 교육전문가 및 다른 전문가들이 사용하는 것으로, 직업상담은 보통 고등학생이나 대학생에게 기회를 찾도록 도와 주고, 그들로 하여금 자신의 능력과 한계를 알 수 있도록 도와주기 위해 흔히 제공된다. 또한 이러한 상담은 노동조직에서 노동자로 하여금 그들의 직업상의 잠재력을 극대화하기 위해 제공된다.

직접적인 질문 directive question 상담자가 내담자에게 단도직입적이며 직설적으로 질문하여 답변을 요구하는 형태다. 자칫 내담자로 하여금 심문을 당하는 느낌을 갖도록 하여 불쾌감을 유발할 수도 있다.

진단 diagnosis 이 용어는 헬라어의 '철저히' 또는 '통하여' 라는 뜻의 dia와 '앎', '지식' 이라는 뜻의 gnosis가 합성된 단어다. 어떤 문제와 그 근본적인 원인을 증명하고 해결책을 공식화하는 과정으로서, 근래에는 이 과정을 사정(assessment)이라고 부르는 경우가 많다. 이는 내담자가 자신의 이야기를 할 때 상담자는 그것을 잘 듣고 내담자의 이야기를 앎으로써 정확하게 진단할 수 있는 것이다.

진단검사 diagnostic test 정신적 혹은 심리적 장애의 본질을 알아보기 위해 심리학자들이 사용하는 도구를 말한다.

진단적 질문 diagnostic question 탐색적 질문 내담자를 효과적으로 이해하기 위해 내담자에게 어떤 문제가 있는지, 어떤 생각과 자세를 갖고 살아가고 있는지 등을 진단하기 위한 질문을 말한다.

진보주의 progressivism 진보주의의 범주에는 실험주의, 실용주의, 도구주의 등의 접근이 포함되는데, 이 이론에 따르는 학자들은 보편적 진리의 가정에서 벗어나 구체적이고 독특한 경험에서 출발하기 때문에 진보주의 철학사상은 행동주의 상담의 이론적 근거가 된다.

진실성 genuineness 진실성은 기술이라기보다는 성품적인 자질이다. 상담자가 내담자와의 상담관계에서 순간 경험하는 자신의 감정이나 태도를 있는 그대로 솔직하게 인정하고, 경우에 따라서는 솔직하게 표현하는 태도를 말한다. ⇨ 로저스 참고.

진전 tremor 근육들 가운데 작용근(주동근 agonist)과 대항근(길항근 antagonist) 간에 비교적 율동적인 변동성 수축이 일어나 손이나 다리 등을 떠는 관절움직임의 현상을 말한다. 이러한 진전은 임상적 특성에 따라 파킨슨병 진전, 안정시 진전, 의도진전, 실조성 진전, 자세성 진전, 활동성 진정, 알코올 금단성 진전, 본태성 진전 등으로 구분하기도 한다.

진전섬망 delirium tremens 섬망증이라고 한다.

⇨ 섬망증 참고.

진행기억 procedural memory 진행기억은 수영을 한다든가 피아노를 연주할 때 진행되는 사고와 움직임 등 일을 어떻게 수행하느냐에 대한 지식을 말하는 것으로, 논리적 문제를 해결할 때와 같이 순수하게 정신적일 수 있다.

진행성기억상실증 anterograde amnesias 전행성기억상실증, 순행성기억상실증 뇌손상 후 새로운 학습을 하지 못하는 경우. 원인이 되었던 상태 또는 인자(사건)의 개시 이후에 발생한 사건을 기억하지 못하는 것이다. 단기기억은 비교적 온전하기 때문에 간단한 질문에도 대답할 수 있으며 뇌손상 이전에 학습했던 내용도 잘 기억해 내지만, 뇌손상 이후에 새로 만난 사람은 아무리 여러 번 만났어도 항상 새로운 사람을 대할 때와 마찬가지로 행동하기도 하고 새로 이사한 집 대신에 항상 뇌손상 전에 살던 집으로 찾아가기도 한다.

질문 interpellation 질의 문제점의 정밀조사, 확인질문, 심문 등으로 사실 확인, 진실성 정도의 탐색 등을 위해서 문제의 심각성, 빈도수, 지속시간, 영향강도 등을 확인한다. 그러나 인구조사원처럼 사무적으로 묻는 것은 피해야 한다. 질문은 과거질문, 현재질문, 미래질문으로 구분할 수 있는데, 과거질문은 현재가 과거의 영향을 받았을 것을 예상해서 하는 질문이다. 문제와 관련해서 내담자에게 어떤 사건이 있었는지, 그 사건을 내담자는 어떻게 해석하고 어떤 인지를 형성했으며, 어떻게 대응했는지, 그와 관련해 발생된 습관은 있지 않은지를 물어보게 된다. 어떤 심리적인 증세의 경우에 있어 증세를 나타내게 된 시점, 사건, 관련인물, 이전 도움을 분석하는 것이다. 현재 질문은 내담자가 지금 겪고 있는 상황, 대인관계, 지금의 인지, 사고, 감정, 행동, 관계, 판단, 평가 등에 초점을 맞추는 질문이 되어야 한다. 또한 내담자가 문제와 관련하여 맺고 있는 대인관계, 주변인물 등에 대한 분석이 필요한데, 대개 문제는 인간관계에서 비롯되기 때문이다. 미래 질문은 자신의 미래에 대한 소망이 있는지를 물어보는 것으로, 사고를 확장시키는 기회를 만들고자 하는 것이며, 소망, 꿈, 비전을 갖도록 하기 위한 것이다.

질문지법 questionnaire methods 대부분의 심리검사가 이 방법으로 진행되고 있다. 이는 연구자가 일정한 연구문제에 대하여 미리 인쇄해 둔 몇 개의 질문사항을 제시하고 응답하게 하는 방법으로, 수집된 자료를 통계적으로 처리하고 도표로 표시하여 일반적 결론을 추출한다. 교육심리학자인 홀(G. S. Hall)이 1891년 보스턴에서 '입학할 당시 아동의 심리적 내용' 에 관한 연구를 하면서 사용하기 시작했으며, 이는 이제 교육심리 분야뿐만 아니라 사회조사, 심리검사 전반에 널리 사용되고 있다. 이 방법은 많은 대상을 단시간에 일제히 실시할 수 있을 뿐만 아니라 그 결과도 비교적 신속하게 기계적으로 처리할 수 있다. 이 때문에 연구에 경험이 적은 초보자들이 쉽고 빠르게 어떤 문제에 대한 해답을 얻기 위하여 조급하고 불충실한 질문지법을 사용하는 경향이 있다. 질문지법의 장점은 집단적으로 실시하기 때문에 비교적 짧은 시간과 적은 비용으로 자료를 얻을 수 있으며, 넓은 분야에 걸친 문제에 대하여 집단의 경향을 쉽게 알 수 있다는 것이다. 또한 우송에 의하는 경우에는 면접자에 의한 편파성이 제거될 수 있고 누구에게나 똑같은 자극을 줄 수 있으며, 이 방법과 다른 관찰실험의 방법을 병용함으로써 종합적인 조사를 할 수도 있다. 반면, 언어능력, 표현능력에 의존도가 크기 때문에 그러한 능력이 믿을 만하지 못할 경우 질문지의 결과도 믿기 어려우며, 질문범위 내의 것밖에 알 수 없기 때문에 부분적 자료에 머물 뿐이다. 또한 질문지에 나타난 의견이 거짓인지, 사실에 관한 질문에 기억의 착오가 있었는지 알 수가 없으며, 응답한 내용의 의미를 반복해서 확인할 수 없다는 단점을 가지고 있다.

질병공포증 nosophobia 질환공포 질병 또는 질병의 징후에 대한 병적 공포증을 말한다. 라일(J. A. Ryle)은 질병공포증은 특정한 질병에 대한 공포로서 그 이상이나 그 이하도 아니라고 하면서 이를 다음과 같이 분류하고 있다. 즉, ① 현재 걸려 있는 질병의 심각성과 수술 등의 치료와 고통에 대한 공포 ② 간질, 정신병, 암, 폐결핵과 같은 병을 유전 받고 있지 않나에 대한 공포 ③ 전염병에 걸리지 않을까에 대한 공포 ④ 어떤 자각증상을 근거로 하여 실제적으로는 걸려 있지 않은 질병에 대해서 느끼는 공포 ⑤ 질병에 걸려서 죽는 것이 아닌가에 대한 공포 등이다. 이상과 같이 광범위한 영역의 공포이기 때문에 때에 따라서는 건강염려증과의 구분이 모호할 때가 있다.

질병모델 disease modeling 이상행동에 대한 한 유형으로 생리학적 모델 또는 의학적 모델이라고도 불린다. 유전 및 생리학적 문제 때문에 정상적 기능의 장애가 일어나며 결국 개인을 이상행동자로 만들거나 증후발전에 더 민감하게 만든다고 주장한다. 따라서 이상행동자는 자신의 행동에 책임이 없으며 그 치료도 의학적 치료법에 의존하고 있다.

질병이득 secondary gain 장애아동이 자신의 환경을 지배하기 위해 그 증상을 이용하는 것을 말한다. 이는 부모에 대한 의뢰심으로 볼 수 있는데, 프로이트(S. Freud)가 제시한 개념으로서 장애아동은 그 장애의 증상이 치유되지 않는 편이 부모의 애정을 언제까지나 확보할 수 있는 도구라는 무의식과 관련된 질병이득에 빠지며, 이러한 심리적 작용이 신체적 장애를 악화시킨다고 하였다.

질서욕구 need order 사물을 정리정돈하는 등, 청결 · 정리 · 조직 · 균형 · 정확성을 기하고자 하는 욕구로서 질서를 확보하고자 하는 것을 말한다.

집단 group 동일한 관심을 갖고 모여 일관되고 획일적인 활동을 할 수 있는 사람들의 집합이다. 상담과 관련이 있는 집단은 여러 방식으로 분류할 수 있다. 즉, 각 집단이 채용하고 있는 이론적 배경이나 방법에 따라 분류할 수 있으며, 그 집단의 목적에 따른 분류도 가능하다. 카트라이트와 잰더(Cartwright & Zander, 1986)는 여러 학자의 정의를 분석 종합하여 아래와 같은 열 가지, 즉 집단성원들의 빈번한 상호작용, 집단성원으로서의 자인(自認), 타인들에 의한 집단성원으로서의 인정, 공동 관심사에 관한 집단 규준, 상관성 있는 역할체제(system), 동일 모범대상(지도자) 혹은 초자아적 이상의 정립으로 인한 상호간의 동일시, 집단을 통한 욕구충족, 공동목표의 추구, 일체성에 대한 집단적 지각, 환경에 대한 통일된 방식의 행동경향 등을 집단의 속성으로 열거한 후, 어떤 집단이든 이와 같은 속성의 수가 많으면 많을수록 그 집단의 응집성이 높아지고 따라서 집단 본연의 기능을 효율적으로 발휘할 수 있다고 하였다. 또한 로저(Loeser, 1957)는 집단의 본질적 속성으로서 성원 간의 역동적 상호작용, 공동목표, 성원의 수와 그 기능 수행 간의 밀접한 연관성, 성원들의 의욕과 합심, 그리고 자기 지도를 위한 능력의 발달 등을 들고 있다. 집단을 연구하는 많은 사람들은 집단을 대체로 치료집단과 성장과 발달 집단으로 나누는 것이 일반적인 분류형태다. 그러나 패터슨과 니센홀즈(Paterson & Nisenholz)는 집단의 구조화 정도의 차이에 따라 집단을 분류할 수 있다고 보며, 이에 따라 예방적 집단 발달적 집단 또는 치료적 집단으로 분류하고 있다.

집단 간 갈등 intergroup conflict 한 조직 내의 갈등으로 부서 간 갈등이나 노사 간 갈등이 대표적 집단 간 갈등이다. 개인의 문제는 조직문제와 무관할 수 없으며 이는 조직문제의 '증상'으로 나타난다. 조직 내의 갈등은 집단 간 갈등뿐 아니라 조직구조상의 문제를 반영하기도 한다.

집단 간 설계 between-groups design (between subjects factorial design) 상담심리학은 물론 대부분의 행동과학분야에서 자주 활용되는 실험설계로서, 실험설계는 집단 내 비교와 집단 간 비교로 나누어 볼 수 있는데, 집단 간 비교를 적용하는 경우를 의미한다. 즉, 심리치료에서 집단 간 설계를 적용한다는 것은, 치료를 받는 집단과 그렇지 않은 집단 간의 비교를 통해 심리치료의 효과를 검증하고자 하는 것이다. ⇨ 실험설계 참고.

집단과정 group process 자각함이 없이 일어나는 상호 관련된 일련의 활동 · 변화 · 진행 · 경과 과정으로서 집단역동과 같은 의미로 사용된다.

⇨ 집단역동 참고.

집단극화 group polarization 집단극화는 공유하는 가치에 관련된 주제에 관한 보편적 입장을 취하는 개인의 집단이 논의 끝에 결국에는 개인적인 결정보다 모험적이건 보수적이건 극단적인 의사결정을 내리는 것을 의미한다. 이러한 집단극화현상이 일어나는 것은 집단토론 이전에 개인들의 태도가 집단토론을 통해 강화되기 때문인데 개인들의 평균 의견이 모험적이면 모험이행으로, 평균의견이 보수적이면 보수이행으로 더욱 강화되는 것이다. 또한 집단극화는 토론을 하는 가운데 접하게 되는 정보의 영향을 받아들이거나, 활발한 토론을 통해 대세를 받아들이는 규범적 영향에 의해 일어나게 된다.

집단 내 갈등 intragroup conflict 집단은 개인의 단순한 모임 이상의 것이기 때문에 한 집단 내 갈등은 각 집단원의 개인적 갈등과 개인 간 갈등의 단순한 합 이상이라고 보아야 한다.

집단노력모형 collective effort model 집단에서의 생산성상실을 성공적인 목표달성이나 기대 및 집단목표에의 가치가 감소된 것에 돌리는 이론적 설명으로, 카라우와 윌리엄스(Karau & Williams)의 집단노력모형은 어떤 목표에 도달할 수 있다는 기대와 목표에 대한 가치가 일하고자 하는 동기와 관련 있다고 보는 것이다.

집단둔감법 group desensitization 행동주의적인 상담치료기법으로서, 1961년 라자루스(A. Lazarus)가 성적 장애자 치료에서 제창한 것이다. 이는 체계적 둔감법을 집단과정에 적용한 것으로 자기주장훈련과 같은 기법이다. 볼페(J. Wolpe)는 자기주장행동을 하지 못하는 이유를 인간이 대인관계에서 갖는 불안 때문이라고 하였고, 랙슨과 슈로더(Rakson & Schroeder)는 사고적 이유, 정서적 이유, 행동적 이유를 꼽고 있다. 즉, 주장행동을 할 수 있는 방법이나 기술, 사고적 이유는 요령은 알고 있지만, 주장행동을 해야 할 상황에서 주장행동을 하지 못하고, 소극적, 공격적 행동을 하는 경우다. 정서적 이유는 주장행동을 하는 방법이나 기술은 알고 있으나 자신이 주장행동을 하고 난 후 상대방이 어떻게 반응할까에 대한 염려나 불안 때문에 주장행동을 하지 못하는 경우, 아직 주장행동을 하는 방법이나 기술, 요령이 미숙하여 주장행동이 잘 안 될 것이라는 염려와 불안으로 주장행동을 하지 못하는 경우다. 행동적 이유는 자기의 권리를 옹호해서 주장행동을 하고 싶은 마음은 간절하나 주장행동을 하는 방법이나 기술을 몰라서 못하는 것을 말한다. 따라서 이와 같은 여러 가지 원인과 불안, 두려움으로 인해 자기주장을 못하는 내담자를 두려워하는 상황에 인위적으로 노출시킴으로써 차츰 두려운 상황을 극복해나가도록 하는 기법을 말한다. 실제로 1966년 볼페는 타인 앞에서 말을 못하는 8명에게 1회 15분씩 이 방법을 사용하도록 하였는데, 5회째에 이르러서는 5명이 50명의 청중 앞에서 말을 하게 되었다고 보고하고 있다. ⇨ 자기주장훈련 참고.

집단무의식 collective unconscious 집단무의식은 융(G. G. Jung)이 일반적으로 '원시적 이미지'라고 부르는 잠재적 이미지의 저장고다. 이는 인류 전체에게 공통된 무의식으로 뇌의 유전적 구조에서 생겨난다. 개인의 경험에서 발생한 개인무의식(personal unconscious)과 구별되며, 집단무의식은 과거 세대들로부터 물려 받은 기억과 행동패턴으로 구성된다. 융(C. G. Jung)은 인간의 신체가 수백만 년 동안의 산물인 것처럼 인간의 마음도 조상들이 일반적으로 가진 경험의 집합적 기억이나 집단사고형태를 발전시킨 것이라고 믿었다. 즉, 집단무의식의 심층에는 조상으로부터 물려 받은 전 인류의 공통된 기억이나 이미지가 잠재해 있다고 생각했다.

집단사고 group thinking 효과적인 집단의사결정을 막는 강한 일치추구 경향성으로 집단사고는 집단 의사결정 과정에서 집단압력에 의해 정신적 효능, 실제성 검증, 도덕적 판단 등이 나빠지는 경향이 있는 의사결정 형태다. 불합리한 의사결정은 대체로 집단구성원이 집단 외부에 존재하는 정보나 의견으로부터 단절되어 있고, 의사결정 과정에서 비판능력이 감소되고, 불합리한 결정에도 불구하고 강력한 지도자에게 맹종함으로써 발생하게 된다.

집단상담 group counseling 10명 내외의 크지 않은 집단을 상대로 하는 상담방법이다. 한 명의 상담가와 여러 명의 개인들이 함께 모여 일정기간 동안 정기적으로 만나면서 생활과정에서 직면하는 문제나 사건 등 그들의 관심사에 대하여 각자의 느낌, 반응행동, 생각들을 대화로 교환하는 가운데 허용적 · 현실적 · 감정정화적 · 상호신뢰적 · 수용적 · 지원적인 집단의 응집력과 치료적 분위기를 통해 상호 이해를 촉진함으로서 긍정적 변화를 모색하는 목적을 가진 집단활동이다. 이와 같이 집단상담은 비교적 '정상적인' 범위에 속하는 개인들로 하여금 집단상담에 참여하고 있는 각 개인의 관심사인 여러 생활 경험을 다루게 함으로써 보다 바람직한 자기 이해와 대인관계를 갖도록 도와주며, 효과적인 방향으로 자기의 삶을 이끌어갈 수 있도록 도와주는 과정이다. 집단에는 여러 가지가 있을 수 있다. 코레이(Corey)는 집단을 집단치료(Group therapy), 집단상담(Group counseling), 개인성장집단(Personal-growth group), T-집단 또는 실험실훈련집단(T-group or Laboratory-training group), 구조집단(Structured group), 자조집단(Self-help group)으로 나누어 설명하는데, 이러한 다양한 형태의 그룹은 그 나름대로 목표를 가지고 있다.

집단생산성의 착각 illusion of group productivity 자신들의 집단이 효율적으로 수행한다고 믿는 구성원의 경향성을 의미한다.

집단성격이론 group syntality 집단성격이론은 집단의 독특한 성격으로 정의되며 집단을 독특한 존재로 만드는 것이다. 카텔(R. Cattell)에 의해 개발되었으며 레빈(K. Lewin)의 장이론과 관련이 깊다. 이 이론은 집단 내에서의 상호관계의 측면을 강조한 것이다.

집단심리학 group psychology 사회적 집단 속에 있는 것이 개인의 행동에 미치는 영향과 사회적 집단의 행동에 대해 연구하는 사회심리학의 한 분야다. 집단역동, 소시오메트리 등 집단의 연구가 발전하고 있으며, 연구대상으로 주로 군중, 패닉(panic), 유행현상 등이 다루어진다.

집단압력 group pressure 애쉬(S. Asch)의 집단압력 동조실험에서처럼, 집단압력은 타인으로부터 압력이 있는 경우 개인이 우세한 태도에 최소한 순종하게 되는 것을 말한다. 이와 같이 집단에서 집단원들은 간혹 집단과정에서 보이는 모순되거나 이해가 잘 되지 않는 관점 및 행동 때문에, 그리고 말하고 싶지 않은데도 발언하도록 집단 분위기의 압력을 받는 상황에 부딪치게 된다. 이런 집단의 압력은 어느 의미에서는 필요한 것이고 치료적인 자극이 될 수 있으나, 당사자인 내담자가 불필요한 불안이나 과도한 자기방어에 빠지게 하므로 당초의 집단 참여 목적에 어긋나게 될 수 있다. 따라서 집단에서 집단지도자는 집단압력에 처한 내담자들이 어떻게 적절하게 반응해야 할 것인지 가르쳐 주어야 하며, 부당한 집단압력이 중단되도록 개입할 수 있어야 한다.

집단역동 group dynamic 집단역학 집단과정과 같은 개념으로 집단구성원 간 전체적인 상호작용과 이 상호작용으로부터 파생되는 집단 내의 균형과 변화를 의미한다. 집단역동에 관한 연구는 사회집단의 구성원 간의 영향력 교환 및 정보의 흐름으로서 집단의 생활공간 즉, 집단과 집단의 심리적 장에 관한 연구를 말한다. 즉, 집단구성원이 어떻게 말하는지, 어떻게 행동하는지, 어떻게 체험하는지, 집단과 집단에 직접적인 영향을 주는 모든 원인에 관한 연구를 의미한다. 이러한 교환은 집단지도자나 원조전문가에 의해 조절될 수 있으며, 그 성원들에게 이익이 되는 어떤 예정된 목적을 성취하는 데 활용될 수 있다.

집단오류 group fallacy 집단구성원 대다수가 가지고 있는 오류를 의미하는 것이다. 올포트(F. H. Allport)가 명명한 것으로 개인을 떠난 사회심리의 존재를 주장하는 것을 말한다. 예를 들어, 학습평가과정에 있어 어느 검사 문항에 극소수의 학생이 오류를 범했다면, 그것은 개인오류(individual error)로 간주할 수 있다. 즉, 학생 개인이 문제를 잘못 이해했거나 학습을 제대로 못했기 때문에 생긴 오류로 간주할 수 있지만, 어떤 문항에서 대부분의 학생 즉, 70~80%의 학생이 오답을 하고 있다면 교사의 교수방법 어딘가에 문제가 있으리라 짐작할 수 있는데, 이를 집단오류(group error)라고 부른다. 따라서 개인오류는 각 개인에 대한 개별지도로 교정할 수 있지만, 집단오류는 교수전략의 개선에 의해 집단적으로 교정해 주어야 한다.

집단응집성 group cohesiveness 집단 응집성은 집단원을 한데 묶는 힘의 강도라고 정의할 수 있다. 개인들이 동일시하는 사회집단과 관련하여 그들이 체험하거나 기대하는 상호 인력 또는 상호 이익의 정도를 말하며, 전체로서의 집단의 매력과 집단원 각자가 각자에게 이끌리는 매력을 포함한다. 이것은 '우리' 의식으로서, '우리' 의식이 확립되면 집단원들은 자신들이 소속된 집단을 하나의 특별하고, 생존 가능하고, 생산적인 것으로 지각하게 된다. 이런 집단의 구성원 각자는 집단의 다른 구성원 모두에게 책임을 느끼게 되고 집단의 다양성과 차이를 가치롭게 여기게 되며 초기에 이미 집단에 대한 신뢰감을 발달시킨다.

집단정신병 collective psychosis 역사적 기록에 의

하면 특히 중세 유럽에서 많은 사람들이 속해 있는 집단이 동시에 비슷한 정신병 상태로 발병하였다고 한다. 대개 종교적인 광신상태에서 나타났는데 일명 집단 히스테리(mass hysteria)라고도 불린다. 기전으로는 집단적으로 암시를 받아 최면상태에서 정신병적 상태가 유도되는 것으로 설명되고 있다. 특히 미신적이고, 무지하며, 광신적이고, 공포적인 분위기에 잘 휩싸이는 사람들의 집단에서 잘 나타났던 것으로 추측된다.

집단정신치료 group psychotherapy 집단정신치료란 정신치료적인 기술을 응용하여 집단모임에서 대화를 통해 마음의 문제를 해결하는 방법이다. 집단정신치료의 목적은 집단을 통해 자신을 이해하고 집단 내에서 나타나는 대인관계의 양상과 그 상호작용을 파악하여 자신에게 고통을 주는 정신적인 문제를 해결하고, 타인과의 관계에서 생기는 대인관계문제를 해결하는 데 있다. 나아가 이러한 과정을 통하여 성격변화, 자기성장, 자기실현에 도달하고자 한다. 집단정신치료는 1인의 치료자와 1~2인의 공동치료자, 8~10인의 구성원들이 한 장소에 둘러 앉아 자기 자신과 타인 및 집단에 대해 생각하고 느끼는 것을 자유롭게 표현하는 방법으로 진행된다. 집단정신치료에는 사회부적응 성인을 대상으로 하는 성인집단정신치료와 학교부적응 청소년을 대상으로 하는 청소년집단정신치료가 있다.

집단정체감 group identity 개인이 사회집단에 가입하고 그 일부라고 인식하며 그 특성을 본받는 정도로서, 집단정체성은 어떤 집단에 자기의 정체감을 부여하여 그 집단의 정체감과 자기의 정체감을 동일시하는 심리적 상태를 말한다. 예컨대, 운동경기의 팬들이 자신과 관련 있는 팀의 승패를 자신의 승패로 여기는 것은 집단정체감을 갖고 있기 때문이다. 팀의 승리는 자신의 승리로 여겨지며, 상대적 우월감을 느끼게 하고, 패배는 자신의 패배로 좌절감을 맛보게 된다. 국민의식 등도 일종의 집단정체감이라고 할 수 있다.

집단치료 group therapy 한 명의 치료자가 여러 명의 사람들을 동시에 치료하는 심리치료 형태로서, 전문 치료자의 지도 아래 둘 또는 그 이상의 개인들이 가까워지게 하여 집단원 간에 일어나는 상호작용을 통해서 감정적 장애, 사회부적응 문제 등을 지닌 개인들을 돕는 개입 전략이다.

집단침묵 group silence 집단 전체가 상당 기간 동안 침묵에 빠져 있을 때는 치료자에 대한 불만일 수도 있고, 어느 환자나 치료자의 의견에 대한 반응일 수 있다. 이때는 이것이 어떤 의미를 지니고 있는가를 정확히 분석해서 이를 이해시켜야 된다.

집단효능감 collective efficacy (team efficacy) 반두라(Bandura)가 사회인지이론에 근거한 신념을 정의한 것으로서, 집단효능감이란 집단구성원이 자신들의 집단이 성과를 낼 수 있고 어떠한 일의 성취를 조장할 수 있다고 보는 집단의 공유된 신념을 의미한다. ⇨ 자기효능감 참고.

집착 attachment 하나의 고정적인 생각에 얽매여 다음 단계로 진행하거나 발전하기를 거절하는 것을 말한다. 그것은 주어진 현실을 이탈하는 것이 무섭고 불안해 다음 단계로 진행하기를 거절하는 것으로 현실을 개척해 나가기보다는 현실을 그대로 고수하려 하는 생각 때문에 생긴다.

집합적 기억 constellatory memory 집단에서 각 성원들의 기억, 집단에서 공유된 의식 모형들, 교류적 기억체계를 포함하는 집단의 종합된 기억들을 의미한다.

집합적 정보처리모형 집단들에서는 집단토의를 통하여 정보를 종합하고, 종합한 이 정보를 통해 결정, 선택, 판단에 이른다고 보는 일반적 집단의 사결정에 대한 이론적 설명을 말한다.

ㅊ

차단 blocking 사고 상실 또는 사고 차단이라고도 불리는 증상으로, 사고의 진행이 돌연 정지되는 증상이다. 그러다 한참 후에 다시 사고가 진행된다. 즉, 연상의 진행이 갑자기 중단되는 것으로 이는 불쾌한 감정과 결부된 강한 심리적 복합체의 작용에 의해서 일어나는 것이며, 심한 정도의 차단은 정신분열증에서 볼 수 있다.

차별강화 differential reinforcement 어떤 특정한 자극이 존재하는 상태에서는 반응이 강화를 받고, 자극이 존재하지 않거나 혹은 다른 자극이 존재하고 있는 상태에서는 강화를 받지 않는 것을 말한다. 즉, 어떤 반응은 강화를 받고 어떤 반응은 강화를 받지 못하는 것이다. 이는 학습을 위한 조작적 조건형성의 조형(shaping)을 위한 요소로서 조형은 새로운 반응을 습득시켜가는 과정을 의미하는 것으로, 이러한 조형에는 차별강화와 계속적 접근이 있다. ⇨ 계속적 접근, 조형 참고.

차별수정계획(조치) affirmative action 미국의 차별금지법으로 소수민족 채용 권장 법안을 말한다. 즉 흑인, 소수 민족, 여성의 고용, 고등 교육 등을 적극적으로 추진하는 계획이다.

차이식역 differential threshold 차이역 두 자극의 차이를 알아내고자 할 때(변별) 이를 측정하기 위한 개념으로서 다시 말하면, 두 자극을 변별하는 데 요구되는 이 두 자극의 강도 차이를 말한다.

착각 illusion 감각적 기능들이 일련의 자극경험을 부정확하게 지각하도록 유도하는 현상을 말한다. 즉, 물리적인 강도에서 차이가 없는 자극들을 주변 자극들의 영향으로 인해 실제와 다르게 지각하는 것을 말하는 것으로, 감각자극을 잘못 해석하여 지각하는 것이다. 착각은 강한 감정, 욕구, 충동 때문에 투사에 의해 일어나는데 예를 들어, 죄책감이 심하면 바람 소리를 자기를 비난하는 소리로 듣는다. 뇌증후군에서 보는 착각은 신경전달의 착오 때문이다. 또한 격한 격노상태(rage state), 절박한 욕망과 충동 등 심리적인 혼란상태에서도 착각이 생길 수 있다. 한편 정신 역동학적 입장으로 보면, 강하게 억압되어 있는 무의식의 요소들이 강한 역동으로 작용하여 착각을 일으키는 수도 있다. 특히 자극이 모호하거나 정보가 누락되어 있고 자극의 구성요소들이 친숙하지 않게 배열되어 있을 때 쉽게 나타난다. 착각의 형태로 거시증, 미시증, 공감각 등이 있다.

착오행위 parapraxis 착행증 비공식적으로는 '프로이트의 실수'라고 알려져 있다. 정상적인 생활에서 일어나는 말, 글, 기억의 실수 등을 가리키는 것으로 말하는 사람이 무의식 속에 있던 것을 드러내어 실수하는 것을 뜻한다. 실수는 무의식적 태도와 소망의 상징인 것이다.

참만남집단 encounter group 통찰, 개인적인 성장, 타인의 감정과 경험에 대한 감수성을 개발하기 위해 강력한 대인 상호 간 경험을 촉진하는 일종의 치료그룹이다. 참만남집단은 T-집단 모임의 원리에 일부를 보완하여 개발시킨 모형으로 T-집단에서 사용하는 모든 형태의 방법과 기법이 다 활용되나, T-집단과 다른 점은 이들이 비언어적 표현과 가벼운 신체적 접촉을 사용한다는 점이다. 언어적 만남뿐 아니라 가벼운 신체적 접촉을 함으로써 보다 친밀한 관계를 형성할 수 있다고 주장한다. 시간이 경과함에 따라 구성원이 좀 더 진실한 자기 모습을 나타내고, 솔직한 대화를 나눌 수 있게 되고, 상대방을 더 잘 수용하게 되며, 서로의 부정적 감정도 표출시킬 수 있게 된다고 하는 것이다. 참만남집단은 나중에 경험적 가족치료의 발달에 영향을 미쳤다.

참여관찰법 participant observation 참여관찰법은 피검자의 주변 인물 가운데 관찰자를 선정하여 피검자의 행동을 평가하게 하는 방법이다. 발생빈도가 낮은 행동이나 외부 관찰자에 의해 영향을 많이 받는 행동을 평가할 때 유용하며 광범위한 문제행동에 적용할 수 있고 자연적 상황에서 자료수집이 가능하고 비용이 저렴하다는 장점이 있으나, 검사자의 편견이 내포될 가능성이 있다는 단점도 있다.

참자기 true self 침범받지 않는 환경 내에서 존재의 영속성을 경험하고, 자기 나름의 방식과 속도에 따라 개인적인 심리적 실재와 신체도식을 획득하는, 타고난 잠재력을 발휘할 수 있는 자기다. 참자기에 대한 개념은 위니캇(D. W. Winnicott)이 제시한 것으로서, 이상적인 자기의 개념이며 살아있음과 관련된 경험들의 집합체라고 하였다. 참자기는 건강한 환경을 제공하고 아주 어린 유아의 감각운동, 태도자기(postural self)에 의미 있는 반응을 해 주는 충분히 좋은 어머니에 의해 촉진된다고 보았다. 참자기는 정신구조에서 가장 개인적이고 소중하게 여겨지는 사적인 영역으로서 중심자기(central self), 또는 핵심자기(core self)라고 일컬어지기도 한다. ⇨ 거짓자기 참고.

참조관념 idea of reference 자신과 무관한 타인의 말과 행동을 자신과 관련 있다고 생각하는 사고내용상의 장애를 말한다. 처벌반응이 일어날 때마다 혐오자극을 제시함으로써 반응강도를 감소시키기 위해서 사용하는 절차다.

창조성테스트 creativity test 지능테스트에 비해 확산적 사고를 중시하는 검사다. 창조성테스트에는 글자수수께끼테스트(anagram test), 잉크얼룩테스트(ink blotch test), 우화테스트, 결과테스트, 연상테스트 등 여러 종류가 있다. 이는 새로운 아이디어를 생각해 내는 능력을 확인하는 것으로, 기존의 사회적 테두리를 벗어나 새로운 테두리를 구성할 수 있는 사회적 곤란성과 절실성의 극복을 인정하는 것이어야 한다.

창조적 자아 creative self 모든 사람은 자신의 성격을 능동적으로 창조할 자유를 부여받았다는 것을 반영하는 아들러(A. Adler)의 개념이다. 즉, 사람들이란 창조적인 힘을 가지고 자기 인생을 좌우할 수 있는 존재로 보았다. 이 같은 창조적 자아는 자신의 궁극적 목표나 특정 경향을 향해 지속적으로 나아가려 하며 생의 의미를 제공해 주는 원리로서, 인간의 행동변화와 의식의 변화를 가져오는 열쇠라고 하였다.

창조적 투사 creative projection 타인에게 투사한 내담자 자신의 욕구, 충동, 감정 혹은 사고내용들에 대해 의도적으로 투사놀이를 해봄으로써, 이것이 자기 자신의 부분들이었다는 사실을 깨닫게 해주고 다시 자신의 부분으로 받아들이고 통합하도록 도와주는 방법이다. 창조적 투사는 자기 자신이 투사행위의 주체임을 자각한다. 즉, 투사물이 자신이 만들어 낸 것임을 알고 있고 따라서 투사가 사실과 일치할 수도 있지만 그렇지 않을 수도 있다는 사실을 알고 있다. 이러한 창조적 투사를 통해 타인의 상태를 알아차리거나 공감하는 데 도움을 얻을 수 있다.

찾기 반사 rooting reflex 신생아가 자신의 얼굴에 닿는 자극을 향하여 머리를 돌리는 반사로 생후 초기에 생존에 필요한 젖이나 음식물을 향하도록 하는 기능을 한다.

채식주의자 vegetarian 채식주의자에도 여러 유형이 있다. 즉, 극단적 채식주의자(vegetarian), 우유나 치즈 등 유제품은 먹는 채식주의자(lacto vegetarian), 우유나 치즈, 계란까지 먹는 채식주의자(lactoovovegetarian)가 있다.

책임감분산 diffusion of responsibility 주변인 효과와 같은 의미로서, 개인의 책임의식은 그들이 소속한 집단의 크기에 반비례하다는 것이다.

⇨ 주변인 효과 참고.

책임전가 scapegoating 불만을 일으킨 사람들이 공격의 대상을 개인이나 집단에 옮겨 그들을 비난함으로써 자기를 보호하려는 방어기제다. 이 현상은 사회적 혼란이나 경제적 공황 하에서 사람의 욕구가 많이 억압되었을 때 두드러지게 나타난다.

처벌 punishment 행동수정에서 반응 후에 혐오자극이 출현하여 그 반응의 확률을 낮추는 것으로서 두 가지 유형의 벌이 있다. 하나는 특정행동에 즉각적으로 뒤따라 나오는 불쾌하거나 원하지 않는 사건을 제공하는, 자극의 변화에 의해 이후 행동의 빈도를 감소시키는 과정이다. 즉, 특정행위 또는 불법행위에 대해 유해한 자극, 벌칙을 가하는 것이다. 다른 하나는 제2유형의 벌로서 특정행위에 대해 유쾌한 자극을 철회하는 것이다.

척수 spinal cord 뇌와 함께 중추 신경계를 구성하고 있다. 척추에 둘러싸여서 보호되고 있으며, 말초신경계가 척수에서 모여 뇌와 연결된다. 척수 안에 있는 신경섬유들은 뇌에서 오는 정보를 말초신경으로 보내고 말초신경계에서 온 정보를 뇌로 전달하는 기능을 한다. 즉, 피부, 관절, 근육, 인대에 있는 신경에서 전달되는 정보를 받고 운동을 위한 운동명령을 전달하는 것으로, 만약 사고 등으로 척추가 절제되면 손상된 지점 아래의 신체 부위는 감각과 수의적 운동 기능을 상실하게 된다.

청교도 윤리 protestant ethic 일반적으로 근면, 절제하는 노력이 경제적 부, 사회적 신분상승, 자유 등 보상을 가져다주고 긍정적으로는 천국에 갈 수 있다는 믿음과 연관된 가치관 혹은 행동경향을 의미한다. 청교도 윤리는 칼뱅, 루터, 웨슬리와 같은 청교도 지도자들의 도덕적 가르침에서 그 이름이 유래하였다.

청반핵 locus ceruleus 뇌의 뒤쪽에 위치하며, 도피, 투쟁반응과 관련하여 각성의 수준을 관장하는 것으로 뇌 전체의 에너지를 강화하는 역할을 한다. 또한 청반핵은 교감신경계의 주요 신경전달물질인 노에피네프린을 분비하는 부위로서, 불안의 중추조직으로서 경보기 역할을 한다. 따라서 이에 이상이 생겨, 즉 위험을 알리는 알람을 울리는 부위인 청반핵의 오작동 증상이 나타나는 것이 공황발작이다.

청소년 juvenile 형법상 성인으로 취급될 나이가 아직 안 된 젊은 사람으로 법률상 능력을 언급하는 데 사용되는 미성년(minor)과 구별된다.

청소년기 adolescence 유년시절과 성인기 사이의 인생주기로 사춘기에 시작하여 성인기 초기에 끝난다. ⇨ 에릭슨 참고.

청소년 비행 juvenile delinquency 성인의 경우와 달리 과거의 객관적인 행위만이 아니고 장래에 죄를 범할 가능성을 내포하고 있다. 환경의 영향 등 비교적 광범위하게 그 뜻을 포함하고 있어 법률 위반행위로서의 비행보다도 사회적으로는 반사회적인 행위 즉, 미성년자로서 지켜야 할 규칙 위반행위, 부모에 대한 불복종, 상습적 학교결석, 가출, 음주, 성행위 등을 의미한다. 우리 나라 소년법 제4조에서는 청소년 비행이란 12세 이상 20세 미만의 청소년에 의한 범죄행위, 촉법행위, 우범행위로 명시하고 있다.

체감각영역 somatic sensory area 뇌의 두정엽에 있는 영역으로 촉각, 통각, 압각, 온도감각 등이 투사되는 영역이다.

체계 system 상호작용하는 단위들 또는 구성요소들이 함께 모여서 형성된 통전적인 배열이나 조직체로 정의된다. 체계는 그 자체로서 전체가 이해되는 전체성을 지니고 있다. 체계는 물질적이고, 기계적이며, 살아 있고, 사회적이며, 또는 이것들의 결합일 수도 있다. 이러한 견해는 상호작용하는 각 부분들이 서로 고립되어 있어서 단순하게 더하기만 하면 체계를 이룬다고 보는 것이 아니라, 각 부분들과의 관계를 강조하는 것이다. 즉, 다양한 구성요소들을 전체 체계의 기능으로 보아야 잘 이해할 수 있다는 것으로 예를 들면, 가족 각자가 다른 가족에게 영향을 미치고, 또한 가족 각자가 다른 가족으로부터 영향을 받는 것을 의미한다.

체계이론 system theory 전체를 구성하는 요소들 간의 상호관계를 강조하는 개념들을 말한다. 쉽게 말하면 개체의 행동은 전체의 구조 즉, 체제의 일부로서 이해할 때 현상을 더 정확하게 파악할 수 있다는 이론이다. 뿐만 아니라 전체는 아니라 할지라도 다른 개체와의 관계 속에서 행동을 이해해야 정확한 이해에 도달할 수 있다고 보는 것이다. 따라서 이들 개념은 개인, 집단, 조직, 지역사회와 환경 내에서 서로 영향을 미치는 요인들 간의 관계를 강조하며, 물리학, 화학, 생물학, 사회관계를 포함하여 자연 내의 여러 요소들 간의 상호관계에 초점을 맞추고 있다. 예를 들면, 비행청소년의 행동을 이해함에 있어서 그 청소년의 정신역동, 인지, 지각, 감정으로 이해하려는 것이 개인론적 관점이라면, 부모와의 관계, 형제와의 관계, 가정과 학교의 관계, 학교에서의 그 학생의 위치나 입장, 입시제도, 사회 경제 등의 환경 요인과 그 학생과의 관계라는 맥락에서 문제를 보는 것이 체제론적인 입장인 것이다.

체계적 가족치료 systemic family therapy 체계이론을 바탕으로 한 가족치료방법이다. 가족은 살아서 역동하는 체계라는 점에 집중하는 것으로 잘 알려지고 잘 정립된 치료 모델 대부분이 여기 포함된다. 그러나 최근 체계적 가족치료라는 용어를 사용할 때는 일반적으로 밀란모델을 염두에 둔 것이다. 체계적 가족치료는 가족이 계속 변모하고 있음에도 불구하고, 현재의 행동패턴에는 더 이상 맞지 않는 과거의 인식론을 계속 사용하고 있다고 보는 치료적 접근이다. 치료자는 가족체계에 새로운 정보를 간접적으로 소개하고 대안적인 인식론을 개발하도록 격려하며, 개인이 체계와 갖는 관계가 주된 관심사다. ⇨ 밀란모델 참고.

체계적 둔감법 systematic desensitization 체계적 탈감각화 볼페(J. Wolpe)가 체계화한 이 방법은 비현실적인 불안을 유발하는 사건을 불안의 정도에 따라 위계를 정하여 불안위계표를 만들고 깊이 이완을 하면서 불안을 가장 적게 유발하는 사건을 경험하게 하는 방법을 사용한다. 행동요법 가운데 하나로 공포, 긴장, 불안반응에 유쾌감정을 넣어 이완시키는 자율훈련법이다. 상상과 실행의 반복을 사용한다. 이론적으로 볼 때 불안증상이 주로 정서 , 신체 생리적인 측면으로 나타나는 사례에서 특히 효과가 있을 것으로 예상되는 요법으로, 불안을 일으키는 자극을 여러 단계로 세분해 놓고 낮은 단계, 즉 불안반응이 약한 수준부터 강한 수준의 순서로 자극을 제시해 나가는 방법이다. 자극제시 방법에는 실제 물체, 그림이나 영상, 상상, 실제 상황에의 노출이 있다. 가령 뱀에 대한 반응이 병적인 소녀의 치료에 있어, 뱀을 친밀하게 느끼도록 학습하는 것으로 기존의 관념을 바꾸는 방법이다. 하루 한 번씩 소녀의 굳어 있는 근육을 풀어주는 것으로 몸의 이완이 마음을 풀어 주게 되며, 뱀이란 글씨를 벽에 써놓고 아이가 뱀이란 글씨를 보아도 무서움을 느끼지 않도록 멀찍이 세워 놓는다. 매일 글자를 보아도 무섭지 않은 자리까지 한 발자국씩 다가가게 하며, 뱀이란 글자를 만져도 무서워지지 않을 때 뱀이 나온 그림을 보게 한다. 처음에는 방문 밖에서 그림을 보게 하고 매일 한 발자국씩 그림에 다가서는 훈련을 한다. 그림까지 만져 볼 수 있게 되면 실물인 뱀을 유리 상자에 넣은 뒤 두려움 없이 다가서는 훈련을 하는 것이다. 단, 이때 불안반응과 상대하는 정서, 혹은 신체 생리적인 상태 즉, 근육이완, 쾌감, 자신감 등을 연결시켜야 한다. 이것을 역조건화(counterconditioning)라 한다.

체성신경계 somatic nervous system 신체 각 부위에 연결되어 있는 신경다발로서 피부, 골격근, 관절, 감각기관에 분포한다. 체성신경계는 외부에서 들어온 정보를 중추신경계로 보내는 구심성 신경섬유와 중추신경계의 정보를 신체근육으로 보내는 원심성 신경섬유로 구성되어 있다. 체성신경계는 인간이 수의적으로 활동하게 할 수 있는 특징이 있다. 즉, 구심성 신경섬유는 감각신경으로서 피부, 근육, 관절로부터 외부자극에 대한 정보를 중추신경계로 보내는 것이며, 원심성 신경섬유는 운동신경으로서 중추신경계로부터 신체의 근육으로 정보를 전달하여 운동을 일으키고 자세와 몸의 균형을 바로 잡는 역할을 하는 것이다.

초감각적 지각력(ESP) extrasensory perception 감각기관을 통하지 않고 오는 지각으로 정신감응, 천리안, 예지 등을 의미한다. 라인(J. B. Rhine)이 1930년대 초기까지의 심령학 연구대상이었던 여러 현상들을 정리하여 투시, 텔레파시, 예지 등의 현상을 총칭하여 초감각적 지각이라고 하였다. 또한 ESP와 염력(정신력)을 합쳐서 프시현상이라고 하였다.

초두효과 primacy effect 대인지각에 있어서 중요한 원리의 하나는 첫인상이 중요하다는 것이다. 이는 인상형성에 있어 먼저 얻은 정보가 나중에 들어온 정보보다 더 기억이 잘 되고 강력한 영향을 미치기 때문이다. 애쉬(S. Asch, 1946)는 피험자들에게 가상적인 인물에 대한 성격을 묘사하는 형용사들을 나열하여 제시하고, 피험자들이 그 인물에 대하여 느끼는 인상이 무엇인지를 쓰게 하여 분석하는 연구를 하였다. 한 조건에서는 형용사의 순서가 '똑똑하고, 근면하고, 충동적이며, 비판적이고, 고집이 세며, 질투심이 강함' 이었고 다른 비교조건에서는 똑같은 형용사들을 제시, 순서만 뒤바꿨을 뿐이었지만, 피험자들은 긍정적인 형용사들이 먼저 제시되었을 때 상대방 인물에 대하여 보다 호의적인 인상을 느끼는 것으로 나타났다.

이같이 먼저 제시된 정보가 나중에 제시된 정보보다 더 큰 영향력을 행사하는 것을 초두효과라고 한다. 애쉬의 연구는 첫인상이 중요하다는 말의 타당성을 잘 보여 준다. 그렇다면 왜 첫인상이 중요한가? 그 심리적 기제는 무엇인가? 애쉬는 맥락효과를 들고 있다. 즉, 처음에 제시된 정보가 맥락을 형성하고, 이 맥락 속에서 우리는 나중에 제시된 정보를 해석하기 때문에 의미의 전환이 나타난다는 것이다. 어떤 사람이 똑똑하다고 했을 때, 그가 이미 성실하고 정직하다는 것을 알았을 때와 그가 이미 꾀를 잘 피운다는 것을 알았을 때는 똑똑하다는 정보가 달리 해석되어 전자의 경우는 현명하고 지혜롭다는 의미로 여겨지고 후자의 경우는 요령꾼, 경원해야 할 사람으로 여겨지기 쉽다. 다른 설명도 가능한데, 일단 정보가 접수되면 그 후에 접수되는 정보들에는 주의집중력이 떨어지기 때문일 수 있다. 이 주의 감소 가설에 따르면, 우리가 제시된 모든 정보에 주의를 기울일 수 있게 되면 초두효과는 안 나타날 것이다. 한 연구에서 피험자들에게 인물에 대한 특징을 기술하는 형용사들을 제시하면서 이들을 회상할 필요가 있다고 했을 경우에는 초두효과가 나타나지 않았다(Anderson & Hubert, 1963). 한편 중요성 절감 가설에 따르면 우리들은 상대방에 대해 일단 뚜렷한 인상을 지니게 되면 이 인상에 부합되지 않거나 모순되는 정보가 갖는 가치를 평가절하한다.

⇨ 주의감소현상 참고.

초보완적 관계 metacomplementary relationship 권력이나 지위가 낮은 사람이 실질적인 통제권을 갖고 있는 관계를 말하는 것으로, 지위가 낮은 사람이 지배적 위치에 있는 사람을 통제함으로써 오히려 관계규정에 있어서 주도권을 잡고 있는 경우를 말한다. 예를 들면, 부모가 자녀의 행동을 통제하지 못하는 가족구조와 같은 경우다.

초심리학 para psychology 초감각적 지각(ESP), 염력(PK) 등 통상적인 수용기나 효과기를 매개로 하지 않는 생물과 환경과의 상호작용을 연구하는 과학의 한 영역이다. 즉, 신비적이고 특이한 심리현상을 실험적으로 연구하려고 하는 것으로 독심술에 대한 실험 등이 있다.

초월적 기능 transcendant function 대극들(opposites)을 중재해 주는 기능. 이 기능은 상징을 통하여 나타나며, 하나의 정신적 태도나 상황으로부터 다른 상황으로의 전이를 용이하게 해준다. 초월적 기능은 현실과 상상 혹은 합리성과 비합리성 간의 연계를 나타낸다. 말하자면 의식과 무의식 사이의 심연을 건너가게 해주는 다리 역할인 것이다. 융에 의하면 초월적 기능은 자연스러운 과정이며, 대극들의 긴장에서 솟아나는 에너지의 표출이다. 그리고 초월적 기능은 꿈과 영상에서 저절로 나타나는 일련의 환상들로 이루어져 있다. 초월적 기능은 무의식이 대극들 간의 긴장과 갈등을 겪을 때마다 활성화되며, 개인을 과도한 일방향성에서 벗어나게 해줌으로써 치료효과를 가진다.

초인격주의심리학 transpersonal psychology 자아초월심리학 개인 또는 자아를 초월한 심리학으로서 다층의 의식상태를 가정하여 특히 지각되지 않은 외부로부터의 심리적 영향을 연구하는 것이다. 초인격주의심리학은 20세기 후반 매슬로우(A. Maslow)가 인본주의적인 성격을 띠는 심리학을 제시한 후 체계화되어 가고 있는 것으로, 완전한 자아실현을 위한 노력을 드러내고 지지해 주는 것을 포함한다. 초인격주의심리학은 기성종교에 대립되는 입장으로 선 · 요가 등을 통한 영적체험, 최면이나 우주체험 등을 인간의 본질에 계속적으로 적용하려는 연구로서 new science 운동과 같다고 할 수 있다. 치료에서 최종적 목표는 지금의 지배적인 문화에 성공적으로 적응하는 것이 아니라 해탈, 깨달음, 재탄생, 자기 확신이나 다양한 전통에 의거한 영적 지식이라 부르는 상태를 나날이 체험하는 것이다. 치료자는 한 인간의 삶에 존재하는 가치와 의미라는 주제를 다루고자 하며, 이 주제에 대한 해결은 내담자가 직면하고 있는 딜레마에 보다 깊이 대면함으로써 이루고자 하는 목적을 달성하는 것이다. 즉, 인간의 마음과 우주적 삶의 원리 간의 보다 광범위한 연관성을 연구하며, 인간의 최고의 욕구이자 경지인 자기 초월의 경지를 인정하고 수용하며 실현하는 것을 목표로 하고 있다. 초인격주의 심리학이란 것이 아직 발달의 과정에 있기 때문에 초인격주의 심리학의 용어를 확실하게 정의하기에는 어려움이 있지만, 이 속에 함축된 의미는 건강과 행복, 의식과 밀접한 관계를 가지고 있는 것으로 요약될 수 있다.

초자아 superego 상위자아 사회의 기준과 옳고 그름에 대한 우리들 자신의 기준을 결정해 주는 마음의 지침 즉, 양심, 우리의 목표와 양심을 결정해 주는 이상 자아 등으로 구성되는 인격의 도덕적인 구성요소다. 개인의 도덕적 의식이나 사법적 측면으로, 현실적인 것보다는 이상적인 것을 대표한다. 우리의 충동을 조정하고, 우리의 행위의 방향을 잡아 주는 의식적인 자기 즉, 자아(ego)는 근본적으로는 부모의 요구와 금지로부터 연유해 나온 상위 자아의 법칙과 원칙에 의하여 기능한다. 정신역동이론에서 개인의 윤리적 기준, 양심, 사리분별 능력을 규제하는 정신 또는 성격의 부분으로, 부모에 의해 만들어진 외견상의 가치나 규칙을 동일시함으로써 초자아의 발달이 시작된다고 한다. 우리는 부모의 사랑을 필요로 하고 부모의 불찬성을 두려워하기 때문에 그들의 요구와 금지를 채택 또는 내면화하는 것이다. 초자아의 형성은 무의식적 차원에서 이루어지며 과정은 만 5세 이전에 시작되어 아동기, 청소년기, 성인기를 거치면서 형성되는데, 대부분 존경할 만한 행동양상과의 동일시를 통해 이루어진다. 초자아가 발달되면 부모에 의해 통제되던 것의 초자아에 의한 자기통제가 이제는 가능하게 된다. 즉, 원욕의 충동조절과 동시에 현실적인 것보다는 완전한 것의 우위성을 인정하고 자아를 설득한다. 따라서 현실이나 쾌락보다는 완성을 얻으려고 애쓴다.

초조 agitation 초조 및 불안 때문에 목적 없는 행위의 증가가 심하게 일어난다. 내적 긴장감과 어쩔 줄 몰라 하는 과잉행동이 동반되는 것으로 이 과잉행동에는 왔다갔다하기, 안절부절못함, 손을 쥐어짜기 등 가만히 있지 못하는 반복적인 의미

없는 행동이 포함된다.

촉매자 catalyst 내담자로 하여금 자기 평가와 반성의 분위기를 형성하고 의사소통을 촉진시키며, 문제파악을 자극하고, 변화 가능성에 대한 신념을 고무하는 기능을 하는 역할.

촉진 facilitation 조장 내담자의 질문에 대답 혹은 그의 행동과 경향에 대한 기술적 언급을 뜻한다. 사실적이고 논리적이며 감정에 휘말리지 않아야 한다. 심리검사의 결과해석 등으로 현상을 규명하고 단순화시킨다. 교수학습처럼 내담자에게 학습체제, 목표, 강화, 출발점 행동 등을 가르치기도 하되 내담자의 연령, 배경 등에 알맞도록 한다.

촉진자 facilitator (energizer) 사회사업이나 집단에서 의사전달의 길을 터주며, 그들의 활동과 자원을 연결하고, 전문가에게 접근할 수 있도록 함으로써 변화 노력을 촉진시키는 책임을 갖는다. 즉, 내담자를 위한 중재자 역할을 한다.

촉진적 의사소통 facilitative communication 인간의 성장과 발달이 원활하게 이루어질 수 있도록 돕는 일종의 조력적 의사소통으로서 근본적으로 상대방에 대한 인간적 이해와 존중의 태도를 필요로 하는 의사소통을 의미한다.

촉진적 인간관계 facilitative human relationship 내담자의 인성과 행동에 긍정적 변화를 가져오기 위해 상담자와 내담자 간 인간관계의 중요성을 지적해 주는 것이다. 로저스(C. R. Rogers)는 상담자가 촉진적 인간관계에서 의사소통을 통해 이를 내담자가 왜곡 없이 지각하게 함으로써 내담자 인성의 긍정적 변화를 유도할 수 있다고 보고 있다.

총화고정오류 fixed sum fallacy 총화고정오류란 갈등상황에서 자원이 가변적인데도 불구하고 고정되어 있다고 지각하는 것으로, 이는 갈등 당사자들이 서로의 관심사의 차이를 보지 못하는 지각상의 오류다.

최면 hypnosis 암시에 의하여 이완상태를 일어나게 하고 또 어느 하나의 사물에 주의를 집중케 하여 몽환상태에 빠지도록 하는 것을 말하며, 이 몽환(trance) 상태를 최면상태라고 한다. 최면은 최면법 혹은 최면술이라 불리는 일정한 방법으로 의도적이고 인위적으로 야기되는 인간 유기체의 특수한 상태 및 그것이 원인이 되어 생기는 심리적·생리적 일환의 현상들로 그 상태는 수면과 각성의 중간적 특징을 갖는다. 즉, 대상의 인지 외에는 모든 것이 무시될 정도로 집중력이 강해지는 정신적인 상태로, 최면상태는 영화나 책에 완전히 몰입하는 상황과 거의 흡사하다. 아직 그 본질은 확실히 밝혀지지 않았지만 최면상태는 피암시성이 현저히 앙진되어 평소와는 다른 의식상태에 놓이며, 그 때문에 각성 시보다 운동, 지각, 기억, 사고, 상상, 감정 등의 여러 기능에서 평소와는 다른 모습을 보이게 된다. 또한 최면상태의 유형들은 최면치료와 같은 치료적 개입에서 성공적으로 사용된다. 이 몽환상태를 일으키기 위해서 여러 가지 종류의 암시조작이 사용되는데 이런 조작을 최면유도법 또는 최면법(hypnosis)이라고 한다. 즉, 최면이라는 용어는 조작기법을 말하는 경우와 그 기법에 의하여 일어난 상태를 의미하는 경우가 있다. 최면으로 유도하기 위해서는 첫째 최면에 대한 불안과 오해를 해소시킴으로써 최면을 받고자 하는 동기가 생기도록 하고, 둘째 최면술자와 최면을 받고자 하는 사람의 사이에 마음이 통하도록 해야 하고, 셋째 심신을 이완시켜야 하고, 넷째 눈앞에 놓인 조그마한 빛나는 물체, 메트로놈의 소리, 어떤 상과 같은 일정한 사물에 주의를 집중시킬 필요가 있으며, 다섯째 '눈이 감긴다' '손이 올라간다' 등의 말을 통해 언어적 암시를 주어야 한다. 이런 조작에 의하여 대부분의 사람이 최면상태에 빠지게 되며 특히 아동 즉, 7세에서 14세 사이의 연령층은 최면 감수성이 더욱 높다.

최면가족치료 hyponosis and family therapy 이미지와 관련된 것으로, 가족은 긴장을 풀고 서로의 것을 생각하고 있는 사이에 나타나는 정신적 표상에 주의를 집중하도록 유도하여 가족 서로가 공유하는 합성이미지를 만들어서 면접 장면에서 예행연습을 하도록 한다. 그 이미지는 가족의 현실적인 목표가 되며, 또 가족구성원 상호의 강화로 이어진다.

최면요법 hypnotherapy 최면의 특성을 이용한 치료법이다. 오늘날에는 주로 최면에 의한 심리요법을 가리킨다. 프로이트(S. Freud)의 정신분석치료(Psychoanalitic therapy), 슐츠(J. H. Schulze)의 자율훈련법(Autogenic Training), 볼페(J. Wolpe)의 상호제지법(reciprocal inhibition), 아이젠크(H. J. Eysenck)의 행동치료(behaviour therapy) 등이 대표적인 예다.

최소뇌기능장애 minimal brain dysfunction 미소뇌 장애 비교적 가벼운 뇌기능의 손상을 말하며 지각, 행동, 학습능력에 미묘한 영향을 주게 된다. 거의 평균수준 또는 평균수준보다 높은 지능을 가지고 있으면서 경중의 차이는 있지만 중추신경계의 기능장애와 관계가 있는 특정한 학습장애나 행동장애를 나타내는 아동들의 경우에 적용되는 용어다. 이런 기능장애는 지각장애, 개념형성장애, 언어장애, 기억력장애, 주의력이나 충동 또는 운동기능의 조절장애 중 여러 가지의 배합상태로 나타난다. 이런 상태의 결과는 상당히 다양하며 신체상의 왜곡, 어색한 몸놀림, 원근감의 착란, 과다행동, 불안정한 감정, 난잡한 몸가짐, 주의집중기간의 단축 그리고 언어장애로 나타날 수 있다.

최신효과 recency effect 신근성효과, 최근효과 가장 최근의 일을 기억하게 되는 것으로 앞의 것은 잊어버리고 제일 마지막의 것만 기억하는 것이다. 초두효과와는 정반대로 시간적으로 나중에 제시된 정보가 잘 기억되고 따라서 인상형성에 큰 영향을 미칠 수 있는데, 이를 최근효과라고 한다. 이 효과는 제한적으로 나타나는데, 초기정보가 너무 일찍 제시되어 망각되어지거나 최근의 정보가 아주 현저하게 지각되어지는 경우에서만 나타난다.

최적각성수준 optimal level of arousal 옆에서 누가 지켜볼 때 일을 더 잘하는 현상을 사회적 촉진 현상이라고 하고, 옆에서 누가 지켜볼 때 일을 더 못하는 현상을 사회적 억제 현상이라고 한다. 이와 같이 사람들에겐 일이 가장 잘 되는 각성수준이란 게 있다. 그것을 '최적각성수준'이라고 한다. 다시 말해 일하기에 가장 적합한 각성수준이 있다는 얘기다. 가령 단순한 일을 혼자서 하면 긴장이 풀려 일의 능률이 오르지 않는다. 그러나 복잡하고 머리를 써야 하는 일을 하는데 누가 옆에서 지켜보거나 잔소리를 하면 너무 긴장해서 일이 잘 안 된다. 그래서 단순한 일은 같이 하는 게 좋지만 복잡한 일은 혼자 하는 게 능률적이다. 결국 일을 능률적으로 처리하려면 과제에 따라 다른 각성수준을 유지해야 한다. 인간의 각성 수준은 주의 집중을 담당하는 뇌의 망상활성체(RAS)라는 부위에서 담당한다. 망상활성체는 각성 수준을 조절하면서 과제수행능력과 수행량에 영향을 미친다.

최적 각성이론 optimal arousal theory 심리학에서 최적 각성이란 행복의 실행이나 학습, 행복감이 극대화되는 정신적 자극의 단계를 의미한다. 최적 각성이론(optimal arousal theory)에 따르면 인간은 늘 적정 수준의 긴장과 흥분을 유지하려고 하기 때문에 평화와 안정을 추구하면서도 도전과 모험을 즐긴다는 심리를 잘 설명해 준다.

최적스트레스 eustress ⇨ 유스트레스 참고.

최초불안 primal anxiety 아기가 모체로부터 외부세계로 나오는 과정과 나온 직후에 체험하는 불안을 말한다. 이 최초 경험을 출생충격(birth trauma)이라 부르는데 초기 정신분석학에서는 이것이 모든 불안의 근원이 된다고 주장하였다. ⇨ 출생충격 참고.

추동 drive 욕동, 욕구 행동이나 활동적인 투쟁에 대한 추진력을 뜻하는 용어로서, 보통 동기 및 욕구와 같은 말로 사용된다. 즉, 추동은 기본적인 생리적 욕구를 만족시키기 위해 각성된 동기로서 행동을 유발하기에 충분한 자극을 의미한다.

추동감소이론 theory of drive reduction 욕구감소이론 이 이론에서는 신체가 최적 상태에서 벗어나면 신체 내부에 긴장이 생기며 유기체에게는 이 긴장을 감소시키려는 욕구가 일어난다고 본다. 그 후 생리적 불균형이 정상적으로 회복되면 욕구는 감소하고 동기화된 활동은 중지된다고 보았다. 즉, 동물과 인간은 생리적 요구에 의해 야기되는 추동(drive) 때문에 행동한다고 주장한다. 이는 강화이론의 하나로서 헐(C. L. Hull)이 제시한 것이다. 인지의 일관성 이론들은 인지들 간의 불일치 지각을 강조하기 때문에 인지적 활동을 중요하게 보고 있으며, 일단 불일치가 지각되면 사람들은 그것을 불편하게 느끼기 때문에 그 불일치를 해소시키려는 동기를 갖게 된다고 가정한다. 그리고 불편한 상태를 해소하는 것은 그 자체가 보상이다. 이런 의미에서 이런 종류의 동기를 추동감소(drive reduction)이론이라 부른다. ⇨ 강화, 강화이론 참고.

추동이론 drive theory 추동이론은 배고픔이나 목마름 등 기본 동기를 설명하는 대표적인 심리학 이론이다. 유기체가 생존하고 기능하는 데 필요한 내적·생리적 상태가 있는데 이것을 벗어나면 심리적 추동이 생겨서 이를 감소시키는 방향으로 행동이 활성화되는 것을 말한다. 즉, 인간 동기의 근원을 내부의 생리적 요구(need)에 있다고 보는 것으로, 인간의 기본적인 생리적 요구에 의한 긴장 상태는 심리적 추동을 일으키며 이러한 추동은 유기체로 하여금 요구를 충족시키는 방향으로 움직이게 하는 것이다.

추상적 사고 abstract thinking 추상화와 일반화를 사용할 수 있는 특징을 가진 사고를 말한다. 가설 설정이나 상상적 추론과 같이 눈에 보이지 않는 개념이나 경험에 대한 사고가 가능한 것이다. 특히 본질적인 것과 공통적인 속성을 파악할 수 있는 능력을 말하며, 주어진 상황에서 어느 한 국면의 여러 가지 각기 다른 측면을 동시에 생각할 수 있는 인식기능을 말한다. 많은 정신장애인들의 특징은 추상적 사고를 할 수 없다는 데 있으며 따라서 그때그때의 상황이 요청하는 것으로 쉽게 전환하지 못하거나 거꾸로 추상적인 것에서부터 구체적인 것으로 옮겨가지 못한다.

추적 tracking 추적하기, 따라가기 이 기법은 가족치료 대부분의 학파들이 활용하는 기법으로 정신분석 학파의 경우는 저항을, 아들러 학파는 내적 논리를, 인지치료자들은 비합리적 신념체계를 추적한다. 전략적 가족치료자들은 가족이 가지고 있는 긍정적 상환고리의 패턴을 알아내고자 하며, 구조주의 치료자의 경우는 가족체계를 변화시키기 위해 가족의 문화와 언어를 사용하여 가족체계에 참여하는 방법으로 이 기법을 활용한다. 즉, 추적은 가족들이 말하는 내용과 행동들을 따라 가는 상담기술이다. 가족들이 계속 말을 할 수 있도록 물어보고 명료화하고 지지하는 발언을 통한 치료자의 활동으로, 치료자는 따라 가기를 통해 가족들의 대화 내용 속에서 가족구조를 탐색하게 된다. 치료자는 가족의 상징, 유형, 언어, 가치에 의도적으로 참여함으로써 이를 이용하여 가족의 상호작용 패턴에 영향을 준다.

추체외로계 extrapyramidal 대뇌피질에서 운동세포로 가는 원심성 경로 중 추체로 이외의 경로의 총칭이다. 피질 외에도 대뇌기저핵, 흑질, 적핵, 뇌간망양체, 소뇌 등에서 나와 망양체척수로, 적핵척수로, 전정척수로, 올리브척수로 등을 만들어 하행한다. 추체외로는 기저핵과 밀접한 관계를 가지고 있으므로 추체외로 기능은 기저핵 기능이라고도 한다. 기저핵 중에서도 선상체가 침해되면 무도병이나 아테토제가 발현되며, 담창구나 흑질에 병변이 있으면 파킨슨병이 된다.

축소 minimisation 부정의 한 유형으로서, 행동의 정도와 심각성을 축소하려는 것이다. 어떤 사람과의 관계에서 실제로 공공연한 불신이 존재하지만 축소하는 사람은 약간의 불화만을 인정한다. 즉, 문제를 인정하기는 하지만 그것의 실체를 인정하려 하지 않는 것이다. 이러한 축소의 개념은 중독자들의 경우, 자신들의 문제에 직면하기를 부정하는 유형으로 나타나는데, 가령 알코올중독자가 자신이 술을 많이 마시기는 하지만, 단지 술을 좋아하는 것일 뿐 자신이 알코올중독자는 아니라고 말하는 것과 같다. 이와 같은 부정의 유형에는 완강한 부정, 떠넘기기, 핑계, 합리화, 공격적이고 충동적인 행동이 있을 수 있다.

출산 delivery 자궁수축이나 복압의 힘으로 모체의 자궁으로부터 태아와 태반을 모체 밖으로 밀어내는 과정을 말한다. 규칙적인 자궁의 수축, 즉 분만 진통으로 시작하여 폐쇄되어 있는 자궁경관이 열림으로써 태아, 이어서 태반의 만출로 출산이 끝난다. 이 과정을 분만 제1기(개구기), 분만 제2기(만출기), 분만 제3기(후산기)로 나눈다.

출생순위 birth order (1) 아들러(A. Adler)가 처음 주장한 이론으로 출생순위가 각 개인의 성격적 특성과 밀접한 연관을 맺고 있다고 한다. 각자가 태어난 가정은 달라도 출생순위가 동일하면 비슷한 성격을 갖는 것만 보아도 가족체제의 기능적 위치를 파악할 수 있다는 것이다. ⇨ 형제순위 참고. (2) 보웬(M. Bowen)의 가족체계이론의 주요 개념으로서 부모의 자녀에 대한 투사 대상 선정에 형제의 출생 순위가 관련된다고 보는 것이다. 즉, 부모의 투사가 모든 자녀에게 동일하게 일어나는 것이 아니어서, 부모와의 정서적 애착에서 벗어나 개성화를 추구한 자녀는 자아분화가 될 수 있지만, 그렇지 못한 자녀는 자아분화가 될 수 없다는 개념이다.

⇨ 가족체계이론 참고.

출생충격 birth trauma 신생아가 느끼는 최초불안과 같은 의미다. 또한 출생충격 혹 출산외상은 신생아가 처음 느끼는 충격뿐 아니라 분만에 대한 공포와 혼란 등 산모의 산고의 고통을 표현할 때도 사용한다. 모든 충격 경험의 전형은 바로 '출생충격'이라고 할 수 있다. 자라면서 자신이 해결할 수 없는 많은 상황에 닥칠 때 갓 태어난 신생아가 지나친 자극에 대한 대처방법이 없었던 경험처럼 이 충격적인 경험이 성년이 된 후에도 자신의 무력한 상태에서 불안을 유발한다는 것이다.

⇨ 최초불안 참고.

충격요법 shock therapy 주로 인슐린이나 전기를 사용하여 환자를 일정 시간 동안 혼수상태에 있게 하는 방법이다. 충격요법, 특히 전기충격에 의한 치료는 우울증 환자에 효과적으로 환자의 죄책감과 자살의 의사 및 자기비하 등의 감정을 경감시키는 것으로 나타났다.

충동 impulses 원초아나 본능적 힘에 의해 지향되는 힘 또는 행동에의 갑작스런 움직임을 의미한다.

충동성 impulsivity 생각 없이 그리고 행위의 결과를 거의 고려하지 않고 내적 충동에 대하여 갑작스럽게 행동하려는 성향.

충동조절장애 impulse control disorders 충동을 조절하지 못하여 행동 통제가 안 되는 장애. 간헐적 분노폭발 장애, 병적인 도박, 병적 방화벽, 병적 도박 등 충동에 사로잡혀 이를 끊지 못하는 경우다.

또한 다른 문제를 회피하려는 방법으로 이 같은 행위를 하기도 한다.

충분히 기능하는 인간 fully functioning person 완전히 기능하는 사람 자기의 잠재력을 충분히 활용하는 사람을 의미한다. 매슬로우(A. Maslow)의 자기실현인의 개념과 거의 같다. 이는 로저스(C. G. Rogers)의 상담 목표로, 내담자의 자아개념과 유기체적 경험 간의 불일치를 제거하고 그가 느끼는 자아에 대한 위협과 그것을 방어하려는 방어기제를 해체함으로써 '충분히 기능하는 인간'이 되도록 돕는 것이다. 로저스에 의하면 완전히 기능하는 인간은 유기체적 가치과정을 사용하면서 사는 사람으로 체험세계에 완전히 개방되어 있으며 따라서 방어기제를 거의 사용하지 않기 때문에 자기 자신을 왜곡시키지 않고 있는 그대로 볼 수 있다. 인간은 다른 사람들로부터 긍정적 관심을 얻고자 하는 욕구와 자기 관심의 욕구를 갖고 있고, 이런 욕구들이 충족될 때 충분히 기능하는 인간이 될 수 있는 것이다. 충분히 기능하는 인간이 되는 과정의 특징은 다음과 같다.

① 경험에의 개방성이 증가되는 과정 : 자신의 감정들을 있는 그대로 자유롭게 각성하는 동시에 그들에 대하여 자유롭게 대처할 수 있는 사람, 즉 심리적으로 자유로운 사람이 이에 속한다.

② 삶의 순간에서 보다 충실하게 살고자 하는 경향 : 실존적 삶의 태도가 증가되는 것이다. 충분히 기능하는 사람은 자아구조가 그때그때 새로운 경험에 대해 끊임없이 개방되어 있으므로 자아방어 때문에 충분히 기능할 수 있는 능력이 방해받지 않아 잘 적응할 수 있는 것이다.

③ 자신의 유기체에 대한 신뢰를 증대해 가는 과정 : 자신의 유기체 전체를 통해서 어떤 한 상황의 여러 측면을 고려할 수 있고, 그 결과로 상황의 모든 측면에서 가장 만족스러운 결정을 할 수 있게 되므로 경험에의 개방의 증대, 실존적 삶의 태도 증대, 자기 유기체에 대한 신뢰의 증대로 사람은 보다 자유롭고, 창조적이며, 인간성을 신뢰하며, 풍요로운 삶을 살 수 있다.

취소 undoing 원상복귀 자신의 성적 혹은 적대적인 욕구와 행동으로 인해서 어떤 대상에게 피해를 주었다고 무의식적으로 느낄 때 그에게 준 피해를 취소하고 원상복귀하려는 노력이다. 취소는 용납될 수 없는 생각, 감정, 행동을 무효화하거나 상징적으로 수정하려는 말이나 행동에 의해 감정적 갈등이나 스트레스를 처리한다. 즉, 취소는 무의식에서 어떤 대상을 향해 품고 있는 자기의 성적 또는 적대적인 욕구로 인해 그 상대가 입었다고 상상하는 그 피해를 취소, 원상복귀, 불인정하는 행위를 하는 것이다. 의식(ritual)에 주로 이런 기제가 있다.

취약성-스트레스 모델 vulnerability-stress model 이상행동 및 정신분열증과 같은 심각한 정신질환이 유발되는 요인을 설명하는 이론으로서, 이러한 질환이 신체적 · 심리적 · 사회적 측면에 의해 유발될 수 있다고 인정하는 것이다. 특히 같은 스트레스 상황이라 할지라도 같은 반응을 나타내는 것이 아니기 때문에 환경으로부터 주어지는 심리사회적 스트레스에 대응하는 개인의 특성을 고려해야 한다고 한다. 특정한 장애에 걸리기 쉬운 체질 또는 취약성이 유전된다는 관점으로, 취약성이 있는 개인에게 스트레스 요인이 상호작용하여 최종적인 발병이 결정된다고 보는 것이다.

측두엽간질 temporal lobe epilepsy 정신운동성 간질 간질의 한 형태로서 잠깐 동안의 혼몽상태가 일어나고 이에 수반하여 미시감(jamais vu)이나 기시감(deja vu)과 같은 기억착각, 모호한 환각, 씹고 삼키는 운동, 반복적인 자동행동, 그리고 때로는 난폭한 행동으로 폭발하는 분노감이나 공포감이 나타나는 것이 특징이다. 뇌파기록에서는 측두엽에서 극파가 나타난다. 따라서 일명 측두엽간질이라고도 한다.

측정 measurement 어떤 변인의 양이나 수준에 숫자를 배정하는 절차. 즉, 자료를 양적으로 분석하기 위하여 일정한 규칙에 따라서 사물이나 현상에 수치를 부여하는 것을 말한다.

측정오류 measurement error 대상을 측정함에 있어 본래의 대상이 갖는 실상과 측정결과 간 불일치 정도.

치료 therapy 히브리말로 Ralph(treatment) 치료는 일반적으로 어떤 질병・장애・결함 등을 처리하는 것이다. 일반적으로 사람들의 삶 가운데 더 깊은 문제를 처리하는 것을 뜻한다.

치료자 therapist 가족치료자, 정신과의사, 상담심리가, 상담자, 사회사업가, 목회상담자 등 사람들의 심리적 건강을 돌보는 사람들을 의미한다.

치료적 동맹 therapeutic alliance 환자를 이해하기 위한 치료자의 능력과 환자의 성숙하고 합리적이며, 관찰적 입장에 있는 자아(ego)가 연합하는 것을 의미한다. 의사는 환자의 고통을 이해하며 환자가 어떠한 이야기를 하더라도 참고 수용한다는 지지적 태도를 견지해야 한다. 환자의 비언어적 표현을 잘 이해할 수 있어야 한다. 좋은 환자-의사 관계에서 환자는 의사를 신뢰하여 마음의 가장 비밀스러운 내용까지도 얘기할 수 있게 된다. 의사는 정신건강에 대한 전문가로서 환자와 좋은 협력관계를 이루어야 하며 동시에 자신과 환자와의 관계를 객관적으로 관찰할 수 있어야 한다. 즉, 면담 중 의사는 참여하는 관찰자(participant observer)의 입장을 취할 필요가 있다. 환자가 얘기하는 것이나 행동에 대해 항상 동참하되 객관성을 유지하는 것이 필요하다. 필요한 면담기술은 의사의 인격수준에 따라 다르지만 스스로를 철저하게 검토하면서 환자와의 끊임없는 다양한 실제경험을 통하여 훈련, 습득될 수 있다. 의사는 환자와의 면담을 통하여 질환의 양상, 증상의 특징과 그 원인을 밝히고 환자의 인격과 인생사와의 관계를 이해해야 한다. 병력(history)은 하나의 역사라는 관점에서 모든 자료와 그 발전과정이 생생한 내용으로 기술되어야 한다. 처음부터 개인력이나 가족력을 자세히 묻는 것보다 현재 증상부터 물어가는 것이 적절하다. 직접적으로 묻기도 하고 환자가 스스로 자기의 이야기하도록 유도하기도 하여 균형을 취해야 한다. 유도하는 질문이나 대화를 중단시키는 질문은 피해야 한다. 그러나 너무 일반화(generalize) 하려는 데 대해서는 특정한 실제의 예를 묻는다거나 의문이나 논평을 가하여 진술경향을 바꿈으로써 면담을 잘 이끌어 나가야 한다.

치료적 이중구속 therapeutic double bind 내담자에게 문제 증상을 계속해서 실행하라고 지시하는 다양한 역설적 기법을 일컫는 일반적인 용어다. 이중구속에 걸린 내담자는 문제 증상을 버리거나 그에 대한 자기 통제력을 인정해야만 하는 상황이 된다.

치매 dementia 치매는 뇌의 여러 부위가 담당하고 있는 다양한 정신기능들이 손상되어 있는 것으로, 사람의 정신(지적)능력과 사회적 활동을 할 수 있는 능력의 소실을 말한다. 이러한 능력의 소실이 그 사람의 일상생활의 장애를 가져올 정도로 충분히 심할 때 이것을 치매라고 한다. 성장기에는 정상적인 지적 수준을 유지하지만 후천적으로 내과적 · 신경과적인 질환으로 뇌신경의 손상이 일시적이거나 지속적으로 일어나 인지기능(지능 · 학습 · 언어 · 집행기관 등)의 장애로 다양한 정신증상, 행동 이상 등 정신기능이 감퇴하는 복합적인 임상증후군이다. 즉, 치매는 그 자체가 어떤 질병을 의미하는 진단명이 아니라 단지 특정한 증상들이 나타나서 어떤 기준을 만족시키는 경우를 의미하는 하나의 증후군이라고 할 수 있다. 치매는 알츠하이머 병, 뇌졸중, 기타 의학적 원인, 물질 남용 등으로 인한 인지작용의 쇠퇴 특히 기억력의 쇠퇴현상을 통해 나타나는데, 우리 나라의 경우는 알츠하이머 병이라 불리는 퇴행성 뇌신경질환과 여러 뇌졸증의 기전으로 발생하는 혈관성 치매가 대부분이다. 치매를 불러오는 흔한 원인 질환들을 살펴보면, ① 퇴행성 뇌질환으로서 알츠하이머병, 루이소체치매, 전두측두엽성 치매, 헌팅톤씨병, 진행성핵상마비, ② 독성물질에 의한 치매로서 약물복용에 의한 치매, 알코올중독성 치매, 납이나 망간, 수은 등 중금속 중독, 유기용매 중독, ③ 혈관성 치매종으로 다발성경화증, 열공성뇌색증, 빈스뱅거씨 병, 아밀로이드성 뇌혈관병증, 측두동맥염, ④ 뇌의 염증 및 감염에 의한 치매로 다발성경화증, 에이즈에 의한 치매, 크로츠펠트(야곱씨병), 헤르페스성 뇌염, 세균성 · 진균성 뇌막염 후유증, 뇌백질뇌염, 신경매독, ⑤ 외부 원인 또는 유전적 결함에 의한 치매종으로 뇌외상성치매, 뇌저산소증, 일산화탄소중독, 지주막하출혈, ⑥ 대사성 또는 내분비 장애에 의한 치매로 갑상선기능저하증, 비타민 B12 결핍증, 엽산결핍증, ⑦ 그 외의 원인들로 만성경막하출혈, 뇌종양 및 전이성뇌종양, 정상압뇌수두증, 경련성질환이 있다.

친밀감 intimacy 친교, 친밀관계 가장 좋은 인간관계. 방어할 필요가 없을 정도로 수용적인 사랑에 근거하기 때문에 서로의 감정을 자연스럽게 표현할 수 있는 구조다. 통합된 인성으로서 솔직하게 본심을 교환하여 신뢰로운 인간관계를 유지하는 적극적인 교류방법이다.

친밀감의 춤 the dance of intimacy Harriet 러너(Lerner)가 사용한 용어로 두 사람 사이에 이루어지는 관계역동을 비유한 말이다. 건강한 관계는 자유롭고 조화롭게 가까워졌다가 멀어지는 것을 반복하면서 함께 춤추는 두 명의 댄서처럼 의존과 독립의 균형을 이룬다. 그러나 관계중독자는 밀착된 형태로, 회피중독자는 이탈된 형태로 친밀감의 춤을 춤으로써 관계를 유지하여 궁극적으로 병리적인 관계를 만든다.

친밀한 거리 intimate distance 홀(Edward T. Hall)은 인간이 자신의 주변에 설정해 놓은 구역이나 영역에는 친밀한 거리, 사적인 거리, 사회적인 거리, 공적인 거리 등이 있다고 결론짓고 있다. 친밀한 거리는 자신과 타인 사이에서 있을 수 있는 가장 근접한 거리다. 대부분 이러한 거리는 15cm에서 30cm에 해당되며, 사랑을 나누는 남녀 간의 관계나 부모와 자식 간의 관계와 같이 친밀한 관계에서 있을 수 있는 거리에 해당된다.

친사회적 행동 prosocial behavior 어떤 행동이 다른 사람 또는 사회에 득이 될 수 있는 행동을 말하는 것이다. 친사회적 행동에는 행위자가 도움 행동에 대한 아무런 대가도 바라지 않고 순수하게 도와주는 행동(이타행동)뿐만 아니라 기업체에서 세금을 적게 내기 위해 불우이웃돕기 성금을 내는 행위도 포함된다. 그러나 행위자의 의도는 그 사람만이 알고 있는 것이기 때문에 실생활에서 일어나는 어떤 행동이 이타행동인지 친사회적 행동인지 구분하기는 다소 어렵다.

친숙성원리 familiarity principle 아무 상관없는 사진 속 인물조차 자꾸 쳐다보니까 그냥 좋아진다는 것처럼 자주 볼수록 친숙해질 가능성이 높아지는 것을 의미하는 것이다. 근접성과 함께 사람에 대한 호감의 감정을 유발하는 원리다.

친애동기 intimacy motive 우리는 남들과 어울리고 친하게 지내기를 바란다. 이와 같이 남과 관계를 맺고 친구로 되고자 하는 동기를 친애동기(affiliation motivation)라 한다. 친애동기가 높은 사람들이 그렇지 않은 사람들보다 협동행동을 더 잘 한다.

친애욕구 need affiliation 자기가 원하는 대상과 가까이 하고 즐겁게 협조하거나 교제하고 그의 애정을 얻으려는 욕구다.

친족 성폭력 '친근자 강간, 근친강간' 이라 부르는 것으로, 외국에서는 주로 근친 성학대라는 용어로 사용된다. 우리 나라에서는 성폭력 특별법 7조 1항, 2항에서 '존속 등 연장자의 친족에 의한 강간, 강제 추행' 으로 정의한다. 친아버지나 친오빠, 친척, 삼촌이나 아저씨 등에 의한 강간이 많으며, 미국의 경우엔 계부에 의한 강간이 흔하다. 친족 성폭력은 가장 신뢰하는 사람에게서 받는 성 피해이므로 가해자에 대한 공포와 불안이 심하며, 순결 상실감과 우울, 모욕감, 복수심, 신뢰감 상실, 죄의식과 분노, 자존감 손상 등으로 자살시도, 가출 등 신체적, 심리적, 사회적으로 가장 큰 충격을 주어 성폭력피해 가운데 가장 큰 후유증을 낳는다.

⇨ 근친강간 참고.

친화 affiliation 제휴, 합병, 협력관계를 의미하는 것으로서 타인에게 도움이나 지지를 구하는 방식으로 감정적 갈등이나 내외적인 스트레스를 처리한다. 이는 다른 사람과 문제를 함께 나누기는 하지만 다른 사람이 문제에 대해 책임지도록 하는 것은 아니다.

친화동기 affiliation motive 인간이 사회를 형성하는 가장 기본적인 이유 역시 본성적으로 타인과 관계를 맺고 유지하려는 동기인 친화동기를 가지고 있기 때문이며, 이 친화동기가 실현될 때 비로소 사람은 만족을 누리게 되는 것이다. 이와 같이 친화동기란 사람들이 타인과 관계를 맺고 유지하려는 본성적인 동기를 말하며, 친화동기는 크게 두 가지로 나누어진다. 첫째, 사람들은 두려움을 피하기 위해 모인다. 사람들은 본성적으로 두려움을 피하려는 동기가 내재해 있는데, 이러한 친화동기의 이면에는 사람들이 가지고 있는 자연, 동물, 다른 종족에 대한 두려움이 중요한 원인으로 작용한다(Schachter의 실험). 둘째, 사람들은 다른 사람과 비교하고 싶어서 모인다. 사람들은 기본적으로 자신의 현재 모습에 대한 정확한 정보를 갖고자 하는 욕망을 갖으며, 이러한 지적 욕망은 타인과의 비교를 통해서 이루어질 수 있기 때문에 사람들은 집단을 형성하게 된다.

침묵효과 MUM effect 다른 사람들에게 나쁜 소식을 함구하고 전달하지 않으려는 현상을 '침묵효과'라고 한다. 사람들은 어떤 정보가 자신의 무능이나 약점을 나타낼 것 같으면 흔히 침묵한다. 그러나 자신의 무능이나 약점과 아무런 상관이 없는데도 사람들은 부정적인 메시지를 전달하는 메신저가 되길 꺼린다. 나쁜 소식이 유발하는 부정적 감정들이 메시지를 전달하는 사람에게 전이되는 것을 두려워하기 때문이다.

칭의 justification 기독교상담의 개념에서 칭의는 하나님이 내 죄를 용서하실 뿐만 아니라 예수 그리스도의 의로움까지도 내게 주셨다는 것을 의미한다. 즉, 칭의를 통해 나는 그리스도의 의로움을 지니게 되었기 때문에 하나님께 기쁨을 주는 존재가 될 수 있는 것이다.

ㅋ

카덱시스 cathexis 부착 (1) 일정한 관념, 인간, 경험 등 어떤 대상에 대해 자기의 감정이나 심리적 에너지를 집중시키는 일을 말한다. 감정적 에너지와 느낌을 한 사람, 하나의 생각, 하나의 대상 또는 자기 자신에게 집중시키는 것으로 두 개의 자아상태 간 이동을 설명하기 위해 번(E. Berne)이 가설을 세운 이론적인 개념이다. 정신분석용어로서, '충당(充當)'이라고 번역하는 경우가 있다. 일반적으로 성욕, 공격경향, 불쾌한 경험 등은 억압되지만, 이 억압된 것들이 끊임없이 만족을 구하여 심리적 에너지가 외부 대상으로 향하는 것을 대상(對象) 카덱시스라 한다. (2) 고유명사로서 쉬프(Schiffs)가 세운 연구소의 이름이며 그들의 연구방법을 사용하는 교류분석학파의 이름으로도 사용된다.

카인콤플렉스 Cain complex 부모의 사랑을 더 차지하기 위해 형제 간에 나타나는 심리적 갈등이나 적대감, 경쟁심을 '카인 콤플렉스'라고 한다.

카타르시스 catharsis 정화(abreaction), 환기(ventilation)라고도 한다. 카타르시스는 다른 누군가에게 자신의 어려움, 생각, 두려움, 과거의 중요한 사건 등 관련된 것을 말로 표현함으로써 긴장을 감소시키는 현상으로 내담자의 감정이 갑작스럽게 분출시키고 효과적으로 배출되어 증세가 완화되는 동시에 새로운 통찰력을 갖게 되는 경험을 말한다.

카타스트로피 이론 Catastrophe 사랑과 미움이라는 상반된 감정이 갑자기 서로 뒤바뀌는 심리를 말한다. 인간의 마음에는 항상 모순된 감정이 있다. 즉, 불쾌한 것을 피하고 싶은 심리가 있는가 하면, 동시에 불쾌한 것에 가까이 접근하고 싶다는 모순된 심리가 마음속에 내재되어 있다. 이 때문에, 전율감을 맛보기 위해 공포영화를 본다든지, 행복한 것이 도리어 두려워서 애인 곁을 떠난다든지 하는 모순된 행동이 나올 수 있는 것이다.

카프그라스 망상 Capgras delusion 카프그라스 증후군(capgras syndrome)이라고도 한다. 이 증후는 1923년 카프그라스(J. M. J. Capgras)에 의하여 꼭 닮은 착각으로서 발표된 바 있지만 나중에 Syndrome de Capgras의 용어를 사용하기로 하였다. 이 증후는 대개 자기와 밀접한 관계가 있는 사람들, 즉 배우자, 가족, 애인, 친구와 같은 사람들이 감쪽같이 꼭 닮은 다른 사람에 의하여 대치되었다고 믿는 망상을 말한다. 그 대상은 사람에게만 한정되는 것이 아니라 물건일 경우도 있으며 상당히 광범위한 영역에 걸쳐서 일어나는 것으로 보인다. 이 증후군은 정신병에서 볼 수 있으며 착각이 아니라 확고한 망상에 속한다. 편집형 정신분열증, 기질성 정신장애, 때에 따라서는 정서정신병에서도 나타나는 것으로 보아 증후군이라는 말이 타당할 것이다. 정신역동학적 해석에 의하면 대치된 인물이 대개 환자의 원한의 대상과 일치하는 것으로 보아 증상이 본래 그 사람에 대한 무의식적 거절에서 연유한다는 것이다. 한편 다른 학자들의 견해에 의하면 이 망상을 장기간에 걸쳐서 주 증상으로 갖고 있는 정신분열증이 있는 것으로 보아 이 증후군 발생에는 여러 가지 기전이 있다고 볼 수 있으며 따라서 어느 하나의 정신역동 학적 기전만으로는 이해하기 힘들다.

칵테일 파티 효과 cocktail party effect 선택적 주의와 같은 의미다. 여러 사람의 소리, 각종 악기가 연주되는 그 소란스러운 장소에서 상대방의 이야기를 공간적으로 식별하여 알아듣는 현상으로, 우리 주변에서는 동시에 여러 가지 소리가 들려오지만 우리들은 그 모두를 지각하지는 않는다. 특정한 소리가 분명하게 들리는 것은 그 소리에 주의력을 쏟고 있기 때문이다. 즉, 사람들은 소리를 선택하고 있는 것이다. 사람들은 모든 것을 다 보고 들을 수는 없다. 정보처리능력에 한계가 있기 때문이다. 그래서 사람들은 정보를 선택적으로 받아들여 처리한다. 그렇기 때문에 사람들은 시끄러운 파티장, 나이트 클럽, 시끄러운 공사장에서도 서로 대화가 가능하다. 자기에게 의미 있는 정보만을 선택적으로 받아들이기 때문에 이런 현상을 선택적 지각(Selective Perception)이라고도 한다. 칵테일 파티장에서도 많은 소리들이 귀에 들어오지만 의식되는 정보는 별로 없다. 그러다가 자기 이름을 부르는 소리가 희미하게나마 들리면 돌아보는 현상도 일종의 선택적 지각이다. 이처럼 칵테일 파티장에서 일어나는 것과 같은 선택적 지각 현상을 '칵테일 파티 효과'라고 한다. 칵테일 파티 효과는 감각기억이 존재하기 때문에 가능하다. 감각기억은 다시 청각에서 일어나는 잔향기억과 시각에서 일어나는 영상기억으로 구분된다. 그 중에서도 칵테일 파티 효과는 잔향기억에서 일어나는 현상이다. 시끄러운 나이트 클럽에서 고래고래 소리를 지르며 대화를 할 수 있는 것도 아주 짧은 순간이긴 하지만 잔향기억이 존재하고 있기 때문이다.

⇨ 선택적 주의 참고.

캐논 바드 이론 Cannon-Bard theory 환경으로부터 들어오는 자극이 시상하부의 반응을 일으킨 다음 이것이 뇌와 자율신경계의 활동을 일으킨다는 정서에 대한 신경학적인 이론이다. 이는 생리학적 정서이론의 하나로서 정서와 신체변화와의 관계를 설명한 것이다. 제임스 랑게(James-Lange) 이론에 대한 비판으로 이루어졌는데, 즉 제임스 랑게 이론이 신체변화에 따라 정서반응이 일어난다고 설명한 반면, 캐논 바드 이론은 정서경험과 신체변화는 동시에 일어난다고 하는 주장이다. 캐논(Cannon)은 정서에서 중심역할을 하는 뇌의 시상하부 부위로서 환경에서 오는 감각정보가 시상에 전달되면 이를 대뇌피질과 신체의 여러 부위에 동시에 정보를 전달하게 되는데, 대뇌피질로 전달된 정보는 정서경험을 일으키며 동시에 내장 및 다른 신체부위로 전달된 정보가 신체변화를 야기한다는 이론이다. ⇨ 제임스 랑게 이론, 생리학적 정서이론 참고.

커밍아웃 coming out 극복 레즈비언 여성이나 게이 남성이 다른 사람에게 성적 지향을 노출시킴으로써 자아확립 과정을 이루려는 것이다.

코르샤코프 증후군 Korsakoff syndrome 지나친 음주로 인한 기억상실증을 '코르샤코프 증후군(Korsakoff Syndrome)'이라고 한다. 지나친 음주로 단기기억에서 장기기억으로 저장하는 기억과정이 손상되기 때문이다. 코르샤코프 증후군을 보이는 사람들은 지능검사 상에도 정상으로 나오며 단지 기억 방식만이 기이한 방식으로 손상되어있는데, 이들은 새로운 기억을 형성할 수 없다. 이 증상을 가진 환자의 뇌를 조사해보면 시상(thalamus)부위의 신경세포가 손상되어 있는데 이들 환자들이 새로운 정보 기억에 실패를 보이는 것은 시상의 신경세포 손상에 의한 것임을 알 수 있다.

코쿠닝 cocooning 누에고치를 뜻하는 cocoon에서 나온 말. 사람들이 개인생활, 가정, 사무실 같은 자신만의 성에 숨어 컴퓨터나 텔레비전 따위의 전자장난감에 몰두하면서 자신이 이해하지도 못하고 컨트롤 할 수도 없다고 느끼는 이 세상으로부터 자기 자신을 격리시키는 경향을 말한다. 이는 위협적이고 복잡한 세상에서 자신을 강하게 보호하고 집안에서 안락함을 추구하고자 하는 것이다. 사회생활에 적응하지 못하고 집안에만 틀어박혀 사는 사람을 일컫는 히키코모리와 같은 의미다.

콤플렉스 Complexes 마음속의 응어리라고도 한다. 콤플렉스라는 개념을 정신분석병리학 용어로 처음 사용한 것은 프로이트(S. Freud)의 정신분석요법의 단서를 열었던 브로이어(J. Breuer)로서, '개념복합체(Ideenkomplex)'라 하였다. 콤플렉스라는 용어를 가장 강조한 것은 융(C. G. Jung)이다. 융에 의하면 콤플렉스는 어떤 원형적 핵심부(core) 주위를 둘러싸고 있는 공통된 감정적 톤을 가지고 있는 이미지와 생각들의 집합체로서, 그것들은 자율 의지에 따라 움직이며 '독립된 개체'인 양 행동한다. 콤플렉스가 일단 활동을 개시하면 그것은 행동의 원인이 되고, 사람이 그것을 인식하든 못하든 정동(affect)에 의해 드러나게 되는데, 융은 콤플렉스가 일종의 분열된 인격들이라고 보았다. 융은 어느 누구든 콤플렉스를 품고 있으며, 이는 의식적이거나 무의식적인 경우가 있는데 무의식화되면 될수록 강력해져서 병리성을 지닌다고 하였다. 또한 다중인격도 콤플렉스에 의한 것으로 보는데 이와 같이 콤플렉스의 개념은 광범위하다. 한편 프로이트가 제창한 오이디푸스 콤플렉스와 거세 콤플렉스처럼 각종 콤플렉스는 유년기의 갈등상황에서 일어나는 경우가 많다.

쾌락원리 pleasure principle 고통을 최소로 줄이고 쾌락을 최대화하기 위하여 즉각적으로 긴장을 해소하려는 원욕의 작용이다. 프로이트 이론에 의하면 인간은 오직 희열과 쾌락을 추구하며 고통이나 불편을 회피하는 삶을 시작한다고 주장하였으며, 이러한 쾌락원리를 'primary process'라 불렀다. 그에 의하면 어린이는 자라면서 눈앞의 희열을 때때로 억제해야만 한다는 것을 배우게 되는데 이때 현실원리가 모습을 나타내기 시작한다. 이후 인간은 평생 양자 사이에서 갈등을 겪는데 건전한 자아는 쾌락원리의 여지를 다소 남겨놓은 채 현실원리에 집착하려 노력한다는 것이다.

쿨리지 효과 coolidge effect 다양성의 효과와 같은 의미로 생물학적 동기에 대한 요인의 하나다. 다양성은 성행동에도 영향을 미치는데, 어떤 종들은 성적 활동의 대상이 바뀌지 않을 때보다 여러 대상을 접하게 될 때 성적 활동 수준이 높아진다고 한다. 이러한 현상을 쿨리지 효과라고 한다.

⇨ 심리적 피로 참고.

쿼드 테스트 quad test 기형아 여부를 판단하기 위한 검사로서 네 가지 염색체를 검사하는데, 이를 통해 에드워드 증후군 등의 여부를 확인할 수 있으며, 트리플테스트보다 검사항목이 하나 더 추가된 검사로서 다운증후군 발견율이 15% 더 높은 80%에 달한다. ⇨ 양수검사 참고.

퀴블러로스의 사망단계 Kubler-Ross death stages 말기에 처한 환자와 인터뷰하여 퀴블러로스(E. Kuebler-Ross)가 묘사한 임박한 죽음에 대한 심리학적 반응을 말한다. 이는 다음의 5단계를 거친다.

① 부정과 고립(denial and isolation) : 환자는 자신

에게 죽음이 가까이 다가온 것을 느끼거나 알게 되면, 이 사실을 순순히 수용하지 않고 일단 부정한다. 이와 같은 죽음에 대한 부정은 사실상 갑작스런 충격에 대하여 하나의 완충장치로 작용하게 되고, 죽음의 현실에 대한 고통을 덜 느끼도록 하는 역할을 하게 된다. 또한 죽음에 직면한 현실을 심리적으로 격리시켜 의식하지 않음으로써 심리적 안정을 유지하려고 노력하는데, 이것은 궁극적으로는 부분적으로나마 죽음을 평온하게 받아들일 수 있는 길을 터 준다.

② 분노(anger and resentment) : 환자는 자신의 죽음을 받아들이지 않을 수 없게 될 때, 건강한 사람이나 죽음으로부터 멀리 떨어져 있다고 생각되는 사람에 대해 부러워하며 분노와 원망을 느끼게 된다.

③ 타협 또는 협상(bargaining and an attempt to postpone) : 죽음에 대한 부정과 분노의 시기를 거치면서 자신에게 아무런 소득이 없으며 죽음을 모면할 길이 없음을 점차 인식한다. 이때부터는 자기에게 아직 처리해야 할 일과 과업이 남았으므로 그러한 일이 끝날 때까지만 살 수 있게 해달라는 협상을 하게 된다. 이때 협상의 대상자는 절대자일 수도 있고 의사나 혹은 자신이 걸린 병일 수도 있다.

④ 우울과 상실감(depression and sense of loss) 침체 또는 절망이라고도 한다. 네 번째 단계는 죽음에 임한 자신이 여러 가지 사물을 상실하게 됨에 따라 생기는 우울증이다. 퀴블러로스는 이 우울증 반응을 특히 두 가지로 나누었는데, 반응적 우울증(reactive depression)과 예비적 우울증(preparatory depression)이다. 그 중 반응적 우울증은 병으로 인하여 상실한 것에 대한 원통함, 수치심, 죄의식 등을 수반하는 것이 특징이다. 예비적 우울증은 죽음을 인식하고 세상의 모든 애착을 끊어버려야 하는 데 대한 슬픔을 미리 나타내는 것이다. 이러한 '죽음에 대한 준비' 로서의 우울증 경향은 일생 동안 자신과 관련지어 왔던 모든 것들과 결별하기 위한 자연스런 과정이라고 볼 수 있다.

⑤ 수용(acceptance) : 죽음에 이른 환자는 위의 네 단계를 거치면서 자신의 재기를 위한 여러 가지 노력과 시도를 한다. 그러나 이제 마지막 시기에 이르러서는 매우 지치고 허약하게 되어 자기 자신도 죽음을 수용하게 된다.

어떤 환자들은 이 단계들을 순서가 다르게 겪기도 하며, 몇 단계 또는 모든 단계를 왔다갔다하며 겪기도 하고, 그 단계들 중 어느 것도 겪지 않기도 한다.

크레스피 효과 Crespi effect 낮은 보상에서 높은 보상으로 변하는 것은 수행을 촉진시키지만, 높은 보상에서 낮은 보상으로 변하는 것은 수행을 급격히 떨어뜨린다. 이렇게 보상의 방향에 따라 수행이 급격히 변하는 현상을 연구자의 이름을 따서 '크레스피 효과' 라고 한다.

크레츠머 Ernst Kretchemer (1888~1964) 독일의 정신의학자로 인간의 체형을 '마른형', '비만형', '투사형' 의 3유형으로 분류하고 다음과 같이 성격 분석을 하였다.

① 마른형의 사람 : 분열성 기질의 소유자다. 말수

가 적고 자신의 세계 속에 칩거하려는 경향이 있어, 외부세계의 움직임이나 사람들과의 관계에 대해 별로 관심이 없거나 미약하다. 다소 신경질적이기는 하지만 성실한 면도 있다. 차가운 인상을 주기 쉽다.

② 비만형의 사람 : 일반적으로 조울성 기질의 소유자며, 자유분방하고 개방적이다. 주위 사람들과 부담 없이 편한 마음으로 사귀며 누군가가 곤경에 빠져 있을 때에는 발벗고 나서서 그를 도와 주려고 하는 것이 이 유형의 특징이다.

③ 투사형의 사람 : 대체로 점착성 기질을 가지고 있다. 도덕적인 면이 있는 데다가 착실하고 꼼꼼한 성격의 소유자다. 바르지 못한 것을 싫어하며 정의감이 남보다 배 이상이나 강하다. 보편적으로 완고하고 외골수적인 면이 있어서 자신의 의견을 끝까지 밀어붙이는 특징이 있다.

크립 creep 징그럽고 역겨운 존재, 대부분 남자들이 수치스럽게 여기는 성욕을 가리키는 말.

큰 꿈 big dream 융의 꿈이론에서 사용되는 용어로서, 그의 인격이론에서 고형의 상징들이 등장하는 꿈을 의미하며 오랫동안 잊혀지지 않는 의미 있는 꿈을 말한다.

큰 수의 법칙 law of large number 경험적 확률과 수학적 확률과의 관계를 나타내는 정리(定理). 대수의 법칙이라고도 한다. 실제로 나타난 개개의 현상은 우연에 의해 지배되는 일이 많으며, 관찰한 몇 개의 현상 사이에는 아무런 관계가 없는 것처럼 보인다. 그러나 여러 번 관측하고 전체적인 경향을 살펴보면, 거기에서 어떤 일정한 규칙성을 발견할 수 있다. 예를 들면, 개개인의 수명은 서로 달라 누가 몇 살에 죽을지는 전적으로 불분명하나, 많은 사람에 대해서 장기간에 걸친 통계를 살펴보면 인간의 평균수명, 각 연령층에서의 사망자의 비율이 거의 일정한 값에 가까워지는 것을 알 수 있다. 이런 뜻에서 통계는 모두 어떤 종류의 큰 수의 법칙을 나타내고 있다고 할 수 있다. 실사회에서 이 법칙을 이용한 전형적인 예는 보험사업이다. 즉, 인간의 수명이나 각 연령별 사망률을 많은 예와 장기간에 걸친 경향을 조사하고, 이것을 기초로 하여 보험금액·보험요율을 계산한다.

⇨ 작은 수의 법칙 비교.

클라인펠터 증후군 Kleinfelter's syndrome 터너 증후군(Turner Syndrome)과 반대로 클라인펠터 증후군은 성염색체가 하나 더 있어서 발달과 생식능력에 장애를 초래하는 현상을 말한다. 즉, 클라인펠터 증후군은 성염색체가 XXY 혹은 XXXY로서, 남자로 태어났다고 해도 2차 성징이 없으며 혹 여자처럼 유방이 발달 하거나 무정자증으로 불임이 된다. ⇨ 터너 증후군 참고.

클로르프로마진 chlorpromazine 정신분열증에 쓰이는 항정신병약물이다. 클로르프로마진은 용량에 비해서 강도가 약해서 저강도 약물에 속하는 것이다. 망상이나 환청에 효과가 있기는 하지만, 주로 많이 쓰이는 경우는 흥분했거나 거칠거나 정서적으로 불안정한 모습이 강하게 나타날 때 사용한다. 이 약물의 부작용은 입이 마르거나 변비, 잠이 오는 것 외에 기립성저혈압으로 어지러움을 느끼기도 한다.

ㅌ

타나토스 thanatos ⇨ 죽음의 본능 참고.

타당도 validity 사회조사에서 절차가 측정하고자하는 질(quality)을 측정할 수 있는 정도와 관련된 개념으로, 측정하고자하는 개념이나 속성을 얼마나 실제에 가깝고 정확하게 측정하고 있는가의 정도를 말한다. 전통적으로 보면, 검사가 "재고자 목적한 바를 잴 수 있을 때 그 검사는 타당도가 있다."고 한다(Allen & Yen, 1979, p.95). 그러나 요즈음의 타당도 정의는 좀 더 포괄적이다. 즉, 검사표준서에서 타당도라고 하면 '검사점수에 기초한 추론의 적절성, 의미성 및 유용성'을 가리킨다. 이 정의는 검사를 잘 만들고, 잘 사용하는 것을 전제로 하고 있다. 잘 적용하여 의미 있고 유용하게 적용될 때 타당도가 있다고 할 수 있다. 즉, 한 측정도구가 의도했던 목적을 어느 정도 충실히 측정했느냐 하는 검사의 능력을 말한다. 타당도를 알아보는 방법에는 다양한 접근방법이 있다. 미국심리학회는 그 접근방법으로 내용타당도(content validity), 예언타당도(predictive validity), 공인타당도(concurrent validity), 구성개념타당도(construct validity)를 포함시키고 있다. 내용타당도는 평가도구가 의도하고 측정하려고 하는 내용이나 속성을 어느 정도 충실히 측정하고 있는지를 분석·추정하여 평가하는 방법이다. 이는 한 검사가 측정하려고 의도한 내용의 표집을 적절하고 타당하게 하였는지의 여부를 알아보기 위한 접근방법이다. 예언타당도는 한 측정도구의 검사결과가 피험자의 미래의 행동이나 특성을 어느 정도로 정확하고 완전하게 예언하느냐에 의해 결정되는 타당도를 말한다. 예언타당도의 타당성의 준거는 시간적으로 미래의 행동특성으로 미래의 행동특성은 학업에서의 성공, 직업에서의 성공, 개인적, 사회적 적응의 정도일 수도 있다. 공인타당도는 한 검사와 한 준거검사가 본질적으로 동시에 측정되므로 한 심리특성을 측정한 검사점수와 검사 밖에 존재하는 행동준거점수가 현재 어느 정도 잘 일치하느냐로 한 검사의 타당성을 보려는 방법이다. 준거검사와 제작된 검사 사이에 공통된 성질이 있느냐 없느냐에 대한 관심으로 검사 A로 검사 B를 서로 바꾸어 사용할 수 있다면 공인타당도가 있다고 할 수 있는 것이다. 구성개념타당도는 어떤 한 검사가 측정한 점수 결과가 이론적 합리성에 비추어 그 검사가 측정하고자 하는 속성과 목적에 얼마나 적합한가로 검사의 타당성을 보는 방법이다. 즉, 속성 혹은 특성이 모호하고 불명료한 심리적 개념에 대한 이론적 모형을 기초로 하여 그것을 측정한다고 상정되는 검사를 제작했을 때 그것이 분명한 과학적 법칙을 정립해 줄 수 있는 증거를 제공하게 되어 이때 그 검사는 구성개념타당성이 있다고 보는 것이다.

타라소프 tarasoff 특정상황에서 내담자가 어떤 사람에게 해를 끼치려고 한다는 사실을 안 상담자나 치료자는 그 대상자에게 사실을 알릴 의무가 있다는 판결을 말한다. 1976년 타라소프 대 리전트(Tarasoff vs Regents)의 사례에서 캘리포니아 대법원이 판결하였으며, 이 판결 결과는 치료자가 내담자들의 비밀을 보장하고, 내담자가 치료자에게 어떤 적대감을 표현하는 것을 더 어렵게 만들었다.

타인공포증 xenophobia 낯선 사람에 대한 두려움을 갖는 증상으로 다른 사람을 만나는 것을 회피하는 증상이다. 어렸을 때의 낯가림이나 타인공포증이 성인이 될 때까지 남아 있거나, 성인이 되어 사라졌다 할지라도 중년 이후 또 다시 발생하는 경우가 있다.

타임아웃(TO) time out 바람직하지 않거나 부적절한 행동을 강화시키는 결과를 제거함으로써 그러한 행동을 소멸시키는 행동주의기법이다. 즉, 부적절한 행동의 재발 가능성을 줄이기 위해 정적 강화를 받을 기회를 잃어버리도록 격리시키는 것을 의미한다. 아동을 방 또는 욕실 안에 두거나 구석에 두면서 사회적인 강화를 주지 않는 경우와 실외나 타임아웃 룸에 격리시키는 두 가지 경우로 나눌 수 있다. 타임아웃의 실시 시간은 2~5분이 적절하며, 반드시 아동에게 이유를 설명해야 한다. 타임아웃은 잘못한 즉시 시행하는 것이 원칙이며, 벌을 선 다음에 아이가 타임아웃 장소에서 나오면 왜 거기에 가게 되었는지를 생각해보라고 한다. 또한 타임아웃 중에 일어나는 저항이나 고함소리는 무시한다.

타협 compromise (compromising) 일종의 협상으로 타협은 '네가 기꺼이 포기한다면 나도 그렇게 하겠다.' 또는 '우리 둘 다 이길 수 있다.'는 뜻이다. 이것은 간단한 해결책이 없고 문제가 결정적이지 않을 때, 협력할 수 있는 공동의 해결책을 찾을 충분한 시간이 없을 때 유용하다. 갈등관리에 있어서 이상주의형과 다른 점은 갈등하는 양측이 최대의 이익을 얻으려 하기보다는 각자 손해를 보더라도 타협점을 찾으려 한다는 것, 즉 부분적인 만족을 추구한다는 점이다.

탈감법 desensitization 체계적 둔감법과 같은 의미다. 자극에 대한 신체적 또는 심리적 반응을 제거하거나 최소화하는 것으로, 체계적 탈감각화를 이용하며, 내담자가 공포나 비효율적인 행동양식을 극복하도록 돕는 데 이용한다. ⇨ 체계적 둔감법 참고.

탈리도마이드 thalidomide 항정신성약물의 한 종류로서 수면제나 진정제로 독일에서 개발된 약물이다. 탈리도마이드는 특히 탈리도마이드 아기로 태어난 베이스 바리톤 가수인 토마스 크바스토프로 인해 유명한데, 탈리도마이드 아기란 탈리도마이드 부작용으로 인해 팔과 다리가 짧거나 아예 없는 상태로 태어난 장애인을 일컫는 용어로서 탈리도마이드 증후군으로도 불린다. 이는 정신이 불안정하기 쉽고 잠을 잘 이루지 못하는 임신 3개월 미만의 초기 임산부가 입덧의 예방 목적으로 복용한 사례에서 비롯되었다. 이와 같은 부작용의 여파에도 불구하고 탈리도마이드가 가지는 항암효과가 밝혀졌는데, 악성종양에 의한 염증을 가라앉히고 암세포만을 선택적으로 공격하도록 인체의 면역체계를 강화하는 효과를 갖는 것으로 알려져 있다.

탈분극 depolarization 분극되어 있던 세포막 사이의 전위. 즉, 자극을 받지 않은 신경섬유나 근섬유의 경우 세포막의 바깥쪽은 (+), 안쪽은 (-)로 대전되어 있는데 이러한 현상을 분극이라 하고, 역치이상의 자극을 받아 막의 투과성이 변하여 나트륨 이온이 안으로 급격히 유입됨으로써 바깥쪽은 (-), 안쪽이 (+)로 역전되는 현상을 탈분극이라고 한다.

탈삼각화 detriangle 가족 안에 형성되어 있는 삼각관계를 벗어나 가족구성원의 자아분화를 향상시키고자 하는 것이다. 즉, 한쪽을 반대하여 다른 한쪽과 동맹을 맺는 삼각관계에 들어가지 않기 위해, 한쪽 편을 들거나 두 사람 사이에 완충자 가족역할을 하는 것을 중단하는 과정이다. 이는 보웬(M. Bowen)의 가족치료에서 언급하는 개념으로서, 특히 다세대적 영향을 많이 받는 부부의 경우에 부부 각자의 부모 가운데 한쪽과 맺고 있는 삼각관계나, 부부 원가족과의 삼각관계에서 벗어나도록 하는 것이다. 한쪽 배우자의 부모와의 관계가 지나치게 밀착되어 있는 경우에 부부체계의 원만한 결합이 어렵고 갈등관계를 해결하는 데 제한을 받기 때문이다.

탈선 derailment 연상의 탈선 개인이 말을 할 때 생각이 궤도에서 벗어나 전혀 관련이 없는 문제로 옮겨지거나, 간접적으로 연관되는 문제로 옮겨지는 것이다. 한 문장이나 절에서 다른 문장이나 절로 바뀔 때 엉뚱한 주제나 무관한 다른 주제로 바뀐다. 탈선은 절과 절 사이에서 발생하는 것으로 절 내부에서 발생하는 혼란인 지리멸렬과는 다르다. 가끔 가다가 예고 없이 또는 명백한 관련 없이 화제를 바꾸는 것은 탈선이라고 하지 않는다. 대개는 정신분열증에서 볼 수 있는 사고장애의 한 형태이며, 항상 환자 자신을 혼란스럽게 만들고, 어느 한 가지 생각에서 전혀 관계가 없고 타당치도 않은 다른 생각으로 탈선하는 경우를 말한다.

탈억제 disinhibition 심적 부담을 주던 환경이 사라지면서 억제되고 눌려 있던 감정과 욕망이 자유롭게 드러나는 심리현상으로, 탈억제는 지나친 자제가 오히려 욕망을 강화시키는 것처럼, 스트레스를 받게 되면 이전에 억압되었던 행동이 증가되는 양상을 보인다. 예를 들면, 공격충동의 방출을 억제해오던 자제력이 풀리면서 매우 공격적이 된다든지 비만인 사람이 스트레스를 받아 오히려 자꾸 먹는 쪽으로 표출하는 경우다. 또한 사이버공간에서 자신을 드러내지 않는 익명성으로 인해 이런 욕망이 더 쉽게 분출되기도 한다. 탈억제 양상은 사람들마다 다르게 나타나는데, 자신의 인격형성과정 중에서 정상적으로 발달되지 못하고 어떤 단계에 정신적으로 고착되었던 문제로 나타나게 된다.

탈인격화 depersonalization 내가 내가 아닌 것 같은 현상이다. 일종의 해리현상으로 현실에서 자신이 견딜 수 없는 스트레스가 다가올 때 자신을 다른 자신으로 분리하거나, 현실과 자신을 분리하는 것으로 스트레스에 대처하는 무의식적 기제다. 이는 환자가 자신의 정체감을 상실했다는 느낌으로 정신분열증이나 심한 피로, 우울증 상태에서 특히 나타나는 느낌이다.

탈중심화 decentering 자신과 타인의 관점에서 모든 가능한 측면에 주의를 배분하여 얻어진 정보를 통해 대상에서 보다 적절한 추론을 끌어내는 것을 탈중심화라 한다. 이는 중심화(centration)와는 상반되는 개념이다. 어떤 상황의 한 면에만 주의를 집중해 다른 측면이 무시되어 비논리적 추리를 하게 되는 것으로, 자신에게 향해진 것을 자기중심성이라 하며 유아기 사고의 특색을 이루고 있다. 이러한 자기중심성에서의 탈중심화는 인지발달과 사회화의 과정을 전제로 하는데, 탈중심화가 이루어진 유아는 양, 크기, 무게에 관한 보존개념과 서열화 및 분류능력을 갖게 된다.

탐지 detection 감각수용세포가 영향을 받아서 자극, 즉 감각적 정보의 존재를 알아차리는 정도를 말한다. 즉, 어느 정도의 자극 강도가 있을 때 사람들이 그 자극이 존재한다고 느끼는 것을 탐지라고 한다. 이와 같이 감각과 지각을 측정하는 방법은 탐지 외에 변별(discrimination)에도 초점을 두고 연구되고 있다. ⇨ 변별 참고.

태도 attitude 태도란 어떤 것에 대하여 좋다 혹은 나쁘다로 나타내는 입장으로서 사람, 사물, 생각, 사상에 대한 정적 혹은 부적 평가다. 태도와 유사한 용어로 신념이란 말이 있지만, 신념은 실질적인 일에 대한 지각이고 옳고 그름에 대한 생각이다. 태도라는 개념을 처음으로 도입한 사람은 토마스(W. I. Thomas)와 주나니키(F. Znaniekj)였으며, 길포드(Guilford)는 "태도란 한 개인이 어떤 형태의 사회적 사물이나 사회적 행위에 대해서 갖는 긍정적 또는 부정적 느낌의 경향이다."라고 정의하였다. 또한 카츠(D. Katz)는 태도의 기능을 도구적 기능(need satisfaction), 자기방어적 기능(ego defense), 자기표현기능(value expression), 환경인식기능(understanding)으로 구분하고 있다. 태도의 도구적 기능은 행위자로 하여금 바람직한 욕구를 달성하도록 하는 것이다. 사람들로 하여금 즐겁거나 보상적인 대상을 얻게 하고 불쾌하거나 바람직하지 않은 대상을 피하도록 함으로써 보상을 극대화하고 불쾌감이나 처벌을 극소화하려는 효용주의적 개념을 나타낸다. 자기방어적 기능은 사람들로 하여금 불안이나 위협에서 벗어나 자아와 자기 이미지를 보호하게 해 주는 것이다. 자기표현기능은 인간이 자신의 신념과 가치관에 대한 표현을 함으로써 자아의 정체성을 재확인하고 이를 통해 소속감과 만족감을 얻는 것을 의미한다. 환경인식기능은 태도가 사람들이 그들의 세계를 이해하는 데 도움을 주는 기준으로 작용할 수 있음을 의미한다. 뿐만 아니라 심리학자들은 태도의 형성에는 세 가지 주요 구성요소가 영향을 미친다고 보고 있다. 즉, 인지적 구성요소, 감정적 구성요소, 행동적 구성요소로서, 일상생활을 통해 이 세 가지의 복합적인 태도가 형성되고 새로운 태도로 변화되기도 한다.

태만 negligence 합당한 보호나 주의를 기울이지 못해서 그것이 다른 사람들에게 피해를 주거나 피해를 볼 위험에 처하는 결과를 초래하는 경우 또는 다른 사람을 보호하고 도와줄 의무를 수행하지 못하는 경우를 말한다.

태아기 fetal period 신체의 각 기관이 거의 형성되는 8주경부터 출생할 때까지의 시기를 말한다. 12주경에는 태아의 성 구별이 가능해지고, 16~20주가 되면 산모가 태동을 느낄 수가 있다. 약 28주경에는 신경 및 호흡기 계통의 발달이 많이 이루어지게 되므로 이 시기에 태아가 미숙한 상태로 태어나더라도 의료적인 도움을 받으면 생존이 가능하다.

태아 알코올증후군 fetal alcohol syndrome 산모가 임신 기간 동안에 알코올을 많이 섭취한 경우에 태아 알코올 증후군을 보이는 아기를 출산할 가능성이 많다. 이런 증상을 가진 아기는 정신지체, 느린 성장, 신체의 기형과 같은 장애를 보이게 된다.

터너 증후군 Turner syndrome 성염색체 이상으로 여성 호르몬이 분비되지 않아 2차 성징이 결여되는 것이 특징으로 여성 출생 2,500명당 1명꼴로 발생하는 희귀병이다. 즉, 정상적인 여성의 성염색체가 XX인 데 비해 터너 증후군을 가진 여자들은 X 염색체가 하나 없이 그냥 X만 있다. 터너증후군은 자라면서 여러 증상이 나타나는데 가장 두드러지는 증상은 신장의 이상으로 치료를 받지 않으면 최종 어른 키가 평균보다 20cm나 작으며, 팔과 다리의 길이 비도 일반 아이와는 다르다는 것이다.

터널시야현상 tunnel vision phenomenon 터널시야는 시야의 각이 좁은 것을 의미하는데 분노 등 생리적인 흥분이 증가되어 주의력과 정보처리 능력이 현저하게 저하되는 현상을 말한다. 터널시야는 다양한 시각을 차단하기 때문에 자기합리화로 모든 것을 바라보게 한다.

테스토스테론 testosterone 남성의 성선에서 생성되는 성호르몬으로 사춘기에 나타나는 여러 가지 신체변화를 통제한다.

토닉넥 반사 tonic neck reflex 긴장성 경반사 신생아에게 나타나는 반사행동으로서, 생후 4주경부터 나타나며 누워 있을 때 종종 볼 수 있다. 머리를 어느 한 방향으로 돌리고, 팔을 구부린 방향보다는 주로 머리를 돌리고 있는 방향 쪽의 팔을 몸에 거의 직각으로 뻗는다. 다른 쪽 팔은 머리 뒤쪽 가까이에, 손은 주먹을 쥔 채로 구부리고 있다. 토닉넥 반사는 앞으로 주로 사용할 손의 선택을 보이는 첫번째 행동이며 대체로 오른쪽이 우세한 경향을 보인다. 이 반사는 3~4개월이 지나면 사라지는데 뇌성마비의 경우 이러한 반사가 오래 지속될 수 있다.

토큰경제 token economy 앨론과 아즈린(Ayllon & Azrin)이 개발한 것으로 행동치료에 있어서 조작적 조건화를 이용한 치료기법이다. 환자와 행동계약을 체결하고 미리 정한 적응적 행동을 하면 토큰을 주어 이를 강화하는 기법이다. 토큰은 후에 자신에게 필요한 것과 교환할 수 있는 가치를 가지고 있다. 이러한 방법은 특히 아동이나 만성 이상행동자에게 적용될 수 있는 좋은 방법이다.

토폴로기 심리학 topological psychology 레빈(K. Lewin)의 심리학이다. 베크투르 심리학과 더불어 레빈의 심리학적 체계의 일부를 구성한다. 그는 먼저 인간과 심리학적 환경을 합친 것을 생활공간이라 하였으며 인간과 환경도 여러 가지의 하위영역으로 분화되어 있다고 보고 행동은 이 생활공간의 함수라는 기본 법칙을 세웠다. 따라서 인간이 어떤 순간에 어떤 행동을 하는가를 구명하기 위해서는 생활공간의 구조 또는 모든 영역 간 관계를 명확하게 표현해야 할 필요가 있으며, 이 목적을 위해 토폴로기적 표현이 사용되고 있다.

통각 apperception 지각자가 주의를 기울이는 지각 대상을 분명하게 인식하고 이해할 수 있는 지각과정의 마지막 단계다. 통각은 어떤 의식내용을 명료하게 하는 과정으로서 분트(W. Wundt)는 이러한 의식 통일의 과정을 능동적 과정이라 생각하고 이것을 의지과정과 동일시하여 이 과정에는 생리적 대응과정이 존재하지 않는다고 하였다.

통계적 추리 statistical inference 심리학 연구는 대개 많은 피험자 전집 중에서 일부를 표집하여 실험, 관찰, 조사 등을 하게 되는데, 이와 같이 전집에 대한 추론을 표집을 근거로 하는 것을 통계적 추리라고 한다. 즉, 가설검증 시 표본결과로부터 모집단에 대한 일반화를 가능하게 해 주는 것이다.

통제 control 규제하는 것, 즉 어떤 것에 대해 지시를 내리거나 조정하고 제한하고 구속하는 것이다.

통제감 feeling of control 행동이나 사건이 내적·외적 세력에 의해 통제된다는 일반적인 기대를 말한다. 이러한 통제감은 사건이나 행동을 통제하는 세력을 내부로 귀인시키는 것을 내적 통제감이라고 하는 반면, 외부로 귀인시키는 것을 외적 통제감이라고 한다. 예를 들면, 성공이나 실패의 요소가 자신의 노력이나 능력에 달려 있다고 믿는 정도를 내적 통제감이라고 한다면, 그것이 행운이나 외부의 환경에 달려 있다고 믿는 것은 외적 통제감이라고 할 수 있는 데, 삶의 만족도에 긍정적인 영향을 미치는 것은 내적 통제감이다.

통제감의 착각 illusions of control (illusory control) 불행한 사건이 일어날 가능성은 낮게 보고 남들보다 행복한 미래가 기다리고 있다고 생각하는 것처럼 우연상황에 대해서도 자신이 통제력을 행사할 수 있다고 믿는 것이다. 콜빈과 블럭(Colvin & Block)에 의하면, 통제감의 착각은 실제로 자신이 통제할 수 없는 일을 통제할 수 있다고 믿는 것이 아니라 다른 사람보다 자신이 더 많이 통제할 수 있다고 믿는 것으로 스트레스에 적응하는 효과가 높다고 할 수 있다. 그러나 지나친 통제감의 착각은 개인적으로 불필요한 미신적 행위를 반복하게 하는 경향이 있어서, 우연한 사건에서 자신의 통제를 믿었던 사람은 이후에도 그런 착각을 고치기가 힘들어진다.

통제감의 효과 controllability effect 사람들의 심리에는 누구나 어느 대상에 대한 통제권을 소유하기를 바라는 마음이 있기 때문에, 자신의 통제권이 미치지 않는 상황에 처할 경우 심한 스트레스를 경험하게 된다. 이와 같이 어느 대상을 자신의 의지와 기대대로 통제하고자 하는 욕구를 충족하지 못할 경우에 나타나는 심리적 스트레스를 의미한다.

통제이론 control theory 현실요법의 이론적 배경이 되는 것으로 선택이론이라고도 한다. 현실요법 치료자는 내담자에게 선택과 책임의 본질을 강조하며, 내담자는 문제나 증상이 불가항력적으로 생겨난 것이 아니라 자기가 선택한 것이며 자기의 통제를 받을 수 있음을 알게 된다. ⇨ 선택이론 참고.

통제집단 control group 실험집단과의 비교를 위해서 연구자가 설정한 집단으로, 프로그램의 개입 또는 실험처치의 대상이 아닌 집단이다. 치료를 받는 집단의 효과를 검증하기 위한 치료를 받지 않는 비교집단을 의미한다. 사회복지분야에서는 동일한 문제를 가진 클라이언트를 대상으로 설정하거나 아니면 일반 클라이언트를 대상으로 한다.

통찰 insight 외현적인 시행착오가 아니라 정보의 정신적 조작을 통해 문제의 해결에 접근하는 것을 말한다. 즉, 개인의 감정, 자극, 문제에 대한 자기 이해와 인식으로, 내담자의 내부영역과 그들의 본성에 관하여 의식을 고양하는 것, 조명해 보는 것 등과 관련해서 언급된다. 통찰을 위해서는 문제와 관련된 기본적인 지식들이 활용 가능한 상태로 준비되어 있어야 하며 이미 어느 정도의 시행착오를 겪어야만 가능한 경우도 있다.

통찰정신치료 insight psychotherapy 통찰정신치료는 과거의 경험을 교정하도록 통찰적 접근을 하는 치료법이다. 통찰정신치료는 정서적 장애나 부적응 문제는 무의식적 갈등이나 심리적 억압, 왜곡된 지각과 사고에서 비롯된다고 전제를 갖고 있기 때문에, 치료과정은 내담자의 무의식적 갈등을 노출시키고 상세하게 검색하고 해결하도록 하는 것이다. 즉, 내담자로 하여금 자기 자신의 정신병리에 대하여 현실적이고 논리적이며 합리적인 인식과 사고를 증진시킴으로써 정서적 장애나 부적응문제를 해결하려고 한다. 치료 첫 시간에 치료자는 환자의 치료에 대한 부정적 반응과 저항에 대해 적극적으로 해결하려고 노력하며, 만약 치료 초반에 환자나 보호자가 생각하기에 얻은 것이 없다고(어려움에 처한 자신에 대한 공감적 이해, 치료 성공에 대한 희망) 생각하면 치료는 끝나게 된다. 다시 말해, 통찰정신치료는 이전의 정신 내면적 갈등과 대인관계의 갈등을 해결하는 것, 자신의 인생과 그 의미를 돌이켜 생각해 보면서 환자의 부정적인 이유를 밝혀 주고, 희망적인 태도로 격려하는 방법을 사용한다. 예를 들어, 노인 우울증 환자를 치료할 때 유용한 방법은 환자가 상실을 어떻게 경험하였으며 그 의미가 무엇인지를 공감하면서 의사소통을 하는 것, 상실에 대한 애도가 어떻게 처리되었는지를 검토하고 환자가 과거로부터 회복하고 만족을 가질 수 있는 새로운 인간관계와 활동을 찾고 자긍심을 높일 수 있도록 부드럽게 격려하는 것, 부정적인 전이반응을 알게 해주는 것, 인생의 의미에 대해 새롭게 통찰하고 이해하며 대인관계를 더 잘 할 수 있게 도와 주는 것 등이다. 이와 같이 통찰치료에서는 정서적이고 해석적인 측면이 크게 강조하며, 무의식적인 동기와 갈등을 이해함으로써 성격의 광범위한 개조를 추구하는 것이다.

통찰학습 insight learning 어떤 문제의 해결이 이루어지지 않다가 시행착오와 유사한 과정을 통해, 어느 순간 갑자기 경험도 없이 통찰에 의해서 문제가 해결되는 인지학습의 한 유형이다. 통찰학습은 쾰러(W. Köhler)가 원숭이를 우리 안에 상자 몇 개를 둔 채 가두고 천장에 바나나를 매달아 원숭이가 바나나를 따게 되는 과정을 실험한 것에서 발전된 이론이다. 처음에 원숭이는 바나나 밑에서 껑충껑충 뛰었으나 실패한 뒤 행동을 중지하였다. 얼마 후 원숭이는 상자와 바나나를 쳐다보는 행위를 반복하다가 갑자기 상자를 쌓고 올라가 바나나를 딸 수 있었다. 이와 같이 통찰학습은 적절한 과거의 경험이 필요는 하지만 이것이 문제해결을 보장하지 않으며, 문제해결에 열쇠가 되는 부분을 잘 이해하고 그들과의 관계를 지각할 때 갑자기 이루어지는 것이다.

통크족 TONK Two Only No Kids 의 약자로 통크족은 자식이 있되 자식의 효심에 의존하지 않고 취미, 운동, 여행 등으로 부부만의 생활을 즐겁게 보내는 새로운 노인상을 말한다.

통합 intergration (synthesis) 상이한 특질들을 하나의 조직으로 만들거나 상이한 기질들을 조화된 하나의 성격으로 만드는 것이다. 갈등을 완전히 해소한 상태로서 여기에는 한 개인 간의 조화를 이루는 개인적 통합(individual integration), 다른 사람들과 조화되는 관계를 이루는 사회적 통합(social integration), 하나님과 화평함을 이루는 영적 통합(spiritual integration)이 있다. 통합이 결여되면 부적응을 낳는다.

퇴행 regression 퇴행은 정서적으로 성장 초기 단계로 돌아가는 것을 말한다. 어떤 사람들은 자기 문제를 직면할 수 없을 때 매우 유아적이 된다. 육체적으로 정신적으로 충분히 발달된 상태지만 좌절을 경험하거나 공포 등으로 인해 욕구 불만의 상태에 빠질 때, 긴장 해소와 장애 극복을 위한 도피 행동으로서 발달초기의 성공적으로 작용했던 생각이나 보다 만족스러웠던 시절의 행동 양식에 다시 의지함으로써 현 상황에서의 위협이나 불안을 해소하는 방어기제다. 퇴행은 불쾌감을 일시적으로 해소하지만 사람에 대해 의존적이고 우유부단한 태도를 갖게 되고 새로운 변화를 두려워하게 된다.

퇴화 degernation 신체의 어떤 기관이 오랫동안 사용되지 않음으로써 점차 작아지거나 기능을 잃게 되어 쇠약해지는 것을 말한다. 질병, 갱년기, 노쇠 현상 등에 대한 설명에서 위축이라는 용어로도 표현 사용된다.

투과성 permeability 가족구성원이 가정 내에 있는 하위체계 경계선을 넘나들기가 쉽고 유연성이 있는 상태다. 가족을 진단함에 있어 가족경계의 투과성은 가족성원들 사이의 관계의 성격을 규정하는 데 도움을 준다.

투사 projection 투영 자신의 생각이나 욕구, 감정 등을 타인의 것으로 지각하는 현상으로, 자신의 바람직하지 못하고 용납될 수 없는 생각이나 충동을 남 때문이라고 남의 탓으로 돌리는 심리기제다. 자기의 자아상에 맞지 않거나 받아들일 수 없는 생각, 감정, 태도, 행동과 같이 자신의 속성인 억압된 충동이나 갈등을 외부에 표출시켜 타인이나 사물에 전가시킴으로써, 자신의 바람직하지 않은 속성을 자각하지 않으려 한다. 이는 그것을 타인에게 돌림으로써 심리적 부담감을 줄일 수 있기 때문이다. 예를 들어, 자신이 무의식에서 품고 있는 공격적 계획과 충동을 남의 것이라고 생각하는 경우로, 즉 자신이 누구를 미워할 때 그가 자기를 몹시 미워하기 때문에 자신도 그를 미워한다는 경우, 강하나 억압된 부도덕한 성적 충동이 있는 부인이 모든 남자는 믿지 못할 사람이라고 주장하는 경우 등이다. 투사를 해결하는 접근법 중 하나는 내담자로 하여금 자신의 지각과 반대로 행동하도록 요구하는 것이다. 투사를 하게 되면 개인은 일시적인 해방감과 안락감을 느낀다. 그러나 최적의 수준을 넘어서는 과도한 투사가 일어나면 일반적으로 인격이 황폐화되는 결과를 낳는다. 또 유아기에는 정상으로 간주되었던 투사의 수준이 성인이 되어서까지 유지된다면 그것은 병적인 것으로 여겨진다.

투사법 projective technique 투사적 기법 투사적인 검사는 내담자의 무의식 과정을 건드리도록 고안된 기법으로 임상장면에서 겉으로 관찰될 수 없고 인식하지 못하는 무의식적이고 역동적인 성격구조를 분석해야 할 경우에 사용되는 검사방법이다. 일반적으로 어떤 상황에 대한 해석의 다양성이 허용될 때 해석은 개인의 성격에 따라 달라지게 되는데, 투사적 검사는 어느 정도 불분명한 시각적 자극을 제시하여 개인의 경험을 체계화하고 기술하는 독특한 방법에 따라 반응이 다르게 나타날 것이라는 가정 아래 실시된다. 그러므로 투사적 기법은 개인적인 욕구, 그의 특수한 지각, 해석 등이 밖으로 나타날 수 있는 자극을 피험자에게 제시함으로써 성격을 측정하는 방법을 채택하고 있는 검사다. 대표적인 투사적 검사는 로르샤하(Rorschach) 검사, 주제통각 검사, 문장완성 검사 등이 있다.

투사적 동일시 projective identification 한 개인이 투사를 이용해 자신의 가족, 소속그룹 또는 조직의 다른 멤버들로 하여금 투사된 태도에 일치되는 행동을 하도록 유도하는 과정이다. 단순한 투사와 달리 개인은 투사한 것에 대해 전적으로 부인하지는 않는다. 반면, 개인은 자신의 감정이나 충동에 대해 알고 있으나 그것은 타인에 대한 정당한 반웅이라고 잘못 탓한다. 대상관계가족치료의 주요 개념인 투사적 동일시는 투사의 결과로 인해서 다른 사람들이 나쁜 점을 소유하고 있으며, 이를 확인하는 과정을 포함하는 현상이다. 다른 사람들을 조종해서 타인들이 자신의 나쁜 점을 소유하고 있음을 그 사람들에게 확인시킨다. 슬슬 약을 올려서 결국 상대방이 화를 내게 만들고 화를 낸 그 사람을 화를 잘 내는 사람이라고 확인시키는 현상이다. 또한 클라인(Melanie Klein)은 투사적 동일시에 대해 정의하기를 대상이 마치 주체가 생각하는 인성 요소를 포함하고 있는 것처럼 대상을 지각하는 과정이며, 대상이 이런 투사된 지각에 일치되도록 주체가 행동과 감정을 일으킨다고 하였다.

트릭스터 trickster 사기꾼, 협잡꾼, 마술사 융 학파에서 사용한 개념으로, 트릭스터는 심리학적 삶에 있는 반항적인 에너지를 의미한다. 이는 기존 상태를 부인하거나 의문시하고 잘 움직이는 체계에 제동을 걸거나, 승리를 비웃고, 미래의 재난을 예언하기를 즐기는 것으로, 트릭스터는 무너뜨리고 조롱하고자 하는 충동 외에 어떠한 일관된 규칙에 매이지 않는다.

특성-요인이론 trait-and-factor theory 진로상담의 기초이론 가운데 하나로 1900년 미국의 진로지도 운동을 이끌었던 파슨즈(T. Parsons)의 이론이다. 진로지도뿐 아니라 직업적응, 인사관리에 이르기까지 영향을 미친 이론이다. 핵심 개념은 '매칭(matching)'으로 개인의 특성, 즉 능력과 관심을 직업 및 직무 요인과 맞추어야 한다는 것이다. 정확한 매칭을 위해 최소한 두 가지 조건이 만족되어야 하는데, 직무분석(job analysis)과 개인 특성에 대한 정확한 측정이 가능해야 한다. 지시적 상담으로 유명한 윌리엄슨(E. G. Williamson)은 이 이론을 기초로 각종 지능검사, 적성검사, 성격검사, 흥미검사, 가치관검사를 통해 적합한 상담을 해 준다는 것을 그의 기본적 상담 전략으로 삼았다.

특성이론 character theory 성격을 연구하는 성격연구의 한 방법으로서, 성격을 단면적인 상태로 이해하려는 연구들이다. 즉, 성격연구는 크게 특성이론과 과정이론으로 구분된다. 여기서 특성이론은 성격이 어떻게 형성되고 발달하는가보다는 현재 어떤 성격유형이 있는지에 관심이 더 많은 것이다. 사람들은 평소에도 뚱뚱하면 여유롭고, 마르면 지적이며, 옹니에 곱슬머리이면 고집이 세다는 등 나름대로의 상식으로 성격을 분류하고 있다. 이와 같이 일반인들이 나름대로 가지고 있는 성격판단의 기준인 내현성격이론처럼 사람마다 성격의 특징은 다르다는 독특성이 있지만 사람들의 성격들 간에는 공통점이 존재하고 있음을 알 수 있다. 이처럼 특성이론은 이러한 특성을 찾아내어 성격을 분류하는 이론이다. 특성이론은 성격분류의 기준을 유형으로 보느냐 특질로 보느냐에 따라 유형론과 특질론으로 구분되는데, 유형론에는 다시 히포크라테스(Hippocrates)의 체액론과 크레츠머와 쉘던(Kretchemer & Sheldon)의 체격론이 있으며, 특질론으로는 올포트(G. W. Allport), 카텔(R. Cattell), 아이젠크(H. J. Eysenck)의 연구가 있다. ⇨ 성격이론, 과정이론 참고.

특이구속 idiosyncratic constrains 가족구조에 있어서 가족이 상호교류하는 유형의 한 형태다. 가족상호거래유형은 두 가지 구속체계, 즉 일반적인 규칙과 특이한 규칙들로 유지된다. 특이한 규칙으로 유지되는 가족상호거래유형을 특이구속이라고 한다. 특이하거나 개별화된 규칙은 특정한 가족에게 적용되는 것으로 상대방의 행동을 중요시하는 특별한 가족성원들의 상호기대다. 일반적으로 서로에게 처음 가진 기대는 시간이 지나면서 상호 간에 수용하는 유형과 기능적인 효과성을 유지할 수 있지만, 특별한 가족게임으로 발전된 규칙과 행동유형은 상호적응과 효과성에 문제를 남긴다. 즉, 가족구성원이 서로 다른 상호 보완적인 기대를 갖고 있다는 특이구속 때문이다.

특정공포증 specific phobia 종전의 단순공포증(simple phobia). 인식할 수 있는 명확한 대상이나 상황에 대한 현저하고 지속적인 두려움으로 임상적으로 심각한 불안이 특징이다. 이러한 특정한 상황이나 대상에 대해서는 흔히 회피적인 행동이 일어나게 된다. 예를 들면, 비행기 폭발이나 개에 물릴 것에 대한 두려움 등 어떤 대상이나 상황에 대한 예견적인 위해가 두려움의 대상이 된다. 이 장애를 가진 청소년이나 성인들은 그들의 두려움이 너무 지나치거나 비합리적이라는 것을 잘 알고 있지만 소아의 경우는 그렇지 않다.

특정적 반응이론 specific reaction theory 정신 생리성 장애의 발병을 설명하는 이론으로 개인마다 스트레스를 받을 때 이에 반응하는 양식이 다르기 때문에 주로 반응하는 기관에 신체장애가 발생한다고 한다.

특질론 trait theories 특질이론 특질론은 인간의 성격을 몇 가지의 특성(특질)으로 나누어 이에 따라 설명하려는 입장을 말한다. 성격을 연구하는 성격이론은 크게 특성이론(character theory)과 과정이론(processing theory)으로 구분되는데, 그 가운데 특질론은 특성이론의 한 유형이다. 특질이란 한 사람을 다른 사람과 비교적 영속적으로 구분해 주는 심리적 경향성으로 성격을 이루는 기본 단위이자 인간행동의 다양성(개인차)을 설명해 주는 중요한 요소이며, 선천적으로 획득될 수도 후천적으로 형성될 수도 있다. 사람들은 나름대로 독특한 특질을 가지고 있으며 다른 시간, 다른 상황에서 우리가 다르게 행동할지라도 성격특질이 언제나 존재하고 있음을 주장한다. 특질론의 대표적 학자인 올포트(G. W. Allport)는 인간을 설명하는 18,000개 정도의 형용사를 분석하였으며, 이러한 특질은 사회생활이나 대인관계를 영위할 때 사람들에게 공통적으로 나타나는 공통특질과 개인을 구별짓는 개별특질로 구분된다. 또한 개개인 간의 행동의 복잡성과 특성을 입증하려고 기본적 특성, 중심적 특성, 이차적 특성이라는 세 가지 특성을 제시한다. 즉, 기본적 특성은 포괄적이며 특성에 관계 없이 나타나고 일반성이 있다. 개개인은 이를 중심으로 자기 생활을 체계화해 나가는 것으로 본다. 중심적 특성은 비교적 제한된 소수의 특성으로 행동을 덜 지배하며 덜 포괄적인 특성을 말한다. 이차적 특성은 아주 제한된 범위 내에서만 행동에 영향을 미치며 일관성이 적은 특성을 말하는데, 이러한 특성이 모여 성격을 구성하여 행동을 결정한다. 이 외에 카텔(R. Cattell)은 올포트가 제시한 형용사를 비슷한 의미로 묶어 200개의 성격특성을 찾아내었고, 최종적으로 요인분석을 통해 인간의 성격을 가장 잘 나타낼 수 있는 16개의 성격요인(factor)을 선정하였다. 이를 바탕으로 특질을 기저에서 외현적 행동을 결정하며 비교적 안정적인 원천특질(source trait)과 안정적이지 않고 사람마다 독특한 표면특질(surface trait)로 구분하였다. 또한 아이젠크(H. J. Eysenck)는 내향성과 외향성, 안정성과 불안정성(신경증적 경향성 neuroticism), 정신병적 경향성(psychoticism)으로 분류하였는데, 내향적인 사람은 각성수준인 높아 외부자극에 민감하고 주의력이 높아 조건화가 잘 이루어지는 반면, 외향적인 사람은 각성수준이 낮아 자극에 민감하지 못하고 주의를 기울이지 못해 조건화가 어렵고 쉽게 소거되는 경향이 있다고 주장했다. 따라서 내향적인 사람은 조용하고 내성적이며 의사결정 시 신중하고 위험이 따르는 일을 좋아하지 않고 질서 있는 생활을 선호하지만, 외향적인 사람은 사교적이고 친구가 많으며 파티에 참석하기를 좋아하고 흥분을 잘 하고 충동적이라고 설명한다. 한편 신경증적 경향성은 정서적인 안정성을 나타내는 차원으로 이러한 경향성이 많은 사람은 적은 사람보다 쉽게 흥분하고 불안해 하며 불안정한 특성을 보인다. 이에 비해 정신병적 경향성은 정신병이 될 성향과 정신병질자가 될 정도를 반영한다고 하였다. ⇨ 기질특성, 성격이론, 특성이론, 올포트 참고.

T- 집단훈련(T-group) training group 집단상담의 실제적인 한 접근방법이다. 이 모형은 실험실 교육 프로그램의 방법을 활용하고 있기 때문에 실험실적 접근이라고도 불리며, 통칭 T-집단이라고 불린다. 이 집단은 처음에는 소집단 역동을 연구하기 위한 참여관찰의 수단으로 시작되었으나, 후에 집단과정을 이해하고 그들의 태도와 가치를 점검하며 상호간에 좀 더 감수성을 가질 수 있게 되었다. 이 집단훈련의 방법은 종전의 집단형태가 심리치료적인 입장에서 활동했던 것에 비하여 교육적인 훈련이라는 면에 강조점을 두고 있다. 즉, 건강한 사람들의 입장에서 보다 높은 수준의 자아실현과 대인관계의 발전을 목적으로 삼고 있는 것이다. T-집단은 분명한 조직도 없이, 합의된 절차도 없이, 특수한 의제도 없이, 미리 정한 기대도 없이, 전통적인 의미의 지도자도 없이 시작한다. 이와 같이 T-집단은 비교적 비조직적인 작은 집단에서 집단원 모두가 직접 참여하여 스스로의 목표를 설정하고, 상호간에 피드백을 주고받고, 집단활동을 관찰하고, 분석하고, 계획하고, 평가하는 등의 직접적 경험을 통하여 주로 인간관계의 기술과 집단과정에 대해 학습한다는 특징을 갖는다. T-집단은 나중에 개인성장과 관계향상을 주목적으로 하는 참만남 집단(encounter group)으로 발전하였다.

틱장애 tic disorder 얼굴 · 목 · 어깨 등에 나타나는 급격하면서도 불수의적이며, 갑작스러우며, 빠르고 반복적이며, 리듬감이 없고 상동증적인 운동이나 발성이다. 예를 들면, 눈을 심하게 반복적으로 깜빡이는 운동, 고개를 끄덕이는 운동, 고개를 갸웃거리거나 머리를 흔드는 운동, 혀를 차는 운동 등을 들 수 있다. 히스테리 성격에서 볼 수 있는 것과 추체외로계의 장애에 의한 것이 있다. 이러한 운동 틱이나 음성 틱이 1년 이상 나타나는 것을 뚜렛장애(tourette' s disorder)와 만성적 운동 · 음성 틱장애(chronic moto or vocal tic disorder)로 진단하며, 운동 틱이나 음성 틱이 1개월 이상 1년 이내 지속되는 것을 일과성 틱장애(transient tic disorder)로 구분한다.

ㅍ

파괴병 hebephrenia 현실과의 접촉상실, 지리멸렬한 사고와 말, 우스꽝스러운 행동, 기괴한 몸짓, 단편적인 환각, 터무니없는 망상, 불량한 예후, 난폭한 흥분상태, 킬킬거리는 웃음, 엉뚱한 행동, 급속한 기분의 변화 등의 특징을 보이는 정신병의 한 유형으로 이 장애는 무질서한 유형의 정신분열증으로 알려져 있다. 이 용어는 1877년 독일의 정신과의사 이워드 헥커(Ewald Hecker)에 의해 만들어졌는데, hebe라는 희랍어는 젊은이와 사춘기(youth, puberty)를 의미하고, 프렌(phren)은 정신(mind)을 의미한다. 따라서 청소년기 정신병(adolescent insanity)이라는 뜻을 의미하는 것이다.

파괴적 부여 destructive entitlement 비대칭적 관계 속에서 나타나는 역기능가정에서의 관계를 의미하는 것으로 가족관계 내에 파괴적인 경향을 부여하는 것을 나타내는 말이다. 인간의 실존적 질서인 부모는 자녀를 돌보고 사랑하는 책임을 가지는데, 부모가 자녀를 제대로 돌보지 못할 때 파괴적 부여 현상이 생기게 된다. 즉, 역기능가정은 가정 내의 어린이들에게 파괴적인 역할을 하게 되는데, 불안한 환경에서 살아남기 위해서 희생양, 영웅아이, 대리배우자 등의 역할을 개발하게 되는 것과 같다.

파괴적 행동장애 destructive behavior disorder 파괴적 행동장애는 사회적으로 파괴적인 행동을 보이며 환자 자신보다 다른 사람이 더 고통스러워한다. DSM-IV에서는 파괴성 행동장애를 적대적 반항장애(oppositional defiant disorder), 행실장애(conduct disorder), 기타 파괴성 행동장애(disruptive behavior disorder)로 분류하였다. 적대적 반항장애는 거부적 · 적대적 · 반항적 행동이 주 증상으로 사회적 규범을 위반하거나 타인의 권리를 침해하는 반사회적 내지 공격적 행동은 두드러지지 않는다. 행실장애의 기본양상은 소아의 행동이 반복적이고 지속적으로 다른 사람의 기본 권리를 침해하거나, 나이에 맞는 사회적 규범이나 규율을 위반하는 것을 말한다. 이런 행동이 최소한 6개월 동안 지속되어야 행실장애의 진단을 내릴 수 있다. DSM-IV에서는 발병 나이에 따라 소아발병형(childhood-onset type)과 청소년-발병형(adolescent-onset type)으로 구분되고, 증상의 심한 정도에 따라 경도(mild), 중등도(moderate), 고도(severe)로 구분되어 있다.

파랑새 증후군 Blue Bird Syndrome 현대 사회는 빠르게 변해가고 있다. 그런 변화는 사람들 스스로 만들어가는 것이지만 거기에 적응하지 못하는 사람들은 스트레스를 받는다. 파랑새증후군은 자신의 일은 아랑곳없이 장래의 막연한 행복만을 추구한다고 해서 붙여진 이름으로, 행복과 이상을 상징하는 파랑새가 한 직장에 안주하지 못하고 옮겨 다니는 직장인을 지칭하는 용어로 변했다. 즉, 변화에 적응하지 못하는 직장인에게서 나타나는 대표적인 부적응현상을 '파랑새 증후군'이라고 한다. 현실을 거부하고 백일몽을 좇는다는 점에서 '피터팬 신드롬'이나 '모라토리엄 신드롬'과 일맥상통한다. 파랑새 증후군은 직장인들이 겪는 노이로제(Neurosis)의 일종이다. 노이로제란 신경증을 말한다. 다시 말해 욕구불만, 갈등, 스트레스 때문에 발생하는 심리적 긴장이 신체적인 증상으로 나타난 것이다.

파멸적 사고 이것은 가장 일반적인 비합리적 사고로서 가장 나쁜 일이 일어날 것이라고 예상하는 것을 뜻한다. 예를 들면, '나는 어젯밤 술을 너무 많이 마셨어, 난 가망없는 약물 중독자가 될 거야.' 등의 생각이다.

파블로프(Pavlov)의 실험 러시아의 생리학자인 파블로프(Ivan P. Pavlov)는 개를 실험동물로 침샘의 분비를 연구하던 중 개가 음식물이 입에 들어가기도 전에 음식물 접시를 본다든지 실험자의 발소리만 듣고도 침을 흘리는 것을 관찰하였다. 파블로프는 개의 타액분비를 측정하기 위하여 개의 위와 식도를 수술하여 타액선을 겉으로 드러나게 한 다음 관을 끼워 흘러나오는 타액량을 측정하였다. 그의 실험절차를 살펴보면, 개를 방음된 실험실에 데리고 와서 실험장치에 고정시킨 후 종소리를 들려 준다. 이 때 개는 타액을 분비하지 않고 다만 귀를 쫑긋 세우고 소리나는 쪽으로 머리를 돌린다. 이와 같이 새로운 자극이 나타났을 때 개가 최초로 보인 반응은 정향반사(orienting reflex)다. 그 다음 종소리를 들려 주면서 먹이를 준다. 그러면서 개의 타액반응을 계속 기록한다. 개는 이런 경험을 몇 번 한 후에는 종소리가 울리면 먹이가 제공되기 전인데도 타액을 분비하기 시작한다. 이 때 개는 종소리와 먹이를 연합시킨 것이다. 파블로프는 종소리에 대한 타액분비를 조건반응(conditioned response : CR)이라고 불렀다. 개는 훈련시키기 이전에도 먹이가 입에 들어가면 타액을 분비한다. 이는 개의 과거 경험과는 관련없이 무조건적으로 유발된 반응이다. 그러므로 먹이에 대한 타액분비는 무조건반응(unconditioned response : UR)이다. 이때 먹이는 무조건자극(unconditioned stimulus : US)이다. 파블로프는 무조건자극이 조건반응을 지속시키고 강화시키기 때문에 강화물(reinforcer)이라 불렀다.

파악반사 grasping reflex 잡기반사라고도 한다. 신생아의 손에 막대기와 같은 물체를 쥐어 주면 빼내기 힘들 정도로 강하게 쥐는 반사를 말한다. 이 반응은 생후 4개월 정도면 사라진다.

파이개념 pie concept 좋은 것만 모아서 만든 한 개의 파이가 있을 때, 한 사람이 큰 조각을 가지면 결국 다른 사람들은 더 작은 조각을 갖게 된다는 분배의 정의에 대해 설명하는 것이다. 이러한 파이개념이 대인관계에서 적용될 때 작은 조각을 가졌다고 생각하는 사람들은 좋은 일이 다른 사람에게만 일어나고 자신에게는 일어나지 않는다고 여기는 것으로, 반사적으로 스스로를 왜소하게 느낀다.

파이현상 phi phenomenon 실제로 움직이지 않는데 움직이는 것처럼 보이는 가현 현상을 말한다. 즉, 실제로는 움직이지 않는 일정 거리를 둔 자극들을 교대로 제시할 때 일어나는 운동지각의 현상이다. 넓은 뜻으로는 흐르는 구름에 둘러싸인 달이 마치 반대방향으로 움직이는 것처럼 보이는 유도운동, 암흑 속에 있는 하나의 광점을 보고 있으면 그 광점이 움직이는 것처럼 보이는 것과 같은 자동운동, 한 방향을 향한 운동을 계속해서 관찰한 후에 반대방향의 운동으로 나타나는 운동잔상 등도 이에 속한다. 서로 전후하여 생기는 두 정지 광점의 감각에는 포함되어 있지 않은 전혀 새로운 움직임의 인상이 생긴다는 것은 전체관을 주장하는 게슈탈트 심리학에 의하여 중시된 현상이다.

파킨슨병 Parkinson's disease 진행성 퇴행성 뇌 질환의 하나로 점진적인 운동장애가 특징이다. 몸, 팔, 다리가 굳고 동작의 어둔함과 손떨림, 근육 경련, 조정 불능 등이 나타나는 질병으로 최초의 발생은 50~65세의 연령층에서 가장 흔하다. 주로 가만히 있을 때 손이 떨리는 안정 시 진전이나 말이 어눌해지고 보폭이 줄고 걸음걸이가 늦어지는 등의 증상을 보이게 된다. 파킨슨병의 환자들 가운데 30~40% 정도는 파킨슨병의 말기에 치매의 증상을 나타내게 된다.

파킨슨 증후군 parkinsonism 착석불능의 뜻으로 가만히 앉은 채로 있을 수 없는 상태를 가리키며, 서거나 앉거나 제자리걸음을 하거나 몸을 전후좌우로 흔드는 상태다. 전에는 뇌염후유증에서 볼 수 있는 증상이었는데 오늘날에는 강력정신안정제(메저 · 트랭킬라이저)의 사용 중에 종종 볼 수 있는 약물부작용으로 알려져 있다. 이 증상은 감량이나 중단 또는 항파킨슨제의 병용으로 소실 내지 경감된다.

파편화된 자기 fragmented self 코헛(H. Kohut)의 자기 개념 중 하나로서 과대적 자기(grandiose self)에 대한 환상이 현실 속에서 좌절되었을 때 나타나는 현상이다. 이러한 자기 파편화 현상은 자신의 활동에 대한 불만족, 허무감, 무기쁨, 자존감의 결여, 성공에 대한 동경으로 나타나는데, 이를 수직분리와 수평분리라는 용어를 통해 설명하고 있다. ⇨ 수직분리, 수평분리 참고.

판단적 장면 judgemental scene 개인 및 집단 모두에게 가능한 기법이다. 환자는 가상의 인물, 철학자, 신, 이상적인 인물들과 만나게 되고 그 역할을 맡는 보조자아와 인생의 의미, 죄의식, 가치관 등에 관해 재판형식의 비판을 하게 된다. 질문과 답변, 원인규명, 상징적인 상벌행위로 가능하다.

판도라의 상자 pandora box 예상할 수 없을 정도의 문제거리와 어려움. 그리스 신화의 프로메테우스(Prometheus)가 신들의 세상에서 불을 훔쳐 인간 세상에 가져다 주었다. 화가 난 제우스 신은 프로메테우스에게 바위에 묶여 독수리에 의해 간이 쪼아 먹히는 벌을 내렸고, 인류에게도 하나의 재앙을 내렸는데 그것이 바로 판도라의 상자다. 제우스는 인류 최초의 여자 판도라(Pandora)를 만들어서 프로메테우스의 동생인 에피메테우스(Epimetheus)와 결혼하게 한다. 이때 판도라는 작은 상자 하나를 품에 안고 오는데 제우스는 절대 이 상자를 열어보지 말라고 명령했지만 호기심을 참기 어려웠던 판도라는 상자를 열었고, 그 안에서는 질병, 시기, 질투, 원한, 복수심 등 세상의 갖가지 악이 튀어나와 삽시간에 퍼져 나갔다. 깜짝 놀란 판도라가 황급히 상자의 뚜껑을 덮었지만 상자 안에 남은 것은 단 하나 '희망' 뿐이었다.

패러다임 paradigm 전형 함께 공유되는 전반적인 가설이나 일반적인 접근으로 과학적으로 탐구되고 있는 영역들을 제한하지 않고, 앞으로 다가오는 자료를 수집하고 해석하기 위해 사용되고 있는 방법들을 열거하는 일련의 가설 또는 전제를 말한다.

페닐에틸라민(PEA) phenylethylamine 사랑이라는 황홀한 신체적 느낌을 주는 주된 화학성분.

페르소나 persona 원래 연극배우가 썼던 가면으로 개인이 외부세계에 나타내는 외적 모습, 즉 사람들이 외부 사회에 적응하기 위해 얼굴을 가리는 가면과 같은 것이다. 융(C. G. Jung)은 페르소나를 통해 인간의 성격을 설명하고 있는데 페르소나는 집단정신에서 빌려 온 판단과 행동의 틀이다. 집단이 개인에 대하여 요구하는 도리, 본분, 역할, 사회적 의미, 그 집단 속에서라면 누구나 그렇게 생각하고 행동해야 할 여러 가지 유형을 말한다. 개인은 페르소나를 배우고 여러 가지 페르소나를 번갈아 쓰면서 사회 속에서 살아간다. 다른 사람의 기대에 따라 자기본성과는 다른 새로운 성격을 나타내는 것이다. 그러나 그 페르소나는 어떤 특정한 사회집단 안에서만 통용되는 화폐처럼 집단 밖에서는 인정받지 못하는 경우도 있다는 측면에서, 인간의 보편적이고 원초적인 행동유형과 반드시 일치하는 것은 아니다. 이와 같이 페르소나는 사회가 부과한 역할이며 사회가 인간에게 담당하기를 기대하는 배역이다.

편견 prejudice 어떤 대상에 대해 가지고 있는 일반적인 부정적 태도를 말한다. 이는 사실 확인에 대한 어떤 근거 없이 선입견이 고정된 상태를 말하는 것으로 태도에서 신념적 측면, 감정적 측면, 행동적 측면을 포함한다. 즉, 신념적 측면은 어떤 대상의 특징에 대해 가지고 있는 일반적이고 추상적인 지식인 고정관념을 말하며, 감정적 측면은 부정적이거나 적대적인 감정을 지칭하는 것이며, 행동적 측면은 일상생활에서 불이익을 주는 행동을 지칭하는 것이다. 이러한 세 측면이 서로 연관되어서 상호영향을 미치게 된다.

편견효과 prejudice effect 편견이 문제가 되는 것은 대개 편견이란 감정에 그치지 않고 그 집단구성원들을 차별 대우하는 행동으로 이어지기 때문이다. 편견이 행동으로 나타나 그 집단에 속한 사람들에게 불이익을 주는 현상을 '편견효과'라고 한다. 편견효과는 다음 다섯 단계의 행동으로 나타난다. 1단계, 적대적인 말(Antilocution)이다. 편견을 가지고 있는 사람들은 처음에는 독일인들이 유태인들을 비난했듯이 편견 대상을 욕하기 시작한다. 어떤 지역 사람들은 어떻고 곱슬머리는 어떻고와 같은 부정적인 말을 하기 시작한다. 2단계, 회피(Avoidance)다. 편견이 강해지면 자기 손해를 감수하고서라도 독일인들이 유태인 이웃을 회피했듯이 편견 대상을 피하기 시작한다. 지역감정으로 보면 어떤 지역 사람들과는 상거래를 하지 않고 친목도 도모하지 않으려고 한다. 3단계, 차별대우(Discrimination)다. 편견 대상에 대해 직접적인 적대 행위와 불이익을 주기 시작해 고용, 주택, 정치적 권리, 교육, 종교, 의료혜택 등에서 차별대우를 한다. 4단계, 신체적 공격(Physical Attack)이다. 편견을 가진 사람들은 편견 대상을 심하게 배척하고 위협해 이사가도록 하고, 같은 편견을 가진 사람들끼리 모여 살게 된다. 5단계, 몰살(Extermination)이다. 가장 강도가 심한 편견은 몰살이다. 집단구타, 개인학살, 집단학살과 같이 감정적 요소와 신념적 요소를 넘어 병적인 이상 증상으로 나타나 다차우(Dachau)나 아우슈비츠(Auschwitz) 같은 가스실을 만들어 낸다.

편도체 amygdala 뇌의 구조물 중 하나다. 정서반응에 관여하는 것으로 신체가 스트레스에 반응하여 스트레스의 해소를 돕거나 인간의 본능적인 공포나 분노의 기억을 저장하는 역할을 한다. 편도체는 특히 감정 중에서 가장 강렬한 '공포'와 밀접된 관련이 있어서, 우르바하-위테 병으로 편도체가 손상된 경우 상대방이 짓는 공포에 질린 표정조차 이해하지 못하는 것에서 보듯이 편도체에 이상이 생기면 두려움에 무감각해진다고 한다. 한편 편도체를 없앤 동물의 실험에서 공포를 못 느끼는 동시에 성격도 온순해지는 결과가 나왔다. 또한 편도체는 위급한 상황에서 반사적인 행동을 일으키는 작용을 함으로써 위험한 대상과 갑자기 맞닥뜨렸을 때 순간적으로 피할 수 있게 하는 역할을 한다.

편두통 migraine 대개 심하고 재발을 잘 하며, 흔히 한쪽에 국한되어 나타나는 두통으로, 오심, 구토, 설사, 변비를 수반하는 경우가 많다. 또 섬광, 시야 일부의 흑점 또는 색채나 모양을 가진 사물의 환시 등의 전구증상이 선행하기도 한다. 흔히 수반되는 환시는 톱니모양이며, 하도 선명하게 나타나기 때문에 환자가 그 모양을 종이에 그릴 수 있을 정도다. 발생기전은 우선 뇌동맥이 수축하였다가 후에 혈관이 확장되는 것과 관계가 있다고 설명하고 있지만 혈관확장에 의한 국소적 혈류증가가 직접 두통과 관련이 있는지의 여부는 아직 밝혀지지 않고 있다. 대부분의 경우에서 유전적 소인의 증거가 있지만 유발인자는 대개 심리적 부담이나 피로다. 치료로는 발작 초기에 뇌동맥을 수축시킬 수 있는 에르고타민 제제가 사용되며 예방으로는 세로토닌(serotonine)의 길항물질인 메티서지드(methysergide)를 규칙적으로 사용하면 효과가 있다.

편의성범위 range convenience 한 특수한 구성개념에 적합하고 적용 가능한 모든 사상을 말한다.

편집성 인격장애 paranoid personality disorder 망상형 성격장애, 의심형 성격장애라고도 불린다. 이 장애를 가진 사람의 특징은 의존하는 것을 싫어하는데, 그 이유는 의심이 많으며 타인을 신뢰하지 않기 때문이다. 또한 예민하고, 고집스러우며 질투가 많고 논쟁적이다. 남의 행동에 고의적 악의나 위협으로 해석하는 경향이 농후하여서 완전히 믿는 사람 이외에는 마음을 주지 않는다. 이들이 두려워하는 것은 속임수와 배신으로, 공격적이 되기 쉬우며 세상에 대해 적개심을 갖는다. 따라서 이들을 치료하는 방법은 천천히 신뢰를 쌓아가는 것이며, 이들의 망상적 비난에 대해서 현실적으로 다루기는 하되 위압적이어서는 안 되며, 이들의 자존심을 손상시키지 않는 한도 내에서 대하여야 한다.

편집적 사고 paranoid ideation 망상보다는 정도가 덜하지만, 자신이 시달리고 있고 자신이 피해를 당하고 있으며 부당하게 취급을 받고 있다는 의심과 신념을 말한다.

편집증 paranoia (monomania) 전혀 근거 없는 일을 사실처럼 믿는 경우를 말한다. 망상장애를 앓고 있는 사람들은 신뢰관계에 상당한 문제를 보여 주고 있는데, 이런 불신은 지나치게 간섭이 심한 어머니나 가학적인 아버지와 같은 가정환경과 밀접한 연관이 있다. 이런 공격적이고 적대적인 환경 탓에 망상장애를 앓고 있는 사람들은 자신의 공격적인 욕구나 사랑에 대한 의존적인 욕구를 드러내지 못하고 다른 형태로 발전시켜 아주 독립적인 인간형이 되기도 한다. 또 자신의 고통스런 현실을 부정하려 들기도 하고, 자신의 무의식이 받아들이지 못하는 충동이나 욕구로부터 자신을 보호하기 위해 남을 탓하기도 한다. 아무런 잘못 없이 부당하게 벌을 받거나 자존심의 상처를 입게 되면, 상처 난 자존심을 회복하기 위해 여러 공상을 하게 되는 것과 마찬가지로 망상이란 충동을 드러낼 수 없는 공격적인 집안 분위기로부터 자신의 무의식적인 욕구를 충족시키고 자신을 보호하기 위한 무의식적인 행위의 결과로 이해할 수 있다.

편집증적 성격 paranoid personality 지속적인 질투, 의심, 적대감, 과민성이 특징인 성격으로 사고의 퇴화나 망상은 없다. 일반인들이 주로 사용하는 의부증, 의처증이 정신의학 전문용어로 편집성 인격장애다. 이와 같이 편집증적 성격은 충분한 근거 없이 다른 사람들이 자신을 관찰하며, 해를 끼치고 속인다고 의심하며, 지속적으로 원한을 품고 있어서 화를 내거나 용서하지 않으려 한다.

편파적 중재 side-taking 가족치료자들이 자주 사용하는 방법으로 역기능적인 체계의 균형을 깨뜨리거나 양쪽의 교착상태를 깨뜨리기 위해 의도적으로 한쪽 편을 들어 주거나 두둔하는 것이다.

편향 bias 편파 (1) 개인이 특정 집단, 개인, 사상 등에 관해 긍정적이거나 부정적인 입장을 갖는 것으로 감정에 영향을 미칠 수 있는 태도. (2) 조사에 있어서 부적절한 표집, 통계도구 혹은 조사도구의 오용, 다른 부적절한 방법 때문에 어느 한쪽 방향으로 기우는 결과를 초래하는 경향이다.

편향 deflation 심적 저조 게슈탈트 치료에서 편향은 내담자가 흔히 환경과의 접촉이 자신이 감당하기 힘든 심리적 결과를 초래할 것이라고 예상할 때, 이러한 경험으로부터 압도당하지 않기 위해 환경과의 접촉을 피해 버리거나 자신의 감각을 둔화시켜버림으로써 환경과의 접촉을 약화시키는 것을 의미한다. 편향행동의 예로는 말을 장황하게 하거나 초점을 흩트리는 것, 말하면서 상대편을 쳐다보지 않거나 웃어버리는 것, 구체적으로 말하지 않고 추상적인 차원에서 맴도는 것, 자신의 감각을 차단시키는 것 등이 있다. 편향을 사용함으로써 만일의 경우에 발생할 수 있는 위험과 좌절을 사전에 예방할 수 있고 또 현재 존재하는 고통을 덜 느낄 수 있으나, 편향이 습관적인 행동이 되면 개체는 타인이나 환경으로부터 고립되며 삶의 활력과 생동력이 감소되어 무기력해진다.

평가불안 evaluation apprehension 정상적이거나 능력 있는 것으로 보이려고 불안해 하는 걱정을 말하는 것으로 타인이 자신의 행위를 평가하고 있을지 모른다는 염려 때문이다. 코트렐(Cottrell)의 평가불안 가설에 의하면, 타인들의 존재는 그들이 자신을 평가하고 있다는 개인적 느낌을 가질 때에만 증가한다고 본다. 따라서 타인이 자신을 평가하지 않을 것이라고 인식할 때 사회적 촉진이 감소된다고 하였다.

평가절하 devaluation (1) 이는 인간의 발달단계에서 유아기에 자신을 잘 돌봐주는 엄마를 '매우 좋은 엄마', 자신의 자유의지를 꺾는 엄마를 '매우 나쁜 엄마'로 분리하는 현상을 보이는데, 전자는 극단적으로 이상화(idealization)한 것이며, 후자가 평가절하한 것이다. 이와 같은 기제를 사용하는 이유는 아이가 아직 자신의 마음속에 이 두 엄마가 같은 한 사람이라는 사실을 수용할 만한 성숙이 이루어지지 않은 상태에서, 나쁜 엄마와 좋은 엄마가 함께 있으면 좋은 엄마마저 소멸될지 모른다는 불안감에 차라리 두 사람을 분리해 보관함으로써 좋은 엄마를 보관하고자 하는 것이다. 이러한 현상은 좋은 엄마가 충분히 아이에게 자리 잡혀 있어서 나쁜 엄마 이미지와 합쳐져도 좋은 엄마를 다치지 않게 해독할 수 있는 3세 전후에 해결할 수 있다. (2) 자국 통화의 대외가치가 절하되는 것처럼 과장되게 부정적인 것들을 자신이나 타인 탓으로 돌림으로써 감정적 갈등이나 내외적인 스트레스를 처리하는 것을 말한다.

평가척도 Conners Rating Scale 부모 및 교사용이 있으며 행동문제와 과활동을 평가한다. 행동문제(conduct problems), 학습문제(learning problems), 정신신체(psychosomatic), 충동과 과잉행동(impulsive-hyperactive), 불안(anxiety)의 5영역으로 이루어져 있다. CBCL(Child Behavior Check list :

아동행동평가)보다 문항이 적고 덜 유용한 것으로 판단된다. 소아 정신과의사들이 많이 활용한다.

평균모형 averaging model 대인지각, 즉 우리가 어떻게 인상을 형성하고 어떤 것들이 인상 형성에 영향을 미치는지에 대한 연구방법 가운데, 다양한 정보를 취합하여 그 표적인물에 대해 평가를 내리는 방법이다. 즉, 표적인물에 대하여 얻는 다양한 정보들이 어떻게 처리되어 그 인물에 대한 전반적인 평가가 나오는지를 연구한 것으로 정보를 취합하는 학습적인 접근의 방법인데, 여기에는 가산모형과 평균모형, 가중평균모형이 있다. 평균모형은 표적인물에 대한 각각의 특질들이 갖는 좋고 나쁨의 가치를 합산한 후 평균을 내어 상대 인물에 대한 호감도를 나타내는 것이다. 앤더슨(Anderson)의 평균모형에 의하면, 사람들은 상대방에 대해 느끼고 보게 되는 특성들 하나하나에 척도 값을 할당하고 이렇게 할당된 값들이 기계적으로 통합되어 그 인물에 대한 인상을 형성한다고 하였다. 예를 들면, 성실하면서(+3), 확고한(+1) 인물로 평정받은 사람을 이들 특성의 평균값인 +2로 전체 평가를 내리는 것이다. ⇨ 가산모형, 가중평균모형 참고.

평정자 간 신뢰도 interrater reliability 여러 대상에 대해서 상이한 평정자 간에 측정한 결과가 어느 정도 동일한가를 의미하는 것이다. 이는 측정한 검사에 대한 신뢰도를 확인하는 것으로서 예를 들면, 심리치료를 위한 진단을 검사하거나 응답자의 응답을 해석하여 점수를 매길 때는 한 사람의 평정자, 한 사람의 채점자(평가자)보다는 여러 명의 평정자 사이에 점수가 일치할 때 평정자 간 신뢰도가 높다고 말할 수 있다. 이는 하나의 검사에 두 개의 상이한 도구나 방식을 동시에 실시함으로써 계산되는 동형검사 신뢰도와 유사하다.

평형 equilibrium (1) 힘을 부과하여 요소들이 균형을 이루도록 할 때 체계이론에서 사용되는 개념. (2) 각 변수가 다른 변수에서 어떤 상쇄나 동등한 변화를 요구하기 때문에 즉, 끊임없이 변화하기 때문에 진정으로 이를 수 없는 상태나 조건이다. (3) 인지발달의 과정에서 지적 행동은 동화(assimilation)와 조절(accommodation)이라는 이중적 과정을 포함하는 적응(adaptation)을 통해 양적, 질적 변화를 이루어 가는데, 이렇게 새로운 인지적 구조를 만들어 가는 적응의 과정에서 동화와 조절 간의 인지적 균형상태를 평형이라 한다. 평형화란 인지적 적응의 과정에서 동화와 조절 간의 인지적 긴장 상태 또는 갈등 상태인 불평형화의 과정을 거쳐 균형상태를 이루어 가는 과정을 의미한다.

폐경기 menopause 중년 여성이 더 이상 월경을 하지 않음으로써 나타나는 생리적 과정으로 어떤 여성에게는 호르몬의 변화가 생리적 · 심리적 증상을 유발하기도 한다.

폐쇄가족 closed family 폐쇄적 가족체계를 의미하는 것으로 가족성원들 사이의 관계는 매우 상호의존적이지만 가족성원이 아닌 사람과는 관계를 맺을 기회가 거의 없는 가족구조를 말한다, 이는 캔터와 레르(Kantor & Lehr)가 가족을 둘러싸고 있는 경계의 성격에 따라 가족체계를 구분한 것인데, 폐쇄적인 가족체계는 비교적 불투명하고 통과하기 어려운 경계를 가지고 있기 때문에 가족과 외부와의 교류가 통제되어 활발하지 못하다. 이러한 체계 내에서는 규칙과 위계질서가 강조되며, 가족 전체의 이익이 가족구성원 개개인의 욕구에 우선함으로써 가족신화와 어긋나는 관념들은 거의 용납하지 못하며 외부와는 최소한의 상호관계만을 유지하는 경향이 있다. ⇨ 가족체계 참고.

폐쇄공포증 claustrophobia 좁은 장소에 갇히게 되는 등 주위가 모두 막혀 있는 장소에서 경험하는 공포증이다. 불안장애에서 흔히 볼 수 있는데 심할 때는 공황장애로까지 발전한다. 광장공포증(agoraphobia)과는 그 불안발작의 양상이 유사한 점이 많고 또 동일환자에게서 이 두 가지 공포증이 동시에 나타나는 경우도 적지 않다.

폐쇄집단 closeness group 집단은 성원과 비성원을 명확히 구분한다. 성원과 비성원의 구분선이 집단의 경계선인데 경계선의 강도는 집단에 따라 다르다. 어떤 집단의 경계선은 매우 엄격해서 가입자격이 특수한 사람들에게만 한정되어 있는데 이러한 집단을 폐쇄집단이라고 한다. 즉, 상담이 시작될 때 참여했던 사람들로만 끝까지 밀고나가는 형태다. 도중에 탈락자가 생겨도 새로운 집단원을 채워 넣지 않는다. 폐쇄집단은 정해진 인원과 시간을 정해놓고 출발하기 때문에 무엇보다도 집단의 안정성이 개방집단에 비해 높으며, 안정된 분위기에서는 집단원 상호간의 교호성과 집단응집력이 강하다. 이러한 집단은 여러 가지 장점을 갖고 있으나 일부 집단원이 도중에 탈락할 경우 집단의 크기가 너무 작아질 염려가 있다.

⇨ 개방집단 비교.

폐쇄적 질문 closed-ended question 내담자가 자신의 생각, 상태, 사실, 경험 등을 단순한 '예', '아니오'로 답변하도록 만드는 질문이다. 이러한 질문은 면접시간이 제한되어 있을 때 주제에서 벗어나거나 질문을 회피하거나 엉뚱한 정보를 제공하는 것 등을 방지하기 위해 사용한다.

포괄성 comprehensiveness 한 이론의 가치를 평가하는 기준으로 훌륭한 이론은 넓은 범위의 다양한 행동 현상을 포괄하고 설명할 수 있어야 한다는 것이다.

포괄적 공정다면성 inclusive fair multilaterality 인간을 이해할 때 가능한 여러 측면들을 다양하게 고려하도록 하는 현상을 포괄적 공정 다면성이라 한다. 상담자로서 인간의 윤리적 행동을 이해하려고 할 때와, 인간의 윤리적 행동을 상담실에 있는 내담자의 상호작용에서만 찾는 것이 아니라 보이지 않는 영역으로까지 이해의 지평을 넓혀야 하는 것이다.

포부수준이론 aspiration level theory 완강한 입장을 고수하며 상대방으로부터 양보를 받아내는 전략을 말한다. 이는 홍정에 대한 이론으로서, GRIT(단계적 상호양보에 의한 긴장감소)이론과 정반대인 '강하게 밀어붙이기' 전략을 말한다. 이 이론에 따르면 흥정에서 한쪽이 약하게 나오면 다른 쪽은 상대방이 약점이 있기 때문에 양보하는 것이라고 생각하여 강하게 나오게 되고, 반대로 한쪽이 강하게 나오면 다른 쪽은 상대방이 무언가 믿는 것이 있어 양보하려 하지 않는다고 생각해서 양보를 잘하게 되고 약하게 대응하게 된다는 것이다. 따라서 양보를 잘 하지 않거나 완강한 입장을 고수하면, 상대방의 포부수준이 낮아져 상대방으로부터 양보하게 만들고 결과적으로 자신의 이익을 최대화할 수 있게 된다는 것이다. 이러한 전략은 흥정에서 시간이 촉발할 때나 서로가 상대방의 최후 양보선에 아무런 정보가 없을 때 효과적인 방법이다. ⇨ 단계적 상호양보에 의한 긴장감소이론, 흥정 참고.

포스트모더니즘 Post-Modernism 포스트모더니즘이란 용어는 참된 실제란 존재하지 않는다는 의미를 갖는 것이다. 기존의 전통적인 가치관을 파괴하는 혁신적인 주장으로 절대적인 진리란 없다고 하며, 모든 것이 상대적이며 보편적이라는 논리를 전개한다. 즉, 모더니즘이 주장하는 거대한 보편적인 지식과 합목적적인 세계관을 거부하고, 과학적인 진리나 또는 객관적 실재는 존재하지 않는다고 주장하며, 인간의 감성과 특수성을 더 강조하고 자신의 경험과 주관에 더 집중한다. 또한 다양한 형태의 지식을 수용하면서, 이것을 구성하는 각 논리들을 파헤치고자 하는 입장에 서 있다. 따라서 지식의 창출은 각기 특정한 사회적 · 역사적 · 정치적 맥락에 제한되어 있다는 사실을 중시하여 지식은 다양하며 조각난 일부분에 지나지 않고 맥락에 의존하여 지엽적인 성격을 띠는 것이라고 주장한다. 이는 보편적이며 가치중립적인 지식이 상황적인 지식에 대하여 더 이상 우위를 갖고 있지 않다고 주장하는 것이기도 하다. 포스트모더니즘이 상담에 미친 영향으로는 지식과 세계에 대한 객관적인 설명은 믿지 못할 것이며, 하나로 고정되어 있던 자기 신분 혹은 자기 정체성을 거부하고 파편화되고 다중적 개념으로 이해하게 하였다는 점이다. 뿐만 아니라, '상담자가 과연 건강한 것과 병적인 것이 무엇인지 결정하고 판단할 절대적인 지식을 지닌 전문가인가'라는 도전을 받았다. 무엇이 건강한 것이고 병적인 것인지 해석하는 것은 내담자에게 달려 있다는 것을 강조하는 것이다.

포화 satiation 이 기술은 정적 강화자극이라 할지라도 계속적으로 주어져 포화상태에 이르게 되면, 그것은 정적 강화자극으로서의 기능을 상실하고 오히려 반대의 효과를 나타내는 원리다. 그래서 아주 좋아하는 술이라도 진저리가 나도록 마시게 하면 다시는 술이 보기도 싫어지게 된다는 것이다.

폭식증 bulimia 병리학적으로 볼 때 지나치게 왕성한 식욕으로서, 섭식장애의 일종이다. 과식장애와 달리 폭식증에 걸린 사람은 폭식 후 체중 증가를 막기 위해 자기 유도의 구토, 설사약 남용, 체중을 줄이는 약 혹은 이뇨제와 같은 부적절한 보상방식으로 해결하려 한다. DSM-IV에 의하면 폭식과 관련해 부적절한 보상행동을 취하는 행동이 주 2회

이상 3개월 지속되는 증상이 보일 경우 신경성 폭식증(bulimia nervosa)으로 진단한다. ⇨ 과식장애, 섭식장애 참고.

폭행 battering 상대방에게 신체적인 상해의 의도를 가지고 이루어진 행동이나 그런 의도가 있었다고 인식되는 행동을 말한다.

폴리그래프 polygraph 일반적으로 거짓말탐지기로 알려져 있다. 정서가 일어나는 동안 발생하는 여러 신체 변화를 측정하고 개인의 정서를 구분하기 위해 제작된 기계다. 몇 개의 생리적 반응을 동시에 측정하는 것으로 이 기계는 심장박동률, 호흡률, 혈압, 뇌파, 근육긴장도 및 피부전기반응 등의 변화를 측정한다.

폴리아나의 원리 pollyana principle 사람들은 어떤 사람의 인상을 평가할 때 대개는 긍정적으로 평가하려는 경향을 의미한다. 기왕이면 좋게 사람들을 평가하려는 그런 경향을 '인물 긍정성 편향'이라고 하고 미국 소설에 나오는 여주인공의 성격에 비유해 '폴리아나 효과'(Pollyana effect)라고도 한다. ⇨ 긍정성 편향 참고.

표면성 인격장애 histrionic personality disorder ⇨ 히스테리 성격장애 참고.

표본조사 sampling survey 어느 집단의 특성을 알고자 할 때에 그 집단의 일부를 조사함으로써 집단 전체의 특성을 추정하는 방법이다. 표본조사는 조사의 성격상 전수조사가 불가능한 경우와 전수조사가 가능하나 비용면에서 표본조사가 선호되는 경우에 실시된다. 본래 조사의 목적이 되는 집단을 '모집단'이라 부르고 현실적으로 관찰되는 사례들을 '표본'이라고 부른다.

표상 representation 공간의 물체나 형태를 지각할 때, 형태를 확인하는 과정 중 재인식의 단계에서는 지금 지각되고 있는 형태가 이미 기억되어 있는 형태와 비교되면서 그 정체가 결정되는데, 이와 같이 재인식의 과정에서 지각되는 형태가 비교되는 학습된 형태를 표상이라고 한다.

표적행동 target behavior 행동수정에서 분석이나 수정을 위해 선택된 행동을 말한다. 표적행동을 확인하는 것은 치료자의 행동사정(행동평가)에 있어 첫 단계다. 이것은 특정행동, 시간, 그러한 행동을 유발시키는 상황을 기술하는 것을 포함한다. 예를 들면, 종종 학교를 결석하는 청소년을 위한 표적행동을 '학생은 지난 두 달 동안 일주일에 평균 두 번 결석하였다.'라고 기록하는 것이다.

표준편차 standard deviation 분포의 평균치와 편차 정도를 나타내기 위한 통계적 수치. 표준편차는 분포에서 개인점수와 중간점수 간 평균차다. 이는 편차를 제곱하여 이를 모두 더하여 점수보다 작은 1 이하의 숫자로 나누어 결과의 제곱근을 취하여 구한다.

표준화 standardization 산출된 점수 간 비교를 위해서 실시 및 채점에 일관성을 유지하는 것. 심리검사는 '표준화된' 측정이라고 하는데 이때의 표준화는 '실시 및 채점의 일관성'을 의미한다. 이것은 같은 검사를 여러 사람에게 실시할 때 응답자, 피검자는 달라도 검사의 실시, 채점의 조건이 같아야 산출된 점수들이 서로 비교 가능하다는 것에서 연유한 조건이다. 그러나 이 조건은 과학을 실천함에 있어서 관찰을 할 때 조건이 잘 통제되어야 한다는 기본원칙에 지나지 않는다. 즉, 검사이기 때문에 특별히 요구되는 조건은 아니다.

표출 acting out 행동화, 행위 표출, 표출적 행동 적절히 표현되지 못한 무의식적인 감정, 충동, 긴장이 대체로 역기능적인 속성을 가진 비정상적인 행동과 행위를 통해 표출되는 것을 말한다. 즉, 잊혀졌던 기억이나 갈등 혹은 태도를 인식하지 못한 채 말보다 행동으로 표현하는 것으로 역기능가정에서 자녀 중 하나가 부모 사이에 존재하는 문제로 인해 무의식적으로 일탈행동을 하는 경우다. 예를 들어, 가정폭력의 가정에서 자란 자녀가 자신이 받은 폭력을 다른 사람에게 그대로 행사하는 것이나 지나치게 이상적인 양육규칙을 갖고 있는 것 등이다.

표출된 문제 presenting problem 환자가 문제라고 생각하여 도움을 구하는 자각증상, 노출된 문제, 어려움 등을 의미한다.

표현성언어장애 expressive language disorder 정신지체나 자폐장애가 아닌데, 음성언어 혹은 신체언어를 통해 표현하는 능력이 연령에 맞게 발달하지 못하는 장애를 말한다. 이는 제한된 말의 양, 제한된 어휘 범위, 새로운 단어를 습득하는 것이 어려워서 생기는 어휘 부족현상, 단어찾기나 어휘를 잘못쓰기, 이상한 어순 사용, 느린 언어발달속도를 포함한다.

표현적 집단치료 evocative group psychotherapy 표현적인 집단치료는 정신과 임상에서 가장 많이 쓰이는 방법으로서 협의의 집단치료는 대개 이 범주에 속한다. 미술치료, 음악치료 등과 같이 표현을 통해 정신·신체의 병리적 특징을 알아내어 심리치료가 가능하며, 발달상의 문제를 확인하고, 무의식적·의식적인 모든 세계를 반영해 볼 수 있다.

품어주기 holding 버텨주기 내담자가 체험하는 것을 막연히는 느끼지만 감히 직면할 수 없는 깊은 두려움과 불안을 갖고 있다는 것을 상담자가 알고 있음을 적절한 순간에 적합한 방법으로 전해 주면서, 내담자에게 큰 힘이 되어 주고 따뜻한 배려로 마음을 녹여 주는 것을 의미한다.

품어주는 환경 holding environment 위니캇(D. W. Winnicott)의 표현으로 내담자를 받아들이는 것, 일관성 있게 대함으로써 신뢰할 만한 사람으로 여기는 것, 비판을 위한 비판이 아니라 내담자를 위하는 마음에서 전문가로서 진실한 반응을 하는 것, 내담자의 참된 욕구와 소망이 무엇인지 이해하는 것, 내담자의 혼란스런 상황에서 현실과 환상 세계를 구분해 주고 정리해서 분명하게 해 주는 것 등이 내담자를 품어 주고 버텨 주는 환경이다. 대상관계이론의 개념에서 실제적인 의미로 혹은 상징적인 의미로 '일차대상' 인 엄마가 유아를 가슴에 안고 품어 주는 것. 유아의 '자기' 발달에 있어 안정된 품어 주는 환경이 제공될 때 그 유아는 비교적 괜찮은 부모의 이미지를 내재화함으로써 건강한 참자기를 발달시킬 수 있다고 본다.

품행장애 conduct disorders 행위장애라고도 한다. 심리적 갈등이나 욕구좌절이 공격적이거나 반항적인 행동, 도벽, 방화, 무단결석, 가학적 행동 등으로 나타나는 장애를 말한다. 비사회화된 비공격성 행동장애로서 사회화된 공격성 행동장애의 경우와 내용, 양상은 같지만 비사회화되었기 때문에 타인과의 정상적인 정도의 애정, 감정이입 또는 결속을 교환할 수 없는 것이다. 행실장애의 기본양상은 소아의 행동이 반복적이고 지속적으로 다른 사람의 기본권리를 침해하거나 나이에 맞는 사회적 규범이나 규율을 위반하는 것을 말한다. 이런 행동이 최소한 6개월 동안 지속되어야 행실장애의 진단을 내릴 수 있다.

프로머스 키퍼 운동(PK) Promise Keepers movement PK는 1990년 3월 20일 당시 미국 콜로라도 대학의 미식축구팀의 코치였던 빌 맥카트니(Bill McCartney)가 친구였던 데이브 바델(Dave Wardell)과 동행하던 중 대형 경기장에서 갖는 기독남성들만의 모임을 논의하면서 시작되었다. 그해 말 72명의 기독남성들이 첫모임을 갖게 되었고, 1991년 7월에는 4200명의 남성이 운집한 가운데 콜로라도 대학 배구 경기장에서 첫 번째 PK의 대중집회가 있었다. 이후 200만 명 이상의 남성들이 PK의 대형집회에 참가해오고 있는 상황이다. 남성운동의 시작인 Promise Keepers는 남성들을 그들만의 신앙 안에서 생동감 있는 교제를 통해 남성들을 연합함으로써 세상의 경건한 무리들로 양성하는 것을 목적으로 하는 기독교 사역 단체다. Promise Keepers의 일곱 가지 언약은 ① 예배와 기도로 예수 그리스도께 영광을 돌리고 성령의 능력을 통하여 하나님 말씀에 순종한다. ② 형제들로 하여금 그들의 언약을 준수하도록 도와야 한다는 이해 하에 다른 남성들과 생명력 있는 교제를 추구한다. ③ 영적, 도덕적, 윤리적, 성적 순결을 실천한다. ④ 사랑과 보호와 성서적 가치를 통하여 결혼생활과 가정생활을 견고히 세운다. ⑤ 목회자를 존경하고 그를 위해 기도함으로써 그리고 시간과 자원을 공급함으로써 교회의 사역을 돕는다. ⑥ 어떠한 인종적, 교파적 장벽도 뛰어넘어 성서적 연합체의 능력을 증명한다. ⑦ 마가복음 12:30-31의 사랑의 대계명과 마태복음 28:19-20의 지상명령에 순종하여 세상을 변화시킨다.

프로이트 Sigmund Freud (1856~1939) 오스트리아의 정신학자로서 정신분석의 창시자이며, 성격이론의 대부다. 인간의 마음에 '무의식' 의 중요성을 발견했으며, 특히 인간의 의식이 '의식', '무의식', '전의식' 의 3계층으로 이루어졌다고 주장했다. '의식' 은 글자 그대로 사물을 의식하는 부분이며, '무의식' 은 의식하지 못하는 부분뿐만 아니라 잊고 싶다는 바람에 의해 잃어버린 부분까지 포함한다. '전의식'은 잠시 잊고 있는 부분인데 언젠가는 쉽게 의식화할 수 있는 것을 말한다. 그는 모든 종교는 망상이며 인간의 보편적인 강박신경증이라고 믿었으며, 이드와 자아, 초자아, 심리성적단계 이론을 주장하며 과거, 본능적 추동, 무의식, 꿈을 강조하였고, 심리치료에서는 전이를 강조하였다. 그는 대부분의 문제는 부모 요인과 성적인 요인 때문이라는 결정론을 믿었으며, 모든 신경증의 근저에는 미해결되었거나 거의 해결되지 않은 오이디푸스 콤플렉스가 있다고 보았다. 프로이트의 주장은 하나님과 이웃에 대한 책임을 제외시키고 인간의 죄악된 본능과 법과 양심을 파괴시키려는 노력을 장려하므로 그 기본적 가르침이 기독교와 대치된다.

프로이트 이론 Freudian theory 신경학자인 프로이트(S. Freud)와 그 추종자들이 제시한 인간행동과 성격장애의 치료에 대한 일단의 통합된 원리로서, 성격발달에 관한 주된 개념에는 성장과 충동의 조직화(본능, 리비도, 쾌락원리, 현실원리), 성격구조(무의식, 전의식, 의식), 성격역동(이드, 자아, 초자아), 심리성적발달단계(구순기, 항문기, 남근기)가 포함된다. 치료개념에는 자유연상, 정화, 전이, 역전이가 있다. 프로이트 학파의 이론은 갈등이란 이드가 지나치게 엄격한 양심 또는 초자아에 의해 억압을 받을 때마다 생기는 것이기 때문에 이 초자아에서 해방되면 모든 문제가 해결된다고 본다.

프로테우스 인간 Proteus Man 프로테우스는 오래된 바다의 신으로 바다의 노인 중 하나다. 그는 포세이돈을 위해 바다표범과 그 밖의 생물들을 지켰다. 그는 또 예언력을 가지고 있었으나 예언하기를 싫어했다. 그래서 예언을 들으러 찾아오는 사람을 피하기 위해 여러 섬을 돌며 불이나 물, 또는 야생의 짐승 등으로 자주 모습을 바꾸었다. 그래서 현대인들 중에도 자신의 모습을 잘 바꿔가며 사회와 조직의 변화에 잘 적응해 가는 사람들을 '프로테우스 인간'이라고 한다.

프롬 Erich Fromm (1900~1980) 미국의 신프로이트 학파의 정신분석학자다. 현대에 있어 일반화되어 가고 있는 신경증상이나 정신적 불안은 개인적인 정신분석치료로는 해결될 수 없다고 생각한 프롬은, 사회구조의 변화와 인간의 심리적 해방을 관련시킨 '인간주의적 정신분석'을 주장하여 신프로이트 학파의 이론적 지도자가 되었다.

프리맥의 원리 Premack's principle 프리맥의 원리는 발생빈도가 높은 행동이 발생 빈도가 낮은 행동을 위한 강화제로 사용되는 원리다. 즉, 강화되는 반응보다 더 선호하는 행동은 무엇이나 강화물이 된다는 것이다. 이는 프리맥(Premack)이 제시한 강화이론으로서, 빈도가 높은 행동은 그 개인이 하고 싶어 하는 것으로 볼 수 있는 반면 빈도가 낮은 행동은 그 개인이 별로 원하지 않는 것으로 볼 수 있기 때문에 상대가 이론이라고도 한다. 즉, 경험적인 방식으로 강화를 설명한 것으로, 여러 가지 행동은 어떤 시점에서 각각 다른 상대가를 가지고 있으며, 이 상대가에 의해 어떤 행동이 다른 행동을 강화시키느냐가 결정되는 것이다. 예를 들어, 부모 훈련에서 바람직한 행동을 증가시키기 위해 프리맥의 원리가 적용된다. 이를테면, 게임을 좋아하는 아이에게 숙제를 마쳐야 게임을 할 수 있다고 말하는 경우처럼, 프리맥의 원리가 효과적이기 위해서는 강화제가 아동에게 매우 인기 있는 것이어야 한다. ⇨ 강화, 강화이론 참고.

플라시보 효과 Placebo effect 위약효과 밀가루를 먹어도 약이라고 믿고 먹으면 효과를 볼 수 있다는 것이다. 즉, 약 성분이 전혀 들어 있지 않은 가짜 약을 먹었는데도 병이 낫는 것을 '플라시보 효과' 또는 '위약효과'라고 한다. "이 약을 먹으면 내 병이 틀림없이 나을 것이다."라는 긍정적인 믿음이 병을 낫게 하는 것이다. 물론 플라시보 효과는 치료를 하는 사람, 치료의 종류, 환자의 병에 따라 다르게 나타난다. 일반적으로 "병이 나을 것이다"라고 믿는 사람들의 30~35%에서 치료효과가 나타난다. 따라서 우리가 사용하는 모든 치료법은 어디까지가 가짜 효과이고 어디까지가 진짜 효과인지 구분해야 한다. 그렇지 않으면 치료를 하는 사람이나 치료를 받는 사람이나 모두 착각 속에서 불분명하게 되고 애매한 것을 서로 주고받는 결과가 되기 때문이다. 이때 사용하는 것이 '이중맹(Double Blind) 검사법'으로 가짜약과 진짜약을 환자에게 주고 그 효과를 측정하는 것이다. 가령 새 약을 먹은 사람의 70%가, 가짜 약을 먹은 사람의 30%가 효과가 있었다면, 그 새 약의 진짜 효과는 40%인 셈이다. 최근 세계적으로 인기를 모으고 있는 대체요법 중에는 먹는 것도 있고, 몸에 부착하는 것도 있고, 덮고 자는 것도 있다. 그러나 그 효과를 과학적으로 측정하려면 이중맹 검사를 거쳐야 한다. 플라시보 효과는 일반적으로 통증이나 불안감 같은 일부 증상의 호전에 효과가 있을 뿐, 암이나 성인병을 '기적'처럼 완쾌시켜 주는 것은 아니다. 플라시보 효과는 우리 몸 속에 내재한 자연 치유력의 표현으로, 신이 인간에게 내린 위대한 선물이다. 이것을 어떻게 이용하는가는 사람, 그 중에서도 대체의학자의 몫이다.

플래쉬백 flashback (1) 영화에서 회상 따위를 위해 장면이 과거로 돌아가는 것을 의미하는 것으로, 심리학에서 지각에 변화가 생겨 잠시 과거의 장면이 선명하게 스치고 지나가는 일시적인 환시현상. (2) 지속성 지각장애, 환각재현으로 과거의 기억이, 느낌, 지각경험이 반복되는 것이다.

플로니어스 콤플렉스 Polonius complex 세익스피어의 '햄릿'에서 따온 이미지다. 플로니어스는 햄릿의 연인 오필리아의 아버지이며 햄릿의 숙부인 클로디어스를 도와 왕위에 오르게 한 인물로서, 햄릿을 뒤에서 조사하는 역할을 하였으며 햄릿이 숙부로 오인하여 죽이게 되는 인물이다. 이 콤플렉스는 어떠한 현상에 대해 자신의 주관성을 버리고 피상적이고 무의미한 응답을 함으로써 상대방을 떠보고 캐내고 짐작해서 그의 내면을 알아보려는 기제다. 이들의 특징은 숨어보고, 엿보고, 몰래 알아보는 등 당당하지 못한 생활로 결국 자신이 손해를 보게 된다.

피그말리온 효과 Pygmalion effect 자성예언, 자기충족의 예언과 같은 의미다. 사람들은 누가 자기에게 기대를 가지고 사랑해 주면 그런 기대에 부응하려고 한다. 부모가 자식을 키울 때도 그렇고, 교사가 학생들을 지도할 때도 그렇다. 기대, 사랑, 관심을 가지고 자녀와 학생을 대하면 그들의 지능, 태도, 행동까지도 변한다. 그런 현상을 '피그말리온 효과'라고 한다. 이는 피그말리온이라는 조각가가 자기 스스로 조각한 여인상에 심취하여 깊은 사랑에 빠진 끝에 살아 있는 인간으로 만들어 달라고 신에게 빌어 소원을 성취한다는 내용에서 왔다. 사람이 앞으로 어느 정도 경지에 오를 것을 기대하며 일찌감치 그에 걸맞은 이름을 붙여주는 것을 심리학에서 피그말리온 신드롬(pygmalion syndrome)이라고 부른다. 호돈(N. Hawthorne)이 작가가 되기 이전부터 친구들이 그렇게 이름을 불러줌으로써 결국 이름 그대로 유명한 베스트셀러 작가가 되었다고 한다. 그리스 신화에 따르면 키프로스의 왕 또는 당대 최고의 조각가로 여성에 대한 혐오감으로 결혼을 거부하던 피그말리온은 상아로 실물 크기의 여인상을 만들어 '갈라테아'란 이름을 붙이고 진짜 여자인 것처럼 지극정성으로 보살피다가 사랑에 빠진다. '미의 여신' 아프로디테는 조각상 같은 여인을 아내로 삼게 해달라는 그의 간절한 기도를 받아들여 조각상을 진짜 사람으로 만들었다. 피그말리온은 사람이 된 갈라테아와 결혼해 파포스란 딸을 낳는다. 이 신화는 서구문화에서 자기 작품과 사랑에 빠진 예술가에 대한 상징 또는 풍자로 널리 사용된다. 1913년 영국 극작가 조지 버나드 쇼(George Bernard shaw)가 피그말리온 신화를 현대적으로 재해석한 연극 '피그말리온'을 발표했으며, 이는 오드리 헵번 주연의 뮤지컬 영화 '마이 페어레이디(My Fair Lady)'로 리메이크되기도 했다. ⇨ 자기충족적 예언 참고.

피드백 feedback 환류, 귀환반응 체계를 통제하는 한 방법으로서 과거의 행동에 대한 결과를 그 체계에 다시 전달해 주는 것. 즉, 행동을 취한 당사자에게 행동의 결과에 대한 특수한 정보를 주는 것이다. 이는 행동에 대한 보상이나 처벌도 귀환반응의 일종으로 귀환반응은 반응자의 지각 내용에 따라서 바르거나 틀릴 수 있지만, 행위의 효과에 대한 보다 객관적인 평가를 하게 해 준다. 이러한 피드백은 정보가 어디서 오는가에 따라 내적 피드백과 외적 피드백으로 구분하며, 외적 피드백은 긍정적 피드백과 부정적 피드백, 강화와 벌, 의도된 피드백과 비의도된 피드백, 평가적 피드백과 비평가적 피드백, 언어적·상징적 피드백과 비언어적 피드백, 교정적 피드백으로 구분하고, 또한 시기에 따라 즉각적인 피드백과 지연된 피드백으로 구분한다.

피부전기반응(GSR) galvanic skin response 피부 중 특히 손바닥의 전기전도의 정도를 측정하는 것으로 정서에 따른 신체반응을 탐지하고자 하는 것이다.

피아제 이론 Piagetian theory 스위스 심리학자 장 피아제(Jean Piaget)가 주장한 인지발달이론으로 인간이 인지하고, 지식을 동원하여 문제를 해결하고, 세계를 이해하게 되는 과정을 설명한다. 피아제는 인간의 행동발달을 환경에 대한 적응이라는 관점에서 보았다. 따라서 인지 혹은 지적 능력이란 개인이 환경에 효과적으로 적응할 수 있는 능력을 의미한다. 그는 아동이 능동적으로 세상에 관한 지식을 구성해가는 존재로 보았으며 점차 발달해 감에 따라 정신의 재조직화 과정을 거쳐 더 높은 수준의 인지발달을 이루게 된다고 보았다. 즉, 이 이론에 따르면 인간의 인지발달은 환경과의 상호작용을 통한 지속적이고 확실한 방식 혹은 계획의 산물이다. 피아제는 인지발달을 감각운동기, 전조작기, 구체적 조작기, 형식적 조작기 등 4단계로 구분하였다. 이 단계는 위계적이고 생략되지는 않지만 연령 범위는 개인적인 경험이나 유전에 따라 달라질 수 있다. 피아제의 이론에서 사용되는 주요 개념으로는 도식(scheme), 동화(assimilation), 조절(accommodation)이 있다. 인지발달단계는 환경과의 상호작용을 통해 인지적 불평형상태와 평형상태를 반복하면서 발달하게 되는데, 평형 상태란 외부의 자극을 조절하면서 자기 것으로 동화시킨 상태를 말하며 불평형 상태는 아직 동화되지 못한 상태를 말한다. 동화는 새로운 지식을 이전부터 가지고 있던 지식에 맞추는 것이며, 이 과정을 통해 새로운 지식이 기존의 인지구조에 동화되는 것이다. 또한 조절은 동화와 반대로 이미 이전부터 가지고 있던 개념이 새로운 내용에 따라 변경되는 것인데, 이렇게 동화와 조절은 환경에 대한 적응과정에서 서로 보완적인 작용을 한다.

⇨ 인지발달 참고.

피암시성 suggestability 외부의 생각이나 영향력에 순응하고 무비판적으로 반응하는 경우를 말한다. 즉, 두 사람 이상 사이에 감정문제가 공유되는 경우인 folie a deux(세 사람인 경우 folie a trois)와 최면(hypnosis) 때 볼 수 있는 것으로 최면술은 이러한 인간의 피암시성을 이용한 것이다. 피암시성이 높으면 최면에 잘 걸리는 성향이라 할 수 있다. 또한 인간의 피암시성을 이용해 심리치료에 이용하거나 자기계발분야에 활용하고 있다. 설득학자인 어빙 제니스(Irving Janis)의 실험에 의하면 일반적으로 여성이 남성보다 피암시성이 높은 것으로 나타난다.

피전도성 distractibility 주의산만성이라고 불리는 피전도성이라는 개념은 특정한 자극에 주의집중할 수 없으며, 주위의 불필요한 자극에 곧잘 반응하는 경향을 말한다.

피정 retreats 수련 천주교 신자들이 자신들의 신앙생활에 필요한 결정이나 새로운 쇄신을 위해 일정 기간 동안 일상생활의 모든 업무에서 벗어나 묵상과 자기성찰을 위한 기도 등을 하는 종교적 수련을 말한다.

피터팬 증후군(P.P.S) Peter Pan syndrome 성년이 되어도 어른들의 사회에 적응할 수 없는 '어른아이' 같은 남성들이 나타내는 심리적인 증후군을 말한다. 마치 동화 속에 나오는 피터팬이 어른사회로부터 '공상의 섬'으로 떠나 영원한 소년으로 만족하면서 꿈나라를 모험하는 것처럼 다음 발달

단계로 넘어가지 않으려는 현상을 '피터팬 증후군'(Peter Pan Syndrome)이라고 하는 것이다. 사춘기 전기에서 청년기에 이르는 각 발달단계에서 보이는 증상으로 무책임, 불안, 고독, 성역할의 갈등, 자기만족, 남존여비지향, 사회적 불능성 등이 차례로 나타난다. 이 증후군이 출현한 사회적 배경으로 가정의 불안정, 가정 및 학교 교육의 기능 저하와 함께 미국에서의 페미니즘 정착에 따른 여성(특히 주부)의 자립 등을 최대의 요인으로 들고 있다. 1970년대 후반부터 미국에는 어른들의 사회에 끼어들지 못하는 '어른아이'의 남성이 대량으로 발생하기 시작하였는데, 이들 남성들이 보여 주는 마음의 증후군을 임상심리학자인 댄 카일리(Dan Kiley) 박사가 피터팬 증후군이라 명명한 것이다. 어렸을 때부터 부모님이 지나치게 모든 것을 다 해 준 아이의 경우 어린 시절에 만족해 다음 발달단계로 넘어가지 못하는 경우가 종종 있다. 한 발달단계에서 다음 발달단계로 넘어가지 못하는 그런 현상을 '고착'이라고 한다. 고착이 일어나면 몸은 커지는 데 반해 심리적 발달은 제자리 걸음을 한다.

피티피(PTP) procedural terminology for psychiatrists 정신과 의사들이 사용하는 절차상의 용어로, 정신과 의사가 환자들을 위해 수행하는 절차 및 서비스를 체계적으로 목록을 만들어 부호화 한 것이다.

피학대 음란증 masochism 피학증 여성이 성적으로 괴롭힘을 당함으로써 성적 흥분이나 성적 쾌감을 얻는 경우에 국한된 정신분석학 용어다.

피학성 masochism 신체적으로나 정신적으로 고통받을 기회를 추구하는 의식적 또는 무의식적인 경향이다. 프로이트는 가학성(sadism)이 자아(self)로 향한 것을 피학성으로 보았고, 아버지와 대결하는 오이디푸스 시기의 갈등으로 양심의 가책 때문에 자신을 처벌하고자 하는 욕구가 생겨 항문기로 퇴행하는 것이라고도 했다. 피학성을 지닌 사람은 상대를 자극해서 자신을 벌하도록 유도하고 이를 통해 처벌받고 싶은 자신의 욕구를 충족하게 되는 것이다. 그 행위의 이면에는 자신이 원하면 모든 것을 할 수 있다는 전능에 대한 유아기적인 환상이 숨어 있다. 이런 점에서 상대를 자극하는 일이 실패한다는 것은 피학성을 지닌 사람에겐 견딜 수 없는 수모이고, 자기애에 상처를 입히는 일이 될 수 있다. 정상적인 사람들은 무의식적인 공격욕구나 적개심을 느끼게 되면 이런 욕구를 거부하고 승화시켜 나감으로써 스스로에 대한 도덕적인 자긍심을 느낄 수도 있지만 피학성을 지닌 사람들은 자신의 내부에서 일어나는 공격적인 욕구를 벌하는 것 외에 다른 대안을 갖지 못하는 경우가 많다.

피해망상 delusions of persecution 자기를 음해하려는 다른 삶 때문에 자신에게 문제가 생겼다고 믿는 망상이다. 누군가 자신을 해치려 한다는 망상은 대개 자신의 증오, 공격성이 투사(projection)된 결과다. 추적당하고 있다는 추적망상, 감시 내지 관찰당하고 있다는 망상, 독약이 들어 있다는 피독망상 등도 이에 속한다. 때때로 과대망상과 복합되어 나타나기도 하는데, 그 예로 자신이 신의 아들이기 때문에 박해당하고 있다고 믿는 경우다. 도덕적으로 부끄럽고 못마땅한 욕망, 귀찮은 문젯거리 등 의식 속에서 거절당한 인격의 속성들이 의식화되려고 위협할 때, 이 위협이 외계로 투사되어 마치 주위환경으로부터 오는 증오감으로 생각되어져서 일어난다. 사회에 잘 적응을 하지 못하는 자신의 어떤 속성에 대한 민감한 자기불만 같은 것이 외계에 투사되어 주위 사람들이 자기를 못마땅하게 생각하는 것으로 즉 증오하는 것으로 생각되는 경우도 있다. 피해망상 형성은 현실 판단을 그릇된 방향으로 이끌기 쉬운 투사(projection)라는 정신방어기전에 의하여 조장된다. 즉, 피해망상증 환자가 다른 사람이 자기를 미워하고 또 공격한다고 믿고 있는 것은 바로 그의 무의식 세계에 남을 미워하고 공격하려는 경향이 있음을 말해 주는 것이다. 환자의 생활력이나 인격발달사를 자세히 검토해보면, 피해망상을 갖게 되는 환자들은 일찍이 아동기 때부터도 비판적이고, 골을 잘 내고, 의심이 많고, 불행하게 자라온 경우를 흔히 볼 수 있다. 이들 중 많은 사람들은 고독하고, 근심이 많고, 불안정하고, 믿을 수 있는 친구를 별로 갖지 못했음을 볼 수 있다. '내가 특출한 사람이기 때문에 남들이 나를 해치려고 한다.'는 등의 과대망상이 피해망상과 공존하는 경우도 있다. 이 경우 과대망상으로 자존심이 강화되고 또 자아가 팽창된다면, 피해망상으로는 자존심을 깎아 내릴 만한 자기의 속성을 다른 사람의 속성으로 돌려버림으로써 자존심의 손상을 피할 수 있는 것이다. 따라서 이 두 가지 망상은 불안을 해소함에 있어서 협조적으로 적용하게 된다.

피해자책임전가 victim blaming 어떤 사회현상에 의해 피해를 입은 사람을 공범으로 간주하는 주의나 경향을 말한다. 예를 들면, 강간당하거나 성적 괴롭힘을 당한 여성이 가해자를 유혹했다고 비난받거나, 학대받은 배우자가 피학성을 지녔고 학대행위를 부추겼다고 비난받거나, 빈곤한 사람이 너무 게을러 일을 하지 않았다고 비난받는 경우다.

피험자 내 설계 within-subjects design 비교 집단이나 통제 집단을 설정하지 않고 두 가지의 치료법 효과를 비교하는 것이다. 예를 들면, 시험불안 감소를 위한 간단한 인지요법과 이완요법의 효과를 알아보고자 할 때 집단 간 설계라면 한 집단에게는 인지요법을, 다른 한 집단에게는 이완요법을 실시한 후 시험불안 정도를 측정하는 방법을 사용한다. 반면, 피험자 내 설계에서는 한 집단에게 시험불안측정을 하고 인지요법을 실시한 후 시험불안을 다시 측정하고, 이완요법을 실시한 후 시험불안을 다시 측정하는 절차를 거친 후 각 시험불안측정을 비교한다.

피험자편향 subject bias 피험자편파 실험에 참가하는 사람들이 자신이 참가하는 실험이 무슨 실험이고 가설은 무엇이고, 어떤 것을 알아보고자 하는지에 대해 알고 있다면 이는 의식적, 무의식적으로 실험에 영향을 주게 될 것이다. 이와 같이 실험자들이 실험에 관한 정보를 알고 있기 때문에 나타나는 편파를 '실험자편파'(experimenter bias)라 하고, 피험자들이 실험에 관한 정보를 알고 있기 때문에 나타나는 편파를 '피험자편파'(subject bias)라고 한다. 그래서 심리학과 같이 사람들을 대상으로 하는 실험들은 실험자편파와 피험자편파를 줄이기 위해 실험 협조자와 실험에 참가해 테스트를 받는 피험자들이 실험에 대한 어떤 정보도 알지 못하게 하는 맹목 또는 차단기법(blind technique)을 사용한다.

픽 병 Pick disorder 초기 노년기 치매라고 알려진 질환으로 1898년 픽(Pick)이 보고한 데서 알려졌다. 픽 병은 행동장애, 인격장애, 기억장애를 특징으로 하는 비교적 드문 뇌질환이다. 이 병은 뇌의 어떤 특정한 부위에 고도의 위축현상이 일어나는 상태로 지능이 급격히 저하되어 치매상태가 되는 알츠하이머 병과 흡사하나 픽의 특징은 초기에는 독특한 인격변화가 있어서 자기의 병 정도를 자각하지 못하며, 매우 이상한 행동양식을 보이기 때문에 종종 정신과 의사에 의해서 발견되기도 한다.

필적학 graphology (handwritting) 성격측정방법의 한가지로 투사법의 범주에 속한다. '글은 곧 사람'이라는 말이 있듯이 필적으로부터 성격판단을 할 수 있다고 보는 것이다. 필적과 성격에 관계한 연구는 1622년 이탈리아의 발도(C. Baldo)에 의해 시작되었으며, 같은 시기에 세베리노(M. A. Severino)도 필적학에 관한 논문을 발표하였다. 또한 크라게스(Klages)는 필적학의 체계를 시도하여 현대의 성격심리학에 하나의 중요한 영역으로 발전시켰다.

ㅎ

하위문화들 subcultures 한 문화 내에서 자신이 속한 공동체의 공통적인 상위문화를 공유하지만 더불어 자신의 독특한 특성도 함께 가지고 있는 것을 말한다.

하위문화이론 subculture theory 노년학에서 하위문화이론은 노인들만의 상호작용으로 인하여 독특한 노인하위문화가 발생한다는 이론이다. 즉, 노령기에 속한 공통적인 특성과 사회로부터의 분리 등 노인에 대한 사회의 부정적인 반응들이 노인들만의 상호작용을 촉진시켜 노인특유의 하위문화를 만들어낸다고 보았다. 하위문화이론을 주장하는 입장은 노인들이 그들의 성년기에 접했던 폭넓은 문화에 계속적으로 참여하고 노인들 스스로 노인들과의 하위문화를 개발하는 것이 노년기 생활에 도움이 된다고 주장하며, 노인들을 활동적으로 보고 그들의 조직력이 사회정책에 영향을 미칠 수 있다고 보고 있다. 그러나 이 이론의 일차적 초점은 활동 자체에 있는 것이 아니라, 대인관계에서 이루어지는 자아개념에 있다. 즉, 자신에 대해 긍정적인 자아개념을 가지고 있는 사람이 대인관계에서도 긍정적인 관계를 나타낼 수 있다고 보는 것이다.

하위체계 subsystem 그 자체가 상호작용하고 서로 영향을 주는 요소들로 구성된 체계의 한 부분이다. 하위체계는 전체로서 하나의 체계 안에서 특정한 기능 및 과정을 수행하도록 배당된 부분이다. 즉, 가족이라는 전체 체계로부터 경계선에 의해 구분된 체계(부부체계, 부모체계, 자녀체계)를 말하며, 구분된 체계는 전체 체계에 속한다.

하이네스 브레이크 hinesbreak 시각 장애자가 안내자의 도움을 거절하는 방법을 말한다. 이는 안내자와의 대인관계와 관련되므로 친절하고 예의 바르게 거절하는 것이 중요하다. 거절의 방법으로 시각장애자가 멈추어 서서 잡힌 팔을 자기의 반대편 어깨 쪽으로 들어올리며, 대화를 나누는 동안에 반대편 손으로 안내자의 손목을 가볍게 잡은 뒤 손등을 당겨서 떼어 놓는다.

하인 underdog 패자, 약자 펄스(F. Perls)는 우리의 무의식적 행동을 지배하는 두 개의 자기 부분을 '상전(top dog)'과 '하인(under dog)'이라고 명명하고 인격분열의 한 형태로서 상전과 하인의 싸움을 들고 있다. 하인은 억압되고 희생된 인격의 측면, 늘 설교 듣고 괴롭힘을 당하는 아이 측면의 대표다. 그는 항상 다음에는 잘 하겠다고 하지만 역시 말뿐이고 꾸물거리는 행동과 태만함으로써 결국 상전과의 게임에서 승리한다. 즉, 표면적으로는 상전의 명령에 복종하는 척 하지만 계속 상전이 몰아붙이면 변명을 하거나 상황을 회피해버림으로써 상전과의 싸움에서 저력을 보인다. 하인은 상전의 비난에 대해 분노감을 느끼지만 이를 표출시키지 못하고 현상 유지를 위해 반전시켜 버리는데, 이렇게 반전된 분노감이 짜증이다.

학교공포증 school phobia 명확한 이유 없이 학교에 대해 갖는 공포증으로 학교 가는 것에 공포를 느끼고 등교를 거부하는 모습을 보이는 증상을 말한다. 몇몇 정신역학 분석가들은 '공포증'이라는 용어가 불안과 관련되듯이, 학교공포증이 유아시절의 의존에 대한 욕구가 해결되지 않은 경우나 분리불안에 있다고 그 이유를 두고 있다. 허소브(Hersov)의 연구에 의하면 학교공포증을 가진 아동은 무단결석아동과 달리 신경증과 정서장애아들이 보이는 것과 같은 유사한 특성을 가지고 있다. 학교공포증을 가진 아동은 무단결석아동과 달리 유아시절 어머니가 생존해 있었으며, 다른 아동에 비해 더 의존적이고 과잉보호된 경향을 보였으며, 학교를 다니는 동안에는 학업과 행동면에서 양호했던 것을 볼 수 있다. 또한 블래그와 율(Blagg & Yule)은 학교공포증을 가진 아동이 대체로 내향적인 성격을 가지고 있다는 사실을 확인했으며, 다른 사람들이 자신들을 어떻게 판단하는지에 대해 보통의 아동들보다 더 큰 우려를 보이고 있다고 하였다.

학교심리학 school psychology 학교 및 교육심리학은 학교 현장에서 학생들을 대상으로 학습지도, 진도지도, 사회생활적응 등의 문제를 담당하게 된다. 대부분의 정서문제와 부적응적 행동문제가 아동기 및 사춘기에서 비롯되므로, 학교심리학은 주로 학령기 아동이나 청소년들의 학습문제, 정서문제, 행동문제를 다룬다. 이를 위해 학교 심리학자는 아동발달, 교육 및 상담심리학, 임상심리학적 훈련에 기초하여 각각의 학생을 대상으로 여러 검사를 실시하고 평가하며, 학령기 아동과 청소년들의 학습문제 및 진로 고민을 상담하고, 가정, 학교, 사회에서의 적응을 돕는 역할을 한다.

학습된 무기력 learned helplessness 학습된 무력감 셀리그만(M. Seligman)에 의한 개의 무기력 반응에 대한 실험에서 나타난 현상이다. 즉, 실험실에서 고통을 피하려는 모든 행동을 좌절당한 개가 결국은 더 이상 고통을 피하려는 행동을 포기한 채 수동적으로 고통을 당하기만 하며, 이후 고통을 피할 수 있는 조건이 주어져도 고통을 피하려는 행동을 적극적으로 하지 않게 되는 현상을 말한다. 마찬가지로 학습된 무기력은 배우자 및 아동학대의 희생자에게서 자주 나타나는 것으로 개인이 상해의 위험에 수동적으로 반응하는 행동양식이다. 따라서 이런 사람은 모든 일에서 아무 것도 할 수 없고 어떠한 효과적인 도움도 활용할 수 없다고 믿으며 뚜렷한 저항 없이 행동한다.

학습딜레마 learning dilemma 시도와 실패라는 시행착오를 통해 새로운 해결책을 찾아내고 좀 더 넓고 깊게 세상을 보면서 세상을 배워나가는 원리를 '학습딜레마'라고 한다.

학습부진 School Underachievement (academic underachievement, academic problems) 아동의 타고난 능력에 상응하는 학업의 성취가 이루어지지 않거나 그 이하로 이루어질 때 학교나 학부모들의 자녀 학업에 관한 평가 시 일반적으로 사용된다. 학습부진은 부진의 원인이 학습장애(learning disability)든, 주의 결핍장애(attention deficit disorder), 정서장애(emotional disorder), 행동장애(conduct disorder) 등 지능발달장애든, 정서적, 환경적 부적절한 교육의 문제에 관계없이 학습이 부진한 것을 지칭한다. 이 경우 아동의 타고난 능력을 지능검사를 통해서 객관적으로 평가해서 알아보는 방법이 있겠지만 일반적으로는 가정에서의 다른 자녀들과 비교하거나, 학교생활에서 전년도의 학업성적에 비교해 현저히 떨어졌거나 평소에 아동을 관찰한 바에 의해 소위 '머리는 똑똑한 것 같은데 학교성적은 형편 없는' 경우를 지칭해서 쓰는 용어이기 때문에 학교교육에 관심 있는 학부형들과 학교선생님 사이에서 널리 사용되고 있다.

학습심리학 learning psychology 유기체가 환경에 적응하는 중요한 수단은 동질정체기제나 반사와 같이 생득적인 것뿐만 아니라 상징적 언어활동이나 경험으로 습득한 지식도 있다. 학습심리학은 주로 인간의 기억과 학습 문제를 다루며 이론이나 가설을 검증하기 위해 동물을 이용한 실험적 접근법을 사용하기도 한다.

학습이론 learning theory 행동치료와 행동수정을 강조하는 개념인 행동주의와 사회학습 이론, 즉 인간의 행동은 다양한 환경의 자극에 대한 반응들의 성공과 실패의 결과에 의해 생긴다는 것이다.

학습장애 learning disability (LD, learning disorders, learning difficulty) 정상적이며 평균 이상의 지능지수를 가졌지만 듣기, 말하기, 읽기, 쓰기, 사고하

기, 셈하기 등의 기능을 습득하는 데 심각한 장애나 곤란을 경험한 어린이를 설명하는 용어다.

학제 간 연구 interdisciplinary research 특정한 내담자나 내담자 체계를 위하여 다른 직업이나 전문영역을 가진 사람들을 포함시키는 팀의 개입적인 연구를 의미한다.

한부모 가족 single-parents family 부모 중 어느 한 쪽의 사망, 이혼, 유기, 별거로 인해 편부, 편모로 이루어진 가족을 말한다. 한부모 가족은 결합 형태에 따라 부와 자녀로 이루어진 부자가족과 모와 자녀로 이루어진 모자가족으로 나뉜다.

함구증 mutism 이야기하는 것을 거부하거나 이야기할 능력이 없는 것. 실어증도 없고 구음근의 장애도 없는데 입을 다물고 말하지 않는 상태이고, 무언증이라고도 한다. 정신분열에서는 의욕의 감퇴로서 혼미상태인 경우에 감정과 느낌의 표현이 둔화되거나 거부증도 함께 나타난다. 우울증에서 사고 및 의욕의 제지가 강한 경우에 혼미상태가 되어 함구증이 나타난다. 히스테리에서도 볼 수 있는데 입을 움직이는데 목소리가 나오지 않는 것이다. 뇌의 기질 질환에 따른 무동성 무언(akinetic mutism)이라는 특유한 상태도 있다.

합동가족치료 conjoint family therapy 연합가족치료, 동참가족치료 등으로 번역되기도 한다. 낮은 자존감과 배우자의 선택이 서로 관계가 있다고 보았으며 개인 정신병리와 가족역동의 관계에 관심을 가졌다. 합동가족치료는 사티어가 가족의사소통기술을 개선하고 가족관계 내의 친밀감을 개발한 것에 초점을 맞춘다. 이는 상담자가 가족전체를 대상으로 한 상황을 말하며, 이 때 그는 가족 내의 상호작용패턴에 초점을 맞추게 된다. 때때로 전 식구가 모두 자리를 같이 한 상태로 상담이 이루어지기도 하지만, 상담의 초점이 가족 개개인이 가진 문제가 아니라 가족 전체의 공동문제에 맞추어지는 한 그러한 조건이 필수적인 것은 아니다.

합류 joining 가족치료의 기법에 있어서 합류란 그 가족의 분위기를 파악하여 동조하는 것이다. 그 가족이 우울해 한다면, 치료자도 매우 슬픈 기색을 보이고 자신의 우울을 표현함으로써 가족들의 분위기에 동조하는 것이다.

합리적 신념(rB) rational beliefs 자신의 사고나 감정의 경험에 뿌리를 두고 있는 확신을 말한다. 인지심리학자인 엘리스(A. Ellis)는 합리정서행동치료(REBT)에서 사람들의 신념체계와 정서적 반응의 관계를 제공하였는데, 비합리적 신념이 강하고 전지 전능하다고 느껴지는 힘에 대한 복종과 자신의 힘을 포기하는 것에 뿌리를 두고 있는 반면, 합리적 신념은 그와 반대되는 경험에 근거하고 있다. 즉, 합리적 신념은 근본적으로 어떤 것에 대한 믿음이 아니라 우리의 확신이 갖고 있는 확실성과 견고성을 의미하는 것으로, 문제의 해결과 처리과정에서 적응적 반응을 보이며, 사회적 의사소통을 유도하는 적절한 정서를 이끌어낸다.

⇨ 비합리적 신념 참고.

합리적-정서적 치료(RET) rational-emotive therapy 엘리스(A. Ellis)의 합리적 정서치료는 인지치료의 대표적인 방법이다. 인격 속의 신념이나 생각을 중요시한다. 사고와 신념이 정서에 영향을 미칠 수 있고, 그 사고와 신념이 비합리적일 때 인간의 정서에 부정적 영향을 미치며, 그로 인해 문제행동이 일어난다고 보았다. 그러므로 내담자에게 합리적인 사고와 신념을 갖도록 함으로써 정서적 문제를 극복할 수 있다고 했다. 이와 같이 인간의 사고와 신념이 정서와 행동에 크게 영향을 미친다는 점을 강조하는 합리적-정서적 치료는 자기 파괴적인 신념 체계를 바꾸도록 하는 인지적 재구조화를 위해 훈육적, 지식적, 적극적인 교육을 강조하고 있으며, 사고, 판단, 결정, 분석, 행동을 강조한다는 점에서 인지, 행동, 행위를 다루는 상담자들과 공통점이 많다. 합리적-정서적 치료의 입장에서 볼 때, 문제는 상황, 다른 사람, 과거 사건 그 자체에 의해서가 아니라 생활 상황에 대한 지각과 사고에 의해 생긴다. 그래서 정서장애와 행동장애를 일으키는 왜곡된 사고를 인식하고 변화시키는 것은 우리 자신의 책임이 된다.

합리적 추론 rational reasoning 정보의 수집과 판단에 이르는 과정에서 논리적이고 과학적인 방식에 의존한 추론을 의미한다.

합리정서행동치료(REBT) rational emotive behaviour therapy 인지행동치료에는 여러 가지 형태가 있지만 합리정서행동치료(REBT)가 가장 유명하다. 1970년 엘리스(A. Ellis)가 창안한 REBT는 신념이 행동에 미치는 영향을 강조한 행동주의의 연장이다. 엘리스는 처음에는 합리정서치료(RET)라고 명명했으나 그 후 명칭을 합리정서행동치료(REBT)로 바꾸었다. 합리정서행동치료는 사람들이 비합리적이거나 자기 파괴적인 신념을 발전시켜 스스로를 파괴하는 감정과 행동을 한다고 보기 때문에 합리정서치료의 목표는 자기 파괴적인 관점을 최소화하고 삶에 대해 좀 더 현실적인 인생철학을 갖도록 돕는 것이다. 따라서 치료에 있어서도 비합리적인 신념을 밝혀내고 합리적 진술을 할 수 있도록 학습시켜 실제현장에서 적용할 수 있도록 하는 것으로 합리정서행동치료는 A-B-C 패러다임에 따라 움직인다. ⇨ A-B-C-D-E 이론 참고

합리화 rationalization 용납될 수 없거나 정당하지 못한 자신의 행동의 동기를 무의식적으로 위장하여 합리적으로 설명함으로써 자아를 보호하고, 사회적 승인을 얻음으로써 불안의식을 제거하려는 방어기제다. 즉, 현실을 왜곡하여 자존심을 보호하는 행동기제로서 일종의 '불합리한 추리'라 할 수 있다. 주로 어떤 실패나 불만의 원인이 자기의 무능이나 결함 때문이었음에도 불구하고 자기를 기만하는 구실을 만들어 자기만이 아니라 타인을 기만하는 행동으로 나타난다. 예를 들면, 이솝우화의 신포도 이야기처럼 높은 곳에 매달려 있는 포도송이를 따먹지 못한 여우가 '저 포도는 틀림없이 실거야.'라고 하면서 자신의 실패를 합리화시키는 것이다. 이처럼 이솝우화의 여우와 같이 자존심을 보호하기 위해 합리화라는 방어기제를 사용하기 때문에 합리화를 일명 '신포도기제'라

고도 한다. ⇨ 신포도 참고.

합의 consensus 개인과 집단이 공동이익의 목표와 이것들을 성취하기 위한 수단에 대해 일반적인 동의를 얻는 과정이다. 합의는 처음에는 목표와 높은 수용성에 초점을 맞춰 공통적인 가치를 강조하고 갈등을 조정하고 회피함으로써 도움을 주고자 한다.

합의 로르샤하 consensus Rorschach 가족치료과정에서 투사적 기법인 로르샤하를 이용한 기법이다. 5매의 로르샤하 도판(1, 2, 4, 7, 10번)을 이용하여 가족의 의견으로서 합의된 반응을 하도록 지시하는 기법이다. 가족의 이미지 카드를 선택하도록 하고 개인과 가족반응의 차이, 의사소통의 과정, 발언 양과 발언 방향성을 관찰한다. ⇨ 로르샤하잉크반점 검사 참고

합의성 정보 consensus information 사람들이 귀인 과정에서 사용하는 정보로서, 합의성 정보는 다른 사람들도 그와 같은 상황에서는 동일하게 행동하는지를 점검하는 경우를 말한다.

합의적 타당화 consensual validation 자기상을 파악함에 타인과 비교를 통해 자신의 동의를 판단하는 과정을 의미한다. 우리는 나를 어떻게 알아 가는가? 일찍이 사회학자인 쿨리(Cooley, 1909)는 자신의 파악에 있어서 가장 핵이 되는 것이 주위 사람들임을 간파하고 주위 사람들을 거울로 삼고 그 거울에 자신을 비춤으로써 자신을 파악한다고 주장했다. 그에 의하면 다른 사람들에게 자신이 어떻게 보여지는지에 대한 상상과 그에 따른 평가 그리고 자존심 · 자괴감과 같은 내적인 정서를 경험하는 느낌의 세 가지가 자기상을 형성하는 데 기여한다고 보았다. 또한 이러한 능력이 있어도 남들과 교류하는 경험이 없다면 자기를 형성할 수 없다고 보았다. 이러한 생각을 보다 구체화시킨 페스팅거(Festinger, 1954)는 사회비교이론에서 자기는 물리적 실체가 아니라 사람들의 마음속에서 구성되는 사회적 실체임을 지적했다. 물리적 실체란 물질세계의 속성들이며 이들은 인간의 감각기관을 통해 파악되고, 그 정확성을 여러 가지 사용가능한 측정도구들로 판단할 수 있다고 하였다. 한편 사회적 실체란 직접적으로 지각되는 것이 아니라 타인과의 교류맥락 속에서 이해된다고 주장하였다. 나의 성격이 내향적이라는 것은 내가 타인에 비해서 얼마나 더 내향적 행동을 보이는가에 의해 파악되는 것이지 물리적 측정도구로 파악되는 것은 아니며, 이 같은 파악의 정당성은 측정도구가 타인이므로 타인들이 얼마나 나의 파악에 동의하는가에 의해서만 판단될 수 있는 것이다. 이 과정을 합의적 타당화(consensual validation)라고 부르며 내가 생각하는 자기 모습은 타인과 비교를 통해 구성되고, 타인의 견해에 의해서 그 타당성을 인정받을 때 비로소 파악할 수 있다고 본다.

항공포 counterphobia 반동형성과 연관되는 행동이다. 가슴 깊이 잠겨 있는 두려움이 의식되는 것을 피하기 위하여 두려움의 대상이 되는 행동에 열심히 몰두하거나 공포의 대상을 오히려 가까이

하거나 보통 이상으로 몰두하는 행동이다. 높은 것을 두려워하는 사람이 높은 곳으로 올라가거나, 남자에게 상처받지나 않을까 하는 두려움을 가진 소녀가 이와 같은 두려움을 부정하려는 수단으로서 오히려 난잡한 성행위에 몰두하거나, 소심한 사람이 오히려 남을 의식하지 않는 행동을 보이는 것이다.

항등성 constancy 물체가 이동함에 따라 그 대상에 대한 망막상이 변화 또는 변형됨에도 불구하고 대상의 지각된 형태 또는 크기는 불변적이거나 항상 동일한 것으로 인식하는 것을 의미한다. 즉, 사람들은 일상생활에서 대개의 대상들이 항상 변함이 없다는 것을 알고 있는데, 이와 같이 대상에 대한 안정된 지각을 말한다. 이와 같이 물체와 자신 간의 거리나 보는 방향의 변화에도 불구하고 대상의 진정한 형태를 올바르게 지각하는 지각적 항등성의 유형으로 형태 항등성 및 크기 항등성은 영아들의 대상 영속성의 개념 획득을 돕게 된다.

항등자극법 method of constant stimulus 감각과 지각에 관한 연구에서, 절대식역을 측정하기 위한 가장 일반적인 방법이다. 여기서 식역은 감지할 수 있는 지각의 경계점을 의미하는 것이며, 절대식역은 감각에 의해 탐지할 수 있는 최소의 자극량을 의미한다. 페히너(G. T. Fechner)에 의한 이 방법은 일련의 자극강도를 제시한 후 Yes반응과 No반응의 50% 지점을 절대식역으로 선택하는 방법이다. 즉, 0.1g에서 10g까지의 무게를 들어보게 하여 통계적으로 감지할 수 있는 지각의 경계점을 찾아내는 것이다. 만일 어떤 사람이 0.1g을 들었을 때 이것을 느끼지 못한다면 0.1g은 식역하자극이 되며, 2g에서 무게를 느꼈다면 그 사람의 절대식역은 2g이 되는 것이다.

항문기 anal stage 프로이트(S. Freud)의 심리 성적 발달 단계이론에서 항문기는 항문 주위의 근육이나 신경이 발달해서 대소변을 조절하기 시작하는 1세 반에서 2, 3세의 시기다. 배변을 통해서 쾌감을 느끼는 시기로 이 시기에 대소변 훈련이 이루어진다. 따라서 어떤 방식으로 배변 훈련을 하였는가에 따라 성격 발달에 영향을 받게 된다. 이 시기에 부모로부터 분리와 독립이 서서히 일어난다. 즉, 의지대로 자신을 마음대로 조종할 수 있는 자율성을 확보하는 시기로 성공적으로 이 시기를 마치면 큰 죄의식 없이 독립적인 의사결정을 맘대로 할 수 있지만, 이 시기에 갈등을 일으키게 되면 지나치게 정결하고 완고하거나 인색해지기도 하고, 우유부단해지거나 지저분해지고 혹은 반항적이거나 가학-피학적인 경향을 띨 수가 있다. 이런 항문기적 성격의 특성은 강박장애에서 여실히 나타난다. 이 시기에 성취할 과업은 독립성과 자신의 능력과 자율성을 배워야 하며, 부정적인 감정들을 어떻게 처리해야 하는가를 배워야 한다. 항문기의 시기는 배변기와 보유기로 나뉘는데, 배변기는 배변함으로써 신체적 긴장이 풀리고 항문 내 점막에 쾌감을 느끼게 되고, 이러한 긴장 해소의 경험은 정서적 긴장의 해소와 연결된다고 한다. 그 후 배변 훈련에 의해 배변의 보유에 대한 경험을 갖게 된다.

항문기 성격 anal personality 주로 질서에 대해 강박관념을 가진 개인을 설명할 때 쓰이는 정신분석 이론의 용어로서 항문기 성격이 가장 잘 드러나는 것은 강박신경증이다. 즉, 항문기 성격의 특징은 강박적인 것으로 싫증을 자주 느끼고, 인색하고, 고집이 세며, 규율과 질서에 엄격하며, 만사가 철저하고 완벽하지 않으면 못견뎌한다. 또한 자신을 방어하는 데 실패할 경우에는 우유부단함과 양가적인 태도, 반항성을 띠게 된다.

항불안제 anxiolytic 불안해소제 소정온제(minor tranquilizers) 또는 항불안제(antianxiety medication) 등과 같은 일군의 약물을 말한다. 주로 벤조디아제핀계 유도체(benzodiazepine derivatives)이며, 항불안작용, 항경련작용, 근이완작용, 수면도입작용 등의 작용을 하며, 약의 종류에 따라서 그 주된 작용이 어느 정도 차이가 난다. 불안해소제는 불안, 긴장, 초조 등에 효과가 있기 때문에 불안신경증, 건강염려증, 이인증, 강박신경증, 공포신경증과 같은 경우에 사용된다.

항상성 homeostasis 호메오스타시스, 평형성 균형유지, 동질정체. 체제가 일관성을 유지하고자 하는 기능을 말한다. 항상성은 원래 살아 있는 생물체가 몸을 항상 일정한 상태로 균형이나 안정을 유지하려는 성질을 말하는데, 캐논(W. B. Cannon)은 이 작용을 '항상성' 이라 불렀다. 어떤 체제나 개체, 가족도 그 항상성을 유지하려고 노력하는 경향이 있다. 동기에 대한 이론에서는 이러한 항상성의 개념을 적용하여, 항상성의 상태가 무너질 경우 동기(욕구)가 발생한다고 하였다. 이와 같이 항상성이란 체계가 투입을 받고 그것을 처리하며 결과를 산출할 때 변화 대신 기본적인 성격을 유지하려는 노력, 다시 말하자면, 유기체의 신체는 신체가 요구하는 좁은 범위 내에서의 여러 가지 생리적 현상을 안정적으로 조절하는 데 필요한 기제를 가지고 있는데, 이러한 생리적 안정 상태를 유지하려는 기제를 말한다.

항아리 pot 사티어(V. Satir)가 자기평가의 개념을 설명할 때 사용하는 용어로서 항아리는 행동에 의해서 표현되는 하나의 개념, 태도, 느낌, 상을 의미한다. 자아개념이 높은 사람들은 좋은 항아리를 가지고 있고 자아개념이 낮은 사람들은 나쁜 항아리를 가지고 있다. 좋은 항아리는 잘 깨지지 않는 것처럼 주위의 스트레스로부터 잘 견디는 사람을 의미하는 반면, 나쁜 항아리는 쉽게 금이 가고 깨지는 것처럼 주위의 스트레스에 잘 견디지 못하고 상처를 입게 되는 사람들을 말한다.

항우울제 antidepressant 대개 트라이사이클릭(tricyclic)이나 태트라사이클릭(tetracyclic) 계통의 약이다. 검증된 효과는 슬픔, 비관, 죄책감, 무기력감, 자살동기 등의 우울증상들을 경감시킨다는 것이다. 약효는 대개 약을 복용한 지 1주일에서 4주일 이내에 나타나며 6개월에서 8개월 동안 계속해서 복용하는 경우 재발률이 감소된다고 한다.

항이뇨 호르몬 antidiuretic hormone 뇌하수체에서 방출되는 호르몬으로 신장에서 혈액으로부터의 수분 방출을 통제한다.

항정신병 치료제 antipsychotic medication 정신분열증 및 기타 다른 정신병에서 보이는 어떤 징후를 통제하기 위해 사용하는 정신병 치료제로서, 콤파진(compazine), 할돌(Haldol), 멜라릴(Mellaril), 프롤락신(Prolixin), 스텔라진(Stelazine), 토라진(Thorazine)이 있다.

해결중심 단기가족치료 solution focused brief family therapy 체계이론에 바탕을 둔 단기치료에 혁신적인 접근을 한 것이다. 해결중심 단기가족치료는 "역기능이란 본질적으로 문제해결을 위해 잘못된 시도를 하는 것에서 비롯된다."는 개념을 채택하고, 그 문제가 발생한 원인이나 방식에 초점을 두는 문제 탐색보다는 해결방안의 탐색에 상담의 초점을 맞추는 방법이다. 해결중심치료는 스티브 드 세이저(Steve De Shazer), 김인수 부부(Insoo Kim Berg) 및 미국의 밀워키(Milwaukee) 단기가족치료센터에 있는 연구원들에 의해 개발된 개입모델로 전략적 접근의 단기문제 해결모델이 확장된 것이다. 이 방법은 문제의 원인이 되는 부적응을 교정하거나 원인을 제거하려는 노력은 필요 없다고 생각하였다. 오히려 문제의 원인을 규명하기보다는 내담자의 자원을 활용하면서 문제해결방법에 중점을 둠으로써 상담 목적을 달성하고자 하며 특유의 전제 가치, 가정, 철학, 여러 질문기법, 치료 절차들을 지니고 있는 것이 특징이다.

해독 detoxification 적절한 생리적 · 심리적 기능이 재생되도록 충분한 기간 동안 신체로부터 독약이나 유해물질을 제거하는 과정으로 이는 휴식, 간호, 적절한 식사와 적절한 약물치료, 사회서비스가 제공되는 동시에 개인에게서 오용된 물질을 제거함으로써 이루어진다.

해독과정 decoding 복호화라고도 부른다. 의사소통이론에서 숨은 의도를 해석하는 것으로, 언어적 혹은 비언어적 단서, 몸짓, 다른 신호 등을 받아들이는 사람이 이해할 수 있는 메시지로 해석하는 과정을 의미한다. 커뮤니케이션을 전달받는 사람은 전달받은 메시지를 해석하여 인식하거나 행동하게 된다. 메시지를 해석함에 있어 그 사람의 고정관념, 마음상태 등의 내적 요소와 시간, 장소, 분위기 등의 외적 요소의 영향을 받아 자신의 사고를 형성하고 전달된 메시지를 걸러서 해석하게 되는데 이것을 decoding이라고 하는 것이다.

해리 dissociation 의식과 동떨어진 상태로 해리는 자기 자신의 한 부분이 분열되는 것을 말한다. 즉, 마음을 편치 않게 하는 근원인 성격의 일부가 그 사람의 의식적 지배를 벗어나 마치 하나의 다른 독립된 성격인 것처럼 행동하는 경우로서, 자네는 해리를 여러 히스테리 상태를 나타내는 원인으로 보았다. 이와 같이 해리는 의식, 기억력, 자신과 환경에 대한 지각, 감정, 행동의 통합된 기능을 파괴함으로써 감정적 갈등이나 내외적인 스트레스를 처리하는 것으로, 인격의 부분들 간에 의사소통이 잘 이뤄지지 않을 때 괴롭고 갈등을 느끼는 인격의 일부분을 인격의 다른 부분과 분리시키는 기제다. 예로써 이중인격 또는 다중인격(dual or multiple personality), "지킬 박사와 하이드"에서 볼 수 있다. 이 경우 한 성격은 보수적이고 도덕적이나, 다른 한 성격은 거칠고 충동적이며 쾌락을 추구하는 것이 대개의 법칙이다. 이러한 증상은 아동 성학대의 피해자에게서 흔히 볼 수 있으며, 장애는 갑작스럽게 오거나 서서히도 오며, 일시적이거나 장기적일 수도 있다.

해리반응 dissociation reaction 억압과 관련된 신경증적 반응으로 예를 들면, 건망증이나 다중인격처럼 성격 및 기억의 어떤 양식이 단절되어 독립적으로 기능하는 것이다. 이는 관념이나 소망에 대한 정신적 상태가 의식의 주된 흐름이나 성격의 흐름에서 그 이상을 기억, 의식하지 못할 정도로 분리된 반응 상태를 말한다. 이런 경우 부분적, 편파적으로 자극에 반응하는 경향을 나타내는데, 무의식 속에 숨은 관념 따위의 정신기능의 체제가 인격 전체에서 분리되어 독립적으로 반응하는 상태다.

해리성 기억상실 dissociative amnesia 종전의 심인성 기억상실을 말한다. 즉, 뇌에 이상이 없이 심리적인 원인에 의해 기억상실이 발생되는 장애다. 증상은 중요한 개인적 정보를 회상하는 능력을 잃어버리는 것으로서, 이는 정상적인 망각으로 설명하기에는 너무 광범위한 것이며, 대개 극심한 스트레스나 천재지변과 같이 감당할 수 없는 심리적 부담으로 발생된다. 또한 국소성 기억상실인 경우, 특정기간 동안 일어났던 사건을 회상하지 못하는 것으로 대개는 상당히 부담스러운 사건이 있은 후 처음 몇 시간 동안 일어난다. 선택적 기억상실은 일정기간 동안 일어났던 사건들 가운데 전체가 아닌 한 부분만 기억하지 못하는 경우다. 체계적 기억상실은 가족이나 특정한 사람과 관련된 사건 전부에 대한 기억상실로서 이 경우에는 다른 종류의 해리장애가 동반되기 쉽다. 해리성 기억상실은 우울증상, 몽롱한 상태, 감각이 없어지는 현상, 자동적인 연령 퇴행현상을 함께 보이며 질문에 대해 정답에 가까운 오답을 하기도 하고 공격적 충동, 자살 충동 등을 나타내기도 한다.

해리성 둔주 dissociative fugue 종전의 심인성 둔주(psychogenic fugue)다. 개인의 과거에 대해서 부분적으로나 전체적으로 회상하지 못하는 것을 말한다. 증상은 자신의 과거나 신분, 주체성에 대한 기억을 상실하며 평소의 일상적인 활동 장소에서 벗어나 갑작스럽고도 예기치 않은 여행을 하게 되는 장애로서, 해리성 둔주 환자는 다른 곳에서 새로운 신분이나 직업을 갖기도 한다.

해리성 정체감 장애(DID) Dissociative Identity Disorder 종전의 다중인격장애를 말한다. 말 그대로 한 사람이 둘 이상의 인격을 가지고 있으며, 한 번에 한 인격이 그 사람의 행동을 지배하는 장애다. 이는 일상적인 망각의 수준으로 보기 어려울 정도로 중요한 신상정보를 기억해 내지 못하는 장애며, 둘 이상의 각기 구별되는 정체감이나 인격의 존재가 반복적으로 행동을 조절한다. 변화된 인격에서 원래 인격으로 돌아갔을 때 그 동안 생긴 일을 망각하는 것이 보통이다. 이는 만성적 장애로서 흔히 어릴 때 정신적 외상 특히 성적 학대를 받은 사실이 원인인 경우가 많다. 또한 해리성 정체감 장애를 겪는 개인은 외상 후 증상인 악몽, 회상, 경악반응을 보이거나 외상 후 스트레스 장애증상을 보이며, 자기손상, 자살행동, 고역적 행동을 나타낸다.

해리장애 dissociative disorders 해리성 장애 기억이나 정체감, 환경지각 등과 관련된 의식에 갑작스런 변화가 생기는 현상으로 히스테리성 신경증 해리형을 해리장애로 부른다. 해리장애의 필수 증상은 일반적으로는 통합적인 기능-의식, 기억, 정체감, 환경에 대한 지각 등에서 붕괴가 일어나는 것으로 자기의 과거를 전부 잊거나 특정기간 동안의 기억을 망각하는 해리성 기억상실(dissociative amnesia), 기억상실과 함께 갑자기 집을 떠나 다른 곳으로 이동하는 행동이 나타나는 해리성 둔주(dissociative fugue), 한 사람 내부에 두 개 이상의 독립적인 정체감과 성격을 지닌 해리성 정체감 장애(dissociative identity disorder), 평소와 달리 자신과 주변현실에 낯설거나 이상한 느낌을 받는 이인성 장애(depersonalization disorder) 등을 포함한다. 이는 생명에 위협을 주는 전쟁, 질병, 재난에 직면하거나 부부간의 싸움, 배우자의 사망, 이별과 같은 심한 심리적 충격을 경험했을 때 발병하는 경향이 많다. 이러한 심리적 충격은 개인의 정상적 방법으로는 극복하기 어렵기 때문에 자신을 보호하기 위한 비상수단을 마련하는 것이며, 위급한 사태에 직면했을 때 갑자기 나타났다가 곧 회복되는 것이 특징이다.

해마 hippocampus 해마는 구부러진 모양을 하고 있기 때문에 붙여진 이름으로 구피질을 구성하는 기관들 중의 하나다. 20세기 초 사후 뇌를 이용한 뇌신경 병리 소견들은 비특이적이었다. 그 후 많은 연구결과들은 정신분열병과 관련하여 변연계(limbic system)에 대한 이상 소견이 주종을 이루고 있다. 해마도 변연계 중의 하나로 변연계는 인지와 감정의 조절기능, 다양한 감각자극의 통합과 연합, 환경적 맥락의 파악과 분석, 자극검색 및 원초적 욕구와 감정의 생성 · 제어 정신기능들을 관장한다. 해마가 손상당하는 가장 일반적인 경우는 난산으로 해마에 문제가 생길 경우 간질발작이나 기억장애를 일으킨다고 밝히고 있다. 그러나 해마의 손상으로 야기된 결함은 해마 자체의 손상이라기보다는 오히려 해마를 거쳐 측두엽에 연결되는 신경회로의 손상일 수 있다는 의견이 있다.

해발자극 releasing stimulus 종 특유행동을 유발하는 특수한 외부자극을 말하는데, 이는 그 종에게 유전적으로 전해오는 것이다. 어떤 새끼 갈매기에게는 어미 부리의 빨간색이나 노란색 점을 쪼는 반응을 방출시키며, 새끼가 쪼면 그 어미는 새끼가 먹게 될 음식을 토해낸다. 이 때 어미 부리의 점은 새끼 갈매기에게 쪼는 반응이 일어나게끔 하는 해발자극이며 새끼의 쪼는 반응은 어미가 먹이를 토해 내게끔 하는 해발자극이다.

해석 interpretation 상담자가 내담자의 행동 이면의 이유를 내담자가 볼 수 있도록 도우려는 방법이다. 상담자는 꿈이나 자유연상의 내용, 저항, 상담관계 자체의 의미를 지적하거나 설명하기도 한다. 해석은 자아로 하여금 무의식적인 재료를 의식화하는 것을 촉진시킴으로써 내담자로 하여금 무의식적인 재료들에 대한 통찰을 갖게 한다. 해석의 기술을 사용할 때 유의할 것은 다음과 같다. 첫째, 상담자는 내담자가 저항이나 방어적인 태도를 취할 때 그 방어적인 행동의 이면에 숨겨져 있는 원인을 해석하기 전에 내담자의 방어나 저항 행동 자체를 지적, 설명해 주어야 한다. 둘째, 상담자는 흔히 있을 수 있는 내담자가 표현한 감정의 대상적인 이면을 이해할 수 있어야 한다.

해석적 구조 interpretive structure 이야기심리학자인 맥아담스(Dan McAdams)가 설명하는 인간이해에 관한 접근방법으로 네 가지로 구분하여 설명하고 있다. 즉, 심리내적 신비(intrapsychic mysteries), 상호활동적 삽화(interactive episodes), 해석적 구조(interpretive structure), 대인관계 이야기(interpersonal stories)다. 이 가운데 해석적 구조는 인간을 해석하는 존재로 보는 관점이다. 피아제(J. Piaget), 켈리(Kelly), 매슬로우(A. Maslow) 등이 대표적이다. 이러한 관점에서 인간이란 두뇌와 인지의 능력 속에서 각각의 발달 단계에 따라 환경이나 사건들에 적절히 대응하며 살아가는 해석의 구조, 틀, 양태 등을 지니고 살아가는 존재다. 따라서 인간 발달의 단계에 따른 인간의 인식구조를 이해하는 것이 인간 이해의 첩경이라고 보고 있다.

핵가족 nuclear family 부부와 혼인으로 출산한 자녀로 구성된다. 즉, 부부와 그 사이에서 태어난 미혼자녀로 구성되는 가족을 의미한다. 핵가족에서는 자녀들이 성장하여 결혼하게 되면 그들이 태어난 가족을 떠나 독립해서 새로운 가족을 형성하게 된다. 따라서 핵가족은 스스로 생활을 영위해 나가야 하는 독립적인 단위 조직이기 때문에 가족구성원들 간의 상호의존성이 강한 것이 특징이다. 또한 핵가족은 고도의 이동성과 분화가 요구되는 현대사회에 적응하기 유리한 장점을 가지고 있다. 그러나 직계가족에서처럼 세대 계승이 중시되지 않기 때문에 이혼이나 별거 등으로 가족이 쉽게 해체될 위험성과 불안정을 내포하고 있으며, 노인 부양의 문제 등 전통적 확대가족에 비해 가족의 기능이 약화될 수 있다는 단점을 가지고 있다. '핵가족' 이란 용어는 미국의 인류학자 머독(G. P. Murdock)이 처음 사용한 것으로 '소가족' 이나 '부부가족' 이란 용어보다 적절한 표현이라 하여 국제적으로 널리 쓰이고 있다. ⇨ 가족 참고.

핵가족 정서체제 nuclear family emotional system 핵가족 감정체제 가족 내의 정서적 기능의 형태를 설명한 것으로 다세대에 나타나는 하나의 현상이다. 정서체계란 융합을 의미하는 말로 핵가족 내에서 이런 정서체계는 계속 변화하는데, 보웬(M. Bowen)은 핵가족 내에서 삼각관계가 확대되어 가족구성원들의 자아가 독립적으로 분화되지 못한 상태를 핵가족 정서체계라고 하였다. 즉, 아버지, 어머니, 자녀 사이의 가장 기본적이고 정서적인 형태는 과거 세대의 반복이며 다음 세대에도 반복되기 때문에 사람들은 원가족에서 습득한 유형을 반복해서 적용함으로써 그 유형이 그대로 자녀에게 전달된다는 것이다. 이는 보웬의 가족치료의 주요개념으로 핵가족은 가족 내에서 발생되는 긴장과 불안정성을 다루기 위해서 체제를 곧 핵가족 정서체계를 만든다고 하였다. 이러한 핵가족 정서체계로 인해 부부갈등, 배우자의 역기능, 자녀의 심리적 결함을 야기하는 불안정하고 융합된 가족의 스트레스 대처방식과 그들의 패턴은 과거 세대의 패턴을 모방하기 쉬우며 미래 세대에서도 반복되기 쉽다. 또한 이와 같은 역기능적 가족체제는 감정적 거리를 두거나 융해되는 체제를 형성한다. ⇨ 가족체계이론, 다세대가족치료 참고.

핵심감정 집단상담 핵심감정(core emotion)은 한 사람의 행동과 사고와 정서를 지배하는 중심 감정을 의미하는 것으로 태아 때나 초기 아동기에 부모와 같이 정서적으로 중요한 인물과의 관계에서 형성된 감정이며, 이후의 대인관계에서도 그대로 적용된다. 핵심감정의 종류에는 부적절감으로 인한 불안, 스트레스에 따른 불안, 경쟁심, 무시받는다는 느낌, 무가치에 대한 슬픔, 열등감 등이 있는데 이러한 핵심감정은 주요 대상으로부터 사랑받고 싶고 인정받고 싶은 욕구가 좌절되었을 때 주로 일어나는 감정이라고 할 수 있다. 따라서 핵심감정 집단상담은 이와 같이 현재에 자신을 지배하는 과거의 감정을 제거하고자 하는 것으로, 과거의 감정의 뿌리를 발견하고 현재에는 그것이 부적절한 가짜감정이라는 것을 철저히 확인하고 그것으로부터 해방시켜 지금-여기에 살게 하는 것이다.

핵심의존 증후군 core dependence syndrome 알코올 의존에 대한 개념들은 생물학적 · 사회적 · 행동 이론적 · 다차원적 관점의 핵심의존 증후군(core dependence syndrome)의 개념을 도입하고 있다. 핵심의존 증후군이란 행동이론 중 재강화(reinforcement) 개념에 근거하는 것으로 생리적 · 환경적 자극에 의해 음주가 시작되고 지속되며, 이것이 중독행동을 유지시키고, 이렇게 학습된 행동이 지속되는 동안 핵심의존 증상이 형성된다는 것이다. 주요 양상은 '알코올 섭취에 대한 통제력의 상실' 이다. 즉, 스트레스 등 여러 원인에 의해 음주가 시작되고 음주 빈도가 증가하게 되면 남용에 이르고 이에 의존하게 되어 여러 가지 후유증이 나타난다는 것이다. 이 후유증은 스트레스가 되어 다시 음주를 야기하면서 음주에 대한 통제력을 잃게 하는 것이다.

핵심자아 core self 원칙이나 원리 등에 근거해서 불안에 의한 관계의 영향을 받지 않고 변하지 않는 자아로 '진짜 자아' 를 의미하며 참자아(참자기)라고도 한다. ⇨ 참자기 참고.

핵심특질 central trait 대인지각에 영향을 미치는 요소로서 핵심특질은 지엽적 특질에 상반하여 언제 알게 되느냐와 관계없이 전반적인 인상에 다른 특질에 비해 보다 중요한 영향을 미치는 것을 말한다. 핵심특질은 그 효과가 표적인물에 대한 인상 전반에 과잉 일반화가 되면서 하나의 일관된 면을 띤다는 점에서 후광효과나 일관성 효과의 일종으로 여겨질 수도 있지만, 무엇이 핵심특질이 되느냐는 문화마다 그리고 한 문화권내에서도 개인마다 다르다.

행동감퇴 decreased activity 행동의 장애(disorders of activity)에 대한 한 유형이다. 행동감퇴는 행동증가와는 달리 정신운동이 느린 것을 말하는 것으로 말도 적고 움직임도 적으며 우울증에서 전형적으로 나타난다. 행동감퇴에 따른 졸도발작(cataplexy)은 감정상태에 따라 일시적인 무력상태가 되는 것이며, 함구증(mutism)은 신체장애 없이 나타나는 말이 없는 상태다. 이외에 행동의 장애에는 행동증가, 반복행동, 자동행동 및 언어의 장애가 있다.

행동계약 behavioral contract 내담자의 행동을 변화시키려는 목적에서 고안된 것으로, 둘 이상의 사람들이 정해진 기간 내에 각자의 할 행동을 분명하게 정해 놓은 후 그 내용을 서로가 지키기로 계약하는 것이다. 따라서 계약의 내용은 누가, 누구를 위하여, 어떤 조건하에서, 무엇을 한다는 것인지에 관해 명백하고 구체적인 용어로 진술해야 한다. 즉, 계약은 성취 가능한 것이어야 하고 적극적인 용어로 진술되어야 하고 적절한 규준을 내포하고 있어야 한다. 이와 같이 행동계약은 계약된 그대로 잘 지켜지면 어떤 정해진 보수에 의해 강화자극이 주어지지만, 그 행동을 하지 못하면 벌 또는 대가를 치러야 한다는 사실을 내담자에게 미리 알려주는 과정으로 행동주의적 접근모델에 속한다.

행동관찰법 behavior observation 개인이나 집단의 심리학적 성질을 알기 위하여 사용하는 연구법의 하나로서, 한 개인이 평소에 어떻게 행동하는지를 알아보기 위해 장기간에 걸쳐 매일의 상황에서 행동을 관찰하는 것이다. 행동관찰에는 어떤 특정한 행동의 빈도수 · 지속시간 · 속도 등을 측정하여 그 질의 좋고 나쁨을 평정하는 것을 목적으로 하는 경우와 외면적인 행동의 내부에 있는 긴장, 동기, 태도, 인격적 특성, 지각, 집단 규준 등을 추론하기 위해 행하는 경우도 있다. 개인의 내성보고를 구하는 방법과는 대조적으로 외부에서 이해하려고 하는 것으로 자연관찰법, 실험적 관찰법, 우연적 관찰법으로 대별된다. 또한 행동관찰법은 관찰자로 하여금 개인의 행동을 직접 볼 수 있게 해주지만 직접관찰을 했다고 해서 관찰된 행동을 정확하게 해석하고 평가했다고 할 수는 없다. 관찰자도 편견을 가질 수 있고 행동의 진실된 의미를 잘못 해석할 수도 있으므로 독립된 두 명 이상의 관찰자에 의해 제한된 범위 내에서 관찰이 이루어져야 한다.

행동목록법 behavioral inventory method 행동목록은 한 개인이 다른 사람과 상호작용을 하는 동안 연출하는 모든 가능한 행동의 연속들을 지칭한다. 이것은 가능한 모든 연속행동들의 복합체를 말하는 것으로 행동목록법은 다양한 측면을 지닌 성격 특성의 전체적인 구조나 개관을 알기 위해 여러 측면에 관한 행동목록을 미리 기술해 놓고 피실험자 본인 또는 제3자가 반응하게 하는 조사법을 말한다. 이 연구는 연구의 대상이 피실험자의 이해나 진단에 도움이 되기 때문에 진단목록법이라고도 한다. 즉, 행동목록법은 정서, 태도, 행위 등 구체적인 행동목록을 제시하고 주어진 대답 가운데 선택 또는 평가하는 응답방식으로, 퍼스낼리티, 욕구, 흥미, 태도, 가치관을 조사할 때 많이 활용된다.

행동수정 behavior modification 사회 관련 대인문제를 원활하게 하기 위해 사용하는 치료기법으로 행동분석방법, 즉 조작적 조건화, 고전적 조건화, 사회학습이론(긍정적 강화, 소거, 모델링)의 원칙에 기초하여 행동을 평가하고 변화시키는 방법이다. 행동수정의 기원은 파블로프(I. P. Pavlov)와 왓슨(J. B. Watson)의 고전적 조건형성에서 비롯된 것으로, 울만(L. P. Ulmann)은 행동수정이 부적응 행동을 개선하기 위해 학습이론과 실험심리학의 성과를 응용하는 것이라고 정의하였다. 따라서 치료는 객관적, 조작적으로 규정할 수 있는 목표를 정하고, 그 변용, 소거, 형성을 목적으로 한다.

행동시연 behavior rehearsal 행동시연은 상담자로 하여금 내담자가 강렬하게 억압된 감정을 갖고 있는 이의 역할을 맡게 하여 내담자의 개인적인 감정을 표현하게 하는 기법이다.

행동연구 action research 액션트레이닝 리서치(action training research)라고도 한다. 확인된 문제를 완화시키기 위한 프로그램의 개발과 자료수집 과정의 연결고리로서 연구자에 따라 실행연구, 현장연구 등 다양한 이름으로 사용되고 있다. 번즈(Burns)는 "행동연구를 실천의 질을 개선시키려는 견해로 사회적 상황에서 실제적 문제 해결을 위한 사실 발견의 적용이며, 이는 연구자, 설계자, 문외한의 협조자와 협동을 포함한다."고 정의하였다. 즉, 행동연구는 이해와 발전, 지식과 행동, 이론과 실천을 반영적(reflective) 상호의존적 관계로 맺어주는 것이다. 레빈(K. Lewin)이 제창한 집단역동이론을 응용하여 사회생활의 구체적인 개혁이나 개선을 위한 연구방식이기도 하다. 이는 인간관계의 문제 등 사회생활의 여러 면에서 관계개선을 위한 실천행동이 당사자들의 노력에도 불구하고 충분한 성과를 거두지 못하는 이유를 그 실천행동과 효과를 객관적으로 분석하지 못했기 때문이라고 생각하고 행동연구의 필요성을 강조하고 실시하였다.

행동의학 behavioral medicine 정확히 말하면 '행동주의 심리학적 의학'이라 할 수 있다. 질병을 이해하고 예방하고 처치하는 데 있어서 행동심리학적 지식과 기술을 활용하는 것이다. 행동의학은 여러 과학이 통합된 다학문 간(학제적) 접근법을 추구하며 질병을 이해하는 데 심리학적 요인과 생물학적 요인의 통합을 강조하고 있다.

행동이론 action theory 행동과 행동을 실행하는 행위자에 대한 분석을 통하여 사회체계와 인성체계를 이해하고자 사회과학자들이 사용한 개념으로서, 집단이나 행동을 측정할 때 조사자는 드러난 행위뿐만 아니라 행동으로 나타나는 행위자의 가치와 목표를 고려해야 한다. 그러나 행동이론은 개인행동의 동기가 된 가치 및 행동과 관련된 주관적인 의미를 강조하는 고전적 행동주의와는 다르다. 행동은 문화적으로 규정된 상황과 관계 내에서 발생하는 것이며, 행위자의 내면화된 가치와 다른 사람의 반응에 대한 기대를 포함한다.

행동장애 behavior disorder 일반적으로 거짓말, 도둑질, 방화, 무단결석 등 반사회적이거나 인정되지 않는 행동을 말한다. 유년기나 청년시절에 분명하게 나타나며, 타인의 권리에 대한 계속적이고 반복된 침해, 혹은 연령에 걸맞은 규범과 사회적 규율의 위반으로 특징지어지는 부적합한 행동유형을 의미하는 것이다. 이러한 행동장애는 불안이나 낮은 자존감처럼 정서적인 증상과 관련이 있으며, 유아기에 특정한 애착대상이 없었든지, 적절한 훈련을 받지 못했을 때, 부모의 과잉보호나 일관성 없는 양육방식에서 많이 나타난다. 또한 행동장애는 여자아이보다 남자아이에게 더 많이 나타나며, 이 증상의 50%는 청년기 이전에 나타나고 비행으로 발전할 수 있다.

행동적 구성요소 behavioral component 태도를 구성하는 요소로서, 행동적 구성요소는 태도 대상에 대해 어떤 방식으로 행동을 하려 하는 성향을 말한다. 즉, 태도 대상물에 대한 개인들의 전반적인 행동경향을 의미하는 것이다. 타인에 대한 개인의 태도는 그 개인이 지니고 있는 신념에 의한 것이라고 볼 수 있는데, 이런 신념을 형성하는 요소에는 이와 같은 행동적 구성요소 이외에 인지적 구성요소(cognitive component)와 정서적 구성요소(affective component)가 있다. ⇨ 태도 참고.

행동주의 behaviorism 행동주의는 파블로프(I. P. Pavlov), 왓슨(J. B. Watson), 스키너(B. F. Skinner) 등이 창안한 심리학파의 이론으로, 인간의 의식활동을 중점적으로 연구하던 구성주의(structuralism)나 기능주의(functionalism)에 대한 비판적 입장에서 출발하였다. 행동주의는 관찰과 측정이 가능한 반응의 측면에서 행위를 설명하려고 한다. 왓슨은 심리학은 자연과학의 일부로서 객관적이고 외현적인 행동만을 연구대상으로 해야 하며, 의식이니 마음이니 하는 것들은 연구대상에서 제외시켜야 한다고 주장하였다. 따라서 문제의 해결은 객관적이며 실험적인 다양한 절차를 바탕으로 부적응행동, 바람직하지 못한 행동, 문제행동을 수정해야 한다는 관점이다. 또한 행동주의에서는 정신분석학에서처럼 인간을 하나의 동물적 존재로 본다. 그러나 정신분석학은 본능을 인정하지만 행동주의는 환경론을 강조한다. 또한 비합리적·충동적 욕구도 후천적인 조건화의 결과로 본다. 인간성에 대한 행동주의자의 견해는 인간을 환경적이고 유전적인 영향을 통해서 전적으로 결정되어지는 무기력한 운명론적인 존재, 또는 단순히 반응하는 유기체로 지나치게 간단히 설명함으로써 자주 왜곡된 해석을 낳는다.

행동주의 부모역할 훈련 behavioral parent-skills training 바람직하지 못한 자녀들의 행동을 바꾸거나 수정하는 데 있어서 행동주의 원리와 우발사건 관리 절차를 활용하는 법을 부모에게 훈련시키는 것이다.

행동주의 부부치료 behavioral marital therapy 결혼관계의 만족을 촉진하기 위해 부부에게 의사소통법, 긍정적인 강화의 상호교환, 인지재구성, 문제해결기술 등을 훈련시키는 방법이다. ⇨ 행동주의 상담 참고.

행동주의 분석 behavioral analysis 치료자가 바꿔야 할 목표 행동을 파악하고 그러한 행동을 존속시키는 요인들을 결정하며 변화의 노력에 대한 성공 여부를 측정하는 특정 기준을 포함하는 치료계획을 작성하는 진단, 사정과정을 의미한다.

행동주의 상담 behavior counseling 행동주의 상담이란 인간의 행동을 보다 바람직한 방향으로 조성하거나 바람직하지 못한 행동을 상담적으로 변화시키기 위하여, 특히 학습 심리학적 원리를 응용하는 특수한 절차와 기법을 의미하는 것이다. 행동주의적인 입장에서 인간을 이해하려고 한 최초의 사람은 왓슨(J. B. Watson)이며 이를 비롯하여 행동주의 상담의 주요 인물은 볼페(J. Wolpe), 샐터(Salter), 아이젠크(H. J. Eysenck), 라자루스(A. Lazarus)이다. 행동주의 심리학에서 인간은 사회, 문화적 조건 형성에 의해 결정되고 형성되는 존재이며, 따라서 부적응적인 행동을 제거하고 건설적인 행동을 획득할 수 있는 내담자의 능력에 초점을 맞춘다. 이러한 측면에서 행동주의 상담적 특징은 두 가지로 볼 수 있는데, 즉 행동적 접근은 행동 자체의 변화에 초점을 두고 있다는 것과 행동을 변화시키기 위한 절차와 기법은 학습심리학적 원리에 바탕을 두고 있다는 것이다. 이 경우에 행동이라는 말은 내면적 행동도 포함하는 광범위한 행동을 의미한다. 따라서 이 상담은 내담자가 변화시키고자 하는 구체적인 행동에 초점을 맞춤으로써 카운슬러가 상담과정의 일부로서 달성하고자 하는 것이 무엇인가를 내담자에게 더 잘 이해시킬 수 있으며, 내담자를 자신의 행동변화가 어느 정도 진행되고 있는지에 대한 구체적인 정보를 제공하는 가능성을 모두 지닌 존재로 보고 있다. 기법으로는 학습의 기본 원리를 그대로 적용시켜 인간행동을 바람직한 방향으로 변화, 수정하는 방법과 이들을 응용하는 방법들이 있다. 바람직한 행동의 강화, 부적절한 행동의 소거, 학습된 행동의 일반화, 자극상태에 따라 반응을 달리하는 변별학습, 행동의 조형 등이며 이러한 원리들을 좀 더 확대하여 적용한 기법들로서는 주장훈련, 이완훈련, 체계적 둔감법, 모방학습, 행동계약법, 혐오요법 등이 개발되어 주로 많이 사용되고 있다. 이런 여러 기법들을 고전적 조건형성이론, 작동적 조건형성이론, 인지적 학습이론에 기초 근거를 두고 있다.

행동주의심리학 behavioural psychology 행동주의심리학은 심리학을 완전히 자연과학의 객관적 분야로 만들어야 한다고 주장하고 모든 행동을 자극과 반응으로 분석했다. 객관적이고 과학적인 방법만이 실험에 사용될 수 있는데, 동물실험을 인간에게 일반화함으로써 인간의 동물과 유사한 특성을 연구하려 하였다. 정상적인 행동은 강화와 모방을 통해 학습되며 비정상적인 행동은 잘못된 학습의 결과라고 본다. 행동주의심리학자들은 유전적 배경에 상관 없이 삶에 있어서 자신과 자신의 위치를 발전시킬 수 있다고 가정함으로써 유전보다 양육의 입장을 옹호하였다.

행동주의적 가족치료 behavioral family therapy 행동주의적 가족치료는 학자들의 접근방식에 따라 그 포함되는 범위가 다양하다. 행동주의적 가족치료는 개인을 위한 고전적 조건화와 조작적 조건화에서 시작되었다. 행동적 접근방법은 사회적으로 중요하며 객관적으로 정의되고 관찰될 수 있는 행동에만 초점을 맞추며 수정의 필요가 있는 행동에 대해서는 과학적인 방법을 적용한다. 행동주의 접근법에서는 바람직한 행동이나 그렇지 못한 행동들은 학습에 의해 이루어진 것이라고 가정하는데, 정신분석적 접근법과 달리 관찰할 수 없고 측정할 수 없는 가상적 존재인 자아, 초자아 같은 개인의 심층부에서 문제의 원인을 찾기보다는 문제행동을 유지시키거나 증가시키는 환경을 통제함으로써 행동의 변화를 꾀하고자 한다. 정적 강화행동 등의 학습이론의 원리를 이용하여 가족구성원 사이에 부적응행동이 어떻게 발달하는지를 설명하고 가족들에게 강화행동을 변경하도록 지도한다. (Liberman, Stuart, Patterson)

행동증가 increased activity 행동의 장애(disorders of activity)의 한 유형을 말하는 것으로 행동증가는 정신운동이 증가되어 있는 상태를 의미하는 것이다. 계속 변화하기 때문에 목적달성이 어렵고, 조증에서 전형적으로 볼 수 있다. 행동증가로 인한 흥분은 대체로 격정적이고, 목적 없으며, 외부자극에 상관없는 행동이 증가된 상태다. 또한 정신운동격정(psychomoto agitation)은 내적 자극에 의해 필요 없는 운동과잉과 과잉심리 상태가 나타난 것이다. 이외에 행동의 장애에는 행동증가와 반대 현상인 행동감퇴(decreased activity), 반복행동(repetitious activity), 자동행동(automatism) 및 언어의 장애(disturbance of speech), 강박운동(compusion), 공격성(aggression) 등이 있다.

행동체계 action system 가족상담현장에서 행동체계란 요구되는 변화를 성취하기 위해서 취하는 내담자가 가진 자원과 인력을 의미한다. 즉, 내담자가 가정폭력으로 시달림을 받고 있는 경우 내담자를 위한 행동체계로 같은 지역에 사는 이웃, 상담소, 경찰서 등의 지지를 받아 폭력을 중지시키는데 영향을 주는 것이다. 이러한 행동체계는 다른 사회체계와 마찬가지로 특정한 결과 목표를 달성하는 것과 행동체계 자체를 훌륭한 기능수행의 단위로 유지하는 것에 관심을 갖고 있다.

행동치료 behavioral therapy (behavior psychotherapy) 신경증이나 그 밖의 심리적 장애의 치료법의 하나로서 행동주의적인 입장에 서서 학습이론을 기초로 한다. 이는 부적절하고 부적당한 행동이나 환경에 학습이론을 적용시키는 심리치료의 일종으로, 인간의 모든 행동은 학습된 것이기 때문에 이상행동도 학습이론에 따라 재학습시킴으로써 정상행동으로 바꿀 수 있다고 보는 것이다. 행동치료는 환자의 이상행동을 정신이상의 표현이라고 보는 것이 아니라, 부적절한 행동이 잘못 강화되어 그 행동이 계속 나타나는 것이라고 본다. 또한 적절한 행동이 강화를 받지 못하여 학습되지 못한 것과 행동을 학습할 능력이 없는 것이 이상행동의 원인이라고 본다. 즉, 과거에 부적당한 경험을 하였기 때문에 학습된 행동습관이라고 보고, 그 부적당한 행동습관을 제거하여 보다 적당한 습관을 학습시키는 것이 치료의 근본이라는 것이다. 이에 학습의 역할을 크게 강조한다. 행동치료의 세 가지 치료법은 ① 고전적 조건화이론을 적용한 체계적 둔감법과 혐오치료, ② 사회학습이론에 기초한 모방기법, ③ 조작적 조건화이론을 사용하는 토큰 이코노미(token economy), 바이오피드백(biofeedback) 외 매우 다양하다.

행동평가 behavioral assessment 행동사정 인간의 행동양식을 객관적 척도로써 제시하는 방법이다. 즉, 개인에게서 특이한 행동을 발견하고 이런 문제행동을 유발시키는 요인과 이들 간의 상호 관련성을 밝히는 과정으로서, 관찰 가능하고 측정 가능한 행동을 그 대상으로 한다. 심리학적으로 인간의 행동은 크게 세 가지 영역으로 나눈다. 즉, 인지적 영역(cognitive domain), 정의적 영역(affective domain), 심리운동적 영역(psychomotor domain)이 그것이다. 그러나 일반적으로 행동평가라고 할 때는 좁은 의미의 행동인 정의적 영역에서의 평가를 말한다. 또한 행동평가에서 평가의 관심이 되는 부분은 과거에 발생한 환경적 사건이나 그 사건과 행동과의 상호작용이 아니라, 현재의 환경적 사건과 상호작용에 대한 경험이 된다. 이러한 행동평가법으로 사용되는 유형에는 자연관찰법, 유사관찰법, 자기관찰법, 참여관찰법이 있다.

행동표본검사 behavioral sample 인지능력이나 성격을 알아보기 위해 행동표본을 뽑아서 검토하는 검사를 말한다. 일상환경, 고용환경, 교육환경에서의 의사결정에 관계된 개인의 사회적 기술 및 행동방식에 대한 체계적이고도 표준화된 분석을 제공하기 위한 검사도구다. 예컨대 대인기술, 발표기술, 글쓰기의 기술, 예술표현에 관계된 기술 등에 대한 검사도구가 그렇다. 산업체나 군대에서는 업무표본이라는 검사도구가 종종 사용되고 있다. 위와 같이 정의되는 검사의 범위와 형태를 기준으로 할 때, 개인생활의 중요문제는 물론 조직체의 활동방향이나 중요문제를 결정짓는 데 심리검사는 필연적으로 관여하고 있다. 입학시험, 사법고시를 비롯한 각종 공무원시험, 입사 시에 치르는 전공시험이나 적성검사, 상담 시의 성격검사, 흥미검사, 이상에서 쓰이는 각종 심리진단용 검사, 아동이나 성인들을 위한 지능검사, 직장에서의 인사고과에 쓰이는 근무태도 평정이나 영업성적평가, 훈련이 끝난 후의 성취도 측정, 각종 여론조사를 위한 설문지, 정치가에 대한 인기도의 설문, 정책에 대한 국민의 의견설문, 자연보호나 환경보호에 대한 지역사회주민의 호응태도에 대한 설문, 어느 복지기관에서 발생한 성폭행 실태에 대한 면접 설문 등등 헤아릴 수 없이 많은 심리검사를 알게 모르게 실시하거나 권장하고 있다. 특히 구조화된 과제에는 표준화된 능력검사 이외에도 학력고사, 대학수학능력시험, 취직시험 등도 포함된다.

행위자-관찰자 편향 actor-observer bias 타인의 행

동 원인에 대해서는 그 사람의 내적인 성향을 강조하지만, 자신의 행동에 대한 원인으로는 상황적인 요인을 강조하는 경향을 의미한다. 똑같은 상황에서 자신이 행위자일 때와 관찰자일 때의 심리가 다르다. 예를 들면, 화장실 밖에서 기다릴 땐 오래 기다리는 것 같고, 안에 있을 땐 얼마 안 되었다고 느끼는 것과 같다. 이러한 차이가 나는 데에는 다음과 같은 두 가지 이유가 있다. 첫째, 행위자와 관찰자는 서로 다른 정보를 접하기 때문이다. 행위자는 자신의 행동에 대한 원인을 잘 알고 있지만 관찰자는 이에 대한 정보가 없기 때문에 다른 결과가 나타난다. 둘째, 행위자와 관찰자의 시각적 조망이 다르기 때문이다. 행위자의 시각적 주의는 자기의 행동을 직접 볼 수 없으므로 외부적인 요인에 맞추어지는 반면 관찰자의 시각적 주의는 행위자의 행동 그 자체에 맞추어지기 때문이다.
⇨ 귀인오류 참고.

향정신의약품 psychotropic drugs 정신과 의사나 기타 의사가 환자들의 심리적 및 정서적 변화를 일으키기 위해 사용하는 약물. 이러한 약물들에는 반진정제, 반흥분제, 반정신병 약물, 미친 행동을 통제하는 약물인 리튬탄산(lithium carbonate) 등이 있다.

허구적 독특성효과 false uniqueness 허위개성 자기의 경험이나 장점을 아주 독특하다고 평가하는 것으로 자신은 남들과 다르다고 생각하는 것이다. 다른 사람이 하면 불륜이고 내가 하면 로맨스라고 하는 것이나 군대 간 사람이 자기가 제일 고생한 것처럼 이야기하는 것과 같이, 이러한 사람들은 제멋대로 살기 위해 온갖 수단과 방법을 동원하는 존재다.

허구적 일치성효과 false consensus effect 허위합의, 자신의 실수, 단점, 부정적 이미지를 떠올리며 자신을 평가하는 위치에 있는 사람이 자신을 부정적으로 평가하리라는 착각과 확신을 의미한다. 또한 자신의 단점을 남들도 다 가지고 있다고 믿는 것도 포함하며, 객관적인 확인절차 없이 남들도 자기와 같을 것이라고 짐작하는 것이다. 선택적 추상화(selective abstract), 비약적 단정(jumping to conclusion), 임의적 추론(arbitrary inference) 등으로 부르기도 한다.

허무망상 nihilistic delusion 허무망상은 '자신은 죽었다.', '뇌가 없다.'는 등의 망상이다. 이러한 우울한 내용의 망상들은 죄의식, 자존심 손상, 자기징벌, 적개심 등이 투사된 결과다. 죄악망상은 좋지 않은 방법, 즉 사회적으로 용납받을 수 없는 방법으로 남보다 돋보이는 자리를 차지하게 되었다고 생각하도록 한 심리적 요소가 '나 같은 죄 많은 놈은 죽어 마땅하다.'는 등의 망상을 일으키게 하는 것이다.

허용성 permissiveness 개방성 (1) 개인 또는 집단의 행동을 통제하는 데 따르는 고도의 인내력을 뜻한다. (2) 허용성은 다른 부모들은 용납할 수 없다고 생각되는 행동을 아이들에게 허락해 주는 부모들에게서 볼 수 있다. Baumrind가 제시한 부모양육

태도의 한 유형으로 자녀들이 가능한 한 스스로 활동해 나가는 것을 허용하며, 통제나 요구를 거의 하지 않는다. 가정 분위기는 비교적 따뜻하나 자녀의 특성은 미성숙하고, 자제력과 탐구심이 다른 유형(권위있는 부모, 권위적인 부모)의 아동들에 비해 가장 적다.

허위사회 pseudocommunity 카메론(N. Cameron)이 적용한 용어로서 실재하거나 상상의 사람들이 집단을 형성하여 자기를 해치고자 음모를 꾸미고 있다고 생각하는 편집망상이다. 학대당할 가능성이 크거나 의심, 시기, 질투를 조장시키는 분위기가 느껴지거나 사회와 고립되어 있거나 자존심을 다치거나 타인의 언행에 대해 숨겨진 의도를 파악하려는 상황 속에서, 불안을 느끼며 자신에게 주변의 사람들이 뭔가 나쁜 의도를 가지고 자신을 해치려는 음모를 꾸미고 있다고 믿게 되는 것과 같은 망상을 하게 만드는 조직과 사회를 의미한다.

허위성 장애 factitious disorders 심리적 증상을 수반하는 인위적 장애로서 환자 역할을 하기 위하여 의도적으로 신체적 혹은 심리적 증상을 만들어내고 호소하는 사람에게 적용되는 진단이다. 개인이 어떤 다른 정신장애로는 설명할 수 없는 심한 심리학적 증상, 때로는 정신병적 증상까지도 자기 마음대로 만들어내는 경우이며, 정신과 환자로 보이기 위해 그런 증상들을 택하는 것으로 보인다. 이들 증상들은 꾀병에서와 같이 가장된 것은 아니지만 어떤 정신장애의 기준에도 맞지 않는 잡탕식 증상으로 이루어지는 것이 상례다. 더 나아가 자기가 관찰의 대상이 되고 있다는 것을 알면 증상들을 더욱 악화시키며, 이러한 증상에 대해 질문을 하면 이것저것을 더 첨가시켜 말한다. 또한 어떤 사실 혹은 간단한 계산에 대한 질문을 해보면 대개의 경우 그 대답이 정확하지 못하다. 이 증상은 초점을 벗어났다는 것을 의미하는 독일어의 Vorbeireden으로도 불려진다. 허위성 장애의 이면에는 환자의 역할을 하려는 숨은 의도, 동기, 필요성이 있다. ⇨ 뮌히하우젠 증후군 참고.

헌팅톤 무도병 Huntington Chorea 뇌의 특정 부위의 신경세포들이 선택적으로 파괴되어가는 진행성 퇴행성 뇌질환의 하나다. 헌팅턴의 질병으로 알려진 이 병은 우성유전자에 의해 유전되는 유전병으로서, 유전자를 물려받은 자손 중 절반에 영향을 준다. 그 증상은 환각, 심각한 정서변화, 치매, 무도병 동작(경직되고 변덕스러우며, 무의식적인 몸짓 등)과 같은 정신적 퇴보 등으로서 대개 30세 이전에는 잘 나타나지 않는다. 병이 진행함에 따라 인격과 지적 능력이 점차 떨어지고 기억력, 언어능력, 판단력 등이 점차 감소하게 된다. 이 병을 가진 사람은 자손들을 위해서 중요한 역할을 하는 유전상담(genetic counseling)을 받는 것이 필요하다.

현상적 장 phenomenal field 로저스(C. R. Rogers)가 말하는 개념 중의 하나로서 이것은 끊임없이 변화하는 경험의 세계다. 여기서 중요한 것은 실제적 사실이 아니라 개인이 그것을 어떻게 지각하는가다. 유기체는 현상적 장과 자기 둘 다를 포함한다. 체험은 몸 안에서 발생하는 일들, 바깥 세계에서 일어나는 일들을 지각한 것이며, 의식하거나 의식하지 못하는 체험들의 전체가 현상적 장을 구성한다고 한다. 또한, 현상적 장은 인간의 주관적 실재다. 사람들은 대상을 지각하고 경험하며, 그 대상에 의미를 부여한다. 이러한 지각과 의미체계 전체가 개인의 현상적 장을 구성한다. 유기체란 그 개인의 사상, 행동, 신체적 존재 모두를 포함하는 전체로서의 한 개인을 지칭하는 것이다. 어떤 한 부분의 변경도 다른 부분의 변화를 유발하게 하는 성질을 지니고 있다. 개인이 경험하거나 지각한 장은 그 개인의 사적이고 주관적인 경험의 세계다. 로저스는 이 경험적 혹은 현상적 장을 그 개인의 실재 세계로 보고 있다. 그리하여 인간 중심적 접근에선 주관적 현실, 즉 현상적 장에 의하여 좌우된다고 보는 것이다. 그는 개인의 경험적 세계는 공감적 추론에 의하지 않고는 다른 사람에게 결코 알려질 수 없는 것이라고 주장한다. 개인의 준거체제에 관한 지식은 주로 개인의 커뮤니케이션과 관련되어 있는데 자유롭게 표현될 수 있으면 있을수록 그만큼 현상적 장에 대한 커뮤니케이션은 보다 앞선 것일 수 있다는 것이다. 그러므로 인간 중심적 접근에서는 상담과정에서 내담자의 방어성을 최소화할 수 있는 상담관계 및 분위기 조성을 전략적으로 특별히 중요시하고 있다.

현상주의 phenomenology 현상학 다른 사람의 행동의 원인을 온전히 이해하려면 물리적, 객관적 실제보다도 당사자가 주관적으로 어떻게 세상을 경험했는지 이해해야 한다는 관점이다.

현상학적 진단 phenomenological diagnosis 자기 자신의 과거로부터 발생하는 재경험을 증거로 하여 자아상태를 판단하는 것으로 개인이 세계를 지각하고 해석하는 주관적인 경험이 자기지각에 중요한 일면이 된다.

현실감소실 derealization 비현실감 자기를 둘러싼 외부세계에 대한 경험이나 지각이 이상하다거나 비현실적인 것으로 여겨질 정도로 변화되는 것이다. 예를 들면, 사람들이 이상하게도 낯설게 느껴진다거나 기계적으로 보이는 경우다.

현실검증력 reality testing 외부세계를 판단하고 평가하는 개인의 상대적 능력. 또한 외부세계와 개인의 마음속에 존재하고 있는 생각 및 가치 간의 차이를 구별하는 능력을 의미한다.

현실부정 denial of reality 현실부정이란 불쾌하거나 불편한 현실로부터 자아를 방어하기 위한 방편으로 현실 또는 상황을 인정하지 않는 것으로 현실을 부정하거나 거부하는 행위다.

현실원리 reality principle 프로이트(S. Freud)의 '이차과정(secondary process)'과 같은 개념으로, 인간이 본능적인 욕구의 충족에만 따를 수 없다는 것을 인정하게 되는 것이다. 프로이트는 모든 인간에게는 일차과정인 리비도의 법칙, 즉 쾌락원리와 이차과정인 현실원리가 존재한다고 보고 있으며, 늘 쾌락원리와 현실원리 사이에서 충돌과 갈등을 경험하면서 자아(ego)를 통해 이를 조정해 간다고 보고 있다. ⇨ 쾌락원리 참고.

현실적 불안 reality anxiety 프로이트(S. Freud)가 분류한 불안의 형태(현실적 불안, 신경증적 불안, 도덕적 불안) 중 하나로서 현실적 불안은 객관적 불안이라고도 한다. 독사나 지진, 시험 등 위협에 대한 정서적 반응이나 외적 환경에서 위협을 받은 것을 뜻하는 것으로 두려움과 같은 의미로 통하며 위험에 효과적으로 대처할 수 있는 능력을 약화시킨다. 불안의 기본적 형태는 바로 이 현실적 두려움에서 다른 두 가지 형태의 불안이 유도된다.

현실적 자기 real self 실제자기 지금 그대로의 자아, 즉 현재 자신이 처한 상황을 말하며 개인이 자기 자신의 존재를 경험하는 자아상태를 말한다. 주변 사람들과 비교하여 현실적 자기가 우월하다 하더라도 자신의 이상적 자기에 미치지 못할 경우 불만족감을 느끼게 된다.

현실지각 realistic perception (perception of reality) 개인이 외부세계에 대해 이미 갖고 있는 추측을 경험 행위로써 검증해 보는 능력이며 공감능력, 사회적 민감성, 남의 감정과 태도를 존중하는 것 역시 현실지각이라고 할 수 있다.

현실치료(RT) Reality therapy 글래서(Glasser)의 현실치료적 접근은 성공적 정체감을 강조하는 것으로 전통적인 접근방식에 반대해서 일어났다. 이 이론의 가정은 우리 모두가 성장할 수 있는 힘을 가지고 있으며, 이 힘이 우리의 환경을 통제하면서 자신의 욕구를 충족시키고 성공적인 정체감을 발전시킬 수 있다는 것이다. 이러한 가정에 근거하여 이 이론은 현재의 자기행동에 대한 책임, 즉 현재 진행 중에 있는 행동에 초점을 맞추는 상담방법으로 복잡한 현실적 장면의 맥락에서 결정을 내리고 그 결과에 대해 책임을 지도록 한다. 다른 상담방법과 비교할 때 신경증적 행동, 정신병적 행동, 정신신체화 행동이나 중독증적인 행동도 모두 자신의 욕구충족을 위한 최선의 선택으로 간주한다. 마찬가지로 이 이론은 정신건강과 책임을 동등하게 보기 때문에 정신병 역시 책임감의 회피라고 규정한다. 기본적으로는 내담자가 더욱 현실적인 행동을 배워서 성공적으로 현실을 타개해 나갈 수 있는 방법에 초점을 둔 비교적 단기간의 상담 및 심리치료다. 이 모델에 의하면 인간에게는 단 한가지의 본질적 욕구가 있다. 그것은 곧 '자기 자신의 정체를 확립하려는 욕구' 다. 즉, 인간은 다른 모든 생물과는 다르다고 느끼려는 욕구, 나아가서 개개인이 자기는 다른 사람들과 생각, 행동, 가치판단 등에 있어서 다르다는 사실을 인식하려는 욕구를 갖고 있다. 따라서 현실치료는 과거나 미래보다 현실을 중요시하고, 전이 · 역전이의 필요성을 인정치 않으며, 자기 욕구충족을 위한 행동의 효과성을 냉철하게 자기 평가하면서 자기 욕구를 충족하는 새롭고 합당한 방법을 찾도록 상담자가 교육적인 도움을 주는 과정이다. 현실치료는 '선택이론' 을 바탕으로 모두에게 도움이 되는 쪽으로 행동을 유도하는 상담으로, 어떤 행동의 '원인' 을 내담자의 과거에서 찾는 프로이트식과는 다르다. 과거를 들춰내서 행동을 분석하는 것이 진정한 치유에 도움이 되겠느냐는 회의 때문이다. 오히려 '목적'이 행동을 규정한다고 보고 있으며, 프로이트식이 과거지향식이라면 현실요법은 미래지향적인 것이다. 현실치료적 접근은 원래 소년원과 같은 수용시설의 청소년에게 적용시켰으나, 지금은 일반 학생들의 위기상담 장면에까지 광범위하게 사용되며 개인상담, 집단상담, 결혼상담에 적용하기도 한다.

현장슈퍼비전 live supervision 관찰자나 관찰팀이 전화, 이어폰을 통해 제안하거나 치료자를 상담실 밖으로 불러냄으로써 상담 중에 있는 치료자를 적극적으로 지도하는 것을 말한다.

현재몽 manifest dream '발현몽'이라고도 한다. 현재몽은 우리가 잠자는 동안에 진행되는 의식적 체험으로 잠자던 사람이 깨어난 후에 어떤 내용을 회상할 수도 있고 어떤 내용은 회상할 수 없는데, 이와 같은 수면자의 주관적 경험을 말하는 것이다. 현재몽은 유형적으로 볼 때 첫째, 조리가 있고, 그 의미도 바로 알 수 있는 것, 둘째, 전후의 맥락이 있고 조리는 있지만 그것이 어떤 의미인지 알 수 없는 것, 셋째, 그 내용이 조리가 없고 무슨 뜻인지 종잡을 수 없는 것으로 나눌 수 있다.

현저성 편향 vividness bias 귀인이론에서 관찰자에게 현저하게 지각되는 자극의 속성에 주의를 하고 그 속성이 행위자의 행위를 야기한 원인으로 여겨지는 경향을 현저성 편향이라 한다. 이 편향은 매우 보편적으로 나타나며 거의 자동적으로 나타나기도 한다.

현저성 효과 saliency effect (vividness effect) 어떤 두드러진 특징이 인상형성에 큰 몫을 차지하는 것이다. 사람들은 어떤 자극이 지각적으로 특출하면 그 자극을 어떤 현상의 원인으로 삼는 오류를 범하는데 그런 오류를 '독특성 효과' 또는 '현저성 효과'라고 한다. 뭔가 튀는 사람이 눈에 잘 들어오고 그 사람이 가장 영향력 있어 보이는 현상이다. 사람들은 이처럼 어떤 원인을 찾거나 세상을 볼 때 지각적으로 특출한 자극들의 역할을 강조한다. 이는 곧 지각적으로 튀는 사람들이 그렇지 않은 사람들보다 더 쉽게 도마에 오를 수 있음을 보여준다. 그러나 튄다는 것은 어떤 집단에서 지배적인 역할을 할 가능성을 높여준다. 그래서 어떤 조직이든지 처음에 말을 많이 하는 사람을 대표로 뽑는 경향이 있다.

혈관성 치매 vascular dementia 치매 증상을 일으키는 여러 원인들 가운데 하나로 혈관성 치매 역시 그 원인에 따라 여러 가지로 분류할 수 있다. 즉, 뇌를 공급하는 뇌 혈관들이 막히거나 좁아진 것이 원인이 되어 나타나거나 반복되는 뇌졸증에 의해서도 나타날 수 있는데, 뇌 안으로 흐르는 혈액의 양이 줄거나 막혀 발생하게 된다. 이런 종류의 치매는 가끔 인지능력이나 정신능력이 조금 나빠졌다가 그 수준을 유지하고 또 갑자기 조금 나빠졌다가 다시 유지하는 단계적 악화의 양상을 보인다. 또한 팔, 다리 등의 마비가 오거나 언어장애, 구동장애, 시야장애 등도 흔하게 나타난다. 혈관성 치매가 알츠하이머 치매 등 다른 치매와 구별되는 특징은 치매나 인지장애가 갑자기 발생하며, 인지장애 등의 치매증상이 때에 따라 변동되고, 발음장애와 말수가 줄어드는 증상을 보인다는 것이다. 또한 자주 사레가 걸린다든지, 얼굴이 비뚤어지거나 한쪽 수족마비 증상이 나타나기도 하며, 보폭은 작고 다리가 끌리며 자세가 구부정하고 얼굴표정이 거의 없다는 것이 특징이다. 혈관성 치매는 대개 일단 발생하면 완치될 수는 없지만, 초기에 진단을 받고 적절한 치료를 받을 경우 더 이상의 악화를 막을 수 있다. 그러나 무엇보다 중요한 것은 예방으로서 중풍을 사전에 막는 것이다.

혐오기법 aversion therapy 문제행동과 전기자극과 같은 혐오자극을 짝지어서 문제행동의 빈도나 강도를 감소시키려는 기법이다. 혐오적 조건화와 같은 의미로서 징벌의 한 형태로 작용하는 역조건화(counter conditioning)를 이용하는 치료방법이다. 즉, 벌을 주어 행동을 소멸시키는 도피학습으로 강박행위, 동성애, 마약중독, 알코올중독 등에 사용되며 전기자극(부적절한 행동에 전기 쇼크를 주는 방법), 약물, 불쾌한 상상법, 화학적 혐오자극(술이나 음료에 구토제 종류를 넣어 술을 마시면 구토가 나도록 함으로써 술을 마시지 않도록 하는 것), 시각혐오자극(필름이나 녹음테이프 등을 통해 혐오자극을 제시) 등을 통한 방법이 있다.

혐오적 조건형성 aversive conditioning 더럽고 불쾌한 자극과 짝지어 제시되었기 때문에 어떤 것을 혐오스럽게 생각하는 것이다. 예를 들면, 나비가 하수도에서 산다면 나비도 쥐처럼 사람들이 혐오하는 곤충이 되었을 것이라는 상상은 하수도라는 혐오 대상이 나비와 짝지워짐으로써 나비도 더럽다고 생각하는 것을 보여 준다. 마찬가지로 혐오적 조건형성 원리를 이용하여 어린아이들이 위험한 행동을 할 때 불쾌한 자극을 제시함으로써 위험을 예방할 수 있다.

협력 collaborating 대체적으로 다소 심각한 문제에 대한 가장 좋고 효과적인 문제해결 전략이다. 이것은 의사소통과 직면에 관계되는 것으로 관계를 충분히 고려해서 내가 어떻게 느끼는지 상대방에게 말하되 적절한 태도를 유지해야 한다.

협상 negotiation 몇 가지 문제에 반대하는 사람들과 함께 명확하고 공정한 의사소통을 통하여 거래와 타협을 하고 상호수용할 수 있는 결정에 도달하도록 조정하는 과정을 말한다.

협응 coordination 유아는 어떤 조작적 일을 완수하기 위해 시각과 움직임을 조정하는 훈련과 신체적 성숙을 통하여 움직임을 어떤 형태로 조절하는 것을 학습하며 그 결과 조절능력이 형성된다. 이와 같이 근육·신경기관·운동기관 등의 움직임의 상호조정 능력, 즉 머리·어깨·입·팔·손가락 등을 시각적 탐사와 연결하여 움직이는 신체적 조절능력을 의미하는 것이다. 영·유아기는 눈과 손의 협응, 두 손의 협응, 손과 발의 협응 등과 같은 협응력의 획득시기라 할 수 있다.

협조자 enabler 중독, 가정폭력, 성격장애, 만성질환 등 가정에 일차적인 역기능을 가진 사람을 도와주고 보살피려고 애쓰지만 오히려 그 노력이 상대방의 역기능을 더 심화시키는 역할을 하는 사람을 뜻하는 용어로 보통 동반의존자가 여기에 해당된다. '힘을 불어넣는 자', '강화자', '자칭 전능자', '부추기는 자' 등으로도 불린다.

형식적 조작기 formal operational stage 피아제(J. Piaget)에 따르면 청소년기에 해당되는 발달단계로서 약 12세 전후의 시기다. 피아제에 따르면 청소년기에 해당되는 형식적 조작기는 구체적 조작기와 달리 문제해결에 있어 과거, 현재, 미래를 모두 이용할 수 있으며 구체적 조작기에서 불가능했던 현실적인 세계를 추상적이고 융통성 있게 사고할 수 있는 시기로서, 사춘기에 이르러서야 비로소 상징적 추론이 가능하게 되며 가설을 세우고 체계적으로 검증하며 추상적 개념을 사용하여 여러 가지 사태를 이해할 수 있게 된다. 따라서 문제해결을 하는 데 가설을 사용하며 성인과 같은 형태로 사고할 수 있다. ⇨ 인지발달 참고.

형제경쟁 sibling rivalry 동기간경쟁, 형제경쟁의식 천적가설이라고도 한다. 한쪽 또는 양쪽 부모의 애정과 관심을 얻기 위해 형제의 위치를 빼앗고자 하는 아이의 시기심을 의미한다. 또는 어떤 경우에는 운동경기나 학교성적에서 자기가 좀 더 많은 인정을 받거나 포상을 받고자 하는 동기간들 사이에서 일어나는 경쟁을 말한다.

형제순위 sibling position 자녀입장 가족 내의 자녀들의 출생순서로서 자녀들이 가족 내에서 가지고 있는 기능적 입장을 말한다. 자녀들의 기능적 입장은 출생순위와 밀접한 관계를 가지고 있어서, 장남이나 장녀들은 동생들에 대한 책임을 갖는 가족 내의 입장을 갖는다. 이것은 그들이 미래의 배우자와 상호작용하는 것뿐만 아니라 그들의 성격에도 영향을 미친다. 아들러(A. Adler)는 인간 성격 연구에서 특히 가정 내 자녀들의 상호관계가 자녀 본인들의 성격 형성에 커다란 영향을 미친다고 주장하였다. 열등감의 극복으로 인간행동을 이해하려는 아들러는 형제순위에 따라 나타나는 열등감을 극복하고자 하는 양상이 형제순위에 따라 고유하다고 하였다. 예를 들면, 맏아이는 둘째 아이가 태어날 때까지 왕자의 자리에 있다가 갑자기 자신이 추락하게 되었다고 낙담하여 다른 사람을 증오하게 되거나 불안정감을 갖게 된다고 하였다. 반면 둘째는 손위 형제를 압도하려고 노력하며, 막내 아이는 버릇없는 경향이 있고 경쟁을 피하려고 한다. 또한 외동은 부모에 의해서 버릇없이 되는 경향이 있고 그의 생 전체를 바쳐서 유리한 위치를 재확보하려고 한다고 하였다. ⇨ 출생순위 참고.

형제치료 sibling therapy 동기치료 가족치료의 한 방법으로서 복합문제 가족에 개입하여 자녀들만을 치료하는 방법이다. 이러한 방법은 부모들이 비협조적이거나 반항적이거나 일관성이 없어서 생산적이기보다는 분열적일 경우에 사용한다.

형태소 morpheme 의사소통이론에서 의미 있는 언어의 기본단위를 말한다. 형태소에는 단어, 접두사, 접미사 등이 포함된다.

형태안정 morphostasis 안정지향성 체계이론에서 사용되는 개념으로 기존의 구조를 유지하고 변화에 대해 저항하는 살아있는 체계의 성향을 묘사하는 것이다. 형태안정을 지향하는 체계의 성향은 변형성(morphogenesis)을 지향하는 체계의 성향과 동일한 힘으로 작용할 때 균형을 이룬다.

형태주의 gestaltism 의식의 내용을 요소들로 분석하려는 구성주의에 반대하여 나타났으며, 어떤 내용을 요소들로 나누면 이미 원래 내용은 존재하지 않으며 이 요소들을 다시 결합한다 해도 원래 현상을 찾을 수 없다고 하였다. 따라서 전체는 단순히 부분들의 합이 아니며, 어느 부분이든 그 자체의 절대적 속성이 있기보다는 다른 부분과의 관계에 의해 결정되는 상대적인 속성이 있을 뿐이다. 그러므로 현상은 있는 그대로 연구해야 하고 분석하더라도 무조건 요소들로 나누기보다 전체 맥락 속에서 자연스럽게 구분되는 것을 보아야 한다고 하였다. ⇨ 심리학 참고.

호르몬 hormone 체내의 특정한 내분비선에서 형성되어 체액에 의해 그 선으로부터 멀리 떨어진 체내의 어느 기관까지 운반되어 그 기관의 활동이나 생리적 과정에 특정한 영향을 미치는 특수한 물질의 총칭을 말한다. 또한 아드레날린이나 노르아드레날린은 부신수질 외에 교감신경의 말단으로부터도 방출되고 있으며, 성호르몬은 생식선뿐만 아니라 부신피질이나 태반에서도 만들어진다.

호르몬 대체요법(HRT) Hormone replacement therapy 여러 가지 호르몬을 사용하여 시행하는 치료법을 의미한다. 여기에는 특정한 내분비 기능의 부전 또는 결손이 있는 경우에 이것을 보충할 목적으로 시행하는 것과 호르몬의 약리학적 특성을 이용하는 것이 포함되며 보충요법의 범위를 넘어서 일반적인 약물과 똑같이 호르몬제로서 여러 질병의 치료에 쓰인다.

호손 효과 hawthorne effect 사람들은 누군가 관심을 가지고 지켜보면 더 분발한다. 그런 현상은 할 수 있다고 믿으면 잘 하는 피그말리온 효과와도 비슷하지만 여럿이 함께 일하면 생산성이 올라가는 사회적 촉진 현상과도 관련 있다. 그런 현상이 산업 장면에 적용되어 누군가 관심을 가지고 지켜볼 때 생산성이 향상되는 현상을 '호손 효과'라고 한다. 마찬가지로 지위가 비슷한 사람이 부탁을 하는 경우나 불쌍한 사람들이 도움을 청하는 경우에 도움을 줄 때도 사람들로 하여금 특별대우를 받는 것처럼 느끼게 함으로써 그 부탁을 들어주게 하는 것 역시 이에 해당한다.

호스피스 hospice 말기의 환자들을 위한 프로그램, 서비스, 시설을 나타내는 용어로 쓰인다. 불치의 병으로 진단받고 죽음을 기다리는 사람들에게 죽음을 받아들일 준비를 할 수 있도록 도와주기 위함이다. 호스피스 서비스는 임종을 맞이한 사람과 그 가족들, 친구들, 그리고 의미 있는 사람들이 함께 있을 수 있는 병원이 아닌 가정과 같은 분위기의 시설 등에서 제공된다.

호혜적 결정론 reciprocal determinism 반두라(Bandura)가 인간행동의 원인을 나타내기 위해 사용한 용어로서 이것은 인간의 행동이 행동, 인지, 환경적 영향력 간의 상호작용으로 인해 결정된다고 믿는다.

혼란한 가족 chaotic family 가족 내에서의 행동통제방식이 완전히 모순된 경우로서 일관적이지 못한 규칙, 불명확한 역할, 와해되고 응집력이 약한 구조, 정신증과 직무유기, 가족에 대한 낮은 헌신도가 특징으로 나타나는 무질서한 가족을 말한다. 이는 올슨(Olson)이 복합구조모델(circumplex model)이라고 제시한 가족체계의 한 유형이다. 그는 가족의 적응성을 경직, 조직화, 유연성, 혼란의 네 가지 수준으로 나누고, 이를 가족의 응집성과 비교하여 가족의 역기능과 순기능을 비교하였다.
⇨ 가족적응성, 복합구조모델, 가족체계 참고.

혼수 stupor 부동과 함구증을 보이는 무반응의 상태다. 정신상태를 의학적으로 분류한 것으로, clear는 의식이 맑은 정상의 상태를 말하며, drowsy는 약간 졸린 듯한, 기면적이고, 생기가 없는 상태를 말하며, stupor는 의식이 상실되고 지각이 탈실된 상태, 즉 인사불성의 혼수상태 또는 혼미상태를 의미하는 것이다. 그리고 그 다음 단계는 coma로 완전 혼수상태를 말한다.

혼재성삽화 mixed episode 조증삽화에 해당하는 행동과 주요 우울삽화에 해당하는 행동이 일주일 이상 지속되는 것을 말한다. 이들은 기분이 심하게 변하고 안절부절못하며, 불면, 불규칙한 식욕, 정신병적 증상, 자살에 대한 생각 등을 보이며, 사회적 · 직업적 기능수행에 뚜렷한 손상을 보인다.

혼재수용-표현성 언어장애 mixed receptive-expressive language disorder 혼재수용-표현성 언어장애의 필수 증상은 수용성 언어와 표현성 언어발달에서의 장애다. 개별적으로 실시된 수용성 언어발달과 표현성 언어 발달의 표준화검사 점수가 비언어적 지적 능력의 표준화검사 점수보다 현저하게 낮으며, 구두 언어와(상징적) 신호 언어 모두를 포함하는 의사소통에서의 장애가 일어난다. 언어장애는 학업적, 직업적 성취나 사회적 의사소통을 방해한다. 이 장애가 있는 개인은 표현성 언어장애에 동반되는 장애(예 : 현저하게 제한된 어휘, 시제에서의 오류, 단어 회상이나 발달 수준에 맞는 긴 문장이나 복잡한 문장을 만드는 어려움, 일반적인 생각을 표현하는 어려움)가 있고, 수용성 언어 발달에서 장애(예 : 단어, 문장, 또는 특정 유형의 단어를 이해하는 어려움)가 있다. 장애의 정도가 가벼운 경우에는 특정 유형의 단어(예 : 공간적 용어)나 서술문(예 : 복잡한 '만약-그러면' 문장)을 이해하는 데만 어려움이 있을 수 있다. 좀 더 심한 경우에서는 여러 가지의 능력 부전이 나타나는데, 기본 어휘나 단순한 문장을 이해하는 어려움과 다양한 영역의 청각 과정(예 : 소리의 구분, 소리와 상징의 연합, 저장, 회상과 배열)에서의 능력 부전을 포함한다. 소아기의 표현성 언어발달은 수용성 언어기술의 습득에 좌우되기 때문에 순수한 수용성 언어장애(성인에서 베르니케 실어증과 유사)는 사실상 나타나지 않는다. 혼재 수용-표현성 언어장애는 획득형일 수도 있고 발달형일 수도 있다. 획득형 장애에서는 수용성 언어와 표현성 언어의 장애가 신경학적 또는 다른 일반적인 의학적 상태(예 : 뇌염, 두부 외상, 방사선)로 인하여 정상 발달이 이루어진 후에 발생한다. 발달형 장애에는 알려진 신경학적 손상과 관련이 없는 수용성 언어와 표현성 언어의 장애가 있다. 이 유형은 언어 발달이 느린 것이 특징인데 말을 늦게 시작하고 언어발달 과정이 느리게 진행된다.

혼전합의 prenuptial agreement 결혼을 앞둔 남녀가 이혼, 혼인무효, 사망 등의 경우에 대비하여 각각의 권리와 의무를 규정해 놓은 계약.

혼합가족 blended family (stepfamily) 한쪽 또는 양쪽이 이전에 결혼한 적이 있는 두 사람이 결혼해서 맺어진 가족체계로서, 이전 결혼에서 낳은 한 사람 이상의 자녀들이 재혼한 커플과 함께 사는 가족을 의미한다. 몇몇 가족치료자들은 이 용어를 가족관계에서 자주적인 역할을 수행하지 못하거나 그들 자신을 명확히 하지 못하는 가족집단에 적용하기도 한다.

홍수기법 flooding 불안유발자극이 제시되는 행동치료상의 한 절차로서 인지적 심상기법 가운데 하나다. 현실에서나 상상 속에서 절차를 규칙화하거나 강화시킴으로써 결국 불안에 대해 반응하는 것을 그치도록 하는 것이다. 즉, 이는 내파기법에서처럼 내담자에게 사건 중에서 가장 두려웠던 순간을 상상하게 하는 것이 아니라 실제로 두려움을 느끼는 상황을 상상하게 함으로써 두려운 상황에 직면했을 때 이를 극복할 수 있도록 하는 기법으로, 두려움을 일으키는 자극들을 계속적으로 오랫동안 제시한다. 이론적 근거는 내담자가 공포를 일으키는 단서들에 한두 시간의 여러 번에 걸친 기간에 말 그대로 홍수를 당하면 내담자가 두려움의 기반이 없다는 것을 발견하게 될 것이라는 것이다.

화학요법 chemotherapy 화학작용을 이용하여 암과 같은 질병을 치료하는 것으로 인체에 대한 부작용이 적고 체내에 침입한 병원체의 사멸이나 번식을 저지시키는 화학약품을 사용한다.

화해 reconciliation (reconciling) (1) 서로의 차이점을 최소화하거나 없애려는 중재과정. (2) 기독교 상담에서 이전에 내가 하나님께 적대적이었고 그분에게 멀리 있었지만 이제는 용서받았고 그분과의 친밀한 관계 가운데 들어가 있음을 의미한다. 그러므로 나는 하나님으로부터 전적인 용납을 받고 있다는 것이다.

화해 rapprochement 말러(Margaret Mahler)가 제안한 용어로 생후 18개월에서 2세 사이 계속되는 인간발달의 분리 개별화(separation-individuation) 과정에서 제4의 하위국면(subphase)을 말한다. 말러에 의하면 만약 이 기간에 고착이나 일탈이 일어나면 노후에 혼란이나 자기도취적 장애를 가져올 가능성이 있다.

확대가족 extended family 확장가족 핵가족과 혈족 관계에 있는 친족들로 이루어진 대규모화되고 대인 상호관계가 복잡한 가족단위를 말한다. 즉, 핵가족의 종적인 결합으로서 자녀가 결혼한 후에도 그들의 부모와 같이 동거하는 형태를 말한다. 확대가족의 특징은 가장 중심의 혈통과 강한 세대 계승의 관념이라고 할 수 있다. 이 용어는 미국의 인류학자 머독(G. P. Murdock)가 처음으로 쓴 것인데, 종래 일반적으로 사용하던 대가족(large family)과 소가족(small family)이라는 개념에 비하여 명확하며, 또한 가치적 관점에서 파악한 친자중심가족과 부부중심가족의 개념에 비하여 가족의 인구학적 분석상 이점이 많다는 이유로 널리 쓰이게 된 가족의 기본적 분류개념이다. ⇨ 가족 참고.

확대가족치료자들 extended family therapists 이 집단의 특징은 보다 넓은 친족구조를 강조하는 데 있다. 이 집단의 치료자들은 상황을 한 명, 두 명, 또는 세 명의 단위로 개념짓는 경우도 있지만 대체로 많은 친척들을 치료에 포함시킨다. 이 치료의 형태는 두 가지 초점 중에서 한 가지를 택하는 경향이 있는데, 치료자가 내담자의 생활 영역 속으로 그에게 의미 있는 모든 사람을 함께 오게 하거나 내담자로 하여금 그의 생활에 의미 있는 모든 사람들을 방문하게 하는 것이다. 이와 같이 가족성원들의 성장과 발달에 초점을 두고 때로는 직면경험도 강조한다는 점에서 경험적 치료와 유사하다고 볼 수 있으나, 초점은 과거가 아닌 현재에 두며, 각각의 문제를 위한 특수한 계획이 아니라 모든 사례에 적용되는 일반적인 방법에 둔다. 또한 내담자로 하여금 그의 생활에서 의미 있는 사람들과 접촉하도록 하는 것은 관계를 유추적으로 보면서 하나의 관계망 속에 있는 일련의 관계들을 변화시키는 것이 또 다른 관계망에 변화를 불러일으킬 것이라고 생각하기 때문이다. 뿐만 아니라 확대가족치료도 부부들의 집단을 다루지만, 몇몇 다중가족접근들과는 달리 부부들 간의 집단과정을 인정하지 않고, 다른 부부들과 함께 한 부부를 관찰하고 그 다음에 또 다른 부부를 함께 관찰하는 방법으로 진행된다.

확립 confirmation 교류분석의 상담기술에 의하면 확립은 내담자의 특정한 행동은 상담에 의해 일시적으로 달라졌다가 다시 원래의 행동으로 돌아가 버리는 경우가 많으므로 이를 막을 수 있도록 내담자로 하여금 더 열심히 노력하게 해야 함을 지적하는 것이다.

확산적 사고 divergent thinking 발산적 사고 길포트(J. P. Guilford)가 만든 지능구조 모형에서 처음 사용된 용어이다. 확산적 사고란 지금까지 없었던 것 또는 알려지지 않았던 것을 새롭게 생각해 내는 능력을 의미한다.

확언 affirmation 서로에게 감사를 표현하고 서로를 격려하는 것으로 상대방이 무엇을 했는지 격려하는 것만이 아니라 상대방이 누구인지에 대해서도 격려하는 것을 말한다.

확인편파 confirmation bias 특정의 타인에 대해 지각자의 고정관념이 타인으로 하여금 그러한 고정관념이 실제로 실현되도록 행동하게 하고 변화하게 하는 효과를 의미한다. 이는 자기충족적 예언과 같은 의미이며, 인지적 일관성을 유지하려는 인간의 편향성을 나타내는 것인데, 사람들은 자신이 가진 가설(고정관념)이 옳은지를 알기위한 강력한 '확인편파'를 갖고 있다고 본다. 예를 들어, 흑인과 백인에 대한 고정관념과 그 고정관념에 따르는 행동과 태도의 결과에 대한 연구에서 보면, 백인 면접자는 피면접자가 흑인인 경우 백인인 경우보다 답변할 시간을 덜 주었고, 비언어적인 행동에 있어서도 덜 우호적으로 행동하였다. 그 결과 흑인 피면접자는 백인 피면접자에 비해 실제로 면접 행동에서 자신감이 떨어졌고 면접자에 대한 태도에서도 덜 우호적인 행동을 보이게 되었다는 것이다. ⇨ 인지적 일관성, 자기충족적 예언 참고.

확충 Amplification 환자가 꿈이나 환상에 나타난 이미지를 보편적인(집단적인) 심상과 연관짓는 것을 돕기 위해 분석가가 사용하는 해석의 기법으로, 개인적 이미지들을 신화나 동화에서 발견되는 유사한 이미지들 그리고 모티프들과의 비교를 통해 확충한다. 다시 말하면 꿈꾸는 사람으로 하여금 꿈의 이미지가 순수하게 개인적인 것은 아니라는 것을 인식하게 하는 것이다. 꿈의 내용을 문자 그대로보다는 은유적으로 해석하고, 그 가운데 정확한 의미를 꿈꾸는 사람이 선택할 수 있도록 준비시킨다. 이 과정을 수행하면 의식과 무의식의 종합, 그리고 개인적인 것과 집단적인 것의 종합이 이루어진다. 개인은 이미지를 통해 표현된 원형과 재결합되고, 무의식적 내용은 보다 명백해진다. 확충은 두 가지 단점이 있는데, 하나는 그 기법이 지나치게 지적이라는 것이고 두 번째는 확충의 결과로 자아팽창(inflation)이 일어날 수도 있다는 것이다.

환각 hallucination 실제로는 존재하지 않는 몇 가지 대상 또는 현상에 대한 상상으로, 그 감각양상에 대한 정상적인 신체자극 없이 실제로 감각적 자극이 느껴진다고 받아들이는 주관적인 지각경험이다. 즉, 외부의 자극이 실제로 존재하지 않는데 마치 외부에서 자극이 들어온 것처럼 지각하는 현상으로 환시, 진선섬망, 열성섬망, 코카인 중독과 같은 기질성 뇌증후군에서 자주 볼 수 있다. 환각의 정신분석학적인 설명에 의하면 의식세계에서 용납될 수 없는 무의식의 욕구가 외부로 투사(projection)되어서 마치 자기의 욕구가 아닌 것처럼 외계에서의 자극으로 위장되어 지각되는 것이다. 환각은 정신적 혼란의 고전적인 지표이자, 정신분열증과 같은 여러 장애의 주요 증상으로 간주된다. 그래서 이 용어는 기타의 '지각오류들(false perceptions)'과는 보통 구분되어 사용된다. 환각의 유형을 보면 다음과 같다. 예기환각(anticipatory hallucination)은 강한 감정상태에서 무엇인가 들리거나 보일 것이라고 예상할 때 나타나는 환각이다. 진성환각(true hallucination)은 지각의 성질을 갖는 것으로, 예를 들어 아무도 없는 방에서 사람의 말소리를 실제로 듣고 현실로 인식하는 경우다. 실제로는 들리지 않지만 무슨 소리가 나는 듯이 느끼는 경우로써 지각의 성질이 없는 것을 가성환각(pseudo hallucination)이라 한다. 이때는 환각을 경험하되 그것이 사실이 아님을 어느 정도 인식하고 있다. 가성환각은 기질성 뇌증후군, 히스테리, 공황상태, 심한 불안상태 그 밖에 소아에게도 일시적으로 나타날 수 있다. 또한 정상인에게도 잠들 때 나타나는 입면시 환각(hypnogogic hallucination), 잠이 깰 때 나타나는 각성시 환각(hypnopompic hallucination), 감각 박탈시 나타나는 환각이 있다. 이들 입면시 및 각성시 환각은 가벼운 신경증적 장애, 인격장애, 편집상태(paranoid state), 우울증, 정신분열증, 알코올중독, 약물중독, 간질, 급성 뇌증후군에서도 볼 수 있다. 감정상태와 일치하느냐에 따라 mood congruent 또는 mood incongruent hallucination이라는 용어를 사용하기도 한다. 이러한 환각에는 존재하지 않는 사물이 보이는 환시(visual hallucination), 실제로 없는 소리가 들린다고 믿는 환청(auditory hallucination), 어떤 물체가 피부에 접촉되었다고 느끼는 환촉(tactile hallucination), 실제로 없는 냄새를 맡는 환취(olfactory hallucination), 실제로 없는 맛을 지각하는 환미(gustatory hallucination)가 있다.

환각제 hallucinogen 환각으로 해석될 수도 있는 시각, 청각 또는 기타 감각기능의 왜곡을 일으키는 약물들이다. 메스칼린(mescaline), 리제르그산 디에틸아미드(LSD), 사일로 사이빈(psilocybin), 부포테닌(bufotenine), 디메틸트립타민(dimethyltryptamine) 등이 있다.

환경론 environmentalism 생물 및 인간의 구조와 행동에 있어서 자연적 · 생물적 · 심리적 환경의 영향을 중시하는 학설이다. 이 중 자연적 즉, 지리적 환경에 중점을 두고 이것이 인간 내지 역사에 미치는 영향을 강조하는 지리적 환경론의 견해는 일찍부터 존재했다.

환경심리학 environmental psychology 환경 심리학은 여러 연구 영역이 결합된 것으로 주로 인간과 환경 간 상호작용을 연구한다. 따라서 환경 심리학자는 인간이 최적의 환경에서 최고의 안녕을 누릴 수 있도록, 물리적 환경뿐만 아니라 심리적 환경에 이르는 인간의 행동에 영향을 미치는 제반 요인을 확인하고 이를 재구성하려는 목표를 갖는다.

환경에 민감한 가족 environment-sensitive familes '환경반응가족'이라고도 부른다. 세상은 예측 가능하며, 질서 있고, 알 수 있는 곳이기 때문에 잘 대처할 수 있다는 신념을 가족 간에 공유하고 있는 건강한 가족을 의미하는 것이다. 이는 리스(A. Reiss)가 제시한 가족체계의 한 유형이다. 그는 가족과 환경과의 상호관계 형태를 '가족패러다임'이라 정의하고, 이것을 기준으로 '환경에 민감한 가족', '무상호성 가족', '의견일치가족'으로 구분하였다. 환경에 민감한 가족은 외부세계를 질서정연하고 이해 가능한 것으로 판단하고 긍정적으로 상호반응하는 모습을 보이기 때문에 가족과 외부와의 교류가 활발히 진행되는 가족의 형태다.
⇨ 가족패러다임, 가족체계 참고.

환경치료 environmental treatment (milieu therapy) 한 인간을 치료하는 데 태도나 행동보다는 환경을 변화시키는 것에 중점을 두는 심리치료의 한 형태다. 이는 환경 내에 장애가 되는 요인을 제거하거나 바꾸어서, 정서적 장애를 해소하고 적응력을 회복시키기 위한 방법으로, 정신병리와 관계가 깊은 가정, 학교, 인근, 직장 등의 조건을 개선하거나 회복에 적절한 새로운 환경을 제공하는 것이다. 즉 개인 외부의 힘의 영향력을 인식하고 특별한 자원을 제공하거나 배치시키는 것, 다른 사람에게 내담자의 욕구를 알리는 것, 홍보 및 중재의 기술을 통해 긍정적인 영향을 끼치려는 노력을 포함하는 개별사회사업의 개념으로서, 일부는 이러한 활동을 간접치료(indirect treatment) 혹은 환경수정(environmental modification)이라고 한다.

환경호르몬 Endocrine Disrupter (EDs = EDCs) 내분비교란물질 내분비를 교란시키는 화학물질로서 환경호르몬의 정확한 명칭은 '외인성 내분비 교란 화학물질'이다. 사람과 동물의 호르몬 움직임을 어지럽히는 유해화학물질을 일컫는 말로, 화학물질이 환경으로 방출되어 마치 호르몬처럼 작용한다는 뜻에서 나온 말이다.

환기 ventilation 정화(catharsis)와 같은 용어로 내담자의 치료관계에서 내담자가 문제 상황을 서술하는 동안 그의 감정을 표현하도록 하는 과정이다. 즉, 가정이나 직장생활을 통하여 발생한 여러 가지 갈등이나 불안, 의문, 충동성 및 죄악감을 치료자에게 속시원히 털어 놓음으로써 불만을 해소하거나 긴장을 풀게 하는 치료법이다. 이것은 개인에게 내적인 스트레스와 갈등을 형성하고 유발시키는 감정을 완화하거나 없앤다. ⇨ 카타르시스 참고.

환상 fantasy 일반적으로는 상상의 물체, 상징, 혹은 현재 일어나고 있지 않은 어떤 사건에 대한 정신작용을 일컫는 말이다. 불쾌한 현실적 장애와의 직면에서 욕구가 성취되지 못한 사람이 환상의 세계로 후퇴하여, 성취하지 못했던 자기 희망이 달성된 것처럼 착각하고 즐거워하고 만족해 함으로써 긴장해소의 역할을 한다. 환상에는 두 가지 양상이 있는데, 즉 욕망이나 성취나 권위의 행사 또는 지배와 정복을 꿈꾸는 정복자형과 일종의 자기학대로 자기가 희생당하고 고통받는 것으로 만족을 느끼려는 순교자형이다.

환상지 phantom limb 절단된 신체부분이 존재하는 것처럼 지각하는 것으로 '환각지증후군(phantom limb syndrome)'이라고 부른다. 일시적이기는 하지만 사지가 절단된 환자가 아직 절단된 사지가 그대로 있는 것 같은 느낌을 가지는 경우를 말하며, 사지뿐만 아니라 유방이나 남근이 절제되었을 때에도 이런 느낌이 일어난다. 사지의 어느 하나가 없이 태어난 사람들에게서 나타나는 이런 착각은 아마도 건전한 신체상이 지속되고 있는 것에 기인하는 것으로 보여진다. 이 환상지는 대개 저리다거나 어떤 경우에는 얼얼하게 아프다거나 가렵다거나 혹은 뒤틀리는 것 같다거나 하는 감각이상 등을 수반한다. 일부는 신경말단에 대한 자극 때문에 또 일부는 심리적 반응 때문에 일어난다.

환시 visual hallucination 형상이미지(사람)나 비형상이미지(번갯불 빛)와 같은 시각적인 환각이다. 즉, 존재하지 않는 사물이 보이는 증상을 말하는 것으로, 실제보다 아주 작은 모습의 사람이나 동물이 보이는 것을 왜소환각(lilliputian hallucination)이라고 부른다. 환시는 외부의 실제자극을 잘못 지각하는 착각과 구별해야 한다.

환원적 방법 Reducive method 융(C. G. Jung)은 심리적 동기부여의 원초적(본능적・유아적)인 근원을 밝히고자 시도한 프로이트적 방법론의 중심특징을 기술하기 위하여 '환원'이라는 단어를 사용하면서 비판하였다. 프로이트적 방법론이 꿈, 이미지, 말실수 같은 무의식적 산물들의 온전한 의미를 드러내지 못한다고 생각했기 때문이다. 오히려 무의식의 산물을 과거와 연관지음으로써 개인의 현재적 가치가 상실될 수 있다. 환원에 의하여 과도하게 단순화되는 것을 경계한 것이다. 융은 개인의 상황에 대하여 어떤 원인을 환원적으로 가정하는 것보다는, 개인의 인생이 현재 그를 어디로 이끌고 있는지에 더 많은 관심을 가졌다(목적론 teleology). 따라서 환자가 분석자에게 표현(말)해야 하는 것은 환자의 역사적인 진실이 아니라 환자자신이 주관적으로 진실하다고 판단되는 것이다. 이러한 시도를 융은 환원적 방법과 대비하여 종합적 방법(synthetic method)이라 불렀다. 또한 융은 심리학에서의 인과관계나 결정론에 대하여 의문을 가졌다. 어떤 개인의 심리는 그 한 사람만을 통해서 완벽하게 설명될 수 없으며, 어떤 심리적 사건도 인과관계만으로는 설명될 수 없다. 개인심리학은 살아 있는 현상으로서 생생한 과정의 연속성과 밀접하게 관련되어 있다. 그러므로 개인의 심리는 진화되어온 것일 뿐 아니라, 끊임없이 진화되어가는 창조적인 것이다. 그러나 융이 유아기에 대한 분석을 전적으로 피한 것은 아니다. 제한된 경우에는 꼭 필요하다고 생각했다. 즉, 환원적인 접근과 종합적인 접근의 공존은 가능하다.

환원주의 reductionism 복잡하고 추상적인 개념을 기본적인 요소로부터 설명하려는 것이다. 이는 심리학에서 심리적 현상에 대해 심리적 용어들(믿음, 소망, 분노, 욕구, 등등)을 사용하여 설명하던 것 대신에 물리적 용어(신경세포, 전기자극, 떨림, 등등)들을 사용하여 설명하는 것이다. 또한 모든 심리적 상태에 대해 물리적 설명이 가능하다고(더구나 그게 더 근본적이라고) 주장하는 것을 환원주의라고 한다.

환청 auditory hallucination 소리에 대한 지각과 관련되는 환각이다. 즉, 실제로는 없는 소리를 의미있는 소리로 듣는 것이다. 의식이 명료한 상태에서 환청이 있는 경우는 정신분열증이나 정동장애에서 흔히 볼 수 있으며, 의식이 혼탁한 상태에서 환청이 있는 경우는 기질성 뇌증후군을 의심하게 한다. 일부 임상가나 연구자들은 머리 내부에서 오는 것으로 지각되는 경험은 배제하고 외부에서 오는 것으로 지각되는 소리에 대해서만 진성 환청으로 정의해야 한다고 주장하기도 하지만, DSM-IV에서는 음성이 머리내부나 외부든 어디에서 들리는가를 구분하지 않는다.

활동이론 activity theory 노년의 활동가능성 여부에 대한 이론으로 활동이론과 은퇴이론이 있는데, 활동이론은 기본적으로 성공적인 노년기를 보내기 위해서는 새로운 사회활동 영역을 찾아 활발히 수행해야 한다는 것이다. 이러한 활동이론은 해비거스트(Havighurst)와 그 동료들에 의해 주장된 이론으로, 노인의 사회 참여 정도가 높을수록 노인의 심리적 만족감이나 생활만족도가 높다고 하였다. 즉, 노인이 되어도 계속적인 활동을 해야 신체적 · 정신적 건강과 행복을 유지하고 훌륭하게 사회의 일원으로 적응해 나갈 수 있다고 보는 것으로 사회활동이론이라고도 한다. ⇨ 은퇴이론 참고.

활동전위 action prtential 뉴런에 자극이 가해질 때 닫혀 있던 세포막의 나트륨 통로가 열리면서 세포밖에 분포하던 나트륨 이온(Na+)이 세포막 안으로 들어오면서 세포막 안이 양전하를 띠게 되는 전기적 상태를 말한다.

홧병 hwa-byung 울화병, 분노증후군 anger syndrome 이라고 번역되며, 한국문화와 관련된 증후군으로 분노의 억제로 인해서 발생하는 것이다. 중년 이후의 여성에게 많고 저학력층에, 사회적 수준이 낮은 계층에 많은 것으로 알려져 있다. 증상들은 불면, 피로, 공황, 임박한 죽음에 대한 두려움, 우울한 정동, 소화불량, 식욕부진, 호흡곤란, 빈맥, 전신 동통 및 상복부에 덩어리가 있는 듯한 느낌이다. 홧병은 갑작스런 충격보다는 배우자를 중심으로 한 가족갈등과 같이 장기적인 스트레스가 원인인 것으로 알려져 있다. 대부분이 남편과 시부모 관계 등 고통스러운 결혼생활, 가난, 사회적 좌절 등 성장 이후의 외적 요인에 의해 나타나며, 속상함, 억울함, 분함, 화남, 증오로 대표되는 감정반응을 보인다. 또한 환자가 홧병에 대한 원인을 정확하게 인식하고 있으나 자신의 상황에 대한 대처반응이 적절하지 못한 것도 원인으로 지적되고 있다.

회귀분석 regression analysis 두 변인 간 상관계수를 기초로 하여 이루어지는 통계분석법으로 표집에서 얻은 상관계수를 가지고 그 계수가 의미 있게 큰 상관이라고 말했을 때 그것이 모집단에서도 정말로 의미를 갖는 큰 상관인지에 대해 오류를 범할 확률이 어느 정도인지를 보는 것이다.

회상 recollection 가족치료에서 역할연기(역할극) 기법을 사용하기 위한 역할 상황 가운데 하나로서, 회상은 사람들이 두려운 존재가 마치 거기에 있는 것처럼 생각하고 말함으로써 억압되었던 좋지 못한 감정들을 제거하는 것이다. 그래서 빈의자기법에서처럼 회상을 통해 말을 할 수 있다.

회상적 허구성 retrospective falisfication 회상성 조작 또는 추억왜곡이라고도 한다. 일종의 기억착오로, 이전의 경험을 기억하는 데 발생하는 비의도적 왜곡을 의미한다. 즉, 자신에게 유리한 조작된 기억이나 자기의 소망과 기대에 맞게끔 기억을 무의식적으로 왜곡하는 것이다. 망상형 정신분열증에서 볼 수 있는, 자신의 망상체계를 유지하기 위해서 과거 경험에 잘못된 세부사항을 첨가하는 경우도 이에 해당한다. 공상적인 거짓말(pseudologia fantastica)은 회상적 허구성과 구별되는데, 공상적인 거짓말은 자신의 공상 속에서 이루어진 일을 마치 과거에 자신이 경험했던 것처럼 이야기하는 것이다.

회상효과 reminiscent effect 사람들은 어떤 일을 거듭할수록 피로가 쌓이고 주의 집중력이 떨어져 수행력도 떨어진다. 그래서 잠시 쉬며 피로를 회복하면서 주의 집중력을 높여주어야 한다. 그러면 회상효과가 나타난다. 회상효과는 무엇인가를 배울 때는 집중적으로 계속하기보다 적절한 시간 간격을 유지하는 게 효과적이라는 사실을 보여 준다.

회피 avoiding (1) 행동수정절차에서 혐오스런 사건의 발생을 연기하거나 회피하려는 개인의 반응. (2) 정신역학이론에서 거부와 방어기제를 말하는 것으로 어떤 상황을 피하려는 것을 말한다. 회피적인 반응은 뒤로 물러남으로써 갈등을 피하는 것인데 문제가 스스로 처리할 수 있는 사소한 경우나 체면을 잃지 않는 것이 현명할 때만 유용하다.

회피성 인격장애 avoidant personality disorder 회피형 인격장애라고도 한다. 사회활동의 억제, 부적합감, 부정적 평가에 대한 과민성을 특징으로 하는 인격장애다. 타인이 자기를 거부하지 않을까 하는 데 지나치게 신경을 써서 확실한 보장이 없는 한 대인관계나 사회적 관계를 갖지 못하는 것이다. 이와 같이 이들은 사회공포증의 여러 가지 양상을 공유하고 있어서, 대인접촉을 불편해 하고, 수줍음, 부정적 평가에 대한 과도한 불안 등이 생활과 행동 전반에 걸쳐 나타난다. 새로운 인간관계를 시도하지 않으며 대인 접촉, 사회적 상황을 피한다. 정신분열성 성격장애(schizoid)자가 대인관계에 대한 욕구와 관심이 없는 반면 회피형은 남에게 인정과 사랑을 받고 싶어 한다는 차이가 있다.

회피중독 avoidance addiction 병적인 사람의존성과 관계된 중독의 하나로서 회피중독은 관계중독자를 회피하는 것에 중독되는 것이다. 즉, 회피중독자는 어린 시절의 숨막히는 밀착의 경험 때문에 가깝고 친밀한 관계를 두려워하며 관계중독자의 집착과 통제에서 벗어나기 위해 다양한 회피기법을 사용한다. 이와 같이 관계 중독자가 '추적자'라면 회피중독자는 '도망자'다. 회피중독자는 종종 여성혐오자인 경우가 많다. ⇨ 관계중독 참고.

회피학습 avoidance learning 어떤 신호가 주어지면 불쾌하거나 고통스러운 자극이 주어진다는 사실을 알고 그러한 상황으로부터 미리 회피하는 학습형태를 말한다.

회피행동 avoidance behavior 도피행동처럼 혐오자극이 존재하지는 않지만 미리 어떤 행동을 함으로써 혐오적인 상황이 닥치지 않게 하는 행동을 말한다.

회피-회피 갈등 avoidance-avoidance conflict 낙제도 싫고 공부하기도 싫은 경우처럼, 선택할 수 있는 옵션이 모두 마음에 들지 않지만 다른 선택의 여지가 없을 때 느끼는 갈등을 말한다. 이는 레빈(K. Lewin)이 분류한 갈등의 유형으로서 일반적으로 이 갈등상황에 직면한 사람은 그 장면으로부터 도망치거나 다른 곳으로 피해버리려고 한다. 청소년의 경우 이러한 갈등이 해결되지 않으면 가출로 이어지는 경우를 볼 수 있다. ⇨ 갈등 참고.

회피형 avoidance style (avoiding) 갈등상황에 처했을 때 갈등 대처방식은 개인마다 차이가 난다. 회피형인 사람은 갈등의 존재를 부인하거나 갈등의 밖에 머무르려 한다. 의사결정을 미루며 시간이 흘러 갈등이 자체적으로 해소되기를 바란다. 갈등회피는 갈등증폭의 가능성을 방지할 수 있다는 장점이 있지만, 이런 회피형과 상대해야 하는 사람들은 대개 심한 좌절과 답답함을 체험한다.

획득적 인상조작 acquisitive-impression management 인상조작의 테크닉으로서 좋은 사람이다 또는 유능하다는 식으로 상대방에게 긍정적인 인상을 주거나 자신의 생각대로 상대방을 움직이려는 것이다.

횡단적 연구방법 cross-sectional method 한 시점에서 여러 연령층의 피험자 집단을 대상으로 관찰이나 검사를 통해 서로 비교하고 연구하는 방법이다. 예를 들면, 아동, 청소년, 성인의 지능이나 성격을 횡단적 접근방법으로 연구하려면, 먼저 8세, 16세, 30세, 50세, 70세의 피험자를 각각 50명씩 선정한 다음 각 집단의 지능 혹은 성격을 동시에 측정하여 비교하는 것이다.

횡단적-연속 접근법 cross-sequential approach 단기 종단적 접근(short-term longitudinal approach)이라는 용어로도 사용된다. 종단적 접근법과 횡단적 접근법의 장단점을 절충한 방법이다. 이 접근법은 연령이 다른 여러 피험자집단을 대상으로 횡단적 접근법에서와 같이 한 시점에서 이 집단들을 서로 비교할 뿐만 아니라 종단적 접근법에서와 같이 피험자집단을 일정한 시간 경과에 따라 반복하여 조사 · 비교하는 방법이다.

횡단적 접근법 cross-sectional approach 발달 연구에서, 한 시점에서 여러 연령층의 피험자 집단을 대상으로 관찰이나 검사를 통해 서로 비교, 연구하는 방법이다. 종단적 접근법과는 달리 여러 연령층의 피험자들을 단기간 동안에 조사 연구할 수 있으므로 비용과 시간이 적게 드는 장점이 있으나, 나타난 집단 간의 차이가 연령효과에 의한 것인지를 입증하기가 어렵다는 단점이 있다.

효과 effect (1) 요구된 목표나 계획된 결과가 성취되는 정도를 말한다. (2) 논리요법에 있어 내담자가 가진 비합리적인 신념을 철저하게 논박함으로써 합리적인 신념으로 대치한 다음에 느끼게 되는 자기 수용적인 태도와 긍정적인 감정의 결과를 지칭한다.

효과의 법칙 law of effect 동기에 관한 이론으로 모든 인간은 자신의 욕구충족을 위하여 행동하는 목표지향적인 존재이기 때문에 인간행동에서 효과의 법칙이 작용한다고 하는 것이다. 즉, 개인은 욕구충족을 증대시키려 하며, 욕구충족의 감소를 회피하려 하는데 이 두 가지 이유에서 하나의 목표를 위해 행동한다. 뿐만 아니라 인간은 욕구충족을 가능하게 하는 행동을 반복하려 하며 반면에 욕구충족의 감소, 즉 처벌을 받는 행동을 회피하려는 경향이 있다.

효과자극 effective stimulus 관련된 감각 수용기에 반응을 일으키는 자극을 의미한다.

효과적인 부모역할훈련(PET) Parent Effectiveness Training in Action 부모교육훈련 현실요법과 선택이론적 배경에 의한 것으로, 부모들을 위한 의사소통 기술을 기초로 부모가 좀 더 효과적으로 자녀들과 상호작용할 수 있도록 돕기 위해 윌리엄 고든(William Gordeon)이 고안한 교육 프로그램이다. 훈련의 과정은 목표설정을 통해 부모의 수용감정과 문제소유 가려내기, 반영적 경청의 실습, 나 전달법의 인식과 체험, 가족환경의 점검과 재구성하기, 대립된 갈등 해결전략, 가치관 대립의 인식과 대처하는 기술 훈련하기다.

후광효과 halo effect 인물이나 사물 등 일정한 대상을 평가하면서 그 대상의 특질이 다른 면의 특질에까지 영향을 미치는 일을 말한다. 즉, 한 사람의 특정분야의 부분적인 특성을 전체의 수준으로 확대 해석해 평가하려는 부적절한 일반화의 경향을 의미하는 것이다. 대상의 특징적 선(善) 또는 악(惡)이 눈에 띄면 그것을 그의 전부로 인식하는 오류를 말하는 심리학 용어로서 광배효과(光背效果)라고도 한다. 이는 외적 특징을 잡으면 그 특징으로부터 연상되는 일정한 고정관념에 맞추어 대상을 완전히 이해한 것으로 짐작하는데, 어떤 사람이 갖고 있는 한 가지 장점이나 매력 때문에 다른 특성들도 좋게 평가되는 것이다. 다시 말해, 어떤 관찰대상의 개개 특성에 대한 인지는 관찰자가 그 대상에 대해서 이미 일정한 인지를 갖고 있는 경우, 그것이 배경이 되어 합치하는 방향으로 편견이 생기는 수가 있다. 이와 같이 하나 또는 몇 개의 두드러진 특징을 기초로 하여 너무 호의적이거나 너무 부정적으로 개인을 평가하는 경향을 의미하는 것이다. 사람들은 타인에 대해 형성한 인상을 일관되게 유지하려는 경향이 있어서, 어떤 사람에 대해 신체적인 매력을 느껴 그 사람을 긍정적으로 평가하고 나면 신체적인 매력과는 아무 관계가 없는 지적 능력, 성격 특성까지도 긍정적인 평가를 내리는 경우가 있는데, 이러한 일관성을 향한 경향을 의미한다. 이와 같이 사람들은 어떤 사람이 매력적이면 그 사람은 지적이고, 관대하고, 성격도 좋고, 집안 환경도 좋을 거라고 생각한다. 그에 비해 어떤 사람이 매력적이지 않으면 그 사람은 둔하고, 이기적이고, 성격도 나쁘고, 집안 환경도 나쁠 것이라고 생각한다. 신체적 매력이 개인의 다른 인상 평가에 긍정적으로 영향을 미치는 현상을 '후광 효과'라고 하고, 부정적으로 영향을 미치는 현상을 '부정 후광 효과'(Negative Halo Effect)라고 한다. 그런 후광 효과는 인간관계에도 나타난다. 사람들은 신체적으로 매력적인 사람들과 함께 있길 원한다. 그래서 사람들은 이왕이면 잘생긴 친구하고 어울리려 하고, 매력적인 사람과 결혼하려고 한다. 매력적인 사람 때문에 자기의 주가가 올라가기 때문이다. 신체적 매력과 후광 효과의 관계는 크게 발산 효과와 대비 효과로 나누어진다. 발산 효과는 매력 있는 사람과 함께 있을 때 자신의 평가가 높아지는 현상이고, 대비 효과는 매력 있는 사람과 함께 있을 때 자신의 평가가 상대적으로 낮아지는 현상이다. 결국 매력 있는 사람과 같이 있다고 해서 항상 좋은 것은 아니다. 그 사람과 자신이 어떤 관계이냐가 중요한 것이다.

후기 인습적 도덕성 postcontional morality 미국 콜버그(L. Kohlberg)가 제시한 도덕발달단계 이론에서 5, 6단계 시기, 즉 도덕적 추론의 제3 수준의 도덕성이다. 개인의 행동 통제가 이전 수준과는 달리 외적인 것이 아닌 아동 자신의 내적 통제에 기초하여 결정되는 것으로, 도덕적 행동이 두려움이나 관심에 따라 결정되지 않고 대신에 자신이 가지고 있는 합리적인 윤리 원리 체계에 의해 결정되는 것을 의미한다. 콜버그는 13세 이후 아동 또는 성인 초기에 비로소 이 수준의 도덕성을 획득할 수 있다고 보았다. 이러한 도덕적 판단의 준거로 개인이 공감하는 인류 공유의 가치, 정의, 기본적 권리, 인간존중과 존엄성, 객관적 원리 등을 고려한다.

후뇌 hindbrain 뇌는 후뇌(hindbrain), 중뇌(midbrain), 전뇌(forebrain)로 구분한다. 후뇌는 뇌의 밑부분에 해당되는데 연수(medulla oblongata)와 교(pons), 소뇌(cerebellum)가 여기에 속한다.

후성설 epigenesis 어떤 현상이 최초의 출현이라고 지각된 것을 의미한다. 에릭슨(E. Erikson)이 인간 발달론을 사회심리학적 해석에 기초하여 분석한 것으로, 모든 인간의 육체적 기관이 그 발달에 대한 시기를 가지고 있는 것과 같이 인간정신의 발달에도 이러한 후성적인 단계를 가지고 있다는 것.

후퇴 withdrawal 위축, 철회 다른 사람으로부터의 인정자극을 포기하고 자기애 속에 숨어서 다른 사람과의 관계를 차단하는 시간구조의 형식으로, 괴로움을 준다고 인정되는 다른 사람이나 상황으로부터 자신을 신체적으로나 정신적으로 떼어놓는 것이다. 이는 현실 직면에 있어 허약한 자아가 상처받을 것에 대한 두려움으로, 뒤로 물러남으로써 갈등을 단순히 피해버리는 것이다.

훈습 working through 관철작업, 작업수행 정신분석 집단 및 다중 가족치료모델에서 환자가 인지한 저항을 좀 더 숙지시키고 반복강박의 지배로부터 해방시켜 주는 심리적 작업이며, 환자가 자신의 내면적 갈등을 혼자서 직면하고 일상생활장면에서 처리할 수 있을 때까지 치료적 장면에서 이를 몇 번이고 되풀이해서 경험하게 하는 재교육의 과정이다. 훈습은 꾸준한 만남 속에서 전이분석이 지속적으로 이루어지게 하고 내담자의 문제에 대한 통찰을 심화한다. 즉, 인격의 통합성을 이루며 건전하고 성숙된 행동 수준에 도달하기 위해, 집단 또는 가족성원들이 개방과 신뢰를 통해 자신들의 깊은 문제를 인식하기 시작하고, 그 문제들을 다룰 수 있는 능력을 갖게 되는 것이다. 이 작업을 하지 않으면 통찰은 지적인 단계에 머물고, 경험적인 확신으로까지 도달하지 못한다. 프로이트(S. Freud)에 의하면 정신분석자가 환자의 저항을 지적하고 해석해 주는 것만으로는 저항을 포기하게 하는 것이 불가능하다는 것이다. 이 해석을 진정으로 받아들이고 동화한다는 것은 환자에게 상당한 시간이 걸리는 힘든 과제이며 정신분석자의 입장으로서도 상당한 인내가 필요한 작업이다. 프로이트는 환자의 자아가 그 저항을 버리겠다고 결심한 후에도 억압을 해소시키는 것에 대해 상당히 힘겨워하기 때문에, 이 훌륭한 결심 이후에도 마무리라고 할 수 있는 계속적인 노력의 시기가 필요함을 지적하고 있다. 이는 자아의 저항이 없어진 후에도 이드(id)로부터 유래하는 반복강박의 힘이 계속 작용하기 때문인데, 이런 의미에서의 훈습은 이드 저항을 목표로 해서 진행하게 된다. 집단에서 훈습의 단계는 다음과 같다. 첫째, 집단자유연상의 형태를 통한 감정이나 환상을 자유롭게 표현한다. 둘째, 집단구성원의 증세와 증세 이면의 의미를 분석하고 토론한다. 셋째, 발견의 단계로서 집단의 도움을 받아 각 구성원은 전이현상을 감지하고 자신의 문제행동의 뿌리들을 발견하며 이러한 과정을 통해 과거와 현재를 연결하고 통합한다.

휴리스틱 heuristic 발견적 방식 문제해결방법에 있어서, 과거 경험에 근거하여 가설을 세우고 그 가설을 검증하여 세부적인 상황에 따라 해결책을 스스로 발견하게 하는 지침을 말한다. 문제해결을 위한 유형에는 두 가지가 있는데, 하나는 알고리즘(algorithm, 연산적 방법)이고, 다른 하나는 휴리스틱(heuristic, 발견적 방법)이다. 알고리즘과 달리 휴리스틱의 경우는 문제해결을 보장하지는 못하지만 실생활에서 당면하는 문제들을 해결하는 데 사용된다. 트베르스키와 카네만(A. Tversky & D. Kahneman)은 휴리스틱이란 복잡한 문제해결방식보다 더 간단한 방법으로 판단할 수 있게 해 주는 정신적 지름길이라고 정의한다. 그들은 의사결정을 할 때 한쪽으로 치우치도록 만드는 휴리스틱으로 대표성과 가용성 등의 종류를 들고 있다. 즉, 여기에는 자신이 갖고 있는 도식(예 : 고정관념)을 중심으로 새로운 대상에 대해 추정하고 판단하게 만드는 대표성(representative) 휴리스틱, 현재 자신의 머릿속에 떠오르는 정보만으로 판단하는 가용성(availability) 휴리스틱, 자신의 머릿속에서 어떤 가상적인 시나리오(즉, 현재의 것과 상반되는 시나리오)가 쉽게 만들어지느냐에 따라 판단하는 모의(simulation) 휴리스틱, 어떤 시초의 수치(예 : 자신의 수치)에서 시작하여 새로운 사례를 판단하고 추정하는 기점(anchoring) 휴리스틱, 특이한 자극(예 : 단어)에 의해 전적으로 판단이 이루어지는 점화(framing) 휴리스틱 등이 있다. ⇨ 알고리즘 참고.

휴지주의 cessationism (the ending of miracle) 귀신의 활동이 있기는 있었지만 이제는 나타나지 않는다고 보는 입장이다. 즉 귀신의 역사를 비롯하여 초자연적인 역사가 쉬고 있거나 나타나지 않는다는 것이다.

흔적쇠퇴설 trace decay theory 망각이론의 쇠퇴설과 같은 의미다. ⇨ 쇠퇴이론 참고.

흥미검사 interest test 자신이 어떤 종류의 일이나 활동에 흥미와 관심을 가지고 있으며, 그것이 어느 정도인지를 과학적으로 정확히 알아내어 학교, 학과, 직업 선택에 필요한 전문적인 도움을 주기 위하여 만들어진 검사다. 내용은 문학적 흥미, 과학적 흥미, 설득적 흥미, 실무적 흥미, 옥외적 흥미, 예술적 흥미, 사회봉사적 흥미로 세분된다.

흥분전이 excitation transfer 질만(Zillmann)의 이론으로, 공격행동의 유발원인으로 각성에 관심의 초점을 둔 것이다. 즉, 각성과 관련된 흥분전이 이론은 어떠한 선행자극에 의해 발생한 교감신경적 흥분의 일부가 사라지지 않고, 후속자극에 의해 발생한 응분으로 전이 및 누적되어, 전체적인 흥분량을 증가시켜 공격적 행위에 영향을 준다고 설명한다. 이러한 흥분전이 현상이 일어나는 최적 조건은 개인이 주관적으로 평가하는 지각각성이 일어나지 않고 생리적 각성이 증가할 때라고 기존연구는 제시한다. 예를 들면, 운전 중 추월을 당해 사고를 당할 뻔했을 때 추월한 대상에게 분노를 느낀다거나 교사에게 체벌을 당한 후 친구와 다투게 될 확률이 높아지는 경우와 같다.

흥정 사람들 간의 상호작용 상황의 하나로서, 흥정은 손익이 엇갈리는 사람들 간의 제의와 이에 대한 대응제의의 거래를 통해 쌍방이 수긍할 수 있는 합의점에 도달하는 과정을 의미하는 것이다. 흥정에 대한 이론으로는 포부수준이론, 단계적 상호양보에 의한 긴장감소(GRIT)이론이 있다. ⇨ 포부수준이론, 단계적 상호양보에 의한 긴장감소이론 참고.

희생양 scapegoat 속죄양 불공정한 비판이나 갈등의 대상이 되는 가족이나 집단의 성원을 말한다. 희생양은 무책임하고 가족에 반항하는 자로 지적된 환자인 경우가 많으며, 비판과 비난, 처벌, 꾸지람의 대상이 되는 역할을 맡은 사람이다. 가족들은 가족의 역기능을 이들의 탓으로 돌린다. 이들은 상처와 분노라는 근본문제를 지니고 있다. 이중구속의 상황에서 희생양은 반복적인 이중구속 메시지로 강화를 받게 되는데, 희생양은 상황이 계속적으로 변화하고 두 가지의 서로 다른 메시지가 동시에 주어져 있기 때문에 상황을 파악하지 못하고 혼란에 빠지게 된다. 시간이 지남에 따라 그는 융통성이 없는 인간이 되어 모든 메시지에 자신 없는 행동을 보이며, 점점 인간관계를 단절하고, 외부의 정보 유입 차단과 함께 고립된 인간으로 남게 되어 정신분열증을 나타내게 된다. ⇨ 두통거리 참고.

히스테리 hysteria 자궁을 뜻하는 그리스어에서 온 용어로, 아무런 신체적 이유 없이 즉, 기질적인 장애가 없음에도 신체의 일부분이 기능장애를 일으키는 현상을 의미한다. 사람이 어렵고 힘든 상태에서 벗어나기 위한 방편으로 신체적 증상을 발달시키는 방어기제라 할 수 있다. 히스테리는 한때 여성 고유의 질환으로 여겨지기도 했다. 정신의학에서는 이 용어를 신경적 행동을 일컬을 때 쓰게 되었다. 그런 행동에서는 마비나 경련 등과 같은 생리적 증상이 생리학적 장애보다는 심리적 장애로부터 비롯된다. 공포증, 즉 극도의 신경적 불안증세 역시 히스테리의 하나다. 프로이트(S. Freud)는 자신이 성적 억압과 오이디푸스 콤플렉스 갈등의 결과라고 믿었던 증후를 가진 환자를 묘사하기 위해 이 용어를 사용하였는데, 무의식 속에 쌓여 있는 '과거의 불쾌한 생각'이 잘 처리되지 않아 히스테리가 일어난다고 분석하였다. 또한 융(C. G. Jung)은 히스테리 증상이 환자 개인의 백그라운드에 억압된 기억의 부활에서 생겨나며, 그에 따라 정신적 에너지, 특히 성적 에너지를 잘못된 곳에 보내게 된다는 프로이트의 해석에 동의했다.

히스테리성 간질 hysteroepilepsy 간질발작을 가지고 있는 환자에게서 나타나는 히스테리성 경련을 말하며 그들의 본래의 간질발작과 구별하기가 곤란하다. 그러나 세밀한 연구에 의하면, 히스테리성 발작기간에는 뇌파상 발작성 방전을 볼 수 없으며, 또 발작의 양상이 전형적인 강직·간대성 경련(myoclonus)이 아니고 자기손상을 일으키지 않으며, 발작 후 착란상태, 두통, 졸리움도 수반하지 않는다.

히스테리성 인격장애 histrionic personality disorder 표면성 인격장애, 연극적 성격장애, 미숙형 성격장애 과도하게 감정적이고 관심을 끌려는 인격장애다. 정서적 미성숙, 정서불안이 특징이고 감정기복이 심하며, 남들의 시선을 끌기 위한 행동을 한다. 끊임없이 상대방으로부터 인정, 안심, 칭찬을 받으려 하며 외모에 대한 걱정이 많고 지나치게 신경을 쓴다. 대인관계 면에서 자기의 진정한 면을 잘 드러내지 않고 과장적이면서 즉흥적인 관계를 형성하기 때문에 장기적인 헌약관계를 형성할 수 없다. 자신과의 관계에 있어서도 외면중심적인 자아만 발달되어 건강한 자존감과 정체감이 약한 인격장애다. 이들은 이성관계에서 깊고 가까운 관계를 오래 지속하지 못하며 조그만 변화에도 지나치게 반응하고 변덕스러운 모습을 나타낸다.

히키코모리 일종의 폐쇄증후군으로 사회생활에 적응하지 못하고 집안에만 틀어박혀 사는 사람을 일컫는 말이다. 1970년대 일본의 일부 청소년들이 학교에 가지 않고 은둔해 있던 현상에서 시작되었으며, 지금은 청소년 문제를 넘어 사회적 문제로 대두되고 있다. 스스로 외부와 단절시키는 외톨이라는 점에서 코쿠닝과 같은 의미다. ⇨ 코쿠닝 참고.

[참고문헌]

1 국내 문헌

강경호(1999). 자녀양육과 아동문제 상담. 경기: 한사랑가족상담연구소.

강경호(2000). 집단상담의 이론과 실제. 경기: 한사랑가족상담연구소.

고미영(1996). '이야기치료의 경험에 관한 질적연구'. 한국사회복지학, 30. 한국사회복지학회.

고미영(1998). '탈근대주의 시대의 가족치료의 동향'. 한국가족치료학회지, 6(1). 한국가족치료학회.

고영희 외(1990). 심리학. 서울: 양서원.

권석만(2005). 현대이상심리학. 서울: 학지사.

김경희(2001). 발달심리학. 서울: 학문사.

김계현(1998). 상담심리학. 서울: 학지사.

김계현(1999). 카운슬링의 실제. 서울: 학지사.

김교헌(2002). '심리학적 관점에서 본 중독'. 한국심리학회지: 건강, 7(2).

김만홍(1998). 우리의 청소년을 살리자. 서울: 쿰란출판사.

김미숙 외 12인(2002). 가족의 사회학적 이해. 서울: 학지사.

김민영(2002). 성경적 상담. 서울: 도서출판 최선의 삶.

김병진(2002). 생활과 직업윤리. 서울: 학문사.

김순진, 김환(2000). 외상후 스트레스 장애. 서울: 학지사.

김양희(1998). 한국가족의 갈등연구. 서울: 중앙대학교출판부.

김영한(1999). 사이버 문화와 기독교 문화전략. 서울: 쿰란출판사.

김예식(2000). 말씀안의 상담과 치유 이야기. 서울: 한국장로교출판사.

김옥희(2004). 인간관계론. 서울: 박영사.

김용태(2000). 가족치료이론. 서울: 학지사.

김용희 외 12인(1997). 정신생리학. 서울: 학지사.

김유숙(2003). 가족치료: 이론과 실제. 서울: 학지사.

김유숙, 안양희(2004). '한국가족치료의 발달과정'. 한국가족치료학회 제19회추계학술대회자료집. 한국가족치료학회.

김정규(1995). 게슈탈트 심리치료. 서울: 학지사.

김정옥 외(1996). 결혼과 가족. 서울: 학지사.

김정희 외 9인(2005). 심리학의 이해. 서울: 학지사.

김진(1999). 그리스도인은 인간을 어떻게 이해해야 하는가. 서울: 뜨인돌.

김태련 외 5인(1997). 여성심리. 서울: 이화여자대학교출판부.

김태련 외(2004). 발달심리학. 서울: 학지사.

김태현, 이성희(1996). 결혼과 사회. 서울: 성신여자대학교출판부.

김향초(1998). 가출청소년의 이해. 서울: 학지사.

김현택 외(2003). 현대 심리학 이해. 서울: 학지사.

김형태(1998). 상담의 이론과 실제. 서울: 동문사.

두란노서원출판부(1991). 30대 크리스챤. 서울: 두란노서원.

마정건, 이상우 외(1989). 교육심리학. 서울: 공주대학교 출판부.

박태영(2001). 가족치료이론의 적용과 실천. 서울: 학지사.

변화순 외(2001). 한국가족의 변화와 여성의 역할 및 지위에 관한 연구. 한국여성개발원.

설은주(2000). 가정사역론. 서울: 예영커뮤니케이션.

손경환(1998). 심리적 치료의 허구성과 성경적 상담. 서울: 은혜출판사.

송성자(2002). 가족과 가족치료. 서울: 법문사.

송정아(1992). 중년의 위기와 예방. 서울: 생명의 말씀사.

송정아, 최규련(1997). 가족치료 이론과 기법. 서울: 도서출판 하우.

송정자(2001). '한국가족문화와 가족치료접근'. 한국가족치료학회지, 9(1). 한국가족치료학회.

심수명(2004). 인격치료. 서울: 학지사.

심영희(1993). 여성의 사회참여와 성폭력. 서울: 나남.

여성한국사회연구회 편(1998). 가족과 한국사회. 서울: 경문사.

오세진 외 14인(2005). 인간행동과 심리학. 서울: 학지사.

우재현(1995). 임상교류분석 프로그램. 서울: 정암서원.

유영주 외 6인(1998). 결혼과 가족. 서울: 경희대학교출판국.

윤운성 외 7인(2003). 에니어그램 이해와 적용. 서울: 학지사.

윤진 외(1992). 심리학. 서울: 연세대학교 출판부.

윤철환(2002). 성경으로만 하는 상담. 서울: 은혜출판사.

이관직(1999). 목회상담학. 서울: 한국목회상담연구소.

이소희 외 8인(1998). 현대가족복지론. 서울: 양서원.

이영자(2000). 교육사회학. 서울: 학문사.

이장호(1998). 상담심리학. 서울: 박영사.

이장호(2001). 상담심리학의 기초. 서울: 학문사.

이장호, 금명자(2000). 상담연습교본. 서울: 법문사.

이장호, 김정희(1992). 집단상담의 원리와 실제. 서울: 법문사.

이정모 외(1999). 인지심리학. 서울: 학지사.

이성희(1996). 미래사회와 미래교회- 21세기 한국교회 메가트렌드. 서울: 대한기독교서회.

이형득(1997). 상담의 이론적 접근. 서울: 형설출판사.

이화여대사회복지학과 편(1999). 가족치료총론. 서울: 동인.

장로회신학대학 다원화목회연구원 편(1994). 기독교가족상담. 서울: 한국장로교출판사.

전요섭(1999). 심리와 기독교 상담. 서울: 도서출판 복음문고.

정문자(2003). 사티어 경험적가족치료. 서울: 학지사.

정문자, 이종원(2003). '원가족변인이 부부갈등에 미치는 영향'. 대한가정학회지, 41(3).

정석환(2002). 목회상담학 연구. 경기: 한국학술정보.

정옥분(2000). 성인발달의 이해. 서울: 학지사.

정원식, 박성수(1978). 카운슬링의 원리. 서울: 교육과학사.

정태기(1998). 위기와 상담. 서울: 크리스챤 치유목회연구원.

조흥식 외 4인(1997). 가족복지학. 서울: 학지사.

주계영(1999). 기독교상담의 이론과 실제. 서울: 베드로서원.

진영석(1997). 가족치료. 서울: 백산출판사.

채규만(2004). 성피해심리치료. 서울: 학지사.

최순남(1997). 현대노인복지론. 경기: 한신대학교출판부.

최외선(1992). 가족상담의 이론과 실제. 서울: 성원사.

한국가족관계학회 편(1997). 가족생활교육. 서울: 도서출판 하우.

한국교육심리학회 편(2001). 교육심리학용어사전. 서울: 학지사.

한국심리학회 편(1988). 심리학에서 본 지역감정. 서울: 성원사.

한국심리학회 편(2000). 현대심리학의 이해. 서울: 학문사.

한규석(1995). 사회심리학의 이해. 서울: 학지사.

한덕웅 외(2004). 인간의 마음과 행동. 서울: 박영사.

현외성 외(1998). 노인상담이론과 실제. 서울: 유풍출판사.

홍숙기(2001). 성격심리(상 · 하). 서울: 박영사.

2 번역 문헌

Adams, Jay E.(1973). *The Christian counselor's manual.* 정정숙 역(1994). 상담학개론. 서울: 도서출판 베다니.

Alford, C. Fred(1999). *Korean Values in the Age of Globalization.* 남경태 역(2000). 한국인의 심리에 관한 보고서. 서울: 그린비.

American Psychiatric Association(1994). *DSM-IV: Diagnostic and Statistical Manual of Mental Disorders.* 이근후 외 역(1994). 정신장애의 진단 및 통계 편람 제4판. 서울: 도서출판 하나의학사.

American Psychoanalytic Association(2000). *Psychoanalytic Terms & Concepts.* 이재훈 외 역(2002). 정신분석용어사전. 서울: 한국심리치료연구소.

Boa Fraser(1988). *The way of the Dream: Conversations on Jungian Dream Interpretation.* 박현순, 이창인 공역(2003). 융학파의 꿈해석. 서울: 학지사.

Bradshaw John(1990). *Home Coming: Reclaiming and Chanmpioning Your Inner Child.* 오제은 역(2004). 상처받은 내면아이 치유. 서울: 학지사.

Childs, Brian. H.(1990). *Short-Term Pastoral Counseling.* 유영선 역(1997). 단기목회상담. 서울: 한국장로교출판사.

Collins, Gary. R.(1988). *Helping People Grow.* 정석환 역(2002). 기독교상담과 인간성장. 경기: 한국학술정보.

Collins, Gary. R.(1988). *Christian Counseling.* 피현희, 이혜련 역(1989). 크리스챤 카운슬링. 서울: 두란노서원.

Collins, Gary. R.(1972). *Effective Counseling.* 정동섭 역(1989). 효과적인 상담. 서울: 두란노서원.

Collins, Gary. R.(1993). *The Biblical Basis of Christian Counseling for People Helpers.* 안보헌 역(1998). 기독교 상담의 성경적 기초. 서울: 생명의 말씀사.

Dobson, James(1999). *Bulding Self-esteem in Your Child.* 정동섭, 안효선 역(2000). 자신감 있는 자녀로 키우자. 서울: 에스라서원.

Donelson R. Forsyth(1996). *Group Dynamics.* 서울대학교사회심리학연구실 역(1997). 집단심리학. 서울: 학지사.

Egan, Gerard(1997). *Exercies in Helping Skills.* 오성춘 역(2001). 상담의 실제. 서울: 한국장로교출판사.

Evans Dylan(1996). *Dictionary of Lacanian Psychoanalysis.* 김종주 역(1998). 라깡 정신분석 사전. 서울: 인간사랑.

Garfield, Sol. L.(1998). *The Practice of Brief Psychotherapy.* 권석만 외 공역(2002). 단기심리치료. 서울: 학지사.

Gordeon, Thomas & Judith Gordon Sands(1976). *P. E. T. in Action.* 김인자 역(2001). 부모역할 배워지는 것인가. 서울: 한국심리상담연구소.

Holman, Adele. M.(1983). *Family Assesment: Tools for Understanding and Intervention.* 옥경희 역(1995). 가족상담. 서울: 학지사.

Jung, C. G., & Jaffe, A.(1963). *Memories. Dreams. Reflections.* 이기춘 외 역(1995). 융의 생애와 사상. 서울: 현대사상사.

Litchfield, Bruce & Nellie Litchfield(1992). *Christian Counselling & Family Therapy*, vol.1, 2, 3 정동섭, 정성준 역(2002). 기독교 상담과 가족치료. 서울: 예수전도단.

Luquet Wade(1996). *Short-Term Couples Therapy: The Imago Model in Action.* 송정아 역(2004). 이마고부부치료. 서울: 학지사.

McDowell, Josh & Bob Hostetler(1996). *Handbook on Counseling Youth.* 오성춘 역(2000). 청소년 상담 핸드북 상. 서울: 한국장로교출판사.

McNamee, S., & Gergen, K. J. (2003). *LA Terapia Como Construccion Social.* 김유숙 역(2004). 심리치료와 사회구성주의. 서울: 학지사.

Nouwen, Henri J. M.(1972). *The Wounded Healer.* 최원준 역(2000). 상처입은 치유자. 서울: 도서출판 두란노.

Promise Keepers 운동본부 저(1987). *Seven Promises of a Promise Keepers.* 오현미, 김성웅 역

(1994). 약속의 일꾼들이여, 7가지 약속을 지키라. 서울: 나침반.

Robert L. Barker(1987). *Social Work Dictionary.* 중앙사회복지연구회 역(1996). 사회사업사전. 서울: 이론과 실천.

Rogers, Carl(1942). *Counseling and Psychotherapy.* 한승호, 한성열 역(1998). 카운슬링의 이론과 실제. 서울: 학지사.

Satir, Virginia(1972). *Peoplemaking.* 성민선 역(1996). 사람만들기. 서울: 홍익재.

3 학회지 및 연구논문

대한가정학회지(1999), 제37권 8호, 1.

최경림(2001). '남녀교사에 대한 학부모의 지각특성' 창원대학교 대학원, 한국가족치료학회지, 제7권 2호(1999), 제8권 2호(2000), 제10권 2호(2002), 제11권 1호(2003), 제12권2호(2004).

한국상담심리학회지(2005), 제17호 1호.

한국심리학회. 상담과 심리치료, 13권 3호(2001), 14권 2호(2002).

[영문색인]

◆ **감수자 소개** ◆

■ 정석환

연세대학교 연합신학대학원 상담학과 주임교수

◆ **역은이 소개** ◆

■ 류경남

수원유신고등학교 | 서울신학대학교 기독교교육학과 | 서울신학대학교 목회대학원 | 호서대학교 대학원 기독교교육학과 | Louisiana Baptist University(Ph.D. in Chirstian education) | 주사랑교회 담임목사 | 주사랑 가족상담 연구소 이사장

논문 / 바울서신에 나타난 교육사역 연구 | John Wesley의 교육철학 연구(A Research on the John Wesley's Educational Philosophy)

■ 최수정

호서대학교 행정대학원 사회복지학과 졸업(행정학 석사, 사회복지사 1급) | 한국가정상담연구소 가정사역대학원과정 졸업(안양대학교 신학대학원 공동학위, 가정사역자 1급, 상담사 1급) | Louisiana Baptist University(Ph.D. in Christian Counseling) | 주사랑 가족상담 연구소 소장

논문 / T. S. 엘리엇의 시에 나타난 죽음에 대한 연구 | 가족갈등의 복지서비스적 역할에 관한 연구 | 사이버 상담에서의 기독교적 접근을 통한 가족문제 상담연구(A Study in the Family Problems by the Christian Approach at the Cyber-Counseling)

가족 상담 심리 용어사전

저자와의 협약으로 인지생략

2006년 1월 5일 1판 1쇄 인쇄
2006년 1월 10일 1판 1쇄 발행

엮은이 : 류경남 · 최수정
펴낸이 : 김진환
펴낸곳 : 학지사
121-837 서울시 마포구 서교동 352-29 마인드월드빌딩 5층
대표전화 02)326-1500 팩스 02)324-2345
등록 1992년 2월 19일 제2-1329호
홈페이지 www.hakjisa.co.kr

ISBN 89-5891-213-8 91180
정 가 20,000 원

잘못된 책은 교환하여 드립니다.